中国文化年鉴

ALMANAC OF CHINESE CULTURE

2009

中华人民共和国文化部 编

新 华 出 版 社

图书在版编目（CIP）数据

中国文化年鉴．2009/中华人民共和国文化部编.--北京：新华出版社，2010.12
ISBN 978-7-5011-9489-6

Ⅰ．①中… Ⅱ．①中… Ⅲ．①文化事业－中国－2009－年鉴 Ⅳ．①G12－54

中国版本图书馆CIP数据核字（2010）第238933号

中国文化年鉴（2009）

责任编辑：梁秋克　王晓娜
特约编辑：朱德生
封面设计：朱　江
封面篆刻：庞书田

出 版 发 行：新华出版社
网　　　址：http://www.xinhuapub.com
地　　　址：北京市石景山区京原路8号
邮　　　编：100040
经　　　销：新华书店
广告总代理：北京厚积广告有限责任公司
印　　　刷：北京盛通印刷股份有限公司
开　　　本：850×1168mm　1/16
印　　　张：56.625印张
彩 色 插 页：5印张
字　　　数：1732千字
版　　　次：2010年12月第1次
印　　　次：2010年12月北京第1次印刷
书　　　号：ISBN 978-7-5011-9489-6
定　　　价：360.00元

本社购书热线:(010)63077112

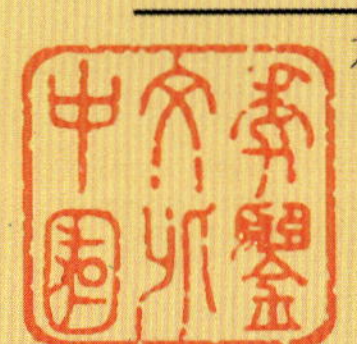

《中国文化年鉴》（2009）
编 辑 委 员 会

《中国文化年鉴》（2009）
编 辑 部

《中国文化年鉴》（2009）
鸣 谢 单 位

文化部办公厅
文化部政策法规司
文化部财务司
文化部人事司
文化部艺术司
文化部文化科技司
文化部文化市场司
文化部文化产业司
文化部社会文化司
文化部非物质文化遗产司
文化部外联局
文物局
中国艺术研究院
中国国家图书馆
故宫博物院
中国国家博物馆
中国文化报社
中国国家京剧院
中国国家话剧院
中国歌剧舞剧院
中国东方歌舞团
中国交响乐团
中国儿童艺术剧院
中央歌剧院
中央芭蕾舞团
中国美术馆
中国国家画院
中国对外文化集团公司
文化部恭王府管理中心
文化部艺术服务中心
国家清史纂修领导小组办公室
中外文化交流中心
中国艺术科技研究所
文化部民族民间文艺发展中心
文化部全国文化信息资源建设管理中心
北京市文化局
天津市文化局
河北省文化厅
山西省文化厅
内蒙古自治区文化厅
辽宁省文化厅
吉林省文化厅
黑龙江省文化厅
上海市文化广播影视管理局
江苏省文化厅
浙江省文化厅
安徽省文化厅
福建省文化厅
江西省文化厅
山东省文化厅
河南省文化厅
湖北省文化厅
湖南省文化厅
广东省文化厅
广西壮族自治区文化厅
海南省文化广电出版体育厅
重庆市文化局
四川省文化厅
贵州省文化厅
云南省文化厅
西藏自治区文化厅
陕西省文化厅
甘肃省文化厅
青海文化和新闻出版厅
宁夏回族自治区文化厅
新疆维吾尔自治区文化厅
新疆生产建设兵团

《中国文化年鉴》（2009）
组稿人员名单

（按姓氏笔画排序）

于春城　干德明　亢　博　尤玉芳　王永昭
王芬林　王建华　王昊宇　王　娜　王　林
王珊珊　王　培　艾合麦提江·艾卖提　邓泽洲
冯彦瑞　包东波　龙仕勇　关福才　刘培婷
安战国　朱鸿文　朱　楠　祁　鑫　邢凌翔
何　塔　宋　薇　宋　磊　张建平　张　勇
张倍宁　张　蕾　李文娣　李　玮　李金奎
李胜先　李海泉　杜宁远　杨晓辉　杨　渊
杨　菊　沈　婧　肖明伟　邱玉红　邱邑洪
邱　雷　邹　端　陈卫军　陈如福　陈　峰
陈　真　陈培军　陈新华　周广明　周汉萍
周志华　郑起朝　金　梅　赵东亚　赵姗姗
徐　健　敖　超　郭素娥　顾　春　梁朝阳
蒋　静　谢万幸　詹秋红　蔡世超　蔡靖杰
谭粤红　霍瑞娟　戴　健

1. 8月25日，国家图书馆民政部分馆成立暨国家图书馆立法决策服务民政部平台开通仪式在民政部隆重举行。民政部副部长窦玉沛、文化部副部长周和平出席仪式并揭牌
2. 9月9日，适逢国家图书馆建馆99周年，国家图书馆二期暨国家数字图书馆正式开馆接待读者。中共中央政治局委员、国务委员刘延东，全国政协副主席孙家正等党和国家领导人出席开馆仪式

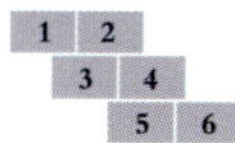

3. 6月3日，国家图书馆与中国博士后科学基金会在国家图书馆签署合作协议
4. 7月1日，国家图书馆与文化部全国文化信息资源建设管理中心合作签字仪式在京举行
5. 10月14日，由国家图书馆、中国残联信息中心、中国盲文出版社共同研制的中国盲人数字图书馆正式开通
6. 11月16日，中国国家图书馆馆长詹福瑞与美国国会图书馆馆长詹姆斯·比灵顿共同签署了《中国国家图书馆与美国国会图书馆世界数字图书馆合作协议》

郑欣淼院长向国际奥委会名誉主席萨马兰奇赠送故宫画册

倦勤斋保护项目竣工仪式

奥运青年营成员参观故宫

残奥会运动员参观故宫

倦勤斋通景画

在文华殿举办陶瓷馆常设陈列

在文华殿举办陶瓷馆常设陈列

《故宫博物院藏品大系》已出书目

赴日本"翰墨千秋——北京故宫藏历代书法大展"

中国国家博物馆

1. 东亚五国博物馆代表团参观中国国家博物馆改扩建工地
2. 11月12日，国家国防科技工业局在京举办绕月探测工程全月球影像图发布暨科学数据交接仪式，并将全月球影像图等工程相关珍贵实物捐赠中国国家博物馆收藏
3. 8月，由中国国家博物馆和加拿大文明博物馆共同举办的“加拿大原住民的杰作——加拿大文明博物馆珍藏展”隆重开幕
4. 中国国家博物馆“古代中国陈列”内容设计专家研讨会
5. 中国国家博物馆党委召开深入学习实践科学发展观活动动员大会
6. 12月18日，中国国家博物馆改扩建工程屋面钢结构工程吊装

中国国家博物馆馆长吕章申（右一）参加第三届中日韩国家博物馆馆长会

1. 国家大剧院歌剧院
2. 国家大剧院音乐厅
3. 国家大剧院戏剧场
4. 国家大剧院小剧场
5. 艺术资料中心
6. 展览厅
7. 西餐厅
8. 咖啡厅
9. 纪念品店
10. 戏剧商店
11. 法兰瓷店
12. 天天书店
13. 国家大剧院原创京剧《赤壁》
14. 国家大剧院制作歌剧《图兰朵》
15. 国家大剧院原创歌剧《西施》
16. 国家大剧院原创歌剧《山村女教师》
17. 国家大剧院、挪威歌剧院联合制作歌剧《魔笛》
18. 国家大剧院、意大利帕尔玛歌剧院联合制作歌剧《

19. 国家大剧院制作歌剧《艺术家生涯》
20. 国家大剧院原创话剧《简爱》
21. 2009琉森音乐节在北京
22. “走进艺术殿堂”暑期高雅艺术体验活动
23. “春华秋实”艺术院校舞台艺术展演周
24. “走进唱片里的世界”——“钢琴公主”王羽佳与琴童交流

中国美术馆

在"盛世和光——敦煌艺术大展"开幕仪式主席台上就座的领导和嘉宾

"全国廉政文化大型绘画书法展"开幕式在我馆中央方厅举行

由中国美术馆和美国哥伦比亚大学教育学院共同主办的"'为教育的艺术空间'中美艺术博物馆教育研讨会"在我馆举行

德国"灵动的风景：穿越德意志艺术时空"展览开幕仪式

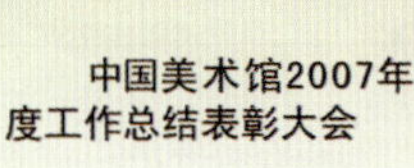

中国美术馆2007年度工作总结表彰大会

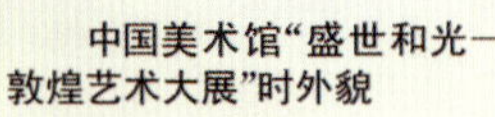

中国美术馆"盛世和光——敦煌艺术大展"时外貌

来自"四川汶川大地震"重灾区绵竹市汉旺镇的30名孩子来到中国美术馆参观正在展出的"合成时代:媒体中国2008——国际新媒体艺术展"

中国美术馆是以收藏、研究、展示中国近现代艺术家作品为重点的国家造型艺术博物馆。目前收藏各类美术作品10万余件，以新中国成立前后时期的作品为主，兼有民国初期、清代和明末的艺术家的杰作，藏品中主要为近现代美术精品以及丰富多彩的民间美术作品。

中国美术馆实施"开门办馆"的策略，组成了中国美术馆顾问委员会、中国美术馆艺术委员会、中国美术馆策展委员会、中国美术馆收藏评鉴委员会、中国美术馆展览资格评审小组等，提升了美术馆的学术地位。在此基础上，中国美术馆将继续加大收藏力度，丰富藏品种类；继续提高策划系列精品展的能力，打造国家美术馆品牌；继续强化公共教育职能，提高美术馆服务社会水平；继续盘活资源优势，开发延伸产业；继续加快建立"数字美术馆"和"流动美术馆"的进程。

中国美术馆领导与获得"中国美术馆2007年度好新闻奖"记者合影留念

中国国家画院

中国国家画院(原中国画研究院)

中国国家画院是文化部直属的公益型文化事业单位，是文化部直属唯一的国家级美术创作和研究机构。前身系1977年12月经国务院批准成立的中国画创作组。1981年11月，在中国画创作组的基础上成立了中国画研究院。现任院长杨晓阳，副院长为解永全、卢禹舜、田黎明。

建院28年来，中国国家画院在举办大量学术活动的同时，创作研究成果丰硕。完成了国家交办的由江泽民同志题写画名的大型山水画《锦绣中华》的创作任务。完成了人民大会堂、中南海、钓鱼台国宾馆、中央军委大楼等许多重要场所的大批中国画创作任务。倡议发起并完成了8件“国家重大历史题材美术创作工程”等大量的大型创作任务。目前的中国国家画院各项事业不断进步，社会影响不断提升。

随着改革开放的不断深入和国家文化事业的快速发展，根据文化部部长蔡武“要把中国国家画院做强做大”的指示精神，中国国家画院立足现状，面向未来，确立了开门办院的新思路，制定了以中国画、书法篆刻为主的，融油画、版画、雕塑、现代设计为一体的，具有创作、研究、教学、收藏、普及5项功能的专业齐全、功能多样的画院建设新规划，明确了以“聘一批画家、建一批画室、办一个大展、设一个论坛、藏一批精品”为近期工作重点，建设“中国一流、世界知名”的新型画院的长远奋斗目标。

在党的文艺方针指引下，在文化部的直接领导下，中国国家画院在新一届领导班子的带领下将以更加务实的工作作风，更加积极的学术作为，为中国美术事业的进步与繁荣作出更大的贡献。

中国国家京剧院

1. 8月8日上午，香港实业家、爱国人士李嘉诚先生率团来院参观，与吴江院长互赠礼品
2. 2月12日，由国家京剧院和梅兰芳大剧院主办，为南方冰雪灾区组织的“真情家园，同此凉热”专场赈灾义演活动在梅兰芳大剧院举行。图为张春华等老艺术家为灾区捐款献爱心
3. 8月7日下午，国际奥委会主席罗格的夫人等一行75位贵宾组成的国际奥委会参访团来国家京剧院、梅兰芳大剧院参观并观看了演出
4. 老艺术家张曼玲为青年演员周婧说戏
5. 为配合奥运会，营造“人文奥运”的良好环境，国家京剧院排演《孙悟空三打白骨精》在国家大剧院演出
6. 10月，青春版京剧《江姐》参加第五届中国京剧艺术节，该剧荣获京剧节优秀二等奖
7. 为促进京剧艺术的普及，举办暑期夏令营活动

中国歌剧舞剧院

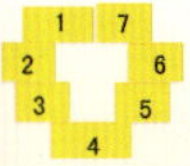

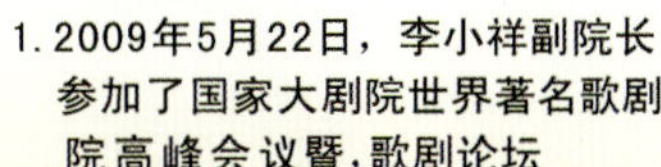

1. 2009年5月22日，李小祥副院长参加了国家大剧院世界著名歌剧院高峰会议暨，歌剧论坛
2. 2009年11月24日新编歌舞剧《在那遥远的地方》召开新闻发布会
3. 2009年7月9日至29日，民乐团赴芬兰，参加考斯蒂宁国际民间音乐节
4. 2008年8月，剧院大型原创情景歌舞晚会“金舞银曲”（一）在海淀剧院首演
5. 2009年1月7日，民乐团赴奥地利维也纳金色大厅演出“东方弦魂胡琴音乐会”
6. 2009年5月1日，歌剧《青春之歌》在北大百年礼堂上演
7. 2009年5月8日，高雅艺术进校园活动在四川成都拉开帷幕

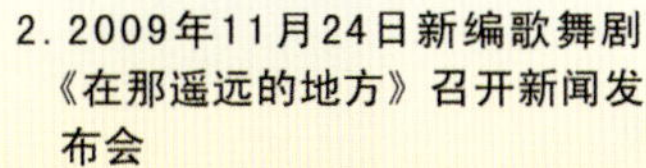

神话舞台连续剧《西游记》（第一部）

1.10月，中国儿艺走进延安慰问演出
2.6月1日，中国儿艺启动“天使之爱”公益活动
3.3月，中国儿艺走进广西南宁慰问演出
4.7月，中国儿艺走进四川灾区用欢乐为孩子们疗伤
5.6月1日，中国儿艺启动“天使之爱”公益活动

“皮皮鲁·鲁西西”系列童话剧之音乐童话剧《红沙发音乐城》

文化部全国文化信息资源建设管理中心

云南省弥勒县支中心举办文化信息资源共享工程文化系列活动

帐篷支中心为灾区群众营造了精神家园

文化共享工程走进山东驻岛官兵

文化共享工程在北川县擂鼓镇建立赈灾服务点

辽宁省丹东市东港市“共享文化幸福花”开通仪式

管理中心与国家图书馆合作签字仪式

管理中心崔建飞副主任向沧州示范基地赠送共享工程视频资源光盘

鄂尔多斯市支中心与参加活动的小学生在老师的带领下观看奥运知识并索取“共享文化 数字阅读”宣传单

冰雪灾害之际开展的“文化共享 为民服务”活动

北京京剧院

《三打陶三春》荣获全国首届优秀保留剧目大奖

20世纪70年代末，《三打陶三春》横空出世，推出伊始，便受到广泛欢迎。创下连演200场的奇迹也就不足为奇了。至今，王玉珍回忆起当年的演出情景依旧感慨万千，一天两场，场场满座，观众的热情十分高涨。1985年《三打陶三春》在英国伦敦第三届国际艺术节成功演出后，主持人尼尔小姐在答谢宴会的讲话中说，京剧《三打陶三春》已经载入史册，和莎士比亚著名戏剧《训悍记》齐名。

《三打陶三春》的立意是喜剧式的。民间视角与传奇色彩是它主要的风格特征，传达了广大人民群众的思想感情，反映了“人人平等”、“劳动人民当家做主”的朴素的人本意识，该剧塑造了一位勇敢泼辣、敢作敢为、有胆有识、血肉丰满的女性人物形象陶三春。在人物角色的表演处理上，尊重艺术规律，借鉴传统，刻意营造出喜剧基调。在舞台调度方面，该剧一改传统老戏的座位排列规则，别开生面地把金殿皇位的“正场”，处理成“斜场”，皇帝柴荣就从“下场门”登场亮相，念罢“引子”就入归舞台一隅的“斜场”皇位落座。这样的处理方法，紧紧把握住了全剧的喜剧格调，打破了对称均衡正襟危坐的模式；同时凸显主人公陶三春形象塑造和性格刻画的视听冲击力。人物造型打破成例，别出新意。该剧的音乐构思定位以传统戏《打瓜园》中的曲牌“娃娃”主旋律加以变化，来贯穿铺陈《三打陶三春》的基调音乐，这种节奏鲜明欢快风趣的旋律，非常契合该剧的喜剧风格。

总之，《三打陶三春》是经过长期演出实践磨砺、经受了时间和观众检验的优秀艺术作品。该剧的导演迟金声驾轻就熟，准确地把握住剧本的风格特征和人物塑造性格刻画的艺术张力，既强调对传统形式的有机融入与精巧剪裁，不离京剧本体程式规范表现形式，更注重打开思路、打破常规的约束与局限。该剧在继承的基础上大胆创新，以深刻的思想内涵、强烈的现实观照、艺术家们独特高超的表演技艺，使其成为一部脍炙人口、雅俗共赏的好戏。我们相信，经过一批又一批青年演员的精彩演绎，一定会使得该剧常演常新，常演不衰。

《三打陶三春》剧照 王玉珍饰演陶三春

主演王玉珍与编剧吴祖光（左）

《三打陶三春》剧照 王玉珍饰演陶三春（中）、班德福饰演陶虎（右）、栾祖逊饰演知县（左）

王玉珍饰演陶三春

《三打陶三春》剧照 王玉珍饰演陶三春

《三打陶三春》剧照 王玉珍饰演陶三春、罗长德饰演郑子明

演员表

陶三春：王玉珍
郑　恩：罗长德
赵匡胤：张克让
高怀德：黄文俊
柴　荣：李明臣
知　县：栾祖逊
高怀亮：张启忠　魏联明
陶　虎：班德福　刘进军
丫　环：孙宝莉　王娟华
大太监：刘志斌　李佩铎
钦　差：李英俊

主　创

编　剧：吴祖光
导　演：迟金声　周　铠
音乐唱腔设计：陆松龄
武打舞蹈设计：李元瑞　徐玉川　刘永利　陆洪瑞　罗长德
舞美设计：赵英勉　殷长久
服装设计：谭元杰
灯光设计：付大伟　曹成侠　吕连富

司　鼓：张志强
京　胡：吴丽华
舞台监督：李宝顺

中國美術院

中国美术院院长于志学（左）与执行院长兼秘书长王亚飞共同规划发展蓝图

中国美术院2009年年会在新华社北京小汤山基地召开

中国美术馆艺术馆展厅一角

2008年，中国美术院著名书画家向河北老区赤城县样田乡希望小学捐赠价值数十万元的书画作品，受到热烈欢迎与高度好评，图为与该校师生合影

2009年，为庆祝新中国六十华诞，中国美术院组织著名书画家走进河北革命老区采风写生

2008年，中国美术院在北京水源头河北赤城黑龙山国家森林公园设立写生创作基地，赤城县的党政领导与中国美术院的领导共同出席“基地”揭牌仪式

中国美术院经常组织书画家深入基层、深入生活、深入一线采风写生，力争创作出更多无愧于时代的好作品

2010年出版的第三期中国美协机关刊物《美术》杂志和2010年1月30日出版的《美术报》均对中国美术院开展的活动给予了良好评价

中国美术院编辑出版的部分书画类刊物与画集

中国美术院名誉院长：尼玛泽仁　陈有安　**院长：**于志学　**执行院长兼秘书长：**王亚飞　**常务副院长兼副秘书长：**王功学　王梦湖

副院长：王界山　苗再新　罗杨　赵立凡　孙希岳　苏哲　施江城　王培东　蒋昌忠　孙海青　穆家善　**办公室主任：**王倩

中国美术院（英文名称：CHINA ART ASSOCIATION）是由海内外著名书画家，美术工作者，书画界知名人士，社会知名人士，热心关注、支持书画艺术事业发展的企业家、政府官员等自愿组成的专业性书画创作研究机构。以弘扬艺术、关注当代、繁荣创作、促进交流、传播推广、鉴赏收藏、情系中华、共建和谐为宗旨，广泛团结海内外书画艺术及相关艺术领域德艺双馨人才，加强国际间的艺术交流与合作，开展形式多样的学术研讨、书画创作、展览培训、编辑出版、文企联谊、文化交流等活动。与当代实力派著名书画家、艺术团体、艺术院校、媒体机构、书画经营单位、企事业单位、艺术品拍卖行建立良好的合作关系。大力弘扬民族精神与时代精神，彰显中国书画艺术的时代风采，打造精品力作，熔铸中国气派，充分展示当代中国书画名家的精神风貌与艺术成就。培养、包装、宣传、推广书画艺术人才，倡导公益性文化艺术事业，开拓良性的书画艺术市场，积极促进中华传统文化与现代文化的融合，为传播民族文化艺术精髓，弘扬光大中国传统书画艺术，繁荣发展中华民族先进文化作贡献。

中国美术院实行院长领导下的分工负责制，日常工作由执行院长兼秘书长负责。设立办公室，院务委员会、学术委员会、评审委员会、各专业委员会(国画艺术委员会、书法艺术委员会、油画艺术委员会、粉彩艺术委员会、版画艺术委员会、雕塑艺术委员会、壁画艺术委员会、陶漆艺术委员会、民间艺术委员会、剪纸艺术委员会、设计艺术委员会、动漫艺术委员会、年漫连艺术委员会、影像艺术委员会、传播艺术委员会、鉴赏艺术委员会、综合艺术委员会)，会员部、创作部、展览部、培训部、研究部、编辑部、外联部、发行部以及各地下属院和创作基地。

办公地址：北京市朝阳区管庄北京新天地小区18号楼1单元203信箱　**信　箱：**北京市西城区西黄城根南街一区8号楼八门602信箱

邮　编：100028　**联系电话：**010-86051339　13520217859　**电子邮箱：**china_msy@163.com　**官方网站：**中国书画典藏网（www.5ishuhua.com）

广告

天雨流芳 梦幻丽江

——世界文化遗产丽江古城

在中国的滇西北群山环抱中，直到今天仍然以“平民生态空间”完整地保留着一座和谐、宁静、古朴，犹如红尘牧歌般的古老城池——世界文化遗产丽江古城。

丽江古城建于宋末元初，盛于明清，迄今已有800余年历史。1986年，被国务院列为“历史文化名城”，1997年12月4日,被联合国教科文组织列入《世界遗产名录》。世界文化遗产丽江古城由大研古城（含黑龙潭景区）、白沙民居建筑群、束河民居建筑群等三部分组成。城依山而筑，街临水而成，家家流水，户户垂杨，花树掩映，一街一景，将人与自然完美地融合在一起。纳西风情、东巴文化、民居建筑群和历史遗迹展现着汉、纳西、白、藏等各民族和谐相处的生动景观和多元文化形态，见证了丽江农耕文化、茶马古道商贸文化和城市多元景观文化形成和发展的完整过程。至今，古城内依然居住着原住居民6200多户、25000多人，其中纳西族占70%。

在现代文明发展的历史进程中，世界文化遗产丽江古城是人类共同拥有的一个宁静而幽雅的精神后花园。这座充满祥和、悠然、梦幻的古城，正以它古朴的风韵和古典的魅力，真诚地期待着世人前去观赏它超凡脱俗的灵秀山水，品味它灿烂丰富的文化内涵，共享它璀璨夺目的文明瑰宝。

1. 古城小桥、流水、人家
2. 古城概貌
3. 联合国教科文组织亚太地区办公室文化总顾问理查德视察丽江古城
4. 丽江古城荣获亚太地区遗产保护优秀奖
5. 由联合国教科文组织世界遗产中心亚太处项目负责人景峰（左三），日本东京大学工学院、前国际古迹遗址理事会副主席西村幸夫教授（右二）带队的反应性监测团在丽江古城进行现场监测与评估
6. 丽江古城荣获“影响中国特色魅力城市”奖
7. 中共丽江市委书记王君正（右二）在丽江古城视察
8. 幽幽街巷
9. 古城茶马古道景观

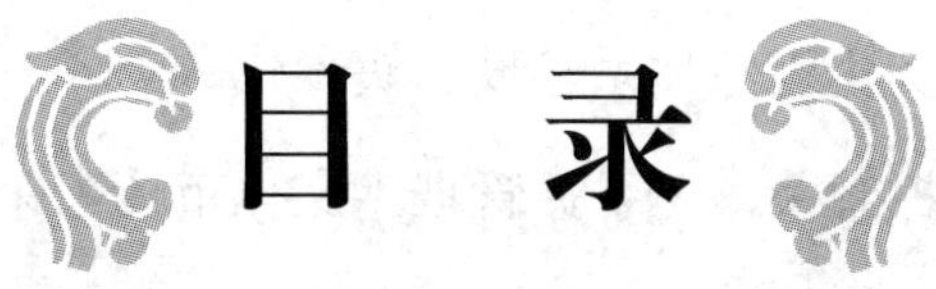

目 录

Content

重要讲话

文化工作综述

文化政策法规

文化体制改革

公共文化服务

专业艺术

文化市场

文化产业

文化科教

非物质文化遗产保护

对外文化交流

对港、澳、台地区文化交流

文物事业

文化设施建设

文化人才队伍建设

部属单位概况

地方文化建设

文化机构人员

彩页顺序

第一部分

第二部分

第三部分

第四部分

索　引

中国文化年鉴

Chinese Culture Yearbook

重要讲话

The Important Speech

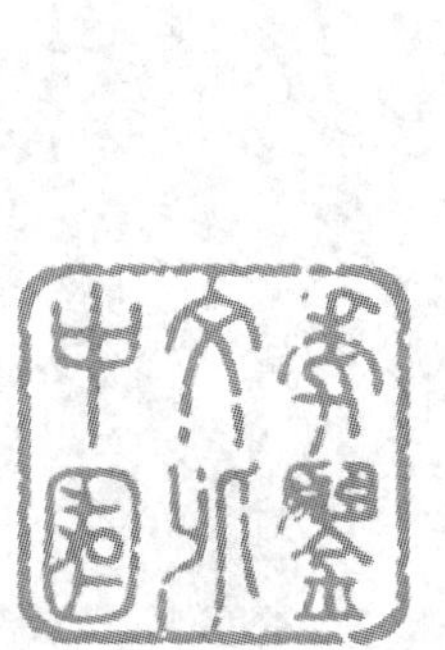

深入学习实践科学发展观 推动社会主义文化大发展大繁荣

李长春

（11 月 16 日　第 22 期《求是》发表）

科学发展观是以胡锦涛同志为总书记的党中央深刻总结我国发展实践，准确把握世界发展趋势，坚持解放思想、实事求是、与时俱进，大力推进党的理论创新取得的重要成果，是中国特色社会主义理论体系的重要组成部分。党的十七大对科学发展观的科学内涵、精神实质和根本要求做出了全面系统的论述，明确指出，科学发展观是对党的三代中央领导集体关于发展的重要思想的继承和发展，是马克思主义关于发展的世界观和方法论的集中体现，是同马克思列宁主义、毛泽东思想、邓小平理论和“三个代表”重要思想既一脉相承又与时俱进的科学理论，是我国经济社会发展的重要指导方针，是发展中国特色社会主义必须坚持和贯彻的重大战略思想。实践证明，科学发展观符合我国基本国情，符合当代中国发展要求，符合广大人民根本利益，符合当今世界发展大势，越来越得到全党全国各族人民的衷心拥护，越来越成为全社会的基本共识和自觉行动。中央决定，从今年9月开始，用一年半左右的时间，在全党分批开展深入学习实践科学发展观活动。这是贯彻落实党的十七大精神，在新的历史起点上发展中国特色社会主义的重大战略部署。

宣传思想文化战线要认真贯彻落实中央的决策部署，始终坚持正确导向，大力唱响继续解放思想、坚持改革开放、推动科学发展、促进社会和谐的主旋律，为在全党开展深入学习实践科学发展观活动提供有力的思想保证、精神动力和舆论支持。同时，要在宣传思想文化领域扎实开展深入学习实践科学发展观活动，紧紧围绕党的十七大提出的兴起社会主义文化建设新高潮、推动社会主义文化大发展大繁荣的战略任务，坚持以邓小平理论和“三个代表”重要思想为指导，深入贯彻落实科学发展观，高举旗帜、围绕大局、服务人民、改革创新，着力转变不适应、不符合科学发展观的思想观念，着力解决影响和制约文化科学发展的突出问题，着力构建有利于文化科学发展的体制机制，推动社会主义文化大发展大繁荣。完成好这个光荣而艰巨的任务，必须在以下几个方面进行不懈努力。

一、认清形势、统一思想，增强以科学发展观统领文化建设的自觉性和坚定性

文化建设是中国特色社会主义事业总体布局的重要组成部分。推动社会主义文化大发展大繁荣，必须全面准确地把握文化建设面临的新形势新任务和人民群众的新要求新期待，进一步增强以科学发展观统领文化建设、加快文化发展的责任感和紧迫感。

从国际上看，当今综合国力竞争的一个显著特点，就是文化的地位和作用更加凸显，越来越多的国家把提高文化软实力作为重要发展战略。改革开放以来特别是党的十六大以来，我国综合国力大幅提升，国际地位和影响显著提高。今年以来，随着抗震救灾斗争取得重大胜利、北京奥运会残奥会成功举办、神舟七号载人航天飞行圆满成功，我国文化软实力进一步增强，我国发展道路、发展模式在国际上的影响日益扩大。同时要看到，世界范围内各种思想文化交流、交融、交锋更加频繁，西方敌对势力对我进行文化渗透的战略图谋没有改变。目前，我国文化在国际上的影响力和竞争力，与我国国际地位不相适应，与我国五千年文明积淀的丰厚文化资源不相适应。这就迫切要求我们必须以科学发展观统领文化建设，加快文化发展步伐，使我国尽快从文化资源大国转变为文化发展强国，提升我国文化软实力，推动中华文化“走出去”，不断增强中华文化的国际影响力。

从国内看，随着中国特色社会主义事业的全面推进，文化在经济社会发展中的地位和作用不断增强。公益性文化事业作为文化建设的重要内容，在保障人民基本文化权益方面的作用越来越明显。经营性文化产业作为文化与经济相互交融的集中体现，科技含量高，资源消耗低，环境污染少，发展潜力大，是新的经济增长点，也是调整经济结构和繁荣文化市场的着力点，推动经济社会发展的作用日益凸显。越来越多的优秀文化产品，对于陶冶人们的情操，增强全社会精神力量，发挥着十分重要的作用。同时要看到，我国仍处于并将长期处于社会主义初级阶段的基本国情没有变，人民日益增长的物质文化需要同落后的社会生产之间的矛盾这一社会主要矛盾没有变，我国文化发展的整体水平还不高，还不能很好地满足人民群众日益增长的精神文化需求，还没有充分发挥在推动经济社会发展中的积极作用，还需要进一步加强其在引导社会、教育人民方面的功能。这就迫切要求我们必须以科学发展观统领文化建设，切实把文化建设纳入经济社会发展全局，更加自觉、更加主动地推动社会主义文化大发展大繁荣，不断提高全民族的思想道德素质和科学文化素质，推动经济社会又好又快发展。

从文化建设自身发展来看，改革开放以来特别是党的十六大以来，我国文化建设取得了巨大成就，文化体制改革取得积极进展，文化事业和文化产业步入协调快速发展的良性轨道，文化建设开创了新局面。同时要看到，文化发展的体制机制还不健全，活力还不强，与全社会快速增长的精神文化需求不相适应，与日趋完善的社会主义市场经济体制不相适应，与对外开放不断扩大的新要求不相适应，与现代科学技术和传播手段迅猛发展和广泛应用的新形势不相适应。这就迫切要求我们必须以科学发展观统领文化建设，进一步深化文化体制改革，构建充满活力、富有效率、更加开放、有利于科学发展的体制机制，解放和发展文化生产力。

总之，科学发展观充分反映了我们党对当今世界发展大势和中国特色社会主义发展方位的科学把握，不仅是我国经济社会发展的重要指导方针，也是我国社会主义文化发展繁荣的重要指导方针。面对我国改革发展的新形势新任务，面对人民群众的新要求新期待，文化建设要破解发展难题，开创发展新局面，必须全面贯彻落实科学发展观。我们一定要坚持以科学发展观统领文化建设，从理论与实践的结合上，明确新的历史条件下文化为什么要发展、实现什么样的发展、怎样发展和发展为了谁、发展依靠谁等根本问题，使文化建设的各项工作更加符合科学发展观的要求，实现社会主义文化大发展大繁荣的奋斗目标。

二、必须坚持解放思想、改革创新，按照科学发展观的要求树立和落实新的文化发展理念

解放思想是发展中国特色社会主义的一大法宝。思想观念是个总开关。观念决定思路，思路决定出路。以科学发展观统领文化建设，必须坚持解放思想、转变观念，牢固树立符合科学发展观要求的新的文化发展理念，以改革创新精神推动文化建设。

党的十六大以来，宣传思想文化战线坚持以邓小平理论和“三个代表”重要思想为指导，深入贯彻落实科学发展观，解放思想、与时俱进，在实践中深化了对文化发展规律的认识，概括起来有8个方面。一是在文化地位和作用上，明确文化建设是中国特色社会主义事业总体布局的重要组成部分，文化越来越成为民族凝聚力和创造力的重要源泉、越来越成为综合国力竞争的重要因素，丰富精神文化生活越来越成为我国人民的热切愿望。二是在文化发展方向上，明确要牢牢把握社会主义先进文化前进方向，建设社会主义核心价值体系，发展面向现代化、面向世界、面向未来的，民族的科学的大众的社会主义文化。要大力发展先进文化，支持健康有益文化，努力改造落后文化，坚决抵制腐朽文化。三是在文化发展目的上，明确要坚持以人为本，满足人民群众日益增长的精神文化需求，保障人民基本文化权益，丰富人民精神文化生活。四是在文化发展动力上，明确要坚持改革创新和科技进步，破除制约文化发展的体制性障碍，不断解放和发展文化生产力。五是在文化发展思路上，明确要一手抓公益性文化事业、一手抓经营性文化产业，一手努力构建覆盖城乡、惠及全民的公共文化服务体系，一手壮大文化产业、繁荣社会主义文化市场，一手抓繁荣、一手抓管理，推动文化全面协调健康发展。六是在文化发展格局上，明确要积极吸引民营资本、海外资本参与文化建设，形成以公有制为主体、多种所有制共同发展的文化产业格局，以民族文化为主体、吸收外来有益文化的文化对外开放格局。七是在文化发展战略上，明确要提升国家文化软实力，提高全民族的思想道德素质和科学文化素质，促进人的全面发展，实施文化“走出去”战略，增强中华文化国际影响力。八是在文化发展领导力量和依靠力量上，明确要始终坚持党对文化工作的领导，充分发挥人民群众在文化建设中的主体作用，最大限度地发挥广大文化工作者的积极性、主动性、创造性。这些重要的文化发展理念，初步回答了新世纪新阶段我国社会主义文化发展的一系列重大问题，是科学发展观在文化建设领域的具体体现，是新的历史条件下文化发展规律的客观反映，一定要贯彻落实到文化建设的各个方面，并在实践中不断发展和完善。

三、必须坚持建设社会主义核心价值体系这个根本，牢牢把握文化建设的正确方向，不断巩固全党全国各族人民团结奋斗的共同思想基础

建设社会主义核心价值体系，是党的十七大对文化建设提出的一项重大战略任务，是深入贯彻落实科学发展观对文化建设提出的根本要求。以科学发展观统领文化建设，必须把建设社会主义核心价值体系作为基础工程和灵魂工程，摆在文化建设的首要位置，贯彻到文化建设的各个方面，在全社会形成统一的指导思想、共同的理想信念、强大的精神力量和良好的道德风尚。

1. 准确理解社会主义核心价值体系的深刻内涵，全面把握社会主义文化建设的根本要求。社会主义核心价值体系包含 4 个层次，即马克思主义指导思想、中国特色社会主义共同理想、以爱国主义为核心的民族精神和以改革创新为核心的时代精神、社会主义荣辱观。这 4 个层次，相互联系、相互贯通、相互促进，是有机统一的整体。推进文化建设，必须紧紧围绕这 4 个层次，坚持不懈地用马克思主义中国化最新成果武装全党、教育人民，用中国特色社会主义共同理想凝聚力量，用以爱国主义为核心的民族精神和以改革创新为核心的时代精神鼓舞斗志，用社会主义荣辱观引领风尚，不断巩固全党全国各族人民团结奋斗的共同思想基础。要紧密联系当前国际国内形势的深刻变化，紧密联系改革开放 30 年取得的巨大成就，紧密联系干部群众的思想实际，着重讲清楚 6 个“为什么”：一是为什么必须坚持马克思主义在意识形态领域的指导地位，而不能搞指导思想的多元化；二是为什么只有社会主义才能救中国，只有中国特色社会主义才能发展中国，而不能搞民主社会主义和资本主义；三是为什么必须坚持人民代表大会制度，而不能搞“三权分立”；四是为什么必须坚持中国共产党领导的多党合作和政治协商制度，而不能搞西方的多党制；五是为什么必须坚持以公有制为主体、多种所有制经济共同发展的基本经济制度，而不能搞私有化和“纯而又纯”的公有制；六是为什么必须坚持改革开放不动摇，而不能回到老路子上去。回答好这些问题，是当前社会主义核心价值体系建设的关键。要真正从历史和现实、理论和实践的结合上，既讲清楚为什么“必须坚持”，更讲清楚为什么“不能搞”，进一步找准统一思想、凝聚力量的着力点，更好地引导干部群众坚定不移地高举中国特色社会主义伟大旗帜不动摇、坚持中国特色社会主义道路不动摇、坚持中国特色社会主义理论体系不动摇，为开创中国特色社会主义事业新局面而共同奋斗。

2. 把建设社会主义核心价值体系作为主线，贯穿到文化建设的各个方面。建设社会主义核心价值体系，要与文化建设的具体任务紧密结合起来，立足当前、着眼未来，多做打基础、利长远的工作。要把社会主义核心价值体系纳入马克思主义理论研究和建设工程，深入研究和揭示社会主义核心价值体系的重大意义、内涵外延和实践要求，推出一批有分量、有影响的研究成果。要把社会主义核心价值体系体现到媒体宣传中，有效引导社会舆论，积极营造健康向上的主流舆论，振奋民族精神，凝聚党心民心，在全社会形成有利于社会主义核心价值体系建设的舆论强势。要把社会主义核心价值体系体现到群众性精神文明创建活动中，始终围绕建设社会主义核心价值体系部署任务、安排活动、开展工作，广泛开展各种形式的精神文明创建活动，加强社会公德、职业道德、家庭美德、个人品德建设，不断提高公民思想道德素质和社会现代文明程度。要把社会主义核心价值体系体现到大学生思想政治教育和未成年人思想道德建设中，纳入国民教育总体规划，加强高校思想政治理论课教材体系和教师队伍建设，加强中小学思想品德、语文、历史课教材建设，切实推动社会主义核心价值体系进学校、进教材、进课堂、进学生头脑。要把社会主义核心价值体系体现到文艺创作生产的各个方面，使之成为鲜明的主旋律，把积极的人生追求、高尚的情感境界、健康的生活情趣传递给人民，让人们在美的享受中受到鼓舞、得到陶冶、获得启迪。

3. 积极探索用社会主义核心价值体系引领社会思潮的有效途径，尊重差异、包容多样，用社会主义文化的力量最大限度地凝聚力量、形成共识。当前，我国社会思想文化多元多样多变，人们思想活动的独立性、选择性、多变性、差异性不断增强。这就迫切要求我们坚持用社会主义核心价值体系引领社会思潮，既尊重差异、包容多样，又有力抵制各种错误和腐朽思想的影响。要紧密结合人们思想观念发展变化的实际，探索总结引领社会思潮的有效途径和办法，力求在多元多样中立主导、在交流交融中谋共识、在变化变动中一以贯之，团结一切可以团结的力量，化消极因素为积极因素，形成既有国家统一意志又有个人心情舒畅、既包容多样又有力抵制各种错误和腐朽思想、既坚守基本社会思想道德又向着更高理想目标前进的生动局面。

四、必须坚持把发展作为第一要务，着力解决影响和制约文化发展的突出问题，加快文化发展步伐

科学发展观的第一要义是发展。以科学发展观统领文化建设，最根本的是紧紧抓住文化发展这个主题，围绕中心、服务大局，进一步深化文化体制改革，破解文化发展难题，转变文化发展方式，推进文化创新，解放和发展文化生产力，通过加快文化自身发展推动经济社会又好又快发展。

1. 坚持一手抓公益性文化事业、一手抓经营性文化产业，转变文化发展方式，发展繁荣社会主义文化。发展方式决定发展效果。长期以来，制约文化发展的一个重要因素，就是把公益性文化事业和经营性文化产业相混淆，政府统包统揽，应该由政府主导的公益性文化事业长期投入不足，应该由市场主导的经营性文化产业长期依赖政府，因而束缚了文化事业和文化产业发展。党的十六大以来，在科学发展观指导下，我们明确了社会主义市场经济条件下文化发展的基本思路，就是一手抓公益性文化事业，一手抓经营性文化产业，两轮驱动，两翼齐飞，推动文化建设走上科学发展的轨道。

公益性文化事业的根本任务，是构建覆盖全社会的公共文化服务体系，为人民群众提供基本的公共文化服务，保障人民收听收看广播电视、读书看报、进行公共文化鉴赏、参与大众文化活动等基本文化权益。要坚持公益性、基本性、均等性、便利性的原则，以政府为主导，以公共财政为支撑，以公益性文化事业单位为骨干，以基层为重点，鼓励全社会积极参与，创新公共文化服务方式。以政府为主导，就是政府要切实履行在文化领域的公共服务职能，把建设公共文化服务体系纳入经济社会发展规划。以公共财政为支撑，就是主要依靠政府财政投入建设公共文化服务体系，扶持公益性文化单位，建设基本文化设施，购买文化产品用于公共文化服务。以公益性文化事业单位为骨干，就是要积极推动公共博物馆、纪念馆、陈列馆、美术馆、文化馆、图书馆以及基层文化活动中心向全社会免费开放，提高公益性文化单位服务群众的能力和水平，最大限度地发挥社会效益。以基层为重点，就是优先安排涉及群众切身利益的文化建设项目，切实提高基层文化服务能力，满足基层群众的基本文化需求。鼓励全社会积极参与，就是完善相关政策和法律法规，积极引导社会力量以多种方式参与公共文化建设。创新公共文化服务方式，就是引入竞争机制，对重要公共文化产品、重大公共文化项目和公益性文化活动，采取建立基金、政府招标、定向资助等手段，进一步增强公共文化服务的活力。

经营性文化产业的根本任务，是繁荣文化市场，满足人民群众多层次、多方面、多样化的精神文化需求，其显著特点是市场在文化资源配置中发挥基础性作用。发展文化产业，关键是按照"创新体制、转换机制、面向市场、增强活力"的要求，着力培育一批有实力、有竞争力的骨干文化企业，鼓励引导有条件的国有和非公有制文化企业面向资本市场融资，实现低成本扩张，打造一批战略投资者，带动全行业改革发展。主要途径是实施重大文化项目带动战略，加快文化产业基地和区域性特色文化产业群建设，形成若干文化产业密集区，使文化产业占国民经济比重明显提高、国际竞争力显著增强。重点是发展文化创意、影视制作、出版发行、印刷复制、广告、演艺、娱乐、文化会展、数字内容和动漫等九大文化产业，壮大我国文化产业的整体实力。最终要形成以公有制为主体、多种所有制共同发展的文化产业格局，以民族文化为主体、吸收外来有益文化的文化对外开放格局。

2. 进一步深化文化体制改革，努力形成充满生机活力、有利于加快文化发展的体制机制，解放和发展文化生产力。体制机制是发展的根本保障。党的十六大以来，文化体制改革在改革开放以来进行大量有益探索的基础上继续深入推进，新的文化管理体制和运行机制逐步建立，国有文化单位的活力、竞争力不断增强，文化产业快速发展，改革成效日益显现。但总体来看，文化领域不少方面受传统体制的影响还很深，加快文化发展面临诸多制约因素。破解影响和制约文化发展的难题，根本出路在于按照“区别对待、分类指导、循序渐进、逐步推开”的原则，进一步深化文化体制改革。当前，要着力在4个关键环节的改革上下工夫：一是重塑文化市场主体，这是文化体制改革的中心环节。要加快推进国有经营性文化单位的转企改制，按照建立现代企业制度的要求，完善法人治理结构，使之成为合格的市场主体。二是完善市场体系，打破按部门、按行政区划和行政级次分配文化资源和产品的传统体制，打破条块分割、地区封锁、城乡分离的市场格局，加快建立健全统一开放竞争有序的现代文化市场体系。三是改善宏观管理，建立党委领导、政府管理、行业自律、企事业单位依法运营的文化管理体制和富有活力的文化产品生产经营机制，增强宏观调控能力。四是转变政府职能，按照建设服务政府、责任政府、法治政府和廉洁政府的要求，推进政企分开、政资分开、政事分开、政府与市场中介组织分开，推动文化行政管理部门逐步实现由办文化为主向管文化为主转变，由管微观向管宏观转变，由主要面向直属单位转为面向全社会，履行好政策调节、市场监管、社会管理、公共服务的职能。要贯彻“增加投入、转换机制、增强活力、改善服务”的方针，积极推进公益性文化单位内部人事、收入分配和社会保障制度改革，增强活力，提高服务群众的能力和水平。通过深化改革，逐步建立和完善社会主义市场经济条件下加快文化发展的管理体制机制，营造有利于出精品、出人才、出效益的良好环境。

3. 积极推进文化创新，增强文化发展的生机和活力。提高自主创新能力是国家发展战略的核心，是提高综合国力的关键。改革创新和科技进步是文化发展的根本动力。必须在推进文化体制机制创新的同时，大力推进各方面的创新。要加快建立以文化企业为主体、市场为导向、产学研相结合的文化创新体系，使企业成为文化创新投入的主体、实施文化创新项目的主体、文化创新成果转化的主体，以企业为纽带推动文化在与市场、科技和产业的结合中不断创新。要适应人民群众文化需求的新特点和审美情趣的新变化，不断推进文化内容形式的创新，推动不同艺术门类和文化活动相互融合，积极运用声、光、电等手段提高传统文化的表现力，实现题材体裁、风格流派和表现手法的多样化。要积极运用现代科技手段开发利用民族文化资源，改造传统文化产业，催生新的文化业态，大力发展文化创意、文化博览、动漫游戏、数字传输等新兴产业，加快构建传输快捷、覆盖广泛的文化传播体系。要实施重大文化工程，调动各方面力量，整合优势资源，集聚各领域最新的创作理念和创作方法，以项目为平台带动文化创新。要鼓励探索与市场接轨的商业模式，建立以市场为导向的内容集成、加工、制作、传播的生产机制，打造有自主知识产权、有市场影响的文化品牌，满足群众的现实文化需求，引导和开发群众的潜在文化需求。

五、必须坚持以人为本，最大限度地满足人民群众精神文化需求，促进人的全面发展

科学发展观的核心是以人为本。文化建设以人为本，就是要贴近实际、贴近生活、贴近群众，以服务人民为根本宗旨，以满足人民群众精神文化需求、促进人的全面发展为根本目的，以人民群众为根本依靠力量，以发展文化事业和文化产业、提高文化产品和服务的供给能力为根本途径，以人民群众满意不满意为衡量工作成效的根本尺度，建立健全面向群众、服务群众的体制机制，多提供人民需要的文化产品和服务，多做有利于

保障人民基本文化权益的事，让文化发展成果惠及全体人民。

1. 坚持以人为本，就要大力提高文化产品和服务的供给能力，努力满足人民群众日益增长的精神文化需求。要把保障人民基本文化权益摆在文化建设的首要位置，加大对公共文化服务的投入，通过建立实用、便捷、高效的公共文化服务网络，实施重大文化工程，拓展公共文化服务领域，健全公共文化服务组织等多种手段，向全社会提供更多免费或优惠的公共文化产品和服务，特别是要切实维护低收入群体和特殊群体的基本文化权益。要把繁荣文化市场、满足人民群众多样化文化需求作为文化建设的紧迫任务，适应人们文化需求多层次、多方面、多样化的新形势，鼓励广大文化工作者创作更多群众喜闻乐见的精品力作，鼓励国有文化企业积极开发市场、占有市场，发挥骨干作用，鼓励非公有制文化企业积极提供多样化的文化产品和服务，满足不同地域、不同层次、不同群体、不同年龄人们健康向上的文化需求。要利用现代科技手段满足人民群众的新型文化需求，加强网络文化建设，发展网络影视、网络图书、手机电视、手机报等现代文化服务业，建设更多适合青少年需要的绿色网吧，使互联网成为传播社会主义先进文化的重要阵地、提供公共文化服务的有效平台、促进人民精神文化生活健康发展的广阔空间，让人民群众更加方便快捷地享用各种文化产品和服务。

2. 坚持以人为本，就要切实尊重人民群众的主体地位，激发人民群众参与文化建设的积极性、主动性、创造性。人民群众是一切文化创造的源泉。要紧紧依靠群众，做到谋划文化发展思路向人民群众问计，查找文化发展中的问题听人民群众意见，改进文化发展措施向人民群众请教，衡量文化发展成效由人民群众评判。要尊重群众的首创精神，及时总结群众创造的新鲜经验并加以推广，推动全社会文化创造活力竞相迸发、充分涌流。要大力开展城乡群众喜闻乐见的文化活动，鼓励群众建设各种形式的文化活动阵地，支持群众兴办各种演出团体和其他文化团体，引导群众在文化建设中自我创造、自我服务、自我发展。要广泛开展道德模范评选表彰、文明城市文明村镇文明单位创建、讲文明树新风等群众便于参与、乐于参与的活动，让群众评、评群众身边的人和事，使人民群众成为思想道德建设的主体。要建立科学的情况反馈机制和考核测评体系，通过问卷调查、民意测验、群众投票、媒体公示等办法，直接听取群众意见，接受群众评议，依靠群众的智慧和力量推动文化建设不断向前发展。

3. 坚持以人为本，就要充分反映人民群众的利益诉求，推动解决人民群众最关心、最直接、最现实的利益问题。随着社会主义民主政治的深入发展，人民群众的参与意识、表达意识、维权意识不断增强。文化建设以人为本，必须适应社会主义民主政治建设的要求，坚持把体现党的主张与反映人民心声统一起来，把坚持正确导向与通达社情民意统一起来，把正面宣传为主与加强和改进舆论监督统一起来，切实保障人民的知情权、参与权、表达权、监督权。对广大群众反映强烈的民生问题，要及时向社会通报情况，宣传党和政府采取的措施，多用答疑解惑、形势政策教育等方法积极加以引导。对突发公共事件，要及时准确、公开透明地向社会发布信息，引导社会舆论。对中央已做出决定并三令五申，但仍没有得到落实的问题，要加强和改进舆论监督，通过准确监督、科学监督、依法监督、建设性监督，推动有关地方和部门认真解决问题。对群众提出的暂时没有条件解决的问题，甚至一些带有情绪化的意见，也要通过讲清情况、摆明道理，把群众的思想情绪疏通好、引导好。

六、必须坚持全面协调可持续，妥善处理文化发展中的重大关系，推动社会主义文化又好又快发展

科学发展观的基本要求是全面协调可持续。文化建设坚持全面协调可持续，就要理顺文化与经济社会发展的关系，加强文化建设各个方面、各个环节之间的相互协调和配合，使文化发展的结构和布局更加全面均衡，发展的速度与质量效益更加协调统一，文化可持续发展的能力进一步增强。

1. 正确处理文化建设与经济社会发展的关系，促进文化建设与经济社会发展相协调。经济社会发展是文化发展的基础和前提，文化发展是经济社会发展的重要内容和重要支撑。加快文化发展，对于提高经济社会发展质量、巩固发展成果、增

强发展后劲，具有重要作用。这就要求我们必须更加重视文化建设，把文化建设纳入经济社会发展全局，摆到更加突出的地位，投入更多的人力物力财力，努力实现文化建设与经济建设、政治建设、社会建设整体推进、共同发展，形成与我国经济社会发展要求相适应的文化软实力。同时，文化建设也要从社会主义初级阶段的基本国情出发，从经济社会发展实际出发，科学制定规划，合理安排投入，积极实施文化建设项目，增强文化建设与经济社会发展的协调性。

2. 正确处理社会效益和经济效益的关系，始终把社会效益放在首位，做到社会效益与经济效益相统一。经济效益和社会效益的关系，是社会主义文化建设面临的一个重大问题，必须正确认识和把握好。文化产品既有教育人民、引领社会的意识形态属性，也有通过市场交换、获取经济利益、实现再生产的商品属性，两种属性相应地带来了“两个效益”的关系问题。要正确区分公益性文化事业和经营性文化产业中“两个效益”的不同要求。对公益性文化事业来说，就是要追求社会效益的最大化，不搞产业化。对经营性文化产业来说，既要讲社会效益，也要讲经济效益，两者并不是对立的。在社会主义市场经济条件下，人们越来越多地通过市场满足文化需求，购买优秀文化产品的人越多，受教育的面就越大，社会效益就越广泛，经济效益也就越好。从这个意义上说，没有经济效益，社会效益也难以落实，文化产业也无法实现再生产。反之如果文化产品不讲社会效益，不能满足人民群众健康有益的文化需求，就会逐渐被边缘化直至被逐出市场，经济效益也无从谈起。实现社会效益与经济效益有机统一，是文化产业可持续发展的重要条件。要鼓励文化企业在确保正确导向的前提下，争取更大的经济效益。当经济效益同社会效益发生冲突时，经济效益要服从社会效益。

3.正确处理弘扬主旋律与提倡多样化的关系，推动社会主义文化全面繁荣。弘扬主旋律、提倡多样化，是坚持为人民服务、为社会主义服务方向和百花齐放、百家争鸣方针的具体体现，是社会主义文化发展的内在要求。主旋律反映社会发展的主流思想和价值取向，代表人民群众的根本利益和愿望，是时代的最强音。多样化是社会思想文化多元多样多变的客观反映，是社会生活丰富多彩的具体体现。主旋律是主导，多样化不可或缺，二者统一于社会主义文化建设的具体实践中。当今中国，各族人民正在中国共产党领导下，坚持走中国特色社会主义道路，奋力实现中华民族的伟大复兴，这是我们这个时代最鲜明的主旋律，我们必须大力唱响这一主旋律，同时，要适应人们思想活动独立性、选择性、差异性、多变性不断增强，人民群众精神文化需求多方面、多层次、多样化特征日益凸显的新形势，积极发展各种健康有益文化，使社会主义文化更加多姿多彩。弘扬主旋律要坚持思想性、艺术性、观赏性的有机统一，不能降低艺术标准，不能粗制滥造。提倡多样化要讲究格调品位，寓教于乐，不能低俗媚俗庸俗，搞低级趣味。要进一步完善评奖机制，加强文艺评论，正确引导文化产品的创作生产，形成崇尚主旋律、鼓励多样化的良好氛围。

4. 正确处理促进繁荣与加强管理的关系，通过科学管理确保文化健康有序发展。繁荣是目的，管理是保障。推进文化建设，必须坚持一手抓繁荣、一手抓管理，在发展繁荣的过程中不断改进和创新管理，通过科学有效的管理促进文化发展繁荣。要进一步丰富管理手段，在恰当运用思想教育手段的同时，更加注重依法管理为主，并综合运用法律、经济、行政、科技等手段。要进一步创新管理理念，强化服务意识，寓管理于服务之中，善于在服务的过程中更好地实施管理。要用改革的办法解决前进中的问题，向体制机制要秩序。要进一步拓展管理领域，坚持“积极发展、加强管理、趋利避害、为我所用”的方针，加强网络文化建设，繁荣网络文化，加强依法管理，促进新兴媒体健康发展。要进一步提高文化执法水平，大力推进文化市场综合执法，加强执法主体建设，改变过去多头执法、力量分散、执法水平不高的问题，确保文化市场繁荣有序。要把有序开放和有效管理结合起来，确保文化安全。

七、必须坚持统筹兼顾，不断增强文化发展的均衡性，形成文化建设整体推进的良好局面

科学发展观的根本方法是统筹兼顾。文化建设涉及经济基础和上层建筑两个领域，涉及国内国际两个大局，涉及经济社会发展的方方面面。以科学发展观统领文化建设，必须坚持统筹兼顾，使文化建设各方面相互促进、良性互动。

1. 统筹城乡、区域文化发展，着力提高中西部地区和农村文化发展水平。城乡、区域发展不平衡，是我国经济社会发展中存在的突出问题。文化建设坚持统筹兼顾，就必须切实贯彻中央关于统筹城乡发展、区域发展的一系列重大决策部署，着力改变文化领域的城乡二元结构，缩小区域文化差别，推动城乡、区域文化协调发展。在资金投入上，要更加注重公共财政对中西部地区和农村地区文化发展的支持，保证一定数量的中央财政转移支付资金特别是文化领域每年新增的财政投入主要用于中西部地区、农村和基层。在文化惠民工程建设上，要积极推进文化资源向农村和基层倾斜，大力实施广播电视村村通、文化信息资源共享、社区文化活动中心和乡镇综合文化站（室）、农家书屋和农村电影放映等重大文化惠民工程，切实解决农民看书难、看报难、看电影难、收听收看广播电视难的问题。在城乡文化发展格局上，要建立健全以城带乡的体制机制，充分发挥城市的辐射带动作用，鼓励城市骨干文化企业向农村延伸，占领农村文化市场，丰富基层文化生活。在区域文化发展布局上，要重点扶持中西部地区文化发展，鼓励中西部地区充分发挥资源优势，大力发展特色文化产业，引导东部地区文化产业向西部地区转移，形成东中西优势互补、协调发展的新格局。

2. 统筹各方面力量，形成推动文化建设的强大合力。推动文化建设既是宣传思想文化战线的重要任务，也是全社会的共同责任。这就要求我们建立健全党委统一领导、宣传思想文化部门主要负责、党政各部门齐抓共管、社会各方面共同参与的工作体制和工作格局，在党委统一领导下，统筹发挥好宣传思想文化战线和社会各方面的作用，形成推动文化建设的整体优势。宣传思想文化部门要在党委统一领导下，切实履行好党和人民赋予的职责，发挥好主力军作用，同时主动加强与各方面的联系，争取各方面的配合与支持。发展改革、财政、社保、税务、工商等与文化建设密切相关的部门，要切实担负起涉及文化建设和管理的相关职责，在政策、财力、物力等方面积极提供支持和保障，共同推动文化发展繁荣。要调动海内外、全社会力量参与文化建设，鼓励和引导非公有制资本按规定进入文化领域，为弘扬中华文化作贡献。

3. 统筹国内国际两个大局，大力推动中华文化“走出去”。在对外开放不断扩大的新形势下推动文化建设，必须统筹国内国际两个大局，积极利用国际国内两个市场、两种资源，吸收外来有益文化，增强中华文化的国际影响力和竞争力。要大力实施文化“走出去”战略，在继续推动政府间文化交流的同时，着力打造一批具有国际竞争力的外向型文化企业，打造具有重要影响力的国际文化交易平台，打造具有核心竞争力的知名文化品牌，以企业为主体、以市场化运作为主要方式推动文化产品“走出去”，努力扩大我国文化产品在国际市场的份额，逐步改变文化贸易逆差的局面。要按照有序开放、有效管理的原则，推动文化对外开放，积极开展合资合作等多种形式，吸收各国优秀文化成果。要统筹国内国际舆论引导，加强内宣和外宣的协调配合，着力建设语种多、受众广、信息量大、影响力强、覆盖全球的国际一流媒体，使我们的图像、声音、文字、信息更广泛地传播到世界各地，进入千家万户，为我国改革开放和现代化建设营造更加良好的国际舆论环境。要扩大文化、教育国际交流合作，扎实有效开展汉语国际推广工作。

八、必须坚持加强和改善党对文化工作的领导，为推动文化大发展大繁荣提供坚强保证

把科学发展观的要求落实到文化建设的各个方面，关键在党的领导。坚持以科学发展观统领文化建设，必须切实加强和改善党对文化工作的政治领导、思想领导、组织领导，使之更好地担负起领导和推动文化大发展大繁荣的历史重任。

1. 进一步提高思想认识，切实把文化建设摆到更加突出的位置。党的十七大报告用“三个越来越”、“两个更加”、“一个兴起”对文化的地位和作用进行了高度概括。胡锦涛同志对宣传思想文化工作的重要性多次做出深刻论述。提高对文化建设地位和作用的认识，最重要的是把思想统一到党的十七大精神和胡锦涛同志一系列重要讲话精神上来。各级党委和政府要进一步提高对文化建设重要性的认识，增强政治意识、政权意识、责任意识，增强政治敏锐性和政治鉴别力，增强责任感、使命感和紧迫感，切实把文化建设摆在更加突出的位置，纳入党委和政府的重要议事日程，纳入经济社会发展总体规划，纳入科学发展考核评价体系，加强组织领导，加强统筹协调，加强政策扶持，加强资金投入，加强督促检查，确保文化建设各项任务落到实处。

2. 进一步提高领导文化建设的能力和水平，牢牢把握文化建设和发展的主动权。文化建设面临的复杂形势和艰巨任务，迫切要求我们不断提高把握文化发展方向、统筹文化发展大局、组织文化建设、改善文化管理、推动文化发展的能力。各级党委和政府要善于分析和研究文化建设面临的形势，善于从经济社会发展全局出发谋划文化发展战略，制定文化发展政策，明确文化发展重点，优化文化发展布局，组织实施重大文化发展项目，推动文化体制和机制创新，更好地发挥文化建设对推动经济社会发展的积极作用。要认真落实谁主管谁负责和属地管理的原则，确保各类宣传文化阵地始终坚持社会主义先进文化的前进方向。要善于学习，深入学习马克思列宁主义、毛泽东思想、邓小平理论、“三个代表”重要思想和科学发展观关于文化建设的一系列重要论述，广泛学习历史、经济、法律、哲学等各领域知识，特别是学习以数字技术和网络技术为代表的现代科技知识，努力成为领导文化建设的行家里手。

3. 进一步加强人才队伍建设，为文化大发展大繁荣提供人才保障。文化生产是复杂的创造性劳动，投入的是智力资源，产出的是著作权、版权等知识产权。知识分子是文化生产的骨干力量，在文化建设中具有不可替代的重要作用。要坚持尊重劳动、尊重知识、尊重人才、尊重创造，从政治上、工作上、生活上关心知识分子。要认真贯彻“双百”方针，实行学术民主、艺术民主，鼓励探索，支持创新，包容失败，努力营造良好创作环境，最大限度地调动知识分子的积极性、主动性、创造性，多出精品力作，多出优秀人才。要认真贯彻人才强国战略，牢固树立人才资源是第一资源的观念，加大文化领域各类人才的培养力度。要高度重视在知识分子中培养一大批坚定的马克思主义者，努力造就政治坚定、与党同心同德、具有广泛社会影响的理论家、思想家，造就一大批坚持为社会主义服务、为人民服务的作家艺术家。认真组织实施“四个一批”人才培养工程，努力造就一支高素质的文化工作者队伍，造就一大批文化领域各方面的领军人才和学术带头人，造就一大批各门类拔尖人才、经营管理人才、专业技术人才，为文化发展提供有力的人才保障。要拓宽和知识界联系沟通的渠道，多同知识分子交朋友，认真听取意见，加强思想引导，把知识分子团结和凝聚在党的周围。

在全国文化厅局长座谈会上的讲话

文化部部长　蔡　武

（2008年7月3日）

同志们：

一年一度的全国文化厅局长座谈会今天在中原名城郑州开幕了。河南省委、省政府很重视这次会议，刚才省委常委、宣传部长、副省长孔玉芳同志做了热情的致辞，河南省文化厅做了大量准备工作，在此，我代表文化部和与会的同志们向河南省委省政府和孔玉芳同志以及文化厅表示衷心的感谢。

我是今年4月份到文化部的，3个月来，通过和部里领导和司局长们谈话，通过阅读几年来部里的重要文件，通过参加实际工作，特别是聆听中央领导同志对文化工作的重要指示，我对文化建设情况有了一定的了解，形成了一些初步看法。

党的十六大以来，中央把文化作为民族凝聚力创造力的重要源泉和综合国力竞争的重要因素，按照经济、政治、文化、社会四位一体的总体布局，首次颁布了文化发展专项规划，制定出台了一系列重大政策措施，不断加大对文化事业的投入力度，文化建设取得了令人鼓舞的重大成就，呈现出繁荣景象。一是社会主义核心价值体系建设开始融入文化建设的全过程，全社会共同的理想信念和良好的道德风尚进一步确立。二是积极稳妥地推进文化体制改革，解放和发展了文化生产力。三是大力发展公益性文化事业，公共文化服务能力不断提高。四是加快发展经营性文化产业，文化市场体系更加完善。五是精神文化产品的创作生产更加繁荣，使社会文化生活更加丰富活跃。六是逐步建立了文化遗产保护体系，中华民族优秀传统文化得到进一步弘扬。七是实施文化走出去战略，中华文化的国际影响力不断提升和扩大。

这些年来，在党中央国务院的领导下，孙家正同志和文化部党组率领文化战线广大职工，坚持贯彻落实科学发展观，认真贯彻中央关于文化工作的方针政策和重大部署，坚持围绕大局、改革创新，努力推进各项文化工作，为我国文化建设做出了突出贡献。

今年6月13日，中央召开了省（区、市）和中央部门主要负责同志会议，这是在国际国内形势出现不少新的复杂因素、党和国家工作面临不少新的严峻挑战的情况下召开的一次重要会议。胡锦涛总书记和温家宝总理做了重要讲话，对抗震救灾和灾后重建、推动经济社会又好又快发展、做好北京奥运筹办工作等，做出全面部署。我们这次会议的主要任务就是研究在当前形势下如何更好地贯彻中央精神，把实现文化大发展大繁荣的任务推向深入，兴起文化建设的新高潮。第一项议题是要进一步学习贯彻党的十七大、全国宣传思想工作会议、全国文化体制改革工作会议、省（区、市）和中央部门主要负责同志会议的精神，学习贯彻胡锦涛同志6月20日在人民日报社考察工作时的讲话精神。第二个议题是就如何在文化建设中深入贯彻落实科学发展观进行思考和讨论。第三项议题是结合年初的全国文化厅局长会议的安排，回顾总结上半年的工作，并对下一阶段的文化工作提出要求。希望通过这次会议，达到活跃思维、提高认识、形成共识、促进工作的目的。下面，我讲3个问题。

一、抓住机遇，迎接挑战、沉着应对，各项文化工作稳步推进

2008年是改革开放30周年、北京奥运之年，是贯彻“十七大”精神的第一年，新一届中央人民政府开局之年，又是突发事件和自然灾害频发的一年。大事多、喜事多，灾难也多，机遇多，挑战也多。年初的雨雪冰冻灾害、3月的拉萨等地打砸抢烧暴力犯罪事件、境外敌对势力对奥运火炬接力传递的严重干扰、4月胶济铁路重大交通事故、“5·12”四川汶川发生八级强烈地震，接踵而至的突发事件和自然灾害，不仅是对全党全国人民的严峻考验，也是对文化系统广大干部职工的严峻考验。面对复杂因素和严峻挑战，在以胡锦涛同志为总书记的党中央的坚强领导下，文化系统深入学习贯彻党的十七大和全国宣传思想工

作会议精神，坚决落实党中央国务院的要求，团结一心，沉着应对，一手抓抗震救灾，一手抓文化发展，不仅取得了抗震救灾的阶段性胜利，各项文化工作也稳步推进，成效显著。

（一）文化系统抗震救灾迅速展开，成效明显

5月12日在四川省汶川县发生的特大地震，波及甘肃、陕西、云南、重庆等省市，是新中国成立以来破坏性最强、波及范围最广、救灾难度最大的一次地震灾害。地震给灾区人民生命财产和经济社会发展造成的巨大破坏，举国震惊、举世关注；给文化系统干部职工带来的生命财产损失和对灾区文化建设的破坏后果，同样是触目惊心，极其严重。

地震发生后，党中央、国务院迅速全面部署抗震救灾工作，胡锦涛总书记、温家宝总理先后亲赴一线指导，全国各地区各部门和社会各界、灾区人民以及港澳台同胞和海外华侨发扬万众一心、众志成城、不畏艰难、百折不挠、一方有难、八方支援的伟大精神，打响了一场气壮山河的抗震救灾斗争。文化系统广大干部职工积极响应党中央国务院的号召，心系灾区，紧急行动起来，通过各种方式，全力以赴投入抗震救灾，写下了抗震救灾动人的诗篇。

地震发生第二天，文化部即向四川省发出了慰问信。第三天，召开党组会研究部署文化系统的救灾工作。此后，文化部成立了部抗震救灾协调小组和部灾后灾区恢复重建规划指导小组，积极协调全国文化系统支援抗震救灾和灾后恢复重建工作。先后召开党组会、部务会和部长办公会10余次，及时研究部署文化系统抗震救灾及灾后恢复重建中的重要问题。5月20日，江苏省文化厅在全国率先发出《倡议书》，倡议东部地区文化部门要尽最大努力开展对口支援，文化部迅速转发到各省、区、市，得到各地文化部门的热烈响应。文化系统掀起向地震灾区捐款捐物的热潮。周和平、赵维绥、单霁翔等同志先后赴灾区慰问文化系统干部职工，实地察看文化系统受灾情况。在调查研究基础上，及时部署了灾后恢复重建的规划、标准及用地计划，先后提出《公共文化设施灾后重建规划指导意见》、《文化部汶川地震灾后重建规划提纲》，召开了文化系统灾后重建对口支援工作会议，建立了羌族民族文化遗产保护工作协调小组，制定了规划意见，及时就灾民安置过渡期间公共文化服务的安排问题制定了措施，做好过渡期灾民安置点的公共文化服务工作。按照中央统一部署，派文艺小分队赴灾区慰问演出，体验生活，推动文艺创作，讴歌伟大的抗震救灾精神。

在党中央国务院统一部署下，国家文物局迅速组织多个工作组赴灾区实地调研、评估，全面掌握文化遗产受损情况，指导抢险救灾，并及时向党中央国务院和有关部门报告灾情，制定《灾后文物抢救保护修复规划》，争取设立了紧急抢救专项经费，为灾后文化遗产抢救保护工作的及时顺利开展奠定了基础，赢得了时间。6月30日，都江堰古建筑群抢救修复作为灾后第一个启动的文化抢救修复保护工程已经开工，标志着灾后文化遗产抢救保护工作的全面启动。文物局已会同四川省政府完成了“5·12”地震遗址博物馆项目建议书。

灾区文化部门和广大文化工作者在大灾面前不放弃、不抛弃，挺起不屈的脊梁，奋勇自救。他们坚守岗位，确保政令畅通；组织干部群众撤离危险区，积极救助灾区群众，保障他们的基本生活；监控和防范存在险情的文化设施，了解统计文化基础设施损毁情况，制定灾后重建规划和方案，在确保安全的前提下，积极组织文化设施修复工作。他们用自己的实际行动，唱响了不屈不挠、自强不息的英雄凯歌。

特大灾难激发了广大文化工作者强烈的责任感、使命感和博大的爱心，他们用各种文艺形式传递人间大爱、凝聚民心、坚定灾区人民战胜灾害的信心，为抗震救灾作出了独特的贡献。5月18日，文化部与中宣部等九部门共同主办“爱的奉献”2008宣传文化系统抗震救灾大型募捐活动，募集善款15亿多元。灾区文化系统积极为灾区群众提供力所能及的文化服务，为抗震救灾提供强大精神动力。成都艺术剧院联合国家话剧院创作并上演了大型话剧《坚守》，四川省文化馆制作了《我是汶川人》、《五星红旗在十三亿人心中飘扬》等优秀歌曲音像光盘，配送到灾区文化馆（站），组织广大群众歌咏传唱；四川省图书馆将全国文化信息资源共享工程管理中心赠送的一批抗震救灾资源送到灾区，在灾民集中安置点迅速建起文化信息资源共享工程基层服务点，引导广大群众科学认识地震、正确防范地震；省文化厅调集抗震防震、受灾自救、震后防疫等科教片，向重灾区配送数字电影放映机，并下拨放映补贴，开展“电影人心系灾区群众”慰问放映活动。陕西省宝鸡市图书馆在建筑倒塌的情况下建成“帐篷图书馆”，在渭河公园等群众密集的防震场所开展书刊阅览、办证等服务，放映录像、电影，印发防震防疫宣传品。及时有效的文化活动和文化服务，为缓解受灾群众紧张情绪、安抚受灾群众受伤心灵发挥了积极作用。四川文物系统在积极开展抗震加固抢险的同时，受灾的文博单位竭尽全力保障开展正常工作，武侯祠、杜甫草堂、金沙遗址博物馆等在“5·18”国际博物馆日就重新开放。

经过顽强奋斗，抗震救灾斗争取得了重大阶段性胜利，灾后重建工作正在全面展开。这场艰苦卓绝的伟大斗争，显示了党和人民的伟大力量，体现了万众一心，众志成城，不畏艰难，百折不挠，以人为本，尊重科学的伟大抗震救灾精神。在这场斗争面前，广大文化工作者经受住了考验，充分说明这是一支值得信赖的队伍，是一支对国家、对人民充满爱心的队伍，是一支富有战斗力的队伍。在这里，我要向全国文化系统的同志们，向灾区坚守岗位默默奉献的文化工作者表达我崇高的敬意。

（二）按照年初的部署，各项文化工作稳步推进

年初的全国文化厅局长会议按照党的十七大和全国宣传思想工作会议对今后一个时期文化建设的总体思路、方针原则和目标任务，结合在全系统开展大调研活动的成果，重点部署了今年7个方面的工作。半年来，面对国内外环境的变化和自然灾害的冲击，各级文化部门在党委和政府的领导下，围绕中心，服务大局，抓住目标不放松，积极统筹协调，稳步推进各项工作，取得了良好的成效。

艺术创作态势良好。以改革开放30周年、新中国成立60周年为契机，各地加强了对艺术创作的规划和引导，一批反映近代以来中华民族奋发图强、争取国家独立民族解放的英勇历程，尤其是讴歌改革开放伟大实践和伟大成就的文艺作品进入创作和打磨阶段。在抗震救灾中，文化部组织艺术家深入灾区体验生活，一批反映抗震救灾题材的艺术作品列入创作计划。

北京奥运系列文化活动丰富多彩。国内140多台优秀剧目，国外及港澳台地区56台剧节目及18个展览项目陆续在京展演，预计共达600余场，是建国以来规模最大、种类最齐的一次舞台艺术的华丽亮相和集中展示，充分映衬了“人文奥运”的理念，为北京奥运会营造了浓厚喜庆和谐的文化氛围。

公共文化服务体系建设取得新成果，重大文化设施建设进展顺利。乡镇综合文化站建设工程、全国文化信息资源共享工程继续推进，中央财政落实乡镇综合文化站内容建设经费2.59亿元，补助地方乡镇综合文化站建设经费两亿元；落实共享工程补助地方专项经费7.73亿元。会同相关部门研究建立农村县乡村公共文化机构正常运行的经费保障机制有了新的进展。全国博物馆、纪念馆向社会免费开放工作按既定计划进行。2008年全国确定列入免费开放试点的博物馆有500余家，截至目前，已有29个省份450余家试点博物馆向社会免费开放，另有200多家未列入试点范畴的博物馆主动免费开放。目前免费开放博物馆的观众人数已突破2300万人次，是去年同期的2倍多。第一次对全国博物馆定级，为83家国家一级博物馆授牌。

文化产业和文化市场管理工作迈出新步伐。命名第二批国家级文化产业示范园区和第三批国家文化产业示范基地，成功举办第四届深圳文博会和中国国际动漫游戏博览会。网吧、娱乐场所技术监管平台建设从试点向面上推开。开展文化市场奥运保障行动，文化市场保持平稳运行。文化市场管理法规取得新进展。

文化体制改革工作也有进展。全国文化体制改革工作会议之后，按照分类指导的方针，制定了文艺演出团体的分类标准，研究提出了文化系统深化改革的指导性意见。

文化遗产保护工作进一步加强。第三次全国文物普查第一阶段工作基本完成，基本实现机构、人员、资金、设备、培训五到位。截至3月末，全国共新发现不可移动文物33281处，复查24293处。国务院批准公布第二批国家级非物质文化遗产名录、第二批国家级非物质文化遗产项目代表性传承人名单和首批《国家珍贵古籍名录》，命名了“全国古籍重点保护单位”。成功举办第三届“文化遗产日”。

对外文化交流取得新的丰硕成果，对港澳台文化交流稳步推进。今年春节在世界主要城市举办的文化品牌活动取得巨大成功；今年除接待来自80多个国家和地区的艺术团组参加奥运重大文化活动外，还接待了5个国家的文化部长来访，签署了10个文化交流计划。在奥运文化活动中，举办上合之夜、阿拉伯之夜、拉美之夜等区域性文化活动。举办第七届中韩文化共同委员会议，出席上合组织文化部长会晤。为博鳌论坛和元首来访组织专场文艺晚会，有力地配合了党政外交。驻外文化中心的工作力度进一步加大。出台了加强对港澳地区文化交流的指导意见，举办了内地春节习俗展演、郑成功文化节等文化交流活动。

其他方面的工作，如政策法规、人才队伍、文化科研、反腐倡廉等方面的工作，也按照计划向前推进。上半年工作进展充分说明，年初制定的工作规划，符合中央的总体部署和文化战线的实际，体现了“高举旗帜，围绕大局、服务人民、改革创新”的指导方针，体现了实事求是的思想路线和求真务实的作风要求，使文化建设与推动经济社会又好又快发展同步向前、协调发展。

二、深入学习贯彻党的十七大精神，坚持用科学发展观统领文化建设和各项文化工作

党的十七大确立要以科学发展观统领经济社会发展全局，要实现文化的大发展大繁荣，必须以科学发展观统领文化建设，必须在文化工作中，全面、深入地贯彻落实科学发展观。科学发展观，是以胡锦涛同志为总书记的党中央立足于社会主义初级阶段基本国情，总结我国发展实践，借鉴国外发展经验，适应新的发展要求提出来的关于发展的世界观和方法论，是对党的三代中央领导集体关于发展的重要思想的继承和发展，是同马克思列宁主义、毛泽东思想、邓小平理论和“三个代表”重要思想既一脉相承又与时俱进的科学理论，是我国经济社会发展的重要指导方针，是发展中国特色社会主义必须坚持和贯彻的重大战略思想。当今时代，文化越来越成为民族凝聚力和创造力的重要源泉，越来越成为综合国力竞争的重要因素，丰富精神文化生活越来越成为我国人民的热切期望。我们要适应我国经济社会发展进入新阶段对文化建设的新要求，反映人民群众对丰富文化生活的新期待，就要全面贯彻党的十七大精神，实现党的十七大提出的推动文化大发展大繁荣、兴起社会主义文化建设新高潮的宏伟目标，要求我们把科学发展观贯穿到文化建设的全过程，切实用科学发展观统领文化建设，指导各项文化工作。

科学发展观，第一要义是发展，核心是以人为本，基本要求是全面协调可持续，根本方法是统筹兼顾。用科学发展观统领文化建设、指导文化工作，就是要把科学发展观的这些基本内涵和基本要求贯彻落实到文化建设和文化工作的具体实践中去。我认为，当前和今后一个较长时期的文化建设要努力符合以下要求。

（一）文化建设要坚持以人为本，服务人民

科学发展观的核心是以人为本，强调一切发展都必须以人为出发点，以人为目的。满足人民精神文化需要，保障人民基本文化权益，让人民共享文化发展成果，是社会主义文化建设的根本目的。文化建设根本上是人的建设，文化工作说到底是做人的工作，促进人的全面发展是文化建设的根本要求。

文化建设坚持以人为本，服务人民，就是要在文化工作中体现执政为民的思想，始终以实现好、维护好、发展好最广大人民的根本利益为本，以提高人民群众的思想道德素质和科学文化素质、促进人的全面发展为本。如果偏离了这个根本方向，不能从人民群众的根本利益出发去谋发展、促发展，保障不了人民群众的物质利益、政治和文化权益，那就谈不上以人为本。

文化建设坚持以人为本，服务人民，要求我们在工作中坚持“二为”方向和“双百”方针，尊重人民的主体地位，发挥人民在文化创造和传承中的主体作用。文化来自人民，人民是文化创造的主体，是文化创造活力的源泉所在。中国特色社会主义，是我国人民历史的选择，只有社会主义才能救中国。文化事业必须坚持为社会主义服务，这与为人民服务是完全一致的。我们所讲的高度的文化自觉，首先是要自觉高举中国特色社会主义的伟大旗帜，坚持走中国特色社会主义道路，坚持中国特色社会主义理论体系，这是新时期文化工作根本和命运之所在。同时我们要适应当代社会发生的深刻变革，在尊重差异中确立主导，在包容多样中坚持主流。要充分尊重群众的创造精神，保护一切创新成果，形成引导有力、激励有效、活跃有序、宽松和谐、不同主体踊跃参与文化创造的机制和环境，推动全社会的创造精神和创造活力竞相迸发、充分涌流，成为推动文化大发展大繁荣的不竭动力。

文化建设坚持以人为本，服务人民，要求文化工作贴近实际、贴近生活、贴近群众，使文艺创作和文化工作植根于人民大众之中。人民创造历史的实践活动，是文艺创作和各类文化事业兴旺发达的源头活水。作为文化管理者，要善于引导、鼓励、支持广大文化工作者深入企业、乡村、社区、军营、校园生活最前沿，从人民群众的伟大实践中汲取思想营养和艺术灵感，激发创作活力，不断创作出深刻反映现实生活，弘扬社会主义核心价值，体现中华民族优秀传统的让人民满意的优秀作品。

文化建设坚持以人为本，服务人民，要求文化工作准确把握人民群众精神文化生活的新要求新期待。随着经济社会的持续快速发展和人民生活水平的不断提高，人民群众文化消费多层次、多方面、多样化的特征更加明显，人们求知、求美的愿望更加强烈，热切呼唤更多高品位、高质量、多姿多彩的优秀文化产品，期盼更加优质，满足个性化需求的文化服务。文化需要人民，人民需要文化。要让文化走出象牙塔、走出文人的小圈子，走向人民大众，走向普通百姓，努力使文化发展成果惠及全体人民。

文化建设坚持以人为本，服务人民，要求充分依靠、调动和发挥广大文化工作者的积极性和创造性。邓小平同志指出，“文艺这种复杂的精神劳动，非常需要文艺家发挥个人的创造精神。”胡锦涛同志强调，文化是最需要创新的事业。我们文化战线的领导要高度重视文化队伍建设问题，必须关心、爱护文化工作队伍，善于团结文化人，和文化人交朋友，大力倡导尊重劳动、尊重知识、尊重人才、尊重创造，努力营造一种能够充分调动各类文化人才积极性、创造性的良好氛围。

文化建设坚持以人为本，服务人民，要求发挥文化塑造人、提升人的素质、培育国民精神的重要功能。文化以人为本，不仅表现在服务人民，满足人的精神需求，保障人民群众基本文化权益，而且表现在教育人、引导人、塑造人，在满足人的需求中提高人的思想道德和科学文化素质。我们必须坚持用社会主义核心价值积极引领社会思潮，用中国特色社会主义共同理想凝聚力量，用以爱国主义为核心的民族精神和以改革创新为核心的时代精神鼓舞斗志，用社会主义荣辱观引领风尚。通过健康的文化产品和文化活动，寓教育于满足人们的文化需求之中，让人们在美的享受中得到启迪，在情感的共鸣中获得教益，形成科学的理想，培养健康的人格，塑造高尚的情操，使人们的道德素质和精神境界在文化和艺术的熏陶中得到提升，成为具有现代人文精神和科学理性精神的“有理想、有道德、有文化、有纪律”的社会主义新人。这是我们文化工作者首要的社会责任和历史使命。

（二）文化建设要着眼于发展，着眼于繁荣

发展是科学发展观的第一要义。发展，对于全面建设小康社会、加快推进社会主义现代化，具有决定性意义。发展对文化建设同样具有决定性意义。贯彻落实科学发展观的第一要义，就是要更加自觉、更加主动地推动文化大发展大繁荣，兴起社会主义文化建设新高潮，把文化建设同经济建设、政治建设、社会建设一道纳入经济社会发展全局。

文化要发展繁荣，必须要充分认识文化建设的重要性、紧迫性。我国已经迈入全面建设小康社会和全方位对外开放的新时期新阶段。全面小康社会是经济建设、政治建设、文化建设、社会建设四位一体协调发展的社会。在4项建设中，文化建设的任务由于历史的欠账比较多而尤其繁重，没有文化的大发展，就没有全面小康社会。从国际环境来看，世界多极化、经济全球化的深入发展，使文化与经济、政治相互交融的程度不断加深，经济的文化含量日益提高，文化越来越成为民族凝聚力和创造力的重要源泉，越来越成为国家核心竞争力的重要因素。在日趋激烈的国际文化竞争中，我们的文化资源优势还没有转化为文化竞争优势，文化产品进出口存在严重逆差，当代文化的国际影响还很有限。随着我国加入世贸组织过渡期的基本结束，国外文化资本、文化企业、文化产品不断进军中国市场，我国文化产业面临的形势将更加严峻。我们必须把文化建设作为中国特色社会主义事业的重要组成部分和发展目标，从提高综合国力、提高国际竞争力和掌握意识形态斗争主动权的战略高度来认识加强文化建设的重要性和紧迫性，谋划文化的更大发展。

文化要发展繁荣，必须要进一步解放和发展文化生产力，提高国家文化软实力。总体上讲，我国文化事业底子薄，过去投入不足，历史欠账较多，文化发展严重不平衡，不但地区之间差别巨大，城乡之间的文化发展差距更为严重，许多地方，特别是基层的公共文化设施严重不足、设备陈旧、文化单位缺乏活力，以及外来文化产品大量涌入，甚至腐朽文化沉渣泛起等问题，从根本上来说，是文化生产力还有待进一步解放。没有文化生产力的解放，文化的发展就会是一句空话。

解放和发展文化生产力，首先要进一步解放思想、转变观念。最重要的是全面领会党的十七大关于发展社会主义先进文化的一系列新观点新论断，全面领会胡锦涛总书记在全国宣传思想工作会议上的讲话和在人民日报社考察工作时的讲话精神，树立新的文化发展理念。要在全社会尤其在各级领导层面树立高度的文化自觉。破除有些领导干部对文化建设忽视、轻视、近视、偏视的观念，克服有些地方片面追求 GDP 的增长，对文化的作用认识不足，当做软任务，没有硬指标；对文化建设只重眼前、忽视长远；文化工作“说起来重要，干起来次要”，文化投入明显不足，基层文化建设薄弱的现象等。要破除在长期计划经济条件下形成的惯性思维，比如，不善于区别不同类型的文化服务和文化产品，把文化只看做公益事业，忽视文化具有产业的属性，把文化产品只看做是产品，忽视文化产品的商品属性；在发展公益性文化服务方面，传统上是吃大锅饭、“等、靠、要”、不会和不敢用市场的办法来配置资源解决发展中的难题，推动文化事业的发展。在发展文化产业方面，重“国办”、“公办”，轻“民办”的思想严重存在，不善和不敢大胆支持和鼓励民办的、多种所有制文化企业的发展，不善运用资本市场来推动文化产业发展，也是普遍存在的现象。要破除忽视新科技革命对文化发展的复杂影响的情况。正确应对科学技术迅猛发展，信息化社会环境下，高新技术对传统文化艺术领域提出的严峻挑战，高度重视运用高新技术，积极主动引领高新技术催生的新的文化业态，重视动漫、游戏、娱乐和网络文化的迅猛发展，推动文化领域的科技创新。在文化管理理念上，要改变行政命令的思维定式，树立依法行政、科学行政的观念，努力使政府文化部门的工作重心由“办文化”向为文化发展创造良好环境，提供优质服务转变。要着力创新文化管理机制，改变较为单一的管理手段和方式，逐步实现从行政管理手段为主到运用行政、经济、法律等多种管理方式并重的转变。

解放和发展文化生产力需要大力推动改革创新。突破妨碍文化发展的体制机制的障碍，建立起符合文化发展规律和市场经济发展要求的宏观文化管理体制与富有活力的微观运行机制，是文化发展的不可缺少的体制保障。30年的改革开放，社会主义市场经济体制的初步建立，使文化发展的环境和条件发生了深刻变化，凸显了原有文化体制与不断发展变化的经济基础和体制环境不相适应的问题。最突出的问题是把经营性文化产业混同于公益性文化事业，政府统包统揽，应该由政府主导的公益性文化事业长期投入不足，应该由市场主导的经营性文化产业长期依赖政府。结果既影响文化事业的发展，又制约了文化产业的繁荣。根据社会主义精神文明建设的特点和规律，适应社会主义市场经济发展的要求，深入推进文化体制改革，使文化体制与经济体制、政治体制、社会管理体制相适应，是促进社会主义文化发展的基本要求和根本条件。所以，我们对文化体制改革要坚定不移。要加强公共文化服务体系建设，把公共文化服务体系建设放在全局工作的重要位置，切实加强领导，建立健全工作机制，加大投入力度，完善投入机制，加强队伍建设，健全服务网络。发展公益性文化事业是保障人民基本文化权益的主要途径，也是政府文化部门的最主要的职能和责任。要大力发展文化产业。发展文化产业是市场经济条件下繁荣文化、满足人民群众精神文化需求的重要途径。要实施文化产业项目带动战略，加快文化产业基地和区域性特色文化产业群建设，培育文化产业骨干企业和战略投资者。要把文化体制改革与文化创新紧密结合起来，以改革促创新、促发展，在时代的高起点上推动文化观念、内容、形式和文化体制机制、传播手段和文化科技的创新。胡总书记在八次文代会上指出，要全面贯彻党的文艺方针政策，充分发扬艺术民主和学术民主，坚持社会责任和创作自由的统一，弘扬主旋律和提倡多样性的统一。我们要努力营造有利于出精品、出人才、出效益的环境，要大力推进文艺风格、流派的积极创新，推进文艺体裁、题材、形式的充分发展，创作更多具有中国风格、中国特色、中国气派的优秀作品。

（三）文化建设要坚持统筹兼顾，实现全面协调可持续发展

科学发展观，基本要求是全面协调可持续，根本方法是统筹兼顾。只有做到统筹兼顾，才能实现文化的全面协调可持续发展。

推动文化的可持续发展，要牢固树立重在建设的思想，聚精会神搞建设，一心一意谋发展。重视文化资源的开发利用，重视文化资源的科学配置；重视文化事业的当前发展与长远规划的协调与衔接，重视文化事业与其他各项事业的平衡互补。文化建设是一种在积累中发展，在发展中创新的渐进过程。要防止和警惕急功近利的思想，避免以运动的方式搞文化，还要防止对文化资源的破坏性开发，竭泽而渔。促进文化资源和文化生态环境保护的良性互动，防止盲目的、破坏性的开发，应当成为社会的共识和决策的依据。要以求真务实的态度，从国家和人民的根本利益出发，从社会主义初级阶段的基本国情出发，遵循文化发展自身的规律，扎实推进文化建设。

统筹兼顾是科学发展观的根本方法，也是促进文化科学发展的根本方法。我们要针对当前文化建设存在的不平衡不协调的问题和薄弱环节，善于用统筹兼顾的思路和方法，逐步加以解决。

要统筹兼顾文化发展与经济发展。建设中国特色社会主义，必须坚持以经济建设为中心，其他各项工作都服从服务于这个中心。这是毫无疑问的，过去30年的经验证明了这个观点。同时，经济发展、政治发展、文化发展和人的全面发展是相互联系、相互影响的。我们要深刻理解文化发展与经济发展的辩证关系，既不能认为经济建设上去了，文化自然而然也会上去；也不要仅仅把文化当做经济建设的陪衬，当然，更不能脱离经济建设，搞所谓的“文化革命”。经济建设为文化建设奠定物质基础，文化建设为经济建设提供思想保证和智力支持。在全面建设小康社会的四位一体的格局中，政治建设、经济建设、社会建设和文化建设是互为因果、互为前提、缺一不可、不可偏废的。处理好四位一体格局，是统筹兼顾的首要任务。

要统筹兼顾区域文化发展。我国社会主义初级阶段发展的不平衡，在文化领域十分明显和突出，首先是地区不平衡。东部、中部和西部，北方和南方，文化发展的不平衡是非常明显的。要进一步加大对欠发达地区文化事业的投入，积极协调发达地区对不发达地区文化对口支援，加快开发利用欠发达地区的文化资源，逐步缩小地区在文化事业发展方面的差距，解决不同地区公共文化服务不均衡的问题。欠发达地区尤其要在为文化发展创造更加良好的政策环境方面多作努力，加快软环境的建设，以吸引人才、资金以及项目，培育和发展文化市场，这是缩小地区文化发展差距的重要途径。

要统筹兼顾城乡文化发展。目前，我国城乡二元经济结构的特征仍很突出，农业基础薄弱。近年来，文化投入虽然逐年大幅增长，但由于欠账太多，基础薄弱，文化投入不足，文化设施落后等问题普遍存在，尤其是农村公共文化的投入严重不足，大部分农村地区文化设施仍较落后，农民文化生活相对贫乏。我曾经对外宾讲，如果你只到北京、上海、深圳、广州，你了解的不是完整的中国，到中西部地区看一下，就会发现巨大的差别，城乡差距非常明显。城乡文化差距不是在缩小，而是在扩大。我们这些年的文化投入增长幅度应该是不小的，但是在相当一部分地区的文化投入主要用于城市的大剧院、博物馆等大设施，真正用于农村和基层的还比较少。统筹兼顾城乡文化发展，要把公共财政的文化投入、文化设施建设和建立保障机制的重心下移，放到农村基层，尤其是贫困山区、边境地区和少数民族地区，并逐步建立以城带乡、城市文化辐射和服务农村的机制，改变农村文化落后的面貌。这是本届政府文化建设方面的基本任务。

在城市，在建设标志性的现代化的大型文化设施的同时，要把文化建设的重点放在社区文化建设上，高度重视与人民群众日常生活密切相关的基本文化服务和能最大程度吸引各阶层群众广泛参与的群众文化活动，为文化的大发展、大繁荣奠定深厚的社会基础。

要统筹兼顾文化事业和文化产业的发展。发展文化事业是保障人民基本文化权益的主要途径，发展文化产业是市场经济条件下满足人民群众精神文化需求的重要途径。要坚持党的十六大以来形成的一手抓公益性文化事业，一手抓经营性文化产业的基本思路，坚持以政府为主导，社会广泛参与，加快发展公益性文化事业，满足人民群众基本的文化需求。同时，政府通过规划和政策导向，充分发挥市场配置资源的基础性作用，引导支持文化企业在市场竞争中发展壮大，加快发展文化产业，努力打造有市场竞争力的文化企业集团，建设多种类型、多种门类、多种业态的文化产业园区和基地，满足人民群众多方面、多层次、多样性的精神文化需求，提升我国文化企业在国际文化市场上的竞争力。

要统筹兼顾不同人群的文化需求。作为新时期新阶段的一个显著特征，人们思想活动的独立性、选择性、多变性、差异性明显增强，因此文化建设既要尊重差异、包容多样，又要抵制各种错误和腐朽思想的影响；既要弘扬主旋律，又要提倡多样化。高雅艺术和通俗艺术都要有充分的发展空间，确保主流文化的主导地位，也要包容多样文化，给流行、时尚等文化提供发展空间，照顾不同人群不同的健康情趣和欣赏要求，满足人们个性化的文化消费需求。特别关注未成年人、老年人、农民、农民工、残疾人、低保家庭等社会成员的文化需求和文化消费问题，采用政府购买、补贴等方式向城乡基层、低收入和特殊群体提供免费文化服务；推进国有博物馆、革命纪念馆、图书馆等公共文化设施逐步向社会免费开放；支持国有艺术院团、影剧院每年安排一定场次主要面向低收入居民的低价演出和免费放映等，满足他们的基本文化需求。

要统筹国内国际两个大局，统筹兼顾文化“引进来”与“走出去”。不同国家、民族、地区之间的文化交流是文化发展的重要途径。加强我国文化软实力建设，对内增强民族凝聚力和向心力，对外增加国家亲和力和影响力。我们要坚持从我国国情出发，坚持以我为主，为我所用，主动引进、吸收、借鉴国外文化的优秀成果，为建设中国特色社会主义文化服务；要让中国的优秀文化走向世界，多层次、多渠道、全方位地向世界展示中华文化的独特魅力，展示中国和平、发展、文明、民主、开放的良好形象，让世界更好地了解中国，扩大中华文化在国际社会的影响力。我们要坚持走中国特色社会主义文化发展道路，在文化观念上不照搬照抄，在发展模式上不简单模仿，确保国家的文化安全。

要统筹兼顾继承和创新。中华文明是世界古代文明中始终没有中断、连续五千年发展至今的文明，中华民族独具特色的文化传统，深深影响着当代中国，中华文化是中华民族生生不息、团结奋进的不竭动力。我们要弘扬中华文化，建设中华民族共有的精神家园。要坚持继承和发扬优秀传统文化，同时要不断剔除传统文化中的糟粕，去粗取精，去伪存真，要坚持扬弃的观点，不能不加区分地把凡是传统都加以保护和传承。优秀传统文化的保护和继承，既是对各民族文化之根的追溯，也为现在与未来的文化发展提供了丰富的资源。不断创新是文化传统得以延续和发展的决定性因素。任何一种优秀的文化传统，只有随着时代的前进，不断地扬弃、改造和更新，与当代社会相适应、与现代文明相协调，保持民族性，体现时代性，才能保持其旺盛的生命力。在科技迅捷发展、社会急剧变化的当代，兼顾优秀传统文化的继承和当代文化的创新，社会主义的新文化就能既有历史的厚重，又充满活力和勃勃生机。锦涛同志指出，“推进文化发展，基础在继承，关键在创新”。我们要研究如何更好地贯彻落实这个重要的指导方针，实现文化继承与创新。要采取严肃的对历史负责的态度来对待优秀传统文化的保护和继承，要让优秀传统文化与现代社会相适应，使传统文化中积淀的优秀精神文化遗产为现代生活服务，同时博采众长，推陈出新，解放思想，与时俱进，在发展中继承，在继承中鼓励创新，使之适应现代社会和现代人精神生活的需要。

三、围绕大局，抓住重点，突破难点，推动文化大发展大繁荣

在省区市和中央部门主要负责同志会议上，胡锦涛总书记从保障和改善民生的角度，提出要大力发展文化事业，切实解决好人民最关心、最直接、最现实的利益问题。上半年，文化工作稳步推进，取得了较好的进展。但是，面临新的复杂形势和大局的要求，任务还相当重，需要我们围绕大局，锐意进取，抓住重点，突破难点，着力从两个层面，使各项工作迈上新台阶。

从近期来看，迫在眉睫的是要抓好地震灾区灾后文化重建的相关工作，办好配合北京奥运、纪念改革开放30周年、新中国成立60周年的重大文化活动。关于灾区文化重建工作，要根据中央提出的“举全国之力”抗震救灾的总体部署，坚持科学规划、分步推进，坚持“硬件”与“软件”相结合、输血与造血相结合、当前与长远相结合，以更加顽强的精神、更加迅速的行动、更加密切的配合，保质保量完成中央交给的任务。一是要做好对口支援指导工作。各地文化部门要在党委、政府的统一领导、统一指挥下，积极主动工作，将灾区文化重建工作纳入灾后重建规划，按照重建条例和文化基础设施建设的标准，逐项予以落实。支援方文化部门要积极争取将文化重建纳入对口支援方案，受援方文化部门要积极争取落实文化项目。今明两年，文化项目专项资金使用安排上向灾区倾斜。二是要支持灾区做好安置过渡期公共文化服务工作。要尽快在灾民安置点建设过渡性综合文化站，为重灾区县文化部门配置流动文化车和图书，尽快恢复灾区公共文化服务。在确保安全的情况下，尽快在灾民安置点等地组织开展公益电影放映、图书借阅服务，建设文化信息资源共享工程站点等，这对于对灾区群众进行精神抚慰、心理疏导、理顺情绪、稳定社会具有重要作用，要高度重视，迅速落实。三是要积极抓好灾区文化遗产保护工作，编制规划，抓好世界文化遗产都江堰古建筑群抢救维修，做好藏羌碉楼及村寨的保护维修工作，抓紧开展非物质文化遗产保护工作，同时论证并规划地震遗址博物馆的筹建工作和羌族文化生态保护区的建设问题。四是要研究制定灾区文化市场恢复经营、吸引投资的相关税费政策，指导灾区娱乐、网络、电影、音像、演出、艺术培训、美术、动漫、书刊、文物等各类文化市场尽快恢复生产，服务灾民。同时加强文化市场监管，确保灾区文化市场健康有序。五是要积极组织慰问演出和抗震救灾题材文艺创作。按照中央的部署和要求，组织文艺团体深入灾区慰问演出，用文艺来抚慰伤痛、振奋精神、凝聚力量；组织艺术家到一线感受人民群众和子弟兵在抗震救灾的伟大斗争中所表现出来的可歌可泣的英雄壮举和感人至深的人性之光，用文学艺术的形式生动反映在抗震救灾和灾后恢复重建中涌现出的感人事迹，讴歌伟大的抗震救灾精神，努力创作出一批感人至深、催人奋进的优秀文艺作品。

关于重大文化艺术活动，当前重点是善始善终地组织好北京奥运的各项文艺活动，保证安全和质量。集中精兵强将启动创排大型音乐舞蹈史诗“复兴之路”的筹备工作。中央宣传思想工作领导小组已经批准建立“复兴之路”的领导小组和主创队伍，近期就要启动筹备工作。要与中央纪委尽心尽力地联合办好首届全国廉政文化大型书画展览，把它作为一项创新工程来抓。规划组织创作一批围绕纪念改革开放30年和新中国成立60周年的优秀作品。要与有关地方密切合作，办好第十届亚洲艺术节、全国农民歌会、第二届中国诗歌节、第十届上海国际艺术节、中国农民艺术节等活动。各地也要策划组织好当地的重要艺术活动。

在做好以上当前工作的同时，我们还要着眼长远，面对新的复杂形势和大局的要求，进一步振奋精神，锐意进取，围绕大局，抓住重点，突破难点，使各项工作迈上新台阶，兴起文化建设新高潮，推动社会主义文化大发展大繁荣。我们要着力在以下几个方面进行深入地思考并在实践中付出巨大的努力。

（一）大力推进和深化文化体制改革

今年4月，全国文化体制改革工作会议要求宣传文化系统进一步统一思想、提高认识、加大力度、加快进度，推动文化体制改革取得新的实质性进展。这次会议明确提出，改革既要有路线图，又要有时间表，中央文化部门要加强对本系统改革的指导，抓紧制定分步推进改革的具体规划，明确工作进度，细化目标任务和实施步骤，把原则要求转化为实实在在的工作措施，特别要在推动直属单位的改革上取得新突破。各级文化部门要认真贯彻落实全国文化体制改革工作会议精神，进一步提高对文化体制改革必要性、紧迫性的认识，把思想统一到中央的要求和部署上来，坚定不移、积极稳妥地推动文化系统体制改革工作深入进行。

一要抓好艺术表演团体的改革。这是文化系统改革的一个工作重点。艺术表演团体的改革，总体上要按照中发〔2005〕14号文件要求，结合党的十七大、全国宣传思想工作会议和全国文化体制改革工作会精神，区别对待，分类指导，大力推进。要推进国办艺术表演团体布局结构调整，在保留一部分事业体制艺术表演团体的同时，大胆探索、有序推进国有艺术表演团体的转企改制，总结各地“一团一策”的经验，成熟一个转制一个。要坚持两手抓，一手抓国有艺术表演团体的改革发展，一手抓民营和多种所有制的艺术表演团体的引导规范和发展。这次会上发了一个深化文化体制改革的征求意见稿，请大家讨论，充分发表意见。

二要深化事业单位改革。通过改革建立文化投入的制度性保障体系，改善投入方式，采取政府购买、项目补贴等办法，确保公共文化服务机构为群众提供免费或廉价的公共文化服务。切实规范文化事业单位的经营行为，确保经营活动符合国家政策、经营收入用于事业发展。继续推进公益性文化事业单位内部机制改革，创新公共文化服务手段和方式，提高公共文化服务水平，建立健全政府对公共文化机构绩效评估考核体系。

三要大力推进经营性文化单位转企改制。要加快文化系统演出展览中介机构、影剧院、电影公司、音像类机构的转企改制步伐。关于经营性文化单位转企改制思路很明确，各地的改革经验也很丰富，下一步各地要按照中央的要求明确改革的具体进程。

四要继续推进文化市场综合行政执法改革。要按照中办发〔2004〕24号文件精神，切实履行好国务院赋予文化部门管理文化市场综合执法的新职能，加快推进副省级城市和地市级以下相关部门执法力量的整合，提高执法队伍建设水平和市场监管的科技化、信息化水平。

五要加强改革经验总结和典型推广工作。各级文化部门要及时掌握改革过程中创造的好做法，通过媒体宣传、专题研讨、现场交流等多种方式，推广典型。要把推广典型经验同解决重点难点问题结合起来，同完善相关政策结合起来，努力把典型经验转化为推进改革发展的工作思路。文化部准备选择一些试点地区和单位作为联系点，各级文化部门也可以确立自己的联系点，及时跟踪它们的改革进程，帮助解决实际问题，不断总结新鲜经验，更好地推动改革。

六要落实完善改革的配套政策。重点是推进文化单位转企改制的激励保障政策，妥善处理改革成本的支付，企业与事业单位社会保障待遇的衔接等问题。推进支持文化发展的政策，包括建立文化事业财政投入的保障机制，健全文化产业投融资政策和财税政策，完善鼓励捐赠的税收优惠政策等。要发挥中央和地方两个积极性，鼓励各地从实际出发，有政策上的突破。目前，财政部正在牵头研究制定公共文化服务的保障机制，希望各地文化部门要积极配合财政部门做好工作，积极主动地提出意见和建议。

（二）大力推进公共文化服务体系建设

加强公共文化服务体系建设，让全体人民共享文化发展成果，是转变政府职能、建设服务型政府的必然要求，是我们党“立党为公，执政为民”宗旨的体现，是提高党的执政能力的必然要求，也是提升我国软实力、增强整体竞争力的要求。加强公共文化服务体系建设的目标是保障和实现公民基本文化权益，促进人的全面发展，提高全民族的思想道德素质和科学文化素质。在公共文化服务体系的建设中，各级文化工作者要树立几个观念：一是以人为本的观念，把公共文化服务上升到保障民生的高度，要让公共文化服务融于百姓生活，成为提升公民生活质量的一个重要指标。二是主动服务的观念，鼓励公共文化单位积极拓展服务渠道和范围，努力改进服务方式，不断提高服务能力。三是可持续发展的观念，不仅重视公共文化设施硬件的建设，还要重视软件也就是服务质量的提高，使文化设施真正地发挥应有的作用，使人民的文化权益落到实处。具体工作中，要着重解决好以下几个问题：

一是要准确把握当前公共文化服务体系建设现状和存在的问题，采取有效措施，加快国家、省、市、县（区）、乡镇（街道）、村（社区）六级公共文化设施网络的建设。要把建设的重点放在基层、放在农村、放在社区。要充分利用全国文化信息资源共享工程这个平台，形成资源丰富、技术先进、服务便捷、覆盖城乡的数字文化服务体系。

二是研究和界定公共文化产品及服务的范围、标准，明确财政公共文化服务经费投入的范围、标准、方式、重点。配合财政部门建立公共文化服务体系财政保障机制，提高财政投入效率。建立乡镇综合文化站设备配套资金。继续实施好全国文化信息资源共享工程、送书下乡、流动舞台车工程等重点文化工程和项目，加大公共文化资源覆盖的力度。

三是建立健全对公共文化服务体系的绩效管理与评估体系，提高公共文化产品与服务供给能力。研究制定图书馆、文化馆、博物馆、文化站等业务规范和服务质量标准，健全公共文化机构绩效评估考核体系，促进公共文化服务的规范化和制度化，促使其更好履行公共文化服务职能。将公共文化服务体系建设纳入各级领导干部的考核指标，纳入各地经济社会发展规划，纳入公共财政预算、扶贫攻坚计划，作为评价地区发展水平的重要内容。

四是坚持公共文化服务实施主体的多元化，坚持政府主导，社会参与。在我国现行的文化行政架构下，公共文化服务实施主体主要包括三大类：第一类是公共文化服务的决策机构，即各级党委（主要职能部门是宣传部门）和政府，文化、广播电视、新闻出版、文物等行政管理部门。第二类是公共文化服务的执行机构，即政府财政拨款设立的具体实施公共文化服务机构，包括公共图书馆、博物馆、美术馆、文化馆、文化站（文化活动中心），国办艺术表演团体和艺术教学科研机构，公共电台、电视台、重要报刊等媒体。第三类是社会举办的非营利性文化服务机构。目前，社会参与公共文化服务的程度还远远不够。要进一步完善鼓励社会参与公益文化事业建设的政策，包括社会捐赠公益文化事业和举办公益性文化机构的政策措施。

（三）积极发展文化产业，大力推进以网络文化为重点的文化市场体系建设

认真总结近年来我国文化产业的发展经验，认真探索文化产业的自身规律，利用规划、政策、法律、经济和行政等多种杠杆，努力协调文化产业又好又快发展。进一步落实和完善国家文化产业政策，不断拓宽文化产业投融资渠道；重点培育和发展一批实力雄厚、具有较强竞争力和影响力的大型骨干文化企业与文化战略投资者；实施重大文化产业项目战略，加快文化产业基地和区域性特色文化产业群建设，发挥文化产业的集聚效应；积极开辟国内国外两个市场，学习和吸收国外文化的优秀成果，开展形式多样的对外文化交流活动和文化产品与服务贸易，改变文化产品进出口不平衡的状况。积极贯彻落实胡锦涛总书记在全国宣传思想工作会议上关于“运用先进技术传播先进文化，积极发展中国特色网络文化”的要求，大力发展具有良好前景的网络、游戏、动漫、流媒体等新兴文化产业，运用高新技术创新文化生产和传播方式，培育新的文化业态。一方面，统筹传统文化市场与新型文化市场，积极推动网络数字技术与传统文化艺术生产方式和传播方式的结合，大力提高网络音乐、网络游戏、网络动漫等的原创水平，提升文化生产力和传播能力，促进网络文化产业又好又快发展；另一方面，大力发展产权、资本、信息、技术、人才等要素市场，建立完善演艺、艺术品和网络音乐、游戏、动漫等文化市场门类的财政、税收、投融资、信贷、资产评估等政策，建设文化产权交易市场，积极拓宽生产、流通渠道，完善文化市场体系，提供更加丰富的文化产品和服务；再一方面，充分利用信息、网络和多媒体技术，提升文化市场监管的科技化、信息化水平，在职责范围内加强对互联网营业服务场所、网络游戏等传统和新型文化市场监管，有效防范和遏制有害信息通过互联网或其他渠道传播，切实维护文化市场秩序，保护知识产权，为文化产业健康发展提供良好的外部环境。

（四）大力繁荣文艺创作

繁荣文艺创作，多出精品佳作，多出优秀人才，是实现社会主义文化大发展大繁荣的坚实基础和重要标志。创作优秀文艺作品，不仅是艺术家的神圣使命，也是政府主管部门工作的重要职责。文化部门的同志们应该遵循艺术规律，适应市场规律，树立正确的政绩观，用科学发展观来指导文化决策，充分调动广大艺术家和文化工作者的积极性和创造精神。

一是要尊重艺术家的创作个性和创造性劳动，努力营造有利于多出精品佳作、多出杰出人才的宽松和谐的环境。要引导当代文艺创作既善于继承又勇于创新，谦逊面对优秀传统，敏锐把握时代脉搏，将传统文化的根基融入现代审美中，保持民族性，体现时代性；积极学习和借鉴世界各国人民创造的文艺成果，博采众长，兼收并蓄。鼓励艺术家在创作实践中解决现实题材“创作难”的问题，要包容试验，哪怕是“试错”。在创作上不横加干涉，不粗暴指责，更不为塑造“政绩工程”而左右艺术创作。在政治上充分信任，生活上真诚关怀，为文艺创作营造宽松的舆论氛围，以宽广的胸怀包容艺术家的创作。环境问题，至关重要。

二是要善于通过理论指导、政策引导、资金扶持、荣誉奖励、组织艺术活动等多种方式，引导艺术家坚持“二为”方向、“双百”方针和“三贴近”原则，关注人民群众审美需求和艺术选择，尊重各社会群体的利益诉求，体现和传达人民群众的思想、感情、愿望和理想，创作出更多体现社会主义核心价值体系精髓、深受人民欢迎、具有时代精神的优秀艺术作品，使我们的文化艺术生产真正成为有效供应，与全社会多层次多方面的文化需求形成供需两旺的良性循环。要切实加强和改进文艺评论工作，不断增强文艺评论的针对性、实效性、公正性、客观性和权威性，发挥好文艺评论在引领艺术创作价值和审美取向、提升群众艺术鉴赏水平、弘扬社会主义核心价值观念、纠正不良创作倾向等方面的积极作用。要进一步改革和完善文艺评奖和文艺活动的组织方式，通过评奖引导文艺创作取向，促进优秀青年艺术家脱颖而出。要在重视艺术创作的同时关注优秀文艺作品演出环节，切实逐步解决困扰和制约当前优秀文艺作品演出的不利因素，不断增加优秀文艺作品的演出场次。通过政府购买等方式，面向不同所有制的所有艺术院团，扶持他们的公益性演出活动。此外，还要关注、引导、支持地方和基层剧团、民间剧团，使之为繁荣文艺创作作出贡献。

（五）加大对外文化交流的力度，提升中华文化的国际影响力

文化是一个国家综合国力的重要体现，具有强大的影响力和渗透力，是国家软实力的核心组成部分。加强文化交流，以创新的思维开辟文化交流的新途径，开创新局面，是提高国家软实力，提升中华文化国际影响力的战略举措。要坚持政府主导，社会广泛参与，整合各种文化资源和力量，充分运用中华文化的优势，积极开展对外文化交流活动。要继续配合总体外交，发挥文化独特作用，官民并举，发挥中央和地方两个积极性，请进来，走出去，动起来，活起来，不断扩大对外文化交流的规模、层次、效益。要大力开展文化产品贸易，鼓励文化企业参与国际文化市场竞争。既要打造一批具有国际市场竞争力的外向型骨干文化企业，培育一批实力雄厚的对外文化交流中介机构和文化经纪人，又要积极与国际知名文化机构、文化企业开展合作，努力扩大我国文化产品和服务在国际文化市场上的份额。要着眼长远搞好海外中国文化中心的建设。要研究制定今后一个时期对外文化交流工作战略规划，提出目标、任务和工作重点，全方位开展对外文化交流。进一步规范对外文化交流的管理和秩序，尽快制定相关条例，健全对外文化交流部际协调机制和区域协调机制，形成对外文化交流工作的合力，构建大文化交流的新格局。

（六）大力完善文化政策法规体系

完善文化政策，加强文化立法，形成科学配套的文化政策法规体系，提高政府行政部门依法行政的能力和水平，是推进文化大发展大繁荣的重要保障。

要加快制定促进文化事业和文化产业发展、加强文化市场监管、完善公共文化服务体系和促进对外文化交流等方面的法律法规。推进《非物质文化遗产保护法》、《艺术品管理条例》、《对外文化交流条例》、《外国文化中心登记管理暂行规定》等法律法规的立法进程，及时将《公共图书馆法》提到议事日程。推动文化领域依法行政，促进政府职能转变和管理方式创新，重点加强宏观调控和实施依法监管，切实履行公共管理和公共服务职能。严格执行《行政许可法》，进一步深化行政审批制度改革，减少行政审批项目，规范行政审批行为，明确执法权限，规范执法程序，落实行政执法责任制、行政执法评议考核制、行政执法过错责任追究制等各项制度。要完善各类文化经济政策，支持文化事业和文化产业发展。

（七）大力加强文化队伍建设

宏伟大业，人才为本。高素质文化人才是先

进思想和先进文化的创造者和传播者，是坚持先进文化前进方向的中坚力量，是增强文化竞争力的源动力。必须把文化人才队伍建设放在文化发展总体布局中的首要位置，牢固树立人才资源是第一资源的观念，努力形成促进文化人才成长的良好机制，为繁荣文化事业、发展文化产业提供强大的人才支持。

一是提高文化系统党政干部队伍和管理队伍素质。按照政治坚定、求真务实、开拓创新、勤政廉政、团结协作的要求，切实加强文化行政部门、文化企事业单位的领导班子思想政治建设，建设坚强有力的领导集体。以加强思想政治素质和文化行政能力为核心，着力解决文化行政人才的理想信念、政治方向、大局观念、全局意识等根本问题，大力提高文化行政人才科学判断形势的能力、驾驭文化建设发展的能力、应对复杂局面的能力、依法行政的能力。

二是形成多层次的文化艺术专业人才梯队。以培养高层次文艺人才为抓手，扶持德艺双馨的著名艺术家和表演艺术、美术创作、文艺理论研究、文化科研等方面专业拔尖、成绩突出的文艺名家和学科带头人。加大优秀青年人才的培养力度，增强文艺人才队伍的活力和发展后劲。对文艺编导、文艺创作等人才短缺的领域，加大培养和引进力度。逐步建立文化艺术专业人才社会化评价体系。完善专业技术职务聘任制，促进人才资源合理配置和有序流动。建立文化艺术人才库。要建立文化艺术界的国家荣典制度，对为我国文化艺术事业发展作出重大贡献的资深艺术家，以政府名义授予其相应的荣誉称号或颁发相应奖项。

三是培养一批既懂文化、又懂市场、具有较高管理水平的文化经营管理人才。一方面通过市场发现、培育和砺炼文化经营管理人才，另一方面加强经营管理人才和文化产业高新技术人才专项培训，促进文化艺术经营管理和技术人才专业化、职业化。吸引海外高级经营管理和高新技术人才。建立经营业绩和综合管理能力相结合的经营管理人才评价体系。采取共建、合作等方式，建立若干个国家文化产业人才培养基地。现在，这方面的人才是最缺的。我们的文化人不善经营，搞经营的不大懂文化，怎么使两者更好地结合，形成一批适应社会主义市场经济需要，又适应社会主义文化大发展大繁荣的文化经营管理人才是一个紧迫的任务。

四是建立一支适应新时期文化建设需要的基层文化工作者队伍。建立健全基层文化馆、图书馆和乡镇（街道）文化机构的工作岗位规范，逐步实行工作人员从业资格制度，不断提高基层文化工作者的专业化水平和综合素质，包括这支队伍的管理归属等都是需要我们研究的问题。我们在加强基层公共文化服务体系建设的同时，要把基层公共文化服务者队伍建设提到议事日程上来，认真研究用什么样的体制、机制、标准、资格、管理规则，来规范这支队伍，真正使我们的基层公共文化服务站点可持续发展，真正发挥为广大农民群众服务的作用。加大对西部、农村、边远地区和少数民族地区文化人才队伍培养的支持力度，积极培养农民文化骨干，充分发挥民间艺人、文化能人在活跃农村文化生活、传承发展民间文化方面的作用。

五是建立健全文化法制机构和队伍。充分发挥法制机构在依法行政方面的参谋、助手和法律顾问作用。不断增强文化法制机构工作人员政治和业务素质，努力提高工作能力和水平，为文化立法、行政决策、纠纷处理和法制宣传教育提供服务。

其他方面的工作，如文化遗产保护、文化市场管理、文化科技工作等在年初的厅局长会议上有明确的部署，要继续向前推进，在这里就不一一论述了。

同志们！2008年是一个特殊的年份。但是，灾难压不垮历经磨难而百折不挠的中国人民。多难兴邦。广大文化工作者更要意识到肩负的历史责任。我们要紧紧团结在以胡锦涛同志为总书记的党中央周围，以大局为重，以人民利益为上，以改革为动力，以发展为目的，始终坚持解放思想、与时俱进，开拓创新，以更加负责的精神、更加扎实的工作，把文化建设的各项事业不断推向前进。

在四川文化系统灾后恢复重建座谈会上的讲话

文化部部长　蔡　武

（2008年6月30日）

这次到四川来实地考察，参加都江堰文物修复工程开工仪式，我对地震造成的危害、受灾群众的安置和恢复重建家园工作有了实际的感受，对四川文化、文物系统广大干部职工面对灾难不屈不挠、奋起自救，积极恢复生产、重建家园的奋斗精神，感到由衷的敬佩。在此，我代表文化部向英勇顽强的四川灾区文化系统干部职工，表示崇高的敬意！

一、关于全国及四川等地震灾区文化、文物系统积极开展抗震救灾及灾后恢复重建工作情况

“5·12”汶川大地震使四川、甘肃、陕西、重庆、云南等地文化文物系统生命财产遭受重大损失。据统计，截至6月12日，5个受灾省（市）文化文物系统直接经济损失超过130亿元。文化局、文化馆、图书馆、影剧院、乡镇综合文化站等文化场馆及其设施毁损严重。文化设施因倒塌、严重受损和一般破坏造成的直接经济损失达18.63亿元，其中四川损失15.76亿元；设备损失26.60亿元，其中四川损失25.91亿元。文物和非物质文化遗产损失无法用价值来计算，按照修复、恢复重建所需费用测算，约需87.02亿元。此次受灾最严重的北川、汶川、茂县是羌族聚居区，大部分城乡建筑倒塌，现存的羌族文物、非物质文化遗产实物和普查资料严重损失。

地震发生以来，全国文化系统根据中央统一部署，结合文化工作实际，迅速行动起来，全力投入抗震救灾，以慰问、捐款、捐物、义演、捐书画、义拍、文艺创作等各种方式积极投身抗震救灾，灾区广大文化工作者积极自救，开展了富有成效的工作，目前抗震救灾斗争取得了重大阶段性胜利，进入灾后安置和恢复重建阶段。

（一）全国文化、文物系统全力支援灾区文化系统抗震救灾和灾后重建

5月14日以来，按照中央的统一部署，文化部先后召开党组会、部务会和部长办公会10余次，及时研究部署文化系统抗震救灾及灾后恢复重建工作。5月23日成立文化部抗震救灾协调小组，统筹协调全国文化系统支援抗震救灾工作。根据国务院抗震救灾总指挥部灾后重建规划组的统一部署，5月30日又成立文化部灾后重建规划指导小组，将灾区的文化重建争取纳入到中央和地方灾后重建规划，统一安排。周和平、赵维绥、单霁翔等部领导多次赴灾区慰问文化文物系统干部职工，实地察看文化文物系统受灾情况，对口指导灾区抗震救灾和灾后恢复重建工作。5月20日，江苏省文化厅在全国率先发出《倡议书》，倡议东部地区文化部门尽最大努力对口支援灾区文化系统。文化部当天即予转发，号召全国文化系统迅速行动、支援灾区。各地文化部门积极响应，全力支援灾区文化部门。截至6月5日，文化部机关及直属单位、31个省（自治区、直辖市）文化厅（局）及省直文化单位、新疆生产建设兵团文化局共向地震灾区捐款29.1762亿元，其中文化部机关及直属单位捐款8518.43万元，各地文化系统捐款28.3244亿元。在捐赠款物中，文化系统及广大干部职工直接捐款8455.78万元，通过义演、义拍等形式募集善款28.33亿元。在所有捐赠款物中，直接向灾区文化系统捐赠款物1448.04万元。

文化部充分发挥自身优势，积极开展义演、义捐书画等活动。5月16日，文化部团委承办（中央国家机关团工委、中央国家机关青联主办）“中国，挺起脊梁”抗震救灾义演。5月18日，文化部与中宣部等九部门共同主办“爱的奉献”2008宣传文化系统抗震救灾大型募捐活动，募集善款15.1429亿元。根据中宣部统一部署，5月23日，文化部组派艺术家小分队赴灾区进行为期两周的体验生活，积累创作素材。6月23日又派出两个演出队赴四川灾区慰问演出。同时积极协调有关社会捐助单位搞好定向捐助，为灾区文化重建提供更多的支持和帮助。5月30日，文化部与民政部中国社会工作协会联合举办“为了孩子”——

中国艺术品经营行业联合赈灾义捐、义拍活动，共拍得1080.68万元，其中300万元由文化部用于支援灾区文化系统。“六一”儿童节前夕，文化部、财政部、教育部等七部委联合举办第二批推荐新创少儿歌曲启动暨光盘赠送仪式，向四川、甘肃、陕西等受灾省份少年儿童赠送1万盘“第二批推荐新创少儿歌曲”光盘。6月20日中国艺术研究院将由26位著名油画家集体创作的大型油画《热血5月·2008》拍得的3350万元，通过文化部捐赠给四川地震灾区，初步意向用于羌族博物馆、羌族文化生态保护区建设和绵竹年画博物馆修复。

6月25日，为了把灾区文化重建与重建家园和建设社会主义新农村结合起来，加强全国文化信息资源共享、乡镇综合文化站和基层文化阵地建设、农村电影放映和农家书屋等文化惠民工程实施力度，文化部在成都召开全国文化系统灾后重建对口支援工作会议，明确了文化系统灾后重建工作的内容，以及对口支援的原则、范围、内容、经费等，并就做好文化系统灾后重建对口支援工作进行部署，全力支持灾区文化基础设施重建。文化部还积极与财政部等有关部门协调，争取了一笔灾后过渡期公共文化建设经费，主要用于为灾区配备流动舞台车、图书和受灾群众安置点综合文化站的设备购置等。另外，文化部还于6月26日召开灾区非物质文化遗产抢救保护专家座谈会，将安排1180万元专款用于地震灾区非物质文化遗产保护工作。

国家文物局积极与财政部、国家发展改革委等相关部门沟通，争取设立了紧急抢救专项经费3000万元；落实温家宝总理指示精神，会同四川省人民政府完成了“5·12”地震遗址博物馆项目建议书、研究报告和大地震文化遗产抢救保护规划大纲等。全国文物系统全体干部职工积极向灾区人民捐款捐物；中国文化遗产研究院、12家国家文物局重点科研基地，以及部分文物系统科研机构发出倡议，向灾区文物单位开展科技援助；首批83家国家一级博物馆集体倡议，帮助灾区博物馆修复文物、恢复展览，确保博物馆尽快开馆。6月19日，我主持召开了羌族文化遗产保护工作协调小组会议，专题研究部署羌族文化遗产保护工作，讨论并原则通过了《地震灾区羌族文化遗产保护工作方案》。

（二）灾区文化、文物系统采取自救措施，积极主动开展抗震救灾及灾后恢复重建工作

距汶川大地震1个多月，安置受灾群众、防范次生灾害、抢修基础设施等各方面工作取得了阶段性成果，并开始了灾后重建工作。四川文化系统也扎实开展抗震救灾及灾后恢复重建准备，前一阶段做了大量工作。

值得特别指出的是，四川灾区各级文化部门在地震发生后精神不垮，队伍不乱，全力投入抗震救灾，在对受灾人员进行基本安置的同时，启动文化系统的基本运转，积极有效地开展文化活动，为缓解受灾群众紧张情绪、安抚受灾群众受伤心灵发挥积极作用，为抗震救灾提供强大精神动力。一是组织艺术家赴重灾区慰问群众、体验生活，创作了200余件抗震救灾题材文艺作品，弘扬抗震救灾精神。成都艺术剧院联合国家话剧院创作并上演了反映抗震救灾的大型话剧《坚守》，这在全国是第一个；四川省文化馆在全省范围内征集抗震救灾题材歌曲、诗词等，同时制作了《我是汶川人》、《五星红旗在十三亿人心中飘扬》等优秀歌曲音像光盘，配送到灾区文化馆（站），组织广大群众歌咏传唱。二是为灾区送图书和文化信息服务。四川省图书馆将全国文化信息资源共享工程管理中心赠送的一批抗震救灾资源送到灾区，在灾民集中安置点迅速建起文化信息资源共享工程基层服务点，及时提供文化信息服务，引导广大群众科学认识地震、正确防范地震。三是开展“电影人心系灾区群众”慰问放映活动。以成都、德阳、绵阳、广元、雅安、阿坝等6个市（州）的40个重灾县为重点，在安全的灾民集中安置点放映公益慰问电影。省文化厅调集抗震防震、受灾自救、震后防疫等科教片，向重灾区配送49套数字电影放映机，并下拨放映补贴，在灾民聚集点放映“爱心电影”。四是组织赈灾募捐文艺晚会。雅安、遂宁等市赈灾文艺晚会共募捐2300余万元。

四川文物系统也做了大量工作，第一时间启动紧急预案、召开现场会议，开展文物抢救工作和自救工作，并及时向国家文物局报告文物受灾情况。都江堰市文物局迅速将文物转移到安全区域。在积极开展抗震加固、抢险的同时，受灾各地的文博单位竭尽全力保障开展正常的工作，武侯祠、杜甫草堂、金沙遗址博物馆等单位在“5·18

国际博物馆日”期间就重新向公众开放。

在抗震救灾中，灾区文化、文物系统中许多同志冒着频繁余震的危险、失去亲人的巨大悲痛，顽强奋战在工作岗位上，涌现了一大批先进集体和个人。

二、深入学习、深刻领会中央指示和部署，进一步做好受灾地区文化系统抗震救灾及灾后恢复重建工作

6月13日，党中央、国务院召开省区市和中央部门主要负责同志会议，胡锦涛和温家宝分别讲话，并就做好抗震救灾及灾后恢复重建工作做出重要指示，提出明确要求。

胡锦涛指出，当前抗震救灾形势依然严峻、任务十分繁重，我们决不能有丝毫松懈。要坚持以人为本，继续全力以赴做好救治伤员、安置受灾群众、加强卫生防疫、防范次生灾害、抢修基础设施等方面的工作，并在这个基础上尽快开展灾后恢复重建工作。地震灾后恢复重建是一项十分艰巨的任务，必须全面贯彻落实科学发展观，充分发挥社会主义制度能够集中力量办大事的政治优势，举全国之力，精心规划、精心组织、精心实施，扎扎实实做好工作。并提出4点要求：一是坚持一方有难、八方支援；二是坚持自力更生、艰苦奋斗；三是坚持科学规划、分步推进；四是坚持因地制宜、分类指导。在中央统筹协调下，根据各地经济发展水平，按照“一省帮一重灾县”的原则，合理配备力量，建立对口支援机制。

李长春同志考察四川的讲话中明确要求，要高度重视灾区文化重建工作，要把文化领域的基础设施重建摆在第一位，将其纳入灾区重建工作的整体规划中，一起谋划，一起实施。中央宣传文化主管部门要倾尽全力帮助四川文化重建工作，支持地方文化发展的经费要往四川倾斜，多给四川文化重建提供支持。要把恢复重建和建设社会主义新农村结合起来，加快农村文化阵地建设，恢复重建家园要注意与全国文化信息资源共享工程结合起来，并将之延伸到重建的村子里。

要切实做好灾区文物古迹的抢救和保护工作。要把现有的文物保护好，组织专门力量，对重点地区受损严重的文物保护单位进行守护，防止文物丢失；要组织专家对现有文物进行鉴定，了解受损情况，将重要文物的抢修纳入重建规划；规划建设地震遗址纪念馆。并提出文化部对这次地震发生地羌族文物的保护要给予支持，与财政部加强沟通，把文物保护、修复工作与整个重建工作衔接起来。

长春同志还提出，要组织一批艺术家深入第一线，向灾区人民学习，体验生活，吸取营养，创作一批反映抗震救灾的文艺作品，弘扬伟大的抗震救灾精神，以教育和激励后人。组织慰问艺术团到灾区进行慰问演出。

刘云山同志在6月15日全国宣传部长座谈会上的讲话中也提出，要组织广大文艺工作者从这场抗震救灾的伟大斗争中挖掘创作资源，提炼创作素材，激发创作灵感，创做出更多反映抗震救灾精神的文艺作品。要组织文艺小分队赴灾区进行慰问演出，把党中央的亲切关怀、把文艺工作者的深情厚谊，送给灾区广大群众和抗震救灾人员。

前一阶段全国文化系统抗震救灾及灾后恢复重建工作是卓有成效的，充分体现了全国文化系统团结一致、众志成城的精神以及文化人悲天悯人的博大情怀。胡锦涛、吴邦国、温家宝、李长春、刘云山、刘延东等中央、国务院领导分别做出重要批示，对文化系统通过多种形式积极投入抗震救灾及灾后恢复重建给予充分肯定，并对我们下一步抗震救灾及灾后恢复重建提出了明确要求。

目前，抗震救灾形势依然严峻，灾后恢复重建任务十分艰巨。我们要按照党中央、国务院的统一部署，落实胡锦涛、温家宝、李长春、刘云山、刘延东等领导同志对文化系统灾后恢复重建工作的要求，着力抓好以下几项工作。

第一，提高思想认识。灾后恢复重建是我们当前及今后一个时期的工作重点。搞好灾区文化重建工作，既是整个灾区重建工作的重要内容，也是全面开展恢复重建工作的迫切需要。要根据中央提出的“举全国之力”抗震救灾的总体部署，认真学习贯彻落实6月13日省区市和中央部门主要负责同志会议精神，把思想认识统一到党中央、国务院的决策部署上来，克服一切困难、挖掘一切潜力、调动一切力量，坚持一切为了灾区、一切服务灾区，急灾区之所急、办灾区之所需、解灾区之所难，以更加顽强的精神、更加迅速的行动、更加密切的配合，保质保量完成中央交给的任务。

第二，加强组织领导。灾后文化恢复重建工作是一项长期而艰巨的任务，一定要建立强有力的指挥系统，加强协调，科学调度，强化责任，严明纪律。文化系统灾后恢复重建工作要纳入中央和地方灾后重建规划，统一安排。文化部灾后重建规划指导小组要积极发挥协调指导作用，做好对口支援指导工作。各地文化部门要在党委、政府的统一领导、统一指挥下，积极主动工作。支援方地方文化部门要积极争取对文化系统的对口支援，受援方文化部门要积极争取落实文化项目。

第三，周密部署，科学规划。按照中央关于灾后恢复重建对口支援的统一要求，继续协调各地文化部门为灾区文化系统的对口支援。研究制定灾区文化市场恢复经营、吸引投资的相关税费政策，指导灾区娱乐、网络、电影、音像、演出、艺术培训、美术、动漫、书刊、文物等各类文化市场尽快恢复生产，服务灾民。同时加强文化市场监管，确保灾区文化市场健康有序。文化部要积极争取国家发展改革委、财政部、住房和城乡建设部等部门的支持。中央财政支持地方文化发展的经费要向灾区倾斜。各地文化厅（局）要按照全国文化系统灾后重建对口支援工作会议的要求，积极争取将文化方面的援助纳入本地对口支援灾区重建规划，继续给予财力、物力和人力支持。各受灾地区文化部门要全面了解、认真统计核实受灾情况，及时上报，争取列入当地政府的重建计划。

第四，将灾后文化遗产抢救保护工作当做头等大事来抓。这次特大地震给四川省文物古迹造成巨大损失，特别是一些国家重点文物古迹损毁严重。文化古迹是中华民族灿烂文明的重要载体，四川是历史文化资源和旅游资源大省，众多历史文化古迹体现了四川形象，也是四川经济社会发展的重要支撑。修复受损文物古迹，不仅体现了党和政府对弘扬民族文化的高度重视，而且对恢复四川旅游业、推动灾区经济恢复也具有重要作用。要在国务院颁布的《汶川地震灾后恢复重建条例》、《国家汶川地震灾后重建规划》以及受灾省市文化遗产抢救保护规划的指导下，迅速开展灾后文化遗产抢救保护和修复工作。要做好地震灾区羌族文化遗产保护工作。党中央、国务院领导同志高度重视此项工作，多次做出重要批示。文化部、国家文物局、国家民委和四川省文化部门迅速反应，在很短的时间里，组织专家和有关部门人员研究制定出《地震灾区羌族文化遗产保护工作方案》。下一步的工作重点是，积极争取将《方案》中提出的各项措施纳入国家灾后恢复重建总体规划，做好地震灾区羌族文化遗产保护；加强与各对口支援省市文化厅局和接受支援重灾县的沟通和衔接，争取将《方案》纳入各省对口支援的总体规划，纳入重灾县重建规划项目。

第五，支持灾区做好安置过渡期公共文化服务工作。这次大地震破坏巨大，灾区文化设施重建、公共文化服务恢复等工作面临前所未有的困难，今、明两年在乡镇综合文化站建设、全国文化信息资源共享工程等文化项目专项资金使用安排上向灾区倾斜。当前，要尽快在灾民安置点建设过渡性综合文化站，为重灾区县文化部门配置流动文化车，为重灾县配送图书，尽快恢复灾区公共文化服务。在确保安全的情况下，尽快在灾民安置点等地组织开展公益电影放映、图书借阅服务，建设文化信息资源共享工程站点等，这对灾区群众进行精神抚慰、心理疏导、理顺情绪、稳定社会具有重要作用，要高度重视，迅速落实。

第六，积极组织慰问演出和抗震救灾题材文艺创作。按照中央的部署和要求，组织文艺团体深入灾区慰问演出，用文艺来抚慰伤痛、振奋精神、凝聚力量；组织艺术家到一线感受人民群众和子弟兵在抗震救灾的伟大斗争中所表现出来的可歌可泣的英雄壮举和感人至深的人性之光，用文学艺术的形式生动反映在抗震救灾和灾后恢复重建中涌现出的感人事迹，讴歌伟大的抗震救灾精神，努力创做出一批感人至深、催人奋进的优秀文艺作品。

深入贯彻十七大精神　大力繁荣文艺创作

——蔡武在2008年全国艺术创作会议上的书面讲话

（4月23日）

同志们：

这次全国艺术创作会议，是党的十七大以后，也是新一届政府组成以后，文化部召开的一次专题研究艺术创作的重要会议。会议的主要任务是：高举中国特色社会主义伟大旗帜，以邓小平理论和“三个代表”重要思想为指导，深入贯彻落实科学发展观，认真学习、全面领会和深入贯彻落实党的十七大和全国宣传思想工作会议精神，研究部署在新的历史起点上努力开创文艺工作新局面，建设社会主义核心价值体系，推动社会主义文艺大发展大繁荣。下面，我简要讲两个方面的问题。

一、繁荣艺术创作是深入贯彻党的十七大精神和全面落实科学发展观的必然要求

党的十七大站在继续解放思想、坚持改革开放、推动科学发展、促进社会和谐的战略高度，从全面建设小康社会的战略任务和人民群众对文化工作的新期待出发，对社会主义文化建设提出新的要求，强调要更加自觉、更加主动地推动社会主义文化大发展大繁荣，兴起社会主义文化建设新高潮，提高国家文化软实力，使人民基本文化权益得到更好保障，使社会文化生活更加丰富多彩，使人民精神风貌更加昂扬向上。这充分反映了我们党对当今国际国内发展大势和我国文化建设地位的准确把握，体现了我们党在新的历史条件下的高度文化自觉，是指导我们在新的历史起点上开创文化工作新局面、推动文化大发展大繁荣的思想指针和行动纲领。要深刻学习、全面贯彻党的十七大关于文化建设的一系列重要论述和重大部署，深入落实科学发展观，推动社会主义文化的全面发展繁荣，作为文艺工作者，必须首先将繁荣文艺创作放在首要位置。

（一）繁荣艺术创作是实现中华文化伟大复兴的必然要求

在2006年召开的中国文联第八次全国代表大会、中国作协第七次全国代表大会上，胡锦涛总书记就从人类社会发展史的高度，从提高综合国力、增强我国文化国际竞争力的高度，立足我国社会主义初级阶段的实际，着眼于全面建设小康社会、构建社会主义和谐社会的大局，深刻阐述了社会主义文化事业发展的客观规律和重大意义，发出了在中华民族伟大复兴中实现中华文化伟大复兴的号召。文化是经济社会发展和社会文明进步的内在驱动力，实现中华民族的伟大复兴，不仅需要发达的物质文明，而且需要先进的精神文明。优秀的艺术作品在艰苦卓绝的战争年代高擎民族精神的火炬，在建设社会主义的和平时期吹响催人奋进的号角，古往今来中外艺术史上那些熠熠生辉的经典作品更是以其恒久的艺术魅力哺育一代又一代人的心灵，涤荡灵魂，升华精神。艺术的魅力可以穿越时空、超越国界，甚至弥合种族宗教的沟堑。实现中华民族伟大复兴的时代，是需要伟大艺术作品的时代，同样也是能够产生伟大艺术作品的时代。大力推动艺术创作的繁荣发展，为繁荣社会主义先进文化、建设和谐文化，为实现中华文化的伟大复兴作出应有的贡献，是广大文艺工作者义不容辞的责任和使命。

（二）繁荣艺术创作是全面建设小康社会历史征程的迫切需要

党的十六大确立了全面建设小康社会的目标，文化建设作为全面建设小康社会的重要内容得到了积极推进和深入发展。但是我们应当看到，我们国家人民群众日益增长的物质文化需求同落后的社会生产力之间的矛盾这一社会主要矛盾没有变，而是随着社会的发展呈现出新的特征。特别是近年来经济发展迅速，人民物质生活水平显著提升，人们精神文化需求更加丰富、多元，娱乐和休闲方式也更为多样化，文化消费心理更趋复杂，文化越来越成为衡量社会文明程度和人民生活质量的重要指标。这些新情况、新问题都为艺术创作提出了更高的要求和期待，也为传统的艺术创作带来新的挑战。一方面，传统的艺术生产

已经不足以满足人民群众更高层次、更多元化的精神需求。另一方面，面对全面建设小康社会的新任务，艺术创作必须要在推动社会主义经济、政治、文化和社会建设的全面协调发展过程中发挥积极作用。因此，繁荣艺术创作成为全面建设小康社会的迫切要求。繁荣艺术创作，必须尊重和适应人民群众多样化、多层次、多方面的精神需求，不仅要使人民群众日益增长的精神文化需求和基本文化权益得到保证，而且要通过高品位、高质量、个性化的优秀作品弘扬时代精神、倡导文明风尚，实现对群众审美价值取向的积极引导，促进人的全面发展，为社会的全面进步提供有力的思想文化支撑，营造良好的和谐氛围，在建构社会主义核心价值体系方面发挥更加积极主动的作用。

（三）繁荣艺术创作是对伟大的社会主义实践的积极响应

艺术是人类社会实践活动的生动反映，是人类精神创造活动的重要表现。当代中国正在发生广泛而深刻的变革，特别是改革开放30年来，我国政治、经济、文化、社会各个方面都发生了翻天覆地的变化。应该说改革开放带来的巨大变化，我们党带领人民群众艰苦奋斗、推动经济社会持续快速发展的显著成就，为艺术创作提供了取之不尽、用之不竭的源头活水，伟大的社会主义实践和如火如荼的社会生活为繁荣文艺创作提供了强健的内在驱动力。广大艺术工作者，应该着眼于中国特色社会主义实践的新发展，着眼于人民群众对精神文化生活的新期待，自觉投身改革开放和现代化建设的火热实践，亲身感受百业发展和社会进步的坚实脚步，用人民创造历史的奋发精神哺育自己，浇铸作品，繁荣创作，生动表现人民大众丰富的精神世界，真实记录人民群众的伟大创造，这是对社会主义伟大实践最积极的响应和最深情的回报。

（四）繁荣艺术创作是社会主义文化大发展大繁荣的重要标志

文化的大发展大繁荣首先应体现在文化活动活跃、文化硕果累累、文化英才辈出上。从某种程度上说，艺术创作是一切艺术活动的根本。没有艺术创作的繁荣，艺术活动就没有可依赖的内容；没有艺术创作的繁荣，艺术人才就失去赖以成长的土壤；没有艺术创作的繁荣，文化产业和艺术市场就缺少可以生产和流通的产品。可以说，繁荣艺术创作是实现社会主义文化大发展大繁荣的坚实基础，更是社会主义文化大发展大繁荣的重要标志。繁荣艺术创作就是要多“出精品、出人才、出效益”，创作能够反映社会现实、把握时代脉搏、人民群众喜闻乐见的艺术精品，培养勇于开拓创新、有强烈责任心和使命感、一心一意为人民服务的艺术精英，注重艺术作品的社会效益，力争社会效益和经济效益的双丰收。只有艺术创作繁荣发展，才能不断推出优秀的文艺作品和丰富的文化活动，推动文化的大发展大繁荣，兴起社会主义文化建设新高潮。

（五）繁荣艺术创作是提高国家软实力、塑造国家文化形象的战略需要

随着世界多极化和经济全球化的深入发展，文化作为国家综合实力重要组成部分，是国家核心竞争力的重要因素。国家文化实力的较量在国际竞争中占据越来越关键的位置。从和平发展的战略高度来看，艺术创作是国家文化软实力的重要表征，优秀的文艺作品不仅能够增强民族凝聚力和向心力，而且能够在世界范围内提升中华民族文化的影响力和认同感，很好地展示中华民族的全面进步和我国综合国力的全面提升。同时，在全球化背景下，世界文化交流日益频繁，各种文化资源在相互交流、共享、对话的基础上，也存在着相互激荡和竞争。只有大力繁荣艺术创作，提高我们的艺术原创力，才能不断强化中华民族艺术在世界文化艺术舞台上的独特性，不断增强中华民族的文化自信心和自豪感，在日益激烈的国际文化竞争中赢得属于中华文化的一席之地。广大文艺工作者必须从国际竞争形势的战略高度充分认识繁荣文艺创作的重要意义，弘扬传统，提倡创新，用更多优秀的艺术作品传播优秀民族文化，塑造文明、进步、民主、开放的国家形象。

二、当前繁荣文艺创作要正确认识和处理好的几个问题

推动文艺创作的繁荣，涌现一批优秀文艺家和精品力作是时代和人民的期待，也是我们长期的中心工作。我想就当前艺术创作中应该关注和把握的几个问题，与大家交换一下意见。

（一）繁荣文艺创作要正确处理传统与当代、民族与世界的关系，保持民族性，体现时代性，创作出具有鲜明时代精神和民族气派的精品力作

当代中国处在传统与现代、民族与世界的坐

标之中，风云激荡，交融汇合。当前的文艺创作要处理好民族与世界、传统与当代的关系，既不能食古不化，亦不能唯洋至上。要尊重、继承和弘扬民族优秀传统文化，充分体现民族文化的历史传承。要在借鉴和吸纳世界优秀文化成果的基础上，不断丰富和发展自身文化。要注重表现当代的民族精神，更多地关注当代的社会生活，努力反映广大人民群众伟大的创造活动和创造精神，弘扬时代的主旋律，鼓励和鼓舞人民更加奋发向上。要深刻认识当代新的文艺生产和传播方式，以及当代人的生产生活状态、思维方法和欣赏习惯。要及时吸收时代发展带来的新科技、新手段，回应伟大时代的新精神、新题材，不断满足人民群众在时代发展中产生的新趣味、新要求，不断适应国际国内市场对艺术产品提出的新标准、新规范，不断在世界艺术舞台上提升民族形象，挺立民族气质、张扬民族精神。要创作出更多具有鲜明中国风格和气派的高水准艺术精品，展示文艺的当代中国形象，彰显中华民族文化的独特性和不可替代性。

（二）繁荣文艺创作在满足人民群众多层次、多方面、多样性文化需求的同时，要引领和培育文明风尚，建设和谐文化

随着经济社会的发展和物质生活水平的提高，人们的精神文化需求日趋旺盛，文化消费进入快速增长期。同时，社会的深刻变革也带来了思想观念的深刻变化，社会思想意识日益活跃，人们的文化需求呈现出多层次、多方面和多样性的特点。我们的文艺创作不能漠视人民群众审美需求和艺术选择，要尊重各社会群体的利益诉求，倾听并回应大众的心声和呼唤，体现和传达人民群众的思想、感情、愿望和理想，要使我们的创作尽量贴近百姓的生活，使我们的艺术趣味尽量符合人们的审美欣赏习惯，使我们的作品尽量为大多数群众所接受和喜爱，从而满足全社会多层次多方面的文化需求，维护全体公民的基本文化权益，保障广大人民群众的文化权利。

当然，文艺创作绝不是简单地迎合大众的口味，更不能趋于媚俗。我们所处的时代，是朝气蓬勃的伟大变革时代，但激烈的竞争、复杂的利益关系和层出不穷的新情况，也使人们的内心产生某种躁动不安甚至迷茫混乱。因此，我们的文艺创作既要有满足人们文化需求的观念，更要有在普及中注重提高的意识，要通过丰富多彩的题材体裁、艺术形式和表现手法，把积极的人生追求、高尚的情感境界和健康的生活情趣传递给人民，给人以向上的力量。要使我们的文艺创作既深入群众，贴近人民，又体现出文艺作品积极引导的精神，自觉适应构建社会主义和谐社会的历史任务，担负起提高民族素质、陶冶民族情感和培养民族文化修养的神圣使命，建设和谐文化，培育文明风尚。

（三）繁荣文艺创作要在自觉构建社会主义核心价值体系的同时，充分尊重和大力维护文化的多样性发展

加强社会主义核心价值体系建设，是当前文艺创作的根本要求。用中国特色社会主义共同理想凝聚力量，用以爱国主义为核心的民族精神和改革创新为核心的时代精神激励人心，用社会主义荣辱观引领社会风尚，应当成为当前文艺创作的基本价值取向和首要任务。与此同时也要尊重差异，包容多样，充分尊重和重视文化的多样性发展。在走向多样化的当今社会中，文化的多样性是交流、革新和创造的源泉。一个能够容纳和交融不同文化的民族，才是一个多姿多彩、生机勃勃的民族，才是一个有着博大胸怀和魅力的民族，才是一个有着宽容和独立精神的民族。

处理好建设社会主义核心价值体系与文化多样性的关系，在总体把握上，首先要坚定不移地坚持“二为”方向和“双百”方针。“二为”方向和“双百”方针深刻反映了我国文艺事业的发展规律，充分体现了马克思主义的指导思想与文艺规律的科学结合，是我国文艺事业全面繁荣发展的重要保证。其次要在文艺创作上进行必要的引导和鼓励，推出一批富于时代精神的重点题材，当然同时也要力戒题材的单一和雷同，坚持题材选择的丰富性和多样化。还要避免对核心价值体系作狭隘的理解，仅仅认可某些重大题材而排斥其他题材，从而限制创作思维和视野的开拓。最后，要十分重视多样化问题。没有多样化就没有文艺的全面繁荣，即使是体现社会主义核心价值观的文艺作品，也应当并完全可以做到不仅在题材，而且在风格、样式上的丰富多样。应提倡不同流派、风格的自由发展，各种艺术见解的平等争鸣，勇于探索、勇于开拓，互相尊重、互相学习，各种艺术、各种流派之间相互辉映，和谐共生，实现真正的百花齐放。

（四）繁荣文艺创作要坚持统筹兼顾，协调发展。统筹兼顾、协调发展是科学发展观的基本原则和内在要求。繁荣文艺创作，必须在加快区域发展的同时做到统筹兼顾、协调发展

我们需要统筹兼顾艺术创作与经济社会发展。我们的文艺创作从题材选择到样式更新、从艺术手法到表现手段，离当下经济及社会发展还有一定的距离，我们的艺术家要大踏步地丰富自身的生活体验，增强自身的艺术感受力和表现力，使自己的作品能够跟上伟大时代的发展，能够完美地表现改革开放30年来社会主义建设取得的新成就、人民群众精神风貌的新变化。

我们需要统筹兼顾文艺创作力量与文化资源分布，促进不同地区之间、城乡之间、艺术品种之间以及文艺创作的各个阶段之间的协调发展。中东部地区艺术发展迅速的省市要承担起更多协调发展的责任，充分发挥自身艺术作品产量高、艺术人才丰富的优势，帮助那些艺术资源并不贫乏的西部省份进行剧目创作、艺术创作骨干培养、艺术资源开发等，促进当地文艺创作能力得到有效提升；我们的文艺工作者和管理者需要更多地满足广大农村地区群众的精神文化需求，充分考虑他们的欣赏习惯，积极关照农村文化市场，有针对性地为农村群众进行艺术创作和开展文艺演出，让他们同样分享到社会进步的精神成果；各艺术门类之间应该相互学习、互相借鉴，在艺术创作上多多交流，共同发展，文化管理部门要积极探求优秀传统艺术如何增强活力、焕发青春的问题，继续探索外来艺术如何更好地中国化的问题，努力实现百花齐放。各部门要协调艺术创作的各个环节，排除制约艺术发展各阶段的瓶颈，整合提高艺术生产力。

同志们，今年是全面贯彻党的十七大精神的第一年，即将到来的纪念改革开放30周年和新中国成立60周年的伟大历史时刻意义重大，让我们紧密团结在以胡锦涛同志为总书记的党中央周围，团结奋进，调动广大文艺工作者的创作积极性，团结和带领文艺创作队伍以自己的激情与才华，为改革开放的伟大事业鼓与呼，为共和国添光增彩，为社会主义文化大发展大繁荣作出新的贡献。

在文化体制改革试点院团座谈会上的讲话

文化部党组副书记、副部长　欧阳坚

（2008年11月3日）

同志们：

今天我们召开这个座谈会，主要是交流和宣传推广改革院团的成功经验，为进一步推动全国文艺院团改革营造良好的氛围。云山同志非常重视这次座谈会，亲自审定了会议方案并对开好这次座谈会作出重要批示。昨天晚上，长春、延东同志还专门观看了江苏改革院团的汇报演出，并对下一步院团改革做出了一系列新的重要指示，充分体现了中央领导对这次汇报演出和座谈会的关心和重视。中宣部副部长、文化部部长蔡武同志十分关心文艺院团改革，几次观看了大家的汇报演出，今天又亲自出席我们的座谈会。刚才，江苏演艺集团公司等10家改革院团分别做了精彩生动的发言，介绍了他们许多好的经验、好的思路和好的做法，听了以后让我们深受教育、深受启发，同时也倍感振奋、备受鼓舞。

党的十六大特别是2003年的全国文化体制改革试点工作会议以来，各地、各有关部门解放思想、大胆实践，认真贯彻落实“区别对待、分类指导、循序渐进、逐步推开”的改革方针，着力推进体制机制改革和艺术创新，在文艺院团改革方面进行了一系列积极探索，取得明显成效。具体表现在：

一是有力推动了思想解放和观念更新，进一步坚定了深化改革、加快发展的决心和信心。通过近年来的改革实践，大家对旧体制的利弊有了切身体会，深刻认识到深化院团改革是推动文化艺术事业繁荣发展的必由之路，改革的自觉性和积极性有了明显提高。对于市场机制在配置文艺资源中的基础性作用，也有了更加深刻的认识。不少同志都认识到，政府能够配置给院团的资源是有限的，而市场可以配置的资源却是无限的，只要文艺院团积极面向市场、勇于开拓市场，完全可以在市场竞争中发展壮大。

二是增强了文艺院团的发展活力，提高了整体实力和竞争力。不少院团都从自身实际出发，整合内部资源，推进转企改制，建立现代企业制度，完善法人治理结构，加强市场营销，延伸产业链，实力和竞争力得到不断增强。比如江苏演艺集团公司2005年注册成立后，连续3年的利润增长率分别为14%、57%和308%，实现了收入、效益、资本“三个翻番”；北京儿艺在转制前一年的演出收入只有70多万元，2007年已达到3840万元，是转制前的将近55倍。

三是激发了广大演艺工作者的积极性、主动性和创造性，提升了艺术生产力。深化院团内部劳动人事和收入分配制度改革，建立激励、竞争和约束机制。把艺术生产规律与市场规律有机结合起来，从市场和群众需求出发去推进艺术的创作、创新，建立了“出品人制”、“制作人制”、“项目股份制”等现代艺术生产管理制度，对剧目创作和演出管理模式进行了积极探索创新，极大提高了艺术生产效率。积极采用高新技术，丰富了剧（节）目的表现形式和手段，增强了艺术表现力和吸引力。

四是丰富活跃了文艺演出市场，满足了人民群众的演艺消费需求。坚持面向基层、面向群众，狠抓精品创作，演艺产品的种类和数量得到不断丰富和拓展。参加这次纪念改革开放30周年系列展演的优秀剧（节）目，题材丰富、形式多样，都是经过群众审美检验、深受群众喜爱的精品，可以说是对近年来广大文艺院团改革发展成果的一次集中展示，也是我国演艺市场繁荣发展的一个缩影。

同时我们也要看到，虽然我国文艺院团改革已经取得初步成效，也积累了一些有益的经验，但与经济社会发展以及人民群众对文化的需求、期待相比，还存在一定差距，改革步伐还相对滞后。必须进一步深化对文艺院团改革重要性、紧迫性的认识，增强使命感、责任感和紧迫感。对此，我们要在以下几个方面进一步提高、统一认识：

1. 深化文艺院团改革是适应社会主义市场经济快速发展的迫切需要。随着社会主义市场经济体制日益完善，市场在资源配置中的基础性作用越来越突出、越来越显现，文艺作品的创作、生产和消费已经越来越离不开市场，文艺院团的生存和发展也越来越不能游离于市场经济体制之外。这就要求我们努力改变过去计划经济条件下形成的思维定式和运行模式，积极适应新的形势要求，学会运用符合市场经济要求的思路、办法、手段推动文艺院团发展，善于借助市场的力量生产制作优秀演艺产品，善于借助市场的运作扩大优秀演艺产品的社会影响力。

2. 深化文艺院团改革是满足人民群众日益增长的精神文化需求的迫切需要。经过近30年的改革开放，我国已由低收入国家逐步进入到中等收入国家的行列，人民群众的物质生活越来越丰富、越来越富裕。随着城乡居民恩格尔系数迅速下降，人民群众的求知、求美、求乐需求迅速增长，而我们现在能够提供的文化产品尤其是演艺产品，不论数量上还是质量上都还不能充分满足人民群众的需求。因此，只有坚持以人为本，进一步深化文艺院团改革，才能更好地满足人民群众多层次、多方面、多样化的文艺演出需求。

3. 深化文艺院团改革创新是促进文化艺术自身繁荣发展的迫切需要。文化艺术发展具有自身的规律。人民群众的火热生活是文化艺术创作发展最深厚的土壤，人民群众的社会实践是文化艺术取之不尽、用之不竭的唯一源泉。遵循文化艺术自身的发展规律，不断推进文化的改革和创新，是深化文艺院团改革的一项重要任务。只有始终坚持贴近实际、贴近生活、贴近群众，不断从人民群众的火热生活和社会实践中挖掘新的题材，文艺院团才能创作生产出更多无愧于时代、无愧于人民的艺术精品。

4. 深化文艺院团改革是提升国有文艺院团市场竞争力的迫切需要。文艺演出资源是重要的文化资源，文艺演出市场是重要的文化市场。随着我国加入WTO后过渡期的结束，随着演艺市场准入门槛的逐步降低，境外文艺表演团体和个人来华演出逐步增多，民营文艺表演团体蓬勃发展，在这种情况下，国有文艺院团如不加大改革力度、加快改革进度，建立现代企业制度，成为真正的市场主体，市场空间就会被逐步挤压，演艺阵地就会被别人所占领，原有的主导地位就有被日益边缘化的危险。

5. 深化文艺院团改革是推动中华文化“走出去”的迫切需要。文艺演出是增进国际文化交流、展示中华文化独特魅力的重要平台，文艺演出企业是推动中华文化走向世界、参与国际文化竞争的重要载体和重要文化形式。这几年我们有一个重要经验：文化要“走出去”，不是政府“走出去”，最重要、最根本、最有效的途径，就是让有实力、有国际市场竞争力的文化企业“走出去”，只有这样“走出去”的目标才能真正得以实现。因此，国有文艺院团如不加快转企改制步伐，就会影响文化“走出去”战略的实施，中华文化走向世界、扩大国际影响力就会成为一句空话。

应该看到，当前，我国文艺院团改革既面临着难得机遇，也面临着严峻挑战和一些特殊的、具体的困难。难得机遇主要表现在4个方面：一是党中央国务院高度重视文化、文艺工作，为文艺院团改革发展提供了坚强有力的领导保障、组织保障；二是全面建设小康社会对文化建设提出新的更高要求，为文艺院团改革发展提供了更大的动力和更广阔的空间；三是以国办114号文件为标志，文化体制改革配套政策不断完善，政策的有效性和政策的支持力度都得到了加强，这为文艺院团改革发展提供了强有力的政策保障；四是我国综合国力日益增强，为文艺院团改革发展提供了坚实的物质基础。同时，我们也面临一些严峻挑战和特有难题，也主要表现在4个方面：一是文艺院团大都底子薄、包袱重、体量小、资产少，不少院团除了一些演出道具外，既没有演出剧场，也没有多少固定资产，自身积累非常少；二是演艺市场发育还不健全，特别是部分高雅艺术和传统剧目的观众还比较有限，需要不断的培养，在中西部地区和广大农村的演艺市场还不够完善、不够发达，在很多地方的老百姓还没有养成买票看戏的习惯；三是通过设立基金方式或鼓励社会直接捐助方式来扶持文艺院团的政策保障和长效机制尚未建立，符合广大演艺人员特点的退休转岗等政策还不健全；四是人才匮乏，特别是既懂文艺又善经营的复合型人才还非常缺乏。

这些困难和问题也反映出了文艺院团改革发展有其自身的特殊性、复杂性，我们必须遵循其自身的特点，来推进院团的改革和发展。总结近年来的改革实践，进一步深化文艺院团改革，需要妥善处理好3个关系。

一是体制与机制的关系。体制是带有根本性、长期性的制度设计和安排，机制是在一定体制框架下的具体运作规则和运作方式。长春同志、云山同志反复强调，体制决定机制，机制依附于体制。体制创新是文艺院团改革最重要的方向和主要的目标，只有体制改革实现了，才能为微观机制转换和创新扫清障碍。要充分认识到体制与机制之间的关系，不能总在机制转换打转转、做文章。当前的改革必须把工作的着力点放在体制创新这个关键环节上。只有把体制的关系理顺了，我们再来考虑下一步运行模式、机制转换、管理运营怎么样完善、改进的问题。

二是剧场与市场的关系。文艺院团的剧目一定要进剧场，进不了剧场，跟观众见不了面，开拓市场就无从谈起。同时，进了剧场不等于就真正进入了市场，比如排一台节目，是发票请领导、请大家看，这只是进了剧场，还不能说是进了市场。文艺院团艺术生产的目的在于进市场，通过进市场来发现和满足人民群众的观赏需求，从而创作出既叫好、又叫座的优秀舞台作品。无论是哪一类院团、哪一类剧目，无论是事业院团还是企业院团，都必须面向群众、面向市场，都要增强服务群众、开拓市场的意识。离开了群众，就自然失去了社会效益；没有了市场，必然也就没有了经济效益。实践证明，在确保正确导向的前提下，有了经济效益，往往才会有真正意义上的社会效益。

三是资源和资本的关系。资源是潜在资本，资本是现实的资源。资源在一定条件下可以转化为资本，但资源不等于就是资本。文艺院团所拥有的文化资源、历史资源、人才资源，如果能够和其他的生产要素特别是资金有机的结合，就可以转化为现实的资本，变为真正意义上的生产力。我们的一些文艺院团，只有充分激活现有资源，用好无形资产，积极引进战略投资者，才能切实把资源转化为资本。这样就可以扬长避短，就能够摆脱困境，实现互惠共赢、优势互补。

今年4月召开的全国文化体制改革工作会议和9月召开的文化体制改革试点城市经验交流会，对文艺院团改革发展提出了新的要求，做出了新的部署。认真学习领会这两次重要会议精神，我体会，进一步深化文艺院团改革，要着力抓好以下4个方面的工作：

一是解放思想、转变观念，鼓励和支持文艺院团进行各种形式的改革探索和创新。思想观念是行动的先导。思想观念的解放程度，直接影响到改革的广度和深度。必须按照科学发展观的要求，进一步解放思想、更新观念，在开拓创新中走出一条中国特色文艺院团改革发展的新路。蔡武部长在今年4月全国文化体制改革工作会议上特别强调指出，无论是事业还是企业性质的院团，都要面向市场、面向群众，只要导向正确、群众欢迎，都可以由国家给予重点扶持。文化系统要自觉把思想认识从过去的一些误区中解放出来。我们过去有这样一些认识和看法：有的认为事业单位就要比企业重要，优秀的院团就一定应当是事业的，变为企业就变成一般院团了。实际上，更多的情况是，还留在事业体制内的院团恰恰是弱势的院团，是没办法进入市场的院团，是需要保护、扶持的，需要管起来、养起来的，而要进入市场的那些，恰恰是有生机、有活力、有生命力的，国家也希望它通过进入市场做大做强，更好的占领国内市场、走进国际市场；还有一些认识，认为只要是优秀的院团，就得让政府全部养起来，如果转为企业好像就被弱化了、被低看了，就没有政府管了。有市场开拓能力，就应该更快的进入市场、占领市场，政府还会积极支持你做强做大，创作更好的作品。还有，大家担心转为企业以后，再得不到政策扶持，财政的支持会断，这些顾虑也绝对不要有。我们要通过学习，特别是科学发展观学习实践活动，进一步提高认识，牢固树立新的文化发展理念，为改革创造良好的思想基础。11月2日，长春同志观看改革院团汇报演出时明确指出：中宣部、文化部所掌握的资源要向转企改制的院团倾斜，比如资金、评奖、职称等，让改革的文化企业得到更多实惠、获得更大支持；在确保正确导向的前提下，要通过市场来争取尽可能多的经济效益，同时，也以此来确保和显现应有的社会效益。长春同志的这些重要论述进一步明确了文艺院团深化改革加快发展的方向和基本遵循，很有针对性、指导性，大家要认真领会、认清形势、抓住机遇，切实认真贯彻落实。

二是加强分类指导，进一步推动文艺院团更好地面向群众、面向市场。加强分类指导，是稳步推进文艺院团改革必须始终遵循的一项重要原则。要坚持从实际出发，实行“一团一策”，成熟一个转企一个，不搞一刀切，不搞整齐划一，不确定时间表。对于歌舞、杂技、曲艺等市场发育比较成熟的院团要率先转企改制，条件尚不成熟的要采取措施积极为转企改制创造条件。要按照党的十七大关于培育骨干文化企业的战略部署，积极拓宽投融资渠道，鼓励以资本为纽带推进演艺企业进行跨地区、跨行业兼并重组，帮助具备条件的演艺企业上市融资，尽快做大做强一批大型演艺企业和企业集团，使其成为中国演艺领域的战略投资者和航空母舰。对那些在传承发展民族传统艺术、提升群众艺术品位方面具有重要作用，目前还难以完全通过市场实现自我发展的院团，可以仍然实行事业体制，但要深化内部人事、分配制度等方面的机制改革和艺术创作生产方式的创新，引进竞争激励机制，激发内在发展活力。对于继续保留事业体制院团的票务、剧场、舞美等可经营部分，同意和鼓励剥离出来转为企业，探索实行“一团两制”的改革路子。要按专业化、规模化、集约化的要求，加大对国有艺术表演团体布局和结构调整的力度，减少重复设置和无序竞争，提高文艺院团整体的经济效益和社会效益。

三是认真落实和完善配套政策，为深化文艺院团改革发展营造良好环境。政策的完善程度和执行力度，直接关系改革的进展与成效。要抓紧研究制定文艺院团改革发展的指导性意见。建立健全各级财政扶持文艺院团改革发展的长效机制。针对广大演艺人员的从业特点，研究制定更有针对性的转岗就业和社会保障等方面的政策，切实解决好转企改制中人员身份转换和安置问题，保障职工的合法权益。最近，中央宣传部会同有关部门对国办发〔2003〕105号文件进行了修改、完善，并以国办114号文的名义印发。这是一个含金量很高的文件，是各种优惠政策集大成的一个文件。希望各地要研究好这个政策，切实用好、用足，并结合本地实际出台更优惠的政策，支持文艺院团改革发展。

四是加强演艺人才队伍建设，为文艺院团的改革和发展提供有力的人才保证。人才是事业之本，人才辈出是文艺繁荣兴旺的基本条件和重要标志。要认真抓好各类人才队伍建设，培养一批有较高艺术素养的著名表演艺术家，一批熟悉市场经济规则的文艺经营管理人才和一批掌握现代信息技术的专门技术人才。要切实尊重知识、尊重人才、尊重创造，营造良好创新环境，鼓励各类优秀人才进入演艺领域，参与到改革中来，让他们的才华有展示的舞台、创造有实现的空间、贡献得到社会的尊重。

今年我们隆重纪念改革开放30周年，对于广大文艺院团来讲，最好的纪念活动就是进一步深化改革、加快发展。今天参会的各文艺院团都是改革的标兵、改革的旗帜，希望你们继续坚持解放思想，大胆探索创新，努力多出精品、多出人才、多出效益，为推动社会主义文化大发展大繁荣作出新的更大的贡献。

谢谢大家。

繁荣文艺创作　建设社会主义核心价值体系
推动社会主义文化的大发展大繁荣

——陈晓光在2008年全国艺术创作会议上的讲话

（4月23日）

同志们：

党的十六大以来，全国的文艺创作取得了很大的成绩。在党和政府的关心指导下，文化部门的同志们通过艰苦努力，逐渐创建起有利于文艺创作繁荣的政策环境和行之有效的管理机制：一方面我们通过艺术节日、剧目展演活动和各类专业比赛、评选活动的不断规范和管理，成功打造了各艺术专业领域的品牌项目与活动。通过对文艺活动组织运作方式的不断创新和完善，围绕着弘扬社会主义核心价值观念激励文艺创作，积极贯彻和实现对文艺创作方向和价值取向的引导，促进文艺创作的全面繁荣和发展。另一方面，通过设立以国家舞台艺术精品工程，国家重大历史题材美术创作工程，国家昆曲艺术抢救、保护和扶持工程，全国重点京剧院团扶持规划为代表的一系列国家重点文化建设项目，以及设立演出补贴专项资金等举措，加强和完善通过财政手段对文艺创作的扶持和引导，并有效地带动各级地方政府增加对文艺创作的支持和投入，逐渐形成了良好的财政投入和项目运作机制。正是通过实行这样的政策体系和管理机制，创造出宽松、和谐的创作环境和氛围，从而涌现出了一批精品力作，培养和发现了一批优秀艺术人才，取得了较好的社会效益和经济效益。

但是在新的历史起点上，面对党的十七大提出的新任务新要求，我们也应该清醒地看到，目前的文艺创作工作还存在问题与不足：（1）尽管近年来涌现出一批优秀的文艺作品，但是总体看来能够强烈反映时代精神、把握时代脉搏、有力地弘扬社会主义核心价值观念并能够代表国家和民族文化形象的文艺精品，特别是能够传世的经典之作还是不够多，尤其是现实题材的优秀作品少。（2）尽管近年来全国文艺工作呈现出较为繁荣的局面，但是从全国范围来看，文艺创作生产区域发展不平衡的状况较为突出，部分地区人民群众的基本文化权益没有得到充分的实现和保障。（3）尽管近年来政府和社会对文艺创作的扶持力度和资金投入都在逐年增长，但是相对于文化发展的整体需要而言，部分地方资金投入不足，基础设施建设欠账太多，政府投入方式单一，管理模式滞后，公共服务不到位，这在很大程度上制约了区域文艺创作繁荣发展的进程。

当然，这些不足和问题都是伴随着近年来我国社会经济和文化的迅速发展而显现出来的，是发展中的问题。因此，这些问题也必须在推动社会主义文化大发展大繁荣的过程中，在繁荣社会主义文艺的具体工作中逐步解决。我们应该站在“十七大”新的历史起点上，适应新形势、新任务，解决新问题，通过建设社会主义核心价值体系，繁荣和发展社会主义文艺创作，掀起社会主义文化建设的新高潮。在此过程中，我们要把握好繁荣文艺创作的方针和原则。

下面我谈两个方面的问题。

一、当前繁荣文艺创作需要把握的方针和原则

（一）体现社会主义核心价值观念、建设社会主义核心价值体系是繁荣文艺创作的责任和使命

一个国家、一个民族要生存发展、强大兴盛，必须要有国家的认同、民族的认同，要有强大的凝聚力。这种认同和凝聚力来自国家和民族文化所包含的理想信仰、价值观念、伦理道德和基本思维模式，也就是社会的核心价值体系。改革开放30年来，我们在经济建设、社会建设等方面确实取得了令人瞩目的伟大成就，但是我们也应该看到，社会的深刻变革也带来了思想观念的深刻变化，社会思想意识日益活跃，呈现出多元、多样、多变的发展趋势。随着市场经济的深入发展，拜金主义、享乐主义、极端个人主义等问题，仍在滋长蔓延。建设社会主义核心价值体系的任务更加繁重。文艺作品是社会核心价值体系的重要载

体，是建构和弘扬这种核心价值体系的重要力量。一个社会的核心价值体系必须要通过具有艺术性、创造性、严肃性和高品格、高品质、高品位的文艺去潜移默化地感染民众、影响民众、陶冶民众，从而逐渐在民众中形成对社会核心价值观念的认识，逐步形成全社会的共同理想和价值取向，以及高尚的道德和文明的风尚，逐步增强对国家和民族的认同感和凝聚力。体现社会主义核心价值观念是社会主义文艺的本质特征。也就是说，社会主义的文艺必须体现中国特色社会主义共同理想，体现以爱国主义为核心的民族精神，体现以改革创新为核心的时代精神，体现社会主义荣辱观，用真善美去感染人民、鼓舞人民、教育人民，从而激发全民族的文化创造活力，使社会文化生活更加丰富多彩，使人民精神风貌更加昂扬向上。这是社会主义文艺的使命和责任，也是我们广大文艺工作者的使命和责任。体现社会主义核心价值观念，建设社会主义核心价值体系应该成为社会主义文艺工作者的自觉追求，应该成为贯穿我们繁荣文艺创作各项工作始终的目标和追求。

（二）以人为本、为人民服务是繁荣文艺创作的根本目的

社会主义文艺要以人为本、为人民服务，这是社会主义文艺的性质决定的，是科学发展观的必然要求，是对中国化的马克思主义文艺学说——毛泽东文艺思想的新发展。在马克思主义文艺发展史上，马克思、恩格思很早就希望无产阶级与革命文艺运动结合起来，并期望着“一个新的但丁来宣告这个无产阶级新纪元的诞生”；列宁提出文艺属于人民，艺术必须深深地扎根于广大劳动群众中的光辉思想；毛泽东在此基础上解决了文艺如何为人民群众服务的问题，围绕这一主题，毛泽东曾深刻论述了文艺与生活、文艺与政治、文艺与革命、内容与形式、普及与提高、文艺家世界观与立场感情的改造以及古为今用、洋为中用、百花齐放、推陈出新等许多文艺问题；胡锦涛同志从以人为本、科学发展的角度论述了文艺的地位、文艺的作用、文艺家的修养、文艺的继承与创新的关系等问题，是对马克思主义文艺学说的新发展。社会主义初级阶段的性质决定了文艺是人民大众的文艺，这一性质为凸现文艺的人民性提供了现实的基础和条件，指明了方向。在我们国家，人民是国家的主人，是社会主义文艺创造和建设的主体，又是文艺服务的对象，社会主义文艺创作繁荣的目的和任务是为了满足人民群众不断增长的精神文化需求，是为了提高人民的精神生活质量和水平，实现人的自由全面发展。文艺创作必须体现人民的意愿，维护人民的利益，尊重人民群众的创造精神，把实现好、维护好、发展好人民文化权益作为繁荣文艺创作的出发点和落脚点。在繁荣文艺创作的工作中坚持以人为本，一要坚持文艺的“二为”方向和“双百”方针，尊重人民群众的主体地位，发挥人民群众的主体作用，尊重人民群众的创造精神；二要坚持贴近实际、贴近生活、贴近群众，使文艺创作植根于人民群众，把人民群众创造历史的实践活动视为文艺创作的源头活水。文艺工作者要深入生活，汲取丰富的营养，激发创作活力，不断创作出人民群众满意的优秀作品，满足人民群众多层次、多样化、多方面的精神需求；三要充分发挥文艺陶冶人、塑造人、提升人、培育人的作用。繁荣文艺创作要以人为本，不仅表现在满足人的精神需求，而且表现在提高人的审美水平，提高人的思想道德素质和科学文化素质。鲁迅先生在谈文艺的大众化时也说过：“若文艺设法俯就，就很容易流为迎合大众，媚悦大众。迎合与媚悦，是不会于大众有益的。”我们要以优秀的文艺作品满足人们的精神需求，在这个过程中去提升人，促进人的全面发展，使人们在美的享受中得到启迪，在情感的共鸣中获得教益。

（三）繁荣文艺创作既要遵循艺术规律又要顺从市场规律

在社会主义市场经济的环境中，文艺创作受到艺术规律和市场规律的双重制导。我们一方面要顺从市场经济规律，发挥市场对艺术生产的促进作用，但又不能一味地追随市场而忽略文艺自身审美规律的要求。既要注重文艺产品的商品属性，更要注重文艺作为特殊商品所具有的意识形态属性。要在顺从和利用市场规律的前提下，遵循文艺自身的创造和发展规律，尽最大努力寻求艺术规律与市场规律辩证统一的艺术创作与生产道路，使得文艺创作和文艺市场互相促进，共同繁荣。目前，我们对于艺术规律在理论方面的总结还不够充分、不够深入，对于艺术规律的认识通常更多是停留在感性和经验的层面。特别是在市场经济条件下，艺术创作生产的规律也在不断变化发展中，更需要及时研究总结。有一些我们自认为是“规律”的，往往在实践过程中被证明需要很多附加条件才能实现，对这种缺乏真理素质和科学性的“规律”更需要谨慎对待。还有一些艺术规律需要我们更加清醒地认识和理解，比如艺术价值与价格并不一定成正比，有市场的艺术作品不一定有很高的艺术价值，艺术价值很高的作品不一定能有市场。艺术创作本身是个堆土筑山的积累过程，需要一代又一代人前赴后继的努力，艺术创作以对真善美的追求为出发点，目的要纯正。如果无视这种基本的艺术规律，而以领导政绩为出发点，习惯用领导的五年任期来检验艺术创作成就，只能将艺术创作引向功利的泥沼。

追求艺术规律与市场规律的契合，要在文艺作品的质量上狠下工夫，要坚持文艺作品思想性、艺术性和观赏性的统一。文艺创作坚持思想性、艺术性和观赏性的统一，既是党和人民对文艺作品的要求，也是文艺创作的规律性总结。缺乏思想性，文艺作品难以对观众和社会产生积极作用；而艺术性与观赏性不足，文艺作品就难以走近观众，其思想性也难以体现和传达。只有通过思想性、艺术性和观赏性统一的优秀作品，我们的文艺创作才能真正建立起与人民群众的联系，满足人民群众多样化、多层次的审美需求；才能真正服务于人民群众，在潜移默化中提高人民群众的审美情趣和文化素养；才能真正团结和鼓舞人民，促进全社会形成积极向上的思想基础和价值取向，创造良好的道德风尚和民族精神。追求艺术规律与市场规律的契合，要坚持把社会效益放在首位，争取社会效益与经济效益的统一。文艺产品既具有意识形态属性又具有商品属性，意识形态属性决定了要把良好的社会效益作为文艺创作主要的追求目标，而经济效益则不仅是文艺产品商品属性的要求，也是文艺作品实现社会效益的重要参照指标之一。这种追求在有些作品中能达到有机统一。但有时一些水准上乘、格调高雅的作品，社会效益很好，却未必能实现很好的经济效益；反之，有些作品社会效益一般，却有很可观的经济效益。在这种情况下，决不能牺牲社会效益去追求经济效益，要坚持社会效益为主，经济效益服从社会效益。对有经济效益但社会效益不佳的，必须严把市场准入关口，体现政府的依法管理职能；对社会效益良好但经济效益欠缺的，要给予扶持，要通过公共文化服务的途径，把美好的精神食粮奉献给人民。同时也要鼓励其积极开拓市场，加强市场营销，努力实现两个效益的统一。追求艺术规律与市场规律的契合，还要在文艺作品的演出中坚持积极开拓市场演出和主动开展公益性演出。文艺作品创作出来，最终要在演出实践中接受群众和社会的检验。公益性演出是以公共文化服务为途径来实现文艺的社会效益，市场演出是以市场交换为手段来实现文艺的社会效益，满足人们的文化需求。这两类演出形式在服务对象和价值功能上互为补充又相对独立、不可或缺。因此，我们一方面要积极开拓演出市场，解决好“走市场”的问题，不断提高优秀文艺作品的品牌效应和市场竞争力，努力使市场成为优秀文艺作品传播的重要途径；另一方面要积极开展各种形式的公益性演出，深入基层、服务大众，特别是在中西部经济欠发达地区、在农村、在少数民族聚居地，要以形式多样的演出让更多的群众分享优秀文化成果，用优秀的文艺作品浸润和滋养人的心灵，培养和陶冶人的情操，最大限度实现文艺作品的自身价值。

（四）繁荣文艺创作既要继承优秀传统又要不断创新

创新是一个民族的灵魂。创新也是文艺创作的内在要求和根本要求，是文艺永葆青春和生命力的源泉，也是文艺的巨大魅力和价值所在。谈文艺创新，一定要处理好继承与创新的关系。继承是创新的重要基础，创新是继承的必然发展，不善于继承就没有创新的基础，不勇于创新就缺乏继承的活力。我们要以善于继承和勇于创新的精神，推动文艺创作不断繁荣发展，推动文艺长河更加波澜壮阔。继承是创新的重要基础和不竭源泉。中国是一个有着五千年历史的文明古国，创造了多姿多彩、灿烂辉煌的文化艺术，展示了中华民族血脉相连的人文历程，这是我们受益无穷的巨大宝库。鲁迅先生曾说：“新的艺术，没有一种是无根无蒂、突然发生的，总承受着先前的遗产。”但应“择取中国的遗产，融合新机，使将来的作品别开生面。”我们的文艺创新不应是空中楼阁，也不应孤芳自赏，而要将我们的根深深扎在中国历史文化这片丰厚的土壤中，从中华文明丰富多彩的生命中去发展我们的原创性，对传统进行有甄别的继承，为今天的创作提供源源不断的灵感和宝藏，奠定历史的厚度和时代的高度。实际上，只有创新才能对传统进行积极而有效的继承。如果说离开继承的创新是无源之水、无本之木，那么离开创新的继承就只能是一潭死水、一段朽木。在文学艺术的长河中，艺术品种就不断有新生又不断有灭亡。随着时代的发展、社会的变化，如果一个艺术品种没有能力不断创新、不断被今人赋予新的生命，自然就会被人民群众和时代所淘汰。“流水不腐，户枢不蠹”。文艺创作不能轻视自己的传统，但也不能囿于传统、沉湎于传统，否则就会导致墨守成规、固步自封。我们看到，古今中外传世的经典之作无一不是继承与创新的成果，既渗透着历史积淀的体验和哲理，又蕴含着时代的理想和精神；既延续着传统文艺的特点和优势，又创造着新颖鲜活的内容和形式。当然，现实中创新的脚步每迈出一步，都可能面对各种声音和意见，创新的脚步固然要稳重，但更要坚定勇敢。对传统的继承是在创新的基础上的继承，对传统的超越是在不断前进中的超越。因此，当代文艺创作必须既善于继承又勇于创新，要谦逊面对优秀传统，敏锐把握时代脉搏，将传统文化的根基融入现代审美中，保持民族性，体现时代性；要积极学习和借鉴世界各国人民创造的文艺成果，博采众长，兼收并蓄；要坚持不断创新，焕发创造激情，激发原创能力，厚积薄发，推陈出新，让当代文艺作品在文艺史上闪烁灿烂的光辉。

（五）繁荣文艺创作要求文艺家既要追求独特的个性更要承载共同的理想

文艺创作是文艺家充满个人灵性和个体创造的活动，更是文艺家倾注博大深挚的人文关怀、坚守文艺精神的不懈追求。文艺家要将自身鲜明的艺术个性与宏大的共同理想信念相融合，将独特的个人体验与伟大的时代精神相融汇，在时代的洪流中展现才华，铸就伟大的文艺作品。文艺创作是独创的、独特的、独立的，凝聚着文艺家独特的审美体验和审美情感，带有强烈的主观色彩与艺术追求，体现出鲜明的创作风格和艺术个性。一切伟大的文艺家都是以自己与众不同的创作风格、独特的生活阅历、情感体验和艺术才能对文艺的发展做出独特贡献，以自己与众不同的作品丰富扩大人类文艺的宝库。对于艺术创作者而言，不断超越前人，超越自己，表达个人对于时代、生活以及生命的独特感悟和体验，实现艺术的首创、独创和与众不同，是每一位文艺家内心的渴望和追求。但艺术个性不是主观随意性的表达，更不是那种极端个人化的体验，否则那样的创作难免囿于狭窄逼仄的个人天地，难免成为实质上的空虚、卖弄，难免流于矫揉造作、耸人听闻和哗众取宠。只有在创作中既体现鲜明艺术个性又承载着共同社会理想的作品，才能真正成为伟大的作品。历史上优秀的文艺作品，都来自文艺家们对时代和生活的深刻感悟，都是对人民群众最深刻的心灵呼唤和时代前进最迫切要求的反映，都是独特艺术魅力与社会进步思想的完美结合。纵观百年，中国的文艺把自己的命运与民族独立、国家富强、人民幸福紧紧联系在一起。在近代文化启蒙和“五四”新文化运动中，文艺成为反帝反封建、警醒国民、激励民族斗志的战斗号角；在争取民族独立、人民解放的峥嵘岁月里，一批具有革命性和战斗性的作品，为振奋民族精神、凝聚民族力量发挥了重要作用。这种艺术个性与大众情怀的汇通，个性追求与共同理想的统一，应是文艺家努力追求的方向。在这个正发生着广泛深刻变革的时代，“一切有理想有抱负的文艺工作者，都要担当起时代赋予的神圣使命，积极投身讴歌时代的文艺创造活动。”广大文艺工作者肩负着历史的使命、时代的使命、国家的使命、民族的使命和艺术的使命，要自觉地有所担当，更多地承载起厚重的人文精神和崇高的共同理想，实现文艺作品思想和情感的升华；要不断加强思想道德修养，提升精神境界，以高尚的精神追求和高超的艺术才华，努力创作出具有强大的社会感染力和影响力的作品，为推动社会进步提供精神力量；要坚定信念，潜心创作，以文艺家的热情、信心、毅力和才华，以高度的社会责任感和强烈的事业心，在人民的历史创造中进行伟大的艺术创造，在讴歌时代的进程中铸就无愧于时代、无愧于历史、无愧于人民的，具有永恒艺术魅力的优秀文艺作品。

二、推动文艺创作繁荣的具体思路和主要举措

（一）为繁荣文艺创作营造好的环境，建立好的体制机制

各级文化主管部门要把加强和改进对文艺工作的领导作为提高执政能力的重要内容，不断提高领导文艺工作的能力和水平。要全面贯彻党的文艺工作方针，尊重文艺工作者的创造性劳动，在创作上不横加干涉，不横加指责，而要热情支持，热情鼓励，在政治上充分信任，生活上真诚关怀，努力成为文艺家的贴心人，为文艺创作营造宽松的舆论氛围。同时，要形成尊重知识、尊重人才的良好氛围，在创作实践中发现人才，在创作活动中培育人才，在创作一线上凝聚人才，以伯乐相马的眼光选拔人才，以海纳百川的胸襟网罗人才，以知人善任的韬略用好人才，使人才真正能够各得其用、各尽其才。把每一个人的积极性都调动起来，把每一个人的价值都发掘出来，最大限度地激发他们的创造活力和艺术激情。繁荣文艺创作也需要好的体制机制环境。要鼓励有利于创作繁荣的体制机制创新，文艺院团的体制机制改革要有利于创作繁荣与发展，要紧紧抓住增强活力、改善服务这个重点，深入推进重点文艺院团内部改革和机制创新；要牢牢把握重塑市场主体这一关键环节，推进经营性文艺院团的体制创新，要努力为文艺院团体制机制改革创造良好的政策环境。文艺生产方式要随时代的进步而转变，也要与科技的进步相结合，文艺生产方式的改变必将带动文艺增长方式的转变，也将引发新一轮的体制机制创新并促进文艺创作的更大繁荣。

（二）为繁荣文艺创作，必须重视人才工作

人才资源是文艺生产的第一资源，人的因素也是文艺生产力的首要因素，繁荣文艺创作最终必须依靠人才的智慧和力量。目前我们文化艺术领域，人力资源非常丰富，但是优秀人才资源却相对匮乏，尤其是具有创新意识的创作人才、能够准确把握市场的营销人才、既懂艺术又懂经营的管理人才和熟练掌握高科技的专业技术人才。应该说，优秀专业人才的缺乏已经成为限制文艺创作繁荣的最重要的因素之一，而只有形成长江后浪推前浪、人才辈出的良好态势，才能从根本上保证文艺创作生生不息、持续发展、不断进步。重视人才工作，不仅要为文艺人才提供宽松的环境和良好的氛围，更重要的是为人才的遴选、培养和成长提供有利条件，为他们施展才华、奉献社会提供机会和岗位。很多时候，我们不是缺少人才，而是缺少发现人才的眼睛和造就人才的机制。“玉不琢不成器”，我们要有发现璞玉的慧眼，也要有打磨璞玉的耐心和智慧，可以通过人性化的管理和个性化的培养吸纳人才、造就人才，也要从用人观念上、用人制度上想方设法为人才脱颖而出创造机会，引导和激发文艺人才的创新精神和工作热情。当然，“十年树木，百年树人”，人才的培养绝不是一朝一夕的功夫，不能急于求成、拔苗助长，而需要几代人付出不懈的努力。培养艺术大师、艺术大家没有“速成班”，我们要花大力气培养扎根沃土、枝繁叶茂的栋梁之才，而不是速成的“豆芽菜”。人才兴文，人才兴业，实施人才战略是繁荣文艺创作不可或缺的内在动力和根本保障。我曾不止一次说起，对待人才，我们的任务就是要“创造一个广袤的空间，让每一颗星星都放出自己的光彩”，只有这样我们的文艺天空才能群星灿烂，拥有恒久的生命和光彩。

（三）为繁荣文艺创作，要引导文艺家力戒浮躁，潜心创作出新的文艺精品

要创作出优秀作品，必须克服浮躁心态，摆脱名利缰索。浮躁心态是文艺创作的大敌，急功近利的创作鲜见有成功者。世上没有不事耕耘但求收获、不努力就成功的奇迹。文艺创作自古以来就是一项清贫辛苦的精神劳动，最难耐的是寂寞，最难拒的是诱惑。要创作出传诸于世、历久弥新的文艺精品，就要有甘于寂寞的情操，就要有志存高远的理想，更要有脚踏实地的心态。尽管和几年前相比较，广大文艺工作者的创作心态正逐渐走向平和，但与出文艺精品和文艺大家的时代需求相比，我们的文艺家似乎还是少了耐心，多了浮躁；少了清醒，多了盲目；少了脚踏实地，多了好高骛远。为使广大文艺工作者心无旁骛，潜心创作，各级政府文化管理部门要尽力为他们创造好的条件，要设立文艺创作专项扶持资金，要建立和完善文艺人才激励机制和奖励制度，对于为文艺创作的发展和繁荣做出突出贡献的优秀人才，国家和各级政府应该通过荣誉制度予以奖励，给予应得的荣誉和待遇。

（四）为繁荣文艺创作，要鼓励和帮助广大文艺工作者深入生活

生活是文艺的源泉，是孕育文艺生长的土壤。这是一个老生常谈的话题。之所以重提这一话题，是因为一些文艺工作者由于种种主观或客观的原因，在慢慢远离生活，游离实际，脱离群众。作为一个有理想、有抱负、有责任、有使命感的文艺家，必须坚持“二为”文艺方向。人民需要文艺，文艺更需要人民。正因为文艺创作要为人民服务，所以文艺工作者一定要和人民水乳交融，熟悉人民生活，表现人民生活。事实上，任何文艺名家的出现都是与某种历史条件以及时代机遇密切相关的。这就需要我们的文艺家深入到生活中去，要认识到生活是创作的唯一源泉，没有生活就没有真正意义上的创作。只有经常到生活中去的人，才会真正懂得生活的意义；只有深入生活，才能深刻地认识生活，才能真正获得创作激情；只有坚持长期深入生活，才能源源不断地创作出人民群众喜闻乐见的优秀作品。纵观古今中外，历史上任何一位杰出的文艺家，其作品都凝聚着深厚的生活体验，倾注着浓烈的生活激情，越伟大的文艺家越是如此。我们要创造各种条件，以多样的形式组织帮助并鼓励广大文艺工作者深入生活，如定期组织采风团，带领文艺家深入国家重点建设工程，组织西部文艺工作者东部行、东部文艺工作者西部行，组织文艺工作者深入农村，深入基层，深入西部地区和东北老工业基地，深入三峡、青藏铁路、西电东送、西气东输、南水北调等国家重点建设工程第一线，使广大文艺工作者感受伟大时代的伟大变化，为繁荣文艺创作再立新功。

（五）为繁荣文艺创作，要加强文艺评论、文艺评奖等理论和政策的引导作用

文艺创作与文艺批评是相伴而生、相辅相成的，它们如同“车之两轮”、“鸟之双翼”。文艺批评是繁荣文艺创作不可或缺的重要因素，它贯穿在文艺创作整个过程中，具有辨析思想、甄别美丑、建立标准、引领风尚的重要作用，为文艺创作的进步和发展提供思想动力和理论基础。我们要切实加强和改进文艺评论工作，不断增强文艺评论的针对性、实效性、公正性、客观性和权威性，逐步改善近年来文艺领域理论批评力量较为薄弱的态势，发挥好文艺评论在引领艺术创作价值和审美取向、提升群众艺术鉴赏水平、弘扬社会主义核心价值观念、纠正不良创作倾向等方面的积极作用。

文艺评奖等文艺活动是繁荣文艺的重要手段，也是目前政府在一定时期内引导和促进文艺创作繁荣行之有效的手段。近年来，文化部举办的重大文艺评奖和重大文艺活动，推出了一批优秀剧目和优秀人才，取得了良好的社会效益。为了繁荣文艺创作，推动社会主义文艺大发展大繁荣，我们要进一步改革和完善文艺评奖和文艺活动的组织方式，针对文艺评奖的理念、评委构成、观众参与、评奖标准、评奖监督、获奖作品的宣传与推广等方面存在的一些问题，我们要进一步完善评奖的机制和手段，调整评奖的项目、规范评奖的标准、严格评委的条件、提高观众的参与度、加强评奖的引导和宣传。为坚持公开、公平、公正的评奖原则，要建立科学系统的专家库，评委的产生应随机抽取，评委成员采取社会公示制度，评奖结果要向社会公布，监察部门要对评奖过程实施全程监督。要加强文艺评奖等文艺活动的针对性和政策引导作用。文艺评奖等文艺活动对体现社会主义核心价值观念，反映伟大时代，具有时代精神和现实意义，形象鲜活，内涵丰厚的优秀作品要更加关注；对继承传统基础上具有创新意义和推陈出新意义的优秀作品要加以关注；对具有独特的艺术表现力、较强的艺术感染力、较高的艺术价值和较强的艺术生命力的作品要加以关注；对有助于推动艺术品种发展的优秀领军人物要加以关注。

（六）为繁荣文艺创作，要更加关注现实题材创作，推出一批优秀的现实题材作品

反映时代精神是文艺作品的使命，是文艺家的责任，现实题材永远是文艺作品不竭的思想源泉，是文艺家创作灵感的巨大宝库。走进火热的现实生活，运用多样的艺术手段，展现鲜活的人物形象，贴近大众，打动人心，这是我们评价文艺作品、检验文艺家的一个重要尺度。今年是改革开放30周年，明年是新中国成立60周年，这是中华民族伟大复兴进程中具有重要意义的伟大历史时刻，凡是有责任、有使命感的文艺家，凡是见证这一伟大进程的文艺工作者，都应满怀激情，尽情描绘近代以来中华民族奋发图强、争取国家独立民族解放的英勇历程，讴歌改革开放的伟大实践和伟大成就，激励广大人民群众开创美好生活新篇章的豪情与信心。我们要重点抓好两方面工作：一是要以改革开放30周年和新中国成立60周年为契机，精心规划，组织创作一批文艺精品。在策划、创作一批新的作品的同时，也对近年来上演的作品进行筛选，选出一批反映伟大进程的作品进行加工、提高、完善，于今明两年陆续推出。二是要在各种文艺评奖活动中，把握好正确的导向，鼓励并重点扶持体现社会主义核心价值观念，反映伟大时代的现实题材、特别是改革开放30周年和新中国成立60周年题材的优秀作品。

（七）为繁荣文艺创作，要建立各类专项扶持资金

建立各类专项扶持资金，就是要通过财政的手段，引导和促进文艺创作的繁荣。这也是政府繁荣文艺创作的重要政策手段之一。目前，文化部设立的国家艺术院团创作专项资金、国家艺术院团演出补助专项资金、国家艺术院团进校园演出专项资金，为国家艺术院团的创作演出提供了强有力的保障。此外，国家舞台艺术精品创作专项扶持资金，国家重点京剧院团专项扶持资金，国家昆曲艺术抢救、保护和扶持专项资金，国家重大历史题材美术创作专项资金以及美术作品收藏和捐赠奖励资金，为促进全国各省市的文艺创作和演出发挥着越来越重大的作用，有力地促进了文艺的发展和繁荣。为繁荣文艺创作，我们还要争取建立不同艺术门类的专项创作资金以及人才激励专项资金，鼓励精品力作的创作，鼓励优秀人才的涌现。对体现社会主义核心价值观念，反映伟大时代的优秀作品，我们要重点扶持；对反映民族团结，讴歌民族和睦的少数民族建设边疆地区题材的作品要加大扶持力度；对一些经过专家论证的优秀创作计划和创意构思，我们要进行先期投入；对长期面向基层、服务群众的艺术院团，我们要通过购买服务和给予演出补贴的方式，保障人民群众基本文化权益。各级文化主管部门，也要制定相应的政策措施，有条件的地区，也要建立相应的专项资金，抓住创作、演出、人才等相关环节，把繁荣文艺创作的各项工作落到实处。

同志们，今年是全面贯彻落实党的十七大精神的第一年，是我们常说的要更加自觉更加主动推动文化大发展大繁荣的第一年；今年又是我国实行改革开放30周年，是有中国特色社会主义建设的而立之年。这是一个需要伟大的文艺作品和伟大的文艺家的时代，也是通过我们的努力，能够产生伟大的文艺作品和伟大的文艺家的时代。让我们紧密团结在以胡锦涛同志为总书记的党中央周围，高举中国特色社会主义伟大旗帜，深入贯彻落实科学发展观，努力做好各项工作，为繁荣文艺创作，建设社会主义核心价值体系，推动社会主义文化大发展大繁荣作出新的贡献。

总结经验 加强保护 努力开创非物质文化遗产保护工作新局面

文化部副部长 周和平

（2008年7月29日）

非物质文化遗产保护工作开展几年来，特别是最近一年来，在各级党委和政府的关心、支持下，在相关部门的积极配合下，通过文化部门和专家们的不断努力，取得了一定的成绩，抢救保护了一批珍贵、濒危的非物质文化遗产，营造了全民参与非物质文化遗产保护的良好氛围，提高了全社会的非物质文化遗产保护意识，为推动文化大发展大繁荣，满足人民群众的文化需求，兴起社会主义文化建设新高潮，促进社会主义和谐社会建设，发挥了重要作用，做出了积极贡献。为推进各地非物质文化遗产保护工作，今年4月25日～5月13日，文化部组织10个督导组分赴全国除西藏外的30个省、自治区、直辖市，开展非物质文化遗产保护的督导工作。通过督导，进一步了解和掌握了各地开展非物质文化遗产保护工作的进展情况及存在问题，为制定有针对性的保护工作措施，指导和促进全国非物质文化遗产保护工作的深入开展提供了重要依据。

一、非物质文化遗产保护工作取得积极进展

近年来，在党中央、国务院的高度重视下，我国非物质文化遗产保护工作稳步推进，有序开展。胡锦涛总书记在党的十七大报告中特别强调指出："加强对各民族文化的挖掘和保护，重视文物和非物质文化遗产保护"；温家宝总理在今年政府工作报告中也提出要"加强民族文化遗产保护"，充分表明党和国家对非物质文化遗产保护工作的关心和支持。各级党委、政府对非物质文化遗产保护工作也非常重视，将非物质文化遗产保护工作纳入经济社会发展规划和文化发展纲要，纳入财政预算，纳入重要议事日程。许多省、自治区、直辖市党委、政府把非物质文化遗产保护作为建设文化大省重要内容，在保护机制建设、地方政策法规制定、经费投入等方面，积极采取措施，加大工作力度，工作取得了明显成效。主要表现在：

（一）普查工作初见成效

普查工作是非物质文化遗产保护的一项基础性工作。2005年6月，文化部部署了全国非物质文化遗产普查工作，目的是通过普查，全面了解和掌握各地各民族非物质文化遗产的种类、数量、分布状况、生存环境、保护现状和存在的问题。

从对全国30个省、自治区、直辖市的非物质文化遗产保护督导工作反映的情况来看，目前，各地普查工作已取得阶段性成果。北京、云南、浙江等省（区、市）已率先完成普查工作任务。北京市普查的项目达7000项，并完成了18个区（县）普查资料汇编。云南省普查工作由州（市）统一组织，以县为单位开展，历时两年半，至2005年底结束，现正在编辑普查分省图集。山东省、上海市普查工作已完成60%以上。一些省份前期田野普查工作已经完成，正在总结普查成果，进行整理文字、音像、珍贵实物资料，建立数据库等工作。四川省对收集的有关历史文献、相关资料、珍贵实物，进行分级分类管理、建档保存，形成了50多万字的《四川省非物质文化遗产资源汇编》。

各地在普查过程中，积极探索，创造了一系列行之有效的工作经验和做法。如浙江省宁波市，在普查实践中创造了"村报普查线索、乡查重点项目、县做规范文本"的普查工作模式。这些经验要认真进行总结，可通过召开现场经验交流会等方式在全国范围内进行交流和推广，以推动非物质文化遗产普查工作的深入开展和顺利完成。

（二）名录体系初步建立

在总结第一批国家级非物质文化遗产名录申报与评审经验的基础上，根据国务院办公厅《关于加强我国非物质文化遗产保护工作的意见》和

《国家级非物质文化遗产代表作申报评定暂行办法》，文化部制定了第二批国家级非物质文化遗产名录项目的评审标准，并成立了第二批国家级非物质文化遗产名录评审委员会，开展了第二批国家级非物质文化遗产名录的申报和评审工作。截至2007年11月，各省、自治区、直辖市和新疆生产建设兵团、澳门特别行政区以及中央直属单位共申报了2540个项目。在评选第二批国家级非物质文化遗产名录入选项目中，始终坚持以下原则：项目应具有典型性、代表性和重大影响，体现国家级项目水平；涉及国家文化主权和文化安全；反映中华民族杰出智慧和独特创造力并具有重大价值；在海内外华人中具有重大影响；重点关注少数民族项目。其中有起源于我国的木活字印刷技术以及围棋、象棋、珠算、南海航道更路经、水密隔舱福船制造技艺、茶叶制作技艺、印泥制作技艺等。经过组织专家评审、征求意见、公示、部际联席会议审核等程序，2008年6月，国务院正式批准公布了第二批国家级非物质文化遗产名录，共计510项，涉及925个申报地区或单位，以及第一批国家级非物质文化遗产扩展项目名录，共计147项，涉及427个申报地区或单位。

各地也在积极推进省级非物质文化遗产名录的建立工作。目前，全国省级名录共有4155项。其中云南、贵州等省已经基本建立了省、市、县三级名录体系。北京、上海两市建立了市、区两级名录体系。一些市、县也建立了本级非物质文化遗产名录，如湖北省17个市（州、直管市、林区）已全部建立地市级名录，第一批共计382项。

名录体系的建立，对推动非物质文化遗产保护工作发挥了重要作用。

（三）代表性传承人保护取得新进展

传承人是非物质文化遗产的重要承载者和传递者，他们掌握并承载着非物质文化遗产的知识和精湛技艺，既是非物质文化遗产活的宝库，又是非物质文化遗产代代相传的代表性人物。传承人的保护，是非物质文化遗产保护工作的关键。为加强代表性传承人的保护，文化部开展了国家级非物质文化遗产项目代表性传承人的认定与命名工作，分别于2007年6月9日和2008年2月15日，公布了两批共777名国家级非物质文化遗产项目代表性传承人。2008年2月28日，文化部在人民大会堂举行了国家级非物质文化遗产项目代表性传承人颁证仪式，向来自全国各地的国家级非物质文化遗产项目代表性传承人代表颁发了证章和证书。这项工作受到社会的广泛关注。

各省区市也陆续开展了省级非物质文化遗产项目代表性传承人的认定与命名工作，云南省1999年、2002年和2007年，分三批命名了647名省级非物质文化遗产传承人。16个州（市）命名了970名州（市）级传承人，129个县（区、市）命名了1893名县（区、市）级传承人。目前，云南已建立起四级传承人保护体系。

为推进国家级非物质文化遗产项目代表性传承人的保护工作，文化部以部长令的形式公布了《国家级非物质文化遗产项目代表性传承人认定与管理暂行办法》，对国家级非物质文化遗产项目代表性传承人的认定标准、权利、义务及管理作出具体规定。浙江、上海、宁夏等省（区、市）较早出台了地方非物质文化遗产项目代表性传承人认定与管理办法，并对国家级和省级项目代表性传承人给予了补助或津贴。浙江省从2007年开始，对65岁以上的国家级、省级代表性传承人，由省财政给予每人每年3000～4000元的政府津贴，直到传承人去世；上海每年给70岁以上的老艺人每年2000元标准的艺术补贴；甘肃省环县是全国贫困县，为支持代表性传承人开展传习活动，每年给予环县道情皮影的代表性传承人500元的补贴；宁夏开展了濒危民间艺人的调查摸底工作，对40余位省级以上非物质文化遗产代表性传承人进行了抢救性录音录像，建立了录像档案资料。

（四）文化生态保护区建设逐步展开

《国家"十一五"时期文化发展规划纲要》要求，在"十一五"期间确定十个国家级民族民间文化生态保护区，对非物质文化遗产内容丰富、较为集中的区域，实施整体性保护。

2007年6月9日，文化部命名了我国第一个国家级文化生态保护区试点——福建省闽南文化生态保护实验区。福建省委、省政府高度重视，成立了以省政府领导担任组长，厦门、泉州、漳州三市和省直有关部门组成的闽南文化生态保护实验区工作领导小组，制定了《闽南文化生态保护区规划纲要》。目前，《闽南文化生态保护区实施规划》正在加紧论证，即将出台实施。厦门、泉州、漳州三市也根据本地情况相继出台了本市的《闽南文化生态保护区实施规划》。2008年1月8日，文化部命名了第二个文化生态保护实验区——徽州文化生态保护实验区，目前正在加紧编制《徽州文化生态保护实验区规划》和《徽州文化生态保护实验区实施办法》。青海省计划对黄南藏族自治州热贡地区文化生态进行全面保护，目前《热贡文化生态保护区规划纲要》已制定完毕，正组织进一步论证。《羌族文化生态保护区规划纲要》和《湖南省湘西土家族苗族自治州文化生态保护区规划纲要》正在组织论证当中。广西、海南、浙江等省区也在积极探索文化生态的整体性保护。

（五）非物质文化遗产专题博物馆、民俗博物馆和传习所建设呈现良好态势

建立专题博物馆、民俗博物馆和传习所，既能有效地保护普查工作中收集、整理的非物质文化遗产珍贵实物资料，又能将非物质文化遗产资源加以集中保护和展示，充分发挥对青少年和广大群众的宣传教育作用。据不完全统计，目前，北京、河北、云南、贵州等省（区、市）共建立专题博物馆363个、民俗博物馆241个、传习所359个。广东省现已建立木雕艺术、粤剧等各类非物质文化遗产专题博物馆、民俗博物馆、传习所40个。江苏省苏州、无锡、扬州、南通、镇江等市建立了专题博物馆、民俗馆、传习所共67个。这些形式多样的专题博物馆、民俗博物馆和传习所，对于建立科学有效、可持续的非物质文化遗产保护工作机制，加强非物质文化遗产的保护与传承发挥了重要作用。

（六）非物质文化遗产保护立法取得新进展

2007年7月，国务院法制办专门就非物质文化遗产保护立法工作赴云南和福建进行调研，今年5月份又专门赴新疆进行了调研。全国人大教科文委员会也在近期专门到中国非物质文化遗产保护中心就立法问题进行了调研。经多次修改完善和广泛征求意见后，《非物质文化遗产保护法》已列入全国人大立法程序，有望在今年10月份提交全国人大常委会讨论。

在各级党委、政府的积极推动下，地方非物质文化遗产保护的立法工作也取得积极进展。云南、贵州、广西、福建、江苏、浙江、宁夏、新疆等8个省区已经制定了地方的非物质文化遗产保护条例，河北、山西、海南等省也已经把非物质文化遗产保护的立法工作列入了省人大重点立法计划。

（七）经费投入不断加大，机构队伍建设得到加强

中央和地方各级财政大力支持非物质文化遗产保护工作。目前，中央财政已累计投入3.86亿元。2008年，中央财政用于非物质文化遗产保护的地方转移支付专项经费为1个亿，本级专项保护经费为5000万元，今后还将继续增加投入。各地对非物质文化遗产保护的投入力度也不断加大。2005～2008年的4年中，地方省级财政共投入约2.59亿元。北京市2004～2008年共投入保护经费3900多万元。山东省地方各级财政近年来投入3579万元，2007年安排了省级专项资金700万元。西部一些省区也安排了非物质文化遗产保护专项经费，如贵州省在财力十分紧张的情况下，省级财政每年安排的保护专项经费由原来的100万元增加到了650万元。保护经费的增加，有力地保障了非物质文化遗产保护工作开展。

非物质文化遗产保护机构和队伍建设也得到加强。在国务院刚刚批准的文化部“三定”方案中，明确在文化部单独设立非物质文化遗产司。贵州、江苏等省文化厅的社会文化处加挂了非物质文化遗产处的牌子，增加了人员编制；北京市、河北省、山西省、江苏省、浙江省、青海省、新疆维吾尔自治区等26个省（区、市）已经当地编办批准成立了省级非物质文化遗产保护中心，有的省区还落实了人员编制。非物质文化遗产保护工作机构和队伍建设不断加强，从国家到省、市、县四级的保护队伍正在形成。

虽然非物质文化遗产保护工作有了良好开端，但从总体来看尚处于起步阶段，保护工作有待进一步加强，工作中仍存在着不少的问题，任务还很艰巨。主要有以下几方面：

一是认识有待进一步提高。一些地方对非物质文化遗产保护工作的重要性和紧迫性认识不足，未能充分认识到非物质文化遗产保护工作在传承民族文脉、提高国家软实力和促进社会和谐发展方面的重要作用。非物质文化遗产保护工作没有列入各级党委、政府的重要工作日程和当地的经济社会发展规划，工作进展缓慢。有些地方的普查和保护工作至今才刚刚起步，有的地方以建名录代普查、以出书代普查，普查工作不扎实、成效不明显，与进展较快的省份相比，存在着较大差距。

二是保护机制尚需进一步完善。由于保护工作尚处于探索阶段，许多地方还未形成科学有效的保护机制。如有的地方“重申报，轻保护”，对列入名录体系的非物质文化遗产项目，缺乏科学的保护计划和具体的保护措施；经费投入不足，个别省区至今尚未安排非物质文化遗产保护项目专项经费，或者专项经费数额少，难以保证保护工作的正常开展；有的地方未能正确处理保护、利用与发展的关系，非物质文化遗产珍贵实物资料流失现象还未得到有效制止，破坏性开发的现象还比较严重。

三是队伍建设亟待加强。有些地方尚未建立一支比较稳定的保护工作队伍。现有的保护工作队伍数量不足，难以承担繁重的保护工作任务，保证工作质量。

四是理论研究和政策研究相对滞后。非物质文化遗产保护是一项新的工作，涉及面广、专业性强、内容丰富而复杂，基础理论和应用理论的探索及科学研究还明显存在不足。特别是保护工作实践中遇到的一些重大问题和新课题，缺乏相应的理论指引和政策支撑。一些相关的理论政策研究与保护工作实际结合不紧，未能提供有针对性的指导意见。

非物质文化遗产保护工作虽然取得了一定的成绩和进展，但也要清醒地认识到，适合中国国情的非物质文化遗产保护体制尚未完全建立。因此，我们必须进一步增强使命感和责任感，按照确定的规划目标，抓住重点，落实措施，齐心协力，努力把非物质文化遗产保护工作推向新阶段。

二、突出重点，加强保护，努力开创非物质文化遗产保护工作新局面

党的十七大报告指出，“中华文化是中华民族生生不息、团结奋进的不竭动力”，要“弘扬中华文化，建设中华民族共有精神家园”。非物质文化遗产保护是新时期文化建设的一项基础性工作，同时也是一项创新性工作。加强非物质文化遗产保护，要求我们本着对历史负责、对民族负责、对未来负责的精神，保护与传承文脉，为建设中华民族共有精神家园、推动社会主义文化大发展大繁荣、提高国家软实力做出积极贡献。为进一步推进非物质文化遗产保护工作，我想强调以下几个方面：

（一）努力完成普查工作任务

按照计划，今年要基本完成普查任务，12月份将组织专家组逐省检查验收。

目前已基本完成普查工作的云南、北京、浙江等省市，要认真整理非物质文化遗产普查成果，提供普查工作报告，提交本地区保护项目清单，编纂非物质文化遗产普查分省图集等。未完成普查工作的省份要加快进度，争取尽早完成普查。要着重做好以下工作：一是重点推广普查工作开展得较好的地区的经验；二是分专业、分层次做好基层普查工作人员的培训工作；三是加大工作力度，查缺补漏，全面推进普查工作；四是在普查工作中，要建立档案，做好普查已有成果的整理工作。

中国非物质文化遗产保护中心要成立编委会，按照“统一体例、统筹规划、分省实施”的工作方针，指导和帮助完成普查工作的省份编纂并陆续出版非物质文化遗产分省图集。

（二）抓好非物质文化遗产名录项目保护工作

要继续推动各级非物质文化遗产名录体系建设，特别是县、市级名录体系建设，认真申报，严格评审，建立科学严谨的非物质文化遗产名录体系，以促进非物质文化遗产保护工作的开展。

名录建立以后，要把工作的重点转移到加强名录项目科学保护上来。对已列入各级非物质文化遗产名录的项目要做好以下几项工作：一是要科学确定各级非物质文化遗产名录项目保护单位，明确责任主体；二是要根据项目的不同特点，制定科学的分年度保护计划和具体实施方案，按照分级保护、分级管理的原则，进行有效保护；三是要继续对列入各级非物质文化遗产名录的项目进行深入挖掘和整理，采取文字、图片、录音、录像等方式，全面记录非物质文化遗产名录项目的各种珍贵资料，征集各种珍贵实物，并建立档案、妥善保存；四是要加强研究，积极探索，通过以点带面的方式，根据不同类别、不同项目的实际情况，分门别类地制定出非物质文化遗产项目具体保护方法、操作流程、经费使用标准、保护细则等，在保护中进行落实；五是要加强名录项目管理的科学性和规范性。各级文化行政部门要根据《国家级非物质文化遗产保护与管理暂行办法》

的相关要求，抓项目、抓重点、抓保护、抓落实，充分发挥专家的作用，加强对保护计划和保护责任落实的检查；六是要注重总结非物质文化遗产保护经验和出版保护成果。要将经过实践检验行之有效的保护工作经验在全国范围内加以推广，促进全国非物质文化遗产保护工作的深入开展。

文化部今后将继续不定期地组织开展全国非物质文化遗产保护督查工作，对于非物质文化遗产项目保护得力、成效显著的地区，将给予表彰和奖励；对于怠于保护或保护国家级名录不力的地区，将建立“黄牌警告”制度，责令当地文化行政部门及保护责任单位限期整改。

（三）支持代表性传承人开展传习活动，开展第三批国家级项目代表性传承人申报工作

目前，《国家级非物质文化遗产项目代表性传承人认定与管理暂行办法》已经出台，各地要参照该办法，制定符合当地实际情况的各级代表性传承人的保护办法。通过建立传承经费保障机制，对代表性传承人传习活动给予支持，推进代表性传承人保护机制建立，促进非物质文化遗产名录项目世代相传。

为有效保护和传承国家级非物质文化遗产，文化部将于近期开展第三批国家级非物质文化遗产项目代表性传承人的申报和推荐工作。各省、自治区、直辖市文化部门一定要高度重视，加强领导，精心组织，切实做好申报和推荐的各项工作。要认真把握国家级非物质文化遗产项目代表性传承人的推荐范围和推荐条件，在已公布的省级代表性传承人的基础上，好中选优，力求推选出真正的代表性传承人；严格遵循《国家级非物质文化遗产项目代表性传承人认定与管理暂行办法》中规定的推荐程序，确保传承人自愿申请或征得传承人的同意加以推荐；充分发挥申请人所在单位、国家级名录项目保护单位、专家学者以及各行业协会的作用，广泛听取意见，最大可能消除争议，严把审核关。

申报推荐材料的截止时间为今年12月31日，文化部经组织专家严格评审后，将于明年“文化遗产日”期间公布第三批国家级非物质文化遗产代表性传承人。

（四）加快推进文化生态保护区建设

按照《国家“十一五”时期文化发展规划纲要》要求，在2010年前，命名十个文化生态保护区。已命名的闽南文化生态保护实验区和徽州文化生态保护实验区，要组织专家制订科学的保护规划和详细的实施方案，落实保护措施，重点保护文化生态环境以及濒危的传统艺术、传统手工艺等重要非物质文化遗产。要在总结文化生态保护实验区工作经验的基础上，加紧制定国家级文化生态保护区命名与管理办法。下一步，要加快工作进度，推进羌族文化生态保护区以及青海热贡文化生态保护区的建设工作，《羌族文化生态保护区规划纲要》要进一步组织专家进行修改、论证，《热贡文化生态保护区规划纲要》在论证成熟后可报部审批。继续在湖南湘西、广西、海南、云南、浙江等地推动文化生态保护实验区的建设工作。

（五）加强非物质文化遗产专题博物馆、民俗博物馆或传习所建设

要积极发展非物质文化遗产专题博物馆、民俗博物馆或传习所，将普查工作收集到的非物质文化遗产珍贵实物资料尽快交博物馆或传习所妥善保存。对政府兴办的专题博物馆、民俗博物馆和传习所的建设，积极争取建设立项和征集、展示经费补助。对社会力量建设的非物质文化遗产专题博物馆、民俗博物馆和传习所，给予政策鼓励和支持。已建立的专题博物馆、民俗博物馆和传习所，要采取灵活多样的展示方式，举办丰富多彩的活动，增加对青少年和广大群众的吸引力，发挥非物质文化遗产的宣传教育作用。

（六）加强宣传和教育，努力营造全社会关心、支持非物质文化遗产保护的良好氛围

一是利用“文化遗产日”和民族传统节日，开展富有特色的文化活动。要利用每年的“文化遗产日”，配合国家法定节假日的调整，开展丰富多彩的文化活动，宣传和展示我国的非物质文化遗产，展现传统文化的感召力和吸引力，不断增强传统文化活动的群众参与性，把民族传统节日与建设和谐文化、培养文明风尚紧密结合，满足人民群众的文化需求。

二是积极推进非物质文化遗产进课堂、进教材、进校园。非物质文化遗产进课堂、进教材、进校园是非物质文化遗产保护可持续发展的根本举措，也是国外非物质文化遗产保护的成功经验。目前，传统戏剧如京剧等已开始进入中小学课堂。我们要积极与教育部门协商，出台相关文件，将民歌、民乐纳入中小学音乐课，将剪纸、年画纳入美术课，将传统技艺纳入手工课，使中小学生认识、了解和喜爱我国的非物质文化遗产。组织非物质文化遗产进大学校园，使大学生近距离感受和了解我国优秀传统文化。发挥高等院校、社会科学院的学术和人才优势，建立非物质文化遗产教育、研究基地和传承基地，培养青少年的爱国热情。

三是充分调动社会力量参与非物质文化遗产保护的积极性。支持个人、企业和民间团体参与非物质文化遗产保护与传承；通过各地举办各种体现地域特色的、形式多样的非物质文化遗产展示、展演活动，为传承人创造展示其精湛技艺的平台，使非物质文化遗产在人民群众的生产和生活中得到传承和发展；支持高等院校等研究机构从事非物质文化遗产课题研究工作，为非物质文化遗产保护提供科学的理论指引。

（七）加强机构队伍建设，努力建设一支高素质的非物质文化遗产保护工作队伍

按照国务院批准的文化部“三定”方案，文化部将单独设立非物质文化遗产司，其职能为：拟订非物质文化遗产保护政策，起草有关法规草案；拟订国家级非物质文化遗产代表项目保护规划；组织开展非物质文化遗产保护工作，承办国家级非物质文化遗产代表项目的申报与评审工作；组织实施优秀民族文化的传承普及工作；承担清史纂修工作。

下一步，要按照新的机构，健全职能，开展工作。要对现有的工作队伍分级、分类组织培训。一是重点培训非物质文化遗产保护管理人才，二是培训非物质文化遗产各门类的业务骨干。

依托高等院校及研究机构，采取委托办学、联合办学等多种形式，为非物质文化遗产保护培养一批既懂专业又懂管理的复合型人才，提高保护工作水平。

按初步方案，今年9月份开始，文化部委托中国非物质文化遗产保护中心举办国家级非物质文化遗产名录项目分类保护暨传承人培训班和全国非物质文化遗产数据库建设经验交流会。初步计划培训11期，约1000多人次。通过培训和交流，研究探讨如何进一步加强国家级非物质文化遗产名录项目及代表性传承人的保护与传承以及非物质文化遗产数据库的建设经验等。

（八）积极推进立法工作，加强政策理论研究

积极推动《非物质文化遗产保护法》的立法进程，为非物质文化遗产保护提供法制保障。目前，尚未制定颁布地方非物质文化遗产保护法规的省（区、市）文化行政部门，也要积极推动地方非物质文化遗产保护法规的建设工作。

加强非物质文化遗产保护工作政策研究，积极与有关部门协商，争取制定并出台科学合理的有利于非物质文化遗产保护的产业政策和财税优惠政策，为非物质文化遗产保护与发展创造更好的社会环境。

充分发挥专家的作用，推动非物质文化遗产理论研究。加强非物质文化遗产保护基础理论和应用理论研究，通过理论指引实践，提高工作的科学性、规范性；组织相关课题研究，编写非物质文化遗产各类培训教材，鼓励和资助非物质文化遗产保护研究理论成果的出版。通过召开论坛和专题研讨会，推广非物质文化遗产保护的典型经验，研究和解决保护工作中遇到的具体问题。

（九）做好地震灾区非物质文化遗产抢救保护和恢复重建工作

2008年5月12日，我国四川、甘肃、陕西等省发生了史所罕见的特大地震。“5·12”汶川大地震不仅给灾区人民生命财产造成巨大损失，而且给非物质文化遗产带来严重破坏。在地震灾区51个重灾县中有22项国家级非物质文化遗产名录项目、141项省级非物质文化遗产名录项目受损，许多珍贵的非物质文化遗产特别是羌族非物质文化遗产的实物被毁，珍贵音像资料被破坏，非物质文化遗产专题博物馆、民俗博物馆、传习所严重受损。

文化部对灾区非物质文化遗产抢救保护工作非常重视，目前已制定《汶川地震灾区非物质文化遗产保护与恢复重建规划纲要》和《羌族文化生态保护区规划纲要》，正积极争取中央财政支持，加大对灾区非物质文化遗产和羌族文化保护工作的投入，支持受灾省对国家级非物质文化遗产名录项目、国家级非物质文化遗产项目代表性传承人进行抢救性保护，重建和维修非物质文化遗产专题博物馆、民俗博物馆、传习所等；支持灾区制定保护规划，建设羌族文化生态保护区，抢救珍贵资料，支持传承人开展传习活动，帮助灾区尽快恢复工作。

（十）做好申报“人类非物质文化遗产代表作名录”工作

根据联合国教科文组织的工作计划，“人类

非物质文化遗产代表作名录”申报工作将于近期启动。与以往不同的是，这次申报分两类进行：一是“人类非物质文化遗产代表作名录”，二是“急需保护的非物质文化遗产名录”。原则上，申报项目要在已公布的国家级非物质文化遗产名录中产生。所申报的项目要具有重要历史、文化和科学价值，体现中华民族文化创造力的典型性、代表性，有重大影响和有濒临消亡的危险。各地要组织专家进行遴选，认真做好申报工作。

（十一）加强非物质文化遗产保护专项经费的使用和管理

按照《财政部、文化部关于印发〈国家非物质文化遗产保护专项资金管理暂行办法〉的通知》和《国家级非物质文化遗产保护与管理暂行办法》相关规定，中央财政非物质文化遗产保护地方转移支付专项经费具体分配，要遵循以下原则：

一是专项经费主要用于非物质文化遗产普查、国家级非物质文化遗产名录项目保护、国家级非物质文化遗产项目代表性传承人传习活动开展及文化生态保护实验区工作。

按照“统筹规划，分步实施”的原则，2008年名录项目保护资金重点用于第一批国家级名录项目，对于第二批国家级名录中急需抢救的项目予以适当考虑。名录项目保护资金主要用于濒危技艺、工艺的抢救，采用录音、录像等方式对非物质文化遗产进行调查、记录、整理、建档，珍贵实物资料的征集，与国家级非物质文化遗产名录项目相关的文化场所的保护等。

国家级非物质文化遗产项目代表性传承人传习活动经费按照传承人人数核定，资金由省级文化部门统筹安排，并监督执行。

二是统筹考虑非物质文化遗产项目的生存状况和轻重缓急，专项经费重点向入选联合国教科文组织“人类口头和非物质遗产代表作”项目、濒危项目、中西部及少数民族地区倾斜。

三是根据地震受灾地区特殊情况，今年专项资金将向地震受灾地区予以倾斜，调剂部分专项经费用于地震灾区非物质文化遗产项目抢救保护、实物征集、资料采录整理及有关博物馆恢复工作。

四是对于国家已安排专项资金予以保护的项目，经济效益和生存状态较好的项目，暂不安排补助资金。

2008年的地方专项经费报财政部批准后将于近期下拨至各地。希望各地根据《国家非物质文化遗产保护专项资金管理暂行办法》的相关要求，严格把关，切实做好专项经费的使用和管理工作。

同志们，2008年是全面贯彻党的十七大精神的关键一年。我们要更加深刻地认识到自己承担的光荣任务和肩负的崇高历史使命，努力推动保护工作的科学化和规范化，突出重点，加强保护，为传承我国珍贵的非物质文化遗产，弘扬民族优秀文化，推动社会主义文化大发展大繁荣，构建社会主义和谐社会，作出新的贡献！

加强文化艺术档案工作
为全面推进文化艺术大发展大繁荣服务

——在全国文化艺术档案工作会议上的讲话

文化部副部长　赵维绥

（2008年11月27日）

同志们：

在全党深入开展学习实践科学发展观活动之际，我们在这里召开会议，回顾总结近年来的文化艺术档案工作，分析会商当前文化艺术档案工作面临的新形势新任务，交流工作经验，安排部署下一步文化艺术档案工作，既很重要，也很必要。下面，我讲3点意见。

一、充分肯定文化艺术档案事业取得的显著成绩，认真总结文化艺术档案工作实践经验

文化艺术档案是文化工作各个领域中形成的对国家和社会有保存价值的各种载体的历史记录。文化艺术档案工作是文化事业繁荣和发展的重要基础性工作。文化部历来高度重视文化艺术档案工作，特别是近年来，始终坚持把文化艺术档案事业作为文化工作的重要任务，出台了一系列促进文化艺术档案事业不断发展的政策措施。把文化艺术档案列入文化建设“十一五”规划，并明确提出要加强文化艺术档案工作的收集、整理、编研、开发利用等工作。不久前，部里出版了《艺术档案管理读本》一书，蔡武同志亲自作序，并明确指出：珍贵的文化艺术档案，不仅是文化艺术活动的真实见证，也是民族文化的根脉。把文化艺术档案收集好、管理好、保护好、利用好，是一项为子孙后代积累宝贵的文化遗产，“功在当代、利在千秋”的事业。他希望各级文化行政管理部门和广大文化艺术档案工作者，抓住机遇，更加主动地推进文化艺术档案工作，为贯彻落实科学发展观，全面推进文化大发展大繁荣，兴起文化建设新高潮做出新贡献。

近年来，全国艺术档案工作者认真贯彻落实科学发展观，自觉服从和服务于文化事业大局，不断推进文化艺术档案工作，取得了可喜的成绩，主要表现在以下几个方面：

（一）大力开展文化艺术档案接收、入库工作，文化艺术档案资源建设成绩显著

文化艺术档案资源建设是实现文化事业可持续发展的重要基础性工作，多年来，全国文化艺术档案机构以丰富馆（室）藏为目标，以扩大门类、改善结构为中心，以文化艺术档案接收为重点，采取有效措施，坚持不懈地抓好文化艺术档案资源的收集整理工作，确保归档完整、质量合格。文化部一直以来十分重视对重点文化艺术档案的收集和保护工作，仅近两年，就接收并整理了第一批、第二批国家非物质文化遗产申报项目档案3855件；接收并整理了第一届至第11届文华奖获奖剧目和入选获奖剧目录像带和光盘1288盘；接收并整理从20世纪80年代至2007年我国引进的各类影视录音录像审片的艺术档案资料102.79万余件，对26698张光盘进行了整理，一大批珍贵文化艺术档案资料得到及时、有效的整理和保护。北京市文化局做出决定，文化艺术活动经费的1%用于文化艺术档案，增加投入，完善设施，为各单位添置配备了一批计算机、照相机、摄像机、扫描仪等设施设备，并通过建立文化项目，利用各种庆典展览、配合各种宣传活动加强对文化艺术档案资料的收集整理。通过几年的努力，北京市文化系统积累了具有一定规模的文化艺术档案资源。湖北省文化厅在工作中认真贯彻落实《文化部办公厅关于加强大型文化艺术活动档案资料收集整理工作的通知》精神，进一步明确和强化对大型文化艺术活动的档案管理与验收，积极做好第八届中国艺术节文化艺术档案的收集、整理工作，及时将活动资料、宣传册、剪报、照片、音像资料等整理归档，共向文化部移交了纸质艺术档案1398件，光盘95张，照片45张，案卷目录3册，确保了第八届中国艺术节所有艺术活动

项目档案收集齐全完整、整理科学规范、保管安全可靠。云南省文化厅注重保存、录制、抢救著名表演艺术家的音像资料，收集、整理、出版了著名京剧表演艺术家关肃霜、著名傣族舞蹈家刀美兰以及地方戏曲界一大批老中青艺术家的表演艺术档案资料，相继收集、整理、出版了民族民间文艺集成志书云南卷的戏曲、民族民间舞蹈、戏曲乐、民族民间歌曲、民族民间器乐五个部分的撰写工作，出版发行65卷，为积累、丰富云南民族民间文化艺术资源，继承和弘扬优秀民族文化做了大量工作。

同时，各地还开展了多种形式的文化艺术档案工作目标管理考核、年度文化艺术档案整理质量检查等活动，加大对本地区文化艺术档案工作的监督、指导、检查力度，促进了文化艺术档案基础业务的不断加强，大大地丰富了馆藏文化艺术档案资源。

（二）重视和加强制度建设，颁布实施《艺术档案管理办法》等一系列规章制度

加强制度建设，形成完善有效的保障机制，是文化艺术档案工作的治本之策。2002年，文化部和国家档案局以部局长令的形式颁布了《艺术档案管理办法》。《办法》对文化艺术档案的内涵、整理规则、归档范围、文化艺术档案馆建设都有明确的表述，对各级文化行政管理部门、文化艺术单位、文化艺术档案工作者都有明确的职责要求，是做好文化艺术档案工作的法律保障。《艺术档案管理办法》的出台，将各地的文化艺术档案建设推向了一个新的发展阶段。各地认真贯彻落实《艺术档案管理办法》，进一步加强对文化艺术档案的领导，建立和完善了推进文化艺术档案建设的工作制度，提出了切合实际的实施细则和管理措施。甘肃省起草了《甘肃省文化艺术档案管理实施办法》，为全省文化艺术档案工作开展提供了政策法规依据，并编写了《甘肃省省直文化系统文化艺术档案分类法》。海南省制定了《海南省文化艺术档案立卷归档制度》、《海南省文化艺术档案室岗位职责》和《海南省文化艺术档案管理制度》，每年还拨出专款用于扶持文化艺术档案工作。

近年来，文化部还制定出台了《文化部关于加强文艺基础资料抢救、保护、管理工作的通知》、《文化部关于进一步加强文化艺术档案的意见》等指导性文件。文化艺术档案规章制度的不断完善，为文化艺术档案管理和建设的健康发展、依法监督检查、维护文化艺术档案的完整、保护中华民族文化艺术遗产提供了有力的制度保障。

（三）推进标准体系建设，加快文化艺术档案管理标准化、规范化步伐

文化艺术档案是专业档案，不同于文书档案管理。文化艺术档案分类有专业要求，载体多样化，整理、排列及计算机管理软件均有自身特点。作为一个行业，一门专业技术，必须有与之相配套的行业技术和技术标准，在全国文化艺术单位中统一文化艺术档案的整理方法，提高文化艺术档案工作的质量和管理水平，以实现文化艺术档案工作的规范化、标准化和科学化。为此，文化部把文化艺术档案行业标准——《艺术档案整理规则》的制定作为当前的重点工作之一予以积极推进。《艺术档案整理规则》涵盖了包括艺术表演团体、艺术研究、艺术教育、文化交流和社会文化等类别，技术内容包括编目、分类、整理方法、装订工具和数字化等要求。《艺术档案整理规则》已经过专家审改，形成了征求意见稿，列为会议材料之一，希望与会同志多提宝贵意见和建议，争取这一行业标准早日出台，以指导全国的文化艺术档案收集、整理，推动和促进文化艺术档案的管理和规范。

（四）以服务文化艺术生产和社会各界需求为落脚点和出发点，服务意识不断增强，服务渠道不断拓展，服务水平不断提高

努力为领导决策、为文化艺术业务管理及社会公众提供文化艺术档案服务是文化艺术档案工作的根本宗旨，也是文化艺术档案工作长远发展的动力所在。在工作中，文化艺术档案管理部门进一步坚持文化艺术档案的价值在于利用的方针，充分发挥文化艺术档案资源较为丰富的优势，增强服务意识，拓展服务领域，开展了文化艺术档案资料利用、组织社会公众乐于参与的各种主题活动和讲座、举办专题文化艺术档案展览、编辑文化艺术档案出版物、拍摄文化艺术档案专题片等各项服务工作。湖南省艺术研究所今年“5·12”汶川大地震时，在第一时间就制作出反映湖南人民支援抗震救灾系列特别节目——“湖南人民和四川灾区人民在一起”，带着湖南人民的一片爱心传递到四川灾区，给灾区人民送去了精神食粮，引起了强烈反响，得到全国工商联、中国红十字基金会、中国光彩事业促进会及省政府的表扬。该所还摄制了宣传湖南本土文化艺术精粹的系列宣传片《湖南文化艺术精粹》，被文化部纳入对外宣传年度规划。陕西省文化艺术档案利用率近年来始终保持较高水平，2000年以来，共编撰文化艺术大事记50余万字，地方文化艺术志210万字，为首届中国秦腔艺术节提供参考利用艺术档案等各类历史资料200多张（卷），制成展版（包括宣传册、会标等）30多面，在社会上引起积极的反响，受到广大秦腔爱好者的一致好评，成为艺术节一道亮丽的风景线。

文化艺术档案资料在服务领导决策、艺术生产和社会各界人士的过程中越来越受到各级领导、文化艺术单位和人民群众的欢迎和认可，显示了文化艺术档案在弘扬主旋律、传承民族优秀文化传统方面的重要作用。

（五）主动迎接信息化挑战，文化艺术档案数字化建设有序推进，逐步展开

文化艺术档案的数字化管理是文化艺术档案工作适应社会信息化发展的必然趋势，是全面提升文化艺术档案工作为社会服务能力的不可或缺的手段。近年来，全国文化艺术档案数字化建设水平有了很大的提高，各地文化部门把做好文化艺术档案的数字化工作作为新时期文化艺术档案服务社会主义先进文化建设、服务文化艺术生产、服务文化大发展大繁荣的重要手段和有效方式，积极探索，大胆创新，文化艺术档案数字化建设的基础设施有了很大改善，文化艺术档案资源建设取得了较大进展。上海市根据上海文化艺术档案工作的特点和管理要求，开发了“上海文化艺术档案数据库”，数据库自2006年完成开发设计、录入、测试和实际应用以来，已在上海市16个文艺院团及海南省等应用推广，实现了文化艺术档案从实体内容管理到数字化管理的转变。河南、山西两省由省科技厅立项，申请到数十万元不等的信息化专项经费，购置了服务器、模拟转数字数据等设备，建立了数据库，文化艺术档案的信息化管理呈现出良好的发展势头。在资源建设方面，文化部高度重视艺术档案的数字化工作，把文化艺术档案数字化工作列入议事日程。从2005年开始，我们有计划、有步骤、有措施推进档案数字化工作，目前已实现了对1949～1980年的永久、长期卷室藏纸质档案和照片、录音、录像等档案，共23000多卷档案进行录入、扫描等数字化“加工”，并在办公网上设立了档案信息栏目，通过与办公网挂接的形式，将档案信息送上办公网络，逐步实现档案全文信息查询。对1981～2003年28892卷档案的案卷目录进行了录入工作，已形成案卷级电子目录。

文化艺术档案的数字化建设最终落脚点是要发挥出文化艺术档案资源自身的价值，最大限度地为文化建设提供优质服务。文化艺术档案的数字化建设，提升了我国文化艺术档案工作的整体水平，推动了我国文化艺术档案向更高水平、更高层次发展，为提高服务水平和效率打下坚实的基础。

（六）积极开展不同层次、不同内容的培训，为文化艺术档案工作的发展提供了有力的人才支持

文化艺术档案管理是一门专业学科，要做好这项工作，就需要培养高素质的人才。早在1985年5月，为了贯彻落实中办、国办关于转发《文化部关于艺术表演团体的改革意见》的精神，文化部组织了为期3个月的文化艺术档案人员培训班，培训了全国26个省区市的44名学员，初步形成了文化艺术档案工作的骨干队伍。近年来，为了认真贯彻落实《文化建设“十一五”规划》关于“加强艺术档案管理，做好艺术档案资料的收集、整理、编研、开发利用工作”的要求，进一步提高全国文化系统艺术档案工作人员的政策理论水平和业务工作能力，文化部先后举办了全国文化艺术档案管理岗位培训班、省级艺术院团文化艺术档案专题培训班、全国文化艺术档案人员岗位培训班等。目的就是为文化艺术档案工作培训更多更好的管理人才，增强文化艺术档案发展的后劲，为全国文化艺术档案的新发展打下坚实的基础。培训班内容丰富、针对性强，对提高业务素质、扩大知识面、增强工作能力具有很大的帮助。

各地积极开展不同层次、不同内容的培训和交流，提高文化艺术档案从业人员的工作能力和水平。北京市文化局采取以会代训的方式，加强对文化艺术档案管理工作人员的培训，对局属文化艺术单位近30名艺术档案工作人员集中培训；在中国木偶艺术剧院、北京人民艺术剧院召开文化艺术档案现场会，由单位领导和从事文化艺术档案多年、成绩突出的同志介绍经验，起到了相互学习和交流的目的；聘请先进单位的管理人员去其他单位进行指导，帮助建立文化艺术档案工作的基本框架；发挥老同志的传帮带作用，聘请在文化艺术档案收集整理方面积累了丰富经验的老同志为文化艺术档案基础较差的单位进行重点指导和帮扶，为院团培养了一批后备力量，推动了全局文化艺术档案管理总体水平的提高。河北省多年来注重加强队伍建设，坚持不懈地狠抓文化艺术档案从业人员的档案管理培训、摄录技术培训，以及文艺理论、戏剧、音乐舞蹈、曲艺、杂技等艺术门类的专题讲座及研讨活动，组织观摩艺术表演活动，学习和掌握文化艺术档案专业理论知识和文献、音像资料制作技能，培养、造就了一支高素质的、能够独立完成舞台艺术片、专题片、大型文艺节目，以及电视剧的艺术档案工作队伍，为文化艺术档案工作的发展提供了有力的支持。

为了适应新形势发展的需要，加强对全国从事文化艺术档案人员的业务培训，更好地研究、指导、管理全国文化艺术档案工作，推进文化艺术档案事业的健康发展，文化部组织编写了《艺术档案管理读本》。该书以《艺术档案管理办法》为指导，立足文化艺术档案管理的实际需要，从文化艺术档案学科的特点出发，强调基础知识、基本理论、基本技能，突出科学性、时代性、简明性、实用性，对于进一步提高全国文化系统文化艺术档案工作者的政策理论水平和业务工作能力，更好地履行岗位工作职责，具有十分积极的意义。

回顾总结这些年来文化艺术档案工作的实践，我们从中可以得到许多有益的启示：

一是各级文化行政部门的高度重视是推进文化艺术档案事业发展的关键。近年来，各级文化行政管理部门对文化艺术档案建设重要性的认识普遍加强，通过制订工作计划、出台和落实工作措施、提出工作要求，加大投入，对文化艺术档案工作给予很大的关心与支持。特别是2002年《艺术档案管理办法》出台以来，各地围绕如何进一步加强文化艺术档案建设纷纷进行调研、部署，进一步强化了对文化艺术档案工作的领导，结合实际情况，开展工作，制定具体措施，帮助解决文化艺术档案工作遇到的问题和困难，落实人力、物力、财力等各项保障条件和工作机制，使文化艺术档案工作顺利开展。

二是建立和完善规章制度是文化艺术档案健康发展的重要保证。多年来，我们始终把规章制度建设作为文化艺术档案工作的重要内容和义不容辞的职责，逐步建立了一套较为成熟、系统、便利、管用的制度体系，着力推进文化艺术档案工作走上制度化、规范化的轨道。各地各部门也结合实际，起草制定了一批规章制度，为文化艺术档案工作的顺利推进提供政策依据和制度保证。同时，注重制度建设与制度落实并重，认真抓好文件的贯彻落实，有力地促进了全国文化艺术档案工作的深入开展。

三是重视收集整理工作是文化艺术档案建设的基础。严格按文化艺术档案的自身特点和规律办事，常抓不懈地扎实做好文化艺术档案的收集、整理、分类、著录、鉴定等各项基础性工作，是文化艺术档案事业健康发展的有效途径，也是确保文化艺术档案工作有力、有序、有效开展的关键。

四是主动服务是文化艺术档案事业的基本定位。多年来，文化艺术档案界坚持注重开发利用，千方百计为领导决策和制定政策规划提供优质服务，想方设法满足艺术创作和社会各界对文化艺术档案的实际需求，积极利用自身的馆藏优势，组织开展文化艺术档案展览、文化艺术档案专题活动和讲座等内容健康、形式新颖、寓教于乐的活动，在活跃广大人民群众的精神文化生活，提高广大人民群众的文化艺术修养等方面发挥了重要作用，使文化艺术档案工作在服务社会的过程中越来越受到欢迎和认可。

五是广大文化艺术档案工作者高度的责任感和良好的职业素质是文化艺术档案工作不断取得进步的重要基石。文化艺术档案工作是默默无闻的岗位，需要有很强的奉献精神。多年来，全国的广大文化艺术档案工作者在平凡的岗位上以对历史高度负责的态度，以文化艺术档案工作者所特有的优良传统和作风，恪尽职守、勤奋工作，加强文化艺术档案基础建设，推进文化艺术档案管理创新，不断提高工作水平，为领导决策和文艺创作提供优质服务，为真实记录社会主义先进文化的发展历程，为现实的查考、利用，为传承中华民族优秀文化，在平凡的岗位上做出了不平凡的贡献。文化艺术档案事业的发展，无不渗透着广大文化艺术档案工作者心血和努力。

这些宝贵经验，是我国多年文化艺术档案工作实践的结晶，是符合文化艺术档案工作实际的成功做法，必须长期坚持，并不断创新发展。

二、充分认识文化艺术档案面临的新形势，切实加大文化艺术档案工作力度

文化艺术档案工作是功在当代，利在千秋的事业。近年来，随着我国文化艺术事业的不断发展，各级文化行政管理部门和文化单位以高度的历史责任感和使命感，本着对历史负责、对子孙后代负责的态度，关心和重视文化艺术档案工作，大家充分发挥职能作用，认真做好规划指导、组织协调、管理服务等工作，为促进文化艺术档案的发展做了大量的基础性工作，取得了显著成效。但从全国的情况来看，这项工作发展还不平衡。有的地方认识早，行动快，工作有为有位，文化艺术档案工作初步打开了局面，开始向更高的层次发展；有的地方对文化艺术档案的工作任务、作用等还缺乏整体思考和把握，工作不够积极主动，显得信心不足、路子不宽、办法不多；还有一些地方对文化艺术档案工作的重要意义认识不到位，没有把文化艺术档案工作列入议事日程，不重视文化艺术档案的收集、整理、开发、使用；在工作方式上，个别地方仍然习惯于用旧式的思维方式去认识和思考问题，谈到文化艺术档案工作，就讲财政如何困难，机构、人员如何紧张、经费短缺等，面对新的形势和任务，缺乏新的思路和抓手。因此，全国的文化艺术档案工作面临着一个如何总结、提高的任务，迫切需要我们进一步提高对做好文化艺术档案工作重要性的认识，迫切需要我们共同来研究、探索如何进一步推进文化艺术档案工作，提升管理部门的工作水平，更好地发挥好相关部门在文化艺术档案工作中的作用。

在新形势下做好文化艺术档案工作，要进一步解放思想，实事求是，与时俱进，按照科学发展观的要求，切实解决文化艺术档案工作中存在的问题。近20年，我国经济社会发生了深刻变化，文化工作的状况和条件也发生了重大变化，文化建设与发展面临许多新情况、新挑战。全面建设小康社会、加快推进文化大发展大繁荣，要求文化艺术档案工作要有新目标；贯彻落实科学发展观、兴起文化建设新高潮，要求文化艺术档案工作要有新思路新举措。文化艺术档案工作服务于文化艺术事业的发展和繁荣的方方面面，在新的历史条件下，与时俱进地推进文化艺术档案事业发展，客观准确地反映时代要求，是一项意义重大、影响深远的工作。

第一，加强文化艺术档案工作是发展社会主义先进文化的客观需要。文化贵在积累，重在创新。当今世界，文化在综合国力竞争中的地位和作用越来越突出。党的十六大把“三个代表”重要思想载入党章，使“代表先进文化的前进方向”成为我们党重要的实践准则和奋斗目标。党的十七大对新时期文化发展提出了“推动社会主义文化大发展大繁荣，兴起社会主义文化建设新高潮”的新思想、新观念、新论断。在我们文化事业工作中，文化艺术档案作为文化艺术活动的真实记录，加强文化艺术档案工作，必将为促进社会主义先进文化建设起到积极的推动作用，成为繁荣我国社会主义文化的重要组成部分。如何抓住机遇，促进文化艺术档案工作全面协调发展，是摆在广大文化艺术档案工作者面前的一个重要课题。我们应该深刻领会“推动社会主义文化大发展大繁荣”的深刻内涵，不断深化对文化艺术档案地位、作用的认识，实现文化艺术档案事业的可持续发展。

第二，加强文化艺术档案工作是传承和弘扬中华民族传统文化的重要载体。作为文化艺术活动过程中直接形成的历史记录，文化艺术档案记载了文化艺术活动和文化艺术工作者创造的文明成果，凝聚着中华民族的优秀文化，是继承和借鉴优秀文化的有效载体。丰厚的文化艺术档案资料，为悠久灿烂的中华民族文化提供了充足的凭证，年代越久远，其文化价值就越大，是我们了解和研究不同时代文化艺术活动的珍贵史料。做好文化艺术档案的收集、整理、保护工作，实际上就是对我国的优秀文化实施了强有力的继承和保护，这个任务，我们从事文化艺术档案工作的同志义不容辞，责无旁贷。广大文化艺术档案工作者应以保护和弘扬中华民族文化艺术、建设中华民族共有精神家园为己任，更加主动地做好文化艺术档案工作。

第三，加强文化艺术档案工作是加快文化艺术事业发展和繁荣的重要基础。文化艺术档案的真实性、凭证性特点决定了其不可估量的价值和作用。利用所收藏的丰富资源、实物、影像等文化艺术档案，为各级领导决策和制定文化艺术政策规划提供可靠的依据，为文艺创作、编史修志提供资料和素材，为社会各界提供实物鉴证和咨询服务。可见，从推进文化建设、实施重大文化工程，到开展文化艺术史研究、撰写艺术家人物传记，乃至编撰历史文化文献汇编、拍摄文艺专题片等，都离不开文化艺术档案资料。为此，服从服务于文化事业发展，是文化艺术档案事业工作的根本所在，也只有紧贴文化事业大发展大繁荣这一中心，切实增强自觉性和责任感，才能使文化艺术档案工作找准方向，使文化艺术档案事业充满生机和活力。

总之，我们要站在全面建设小康社会、贯彻落实科学发展观的战略高度，充分认识文化艺术档案工作的重要性和紧迫性，加大文化艺术档案工作力度，做好文化艺术档案的收集、整理、管理、保护、开发利用等工作，为文化大发展大繁荣提供更多更好的服务。当前，要重点做好以下工作：

（一）抓好根本，文化艺术档案资源建设要上新台阶

文化艺术档案资料的收集整理是文化艺术档案工作的首要任务，要充分认识加强文化艺术档案资源建设的重要性，用全新的眼光发现文化艺术档案，用有效的方法积累文化艺术档案，坚持不懈地抓好文化艺术档案资源建设，以档案接收为重点，以档案征集为关键，切实增强保存历史、服务现实的功能，确保文化艺术档案资源的有效积累和充分利用。一是要按照《艺术档案管理办法》的要求，建立和完善文化艺术档案资源建设领导体制，逐步形成文化艺术档案资源建设的制度化。要结合本地本单位实际情况，适时修订和完善加强文化艺术档案资源建设的各项规章制度，进一步明确收集范围、收集办法和收集要求，建立文化艺术档案收集工作目标责任制，落实档案资源建设的各项任务，实现文化艺术档案收集、进馆（室）、交流、保管、利用工作的制度化、科学化、规范化。二是从源头上抓好文化艺术档案资源建设，使文化艺术档案资源建设触角由历史向现实延伸，由管理机关向基层文化艺术单位延伸，切实做好各种载体形式的档案材料的收集归档工作，确保文化艺术档案资源的齐全完整、规范整理、安全保管和有效利用，全面建设文化艺术档案资源的新格局。三是要创新拓展档案收集、征集渠道，逐步完善档案收集、征集的体系。要通过各种渠道，采取多种方式，积极争取参与本地区本单位重大文化艺术活动跟踪拍摄和档案收集工作，全面开展文化艺术档案的收集征集工作，真实记录文化艺术活动的重大事件、重大活动，真实记录文化建设的重大发展。要加大文艺界名人档案的收集力度。要配合文化体制改革，抓好撤销、合并、转制文化艺术单位档案的处置和进馆工作，确保文化艺术档案不受损失。积极拓展电子档案收集渠道，开展电视新闻、电视专题节目的数字化采集。要注重提升文化品位，在原有的文化艺术档案资源得到良好的保护的同时，面向社会开展主题征集活动，抢救性征集散存在社会的珍贵文化艺术历史档案。

（二）抓好关键，文化艺术档案管理要上新水平

积极推动文化艺术档案管理更加科学有序。一要加强机构建设。随着文化艺术档案管理范围的增加，文化艺术档案管理难度也不断增大，要按照《艺术档案管理办法》和《文化部关于进一步加强文化艺术档案工作的意见》的要求，健全和完善本地区的文化艺术档案管理机构，使其切实承担起文化艺术档案管理的各项职能，确保文化艺术档案资料收集好、管理好、利用好。各文化艺术档案机构要结合工作需要和自身实际，优化、强化内部职能设置和人员配置，使人力、物力、财力等要素适应文化艺术档案事业的新发展，全面提升文化艺术档案管理的能力和水平。二要狠抓各项规章制度的落实，抓好政策实施的组织、指导和协调，确保发挥政策应有的效用，确保文化艺术档案事业在各项政策措施的护航下取得更大更好更快的发展。要抓紧制定完善本地区文化艺术档案管理各项规章制度，建立科学合理、结构严谨、相互衔接的文化艺术档案工作制度体系。三是要强化文化艺术档案的质量管理，全面提升文化艺术档案的整体水平。文化艺术档案管理有别于文书档案、图书档案，有自身的规律和要求，要从文化艺术档案资料自身的特点出发，采取合适的整理方式，以求达到最佳的管理保护效果。四要加强交流与合作，学习借鉴各地通行的做法和成熟的经验，不断提高管理水平。五是要加强检查督促，狠抓工作落实。空话误事，实干兴业。抓与不抓不一样，真抓假抓也不一样。抓文化艺术档案建设一定要真抓实干。要深入开展文化艺术档案管理工作指导、监督、检查，及时发现和解决影响文化艺术档案工作的突出问题和困难，不断提高新形势下文化艺术档案管理的能力和水平。六要加强安全管理。安全生产责任重于泰山，文化艺术档案作为不可再生资源，尤其要做好安全管理工作，要健全保障机制，确保文化艺术档案资源在保管、利用各环节的安全和设施安全。档案库房要做到防火、防盗、防虫、防霉、防光、防尘、防水（潮）、防有害气体，保证文化艺术档案实体万无一失。要建立应急管理机制，制订有关应急预案，妥善处置突发事件。

（三）抓好发展，文化艺术档案信息化要迈出新步伐

信息传播手段的快速发展，向传统的文化艺术档案管理使用方式提出了严峻的挑战，也为文化艺术档案工作拓展了新的领域，带来了新的发展契机。如何使文化艺术档案工作更好地适应时代的脚步，是当今从事和关心文化艺术档案事业的人们所需要考虑的现实问题。要把加快推进文化艺术档案信息化建设作为落实科学发展观的战略举措，着眼于文化艺术档案工作的可持续发展，积极探索文化艺术档案数字化建设道路。一是主动加强与相关部门特别是信息化主管部门的联系，力争将文化艺术档案信息化与“电子政务”、“数字政府”建设及政务公开工作结合起来，确保文化艺术档案信息化建设与本部门本单位信息化建设同步规划、同步建设、同步发展。二是要认真做好原有纸质或其他传统载体文化艺术档案的数字化工作，加强数据库的标准化和规范化工作，对数据库结构、录入数据库格式、字段定义等给予规范化界定，保持数据的连续性和全面性，确保数据库建设符合网络建设发展的实际要求。三是认真做好电子文件管理为重点的文化艺术档案信息资源建设工作。在办公自动化系统逐步实施的新形势下，电子文件必将成为文化艺术单位产生文件的主要形式，进而成为文化艺术档案信息资源的重要源头，要深刻认识电子文件、电子档案的现实意义和重要作用，确保信息技术条件下各类电子形式文化艺术档案得以全面收集、安全保管。四是以文化艺术档案基础数据库建设为重点，加强文化艺术档案信息资源的开发利用，建立分布式、可共享的文化艺术档案基础数据库，建立文化艺术档案信息资源为领导决策和政策法规制定、为艺术创作生产、为社会公众提供社会化服务的新模式、新机制。

（四）抓好长远，文化艺术档案队伍建设要取得新成效

文化艺术档案建设能否搞好，很大程度上取决于有没有一支政治思想过硬、业务技术精湛、管理能力很强的人才队伍。建设高素质的文化艺术档案工作队伍，是推动文化艺术档案事业持续发展的重要保证。各级领导要按照“以才兴文”的要求，大力加强文化艺术档案队伍建设。一是加强广大文化艺术档案工作者的业务能力建设。不断完善队伍教育培训机制，有目的、有计划、分步骤、分期分批地培训具有一定文化素养、热爱文化艺术档案事业、有发展潜力的文化艺术档案干部。要创新培训方式，提高培训质量，为广大文化艺术档案工作者提供更加宽阔的学习平台。要鼓励文化艺术档案工作者抓好岗位练兵，坚持在实践中不断锻炼提高自己。二是加强管理队伍建设。必须立足当前实际，着眼于文化艺术档案长远发展，加强管理人员学习掌握落实科学发展观、法律法规以及有关新知识新技术等相关知识的教育培训，不断提高管理队伍的政治素质、文化素质和专业素质，着力培养创新意识，吸收先进的管理理念，不断提高履行岗位职责的能力。三是优化队伍结构。针对当前全国的文化艺术档案队伍的专业结构还不够合理，与文化艺术档案事业发展的要求不完全适应的实际，要进一步解放思想，开阔思路，不断改进和完善文化艺术档案工作队伍的知识结构、专业结构和年龄结构，坚持培养和引进并举，带动档案人才队伍整体水平的提高。

三、以贯彻落实《意见》为契机，全面加强对文化艺术档案工作的领导

日前，文化部印发了《文化部关于进一步加强文化艺术档案工作的意见》(以下简称《意见》)，系统提出了加强文化艺术档案的各项措施，目标明确，操作性强，是今后一个时期做好文化艺术档案发展的指导性文件。各地区各有关部门要认真贯彻《文化部关于进一步加强文化艺术档案工作的通知》精神，坚持以科发展观为指导，积极进取，迎难而上，直面挑战，破解难题，采取更加扎实有力的措施，抓住关键环节，一件一件抓落实，加快文化艺术档案事业发展步伐。

结合《意见》提出的工作目标，为确保《意见》各项措施落到实处，在此，我再强调3点：

首先，要在加强领导上下工夫。各地区各有关部门要进一步统一思想，提高认识，全面理解发展文化艺术档案事业的重要意义和作用，把思想统一到加快文化艺术档案发展上来，把加快文化艺术档案事业作为推进文化大发展大繁荣的重要环节，摆上议事日程，建立健全领导机制，加强组织领导，对文化艺术档案事业真正做到在感情上热爱，在思想上重视，在工作上加强，继续关心、重视文化艺术档案事业的发展，把对文化艺术档案事业的支持落实到具体措施上，落实到解决实际问题上，坚定不移地推进文化艺术档案事业。职能部门要充分履行职责，切实担负起文化艺术档案工作的组织实施责任，组织制定有关政策和配套措施，认真研究和解决文化艺术档案工作中的各种实际问题，及时提出加强和改进文化艺术档案工作的意见和建议。

二要在抓好落实上下工夫。要组织职能部门和广大文化艺术档案工作者学习《意见》，使贯彻落实《意见》成为全体文化艺术档案工作者的自觉行动。领导干部要带头学习文件，吃透政策精神，真正做到心中有数。各地各部门要抓紧出台落实方案，研究制定落实《意见》的配套措施，把工作任务细化、量化，要创新落实工作机制，加强监督检查，确保政策落实不走样，确保《意见》各项措施落实到位。要把工作的着力点放到指导与服务上来，有针对性地加强调研，对本地区的文化艺术档案资源开展一次调查，深入了解文化艺术档案的实际情况和文化艺术档案机构的实际需要，抓住关键，突出重点，理清工作思路，提出文化艺术档案资源管理和开发利用的重点工作，结合部门职责，主动做好服务工作，多办实事，着力解决实际问题。要建立稳定增长的文化艺术档案筹资和投入机制，进一步增加投入，对文化艺术档案机构的基本建设、基本设备配置、人员培训等方面的投入要予以保障，切实保证文化艺术档案工作的必要经费，大力扶持文化艺术档案事业。

三要在加强自身建设上下工夫。发展文化艺术档案事业离不开各方面的支持和关心，但归根到底要靠行业自身的努力。文化艺术档案事业的发展凝结着广大文化艺术档案工作者的辛勤劳动，蕴涵着广大文化艺术档案工作者的无私奉献，对他们的工作要充分肯定，对他们的劳动要充分尊重。为了更好地担负起发展文化艺术档案事业的历史重任，广大文化艺术档案工作者要继续保持甘于奉献、奋发向上的精神状态，进一步增强责任意识和使命意识，正确把握形势，正视和克服困难，切实增强信心，奋发进取。要克服浮躁情绪，大力发扬真抓实干的工作作风，切实加强自身建设，提高自身素质，更好地履行职责。

同志们，改革开放30年来文化艺术事业的发展成就，凝聚着文化艺术档案战线干部职工的智慧和汗水。在新时期新阶段，文化艺术档案事业大有可为。我相信，经过全国广大文化艺术档案工作者的坚持不懈的努力，文化艺术档案工作一定能够再上一个新台阶，为推进社会主义先进文化建设、促进文化大发展大繁荣作出新的更大的贡献！

在文化部反腐倡廉“三项工作”会议上的讲话

文化部党组成员、中纪委驻文化部纪检组组长　李洪峰

（2008 年 9 月 12 日）

同志们：

6 个单位的同志刚刚在大会上交流了今年开展反腐倡廉建设和纪检监察工作的情况，建业同志也将驻部纪检组监察局今年工作的主要情况做了介绍，讲的都很好。在年初文化部党组召开反腐倡廉建设大会之后，广大纪检监察干部认真履行职责，勤奋努力工作，取得了可喜的成绩，我代表文化部党组和驻部纪检组向大家表示衷心感谢和亲切问候。

今天上午，大家参加了全国廉政文化大型绘画书法展览开幕式。这次展览，是由中央纪委、文化部、监察部共同主办的，规格之高、规模之大，影响之广，是前所未有的，是党风廉政建设的一个创举，也是文化建设的一个创新工程。为扩大这次展览的影响，在北京展览后将组织在全国巡展，今年安排上海、浙江、广东、重庆、河南五个省市。我们一定要充分发挥文化系统的资源优势、人才优势、阵地优势，不断提高廉政文化建设水平。

下面，我着重就第四季度在文化系统开展警示教育、在纪检监察干部中开展主题实践教育和用科学发展观指导反腐倡廉实践这 3 项工作讲几点意见：

一、关于警示教育

为了保护和爱护干部，尽量使干部不犯错误、少犯错误，部党组决定，以党的十六大以来全国文化系统处理的违纪违法案例为教材，在今年四季度集中一段时间，在全国文化系统党员干部中开展警示教育活动。

开展警示教育活动，是贯彻中央反腐倡廉战略方针，增强党员干部拒腐防变能力的一项重要措施。文化系统党员干部队伍状况，总体是好的，能够自觉遵纪守法，廉洁从政。但是，在改革开放和市场经济条件下，没有保险箱。据全国部分省区市文化系统纪检监察部门的不完全统计，党的十六大以来，立案查处违纪违法案件 24 件，涉及 35 人，受到党纪政纪处分的 35 人。其中 25 人因经济违法犯罪被司法机关逮捕，24 人被判处有期徒刑或有期徒刑缓刑，1 人犯受贿罪免于刑事处罚。35 人中，司局级干部 6 人，处级干部 20 人，处级以下干部 9 人。文化系统这些年虽然不是腐败案件的高发领域，但这些情况也令人触目惊心。

这次警示教育，选择的十几个案例，都是有代表性的。每个案例，都有值得吸取的深刻教训。各单位领导班子一定要充分认识开展警示教育的重要性和必要性，将其纳入重要日程，集中安排时间进行。各单位主要负责同志要以警示教育为主题，为本单位党员干部上一次党课，党课要结合本单位党员干部思想实际，讲求针对性和实效性。要组织领导班子和党员干部认真学习讨论，以案说法、以案明纪、吸取教训，使警示教育真正入耳、入脑、入心。要结合警示教育，查找本单位在工作中和管理上存在的问题和薄弱环节，加强教育、监督和制度建设，加强基础工作，使警示教育切实收到成效，防止形式主义、走过场。

我们要通过开展警示教育活动，使各级领导干部牢固树立 4 个观念：一是坚守思想道德防线和法律纪律防线的观念。要通过教育，坚定理想信念，加强道德修养，树立高尚的品德和情操，筑牢思想道德防线，始终做到思想上清醒，政治上坚定，作风上正派。在教育活动中，要组织干部学习党的纪律和国家法律法规，做到知法、懂法，坚守法律纪律防线，自觉遵纪守法。这是党员干部应有的基本操守。二是勤政廉政并重的观念。各级干部特别是领导干部，要正确处理个人和组织、德与才、勤政与廉政的关系，要懂得个人离不开组织、才干离不开品德、勤政离不开廉政的基本道理，既要兢兢业业，更要干干净净。真正管得住自己，抗得住诱惑，经得起考验。三是正确行使权力的观念。党员干部特别是领导干部要充分认识手中的权力是党和人民赋予的，必须为党的事业服务，必须用来为人民谋利益，决不能搞公

权私用、以权谋私，真正做到权为民所用、情为民所系、利为民所谋。四是自觉接受监督的观念。权力失去监督，必然导致腐败。领导干部不能排斥监督、拒绝监督，要自觉接受监督，主动把自己置于党组织、班子成员和群众的监督之下，正确对待批评，正确接受意见和建议，努力养成在民主监督下工作的习惯。

二、关于主题实践教育活动

按照中央纪委的部署和要求，“做党的忠诚卫士、当群众的贴心人”主题实践教育活动，总的指导思想和要求是：全面贯彻党的十七大精神，高举中国特色社会主义伟大旗帜，以邓小平理论和“三个代表”重要思想为指导，深入贯彻落实科学发展观，按照“政治坚强、公正清廉、纪律严明、业务精通、作风优良”的要求，带头讲党性、重品行、作表率，着力解决在思想观念、工作作风、素质能力等方面存在的突出问题，切实做到对党和国家无比忠诚，对腐败分子和现象坚决斗争，对广大干部和群众关心爱护，对自己和亲属严格要求，努力树立可亲、可信、可敬的形象。

开展“做党的忠诚卫士、当群众的贴心人”主题实践教育活动，是加强纪检监察机关自身建设、提高反腐倡廉建设工作水平的迫切需要。

文化系统纪检监察干部队伍，是一支好的队伍。这支队伍中有许多党性观念强，热爱纪检监察事业的好同志。他们恪尽职守、严于律己、坚持原则、公道正派，受到干部群众好评。但是，必须清醒地看到，与新形势新任务的要求相比，与党和人民群众的期望相比，这支队伍还存在着一些不适应、不符合的问题。比如，有的思想水平、政策水平不适应工作要求；有的责任心、事业心不强；有的办案能力、文字综合能力、组织协调能力都存在较大差距；有的作风不够扎实、细致等。对于这些问题和不足，必须切实重视，切实解决。当前和今后一个时期，尤其要切实加强“三个建设”。

一是加强素质建设。细节决定成败，素质决定一切。素质建设包括思想政治素质、业务素质和文化素质等方面，提高素质的主要途经是学习和实践。每个纪检干部要把学习作为自己的政治责任和精神追求，着眼于党的事业和自身发展的需要，养成勤于学习，善于思考的习惯。要学习理论，学习政策，学习文化，学习业务。要把工作作为立身之本，勤奋敬业，埋头苦干，认真做好每一天的每一件事，在实践中锻炼，在实践中提高。通过努力，从理论和实践的结合上，使自己的基本素质不断提高。

二是加强能力建设。特别要切实提高监督能力，办案能力，文字综合能力和组织协调反腐倡廉工作的能力。每个纪检监察部门、每个纪检监察干部，都要从本单位和自身的实际出发，把能力建设纳入重要日程，要有紧迫感，本着缺啥补啥的精神，扎扎实实地增进见识、增长才干、增加本领，扎扎实实提高自己的能力和水平。

三是加强作风建设。全面加强思想作风、学风、工作作风、领导作风和生活作风建设，认真贯彻落实“八个坚持、八个反对”的要求，大力倡导8个方面的良好风气，努力成为加强学习的模范、真抓实干的模范、严格自律的模范。以过硬的素质、优良的作风、奋发有为的精神状态履行职责，更加自觉、更加主动地为推动文化大发展大繁荣作贡献。

各单位纪检监察干部要处理好开展主题实践活动和完成今年反腐倡廉工作任务的关系，把两者有机结合起来，切实做到开展主题实践活动和业务工作两不误、两促进。

主题实践教育活动结束后，各单位要积极推荐评选优秀纪检监察干部，这项工作12月底前完成。文化部党组拟于明年表彰全国文化系统10名优秀纪检监察干部，调动纪检监察干部的积极性，促进反腐倡廉工作深入开展。

三、关于用科学发展观指导反腐倡廉建设

在全党深入开展学习实践科学发展观活动，是党的十七大做出的一项重大战略部署，关于此项活动的开展，中央将做出具体部署。文化系统纪检监察部门和纪检监察干部，一定要按照中央精神，积极主动地投身到学习实践活动中去。

就用科学发展观指导反腐倡廉建设我强调3点：

第一，反腐倡廉建设必须围绕中心、服务大局。党的十七大以科学发展观为指导，对推动社会主义文化大发展大繁荣做出了全面部署，文化系统的纪检监察工作，要切实做好“围绕”和“服务”的文章。要把为推动文化大发展大繁荣，为先进文化建设提供有力政治保证作为首要任务，自觉地把纪检监察工作融入到文化建设的各项工作中去，在整个文化发展繁荣的进程中，找准自己的位置，发挥自己的作用，履行自己的使命，体现自己的价值。要不断研究新情况、解决新问题，采取新对策、新举措，使反腐倡廉建设不断取得新进展、新成效。

第二，反腐倡廉建设必须花大力气做好预防和治本工作。党的十七大提出的“在坚决惩治腐败的同时，更加注重治本，更加注重预防，更加注重制度建设”，我们一定要全面理解，全面贯彻落实。要防止片面性和绝对化。坚持惩防并举，注重预防，预防重于惩治；坚持标本兼治，综合治理，治本重于治标。着力提高党员干部素质，使干部尽量不犯错误或少犯错误。这是纪检监察工作以人为本的根本体现。文化建设重在建设，重在积累，文化系统的反腐倡廉建设也要重在建设，重在积累。

第三，反腐倡廉建设必须切实加强组织协调工作。党的十七大明确提出以完善惩治和预防腐败体系为重点加强反腐倡廉建设，并把它同党的思想、组织、作风和制度建设一起确定为党的建设的基本任务。中央下发的《建立健全惩防腐败体系 2008 ~ 2012 年工作规划》，是当前和今后一个时期指导反腐倡廉建设的纲领性文件。文化部党组已经制定了实施意见。我们工作总的方针和要求是，紧紧依靠各级党组织，紧紧依靠广大党员干部、广大群众和各级纪检监察干部，调动各方面的积极性，形成反腐倡廉的整体合力，将改革的推动力、教育的说服力、制度的约束力、监督的制衡力、惩治的威慑力有机结合起来，全面落实《工作规划》提出的各项任务，发现违纪违法案件，要坚决查处。以改革创新的精神，不断把反腐倡廉建设提高到新的水平。

认真学习实践科学发展观　促进文化产业又好又快发展

——在第二次全国文化系统文化产业工作会议上的讲话

文化部部长助理　丁　伟

（2008 年 10 月 15 日）

同志们：

第二次全国文化系统文化产业工作会议是在党的十七届三中全会刚刚结束、全党开展深入学习实践科学发展观活动的新形势下召开的。这次会议的主要任务是深入贯彻落实党的十七大和十七届三中全会精神，以科学发展观为指导，认真总结近年来特别是 2004 年第一次全国文化系统文化产业工作会议以来，文化产业工作情况和基本经验，研究部署今后一个时期文化产业工作的主要任务。

刚才，蔡武部长做了一个具有重要指导意义的讲话，对今后我们如何全面贯彻落实党的十七大和十七届三中全会精神，深入学习实践科学发展观，进一步解放思想，实事求是，改革创新，着力解决影响和制约文化产业科学发展的突出问题，促进我国文化产业向又好又快的方向发展，提出了十分明确的要求。我们一定要认真学习，深刻领会，并在实际工作中加以贯彻落实。要抓住机遇，振奋精神，进一步增强做好文化产业工作的自觉性，提高按照科学发展观要求开拓文化产业工作新局面的能力和水平，努力使今后一个时期全国文化系统文化产业工作再上一个新台阶。下面，我再讲 3 个方面的问题：

一、文化系统开展文化产业工作的主要成绩

近年来，在党中央和国务院的高度重视下，在政府一系列文化产业政策的引导和文化体制改革的推动下，经过社会各界的努力，特别是文化系统文化产业工作者的共同努力，我国文化产业从探索、起步的初级阶段，开始进入不断培育和加速发展的新时期，呈现出蓬勃发展的局面。文化产业的异军突起和迅速发展，已成为我国数千年文化发展史和现阶段文化建设中一道亮丽的景观。

（一）文化产业被纳入各地文化建设的议事议程，成为推动社会主义文化大发展大繁荣的重要途径

在党的十六大和十七大精神的指引下，近年来，各级党委政府树立起经济、政治、文化、社会和生态文明建设全面协调发展的观念，自觉将文化产业的繁荣发展与全面建设小康社会的奋斗目标紧密相联，把文化产业发展纳入党委、政府推动文化建设的重要议事日程。据了解，全国 31 个省、自治区、直辖市和新疆生产建设兵团以及 5 个计划单列市都把文化产业作为文化建设的重要抓手，其中 23 个省、区、市设立了文化产业发展专项资金，14 个成立了文化产业协会或促进会。如广东省深圳市在首届中国（深圳）文化产业博览交易会成功举办之后，市政府于 2005 年将文化产业定为继高新技术、金融、现代物流之后的第四大支柱产业，并专门成立了文化产业发展办公室，设立了专项发展资金。2006 年，该市文化产业增加值达到 381.96 亿元，同比增长 25.9%，占全市 GDP 的比重达 6.7%；2007 年，文化产业的增加值达到 465.5 亿元，同比增长 18.2%，占全市 GDP 的比重达 6.88%。今年 7 月 22 日，市人大又通过了《深圳市文化产业促进条例》。由于各级党委、政府的高度重视和各级文化行政管理部门的积极努力，我国文化系统文化产业工作面貌焕然一新。

（二）文化产业政策体系逐步建立，营造了加快文化产业发展的良好环境

近年来，文化部与相关部门始终把完善文化产业政策作为重点工作来抓，先后制定出台了一系列促进文化产业发展的政策文件。继 2003 年 9 月下发《文化部关于支持和促进文化产业发展的若干意见》后，2004 年 10 月，又制定了《文化部关于鼓励、支持和引导非公有经济发展文化产业的意见》。2005 年 8 月，与中宣部、广电总局、新闻出版总署、商务部、海关总署联合下发了《关于加强文化产品进口管理的办法》；与广电总局、新闻出版总署、国家发改委、商务部下发了《关于文化领域引进外资的若干意见》等。其间，

2005年4月，国务院专门下发《关于非公有资本进入文化产业的若干决定》；2005年7月，中央办公厅和国务院办公厅印发《关于进一步加强和改进文化产品和服务出口工作的意见》。2006年，国务院办公厅又转发了文化部等部门《关于鼓励和支持文化产品和服务出口的若干政策》。各地文化行政部门也把完善政策作为发展文化产业的重要任务来抓。据了解，31个省、自治区、直辖市和新疆生产建设兵团以及5个计划单列市中，有33个制定出台了扶持文化产业发展的政策措施，其中28个省区市出台了85个文化产业政策文件，22个省市制定下发了26个文化产业发展规划和纲要。这一系列的政策和重要文件，为我国文化产业快速发展营造了良好的政策环境。

（三）政府产业引导和公共服务职能进一步加强，初步建立了文化系统推动文化产业发展的工作机制

根据社会主义文化建设的客观要求和市场经济的内在规律，近年来，文化系统各级干部在实践中不断探索推动文化产业发展的有效机制和途径，着力在转变政府职能、加强宏观指导和强化服务功能上下工夫，逐步形成了一套比较有效的文化产业工作机制和交流平台。如通过积极协调形成的文化产业博览会格局，在推进文化产业快速发展方面发挥了重要引擎作用。自2004年以来，文化部与相关部门共同举办的中国（深圳）国际文化产业博览交易会、中国西部文化产业博览会等国家级文化展会，先后举办了10届，累计参展企业1万多家，现场交易36.88亿元，签订合同和意向合同金额大约2500亿元，搭建了文化产业信息交流、产品交易和项目合作的有效平台。再如2006年12月，文化部启动的文化产业项目服务工程，通过整合全国各地的文化资源，在中国文化产业网站上设立了国家文化产品、服务项目和投融资项目资源库，在生产者与消费者、投融资项目与投资者之间搭建了一个相互沟通的桥梁，为各类社会资本进入我国文化产业领域提供了便捷和有效的服务。截至2008年9月底，中国文化产业网累计访问量已达5900万人次，覆盖176个国家和地区。第四届深圳文博会期间，平均每天点击达123万人次。今年8月，中国文化产业网重新改版并增加了英文版面，今年5月，该项目资源库在中宣部举办的文化发展战略论坛上，被文化部、商务部、广电总局和新闻出版总署等部门共同评为中国文化产业十大创新奖之一。

（四）文化产业示范基地和示范园区建设步伐加快，涌现出一批文化产业骨干企业和企业集团

为给全国文化产业发展提供示范经验，2004年以来，文化部先后命名了3批137个国家文化产业示范基地，并制定下发了《国家文化产业示范基地评选命名管理办法》。全国22个省、自治区、直辖市先后制定了《文化产业示范基地评选命名管理办法》，共评出429个省级文化产业示范基地。这些培育市场主体、增强微观活力的重要举措，使一批有较强实力、竞争力、影响力和自主创新能力的文化企业和企业集团迅速成长起来。为适时引导文化产业向集约化、规模化方向发展，发挥文化产业的集聚效应，2007年6月，文化部命名西安曲江新区和华侨城集团公司为首批国家级文化产业示范园区。2008年5月，又命名曲阜新区文化产业园和沈阳棋盘山开发区为第二批国家级文化产业示范园区。现在，国家、省级文化产业示范基地和国家级文化产业示范园区都成为当地文化产业的知名品牌，有效地发挥了示范、辐射和带动作用，产生了较好的文化效应、经济效应和社会效应。2007年11月，在中宣部牵头，《光明日报》、《经济日报》组织开展的“首届全国文化企业30强”评选活动中，文化艺术类的前10强企业都是文化部命名的国家文化产业示范基地。

在引导培育市场主体过程中，我们注意采取典型引路的方法。自2003年以来，文化产业司先后编辑出版了两册《中国文化产业典型案例选编》，今年9月又编辑出版了《国际文化产业典型案例选编》。为推广宣传国家文化产业示范基地的经验，扩大国家文化产业示范基地的影响，2007年还编辑出版了中英文版的《国家文化产业示范基地巡礼》大型画册。

（五）国际交流与产业合作日益扩大，文化产品和文化服务“走出去”势头良好

近年来，我们利用中韩日文化产业论坛和中国—东盟文化产业论坛等重要平台，学习借鉴其他国家发展文化产业的经验，积极拓展国际间的文化产业交流与合作，既开阔了我国文化企业的视野，又促成了一批文化产业项目的合作。2005年11月和今年9月，分别在四川省成都市和辽宁省大连市举办的第四届和第七届中韩日文化产业论坛均取得圆满成功。今年10月，文化部还将在广西壮族自治区南宁市举办第三届中国—东盟文化产业论坛，并拟在论坛期间讨论签订《中国—东盟文化产业互动计划》的相关事宜。

此外，近年来，我们组织了一系列对外文化产业交流活动，先后与澳大利亚演出协会合作举办了中澳表演艺术经纪研讨会，与英国合作举办了中英创意文化交流大会，组团观摩考察了威尼斯双年展和德国卡塞尔文献展，协助深圳文博会公司进行了海外推广。为扭转我国文化产品进出口不平衡的局面，2007年，文化部与商务部等六部门出台了《文化产品和服务出口指导目录》，公布了《2007 ~ 2008年度国家文化出口重点企业和文化出口重点项目》。2007年11月，文化部还奖励了2005年以来在国际文化市场上表现出色的9个优秀出口文化企业和18个优秀出口文化产品和服务项目。经过不断努力，我国文化产品和服务出口形势呈现出良好势头，培育出像杂技芭蕾《天鹅湖》、原生态歌舞《云南映象》、舞蹈《杨贵妃》等一批具有民族文化特色、自主原创性的知名文化品牌。据商务部统计，2007年我国文化产品和服务进出口贸易总额为166.4亿美元，其中核心文化产品进出口贸易总额达到129.2亿美元，比2006年增长26.6%，是2001年的3.7倍；文化服务进出口贸易总额为37.2亿美元，比2006年增长39.9%，是2001年的6.1倍。

（六）人才培养和理论研究取得新进展，建立了一支有较强战斗力的文化产业干部队伍和一支具有较高理论造诣的研究队伍

为培养一支有文化、懂经营、会管理的文化产业干部队伍，2004年以来，我们采取多种措施，加大人才培养力度。连续5年在西部地区轮流举办文化产业经营管理人才培训班。还与北京卓达经济研修学院合作设立了首家国家文化产业人才培训基地，在培训基地举办了多期文化产业高层研修班。2005年和2006年，为培养国际化、专业化人才，连续两年组织中国演艺界高层管理人员到美国肯尼迪艺术中心进行专业培训。2007年，还联合中国社会科学院研究生院开办了文化产业管理方向的MPA班。同时，10个国家文化产业创新与发展研究基地和研究中心主动参与文化产业人才培训工作。据不完全统计，已先后举办了131期文化产业培训班，累计培训学员7634名，其中社会培训73个班次、6328名学员；学历教育58个班次、1306名学员。经过不懈努力，我国文化产业人才缺乏的矛盾有所缓解。特别值得一提的是，在推动文化产业发展的过程中，一大批优秀文化产业单位和干部脱颖而出。这次文化部所表彰的近10年来为发展文化产业作出贡献的先进集体和先进个人，就是其中的突出代表，他们是我国发展文化产业不可缺少的中坚力量和宝贵人才。

文化部历来非常重视文化产业理论研究工作。继1999年和2002年，分别与上海交通大学、北京大学合作设立国家文化产业创新与发展研究基地之后，2005年，与中国传媒大学、深圳市文化产业研究所合作设立了国家对外文化贸易理论研究基地。2007年，又与清华大学、南京大学、南京航空航天大学、中国海洋大学、华中师范大学、云南大学等6所高校合作建设了国家文化产业研究中心，每年给研究基地和研究中心下达课题研究任务，并给予必要的资金扶持。这些研究基地和研究中心活跃在文化产业理论研究的前沿，对涉及文化产业发展的一系列重大问题进行了广泛深入的前瞻性研究，为中央和地方政府决策提供了有效的智力支持，为探索中国特色的文化产业发展道路发挥了重要作用。

二、文化系统促进文化产业发展的基本经验

2004年以来，文化系统文化产业工作的4年，是我们坚定不移贯彻落实党的十六大、十七大精神，认真学习实践科学发展观的四年；是我们坚持从文化系统的实际出发，坚定不移地推动文化产业又好又快发展的4年。4年来的工作实践，使我们积累了大量宝贵的经验，概括起来，主要有以下6条：

（一）要促进文化产业又好又快发展，必须坚决贯彻落实科学发展观的要求，推动文化产业全面协调可持续发展

党中央提出的科学发展观，概括总结了国内外的发展经验，揭示了经济社会发展的客观规律，是发展中国特色社会主义必须坚持和贯彻的重大战略思想，同样，也是发展中国特色文化产业所必须把握的重要原则。近几年，在指导文化系统文化产业发展上，文化部始终坚持按照科学发展

观的要求，把发展作为第一要务，把着力点放在满足人民群众精神文化需求和促进人的全面发展上，妥善处理文化产业社会效益与经济效益的关系。既反对眼睛只盯着经济利益，唯市场是从，忽视社会责任，又避免片面强调社会效益、不讲经济效益，影响企业的持续发展。我们反复强调，发展文化产业要充分考虑不同区域之间的文化差异和经济不平衡性，坚持从中国的国情出发，统筹兼顾不同地区和不同所有制的文化产业发展，尤其是加大对西部地区和民营文化产业的扶持力度。我们积极支持农村特别是西部农村发展文化产业，在满足农民精神文化需求的同时，不断增加经济收入。今年命名的第三批59个国家文化产业示范基地，涉及农村的文化产业群和文化企业有10个，而且多数是西部地区的。我们在命名文化产业示范基地、奖励文化产品和服务出口、组织产业项目推介、参加国际交流与合作等方面，坚持对民营文化企业与国有文化企业一视同仁，同等待遇。文化部命名的三批137个国家文化产业示范基地中，民营文化企业占总数的49.6%。我们还时常提醒大家，发展文化产业必须按经济规律办事，决不能单凭热情、凭干劲、凭良好的主观愿望，更不能搞突击，搞大跃进，搞形式主义。要认真分析市场需求和人们的消费心理，深入研究投入与产出的关系等等。正由于我们始终保持比较清醒的头脑，文化系统的文化产业工作呈现健康持续发展的良好态势。

（二）要促进文化产业又好又快发展，必须切实转变政府职能，不断提高政府部门的宏观管理水平

根据国家关于政府部门要认真履行政策调节、市场监管、社会管理和公共服务职能的要求，近年来，文化部狠抓完善产业政策、培育市场主体、创新文化业态、搭建服务平台、扶持产品出口、推动人才培养、加强理论研究等关键环节，对文化系统文化产业发展进行了有效调控和协调指导。如2004年首届深圳文博会的成功举办激发了各地举办展会的热情，许多地方纷纷向文化部申请举办文化产业博览会。面对这种情况，文化部研究后认为，在文化产业发展的初期，政府适当引导，打造几个平台是有积极意义的，但是博览会最终是市场的产物，必须按经济规律办事。为此，专门下发通知，提出国家重点扶持中国（深圳）国际文化产业博览交易会，同时，打造中国西部文化产业博览会等几个面向国内市场的博览会，并在时间与布局上错开，从而最大限度地避免了由于博览会过多过滥、相互冲击而造成的资源浪费问题。再如2006年12月，文化产业司经过反复论证，决定把自己主办的中国文化产业网站委托深圳报业集团和深圳国际文化产业博览会公司管理运营，不仅符合国家关于把不适合由政府部门办的事情交给地方、企业和中介机构办的要求，而且实现了职能部门由办文化向管文化的转变。实践证明，这个决策是非常正确的。现在，中国文化产业网站越办越好，质量越来越高，影响越来越大。

（三）要促进文化产业又好又快发展，必须坚持从各地实际出发，打造具有地方特色的重点文化产业项目

近年来，各地发展文化产业的热情很高。为避免同质化发展，我们鼓励引导各地立足于本地实际，因地制宜地发展有地方特色的文化产业项目，做到人无你有、人有你优、人优你特。如云南省丽江的《丽水金沙》至今已演出2600多场，收入2亿多元。广西壮族自治区阳朔精心创作的大型山水实景演出《印象·刘三姐》，不仅给观众带来美的享受，而且创造了很好的经济效益，开创了一种新的表演艺术产业化模式。截至2007年底，该剧已演出1430场，观众260万人次，票房收入5.2亿元，年创利润3000多万元，年均上缴税金250多万元。这些年，利用本地丰富的民族文化资源和独特的自然风光资源，将演艺业与旅游业紧密结合，共同打造特色演艺项目，最终实现互利共赢，已成为一种成功的发展模式。如上海的《时空之旅》、北京的《蝶》、西安的《长恨歌》、成都的《金沙》、云南的《印象·丽江》、杭州的《印象·西湖》和海口的《印象·海南岛》等，都属于这种类型。河南省投资1.1亿、以嵩山为背景所创作的大型实景演出《禅宗少林》，也呈现出良好的市场发展空间。现在，各地都非常重视文化资源向产业资源的转化，注意不断提高文化资源的挖掘、开采、利用和创新能力。

（四）要促进文化产业又好又快发展，必须在政府科学的引导下，充分发挥市场配置资源的基础性作用

文化产业发展的实践，使文化系统逐步形成

"党委领导、政府管理、行业自律、文化企业依法运营"的管理体制，政府与市场各自的作用日益明晰。根据政企分开、政事分开、管办分离的原则，我们一方面按照社会管理的责任，积极抓好产业引导，一方面遵循市场经济的规律，注意发挥市场配置资源的基础性作用，自觉运用市场机制调节文化产业结构升级调整，根据市场供求关系，指导文化产品和服务的生产、流通和消费。如对命名为国家文化产业示范基地的文化企业，我们积极鼓励引导其按照市场经济的要求，自主经营，自我发展，政府不给企业增加额外负担，却在政策扶持、人才培训、国际考察、参加论坛、推介产品、加大宣传等方面，提供有效的服务，得到文化企业的好评。

（五）要促进文化产业又好又快发展，必须树立世界眼光，积极参与国际文化产业合作与竞争

在经济全球化深入发展、文化多元化不可逆转的世界大趋势下，文化产业的发展离不开与世界各国的交流与合作。有没有世界眼光，在很大程度上影响和决定着我国文化产业的发展水平。近年来我们努力站在时代的高起点上，以开放的胸襟和姿态，以有力的战略和举措，力求在更大范围、更广领域和更高层次上参与国际文化产业合作与竞争。不仅积极开发国内文化市场，而且主动开辟国际文化市场；不仅"引进来"，学习借鉴国外先进的技术和管理经验，而且"走出去"，在参与国际激烈的文化竞争中，锻炼队伍，增长才干，抢占市场份额，提高我国文化产业整体实力和竞争力，收到很好的效果。

（六）要促进文化产业又好又快发展，必须增强创新意识，不断探索中国特色的文化产业发展道路

大力发展文化产业是实现中华文化伟大复兴的一个重大历史使命，对增强国民整体素质、提高社会文明程度、改善人民生活质量、提升国家文化软实力，有着极其深远的意义。但文化产业在我国是一个新兴产业，国际上没有现成的经验可以照抄照搬，国内又无成熟的做法可以借鉴，所以，要促进我国文化产业快速发展，必须发扬改革创新精神，勇于实践，大胆探索，力求走出一条具有中国特色的文化产业道路，创造出自己的发展模式。2006年，在第三届文化发展战略论坛上，我曾提出，根据我国经济、政治、文化和社会发展现状，我国完全有可能集世界各国文化产业发展经验之大成，充分释放中国人民的智慧和创造性，发挥我国社会主义的制度优势，大胆开创一条有中国特色的社会主义文化产业发展之路，实现中国文化产业的跨越性发展。经过这些年的努力，可以说我们已经在向这个目标奋斗的征程上迈出了可喜的一步。今后要结合中国的国情和时代的特点，深入学习实践科学发展观，进一步解放思想，改革创新，在实践中逐步摸索制定一套有利于推动文化产业发展的法律政策体系，逐步总结提高政府部门宏观调控文化产业发展的能力，逐步形成中国特色的文化产业发展模式和做法，积极开辟独具中国民族特色的文化产业发展道路。

应当说，目前我国文化产业总的发展势头是喜人的。产业规模迅速扩大，市场主体不断壮大，经济效益明显提升，在满足人民群众精神文化生活、繁荣社会主义文化方面的重要作用日益凸现，正在发展成为国民经济的一个新的增长点，并有望成为国民经济的一个支柱产业。但是，在肯定已取得成绩的同时，必须清醒地看到，与世界发达国家相比，我国文化产业还有很大差距，存在着诸多问题。如文化产业政策体系不够完善，缺乏扶持产业发展的具体经济政策；市场主体规模偏小，产业总体规模偏小，创新能力不强，专门人才匮乏，产业结构有待优化升级；人们长期在计划经济条件下形成的惯性思维还没有完全消除，适应社会主义市场经济的管理体制和运行机制还不健全，行政命令式的文化管理思维定式还没有完全破除；国内国际知名文化品牌缺失，骨干龙头文化企业偏少；走进国际市场的文化产品和服务项目相当一部分还徘徊在非主流市场，市场竞争力较弱，国际影响力不大等等。今后，要促进我国文化产业又好又快发展，必须采取切实有效的措施，认真加以研究，并予以解决。

三、今后一个时期文化产业工作的主要任务

根据当前形势任务的要求和蔡武部长的讲话精神，对今后一个时期文化系统文化产业工作，我想提以下几点希望和要求：

（一）深入贯彻落实党的十七大精神，努力学习实践科学发展观，切实提高做好文化产业工作的能力和水平

党的十七大在向全党发出"推动社会主义文化大发展大繁荣，兴起社会主义文化建设新高潮"

号召的时候，把文化产业提到前所未有的重要位置，并把“文化产业占国民经济比重明显提高、国际竞争力显著增强，适应人民需要的文化产品更加丰富”列入全面建设小康社会的奋斗目标。前不久，党中央又作出在全党开展深入学习实践科学发展观活动的新的战略决策，这是用中国特色社会主义理论体系武装全党的重大举措，也为我们文化系统推动文化产业又好又快发展提供了强有力的思想武器。当前，我们要把深入学习实践科学发展观摆在工作的突出位置，结合贯彻落实党的十七大精神，联系文化产业工作实际，切实抓好贯彻落实。要突出学习科学发展观活动的实践特色，着力转变不适应不符合科学发展要求的思想观念，着力解决影响和制约文化产业科学发展的突出问题，着力完善我国发展文化产业的法律、政策体系，着力构建有利于文化产业发展的体制机制，不断提高领导文化产业科学发展的能力和水平，努力使我们的各项工作更加符合科学发展观的要求。

（二）进一步解放思想，更新观念，开拓创新，深化文化体制改革，解放和发展文化生产力

纵观改革开放30年的历史进程，解放思想的程度和力度，决定着文化建设的速度和质量。思想僵化，文化建设就会停滞不前；思想解放，文化建设才会欣欣向荣。当前，要学习实践科学发展观，促进文化产业又好又快发展，必须进一步解放思想，更新观念，开拓创新，创造良好的政策环境和平等竞争机会，让社会各方面的智慧和资源源源不断地流向文化产业领域，放手让一切有利于文化产业发展的劳动、知识、技术、管理和资本的活力竞相迸发。鼓励引导各类社会资本进入文化产业领域，为其发展营造良好的环境，创造有利的条件，提供有效的服务。各级文化行政部门还要认真贯彻落实全国文化体制改革工作会议精神，按照《文化部关于进一步深化文化系统文化体制改革意见》的要求，加大改革的力度，加快改革的进度，全面推进体制机制创新，推动文化体制改革取得新的实质性进展。要抓住当前深化文化体制改革的有利时机，积极推进经营性文化事业单位转企改制，着力建立现代企业制度，完善法人治理结构，建立资产经营责任制，培育一批自主经营、自负盈亏、自我发展、自我约束、有竞争力、有影响力的大型国有或国有控股文化企业和企业集团。

（三）转变政府职能，改进工作方式，完善政策法规体系，充分发挥政府部门的职能作用

在推进文化产业发展的过程中，政府职能部门不能缺位。要增强工作指导的前瞻性、预见性、针对性和有效性，不断提高宏观调控能力和水平。文化部要协同有关部门抓紧出台支持文化产业发展的经济税收等政策，尽快推出《文化产业投资指导目录》，积极推动《文化产业促进条例》的启动论证工作。要从市场准入、资金支持、税收优惠、出口扶持、基地与园区建设、知识产权保护等方面为文化产业发展提供政策支撑和法律保障。要积极配合相关部门，用好文化产业发展专项资金，通过贷款贴息、资助、奖励等方式，吸引更多的民间资金进入文化产业领域。主动协调有关金融机构，根据文化企业的特点，探索建立无形资产质押贷款制度，切实解决文化企业融资难问题。切实抓好文化产权交易试点，鼓励担保机构市场化运作，为文化企业提供更好的服务。贯彻落实好国务院办公厅转发的《关于鼓励和支持文化产品和服务出口的若干政策》，从财政扶持、出口信贷、信用保险、出口退税、表彰奖励等方面，鼓励支持我国文化企业和文化产品进入国际市场，扩大我国文化产品和服务的市场份额和国际影响力。

要认清我国文化产业发展的阶段性特征，适时调整政府的工作重点。我国文化产业发展大体可分为3个阶段，一是启动阶段，产业概念和实践从无到有，这个阶段，政府发挥着主导和动力的作用。二是发展阶段，又可分为初级阶段和中级阶段。发展的初级阶段政府仍占强势引导地位，伴随着的是市场力量和作用的日益扩大和显现；到了发展的中级阶段，市场的作用更加突显，市场的经济规律而非政府的行政意志对资源配置的基础性作用和产业发展产生日益主导的作用，政府的功能仍十分重要。但面临着实现重大转变的内在需求和外在压力。第三是成熟阶段，这个阶段市场将处于引导产业发展的主导地位，政府则复归宏观调控、法律管理的原位。就目前而言，我国文化产业的发展总体上处于发展的初级阶段向中级阶段的过度。政府面临着破除原有观念，学会让市场引导产业发展、让市场配置资源、让市场逐步取代政府而形成产业发展主导力量的重大观念和实践的转变任务。

（四）积极实施重大项目带动战略，加快文化产业示范基地和区域特色文化产业群建设

实施重大文化产业项目带动战略，是党的十七大提出的明确要求。我们必须从抓产业规划和政策引导入手，加快建设一批具有重大示范作用和产业拉动作用的文化产业项目。要精心策划，放宽准入，降低市场门槛，简化审批手续，吸引社会力量参与重大文化产业项目建设。要调动中小文化企业的积极性，做大做好特色文化产业项目，形成富有活力的优势企业群体。各级文化行政部门要为重大文化产业项目建设创造条件，提供服务。进一步加快区域特色文化产业群建设，依靠现有文化产业群的示范、带动作用，培育一批富有活力、独具特色的产业集群和产业带，发挥文化产业的集聚效应。各地要加大对国家、省级文化产业示范基地的扶持力度，支持它们做大做强，使之成为本行业、本地区的龙头骨干企业。要对国家级文化产业示范园区的发展提供全方位的支持，引导提高我国文化产业的规模化和集约化水平。国家文化产业示范基地和国家级文化产业示范园区要不断加强内部管理，创新体制机制，提高经济效益，争取更大发展，当好全国文化产业战线的“排头兵”。

（五）采取有力措施，加快人才培养步伐，培养一支懂经营、会管理、有文化的复合型人才队伍

人才是文化产业的重要生产要素之一。能不能建立一支适应文化产业发展需要的人才队伍，关系到我国文化产业能否快速健康持续发展。各地要拟定文化产业人才中长期培养规划，有计划有组织地培养大批文化产业急需的复合型人才。要积极争取财政支持，加大人才培养的投入。根据大力培养人才、积极引进人才、合理使用人才、不断凝聚人才的原则，认真研究制定文化产业人才教育、引进、使用、培训、评价、流动的政策法规。要充分发挥国家文化产业人才培训基地、国家文化产业创新与发展研究基地和国家文化产业研究中心的作用，加快培养一批懂经营善管理的职业经理人，为文化产业提供智力支持和人才保证。

（六）切实加强领导，健全工作机构，为文化产业发展提供组织保证

目前，文化产业工作得到各级党委和政府的重视，并被列入各级文化行政部门的重要议事议程。文化部近年来在加强领导的同时，不断充实文化产业司工作人员，使干部队伍力量越来越强。全国各级文化行政部门不断加强工作机构建设，31个省、自治区、直辖市和新疆建设兵团以及5个计划单列市文化厅局，有25个单独设立了文化产业处，还有10个与其他机构合署办公。文化系统文化产业工作基本做到有专门机构和人员负责，形成比较完善的文化产业工作网络。今后，各地要进一步加强对文化产业工作的领导，积极支持文化产业机构的工作。特别是还没有设置专门工作机构的地方，要抓紧时间，创造条件，主动争取领导和相关部门的支持，尽快设置专门工作机构、配备能力较强的工作人员，并为他们开展工作提供必要的条件。

同志们！

当前，全国文化系统文化产业工作的形势很好，在今后一个时期，我们将面临一个中国文化产业快速发展的重要战略机遇期。我们一定要在党的十七大和十七届三中全会精神的指引下，抓住机遇，乘势而上，以更加坚定的信心、更加主动的姿态、更加昂扬的斗志、更加饱满的热情，深入学习实践科学发展观，切实抓好各项工作任务的落实，努力把文化系统文化产业工作推向一个新的发展阶段，为推动社会主义文化大发展大繁荣、兴起社会主义文化建设新高潮做出应有的贡献！

谢谢大家！

文化工作综述

Cultural Wrap-up

2008年是改革开放30周年、北京奥运之年，是贯彻落实党的十七大精神的第一年，也是新一届政府的开局之年，同时也经历了年初的冰雪灾害、“5·12”汶川大地震及国际金融危机，大事喜事多，灾难困难也多；机遇多，挑战也多。2008年还是文化部领导班子新老交替的一年。文化部机关和直属单位队伍不散、工作不断、思想不乱，以维护稳定大局、推进正常工作为要务。一年来，在党中央、国务院的正确领导下，文化部和全国文化系统全体同志共同努力下，坚持以党的十七大和十七届三中全会精神为指导，深入开展学习实践科学发展观活动，紧密围绕推动和兴起文化建设“两大一新”的总体要求，进一步解放思想，开拓创新，出色地完成了年初既定的工作计划和党中央国务院交办的各项任务，并取得了新的进展。

一、周密部署，精心组织，开展深入学习实践科学发展观活动

根据中央统一部署，在中央学习实践活动指导检查组的指导和帮助下，周密部署、精心组织，从2008年9月底开始在部系统深入开展学习实践科学发展观活动。在学习调研阶段，召开了动员大会，转发《关于宣传思想战线认真学习贯彻胡锦涛总书记重要讲话精神开展深入学习实践活动的通知》，举办司局级领导干部和机关处级领导干部研讨班，集中学习党的十七大和十七届三中全会精神，胡锦涛等中央领导关于学习实践科学发展观活动的重要讲话、文件和材料。同时，部领导带头，深入基层调查研究，查找影响和制约文化大发展大繁荣的问题，并开展“文化部解放思想大讨论”活动，努力以思想大解放推动文化大发展。先后召开了文化部系统全国党代表、人大代表、政协委员座谈会，机关干部代表及直属单位党员、群众代表座谈会，向各省、自治区、直辖市文化厅局、直属单位发函，广泛征求各方面对推进文化建设的意见和建议。召开以检查贯彻落实科学发展观情况为主题的领导班子民主生活会，初步形成领导班子分析检查报告。

通过学习实践科学发展观活动，进一步明确了以科学发展观统领文化建设，首先要解放思想，转变观念，牢固树立符合科学发展观要求的新的文化发展理念。按照建设法治政府、服务型政府的要求，努力实现文化行政管理部门逐步由办文化为主向管文化为主转变，由管微观向管宏观转变，由主要面向直属单位向面向全社会转变。按照中央边学边改、边整边改的要求，部党组决定以中国东方歌舞团等单位转企改制为重点，着力开拓文化系统体制改革工作的新局面。积极开展了清理法规文件、文化活动、规范领导干部出国、出差等工作，将65项以文化部名义主办或联合主办的活动清理压缩为50项；清理各种法规，分别提出废、改、立的意见；在“三定”工作中，把加强政策研究和立法工作，作为各司局的一项重要职能，并调整和加强了政策法规司的职能和机构；提出了转变工作作风、摆脱文山会海、提高行政效率的措施；明确了加强部党组和各级领导班子党风廉政建设的要求；认真落实干部选拔任用工作整改措施，一批超龄到龄直属单位负责人办理退休，在部机关和直属单位中开展了公开推荐文化部系统司局级领导干部的活动。中央经济工作会议后，文化部及时制定了《贯彻实施中央经济工作会议精神重要举措分工方案》，将有关文化建设的任务分解落实到各司局。

二、心系灾区，迅速行动，全力以赴抗震救灾

年初，文化系统广大干部职工和全国人民一道抗击冰雪灾害，积极捐款捐物。“5·12”汶川大地震发生后，文化系统响应党中央国务院号召，迅速通过各种方式全力以赴抗震救灾。文化部党组先后召开党组会、部务会和部长办公会10余次，及时研究部署文化系统抗震救灾及灾后恢复重建中的重要问题，并成立部抗震救灾协调小组和部灾后灾区恢复重建规划指导小组，积极协调全国文化系统支援抗震救灾和灾后恢复重建工作。部领导多次带队赴灾区慰问文化系统干部职工，实地察看文化系统受灾情况。在调查研究基础上，制定并下发《公共文化设施灾后重建规划指导意见》，完成《文化部汶川地震灾后重建规划》并纳入国家总体规划和各专项规划。其中，四川、甘肃、陕西公共文化设施恢复重建1442个项目进入规划，总投资27.40亿元，文化产业和文化市场恢复重建总投资25.08亿元。召开文化系统灾后重建对口支援工作会议，建立羌族文化遗产保护工作协调小组。为保证灾区群众基本文化权益、维护灾区和谐稳定，积极与财政部沟通，落实灾民安置过渡期文化服务经费6300万元，用于灾区流动文化车900万元（68辆）、图书购置资金900万元，调剂文化信息资源共享工程补助地方经费2700万元、乡镇综合文化站设备购置经费1800万元。与中宣部等九部门共同主办“爱的奉献”2008宣传文化系统抗震救灾大型募捐活动，募集善款15亿多元。文化部系统广大干部职工积极捐款捐物，在不到一个月的时间里累计捐款8518.43万元。另外，中国艺术研究院还将由26位著名油画家集体创作的大型油画《热血5月·2008》拍得的3350万元，通过文化部捐赠给四川地震灾区；组织“为了孩子”——中国艺术品经营行业联合赈灾义捐、义拍活动，共筹得1080.68万元支援灾区。按照中央统一部署，组织艺术家深入地震灾区体验生活，积累素材，创作出一批生动感人的文艺作品；组织两个“心连心”慰问演出小分队，分别赴四川都江堰、彭州、崇州、汶川等重灾区慰问演出。广大文艺工作者以优秀的文艺作品抚慰灾民受伤心灵，鼓舞抗震救灾士气，以实际行动为抗震救灾和灾后恢复重建作贡献。

国家文物局先后组织多个工作组赴灾区实地调研、评估，全面掌握文化遗产受损情况，指导抢险救灾，并及时向党中央国务院和有关部门报告灾情，争取紧急抢险专项经费3000万元，完成涵盖灾区各省的专项规划和评估报告，《文物抢救保护修复专项规划》被纳入《国家汶川地震灾后重建规划》，文化遗产保护内容被列入国家《汶川地震灾后恢复重建条例》。开展全国文物系统对口支援工作。先后启动都江堰古建筑群、理县桃坪羌族碉楼与村寨抢救修复工程、马尔康松岗直波碉楼抢救保护工程及彭州领报修院等10余个文物抢救保护项目。

三、荟萃精品，精心组织，成功举办“2008北京奥运重大文化活动”

根据国务院统一部署，配合北京奥运会，有效整合项目资源，举办“2008北京奥运重大文化活动”，策划组织一系列内容丰富、亮点突出的文化活动，为深入贯彻“人文奥运”理念，为北京奥运会、残奥会营造良好社会文化氛围，发挥了重要作用。“2008北京奥运重大文化活动”包括232个国内项目和227个国际及港澳台地区项目，古今相承、中外互动、开放多样，涵盖各艺术门类。活动由国家舞台艺术精品工程精品剧目展演、国家艺术院团优秀剧(节)目展演、奥运主题剧目展演、“中国交响乐之春”、“京昆情韵”戏曲展演等板块组成，是迄今为止我国举办的活动规模最大、时间跨度最长、艺术水平最高的文化盛会。通过这一活动，近170台全国优秀舞台剧(节)目在北京各大剧场持续演出600余场，观众超过40万人次；举办了涵盖古代文物精品展示、民族民间艺术品展示等方面内容的62项专业艺术精品展示或展览；举办“2008中国非物质文化遗产展演”和“2008中国非物质文化遗产传承技艺展演”，建造了30个“祥云小屋”，通过多种方式向观众立体展示了我国丰富多彩的非物质文化遗产资源;推出了由“和谐欢聚”、“圣火传递”、“绽放北京”、“人文奥运”等八大板块组成的国际及港澳台地区项目。“相约北京——2008”奥运文化活动共包括近300个项目，演出600余场次，现场观众超过100万人次。同时，开展文化市场“奥运保障行动”，与北京、青岛等6个涉奥城市签订责任状，奥运前后组织12个督查组对部分重点地区开展行动情况进行督导检查，查处一批大案要案，同时开展迎奥运文物安全大检查，确保了奥运期间文化市场秩序，为奥运会的成功举办营造了良好的文化环境。

四、专题研究，集中展示，纪念改革开放30周年系列文化艺术活动取得丰硕成果

组织开展改革开放30年文化建设专题研究，回顾改革开放30年文化事业发展历程，深刻总结30年来文化建设的宝贵经验和启示，充分认识改革开放对文化事业发展的重要意义。该课题的主报告和9个分报告已结集出版。由中宣部、文化部、国家大剧院主办的全国现实题材优秀剧目展演，展示了九部改革开放以来创作的优秀戏剧作品；10个全国文化体制改革试点院团向观众汇报演出了11台优秀剧（节）目；中国儿童戏剧演出周，集中展示了近年来儿童剧创作的优秀成果。“纪念改革开放30周年美术作品展”以国画、油画、雕塑等多种艺术形式记录了30年时代变革和社会变革。举办了“纪念改革开放30周年——首届全国农民文艺会演”，2500余名来自基层的群众文化活动骨干参加演出，上演140场、315个节目，是农民文化活动的一次精彩展示和艺术盛会。各地也组织开展了丰富多彩的纪念改革开放30年的演出、展览及各类群众性文化活动，唱响了改革开放好、社会主义好的主旋律。各级文化部门在报刊、电视台、网络等各类媒体上组织了系列专访、述评、综述、专题报告会等活动，宣传报道改革开放30年文化建设取得的伟大成就，在社会上引起了强烈的反响。

五、树立精品意识，注重继承创新，促进艺术繁荣发展

以改革开放30周年、新中国成立60周年为契机，加强对艺术创作的规划和引导，一批反映近代以来中华民族奋发图强、争取国家独立民族解放的英勇历程，尤其是讴歌改革开放伟大实践和伟大成就的文艺作品问世或进入创作和打磨阶段。全力策划创作大型音乐舞蹈史诗《复兴之路》。启动实施“国家舞台艺术精品工程（二期）”，加大精品剧目的推广、宣传、交流力度，开展“国家舞台艺术精品工程”全国展演月活动，38个院团演出400多场，让人民群众共享文化发展成果。“国家重大历史题材美术创作工程”主题确定，创作全面推开。继续实施“国家昆曲艺术抢救、保护和扶持工程”、“全国重点京剧院团扶持工程”。完善对不同艺术品种艺术院团的评估办法，制定全国音乐舞蹈院团评估指标体系，起草并修订全国美术馆评估办法和标准。加大对中直院团的扶持力度，激发院团活力，促其创新体制机制。2008年部直属文艺院团共新创作剧（节）目28台，全年演出2016场，观众达237万人次，演出收入18104.83万元，较上年增长38.54%。精心组织实施各项中央交办的文艺演出任务，推进“文化下乡”、“高雅艺术进校园”等工作。开展“文华奖”剧目类和节目类的评选与展演、首届“交响乐之春”演出季，举办第五届中国京剧艺术节、第八届全国声乐比赛、第七届全国杂技比赛等。

2008年，全国共有5114个艺术表演团体，全年共上演剧目44051个。其中，新创作并首演的剧目1415个。全国艺术表演团体共演出90.5万场，国内观众达6.32亿人次。其中，到农村演出47.2万场，占总演出场次52.2%。全国文化部门的艺术表演团体2551个，全年上演剧目17968个，其中新创作并首演的剧目1284个，同比增加56个，增长4.6%。共演出42.6万场，平均每团演出167场，其中到农村演出25.8万场，占总演出场次60.56%，同比增加0.76个百分点。国内观众达4.2亿人次。文化部门县级剧团新创并首演剧目636个，共演出25.3万场，其中到农村演出18.9万场，占总场次74.7%，观众2.61亿人次，其中农村观众2.1亿人次，占80.46%。

2008年，全国1944个艺术表演场所共演（映）出74万场次，观众1.3亿人次。其中，文化部门1662个艺术表演场所共演（映）出64.1万场次，比上年增加4.2万场，增长7%，观众8122万人次。文化部门县级艺术表演场所共演出16万场，观众3323万人次。

六、以基层文化建设为重点，以重大文化惠民工程为抓手，公共文化服务体系建设加快步伐

（一）农村和西部地区文化投入继续增加

2008年，农村文化投入为66.59亿元，同比增加10.46亿元，增长18.64%，自1990年以来年均增长率为14.51%。西部地区文化投入为58.76亿元，同比增加16.06亿元，增长37.61%，自1990年以来年均增长率为15.89%。在实施各项重大文化项目时，对农村和中西部地区给予了重点倾斜。截至2008年底，文化部和国家发展改革委已安排中央预算内资金11亿元补助全国6658个乡镇综合文化站建设，其中，安排中央预算内资金10.93亿元补助中西部6596个乡镇综合文化站建设。为配合各地乡镇综合文化站建设工程的实施，文化部、财政部从2008年起增设了乡镇文化站内容建设专项资金，重点是改善现有文化站设备陈旧状况，完善其服务功能，并为新建文化站添置必要的设备器材，以消除文化站“空壳”现象。2008年，中央财政安排专项经费2.59亿元，为中西部22个省（区、市）已建成且达标的3586个乡镇文化站购置基本业务设备和共享工程设备。全国文化信息资源共享工程被列为中央财政重点支持的文化建设工程，累计投入已达13.61亿元，地方累计投入已超过15.3亿元，数字资源量已达到73.91 TB。截至2008年12月，工程服务已覆盖全国61.2万个行政村的65%。送书下乡工程2003 ~ 2008年已累计安排资金1.2亿元，为国家级扶贫开发重点县和乡镇配送图书1060万册。2005 ~ 2010年，中

央财政安排资金3亿元，为基层剧团和文化机构配备流动舞台车，改善剧团等文化机构的服务条件。目前已为基层配送流动舞台车639台，这些流动舞台车深入城乡，开展灵活多样的文化服务，受到基层群众的欢迎和好评。

（二）大力推进重大文化工程建设

全国乡镇综合文化站建设工程安排落实中央财政年初投入的2亿元和第四季度中央扩大内需新增的8亿元经费，兴建6124个文化站。全国文化信息资源共享工程进展顺利，截至2008年12月，文化系统自建各级中心和基层服务点2.3万个，与农村党员干部现代远程教育工作共建40万个村级基层服务点，占全国61.2万个行政村的65%，另外，通过合作，全国25万所农村中小学可接收使用文化共享工程资源；资源总量达73.91 TB，比上年增加8.91 TB。送书下乡工程2008年共向292个国贫县送书200万册。进一步提高公共文化服务能力，推动公共图书馆、文化馆免费开放，开展图书馆资源共享、文化馆公共文化服务经验交流。进一步完善公共文化设施建设标准和业务评估体系，联合有关部委发布《公共图书馆建设用地指标》、《文化馆建设用地指标》、《公共图书馆建设标准》，研究制定《文化馆建设标准》、《博物馆建设用地指标》、《博物馆建设标准》、《乡镇综合文化站建设标准》。开展第二次全国文化馆评估定级工作，评估参评馆达2995个，占文化馆总数的93.4%，共评出一级馆376个，二级馆316个，三级馆434个，上等级馆共计1126个，占文化馆总数的35%。继国务院公布了第一批国家珍贵古籍名录2392种和第一批全国古籍重点保护单位名单51家后，及时部署全国古籍保护工作，举办“国家珍贵古籍特展”。正式启动中华再造善本二期工程，初步完成选目556种。清史纂修工作继续推进，以科研攻关、阶段性成果评估、加强项目管理推动编纂质量的提高。

（三）丰富基层群众文化生活

开展丰富多彩的群众文化活动，组织少儿歌曲推广活动，举办第二届中国少年儿童合唱节、第十届中国老年合唱节。开展中国民间文化艺术之乡命名工作，命名963个中国民间文化艺术之乡。在全国范围内组织开展了公共文化设施专项督查工作，就文化馆、图书馆以及文化站设施状况进行了全面调查；积极倡导公共图书馆、文化馆实施免费开放；召开全国文化馆工作会议，交流文化馆开展公共文化服务的经验，提高文化馆服务和管理水平。

2008年，全国公共图书馆总藏量5.5亿册(件)，同比增加3011万册(件)，增长5.8%；新购图书2071万册，同比增加200万册，增长10.7%。购买报刊91.1万种，同比增加4.8万种，增长5.6%；共发放借书证1454万个，同比增加181万个，增长14.2%。全国千人拥有借书证为10.9个，同比增加1.3个，增长13.5%。流通总人次为2.81亿人次，同比增加2038万人次，增长7.8%。其中，书刊文献外借1.22亿人次，2.31亿册次，同比分别增加797万人次和1810万册次，增长7%和8.5%。全国公共图书馆充分利用网络技术，丰富服务手段，全国共有电子阅览终端52955台，同比增加8236台，增长18.4%，共有网站873个。为读者举办各种活动8.85万次，共有3323万人次参加。其中，组织各类讲座21167次，有495万人参加；举办8263次展览，有1387万人次参观；举办培训班10486个，146万人次参与培训。

2008年，全国群众文化机构41156个，共举办展览10.09万场，同比增加10000场。组织文艺活动47.4万次，组织各类理论研讨活动和讲座1.1万次。举办各类训练班30万班次，结业人次达1714万人次，同比分别增加5.8万班次和270万人次，分别增长24%和18.7%。全国群艺馆、文化馆、文化站的藏书达1.24亿册。全国群众文化单位注重自身建设，加强对业余文艺团体和群众进行辅导，配置了11852台计算机，建立了389个网站，对公众开放了23.1万平方米的阅览室，同比增加3.2万平方米，增长16.1%。全国共有馆办文艺团体6114个，演出7.72万场；指导农村集镇文化中心21344个，文化户64.1万个，群众业余文艺团体7.5万个，馆办老年大学650个。

七、一手抓繁荣，一手抓管理，文化市场繁荣有序

研究制定推动文化市场繁荣的政策法规，先后下发《关于构建合理演出市场供应体系促进演出市场繁荣发展的若干意见的通知》、《关于网吧管理工作有关问题的通知》、《关于扶持我国动漫产业发展的若干意见》等文件，促进演出市场、网吧市场、动漫产业的健康发展。启动“原创动漫扶持计划”，组织动漫专项课题研究，成功举

办第六届中国国际网络文化博览会、第四届中国国际动漫游戏博览会。大力推动中国文化产品“走出去”，组织参加昂古莱姆国际连环漫画艺术节，中国漫画第一次在政府指导下大规模走出国门，共签署11份跨国合作项目，签约总标的达1.15亿元人民币。组织参加加拿大渥太华动画节、第42届法国戛纳国际音乐博览会和香港音乐汇展。实施中国现当代艺术推广计划，奖励2007年度音像制品出口项目，对2008年度音像制品出口补助项目进行评审。举办“阳光娱乐主题宣传周”、2008中国演出娱乐博览会和中国旅游演出高峰论坛。开办优秀民营文艺表演团体研修班，加强对民营文艺表演团体的扶持，与中宣部等有关部门联合召开全国服务农民服务基层文化建设先进单位表彰大会，对民营剧团、文化馆站、文化大院等直接服务农民的文化机构和团体进行表彰奖励。

2008年，全国文化市场经营单位共有30.6万家，从业人员140.99万人。全国省、市、县三级文化市场执法机构共有2576个，从业人员19145人。

八、积极引导扶持，努力创造条件，文化产业健康快速发展

2008年，全国文化部门管理的文化及相关产业单位总产值1315.5亿元，新创增加值为762.43亿元。文化产业博览会成功举办，成交活跃。第四届中国（深圳）国际文化产业博览交易会、第四届中国西部（西安）文化产业博览会和2008中国义乌文化产品交易博览会，总成交额分别达到702.32亿元人民币、58.77亿元人民币和18.6亿元人民币。

研究部署全国文化系统文化产业工作，表彰文化系统文化产业工作先进集体和先进个人。文化产业基地和区域性特色文化产业群建设加快。命名山东曲阜新区文化产业园和沈阳棋盘山开发区为第二批国家级文化产业示范园区；命名北京老舍茶馆有限公司等59个企业和单位为第三批国家文化产业示范基地；文化产业项目服务工程运行良好。鼓励扶持中国文化产品和服务走出去，扩大中华文化影响力。成功举办了第七届中韩日文化产业论坛及第三届中国—东盟文化产业论坛；编辑出版了第一本《国际文化产业典型案例选编》和中英文版的《2008文化产业投融资手册》；奖励2007～2008年度优秀出口文化产品和服务项目，并对国家文化出口重点企业进行补贴。

进一步完善文化产业政策，创造良好的外部环境。加强文化产业理论研究，加大人才培养力度；编辑出版《国家文化产业课题研究报告(2008年度)》；加快文化产业行业组织建设，开展了中国文化产业协会和中国文化产业研究会的相关筹备工作。

九、抓队伍，立标准，文化科技工作稳步发展

加强文化科技人才队伍建设，建立文化部文化科技专家库并投入运行，组建全国剧场标准化技术委员会、全国文化馆标准化技术委员会等8个标准化专业委员会。发布《古籍修复技术规范与质量要求》、《流动舞台车车载设备技术规范》等5项国家和行业标准。部级科技项目《城市街区24小时自助图书馆系统》通过验收。完成2008年度国家社科基金艺术学项目评审工作。开展国家社科基金艺术学委托项目《中国特色社会主义文化理论研究》的立项工作。开展社会艺术水平考级工作调研和《社会艺术水平考级管理办法》执法检查。完成国家级中等艺术职业学校的调整与评审工作。举办文华艺术院校奖第三届全国民族乐器演奏比赛和全国艺术院校木管演奏比赛、东盟10国国际艺术职业教育成果展演等活动。

艺术科研工作稳步推进。2008年，全国文化部门共有各类教育机构169个，共招生29907人，同比增加551人，增长1.9%；毕业20237人；在校生86291人，同比增加4639人，增长5.7%；共培训干部4892人，同比增加383人，增长8.5%。其中，高等艺术院校招生11356人，毕业7543人，在校生31375人；中等专业学校招生17538人，毕业11257人，在校生51560人。2008年，全国共有文化（文物）科研机构293个，同比增加15个，增长5.4%。有中高级职称的科研人员3510人，占从业人员总数的47%。本年完成科研项目349个，其中获国家奖31个，占项目总数的8.9%；获省部级奖126个，占项目总数的36.1%。

十、抓好基础性工作，不断拓展新领域，文化遗产保护工作扎实推进

第三次全国文物普查工作顺利开展。第一阶段工作基本完成，实现了机构、人员、资金、设备、

培训“五到位”；第二阶段工作顺利启动，实地调查取得初步成果，截至2008年底，全国2587个县级行政区域启动了实地文物调查，共普查登记不可移动文物21.3万处，其中新发现文物13万处，复查8.3万处。长城资源调查和保护工程卓有成效，完成了明长城资源调查。重大文物保护工程进展顺利，完成了西藏三大工程文物建筑主体维修工程，九大维修工程进展顺利，应县木塔现状加固、监测保护方案深化工作正式展开，晋东南早期建筑保护工程的试点和实施工作稳步推进，涉台文物保护前期工作总体进展顺利。河北鸡鸣驿城保护工程全面启动。第七批国保单位申报前期工作顺利启动。考古工作继续推进，大遗址保护成绩斐然，完成三峡工程田野考古发掘任务，稳步推进南水北调、川气东送、西气东输二线、京沪高速铁路等大型建设工程中的文物保护工作，组织沿海地区开展水下文物普查工作，继续做好丝绸之路（新疆段）、西安片区和洛阳片区、大运河等重点大遗址保护和展示重点项目，开展大遗址中期检查评估工作。先后召开全国大遗址保护工作现场会，西安大遗址高峰论坛，推广大遗址保护“无锡经验”，形成《大遗址保护西安共识》。世界遗产申报工作有序开展，福建土楼申报世界文化遗产成功，嵩山历史建筑群、丝绸之路沙漠线路联合申遗、大运河保护与申遗、杭州西湖文化景观申遗准备工作顺利推进。与智利、斯里兰卡、塞浦路斯、委内瑞拉签署防止盗窃、盗掘和非法进出境文物的双边协定，与希腊、哥伦比亚签署部门意向书，文物对外交流与合作富有成效。全国博物馆免费开放工作稳步推进，列入2008年向社会免费开放试点名单的505座博物馆中，已有471个陆续实现了免费开放，另有524座博物馆自行向社会免费开放。截至2008年11月底，已有1015座博物馆陆续实现免费开放，接待观众逾1亿人次，为上年同期的2～3倍。正式启动博物馆评估定级工作，公布首批国家一级博物馆83家。2008年，全国文物业4437个机构共有文物保管品、藏品2573.8万件（套）；共举办陈列展览1.05万个；观众3.54亿人次，同比增加0.87亿人次，增长32.6%。

非物质文化遗产保护工作有力推进。全国非物质文化遗产普查取得阶段性成果，云南、北京、浙江、上海、山东等省（市）基本完成普查工作。国务院公布了第二批国家级非物质文化遗产名录510项、第一批国家级非物质文化遗产扩展项目名录147项。加强代表性传承人保护工作，公布第二批国家级非物质文化遗产项目代表性传承人551名。颁布《国家级非物质文化遗产项目代表性传承人认定与管理暂行办法》。进一步推进文化生态保护区建设，命名徽州文化生态保护实验区、热贡文化生态保护实验区和羌族文化生态保护实验区。非物质文化遗产专题博物馆、民俗博物馆和传习所建设稳步推进，全国共建立各种所有制形式的专题博物馆363个、民俗博物馆241个、传习所349个。加强非物质文化遗产保护工作队伍建设。推动《非物质文化遗产保护法》进入国务院和全国人大正式审议程序。组织专家组开展全国非物质文化遗产督导工作。在传统节日和“文化遗产日”期间组织丰富多彩的活动。

十一、围绕中心，服务大局，对外和对港澳台文化工作不断迈上新台阶

突出重点，强化与主要大国、区域组织和发达国家的文化关系。稳步推进与美国的文化关系，与美国联邦主要文化机构加强交往与落实合作项目取得积极进展。与欧盟国家交流频繁，在意大利罗马成功举办“走近中国”中国艺术节，共有来自全国8个省市21个艺术团体的400名艺术家举办各种文艺演出活动近70场，观众达8万余人次，在意产生了巨大影响；在英国举办“时代中国”文化节，英国的100个城镇举办了1300场活动，300多家机构自筹经费参与；在瑞士举办中国艺术节；希腊在华举办文化年活动；举办第三届“中法文化交流之春”系列文化活动。继续在悉尼、伦敦、巴黎、哥本哈根等城市打造“春节品牌”文化活动。保持与俄罗斯、日本及其他邻国的文化交往，成功举办第十届亚洲艺术节。依托“上合组织”开展对中亚国家文化交流。积极促进“10+3”区域文化合作进程。同发展中国家的交流明显增加，对非文化工作力度加大，积极开展与阿拉伯国家的交流，不断提升与中东欧、独联体和前南国家的交流，与拉美及南太平洋国家交流渐趋活跃。哥斯达黎加国际艺术节“中国主宾国”活动获得圆满成功。参加国际会议和参与举办国际性文化活动，借助多边舞台，深化与世界各国、国际组织的交流与合作。打造文化外宣品牌，重视信息网络平台应用，使其成为推广中华文化的有效载体。驻外中国文化中心建设工作取得积极进展，柏林中国文化中心正式启用，中日两国政府互设文化中心的协定正式签署，同时，加强已建成7个驻外中国文化中心的制度建设和外国在华文化中心的管理。

根据政策、形势变化，有针对性地开展对港澳台文化交流活动。配合中央对台工作大局，加强对台文化交流“基地”建设，大力推动文化入岛交流。坚持“立足主流，面向青少年，着眼长远，以文化认同促进港澳与内地融合”的工作策略，大力推动中华文化在港澳地区的传播，与港澳文化主管部门建立磋商机制，积极推动港澳地区参与国家文化外交活动和内地举办的国际性、区域性以及全国性文化交流活动。

十二、深入调研，加强指导，文化体制改革工作稳步进行

深入部直属单位及湖北等十省（市）文化系统开展文化大调研，提出下一步深入推进文化体制改革的思路。积极贯彻落实全国文化体制改革工作会议精神，下发《文化部关于进一步深化文化体制改革的意见》，对积极稳妥推进艺术院团改革、深化文化事业单位改革、大力推进公共文化服务体系建设、加快发展文化产业作出明确部署。起草深化艺术院团改革的指导意见（草案），明确部直属单位改革的重点。积极推进中国东方歌舞团转企改制。继续推动部直属事业单位内部机制改革，制发《文化部关于印发直属事业单位岗位设置管理工作实施方案的通知》。配合有关部门研究制订公共文化服务体系建设的财政保障政策和鼓励企业、个人捐赠公益性文化事业的税收减免政策实施办法，海外公益捐赠的关税豁免政策，以及支持转企改制和扶持转企改制单位发展的政策等。

十三、紧紧围绕文化工作重点，积极争取国家经费支持，大力推进国家级文化设施建设

积极争取加大财政投入，为事业发展和政府职能转变提供经费保障。2008年，国家财政拨付文化部本级经费共35亿元，通过转移支付，对地方基层文化设施建设和重大文化项目投入21亿元，推进公共文化服务体系建设。

加强重点文化设施建设，国家图书馆新馆于2008年9月9日开馆正式接待读者，故宫博物院完成中轴线主要建筑物的修缮任务，恭王府府邸修缮工程于8月完成并对外开放，中国歌剧舞剧院新址于4月完工并投入使用，国家博物馆改扩建工程、国家话剧院剧场工程稳步推进。积极推动中国美术馆二期工程、中国工艺美术馆工程、梅兰芳纪念馆扩建工程、中国国家画院扩建工程。毛里求斯中国文化中心、巴黎中国文化中心新楼相继投入使用。

十四、其他各项工作顺利推进

以加强思想政治建设为重点，认真做好领导班子和干部队伍建设工作，积极开展“讲党性、重品行、作表率，树组工干部新形象”活动；做好文化部“三定”方案落实工作，积极稳妥地推进制度建设。积极实施“人才兴文”战略，研究制定文化人才队伍发展规划纲要。

加强文化系统党风廉政建设，以领导干部为重点，深入开展反腐倡廉教育，促进干部廉洁从政。大力推进廉政文化建设，努力营造廉政文化氛围，与中央纪委、监察部共同筹办了全国廉政文化大型绘画书法展览，200多名全国著名书画家、雕塑家作品参展。

中国文化年鉴

Chinese Culture Yearbook

文化政策法规

Cultural Policies and Regulations

文化政策综述

一、关于公共文化服务体系建设政策的研究与制定

建设公共文化服务体系是满足人民群众基本文化需求，保障公民基本文化权益的重要途径。为促进公共文化服务体系建设，文化部门着重在健全公共文化基础设施建设标准，完善评估定级活动，推动重点文化工程，加强灾后重建等方面制定公共文化政策。

文化部组织开展了公共图书馆、文化馆建设用地指标和建设标准的编制工作，会同住房和城乡建设部、国家发改委、国土资源部等部门，发布了《公共图书馆建设用地指标》（建标〔2008〕74号）、《文化馆建设用地指标》（建标〔2008〕128号）和《公共图书馆建设标准》（建标〔2008〕150号）。这些标准以建立健全公共文化服务体系为目标，充分体现公共文化服务“以人为本”“普遍均等，惠及全民”的原则，为构建覆盖全社会的公共文化服务体系奠定了坚实的基础。为进一步提高文化馆工作水平，文化部在2007年全国第二次县级以上文化馆评估定级工作基础上，于2008年5月下发了《关于命名一、二、三级文化馆的决定》（文社图发〔2008〕16号），确定1126个文化馆达到三级馆以上文化馆标准，命名北京市西城区文化馆等377个文化馆为“一级文化馆”、天津市北辰区文化馆等316个文化馆为“二级文化馆”、河北省唐县文化馆等433个文化馆为“三级文化馆”。《决定》要求，对尚未达到文化馆定级标准的，各级文化行政部门要根据评估情况制定出切实可行的整改方案，认真总结这次评估经验，不断深化改革，增加投入，加强管理，拓展文化馆的服务功能，提高服务能力，增强活力，努力开创文化馆工作新局面。5月，文化部下发《关于命名全国文化信息资源共享工程示范省、示范市、示范县（市、区）的决定》（文社图发〔2008〕18号）。决定命名山东省为“全国文化信息资源共享示范省”，浙江省嘉兴市和宁波市、广东省深圳市为“全国文化信息资源共享工程示范市”，北京市大兴区等49个县（市、区）为“全国文化信息资源共享工程示范县”。按照党中央、国务院关于汶川地震抗震救灾和灾后恢复重建的统一部署，为指导公共文化设施灾后重建工作，促进灾区文化事业的恢复和发展，根据《汶川地震灾后恢复重建条例》和《中共中央办公厅、国务院办公厅关于加强公共文化服务体系建设的若干意见》，文化部于6月向四川、甘肃、陕西、重庆、云南五省市印发了《公共文化设施灾后重建规划指导意见》（文计发〔2008〕20号）。《意见》从指导思想和原则、建设目标、建设标准等方面提出了具体要求，尤其是文化馆、图书馆、博物馆（非物质文化遗产博物馆）、剧场（影剧院）、剧团、乡镇文化站、村文化室建设都提出了具体明确的标准。

二、关于非物质文化遗产和古迹保护政策的研究与制定

为了推动非物质文化遗产保护，国家出台了一系列政策。2月，文化部下发《关于公布第二批国家级非物质文化遗产项目代表性传承人的通知》（文社图发〔2008〕1号），确定第二批民间音乐、民间舞蹈、传统戏剧、曲艺、民俗等五大类551名国家级非物质文化遗产项目代表性传承人。《通知》要求，各地区、各部门要按照国务院办公厅《意见》的要求，认真贯彻“保护为主、抢救第一、合理利用、传承发展”的工作方针，鼓励和支持国家级非物质文化遗产项目代表性传承人开展传习活动，切实做好非物质文化遗产的保护工作，弘扬中华文化，建设中华民族共有精神家园。3月，商务部、发展改革委、教育部、财政部、住房和城乡建设部、文化部、税务总局、工商总局、质检总局、知识产权局、旅游局、银监会、证监会、文物局联合印发《关于保护和促进老字号发展的若干意见》（商改发〔2008〕104号），以贯彻落实党的十七大关于加快培育我国的国际知名品牌、加强对民族文化的挖掘和保护的有关精神，引导具有自主知识产权、传承民族传统文化和技艺的老字号企业加快创新发展，发挥老字号企业在经济和社会发展中的重要作用。该《意见》进一步确立了保护和促进老字号发展的指导思想和工作目标，提出了敦促建立保护和促进体系，优化老字号的发展环境，增强市场竞争能力，挖掘内涵，

传承发展特色，形成多方协调机制等有效措施。5月，文化部发布《国家级非物质文化遗产项目代表性传承人认定与管理暂行办法》（文化部令第45号），使代表性传承人的认定更加趋于规范。6月，国务院印发了《关于公布第二批国家级非物质文化遗产名录和第一批国家级非物质文化遗产扩展项目名录的通知》（国发〔2008〕19号），公布了第二批国家级非物质文化遗产名录民间文学、传统音乐、传统舞蹈、传统戏剧、曲艺、传统体育游艺与杂技、传统美术、传统技艺、传统医药、民俗等10类共510项，以及第一批国家级非物质文化遗产扩展项目名录147项，对推动非物质文化遗产保护工作发挥了重要作用。为充分发挥民间文化艺术之乡对民族民间文化艺术的保护、继承、弘扬以及在文化建设中的重要作用，文化部根据《“中国民间文化艺术之乡”命名办法》的有关规定，组织专家对全国31个省、自治区、直辖市和新疆生产建设兵团申报的中国民间文化艺术之乡进行了评审，文化部于11月下发了《关于命名中国民间文化艺术之乡的决定》（文社图发〔2008〕40号）。决定北京大兴区瀛海镇等963个市、县、区、乡镇为中国民间文化艺术之乡。

为抢救和保护珍贵古籍，弘扬民族优秀传统文化，3月，国务院下发了《关于公布第一批国家珍贵古籍名录和第一批全国古籍重点保护单位名单的通知》（国发〔2008〕9号），批准公布了首批《国家珍贵古籍名录》和全国古籍重点保护单位。首批《国家珍贵古籍名录》共收录古籍2392种，首批全国古籍重点保护单位51家，展示了新中国成立以来特别是近10年来我国古籍保护工作取得的巨大成就，对于加快推进古籍修复工作，加强古籍的整理、出版和研究利用，加大古籍保护资金投入、加强古籍保护人才培养、市场监管和宣传教育都具有重要意义。为深入学习贯彻落实党的十七大和《国务院办公厅关于进一步加强古籍保护工作的意见》精神，切实做好全国少数民族古籍保护、抢救、搜集、整理、翻译、出版、研究工作，继承和弘扬少数民族优秀文化传统，充分发挥少数民族古籍对发展民族文化、推进社会主义精神文明建设和促进社会和谐的作用，文化部与国家民委于1月联合下发《关于进一步加强少数民族古籍保护工作的实施意见》（民委发〔2008〕33号）。《意见》深入阐述了做好新时期少数民族古籍工作的重要性，指出少数民族古籍工作取得的成绩和面临的主要问题，进一步增强紧迫感和使命感。《意见》进一步明确了新时期、新阶段少数民族古籍保护工作的指导思想、基本方针和总体目标。坚持以邓小平理论和“三个代表”重要思想为指导，深入贯彻落实科学发展观，加大少数民族古籍保护工作力度。坚持贯彻“保护第一、抢救第一、合理利用、加强管理”的方针，坚持依法保护和科学保护原则，正确处理少数民族古籍保护与利用的关系。突出重点，科学规范，扎实推进少数民族古籍保护工作的开展。继续做好少数民族古籍的抢救、普查、登记、整理、翻译工作，高质量完成《中国少数民族古籍总目提要》的编纂、出版任务，建立“少数民族古籍保护与资料信息中心”和“少数民族古籍文献人才培养与科学研究基地”，加快优秀少数民族民间口传古籍传承人的抢救工作。为把《意见》精神落到实处，要建立健全工作机制，加大对少数民族古籍工作的投入，切实解决少数民族古籍工作必需的经费，加强少数民族古籍人才队伍的培养和提高，加大对少数民族古籍市场的监管力度，进一步加大对少数民族古籍抢救、保护、整理工作的宣传力度。

三、关于文化产业发展政策的研究与制定

为推动文化产业发展，文化部从扶持重点文化企业、推动文化产业集群发展，以及重点扶持动漫产业发展等方面进一步完善有关政策。

5月，文化部印发《关于命名第二批国家级文化产业示范园区的通知》（文产发〔2008〕19号），命名山东省曲阜新区文化产业园和辽宁省沈阳棋盘山开发区为第二批国家级文化产业示范园区，以加快区域性特色文化产业群建设，提高文化产业的规模化、集约化水平，增强我国文化产业的整体实力和竞争力。9月，印发《关于命名第三批国家文化产业示范基地的决定》（文产发〔2008〕36号），命名北京老舍茶馆有限公司等59个企业和单位为第三批国家文化产业示范基地，以推动文化产业基地和区域性特色文化产业群建设，通过树立典型，以点带面，推动我国文化产业又好又快发展，为满足广大人民群众精神文化需求、促进国民经济快速增长、提升国家文化软实力做出新的贡献。为贯彻落实《国家“十一五”

时期文化发展规划纲要》和《中共中央、国务院关于进一步加强和改进未成年人思想道德建设的若干意见》，根据《国务院办公厅转发财政部等部门关于推动我国动漫产业发展若干意见的通知》精神和《国务院办公厅关于印发文化部主要职责内设机构和人员编制规定的通知》的规定，按照扶持动漫产业发展部际联席会议的总体工作部署，文化部于8月印发《关于扶持我国动漫产业发展的若干意见》（文市发〔2008〕33号），全面阐述了扶持我国动漫产业发展的指导性意见和具体措施。《意见》指出，要加强创作，培育精品，倡导、扶持动漫产业走民族风格和时代特点相结合的原创之路，坚持走技术创新与市场开发相结合的产业发展道路，大幅度提高我国原创动漫产品的数量和质量，打造拥有自主知识产权的动漫形象和动漫品牌。《意见》指出，要实施国产动漫振兴工程，构建相互支撑的动漫产业链，支持漫画创作，夯实产业基础，发展动漫舞台剧，大力发展网络动漫、手机动漫，加强理论研究，积极发挥扶持动漫产业发展部际联席会议专家委员会的作用，提高人才培养水平，促进动漫人才职业化，培育提升动漫产业发展平台，建设动漫产业公共信息服务管理平台，促进国际交流与合作，支持动漫企业“走出去”，加强市场监管，保护动漫知识产权，加强动漫产品内容监管，净化市场环境，指导动漫行业协会建设，加强组织领导和部门协作。12月，文化部、财政部、国家税务总局印发了《动漫企业认定管理办法（试行）》（文市发〔2008〕51号）。遵循公开、公平、公正的原则，规定了动漫产业认定管理的标准、程序和内容，为扶持我国动漫产业发展，落实国家对动漫企业的财税优惠政策提供了指针。

四、关于规范文化市场发展政策的研究与制定

为从根本上促进文化市场健康有序发展，文化部从构建合理演出市场体系、加强市场监管等方面制定了一系列政策。

1月，国家发改委、文化部、公安部、监察部、财政部、税务总局、广电总局、体育总局、工商总局联合出台《关于构建合理演出市场供应体系促进演出市场繁荣发展的若干意见》（发改价格〔2008〕76号）。《意见》从4个方面提出逐步构建合理演出市场供应体系的有效举措。一是加大政府投入，建立公益性演出长效机制，逐步解决广大群众最基本的文化消费需求。各级财政要适当增加对到城市社区、农村、工矿企业等基层进行公益性演出的补贴，支持举办针对青少年的低票价或免费的爱国主义教育专场演出，支持“高雅艺术进校园”等艺术普及类演出。鼓励国有文艺表演团体创作面向中低收入人群的小成本演出剧目，鼓励国有演出场所、国有演出单位举办公益性、低票价的演出，做到“月月有公益场，场场有低价票”。二是培育市场主体，扩大演出供给。要拓宽演出市场融资渠道，鼓励社会资本投资演出产业，允许适度引进外资进入国内演出市场，大力扶持民营表演团体发展。要充分开发利用现有场馆，有计划地建设一批面向大众、面向基层的演出场所，积极开发旅游演出市场、大众化娱乐演出市场、戏剧曲艺类专业小剧场等多场次、低价位演出市场，建立结构合理的多层次演出市场供给体系。三是规范政府行为，优化演出环境。禁止政府部门利用公款邀请演艺明星举办营业性演出活动，减少节庆大型演出活动的数量和规模。严禁政府有关部门工作人员索要赠票，禁止公款购买演出门票用于个人消费。规范政府部门现场监管工作用票数量及位置，加强和改进大型演出活动安全管理工作。同时，坚决打击演出市场制贩假票、倒卖演出门票的行为；依法处理内容低俗、秩序混乱的演出活动。四是加强组织领导，统筹安排，建立相关工作机制，切实做好各项工作。5月，文化部下发《关于开展全国卡拉OK内容管理服务系统建设工作的通知》（文市发〔2008〕15号），规定了系统建设的目的和意义、主要功能、指导原则和工作要求，要求各地加强组织领导，明确各方职责，突出重点、保证成效，加大相关标准执行力度，确保系统建设工作的顺利进行。7月，文化部、工商总局、公安部联合下发了《关于网吧管理工作有关问题的通知》（文市发〔2008〕25号），从改善宏观调控，强化日常管理，稳步推进网吧连锁等方面对网吧工作进行了全面部署，并对全国各省的总量布局予以审批。为认真贯彻执行《营业性演出管理条例》和《营业性演出管理条例实施细则》的有关规定，为进一步加强和改进涉外及涉港澳台营业性演出管理，规范演出市场经营秩序，文化部于7月下发《关于加强涉外及涉港澳台营业性演出管理工作的通知》（文市发〔2008〕27号）。《通知》要求，加强演出经纪机构资质审核，加强演出内容审核，加强对外国和港澳台文艺表演团体和个人资信的审核，加强对举办单位与委托、投资单位权利义务关系的审核，加强对巡回演出的监督管理，加强演出活动现场的监管，建立演出市场信息通报制度和信用档案制度等。8月，文化部印发《文化市场重大案件管理办法》（文市发〔2008〕35号），以进一步加强文化市场重大案件的查处，落实行政执法责任制，强化执法监督。

五、文化科技政策的制定与实施

为了促进科学技术在文化领域的广泛应用，鼓励广大文化工作者积极参与文化创新活动，使科技创新更有效地为文化建设服务，文化部先后发布了《文化部创新奖奖励办法》（第二次修订）（文教科发〔2008〕53号）和《文化部科技创新项目管理办法（暂行）》（文教科发〔2008〕54号）。其中，《文化部创新奖奖励办法》明确了文化部创新奖授予的范围，评奖的原则、标准和程序，奖励的形式等。《文化部科技创新项目管理办法（暂行）》，对文化部创新项目的立项原则与程序，项目的实施、验收和经费管理使用进行了规定。

为了进一步提高文艺产品的质量，推进文化领域的标准化建设，文化部先后于4月、7月发布了《舞台灯具设计专用术语》（文教科发〔2008〕7号）、《卡拉OK内容管理服务系统技术标准》（文教科发〔2008〕8号）、《流动舞台车车载装置通用技术条件》（文教科发〔2008〕29号）等行业标准。

文化法制工作综述

2008年是令人难忘的一年，第19届夏季奥运会成功举办，抗击“5·12”特大地震灾害，万众一心，可歌可泣。文化法制建设紧紧围绕党和国家的工作大局，稳步推进，取得显著成绩。

一、依法行政工作继续深化

党的十七大把依法治国基本方略深入落实，全社会法制观念进一步增强，法治政府建设取得新成效，作为全面建设小康社会新要求的重要内容。为此，国务院于5月12日专门下发了《关于加强市县政府依法行政的决定》（国发〔2008〕17号），专门就加强市县两级政府依法行政提出要求，一是充分认识加强市县政府依法行政的重要性和紧迫性，二是大力提高市县行政机关工作人员依法行政的意识和能力，三是完善市县政府行政决策机制，四是建立健全规范性文件监督管理制度，五是严格行政执法，六是强化对行政行为的监督，七是增强社会自治功能，八是加强领导。《决定》是深入贯彻落实《全面推进依法行政纲要》的重要步骤，对深化文化系统法制建设有重要的指导意义。

二、知识产权战略全面实施

6月5日，国务院印发《国家知识产权战略纲要》。《纲要》在全面分析知识产权保护工作现状的基础上，将其上升到国家战略高度，提出了指导思想和战略目标、战略重点、专项任务及战略措施，必将对提升我国知识产权创造、运用、保护和管理能力，建设创新型国家、实现全面建设小康社会目标产生深远影响。为配合国家知识产权战略的实施，各级文化部门在提高市场主体的知识产权意识，营造知识产权文化氛围，加强文化市场行政执法，建立健全传统知识保护制度等方面，肩负着光荣使命。

三、立法工作稳步推进

法律层面：自2006年文化部将《非物质文化遗产保护法（送审稿）》上报国务院后，国务院法制办会同文化部进行了深入细致地调研，对送审稿进行了多次修改，并且征求了中央有关部门、地方单位以及专家学者的意见。2008年，《公共图书馆法》列为《十一届全国人大常委会立法规划》中研究起草、条件成熟时安排审议的项目。11月，文化部召开立法启动工作会议，成立了立法工作领导机构与起草工作机构，明确了立法工作阶段性目标和实施措施。

行政法规层面：《营业性演出管理条例》（国务院令第528号）于7月22日修订后重新颁布，新条例加大了对香港特别行政区和澳门特别行政区的投资者在内地设立演出经纪机构的开放程度。4月22日，国务院颁布了《历史文化名城名镇名村保护条例》（国务院令第524号），加强对历史文化名城名镇名村的保护。另外，国务院还下发了《国务院关于公布第二批国家级非物质文化遗产名录和第一批国家级非物质文化遗产扩展项目名录的通知》、《国务院关于公布第一批国家珍贵古籍名录和第一批全国古籍重点保护单位的通知》等法规性文件。2008年1月，文化部将《博物馆条例（送审稿）》报送国务院审议，国务院法制办将送审稿及其说明在中国政府法制信息网全文公布，广泛征求社会各界意见。

其他：文化部发布了《文化部行政复议工作程序规定》（文化部第44号）和《国家级非物质文化遗产项目代表性传承人认定与管理暂行办法》（文化部第45号）。全国各地围绕着促进文化产业发展、加强文化市场管理及综合执法、文化遗产保护等方面,制定了相应的地方性法规和政府规章，如《新疆维吾尔自治区非物质文化遗产保护条例》、《海南省文化市场管理条例》、《深圳市文化产业促进条例》、《浙江省文化市场综合执法管理办法》等，都填补了相关领域的立法空白，有力地推动和保障了文化事业和文化产业的繁荣发展。

四、政策法规清理工作如期完成

一是文化法律法规的清理。根据《国务院办公厅关于做好法律清理工作的通知》（国办发〔2008〕109号）和《国务院法制办公室关于做好法律清理工作有关问题的通知》（国法〔2008〕63号）的精神，2008年8月，文化部办公厅下发了开展法律清理工作的通知，对《文物保护法》及与文化工作密切相关的其他法律法规进行了认真研究，起草了法律清理工作报告，对《文物保护法》、《公益事业捐赠法》、《拍卖法》和《行政处罚法》等提出了修改意见和建议。1月15日,《国务院关于废止部分行政法规的决定》(国务院令第516号）公布，对截至2006年底现行行政法规共655件进行了全面清理，决定废止49件，其中与文化有关的是《古遗址古墓葬调查发掘暂行管理办法》和《文物保护法实施细则》；宣布失效43件，其中与文化有关的是《文物特许出口管理试行办法》和《关于继续对宣传文化单位实行财税优惠政策的规定》。

二是文化政策法规的清理。2008年，按照深入贯彻落实科学发展观的要求，文化部对文化领域现有100多项政策逐一进行了审核论证，并广泛征求有关部门的意见。对文化部发布的部门规章和规范性文件，违背或者不符合科学发展观要求的，宣布废止或者进行修改完善，对不适应科学发展观要求的法律、法规、国务院文件，提出修改建议，并积极与有关立法机构沟通。经过清理，制定了文化政策废止、修订和制订工作计划，明确了需要废止、尽快修订和需要新制定的政策。

三是行政许可事项和非行政许可审批事项梳理及登记。经过4次行政审批制度改革，各地、各部门取消和下放了一系列行政审批事项。为了配合国务院审改办编制行政审批事项目录，文化部对照法律法规、国务院文件和文化部“三定”职责对行政许可事项和非行政许可审批事项进行了梳理和登记。

五、法制宣传教育有条不紊

一是组织开展“五五”普法中期督导检查。根据中宣部、司法部、全国普法办《关于组织开展“五五”普法中期督导检查的通知》要求，5月，文化部发布了关于组织开展文化系统“五五”普法中期督导检查的通知，检查各地、各直属单位“五五”普法工作开展情况，查找存在的问题和不足，进一步推动文化系统“五五”普法规划的全面落实。

二是完成文化法规汇编工作。在全面清理文化法规的基础上，为全面反映文化法制建设的现状，便于文化工作者学法用法，文化部组织力量编撰发行了《文化法规全书》，收录了现行有效的、与文化建设密切相关的国际公约10件、法律11件、行政法规和法规性文件63件、司法解释18件、部门规章44件、规范性文件154件、地方件法规和地方政府规章23件、共计323件。同时编撰了《中华人民共和国文化法规汇编2007》。

三是建立文化法制联络员队伍。2008年，文化部在各省、自治区、直辖市及计划单列市文化厅局建立了文化法制联络员制度，明确了各文化厅局负责文化法制工作的具体人员，进一步凝聚了力量，健全了队伍。

六、执法监督工作进展顺利

一是政府信息公开工作进一步加强。4月29日，国务院办公厅《关于施行〈中华人民共和国政府信息公开条例〉若干问题的意见》发布，就《条例》施行中的政府信息公开管理体制问题、建立政府信息发布协调机制问题、发布政府信息的保密审查问题、主动公开政府信息问题、依申请公开政府信息问题等提出明确意见。6月22日，文化部印发《文化部政府信息公开实施办法（试行）》（文办发〔2008〕23号），进一步规范了政府信息公开行为。

二是完善行政复议工作程序。1月9日，文化部发布《文化部行政复议工作程序规定》（文化部令第44号），并于3月1日起正式施行。《规定》明确了部机关各部门在行政复议工作中的职责，并从行政复议的申请、受理、审查以及做出行政复议决定等各个环节细化了工作流程，为规范文化部行政复议工作程序，提高行政复议工作的质量和效率提供了制度保障。

三是加强合同管理工作。9月25日，文化部办公厅发出了《关于加强对外签署合同管理工作的通知》（办政法发〔2008〕15号）。《通知》要求认真贯彻执行《合同法》的有关规定，加强对合同订立、履行、变更、解除等环节的管理，加强各司局在合同签署工作中的分工与合作，加强开展重大活动时签署委托合同的管理工作，加强对各项文化活动的组委会的管理。

四是加强文化市场执法监督。2008年，文化部行政执法工作紧紧围绕"创建平安文化市场"这一主题，部署开展"奥运保障行动"，切实加强文化市场监管。4月，召开了全国文化市场行政执法工作会议，研究加强文化市场行政执法队伍建设的思路和途径。8月22日，文化部印发了《文化市场重大案件管理办法》，规定文化市场重大案件发生后24小时内，下级文化行政部门或者文化市场执法机构应当将案件向上级报告，以加强对重大案件的督办。根据《2008年文化市场行政执法考评细则》，文化部对全国文化市场管理执法工作开展了考评，组织评选了2008年全国文化市场行政执法先进单位、优秀个人及全国文化市场十大案件。

文化政策（重要文献）选录

文化部关于进一步深化文化系统文化体制改革的意见

文政法发〔2008〕30号

各省、自治区、直辖市文化厅（局）、新疆生产建设兵团文化局，各计划单列市文化局，本部各司局、国家文物局，各直属单位：

为贯彻全国文化体制改革工作会议精神，加强对文化系统改革的指导，进一步深化文化体制改革，现结合文化系统实际，提出以下意见：

一、当前和今后一个时期推进文化体制改革的总体要求和指导方针

按照党的十七大和全国文化体制改革工作会议精神，以邓小平理论和"三个代表"重要思想为指导，深入贯彻落实科学发展观，解放思想、实事求是、与时俱进，加大力度、加快进度、务求实效，紧紧抓住重要领域和关键环节，着力解决制约发展的深层次矛盾和问题，全面推进体制机制创新，解放和发展文化生产力，推动文化体制改革取得新的实质性进展，推动形成有利于出精品、出人才、出效益的文化发展环境。

——坚持"区别对待、分类指导，循序渐进、逐步推开"的方针。充分考虑区域、城乡发展的不平衡性和不同行业、不同单位的性质与特点，提出改革的路线图和时间表，有计划有步骤地把改革引向深入。

——坚持"两手抓，两加强"。一手抓公益文化事业，一手抓经营性文化产业，推动文化事业和文化产业协调发展。

——坚持以公有制为主体、多种所有制共同发展，一手抓国有文化单位的改革发展，一手抓民营文化单位的发展。

——坚持以民族文化为主体、吸收外来有益文化，推动中华文化走向世界，进一步提升文化事业和文化产业的国际影响力和竞争力。

——坚持群众路线，从群众中来，到群众中去。尊重群众的首创精神，维护好群众的基本权益，充分调动广大文化工作者参与改革的积极性、主动性和创造性。

二、积极稳妥推进艺术表演团体改革

遵循舞台艺术发展规律，适应社会主义市场经济发展的要求，以发展为主题，以激发活力为目的，以面向市场、面向群众为导向，推进国有艺术表演团体体制机制创新，引导支持民营艺术表演团体发展，形成多种所有制、多种体制合理布局、共同发展的艺术表演团体格局，形成富有效率的舞台艺术生产的微观运行机制，形成保护传承优秀民族艺术、扶持优秀艺术产品生产和传播的制度环境。

（一）加大国有艺术表演团体布局结构调整力度

原则上同一城市内政府设置的相同或者相近艺术类别的艺术表演团体，人才、设施设备不齐全，难以独立从事艺术生产，或者市场需求十分有限的，鼓励支持合并重组。

（二）推进国有艺术表演团体改革

各级文化行政部门要经当地党委、政府核准，选择若干艺术生产能力强、有市场潜力、有发展前景、领导班子经营管理水平较高的艺术表演团体作为转企改制的试点，积极探索符合自身特点的转企途径，成熟一个转制一个。中直艺术表演团体、省（区、市）直属艺术表演团体要在转企改制中起表率和示范作用。鼓励以资本为纽带、以产业链为支撑，引入战略投资者，打造具有艺术创新能力和市场竞争活力的文化演艺企业集团。鼓励社会资本以投资、参股、控股、兼并、收购等形式，参与国有艺术表演团体的公司制改建。

加强对转企改制艺术表演团体的政策支持。要确保原有的财政投入在过渡期内数量不减，渠道不变。过渡期后，按照投入不减，适当增加的原则，改善投入方式，通过购买公益性演出服务、资助基础设施建设、支持文艺创作以及奖励等方式支持转企艺术表演团体的发展。支持地方政府结合实际完善社会保障政策和措施，切实保障演职员的正当利益。对转企改制的院团，文化行政部门要帮助解决相对固定的演出场所。有条件的地方，可以支持其新建剧场；不具备新建条件的，可以在现有的演出设施中调剂解决。

确需国家扶持，对传承发展民族艺术或者参与国际文化交流具有特殊地位和作用的艺术表演团体，实行事业体制。少数民族地区和边疆地区地（市）、县级经常下基层为农牧民群众演出的艺术表演团体，选定若干保留事业体制，纳入公共文化服务体系。对进入国家级非物质文化遗产名录的项目承担保护责任的艺术表演团体，国家给予扶持。对事业体制艺术表演团体，由财政保证其人员基本支出经费，以向公众提供服务的质量和数量确定财政补助数额；提供基本运行经费和乐器购置、设施改造经费，使剧团具备一定的艺术生产能力。通过加大剧目投入和场次补贴力度以及采购服务等方式促进其事业发展，扩大其艺术再生能力。要强化其公益属性，承担规定数量的免费或者低票价的公益性演出任务。探索将演出票务、舞台美术、剧场等能够市场化运作的业务部分剥离转制为企业。根据业务发展需要，调整人员结构，全面推行岗位设置管理、合同聘用和岗位绩效工资制度。按照"老人老办法、新人新办法"的原则，探索新近人员实行新的劳动合同聘用制，打破事业身份终身制。

（三）支持民营艺术表演团体发展

鼓励国内社会资本投资成立艺术表演团体，推动多种所有制艺术表演团体的发展。研究制定具体实施办法，落实文化部、财政部、人事部、国家税务总局联合印发的《关于鼓励发展民营文艺表演团体的意见》，从放宽市场准入、简化演出审批手续、加强创作演出指导、支持对外交流、加强人才培养和完善管理等方面支持民营艺术表演团体的发展。

（四）开展重点艺术表演团体评估

国家从创作演出补贴、购买服务、设施建设、人才培养、文化交流等方面加大对重点艺术表演团体的扶持。重点艺术表演团体不以单位的事业性质或者企业性质为衡量标准。实行事业体制的艺术表演团体、实行企业体制的艺术表演团体以及民营艺术表演团体，符合国家文化部门评估条件和标准的，都可以纳入重点艺术表演团体予以重点扶持。

三、深化文化事业单位改革

公共图书馆、博物馆、文化馆（站）、群众艺术馆、美术馆、承担公益性任务的艺术研究机构、文物保护考古科研管理机构、艺术学校、画院等单位，要按照增加投入、转换机制、增强活力、改善服务的要求，强化公益属性，完善法人治理结构，明确功能定位、职责任务。改革的重点是继续深化人事、分配制度改革，建立健全公益性文化事业单位正常运转的经费保障机制，建立健全公共文化服务绩效考核体系，规范经营行为。鼓励各地结合国家事业单位改革的要求，探索建立文化单位职工养老、医疗和失业保险等社会保障制度。

积极探索多种转企改制的模式，加快所属演出展览中介机构等单位转企改制步伐，着力建立现代企业制度，完善法人治理结构，建立资产经营责任制。鼓励有实力的文化企业以资产为纽带，整合资源，跨地区、跨行业兼并重组转企改制的经营性文化事业单位。争取2～3年内完成转制任务。

四、大力推进公共文化服务体系建设

坚持政府主导、社会参与的原则，构建结构合理、发展平衡、网络健全、运营有效、惠及全民的公共文化服务体系，保障人人享有基本公共文化服务，是文化体制改革的重要任务。当前工作的重点是，以大型公共文化设施为骨干，以社区和乡村基层文化设施为基础，加快建成国家、省、市、县（区）、乡镇（街道）、村（社区）6级覆盖城乡的公共文化服务设施网络。继续推进全国文化信息资源共享工程、送书下乡工程、流动舞台车工程，做好乡镇文化站内容建设工作，提高公共文化产品的生产供给能力。建立公共文化服务经费保障机制，保障县乡公共文化机构基本运转。支持和引导社会力量参与公共文化服务体系建设，探索“民办公助”的有效方式，对各类具有公益性功能的民办非营利文化机构予以扶持。正确处理政府和市场、社会的关系，创新公共文化服务方式，在确保政府承担公共文化服务主导责任的同时，注意发挥市场和社会在公共文化服务供给中的作用，积极引入竞争机制，通过政府采购、服务合同外包、志愿服务等多种形式，促进公共文化服务方式的多元化、社会化。

五、加快发展文化产业

以落实和完善国家文化产业政策为切入点，实施重大文化产业项目带动战略，推动文化产业发展。大力发展具有良好前景的网络文化、游戏、动漫、流媒体等新兴文化产业，运用高新技术改造提升传统文化产业，推动演艺、音像、娱乐、艺术品等传统文化产业的规模化、集约化发展。推进网络数字技术与文化的融合，创新文化生产和传播方式，培育新的文化业态。以改革创新的精神，办好重点文化产业博览交易会，使之成为文化产业信息交流、项目合作、产品交易的综合平台。依托文化产业网，打造国家文化产品和投融资项目服务交易平台。设立文化产业发展专项资金。落实《国务院关于非公有资本进入文化产业的若干决定》，支持非公有制文化企业的发展。健全完善培育大型骨干文化企业和扶持中小文化企业发展的财政税收政策。

构建统一、开放、竞争、有序的文化市场体系。发展演出、娱乐、美术品、网络文化、动漫游戏等文化产品及服务市场，推进票务、网吧连锁经营。完善产权、资本、信息、技术、人才等要素市场，充分利用国内外资本市场推进文化企业的国内上市进程，拓展文化产业投融资渠道。严格市场准入与退出机制，加强对进口网络文化、动漫游戏、演出、艺术品的内容审查。加快建设文化市场监管平台。积极推进文化市场综合执法改革，加快副省级城市和地市级以下相关部门执法力量的整合，提高执法队伍建设水平和市场监管的规范化、信息化水平。加强文化市场管理，保护知识产权，维护健康的文化市场秩序。

六、加强改革的组织实施

各级文化行政部门要在当地党委、政府的统一领导下，加强对文化系统体制改革工作的领导，主要负责同志要亲自抓，制定改革的具体规划，确定改革重点，明确工作进度，细化目标任务和实施步骤，把中央的要求转化为实实在在的工作措施和改革行动。文化部将制定直属事业单位改革方案，推动直属单位改革取得新的进展；并将会同中央宣传部制定指导艺术表演团体改革的意见，推进全国艺术表演团体改革工作。原有综合性试点地区文化行政部门要按照中央的要求，力争在2010年前全面完成文化系统的改革任务，其他省（区、市）要在试点的基础上向面上推开，力争取得重大进展。西藏自治区、新疆维吾尔自治区可以根据实际情况自行决定改革的步骤。要从改革的实践中总结经验，针对实际问题，提出对策建议，协助党委政府做好改革配套政策的完善工作，特别是完善经营性单位转企改制的激励保障政策，妥善解决转制单位改革成本、转制前后职工社会保障待遇不平衡等问题。要在思想上行动上同党中央的要求保持一致，精心组织改革方案的实施，及时总结和推广典型经验，加强对改革工作的督促检查，确保各项改革任务的完成，推动改革工作开创新局面。

文化部关于扶持我国动漫产业发展的若干意见

文市发〔2008〕33号

各省、自治区、直辖市文化厅（局），本部各直属单位：

为贯彻党的十七大关于推动社会主义文化大发展大繁荣的精神，落实《国家“十一五”时期文化发展规划纲要》和《中共中央、国务院关于进一步加强和改进未成年人思想道德建设的若干意见》（中发〔2004〕8号），根据《国务院办公厅转发财政部等部门关于推动我国动漫产业发展若干意见的通知》（国办发〔2006〕32号）精神和《国务院办公厅关于印发文化部主要职责内设机构和人员编制规定的通知》（国办发〔2008〕79号）的规定，按照扶持动漫产业发展部际联席会议的总体工作部署，文化部现就扶持我国原创动漫产业发展提出以下意见：

一、基本状况和指导思想

（1）近年来，我国动漫产业发展很快，国产动漫产品的数量大幅度增长，质量有所提高，一批动漫企业和动漫品牌崭露头角，中国动漫“走出去”步伐加快。同时，我国动漫产业的发展现状与人民群众不断增长的精神文化需求还不相适应，与旺盛的市场需求不相适应，在原创能力、人才培养、技术开发、产业链整合、知识产权保护等方面还需要进一步提高，用5～10年时间实现跻身世界动漫大国和强国行列的目标任重道远。

（2）弘扬社会主义核心价值观，坚持动漫文化和动漫产业发展的正确方向。从建设社会主义先进文化、和谐文化、加强未成年人思想道德建设的高度，充分认识新形势下发展我国原创动漫产业的重要意义。加强创作，培育精品，倡导、扶持动漫产业走民族风格和时代特点相结合的原创之路，坚持走技术创新与市场开发相结合的产业发展道路，大幅度提高我国原创动漫产品的数量和质量，打造拥有自主知识产权的动漫形象和动漫品牌。

（3）深入贯彻落实科学发展观，实现动漫产业的全面协调可持续发展。遵循市场规律，发挥市场对资源配置的基础性作用，合理引导社会资金，完善动漫产业链条。从实际出发，探索多种赢利模式，构建自我良性发展的内生机制。统筹规划、突出重点、整合资源，将动漫产业发展与区域特点有机结合，避免盲目发展，无序竞争。积极创新机制，改进管理，努力消除影响动漫产业发展的体制、机制和制度性障碍，形成政府引导、市场主导的发展局面和统一、开放、竞争、有序的市场格局。

二、扶持民族原创，完善产业链条

（4）实施国产动漫振兴工程。以重点支持原创产品的创作生产为龙头，发挥财政资金的杠杆作用，鼓励扶持各类所有制企业创作、推广和传播贴近实际、贴近生活、贴近群众，富有中国文化精神、承载中华优秀传统文化、饱含时代特点的动漫产品。一是评选国家原创动漫大奖，奖励内容健康、艺术性强、创新度高、深受群众喜爱的原创动漫产品；二是扶持原创动漫作品，每年评估、遴选出若干优秀原创漫画、网络动漫、手机动漫作品、动漫舞台剧进行重点扶持；三是扶持原创动漫创作人才，每年扶持若干漫画、网络动漫、手机动漫、动漫舞台剧创作者；四是推广原创动漫作品，以多种形式向社会特别是青少年推介优秀原创动漫作品。努力增强国产动漫的原创制作能力、衍生产品开发设计能力，培育一批具有活力、专业性强的动漫企业和具有中国风格、国际影响的动漫形象、动漫品牌。

（5）构建相互支撑的动漫产业链。动漫产业链主要包括漫画（图书、报刊）、动画（电影、电视、音像制品）、舞台剧、网络动漫、手机动漫等环节。漫画创作是产业的基础，影视动漫是产业的主体，动漫舞台剧是产业的延展和提升，网络动漫、手机动漫是产业的前锋。此外，还有与动漫形象有关的服装、玩具、文具、电子游戏等衍生产品。全面把握动漫产业各环节的内在联系，以动漫形象为核心，构建产业自我良性发展的内生机制。

（6）支持漫画创作，夯实产业基础。高度重视漫画在动漫产业链中的基础性作用。加强对漫画创作的引导，扶持漫画创作与研究的重点刊物，奖励具有突出贡献的漫画创作人员。以美术馆、文化馆、群艺馆、博物馆为依托，展览展示原创漫画精品，推进漫画艺术教育，加强市场推广。

（7）发展动漫舞台剧。鼓励儿童剧、青春剧等艺术形式向动漫化、多媒体化方向延伸。充分发挥国有文艺表演团体创作主力军的作用，以场次补贴的形式扶持原创动漫舞台剧的演出。“国家舞台艺术精品工程”鼓励动漫舞台剧的创作，打造更多原创动漫演出精品，塑造中国特色动漫演出经典形象。鼓励动漫企业进入演出市场，支持动漫企业通过参股、控股或兼并等形式参与国有文艺表演团体转企改制，实现动漫形象、动漫品牌的再次推广与提升。依法加强对动漫形象角色扮演（cosplay）类文艺表演团体及其演出活动的管理与规范。

（8）大力发展网络动漫、手机动漫。运用高新技术创新生产方式，培育新兴动漫业态。大力发展以数字化生产、网络化传播为主要特征的网络动漫、手机动漫产业，充分利用数字、网络等核心技术和现代生产方式，改造传统的动漫生产和传播模式。积极推动动漫产品通过网络传播，丰富表现形式，拓展传播方式，推进传统动漫产业升级，延伸产业链条。鼓励经营性互联网文化单位从事网络动漫业务及开展动漫版权代理，将动漫网站打造成为网络动漫产业发展的重要平台。鼓励点击率高、市场反应好的优秀网络动漫产品向传统渠道拓展延伸。积极引导财政资金、社会资金支持网络动漫相关技术的研发和应用，推动基于新技术、新平台的动漫制作、传播和消费。高度重视手机动漫产业的发展，办好中国原创手机动漫大赛，不断提高原创手机动漫作品的质量和水平，并将其作为我国动漫产业发展新的增长点和提升我国动漫产业国际竞争力的突破口。

三、完善支撑体系，加快平台建设

（9）加强理论研究。积极发挥扶持动漫产业发展部际联席会议专家委员会的作用，鼓励动漫企业和有关高等学校、研究机构开展动漫产业基础理论和重大现实问题的研究。整合相关资源，完善研究体系，积极争取国家社科基金支持，拓宽理论研究的支撑领域。文化部文化“创新奖”加大对动漫理论和实践创新的奖励力度。发布中国动漫产业发展年度报告，提供权威信息。

（10）提高人才培养水平，促进动漫人才职业化。从高等教育、职业教育、继续教育、基础教育等不同层次全面推进动漫人才培养。发挥文化行政部门的艺术教育与培训资源优势，将动漫人才培养纳入国家文化艺术类人才培养规划，在学科门类、学位设置（包括博士硕士点）、教学研究经费上给予积极支持。以高等职业院校为依托，大力推进动漫人才职业教育。充分调动企业、学校、行业协会等的积极性，开展动漫人才培训。社会艺术考级中增设动漫方面的考级专业。抓好动漫高端人才培养，办好动漫产业发展高级研修班。加快动漫人才培养标准化进程，制定动漫人才培养标准，促进动漫人才职业化。

（11）培育提升动漫产业发展平台。加强国家动漫产业基地和区域性特色动漫产业园区建设的引导和管理，严格准入标准，制定评估机制，避免资源浪费，防止过热与泛化。充分发挥现有基地在人才培养、技术研发与服务、公共技术平台支撑、龙头企业集约发展、中小型企业孵化、国际交流与合作等功能。办好中国国际动漫游戏博览会等专业性展会，为民族原创动漫产品走向世界搭建展示平台。加强对区域性动漫会展与动漫节庆活动的规划与指导。涉外和国际性动漫会展交易和比赛活动要依照有关规定报文化部审批。

（12）建设动漫产业公共信息服务管理平台。公共信息平台包括政策信息发布、产业统计、专家委员会工作交流等功能，公共服务平台包括创作生产民族民间动漫素材库，提供政务服务；公共管理平台包括动漫企业认定网上申报及公示系统，是扶持动漫产业发展部际联席会议办公室项目管理的工作平台。

（13）促进国际交流与合作，支持动漫企业“走出去”。鼓励政府间和民间与国（境）外开展多边和双边的交流与合作，鼓励我国动漫企业以合资、合作、服务加工等多种形式参与国际合作和国际市场竞争。大力扶持原创动漫产品出口，将优秀动漫出口企业产品列入《文化产品和服务出口指导目录》。鼓励和组织动漫企业参加国际知名展会，支持我国动漫企业开拓海外市场。设立国产动漫产品出口奖励和补贴专项资金，促进我国动漫产业国际化。

四、改进管理服务，优化发展环境

（14）加强市场监管，保护动漫知识产权。以国产原创动漫形象、动漫品牌及其衍生产品为重点，加大知识产权保护力度。通过日常监管和专项整治，严厉打击违法动漫经营活动，保护合法经营，规范市场秩序，为动漫产业发展创造公平竞争的市场秩序。对保护动漫知识产权业绩突出的单位和个人给予表彰和奖励。

（15）加强动漫产品内容监管，净化市场环境。依法查处存在暴力、色情、淫秽、危害社会公德和民族优秀传统文化、侵害民族风俗习惯等违法内容的动漫产品。加强对漫画类美术品、动漫舞台剧和网络动漫、手机动漫等进口文化产品的内容审查。有序引进优秀动漫产品，丰富我国动漫品种、门类，提高公众特别是青少年的审美情趣和欣赏能力。依法查处未经审查的进口动漫产品，坚决抵制不良文化通过动漫产品传播，为动漫文化营造健康有序的市场环境，为青少年营造健康向上的文化环境。

（16）指导动漫行业协会建设。发挥现有各类动漫类学会和协会的作用，以协商、协作、协调为基础，以企业为主体，兼顾学术性和社会性，调整、充实或改造、新建动漫行业协会，整合行政资源和产业资源，形成合力，发挥行业协会联系政府、服务企业、行业自律的作用。

（17）加强组织领导和部门协作。各级文化行政部门要统一思想，提高认识，加强领导，按照新“三定”方案赋予文化行政部门的职责，积极主动地开展工作。准确掌握本地区动漫产业发展状况，全面履行职能，认真贯彻国办发〔2006〕32号文件，因地制宜制定配套政策，争取专项经费保障，积极做好动漫产业规划、产业基地、项目建设、会展交易、市场监管、行业协会指导等方面的工作。有效承担扶持动漫产业发展联席会议办公室的日常工作，大力加强办公室自身建设，提高综合协调能力，与各部门密切协作，认真解决本地动漫产业发展中的问题，促进动漫产业又好又快发展。

国办发〔2008〕79号文件给文化部新增的动漫产业规划、产业基地、项目建设、会展交易、市场监管、指导行业协会等职责，文化部将制定具体落实措施另行发布。

2008年8月13日

关于构建合理演出市场供应体系、促进演出市场繁荣发展的若干意见的通知

发改价格〔2008〕76号

各省、自治区、直辖市发展改革委、物价局、文化厅（局）、公安厅（局）、监察厅（局）、财政厅（局）、国家税务局、地方税务局、广电局、体育局、工商局：

为完善演出市场体系，规范演出市场秩序，促进演出市场的繁荣发展，国家发展改革委、文化部、公安部、监察部、财政部、税务总局、广电总局、体育总局、工商总局联合制定了《关于构建合理演出市场供应体系、促进演出市场繁荣发展的若干意见》，现印发给你们，请认真贯彻执行。

特此通知。

附件：关于构建合理演出市场供应体系、促进演出市场繁荣发展的若干意见

2008年1月4日

附件：

关于构建合理演出市场供应体系、促进演出市场繁荣发展的若干意见

为进一步深化文化体制改革，完善演出市场体系，规范演出市场秩序，促进演出市场的繁荣发展，不断丰富人民群众的社会文化生活，促进社会和谐，现提出如下意见：

一、加大政府投入，建立公益性演出机制

（1）建立公益性演出长效机制。国有演出单位要切实担负起公共文化服务的责任，逐步建立以国有文艺表演团体为主体、以国有演出场所为中心的公益性演出长效机制。切实发挥国有演出单位在公共文化服务中的作用，鼓励国有文艺表演团体创作面向中低收入人群的小成本演出剧目，鼓励国有演出场所举办公益性、低票价的演出。建立国有演出单位公益性演出绩效考核制度，确保国有演出单位公益性、低票价演出场次，做到“月月有公益场，场场有低价票”。

（2）加大对公益性演出的财政投入。各级财政要适当增加对到城市社区、农村、工矿企业等基层进行公益性演出的补贴。支持举办针对青少年和儿童的低票价或免费的爱国主义教育专场演出，支持“高雅艺术进校园”等艺术普及类演出。

二、培育市场主体，扩大演出供给

（3）拓宽演出市场融资渠道。积极鼓励社会资本投资成立文艺表演团体、开办演出经纪机构、兴建演出场所、举办演出活动，鼓励社会资本以投资、参股、控股、并购等形式，参与国有文艺表演团体和演出场所的公司制改建。允许适度引进境外资本以合资、合作的方式成立演出经纪机构、兴建演出场所。允许境外资本投资国内演出

项目，努力壮大演出单位经营实力，增强演出市场活力。

（4）大力扶持民营文艺表演团体发展。放宽民营文艺表演团体市场准入条件，简化民营文艺表演团体演出市场审批手续，加强民营文艺表演团体人才培养。各地可根据实际情况制定相应措施，对服务农民、服务基层的民营文艺表演团体在人员培训、演出场地和演出器材方面给予必要的帮助和资金支持，调动民营文艺表演团体参与文化建设的积极性。积极开发旅游演出市场、大众化娱乐演出市场、戏剧曲艺类专业小剧场等多场次、低价位演出市场，建立结构合理的多层次演出市场供给体系。

（5）改善演出经营管理。创新演出营销模式，提高演出经纪机构的经营管理水平。制定长期演出计划，增加演出场次，减少单场演出宣传费用开支。有针对性地培育专业性演出团体和消费群体，促进演出经营与消费的良性互动。利用演出的公众效应，完善演出产业链，实现演出的综合效益。发挥主流媒体的主渠道作用，做好宣传工作。

（6）盘活演出场所资源。要充分开发利用现有场馆，维修、改建、开发闲置场所，通过自主经营、租赁经营等方式，盘活国有演出场所资产。同时，有计划地建设一批面向大众、面向基层的演出场所，满足市场需求，降低演出场馆租金。

三、规范市场秩序，优化演出环境

（7）规范政府行为。严禁政府有关部门及其所属事业单位利用公款邀请演艺明星举办节庆活动，减少节庆大型演出活动的数量和规模。禁止政府有关部门举办营业性演出活动。严禁政府有关部门工作人员索要赠票，禁止公款购买演出门票用于个人消费。规范工作用票，有关管理部门现场监管用票数量及位置应当公示。加强和改进大型演出活动安全管理工作，合理配置安保力量，减少安保成本。

（8）整顿演出市场秩序。坚决打击演出市场制贩假票、倒卖演出门票的不法行为。限制团体购票的最低折扣幅度，规范演出票务公司经营。规范演出宣传，严厉打击虚假违法演出广告。对擅自提高票价、以次充好、内容低俗、秩序混乱的演出，坚决依法予以处理。加强行业协会建设，完善相关制度，促进行业自律。

（9）建立统一的票务平台。推动全国文化体育电子售票系统的建立，打造统一的涵盖文艺演出、体育等领域的政府公共票务平台，提供优质便捷的公共文化服务。

四、加强组织领导，确保工作落实

（10）建立演出市场繁荣发展工作机制。构建合理演出市场供应体系，促进演出市场繁荣是一项系统工程，国家发展改革委、文化部、公安部、财政部、监察部、广电总局、税务总局、工商总局和体育总局要加强沟通协作，统筹安排，建立相关工作机制，切实做好各项工作。各地各有关部门也要建立相应的工作机制，充分运用法律、财税、价格、行政等多种手段，促进演出市场的繁荣有序和健康发展，努力满足广大人民群众的精神文化需求。

文化部关于加强涉外及涉港澳台营业性演出管理工作的通知

文市发〔2008〕27 号

各省、自治区、直辖市文化厅（局），新疆生产建设兵团文化局，北京市、上海市、重庆市、宁夏回族自治区文化市场行政执法总队：

为认真贯彻执行《营业性演出管理条例》（以下简称《条例》）及《营业性演出管理条例实施细则》（以下简称《实施细则》）的有关规定，进一步加强和改进涉外及涉港澳台营业性演出管理，规范演出市场经营秩序，现就有关事项通知如下：

一、加强演出经纪机构资质审核

涉外及涉港澳台营业性演出活动的举办单位，应当符合《条例》及《实施细则》规定的条件。取得《营业性演出许可证》2 年以上但没有实际举办营业性演出经历的演出经纪机构，不得举办涉外及涉港澳台营业性演出。演出经纪机构有违反《条例》规定记录的，自行政处罚决定生效之日起 2 年内，不得举办涉外及涉港澳台营业性演出。

二、加强演出内容审核

演出内容不得违反国家法律，含有危害国家统一、主权和领土完整，危害国家安全，煽动民族仇恨，破坏民族团结，违反宗教政策和民族风俗习惯，宣扬淫秽色情、封建迷信等《条例》第二十六条禁止的情形，对内容不合法的演出，坚决不予批准。需要返场加唱、加演的节目，应当与正式演出的节目一并报审，未经批准的一律不得演出。文化行政部门应当根据审批工作需要，要求举办单位报送完整的中、外文节目资料（文字或视听资料）。

三、加强对外国和港澳台文艺表演团体和个人资信的审核

演出举办单位应当对参加营业性演出活动的外国和港澳台文艺表演团体和个人资信情况进行全面了解并提交相关材料，文化外事部门应当严格事前审核把关。对冠以“皇家”、“国家”、“国立”等名义的国外文艺表演团体，举办单位应当要求其提供所在国的有效证明文件；对临时组织的演出团（组），举办单位应当在申报材料中予以说明，文化行政部门应当在报（批）文中予以明确。对参加文化交流活动的国外和港澳台文艺表演团体或个人，需要增加营业性演出活动的，举办单位应当依照《条例》规定另行报批。对曾经参加危害我国主权活动的文艺表演团体和个人，坚决不予引进。

四、加强对举办单位与委托、投资单位权利义务关系的审核

依法规范演出经营主体之间的权利、义务关系，对存在委托代理关系的演出项目，应当要求举办单位附送相关合同文件，合同中权利、义务关系的约定应当符合《条例》及《实施细则》的规定。按照“谁申办谁负责”的原则，明确演出经纪机构与委托、投资单位等演出活动关联方的权利义务和责任。举办单位不能履行《实施细则》第二十三条规定义务的，不得批准演出。

五、加强对巡回演出的监督管理

涉外及涉港澳台巡回演出的举办单位要切实履行演出的申报（备案）、节目安排、安全保障、全程监管等责任，不得以委托承办、协作举办等名义将责任转交演出所在地承办、协作单位，承办、协作单位不得超越权限履行本应由举办单位履行的责任、义务。省级文化行政部门要加强对巡回演出增加演出地的备案工作，确保演出内容不变，举办单位不变；要提高服务意识，不得以任何理由指定承接单位，不得擅自增加备案条件，材料齐全的，应当及时予以备案。

六、加强演出活动现场的监管

举办单位应当于演出日期3日前持演出活动批准文件到演出所在地县级文化行政部门备案。演出所在地县级文化行政部门应当加强对专业剧场、体育场（馆）、歌舞娱乐场所、宾馆饭店、公园、景区等各类演出场所演出活动的监督管理，对在专业剧场、体育场（馆）以及临时搭建舞台、看台举办的非定点涉外及涉港澳台营业性演出，要进行现场监督检查；对在歌舞娱乐场所、宾馆饭店等举办的定点涉外及涉港澳台营业性演出，要进行定期或不定期检查。举办单位应当积极配合文化行政部门和执法机构的现场监管工作。演出所在地县级文化行政部门应当制作营业性演出现场监督检查记录表，将监督检查情况和处理意见予以记录，由监督检查人和被监督检查单位签字存档。

七、建立演出市场信息通报制度和信用档案制度

建立演出市场信息通报制度，省级文化行政部门要及时将演出批准文件通过网上公示、公文抄送等方式告知演出地县级文化行政部门。演出批准文件应当包括演出名称、演出团体或个人、演出时间、演出地点、节目内容以及演出活动举办单位等内容。演出过程中发生违法违规行为的，演出地县级文化行政部门要及时将演出情况报告上级文化行政部门。

按照《文化部办公厅关于建立全国营业性演出单位和个人公示系统的通知》（办市发〔2005〕31号）的要求，加强对本地营业性演出经营主体的资料收集和信息提交工作，加快全国营业性演出经营主体公示系统建设进程。建立全国营业性演出经营主体基础数据库和信用档案库，建立由文化行政部门、专家学者、新闻媒体、行业协会、消费者等共同组成的演出市场监督体系，探索试行演出经营主体信用等级评定制度，加强对演出经营活动的监督。

特此通知。

2008年7月14日

文化部　国家工商行政管理总局公安部关于网吧管理工作有关问题的通知

文市发〔2008〕25号

各省、自治区、直辖市文化厅（局）、工商行政管理局、公安厅（局），新疆生产建设兵团文化局、公安局，北京市、上海市、重庆市、宁夏回族自治区文化市场行政执法总队：

2007年，文化部等部门印发了《关于进一步加强网吧及网络游戏管理工作的通知》（文市发〔2007〕10号），对网吧管理工作做出了全面部署，各地认真贯彻，网吧市场总体秩序日趋规范，群众满意度进一步提高。当前的网吧管理工作，要继续抓好文市发〔2007〕10号文件的落实，狠抓严格执法，推进网吧连锁，改善宏观调控，加强内容管理，完善法制体系，深化网吧管理长效机制建设。结合当前网吧市场的实际情况，现就有关问题通知如下：

一、改善宏观调控

妥善处理宏观调控与市场机制的关系，充分发挥网吧总量布局规划对调控市场的重要作用。根据《互联网上网服务营业场所管理条例》和文市发〔2007〕10号文件的有关规定，各省级文化行政部门于2008年9月底前将本辖区网吧总量布局规划的实施情况自评报告和2008～2009年网吧总量布局规划修订方案报文化部。省级文化行政部门根据文化部同意的规划（可分年度实施），组织实施本辖区的网吧许可工作。

坚持“有进有出”，综合运用市场准入、执法监管等手段促进网吧市场秩序规范。省级文化行政部门要认真总结评估本辖区网吧总量布局规划的实施成效，对市场混乱、监管不力、群众意见大的地区，要严格限制网吧数量，不得增加总量；对市场已经饱和的地区，要着重调整存量，优化结构；对原有规划数量与现实市场需要矛盾比较突出，且目前市场秩序较为规范、网吧接纳未成年人现象得到有效遏制的地区，可修订规划。修订方案要摸清和研究当地网吧市场的现状和规律，充分考虑当地经济社会发展水平、人口结构、市场需求、消费习惯、监管实效、监管力量和社会反映等因素。市、县级文化行政部门要完善辖区网吧区域布局规划，通过规划促进合理布局，防止恶性竞争。规划修订工作要广泛征求意见，提高科学性、有效性和针对性。

加强和完善网吧许可的政务公开，公平、公正、公开地开展许可工作。定期向社会发布网吧总量布局规划与实际许可情况的信息，防止盲目投资。加强对“网络文化经营许可证”变更环节的管理，依法打击转让“网络文化经营许可证”的非法行为。各地要严格按照经文化部同意的规划实施网吧许可工作，对违反规定审批网吧的，要按照文市发〔2007〕10号文件的有关规定追究责任。

各级文化行政部门在实施网吧许可工作前，要将本地区网吧总量布局规划抄送同级工商、公安等部门。工商行政管理部门凭文化行政部门核发的互联网上网服务“网络文化经营许可证”，依法为网吧经营单位办理营业执照。

二、强化日常监管

文化行政部门要以禁止网吧接纳未成年人为工作重点，落实各项已有规定，继续实行量化管理和严管重罚，强化市场退出机制。建立和完善网吧市场信用监管体系，科学调配监管力量，实施分级分类监管，激励与约束并重。加强对农村、城乡结合部和学校周边地区网吧的执法巡查。加强对网吧内利用服务器等设备传播的文化内容的监管。

落实文化市场行政执法责任制，完善评估考核机制。省级文化行政部门要建立本辖区未成年人进入网吧情况的统计分析和通报制度。上级文化行政部门要定期统计下级文化行政部门对网吧接纳未成年人进入行为的行政处罚执行情况，对累计2次和3次接纳未成年人的网吧，要及时督促有关文化行政部门实施责令停业整顿或吊销“网络文化经营许可证”的行政处罚。

加强对网吧行业协会的指导，大力发挥行业协会作用，提高网吧从业人员职业素质，提高行业自律水平。经常性地组织网吧经营单位法定代表人和经营管理人员学习政策法规，剖析典型案件。拟对违法经营网吧实施吊销许可证等重大行政处罚的，要召开听证会，组织辖区内的网吧经营单位法定代表人和经营管理人员旁听，发挥行政处罚的警示教育作用。

工商行政管理部门要保持打击黑网吧的高压态势。要在总结网吧专项整治工作经验的基础上，部署更有针对性的措施。加大巡查次数和巡查力度，加强日常监管。以农村、城乡结合部、学校周边及各类变相黑网吧为重点，继续开展查处和取缔黑网吧专项整治行动。广泛开展打击黑网吧的宣传工作，积极动员社会力量参与。全面强化基层工商所的监管职能，建立责任追究制度。对明知是黑网吧，却仍然为其提供互联网接入服务和场所的，要依法予以处罚。公安、文化部门要大力支持配合工商部门取缔黑网吧。

三、稳步推进网吧连锁

稳步推进网吧连锁化、规模化、专业化、品牌化，积极培育和扶持若干经营规范、业绩明显、声誉良好、品牌价值高、核心竞争力强、市场影响力大的网吧连锁经营企业，努力通过市场机制和政策激励扶持改善、优化网吧市场结构，提高连锁网吧的市场占有率，改造和提升网吧产业。

要对网吧增量市场和存量市场分类指导。注重通过连锁经营体系整合存量市场并加以规范、提升。支持和引导非连锁经营网吧向连锁业态发展，规范和引导网吧连锁经营体系，积极引导同城区域内的网吧连锁经营。加强对网吧连锁经营单位的指导，积极引导其提高经营管理水平，按照连锁经营标准化、专业化的要求，完善经营管理体系和服务标准。

特此通知。

2008年7月7日

文化法规选编

历史文化名城名镇名村保护条例

国务院令第524号

（2008年4月2日国务院第3次常务会议通过，2008年4月22日公布，自2008年7月1日起施行）

第一章　总　则

第一条　为了加强历史文化名城、名镇、名村的保护与管理，继承中华民族优秀历史文化遗产，制定本条例。

第二条　历史文化名城、名镇、名村的申报、批准、规划、保护，适用本条例。

第三条　历史文化名城、名镇、名村的保护应当遵循科学规划、严格保护的原则，保持和延续其传统格局和历史风貌，维护历史文化遗产的真实性和完整性，继承和弘扬中华民族优秀传统文化，正确处理经济社会发展和历史文化遗产保护的关系。

第四条　国家对历史文化名城、名镇、名村的保护给予必要的资金支持。

历史文化名城、名镇、名村所在地的县级以上地方人民政府，根据本地实际情况安排保护资金，列入本级财政预算。

国家鼓励企业、事业单位、社会团体和个人参与历史文化名城、名镇、名村的保护。

第五条　国务院建设主管部门会同国务院文物主管部门负责全国历史文化名城、名镇、名村的保护和监督管理工作。

地方各级人民政府负责本行政区域历史文化名城、名镇、名村的保护和监督管理工作。

第六条　县级以上人民政府及其有关部门对在历史文化名城、名镇、名村保护工作中做出突出贡献的单位和个人，按照国家有关规定给予表彰和奖励。

第二章　申报与批准

第七条　具备下列条件的城市、镇、村庄，可以申报历史文化名城、名镇、名村：

（一）保存文物特别丰富；

（二）历史建筑集中成片；

（三）保留着传统格局和历史风貌；

（四）历史上曾经作为政治、经济、文化、交通中心或者军事要地，或者发生过重要历史事件，或者其传统产业、历史上建设的重大工程对本地区的发展产生过重要影响，或者能够集中反映本地区建筑的文化特色、民族特色。

申报历史文化名城的，在所申报的历史文化名城保护范围内还应当有2个以上的历史文化街区。

第八条　申报历史文化名城、名镇、名村，应当提交所申报的历史文化名城、名镇、名村的下列材料：

（一）历史沿革、地方特色和历史文化价值的说明；

（二）传统格局和历史风貌的现状；

（三）保护范围；

（四）不可移动文物、历史建筑、历史文化街区的清单；

（五）保护工作情况、保护目标和保护要求。

第九条　申报历史文化名城，由省、自治区、直辖市人民政府提出申请，经国务院建设主管部门会同国务院文物主管部门组织有关部门、专家进行论证，提出审查意见，报国务院批准公布。

申报历史文化名镇、名村，由所在地县级人民政府提出申请，经省、自治区、直辖市人民政府确定的保护主管部门会同同级文物主管部门组织有关部门、专家进行论证，提出审查意见，报省、自治区、直辖市人民政府批准公布。

第十条　对符合本条例第七条规定的条件而没有申报历史文化名城的城市，国务院建设主管部门会同国务院文物主管部门可以向该城市所在地的省、自治区人民政府提出申报建议；仍不申报的，可以直接向国务院提出确定该城市为历史文化名城的建议。

对符合本条例第七条规定的条件而没有申报历史文化名镇、名村的镇、村庄，省、自治区、直辖市人民政府确定的保护主管部门会同同级文物主管部门可以向该镇、村庄所在地的县级人民政府提出申报建议；仍不申报的，可以直接向省、自治区、直辖市人民政府提出确定该镇、村庄为历史文化名镇、名村的建议。

第十一条　国务院建设主管部门会同国务院文物主管部门可以在已批准公布的历史文化名镇、名村中，严格按照国家有关评价标准，选择具有重大历史、艺术、科学价值的历史文化名镇、名村，经专家论证，确定为中国历史文化名镇、名村。

第十二条　已批准公布的历史文化名城、名镇、名村，因保护不力使其历史文化价值受到严重影响的，批准机关应当将其列入濒危名单，予以公布，并责成所在地城市、县人民政府限期采取补救措施，防止情况继续恶化，并完善保护制度，加强保护工作。

第三章　保护规划

第十三条　历史文化名城批准公布后，历史文化名城人民政府应当组织编制历史文化名城保护规划。

历史文化名镇、名村批准公布后，所在地县级人民政府应当组织编制历史文化名镇、名村保护规划。

保护规划应当自历史文化名城、名镇、名村批准公布之日起 1 年内编制完成。

第十四条　保护规划应当包括下列内容：

（一）保护原则、保护内容和保护范围；

（二）保护措施、开发强度和建设控制要求；

（三）传统格局和历史风貌保护要求；

（四）历史文化街区、名镇、名村的核心保护范围和建设控制地带；

（五）保护规划分期实施方案。

第十五条　历史文化名城、名镇保护规划的规划期限应当与城市、镇总体规划的规划期限相一致；历史文化名村保护规划的规划期限应当与村庄规划的规划期限相一致。

第十六条　保护规划报送审批前，保护规划的组织编制机关应当广泛征求有关部门、专家和公众的意见；必要时，可以举行听证。

保护规划报送审批文件中应当附具意见采纳情况及理由；经听证的，还应当附具听证笔录。

第十七条　保护规划由省、自治区、直辖市人民政府审批。

保护规划的组织编制机关应当将经依法批准的历史文化名城保护规划和中国历史文化名镇、名村保护规划，报国务院建设主管部门和国务院文物主管部门备案。

第十八条　保护规划的组织编制机关应当及时公布经依法批准的保护规划。

第十九条　经依法批准的保护规划，不得擅自修改；确需修改的，保护规划的组织编制机关应当向原审批机关提出专题报告，经同意后，方可编制修改方案。修改后的保护规划，应当按照原审批程序报送审批。

第二十条　国务院建设主管部门会同国务院文物主管部门应当加强对保护规划实施情况的监督检查。

县级以上地方人民政府应当加强对本行政区域保护规划实施情况的监督检查，并对历史文化名城、名镇、名村保护状况进行评估；对发现的问题，应当及时纠正、处理。

第四章　保护措施

第二十一条　历史文化名城、名镇、名村应当整体保护，保持传统格局、历史风貌和空间尺度，不得改变与其相互依存的自然景观和环境。

第二十二条　历史文化名城、名镇、名村所在地县级以上地方人民政府应当根据当地经济社会发展水平，按照保护规划，控制历史文化名城、名镇、名村的人口数量，改善历史文化名城、名镇、名村的基础设施、公共服务设施和居住环境。

第二十三条　在历史文化名城、名镇、名村保护范围内从事建设活动，应当符合保护规划的要求，不得损害历史文化遗产的真实性和完整性，不得对其传统格局和历史风貌构成破坏性影响。

第二十四条　在历史文化名城、名镇、名村保护范围内禁止进行下列活动：

（一）开山、采石、开矿等破坏传统格局和历史风貌的活动；

（二）占用保护规划确定保留的园林绿地、河湖水系、道路等；

（三）修建生产、储存爆炸性、易燃性、放射性、毒害性、腐蚀性物品的工厂、仓库等；

（四）在历史建筑上刻划、涂污。

第二十五条　在历史文化名城、名镇、名村保护范围内进行下列活动，应当保护其传统格局、历史风貌和历史建筑；制订保护方案，经城市、县人民政府城乡规划主管部门会同同级文物主管部门批准，并依照有关法律、法规的规定办理相关手续：

（一）改变园林绿地、河湖水系等自然状态的活动；

（二）在核心保护范围内进行影视摄制、举办大型群众性活动；

（三）其他影响传统格局、历史风貌或者历史建筑的活动。

第二十六条　历史文化街区、名镇、名村建设控制地带内的新建建筑物、构筑物，应当符合保护规划确定的建设控制要求。

第二十七条　对历史文化街区、名镇、名村核心保护范围内的建筑物、构筑物，应当区分不同情况，采取相应措施，实行分类保护。

历史文化街区、名镇、名村核心保护范围内的历史建筑，应当保持原有的高度、体量、外观形象及色彩等。

第二十八条　在历史文化街区、名镇、名村核心保护范围内，不得进行新建、扩建活动。但是，新建、扩建必要的基础设施和公共服务设施除外。

在历史文化街区、名镇、名村核心保护范围内，新建、扩建必要的基础设施和公共服务设施的，城市、县人民政府城乡规划主管部门核发建设工程规划许可证、乡村建设规划许可证前，应当征求同级文物主管部门的意见。

在历史文化街区、名镇、名村核心保护范围内，拆除历史建筑以外的建筑物、构筑物或者其他设施的，应当经城市、县人民政府城乡规划主管部门会同同级文物主管部门批准。

第二十九条　审批本条例第二十八条规定的建设活动，审批机关应当组织专家论证，并将审批事项予以公示，征求公众意见，告知利害关系人有要求举行听证的权利。公示时间不得少于20日。

利害关系人要求听证的，应当在公示期间提出，审批机关应当在公示期满后及时举行听证。

第三十条　城市、县人民政府应当在历史文化街区、名镇、名村核心保护范围的主要出入口设置标志牌。

任何单位和个人不得擅自设置、移动、涂改或者损毁标志牌。

第三十一条　历史文化街区、名镇、名村核心保护范围内的消防设施、消防通道，应当按照有关的消防技术标准和规范设置。确因历史文化街区、名镇、名村的保护需要，无法按照标准和规范设置的，由城市、县人民政府公安机关消防机构会同同级城乡规划主管部门制订相应的防火安全保障方案。

第三十二条　城市、县人民政府应当对历史建筑设置保护标志，建立历史建筑档案。

历史建筑档案应当包括下列内容：

（一）建筑艺术特征、历史特征、建设年代及稀有程度；

（二）建筑的有关技术资料；

（三）建筑的使用现状和权属变化情况；

（四）建筑的修缮、装饰装修过程中形成的文字、图纸、图片、影像等资料；

（五）建筑的测绘信息记录和相关资料。

第三十三条　历史建筑的所有权人应当按照保护规划的要求，负责历史建筑的维护和修缮。

县级以上地方人民政府可以从保护资金中对历史建筑的维护和修缮给予补助。

历史建筑有损毁危险，所有权人不具备维护和修缮能力的，当地人民政府应当采取措施进行保护。

任何单位或者个人不得损坏或者擅自迁移、

拆除历史建筑。

第三十四条　建设工程选址，应当尽可能避开历史建筑；因特殊情况不能避开的，应当尽可能实施原址保护。

对历史建筑实施原址保护的，建设单位应当事先确定保护措施，报城市、县人民政府城乡规划主管部门会同同级文物主管部门批准。

因公共利益需要进行建设活动，对历史建筑无法实施原址保护、必须迁移异地保护或者拆除的，应当由城市、县人民政府城乡规划主管部门会同同级文物主管部门，报省、自治区、直辖市人民政府确定的保护主管部门会同同级文物主管部门批准。

本条规定的历史建筑原址保护、迁移、拆除所需费用，由建设单位列入建设工程预算。

第三十五条　对历史建筑进行外部修缮装饰、添加设施以及改变历史建筑的结构或者使用性质的，应当经城市、县人民政府城乡规划主管部门会同同级文物主管部门批准，并依照有关法律、法规的规定办理相关手续。

第三十六条　在历史文化名城、名镇、名村保护范围内涉及文物保护的，应当执行文物保护法律、法规的规定。

第五章　法律责任

第三十七条　违反本条例规定，国务院建设主管部门、国务院文物主管部门和县级以上地方人民政府及其有关主管部门的工作人员，不履行监督管理职责，发现违法行为不予查处或者有其他滥用职权、玩忽职守、徇私舞弊行为，构成犯罪的，依法追究刑事责任；尚不构成犯罪的，依法给予处分。

第三十八条　违反本条例规定，地方人民政府有下列行为之一的，由上级人民政府责令改正，对直接负责的主管人员和其他直接责任人员，依法给予处分：

（一）未组织编制保护规划的；

（二）未按照法定程序组织编制保护规划的；

（三）擅自修改保护规划的；

（四）未将批准的保护规划予以公布的。

第三十九条　违反本条例规定，省、自治区、直辖市人民政府确定的保护主管部门或者城市、县人民政府城乡规划主管部门，未按照保护规划的要求或者未按照法定程序履行本条例第二十五条、第二十八条、第三十四条、第三十五条规定的审批职责的，由本级人民政府或者上级人民政府有关部门责令改正，通报批评；对直接负责的主管人员和其他直接责任人员，依法给予处分。

第四十条　违反本条例规定，城市、县人民政府因保护不力，导致已批准公布的历史文化名城、名镇、名村被列入濒危名单的，由上级人民政府通报批评；对直接负责的主管人员和其他直接责任人员，依法给予处分。

第四十一条　违反本条例规定，在历史文化名城、名镇、名村保护范围内有下列行为之一的，由城市、县人民政府城乡规划主管部门责令停止违法行为、限期恢复原状或者采取其他补救措施；有违法所得的，没收违法所得；逾期不恢复原状或者不采取其他补救措施的，城乡规划主管部门可以指定有能力的单位代为恢复原状或者采取其他补救措施，所需费用由违法者承担；造成严重后果的，对单位并处50万元以上100万元以下的罚款，对个人并处5万元以上10万元以下的罚款；造成损失的，依法承担赔偿责任：

（一）开山、采石、开矿等破坏传统格局和历史风貌的；

（二）占用保护规划确定保留的园林绿地、河湖水系、道路等的；

（三）修建生产、储存爆炸性、易燃性、放射性、毒害性、腐蚀性物品的工厂、仓库等的。

第四十二条　违反本条例规定，在历史建筑上刻划、涂污的，由城市、县人民政府城乡规划主管部门责令恢复原状或者采取其他补救措施，处50元的罚款。

第四十三条　违反本条例规定，未经城乡规划主管部门会同同级文物主管部门批准，有下列行为之一的，由城市、县人民政府城乡规划主管部门责令停止违法行为、限期恢复原状或者采取其他补救措施；有违法所得的，没收违法所得；逾期不恢复原状或者不采取其他补救措施的，城乡规划主管部门可以指定有能力的单位代为恢复原状或者采取其他补救措施，所需费用由违法者承担；造成严重后果的，对单位并处5万元以上10万元以下的罚款，对个人并处1万元以上5万元以下的罚款；造成损失的，依法承担赔偿责任：

（一）改变园林绿地、河湖水系等自然状态的；

（二）进行影视摄制、举办大型群众性活动的；

（三）拆除历史建筑以外的建筑物、构筑物或者其他设施的；

（四）对历史建筑进行外部修缮装饰、添加设施以及改变历史建筑的结构或者使用性质的；

（五）其他影响传统格局、历史风貌或者历史建筑的。

有关单位或者个人经批准进行上述活动，但是在活动过程中对传统格局、历史风貌或者历史建筑构成破坏性影响的，依照本条第一款规定予以处罚。

第四十四条　违反本条例规定，损坏或者擅自迁移、拆除历史建筑的，由城市、县人民政府城乡规划主管部门责令停止违法行为、限期恢复原状或者采取其他补救措施；有违法所得的，没收违法所得；逾期不恢复原状或者不采取其他补救措施的，城乡规划主管部门可以指定有能力的单位代为恢复原状或者采取其他补救措施，所需费用由违法者承担；造成严重后果的，对单位并处20万元以上50万元以下的罚款，对个人并处10万元以上20万元以下的罚款；造成损失的，依法承担赔偿责任。

第四十五条　违反本条例规定，擅自设置、移动、涂改或者损毁历史文化街区、名镇、名村标志牌的，由城市、县人民政府城乡规划主管部门责令限期改正；逾期不改正的，对单位处1万元以上5万元以下的罚款，对个人处1000元以上1万元以下的罚款。

第四十六条　违反本条例规定，对历史文化名城、名镇、名村中的文物造成损毁的，依照文物保护法律、法规的规定给予处罚；构成犯罪的，依法追究刑事责任。

第六章　附　则

第四十七条　本条例下列用语的含义：

（一）历史建筑，是指经城市、县人民政府确定公布的具有一定保护价值，能够反映历史风貌和地方特色，未公布为文物保护单位，也未登记为不可移动文物的建筑物、构筑物。

（二）历史文化街区，是指经省、自治区、直辖市人民政府核定公布的保存文物特别丰富、历史建筑集中成片、能够较完整和真实地体现传统格局和历史风貌，并具有一定规模的区域。

历史文化街区保护的具体实施办法，由国务院建设主管部门会同国务院文物主管部门制定。

第四十八条　本条例自2008年7月1日起施行。

营业性演出管理条例

国务院令第439号

（根据2008年7月22日《国务院关于修改〈营业性演出管理条例〉的决定》修订）

第一章　总　则

第一条　为了加强对营业性演出的管理，促进文化产业的发展，繁荣社会主义文艺事业，满足人民群众文化生活的需要，促进社会主义精神文明建设，制定本条例。

第二条　本条例所称营业性演出，是指以营利为目的为公众举办的现场文艺表演活动。

第三条　营业性演出必须坚持为人民服务、为社会主义服务的方向，把社会效益放在首位、实现社会效益和经济效益的统一，丰富人民群众的文化生活。

第四条　国家鼓励文艺表演团体、演员创作和演出思想性艺术性统一、体现民族优秀文化传统、受人民群众欢迎的优秀节目，鼓励到农村、工矿企业演出和为少年儿童提供免费或者优惠的演出。

第五条　国务院文化主管部门主管全国营业性演出的监督管理工作。国务院公安部门、工商行政管理部门在各自职责范围内，主管营业性演出的监督管理工作。

县级以上地方人民政府文化主管部门负责本行政区域内营业性演出的监督管理工作。县级以上地方人民政府公安部门、工商行政管理部门在各自职责范围内，负责本行政区域内营业性演出的监督管理工作。

第二章　营业性演出经营主体的设立

第六条　设立文艺表演团体，应当有与其演出业务相适应的专职演员和器材设备。

设立演出经纪机构，应当有3名以上专职演出经纪人员和与其业务相适应的资金。

第七条　设立文艺表演团体，应当向县级人

民政府文化主管部门提出申请；设立演出经纪机构，应当向省、自治区、直辖市人民政府文化主管部门提出申请。文化主管部门应当自受理申请之日起20日内做出决定。批准的，颁发营业性演出许可证；不批准的，应当书面通知申请人并说明理由。

申请人取得营业性演出许可证后，应当持许可证依法到工商行政管理部门办理注册登记，领取营业执照。

第八条　设立演出场所经营单位，应当依法到工商行政管理部门办理注册登记，领取营业执照，并依照有关消防、卫生管理等法律、行政法规的规定办理审批手续。

演出场所经营单位应当自领取营业执照之日起20日内向所在地县级人民政府文化主管部门备案。

第九条　文艺表演团体和演出经纪机构变更名称、住所、法定代表人或者主要负责人、营业性演出经营项目，应当向原发证机关申请换发营业性演出许可证，并依法到工商行政管理部门办理变更登记。

演出场所经营单位变更名称、住所、法定代表人或者主要负责人，应当依法到工商行政管理部门办理变更登记，并向原备案机关重新备案。

第十条　以从事营业性演出为职业的个体演员（以下简称个体演员）和以从事营业性演出的居间、代理活动为职业的个体演出经纪人（以下简称个体演出经纪人），应当依法到工商行政管理部门办理注册登记，领取营业执照。

个体演员、个体演出经纪人应当自领取营业执照之日起20日内向所在地县级人民政府文化主管部门备案。

第十一条　外国投资者可以与中国投资者依法设立中外合资经营、中外合作经营的演出经纪机构、演出场所经营单位；不得设立中外合资经营、中外合作经营、外资经营的文艺表演团体，不得设立外资经营的演出经纪机构、演出场所经营单位。

设立中外合资经营的演出经纪机构、演出场所经营单位，中国合营者的投资比例应当不低于51%；设立中外合作经营的演出经纪机构、演出场所经营单位，中国合作者应当拥有经营主导权。

设立中外合资经营、中外合作经营的演出经纪机构、演出场所经营单位，应当通过省、自治区、直辖市人民政府文化主管部门向国务院文化主管部门提出申请；省、自治区、直辖市人民政府文化主管部门应当自收到申请之日起20日内出具审查意见报国务院文化主管部门审批。国务院文化主管部门应当自收到省、自治区、直辖市人民政府文化主管部门的审查意见之日起20日内做出决定。批准的，颁发营业性演出许可证；不批准的，应当书面通知申请人并说明理由。申请人应当在取得营业性演出许可证后，依照有关外商投资的法律、法规的规定办理审批手续。

第十二条　香港特别行政区、澳门特别行政区的投资者可以在内地投资设立合资、合作、独资经营的演出经纪机构、演出场所经营单位；香港特别行政区、澳门特别行政区的演出经纪机构可以在内地设立分支机构。

台湾地区的投资者可以在内地投资设立合资、合作经营的演出经纪机构、演出场所经营单位，但内地合营者的投资比例应当不低于51%，内地合作者应当拥有经营主导权；不得设立合资、合作、独资经营的文艺表演团体和独资经营的演出经纪机构、演出场所经营单位。

本条规定的审批手续依照本条例第十一条第三款的规定办理。

第三章　营业性演出规范

第十三条　文艺表演团体、个体演员可以自行举办营业性演出，也可以参加营业性组台演出。

营业性组台演出应当由演出经纪机构举办；但是，演出场所经营单位可以在本单位经营的场所内举办营业性组台演出。

演出经纪机构可以从事营业性演出的居间、代理、行纪活动；个体演出经纪人只能从事营业性演出的居间、代理活动。

第十四条　举办营业性演出，应当向演出所在地县级人民政府文化主管部门提出申请。县级人民政府文化主管部门应当自受理申请之日起3日内做出决定。对符合本条例第二十六条规定的，发给批准文件；对不符合本条例第二十六条规定的，不予批准，书面通知申请人并说明理由。

第十五条　除演出经纪机构外，其他任何单位或者个人不得举办外国的或者香港特别行政区、澳门特别行政区、台湾地区的文艺表演团体、个人参加的营业性演出。但是，文艺表演团体自行举办营业性演出，可以邀请外国的或者香港特别行政区、澳门特别行政区、台湾地区的文艺表演团体、个人参加。

举办外国的或者香港特别行政区、澳门特别行政区、台湾地区的文艺表演团体、个人参加的营业性演出，应当符合下列条件：

（一）有与其举办的营业性演出相适应的资金；

（二）有2年以上举办营业性演出的经历；

（三）举办营业性演出前2年内无违反本条例规定的记录。

第十六条　举办外国的文艺表演团体、个人参加的营业性演出，在非歌舞娱乐场所进行的，演出举办单位应当向国务院文化主管部门提出申请；在歌舞娱乐场所进行的，演出举办单位应当向演出所在地省、自治区、直辖市人民政府文化主管部门提出申请。

举办香港特别行政区、澳门特别行政区的文艺表演团体、个人参加的营业性演出，演出举办单位应当向演出所在地省、自治区、直辖市人民政府文化主管部门提出申请；举办台湾地区的文艺表演团体、个人参加的营业性演出，演出举办单位应当向国务院文化主管部门会同国务院有关部门规定的审批机关提出申请。

国务院文化主管部门或者省、自治区、直辖市人民政府文化主管部门应当自受理申请之日起20日内做出决定。对符合本条例第二十六条规定的，发给批准文件；对不符合本条例第二十六条规定的，不予批准，书面通知申请人并说明理由。

第十七条　申请举办营业性演出，提交的申请材料应当包括下列内容：

（一）演出名称、演出举办单位和参加演出的文艺表演团体、演员；

（二）演出时间、地点、场次；

（三）节目及其视听资料。

申请举办营业性组台演出，还应当提交文艺表演团体、演员同意参加演出的书面函件。

营业性演出需要变更申请材料所列事项的，应当分别依照本条例第十四条、第十六条规定重新报批。

第十八条　演出场所经营单位提供演出场地，应当核验演出举办单位取得的批准文件；不得为未经批准的营业性演出提供演出场地。

第十九条　演出场所经营单位应当确保演出场所的建筑、设施符合国家安全标准和消防安全规范，定期检查消防安全设施状况，并及时维护、更新。

演出场所经营单位应当制定安全保卫工作方案和灭火、应急疏散预案。

演出举办单位在演出场所进行营业性演出，应当核验演出场所经营单位的消防安全设施检查记录、安全保卫工作方案和灭火、应急疏散预案，并与演出场所经营单位就演出活动中突发安全事件的防范、处理等事项签订安全责任协议。

第二十条　在公共场所举办营业性演出，演出举办单位应当依照有关安全、消防的法律、行政法规和国家有关规定办理审批手续，并制定安全保卫工作方案和灭火、应急疏散预案。演出场所应当配备应急广播、照明设施，在安全出入口设置明显标志，保证安全出入口畅通；需要临时搭建舞台、看台的，演出举办单位应当按照国家有关安全标准搭建舞台、看台，确保安全。

第二十一条　审批临时搭建舞台、看台的营业性演出时，文化主管部门应当核验演出举办单位的下列文件：

（一）依法验收后取得的演出场所合格证明；

（二）安全保卫工作方案和灭火、应急疏散预案；

（三）依法取得的安全、消防批准文件。

第二十二条　演出场所容纳的观众数量应当报公安部门核准；观众区域与缓冲区域应当由公安部门划定，缓冲区域应当有明显标志。

演出举办单位应当按照公安部门核准的观众数量、划定的观众区域印制和出售门票。

验票时，发现进入演出场所的观众达到核准数量仍有观众等待入场的，应当立即终止验票并同时向演出所在地县级人民政府公安部门报告；发现观众持有观众区域以外的门票或者假票的，应当拒绝其入场并同时向演出所在地县级人民政府公安部门报告。

第二十三条　任何人不得携带传染病病原体和爆炸性、易燃性、放射性、腐蚀性等危险物质或者非法携带枪支、弹药、管制器具进入营业性演出现场。

演出场所经营单位应当根据公安部门的要求，

配备安全检查设施，并对进入营业性演出现场的观众进行必要的安全检查；观众不接受安全检查或者有前款禁止行为的，演出场所经营单位有权拒绝其进入。

第二十四条　演出举办单位应当组织人员落实营业性演出时的安全、消防措施，维护营业性演出现场秩序。

演出举办单位和演出场所经营单位发现营业性演出现场秩序混乱，应当立即采取措施并同时向演出所在地县级人民政府公安部门报告。

第二十五条　演出举办单位不得以政府或者政府部门的名义举办营业性演出。

营业性演出不得冠以“中国”、“中华”、“全国”、“国际”等字样。

营业性演出广告内容必须真实、合法，不得误导、欺骗公众。

第二十六条　营业性演出不得有下列情形：

（一）反对宪法确定的基本原则的；

（二）危害国家统一、主权和领土完整，危害国家安全，或者损害国家荣誉和利益的；

（三）煽动民族仇恨、民族歧视，侵害民族风俗习惯，伤害民族感情，破坏民族团结，违反宗教政策的；

（四）扰乱社会秩序，破坏社会稳定的；

（五）危害社会公德或者民族优秀文化传统的；

（六）宣扬淫秽、色情、邪教、迷信或者渲染暴力的；

（七）侮辱或者诽谤他人，侵害他人合法权益的；

（八）表演方式恐怖、残忍，摧残演员身心健康的；

（九）利用人体缺陷或者以展示人体变异等方式招徕观众的；

（十）法律、行政法规禁止的其他情形。

第二十七条　演出场所经营单位、演出举办单位发现营业性演出有本条例第二十六条禁止情形的，应当立即采取措施予以制止并同时向演出所在地县级人民政府文化主管部门、公安部门报告。

第二十八条　参加营业性演出的文艺表演团体、主要演员或者主要节目内容等发生变更的，演出举办单位应当及时告知观众并说明理由。观众有权退票。

演出过程中，除因不可抗力不能演出的外，演出举办单位不得中止或者停止演出，演员不得退出演出。

第二十九条　演员不得以假唱欺骗观众，演出举办单位不得组织演员假唱。任何单位或者个人不得为假唱提供条件。

演出举办单位应当派专人对演出进行监督，防止假唱行为的发生。

第三十条　营业性演出经营主体应当对其营业性演出的经营收入依法纳税。

演出举办单位在支付演员、职员的演出报酬时应当依法履行税款代扣代缴义务。

第三十一条　募捐义演的演出收入，除必要的成本开支外，必须全部交付受捐单位；演出举办单位、参加演出的文艺表演团体和演员、职员，不得获取经济利益。

第三十二条　任何单位或者个人不得伪造、变造、出租、出借或者买卖营业性演出许可证、批准文件或者营业执照，不得伪造、变造营业性演出门票或者倒卖伪造、变造的营业性演出门票。

第四章　监督管理

第三十三条　除文化主管部门依照国家有关规定对体现民族特色和国家水准的演出给予补助外，各级人民政府和政府部门不得资助、赞助或者变相资助、赞助营业性演出，不得用公款购买营业性演出门票用于个人消费。

第三十四条　文化主管部门应当加强对营业性演出的监督管理。

演出所在地县级人民政府文化主管部门对外国的或者香港特别行政区、澳门特别行政区、台湾地区的文艺表演团体、个人参加的营业性演出和临时搭建舞台、看台的营业性演出，应当进行实地检查；对其他营业性演出，应当进行实地抽样检查。

第三十五条　县级以上地方人民政府文化主管部门应当充分发挥文化执法机构的作用，并可以聘请社会义务监督员对营业性演出进行监督。

任何单位或者个人可以采取电话、手机短信等方式举报违反本条例规定的行为。县级以上地方人民政府文化主管部门应当向社会公布举报电话，并保证随时有人接听。

县级以上地方人民政府文化主管部门接到社

会义务监督员的报告或者公众的举报，应当做出记录，立即赶赴现场进行调查、处理，并自处理完毕之日起7日内公布结果。

县级以上地方人民政府文化主管部门对做出突出贡献的社会义务监督员应当给予表彰；公众举报经调查核实的，应当对举报人给予奖励。

第三十六条　公安部门对其依照有关法律、行政法规和国家有关规定批准的营业性演出，应当在演出举办前对营业性演出现场的安全状况进行实地检查；发现安全隐患的，在消除安全隐患后方可允许进行营业性演出。

公安部门可以对进入营业性演出现场的观众进行必要的安全检查；发现观众有本条例第二十三条第一款禁止行为的，在消除安全隐患后方可允许其进入。

公安部门可以组织警力协助演出举办单位维持营业性演出现场秩序。

第三十七条　公安部门接到观众达到核准数量仍有观众等待入场或者演出秩序混乱的报告后，应当立即组织采取措施消除安全隐患。

第三十八条　承担现场管理检查任务的公安部门和文化主管部门的工作人员进入营业性演出现场，应当出示值勤证件。

第三十九条　文化主管部门依法对营业性演出进行监督检查时，应当将监督检查的情况和处理结果予以记录，由监督检查人员签字后归档。公众有权查阅监督检查记录。

第四十条　文化主管部门、公安部门和其他有关部门及其工作人员不得向演出举办单位、演出场所经营单位索取演出门票。

第四十一条　国务院文化主管部门和省、自治区、直辖市人民政府文化主管部门，对在农村、工矿企业进行演出以及为少年儿童提供免费或者优惠演出表现突出的文艺表演团体、演员，应当给予表彰，并采取多种形式予以宣传。

国务院文化主管部门对适合在农村、工矿企业演出的节目，可以在依法取得著作权人许可后，提供给文艺表演团体、演员在农村、工矿企业演出时使用。

文化主管部门实施文艺评奖，应当适当考虑参评对象在农村、工矿企业的演出场次。

县级以上地方人民政府应当对在农村、工矿企业演出的文艺表演团体、演员给予支持。

第四十二条　演出行业协会应当依照章程的规定，制定行业自律规范，指导、监督会员的经营活动，促进公平竞争。

第五章　法律责任

第四十三条　有下列行为之一的，由县级人民政府文化主管部门予以取缔，没收演出器材和违法所得，并处违法所得8倍以上10倍以下的罚款；没有违法所得或者违法所得不足1万元的，并处5万元以上10万元以下的罚款；构成犯罪的，依法追究刑事责任：

（一）违反本条例第七条、第十一条、第十二条规定，擅自设立文艺表演团体、演出经纪机构或者擅自从事营业性演出经营活动的；

（二）违反本条例第十三条、第十五条规定，超范围从事营业性演出经营活动的；

（三）违反本条例第九条第一款规定，变更营业性演出经营项目未向原发证机关申请换发营业性演出许可证的。

违反本条例第八条、第十条规定，擅自设立演出场所经营单位或者擅自从事营业性演出经营活动的，由工商行政管理部门依法予以取缔、处罚；构成犯罪的，依法追究刑事责任。

第四十四条　违反本条例第十四条、第十六条规定，未经批准举办营业性演出的，由县级人民政府文化主管部门责令停止演出，没收违法所得，并处违法所得8倍以上10倍以下的罚款；没有违法所得或者违法所得不足1万元的，并处5万元以上10万元以下的罚款；情节严重的，由原发证机关吊销营业性演出许可证。

违反本条例第十七条第三款规定，变更演出举办单位、参加演出的文艺表演团体、演员或者节目未重新报批的，依照前款规定处罚；变更演出的名称、时间、地点、场次未重新报批的，由县级人民政府文化主管部门责令改正，给予警告，可以并处3万元以下的罚款。

演出场所经营单位为未经批准的营业性演出提供场地的，由县级人民政府文化主管部门责令改正，没收违法所得，并处违法所得3倍以上5倍以下的罚款；没有违法所得或者违法所得不足1万元的，并处3万元以上5万元以下的罚款。

第四十五条　违反本条例第三十二条规定，伪造、变造、出租、出借、买卖营业性演出许可证、批准文件，或者以非法手段取得营业性演出许可证、批准文件的，由县级人民政府文化主管部门没收违法所得，并处违法所得8倍以上10倍以下的罚款；没有违法所得或者违法所得不足1万元的，并处5万元以上10万元以下的罚款；对原取得的营业性演出许可证、批准文件，予以吊销、撤销；构成犯罪的，依法追究刑事责任。

第四十六条　营业性演出有本条例第二十六条禁止情形的，由县级人民政府文化主管部门责令停止演出，没收违法所得，并处违法所得8倍以上10倍以下的罚款；没有违法所得或者违法所得不足1万元的，并处5万元以上10万元以下的罚款；情节严重的，由原发证机关吊销营业性演出许可证；违反治安管理规定的，由公安部门依法予以处罚；构成犯罪的，依法追究刑事责任。

演出场所经营单位、演出举办单位发现营业性演出有本条例第二十六条禁止情形未采取措施予以制止的，由县级人民政府文化主管部门、公安部门依据法定职权给予警告，并处5万元以上10万元以下的罚款；未依照本条例第二十七条规定报告的，由县级人民政府文化主管部门、公安部门依据法定职权给予警告，并处5000元以上1万元以下的罚款。

第四十七条　有下列行为之一的，对演出举办单位、文艺表演团体、演员，由国务院文化主管部门或者省、自治区、直辖市人民政府文化主管部门向社会公布；演出举办单位、文艺表演团体在2年内再次被公布的，由原发证机关吊销营业性演出许可证；个体演员在2年内再次被公布的，由工商行政管理部门吊销营业执照：

（一）非因不可抗力中止、停止或者退出演出的；

（二）文艺表演团体、主要演员或者主要节目内容等发生变更未及时告知观众的；

（三）以假唱欺骗观众的；

（四）为演员假唱提供条件的。

有前款第（一）项、第（二）项和第（三）项所列行为之一的，观众有权在退场后依照有关消费者权益保护的法律规定要求演出举办单位赔偿损失；演出举办单位可以依法向负有责任的文艺表演团体、演员追偿。

有本条第一款第（一）项、第（二）项和第（三）项所列行为之一的，由县级人民政府文化主管部门处5万元以上10万元以下的罚款；有本条第一款第（四）项所列行为的，由县级人民政府文化主管部门处5000元以上1万元以下的罚款。

第四十八条　以政府或者政府部门的名义举办营业性演出，或者营业性演出冠以“中国”、“中华”、“全国”、“国际”等字样的，由县级人民政府文化主管部门责令改正，没收违法所得，并处违法所得3倍以上5倍以下的罚款；没有违法所得或者违法所得不足1万元的，并处3万元以上5万元以下的罚款；拒不改正或者造成严重后果的，由原发证机关吊销营业性演出许可证。

营业性演出广告的内容误导、欺骗公众或者含有其他违法内容的，由工商行政管理部门责令停止发布，并依法予以处罚。

第四十九条　演出举办单位或者其法定代表人、主要负责人及其他直接责任人员在募捐义演中获取经济利益的，由县级以上人民政府文化主管部门依据各自职权责令其退回并交付受捐单位；构成犯罪的，依法追究刑事责任；尚不构成犯罪的，由县级以上人民政府文化主管部门依据各自职权处违法所得3倍以上5倍以下的罚款，并由国务院文化主管部门或者省、自治区、直辖市人民政府文化主管部门向社会公布违法行为人的名称或者姓名，直至由原发证机关吊销演出举办单位的营业性演出许可证。

文艺表演团体或者演员、职员在募捐义演中获取经济利益的，由县级以上人民政府文化主管部门依据各自职权责令其退回并交付受捐单位。

第五十条　违反本条例第九条第一款规定，变更名称、住所、法定代表人或者主要负责人未向原发证机关申请换发营业性演出许可证的，由县级人民政府文化主管部门责令改正，给予警告，并处1万元以上3万元以下的罚款。

违反本条例第八条第二款、第九条第二款、第十条第二款规定，未办理备案手续的，由县级人民政府文化主管部门责令改正，给予警告，并处5000元以上1万元以下的罚款。

第五十一条　有下列行为之一的，由公安部门或者公安消防机构依据法定职权依法予以处罚；构成犯罪的，依法追究刑事责任：

（一）违反本条例安全、消防管理规定的；

（二）伪造、变造营业性演出门票或者倒卖伪造、变造的营业性演出门票的。

演出举办单位印制、出售超过核准观众数量

的或者观众区域以外的营业性演出门票的，由县级以上人民政府公安部门依据各自职权责令改正，没收违法所得，并处违法所得3倍以上5倍以下的罚款；没有违法所得或者违法所得不足1万元的，并处3万元以上5万元以下的罚款；造成严重后果的，由原发证机关吊销营业性演出许可证；构成犯罪的，依法追究刑事责任。

第五十二条　文艺表演团体、演出经纪机构违反本条例规定被文化主管部门吊销营业性演出许可证的，应当依法到工商行政管理部门办理变更登记或者注销登记；逾期不办理的，吊销营业执照。

演出场所经营单位、个体演出经纪人、个体演员违反本条例规定，情节严重的，由县级以上人民政府文化主管部门依据各自职权责令其停止营业性演出经营活动，并通知工商行政管理部门，由工商行政管理部门依法吊销营业执照。其中，演出场所经营单位有其他经营业务的，由工商行政管理部门责令其办理变更登记，逾期不办理的，吊销营业执照。

第五十三条　因违反本条例规定被文化主管部门吊销营业性演出许可证，或者被工商行政管理部门吊销营业执照或者责令变更登记的，自受到行政处罚之日起，当事人为单位的，其法定代表人、主要负责人5年内不得担任文艺表演团体、演出经纪机构或者演出场所经营单位的法定代表人、主要负责人；当事人为个人的，个体演员1年内不得从事营业性演出，个体演出经纪人5年内不得从事营业性演出的居间、代理活动。

因营业性演出有本条例第二十六条禁止情形被文化主管部门吊销营业性演出许可证，或者被工商行政管理部门吊销营业执照或者责令变更登记的，不得再次从事营业性演出或者营业性演出的居间、代理、行纪活动。

因违反本条例规定2年内2次受到行政处罚又有应受本条例处罚的违法行为的，应当从重处罚。

第五十四条　各级人民政府或者政府部门非法资助、赞助，或者非法变相资助、赞助营业性演出，或者用公款购买营业性演出门票用于个人消费的，依照有关财政违法行为处罚处分的行政法规的规定责令改正。对单位给予警告或者通报批评。对直接负责的主管人员和其他直接责任人员给予记大过处分；情节较重的，给予降级或者撤职处分；情节严重的，给予开除处分。

第五十五条　文化主管部门、公安部门、工商行政管理部门的工作人员滥用职权、玩忽职守、徇私舞弊或者未依照本条例规定履行职责的，依法给予行政处分；构成犯罪的，依法追究刑事责任。

第六章　附　则

第五十六条　民间游散艺人的营业性演出，省、自治区、直辖市人民政府可以参照本条例的规定制定具体管理办法。

第五十七条　本条例自2005年9月1日起施行。1997年8月11日国务院发布的《营业性演出管理条例》同时废止。

国务院关于废止部分行政法规的决定（摘要）

国务院令第516号

（2008年1月15日公布，自公布之日起生效）

为了更好地适应加快建设法治政府、全面推进依法行政的要求，国务院对截至2006年底现行行政法规共655件进行了全面清理。经过清理，国务院决定：

一、对主要内容被新的法律或者行政法规所代替的49件行政法规，予以废止。（目录见附件1）

二、对适用期已过或者调整对象已经消失，实际上已经失效的43件行政法规，宣布失效。（目录见附件2）

本决定自公布之日起生效。

附件：1.国务院决定废止的行政法规目录（49件）

2.国务院决定宣布失效的行政法规目录（43件）

附件1：

国务院决定废止的行政法规目录（49件）

序号：9

法规名称：古遗址古墓葬调查发掘暂行管理办法

公布机关及日期：1964年8月29日国务院批准　1964年9月17日文化部公布

说明：已被2002年10月28日中华人民共和

国主席令第76号公布的《中华人民共和国文物保护法》、2003年5月18日中华人民共和国国务院令第377号公布的《中华人民共和国文物保护法实施条例》代替。

序号：41

法规名称：中华人民共和国文物保护法实施细则

公布机关及日期：1992年4月30日国务院批准 1992年5月5日国家文物局令第2号公布

说明：已被2003年5月18日中华人民共和国国务院令第377号公布的《中华人民共和国文物保护法实施条例》代替。

附件2：

国务院决定宣布失效的行政法规目录（43件）

序号：6

法规名称：文物特许出口管理试行办法

公布机关及日期：1979年7月31日国务院批准公布

说明：调整对象已消失，实际上已经失效。

序号：37

法规名称：关于继续对宣传文化单位实行财税优惠政策的规定

公布机关及日期：1994年11月30日国务院批准 1994年12月23日财政部、国家税务总局公布

说明：适用期已过，实际上已经失效。

文化部行政复议工作程序规定

文化部令第44号

（2007年12月24日文化部部务会议审议通过 2008年1月9日发布 自2008年3月1日起施行）

第一章 总 则

第一条 为规范文化部行政复议工作程序，提高行政复议工作质量和效率，根据《中华人民共和国行政复议法》（以下简称《行政复议法》）、《中华人民共和国行政复议法实施条例》（以下简称《行政复议法实施条例》），结合文化部工作实际，制定本规定。

第二条 文化部处理行政复议案件，适用本规定。

第三条 公民、法人和其他组织对文化部和省、自治区、直辖市文化行政部门做出的具体行政行为不服，可以向文化部申请行政复议。

第四条 文化部政策法规司是文化部行政复议机构，具体办理行政复议案件，履行下列职责：

（一）审查行政复议申请，并决定是否受理；

（二）组织行政复议案件的审查处理，向有关组织和人员调查取证，查阅文件和资料；

（三）审查申请行政复议的具体行政行为是否合法与适当，拟订行政复议决定；

（四）处理或转送对《行政复议法》第七条所列有关规定的审查申请；

（五）办理因不服行政复议决定提起行政诉讼的应诉事项；

（六）依照《行政复议法》第二十六条、第二十七条的规定转送有关行政复议申请；

（七）办理《行政复议法》第二十九条规定的行政赔偿等事项；

（八）按照职责权限，督促行政复议申请的受理和行政复议决定的履行；

（九）办理行政复议、行政应诉案件统计和重大行政复议决定备案事项；

（十）办理或者组织办理未经行政复议直接提起行政诉讼的行政应诉事项；

（十一）研究行政复议工作中发现的问题，及时向有关机关提出改进建议；

（十二）定期组织对文化系统行政复议人员进行业务培训，提高行政复议人员的专业素质；

（十三）法律、行政法规规定的其他职责。

第五条 文化部有关司局根据行政复议案件的内容，指定专人，参与办理涉及本司局业务的行政复议案件。

第六条 文化部承担行政复议工作的机构、工作人员和涉及行政复议事项的司局应当在法定时限内履行职责。

第七条 文化部设立行政复议专项经费，制作启用行政复议专用章。

第二章 申请和受理

第八条 申请人申请行政复议，可以书面申请，也可以口头申请。申请人提出口头申请，行政复议机构工作人员应当依照《行政复议法实施条例》第十九条规定的事项，当场制作行政复议

申请笔录交申请人核对或者向申请人宣读，并由申请人签字确认。

第九条　文化部办公厅统一接收行政复议申请，办公厅签收后应于当日转交政策法规司。

文化部其他司局收到行政复议申请，应于当日经办公厅签收后转交政策法规司。

第十条　政策法规司收到行政复议申请后，应当在5日内进行审查，行政复议申请不符合《行政复议法》和《行政复议法实施条例》规定的，政策法规司应当制作《行政复议申请不予受理决定书》，加盖行政复议专用章，告知申请人；行政复议申请符合《行政复议法》和《行政复议法实施条例》的规定，但不属于文化部受理范围的，政策法规司应当制作《行政复议告知书》，加盖行政复议专用章，告知申请人向有关行政机关申请复议。

除前款规定外，行政复议申请自政策法规司收到之日起即为受理。

第十一条　政策法规司可以就是否受理行政复议申请征求相关司局意见，相关司局应当在2日内提出书面答复。

第三章　审　查

第十二条　行政复议申请原则上采取书面审查的办法，但申请人提出要求或政策法规司认为有必要时，可以向有关组织和人员调查情况，听取申请人、被申请人或有关当事人的意见。

第十三条　对已受理的行政复议申请，政策法规司应当自收到行政复议申请之日起7日内，制作《提出答复通知书》，加盖行政复议专用章，连同《行政复议申请书》（副本）送达被申请人，被申请人应当自收到之日起10日内提出书面答复，并提交当初做出具体行政行为的证据、依据和其他有关材料。

被申请人是文化部的，由做出具体行政行为的司局按照《行政复议法》和《行政复议法实施条例》的规定提出书面答复和提供相关材料。

第十四条　政策法规司收到被申请人提交的答复材料后，应当按照《行政复议法》和《行政复议法实施条例》规定的内容与方式，对案件进行全面审查。

行政复议申请材料不齐全或者表述不清楚的，政策法规司可以自收到该行政复议申请之日起5日内，将需要补正的事项和补正期限书面通知申请人。无正当理由逾期不补正的，视为申请人放弃行政复议申请，补正申请材料所用时间不计入行政复议审理期限。

第十五条　对于属于相关司局业务主管范围内的行政复议案件，需要相关司局协助审查的，政策法规司应将基本案情、案件受理情况、被申请人答辩情况等内容告知相关司局，相关司局应当在收到材料后7日内，提出书面处理建议。

文化部是被申请人的不适用前款规定。

第十六条　相关司局应当协助政策法规司审理属于本司局业务主管范围内的行政复议案件，参与办理因不服行政复议决定而提起的行政诉讼的应诉工作，参与办理《行政复议法》第二十九条规定的行政赔偿等事项。

第十七条　申请人在申请行政复议时，依据《行政复议法》第七条规定，一并对具体行政行为所依据的规定提出审查要求，文化部有权处理的，政策法规司应当会同相关司局提出处理建议，经部领导批准后，30日内依法处理。文化部无权处理的，政策法规司应当制作《规范性文件转送函》，加盖行政复议专用章，7日内转送有权处理的行政机关处理。处理期间，中止对具体行政行为的审查。

第十八条　政策法规司对被申请人的具体行政行为进行审查时，认为其依据不合法，文化部有权处理的，政策法规司应当会同相关司局提出处理建议，经部领导批准后，30日内依法处理。文化部无权处理的，政策法规司应当制作《行政复议转送函》，加盖行政复议专用章，在7日内转送有权处理的行政机关处理。处理期间，中止对具体行政行为的审查。

第十九条　行政复议期间有下列情形之一，影响行政复议案件审理的，行政复议中止：

（一）作为申请人的自然人死亡，其近亲属尚未确定是否参加行政复议的；

（二）作为申请人的自然人丧失参加行政复议的能力，尚未确定法定代理人参加行政复议的；

（三）作为申请人的法人或者其他组织中止，尚未确定权利义务承受人的；

（四）作为申请人的自然人下落不明或者被宣告失踪的；

（五）申请人、被申请人因不可抗力，不能参加行政复议的；

（六）案件涉及法律适用问题，需要有权机

关做出解释或者确认的；

（七）案件审理需要以其他案件的审理结果为依据，而其他案件尚未审结的；

（八）其他需要中止行政复议的情形。

第二十条 根据第十七条、第十八条、第十九条规定，中止对具体行政行为审查的，政策法规司应当制作《行政复议中止通知书》，加盖行政复议专用章，送达申请人、被申请人和有关当事人。

行政复议中止的原因消除后，政策法规司应当及时恢复行政复议案件的审理。

政策法规司中止、恢复行政复议案件的审理，应当告知有关当事人。

第二十一条 行政复议的和解和调解程序，分别按照《行政复议法实施条例》第四十条和第五十条的规定执行。

第四章 复议决定

第二十二条 文化部应当自收到行政复议申请之日起60日内做出行政复议决定，法律另有规定的除外。情况复杂，不能在规定期限内做出行政复议决定的，经部领导批准后，可以适当延长，但是延长期限最多不超过30日。

决定延长复议期限的，政策法规司应当拟定订《行政复议案件复议期限延期通知书》，经部领导批准后，加盖部章，送达申请人、被申请人和有关当事人。

第二十三条 政策法规司应当对被申请人做出的具体行政行为提出处理意见，依法做出行政复议决定，拟订《行政复议决定书》，经部领导批准后，加盖部章，送达申请人、被申请人和有关当事人。

政策法规司可以就复议决定征求相关司局意见，相关司局应当在5日内提出反馈意见。

第二十四条 遇有疑难复杂、社会影响大或对处理意见有分歧的行政复议案件，复议决定应经部长办公会集体讨论，必要时也可进行听证。

第二十五条 申请人在行政复议决定做出前自愿撤回行政复议申请的，经政策法规司同意，可以撤回。撤回行政复议申请的，行政复议终止。

第二十六条 终止行政复议的，政策法规司应当制作《行政复议终止通知书》，加盖行政复议专用章，送达申请人、被申请人和有关当事人。

第五章 附 则

第二十七条 文化部行政复议工作中的行政复议文书应当使用国务院法制办印发的行政复议法律文书格式文本，并统一编号。

第二十八条 文化部办公厅优先安排行政复议文书印制、盖章，确保行政复议文书在法定期限内送达当事人。

第二十九条 本规定关于行政复议期间的计算和行政复议文书的送达按照民事诉讼法的规定执行。

第三十条 本规定中有关“2日”、“5日”、“7日”的规定是指工作日，不含节假日。

第三十一条 本规定自2008年3月1日起施行。

国家级非物质文化遗产项目代表性传承人认定与管理暂行办法

文化部令第45号

（2008年5月14日文化部部务会议审议通过，2008年5月14日发布，自2008年6月14日起施行）

第一条 为有效保护和传承国家级非物质文化遗产，鼓励和支持国家级非物质文化遗产项目代表性传承人开展传习活动，根据国家有关规定，制定本办法。

第二条 本办法所称的“国家级非物质文化遗产项目代表性传承人”，是指经国务院文化行政部门认定的，承担国家级非物质文化遗产名录项目传承保护责任，具有公认的代表性、权威性与影响力的传承人。

第三条 认定国家级非物质文化遗产项目代表性传承人，应当坚持公开、公平、公正的原则，严格履行申报、审核、评审、公示、审批等程序。

第四条 符合下列条件的公民可以申请或者被推荐为国家级非物质文化遗产项目代表性传承人：

（一）掌握并承续某项国家级非物质文化遗产；

（二）在一定区域或领域内被公认为具有代表性和影响力；

（三）积极开展传承活动，培养后继人才。

从事非物质文化遗产资料收集、整理和研究的人员不得认定为国家级非物质文化遗产项目代表性传承人。

第五条 公民提出国家级非物质文化遗产项目代表性传承人申请的，应当向所在地县级以上文化行政部门提供以下材料：

（一）申请人基本情况，包括年龄、性别、

文化程度、职业、工作单位等；

（二）该项目的传承谱系以及申请人的学习与实践经历；

（三）申请人的技艺特点、成就及相关的证明材料；

（四）申请人持有该项目的相关实物、资料的情况；

（五）其他有助于说明申请人代表性的材料。

国家级非物质文化遗产项目保护单位可以向所在地县级以上文化行政部门推荐该项目代表性传承人，但应当征得被推荐人的同意，推荐材料应当包括第一款各项内容。

项目保护单位属省级行政部门直属单位的，可以将推荐材料直接报送省级文化行政部门；项目保护单位属中央各部门直属单位的，可以将推荐材料直接报送国务院文化行政部门。

第六条　文化行政部门接到申请材料或推荐材料后，应当组织专家进行审核并逐级上报。

省级文化行政部门收到上述材料后，应当组织省级非物质文化遗产专家委员会进行评审，结合该项目在本行政区域内的分布情况，提出推荐名单和审核意见，连同原始申报材料和专家评审意见一并报送国务院文化行政部门。

第七条　国务院文化行政部门收到省级文化行政部门报送的申报材料后，结合申请项目在全国的分布情况，进行整理分类，组织该项目领域的专家组进行初评，由专家组提出初评意见。

第八条　国务院文化行政部门设立国家级非物质文化遗产项目代表性传承人评审委员会。评审委员会对各专家组的初评意见进行审核评议，提出国家级非物质文化遗产项目代表性传承人推荐名单。

第九条　国务院文化行政部门对评审委员会提出的代表性传承人的推荐名单向社会公示，公示期为 15 天。

第十条　国务院文化行政部门根据公示结果，审定国家级非物质文化遗产项目代表性传承人名单，并予以公布。

第十一条　国家级非物质文化遗产项目保护单位应采取文字、图片、录音、录像等方式，全面记录该项目代表性传承人掌握的非物质文化遗产表现形式、技艺和知识等，有计划地征集并保管代表性传承人的代表作品，建立有关档案。

第十二条　各级文化行政部门应对开展传习活动确有困难的国家级非物质文化遗产项目代表性传承人予以支持，支持方式主要有：

（一）资助传承人的授徒传艺或教育培训活动；

（二）提供必要的传习活动场所；

（三）资助有关技艺资料的整理、出版；

（四）提供展示、宣传及其他有利于项目传承的帮助。

对无经济收入来源、生活确有困难的国家级非物质文化遗产项目代表性传承人，所在地文化行政部门应积极创造条件，并鼓励社会组织和个人进行资助，保障其基本生活需求。

第十三条　国家级非物质文化遗产项目代表性传承人应承担以下义务：

（一）在不违反国家有关法律法规的前提下，根据文化行政部门的要求，提供完整的项目操作程序、技术规范、原材料要求、技艺要领等；

（二）制定项目传承计划和具体目标任务，报文化行政部门备案；

（三）采取收徒、办学等方式，开展传承工作，无保留地传授技艺，培养后继人才；

（四）积极参与展览、演示、研讨、交流等活动；

（五）定期向所在地文化行政部门提交项目传承情况报告。

第十四条　省级文化行政部门应于每年年底前将本行政区域国家级非物质文化遗产项目代表性传承人的情况报送国务院文化行政部门。

第十五条　国务院文化行政部门应当建立国家级非物质文化遗产项目代表性传承人档案。

国务院文化行政部门对做出突出贡献的国家级非物质文化遗产项目代表性传承人，给予表彰和奖励。

第十六条　国家级非物质文化遗产项目代表性传承人无正当理由不履行传承义务的，经省级文化行政部门核实后，报国务院文化行政部门批准，取消其代表性传承人资格，重新认定该项目的代表性传承人。

国家级非物质文化遗产项目代表性传承人丧失传承能力的，经省级文化行政部门核实后，报国务院文化行政部门，重新认定该项目的代表性传承人。

第十七条　本《暂行办法》由国务院文化行政部门负责解释。

第十八条 本《暂行办法》自2008年6月14日起施行。

娱乐场所治安管理办法

（2008年4月21日公安部部长办公会通过，2008年6月3日公安部令第103号发布，自2008年10月1日起施行）

第一章 总 则

第一条 为加强娱乐场所治安管理，维护娱乐场所经营者、消费者和从业人员的合法权益，维护社会治安秩序，保障公共安全，根据《中华人民共和国治安管理处罚法》、《娱乐场所管理条例》等法律、法规的规定，制定本办法。

第二条 娱乐场所治安管理应当遵循公安机关治安部门归口管理和辖区公安派出所属地管理相结合，属地管理为主的原则。

公安机关对娱乐场所进行治安管理，应当严格、公正、文明、规范。

第三条 娱乐场所法定代表人、主要负责人是维护本场所治安秩序的第一责任人。

第二章 娱乐场所向公安机关备案

第四条 娱乐场所领取营业执照后，应当在15日内向所在地县（市）公安局、城市公安分局治安部门备案；县（市）公安局、城市公安分局治安部门受理备案后，应当在5日内将备案资料通报娱乐场所所在辖区公安派出所。

县（市）公安局、城市公安分局治安部门对备案的娱乐场所应当统一建立管理档案。

第五条 娱乐场所备案项目包括：

（一）名称；

（二）经营地址、面积、范围；

（三）地理位置图和内部结构平面示意图；

（四）法定代表人和主要负责人姓名、身份证号码、联系方式；

（五）与保安服务企业签订的保安服务合同及保安人员配备情况；

（六）核定的消费人数；

（七）娱乐经营许可证号、营业执照号及登记日期；

（八）监控、安检设备安装部位平面图及检测验收报告。

设有电子游戏机的游艺娱乐场所备案时，除符合前款要求外，还应当提供电子游戏机机型及数量情况。

第六条 娱乐场所备案时，应当提供娱乐经营许可证、营业执照及消防、卫生、环保等部门批准文件的复印件。

第七条 娱乐场所备案项目发生变更的，应当自变更之日起15日内向原备案公安机关备案。

第三章 安全设施

第八条 歌舞娱乐场所包厢、包间内不得设置阻碍展现室内整体环境的屏风、隔扇、板壁等隔断，不得以任何名义设立任何形式的房中房（卫生间除外）。

第九条 歌舞娱乐场所的包厢、包间内的吧台、餐桌等物品不得高于1.2米。

包厢、包间的门窗，距地面1.2米以上应当部分使用透明材质。透明材质的高度不小于0.4米，宽度不小于0.2米，能够展示室内消费者娱乐区域整体环境。

营业时间内，歌舞娱乐场所包厢、包间门窗透明部分不得遮挡。

第十条 歌舞娱乐场所包厢、包间内不得安装门锁、插销等阻碍他人自由进出包厢、包间的装置。

第十一条 歌舞娱乐场所营业大厅、包厢、包间内禁止设置可调试亮度的照明灯。照明灯在营业时间内不得关闭。

第十二条 歌舞娱乐场所应当在营业场所出入口、消防安全疏散出入口、营业大厅通道、收款台前安装闭路电视监控设备。

第十三条 歌舞娱乐场所安装的闭路电视监控设备应当符合视频安防监控系统相关国家或行业标准要求。

闭路电视监控设备的压缩格式为H.264或者MPEG-4，录像图像分辨率不低于4CIF（704×576）或者D1（720×576）；保障视频录像实时（每秒不少于25帧），支持视频移动侦测功能；图像回放效果要求清晰、稳定、逼真，能够通过LAN、WAN或者互联网与计算机相连，实现远程监视、放像、备份及升级，回放图像水平分辨力不少于300TVL。

第十四条 歌舞娱乐场所应当设置闭路电视监控设备监控室，由专人负责值守，保障设备在营业时间内正常运行，不得中断、删改或者挪作他用。

第十五条　营业面积1000平方米以下的迪斯科舞厅应当配备手持式金属探测器，营业面积1000平方米以上的应当配备通过式金属探测门和微剂量X射线安全检查设备等安全检查设备。

手持式金属探测器、通过式金属探测门、微剂量X射线安全检查设备应当符合国家或者行业标准要求。

第十六条　迪斯科舞厅应当配备专职安全检查人员，安全检查人员不得少于2名，其中女性安全检查人员不得少于1名。

第十七条　娱乐场所应当在营业场所大厅、包厢、包间内的显著位置悬挂含有禁毒、禁赌、禁止卖淫嫖娼等内容的警示标志。标志应当注明公安机关的举报电话。

警示标志式样、规格、尺寸由省、自治区、直辖市公安厅、局统一制定。

第十八条　娱乐场所不得设置具有赌博功能的电子游戏机机型、机种、电路板等游戏设施设备，不得从事带有赌博性质的游戏机经营活动。

第四章　经营活动规范

第十九条　娱乐场所对从业人员应当实行实名登记制度，建立从业人员名簿，统一建档管理。

第二十条　从业人员名簿应当记录以下内容：

（一）从业人员姓名、年龄、性别、出生日期及有效身份证件号码；

（二）从业人员户籍所在地和暂住地地址；

（三）从业人员具体工作岗位、职责。

外国人就业的，应当留存外国人就业许可证复印件。

第二十一条　营业期间，娱乐场所从业人员应当统一着装，统一佩带工作标志。

着装应当大方得体，不得有伤风化。

工作标志应当载有从业人员照片、姓名、职务、统一编号等基本信息。

第二十二条　娱乐场所应当建立营业日志，由各岗位负责人及时登记填写并签名，专人负责保管。

营业日志应当详细记载从业人员的工作职责、工作内容、工作时间、工作地点及遇到的治安问题。

第二十三条　娱乐场所营业日志应当留存60日备查，不得删改。对确因记录错误需要删改的，应当写出说明，由经手人签字，加盖娱乐场所印章。

第二十四条　娱乐场所应当安排保安人员负责安全巡查，营业时间内每2小时巡查一次，巡查区域应当涵盖整个娱乐场所，巡查情况应当写入营业日志。

第二十五条　娱乐场所对发生在场所内的违法犯罪活动，应当立即向公安机关报告。

第二十六条　娱乐场所应当按照国家有关信息化标准规定，配合公安机关建立娱乐场所治安管理信息系统，实时、如实将从业人员、营业日志、安全巡查等信息录入系统，传输报送公安机关。

本办法规定娱乐场所配合公安机关在治安管理方面所作的工作，能够通过娱乐场所治安管理信息系统录入传输完成的，应当通过系统完成。

第五章　保安员配备

第二十七条　娱乐场所应当与经公安机关批准设立的保安服务企业签订服务合同，配备已取得资格证书的专业保安人员，并通报娱乐场所所在辖区公安派出所。

娱乐场所不得自行招录人员从事保安工作。

第二十八条　娱乐场所保安人员应当履行下列职责：

（一）维护娱乐场所治安秩序；

（二）协助娱乐场所做好各项安全防范和巡查工作；

（三）及时排查、发现并报告娱乐场所治安、安全隐患；

（四）协助公安机关调查、处置娱乐场所内发生的违法犯罪活动。

第二十九条　娱乐场所应当加强对保安人员的教育管理，不得要求保安人员从事与其职责无关的工作。对保安人员工作情况逐月通报辖区公安派出所和保安服务企业。

第三十条　娱乐场所营业面积在200平方米以下的，配备的保安人员不得少于2名；营业面积每增加200平方米，应当相应增加保安人员1名。

迪斯科舞厅保安人员应当按照场所核定人数的5%配备。

第三十一条　在娱乐场所执勤的保安人员应当统一着制式服装，佩带徽章、标记。

保安人员执勤时，应当仪表整洁、行为规范、举止文明。

第三十二条　保安服务企业应当加强对派驻娱乐场所保安人员的教育培训，开展经常性督查，确保服务质量。

第六章　治安监督检查

第三十三条 公安机关及其工作人员对娱乐场所进行监督检查时应当出示人民警察证件，表明执法身份，不得从事与职务无关的活动。

公安机关及其工作人员对娱乐场所进行监督检查，应当记录在案，归档管理。

第三十四条　监督检查记录应当以书面形式为主，必要时可以辅以录音、录像等形式。

第三十五条 监督检查记录应当包括：

（一）执行监督检查任务的人员姓名、单位、职务；

（二）监督检查的时间、地点、场所名称、检查事项；

（三）发现的问题及处理结果。

第三十六条 监督检查记录一式两份，由监督检查人员签字，并经娱乐场所负责人签字确认。

娱乐场所负责人拒绝签字的，监督检查人员应当在记录中注明情况。

第三十七条　公众有权查阅娱乐场所监督检查记录，公安机关应当为公众查阅提供便利。

第三十八条　公安机关应当建立娱乐场所违法行为警示记录系统，并依据娱乐场所治安秩序状况进行分级管理。

娱乐场所分级管理标准，由各省、自治区、直辖市公安厅、局结合本地实际自行制定。

第三十九条　公安机关对娱乐场所进行分级管理，应当按照公开、公平、公正的原则，定期考核，动态升降。

第四十条　公安机关建立娱乐场所治安管理信息系统，对娱乐场所及其从业人员实行信息化监督管理。

第七章　罚　则

第四十一条　娱乐场所未按照本办法规定项目备案的，由受理备案的公安机关告知补齐；拒不补齐的，由受理备案的公安机关责令改正，给予警告。

违反本办法第七条规定的，由原备案公安机关责令改正，给予警告。

第四十二条　娱乐场所违反本办法第八条至第十八条、第三十条规定的，由县级公安机关依照《娱乐场所管理条例》第四十三条的规定予以处罚。

第四十三条　娱乐场所违反本办法第二十九条规定的，由县级公安机关责令改正，给予警告。

娱乐场所保安人员违反本办法第二十八条、三十一条规定的，依照有关规定予以处理。

第四十四条　娱乐场所违反本办法第二十六条规定，不配合公安机关建立娱乐场所治安管理信息系统的，由县级公安机关治安管理部门责令改正，给予警告；经警告不予改正的，处5000元以上1万元以下罚款。

第四十五条　公安机关工作人员违反本办法第三十三条规定或有其他失职、渎职行为的，对直接负责的主管人员和其他直接责任人员依法予以行政处分；构成犯罪的，依法追究刑事责任。

第四十六条　娱乐场所及其从业人员违反本办法规定的其他行为，《娱乐场所管理条例》已有处罚规定的，依照规定处罚；违反治安管理的，依照《中华人民共和国治安管理处罚法》处罚；构成犯罪的，依法追究刑事责任。

第八章　附　则

第四十七条　非娱乐场所经营单位兼营歌舞、游艺项目的，依照本办法执行。

第四十八条　本办法自2008年10月1日起施行。

财政部　国家税务总局　民政部
关于公益性捐赠税前扣除
有关问题的通知

财税〔2008〕160号

各省、自治区、直辖市、计划单列市财政厅（局）、国家税务局、地方税务局、民政厅（局），新疆生产建设兵团财务局、民政局：

为贯彻落实《中华人民共和国企业所得税法》和《中华人民共和国个人所得税法》，现对公益性捐赠所得税税前扣除有关问题明确如下：

一、企业通过公益性社会团体或者县级以上人民政府及其部门，用于公益事业的捐赠支出，在年度利润总额12%以内的部分，准予在计算应纳税所得额时扣除。年度利润总额，是指企业依照国家统一会计制度的规定计算的大于零的数额。

二、个人通过社会团体、国家机关向公益事业的捐赠支出，按照现行税收法律、行政法规及相关政策规定准予在所得税税前扣除。

三、本通知第一条所称的用于公益事业的捐赠支出，是指《中华人民共和国公益事业捐赠法》

规定的向公益事业的捐赠支出，具体范围包括：

（一）救助灾害、救济贫困、扶助残疾人等困难的社会群体和个人的活动；

（二）教育、科学、文化、卫生、体育事业；

（三）环境保护、社会公共设施建设；

（四）促进社会发展和进步的其他社会公共和福利事业。

四、本通知第一条所称的公益性社会团体和第二条所称的社会团体均指依据国务院发布的《基金会管理条例》和《社会团体登记管理条例》的规定，经民政部门依法登记、符合以下条件的基金会、慈善组织等公益性社会团体：

（一）符合《中华人民共和国企业所得税法实施条例》第五十二条第（一）项到第（八）项规定的条件；

（二）申请前3年内未受到行政处罚；

（三）基金会在民政部门依法登记3年以上（含3年）的，应当在申请前连续2年年度检查合格，或最近1年年度检查合格且社会组织评估等级在3A以上（含3A），登记3年以下1年以上（含1年）的，应当在申请前1年年度检查合格或社会组织评估等级在3A以上（含3A），登记1年以下的基金会具备本款第（一）项、第（二）项规定的条件；

（四）公益性社会团体（不含基金会）在民政部门依法登记3年以上，净资产不低于登记的活动资金数额，申请前连续2年年度检查合格，或最近1年年度检查合格且社会组织评估等级在3A以上（含3A），申请前连续3年每年用于公益活动的支出不低于上年总收入的70%（含70%），同时需达到当年总支出的50%以上（含50%）。

前款所称年度检查合格是指民政部门对基金会、公益性社会团体（不含基金会）进行年度检查，做出年度检查合格的结论；社会组织评估等级在3A以上（含3A）是指社会组织在民政部门主导的社会组织评估中被评为3A、4A、5A级别，且评估结果在有效期内。

五、本通知第一条所称的县级以上人民政府及其部门和第二条所称的国家机关均指县级（含县级，下同）以上人民政府及其组成部门和直属机构。

六、符合本通知第四条规定的基金会、慈善组织等公益性社会团体，可按程序申请公益性捐赠税前扣除资格。

（一）经民政部批准成立的公益性社会团体，可分别向财政部、国家税务总局、民政部提出申请；

（二）经省级民政部门批准成立的基金会，可分别向省级财政、税务（国、地税，下同）、民政部门提出申请。经地方县级以上人民政府民政部门批准成立的公益性社会团体（不含基金会），可分别向省、自治区、直辖市和计划单列市财政、税务、民政部门提出申请；

（三）民政部门负责对公益性社会团体的资格进行初步审核，财政、税务部门会同民政部门对公益性社会团体的捐赠税前扣除资格联合进行审核确认；

（四）对符合条件的公益性社会团体，按照上述管理权限，由财政部、国家税务总局和民政部及省、自治区、直辖市和计划单列市财政、税务和民政部门分别定期予以公布。

七、申请捐赠税前扣除资格的公益性社会团体，需报送以下材料：

（一）申请报告；

（二）民政部或地方县级以上人民政府民政部门颁发的登记证书复印件；

（三）组织章程；

（四）申请前相应年度的资金来源、使用情况，财务报告，公益活动的明细，注册会计师的审计报告；

（五）民政部门出具的申请前相应年度的年度检查结论、社会组织评估结论。

八、公益性社会团体和县级以上人民政府及其组成部门和直属机构在接受捐赠时，应按照行政管理级次分别使用由财政部或省、自治区、直辖市财政部门印制的公益性捐赠票据，并加盖本单位的印章；对个人索取捐赠票据的，应予以开具。

新设立的基金会在申请获得捐赠税前扣除资格后，原始基金的捐赠人可凭捐赠票据依法享受税前扣除。

九、公益性社会团体和县级以上人民政府及其组成部门和直属机构在接受捐赠时，捐赠资产的价值，按以下原则确认：

（一）接受捐赠的货币性资产，应当按照实际收到的金额计算；

（二）接受捐赠的非货币性资产，应当以其公允价值计算。捐赠方在向公益性社会团体和县级以上人民政府及其组成部门和直属机构捐赠时，应当提供注明捐赠非货币性资产公允价值的证明，如果不能提供上述证明，公益性社会团体和县级以上人民政府及其组成部门和直属机构不得向其开具公益性捐赠票据。

十、存在以下情形之一的公益性社会团体，应取消公益性捐赠税前扣除资格：

（一）年度检查不合格或最近一次社会组织评估等级低于3A的；

（二）在申请公益性捐赠税前扣除资格时有弄虚作假行为的；

（三）存在偷税行为或为他人偷税提供便利的；

（四）存在违反该组织章程的活动，或者接受的捐赠款项用于组织章程规定用途之外的支出等情况的；

（五）受到行政处罚的。

被取消公益性捐赠税前扣除资格的公益性社会团体，存在本条第一款第（一）项情形的，1年内不得重新申请公益性捐赠税前扣除资格，存在第（二）项、第（三）项、第（四）项、第（五）项情形的，3年内不得重新申请公益性捐赠税前扣除资格。

对本条第一款第（三）项、第（四）项情形，应对其接受捐赠收入和其他各项收入依法补征企业所得税。

十一、本通知从2008年1月1日起执行。本通知发布前已经取得和未取得捐赠税前扣除资格的公益性社会团体，均应按本通知的规定提出申请。《财政部 国家税务总局关于公益救济性捐赠税前扣除政策及相关管理问题的通知》（财税〔2007〕6号）停止执行。

2008年12月31日

文化部关于印发《文化市场重大案件管理办法》的通知

文市发〔2008〕35号

各省、自治区、直辖市文化厅（局），北京市、上海市、重庆市、宁夏回族自治区文化市场行政执法总队：

为加强文化市场重大案件的查处，落实行政执法责任制，强化执法监督，根据《文化市场行政执法管理办法》（文化部令第36号）的有关规定，文化部制定了《文化市场重大案件管理办法》。现印发给你们，请遵照执行。

特此通知。

2008年8月22日

文化市场重大案件管理办法

第一条　为加强文化市场重大案件的查处，落实行政执法责任，强化执法监督，根据《文化市场行政执法管理办法》，制定本办法。

第二条　本办法所称文化市场重大案件是指违法经营行为情节严重、对国家和社会危害严重、涉案财物数额巨大、涉案人员或地区较多的文化市场案件。

第三条　具有下列情形之一的，属文化市场重大案件：

（一）文化产品或服务含有国家法律法规禁止内容，造成严重社会影响的；

（二）擅自从事依法应由文化部审批的文化经营活动，造成恶劣社会影响的；

（三）文化市场经营场所发生安全事故，造成3人以上死亡，或者10人以上重伤，或者1000万元以上直接经济损失的；

（四）文化市场经营场所发生未成年人死亡的；

（五）非法经营数额在50万元以上的，或违法所得数额在10万元以上的；

（六）涉案省份达3个以上的；

（七）以暴力、威胁方法阻碍文化市场行政执法人员依法执行职务，导致执法人员伤亡或者造成恶劣社会影响的；

（八）社会广泛关注，影响特别恶劣的；

（九）其他重大案件。

第四条　文化部负责全国文化市场重大案件的指导、协调、监督和调查处理工作。

县级以上文化行政部门或文化市场行政执法机构依法负责本辖区文化市场重大案件的指导、协调、监督和调查处理工作。

第五条　文化市场重大案件发生后24小时内，下级文化行政部门或文化市场行政执法机构应当将案情向上级报告。

符合本办法第三条第（一）、（二）、（三）、（四）、（七）项的，省级文化行政部门或文化市场行政执法机构应当在案发后24小时内将案情向文化部报告。

报告内容涉及国家秘密的，应当依照国家有关保密法律、法规办理。

第六条　文化市场重大案件报告内容应当包括案件名称、案发时间、案发地点、案件基本情况、涉案人员、涉案财物、案件来源、案件影响和调查处理情况等。

第七条　上级文化行政部门或文化市场行政执法机构应当对文化市场重大案件进行督办。

对于办理难度较大、涉及人员或地区较多的文化市场重大案件，下级文化行政部门或文化市场行政执法机构可以提请上级文化行政部门或文化市场行政执法机构督办或依法直接办理，必要时，上级文化行政部门或文化市场行政执法机构也可以直接调查、处理。

第八条　文化部对违法情节特别严重、社会影响特别恶劣，或者具有普遍性的文化市场重大案件予以督办。

第九条　文化部重点督办的文化市场重大案件，适当补助案件办理经费。

第十条　上级文化行政部门或文化市场行政执法机构对未按照规定报告、办理文化市场重大案件的，或故意隐瞒案情、拖延不办，贻误案件调查处理的，应当给予通报批评；造成严重后果的，应当依法追究直接负责人和主要负责人的责任。

第十一条　办理或者指导、协调、监督文化市场重大案件成绩突出的集体或个人，上级文化行政部门或文化市场行政执法机构应当依照相关规定给予表彰奖励。

第十二条　本办法由文化部负责解释。

第十三条　本办法自发布之日起实施，1996年10月4日发布的《文化部关于实施文化市场重大案件报告和处罚决定备案制度》（文市发〔1996〕84号）同时废止。

新疆维吾尔自治区
非物质文化遗产保护条例

（2008年1月5日新疆维吾尔自治区第十届人民代表大会常务委员会第三十六次会议通过 2008年1月5日新疆维吾尔自治区人民代表大会常务委员会公告第48号公布 自2008年4月1日起施行）

第一章　总　则

第一条　为了保护非物质文化遗产，继承和弘扬优秀文化传统，促进社会主义文化建设，根据有关法律、行政法规，结合自治区实际，制定本条例。

第二条　本条例适用于自治区行政区域内非物质文化遗产的保护、传承、利用和管理。

第三条　本条例所称非物质文化遗产，是指各族人民世代相承的、与群众生活密切相关的各种传统文化表现形式和文化空间，包括：

（一）口头传统，包括作为文化载体的语言；

（二）传统表演艺术和民间美术；

（三）传统礼仪、节庆、庆典以及竞技、游戏等民俗活动；

（四）传统手工艺技能；

（五）有关自然界和宇宙的民间传统知识和实践；

（六）与前五项相关的资料、实物和场所；

（七）其他需要保护的非物质文化遗产。

第四条　非物质文化遗产保护工作贯彻保护为主、抢救第一、合理利用、传承发展的方针，坚持政府主导、社会参与、长远规划、分步实施的原则。

非物质文化遗产的保护、传承、利用和管理，应当尊重传统，坚持真实性和完整性，防止歪曲和滥用。

第五条　县级以上人民政府应当将非物质文化遗产保护事业纳入国民经济和社会发展规划以及城乡建设规划，加强对非物质文化遗产保护工作的领导，建立领导协调制度、专家咨询制度，加强非物质文化遗产保护研究工作，并将非物质文化遗产保护所需经费列入本级财政预算。

第六条　县级以上人民政府文化行政部门主管本行政区域内非物质文化遗产的保护工作；发展和改革、财政、民族与宗教、经济贸易、建设、教育、广播电视、新闻出版、旅游、体育、海关等部门按照各自职责，做好非物质文化遗产的相关保护工作。

第七条　公民、法人和其他组织均有依法保护非物质文化遗产的义务。

第八条　鼓励和支持社会团体、研究机构、

大专院校、企业事业单位和个人参与非物质文化遗产保护工作。

县级以上人民政府及其文化行政部门对在非物质文化遗产保护工作中做出显著成绩的单位和个人，应当予以表彰和奖励。

第二章　保　护

第九条　自治区文化行政部门会同有关部门编制自治区非物质文化遗产保护规划，报自治区人民政府批准后组织实施。

州、市（地）、县（市、区）文化行政部门会同有关部门，根据自治区非物质文化遗产保护规划，结合当地实际，编制本行政区非物质文化遗产保护规划，报本级人民政府（行政公署）批准后组织实施，并报上一级文化行政部门备案。

第十条　县级以上人民政府应当组织文化行政部门及其他有关部门对本行政区域内的非物质文化遗产进行普查、调查，了解和掌握非物质文化遗产资源的种类、数量、分布状况、保护现状及存在问题，运用文字、录音、录像、数字化多媒体等方式，对非物质文化遗产进行真实、系统和全面记录，并建立非物质文化遗产档案和相关数据库。

第十一条　通过普查、调查或者其他途径发现濒危的具有重要价值的非物质文化遗产，县级以上人民政府文化行政部门应当及时采取抢救性保护措施，并向本级人民政府提出专项保护计划。

第十二条　自治区建立非物质文化遗产代表作名录，实行分级保护。

县级以上非物质文化遗产代表作名录，经本级人民政府文化行政部门组织专家评审，并征求有关部门、社会团体和公众意见后，由本级人民政府核定公布，报上一级人民政府备案。

非物质文化遗产代表作的评审和保护办法，由本级人民政府根据有关规定制定并公布实施。

第十三条　对列入代表作名录的非物质文化遗产，由本级人民政府文化行政部门制定保护措施，确定保护单位，并对其代表性传承人和代表性传承单位有计划地提供资助，鼓励和支持其开展传承活动。

第十四条　非物质文化遗产代表作的保护单位应当具备下列基本条件：

（一）有该项目的代表性传承人或者相对完整的资料；

（二）有实施该项目保护计划的能力；

（三）有开展传承、展示活动的场所和条件。

第十五条　非物质文化遗产代表作的保护单位应当履行下列职责：

（一）全面收集该项目的实物、资料，并登记、整理、建立档案；

（二）为该项目的传承和相关活动提供必要条件；

（三）保护该项目相关的文化场所；

（四）开展该项目的展示活动；

（五）向负责该项目保护工作的文化行政部门报告项目保护实施情况，并接受监督检查。

第十六条　对列入自治区级代表作名录中具有重大历史、文化、科学价值的非物质文化遗产，县级以上人民政府应当依照国家有关规定申报国家级非物质文化遗产。

第十七条　对列入非物质文化遗产代表作名录的濒危项目，核定公布该代表作名录的人民政府应当及时公布其名单，并组织文化行政部门和其他有关部门、单位，及时进行科学、有效的抢救性保护。

抢救性保护包括，对年事已高、掌握特殊传统技艺的非物质文化遗产代表性传承人工作、生活条件的改善，对其技艺的记录整理和保存；对濒临灭失的非物质文化遗产实物、资料、场所的收集、收藏、保存、修缮等内容。

第十八条　与非物质文化遗产代表作直接关联的建筑物、场所、遗迹及其附属物，由县级以上人民政府划出保护范围，做出标志说明，建立专门档案，并在城乡规划和建设中采取有效措施予以保护。

标志说明包括：非物质文化遗产代表作的名称、级别、保护范围、简介、公布机关、公布日期、立标机关、立标日期等内容。

第十九条　在非物质文化遗产现存形态较为丰富完整、特色鲜明、有广泛群众基础的特定区域，设立非物质文化遗产生态保护区，实行整体性保护。

非物质文化遗产生态保护区的设立条件、程序和保护办法，由自治区人民政府另行制定。

第二十条　保护、传承和弘扬非物质文化遗产成果突出，并具有广泛群众基础的区域，由自治区人民政府文化行政部门授予相应称号。

第三章　传　承

第二十一条　县级以上人民政府文化行政部门根据本级非物质文化遗产代表作保护单位的推荐，依据有关标准和条件，确定和命名非物质文化遗产代表性传承人或者代表性传承单位。

第二十二条　代表性传承人应当符合下列条件：

（一）完整掌握某项非物质文化遗产的表现形态或者技艺；

（二）具有某项非物质文化遗产公认的代表性、权威性和影响力；

（三）积极开展传承活动，培养后继人才。

第二十三条　代表性传承单位，应当符合下列条件：

（一）有该项目的代表性传承人；

（二）真实、全面地掌握该项非物质文化遗产的表现形态或者技艺；

（三）坚持开展以弘扬非物质文化遗产为宗旨的传承、展示活动；

（四）保存该项非物质文化遗产的相关原始资料和代表性实物。

第二十四条　县级以上人民政府文化行政部门确定和命名非物质文化遗产代表性传承人或者代表性传承单位，应当组织专家评审，并向社会公示；确定和命名的代表性传承人或者代表性传承单位，应当向社会公布。

县级以上人民政府文化行政部门应当为代表性传承人或者代表性传承单位建立档案。

第二十五条　代表性传承人和代表性传承单位享有下列权利：

（一）开展传艺、讲学以及表演、展示、艺术创作、学术研究等活动并取得相应报酬；

（二）向他人有偿提供其掌握和所有的知识、技艺以及相关的原始资料、实物、建筑物、场所等；

（三）开展传承活动有经济困难的，可以申请县级以上人民政府予以资助。

第二十六条　代表性传承人和代表性传承单位应当履行下列义务：

（一）真实、完整地保存、保护所掌握和拥有的知识、技艺以及相关的原始资料、实物、建筑物、场所等；

（二）按照师承形式或者其他方式选择、培养新的传承人；

（三）依法开展非物质文化遗产的传播、展示等活动。

第二十七条　做出重要贡献的代表性传承人和代表性传承单位，由自治区文化行政部门报自治区人民政府核准，授予杰出传承人和优秀传承单位称号。

县级以上人民政府可以通过下列方式支持杰出传承人和优秀传承单位开展非物质文化遗产传承活动：

（一）提供必要的场所；

（二）给予适当的资助；

（三）促进相关的交流；

（四）开展相应的宣传；

（五）其他形式的帮助。

第二十八条　县级以上人民政府文化行政部门应当定期对代表性传承人、代表性传承单位、杰出传承人和优秀传承单位进行评估，丧失命名条件的，由命名机关撤销其命名。

代表性传承人、代表性传承单位、杰出传承人和优秀传承单位的评定办法，由自治区文化行政部门制定，报自治区人民政府批准后实施。

第四章　利用与管理

第二十九条　县级以上人民政府确定的保护研究机构对本行政区域内具有代表性的非物质文化遗产的相关资料、实物等进行收集、收购。

鼓励单位和个人将其所有的非物质文化遗产相关资料、实物捐赠或者委托给政府所属的收藏、研究机构或者其他文化机构收藏、保管或者展出。对捐赠者，应当根据具体情况给予奖励，并颁发捐赠证书；对委托者，应当注明委托单位名称或者委托人的姓名。

鼓励有条件的单位和个人成立研究机构，兴办专题博物馆，开设专门展室，开展对非物质文化遗产的研究工作，展示有代表性的非物质文化遗产。

第三十条　公民、法人和其他组织合法拥有的非物质文化遗产资料、实物、建筑物、场所等受法律保护。

县级以上人民政府确定的保护研究机构收集、收购和受赠的非物质文化遗产资料和实物，其所有权归属国家，有关单位应当妥善保管，任何单位和个人不得侵占、破坏。

第三十一条　在自治区行政区域内进行非物质文化遗产考察、调查等活动的单位和个人，应当接受当地人民政府文化行政部门的管理。

第三十二条　列入自治区级代表作名录的非物质文化遗产，并经自治区人民政府核准为珍贵非物质文化遗产的，其资料和实物不得出境；国家另有规定的除外。

第三十三条　列入各级代表作名录的非物质文化遗产传统工艺、制作技艺、艺术表现方法和其他技艺，涉及国家秘密或者商业秘密的，应当按照有关法律、法规的规定进行传播、传授和转让。

第三十四条　县级以上人民政府应当鼓励和扶持有关单位和个人在有效保护的前提下，合理利用非物质文化遗产资源，进行弘扬优秀民族传统文化的文艺创作，开发具有民族民间和地方文化特色的传统文化产品。

利用非物质文化遗产资源，应当尊重其真实性和文化内涵，保持原有文化生态资源和文化风貌，不得歪曲、滥用。

第三十五条　县级以上人民政府应当根据需要，有计划地建立传承、展示、收藏和研究非物质文化遗产的专门设施。

第三十六条　与非物质文化遗产代表作相关的建筑物、场所等，其所有者在不改变其原始风貌、文化内涵的前提下，可以依法向公众有偿开放。当地政府文化行政部门应当建立专门档案，采取相关措施加强管理。

第三十七条　县级以上人民政府文化行政部门应当组织开展优秀非物质文化遗产的展示、展演等活动，挖掘、整理、开发、展示具有民族特色的、健康的民俗活动表演项目。

图书馆、文化馆、博物馆、科技馆等公共文化机构应当依法展示和传播本地有代表性的非物质文化遗产。有条件的应当向社会免费开放。

第三十八条　县级以上人民政府应当支持重点非物质文化遗产原始文献、典籍的记录、翻译、校订、出版、研究和开发利用等工作。

第五章　保障措施

第三十九条　非物质文化遗产保护经费应当加强管理，专款专用，不得挪作他用。

非物质文化遗产保护经费用于下列项目：

（一）非物质文化遗产普查、调查工作；

（二）濒危非物质文化遗产的抢救；

（三）非物质文化遗产的传承和传播活动；

（四）非物质文化遗产重大项目的保护和研究；

（五）非物质文化遗产珍贵资料和实物的收集、收购；

（六）对经济困难的非物质文化遗产代表性传承人和代表性传承单位的资助；

（七）对非物质文化遗产生态保护区保护工作的资助；

（八）非物质文化遗产的宣传教育；

（九）非物质文化遗产的其他保护工作。

第四十条　鼓励公民、法人和其他组织通过捐赠等方式资助非物质文化遗产保护事业。

公民、法人和其他组织捐赠资金或者实物的，依照国家有关法律、法规的规定享受优惠待遇。

第四十一条　县级以上人民政府文化行政部门应当加强非物质文化遗产保护技术的研究、运用和推广工作，提高保护非物质文化遗产的工作水平。

第四十二条　鼓励和支持教育机构开展普及、研究和传承优秀非物质文化遗产的活动，有条件的学校可以将优秀的非物质文化遗产纳入教学内容。

第四十三条　新闻出版、广播电视、互联网等公共传媒应当宣传优秀的非物质文化遗产及其保护工作，通过“文化遗产日”和传统节日等活动，宣传、普及非物质文化遗产知识，提高全社会自觉保护非物质文化遗产的意识。

第六章　法律责任

第四十四条　违反本条例规定，对列入代表作名录的濒危非物质文化遗产未采取及时、有效的抢救性保护措施的，由县级以上人民政府文化行政部门责令改正；导致灭失的，对直接负责的主管人员和其他直接责任人，依法给予行政处分；构成犯罪的，依法追究刑事责任。

第四十五条　违反本条例规定，对收集、收购和受赠的非物质文化遗产资料、实物未妥善保管的，由县级以上人民政府文化行政部门责令改正；造成损毁、被窃或者遗失的，对单位处以5000元以上50000元以下罚款，对直接负责的主管人员和其他直接责任人，由其所在单位或者上级主管部门依法给予行政处分；构成犯罪的，依法追究刑事责任。

第四十六条　违反本条例规定，侵占、破坏公民、法人和其他组织合法拥有的非物质文化遗产资料、实物、建筑物、场所的，由县级以上人民政府文化行政部门责令改正、恢复原状或者赔偿损失，并处5000元以上50000元以下罚款；有违法所得的，没收违法所得；构成犯罪的，依法追究刑事责任。

第四十七条　违反本条例规定，文化行政部门及其他有关部门工作人员，在非物质文化遗产保护工作中玩忽职守、滥用职权、徇私舞弊的，由其所在单位或者上级主管部门依法给予行政处分；构成犯罪的，依法追究刑事责任。

第七章　附　则

第四十八条　本条例所称非物质文化遗产资料、实物和场所等，被依法认定为文物、文物保护单位或者其他保护单位的，适用有关法律、法规。

第四十九条 本条例自2008年4月1日起施行。

深圳市文化产业促进条例

（2008年7月22日深圳市第四届人民代表大会常务委员会第二十次会议通过　2008年9月26日广东省第十一届人民代表大会常务委员会第五次会议批准）

第一章　总　则

第一条　为了深入实施文化立市战略，健全完善文化产业发展的促进和保障机制，加快文化产业发展步伐，增强文化软实力，依据国家有关法律、法规的规定，结合深圳市（以下简称本市）实际，制定本条例。

第二条　本条例所称的文化产业，是指为社会公众提供文化、娱乐产品和服务的活动，以及与这些活动有关联的活动的集合。

本条例所称的文化企业，是指从事前款规定生产经营活动的生产经营单位。

第三条　促进文化产业发展应当遵循以下原则：

（一）统筹规划、协调发展；

（二）鼓励自主创新；

（三）扶持特色和优势文化产业；

（四）强化知识产权保护；

（五）社会效益和经济效益相统一。

第四条　市、区人民政府（以下简称市、区政府）应当制定文化产业发展规划，并将其纳入国民经济和社会发展规划以及城市总体规划。

市、区政府在制定文化产业发展规划时，应当采取多种形式广泛征求社会各界意见。

第五条　市、区政府应当根据文化产业发展规划，制定相应的文化产业政策；对纳入政府投资导向目录的鼓励性文化产业项目，应当予以引导、扶持。

第六条　市、区政府应当在土地、资金、人才等方面，优先支持发展新兴和原创文化产业，重点扶持特色和优势文化产业，积极促进民族和传统文化产业化。

鼓励和支持非公有制文化企业的发展。

第七条　市政府文化产业发展行政事务机构履行下列职责：

（一）贯彻执行有关文化产业发展的法律、法规和规章；

（二）组织拟定、实施文化产业发展规划和政策；

（三）参与制订政府投资导向目录，参与政府投资的文化产业项目的论证和审核；

（四）对文化产业发展进行综合协调、指导和服务；

（五）协调、指导文化产业园区和基地建设以及文化产业项目的预申报工作，推进重大文化产业项目建设；

（六）组织和指导文化产业展示交易、信息平台、公共技术平台的建设；

（七）按照有关规定监管文化产业发展专项资金；

（八）法律、法规规定和市政府赋予的其他职责。

市政府有关部门应当在各自职责范围内促进文化产业发展。

第二章　创业发展扶持

第八条　市、区政府应当建立健全文化产业发展的信息、技术、交易服务平台，构建本市文化产业发展支持体系，营造有利于促进文化产业发展和创立知名文化品牌的环境。

第九条 市、区政府和司法机关应当加强知识产权保护制度建设，完善知识产权行政执法与司法保护机制。积极提供知识产权公共服务，支持和指导文化企业增强自我维权的意识和能力。

第十条 市、区政府应当扶持文化产业园区和基地的建设，支持建立以企业为主导、市场化运作的文化产业园区和基地，引导相关文化企业和中介机构进入文化产业园区和基地。打造国家级创意产业园区，积极吸引知名文化企业、中介组织和研究培训机构把总部或者研发、制造、采购、财务中心设在园区。

支持将旧城区、旧村、旧工业区改造成为文化产业园区和基地。

第十一条 引导依法成立各类文化产业领域的行业协会。

第十二条 鼓励发展独立公正、规范运作的文化中介机构，增强服务功能。

鼓励中介机构在市场开拓、投资融资、产权交易、文化经纪、资质认定等方面为文化企业提供服务。

第十三条 国家机关、事业单位和社会团体，在使用政府财政性资金采购文化产品和服务时，在同等条件下应当优先采购本国自主创新型的文化产品和文化服务。

第十四条 文化企业可以按照有关规定享受国家、省以及本市扶持文化产业发展的各项优惠政策。经认定为高新技术企业的，也可以选择享受国家、省以及本市扶持高新技术产业发展的各项优惠政策。

第十五条 市、区政府应当建立科学、合理的评价与激励机制。对获得年度最佳创意成果转化、年度最大出口量文化企业以及为本市文化产业发展做出突出贡献的个人给予适当的奖励。

第三章 出口扶持

第十六条 鼓励和支持文化企业依法从事下列文化产品和服务出口业务：

（一）赴境外开展音乐、戏剧、杂技、民间文艺等商业演出；

（二）赴境外开展图书、报刊、电子出版物、艺术品、工艺美术品等商业展览、展销活动。

第十七条 鼓励和支持文化企业按照有关规定与国际著名文化制作、经纪、营销机构合作，利用境外合作者的资金、技术和营销渠道，生产制作科技含量高、资金密集型的出口文化产品和服务，开展国际营销。

第十八条 市、区政府以及相关服务机构应当为文化企业从事文化产品和服务出口业务提供指导和支持，并在研发设计、境外投资、对外合作、出国参展、广告宣传、整体推广、营销网络、金融保险、知识产权保护、公共信息服务等方面给予扶持。

第十九条 市、区政府应当充分利用中国（深圳）国际文化产业博览交易会等文化产品和服务展示交易平台，推动文化产品和服务出口。

市文化产业发展行政事务机构、相关行业主管部门和行业协会应当组织有影响的文化商业项目到境外参加国际演出、评比和展览活动。

第四章 资金支持

第二十条 金融机构、担保机构、产权交易机构以及中介机构应当为文化企业提供相关服务。

支持文化企业通过发行债券、股票等方式在国内外资本市场筹集资金。

第二十一条 文化产业发展专项资金重点扶持发展新兴文化产业和特色品牌文化企业以及文化企业的文化创意、成果转化、重大文化项目和文化人才的培养。

文化产业发展专项资金管理办法由市政府另行制定。

第二十二条 建立和完善文化产业发展专项资金投入绩效评估机制。

市文化产业发展行政事务机构应当会同有关部门对文化产业发展专项资金的使用情况和项目执行情况进行年度评估，并将评估结果报告市政府；市财政、审计部门应当监督检查专项资金的管理和使用情况。

第五章 人才培养与引进

第二十三条 市、区政府应当建立文化产业人才的培养和引进机制，并将文化产业人才培养和引进纳入人才工作规划和人才引进目录。

编制人才工作规划和人才引进目录时，对涉及文化产业人才的内容，应当征求相关文化企业、文化行业协会的意见。

第二十四条 鼓励和支持高等院校、科研机

构、职业培训机构和文化企业建立具有规模化、专业化、市场化、国际化的文化产业教学、科研和培训基地。

鼓励高等院校根据文化产业发展的实际需要调整专业设置。

鼓励和支持高等院校、科研机构与境外机构联合培养文化产业人才。

第二十五条 鼓励和支持民族（传统）文化的技艺大师、传人收徒授业。

以师承关系学习民族（传统）技艺，取得相应职业资格的，可以享受相应的人才待遇。

第二十六条 市政府有关部门应当根据文化产业发展的实际需要，制定相应的政策，建立灵活用人机制，支持用人单位引进文化产业中的高端人才和紧缺的专业人才。

第六章 附 则

第二十七条 市政府应当在本条例实施之日起六个月内制定相应的配套办法。

第二十八条 外资从事文化产业依照有关法律、法规的规定执行。

第二十九条 本条例自2009年1月1日起施行。

北川羌族自治县
非物质文化遗产保护条例

（2008年1月11日北川羌族自治县第二届人民代表大会第二次会议通过 2008年5月21日四川省第十一届人民代表大会常务委员会第三次会议批准 2008年8月1日北川羌族自治县人民代表大会常务委员会公告第1号公布 自2008年9月1日起施行）

第一章 总 则

第一条 为了加强非物质文化遗产的保护，继承和弘扬优秀的民族传统文化，根据有关法律法规和《北川羌族自治县自治条例》，制定本条例。

第二条 北川羌族自治县（以下简称“自治县”）行政区域内非物质文化遗产的保护和管理，适用本条例。

本条例所称非物质文化遗产，是指自治县各族人民世代相承、与生产生活密切相关的各种传统文化表现形式和文化空间。包括：

（一）古语言文字、少数民族语言文字以及口头传说和表述；

（二）具有代表性的戏剧、曲艺、山歌、民谣、音乐、舞蹈、绘画、杂技等表演艺术；

（三）有民族民间特色和代表性的传统节日、礼仪、习俗，体育竞技、民间游艺；有关大禹的民俗活动及其他有研究价值的民间传统文化活动；

（四）民间文化传承人及其所掌握的传统制作技艺和代表作品；

（五）气象、历法等有关自然界和宇宙的民间传统知识与实践；

（六）反映红军长征途经北川时的故事、歌谣及形成的特色文化；

（七）民间传统医药医学和保健知识、技能；

（八）与上述传统文化表现形式相关的资料、实物、自然场所和文化空间等。

第三条 自治县非物质文化遗产保护工作坚持政府主导、全社会共同参与，贯彻保护为主、抢救第一、合理利用、传承发展的原则，并采取认定、建档、保存、研究、宣传等措施予以保护、弘扬和振兴。

第四条 自治县人民政府应当加强对非物质文化遗产保护工作的领导，建立部门联席会议制度，统一协调非物质文化遗产保护工作；应当将非物质文化遗产保护工作纳入国民经济和社会发展规划；非物质文化遗产保护所需经费纳入本级财政预算，予以保障。

第五条 自治县人民政府文化主管部门负责非物质文化遗产的保护与管理工作。

自治县人民政府有关部门应当按照各自的职责，做好非物质文化遗产保护工作。

第六条 自治县内的国家机关、社会团体、企业事业单位和公民个人，都有保护非物质文化遗产的责任和义务。

第二章 非物质文化遗产的保护与管理

第七条 自治县人民政府应当开展非物质文化遗产调查和普查工作，编制保护规划，制定非物质文化遗产保护名录，确定抢救的重点项目，向社会公布并组织实施。具体实施办法由县人民政府制定。

对即将消失的有重要价值的非物质文化遗产，应当及时组织抢救。非物质文化遗产资料、实物，应当运用文字、录音、录像、数字化多媒体等先进技术按专业标准进行真实、系统和全面的记录，并完整归档，妥善保存和管理。

第八条　自治县人民政府设立的收藏、研究以及其他文化机构征集、收购和受赠的非物质文化遗产资料、实物属国家所有，应当妥善保管。任何单位和个人不得侵占、破坏。

公民、法人和其他组织合法拥有的承载非物质文化遗产的珍贵资料、实物、场所等，其所有权受法律保护。

非物质文化遗产的知识产权受相关法律法规保护。

第九条　自治县人民政府设立的收藏、研究以及其他文化机构对本行政区域内具有代表性的非物质文化遗产资料和实物进行征集、收购时，应当遵循自愿、公平原则，合理作价。

第十条　自治县鼓励拥有非物质文化遗产资料、实物的单位和个人将资料、实物捐赠给政府设立的收藏、研究机构收藏、保管或者展出。对捐赠者，应当给予奖励，并颁发捐赠证书。

第十一条　自治县鼓励民族和文化艺术研究机构，其他学术团体、单位及个人从事非物质文化遗产的考察、收集与研究，并对其成果给予保护。

第十二条　境外组织、个人到自治县进行非物质文化遗产考察、研究活动的，应当按有关规定报批。县内组织、个人向其提供本行政区域非物质文化遗产资料、实物，应当经自治县人民政府文化主管部门同意，并在交付前，向自治县人民政府文化主管部门送交收集或者提供的实物图片和资料副本。

第十三条　开展非物质文化遗产考察、采访和其他活动，应当尊重当地习俗，维护民族团结。

整理、出版非物质文化遗产资料，应当尊重民族风俗习惯，保持其原有内涵和风貌。

利用非物质文化遗产进行创作、改编、表演、展示、产品开发、旅游等活动，应当尊重其原真性，不得歪曲滥用。

第十四条　需对限制摄影、录音、录像的非物质文化遗产资料和实物进行摄影、录音、录像的，必须经所有者同意并报自治县文化主管部门批准。

第十五条　民间传统工艺美术品的经营按照国家有关规定执行。禁止经营珍贵的非物质文化遗产的原始资料和实物。

第十六条　经文化主管部门认定的具有重要历史、艺术、科学价值的非物质文化遗产资料和实物，未经依法批准，一律不得出境。

第三章　非物质文化遗产的传承与发展

第十七条　自治县人民政府对列入本级非物质文化遗产保护名录的项目，可以命名传承人或传承单位。

对符合市级、省级、国家以及联合国非物质文化遗产项目的，自治县人民政府文化主管部门应当积极组织申报。

第十八条　公民、法人或其他组织认为符合非物质文化遗产保护条件的项目，可以向自治县人民政府文化主管部门推荐或提出保护的申请，经评审鉴定机构认定后，由自治县人民政府公布，列入保护范围。

第十九条　符合下列条件之一的公民，可以申请或者被推荐为自治县非物质文化遗产传承人：

（一）本地区或本民族群众公认为通晓一种或多种非物质文化遗产活动内涵、形式、组织规程的代表人物；

（二）掌握一种或多种民间传统技艺，在当地有较大影响或者被公认为技艺精湛的；

（三）技艺自成体系，并开展传承活动，培养后继人才的；

（四）保存某一非物质文化遗产的原始文献、资料和实物，并且有一定研究成果的。

第二十条　符合下列条件之一的组织或团体，可以申请为自治县非物质文化遗产传承单位：

（一）掌握某项非物质文化遗产的表现形态、传统工艺或者制作技艺，并对其进行研究、传播取得显著成绩的；

（二）以弘扬、保护非物质文化遗产为宗旨，经常开展相关活动，发掘和发展非物质文化遗产有独特之处的；

（三）收藏、保存一定数量非物质文化遗产资料或实物，并且有一定研究成果的；

（四）在自治县内被公认具有代表性或者影响较大的。

第二十一条　传承人或传承单位由自治县人民政府文化主管部门会同有关部门和专家确认，并予以公示。

对公示的传承人或传承单位有异议的，应当于公示之日起60日内向发布单位提出；自治县人民政府文化主管部门应当组织相关部门和专家进行审核，对没有异议或者经审核异议不成立的，报自治县人民政府公告、命名、颁证、建档，并报上一级人民政府文化主管部门备案。

第二十二条　传承人、传承单位享有以下权利：

（一）开展传艺、讲学以及艺术创作、学术研究等活动；

（二）有偿提供其掌握的知识和技艺以及有关的原始资料、实物、建筑物、场所。

第二十三条　传承人、传承单位应当履行以下义务：

（一）保存承载非物质文化遗产的原始资料、实物、建筑物、场所；

（二）按照师承形式或者其他方式选择、培养新的传承人；

（三）在法律法规的规定范围内开展传播、展示活动。

第二十四条　符合下列条件的，自治县人民政府可以划定为非物质文化遗产文化生态保护区：

（一）居住相对集中，民族、语言相同，能够集中反映原生态民族民间文化的；

（二）传统生产、生活习俗比较有特色的；

（三）传统民居建筑风格独特并有一定规模的；

（四）传统文化艺术以及手工技艺一脉相承的。

第二十五条　符合下列条件的，自治县人民政府可以命名为文化艺术之乡：

（一）文化艺术历史悠久、民族或者地方特色和风格鲜明的；

（二）传统技艺精湛，种类独特，世代相传，有较高艺术性和观赏性，并具有广泛群众基础的；

（三）民族建筑具有独特性，并具有较高的研究、旅游、经济开发价值的。

第二十六条　划定非物质文化遗产文化生态保护区、命名文化艺术之乡，应当尊重当地群众意愿，由所在地乡镇人民政府申报，自治县人民政府文化主管部门组织相关部门和专家评审认定，报自治县人民政府批准并公布，并报上一级人民政府文化主管部门备案。

第二十七条　列入非物质文化遗产名录的表演艺术、传统工艺和制作技艺等，属于国家秘密的，按照国家保密法律、法规规定的程序确定密级，予以保护；属于商业秘密的，按照国家相关法律、法规予以保护。

纳入保密范围的非物质文化遗产传统工艺、制作技艺和艺术表现方法以及其他非物质文化遗产，应当依照法律、法规规定的方式、途径进行传播、传授和转让。

第二十八条　自治县人民政府应当结合实际，合理利用非物质文化遗产项目，弘扬优秀传统文化，发展文化产业：

（一）发展有民族特色的非物质文化遗产工艺品、服饰、器皿等旅游商品；

（二）有重点、有选择地做好非物质文化遗产的原始经卷、典籍、文献、音乐、歌曲的收集、整理、翻译、出版等研究和利用；

（三）有规划地修缮、维护能集中反映民族特色文化的设施、民居、建筑物、标志以及特定的自然场所等，并有重点地对游人开放；

（四）将名胜风景区和非物质文化遗产文化生态保护区、文化艺术之乡的自然风光与民族文化相结合，利用文化资源，提升旅游文化品位；新建建筑物，应体现民族特色；

（五）有计划地组织民间优秀传统文化的展演及其他活动，深入发掘和创新具有民族特色的民俗活动表演项目，增强其艺术性、观赏性和群众参与性；

（六）开展非物质文化遗产的文学艺术创作活动；

（七）运用多种形式，扩大非物质文化遗产的对外宣传。

第二十九条　自治县人民政府应当组织有关部门编写非物质文化遗产常识读本，宣传、弘扬优秀非物质文化遗产。

报刊、广播、电视、网络等公共媒体，应当介绍、宣传优秀的非物质文化遗产及其保护工作，普及保护知识，提高全社会对非物质文化遗产的保护意识。

第三十条　鼓励非物质文化遗产传承人或传承单位选择、培养新的传承人和依法开展传艺、讲学以及艺术创作、学术研讨等活动。

鼓励、支持公民、法人和其他组织与境内外的组织和个人依法开展非物质文化遗产的交流合作。

第三十一条　开发利用非物质文化遗产的活动必须遵守法律法规，不得扰乱公共秩序，侵犯公民合法权益和损害公民身心健康。

第四章　保障措施

第三十二条　自治县人民政府应当建立非物质文化遗产保护专项资金。资金来源：

（一）向上级人民政府及其部门争取非物质文化遗产保护专项经费；

（二）本级财政预算安排；

（三）接受国内外组织和个人的捐助。

第三十三条　非物质文化遗产保护专项资金用于：

（一）非物质文化遗产重点项目的保护、发展和研究；

（二）非物质文化遗产资料和珍品的征集、收购、整理和保存；

（三）抢救濒危的非物质文化遗产重点项目；

（四）对传承单位和传承人予以资助；

（五）对非物质文化遗产文化生态保护区、文化艺术之乡的资助；

（六）非物质文化遗产保护工作的表彰、奖励；

（七）非物质文化遗产保护项目的申报。

第三十四条　自治县人民政府应当主动争取上级人民政府对非物质文化遗产保护工作的指导和在人才、技术上的支持、帮助。

自治县人民政府应当重视对非物质文化遗产专业研究人才的选配和培养，注重发挥文化馆、文物管理所、博物馆、图书馆、禹羌文化研究中心等单位在征集、收藏、研究、展示非物质文化遗产中的作用，并为其开展工作提供条件，保障必要的工作经费。

第三十五条　非物质文化遗产文化生态保护区、文化艺术之乡的建设，应当遵循先规划、后实施的原则，自治县人民政府及有关部门应当给予支持，并为其提供必要的条件。

第三十六条　企业、事业单位、公民和其他组织在非物质文化遗产保护、研究、整理、传承等方面的经费投入，依照国家有关文化产业政策和税收规定，享受优惠。

对有开发价值和经济效益的传统文化产品、民族旅游服务及其他非物质文化遗产产业，应当按照国家有关规定，给予税收、信贷等方面的优惠和支持。

第三十七条　对保护名录中承载有非物质文化遗产的建筑物、特定场所等，在城乡规划和建设时，应当采取相关措施予以保护。

第三十八条　符合下列条件之一的单位和个人，自治县人民政府应当给予表彰和奖励：

（一）组织实施本条例成绩显著的；

（二）从事非物质文化遗产抢救、发掘、收集、整理、出版、研究工作成绩显著的；

（三）对非物质文化遗产的传承做出突出贡献的；

（四）将其收藏的非物质文化遗产珍贵资料或实物捐赠给国家的；

（五）与破坏、损毁非物质文化遗产行为作斗争事迹突出的；

（六）利用非物质文化遗产社会效益和经济效益显著的。

第三十九条　非物质文化遗产传承人、传承单位，非物质文化遗产文化生态保护区、文化艺术之乡丧失命名条件的，由自治县人民政府予以撤销。

第五章　法律责任

第四十条　违反本条例规定，有侵占、破坏保护名录中承载非物质文化遗产的资料、实物、场所等行为的，由自治县人民政府文化主管部门责令归还、恢复原状或者赔偿损失，可处2000元以上2万元以下的罚款；情节严重的，处2万元以上10万元以下的罚款。有违法所得的，没收违法所得。构成犯罪的，依法追究刑事责任。

第四十一条　违反本条例第十二条规定，未经审核批准对县内非物质文化遗产进行实地考察与研究的，由自治县人民政府文化主管部门责令停止，可处2000元以上2万元以下的罚款。有考察所得资料、实物的，依法予以没收。

第四十二条　自治县人民政府文化主管部门及有关部门工作人员违反本条例规定，有下列行为的，依法给予行政处分；构成犯罪的，依法追究刑事责任：

（一）履行保护管理职责不力，玩忽职守，

造成严重后果的；

（二）不按照规定采取科学有效保护措施，造成濒危非物质文化遗产失传或破坏的；

（三）徇私舞弊，参与破坏、侵占非物质文化遗产的；

（四）滥用职权，违法实施行政处罚的；

（五）其他违法情形。

第六章　附　则

第四十三条　本条例所指的非物质文化遗产资料、实物、建筑物和场所，被确定为文物或文物保护单位的，适用文物保护法律法规的规定。

第四十四条　本条例的修改权属于自治县人民代表大会，解释权属于自治县人民代表大会常务委员会。

第四十五条　本条例自 2008 年 9 月 1 日起实施。

浙江省文化市场综合行政执法管理办法

（2008 年 10 月 23 日浙江省人民政府令第 253 号公布，自 2009 年 1 月 1 日起施行）

第一条　为了加强文化市场管理，规范文化市场综合行政执法行为，保护公民、法人和其他组织的合法权益，根据《中华人民共和国行政处罚法》及有关法律、法规，制定本办法。

第二条　本办法所称文化市场综合行政执法，是指市、县（市、区）文化广播电视新闻出版行政管理部门（以下简称委托机关）通过委托方式，依法将文化市场的监督检查、行政强制、行政处罚等事项，委托文化市场综合行政执法机构（以下简称综合执法机构）实施的行政执法活动。

综合执法机构所需经费列入同级财政预算。

第三条　文化市场综合行政执法应当遵循合法、公正、公开的原则，坚持秉公执法、文明执法，接受社会监督。

第四条　文化市场综合行政执法的范围是：

（一）营业性演出，音像制品经营，娱乐场所经营，艺术品经营，电影发行、放映，互联网上网服务营业场所经营，社会艺术水平考级，非物质文化遗产保护，文物保护和文物经营；

（二）广播影视节目制作、经营和传送，广播电视设施建设、保护和安全播出，卫星电视广播地面接收设施安装、设置和使用，互联网视听节目服务，公共视听载体播放视听节目服务；

（三）出版物的出版、印刷（复制）、发行、进出口等经营，著作权（版权）保护，包装装潢印刷品及其他印刷品印刷经营；

（四）法律、法规、规章规定的其他文化市场活动。

第五条　委托机关委托综合执法机构实施行政执法，应当依法以书面形式明确具体的委托事项、权限，并将委托文件、依据等材料分别报送本级人民政府和上一级文化广播电视新闻出版行政管理部门备案。

第六条　综合执法机构应当建立健全行政执法相关制度，在受委托的权限内依法履行职责，并接受委托机关的监督。

综合执法机构应当建立投诉、举报工作制度，公布投诉、举报电话，对投诉、举报文化市场活动中的违法行为依法及时受理和调查处理。

第七条　委托机关和上级业务主管部门应当加强对执法人员的政治理论和业务知识培训，提高执法队伍的整体素质和执法水平。

综合执法机构执法人员应当经过行政执法资格考试合格，取得“浙江省行政执法证”。

综合执法机构应当具备必要的设施、设备等执法条件。

第八条　综合执法机构实施行政执法调查或者现场检查时，应当制作调查、检查笔录，并由执法人员和当事人签名。当事人拒绝签名或者不能签名的，应当注明原因。

综合执法机构执法人员依法执行职务时，应当出示“浙江省行政执法证”。

第九条　综合执法机构执法人员与当事人有直接利害关系的，应当回避。执法人员的回避，由综合执法机构负责人决定；综合执法机构负责人的回避，由委托机关负责人决定。

第十条　综合执法机构在行政执法活动中依法对有关物品、工具采取暂扣、封存或者对证据采取先行登记保存措施的，应当经委托机关负责人批准，并向当事人出具加盖委托机关公章的书面通知书，制作清单，载明财物名称、型号、数量、保存地点等事项，由执法人员和当事人签名。

第十一条　依法采取暂扣、封存措施的，应当根据不同情况对暂扣、封存的财物做出以下处理：

（一）经查明不宜继续暂扣、封存，或者暂扣、封存期限届满的，依法解除暂扣、封存；

（二）依法应当没收暂扣、封存的违法财物的，做出没收违法财物的行政处罚决定，予以没收；

（三）根据法律规定可予以拍卖或者以其他方式处置的，依法予以拍卖、处置。

第十二条　依法采取先行登记保存措施的，应当根据不同情况对先行登记保存的证据做出以下处理：

（一）经复制、摄录等方式进行证据保全后，依法解除先行登记保存；

（二）需要暂扣、封存有关证据的，依法决定对有关证据采取暂扣、封存等强制措施；

（三）依法没收先行登记保存的违法财物的，按照行政处罚决定执行。

第十三条　综合执法机构对暂扣、封存或者先行登记保存的财物，应当妥善保管，不得使用、损毁、遗失。

对依照本办法第十一条、第十二条规定解除暂扣、封存、先行登记保存的财物，综合执法机构应当通知当事人在规定期限内认领；当事人不明确或者经通知不认领的，应当发布财物认领公告；自公告之日起满3个月不认领的，可以按无主财物依法处理。

第十四条　对违法行为依法实施行政处罚的，在做出行政处罚决定前，综合执法机构应当告知当事人做出行政处罚决定的事实、理由和依据以及当事人依法享有的权利。

第十五条　在做出下列行政处罚决定之前，应当告知当事人有要求举行听证的权利：

（一）罚款数额或者没收财物价值，非经营性违法行为2000元以上、经营性违法行为5万元以上，但法律、法规另有规定的，从其规定；

（二）责令停产停业；

（三）吊销许可证。

当事人在收到听证权利告知书之日起3日内提出听证要求的，应当依法组织听证。

第十六条　行政处罚决定应当以委托机关的名义做出。

依法做出本办法第十五条第一款规定的行政处罚或者案情复杂需要集体讨论的，应当由委托机关负责人集体讨论决定。

第十七条　在文化市场综合行政执法中，对违法行为的行政处罚，除依法当场处罚外，应当自立案之日起60日内做出行政处罚决定；因案情复杂等特殊情况确需延长的，应当经委托机关负责人批准，但延长期限最长不得超过30日；依法检验、鉴定所需时间不计算在上述期间内。

第十八条　在文化市场综合行政执法中发生重大事件时，综合执法机构应当即时向委托机关报告，并于24小时内以书面形式上报事件基本情况和处理情况。依法应当向本级人民政府和上级行政主管部门报告的，按有关规定执行。

第十九条　委托机关应当加强对综合执法机构的队伍建设、制度落实、执法活动的监督检查。上级综合执法机构应当加强对下级综合执法机构的业务指导。

综合执法机构应当定期向委托机关报告行政执法情况和文化市场秩序情况。

第二十条　县级以上人民政府应当按照《浙江省县级以上人民政府行政执法监督条例》的规定，加强对文化市场综合行政执法的监督，及时协调、处理有关重大问题。

省文化（文物）、广播电视、新闻出版（版权）行政管理部门应当根据各自职责，加强对文化市场综合行政执法工作的指导、协调和监督。

各级公安、工商、城市管理行政执法等有关部门应当依法履行职责，并配合综合执法机构做好文化市场综合行政执法的相关工作。

乡（镇）人民政府及有关机构应当协助做好农村文化市场综合行政执法工作。

第二十一条　委托机关对其委托的事项不履行指导、监督职责，有渎职、失职行为，造成后果的，由有权机关按照管理权限，对负有直接责任的主管人员和其他直接责任人员依法给予行政处分。

第二十二条　综合执法机构及其执法人员有下列行为之一的，由委托机关责令改正，对负有直接责任的主管人员和其他直接责任人员依法给予处分；构成犯罪的，依法追究刑事责任：

（一）滥用职权、执法违法的；

（二）执法不当，侵犯公民、法人及其他组织合法权益的；

（三）不严格履行法定职责，导致本地区文化市场秩序混乱或者其他严重后果的；

（四）违法参与文化市场经营活动的；

（五）利用职权或者工作之便索取、收受他人财物，或者支持、纵容、包庇文化市场违法经营活动的；

（六）对投诉、举报不受理、不处理，拖延推诿，或者泄露投诉、举报人情况和执法活动安排的；

（七）伪造、篡改、隐匿和销毁证据的；

（八）侵占、挪用罚没财物或者侵占、使用、损毁被暂扣、封存、先行登记保存的财物的；

（九）其他违反法律、法规、规章规定的行为。

第二十三条　本办法自 2009 年 1 月 1 日起施行。

中国文化年鉴

Chinese Culture Yearbook

文化体制改革

cultrual Restructuring

2008年，文化部贯彻落实全国文化体制改革工作会议精神，下发《关于进一步深化文化系统文化体制改革的意见》，明确了当前和今后一个时期推进文化体制改革的总体要求和指导方针，对重点领域的重点工作进行了部署，加强了对文化系统改革工作的指导。配合中宣部、财政部等部门，积极推进改革配套政策的完善，推动出台国办发〔2008〕114号文件。制定印发《文化部关于印发直属事业单位岗位设置管理工作实施方案的通知》，文化部直属事业单位内部机制改革继续深化。积极探索文艺院团改革和经营性文化单位转企改制的有效途径。文化市场综合行政执法改革成效显著。

一、深入开展调研工作，加强对文化体制改革的指导

2008年初，文化部调研组先后到湖北、浙江、江苏、上海、北京、四川、云南、广东、贵州、广西等10个省、自治区、直辖市调研，深入上百个基层文化单位，召开省、市、县和调研组内部等不同层次、规模的专题座谈会20多场，同基层文化工作者及文化行政部门的负责同志进行了广泛的交谈，与所到省市的党政主要负责人就如何深入贯彻落实党的十七大精神、迅速推进文化大发展大繁荣交换了意见，起草了《关于湖北等十省区市文化建设调研报告》，提出下一步深入推进文化体制改革的思路，并报送中央有关部门。在深入调研的基础上，围绕文化领域改革的重点、难点和普遍性的问题，起草了《文化部关于进一步深化文化系统文化体制改革的意见》（文政法发〔2008〕30号），对下一步文化系统体制改革工作做出安排和部署。2008年10月，赵维绥副部长率队赴山西、河南，督查当地文化体制改革进展情况，起草调研报告报送中宣部。由政策法规司牵头，财务司、人事司、艺术司、产业司、市场司、外联局等有关司局同志组成调研组，对国家图书馆、中国美术馆、中国艺术科技研究所、中国东方歌舞团、国家话剧院、中央芭蕾舞团、中国对外文化集团公司、中国演出管理中心、文化部文化市场发展中心、中国录音录像总社等10个直属单位（包括公益性单位、经营性单位、直属院团三类单位）进行调研，在调研的基础上起草了文化部直属单位改革调研报告。对中国录音录像出版总社、中国演出管理中心、文化市场发展中心、中国对外文化集团公司进行了多次专题调研，了解具体情况，会同有关部门协商改革方案。深入细致的调研工作为摸清情况、明确改革思路奠定了坚实的基础。

二、经营性文化事业单位转企改制进一步推进

2008年，文化系统积极推进经营性文化单位转企改制，形成了一批富有活力和竞争力的国有文化企业及企业集团。一大批演出公司、电影公司、音像公司、影剧院完成了由事业体制向企业体制的转换。中国对外文化集团公司改制以来，逐步建立现代企业制度，激发了生产活力。在成功承办国家重大文化活动的同时，实施多元发展和品牌战略，与上海等地合作，形成了以“时空之旅”为代表的一批自有品牌产品，在海外和国内两个市场都取得了不俗成绩。北京市演出公司和北京市对外文化交流公司分别与北京市国有资产经营有限公司实行资产重组，转制成为由国有资本控股的演出公司。经营性文化事业单位通过转企改制，解除了原有体制的束缚，整合了优势资源，形成了富有活力的文化产品生产经营机制，文化生产力的巨大能量得到释放，生产实力和发展规模不断壮大，实现了社会效益和经济效益的双丰收。

对国有文化资产的监管进一步加强。按照有关法律法规和政策规定，明确主管单位和出资人，切实加强对转企改制单位国有经营性文化资产的管理和监督。北京市文化局文化设施运营管理中心与北京市国有资产经营有限公司签订了《国有资产委托协议书》，将北京儿童艺术剧院股份有限公司等7家已转企改制单位的国有资产授权北京市国资公司管理。充分利用北京市国资公司的管理经验和投融资渠道优势，提高国有资产的运行效率，为完成改制的文化企业提供更多的融资机会和更广的投资领域，给企业不断发展壮大提供了更有利的条件。

三、积极探索多种方式、多种途径，大力推动国有文艺院团改革

2008年，部分省区市积极探索多种资源整合方式，优化艺术资源配置和艺术表演团体布局结构。杭州越剧院、杭州歌舞剧院等5家市属文艺院团与杭州华数数字电视有限公司开展合作，探索传统文艺院团与数字电视、互联网协作发展新模式。贵州省启动省京剧院和贵阳市京剧院两团

整合工作，制定出台《贵州京剧院组建方案》、《省、市京剧团改革成本分析及匡算》等9个配套政策，积极探索同一城市同类国办艺术院团资源整合和结构调整。云南省昆明市整合市属艺术表演团体资源，注销与省属院团重复设置的滇剧团、花灯剧团，组建昆明歌舞剧院。允许优秀演艺人员向省属院团流动，其余艺术人员安排从事群众艺术辅导等工作。部分省市整合艺术表演团体、剧场、演出经纪机构等相关资源，组建演艺集团。福建省京剧院与凤凰剧院整合并成立凤凰演艺公司。还有部分省区市积极开展文艺院团转企改制的试点，选择具有较好市场潜力的文艺品种及文艺院团，通过引入战略投资者，或者管理者与职工持股等方式，实行股份制改造，实现文艺院团体制的创新。4月，包头市将内蒙古话剧团、包头市歌舞剧团整建制移交市广电局管理，将包头艺术学校移交包头市教育局，整合包头市漫瀚团、市晋剧团、市青年晋剧团等艺术表演团体，组建包头市漫瀚艺术大剧院，将文化局直管的黄河影剧院划归市群众艺术馆，成立“包头市群众文化艺术活动中心”，包头艺术创作评论中心和包头市艺术研究所合并组建包头市艺术研究创评中心。

在深化国办院团改革的同时，加大对民营职业剧团的扶持，鼓励非公有资本参与文艺表演团体、演出场所等国有文化单位的公司制改造，非公有资本可以控股。2008年，全国民营文艺表演团体已超过7000家。河南的宝丰、濮阳，浙江的台州、嵊州等地，民营文艺表演团体已经初步具备产业化规模，并带动了艺术教育、剧（节）目创作、舞台及服装、道具制作等相关产业的发展。民营剧团深入基层、面向市场、机制灵活，成为活跃农村文化的重要生力军。在民营剧团发展的同时，一批与旅游业相结合，通过剧目股份制、节目公司制的形式吸纳社会投资参与艺术创作的机构也逐步兴起，它们挖掘地方特色文化资源，打造出一批具有市场效益和社会影响力的品牌，《丽水金沙》、《印象刘三姐》、《宋城千古情》、《禅宗少林——音乐大典》等就是其中具有代表性的作品。举办优秀民营文艺表演团体研修班，加强了对民营文艺表演团体的扶持。与中宣部等有关部门联合召开全国服务农民服务基层文化建设先进单位表彰大会，对民营院团、文化馆站、文化大院等直接服务农民的文化机构、团体进行了表彰奖励。

四、文化市场综合执法改革全面推进

2008年，文化部大力推进文化市场综合执法改革，调整合并有关行政执法队伍，组建统一的文化市场综合执法机构。试点地区综合执法改革各项任务基本完成，北京、上海、重庆、沈阳、西安、深圳等市和其他37个地级市完成了文化市场行政综合执法机构组建，执法效率和依法行政能力明显提高，文化市场管理中长期存在的职能交叉、多头执法等问题得到初步解决。通过开展文化市场行政执法队伍建设年活动，提升了文化市场管理队伍的素质和技术监管水平。各地文化主管部门扶持经营者成立行业协会，加强了行业协会的建设，完善了行业协会的功能。奥运会期间，北京、上海、天津、辽宁、河北等省市深入开展文化市场“奥运保障行动”，加强对重点地域、重点场所、重点部位的执法检查，整顿规范文化市场秩序，有力保障了奥运前后文化市场平稳、有序运行。

五、深化公益性文化事业单位内部改革，公共文化服务体系建设迈出新步伐

2008年，文化部门以改革创新的精神贯彻落实中办国办《关于加强公共文化服务体系建设的若干意见》，深入研究公民基本文化权益的内涵，探索建立公民基本文化权益的指标体系，按照结构合理、网络健全、运行有效、惠及全民的原则，以政府为主导、以公益性文化单位为骨干、鼓励全社会积极参与，努力建立以公共文化产品服务供给、设施网络、资金人才技术保障、组织支撑和运行评估为基本框架的覆盖全社会的公共文化服务体系。各级政府对文化事业的投入显著增加，一些地方结构布局调整和资源整合力度加大，文化事业单位的公益属性得以强化，公益事业单位的效用得到较好发挥。

一是中央和地方政府更加重视公共文化服务，加大了对公共文化服务的投入。2008年，全年国家文化事业费达到248亿多元，中央财政安排地方文化建设专款共10.7亿元，有力推动了全国文化工程的实施。地方财政对公益文化事业的投入也有较大增长，一些省区市还出台新的政策，明确公益性文化服务人均投入标准。湖北省规定乡镇公益文化体育服务经费按每人不低于0.5元纳入县级财政预算，“以钱养事”补助资金的10%用于农村文化体育事业。云南省规定“按照农民年人均0.50元的文化惠农活动补助经费标准，纳入每年地方财政预算”，力争到2010年，农民群众每年人均看上1本书，每个季度人均看上1场戏，每个月人均看上1场电影，每半月人均参加1次文化活动，每个村有1支群众性文艺队伍。安徽、浙江、黑龙江、青海、陕西等省设立农村文化事业专项资金，采用政府购买补贴等方式，向基层、低收入和特殊群体提供基本文化服务。江西省重点解决农民的看戏、看电影和农村文化活动问题，努力提高公共文化服务质量。2008年，江西省、市、县三级专业艺术表演团体为1435个乡镇的农民共演出剧节目9129场，乡镇覆盖率达100%；在镇组织开展文体活动5079次，乡镇覆盖率达100%；为全省16618个行政村每月放映1场电影，为15864个农村中小学每年放映4场电影，共放映农村公益性电影27.96万场，全省行政村和农村中小学覆盖率均达到100%。农村文化3项活动实现“四个全覆盖”，有效改善了全省农民的文化生活。

二是进一步拓宽渠道，引导社会资金以多种方式投入文化公益事业。金马源集团投资筹建“瑞和文化发展基金会”，扶持和资助云南民族文化发展，支持公共文化服务体系建设。北京市支持炎黄艺术馆与中国民生银行股份有限公司合作，后者每年提供不低于800万元的捐助，介入炎黄艺术馆的管理，以改善炎黄艺术馆的管理模式。

三是积极拓展公共文化服务方式，公共文化服务能力进一步提高。按照中宣部、财政部、文化部、国家文物局联合下发的《关于全国博物馆、纪念馆免费开放的通知》要求，全国各级文化文物部门归口管理的公共博物馆、纪念馆和全国爱国主义教育示范基地自2008年起逐步实行免费开放。2008年，全国共有1000余座博物馆、纪念馆陆续实现免费开放，受到各地群众的热烈欢迎。吉林省积极探索基层公共图书馆与高校共建共享，采取组建图书馆联盟、对口支援共建等方式，提高服务能力和水平。浙江省嘉兴市积极探索城乡一体化公共图书馆服务体系模式，2008年全市实现了乡镇分馆全覆盖。送书下乡工程全年共向292个国家级贫困县送书200万册。广东省在省图书馆和省博物馆改革中，建立了“广东流动图书馆”协作网和“广东流动博物馆”协作网，在省内及泛珠三角区域积极开展文化合作，缓解了经济欠发达地区人民群众文化生活匮乏的问题，提高了公共文化资源的利用效率。天津图书馆在全市建立社区分馆和各类行业分馆和流动汽车服务点，并推出图书借阅“订单式”服务和电子文献网上阅览“一码通”服务，把公共图书馆服务的触角向行业、社区和农村延伸，得到群众的广泛好评。

四是文化事业单位内部人事、分配制度改革继续深化。普遍实行了岗位责任制、全员聘用制、效益工资制等，建立竞争、激励和约束机制，激发了干部职工的积极性，促进了服务方式的创新和服务能力的提高。

六、大力推动政府职能转变

各级文化行政部门积极推进宏观管理体制改革。各综合试点地区按照“政企分开”、“政事分开”、“管办分离”的原则，进一步转变政府职能。各地文化部门积极推行政务公开，改进审批方式，简化办事程序，行政效率明显提高，增强了政策调节、市场监管、社会管理和公共服务能力。

一是进一步优化管理结构。理顺政府与市场、政府与行业组织、政府与企事业的关系，实行政企分开、政事分开、管办分离。逐步实现从主要管理直属事业单位和文化系统向面向社会的文化事务管理部门的转变。强化文化部门提供公共服务的职能，加大对公共文化产品与服务的扶持力度。

二是着力创新管理机制。改变较为单一的管理手段和方式，逐步从以行政管理手段为主到运用行政、经济、法律多种管理手段并重的管理方式的转变，增强宏观调控的科学性、预见性和有效性。

三是加强依法行政。继续深化审批制度改革，减少审批程序和环节。完善市场公平竞争的规则，依法加强对文化市场的监督管理。改革多头执法，积极推进文化市场的综合执法。根据《国务院办公厅关于做好法律清理工作的通知》（国办发〔2008〕109号）和《国务院法制办公室关于做好法律清理工作有关问题的通知》（国法〔2008〕63号）要求，文化部开展法律清理工作，起草法律清理工作报告，对《文物保护法》、《公益事业捐赠法》、《拍卖法》和《行政处罚法》提出意见和建议，使这些综合性法律更符合文化建设的实际。配合科学发展观学习实践活动，对文化领域政策法规继续进行清理。对文化部发布的部门规章和规范性文件，违背或者不符合科学发展观要求的，宣布废止或者进行修改完善；对不适应科学发展观要求的法律、法规、国务院文件提出修改建议，并积极与有关立法机构沟通。对文化部行政许可事项和非行政许可审批事项进行梳理和登记。

中国文化年鉴

Chinese Culture Yearbook

公共文化服务

Public Cultural Services

综　述

2008年，以党的十七大和十七届三中全会精神为指导，按照中央关于加强公共文化服务体系建设和农村文化建设的战略部署，以加强农村基层文化建设为重点，以重点文化工程为抓手，着眼文化创新，公共文化服务体系建设取得了一定成绩。

一、加快推进农村公共文化服务体系建设

党的十七届三中全会通过的《中共中央关于推进农村改革发展若干重大问题的决定》，明确指出：建设社会主义新农村，形成城乡经济社会发展一体化新格局，必须繁荣发展农村文化，推进广播电视村村通、文化信息资源共享、乡镇综合文化站和村文化室建设、农村电影放映、农家书屋等重点文化惠民工程，建立稳定的农村文化投入保障机制，尽快形成完备的农村公共文化服务体系，到2020年实现城乡基本公共服务均等化。

农村文化建设是社会主义新农村建设的重要任务之一，为深入贯彻落实党的十七大精神，兴起文化建设新高潮，2008年，文化部把公共文化服务体系建设的重点放在农村，认真研究农村文化建设的思路，努力保障广大农村群众看书看报、看戏、看电影电视、参加文化知识培训和群众文化活动的基本文化权益，满足广大农民群众对文化生活的基本需求。

（一）加快县、乡、村三级公共文化设施建设

以政府为主导，以乡镇为依托，以村为重点，以农户为对象，发展县、乡、镇、村文化设施和文化活动场所。“十一五”期间，文化部和发展改革委实施了乡镇综合文化站建设规划，投入39.48亿元，在农村乡镇建设集图书阅读、广播影视、宣传教育、科技推广、科普培训、体育和青少年校外活动等于一体的综合性文化站，新建和扩建2.67万个农村乡镇综合文化站设施，到2010年基本实现“乡乡有综合文化站”的建设目标。争取到2010年，基本实现县有文化馆、图书馆，乡镇有综合文化站，行政村有文化活动室，农村流动文化服务有较快发展，基本形成较为完备的县乡村三级公共文化设施网络，农民群众能够就近方便地接受公益性文化服务。

（二）研究建立农村公共文化服务体系经费保障机制

中央对农村采取了一系列扶持发展的优惠政策，并实施了农民最低生活保障政策，受到广大农民的欢迎。在文化建设上也需要“文化低保”，要把农村公共文化服务纳入公共财政保障范围。2008年，文化部与财政部加强磋商，努力争取建立中央、地方按比例分担的县乡村公共文化投入经费保障机制，由中央重点对中西部地区县乡文化机构的运转和村文化活动所需经费予以保障。

（三）以提高素质和能力为重点，加快农村文化队伍建设

按照县图书馆、文化馆和乡文化站的性质和职能，确定编制员额，保证其正常运转。加强从业人员培训。立足农村，注重发挥农村文化骨干、文化能人、文化名人的积极作用，加强农村业余演出队、业余电影放映队、文化中心户、农家书屋、农村文化管理员等业余队伍的培训，形成一支扎根基层、服务群众的专兼职公共文化队伍。鼓励农民自办文化大院、文化室、图书室等，支持农民群众兴办农民书社、电影放映队，大力扶持民间职业剧团和农村业余剧团，促进农民自办文化的健康发展。

二、着力提高公共文化机构服务能力

服务工作是公共文化机构工作的核心，2008年，各级公共文化服务机构通过深化改革和整合资源，不断提高公共文化服务能力和水平。

（一）进一步完善公共文化设施建设标准

编制公共图书馆、文化馆等公共文化设施建设的国家标准是《国家“十一五”时期文化发展规划纲要》的一项重要任务。为加强标准建设，文化部组织开展了公共图书馆、文化馆建设用地指标和建设标准的编制工作。2008年，《公共图书馆建设用地指标》、《文化馆建设用地指标》和《公共图书馆建设标准》陆续公布实施。这些标准作为《公共文化体育设施条例》的配套标准，以建立健全公共文化服务体系为目标，充分体现公共文化服务“以人为本”、“普遍均等，惠及全民”的原则，对贯彻落实科学发展观，推动公共文化设施建设科学化、法制化、规范化，进一步提高公共文化设施建设项目的投资效益和管理水平具有重要意义。

（二）开展公共文化机构业务评估

为进一步加强对文化馆事业的管理，提高文化馆的工作水平，文化部组织了第二次全国县级以上文化馆评估定级工作。

根据《文化部办公厅关于开展第二次全国文化馆评估定级工作的通知》（办社图发〔2006〕15号）精神，社会文化司组织了4个评估组，于2007年11月下旬至2008年3月对全国45个省级、副省级文化馆逐个进行了评估。同时将所有参评馆（包括各省上报的地县文化馆）的数据输入软件，由软件自动测算出结果，并对评估数据进行了反复审核。并于4月上中旬将结果反馈给各省、自治区、直辖市文化厅（局）听取意见。于2008年下发了《文化部关于命名一、二、三级文化馆的决定》（文社图发〔2008〕16号）。

本次评估参评馆达到2995个，占文化馆总数的93.4%。此次定级分数线标准定为：一级馆1000分（含）以上，二级馆900 ~ 999分，三级馆800 ~ 899分。一、二、三级馆的等级必备条件必须全部符合要求，否则将降级。按照以上标准，第二次全国文化馆评估定级结果为：一级馆377个、二级馆316个、三级馆433个，上等级馆共计1126个，占文化馆总数的35%（第一次评估上等级馆共计889个，占文化馆总数的27%），第二次评估比第一次评估上等级文化馆增加了237个，基本合乎客观情况。

（三）检查公共文化设施管理使用情况

为落实中办、国办《关于加强公共文化服务体系建设的若干意见》和国务院《公共文化体育设施条例》的有关要求，根据中央领导同志指示精神，加强公共文化服务体系建设，文化部于2008年上半年组织开展公共文化设施挪做他用情况专项检查。这次检查的重点是，摸清各地基层公共文化设施企业化或变相企业化，以拍卖、租赁等形式改变文化设施用途，挪做他用的情况，认真研究解决公共文化设施挪做他用的问题，边查边改，查改结合，及时收回被挪做他用的公共文化设施，恢复其使用功能和用途，确保其为广大群众提供在公共文化服务体系建设和实现广大群众基本文化权益方面发挥积极作用。检查的主要范围是政府投资的群艺馆、文化馆、公共图书馆和文化站，重点是县级文化馆、公共图书馆和乡镇综合文化站。

从自查情况看，由于投入不足、管理不善等原因，公共文化设施挪做他用情况在各个地区不同程度地存在，影响了政府公共文化服务职能的发挥和广大群众基本文化权益的实现，必须予以高度重视，认真加以解决。要与解决公共文化服务体系财政保障机制等问题结合起来，与深化公益性文化单位改革结合起来，从根本上解决公共文化设施挪做他用问题，加强公共文化设施的管理和使用，切实发挥公共文化设施在公共文化服务体系建设中的重要作用。

1. 基本情况

综合部分省市的情况来看，大多数省市的公共文化设施阵地比较完好，但也都不同程度的存在少数公共文化设施被挤占、挪用等问题。甘肃省现有公共图书馆92个，馆舍总面积为148958平方米，有挪用现象的馆有2个，挪用面积488平方米；文化馆100个，馆舍总面积106163平方米，有挪用现象的馆有9个，挪用面积为8821平方米；乡镇文化站1022个，站舍总面积为17915平方米，有挪用现象的25个，挪用面积为4321平方米。河北省群艺馆、文化馆174个，其中被挤占2个，租赁10个，拍卖1个，其他情况3个，共16个，面积9045平方米，占总面积的4.2%；公共图书馆156个，其中被挤占2个，租赁5个，拍卖1个，其它情况两个，共10个，面积4572平方米，占总面积的1.7%；乡镇、街道文化站2056个，其中被挤占505个，拍卖9个，其他情况75个，共589个，面积46543平方米，占总面积的20.1%。河南省共有公共图书馆135个，馆舍建筑总面积291518.76平方米，存在挪用现象的11个，占全省总数的8%；挪用面积5797平方米，占全省总面积的2%；共有群众艺术馆（文化馆）176个，馆舍建筑总面积277810.42平方米，存在挪用现象的21个，占全省总数的12%；挪用面积24173平方米，占全省总面积的9%；共有文化站（文化中心）2213个，总建筑面积181399平方米，存在挪用现象的61个，占全省总数的3%；挪用面积11850.5平方米，占全省总面积的7%。山西省公共文化设施机构共1461个，挪用单位22个，约占总数的1.5%，总面积52.16万平方米，挪用面积1.69万平方米，约占总面积的3.24%。其中：

被租赁5355平方米，被挤占4420平方米，被拍卖800平方米，没有被企业化或变相企业化的单位。上海市共有公共图书馆31个，馆舍建筑总面积263172平方米，存在挪用现象的10个，占全市总数的32%；挪用面积8767平方米，占全市总面积的3.3%；共有公共文化馆（站）246个，馆舍建筑总面积872534平方米，存在挪用现象的31个，占全市总数的12.6%；挪用面积47023平方米，占全市总面积的5.4%。

从整体来看，省级公共文化设施基本不存在被挤占、挪用等情况。市级要好于县级，部分市级公共图书馆、群艺馆存在少量被挪用现象；县级图书馆、文化馆，尤其是乡镇综合文化站（文化中心）设施存在的问题最为突出，几乎所有省市都存在文化站被挤占问题，个别省的乡镇文化站被挤占数量及面积甚至超过20%。就挪做他用的情况来看，以与其他单位合署办公，被其他单位挤占、租赁、被当地政府非法拍卖等情况为主，不存在基层公共文化设施企业化或变相企业化。

2. 公共文化设施挪做他用的原因

（1）公益性文化事业单位资金投入不足。地方财政给文化部门的经费严重不足，无法开展正常工作，只能以租养文。尤其是县级以下文化单位，本身历史欠账较多，设施设备缺乏，办公费用、取暖费用、设施设备维护维修费用以及开展活动的经费都难以保证，不能保障公共文化设施正常运转。此外，各级政府用于扶持公益性文化事业的专项资金没有或数额较小，致使文化场馆不得不通过租赁等手段创收，以弥补文化经费投入的不足。如洛阳市图书馆1996年开馆后，市财政没有拨付维护设施运行的水电暖经费，只能以出租房屋来抵付水电暖的开支。

（2）当地领导对文化工作重视程度不够。出现公共文化设施被挤占等情况，大多由于当地领导对文化工作重视程度不够，即使有一定的公共文化机构办公和活动场地，也多与其他单位合署办公，或是不同部门共同使用支配。尤其是乡镇综合文化站，缺乏相应的政策保障机制，大多数文化站都是挂靠其他部门，没有单独的办公和开展文化活动的场所。同时，在乡镇机构改革过程中，有一大部分文化站被压缩减员，即使有人员的也不能专职专用，造成站舍闲置而逐渐被挤占挪用，甚至导致一些文化站形同虚设。如廊坊市的81个乡镇文化站多年来一直设立在乡镇政府，与其他部门合署办公；河南省焦作市马村区文化馆虽名为有馆舍且面积7000平方米，但由区政府安排被外单位长期占用达6800平方米。

（3）公共文化设施建设投入不足。由于各级政府财力有限，在公共文化设施建设过程中，不少政府采取多种形式借贷资金、经营土地等方式进行，这也会引发一些协议矛盾而使公共文化设施被停建或被挪用。如开封市金明区文艺中心大楼总面积2700平方米，主体6层。一楼470平方米抵建筑方工程款，二楼470平方米原协议出售，后因无法办理手续，乙方起诉至法院，经法庭审议为无效合同。3～6层总面积为1760平方米，原为艺术中心固定资产，由于拖欠龙亭红十字会50万元贷款未归还，本息已达百余万元，因而龙亭法院强制执行，于2006年11月11日拍卖，现仍在执行中。有些公共文化设施的建造靠贷款，建好后贷款要由设施机构自己偿还；有的依靠企业建造，建好后一部分房屋的使用权归企业，这些单位租赁协议时限很长，有的10年，有的15年，一时无法收回。

3. 对策和建议

（1）加大文化事业经费投入。呼吁政府调整支出结构，增加对公益性文化事业的投入；争取各级政府有关部门对文化事业的发展在经费上给予支持和保障，争取用于文化事业发展的经费随同级财政增长幅度同步增长。加大政府投入并积极争取各方面资金，保障公共文化设施正常运转、开展服务所需经费，逐步减少租赁等挪做他用的面积，改变基层公共文化设施以租养文的局面。

（2）建立对公共文化设施机构的监管机制。制定公共文化设施的资质认证标准，实施资质认证制度，对达不到公共文化设施资质的要向社会公布，接受社会监督；将公共文化设施建设纳入领导干部的政绩考评，作为目标考核进行管理，人大对政府投入实施科学跟踪、调查和监督，政协对政府投入提出建议和意见等。建立公共文化设施行政执法制度，依托文化市场行政执法大队，对违反《条例》的现象进行依法查处，保证《条例》的贯彻落实。

（3）加强和改进公共文化服务职能，提高公共文化设施的利用率。公共文化设施挤占挪用的原因是多方面的，其中一个重要原因是由于文化设施的闲置，为挤占挪用提供了条件。因此，要杜绝挤占挪用必须在用上下工夫，要立足文化单位的职责，全面开展文化服务，举办形式多样、丰富多彩、具有特色的文化活动，把文化设施尽可能多地利用起来，发挥作用，以减少挤占挪用的可能，防止新的挤占挪用发生。

（4）进一步加强基层文化人才队伍建设。研究解决基层公共文化服务单位的机构和人员编制问题，稳定现有基层文化人才队伍，同时吸引优秀人才积极投身公共文化事业，为实现文化大发展大繁荣提供有力的人才队伍保障。

（5）深化文化体制改革，正确区分文化事业和文化产业。在不减少公益性文化服务面积的前提下，将本属于文化产业的经营部分剥离出去。

（四）推动图书馆等公共文化设施免费开放

2008年，在中央财政及地方财政的大力支持下，国家图书馆及部分省、市公共图书馆免费向社会开放，深受读者欢迎，尤其在春节长假期间，各馆的读者人数、办理阅读卡（证）数量较往年都有较大幅度增长。

国家图书馆自2008年2月7日（大年初一）起，全面减免收费项目，同时推出了一系列加强和改善服务的措施。一是取消读者卡工本费、读者卡年度验证费、读者存包费、自习室使用费、讲座门票费，读者凭身份证可直接入馆阅览。大幅度降低文献复印费、文献传递费、文献检索费、光盘刻录费。二是免费提供数字资源服务。目前，已在互联网上发布72万册件、在局域网上发布超过百万册件的电子书。从2008年起，每年将购买并在广域网上发布电子新书1万种以上，在本馆局域网上提供使用的数据库100个以上。同时，将数字资源通过国家数字图书馆平台和全国文化信息资源共享平台传输到全国各级基层图书馆，为公众提供服务。三是开展延伸服务，打造优秀服务品牌。承办好“部级领导干部历史文化讲座”，举办好“文津讲坛”、“科学家论坛”、“艺术家论坛”、“教育家论坛”、“企业家论坛”、“文津读书沙龙”，组织好“文津图书奖”的评选活动。四是开展面向残疾人等特殊人群的服务。通过特殊的服务界面和接口，帮助语音障碍和视觉障碍读者无障碍地使用国家图书馆的资源。

此前，浙江省图书馆、辽宁省图书馆、南京图书馆、济南市图书馆、杭州地区各公共图书馆等已经实施了免费开放服务，主要包括免费办证、免费阅览、免费自修、免费听讲座、免费存包，只收取借书证押金（退证时全部归还），有些馆还实行免费检索馆藏数字资源服务。浙江省有的市、区图书馆取消了借书证押金，实现免费借阅，成为国内“零门槛”公共图书馆。深圳图书馆则为广大读者提供了更为简便、快捷的服务，除周一闭馆外，每天上午9时至晚上21时连续开放，每周对外开放72小时。在服务方式上实行“全面开放、免证进馆、分层管理、一卡通行”，面向所有公民开放，普通阅览无须任何证件，一般性服务全部免费，打印、复印等仅收取成本费。

国家图书馆及部分公共图书馆免费开放引起社会各界热烈反响，取得了良好的社会效益。

一是强化了政府公共管理职能。长期以来，由于投入不足，绝大多数公共图书馆不得不通过收取办证费、验证费等贴补和维持正常运转。随着党和政府高度重视公共文化服务体系建设，各地加大公共文化建设力度，逐步推进公共文化设施免费开放，充分履行政府公共管理职能。中央财政为国家图书馆加快公益性服务步伐提供了重要支持和保障。2002年以来，国家图书馆每年购书经费均保持在1亿元以上，并逐年递增。2005年立项的国家图书馆二期工程暨国家数字图书馆工程，总投资达12.23亿元。2007年底，中央财政追加国家图书馆专项经费9300万元。浙江省图书馆免费开放后每年将减少150万～200万元收入，全部由省财政给予补贴。

二是催生了全社会新一轮读书热。调查显示，我国的国民阅读率连续走低。在这种形势下，公共图书馆实施免费开放大大方便了读者，倡导读书、鼓励读书、组织读书，充分体现了图书馆公共文化服务功能。2008年春节7天，国家图书馆共接待读者2.56万人次，办理读者卡1863个，同比分别增长8.12%和110%。其中持第二代身份证读者占9.3%，直接凭身份证入馆，简化了程序，增加了阅读时间。2月13～19日，新办理读者卡3019个，较2007年同期增长一半以上。浙江省图书馆免费开放后，读者数量、书籍借阅数量激增，以往该馆高峰期每月借书量5万余册，而2007年10月份这一数字已达近8万册。春节期间，浙江省图书馆阅览室基本没有空座，办证和书籍借阅处终日排起长队。南京图书馆春节天共接待读者4.95万人次，办理借书证3366张，借还图书2.48万册。

三是在全国图书馆界起到了引领和示范作用。国家图书馆及部分公共图书馆免费开放在全国公共图书馆业内产生了较大影响，起到了引领和示范作用。2月6日起，北京市24家公共图书馆统一取消读者卡工本费（10元），吸引广大读者走进图书馆。昆明图书馆也从大年初一开始免去了办理借阅证的年度借阅费和年度核证费。四川省图书馆、成都市图书馆、江苏金陵图书馆也将陆续实施免费开放。

三、全国文化信息资源共享工程全面推进

文化共享工程作为基层公共文化服务的重要抓手和基础性工程，为实现基层群众基本文化权益，活跃群众文化生活，推动各地经济社会发展，促进社会主义新农村建设和和谐社会建设，发挥了重要作用。党中央、国务院高度重视文化共享工程建设。党的十七届三中全会通过的《中共中央关于推进农村改革发展若干重大问题的决定》明确要求，推进文化信息资源共享等重点文化惠民工程。2008年，在党中央、国务院及各级党委、政府的重视下，各地文化部门抓住机遇，完善机制，加强管理，加大力度，文化共享工程建设取得新进展。

2008年，文化部出台《关于命名浙江省嘉兴市、北京市大兴区等52个市、县（区）为全国文化信息资源共享工程示范市、示范县的决定》（文社图发〔2008〕18号）。通过试点，探索建设省、市、县、乡镇、村文化共享工程服务网络的多种模式，建立一套符合实际的文化共享工程工作评估体系，为全面推进文化共享工程，建成完善的文化共享工程服务网络提供经验。

（一）文化共享工程建设取得新进展

1.各地高度重视，积极推进工程建设。2008年，各级文化行政部门采取积极有效措施，继续大力推进工程建设，北京、天津、山西、上海、浙江、山东、广西、云南等八省（区、市）文化共享工程整体推进效果较好。北京市将工程纳入政府领导亲自督办的工程。河北省代省长胡春华到省级分中心现场办公，关心支持省级分中心建设。辽宁省委分管领导亲自参加研究全省文化共享工程建设工作的座谈会，多次主持召开会议，部署、指导工程建设。河南省将文化共享工程列为2008年省委、省人民政府向全省人民承诺办好的10件实事之一。山东省在2007年完成全覆盖的基础上，进一步巩固成果，总结经验，从资源、技术和运行保障机制等方面对工程的长期持续发展制定了新的发展规划。浙江省委、省人民政府制定《浙江省推动文化大发展大繁荣纲要（2008～2012）》，明确提出了浙江省文化共享工程的建设目标。江苏省通过创建文明城市推动工程建设。安徽省将工程建设纳入2008年省委常委工作要点。湖北省政府将文化共享工程作为2008年目标任务之一纳入省文化厅目标责任书。

2.各级财政加大投入，为工程建设提供了有力保障。在2006年试点工作基础上，2007年度中央财政下拨支持中西部地区文化共享工程建设资金62302万元。其中，2800万元支持14个省（区、市）建设地方特色数字资源，28152万元支持建设633个县级支中心，31350万元支持提升97463个与农村党员干部现代远程教育共建的村级基层服务点的服务能力。各地积极加大投入，落实建设资金60365万元，为工程顺利实施提供了有力保证。北京、天津、上海、江苏、安徽、山东、河南、湖南、湖北等地投入较大。浙江省财政将文化共享工程专项经费增加到每年1000万元。江西由省财政统一解决了2007年度县级支中心的地方配套资金。

2008年10月，中央财政又下拨本年度建设经费73774万元，同时还下拨中西部乡镇综合文化站共享工程设备购置费12083.5万元。

3.基层网络建设明显加快。文化共享工程2007年度规划建设842个县级支中心，其中，东部地区209个，中西部地区633个。截至2008年12月，完成720个县级支中心的建设（其中，东部建成271个，中西部建成449个），县级支中心建设累计完成820个，占总规划建设数量的28%。

村级基层服务点建设方面，2007年度中央财政拨付文化共享工程专项资金31350万元，用于购置专用设备，提升中西部地区97463个与农村

党员干部现代远程教育工作共建的村级基层服务点服务能力。截至2008年12月，已完成41920个，占2007年年度计划的43%，占“十一五”期间中西部地区规划建设总数（42.8万）的9.8%。

4. 数字资源进一步丰富。文化共享工程国家中心和各省级分中心资源建设工作取得较大进展。截至2008年12月，资源量达到73.91TB，比2007年增长8.91TB。其中，国家中心完成18.8TB，各地建设52.49TB。国家数字图书馆借助共享工程平台开展服务，已提供了2.62TB资源。

国家中心建设的视频资源达22481部（场）、13540.5小时，主要包括地方戏曲、影视作品、专题讲座、农业专题片、曲艺作品、文化专题片、综艺晚会等。国家图书馆提供的资源包括电子图书、专题讲座等内容。33个省级分中心和15个副省级城市支中心自建了34355部（场）、32338小时的视频资源。各地结合实际，建设了一批特色鲜明的地方资源，例如北京市的“北京记忆”、天津市的“津门曲艺”、河北省的“杂技”、吉林省的“二人转”、上海市的“上图讲座”、江苏省的“江苏文化”、浙江省的“浙江记忆”、安徽省的“徽派建筑”、山东省的“民间彩印花布”、湖北省的“荆楚讲坛”、湖南省的“湘土讲坛”、广东省的“五邑华侨华人数据库”、广西壮族自治区的“广西游记”、重庆的“红岩精神”、云南省的“云南印象”、陕西省的“秦腔秦韵”、新疆维吾尔自治区的“新疆少数民族表演艺术资源”等。

5. 传输方式不断创新。2008年，文化共享工程的传输模式又有新发展。国家中心依托电子政务外网向各省传递资源，目前已开通29个省（区、市），2008年累计传输资源9TB。国家中心和山东省级分中心先后开通了网络视频直播平台，为网络在线服务开辟了新渠道。

各地积极采用先进技术手段创新服务方式。北京市通过无线网络系统覆盖了9000户农户。天津市建设“家庭虚拟图书馆管理系统”为群众提供了个人订制专题资源的特色服务。黑龙江省使用恢复与监测软件，随时监测县级支中心服务器使用状况，并通过远程管理方式协助县级支中心对服务器实施优化、调整与恢复。浙江省建立了全省统一的资源应用系统，方便基层使用工程资源。湖北省建立了统一的异构数据库检索平台，简化了检索步骤，提高了资源利用率。

6. 培训力度加大，基层工作队伍素质得到提高。2008年，国家中心和各地文化部门通过集中面授、网络教学、卫星播放、光盘观看等方式，主办或与有关部门联合举办人员培训195万人次，其中，天津市、吉林省、江苏省、山东省、浙江省、安徽省、广东省等超过5万人次。

国家中心先后对省级分中心领导和专业人员以及部分基层服务点人员进行了培训，在工程网站开设了“培训专栏”。山东省把全省学用标兵的服务经验和学用模范事迹制作成系列专题片120余集，形成了《山东省文化共享工程学用典型经验视频库》用于培训。广东省将2008年作为“文化共享工程培训年”，编辑出版了《文化共享工程网上信息咨询培训教程》。福建省2008年安排了30万元专项资金用于文化共享工程业务人员的培训工作。新疆维吾尔自治区编制了汉、维双语培训教材。为支持四川汶川地震灾区县级支中心建设，国家中心、国家图书馆以及19个省级分中心开展了对口培训工作。

7. 合作共建取得新的进展。截至2008年12月，通过合作共建，农村党员干部现代远程教育工作40万个村级基层服务点、全国25万所农村中小学可接收与使用文化共享工程资源。

文化共享工程通过有线数字电视在天津市、海南省、青岛市、杭州市、佛山市、深圳市等地开展服务，用户达520万多户；通过有线电视在黑龙江、吉林、重庆等部分县乡覆盖40多万用户；通过“数字武夷”平台为福建省闽北300万农民提供服务；吉林省、上海市、湖南省、广东省等地与本省教育、科技系统开展合作共建，其中，广东省得到每年200万元的专项资金支持。文化部与广电总局合作，在辽宁省开展文化共享工程依托广播电视村村通网络和机顶盒技术进村入户试点工作。国家中心通过全国数字图书馆建设与服务联席会议，与中央党校、国防大学签订合作共建协议，使文化共享工程走进中央党校、走进军队院校。

8. 基层服务成效明显。文化共享工程提升了各级文化单位的服务水平和能力，丰富了基层群众的文化生活。2008年，各地围绕北京奥运会、改革开放30周年等重大主题，结合节庆活动，使文化共享工程走进了农村、社区、军营、学校、企业。据不完全统计，有两亿多人次享受到文化共享工程服务，工程的社会效果日益明显。吉林全省举办各类活动1万多次，受众达418.5万人次，其中农村基层服务点开展活动7449次，受众229万人次。上海浦东新区支中心在驻军部队中积极推进基层服务点建设，使文化共享工程资源服务远及南极科考站、远望号测控船和海军各驻岛部队。四川汶川地震发生后，文化共享工程抗震救灾服务小分队及时走进受灾群众安置地，成立文化共享工程赈灾服务点，放映抗震救灾知识、播放心理疏导讲座以及丰富的文化节目，对抚慰灾区群众心灵，帮助他们振奋精神，重建家园，发挥了重要作用。

（二）文化共享工程建设存在的主要问题

2008年，各地在推进文化共享工程建设方面，也存在一些突出的问题，主要是：

1.对文化共享工程的重视程度有待进一步提高。个别地方尚未将文化共享工程建设摆上重要议事日程，经费投入不足，工作机制不完善，重视程度还不够，工程建设计划不能按时完成。

2.资源建设需进一步加强。资源建设的针对性还不够强，有的资源对群众缺乏吸引力，难以满足广大基层群众的需求；资源版权问题仍很突出，随着传输服务模式的不断丰富，应进一步协调解决版权问题；资源的统一检索、分布式调用机制还未形成，未能充分发挥作用；资源建设质量还需要进一步提高。

3.资源传输尚不够畅通。个别省份尚未建立有效的资源传输机制，未能采取有效的传输手段，将资源及时向下传递；个别地方采购存储设备时未预装资源，影响了资源和设备的使用效率。

4.基层工作队伍的业务能力需进一步提高。工程的基层工作队伍素质尚不能完全适应发展需要，有的尚不能熟练操作计算机等设备，有的对资源内容、服务流程等尚不熟悉，需进一步加大培训力度，提高基层工作队伍的业务能力。

5.管理工作需进一步加强。在设备采购招投标工作中，个别省执行效率较低；个别省只采购硬件不采购软件，对系统的运行和维护缺乏总体的、长远的考虑；个别省偏重硬件建设，而对如何充分使用设备、有效开展服务，尚缺乏足够的重视；个别省有关管理制度尚不健全，需尽快建立和完善。

（三）加大力度，完善机制，进一步推进文化共享工程建设

为贯彻落实中央领导同志关于文化共享工程要“继续加大力度，狠抓落实”的批示精神，总结工作，交流经验，部署安排下一个阶段工作任务，2008年5月22～24日，文化部在济南召开文化共享工程工作会议。文化部副部长周和平，山东省副省长黄胜，省政府副秘书长司安民，文化部社会文化司副司长刘小琴，文化部全国文化信息资源建设管理中心主任张彦博，国家图书馆馆长詹福瑞出席会议，各省、自治区、直辖市文化厅（局）长、省级分中心主任参加会议。会议提出紧紧围绕文化共享工程的建设目标，以数字资源建设为核心，以基层服务网点建设为重点，以多种技术传输方式为手段，以共建共享为基本途径，努力实现基层服务网点“村村通”。在确保完成年度建设任务的基础上，注重长效机制建设，提高管理水平，更好地为广大基层群众服务。

1.用好年度资金，确保按时、高质量完成建设任务。各地要根据文化部下发的文化共享工程乡镇基层服务点配置标准，提前做好规划，包括资源内容、设备采购、传输模式、人员队伍、管理制度等，要全面考虑，确保乡镇综合文化站建设工作组织好、建设好、管理好。

2.进一步做好资源建设工作，加大资源版权解决的力度。加大解决资源版权工作的力度，特别是随着传输渠道不断拓展，服务模式的不断丰富，对解决资源版权问题提出了更高的要求，对此国家中心和各省级分中心要依据相关政策，下大力气加以解决。对采取有线电视播出方式的资源版权问题、资源格式转换问题进行深入研究，采取妥善的处理办法。不断增加资源供给量，提高资源质量。

进一步加强资源建设的针对性。国家中心和各省级分中心根据不同地域、不同用户群体的特点，有针对性地建设资源、整合资源、提供资源，不断提高资源对广大基层群众的吸引力。要继续加大适农类、少儿类及少数民族语言文字资源建设力度。

国家中心会同各省级分中心，建设文化共享工程资源检索平台，使国家中心资源、各省级分中心资源能够在一个平台上进行检索，打破资源使用障碍，实现中央与地方之间、地方与地方之间资源的快速、准确查找，提高分布式资源库群的整体服务能力。

3. 打通传输渠道，做好资源传输工作。高度重视资源传输工作，建立健全资源传输机制，确保资源的及时更新和及时服务。

国家中心进一步推进通过国家电子政务外网传输资源的工作。积极探索在具备条件的县级支中心利用政务外网开展资源传输工作。不断探索、拓展通过国家公益性网络开展公益性服务的渠道，积极推进辽宁省通过广播电视村村通工程进村入户试点工作，及时总结经验。

各省级分中心根据工程几年来逐步形成的传输服务模式，结合本地区实际，认真研究、合理选择传输路线，打通省、市县、乡镇、村的传输通道，使工程资源畅通无阻地传送到基层。

高度重视资源预装工作。各地在建设县级支中心和基层服务点时，要将适合本地需要的工程资源预装到存储设备中，使县级支中心和基层服务点在建成之时就拥有一定数量的数字资源，为开展服务创造条件。

4. 组织技术研发，进一步提高工程总体技术水平。文化共享工程经过几年来的发展，已经成为国家信息化建设的一个重要组成部分，特别是在农村信息化建设上，发挥着越来越重要的作用。开展对工程发展具有重大影响的前沿技术问题的研发，突破技术瓶颈，创新技术服务方式，用先进的技术引领文化共享工程，这对文化共享工程的长期可持续发展，对国家信息化建设，都具有十分重要的意义。

5. 进一步完善共享机制。在上游端，国家中心与国家图书馆进一步合作，在数字资源共享的基础上，建立长效合作机制，在技术平台、人员培训等方面开展更加深入的合作。国家中心通过数字图书馆联席会议平台，进一步开展文化共享工程进党校、进军营、进高校等活动，拓展工程的服务面。

进一步加强与农村党员干部现代远程教育工作、农村中小学远程教育工程的合作，完善合作共建机制。各地要认真总结合作共建的经验，建立起与两个远程教育工程合作的长效机制，确保资源的及时提供、服务的有效开展、人员队伍的有力保障。

6. 加强人员培训，提高队伍的业务能力。队伍建设是工程建设与服务的重要基础。文化共享工程要拥有一支具有较高水平的专业队伍，这样才能实现工程的健康发展。

通过集中面授、网络教学、卫星播放、光盘观看等方式加大对基层服务人员的培训，使其既掌握现代信息技术，也掌握图书馆业务知识和技能。借鉴吉林省依托高校开展合作共建培训人才的经验，发挥高校师资力量雄厚的优势，通过各种短期培训形式开展培训。与有关部门联系，积极发挥大学生志愿者专业知识扎实、现代信息技术能力强、勇于创新等优势，使其在文化共享工程基层服务中发挥更大作用。鼓励东部地区与西部地区结对子，为西部地区提供人才和智力支持。

7. 落实运行经费，保障正常服务。运行经费是保证正常服务的重要条件。多数地区县级支中心和基层服务点的运行经费保障机制尚未建立。据测算，一个县级支中心设备运行的电费和宽带费用，每年大约在6万～8万元。这笔资金对东部发达地区来说负担不大，但是对于中西部经济欠发达地区而言仍有一定困难，对个别地区来说可能困难比较大。因此，各地要将县级支中心的运行费用列入当地财政预算。文化部也要向财政部门反映情况，积极争取中央财政的支持，多途径解决运行经费问题，保障县级支中心的正常运行。

8. 进一步加大管理力度，提高工程管理水平。

一是强化管理、理顺工作流程，提高工程设备采购的效率和质量。文化部将会同有关部门，研究进一步规范招投标办法。各地要认真总结在招投标工作中的经验教训，提高资金的使用效率和招投标工作效率。

二是提高工程在各项评先评估中的比重。文化部将进一步加大文化共享工程在图书馆评估中的比重。会同有关部门，建立关于评选先进文化县、复查先进文化县，文化共享工程不达标则一票否决的机制，并进一步使共享工程工作纳入各项考核评估体系。

三是扩大宣传。采取多种方式，在广大基层群众中宣传共享工程、普及工程相关知识，让广大基层群众更加了解工程，了解这项工程能为他们带来哪些帮助，进一步发挥工程的社会效益。

四、古籍保护工作取得明显成效

（一）古籍保护工作取得显著成效

2008 年是全国古籍保护工作取得明显成效的一年。在各级党委、政府的大力支持下，各地积极贯彻落实国办发〔2007〕6 号文和《文化部关于印发〈全国古籍普查工作方案〉等文件的通知》精神，按照“保护为主、抢救第一、合理利用、加强管理”的方针，建立健全组织机构，认真开展古籍普查、修复和人才培训，积极申报国家珍贵古籍名录、全国古籍重点保护单位，古籍保护工作机制初步形成，呈现出良好的工作局面，主要体现以下 6 个方面：

一是普查工作取得积极进展。全国古籍普查工作稳步推进，各地已完成的普查条目总数近六万条，山东、甘肃、陕西、北京等省份进展较快，山东完成数量最多，达 23000 条；为利用计算机技术和网络技术，提高古籍普查的效率和普查数据的准确性，在广泛调研的基础上，国家古籍保护中心组织研发了“全国古籍普查平台”系统，进行相关测试，即将投入使用；国家古籍保护中心先后举办了 11 期 500 余人次的古籍编目普查人员培训班，逐步建立起了符合工作需要的普查工作队伍；军事科学院图书馆藏《十三经注疏》等一批《中国古籍善本书目》未曾著录的珍贵古籍先后登记，并入选了首批《国家珍贵古籍名录》，成为普查工作的亮点；此外，山东等省份已经先期开展编纂《中华古籍总目》分省卷的有关工作。

二是《国家珍贵古籍名录》及“全国古籍重点保护单位”的申报评审工作顺利实施。通过各系统、各有关单位、各位专家近半年多的共同努力，经申报、初审、公示、审批等程序，2008 年 3 月 1 日，国务院下发文件，批准公布了首批 2392 种《国家珍贵古籍名录》及 51 家“全国古籍重点保护单位”。7 月 28 日，中共中央政治局委员、国务委员刘延东亲自出席“第一批国家珍贵古籍名录颁证暨第一批全国古籍重点保护单位授牌”仪式，并做重要讲话。年底，《第一批国家珍贵古籍名录图录》编辑出版。第一批《国家珍贵古籍名录》和“全国古籍重点保护单位”的公布，受到全国古籍保护界、文化界、新闻媒体的高度关注，在全社会和海内外引起了强烈反响，极大地鼓舞了全国广大古籍保护工作者，调动了各地的工作积极性。

三是启动了国家级古籍修复中心的申报评审工作。为促进古籍修复工作积极、有序地开展，文化部将在全国范围选择一批具备条件的古籍收藏单位，陆续建立国家级古籍修复中心。2008 年 10 月，文化部办公厅下发《关于申报国家级古籍修复中心的通知》，公布了国家级古籍修复中心的职能、条件和申报审批程序。全国文化、教育、文物、中医系统的 18 家单位参加了申报。经初审，有 15 个单位达到申报条件，下一步，将进行专家考察和评审。

四是人才培训工作扎实推进。2008 年，国家古籍保护中心组织开展了新中国成立以来规模最大的古籍人才培训，先后在北京及全国 8 个省组织开展了 20 余期各类古籍人才培训班，培训 942 人次，人员范围涉及全国各有关系统的 335 家单位。培训内容涉及古籍普查、编目、修复、鉴定等方面，培训教材基本定型，课程设置日趋合理，受到学员的广泛好评。各地结合实际也广泛开展了培训工作。2008 年，各省（区、市）共举办培训 2500 人次，其中，江苏、福建、浙江、重庆、江西、山东、山西、云南、贵州、安徽、广东、广西、湖北、海南、吉林、四川、甘肃等省培训力度较大。此外，为争取将古籍人才培养纳入国民教育体系，国家古籍保护中心与北京大学积极协商，在北京大学中文系古典文献专业大学本科开设了古籍鉴定与保护课程，并于 2009 年在该专业设立了研究生课程。文化部与教育部就联合挂牌成立“古籍保护培训基地”、“古籍保护实践基地”，初步进行了沟通，达成了合作意向。

五是古籍保护的工作机制初步形成，经费投入不断加大。在古籍普查、名录和保护单位申报、评审等工作中，古籍保护工作部际联席会议机制运转良好。为加强对古籍保护工作的统一协调，各省（区、市）文化厅（局）也积极与相关部门加强沟通，建立起职责明确、分工协作的工作协调机制。截至目前，黑龙江、吉林、辽宁、天津、河北、内蒙古、山西、陕西、甘肃、青海、西藏、新疆、上海、江苏、山东、安徽、湖北、江西、重庆、贵州、云南、福建、广东、广西等24个省(区、市)建立了古籍保护的联席会议制度。除个别省份外，全国绝大多数省(区、市)古籍保护中心已挂牌成立，并在普查、名录及重点保护单位申报等工作中有效地发挥了作用。山西、浙江、江苏、广东等省份还及时编发工作简报，加强了对古籍保护工作进展情况的宣传和汇报。

财政支持力度不断加大。中央财政补助经费由2006年的500万元、2007年的2500万元，增加到2008年的3000万元，2009年仍将支持3000万元。2008年底，中央财政划拨700万元，对经编制部门批准挂牌、普查等工作组织较好的20个省级中心给予了30万~50万元的经费奖励。各地也普遍加大了经费投入力度，截至2008年底，投入总量已超过4000万元。在财政支持下，广东等省份还加大了对珍贵古籍的购买、入藏力度。

六是古籍保护工作的社会影响日益增强。为扩大古籍保护工作的影响，增强全社会的古籍保护意识，文化部组织开展了几次大规模的新闻宣传活动，在《人民日报》、《光明日报》、《文化报》等媒体进行专版报道，进行了两次中国政府网在线访谈。2008年6月14日，作为第三个“文化遗产日”活动的重要组成部分，文化部在国家图书馆举办了全国珍贵古籍特展。这次展览是文化部继2006年成功举办“文明的守望——中华古籍特藏保护展览”之后的又一次古籍保护成果的全面展示，是新中国成立以来规模最大的古籍专题展览，汇聚了入选第一批《国家珍贵古籍名录》的代表作，其珍品之多、展品数量之大、文献类型之丰富均属前所未有，展出的古籍善本近400种，选自30个省区市80个单位和个人。展览共举办近一个半月，吸引社会各界群众数万人参观，取得了良好的社会反响。各省也采取多种形式，广泛开展了古籍保护工作的宣传。

古籍保护工作虽然取得了以上的积极进展，但也存在一些较为突出的困难和问题：

一是认识问题。个别省的文化行政部门对古籍保护工作重要性、紧迫性认识不足，还没有将古籍工作列入重要议事日程。由于认识上的差异，各地工作力度不一，投入力度差距大，进展不一，发展不平衡，有的省份各项工作已全面开展，个别省份则进展缓慢。

二是队伍问题。古籍保护专业人员匮乏特别是编目、鉴定和修复人才短缺的问题，仍比较突出。各单位古籍工作人员编制少、增加编制难的困难仍普遍存在。

三是经费问题。由于多方面的原因，一些地方的古籍保护经费投入仍十分有限，工作无法有效开展。

四是机制问题。由于古籍保护工作跨行业、跨系统的特点，需建立有效的领导和协调机制。目前，从总体上看，古籍保护工作还不够全面和普遍，面向全社会的工作协调机制尚未全面建立。一些省份至今还未建立联席会议制度和省级保护中心，影响了古籍保护工作的整体进展。

（二）中华再造善本工程一期顺利完成

2008年，中华再造善本工程一期顺利完成。文化部、财政部于2002年共同组织启动了中华再造善本工程。工程将目前分藏于国家图书馆和各省、自治区、直辖市图书馆以及高校、科研系统图书馆、博物馆零散的珍贵古籍善本收集、整理，大规模、成系统地复制出版发行，以最大限度地避免古籍善本的意外损毁、丢失，保护好这些珍贵文物。目前，工程一期(“唐宋编”、“金元编”部分)已顺利完成。

1. 工程实施的基本情况

一是再造善本的选录范围。中华再造善本工程分为五编进行，自唐迄清为“唐宋编”、“金元编”、“明代编”、“清代编”、“少数民族文字文献编”，每编下以经、史、子、集、丛编次。工程一期选择宋元以前版本就达758种，远远超出了《四部丛刊》的数量。选录范围以我国内地收藏为主，不仅包括国家图书馆和各省、自治区、直辖市图书馆，还包括高校、科研系统图书馆及博物馆，力图最大范围地涵盖中华文化典籍的精髓。

二是再造善本的版本选择。为保证再造善本的学术质量，在尽可能选择卷帙完足的版本的同时，采用同书同版配补的原则。同时，兼顾时代早晚，选收版本坚持宋元以前从宽、明清两代从严的原则。所收每一种书均撰写提要，简介作者生平、考辨版本源流、评述其学术价值，使该丛书具有较高的文献资料、学术研究和保存价值。

三是再造善本的出版。国家图书馆出版社承担再造善本一期的编辑出版工作，共出版再造善本758种1394函8990册。出版采用影印形式，依据原书版式，拍摄制版印刷，精工细作，装帧典雅。采用八开本，线装。封面颜色为仿清代内阁大库藏书封面磁青色，函套为蓝布四合套。

四是再造善本的分藏。2007年1月，文化部、财政部联合下发《关于向全国省级以上公共图书馆颁赠中华再造善本的通知》，向32家省级以上公共图书馆各颁赠一套《中华再造善本》。此外，教育部购买100套，分别配送给全国100所高校。

2. 工程实施的主要成效

一是加强了珍贵古籍的保护和利用。全国仅图书馆系统即收藏古籍2750万册，其中善本250万册。根据1995年出版的《中国古籍善本书目》统计，现存古籍善本中珍稀善本约4.5万种。这些历经沧桑幸存下来的"国之重宝"有许多亟须抢救，出于保护的需要，它们基本封存于深阁大库，利用率较低。工程的实施使珍贵古籍化身千百，为学界所用，为大众共享，较好地解决了古籍"藏"与"用"的矛盾，达到了"继绝存真，传本扬学"的目的，是现代科技保护和优秀文化遗产利用的成功范例，对古籍善本的长久保存和开发利用，促进学术繁荣，弘扬优秀民族文化，起到了积极作用。

二是海内外反响强烈。再造善本在学术界、出版界引起了广泛关注，在公共图书馆、高校图书馆等收藏单位及广大读者中受到热烈欢迎，一些专家学者利用再造善本取得新的研究成果。再造善本先后参加了首届海峡两岸图书交易会、第59届美国东亚图书馆年会和"中国古籍图书文化展"、第18届香港书展等，被一些海外收藏单位购买、收藏。

三是为弘扬中华文化做出了贡献。再造善本样书曾被党和国家领导人出访时作为国礼赠送给外国友人，受到外国友人欢迎，成为中外文化交流的使者。

3. 工程实施的主要经验

一是中央的重视和支持为工程顺利实施提供了保障。2002年，中华再造善本完成34种制作后，在人民大会堂召开座谈会，原中共中央政治局常委、国务院副总理李岚清出席会议并发表重要讲话，对项目进展给予充分肯定。2007年召开的全国古籍保护工作会议上，时任国务委员陈至立出席向国家图书馆、各省级公共图书馆颁赠《中华再造善本》的仪式。

二是统筹规划，科学管理。文化部、财政部制定了工程的实施方案，成立了工程规划指导委员会。委员会很好地发挥了协调、指导、管理和组织作用。文化部和财政部还制定了《中华再造善本工程专项经费管理暂行办法》，国家图书馆制订了《中华再造善本工程质量监督管理办法》等，对经费管理、制版印刷、编辑出版、发行乃至校对等各个环节都进行严格规范的管理，保证了再造善本的质量。

三是有关各方密切配合。再造善本工程涉及部门多、协调范围广。工程举全国古籍收藏单位之力，调集了分藏于各级公共图书馆、专业图书馆、博物馆等各类收藏单位最精华的藏书，是各有关部门、系统、全国各收藏单位鼎力支持与积极配合的结果。

四是重视和充分发挥专家的作用。再造善本工程是一项学术性极强的工作，工程实施中始终重视发挥专家的作用，专门成立了由冯其庸、李致忠等国内知名专家组成的编纂出版委员会，季羡林（已故）、启功（已故）、侯仁之、李学勤、朱家缙（已故）、宿白等著名专家学者担任学术顾问。经编纂出版委员会组织专家反复讨论，确定选目原则，制订选用底本标准、提要撰稿体例等，为工程的实施提供了强有力的专业指导。

五、重大群众文化活动丰富多彩

2008年，文化部通过组织一系列具有导向性的重大群众文化活动，带动各地群众文化工作和活动的开展。

（一）举办首届全国农民文艺会演

"纪念改革开放30周年——首届全国农民文艺会演"于2008年11月5～10日在苏州举行。来自全国31个省、自治区、直辖市和苏州市的35支农民代表队的2500多名农民艺术家和基层文化工作者在苏州市五市七区35个城乡文化广场共演出140场。农民艺术家们通过丰富多彩的艺术形式，用具有鲜明的民族风情和地域特色的节目，讴歌了欣欣向荣的社会主义新农村，反映了改革开放30年来广大农民群众建设社会主义新农村的精神风貌。

1. 内容丰富，贴近生活，深受群众欢迎

（1）内容丰富、精彩纷呈。参演的节目都是各省精选的具有地域特点、民族风情、反映农村生活的民间文艺节目，包括舞蹈、戏剧、曲艺、魔术、杂技等各艺术门类。其中列入国家级非物质文化遗产项目的节目就有70余个。

（2）农民演、演农民，朴实、感人。这次会演演员基本上是县、乡以下的农民业余演出队和农民艺术家，长期活跃在农村，熟悉农村生活。演出的节目大多是农村题材、农村人物，演出朴实、生动。节目内容、形式贴近农村生活，在当地观众中产生了共鸣。

（3）台上、台下真情互动。演出全部安排在广场，演员和观众可零距离接触，来自各地的农民艺术家们把原汁原味的乡土文化送到江南老百姓面前。会演期间曾遇下雨天气，但观众热情不减，早早就打着伞、披着雨披前来等候。祖祖辈辈都生活在乡下的农民群众，在家门口看到了丰富的来自全国各地的节目。

2. 精心组织，集中展示，加强舆论宣传

（1）精心准备，提前安排，保证演出有序进行。苏州市对这次会演精心组织、精心安排，将这次活动的各项任务进行了分解，责任落实到单位，落实到个人，保证了在4天内140场演出的顺利进行。

（2）荟萃精品，晋京演出获得认同。从140个节目中挑选了17个优秀节目进京汇报演出。演出的节目荟萃近年农村文艺精品，代表了不同地域的民间文化，是对首届农民文艺会演的集中展示，获得了中央领导和首都群众的好评。

（3）媒体支持，广泛宣传。新华社、中央电视台、《人民日报》、《光明日报》、《新华日报》、《人民政协报》、《今晚报》、《农民日报》、《工人日报》、《中国文化报》、《文汇报》、《北京日报》、《中国消费者报》、《京华时报》、《吉林日报》及众多网络媒体多次对农民文艺会演进行了报道，为会演营造了良好的舆论环境和社会氛围。

3. 搭建平台，学习交流，推动农村文化繁荣

（1）搭建平台，增进交流，推动农村文化活动水平整体提升。这次会演是建国以来第一次大规模的农民文化活动，对推动农村的文化活动，挖掘、继承、发展民族民间文化产生了积极的作用。各省文化厅（局）将会演作为展示本省农村文化成就的舞台，积极筹备，认真创演节目。会演满足了当地群众的文化需求，起到了相互学习交流的作用，为农村文化提供了一个展示的平台。

（2）开发农民群众文化创造力，引起对农村文化发展的关注。农民文艺会演让农村文化走出田间地头，也让人们领略到农村文化的魅力。8亿农民群体蕴藏着丰富的文化创造力和文化生产力，中国农民的文化形态、文化表达更加鲜明，更加响亮，更具个性。应当鼓励和引导更多的文艺工作者到农村中汲取创作养分，多创作反映农村题材的文艺作品，对改革开放给农村带来的新变化，给农民带来的新生活给予更多关注，使农村文化的表现形式更加丰富多彩。

（3）为农民会演长期举办积累经验。这次会演为组织下一届农民文艺会演打下了良好的基础，与会的省和基层文化工作者热切希望农民文艺会演形式要坚持下去，定期举办，以调动农民参加文化活动的积极性。

（二）未成年人文化活动卓有成效

1. 继续实施“中国少儿歌曲创作推广计划”

《中国少儿歌曲创作推广计划》（以下简称《计划》），是文化部、财政部、教育部、广电总局、共青团中央、中国音协、北京市人民政府等7家单位共同制定并组织实施的一项未成年人重点文化工程。《计划》的执行时间为2005 ~ 2009年。主要任务是通过《计划》项目的实施，建立少儿歌曲创作推广的长效机制，使少儿歌曲在未成年人思想道德建设、丰富少年儿童文娱生活方面发挥出应有的作用。该项目主要包括创作和征集作品、建立和培训少儿歌曲创作队伍、多形式广泛开展推广普及活动等三部分内容。

2008年初，中国少儿歌曲创作推广计划领导小组办公室又组织由各方面专家和教师代表组成的评审团对88首推荐歌曲进行遴选，最终确定20首少儿歌曲作为“第二批推荐新创少儿歌曲”奉献给全国的少年儿童。

2008年5月30日，文化部、财政部、教育部、广电总局、共青团中央、北京市人民政府、中国文联七部门联合发起的第二批推荐新创少儿歌曲启动暨光盘赠送仪式，在北京梅地亚中心成功举办，全国人大常委会副委员长陈至立出席并向学生代表赠送第二批推荐新创少儿歌曲CD光盘。

2008年，文化部、教育部在天津、河北、山西、辽宁、江西、湖南、广西、四川、云南和甘肃十省区市20个县的中小学校开展少儿歌曲推广

试点活动，分别向试点地区中小学校发放3万张“第二批推荐新创少儿歌曲”CD光盘。同时文化部、教育部于2008年7月1日共同印发《关于发放第二批推荐新创少儿歌曲光盘并开展演唱推广活动的通知》，要求全国中小学校采取多种形式组织推荐歌曲的演唱和推广活动。文化部、教育部、广电总局、共青团中央等部门分别向本系统所属文化单位发放CD光盘近1万张。此外，还特别向四川、甘肃、陕西等地震受灾省份发放CD光盘1万张。

2008年11月9日，由文化部牵头主办，中国音协和中央电视台组织承办的“新学堂歌”谷建芬古诗词歌曲演唱会在北京国安剧院成功举办。“新学堂歌”谷建芬古诗词歌曲演唱会是《中国少儿歌曲创作推广计划》中“重点推出著名音乐家少儿音乐作品”一项的重要内容。此次“新学堂歌”演唱会的成功举办，对提升新创少儿歌曲的社会影响力、加大新创少儿歌曲的宣传推介力度起到了积极的推动作用。

2. 举办第二届中国少年儿童合唱节

2008年1月，在福建省厦门市成功举办了第二届“中国少年儿童合唱节”，得到全国各省、自治区、直辖市文化、教育部门的高度重视和各级党委、政府的关注，成为全国中小学生放声歌唱，享受合唱艺术的节日盛会。两届合唱节，共有来自全国各地的60余支少年儿童合唱团2800余名少年儿童参加，为优秀合唱团颁发了“小百灵杯”、“小黄鹂杯”和“小云雀杯”，以示鼓励。

（三）积极开展老年人文化工作

1. 加大老年文化工作的力度，积极推进公共文化设施更好地面向老年人的服务。文化部、国家文物局要求全国文化系统的各级博物馆、纪念馆、美术馆、图书馆、文化馆对老年人实行收费减免的优惠措施，充分利用全国公共文化设施为阵地，为老年人服务。各级图书馆、文化馆等公益性文化事业单位，均开办了老年图书阅览室、活动室，有计划、有步骤的面向老年群体举办展览、办培训班，普及科普知识、法律知识、文化艺术知识。文化部全国文化信息资源共享工程根据老年人的需求，增加了老年人特点的名家讲座、医疗卫生、综艺汇演等内容。另外，文化部在2006年制定的文化馆评估标准中，专门制定了文化馆面向老年群体开展文化活动、为老年人举办文化艺术培训班、兴办老年学校的具体标准。2008年初，文化部对贯彻评估标准中的情况进行了抽查。

2. 充分发挥政府评奖的导向作用，鼓励公益性文化单位创作和演出有关老年方面的文艺作品。文化部通过评奖、展演等活动涌现出一批优秀老年题材的文艺作品。如2008年文化部与中央文明办等单位举办“四进社区”文艺节目展演活动、与江苏省人民政府举办的“全国农民文艺会演”等，都评选出了多个获奖老年文艺节目。为进一步引导文艺创作和演出关注老年题材和老年群体，我部在群众文化政府最高奖——“群星奖”中设立了老年组别的评选，为促进老年文艺创作起到良好的导向和示范作用。同时，文化部门还通过一些企业和文化系统的老年大学举办文化艺术节、文艺专场，扶持组建文艺表演团体、业余演出队等，鼓励老年人创作和表演自编自演、自娱自乐的文艺节目。

3. 积极组织开展老年文化活动，丰富老年人精神文化生活。根据文化部部署，各级文化单位为满足老年人群体的特殊需要，充分利用现有文化阵地组织开展多种形式的老年文化活动，活跃了广大老年群众的精神文化生活。

（1）组织举办第十届中国老年合唱节。1999年以来，文化部每年在不同城市举办一届中国老年合唱节，这已经成为老年文化活动的重要品牌。2008年10月，文化部与内蒙古自治区政府共同举办第10届中国老年合唱节，全国3000多老年同志参与合唱节举办的各项活动。合唱节根据老年人的心理特点，淡化评奖色彩，重在参与展示和交流合唱艺术，促进老年合唱水平的提高。

（2）2008年的5～10月，全国老龄委、文化部、广电总局共同举办了“首届中国老年文化艺术节”。

（3）2008年5月，文化部与老龄委等单位在南京市举办了部分省市老年书画展和老年摄影成果展。

（4）近些年来，各地的文化广场通过不断健全文化广场的设施功能，在拓展老年人活动领域，激活广大老年人积极参与的热情方面发挥了积极作用。很多城市的文化广场“节日有晚会、月月有比赛、周周有活动、天天有舞会”的浓厚文化氛围，使广大老年人能够得到充分的文化享受。

4.为推动老年教育事业发展，构建学习型社会和终身教育体系，文化部和老龄委等共同举办"全国老年教育评选表彰活动"，评选老年大学先进单位、优秀的老年教育工作者等，充分发挥先进典型示范带头作用，展示老年教育的发展成就。

（四）开展面向农民工的文化活动

1.充分利用图书馆、文化馆、文化站、博物馆等公益性文化设施为农民工服务。北京市在全市开展了专门为农民和农民工服务的"读书益民"工程。"十一五"期间，政府将投资2000多万元，建立1100个益民书屋，每个书屋将拥有电视机、DVD机、50种以上音像制品和1000册以上图书，书屋将免费开放并定期更换图书，建筑工地的书屋将随工程项目部迁移。为保证益民书屋中的图书切实是农民工需要的，专门成立了"读书益民"工程专家指导委员会，推荐优秀图书，开发与出版一批"低价位、高质量"的图书，同时动员社会力量关注和支持"读书益民"工程，呼吁社会各界向读书工程捐书，形成一个全社会支持、全民参与的活动。上海市按照《关于加快"十一五"期间社会文化活动中心建设的通知》要求，因地制宜地推动社区文化活动中心建设。据初步统计，2008年建成了28个社区文化活动中心，至此上海社区文化活动中心总数达135个，同时工作重心下移，继续推进信息苑、文化共享工程、数字电影三位一体的村级服务点建设，年内新建成基层点600个，至此，上海村级基层服务网点数达1200个。这些不同层面的基层公共文化设施服务网络，为外来务工者享受文化服务、接受文化熏陶创造了便捷的条件。重庆市充分发挥现有公共文化设施的作用，建立固定与流动相结合的农民工文化服务场所，通过拓展服务内容，为农民工提供学习各类知识及参与文化活动的设施和条件。如渝中区图书馆增设了"农民工自学阅览室"，增加了适合农民工阅读的图书、杂志，对农民工实行免费阅览，开设针对农民工的公益课堂，进行科普知识宣传。

2.加强面向农民工的文化服务，开展适合农民工的文化活动。文化部2008年在"迎奥运大型系列文艺演出"和"中国农民文艺汇演"活动中都举办了农民工专场，深受农民工的欢迎。为进一步维护和保障外来务工者的文化权益，各地积极开展适合农民工的文化活动。上海市文化部门经过两年的酝酿，在2008年改变以往购买演出给外来务工者观看的形式，转变为搭建外来务工者自我展示的舞台，举办了2008上海市外来务工者文艺展演活动，整个文艺演出汇集演唱、舞蹈、地方戏、曲艺、小品、演讲、杂技、魔术、器乐演奏等丰富多样的表演形式，充分展示了外来务工者的艺术才华和精神面貌，得到了广大外来务工者的好评和喜爱。广东深圳市成功举办第四届外来青工文化节，该文化节从2008年4月底开幕，持续了一个月时间。该文化节设立了才艺大赛、读书演讲大赛、硬笔书法、摄影大赛等10个市级项目，各区和街道举办的项目226项，近300场各类比赛，参与人数150万人次，现已成为深圳市农民工文化的品牌活动。重庆市文化部门结合本市实际情况，开展了系列农民工喜闻乐见的文化活动。一是向农民工送文艺。各区县文化馆以"送文化下乡"、"送红歌进社区、进乡村"等形式为载体，深入社区、工地、厂矿等农民工聚集的地方，开展巡回演出和现场教唱活动，深受广大农民工欢迎。全市举办农民工合唱活动共计300余场，农民工登台演出1万多人，参与合唱活动的农民工10万多人。二是向农民工送图书。在第二个重庆农民工日活动期间，全市部分图书馆组织了两万多册有关建筑、车工、钳工等方面的实用技术图书，采用流动车的形式送到农民工暂住地进行免费开放。三是向农民工送电影。各区县电影公司安排放映队深入社区、工地、矿区等农民工集中的地方为农民工免费放映电影400多场，极大地丰富了他们的业余文化生活。深圳市群众艺术馆2008年坚持开展50余场"周末剧场"活动，低价或免费向市民和农民工开放。

3.加强培训，提高农民工文化素质，进一步推动农民工的市民化进程。深圳市大力开展农民工文化培训工作，深圳市群众艺术馆开展农民工摄影技术培训活动，共有1500人参加。深圳福田区、盐田区文化馆开展了农民工子女免费钢琴、绘画、英语培训班，全年培训农民工子女2000多人。重庆市各级文化部门为提高农民工文化素质，创造农民工融入城市的环境，开展了多方面多层次的农民工素质培训工作。一是为农民工免费举办讲座。各区县利用图书馆为农民工举办维权和专业技能方面的讲座，全市共计举办讲座42场，重庆市图书馆邀请重庆市律师协会三峡库区农民工维权中心专业律师在重庆图书馆免费为200多农民工主讲了“农民工维权知识讲座”受到广大农民工的热烈欢迎。

（五）开展“中国民间文化艺术之乡”命名活动

为贯彻落实科学发展观，更好地发挥民间文化艺术在构建社会主义和谐社会，推动社会主义新农村建设中的重要作用，文化部根据《“中国民间文化艺术之乡”命名办法》的有关规定，组织专家对全国31个省、自治区、直辖市和新疆生产建设兵团申报的中国民间文化艺术之乡进行了评审，2008年11月，下发了《关于中国民间文化艺术之乡的命名决定》（文社图发〔2008〕40号），命名了963个中国民间文化艺术之乡，以表彰各地对民族民间文化艺术的保护、继承和弘扬中发挥的重要作用。

专　题

国务院关于公布第一批国家珍贵古籍名录和第一批全国古籍重点保护单位名单的通知

国发〔2008〕9号

各省、自治区、直辖市人民政府，国务院各部委、各直属机构：

国务院批准文化部确定的第一批国家珍贵古籍（2392部）名录和第一批全国古籍重点保护单位（51个）名单，现予公布。

我国是历史悠久的文明古国，拥有卷帙浩繁的文献典籍。这些文献典籍是中华民族的宝贵精神财富，是人类文明的瑰宝，保护和利用好珍贵文献典籍，对于继承和发扬民族优秀文化传统，增进民族团结和维护国家统一，增强民族自信心和凝聚力，建设社会主义核心价值体系，提高国家文化软实力，都具有重要意义。

各地区、各部门要进一步贯彻“保护为主、抢救第一、合理利用、加强管理”的指导方针，以第一批国家珍贵古籍名录和第一批全国古籍重点保护单位的公布为契机，加强科学规划，加大工作力度，切实做好珍贵古籍的保护、管理和合理利用工作，使中华民族珍贵的文献典籍永泽后世。

附件：

1. 第一批国家珍贵古籍名录（2392部）（略）
2. 第一批全国古籍重点保护单位名单（51个）

国务院

2008年3月1日

附件2：

第一批全国古籍重点保护单位名单

（51个）

国家图书馆
首都图书馆
天津图书馆
山西省图书馆
内蒙古自治区图书馆
辽宁省图书馆
辽宁省大连图书馆
黑龙江省图书馆
上海图书馆
南京图书馆
江苏省苏州图书馆
江苏省常熟图书馆
浙江图书馆
安徽省图书馆
福建省图书馆
山东省图书馆
山东省青岛市图书馆
河南省图书馆
湖北省图书馆
湖北省武汉图书馆
湖南图书馆
广东省立中山图书馆
重庆图书馆
云南省图书馆
贵州省图书馆
陕西省图书馆
甘肃省图书馆
中国艺术研究院图书馆

北京大学图书馆
清华大学图书馆
北京师范大学图书馆
中央民族大学图书馆
东北师范大学图书馆
复旦大学图书馆
南京大学图书馆
南京师范大学图书馆
南京中医药大学图书馆
苏州大学图书馆
中山大学图书馆
河南大学图书馆
故宫博物院
山西博物院
上海博物馆
南京博物院
浙江省宁波市天一阁博物馆
中国科学院国家科学图书馆
中国社会科学院图书馆
中国社会科学院文学所图书馆
中国中医科学院图书馆
中国第一历史档案馆
贵州省荔波县档案馆

文化部关于命名一、二、三级文化馆的决定

文社图发〔2008〕16 号

各省、自治区、直辖市文化厅（局），新疆生产建设兵团文化局：

为进一步加强对文化馆事业的管理，提高文化馆的工作水平，根据《文化部办公厅关于开展第二次全国文化馆评估定级工作的通知》（办社图发〔2006〕15 号）精神，文化部于 2007 年在全国开展了第二次县级以上文化馆的评估定级工作。在各地文化厅（局）的共同努力下，评估工作现已圆满结束。

依据文化馆定级标准，确定 1126 个文化馆达到三级馆以上文化馆标准。现决定如下：

命名北京市西城区文化馆等 383 个文化馆为“一级文化馆”，颁发“一级文化馆”标牌和证书；

命名天津市北辰区文化馆等 310 个文化馆为“二级文化馆”，颁发“二级文化馆”标牌和证书；

命名河北省行唐县文化馆等 433 个文化馆为“三级文化馆”，颁发“三级文化馆”标牌和证书。

尚未达到文化馆定级标准的，各级文化行政部门要根据评估情况制定出切实可行的整改方案，并加强对整改方案的监督检查落实。

希望各地文化行政部门继续贯彻落实党中央、国务院关于构建公共文化服务体系的有关要求，认真总结这次评估的经验，不断深化改革，增加投入，加强管理，拓展文化馆的服务功能，提高服务能力，增强活力，努力开创文化馆工作新局面，为促进社会主义文化大繁荣大发展做出更大贡献。

附件：全国第二次文化馆评估定级名单

2008 年 5 月 19 日

附件：

全国第二次文化馆评估定级名单

北京市（19 个）

一级馆（16 个）

1. 北京市西城区文化馆
2. 北京市房山区文化馆
3. 北京市朝阳区文化馆
4. 北京市海淀区文化馆
5. 北京市平谷区文化馆
6. 北京市崇文区文化馆
7. 北京市密云县文化馆
8. 北京市东城区文化馆
9. 北京市大兴区文化馆
10. 北京市顺义区文化馆
11. 北京市怀柔区文化馆
12. 北京市宣武区文化馆
13. 北京市昌平区文化馆
14. 北京市门头沟区文化馆
15. 北京市延庆县文化馆
16. 北京市房山区燕山分馆

二级馆（3 个）

1. 北京市丰台区文化馆
2. 北京市石景山区文化馆
3. 北京市通州区文化馆

天津市（17 个）

一级馆（10 个）

1. 天津市津南区文化艺术中心
2. 天津市河西区文化馆
3. 天津市大港区文化馆

4. 天津市塘沽区文化馆
5. 天津市和平文化宫
6. 天津市宝坻区文化馆
7. 天津市河东区文化馆
8. 天津市南开区人民文化宫
9. 天津市蓟县文化馆
10. 天津市宁河县文化馆

二级馆（7个）

1. 天津市群众艺术馆
2. 天津市武清区文化馆
3. 天津市北辰区文化馆
4. 天津市东丽区文化馆
5. 天津市河北区文化馆
6. 天津市汉沽区文化馆
7. 天津市静海县文化馆

河北省（48个）

一级馆（9个）

1. 河北省石家庄市群众艺术馆
2. 河北省邯郸市群众艺术馆
3. 河北省迁安市文化馆
4. 河北省满城县文化馆
5. 河北省乐亭县文化馆
6. 河北省辛集市文化馆
7. 河北省三河市文化馆
8. 河北省邯郸市复兴区文化馆
9. 河北省武安市文化馆

二级馆（12个）

1. 河北省承德市群众艺术馆
2. 河北省涉县文化馆
3. 河北省正定县文化馆
4. 河北省峰峰矿区文化馆
5. 河北省遵化市文化馆
6. 河北省邯郸市邯山区文化馆
7. 河北省唐山市丰南区文化馆
8. 河北省鹿泉市文化馆
9. 河北省井陉县文化馆
10. 河北省张家口市宣化区文化馆
11. 河北省邯郸市丛台区文化馆
12. 河北省临漳县文化馆

三级馆（27个）

1. 河北省群众艺术馆
2. 河北省沧州市群众艺术馆
3. 河北省秦皇岛市群众艺术馆
4. 河北省保定市群众艺术馆
5. 河北省行唐县文化馆
6. 河北省隆尧县文化馆
7. 河北省邱县文化馆
8. 河北省平山县文化馆
9. 河北省新乐市文化馆
10. 河北省赵县文化馆
11. 河北省滦南县文化馆
12. 河北省灵寿县文化馆
13. 河北省青县文化馆
14. 河北省深泽县文化馆
15. 河北省石家庄市裕华区文化馆
16. 河北省抚宁县文化馆
17. 河北省晋州市文化馆
18. 河北省易县文化馆
19. 河北省定兴县文化馆
20. 河北省唐山市丰润区文化馆
21. 河北省廊坊市广阳区文化馆
22. 河北省成安县文化馆
23. 河北省鸡泽县文化馆
24. 河北省藁城市文化馆
25. 河北省玉田县文化馆
26. 河北省沧县文化馆
27. 河北省磁县文化馆

山西省（30个）

一级馆（4个）

1. 山西省晋中市榆次区文化馆
2. 山西省太原市小店区文化馆
3. 山西省汾阳市文化馆
4. 山西省襄垣县文化馆

二级馆（9个）

1. 山西省群众艺术馆
2. 山西省太原市群众艺术馆
3. 山西省曲沃县文化馆
4. 山西省中阳县文化馆
5. 山西省清徐县文化馆
6. 山西省襄汾县文化馆
7. 山西省柳林县人民文化馆
8. 山西省阳城县文化馆
9. 山西省运城市盐湖区文化馆

三级馆（17个）

1. 山西省临汾市群众艺术馆
2. 山西省长治市群众艺术馆
3. 山西省运城市群众艺术馆
4. 山西省忻州市群众艺术馆
5. 山西省绛县文化馆
6. 山西省洪洞县文化馆
7. 山西省临猗县文化馆
8. 山西省和顺县文化馆
9. 山西省长子县文化馆
10. 山西省长治县文化馆
11. 山西省沁源县人民文化馆
12. 山西省平顺县人民文化馆
13. 山西省泽州县文化馆
14. 山西省闻喜县人民文化馆
15. 山西省屯留县文化馆
16. 山西省太原市尖草坪区文化馆
17. 山西省代县文化馆

内蒙古自治区（38个）

一级馆（9个）

1. 内蒙古鄂尔多斯市群众艺术馆
2. 内蒙古满洲里市中苏人民友谊宫
3. 内蒙古阿拉善左旗文化馆
4. 内蒙古阿荣旗文化馆
5. 内蒙古伊金霍洛旗文化馆
6. 内蒙古科右前旗文化馆
7. 内蒙古鄂尔多斯市东胜区文化馆
8. 内蒙古包头市昆区文化馆
9. 内蒙古牙克石市文化馆

二级馆（10个）

1. 内蒙古巴林左旗文化馆
2. 内蒙古东乌珠穆沁旗文化馆
3. 内蒙古莫力达瓦达斡尔族自治旗文化馆
4. 内蒙古扎兰屯市文化馆
5. 内蒙古呼伦贝尔市海拉尔区文化活动中心
6. 内蒙古呼和浩特市赛罕区文化馆
7. 内蒙古奈曼旗文化馆
8. 内蒙古乌拉特前旗文化馆
9. 内蒙古呼和浩特市新城区文化馆
10. 内蒙古包头市九原区文化馆

三级馆（19个）

1. 内蒙古通辽市群众艺术馆
2. 内蒙古呼和浩特市群众艺术馆
3. 内蒙古乌兰察布市群众艺术馆
4. 内蒙古乌审旗文化馆
5. 内蒙古额尔古纳市文化馆
6. 内蒙古根河市文化馆
7. 内蒙古新巴尔虎右旗文化馆
8. 内蒙古乌海市海勃湾区文化馆
9. 内蒙古鄂温克族自治旗文化馆
10. 内蒙古赤峰市红山区文化馆
11. 内蒙古敖汉旗文化馆
12. 内蒙古达茂旗文化馆
13. 内蒙古鄂托克旗文化馆
14. 内蒙古陈巴尔虎旗文化馆
15. 内蒙古新巴尔虎左旗文化馆
16. 内蒙古镶黄旗文化馆
17. 内蒙古杭锦旗文化馆
18. 内蒙古准格尔旗文化馆
19. 内蒙古巴彦淖尔市临河区文化馆

辽宁省（56个）

一级馆（24个）

1. 辽宁省群众艺术馆
2. 辽宁省沈阳市群众艺术馆
3. 辽宁省大连市群众艺术馆
4. 辽宁省辽阳市群众艺术馆
5. 辽宁省锦州市群众艺术馆
6. 辽宁省朝阳市群众艺术馆
7. 辽宁省盘锦市群众艺术馆
8. 辽宁省大连市金州区文化馆
9. 辽宁省沈阳市于洪区文化馆
10. 辽宁省沈阳市和平区文化馆
11. 辽宁省沈阳市铁西区文化馆
12. 辽宁省沈阳市大东区文化馆
13. 辽宁省大连市甘井子区文化馆
14. 辽宁省沈阳市皇姑区文化馆
15. 辽宁省大连市西岗区文化馆
16. 辽宁省沈阳市沈北新区文化馆
17. 辽宁省东港市文化馆
18. 辽宁省黑山县文化馆
19. 辽宁省营口市老边区文化馆
20. 辽宁省大连市中山区文化馆
21. 辽宁省辽阳县文化馆
22. 辽宁省沈阳市沈河区文化馆
23. 辽宁省沈阳市东陵区文化馆

24. 辽宁省辽中县文化馆

二级馆（19 个）

1. 辽宁省本溪市溪湖区文化馆
2. 辽宁省本溪满族自治县文化馆
3. 辽宁省沈阳市苏家屯区文化馆
4. 辽宁省大连市长海县文化馆
5. 辽宁省庄河市文化馆
6. 辽宁省普兰店市文化馆
7. 辽宁省大连市沙河口区文化馆
8. 辽宁省康平县文化馆
9. 辽宁省鞍山市铁东区文化馆
10. 辽宁省彰武县文化馆
11. 辽宁省义县文化馆
12. 辽宁省北镇市文化馆
13. 辽宁省大连市旅顺口区文化馆
14. 辽宁省蒙古族自治县文化馆
15. 辽宁省凌海市文化馆
16. 辽宁省丹东市振兴区文化馆
17. 辽宁省北票市文化馆
18. 辽宁省新民市文化馆
19. 辽宁省朝阳县文化馆

三级馆（13 个）

1. 辽宁省盘锦市民族文化艺术馆
2. 辽宁省宽甸满族自治县文化馆
3. 辽宁省丹东市凤城市文化馆
4. 辽宁省盘锦市兴隆台区文化馆
5. 辽宁省喀左蒙古族自治县文化馆
6. 辽宁省新宾满族自治县文化馆
7. 辽宁省清原满族自治县文化馆
8. 辽宁省大洼县文化馆
9. 辽宁省瓦房店市文化馆
10. 辽宁省营口市鲅鱼圈区文化馆
11. 辽宁省抚顺市望花区文化馆
12. 辽宁省法库县文化馆
13. 辽宁省西丰县文化馆

吉林省（23 个）

一级馆（7 个）

1. 吉林省吉林市群众艺术馆
2. 吉林省吉林市朝鲜族群众艺术馆
3. 吉林省敦化市文化馆
4. 吉林省前郭县文化馆
5. 吉林省桦甸市文化馆
6. 吉林省吉林市龙潭区文化馆
7. 吉林省通化县文化馆

二级馆（10 个）

1. 吉林省白城市群众艺术馆
2. 吉林省延吉市文化馆
3. 吉林省抚松县文化馆
4. 吉林省磐石市文化馆
5. 吉林省吉林市丰满区文化馆
6. 吉林省吉林市昌邑区文化馆
7. 吉林省长白县文化馆
8. 吉林省蛟河市文化馆
9. 吉林省梅河口市文化馆
10. 吉林省汪清县文化馆

三级馆（6 个）

1. 吉林省通化市群众艺术馆
2. 吉林省白城市洮北区文化馆
3. 吉林省乾安县文化馆
4. 吉林省吉林市船营区文化馆
5. 吉林省德惠市文化馆
6. 吉林省镇赉县文化馆

黑龙江省（31 个）

一级馆（7 个）

1. 黑龙江省哈尔滨市朝鲜民族艺术馆
2. 黑龙江省牡丹江市群众艺术馆
3. 黑龙江省鹤岗市群众艺术馆
4. 黑龙江省萝北县文化馆
5. 黑龙江省海林市文化馆
6. 黑龙江省密山市文化馆
7. 黑龙江省哈尔滨市南岗区文化馆

二级馆（11 个）

1. 黑龙江省大庆市群众艺术馆
2. 黑龙江省通河县文化馆
3. 黑龙江省铁力市文化馆
4. 黑龙江省五大连池市群众艺术馆
5. 黑龙江省富裕县文化馆
6. 黑龙江省宜春市汤旺河区文化馆
7. 黑龙江省宁安市文化馆
8. 黑龙江省呼玛县文化馆
9. 黑龙江省肇东市文化馆
10. 黑龙江省嘉荫县文化馆
11. 黑龙江省北安市群众艺术馆

三级馆（13 个）

1. 黑龙江省牡丹江市朝鲜民族艺术馆
2. 黑龙江省鸡西市群众艺术馆
3. 黑龙江省宾县文化馆
4. 黑龙江省龙江县文化馆
5. 黑龙江省克东县文化馆
6. 黑龙江省伊春市伊春区文化馆
7. 黑龙江省杜尔伯特蒙古族自治县文化馆
8. 黑龙江省哈尔滨市道里区文化馆
9. 黑龙江省哈尔滨市道外区文化馆
10. 黑龙江省甘南县文化馆
11. 黑龙江省伊春市友好区文化馆
12. 黑龙江省绥芬河市文体活动中心
13. 黑龙江省五常市文化馆

上海市（25个）

一级馆（19个）

1. 上海市群众艺术馆
2. 上海市徐汇区文化馆
3. 上海市浦东新区文化艺术指导中心
4. 上海市宝山区文化馆
5. 上海市卢湾区文化馆
6. 上海市南汇区文化馆
7. 上海市金山区文化馆
8. 上海市静安区文化馆
9. 上海市长宁文化艺术中心
10. 上海市闵行区群众艺术馆
11. 上海市普陀区文化馆
12. 上海市黄浦区文化馆
13. 上海市杨浦区文化馆
14. 上海市青浦区文化馆
15. 上海市嘉定区文化馆
16. 上海市崇明县文化馆
17. 上海市闸北区文化馆
18. 上海市徐汇区梅陇文化馆
19. 上海市浦东新区川沙文化馆

二级馆（4个）

1. 上海市虹口文化艺术馆
2. 上海市奉贤区文化馆
3. 上海市长宁民俗文化中心
4. 上海市普陀区桃浦文化馆

三级馆（2个）

1. 上海市松江区文化馆
2. 上海市普陀区甘泉文化馆

江苏省（88个）

一级馆（55个）

1. 江苏省南京市群众文化馆
2. 江苏省无锡市文化馆
3. 江苏省镇江市文化馆
4. 江苏省常州市文化馆
5. 江苏省苏州市文化馆
6. 江苏省南通市文化馆
7. 江苏省常熟市文化馆
8. 江苏省建湖县文化馆
9. 江苏省张家港市文化馆
10. 江苏省江阴市文化馆
11. 江苏省吴江市文化馆
12. 江苏省扬中市文化馆
13. 江苏省盐城市盐都区文化馆
14. 江苏省大丰市文化馆
15. 江苏省南京市建邺区文化馆
16. 江苏省苏州市沧浪区文化馆
17. 江苏省南京市鼓楼区文化馆
18. 江苏省丹阳市文化馆
19. 江苏省泰兴市文化馆
20. 江苏省南京市六合区第二文化馆
21. 江苏省南京市白下区文化馆
22. 江苏省南京市江宁区文化馆
23. 江苏省射阳县文化馆
24. 江苏省常州市武进区文化馆
25. 江苏省海门市文化馆
26. 江苏省姜堰市文化馆
27. 江苏省靖江市文化馆
28. 江苏省东海县文化馆
29. 江苏省高淳县文化馆
30. 江苏省邳州市文化馆
31. 江苏省南京市雨花台区文化馆
32. 江苏省如皋市文化馆
33. 江苏省无锡市锡山区文化馆
34. 江苏省通州市文化馆
35. 江苏省南京市秦淮区文化馆
36. 江苏省宜兴市文化馆
37. 江苏省金坛市文化馆
38. 江苏省常州市戚墅堰区文化馆
39. 江苏省溧阳市文化馆
40. 江苏省沛县文化馆

41. 江苏省无锡市南长区文化馆
42. 江苏省兴化市文化馆
43. 江苏省苏州市吴中区文化馆
44. 江苏省南京市浦口区文化馆
45. 江苏省镇江市丹徒区文化馆
46. 江苏省东台市文化馆
47. 江苏省高邮市文化馆
48. 江苏省无锡市惠山区文化馆
49. 江苏省太仓市文化馆
50. 江苏省扬州市邗江区文化馆
51. 江苏省无锡市滨湖区文化馆
52. 江苏省无锡市北塘区文化馆
53. 江苏省无锡市崇安区文化馆
54. 江苏省昆山市文化馆
55. 江苏省启东市文化馆

二级馆（23 个）

1. 江苏省徐州市文化馆
2. 江苏省连云港市文化馆
3. 江苏省盐城市文化馆
4. 江苏省盱眙县文化馆
5. 江苏省镇江市京口区文化馆
6. 江苏省镇江市润州区文化馆
7. 江苏省苏州市金阊区文化馆
8. 江苏省句容市文化馆
9. 江苏省海安县文化馆
10. 江苏省铜山县文化馆
11. 江苏省南通市崇川区文化馆
12. 江苏省连云港市连云区文化馆
13. 江苏省溧水县文化馆
14. 江苏省苏州市平江区文化馆
15. 江苏省江都市文化馆
16. 江苏省泰州市海陵区文化馆
17. 江苏省赣榆县文化馆
18. 江苏省沭阳县文化馆
19. 江苏省睢宁县文化馆
20. 江苏省新沂市文化馆
21. 江苏省南京市下关区文化馆
22. 江苏省常州市新北区文化艺术活动中心
23. 江苏省如东县文化馆

三级馆（10 个）

1. 江苏省南通市港闸区文化馆
2. 江苏省南京市六合区第一文化馆
3. 江苏省宿迁市宿豫区文化馆
4. 江苏省淮安市楚州区文化馆
5. 江苏省南京市栖霞区文化馆
6. 江苏省丰县文化馆
7. 江苏省徐州市贾汪区文化馆
8. 江苏省泗洪县文化馆
9. 江苏省涟水县文化馆
10. 江苏省泗阳县文化馆

浙江省（60 个）

一级馆（43 个）

1. 浙江省群众艺术馆
2. 浙江省宁波市群众艺术馆
3. 浙江省杭州市群众艺术馆
4. 浙江省台州市群众艺术馆
5. 浙江省绍兴市群众艺术馆
6. 浙江省温州市群众艺术馆
7. 浙江省湖州市群众艺术馆
8. 浙江省嘉兴市秀洲区文化馆
9. 浙江省绍兴县文化馆
10. 浙江省海宁市文化馆
11. 浙江省杭州市萧山区文化馆
12. 浙江省桐庐县文化馆
13. 浙江省杭州市余杭区文化馆
14. 浙江省永康市文化馆
15. 浙江省嘉善县文化馆
16. 浙江省嵊州市文化馆
17. 浙江省宁波市鄞州区文化馆
18. 浙江省上虞市文化馆
19. 浙江省建德市文化馆
20. 浙江省三门县文化馆
21. 浙江省淳安县文化馆
22. 浙江省天台县文化馆
23. 浙江省临安市文化馆
24. 浙江省富阳市文化馆
25. 浙江省临海市文化馆
26. 浙江省慈溪市文化馆
27. 浙江省诸暨市文化馆
28. 浙江省兰溪市文化馆
29. 浙江省温岭市文化馆
30. 浙江省杭州市西湖区化馆
31. 浙江省长兴县文化馆
32. 浙江省杭州市上城区文化馆

33. 浙江省嘉兴市南湖区文化馆
34. 浙江省台州市椒江区文化馆
35. 浙江省玉环县文化馆
36. 浙江省宁波市海曙区文化馆
37. 浙江省武义县文化馆
38. 浙江省桐乡市文化馆
39. 浙江省象山县文化馆
40. 浙江省余姚市文化馆
41. 浙江省德清县文化馆
42. 浙江省宁波市北仑区文化馆
43. 浙江省平湖市文化馆

二级馆（13个）

1. 浙江省嘉兴市群众艺术馆
2. 浙江省杭州市拱墅区文化馆
3. 浙江省台州市黄岩区文化馆
4. 浙江省舟山市普陀区文化馆
5. 浙江省海盐县文化馆
6. 浙江省龙游县文化馆
7. 浙江省开化县文化馆
8. 浙江省安吉县文化馆
9. 浙江省奉化市文化馆
10. 浙江省东阳市文化馆
11. 浙江省缙云县文化馆
12. 浙江省宁波市江东区文化馆
13. 浙江省嵊泗县文化馆

三级馆（4个）

1. 浙江省台州市路桥区文化馆
2. 浙江省仙居县文化馆
3. 浙江省瑞安市文化馆
4. 浙江省舟山市定海区文化馆

安徽省（21个）

二级馆（6个）

1. 安徽省马鞍山市群众艺术馆
2. 安徽省淮南市谢家集区文化馆
3. 安徽省黄山市黄山区文化馆
4. 安徽省蒙城县文化馆
5. 安徽省芜湖县文化馆
6. 安徽省濉溪县文化馆

三级馆（15个）

1. 安徽省合肥市文化馆
2. 安徽省马鞍山市金家庄区文化馆
3. 安徽省蚌埠市禹会区文化馆
4. 安徽省马鞍山市雨山区文化馆
5. 安徽省五河县文化馆
6. 安徽省临泉县文化馆
7. 安徽省合肥市庐阳区文化馆
8. 安徽省合肥市瑶海区文化馆
9. 安徽省宁国市文化馆
10. 安徽省和县文化馆
11. 安徽省萧县文化馆
12. 安徽省巢湖市居巢区文化馆
13. 安徽省淮南市毛集区文化馆
14. 安徽省马鞍山市花山区文化馆
15. 安徽省含山县文化馆

福建省（54个）

一级馆（12个）

1. 福建省厦门市文化馆
2. 福建省泉州市艺术馆
3. 福建省福州市群众艺术馆
4. 福建省厦门市思明区文化馆
5. 福建省漳州市芗城区文化馆
6. 福建省厦门市湖里区文化馆
7. 福建省石狮市文化馆
8. 福建省厦门市海沧区文化馆
9. 福建省惠安县文化馆
10. 福建省厦门市集美区文化馆
11. 福建省晋江市文化馆
12. 福建省泉州市鲤城区文化馆

二级馆（16个）

1. 福建省莆田市文化馆
2. 福建省霞浦县文化馆
3. 福建省莆田市荔城区文化馆
4. 福建省永安市文化馆
5. 福建省福州市台江区文化馆
6. 福建省南安市文化馆
7. 福建省龙海市文化馆
8. 福建省漳浦县文化馆
9. 福建省长乐市文化馆
10. 福建省尤溪县文化馆
11. 福建省云霄县文化馆
12. 福建省诏安县文化馆
13. 福建省平和县文化馆
14. 福建省福清市文化馆
15. 福建省连江县文化馆

16. 福建省泰宁县文化馆

三级馆（26 个）

1. 福建省连城县文化馆
2. 福建省莆田市城厢区文化馆
3. 福建省将乐县文化馆
4. 福建省安溪县文化馆
5. 福建省莆田市涵江区文化馆
6. 福建省罗源县文化馆
7. 福建省福鼎市文化馆
8. 福建省长汀县文化馆
9. 福建省柘荣县文化馆
10. 福建省邵武市文化馆
11. 福建省武夷山市文化馆
12. 福建省松溪县文化馆
13. 福建省华安县文化馆
14. 福建省建阳市文化馆
15. 福建省沙县文化馆
16. 福建省建瓯市文化馆
17. 福建省南平市延平区文化馆
18. 福建省厦门市同安区文化馆
19. 福建省顺昌县文化馆
20. 福建省上杭县文化馆
21. 福建省建宁县文化馆
22. 福建省福州市仓山区文化馆
23. 福建省泉州市丰泽区文化馆
24. 福建省福安市文化馆
25. 福建省福州市鼓楼区文化馆
26. 福建省武平县文化馆

江西省（42 个）

一级馆（3 个）

1. 江西省南昌市青山湖区文化馆
2. 江西省武宁县文化馆
3. 江西省于都县文化馆

二级馆（8 个）

1. 江西省新余市群众艺术馆
2. 江西省上高县文化馆
3. 江西省吉安市吉州区文化馆
4. 江西省芦溪县文化馆
5. 江西省泰和县文化馆
6. 江西省宁都县文化馆
7. 江西省石城县文化馆
8. 江西省九江市浔阳区文化馆

三级馆（31 个）

1. 江西省萍乡市群众艺术馆
2. 江西省赣州市章贡区文化馆
3. 江西省兴国县文化馆
4. 江西省贵溪市文化馆
5. 江西省德安县文化馆
6. 江西省新建县文化馆
7. 江西省安义县文化馆
8. 江西省龙南县文化馆
9. 江西省萍乡市安源区文化馆
10. 江西省南昌市东湖区文化馆
11. 江西省莲花县文化馆
12. 江西省南城县文化馆
13. 江西省上犹县文化馆
14. 江西省抚州市临川区第一文化馆
15. 江西省南昌市西湖区文化馆
16. 江西省宜丰县文化馆
17. 江西省崇义县文化馆
18. 江西省宜春市袁州区文化馆
19. 江西省黎川县文化馆
20. 江西省广丰县文化馆
21. 江西省余干县文化馆
22. 江西省万年县文化馆
23. 江西省南丰县文化馆
24. 江西省樟树市文化馆
25. 江西省东乡县文化馆
26. 江西省抚州市临川区第二文化馆
27. 江西省乐平市文化馆
28. 江西省萍乡市湘东区文化馆
29. 江西省余江县文化馆
30. 江西省广昌县文化馆
31. 江西省上栗县文化馆

山东省（81 个）

一级馆（41 个）

1. 山东省艺术馆
2. 山东省青岛市群众艺术馆
3. 山东省淄博市群众艺术馆
4. 山东省临沂市群众艺术馆
5. 山东省济宁市群众艺术馆
6. 山东省烟台市群众艺术馆
7. 山东省莱芜市文化馆
8. 山东省潍坊市艺术馆

9. 山东省威海市群众艺术馆
10. 山东省滨州市艺术馆
11. 山东省胶南市文化馆
12. 山东省青岛开发区文化馆
13. 山东省淄博市张店区文化馆
14. 山东省青岛市四方文化馆
15. 山东省青岛市城阳区文化馆
16. 山东省沂源县文化馆
17. 山东省滕州市文化馆
18. 山东省青岛市崂山区文化馆
19. 山东省青岛市市北文化馆
20. 山东省兖州市文化馆
21. 山东省寿光市文化馆
22. 山东省济宁市任城区文化馆
23. 山东省潍坊市奎文区文化馆
24. 山东省平原县文化馆
25. 山东省曲阜市文化馆
26. 山东省诸城市文化馆
27. 山东省莒县文化馆
28. 山东省胶州市文化馆
29. 山东省即墨市文化馆
30. 山东省青岛市李沧区文化馆
31. 山东省安丘市文化馆
32. 山东省邹平县文化馆
33. 山东省莱西市文化馆
34. 山东省禹城市文化馆
35. 山东省青岛市市南文化馆
36. 山东省莱州市文化馆
37. 山东省沂水县文化馆
38. 山东省临沂市兰山区文化馆
39. 山东省平度市文化馆
40. 山东省博兴县文化馆
41. 山东省桓台县文化馆

二级馆（23个）

1. 山东省东营市艺术馆
2. 山东省枣庄市群众艺术馆
3. 山东省荣成市文化馆
4. 山东省济宁市市中区文化馆
5. 山东省莒南县文化馆
6. 山东省郯城县文化馆
7. 山东省龙口市文化馆
8. 山东省费县文化馆
9. 山东省招远市文化馆
10. 山东省德州市齐河文化馆
11. 山东省潍坊市寒亭区文化馆
12. 山东省淄博市博山区文化馆
13. 山东省临朐县文化馆
14. 山东省烟台市牟平区文化馆
15. 山东省肥城市文化馆
16. 山东省东营市河口区文化馆
17. 山东省章丘市文化馆
18. 山东省嘉祥县文化馆
19. 山东省五莲县文化馆
20. 山东省济南市历下区文化馆
21. 山东省乳山市文化馆
22. 山东省淄博市临淄区文化馆
23. 山东省济南市市中区文化馆

三级馆（17个）

1. 山东省泰安市艺术馆
2. 山东省邹城市文化馆
3. 山东省冠县文化馆
4. 山东省淄博市周村区文化馆
5. 山东省海阳市文化馆
6. 山东省烟台市芝罘区文化馆
7. 山东省蒙阴县文化馆
8. 山东省临沭县文化馆
9. 山东省淄博市淄川区文化馆
10. 山东省利津县文化馆
11. 山东省蓬莱市文化馆
12. 山东省文登市文化馆
13. 山东省高青县文化馆
14. 山东省金乡县文化馆
15. 山东省新泰市文化馆
16. 山东省沾化县文化馆
17. 山东省临沂市河东区文化馆

河南省（36个）

一级馆（12个）

1. 河南省济源市群众艺术馆
2. 河南省安阳市群众艺术馆
3. 河南省鹤壁市群众艺术馆
4. 河南省林州市文化馆
5. 河南省新密市文化馆
6. 河南省新安县文化馆
7. 河南省罗山县文化馆

8. 河南省南阳市卧龙区文化馆
9. 河南省渑池县文化馆
10. 河南省项城市文化馆
11. 河南省武陟县文化馆
12. 河南省巩义市文化馆

二级馆（8 个）

1. 河南省群众艺术馆
2. 河南省三门峡市群众艺术馆
3. 河南省新乡市群众艺术馆
4. 河南省洛阳市吉利区文化馆
5. 河南省陕县文化馆
6. 河南省新郑市文化馆
7. 河南省孟州市文化馆
8. 河南省宝丰县文化馆

三级馆（16 个）

1. 河南省安阳县文化馆
2. 河南省许昌县文化馆
3. 河南省汤阴县文化馆
4. 河南省辉县市文化馆
5. 河南省汝南县文化馆
6. 河南省偃师市文化馆
7. 河南省郑州市惠济区文化馆
8. 河南省荥阳市文化馆
9. 河南省沁阳市文化馆
10. 河南省温县文化馆
11. 河南省长垣县文化馆
12. 河南省孟津县文化馆
13. 河南省新县人民文化馆
14. 河南省浚县人民文化馆
15. 河南省鹿邑县文化馆
16. 河南省内黄县文化馆

湖北省（45 个）

一级馆（8 个）

1. 湖北省武汉市群众艺术馆
2. 湖北省荆门市群众艺术馆
3. 湖北省武汉市江岸区文化馆
4. 湖北省红安县文化馆
5. 湖北省武汉市江汉区文化馆
6. 湖北省武汉市硚口区文化馆
7. 湖北省潜江市群众艺术馆
8. 湖北省武汉市武昌区文化馆

二级馆（20 个）

1. 湖北省黄冈市群众艺术馆
2. 湖北省黄石市群众艺术馆
3. 湖北省鄂州市群众艺术馆
4. 湖北省十堰市群众艺术馆
5. 湖北省武汉市汉南区文化馆
6. 湖北省武汉市洪山区文化馆
7. 湖北省武汉市青山区文化馆
8. 湖北省宜昌市夷陵区文化馆
9. 湖北省秭归县文化馆
10. 湖北省长阳土家族自治县文化馆
11. 湖北省武汉市江夏区文化馆
12. 湖北省武汉市蔡甸区文化馆
13. 湖北省五峰土家族自治县文化馆
14. 湖北省荆州市荆州区文化馆
15. 湖北省京山县文化馆
16. 湖北省郧县文化馆
17. 湖北省巴东县文化馆
18. 湖北省武汉市黄陂区文化馆
19. 湖北省蕲春县文化馆
20. 湖北省武汉市新洲区文化馆

三级馆（17 个）

1. 湖北省宜昌市群众艺术馆
2. 湖北省襄樊市群众艺术馆
3. 湖北省荆州市群众艺术馆
4. 湖北省宜昌市西陵区文化馆
5. 湖北省罗田县文化馆
6. 湖北省英山县文化馆
7. 湖北省随州市曾都区群众艺术馆
8. 湖北省丹江口市文化馆
9. 湖北省枝江市文化馆
10. 湖北省浠水县文化馆
11. 湖北省黄冈市黄州区文化馆
12. 湖北省麻城市文化馆
13. 湖北省阳新县文化馆
14. 湖北省大冶市群众艺术馆
15. 湖北省远安县文化馆
16. 湖北省谷城县文化馆
17. 湖北省武汉市东西湖区文化馆

湖南省（63 个）

一级馆（22 个）

1. 湖南省群众艺术馆
2. 湖南省长沙市群众艺术馆

3. 湖南省怀化市艺术馆
4. 湖南省衡阳市群众艺术馆
5. 湖南省湘潭市群众艺术馆
6. 湖南省长沙市雨花区文化馆
7. 湖南省浏阳市文化馆
8. 湖南省张家界市永定区文化馆
9. 湖南省长沙市岳麓区文化馆
10. 湖南省宁乡县文化馆
11. 湖南省邵东县文化馆
12. 湖南省湘乡市文化馆
13. 湖南省湘潭县文化馆
14. 湖南省湘潭市雨湖区文化馆
15. 湖南省湘潭市岳塘区文化馆
16. 湖南省益阳市沅江文化馆
17. 湖南省长沙市芙蓉区文化馆
18. 湖南省安化县文化馆
19. 湖南省南县文化馆
20. 湖南省绥宁县文化馆
21. 湖南省益阳市赫山区文化馆
22. 湖南省龙山县文化馆

二级馆（15 个）

1. 湖南省邵阳市文化馆
2. 湖南省长沙市天心区文化馆
3. 湖南省双峰县文化馆
4. 湖南省望城县文化馆
5. 湖南省耒阳市文化馆
6. 湖南省武冈市文化馆
7. 湖南省靖州苗族侗族自治县文化馆
8. 湖南省长沙县文化馆
9. 湖南省城步苗族自治县文化馆
10. 湖南省祁东县文化馆
11. 湖南省衡东县文化馆
12. 湖南省衡阳县文化馆
13. 湖南省常宁市文化馆
14. 湖南省娄底市娄星区文化馆
15. 湖南省长沙市开福区文化馆

三级馆（26 个）

1. 湖南省娄底市艺术馆
2. 湖南省株洲市群众艺术馆
3. 湖南省益阳市群众艺术馆
4. 湖南省澧县文化馆
5. 湖南省辰溪县文化馆
6. 湖南省洪江市文化馆
7. 湖南省通道侗族自治县文化馆
8. 湖南省衡山县文化馆
9. 湖南省沅陵县文化馆
10. 湖南省会同县文化馆
11. 湖南省溆浦县文化馆
12. 湖南省岳阳市云溪区文化馆
13. 湖南省衡南县文化馆
14. 湖南省衡阳市石鼓区文化馆
15. 湖南省炎陵县文化馆
16. 湖南省醴陵市文化馆
17. 湖南省茶陵县文化馆
18. 湖南省益阳市桃江县文化馆
19. 湖南省洞口县文化馆
20. 湖南省慈利县文化馆
21. 湖南省隆回县文化馆
22. 湖南省新晃侗族自治县文化馆
23. 湖南省益阳市资阳区文化馆
24. 湖南省石门县文化馆
25. 湖南省永顺县文化馆
26. 湖南省株洲市石峰区文化馆

广东省（63 个）

一级馆 (29 个)

1. 广东省深圳市群众艺术馆
2. 广东省广州市群众艺术馆
3. 广东省深圳市罗湖区文化馆
4. 广东省广州市海珠区文化馆
5. 广东省深圳市宝安区群众文化艺术馆
6. 广东省深圳市龙岗区文化馆
7. 广东省广州市越秀区文化馆
8. 广东省中山市群众艺术馆
9. 广东省佛山市群众艺术馆
10. 广东省深圳市南山区文化馆
11. 广东省深圳市盐田区文化馆
12. 广东省深圳市福田区文化馆
13. 广东省广州市白云区文化馆
14. 广东省广州市番禺区文化馆
15. 广东省江门市群众艺术馆
16. 广东省广州市黄浦区文化馆
17. 广东省广州市荔湾区文化馆
18. 广东省广州市天河区文化馆
19. 广东省珠海市香洲区文化馆
20. 广东省梅县文化馆
21. 广东省普宁市文化馆

22. 广东省台山市文化馆
23. 广东省增城市文化馆
24. 广东省佛山市高明区文化馆
25. 广东省开平市文化馆
26. 广东省汕头市龙湖区文化馆
27. 广东省佛山市三水区文化馆
28. 广东省江门市蓬江区文化馆
29. 广东省江门市新会区文化馆

二级馆（21个）

1. 广东省广州市花都区文化馆
2. 广东省阳江市群众艺术馆
3. 广东省云浮市群众艺术馆
4. 广东省梅州市群众艺术馆
5. 广东省德庆县文化馆
6. 广东省从化市文化馆
7. 广东省南雄市文化馆
8. 广东省佛山市顺德区文化馆
9. 广东省揭阳市榕城区文化馆
10. 广东省广宁县文化馆
11. 广东省新兴县文化馆
12. 广东省仁化县文化馆
13. 广东省兴宁市文化馆
14. 广东省佛冈县文化馆
15. 广东省佛山市南海区文化馆
16. 广东省汕头市潮阳区文化馆
17. 广东省佛山市禅城区文化馆
18. 广东省四会市文化馆
19. 广东省英德市文化馆
20. 广东省郁南县文化馆
21. 广东省连州市文化馆

三级馆（13个）

1. 广东省肇庆市群众艺术馆
2. 广东省蕉岭县文化馆
3. 广东省惠来县文化馆
4. 广东省梅州市梅江区文化馆
5. 广东省龙门县文化馆
6. 广东省肇庆市端州区文化馆
7. 广东省鹤山市文化馆
8. 广东省遂溪县文化馆
9. 广东省高要市文化馆
10. 广东省五华县文化馆
11. 广东省怀集县文化馆
12. 广东省汕头市金平区文化馆
13. 广东省江门市江海区文化馆

广西壮族自治区（22个）

一级馆（3个）

1. 广西南宁市群众艺术馆
2. 广西北海市群众艺术馆
3. 广西桂林市叠彩区文化馆

二级馆（5个）

1. 广西桂林市群众艺术馆
2. 广西梧州市群众艺术馆
3. 广西临桂县文化馆
4. 广西武鸣县文化馆
5. 广西贺州市八步区文化馆

三级馆（14个）

1. 广西浦北县文化馆
2. 广西玉林市玉州区文化馆
3. 广西岑溪市文化馆
4. 广西阳朔县文化馆
5. 广西钟山县文化馆
6. 广西桂平市文化馆
7. 广西昭平县文化馆
8. 广西南宁市青秀区文化馆
9. 广西蒙山县文化馆
10. 广西鹿寨县文化馆
11. 广西富川瑶族自治县文化馆
12. 广西桂林市秀峰区文化馆
13. 广西象州县文化馆
14. 广西融水县文化馆

海南省（2个）

一级馆（1个）

1. 海南省海口市群众艺术馆

二级馆（1个）

1. 海南省儋州市文化馆

重庆市（16个）

一级馆（5个）

1. 重庆市沙坪坝区文化馆
2. 重庆市北碚区文化馆
3. 重庆市长寿区文化馆
4. 重庆市万州区文化馆
5. 重庆市梁平县文化馆

二级馆（3个）

1. 重庆市群众艺术馆
2. 重庆市渝北区文化馆
3. 重庆市巴南区文化馆

三级馆（8个）
1. 重庆市万盛区文化馆
2. 重庆市大渡口区文化馆
3. 重庆市涪陵区文化馆
4. 重庆市合川区文化馆
5. 重庆市綦江县文化馆
6. 重庆市永川区文化馆
7. 重庆市忠县文化馆
8. 重庆市开县文化馆

四川省（79个）

一级馆（18个）
1. 四川省文化馆
2. 四川省成都市群众艺术馆
3. 四川省绵阳市文化馆
4. 四川省乐山市文化馆
5. 四川省成都市锦江区文化馆
6. 四川省成都市金牛区文化馆
7. 四川省简阳市文化馆
8. 四川省成都市温江区文化馆
9. 四川省安岳县文化馆
10. 四川省成都市青羊区文化馆
11. 四川省都江堰市文化馆
12. 四川省广汉市文化馆
13. 四川省大竹县文化馆
14. 四川省江安县文化馆
15. 四川省万源市文化馆
16. 四川省绵竹市文化馆
17. 四川省隆昌县文化馆
18. 四川省什邡市文化馆

二级馆（24个）
1. 四川省广安市文化馆
2. 四川省成都市成华区文化馆
3. 四川省蓬溪县文化馆
4. 四川省成都市龙泉驿区文化馆
5. 四川省新津县文化馆
6. 四川省三台县文化馆
7. 四川省双流县文化馆
8. 四川省安县文化馆
9. 四川省岳池县文化馆
10. 四川省平昌县文化馆
11. 四川省成都市新都区文化馆
12. 四川省崇州市文化馆
13. 四川省内江市市中区文化馆
14. 四川省成都市青白江区文化馆
15. 四川省攀枝花市西区文化馆
16. 四川省南部县文化馆
17. 四川省峨眉山市文化馆
18. 四川省合江县文化馆
19. 四川省成都市武侯区文化馆
20. 四川省邻水县文化馆
21. 四川省郫县文化馆
22. 四川省武胜县文化馆
23. 四川省长宁县文化馆
24. 四川省米易县文化馆

三级馆（37个）
1. 四川省遂宁市文化馆
2. 四川省自贡市文化馆
3. 四川省泸州市文化馆
4. 四川省宜宾市文化馆
5. 四川省攀枝花市仁和区文化馆
6. 四川省苍溪县文化馆
7. 四川省金堂县文化馆
8. 四川省宜宾县文化馆
9. 四川省宣汉县文化馆
10. 四川省梓潼县文化馆
11. 四川省攀枝花市东区文化馆
12. 四川省资阳市雁江区文化馆
13. 四川省大邑县文化馆
14. 四川省广安市广安区文化馆
15. 四川省射洪县文化馆
16. 四川省乐山市五通桥区文化馆
17. 四川省井研县文化馆
18. 四川省犍为县文化馆
19. 四川省高县文化馆
20. 四川省沐川县文化馆
21. 四川省荣县文化馆
22. 四川省北川羌族自治县文化馆
23. 四川省邛崃市群众艺术馆
24. 四川省蒲江县文化馆
25. 四川省峨边彝族自治县文化馆
26. 四川省康定县文化馆
27. 四川省巴中市巴州区文化馆
28. 四川省渠县文化馆
29. 四川省中江县文化馆
30. 四川省攀枝花市文化馆
31. 四川省剑阁县文化馆

32. 四川省天全县文化馆
33. 四川省旺苍县文化馆
34. 四川省彭州市群众艺术馆
35. 四川省乐至县文化馆
36. 四川省南溪县文化馆
37. 四川省夹江县文化馆

贵州省（19个）

一级馆（1个）

1. 贵州省贵阳市群众艺术馆

二级馆（6个）

1. 贵州省桐梓县文化馆
2. 贵州省凤冈县文化馆
3. 贵州省正安县文化馆
4. 贵州省榕江县文化馆
5. 贵州省余庆县文化馆
6. 贵州省习水县文化馆

三级馆（12个）

1. 贵州省群众艺术馆
2. 贵州省贵阳市花溪区文化馆
3. 贵州省绥阳县文化馆
4. 贵州省贵阳市白云区文化馆
5. 贵州省仁怀市文化馆
6. 贵州省福泉市文化馆
7. 贵州省遵义县文化馆
8. 贵州省三都水族自治县文化馆
9. 贵州省独山县文化馆
10. 贵州省盘县文化馆
11. 贵州省贵阳市乌当区文化馆
12. 贵州省清镇市文化馆

云南省（47个）

一级馆（6个）

1. 云南省昆明市文化馆
2. 云南省大理市大理文化馆
3. 云南省永仁县文化馆
4. 云南省元谋县文化馆
5. 云南省宁蒗县文化馆
6. 云南省大理市下关文化馆

二级馆（14个）

1. 云南省文化馆
2. 云南省玉溪市文化馆
3. 云南省大理州群众艺术馆
4. 云南省曲靖市文化馆
5. 云南省双柏县文化馆
6. 云南省丽江市古城区文化馆
7. 云南省腾冲县文化馆
8. 云南省禄丰县文化馆
9. 云南省陆良县文化馆
10. 云南省华宁县文化馆
11. 云南省昆明市官渡区文化馆
12. 云南省安宁市文化馆
13. 云南省昆明市五华区文化馆
14. 云南省云龙县文化馆

三级馆（27个）

1. 云南省普洱市文化馆
2. 云南省迪庆藏族自治州文化馆
3. 云南省楚雄州文化馆
4. 云南省剑川县文化馆
5. 云南省景谷县文化馆
6. 云南省南华县文化馆
7. 云南省临沧市临翔区文化馆
8. 云南省石林县文化馆
9. 云南省水富县文化馆
10. 云南省宣威市文化馆
11. 云南省嵩明县文化馆
12. 云南省富源县文化馆
13. 云南省澜沧县文化馆
14. 云南省永平县文化馆
15. 云南省宾川县文化馆
16. 云南省呈贡县文化馆
17. 云南省开远市文化馆
18. 云南省鹤庆县文化馆
19. 云南省通海县文化馆
20. 云南省镇康县文化馆
21. 云南省景东彝族自治县文化馆
22. 云南省寻甸县文化馆
23. 云南省沾益县文化馆
24. 云南省会泽县文化馆
25. 云南省新平县文化馆
26. 云南省昆明市盘龙区文化馆
27. 云南省楚雄市文化馆

西藏自治区（1个）

三级馆（1个）

1. 西藏日喀则地区群众艺术馆

陕西省（29个）

一级馆（3个）

1. 陕西省宝鸡市群众艺术馆
2. 陕西省铜川市耀州区文化馆
3. 陕西省乾县文化馆

二级馆（10个）

1. 陕西省西安市群众艺术馆
2. 陕西省旬阳县文化馆
3. 陕西省安塞县文化文物馆
4. 陕西省宝鸡市金台区文化馆
5. 陕西省宁强县文化馆
6. 陕西省绥德县文化馆
7. 陕西省安康市汉滨区文化馆
8. 陕西省蓝田县文化馆
9. 陕西省汉阴县文化馆
10. 陕西省宝鸡市陈仓区文化馆

三级馆（16个）

1. 陕西省艺术馆
2. 陕西省汉中市群众艺术馆
3. 陕西省高陵县文化馆
4. 陕西省大荔县文化馆
5. 陕西省西安市灞桥区文化馆
6. 陕西省宜君县文化馆
7. 陕西省千阳县文化馆
8. 陕西省兴平市文化馆
9. 陕西省洋县文化馆
10. 陕西省定边县文化馆
11. 陕西省宝鸡市渭滨区文化馆
12. 陕西省吴起县文化馆
13. 陕西省凤县文化馆
14. 陕西省延安市宝塔区文化馆
15. 陕西省眉县文化馆
16. 陕西省扶风县文化馆

甘肃省（29个）

一级馆（4个）

1. 甘肃省兰州市群众艺术馆
2. 甘肃省嘉峪关市文化馆
3. 甘肃省金昌市群众艺术馆
4. 甘肃省瓜州县文化馆

二级馆（7个）

1. 甘肃省天水市麦积区文化馆
2. 甘肃省兰州市西固区文化馆
3. 甘肃省酒泉市肃州区文化馆
4. 甘肃省景泰县文化馆
5. 甘肃省榆中县文化馆
6. 甘肃省定西市安定区文化馆
7. 甘肃省白银市白银区文化馆

三级馆（18个）

1. 甘肃省兰州市红古区文化馆
2. 甘肃省平凉市崆峒区文化馆
3. 甘肃省陇西县文化馆
4. 甘肃省敦煌市文化馆
5. 甘肃省渭源县文化馆
6. 甘肃省静宁县文化馆
7. 甘肃省张掖市甘州区文化馆
8. 甘肃省民乐县文化馆
9. 甘肃省山丹县文化馆
10. 甘肃省临泽县文化馆
11. 甘肃省玉门市文化馆
12. 甘肃省庆阳市西峰区文化馆
13. 甘肃省会宁县文化馆
14. 甘肃省武威市凉州区文化馆
15. 甘肃省白银市平川区文化馆
16. 甘肃省通渭县文化馆
17. 甘肃省金塔县文化馆
18. 甘肃省肃北县文化馆

宁夏回族自治区（8个）

一级馆（4个）

1. 宁夏吴忠市文化馆
2. 宁夏石嘴山市群众艺术馆
3. 宁夏银川市文化艺术馆
4. 宁夏青铜峡市文化馆

三级馆（4个）

1. 宁夏海原县文化馆
2. 宁夏隆德县文化馆
3. 宁夏石嘴山市惠农区文化馆
4. 宁夏同心县文化馆

新疆维吾尔自治区（34个）

一级馆（2个）

1. 新疆克拉玛依市群众艺术馆
2. 新疆克拉玛依市独山子区文化馆

二级馆（8个）

1. 新疆乌鲁木齐市群众艺术馆
2. 新疆昌吉回族自治州群众艺术馆
3. 新疆巩留县文化馆
4. 新疆拜城县文化馆
5. 新疆富蕴县文化馆
6. 新疆哈巴河县文化馆

7. 新疆喀什市文化馆
8. 新疆轮台县文化馆

三级馆（24个）

1. 新疆巴音郭楞蒙古自治州群众艺术馆
2. 新疆石河子市群众艺术馆
3. 新疆博乐市文化馆
4. 新疆玛纳斯县文化馆
5. 新疆阿图什市文化馆
6. 新疆莎车县文化馆
7. 新疆阜康市文化馆
8. 新疆沙雅县文化馆
9. 新疆吉木萨尔县文化馆
10. 新疆乌鲁木齐市天山区文化馆
11. 新疆塔城市文化馆
12. 新疆焉耆回族自治县文化馆
13. 新疆库尔勒市文化馆
14. 新疆乌苏市文化馆
15. 新疆乌鲁木齐市米东区文化馆
16. 新疆乌鲁木齐市新市区文化馆
17. 新疆昌吉市文化馆
18. 新疆精河县文化馆
19. 新疆塔城地区群众艺术馆
20. 新疆托里县文化馆
21. 新疆裕民县文化馆
22. 新疆乌鲁木齐市水磨沟区文化馆
23. 新疆奇台县文化馆
24. 新疆巴里坤哈萨克自治县文化馆

文化部办公厅
2008年5月26日印发

文化部关于命名浙江省嘉兴市、北京市大兴区等52个市、县（区）为全国文化信息资源共享工程示范市、示范县的决定

文社图发〔2008〕18号

各省、自治区、直辖市文化厅(局)，新疆生产建设兵团文化局，文化部全国文化信息资源建设管理中心：

全国文化信息资源共享工程（以下简称“文化共享工程”）是一项社会主义文化建设标志性工程，是公共文化服务体系的基础工程，是政府提供公共文化服务的重要手段，是实现广大人民群众基本文化权益的重要途径，是改善城乡基层文化服务的创新工程。工程实施以来，各级党委、政府高度重视，积极推进工程建设，工程建设取得很大成绩，为保障广大人民群众基本文化权益，活跃城乡群众精神文化生活发挥了重要作用。

2006年，文化部与财政部部署开展工程试点工作。2007年12月，文化部组织了15个督导组，对各省、自治区、直辖市、新疆生产建设兵团文化共享工程建设情况进行督导并对试点工作进行检查验收。根据各地申报，经研究，决定命名浙江省嘉兴市和宁波市、广东省深圳市为“全国文化信息资源共享工程示范市”，北京市大兴区等49个县（区）为“全国文化信息资源共享工程示范县”。

希望示范市、示范县巩固建设成果，不断开拓创新，充分发挥文化共享工程在构建社会主义和谐社会与全面建设小康社会进程中的积极作用，不断取得新的更大的成绩。

附件：全国文化信息资源共享工程示范市、示范县名单

中华人民共和国文化部
2008年5月12日

附件：

全国文化信息资源共享工程示范市、示范县（区）名单

1. 示范市

浙江省：嘉兴市、宁波市

广东省：深圳市

2. 示范县

北京市：大兴区

天津市：和平区、河西区、塘沽区、大港区、东丽区、津南区、北辰区

山西省：曲沃县、襄垣县

内蒙古自治区：乌审旗

吉林省：桦甸市、前郭县、敦化市、抚松县、永吉县

江苏省：常熟市、张家港市、大丰市

浙江省：绍兴县、长兴县

安徽省：太湖县、蒙城县、繁昌县

河南省：安阳县、孟州市、偃师市、渑池县、淅川县、鄢陵县、温县

湖北省：秭归县、蕲春县、崇阳县、兴山县、安陆县

湖南省：长沙县、望城县
广东省：乳源县、德庆县
四川省：都江堰市、峨眉山市、绵竹市、
贵州省：遵义县、都匀市
甘肃省：甘州区
宁夏回族自治区：贺兰县、盐池县
新疆维吾尔自治区：阜康县

文化部关于命名 中国民间文化艺术之乡的决定

文社图发〔2008〕40号

各省、自治区、直辖市文化厅（局），新疆生产建设兵团文化局：

为贯彻落实科学发展观，更好地发挥民间文化艺术在构建社会主义和谐社会，推动社会主义新农村建设中的重要作用，文化部根据《“中国民间文化艺术之乡”命名办法》的有关规定，组织专家对全国31个省、自治区、直辖市和新疆生产建设兵团申报的中国民间文化艺术之乡进行了评审，确定各地申报的963个中国民间文化艺术之乡符合“命名办法”的要求，现决定：北京市大兴区瀛海镇等963个市、县、区、乡镇为中国民间文化艺术之乡。

希望各地文化行政部门认真总结民间文化艺术之乡的创建经验，增加投入，加强管理，充分发挥民间文化艺术之乡对民族民间文化艺术的保护、继承、弘扬以及在文化建设中的重要作用，为促进社会主义文化大发展大繁荣做出更大贡献。

附件：中国民间文化艺术之乡名单

2008年11月3日

附件：

中国民间文化艺术之乡名单

北京市（20）

1. 崇文区　手工艺
2. 大兴区瀛海镇　书画
3. 大兴区榆垡镇　武吵子
4. 顺义区高丽营镇　戏曲
5. 顺义区北务镇　龙狮舞
6. 顺义区马坡镇　书画
7. 宣武区椿树街道　京剧
8. 宣武区天桥街道　鼓曲
9. 怀柔区喇叭沟门满族乡　满族花会
10. 怀柔区杨宋镇　音乐
11. 门头沟区龙泉镇　太平鼓
12. 平谷区大华山镇　民间文学
13. 朝阳区高碑店乡　民俗文化
14. 石景山区古城街道　花会
15. 丰台区南苑乡　摄影
16. 延庆县永宁镇　竹马
17. 密云县古北口镇　花会
18. 西城区什刹海街道　手工艺制作
19. 昌平区北齐家镇　歌舞
20. 房山区大石窝镇　石雕

天津市（14）

21. 武清区　书法、绘画
22. 宁河县　木雕、评剧
23. 宝坻区　评剧
24. 汉沽区　飞镲、刻字版画
25. 北辰区　绘画
26. 静海县　书法、绘画
27. 塘沽区　版画
28. 大港区胜利街　剪纸
29. 大港区油田　民间绘画
30. 大港区太平镇　书法、绘画
31. 津南区葛沽镇　花会
32. 东丽区无瑕街　花会
33. 西青区杨柳青镇　杨柳青木版年画
34. 河西区挂甲寺街　花会

河北省（32）

35. 抚宁县　故事、吹歌
36. 曲阳县　石雕
37. 隆尧县　秧歌
38. 固安县　古乐
39. 昌黎县　吹歌、民歌、地秧歌
40. 正定县　常山战鼓
41. 滦南县　乐亭大鼓、评剧
42. 永年县　太极拳
43. 康保县　东路二人台
44. 沙河市　花会
45. 南宫市　花会
46. 广宗县　花会
47. 涞水县　版画
48. 乐亭县　乐亭大鼓、皮影
49. 井陉县　拉花

50. 玉田县 泥塑
51. 吴桥县 杂技
52. 辛集市 农民画
53. 武强县 年画
54. 威县 书画
55. 蔚县 剪纸
56. 磁县 剪纸
57. 雄县 鹰爪翻子拳
58. 邱县 漫画
59. 丰宁满族自治县 剪纸
60. 定州市子位镇 吹歌
61. 香河县安头屯镇 中幡会
62. 雄县米家务乡 纸花
63. 黄骅市齐家务乡 麒麟舞
64. 霸州市胜芳镇 花灯
65. 文安县左各庄镇 杆会
66. 馆陶县馆陶镇 花会

山西省（39）

67. 孝义市 剪纸
68. 霍州市 威风锣鼓
69. 汾阳市 地秧歌
70. 应县 耍孩儿戏曲
71. 代县 绘画
72. 黎城县 黎候虎手工艺
73. 中阳县 剪纸
74. 新绛县 绛州鼓乐、剪纸
75. 河曲县 二人台
76. 静乐县 剪纸
77. 长治县 潞安大鼓、社火
78. 柳林县 盘子艺术
79. 翼城县 花鼓
80. 定襄县 高跷
81. 左权县 民歌、小花戏
82. 浮山县 剪纸
83. 广灵县 剪纸
84. 洪洞县甘亭镇 威风锣鼓
85. 晋中市榆次区郭家堡乡 歌舞
86. 晋中市榆次区张庆乡 高跷、背棍
87. 晋城市城区北石店镇 音乐
88. 沁水县嘉峰镇 多人旱船
89. 阳泉市郊区荫营镇 迓鼓
90. 阳城县润城镇 秧歌、社火
91. 临汾市尧都区 威风锣鼓
92. 太原市尖草坪区西墕乡 锣鼓
93. 太原市小店区北格镇 舞龙
94. 太原市杏花岭区杨家峪街道 书法绘画
95. 襄汾县大邓乡 剪纸
96. 运城市盐湖区 戏曲
97. 稷山县清河镇 高台花鼓、走兽高跷
98. 曲沃县高显镇 书画
99. 高平市东城街街道 手工艺
100. 陵川县附城镇 音乐
101. 忻州市忻府区 八音会
102. 祁县城赵镇 剪纸
103. 长子县南漳镇 八音会
104. 清徐县徐沟镇 背棍
105. 襄垣县王桥镇 秧歌

内蒙古自治区（15）

106. 扎鲁特旗 版画、曲艺
107. 库伦旗 安代
108. 科尔沁右翼中旗 乌力格尔
109. 突泉县 绘画
110. 巴林右旗 好来宝
111. 准格尔旗 漫瀚调
112. 鄂温克族旗 歌舞
113. 和林格尔县 剪纸
114. 巴林右旗 格斯尔文化
115. 扎兰屯市卧牛河镇 书画
116. 科左后旗阿古拉镇 叙事民歌
117. 通辽市科尔沁区 少儿版画
118. 突泉县水泉乡 二人转
119. 锡林浩特市宝力根苏木镇 长调
120. 根河市敖鲁古雅鄂温克民族乡 木雕

辽宁省（30）

121. 凌海市 文学
122. 凌源市 皮影
123. 新民市 绘画
124. 北镇市 书画
125. 东港市 绘画
126. 庄河市 绘画
127. 海城市 高跷秧歌
128. 北票市 书法
129. 朝阳县 秧歌、文学、小戏
130. 建平县 剪纸
131. 黑山县 二人转
132. 彰武县 绘画

133. 沈阳市皇姑区 剪纸
134. 沈阳市和平区 老年秧歌
135. 沈阳市铁西区 少儿舞蹈
136. 沈阳市沈河区 摄影
137. 沈阳市苏家屯区 绘画
138. 沈阳市大东区 合唱
139. 沈阳市于洪区 美术
140. 沈阳市于洪区大兴朝鲜族乡 朝鲜舞蹈
141. 岫岩满族自治县 绘画
142. 大连市金州区 舞蹈、绘画
143. 大连市西岗区 京剧
144. 大连市旅顺口区 合唱
145. 阜新蒙古族自治县于寺镇 诗词
146. 锦州市太和区 高跷
147. 葫芦岛市连山区 古筝
148. 新宾满族自治县新宾镇 满族歌舞
149. 宽甸满族自治县 绘画
150. 桓仁满族自治县 绘画

吉林省（18）

151. 敦化市 秧歌、刀画
152. 桦甸市 绘画
153. 通化县 剪纸
154. 东丰县 农民画
155. 东辽县安恕镇 剪纸
156. 东辽县渭津镇 二人转
157. 汪清县复兴镇 书画
158. 汪清县百草沟镇 象帽舞
159. 汪清县春阳镇 书画
160. 图们市月宫街 圆鼓舞
161. 图们市向上街道 长鼓舞
162. 前郭尔罗斯蒙古族自治县 马头琴
163. 前郭尔罗斯蒙古族自治县查干花镇 歌舞
164. 珲春市密江乡 洞箫
165. 辽源市龙山区 琵琶
166. 吉林市丰满区前二道乡 绘画
167. 九台市其塔木乡 书画
168. 珲南县石道河镇 摄影

黑龙江省（42）

169. 海伦市 东北二人转、剪纸
170. 绥棱县 黑陶、农民画
171. 绥化市北林区 风筝
172. 肇东市 国画
173. 尚志市 国画
174. 密山市 剪纸
175. 五常市 书画
176. 宁安市 民间文学
177. 讷河市 书法
178. 虎林市 摄影
179. 安达市 书法
180. 富锦市 声乐
181. 方正县 剪纸
182. 庆安县 版画
183. 巴彦县 剪纸
184. 依安县 剪纸
185. 林甸县 剪纸
186. 甘南县 国画
187. 富裕县 漫画
188. 林口县 连环画
189. 兰西县 挂钱
190. 宝清县 书法
191. 望奎县 皮影
192. 通河县 农民画
193. 肇源县 和纸画
194. 宾县 农民画
195. 农垦宝泉岭二九〇农场 荒娃少儿版画
196. 农垦八五三农场 北大荒版画
197. 哈尔滨道里区抚顺社区 戏曲
198. 哈尔滨道里区道里工农社区 秧歌
199. 哈尔滨市阿城区 版画
200. 哈尔滨市呼兰区 拓彩版画
201. 鸡西市鸡冠区 版画
202. 大兴安岭行署加格达奇区 版画
203. 大兴安岭图强林业社区 管乐
204. 佳木斯市前进区 东北风摄影
205. 穆棱市八面通镇 剪纸
206. 宁安市渤海镇 秧歌
207. 大庆市萨尔图区 版画
208. 穆棱市兴源镇 玉米叶画、豆画
209. 集贤县升昌镇 纸版画
210. 呼玛县白银纳鄂伦春族民族乡 鄂伦春族工艺美术

上海市（21）

211. 金山区山阳镇 民乐
212. 金山区 农民画

213. 浦东新区陆家嘴街道 秧歌
214. 浦东新区川沙新镇 沪剧、故事
215. 浦东新区金桥镇 书画
216. 浦东新区三林镇 舞龙
217. 宝山区杨行镇 吹塑版画
218. 宝山区月浦镇 锣鼓
219. 宝山区罗店镇 罗店龙船
220. 宝山区顾村镇 诗歌
221. 青浦区朱家角镇 民间藏书
222. 青浦区白鹤镇 沪剧
223. 南汇区周浦镇 书画
224. 南汇区 锣鼓书
225. 松江区 丝网版画
226. 奉贤区柘林镇 滚灯
227. 长宁区新泾镇 西郊农民画
228. 徐汇区龙华街道 庙会
229. 崇明县新河镇 民乐
230. 嘉定区徐行镇 黄草编织
231. 闸北区彭浦镇 摄影

江苏省（65）

232. 太仓市 江南丝竹
233. 常熟市 古琴
234. 宜兴市 书画
235. 东台市 书画、少儿二胡
236. 海门市 海门山歌
237. 高邮市 少儿二胡
238. 江阴市 民乐、民间故事
239. 溧阳市 少儿书法
240. 邳州市 剪纸、农民画
241. 金坛市 刻纸
242. 昆山市 昆曲
243. 大丰市 绘画
244. 张家港市 戏曲
245. 建湖县 杂技、淮剧
246. 如东县 绘画
247. 射阳县 民间美术
248. 东海县 儿童绘画
249. 睢宁县 儿童绘画
250. 句容市 少儿故事
251. 滨海县 书法
252. 海安县 龙舞
253. 南京市六合区冶山镇 农民画
254. 南京市浦口区 书法
255. 南京市栖霞区 龙舞
256. 南京市秦淮区 灯彩
257. 吴江市汾湖镇 山歌
258. 盐城市盐都区义丰镇 龙舞
259. 泗洪县天岗湖乡 锣鼓
260. 泗阳县临河镇 桃雕
261. 如皋市白蒲镇 京剧
262. 昆山市巴城镇 书法
263. 昆山市锦溪镇 民间收藏
264. 苏州市吴中区胥口镇 书画
265. 苏州市吴中区木渎镇 书法、石雕
266. 苏州市高新区镇湖街道 刺绣
267. 常熟市董浜镇 灯谜
268. 常熟市古里镇 山歌
269. 常熟市虞山镇 篆刻书画
270. 丹阳市皇塘镇 书画
271. 通州市刘桥镇 灯谜、楹联
272. 通州市石港镇 京剧
273. 通州市五接镇 风筝
274. 无锡市滨湖区雪浪街道 书画
275. 淮安市楚州区仇桥镇 杂技
276. 淮安市楚州区博里镇 农民画
277. 姜堰市溱潼镇 会船
278. 太仓市沙溪镇 舞蹈
279. 太仓市双凤镇 龙狮
280. 沛县敬安镇 剪纸
281. 射阳县临海镇 农民画
282. 宜兴市丁蜀镇 陶艺
283. 江阴市月城镇 戏剧
284. 扬州市广陵区 古筝
285. 铜山县汉王镇 石刻
286. 常州市武进区 摄影
287. 东台市东台镇 发绣
288. 昆山市周庄镇 水乡民俗
289. 苏州市吴中区甪直镇 水乡服饰
290. 苏州高新区浒墅关镇 少儿书画
291. 张家港市凤凰镇 山歌
292. 常熟市尚湖镇 戏曲
293. 太仓市城厢镇 书画
294. 昆山市淀山湖镇 戏曲
295. 太仓市璜泾镇 民乐

296. 张家港市塘桥镇 书法

浙江省（40）

297. 乐清市 乐清首饰龙、细纹刻纸
298. 临安市 昌化鸡血石雕、现代民间绘画
299. 平湖市 西瓜灯
300. 诸暨市 书画、珍珠串缀
301. 嵊州市 吹打乐
302. 青田市 青田石雕
303. 东阳市 木雕、竹编
304. 海宁市 硖石灯彩
305. 桐乡市 漫画
306. 仙居县 针刺无骨花灯
307. 浦江县 书画、剪纸
308. 象山县 竹根雕
309. 奉化县 现代民间绘画、布龙
310. 普陀县 现代民间绘画
311. 岱山县 现代民间绘画、渔歌号子
312. 嵊泗县 民间绘画
313. 长兴县 长兴百叶龙
314. 海盐县 海盐滚灯
315. 嘉善县 嘉善田歌
316. 遂昌县 昆曲十番
317. 龙游县湖镇 硬头狮子
318. 余姚市泗门镇 犴舞
319. 开化县苏庄镇 苏庄草龙
320. 舟山市定海区白泉镇 舟山锣鼓
321. 杭州市西湖区蒋村乡 龙舟胜会
322. 杭州市余杭区 余杭滚灯
323. 杭州市萧山区楼塔镇 细十番
324. 江山市廿八都镇 山歌
325. 湖州市南浔区善琏镇 湖笔制作技艺
326. 缙云县壶镇镇 钢叉舞
327. 临海市白水洋镇 黄沙狮子
328. 景宁畲族自治县 畲族山歌
329. 三门县高枧乡 古亭抬阁
330. 永康市唐先镇 九狮图
331. 富阳市灵桥镇 书画
332. 临海市上盘镇 上盘花鼓
333. 仙居县田市镇 鲤鱼跳龙门
334. 衢州市柯城区沟溪乡 农民画
335. 乐清市象阳镇 黄杨木雕、石雕
336. 嘉兴市秀洲区 现代民间绘画

安徽省（24）

337. 界首市 剪纸
338. 怀宁县 黄梅戏
339. 临泉县 杂技、马戏
340. 凤阳县 凤阳花鼓
341. 灵璧县 年画
342. 太和县 书画
343. 当涂县 民歌
344. 泗县 泗州戏
345. 萧县 书画
346. 濉溪县临涣镇 唢呐
347. 郎溪县梅渚镇 傩戏
348. 绩溪县伏岭镇 徽剧
349. 蚌埠市禹会区秦集镇 花鼓灯
350. 望江县鸦滩镇 挑花
351. 合肥市包河区大圩镇 花会
352. 池州市贵池区梅街镇 傩戏
353. 怀远县 花鼓灯
354. 歙县三阳乡 叠罗汉
355. 界首市田营镇 彩陶烧制
356. 阜阳市颍州区 剪纸
357. 巢湖市居巢区 民歌
358. 青阳县杜村乡 青阳腔
359. 淮南市潘集区夹沟乡 花会
360. 凤台县 花鼓灯

福建省（52）

361. 石狮市 灯谜
362. 建瓯市 版画、根雕
363. 建阳市 农民工笔画
364. 邵武市 傩舞、三角戏
365. 福清市 闽剧
366. 晋江市 绘画、闽南戏曲、灯谜
367. 龙海市 绘画
368. 武夷山市 茶文化
369. 浦城县 剪纸
370. 诏安县 绘画
371. 漳浦县 剪纸、竹马戏
372. 安溪县 茶文化
373. 平和县 龙艺
374. 莆田县 绘画、戏剧
375. 屏南县 传统戏曲
376. 宁化县 客家祖地习俗

377. 东山县　海岛美术、音乐
378. 华安县　玉雕
379. 仙游县　戏曲
380. 柘荣县　剪纸
381. 松溪县　版画
382. 永春县　纸织画
383. 云霄县　戏曲
384. 南安县　高甲戏
385. 惠安县　雕刻
386. 德化县　陶瓷
387. 将乐县　擂茶、音乐、南词表演
388. 将乐县古镛镇　跑马将军庙会
389. 永安市青水畲族乡　戏剧
390. 南平市延平区峡阳镇　战胜鼓
391. 福州市鼓楼区南后街　花灯
392. 福州市琅岐经济区　肩顶戏
393. 福州市晋安区　寿山石雕
394. 福州市晋安区新店镇　腰鼓
395. 福清市新厝镇　车鼓
396. 龙岩市新罗区　采茶灯
397. 宁德市蕉城区霍童镇　线狮表演
398. 清流县长校镇　十番锣鼓、刻字
399. 上杭县白砂镇　客家木偶戏
400. 上杭县中都镇　女子武术
401. 永定县下洋镇　锣鼓
402. 泉州市鲤城区
木偶头雕刻技艺、刻纸技艺、竹编
403. 泉州市泉港区山腰街道　闽南戏曲
404. 武平县中山镇　汉剧
405. 罗源县飞竹镇飞竹居委会　畲族民俗
406. 泰宁县上青乡　桥灯
407. 明溪县胡坊镇　茶花灯
408. 永安市小陶镇　汉剧
409. 漳平市新桥镇　农民画
410. 厦门市同安区　农民画
411. 漳州市芗城区　灯谜
412. 莆田市涵江区　音乐

江西省（25）

413. 瑞金市　歌舞
414. 樟树市　版画
415. 瑞昌市　剪纸
416. 石城县　灯彩
417. 吉安县　灯彩
418. 于都县　唢呐
419. 安义县　唢呐
420. 芦溪县　灯彩、农民画
421. 玉山县　歌舞
422. 鄱阳县　戏剧
423. 铜鼓县　漫画
424. 湖口县　戏剧
425. 永新县　书法
426. 上高县　摄影
427. 兴国县　山歌
428. 上栗县　傩文化
429. 永丰县　农民画
430. 南丰县　傩舞
431. 奉新县干洲镇　农民画
432. 南昌市青山湖区　书画、灯彩
433. 南昌市青云谱区　灯彩
434. 萍乡市湘东区　傩文化
435. 萍乡市安源区　铜管乐
436. 宜春市袁州区　版画
437. 赣州市章贡区　根艺

山东省（49）

438. 蓬莱市　大杆号
439. 临清市　京剧
440. 即墨市　柳腔戏
441. 兖州市　花棍舞
442. 高密市　剪纸
443. 荣成市　剪纸
444. 临朐县　书画
445. 滕州市　书画
446. 莱州市　曲艺
447. 胶州市　秧歌
448. 曹县　秧歌
449. 费县　石雕
450. 莒县　书画
451. 莒南县　石雕
452. 海阳市　秧歌
453. 高唐县　书画
454. 茌平县　剪纸
455. 商河县　秧歌
456. 郓城县　古筝
457. 胶南市　书画

458．嘉祥县 唢呐
459．宁津县 杂技
460．嘉祥县 石雕
461．东阿县 杂技
462．淄博市周村区 游艺
463．淄博市淄川区商家镇 鼓乐
464．淄博市博山区 陶瓷琉璃
465．淄博市临淄区南王镇 书画
466．淄博市张店区 花灯
467．郯城县马头镇 剪纸
468．阳信县洋湖乡 秧歌
469．博兴县湖滨镇 草柳编
470．博兴县吕艺镇 吕剧
471．东营市东营区牛庄镇 吕剧
472．济南市历城区 戏曲
473．济南市槐阴区段店镇 龙舞
474．章丘市文祖镇 芯子
475．巨野县大义镇 杂技
476．邹城市石墙镇 龙舞
477．惠民县胡集镇 曲艺
478．沂水县高桥镇 手绣
479．聊城市东昌府区 葫芦雕刻
480．青岛市崂山区 民间文学
481．潍坊市寒亭区 年画、风筝
482．荣成市石岛区 渔家大鼓
483．日照市东港区 书画
484．枣庄市薛城区 唢呐
485．苍山县兴明乡 泥塑
486．枣庄市市中区齐村镇 游艺

河南省（47）

487．郏县李口乡 大铜器
488．郏县白庙乡 戏曲
489．郏县安良镇 大铜器
490．安阳县曲沟镇 抬阁
491．叶县任店镇 秧歌
492．原阳县韩董庄乡 书画
493．郑州市金水区庙李乡 书画
494．新乡县小冀镇 书画
495．新乡县大召营镇 书画
496．新乡县七里营镇 书画
497．辉县市赵固乡 书画
498．延津县城关镇 社火
499．延津县司寨乡 柳编
500．鄢陵县柏梁镇 花卉
501．禹州市顺店镇 刺绣
502．襄城县汾陈乡 秧歌
503．长葛市南席镇 老虎舞
504．南阳市卧龙区石桥镇 曲艺
505．桐柏县平氏镇 社火
506．方城县博望镇 曲艺
507．西平县杨庄乡 大铜器
508．西平县焦庄乡 唢呐
509．西平县权寨镇 大铜器
510．郸城县东风乡 高跷
511．项城市贾岭镇 唢呐
512．项城市官会镇 响锣
513．沈丘县老城镇 面塑
514．夏邑县火店乡 宫灯制作
515．民权县北关镇 绘画
516．光山县文殊乡 舞狮
517．固始县城郊乡 灶戏
518．固始县蒋集镇 花挑舞
519．唐河县桐寨铺镇 旱船
520．汝南县金铺镇 唢呐
521．汝南县罗店乡 麦草画
522．许昌县艾庄回族乡 铜器舞
523．淮阳县白楼乡 泥塑
524．沁阳市 唢呐
525．浚县 泥玩
526．宝丰县 曲艺魔术
527．淅川县 曲艺
528．南召县 谜语
529．镇平县 玉雕
530．舞阳县 绘画
531．开封县 盘鼓
532．内黄县 绘画
533．孟津县 书法

湖北省（37）

534．汉川市 善书、楹联
535．潜江市 荆州花鼓戏
536．枝江市 吹打乐
537．安陆市 漫画
538．广水市 书法
539．宣恩县 宣恩耍耍

540. 黄梅县　黄梅挑花、黄梅戏
541. 南漳县　锣鼓
542. 兴山县　民歌
543. 崇阳县　崇阳提琴戏
544. 长阳土家族自治县　歌舞
545. 红安县　红安刺绣
546. 来凤县百福司镇　摆手舞
547. 宜昌市伍家岗区伍家乡　龙狮
548. 宜昌市夷陵区下堡坪镇　民间故事
549. 南漳县东巩镇　高跷
550. 秭归县屈原镇　屈原传说
551. 竹山县宝丰镇　女娲传说
552. 大冶市陈贵镇　龙狮
553. 建始县长梁乡　吹打乐
554. 利川市柏杨坝镇　民歌
555. 恩施市芭蕉侗族乡　板凳龙
556. 荆州市荆州区马山镇　民歌
557. 恩施市太阳河乡　民歌
558. 巴东县溪丘湾乡　堂戏
559. 巴东县沿渡河镇　堂戏
560. 孝感市孝南区　雕花剪纸
561. 远安县荷花镇　嫘祖庙会
562. 来凤县旧司乡　地龙灯
563. 巴东县野三关镇　撒叶儿嗬
564. 鹤峰县走马镇　歌舞
565. 咸丰县朝阳寺　地盘子
566. 恩施市三岔乡　傩戏
567. 竹山县官渡镇　民间故事
568. 大冶市保安镇　石雕
569. 黄冈市黄州区　现代绘画
570. 宜昌市夷陵区　版画

湖南省（44）

571. 常宁市　版画
572. 新化县　新化山歌
573. 花垣县　苗绣、织锦
574. 中方县铜湾镇　霸王鞭
575. 靖州苗族侗族自治县三锹乡　苗族歌鼟
576. 靖州苗族侗族自治县藕团乡　芦笙
577. 城步苗族自治县白毛坪乡　傩戏
578. 石门县罗坪镇　罗坪山歌
579. 桑植县瑞塔铺镇　花灯
580. 汨罗市长乐镇　扎故事
581. 常德市鼎城区周家店镇　吹打乐
582. 常德市鼎城区尧天坪镇　龙狮
583. 泸溪县合水镇　踏虎凿花
584. 汝城县土桥镇　香火龙
585. 溆浦县低庄镇　辰河戏
586. 张家界市永定区王家坪乡　诗社
587. 吉首市丹青乡　苗族山歌
588. 吉首市寨阳乡　苗鼓
589. 吉首市社塘坡乡　苗鼓
590. 龙山县兴隆街乡　三棒鼓
591. 龙山县苗儿滩镇　土家织锦
592. 澧县大堰垱镇　澧州大鼓
593. 永顺县砂坝镇　土家族山歌
594. 张家界市永定区罗水乡　茅古斯舞
595. 通道侗族自治县　侗族芦笙
596. 双峰县走马街镇　书画
597. 隆回县虎形山瑶族乡　瑶族挑花
598. 隆回县滩头镇　木版年画
599. 隆回县　绘画
600. 凤凰县山江镇　花鼓
601. 龙山县农车乡　摆手舞
602. 涟源市桥头河镇　花鼓戏
603. 麻阳苗族自治县　绘画
604. 古丈县默戎镇　苗鼓
605. 龙山县靛房镇　土家族溜子
606. 湘潭县青山桥镇　青山唢呐
607. 衡阳县石市乡　竹木雕
608. 衡山县福田铺乡　皮影
609. 常宁市板桥镇　剪纸
610. 浏阳市永和镇　菊花石雕刻
611. 通道侗族自治县坪坦乡　芦笙
612. 会同县沙溪乡　唢呐
613. 慈利县龙潭河镇　板板龙灯
614. 冷水滩区潮水乡　磨漆画

广东省（47）

615. 雷州市　雷剧
616. 兴宁市　杯花舞
617. 普宁市　英歌舞
618. 潮阳市　潮阳英歌舞
619. 高州市　木偶戏
620. 汕头市澄海区　版画、灯谜
621. 大埔县　汉乐

622. 平远县 船灯舞
623. 龙门县 农民画
624. 梅州县 客家山歌
625. 吴川市黄坡镇 飘色
626. 深圳市龙岗区龙岗镇 舞龙
627. 湛江市东海岛试验区东山镇 人龙舞
628. 廉江市良垌镇 舞鹰雄
629. 潮州市湘桥区意溪镇 木雕
630. 潮州市枫溪区 瓷塑
631. 阳春市春城镇 根雕雅石
632. 东莞市长安镇 粤剧
633. 东莞市樟木头镇 麒麟舞
634. 东莞市道滘镇 粤曲
635. 东莞市长安镇 醒狮
636. 广州市越秀区洪桥街 客家山歌
637. 广州市海珠区滨江街 咸水歌
638. 广州市番禺区沙湾镇 广东音乐、飘色
639. 台山市台城镇 广东音乐
640. 云浮市云城区 石雕
641. 佛山市顺德区杏坛镇 水乡民俗
642. 佛山市顺德区容桂镇 书法、美术
643. 佛山市南海区大沥镇 醒狮
644. 佛山市南海区盐步镇 粤曲
645. 佛山市顺德区均安镇 粤曲
646. 连山壮族瑶族自治县 抢花炮
647. 清远市连南瑶族自治县三排镇 瑶族耍歌堂
648. 中山市坦洲镇 咸水歌
649. 中山市大涌镇 红木雕刻
650. 中山市沙溪镇 舞龙狮鹤凤
651. 中山市小榄镇 菊花、书画
652. 吴川市梅录街道 飘色、泥塑
653. 曲江县枫湾镇 采茶戏
654. 大埔县茶阳镇 花环龙
655. 揭阳市榕城区 潮州音乐
656. 台山市斗山镇 飘色
657. 新会市荷塘镇 纱龙
658. 深圳市盐田区沙头角街道 鱼灯舞
659. 丰顺县埔寨镇 火龙
660. 封开县大洲镇 五马巡城舞
661. 郁南县连滩镇 连滩山歌

海南省（7）

662. 儋州市 调声
663. 临高县 人偶戏、渔歌
664. 保亭黎族苗族自治县 黎族器乐、舞蹈
665. 琼海市潭门镇 器乐
666. 海口市琼山区龙塘镇 石雕
667. 乐东黎族自治县黄流镇 花灯
668. 乐东黎族自治县大安镇 黎族剪纸

广西壮族自治区（19）

669. 宜州市 刘三姐歌谣
670. 东兴市 京族独弦琴
671. 靖西县 壮族绣球手工艺
672. 博白县 采茶戏
673. 马山县 壮族多声部民歌
674. 东兰县 铜鼓
675. 岑溪市 牛娘戏
676. 环江县下南乡 毛南族面具舞
677. 平南县大安镇 粤曲
678. 金秀瑶族自治县 瑶族服饰
679. 隆林县德峨乡 苗族歌舞
680. 那坡县城厢镇 壮族民歌
681. 融安县大将镇 彩调
682. 融水县安陲乡 苗族芦笙
683. 武宣县通挽镇 壮师戏
684. 柳城县大埔镇 彩调戏
685. 三江县独峒乡 农民画
686. 三江县梅林乡 侗族大歌
687. 阳朔县福利镇 扇画

重庆市（18）

688. 巴南区木洞镇 民歌
689. 巴南区接龙镇 吹打音乐
690. 巴南区花溪镇 歌舞
691. 彭水苗族土家族自治县 苗族民歌
692. 万盛区金桥镇 吹打音乐
693. 北碚区澄江镇 板凳龙
694. 綦江县永城镇 吹打音乐
695. 酉阳土家族苗族自治县 摆手舞、民歌
696. 石柱土家族自治县 啰儿调
697. 秀山土家族苗族自治县 花灯
698. 九龙坡区九龙镇 楹联
699. 梁平县屏锦镇 木版年画
700. 梁平县礼让镇 癞子锣鼓
701. 梁平县 梁山灯戏

702．綦江县 绘画
703．大足县 石雕
704．铜梁县 龙灯
705．合川区 儿童画

四川省（62）

706. 绵竹市 年画
707. 泸县 龙文化
708. 炉霍县 藏族唐卡绘画
709. 得荣县 九步锅庄
710. 夹江县 书画纸、秧歌
711. 江安县 竹簧手工艺
712. 洪雅县 台会
713. 黑水县 “卡斯达温”舞
714. 新龙县 新龙锅庄
715. 色达县 格萨尔藏剧
716. 甘孜县 甘孜藏族踢踏舞
717. 射洪县 诗画
718. 安岳县 石刻
719. 仪陇县 剪纸
720. 蓬溪县 书画
721. 青神县 竹编
722. 宝兴县 石雕
723. 丹棱县 唢呐
724. 雷波县 彝族民歌
725. 布拖县 朵洛荷歌舞
726. 昭觉县 彝族服饰
727. 白玉县河坡乡 藏族银饰手工艺
728. 成都市龙泉驿区洛带镇 客家水龙
729. 汶川县绵虒镇 羌绣
730. 邛崃市平乐镇 竹编
731. 天全县仁义乡 山歌
732. 广元市朝天区 刺绣
733. 双流县中和街道 莲箫
734. 兴文县大坝苗族乡 高桩
735. 攀枝花市仁和区大田镇 板凳龙
736. 渠县临巴镇 耍锣鼓
737. 阆中市保宁镇 巴象鼓舞
738. 苍溪县元坝镇 舞狮
739. 华蓥市红岩乡 滑竿抬幺妹
740. 宣汉县马渡乡 川东民歌
741. 威远县观英滩镇 川南山歌
742. 珙县罗渡苗族乡 苗族蜡染
743. 达县石桥镇 烧火龙
744. 隆昌县双凤镇 双凤龙
745. 都江堰市聚源镇 竹雕
746. 都江堰市柳街镇 诗歌
747. 康定县炉城镇 藏族山歌
748. 沐川县沐溪镇 草龙
749. 宜宾县观音镇 小彩龙
750. 会理县小黑箐乡 彝族蹦脚舞
751. 会理县关河乡 彝族长号
752. 巴中市巴州区曾口镇 皮影
753. 邛崃市固驿镇 川剧
754. 郫县 川西民歌
755. 彭州市桂花镇 西蜀陶艺
756. 双流县三星镇 楹联
757. 崇州市道明镇 竹编
758. 大邑县王泗镇 风筝
759. 遂宁市船山区 龙舞
760. 成都市金牛区沙河源街道 摄影
761. 渠县三汇镇 三汇彩亭会
762. 荣县双石镇 农民书画
763. 成都市锦江区 糖画
764. 苍溪县唤马镇 剪纸
765. 双流县黄龙溪镇 火龙
766. 成都市青羊区 诗歌
767. 什邡市 书法

贵州省（50）

768. 思南县 花灯
769. 正安县 小说
770. 纳雍县 滚山珠
771. 岑巩县 思州石砚、傩戏
772. 水城县 绘画
773. 大方县 绘画
774. 麻江县 瑶族枫脂染、绘画
775. 黄平县 泥哨、绘画
776. 三穗县 竹编
777. 德江县 傩戏
778. 榕江县 侗族琵琶歌、栽麻侗族大歌
779. 榕江县两汪乡 苗族服饰、歌舞
780. 榕江县朗洞镇 卡寨
781. 榕江县兴华乡 摆贝鸟衣
782. 榕江县古州镇 侗族歌舞
783. 剑河县 绘画

784. 剑河县革东镇 苗族飞歌
785. 绥阳县 诗歌
786. 福泉市牛场镇 阔龙水花灯
787. 安顺市紫云苗族布依族自治县白石岩乡 杂技
788. 安顺市西秀区龙宫镇 地戏
789. 瓮安县草塘镇 龙狮
790. 镇远县尚寨乡 唢呐
791. 贵定县新铺乡 芦笙舞
792. 黎平县洪州镇 琵琶歌
793. 黎平县肇兴乡 侗族鼓楼建筑
794. 黎平县双江乡 侗族摔跤
795. 黎平县龙额乡 侗族河歌
796. 黎平县岩洞镇 侗族大歌
797. 黎平县尚重镇 侗族琵琶歌
798. 黎平县茅贡乡 侗戏
799. 兴义市巴结片区 布依八音
800. 万山特区黄道侗族乡 鼟锣
801. 雷山县西江镇 苗族银饰
802. 雷山县郎德镇郎德上寨乡 苗族歌舞
803. 黔西县新仁苗族乡 苗族歌舞
804. 平坝县 书法
805. 台江县施洞镇 刺绣
806. 荔波县瑶麓乡 打猎舞
807. 荔波县佳荣镇 芦笙舞
808. 赫章县雉街乡 彝苗族歌舞
809. 玉屏侗族自治县平溪镇 箫笛
810. 独山县兔场镇 山歌
811. 独山县本寨水族乡 响篙舞
812. 独山县基长镇 花灯
813. 普定县马官镇 花灯
814. 镇远县青溪镇 花灯
815. 镇宁布依族自治县 蜡染
816. 册亨县乃言乡 布依戏
817. 松桃县寨英镇 滚龙

云南省（34）

818. 呈贡县 花灯、农民画
819. 红河县 哈尼族、彝族乐作舞
820. 石屏县 彝族烟盒舞
821. 弥勒县 彝族舞阿细跳月
822. 巍山彝族回族自治县 彝族打歌、巍山扎染
823. 云龙县 白族吹吹腔
824. 石林彝族自治县 歌舞
825. 陆良县 书法
826. 双柏县 彝族虎文化
827. 剑川县 白族木雕
828. 弥渡县 弥渡花灯
829. 南涧彝族自治县 南涧跳菜
830. 洱源县 白族唢呐
831. 泸水县鲁掌镇 歌舞
832. 泸水县洛本卓乡 歌舞
833. 武定县白路乡 彝族酒歌
834. 禄丰县高峰乡 彝族大刀舞
835. 景洪市嘎洒镇 曼暖典傣族织锦
836. 双柏县法脿乡 彝族老虎笙
837. 昆明市官渡区 绘画
838. 嵩明县小街镇 龙狮
839. 龙陵县勐糯镇 歌舞
840. 腾冲县固东镇 皮影
841. 华坪县通达乡 花傈僳歌舞
842. 大理市周城镇 白族扎染
843. 大姚县昙华乡 彝族歌舞
844. 石屏县哨冲镇彝族（花腰）歌舞、刺绣
845. 石屏县龙朋镇 彝族歌舞
846. 建水县坡头乡 哈尼族歌舞
847. 建水县普雄乡 哈尼族歌舞
848. 景谷县威远镇 象脚鼓舞
849. 陇川县户撒乡 户撒刀锻制工艺
850. 耿马县四排山乡 佤族歌舞
851. 耿马县孟定镇 傣族歌舞

西藏自治区（14）

852. 萨嘎县旦嘎乡 甲谐
853. 林芝县米瑞乡 贡布响箭
854. 昌都县 锅庄
855. 昌都县嘎玛乡 手工艺
856. 日喀则市甲措雄乡 斯玛卓
857. 扎朗县扎塘镇 果谐
858. 南木林县 湘巴藏戏
859. 吉隆县 同甲舞
860. 拉孜县 堆谐
861. 丁青县 热巴
862. 仁布县 江嘎藏戏
863. 芒康县 弦子

864. 洛扎县 鲁古拉姆藏戏
865. 江孜县 江孜卡垫

陕西省（26）

866. 韩城市 行鼓
867. 华县 皮影
868. 户县 农民画
869. 镇安县 花鼓
870. 合阳县 提线木偶戏
871. 凤翔县 木版年画、泥塑
872. 周至县 鼓乐
873. 旬阳县 民歌
874. 清涧县 道情
875. 澄城县 刺绣
876. 镇巴县 民歌
877. 大荔县 面花
878. 绥德县 秧歌、民歌、石雕、唢呐
879. 安塞县 民歌、农民画、腰鼓、剪纸
880. 旬邑县 唢呐、绘画、剪纸
881. 紫阳县 民歌
882. 宜君县 农民画
883. 定边县 剪纸
884. 宝鸡市陈仓区 社火
885. 洋县谢村镇 社火
886. 汉中市汉台区龙江镇 龙舞
887. 洋县洋州镇 焰火
888. 合阳县甘井镇 面花
889. 千阳县南寨镇 刺绣
890. 铜川市印台区陈炉镇 陶瓷
891. 安康市汉滨区 陕西汉调二黄

甘肃省（8）

892. 皋兰县 太平鼓
893. 庆城县 刺绣
894. 镇原县 剪纸
895. 通渭县 书画
896. 临洮县 花儿
897. 会宁县甘沟驿镇 剪纸
898. 武威市凉州区四坝镇 攻鼓子
899. 卓尼县洮砚乡 雕刻

青海省（29）

900. 互助土族自治县五十镇 土族盘绣
901. 互助土族自治县丹麻乡 花儿
902. 互助土族自治县东沟乡 土族盘绣
903. 大通回族土族自治县 农民画、花儿
904. 大通回族土族自治县黄家寨镇 皮影
905. 湟源县 排灯
906. 湟源县大华镇 剪纸
907. 湟源县日月藏族乡 花儿
908. 湟中县鲁沙尔镇 高跷
909. 湟中县多巴镇 锣鼓
910. 湟中县田家寨镇 秦腔
911. 湟中县李家山镇 河湟曲艺
912. 湟中县 绘画
913. 西宁市城中区 锅庄健身舞
914. 民和回族土族自治县官亭镇 纳顿
915. 民和回族土族自治县中川乡 纳顿
916. 乐都县李家乡 马术
917. 乐都县高庙镇 社火
918. 乐都县下营藏族乡 射箭
919. 乐都县洪水镇 火龙
920. 乐都县瞿昙镇 花儿
921. 甘德县柯曲镇 格萨尔说唱
922. 曲麻莱县 歌舞
923. 贵南县 歌舞、藏绣
924. 贵德县河西镇 奇石
925. 同仁县年都乎乡 堆绣
926. 平安县三合乡 社火
927. 称多县拉布乡 歌舞
928. 同仁县隆务镇 唐卡艺术

宁夏回族自治区（9）

929. 平罗县头闸镇 绘画
930. 吴忠市利通区高闸镇 舞蹈
931. 吴忠市金积镇 社火
932. 吴忠市利通区板桥乡 舞龙
933. 石嘴山市大武口区隆湖开发区 戏曲
934. 海原县 花儿
935. 海原县兴仁镇 剪纸
936. 固原市原州区 社火
937. 隆德县 美术

新疆维吾尔自治区（23）

938. 沙湾县 社火
939. 尼勒克县 哈萨克刺绣
940. 吐鲁番市三堡乡 维吾尔歌舞
941. 阿克苏市喀拉塔勒镇 维吾尔麦西热甫
942. 库尔勒市哈拉玉宫乡 维吾尔麦西热甫

943．伊宁县吐鲁番于孜乡　维吾尔歌舞
944．博湖县乌兰再格森乡　蒙古长调、江格尔、托布秀尔
945．阿勒泰市汗德尕特蒙古族乡　蒙古族楚吾尔
946．昌吉市六工镇　新疆曲子
947．哈密市回城乡　农民画
948．麦盖提县央塔克乡　刀郎麦西热甫
949．麦盖提县库木库萨尔乡　农民画
950．麦盖提县尕孜库勒乡　刀郎木卡姆
951．巴里坤哈萨克自治县奎苏镇　歌舞、社火
952．库车县齐满镇　维吾尔木卡姆
953．新和县塔什艾日克乡　维吾尔歌舞
954．石河子市花园镇　锣鼓秧歌
955．塔城市阿西尔达斡尔民族乡达斡尔歌舞
956．乌苏市甘河子镇　社火
957．乌苏市巴音沟牧场　哈萨克刺绣
958．鄯善县鲁克沁镇　吐鲁番木卡姆
959．沙湾县四道河子镇　社火
960．焉耆县永宁镇　回族花儿

新疆生产建设兵团（3）

961．兵团农九师一六八团　剪纸、绣花
962．农一师十团　社火
963．农六师五家渠市一O一团　社火

文化部办公厅

2008年11月3日印发

中国文化年鉴

Chinese Culture Yearbook

专业艺术

Professional arts

综　述

一、既定的工作目标

文化部艺术司2008年在年初制订的工作计划中提出了“激发院团活力与促进创作繁荣”的工作目标，提出了“利用活动促进和改善项目引导”的工作思路，提出了“注重工作方法和讲求工作实效”的工作计划。这个“工作计划”指出：通过深化文化体制改革来激发院团活力，与围绕弘扬社会主义核心价值体系来促进创作繁荣，是我们工作中紧密联系、不可分割的两个方面。分解这两个方面的工作目标，应努力兼顾以下几个要点：

其一，在鼓励文艺创作“多样化”以形成普遍繁荣局面的同时，要优先、重点扶持体现社会主义核心价值体系要求的、反映伟大时代的现实题材优秀作品。

其二，在调动地方艺术院团繁荣文艺创作的积极性的同时，要寻求到推动中直艺术院团“示范性”艺术生产的抓手和途径。

其三，在发挥重大艺术活动对繁荣文艺创作的展示、促进作用的同时，要充分利用好重大文化项目对促进创作繁荣的引导、激励作用。

其四，在传承民族文化精粹、建设中华民族精神家园的同时，要努力运用舞台科技进步成果来实现艺术创新。

其五，在通过评选、委约等机制扶持作品创作的同时，要关注并努力解决创作薄弱地区的人才培养问题。

其六，在参与深化中直艺术院团作为公益性事业单位体制机制改革的同时，要研究指导、推动地方艺术院团改革的思路和对策。

二、工作实施的状况

但是，“计划”赶不上“变化”。

变化之一，是突如其来的自然灾害对我们工作提出的新要求。年初我国南方遭受的冰雪灾害和“5·12”四川汶川大地震，给广大群众带来了巨大的财产损失和心灵创伤。在中央和部党组的统一部署下，艺术司迅速组织艺术家赶赴灾区，慰问灾民和问候抗灾英模。在元宵节前夕组织中直院团分赴安徽、江西、湖北、湖南、四川、广西六省区，不仅送去了优秀的文艺演出，还募捐了一批书画作品交由各省文化部门代为捐赠。汶川大地震后，艺术司同样根据中央和部党组的统一部署，一方面组织了慰问演出队，一方面又组织了采风创作队，深入都江堰、彭州、崇州、汶川等地，将演出服务于人民和用艺术表现人民结合起来。这个不在“计划”中的变化，成为艺术司、也是文化部工作的亮点。在此，要特别感谢中直院团的通力合作和大力支持。

变化之二，是奥运重大文化活动对艺术司工作提出的新要求。2008年，在北京举办奥运是自我国申奥成功后就一直在谋划的盛举，中央部署的奥运重大文化活动也是我国展演规模最大、持续时间最长、艺术水准最高的文艺演出活动。自2007年3～9月，国内有100多个文艺团体演出了150多台、600余场节目。说这一活动对艺术司工作提出了新要求，不在于“精彩奥运”而在于“平安奥运”。特别是在此期间确有达赖集团与东突分裂势力的捣乱，使艺术司百倍审慎百倍精心地实施这一活动。这一活动也成为2008年工作的一个亮点。

变化之三，是自9月底开始的学习实践活动对艺术司工作提出的新要求。学习实践活动的重大现实意义和紧迫性是毋庸置疑的。但自2008年9月底至2009年2月初，正是艺术司工作最繁忙的时期。这期间正赶上了与历届相比规模最大的京剧节，10月份在近20天时间内演出了37台大戏；这期间艺术司于11～12月间组织了纪念改革开放30周年现实题材优秀剧目展演，同时组织京剧节10余部一等奖剧目来京纪念改革开放30周年演出；这期间从元旦到春节，艺术司要组织新年京剧晚会、政协新年茶话会演出、中央团拜演出及元宵节中央招待知识界演出等活动，还有文化部春晚的录制工作以及大会堂节前值班演出等等。学习实践活动的开展造成众多活动时间上的紧张只是对工作新要求的一个方面；更重要的是，随着学习调研、分析检查的步步深入，艺术司不得不一面干工作一面反思所干的工作，以期在今后的工作计划中按科学发展观的要求加以调整。

变化之四，是艺术司对既往工作自觉地改进

所带来的新要求。这其中最重要的是在与财政部的不断沟通中修订《国家舞台艺术精品工程（二期）实施方案》。在新一轮"精品工程"的实施中，特别关注申报剧目既有的市场效应，强调入围剧目的开门打造；特别关注现实题材的剧目创作，专为现实题材剧本的创排开绿灯；也特别关注对西部创作剧目的倾斜，不仅通过经验交流活动助其开阔视野，而且确保其在"精品工程"中占有一定份额。对既往工作的自觉改进还体现在《国家重大历史题材美术创作工程》、《国家美术作品收藏和捐赠工程》、《国家昆曲艺术抢救、保护和扶持工程》、《文化部直属艺术表演团体重点剧（节）目创作专项资金管理办法》以及"全国杂技比赛"等工作上。比如《国家重大历史题材美术创作工程》按品种分地区进行阶段性的检查评审，为提高作品合格率做了有效的督导工作；比如《国家美术作品收藏和捐赠工作》加大宣传力度，与中国文化报社共同开设"国家美术作品收藏"版面，取得了很好的效果；比如《国家昆曲艺术抢救、保护和扶持工程》，特别注重在剧目创新和"进校园"上下工夫，力争使其从输血到输液到食补而逐渐康复起来……特别值得提及的是2007年年终举办的"第七届全国杂技比赛"。这一赛事的调整与"荣毅仁基金会杂技艺术奖"的完善都取得了很好的效果。这是第一次在杂技比赛中分平衡、柔韧、腾翻、攀援和操持五类进行，赛事的可比性提高了金牌的含金量，杂技界均认为这是一次重大的进步。"荣毅仁基金会杂技艺术奖"在杂技界专家的评估中也得到基金会的高度首肯。

变化之五，是召开一系列研讨会研究艺术生产条件和环境变化带来的新要求。随着市场经济体制的确立和完善，随着人民群众精神需求的增长和审美观念的变化，不得不正视艺术生产条件和环境的变化，不得不进而去思考艺术生产的投入、产出机制及资源配置方式。为此，艺术司2007年召开了一系列研讨会，比如与中国戏曲现代戏研究会召开的"现实题材戏曲创作研讨会"、与中国戏曲学会召开的"新编历史剧创作研讨会"、与中国歌剧研究会召开的"中国歌剧创作研讨会"等。同时，还在全国京剧院团评估的基础上，制定了不同表演艺术院团的评估指标体系，完善了全国美术馆评估办法……为实现以办文化为主转向以管文化为主做了必要的准备工作。就总体而言，艺术司2007年的工作是在充满变数中完成的。这其中既能看到我司工作中的应变能力也能看到其中的变革意识。

三、对工作薄弱环节的分析

1. 从艺术创作发展全局来看，存在着一些不平衡不协调的问题。首先，东西部地区由于经济发展的不平衡，文化发展的不平衡显而易见。西部地区较之东部地区，由于艺术创作的基础条件、人才状况以及创作能力的相对薄弱，许多年来在全国产生一定影响的作品不多，与东部地区艺术创作发展的状况存在较大差距。着力扶持西部地区艺术创作是这次艺术司征求意见时相关省区市反馈最为集中的问题。虽然东西部地区经济发展水平不同，但是人民享受精神产品的权益是平等的。其次，城市与乡镇文化发展差异日趋明显，如何满足不同阶层人民群众多样化、多层次的文化需求是艺术司不容推卸的责任和需要认真调查研究的问题。近年来，"三下乡"等下基层演出受到广大群众尤其是农村群众的热烈欢迎，社会效益显著。但是，"送"戏毕竟不是一种常态，应该在大力要求国家艺术院团为基层服务的同时，加大力度扶持一批生命力旺盛的民营剧团服务基层。

2. 在文化体制改革进程中，存在着对紧迫性认识不够深刻的问题。在当下学习实践科学发展观活动中，结合科学发展观的学习并深入分析当前舞台艺术及美术发展的境遇与趋势，尽管艺术司工作的职能仍然锁定在一新（掀起新高潮）、二大（推动大发展大繁荣）、三出（出精品、出人才、出效益），但工作的对象却正在或将要发生较大的变化——这主要体现为舞台艺术生产团体存量的改革和增量的发达。比如文艺院团逐步转企改制和大量民营剧团的涌现，组织艺术生产就不能固守原来的事业单位、职业剧团的观念；艺术司原来只抓出精品、出人才，但当下同时强调对"出效益"的关注，就不能不关注演出"市场"，不能不关注"产业"运作。因此，按照文化体制改革的总体要求，统一思想，提高认识，对工作抓手作进一步的选择、调整和充实，以期适应并积极推动当前艺术表演团体深化改革、特别是可经营性文化单位转企改制的大趋势。

3. 面对促进全国艺术创作繁荣的任务，在由办文化为主向管文化为主转变的过程中，存在工作手段单一和拓展能力不强的问题。文化管理部门促进文化建设的工作抓手概括起来，一靠法规，二靠项目，三靠活动。相对而言，法规重“管”、活动重“办”，而项目兼有“管”与“办”的性质。艺术司的工作主要是项目和活动，因为艺术司事实上还没有具有行政审批权的法规。尽管项目的设置和活动的组织呈现为一种“办”的方式，但作为文化行政管理部门要把“办”视为“管”的一种补充。除此，要充分认识到舆论导向和文艺批评等方面的重要作用，面对新的形势和要求，要与时俱进地研究问题，探寻方法，丰富手段，开拓局面。

4. 在艺术创作生产与演出推展过程中，存在着重“前期”轻“后续”的问题。现实中有一些作品获奖后不能使社会效益和经济效益最大化是多种原因造成的。但是，艺术司在学习实践活动中查找主观原因，发现这与以往对优秀作品的演出推广方面重视不够有关。优秀的艺术作品如果没有走向群众，没有发挥它的社会价值，实在是巨大的浪费。近年来，通过精品工程全国巡演（其中也包括赴香港展演）、奥运重大文化活动、中国京剧节优秀剧目展演、全国优秀美术作品巡展等创作成果的推展，只要有认识有决心，加大力度，一定能够将这项既有利于创作又有利于市场更有利于广大人民群众、能够实现两个效益双赢的工作做得更好。

5. 在促进中直院团艺术创作中，存在深入调研不够、机制推行不力的问题。中直院团创作资金实施已有10年，其间，各直属院团努力创作，推出了一批能够代表国家艺术水准的优秀作品。中直院团创作关涉到示范性、代表性、导向性文艺产品生产，在深化改革的进程中，这类产品的生产理念也有个与时俱进观念更新的问题。目前，无论在生产观念上、在生产资金的投放效益上，中直院团的艺术生产都存在一定的问题。不讲效益的投入，一味地“精养”可能未必能“养精”。艺术司作为项目资金的管理部门，感到还应在深入调研的基础上，主动协调部内相关司局，逐步理顺管理机制，与中直院团建立密切的联系机制，帮助中直院团管理好使用好这笔专项资金。

专　题

国家舞台艺术精品工程

一、国家舞台艺术精品工程巡礼

国家舞台艺术精品工程是文化部、财政部共同实施的一项旨在扶持舞台艺术发展的重大建设项目。工程自2002年启动以来，稳扎稳打，推出了50台精品剧目和一批优秀作品，凝聚和培育了一大批艺术人才，丰富了人民群众的精神生活，实现了出精品、出人才、出效益，圆满完成了国家舞台艺术精品工程实施方案中的各项任务。

1. 精品工程的实施，推出了一批代表我国舞台艺术发展最高水平的精品剧目，推动了当前我国舞台艺术创作的发展繁荣。

这些作品或古为今用、推陈出新，或高扬爱国主义精神，讴歌传统美德，或直面现实生活，追寻理想信念，无不浸透了艺术家对社会主义核心价值的积极关注，体现出当代艺术家视野开阔、视角独特的艺术情怀。话剧《天籁》通过描写我军最早的“战士剧社”的长征经历，映射出长征的艰辛、壮美和伟大，拓宽了文艺作品对长征的理解，抒写了一曲文化长征的赞歌。话剧《郭双印连他乡党》以独特的陕西方言和质朴的民间情怀，塑造了一个抛弃个人幸福甚至生命、带领乡亲们脱贫致富的基层干部形象。川剧《易胆大》想象力丰富奇异，如川江水滔滔不绝，汪洋恣肆，极具个性，淋漓尽致地写出了川人的性格，川剧的特点。儿童剧《柠檬黄的味道》正视当代青少年的成长成熟，摆脱了直白说教的窠臼，整部作品清新淡雅。在艺术形式上，精品剧目继承创新，舞台呈现精美大气，色彩斑斓，大为拓展了艺术表现力和观赏性。豫剧《铡刀下的红梅》根据现代生活的审美特征，改造和提炼了传统豫剧中的音乐程式、行当规范、舞蹈语汇，使传统美感在现代戏的创作中得到了现代升华，为戏曲现代戏创作提供了成功的范例。《文成公主》将藏戏与京剧有机融合，充分调动戏曲本体艺术手段，是一次全新的艺术形式探索。俗话说“十年磨一戏”。

精品工程独有的修改加工、"总量控制、滚动进入"机制，为具有一定基础的作品，通过加工、打磨，提升为优秀作品提供了可能。昆剧《公孙子都》，眉户戏《迟开的玫瑰》，话剧《生死场》、《立秋》，舞剧《大红灯笼高高挂》、《大梦敦煌》等剧目就是通过二次入选，反复打磨，锻造成精品的。这一做法，逐步改变着艺术创作领域的浮躁之风，潜心创作、精益求精之势渐成，为舞台艺术的长期持续发展打下了坚实的基础。

2. 精品工程的实施，凝聚和培养了一大批艺术人才，为舞台艺术的发展提供了人才保证。

人才是第一生产力。而表演艺术归根结底是人的艺术。长期以来，由于事业的低迷，物质待遇的低下，出现了优秀人才流失、艺术人才青黄不接后继乏人的不利局面。精品工程的实施，恢复了艺术工作者为艺术执著坚守、拼搏奋发的信心，重新激发起他们的积极性和创造性。精品工程实施以来，舞剧艺术得到了前所未有的发展。在50部精品剧目中，舞剧作品占9部。这其中，舞剧编导功不可没。老将门文元（与高度合作《红河谷》、《筑城记》，与刘军合作《二泉映月》，《二》剧在舒均均一、二稿，张建民三稿基础上编导）宝刀不老，杨威（《红梅赞》）、陈维亚（《大梦敦煌》）、张继刚（《一把酸枣》）、丁伟（《妈勒访天边》）年富力强，成果丰硕，王新鹏（《大红灯笼高高挂》，后经王媛媛等进一步打造），刘小荷和刘弋（《风中少林》）等新星冉冉升起。在戏曲表演艺术中，除尚长荣、茅威涛等著名艺术家的精彩演绎外，林为林（昆剧《公孙子都》中饰公孙子都）、陈智林（川剧《易胆大》中饰易胆大）、李树建（豫剧《程婴救孤》中饰程婴）以及沈铁梅（川剧《金子》中饰金子）、曾静萍（梨园戏《董生与李氏》中饰李氏），都受到了专家和观众的高度赞誉。

3. 精品工程的实施，促进了艺术创作面向市场、面向群众，实现了社会效益、经济效益双丰收。

演出是剧目社会效益、经济效益实现的方式。在国家舞台艺术精品工程评审中，演出场次、演出收入有着不同的意义。在整个评审中，专家的投票只占65%，市场评价占35%。在市场评价中，演出场次占70%、演出收入占30%。这样做的目的既把社会效益放在首位、追求社会效益和经济效益的统一，又避免了某些作品为专家演出之后就"刀枪入库、马放南山"的不良现象。在这一评审办法的鼓励下，入围作品都有相当高的演出效益。现以荣获2006～2007年度精品剧目的3部作品为例（统计时间截至为2007年8月底）。杂技剧《时空之旅》首演两年来，共演出800场，观众75万人次，演出收入8000万元。昆剧《公孙子都》得益于精品工程和国家昆曲抢救、保护和扶持工程，积极走进大专院校，着力培养青年观众。该剧演出271场，演出收入793万元。歌剧一向被视为曲高和寡，但总政歌舞团演出的《野火春风斗古城》却深入部队、工矿企业、大专院校、居民社区，两年演出近百场。为了便于演出，该剧共制作了4个版本。精装本为高档剧场演出，全部舞美装置、乐队和合唱队；简装本为外地巡演版，舞美适当简化，乐队合唱队用伴奏带替代；演唱会版为主要演员带服装演出，用小型乐队伴奏；最后一种是音乐会版，用钢琴伴奏，演出主要唱段。

为了协助艺术院团走市场，精品工程还特别设立了展演推广机制。5年来，共在北京、深圳、四川、浙江、香港等地组织了10余次展演活动，以政府补贴降低票价，让精品走进社区、走进高校，受到了各地观众的热烈拥护。《大红灯笼高高挂》、《大梦敦煌》等作品在海外市场广受好评，有效地提升了精品剧目的知名度，扩大了中华文化的影响力。

此外，为了更好地保存和传播精品剧目，精品工程还投资拍摄了豫剧《程婴救孤》和歌剧《苍原》两部舞台艺术片（电影）。2008年还将拍摄4部作品。

4. 精品工程的实施，推动了艺术生产机制创新，造就了一批具有品牌效应的知名院团。

"在时代的高起点上推动文化内容创新，体制机制、传播手段创新，解放和发展文化生产力，是繁荣文化的必由之路。"精品工程的实施，促使艺术院团从人才、资金、剧目策划、营销等多方面与外界合作，有效地整合资源和市场开拓。院团之间、院团与艺术院校、院团与新闻媒体、演出机构之间的合作不断增多。由中国京剧院、西藏藏剧团联合演出的《文成公主》是一次跨地区、跨艺术品种的合作；由上海文广新闻传媒集团、中国对外演出公司、上海杂技团上海马戏城联合投资的杂技剧《时空之旅》将新闻传媒资源、海外演出运作资源、演员及演出场所资源有机融合。无锡市歌舞团以入围两部舞剧《阿炳》（2003 ~ 2004年度精品提名剧目）、《红河谷》（2004 ~ 2005年度精品剧目）声名鹊起，经有关部门批准更名为江苏省民族舞剧院。精品工程还给民营剧团的发展以难得的机遇。此次豫剧《铡刀下的红梅》当选精品剧目以及此前的《云南映象》，都证明了国家对民营院团一视同仁、扶持发展的坚定决心。

精品工程的实施开创了政府扶持艺术创作的新途径，是有中国特色的、用宏观调控方法推动舞台艺术生产的一个重要举措，是一件功在当代、利在千秋、功德无量的好事。精品工程的实施，促使各级政府建立了有利于艺术发展的长效机制，对艺术发展产生了深远的影响。

“党的十六大以来的五年，是不平凡的五年”。对文艺工作者来说，“十六大”以来的5年，是日子最好过的5年。经文化部、财政部共同研究决定，2008年将继续实施精品工程，在今后5年内，国家财政继续提供每年4000万元的专项资金，扶持舞台艺术优秀作品生产。党的十七大报告提出了“推动社会主义文化大发展大繁荣”的宏伟目标，国家舞台艺术精品工程将不断开拓创新，完善运作机制，鼓励和调动艺术家创作更多更好的反映人民主体地位和现实生活、群众喜闻乐见的优秀精神文化产品，让人民共享文化发展成果。

2006～2007年度国家舞台艺术精品工程授牌仪式在京举行

国家舞台艺术精品工程2006 ~ 2007年度精品剧目评审工作已于2007年底圆满结束，十大精品剧目和20台精品提名剧目均已产生。授牌仪式于2008年2月22日晚在北京国安剧院举行。昆剧《公孙子都》、豫剧《铡刀下的红梅》、歌剧《野火春风斗古城》等10部作品荣获十大精品剧目称号，山东梆子《山东汉子》、歌仔戏《邵江海》、话剧《移民金大花》等20部作品荣获精品提名剧目称号。国务委员陈至立及文化部、财政部领导出席授牌仪式并为获得荣誉的剧团颁牌。

2007～2008年度国家舞台艺术精品工程剧本征集揭晓

为了纪念改革开放30周年、庆祝新中国成立60周年，根据国家舞台艺术精品工程实施方案“关口前移，加大扶持剧本创作力度”有关精神，2008年上半年艺术司发出了开展优秀现实题材剧本排演扶持计划的通知。本次活动得到了剧作家、艺术院团的热烈响应，共有73部戏曲、46部话剧、13部歌剧音乐剧剧作以及35个剧团积极申报。经专家组两轮的认真审看，共有18部戏曲、16部话剧（儿童剧）、10部歌剧（音乐剧）作品进入最后排序。

根据精品工程剧本扶持计划并结合本次征集具体情况，戏曲组《女人九香》等10部作品、话剧儿童剧组《日出而作》等10部作品、歌剧音乐剧组《太阳雪》等4部作品，当选为优秀剧本。上述24部作品的作者将各获得5万元奖金，排演院团将获得20万 ~ 25万元的资助经费，以利于剧作家和艺术院团进一步修改加工剧本并立于舞台。

剧目	排演单位	艺术品种	作者
女人九香	石家庄市河北梆子剧团	戏曲	赵德平 默文 婉凌
西部风景	陕西省戏曲研究院	戏曲	陈彦
桃花庄	江苏省梆子剧团	戏曲	李海涛
情系母亲河	河南省濮阳豫剧团	戏曲	安克慧
连亲百万家	太原市实验晋剧院	戏曲	赵爱斌 雷守正
温州女人	温州越剧团	戏曲	郑朝阳
马本仓升官记	中国评剧院	戏曲	郝国忱 葛连丰
李贞回乡	湖南省湘剧院	戏曲	盛和煜
家有九凤	天津评剧院	戏曲	李汉云
大花眼	内蒙古自治区二人台艺术团	戏曲	亚茹
日出而作	河北省话剧院	话剧	刘锦云
这是最后的斗争	中国国家话剧院	话剧	孟冰
向前、向前	青岛市话剧院	儿童剧	张志华

喊山	河北省承德话剧团	话剧	孙德民
山里的泥鳅	安徽省话剧院	儿童剧	杨刚
阿福	上海人民滑稽剧团	话剧	罗怀臻
什刹海	北京人民艺术剧院	话剧	蓝荫海 王志安
醉猫	广东话剧院	话剧	杨晓丹
生命高度	成都军区战旗文工团	话剧	孟冰 王焰珍
闲话草民	重庆三峡歌舞剧团	话剧	刘国伟
太阳雪	总政歌剧团	音乐剧	冯柏铭 冯必烈
月弯月圆花儿甜	宁夏回族自治区话剧团	音乐剧	丁跃 韦宝平
在那遥远的地方	辽宁歌剧院	音乐剧	黄伟英 谢海葳
芝麻，开门！	杭州歌舞剧院	音乐剧	卫中

国家舞台艺术精品工程舞台艺术片《苍原》拍摄完成

国家舞台艺术精品工程舞台艺术片《苍原》已于2008年4月底拍摄完成。艺术司组织了包括蔺永钧副司长、综合研究处、音乐舞蹈处以及辽宁省文化厅、辽宁省歌剧院、艺术片拍摄单位等在内的评审组对该片样片进行了审看，并组织专家召开研讨会，对该片的拍摄过程、艺术水准等进行了研讨。专家一致认为，该片是一部艺术精湛、制作精良的优秀舞台艺术故事片，通过各方的创新实践，该片探索了一条从舞台艺术作品向影视艺术作品过渡的可行性道路，不仅使经典的舞台艺术作品得以高质量地保存，也为以后此类艺术故事片的拍摄积累了宝贵的经验。

国家舞台艺术精品工程舞台艺术片《程婴救孤》杀青

由国家舞台艺术精品工程投资，文化部，俏佳人传媒股份有限公司、河南电影制片厂联袂合作拍摄的豫剧《程婴救孤》历经半年的拍摄制作周期，终于跟大家见面了。其目的是借助电影这个大众传播手段，让更多的观众欣赏到这一舞台艺术精品——《程婴救孤》。

为了将《程婴救孤》这一经典豫剧搬上银幕，满足更多戏曲爱好者的欣赏愿望，导演运用现代电影理念和豫剧特有的艺术手法重新打造该剧，以求得电影艺术与戏曲艺术的完美结合。为使该剧更适应电影艺术的表现要求，剧组创作人员从舞美设计、服装道具、拍摄手法等方面大胆革新，以写意的美术设计方式代替了过于陈旧琐碎的写实设计，突出表现程婴等人物内心的情感，内容上保留并强化了程婴在危急时刻表现出“忠义”和牺牲精神，同时又赋予传统的“忠义”以新的内涵：程婴为救孤忍辱负重，不仅仅是忠君，更是为正义，为民族的命运，也为自己心中的信仰。

剧中程婴的扮演者李树建，通过“沉入人物内心世界”的表演，将主人公在正义与邪恶的较量中所展现出的人性光辉塑造得淋漓尽致。最后一反传统豫剧大团圆的喜剧结局，以程婴之死诠释了鲁迅所言“悲剧是把人生有价值的东西撕碎了给人看”的命题，较之以往的传统正剧有了更深的思想意义与内涵。《程婴救孤》电影重在挖掘人物内心的情感，反应心灵，抓住人性，展现情谊。由舞台语言转换为镜头语言，准确把握情感主线，宣扬民族精神，增强民族感染力。在广电局审片会上，电影《程婴救孤》获得了一致好评。影片已于2008年9月份在全国院线上映。

国家舞台艺术精品工程经验交流活动在黑、吉、辽、蒙四省举行

为了更好地扩大国家舞台艺术精品工程的积极社会影响，带动全国文艺创作繁荣，坚持不懈地多出精品力作，多出优秀人才，多出良好的社会效益，为新中国成立60周年推出一批优秀的现实题材作品，促进各地区文艺创作的区域协调发展，文化部艺术司组织精品工程5年来成绩显著的艺术家、院团长和文艺创作组织者到全国部分地区进行经验交流和考察学习采风活动。

经验交流活动第一阶段于8月15 ~ 31日举行。交流组先后在黑龙江省哈尔滨市、齐齐哈尔市和大庆市，吉林省长春市和松原市，辽宁省沈阳市、本溪市和鞍山市，内蒙古自治区呼和浩特市和鄂尔多斯市开展交流活动。交流活动采取集中报告、分组讨论与个别交流相结合，经验交流与学习考察采风相结合的方式，既交流了精品剧目创作生产的经验，也为基层院团切实解决了剧目创作生产中的实际问题。各省、自治区对该次交流活动予以高度评价，纷纷表示将以此为契机，推动本地区精品剧目创作蓬勃发展。

国家舞台艺术精品工程经验交流活动在西北继续进行

继黑、吉、辽、蒙四省区之后，9月15～28日，国家舞台艺术精品工程经验交流活动在新疆、青海、甘肃、宁夏四省区继续进行。应邀参加的领导和专家有：湖北省文化厅副厅长、著名编剧沈虹光，上海昆剧团著名表演艺术家、昆剧《班昭》中班昭的饰演者张静娴，著名作曲家、总政歌剧团艺术指导王祖皆，著名剧作家周长赋、张烈，无锡歌舞团团长、江苏省舞协副主席刘仲宝，苏州市滑稽剧团团长徐春宏，山西省话剧院院长贾茂盛。沈虹光不仅介绍了湖北省繁荣艺术创作、不断推出精品力作的主要做法，还从剧作家的角度，提出了当前创作中应当关注的若干问题。其他专家也结合自己的创作（表演）实践，借助视听设备，生动地讲述了艺术精品创作的心得体会。艺术司于平司长、蔺永钧副司长轮换参加了交流活动并授课。领导与专家的精彩演讲内容扎实，论述到位，可借鉴性强，受到当地文化厅（局）和文艺工作者的热烈欢迎。

新、青、甘、宁四省区地处西北边疆，地域辽阔，少数民族聚集。这一地区经济文化发展水平较中、东部地区有一定差距。精品工程实施5年来，全国32个省、自治区、直辖市中共有3个（省、区）从未有剧目入围。这一地区就有2个，即青海省和宁夏回族自治区。交流活动的举办，既让这两个省（区）感到了压力，同时，又让他们得到了免费学习的难得机会。这2个地区不约而同组织了全省（区）各地市文化主管部门领导和艺术院团负责同志前来听取报告，其中青海省最远的玉树地区距离西宁长达900多公里路程。这种精神令专家们感动。

新、青、甘、宁四省区具有丰富独特的艺术资源。新疆的民族歌舞、青海的花儿、甘肃的丝绸之路文化等等，都是难得的艺术宝库。为了扶持西部地区繁荣艺术创作，缩小与中东部地区的差距，精品工程（二期）实施方案特别加大了对西部地区的扶持力度。除大会报告外，专家们还与青海省直艺术院团、甘肃省歌剧院等院团的文艺工作者进行了对话座谈，帮助他们对当前的艺术生产进行分析，鼓励他们解放思想，树立信心，充分挖掘本地艺术资源，努力在第二期精品工程中取得良好成绩。

国家舞台艺术精品工程经验交流活动在南方四省继续进行

在文化部党委的领导下，文化部学习科学发展观的各项工作有条不紊地进行。为了查找艺术创作尤其是精品生产上的不足，缩小艺术创作上的地区差距，推动舞台艺术精品工程的深入、可持续发展，继东北、西北之后，10月23日～11月7日文化部艺术司再次组织了南方四省（区）的精品工程经验交流活动。

山西省文化厅副厅长、省剧协主席窦明生从山西省入围精品工程的《立秋》、《一把酸枣》、《走西口》3部作品出发，分析其不同特点，总结其共有的精品意识、创新意识和观众意识，对于政府部门组织精品生产具有借鉴意义。上海京剧院院长孙重亮不仅讲述了该院组织艺术创作的先进经验，而且还对艺术创作的外部环境进行了深入思考，反映了一个老艺术家的良知和文化自觉。上海话剧艺术中心总经理杨绍林关于该中心剧目创作、人才培养与奖励、资金筹措诸方面工作的介绍，为我们构画了一幅良性循环的现代化艺术院团管理的画卷。国家京剧院著名导演高牧坤以他执导的精品剧目《文成公主》为例，让听众们认识到艺术创新的重要性。总政话剧团著名剧作家李宝群从他创作的《父亲》、《矸子山上的男人女人》，印证了深入生活、体验生活，从生活中汲取语言、主题思想这一颠扑不破的现实主义创作原则。空政文工团著名作曲家吴旋的《红梅赞》，以优美动听的旋律向人们展示了艺术创新和高科技带来的艺术魅力。无锡歌舞团团长刘仲宝对该团《阿炳》、《红河谷》、《西施》等作品创作与生产的介绍，反映了精品生产带来的欣欣向荣景象。河南省豫剧二团团长、表演艺术家李树建介绍了该团团结拼搏创排的《程婴救孤》、《清风亭上》的艰辛历程，质朴感人。他示范演唱的《程婴救孤》选段，苍凉、悠远，古朴中有新意，令听者动容。

艺术司对此次活动非常重视。于平司长专程赶往南昌、南宁、广州、福州四地，参加每一地的报告会并做重要发言。他以《从精品工程看当前舞台艺术发展》为题，分话剧、戏曲、歌剧、歌舞杂技四大门类，对当前舞台艺术创作现状进行分析，梳理细密，见解精准，高屋建瓴，具有很高的理论水平和指导意义。

本次精品工程经验交流活动从8月中旬开始，至此已走过12个省（区、市），参与的编剧、导演、表演艺术家、院团长等专家20多人次，参与的省（区、市）级文化主管部门负责同志7人次。专家和领导对此工作精心准备，一丝不苟，根据听众情况不同，多次修改、调整讲稿（表演示范），体现出了专家们的国家水准和严谨的艺术作风。专家们表示，这样的活动太好了，对他们来说也是一次难得的学习、考察、采风机会，真是受益匪浅。

经验交流活动报告组所到之处，也受到了当地文化厅局及文艺工作者的热烈欢迎。绝大部分省（区、市）都组织了该区域内重点艺术院团的主创人员，有关地、市的主管领导以及艺术研究所等研究机构的同志听取报告。有的省（区、市）对专家的演讲全程录音、录像，有的则对专家的演讲全文印发。活动的效果大大超过了期望。不仅给艺术创作薄弱地区以压力、动力，也为艺术创作势头较好地区沟通了信息。此后，在适当时候，艺术司将继续组织类似活动，以在更大范围、更深层次上探索艺术创作的规律，促进艺术创作的繁荣发展。

国家舞台艺术精品工程剧目全国演出月

由文化部举办的“国家舞台艺术精品工程精品剧目全国演出月活动”于2008年4月20日～5月20日成功举办。

实施国家舞台艺术精品工程（一期）的5年来，已产生了50台精品剧目。它们代表了当前舞台艺术的最高最新成就。为了扩大国家舞台艺术精品工程的品牌效应，传播高雅艺术，使广大人民群众享受到文化成果，2008年1月，文化部向全国各地文化主管部门和创作了精品剧目的剧团发出通知，在2008年4～5月间举办“国家舞台艺术精品工程精品剧目全国演出月”活动，并将用约1000万元资金来补贴剧团的这次演出。

各地接到通知后十分重视。不少省市的宣传部、文化厅为这次展演发了通知，要求有精品剧目的剧团要积极投入这次全国展演活动，面向基层，服务大众，使社会各类群体都能从舞台艺术精品工程中受益，共享文化大发展大繁荣的成果。各地剧团纷纷响应，迅速制订演出计划，联系演出单位和演出场地。按照计划，参加展演的剧团，最多补贴20场，而不少剧团并不满足于这个场次，联系安排的演出单位多，场次也超过了20场，反映出这些院团把能让更多群众看到精品剧目视为自己的责任，有37个剧团的37个精品剧目报名参加演出。包括了京剧、昆曲、地方戏、话剧、儿童剧、歌剧、舞剧、歌舞、杂技各表演品种。各地演出计划上报以后，经过精品工程办公室汇总核定，“全国演出月活动日程”在《光明日报》和《中国文化报》刊登。4月20日，演出月按计划在全国拉开序幕。至5月20日结束，根据各地剧团上报的实际执行情况，全国共有34个剧团按时进行了演出，总计演出433场。精品工程办公室统计后，分门别类合计拨款，共补贴剧团演出经费1082万元。

这次精品剧目演出月活动成绩突出，效果很好，反响热烈。

1. 基层演出多，观众面广。这次演出，除部分精品剧目因场地限制，只能在固定剧场演出外，多数精品剧目都主动联系基层单位，送戏上门。包括工矿、县城村镇、大中小学校、军营、社区、旅游景点。比如，舞剧《大梦敦煌》到新疆哈密石油基地会展中心、甘肃金昌市金川集团公司工会中心演出；川剧《易胆大》到西南交通大学、成都中医药大学、成都信息工程学院、四川师范大学、温江中学演出；歌舞《八桂大歌》在广西巡演历时一个月，行程近万公里，在融安、融水、柳城、鹿寨、柳江、宜州等11县市演出20场，观众人数达30000人次；儿童剧《宝贝儿》深入山东历城、长清、商河、济阳等边远地区农村校园，为农村孩子演出；豫剧《铡刀下的红梅》到河南乡镇村民组为农民和居民演出；舞剧《红河谷》到部队、学校、乡镇文化广场演出；舞剧《一把酸枣》在平遥旅游景点演出。各地观看演出的观众有企业工人、农民、部队官兵、城乡在校学生、下岗职工、居民、机关干部、公司员工、进城务工农民、劳模、抗震救灾家庭和抗雪灾先进集体。

2. 群众满意，反响热烈。眉户戏《迟开的玫瑰》10年来已演出500多场，风靡大江南北，收获无数赞誉。此次展演，盛况依旧。很多观众说，此前在电视上看过这个戏，早就期待着现场观看；还有的观众说，已经看过好几遍了，还想再看，想再次欣赏这部戏精湛的演出，重温那感人至深的情境。舞剧《大梦敦煌》8年来成功演出500余场，作为甘肃的文化名片，兰州观众家喻户晓，它拥有了逢演必看的忠实剧迷。在新疆哈密石油基地会展中心演出后，赞叹声、口哨声、掌声响成一片。在敦煌的演出，国内外游客和专家学者无不惊叹舞台上对莫高窟文化瑰宝的成功还原。川剧《易胆大》到四川各高校演出后，师生与剧团领导进行了面对面的交流，受演出感染的师生纷纷提问，询问传统艺术的过去、现在和未来，希望川剧今后能经常进校园，特别是精品剧目进高校，不仅能培养高素质的年轻观众，同时也为当代大学生了解和热爱祖国的优秀民族文化提供了一条形象的渠道。歌舞《八桂大歌》在许多县城演出后，观众纷纷发表议论：想不到这么大的一个剧团能到县里来演出，想不到在家门口能看到如此精彩的精品演出，过去只是在报上看到宣传报道。豫剧《程婴救孤》在平顶山市为人代会代表演出两场，反响十分强烈，掌声数十次响起，演出结束后，代表们长时间鼓掌，演员们多次谢幕，代表们仍不愿离开，纷纷伸出大拇指夸赞《程》剧是名副其实的国家舞台艺术精品。京剧《华子良》在大学的每一场演出都是掌声如潮，喝彩声不断，没有一个观众中途退场。有位大学生看完演出说："劣质的作品都是一样的，好戏却各有各的不同。"在滨海新区演出后，有位青年激动地说："没想到现代京剧会排得那么震撼、精彩，没想到全体演员的表演那么投入和到位。"有一位中学生在自己的博客上写道："在演员表演的过程中，我们的心一直随剧情而牵动，因敌人的恶毒而仇恨，因华子良的委屈而同情，为最后的结局而开心。"儿童剧《红领巾》演出后，老师、家长们对举办展演活动表示了极大的赞同和感谢，他们认为孩子们通过参加这样的活动，能够学到书本以外的知识，能够在孩子的成长过程中让他们明白什么是爱，什么是奉献，而且受到的教育会更加深刻，希望此类活动能够长久开展下去。越剧《陆游与唐琬》下乡演出，受到农村观众的热烈欢迎。他们说，精品剧目就是不一样，不仅剧本主题深刻，而且制作精美，演员表演精湛。他们还希望获奖精品剧目能多到农村来演出，与群众近距离接触，希望通过政府采购的形式，将更多好戏送到群众中去，推广精品，推动文艺大发展大繁荣。

3. 各级领导重视，剧团表现出色。各地党委、政府都把这次精品剧目演出月视为贯彻"十七大"精神，促进文化大发展大繁荣，保障群众文化权益的实际行动，不同于平时的剧团演出。除了下文件号召剧团积极参加演出外，很多地方领导还亲临现场观看演出，鼓舞剧团士气。四川省川剧院精品川剧高校巡演活动在西南交大正式拉开帷幕时，四川省委宣传部、省文化厅在演出前举行了简短而隆重的首演式，省人大秘书长、文化厅机关党委书记做了精彩现场讲话。无锡市政府为舞剧《红河谷》拨款20万元作为演出补贴。儿童剧《宝贝儿》公益演出进校园活动是由济南市文化局、市希望工程办公室、市教育局和剧院具体组织实施的。眉户戏《迟开的玫瑰》在西安首场演出时，省委常委、省政协主席、省武警总队队长、省文化厅厅长出席观看。歌舞《八桂大歌》的演出由柳州市委宣传部、市文化局确定为文化惠民公益巡演。

为搞好这次演出，各剧团演职员都全力以赴，克服了很多困难。天津京剧院提出"以精品意识呈现精品剧目"。为了适应各演出场所的不同条件，院里决定适当简化京剧《华子良》的灯光布景，同时要求舞台可以简化，演出不能减分。每一场演出，院领导都在现场协调工作。上海话剧艺术中心趁着这次展演的机会，把话剧《商鞅》打造成青春版，全剧组演员基本都在30岁以下，平均年龄不超过26岁。年轻的新一代演员得到了锻炼的机会，观众也十分惊喜和欢迎。媒体赞扬"80后新人接棒演《商鞅》。"遵义杂技团为圆满完成此次演出任务，让在美国进行商演的演职人员停止延期演出，火速回国，参加杂技《依依山水情》的演出。无锡市歌舞团舞剧《红河谷》演出门票销售实行了低票价，10元的低价格让百姓真正了解主流文化的价值，此举在观众中反响强烈，每场上座率均达到95%以上，无锡各大媒体做出了高度赞扬和评价。武汉歌舞剧院舞剧《筑城记》也实行了低票价，定在50～180元之间，满足了市民观众对高雅艺术演出的需求。苏州滑稽剧团在民工子弟学校演出《一二三，起步走》时，为了让来自四川、山东、安徽等地的孩子能够听得懂，演员们特地改用普通话说台词。

精品剧目全国演出月期间，正逢四川汶川发生大地震。此后举行的演出，很多剧团主动表示义演，将演出收入捐赠抗震救灾。在剧团的带动下，观众也参加到捐赠的行列。

各剧团都注重了媒体对此次演出月活动的报道宣传。各地媒体对精品剧目演出月做了许多报道，赞扬这次活动普及精品，惠及民众。天津京剧院邀请新闻媒体随行采访，及时发布消息；并进行网络实时报道，及时把演出录像和剧照上传到本院网站及天津文化信息网上；制作了海报、节目单等宣传品进行宣传；在大中专院校演出中，安排讲解老师，普及京剧知识。

二、国家舞台艺术精品工程（二期）实施方案

1. 指导思想

党的十七大明确指出，兴起社会主义文化建设新高潮，激发全民族创造活力，建设社会主义核心价值体系，建设和谐文化、培育文明风尚。文艺是民族精神的火炬，是人民奋进的号角。繁荣文艺是建设社会主义核心价值体系和和谐文化的重要途径。舞台艺术凝聚了优秀文艺的精髓。深入群众、深入生活，创作出更多无愧于时代的舞台艺术精品力作，满足人民群众日益增长的文化需求，是文艺工作的首要任务。

2002 ~ 2007年度实施的国家舞台艺术精品工程对于推出精品剧目，繁荣文艺创作发挥了积极作用。为了将该工程的作用进一步推进和深化，现实施国家舞台艺术精品工程（二期），目的是利用国家财政扶持手段，充分调动各地文化主管部门和广大艺术家的积极性和创造性，出精品、出人才、出效益，建设体现核心价值观念的主流文艺，提升人民群众的思想道德水平和审美情趣。

2. 项目范围

国家舞台艺术精品工程（二期）资助范围包括各种大型舞台艺术作品：京剧、昆剧、地方戏、话剧、儿童剧、歌剧音乐剧、舞剧舞蹈诗和大型交响乐、民族音乐作品以及具有鲜明的主题立意并有完整统一的情节结构的整台歌舞、杂技、曲艺等作品。在确定项目过程中将充分考虑各艺术品种之间的创作规律和实际情况，确保重点，兼顾各类品种。

在扶持优秀舞台艺术作品创作的同时，还要扶持优秀剧本的创作，扶持西部少数民族地区舞台艺术作品的创作；扶持优秀舞台艺术作品的宣传、推广等等。

3. 项目规划

（1）年度剧目资助计划

优秀作品是一个国家、一个时代精神文化水平的集中反映，对精神产品生产具有重要的示范和影响作用。每年在全国范围内遴选25 ~ 30部具有修改加工潜力的舞台艺术作品，邀请国内优秀专家进行研讨，提出具体的修改意见，经专项扶持资金的扶持，进一步提高其艺术水准。此类入围作品称为“国家舞台艺术精品工程（二期）资助剧目”，简称为“年度资助剧目”。

（2）重点剧目资助计划

演出是舞台艺术作品实现社会效益和经济效益的唯一途径，也是作品通过反馈提高质量的重要途径。国家舞台艺术精品工程（二期）计划每年在“年度资助剧目”中遴选部分作品，进行专项扶持，鼓励其推广演出，服务群众，在不断听取观众意见中磨炼提高，进一步修改提升。此类入围作品称为“国家舞台艺术精品工程（二期）重点资助剧目”，简称为“重点资助剧目”。

（3）优秀剧本资助计划

优秀剧本是优秀剧目的基础。为了鼓励原创，从源头上加强对创作的扶持引导，国家舞台艺术精品工程（二期）每年将在全国征集10 ~ 25个优秀剧本，经专家论证提高后呈现于舞台。对于剧本作者及排演院团将给予一定的资助经费。其剧本称为“国家舞台艺术精品工程（二期）资助剧本”，简称为“资助剧本”。

（4）西部少数民族地区舞台艺术扶持计划

西部少数民族地区具有丰富的艺术资源，也涌现了个别优秀作品，但由于种种原因，与中东部地区还有一定的差距，为了响应国家的西部大开发战略，推动我国舞台艺术区域协调发展，服务西部群众，国家舞台艺术精品工程（二期）特别向西部少数民族地区倾斜，年度内选择2 ~ 5部作品予以重点资助。此类入围作品称为“国家舞台艺术精品工程（二期）西部资助剧目”，简称为“西部资助剧目”。

4. 项目管理

（1）申报

国家舞台艺术精品工程（二期）面向全社会。每年度根据艺术生产实际情况，确定具体扶持项目，发布申报通知。申报通知等文件除发放全国各省、自治区、直辖市文化厅（局）外，还将在全国主要媒体上刊登。民营院团与国有院团具有同等申报资格。各省、自治区、直辖市文化厅（局）负责当地艺术作品（院团）的推荐申报工作。中国人民解放军及武警部队文艺院团由总政宣传部艺术局申报，文化部及中央有关单位艺术院团直接向文化部申报。

（2）遴选

“年度资助剧目”、“重点资助剧目”、“资助剧本”及“西部资助剧目”由文化部聘请专家组成评审委员会，按照“优中选优，宁缺毋滥”的原则进行遴选，报文化部、财政部批准。评审委员会专家应公正、正派，具有良好的社会形象和较高的知名度。除艺术领域各专业外，专家范围可视情况扩大到演出经营管理人才、重要媒体记者以及普通观众。每次评审，参与专家要写出书面意见，供文化部、财政部以及艺术院团参考。

（3）展演

定期举办“年度资助剧目”、“重点资助剧目”等不同主题的展演；联络专门的演出营销机构帮助入围作品进行市场开发；组织入围作品参加重大演出活动，服务群众、服务社会；积极与有关部门联系，推荐入围作品参加对外交流演出和对外商业演出，逐步走向国际市场。

（4）推介

宣传推广是扩大舞台艺术精品和优秀艺术家的社会影响及提高资金使用效益的重要方面。国家舞台艺术精品工程（二期）将加强宣传推广工作，加大电视、报刊、网络等媒体的宣传力度；委托专业机构制作发行图书、画册、电影等宣传资料；联合专业机构拍摄、制作公益广告并在电视、网络等媒体集中播放，广泛地传播舞台艺术精品的艺术魅力，提高舞台艺术精品在人民群众尤其是青年中的影响力。

5. 保障措施

国家舞台艺术精品工程（二期）是一项复杂的系统工作。在实施过程中，必须从大局出发，科学管理，统筹安排，稳步推进，认真做好各个环节的工作，以保证整个工作的顺利实施。主要措施如下：

（1）成立国家舞台艺术精品工程（二期）办公室。文化部、财政部负责整个国家舞台艺术精品工程（二期）的领导和指导工作。日常工作由国家舞台艺术精品工程（二期）办公室负责，办公室设在文化部艺术司。

（2）设立国家舞台艺术精品工程（二期）艺术委员会。艺术委员会聘请文化艺术界享有盛誉的专家、学者作为主任、副主任，成员由具有较高知名度和艺术造诣的专家以及文化部负责业务工作的有关人员构成。艺术委员会按照不同艺术门类分设专业小组。其成员参加精品工程各项活动，由国家舞台艺术精品工程（二期）办公室根据需要确定并分别聘请。

艺术委员会的职责和任务是：

为国家舞台艺术精品工程（二期）办公室决策做好参谋和咨询；对申报剧目进行论证；指导入选剧目的创作、修改、加工和提高；参加对剧目、剧本的研讨，并开展艺术理论研究和艺术评论工作等。

（3）设立国家舞台艺术精品工程（二期）专项资金。为保证国家舞台艺术精品工程（二期）的顺利实施，特设立国家舞台艺术精品工程（二期）专项资金。

专项资金遵照国家有关规定，制定具体管理办法（另发）。专项资金列入当年财政预算，专款专用。节余资金结转下年使用。专项资金使用要严格遵守国家财经制度，由专人负责管理。

此外，要发挥多方面的积极性。除国家专项资金投入外，地方政府要对入围剧目所在院团给予资助。承担项目的艺术团体要努力筹集一定的社会资金，使剧目在经费上得到充分的保证。

（4）实行严格的纪律与监督制度。国家舞台艺术精品工程（二期）坚持据实申请、公正受理、科学评估、择优支持的原则，做到遴选过程的公开、公正、公平。加强剧目成本核算和监督审查，建立事前论证、事中监督和事后评估的管理体系。充分发挥文化、财政主管部门、纪律检查部门在决策过程中的管理、审议和指导作用，建立监察、审计部门跟踪监督制度。

（5）其他。省级文化主管部门主要承担如下权利和任务：本行政区年度资助剧目、重点资助剧目、西部资助剧目、资助剧本等项目的申报；协助督促资助剧目相关经费的到位并监督使用；协助指导资助剧目的修改、加工；协调入围作品参加国家舞台艺术精品工程（二期）办公室部署的重大艺术活动；完成国家舞台艺术精品工程（二期）办公室的其他任务。

三、陈晓光副部长在国家舞台艺术精品工程总结交流会上的讲话

同志们：

国家舞台艺术精品工程自2002年启动以来，已经走过了5年多的艰辛历程。5年来，精品工程对于凝聚演艺人才，创演优秀剧目，促进创作繁荣取得了引人注目的业绩。精品工程当之无愧地成为我国当前繁荣舞台艺术创作的龙头工程。为深入贯彻落实党的十七大精神，推动文化大发展大繁荣，文化部、财政部决定继续实施国家舞台艺术精品工程（二期）。我们聚首江南历史文化名城苏州，目的是回顾精品工程实施以来取得的成就和业绩，总结其经验与不足，并部署第二期精品工程实施方案，把这项既利当代又益后世的工程推向深入。我今天主要讲3个方面，一是精品工程实施以来取得的显著成绩；二是精品工程成功实施的经验；三是第二期精品工程实施的几点要求。

1. 精品工程实施以来取得的显著成绩

（1）推出了一批代表当今我国舞台艺术发展水平的精品剧目，推动了我国舞台艺术的全面发展

5年来精品工程入围的120多部剧目，尤其是50部精品剧目，反映了当前我国舞台艺术的最新成就，被广大群众誉为舞台艺术的国家形象。不同艺术品种群芳争艳，异彩纷呈。京剧、昆曲好戏连台，地方戏曲浓墨重彩，尽显风流。川剧、豫剧多次登榜，具有活化石之称的梨园戏也两度入围。来自异域的话剧艺术植根沃土，直面现实，结出硕果。舞剧艺术异军突起，声名广播。创新是最好的发展。一次次融合、撞击，生发出一个个新的作品、新的艺术形式。京剧与藏戏合演是什么剧种？含有武术的舞剧是不是该称为功夫舞剧？杂技排演了大戏，讲起了白天鹅的故事，变成了杂技剧……舞台艺术出现了前所未有的繁荣发展局面。

（2）凝聚和培养了一批艺术人才，为舞台艺术的发展提供了人才保证

人才是第一生产力。对舞台艺术来说，人才更是至关重要。物质待遇的低下，曾出现了优秀人才的流失、艺术人才青黄不接、后继乏人的不利现象。精品工程的实施，坚定了艺术工作者为艺术执著坚守、拼搏奋发的信心，激发起他们的积极性和创造性。有的提出了“流血流汗不流泪，弃家弃利不弃团”的口号，有的以“宁舍身体，不舍观众”为座右铭，寂寂坚守，默默耕耘，终有今天的回报。优秀的编剧、导演、舞蹈编导、表演艺术家人才辈出，舞台美术设计师、经营管理人才应运而生、茁壮成长。特别是尚长荣、关栋天、茅威涛、沈铁梅、陈智林、曾静萍、林为林、李树建等表演艺术家，技艺娴熟、炉火纯青，已经成为该剧种的新的代表人物。在文化部确定的非物质遗产名录中，有许多同志都成为本剧种的传人。舞剧艺术的繁盛带动了舞剧编导人才的成长。张继刚、陈维亚这两位奥运会开闭幕式导演，都曾是精品舞剧的导演。有位民营院团的团长，也是剧目的主演，深有感触地对精品办的同志说，我觉得“挺有奔头”。要知道，多年前，她曾经心灰意冷，离开剧团，在快餐店卖鸭子。一项事业，让人觉得有奔头，才能留住人。这位团长的话，可谓是说出了文艺工作者的心声。几年前，我曾经说过，舞台艺术的发展要依靠“三新”：新的叫得响的优秀作品、新的堪当本剧种领军人物的表演人才，新的热爱欣赏舞台艺术的观众。现在看来，培育“三新”工作已经取得了一定成效。

（3）培养了一批名牌剧团，形成了卓有成效的舞台艺术生产基地

在第一个5年的《国家舞台艺术精品工程实施方案》中，保障措施部分曾明确指出，要建立国家舞台艺术创作生产基地，并使之成为优秀剧目的创作生产基地。我们也曾经疑惑，生产基地该怎样认定？是不是再制定些数字指标一一评审？是不是再命名挂牌子？通过5年的实践，我们发现，生产出两台精品剧目的上海京剧院、辽宁人民艺术剧院、四川省川剧院以及拥有一台精品、一台精品提名剧目的国家京剧院、国家话剧院、

北京京剧院、福建省梨园戏实验剧团、江苏无锡歌舞团、江苏苏州滑稽戏剧团、武汉人民艺术剧院等院团，都非常了不起。这样的剧团就应当是我们国家舞台艺术精品创作生产的基地。相比社会上那些形形色色的基地，这些剧团就是不挂牌的基地，一台台剧目就是他们的金字招牌。更加可喜的是，在2007～2008年度的“年度资助剧目”中，有些剧团再次入围，比如辽宁人艺的《矸子山上的男人女人》、上海话剧艺术中心的《秀才与刽子手》、河南省豫剧二团的《清风亭上》、江苏无锡歌舞团的《西施》等等。我深深感到，有这样的剧团，中国的舞台艺术就有了希望。民营院团在精品工程中也有上佳表现，《云南映象》、《铡刀下的红梅》当选为精品，既说明了政府部门对民营院团的一视同仁，也说明民营院团的艺术水准、经营能力获得了可喜的提高。

（4）繁荣演出市场，参与对外交流，有效扩大了中国文化的国际影响力

精品工程促进了艺术创作面向市场、面向群众，增加演出、服务社会。入围剧目都有较高的演出场次、演出收入。地方戏曲演出场次多在数百场，即便是曲高和寡的昆曲、歌剧也通过进校园、简装巡演等方法开拓演出市场，实现了良好的社会效益和经济效益。精品工程剧目活跃于国内外演出市场。今年以来，为了迎接第29届奥运会，文化部调集了100多台近年来涌现的优秀作品参与奥运重大文化活动，其中，精品工程入围剧目占了相当大的比重。在某种意义上说，奥运重大文化活动的成功展示，精品工程的打造与积累有不可磨灭之功。

在国际上，多部精品剧目借力国家外交活动，一展中国当代舞台艺术风采。在美国中国艺术节、中法文化年、俄罗斯中国年等重大活动中，《大红灯笼高高挂》、《金子》、《天鹅湖》等作品引起当地主流媒体的广泛关注，一改中国舞台艺术杂技一枝独秀、仅华人观众踊跃的旧貌。中央芭蕾舞团因此跻身世界一流芭蕾舞团之列。前不久，该团应邀再访英伦，再次掀起中国热潮，在中国文化“走出去”方面做出了贡献，引起中央领导的高度重视。另外，国家舞台艺术精品工程举办的香港系列展演推介活动，以及舞台艺术片拍摄活动，都为舞台艺术的进一步传播做出了积极努力。

2. 精品工程成功实施的经验

精品工程为政府宏观管理与指导艺术事业提供了有益经验。精品工程是国家文化主管部门用宏观调控的方法来加强剧目建设的一个战略性举措。这一工程的顺利实施，有多方面的经验值得总结。我认为，最主要的经验有以下四点。

（1）舞台艺术重新确立了自己的文化形象并得到了社会各界的高度重视

随着城市化进程的加快，电影、电视、网络等新型娱乐途径的普及，舞台艺术有些淡出人们的视野，逐步走向边缘化。精品工程的实施，使舞台艺术有了一次难得的形象重塑的机会。很多省市相应建立当地的舞台艺术创作工程制度，党政领导亲自过问艺术精品的生产，落实配套资金。新闻媒体一次次展开宣传声势，使精品工程深入人心。文化、财政、宣传各部门相互配合，协同作战，从而产生品牌的声誉与效益。

（2）艺术院团逐渐摸索出了比较符合艺术生产规律的生产方式

首先，摒弃了浮躁心态，坚持不断修改。我曾经用狗熊掰棒子——掰一个丢一个来形容某些艺术创作。那是非常不可取的。辽宁省在第一期精品工程中产生了四部精品，最主要的一条经验就是永不满足，不断修改。歌剧《苍原》入选时已经是文华大奖了，业内还有“中国歌剧艺术的里程碑”这样的美誉，但他们没有止步不前，而是对作品进行再创作、再探索、再提升。芭蕾舞剧《二泉映月》大改三遍，小改无数，真正做到了“十年磨一戏”。艺术院团是组织艺术生产的基本单位。创精品的过程，既是院团强化生产机制的过程，也是进一步整合资源提升艺术水准的过程。从最初的引进人才、优化组合到剧目策划、资金投入、宣传推广、创作演出，经济、艺术多个主体的共同经营，艺术生产的方式也在悄悄发生改变。上海城市舞蹈有限公司，跨地域、跨系统成功地投资运作了《天鹅湖》、《红楼梦》。上海文广新闻传媒集团、中国对外演出公司、上海马戏城、上海杂技团联合投资的《时空之旅》，又将新闻传媒资源、海外演出运作资源、演员及演出场所资源有机融合。

（3）多途径的融资渠道，为精品生产提供了

资金保障

5年来，中央财政投入近2亿元。地方财政的配套资金也接近这一数字。再加上艺术院团从社会上吸收的其他资金，院团获得的资金总额相当可观。这在过去是根本不敢想象的。在精品工程的扶持下，很多院团不仅创作了好戏，还添置了布景服装，更新了灯光音响，有的甚至还由地方政府拨给了剧场，院团创作生产条件得到了很大改观。从部队系统来看，条件更好一些。有些军区的院团，从总部和军区拿到双份配套资金，推出一部精品，得到的资助接近1000万元。在精品工程启动时，我曾经不无担忧地说过，每年4000万元，“不是个小数目”，“必须代表纳税人花好这笔钱，代表人民把好这个关”。现在，我觉得这笔钱没有白花。也正因如此，文化部、财政部才决定，继续实施精品工程（二期），继续对舞台艺术进行扶持和资助。

（4）精品工程自身运作机制也在不断改进和调适

任何事物都有一个改进和完善的过程，精品工程也不例外。精品剧目评审验收的方式，在第一年度时我们采用的是观众、专家、领导三结合的办法。从第二年度起，把观众现场投票改成以演出场次、演出收入乘以适当的艺术品种系数、地域系数来计算，客观性、准确性提高了很多。再如，剧本征集工作。从最早的海选到带排演院团申报、对排演院团进行资助，也是在不断摸索。再有，展演活动从最初的北京一地，到南方地区、东部地区、西部地区乃至大学校园，渐成规模和制度，也都在不断拓展之中。

尽管如此，精品工程也还不是无懈可击，还存在可完善之处：我们说这50台精品剧目反映了当前各门类艺术品种的最高水平，但其质量不是整齐划一，甚至存在较大的落差。又如，我们一再强调，精品工程不是评奖，是一项通过经费资助遴选提高的项目，但由于在操作方式上与评奖的相似，总有人在观念上还视其为一种评奖。再如，我们一再强调，要平等对待地市级院团、民营院团，但总有好戏因为种种原因，没能报上来。随着文化体制改革的深化，文化系统外的院团将会不断增加，如何才能真正做到面对全社会？所有这些都是摆在我们面前的新课题。

3. 对做好精品工程（二期）的几点要求

实施国家舞台艺术精品工程（二期）是文化部、财政部贯彻党的十七大精神，落实科学发展观，促进文化大发展大繁荣的一项重要而具体的措施。加大政府对舞台艺术的扶持力度，弘扬民族优秀文艺，不断创造反映时代精神的文艺精品，更大程度满足人民群众的文化需求，是我们各级政府的重要职责。实施好第二期国家舞台艺术精品工程，是我们文化部门新一个五年计划的重要任务之一，我们要在过去成绩和经验的基础上，开动脑筋，群策群力，努力工作，取得更大的成绩。下面我就此谈几点意见。

（1）大胆探索，重在创新，切实提高资助剧目的艺术质量

精品工程从开始实施起，我们就明确指出，精品工程的核心思想就是打造精品。前5年中，精品工程已诞生了一批精品剧目，这些剧目总的来说是立得住、传得开、留得下的优秀作品，或者说有质量，有市场，有观众，至今它们还在接受时间的考验，接受更多观众的欣赏检验。今后5年，我们仍然要把剧目的质量放在第一位。以年度资助剧目为平台，充分发挥艺术家的积极性，加工修改，提高质量。方案中没有再用“精品剧目”这一名称，用了“重点资助剧目”。这一方面说明质量之重要性，另一方面也说明看重的是提高质量这一过程。

首先，创新艺术观念。回顾5年来的精品，应该说，一些作品从思想内涵而言，力图深入开掘题材，无论是现实题材还是历史题材，都有很高的立意；艺术形式也力图创新，舞台呈现各具特色，耳目一新。我们应当总结过去5年的创作经验，利用展演观摩的机会，利用已经发行的影像资料、剧本和评论集，学习他人作品的优点长处和组织创作的成功经验，弥补自己的不足。创作要继续解放思想，开阔视野，更广更深地开掘题材，大胆进行艺术形式的探索尝试，使作品在思想性、艺术性、观赏性方面达到更高水平。

其次，改进剧目资助和评审方式。文化部将聘请艺术专家和学者组成艺术委员会，充分发挥艺术委员会在精品创作中的指导作用，由艺术委员会对申报剧目进行论证，指导入选剧目的创作、修改、加工和提高，参加剧作的研讨和评论。改

进资助剧目的评审方式，每年评审验收将根据“优中选优，宁缺毋滥”的原则进行遴选，重点资助剧目的数量只做大致确定，不做固定数量限制。这样做比较科学和合理。每年在全国范围内遴选出的30部具有修改加工潜力的舞台艺术作品，请专家进行研讨，提出具体的修改意见，整合我国既有的艺术人才和艺术手段，经专项资金的扶持，达到提高作品质量、推出一批精品剧目的目的。

第三，抓好剧目申报工作。剧目的申报直接关系到今后剧目的遴选、加工修改的质量和水平。从以往五年的情况来看，申报上来的剧目水准是有差别的。我们希望把好申报关。申报单位也要做到“优中选优，宁缺毋滥”，尽力做到把排演成熟，各方面意见比较一致，加工修改的空间较大，基础较好的剧作报上来。不够成熟，尚不够满意的作品可以继续修改和听取意见，今后视情况申报。各地在剧目创作的计划方面，要有长期的眼光。这样有利于提高精品工程运作的效率和资助的效果。

精品工程资助剧目的申报对所有文艺团体开放，各种所有制剧团，国有的、民营的，及在文化体制改革中转型的各类体制的文艺机构都可以申报，希望各地在申报资助剧目中，及时了解各类文艺团体的创作演出动态，通报他们，使他们都能参与到精品工程的创作中来，获得国家的扶持。

（2）开拓市场，服务观众，实现良好的社会效益和经济效益

国家舞台艺术精品工程设立的目标，是着眼精品加工修改的成效，着眼市场演出效益的。这是巨额专项资金投入的精品工程与其他文艺评奖活动的重要区别之一。在前5年精品工程的实施过程中，很多精品剧目社会效益与经济效益都获得丰收，至今还在国内外市场演出。仅今年4～5月的全国精品剧目演出月，全国各地37部精品剧目就进行了433场演出。通过大家的共同努力，精品工程的品牌名声在逐步扩大。

精品工程（二期）的实施，仍然要抓精品剧目的演出。第二期国家舞台艺术精品工程，我们实行的“重点剧目资助计划”，就是为了在“年度资助剧目”中遴选部分作品，进行专项扶持，鼓励其推广演出，服务群众，在不断听取观众意见中磨炼提高，从而达到既扩大市场、争取效益，又提高了艺术质量的目的。这有利于我们充分认识艺术规律和市场规律，顺应这两条规律发展，实现文艺创作和文艺市场的互动和共同繁荣。我们还将定期举办“年度资助剧目”、“重点资助剧目”等不同主题展演，联络专门演出营销机构帮助入选作品进行市场开发，组织入选作品参加重大演出活动，积极推荐入选作品参加对外交流演出和对外商业演出，提高作品的市场竞争力和经济效益、社会效益，充分调动参与院团的积极性。

宣传推广是扩大舞台艺术精品和优秀艺术人才的社会影响，提高资金使用效率的重要途径。二期国家舞台艺术精品工程实施中，要加大电视、报刊、网络等媒体的宣传力度；委托专业机构制作发行图书、画册、电影等宣传资料；联合专业机构拍摄制作公益广告，并在电视、网络等媒体集中播放，广泛传播舞台艺术精品的艺术魅力，提高广大群众尤其是青少年对舞台艺术精品的欣赏能力。

（3）关口前移，加强指导，从源头把握创作的进程

在创作、打造艺术精品的过程中，首先要做好的，就是选择一个优秀的剧本。优秀剧本是优秀剧目的基础。一些院团选择剧本时论证不充分，是许多新创剧目基础薄弱的主要原因。因此，二期国家舞台艺术精品工程中我们实行“优秀剧本资助计划”，目的在于鼓励优秀剧本创作，为院团选择有价值的剧本，达到提高创作效率、减少投入损耗、创作优秀剧目的目的。每年，我们将在全国征集10～25个优秀剧本，经专家论证提高后呈现于舞台。对于剧本作者及排演院团，我们也将给予一定资助经费。

在剧本创作中，我们必须首先注重能够体现时代精神，反映现实生活，弘扬社会主义核心价值观念的现实题材。一直以来，我们贯彻的是传统戏、新编历史剧和现代戏“三并举”方针。但在当下的舞台艺术创作中，现实题材这块还比较薄弱。过去5年内，精品工程推出了一批现实题材的优秀剧目，但是，还具有较大的开拓和提高的空间。广阔的现实生活是舞台艺术创作的丰富源泉，贴近实际，贴近生活，贴近群众，敏感地把握时代脉搏，反映丰富多彩的时代生活，充分

展示今天的社会气象和当代人的精神世界，是现实题材作品需要面对的课题，也是我们所有舞台艺术工作者的责任。今年是改革开放30周年，明年是新中国成立60周年，我们要力争创作出有思想分量，有艺术质量，也有一定数量的现实题材的精品力作。

（4）对西部地区创作采取更多扶持政策，促进我国各地区文化平衡发展

西部及少数民族地区具有丰富的艺术品种和悠久的文化历史传统，文艺作品的民族特色和民俗特色十分鲜明，有很强的艺术魅力。在过去的5年中，这一地区的各省、自治区产生过一批优秀的艺术作品，显示了很大的艺术生产潜力。但是，从全国范围来看，文艺创作生产区域发展不平衡的状况还较为突出。由于客观条件的制约，这一部分地区还跟不上全国文化发展的普遍进度，人民群众的基本文化权益没有得到充分实现和保障。为了响应国家西部大开发的战略，推动我国舞台艺术区域协调发展，服务西部群众，在二期精品工程实施过程中，我们将对于西部和少数民族地区实行政策扶持的倾斜，年度内选择2～5部作品给予重点资助，列入“国家舞台艺术精品工程（二期）西部资助项目”。因此，西部和少数民族地区的文化主管部门及文艺院团应充分抓住机遇，增强本地区舞台艺术发展的信心，有展望的目标，有长期的计划，在人才培养、编导和表演水平提高方面逐步缩小与发达地区的差距。在这一过程中，文艺创作水平较强、效益较好的地区和院团，应当提供充分的支援，使全国舞台艺术水平达到一个平衡发展的状态。

今天，我们正处于一个伟大的时代，文艺创作也面临着极好的历史机遇。党的十七大报告指出：“创作更多反映人民主体地位和现实生活、群众喜闻乐见的优秀精神文化产品。”“繁荣文化市场，增强国际竞争力。”前一阶段的精品工程已经打下了良好的基础，在全国文化艺术作者的共同努力下，我们有信心、有能力解放思想，开拓创新，勇于进取，围绕着以人为本、为人民服务的宗旨，创作更多体现社会主义核心价值体系的优秀作品，为社会主义文化的大发展大繁荣做出应有的贡献。

今天大会我就讲这些，供大家交流和思考。谢谢大家。

四、国家舞台艺术精品工程总结交流会

2008年10月8～9日，文化部艺术司在江南古城苏州召开了国家舞台艺术精品工程总结交流会。来自全国32个省、直辖市、自治区的文化主管部门领导及解放军总政宣传部艺术局代表，2007～2008年度精品工程年度资助剧目院团负责同志近百人参加了会议。文化部副部长陈晓光出席会议并做了重要讲话。

由文化部、财政部联合实施的国家舞台艺术精品工程，自2002年启动以来，圆满完成了实施方案中既定的各项工作任务。推出了50部精品剧目和一批优秀作品，培养了一大批艺术人才，满足了人民群众对于文艺精品的精神需求，促进了对外文化交流，有效扩大了中国文化的国际影响力。国家舞台艺术精品工程当之无愧地成为舞台艺术领域繁荣创作的龙头工程。

为了将国家舞台艺术精品工程的效益进一步深化，同时，为舞台艺术创作提供长期、稳定的政策保障，经与财政部多次沟通，精品工程（二期）终于得以实行。国家舞台艺术精品工程总结交流会就是在这样背景下召开的一次总结会，一次动员会。

陈晓光副部长在讲话中对国家舞台艺术精品工程的成绩予以全面总结和高度评价。同时，他也指出存在的欠缺与不足。最后，他结合新修改颁发的“方案”，对今后的精品工程生产提出了新要求、新目标。

应会议邀请，苏州市文广出版影视局局长汤钰林，辽宁省文化厅副厅长牛辅恒，湖北省文化厅艺术处副处长管成文，上海京剧院院长孙重亮，四川省川剧院院长陈智林，国家话剧院副院长、著名导演王晓鹰，著名剧作家盛和煜7位同志做了发言，分别从各自的专业角度，介绍了组织（创作）文艺精品的做法、经验及建议，受到与会代表的热烈欢迎。

会议期间，举行了2007～2008年度国家舞台艺术精品工程年度资助剧目签约仪式。文化部精品工程办公室、艺术院团及所在省（部门）文化主管部门签署了三方协议，明确了在剧目入围精品工程之后进一步打造过程中的责任、义务，为顺利完成精品生产奠定了基础。

国家舞台艺术精品工程在前5个年度的实施过程中，全国各地的文艺生产组织者、工作者热情参与。在全国31个省、直辖市、自治区中，只有3个省、区没有任何作品入围。二期方案中的西部扶持计划、剧本征集计划等内容引起了与会人员，尤其是西部省份、创作成绩较差地区的极大兴趣。他们有信心、有决心乘着落实党的十七大精神，促进文化大发展、大繁荣的东风，创作出更多更好的优秀作品，在今后的精品工程中取得优异成绩。

2007 ~ 2008年度国家舞台艺术精品工程年度资助剧目名单

京剧《江姐》　国家京剧院演出
京剧《走西口》　山西省京剧院演出
京剧《袁崇焕》　北京京剧院演出
京剧《宝莲灯》　浙江京剧团演出
花鼓戏《十二月等郎》　湖北省荆门市艺术剧院演出
豫剧《常香玉》　河南省豫剧一团演出
山东梆子《山东汉子》　山东省菏泽市戏剧院演出
豫剧《清风亭上》　河南省豫剧二团演出
越剧《梁山伯与祝英台》　浙江小百花越剧团演出
陇剧《官鹅情歌》　甘肃省陇剧院演出
黄梅戏《雷雨》　安徽省黄梅戏剧院演出
川剧《欲海狂潮》　成都市川剧院演出
花鼓戏《老表轶事》　湖南省花鼓戏剧院演出
话剧《矸子山上的男人女人》　辽宁人民艺术剧院演出
话剧《爱尔纳·突击》　北京军区政治部战友文工团演出
话剧《马蹄声碎》　南京军区政治部前线文工团演出
儿童剧《青春跑道》　苏州市滑稽剧团演出
话剧《风刮卜奎》　黑龙江省齐齐哈尔市话剧团演出
话剧《秀才与刽子手》　上海话剧艺术中心演出
话剧《打工棚》　云南省话剧团演出
话剧《棋盘岭传》　河北省承德话剧团演出
儿童剧《小蝌蚪找妈妈》　中国儿童艺术剧院演出
话剧《独生子当兵》　武警文工团演出
舞剧《西施》　无锡市歌舞团演出
舞剧《天边的红云》　上海歌舞团　上海东方青春舞蹈团联合演出
音乐剧《大三峡》　湖北省歌剧舞剧院演出
舞剧《南京1937》　中国歌剧舞剧院演出
音乐剧《桂林故事》　广西壮族自治区歌舞剧院演出
舞剧《黄道婆》　海南省歌舞团　海南省文化艺术学校联合演出
杂技剧《西游记》　广州杂技团演出

2007 ~ 2008年度国家舞台艺术精品工程年度资助剧目评语

京剧《江姐》　国家京剧院

该剧根据同名歌剧改编，再现了江姐献身革命、忠贞不屈的光辉形象。

该剧运用京剧艺术的独特手段和独特形式是成熟的，让观众看到了京剧舞台上江姐的光辉形象。戏剧结构完整、严谨，舞台呈现鲜明而又洗练。尤其在女主人公的唱腔设计上大胆运用了程派特有的表现手段，而又不拘泥于程派的限定，使演唱更加有益于人物性格的塑造和内心世界的揭示。

如果能够让女主人公在表演上注意可敬与可亲、庄重与平易、伟大与平凡的结合，江姐的形象会更加具有艺术魅力。

京剧《走西口》　山西省京剧院

全剧描述了清代晋商恪守诚信为本，摒弃不义之利，敢于穿越北疆，开拓国际商贸通道的艰辛而曲折的故事。其中，还刻画了很有戏剧性的人物关系，既有骨肉亲情，又有同门深谊，塑造了常雨桥、钟雪儿等主要人物的个性形象。

该剧的主题思想具有较强的现实意义，舞台呈现具有较为鲜明的地域特色，主要演员的表演，尤其是他们的优美演唱堪称一流，深受观众喜爱。其中，拜寿、退油、烧油等戏剧性场面生动，好看。主要演员的表演细腻，如常雨桥的摇油、提油、闻油，十分洗练，将京剧的表演程式化为具有雕塑感的精妙造型。

希望对剧本进行总体整合，解决上、中、下的割裂感，不因人设戏，不一味求全，使全剧更加合理、凝练、集中、完整。

京剧《袁崇焕》　　北京京剧院

全剧描述了明末民族英雄袁崇焕满怀赤诚的爱国热情，英勇无畏地保卫京城，但却遭到了专制皇权诬陷与杀害的悲剧故事。

全剧追求大气磅礴的史诗风格，戏剧结构完整，情节跌宕起伏，层层递进，直至推出高潮。舞美设计有气势，丰富中见简洁。优秀演员联袂演出，演唱各有千秋，交相辉映。

如果能够注重主人公袁崇焕内心世界的深刻挖掘，从他的性格逻辑出发，在他与崇祯、成基命、程本直等人的关系中演绎出更加精彩的戏剧行为，就能使该剧产生质的飞跃。该剧尚有“重唱轻戏”的倾向，有些唱段游离于戏剧行动之外，虽美却无益于人物性格的彰显。

京剧《宝莲灯》　　浙江京剧团

该剧以神话故事“劈山救母”为素材，表现了沉香思母、立志、救母的曲折过程。其中，还描述了三圣母与刘彦昌的美好爱情。

该剧创编的思想倾向、艺术追求和市场目标明确。舞台呈现有赏心悦目的良好效果。音乐制作、唱腔设计、人物造型、布景设计、灯光设计，特别是沉香扮演者的武打设计优美精彩，彰显了京剧艺术独有的魅力。

如能在叙事思维上进行大胆的创新，突破已有的叙事模式，上下片段会更有机地融为一体。此外，尚须加强宝莲灯的戏剧作用，唱段须更加精练，对二郎神和孙悟空的内心世界应进行新的挖掘，调动多种艺术手段，使舞台呈现更见创新。

花鼓戏《十二月等郎》

湖北省荆门市艺术剧院

本剧通过描写当代农村留守女人对外出打工男人的等待，反映了她们的生活和情感，是一部关注当代农村生存状态的优秀剧目。

本剧具有鲜明的抒情风格，全剧清新流畅，富有诗情画意，既继承了江汉平原花鼓戏的传统，又吸收、借鉴了其他艺术门类的精华，达到了民族性与时代性的完美结合。建议对村长这个人物略做修改。七月男女主人公在水中的一场戏仍有些拖沓，需要加工。舞美还有提高的余地。音乐、配器要进一步加工、提高。

豫剧《常香玉》　　河南省豫剧一团

该剧主要讲述了豫剧大师常香玉在生命的弥留之际，对自己人生81年的追忆和回望，展现了从“戏子”、“豫剧皇后”到人民艺术家的漫长、艰辛、执著、辉煌的人生历程与高风亮节。

该剧将视角对准人物心灵，细腻真诚地展现了主人公的心路历程。总体呈现出空灵、大气、清新、唯美的艺术风格，突出了诗化的风格追求。在戏剧结构上采用了老、中、青常香玉穿越时光、自由交流的演出样式，巧妙地完成主人公的自传体叙事，具备了较高的审美价值与艺术特色。

舞台的调度，应更加自如妥帖。最后一场的舞台处理略显呆板、单调，缺乏层次。舞美设计可在简约、流动的前提下，努力为二度创作提供更加丰富的处理空间。

山东梆子《山东汉子》　　山东省菏泽市戏剧院

在一个大雪纷飞的日子里，失去双腿的土家族女子韩云倒卧在冰天雪地中，生命垂危。此后以蹬三轮车为生的农民孟少良将她救回家中。这位山东汉子跨越四省，几经磨难，汗洒千里，几乎以生命为代价，终将韩云从山东送返湖南老家。该剧以鲜明的主题，感人的故事，讴歌了山东汉子诚实、善良、乐于奉献的美德，真实可信，情趣盎然。

全剧在追求诗化戏曲的风格基础上，勇于探索，开拓创新，创造出独特新颖、别具一格的三轮车载人的戏曲化舞蹈，让人耳目一新，品之有味，为戏曲现代戏的发展做出了有益的尝试，特别是对戏曲现实题材的发展和繁荣起到了一定的引领作用。

个别关节的音乐设计与处理仍有继续打造和提升的空间。“群伞”的运用有头有尾，可否考虑合理地贯串在全剧之中。最后一场的处理略显直白，应增强意蕴。舞美设计在风格的统一呈现上还应继续提炼。

豫剧《清风亭上》　　河南省豫剧二团

《清风亭上》是中国戏曲的传统名剧之一。该剧歌颂和赞扬了真善美，鞭挞和谴责了假恶丑。

张元秀夫妇年过六旬膝下无子，于清风亭上捡到了一个男婴，取名继保，对其抚育13年。继保知道自己的身世后，去寻找亲生父母。5年后，张元秀夫妇得知继保考中状元荣归故里路过清风亭，大喜过望。不料张继保忘恩负义，拒不认对其有养育之恩的张元秀夫妇，元秀之妻一气之下碰死在清风亭上，元秀亦悲愤气绝身亡。张继保遭到天谴，旋被暴雷殛死于清风亭上。

戏中对张元秀的心理揭示较为深刻，捡到继保晚年得子的喜悦，放走儿子的难以割舍和理智的撞击，最后儿子拒不认亲的打击和悲痛，都刻画和表现得比较细腻、朴实。

但戏中对张继保发迹变泰后拒不认元秀夫妇的心理，写得比较简单，缺少揭示的深度。大夫人、二夫人的人物刻画也欠丰满。

越剧《梁山伯与祝英台》　　浙江小百花越剧团

女扮男装的祝英台出门求学，路遇书生梁山伯，两人意趣投合，义结金兰。同窗三年，梁山伯对祝英台呵护有加，而祝英台对梁山伯的人品、学识充满仰慕，暗生爱恋。然而梁山伯却毫不知情，待梁山伯得知真相赶往祝府求婚时，祝英台却已被迫遵从父命与马家成亲，刻骨相思的一对恋人楼台重逢，竟成永诀。

新版《梁祝》在传承经典、汲取精华的同时，注重对生命的追求，在古典精神中纳入了现代人的思考，以开阔的人文视野拓展了古老爱情传说的内涵，唯美精致地诠释了越剧艺术的独特魅力，使其更为当代观众所接受。

如果进一步修改加工，小提琴协奏曲《梁祝》主旋律与越剧音乐唱腔的融会应更加自然流畅。

陇剧《官鹅情歌》　　甘肃省陇剧院

《官鹅情歌》通过金羊寨氐族与鹿仁寨羌族两寨为争夺牧场长期进行战争而结怨，最后经过双方的儿女之情和儿女之死，使金羊寨首领达嘎和鹿仁寨首领木隆在失子之痛中终于觉醒，化解了一对老冤家的仇恨，换来了民族团结与和睦。戏中通过屈辱的绑绳，采花节花环订婚，比武择婿，官珠身份暴露，八月十五械斗等情节，较为生动地展现了两个部落由仇恨转为和睦的起伏跌宕的过程，表现了民族团结的艰辛和最后的实现。

该剧对主人公官珠和鹅嫚的刻画和表现比较丰富，把他们互生爱慕转为互相仇视又重新变为双方爱恋的过程，展示得比较清晰。绑绳细节的运用在全剧中起到了推动矛盾展开的作用。

戏中对金羊寨巫师传达五通神的意旨过于直白外露，使巫师的身份似乎成为参谋和军师，缺少巫术的神秘感。同时，戏中的服饰应再古朴一些，加强音乐的地域风格，舞美、灯光和导演仍有提升的空间。

黄梅戏《雷雨》　　安徽省黄梅戏剧院

《雷雨》是曹禺先生名著。该剧改编充分尊重原作的基本精神和价值取向，尊重原作主要人物的基本命运，故事内容的基本框架，基本艺术风格。但改编比照原作也作了某些改动，例如省略了矿山工人罢工代表即周朴园和鲁妈所生的鲁大海公开地与父亲周朴园斗争；又如原作以繁漪为主线展开叙事脉络，改变为以大少爷周萍为主线的叙事方式。以此展开戏剧冲突比较集中。可见《雷雨》在继承和发扬原作精华的基础上，仍然有改编和整合的空间。全剧揭示了封建大家庭崩塌的历史规律。

戏中对大少爷在伦理关系中的沉沦和矛盾，对繁漪长期的人性扭曲的痛苦甚至变态，对四凤年轻善良又缺少阅历，都作了较为充分的展示和呈现。

音乐可以再细腻一些。舞美大景套小景似应注意风格的统一。

川剧《欲海狂潮》　　成都市川剧院

本剧是根据美国话剧《榆树下的恋情》改编的，描写一个贪婪成性的白老头，把儿子们当做长工，使父子形同仇敌，当他娶来美貌年轻的妻子后，庄园里欲海生波，终于酿成了一场惨烈的悲剧，是一部具有深刻的现实意义的警世之作。

本剧在追求西方戏剧作品如何中国化、戏曲化、川剧化方面，做出了积极的探索，在追求深刻的哲理与大众的娱乐性相结合方面，积累了一些宝贵的经验。

建议文本进一步加工，使之更精练；台板的制作可以进一步改进，以便于携带，便于演出。“欲望”这个角色值得商榷。摇篮跟整个舞美设计不协调。

花鼓戏《老表轶事》　　湖南省花鼓戏剧院

本剧通过新中国成立之初，毛泽东同志的一位亲戚认亲、求官的故事，惟妙惟肖地刻画了一位传统乡村知识分子在社会转型时期的心路历程。

该剧艺术视角独特，人物形象丰满，语言幽默风趣，剧情生动活泼，思想内涵丰富，喜剧风格浓郁，地域特色浓郁，是一出雅俗共赏的好戏。

前四场戏比较流畅，五、六两场要进一步修改，使人物的思想转变更为合理，喜剧风格更加统一。

话剧《矸子山上的男人女人》

辽宁人民艺术剧院

一座东北大型煤矿因资源枯竭而被迫关闭，许多采煤女工面临失业的生活困境。她们为命运的不公而牢骚满腹、焦虑、痛苦。采煤队唯一的男人，共产党员秦大咧咧，承受着各种压力和伤害四处奔波，终使采煤女工们坚强起来，迎接命运的挑战，重新开始了充满希望的新的生活。

该剧的演出是对当代中国普通工人美好心灵世界的深情歌吟。创作者以敬仰的视角，感同身受的理解来关注身处困境的普通百姓，揭示了底层群众于挫折中奋斗，在失落中不放弃理想的精神世界，表达了对他们生命价值和人生意义的热情赞美。

该剧继承关东演剧学派的艺术传统，把深刻的现实主义与诗意结合起来，使整个演出质朴而富于激情，具有很强的艺术感染力。秦大咧咧形象塑造得真实、可信、可爱，具有鲜明的个性和较高的艺术概括力。

在演员创作上，希望把对东北人豪放、粗犷的性格表现与深刻的心理体验较好地结合起来，注意台词、形体的色彩对比和节奏变化。

话剧《爱尔纳·突击》

北京军区政治部战友文工团

该剧是一部直面表现当代军队现实生活的作品。通过主人公许三多从参军到成长为一名优秀士兵的经历和心路历程，表现了当代士兵坚忍不拔，决不放弃，勇于战胜一切困难的意志品质，讴歌了当代中国军人崭新的时代精神风貌。

该剧以原始的生活积累为素材，艺术地撷取了一个士兵成长经历的数个断面，创造性地塑造了“许三多”这个独特的新时期士兵形象，性格鲜明生动，细节鲜活丰满。导表演二度处理简洁灵动准确深刻，给人以生命的启迪和人生的感悟，为军旅戏剧人物画廊增添了一个栩栩如生，不可多得的士兵形象。

该剧的成功在于写变化中的许三多，但他周围人却缺少这种变化，尚需加强。许三多参军前的人物基调要注意表演的“度”，否则后面成长为一名优秀拔尖的特种兵就失去了真实可信的基础。布光要更加考究，要有灯光语言的表现力，要更有层次和雕塑感。布景过于平面，缺乏质感。

话剧《马蹄声碎》　南京军区政治部前线文工团

全剧从一个崭新的视角，描写长征途中，一群掉队女战士追赶大部队的感人故事。通过一系列故事，描绘了冯贵珍等五名红军女战士的英雄形象，热情讴歌了红军战士不畏艰险的信仰精神和优秀品质。在创作观念上有重大突破。但在人物处理上可再细致些，如师政委的情感表现不丰富，张大脚缺乏变化，陈团长的死对隽芬的改变等都缺乏呈现；电话线的情节不够真实；女兵们发现马粪里的青稞后的态度应复杂些；表演上喊叫太多，应注意规定情境，如夜里应小声些。

儿童剧《青春跑道》　苏州市滑稽剧团

以一个“海归”的女博士对中学生进行心理辅导为线索，触摸中学生自然、真切的情感世界，展示社会、时代对人的影响力，描述了发自人们自身的真挚与善良，成功地完成了中学生、家长、教师的形象塑造。

这是一部内容与形式完整，具有一定情感深度和想象力的作品；是一部风格化，充满滑稽剧艺术特性的作品，在编、导、演、舞台美术诸方面都比较成熟。难得的是：该剧的场面处理深入、细致，充满体验性，达到了悲喜剧氛围的兼容性表达，说明了创作者对戏剧艺术规律的深入理解。

作品需要改进的是总体的制作性。表演既需要松弛，又需要控制，演员与角色的关系，演员之间的交流都需要给予重视，舞美中的服装设计亦需进一步调整。中学生服装应该时尚、鲜明，同时具有舞台感，不应该艳丽，不需要装饰性。剪裁需十分合体。

话剧《风刮卜奎》

黑龙江省齐齐哈尔市话剧团

宁家大奶奶德平被土匪头子邓龙手下抢走，10月后抱回一个男孩，取名宁子塞。丈夫宁汝成深爱妻子，虽心存疑虑，还是接受了孩子。20年后，子塞成为进步青年，由于抗日被抓。出狱后，恋人青云被送进妓院，德平做主让子塞与梅生结婚，赎出青云，青云出家。日本人抢夺的德家宝贝空青石，被女儿子萱咽到肚里。日本人打死子萱，取出宝贝，子塞参加共产党。

剧本、导演、舞美、表演融合贴切，全剧综合性较强。剧本内涵丰富，兼具地域特点，历史特点，时代特点。舞台上的表演成为审美的一部分，这种追求值得肯定。

主要人物和二、三号角色，用笔力度过于不平均，主要角色和次要角色之间的关系还可以少量交代。

剧本容量大，有电视连续剧的倾向，结构节奏有些拖沓。前后表演风格需要统一，前面的表演虚化处理，造型语汇丰富。后半部趋于现实主义表演，丢掉了造型语汇的丰富，稍加修改，力求表现风格统一。结尾处理，将城市变化、历史变迁变成外在化处理，似乎不是很妥当，可考虑修改。

话剧《秀才与刽子手》　　上海话剧艺术中心

这是一出带有怪诞色彩的喜剧。上世纪初，清廷下诏废除酷刑，取消科举，视考试为生命的徐秀才和以剐人为人生乐趣的刽子手马快刀顿觉失去了人生目标。无奈之下，刽子手辞工开了肉铺，做了伙计。经过一番脱胎换骨般的蜕变，原本文弱的秀才在马快刀的开启之下从割肉之法中悟出了道德、文章的至理，成了割肉的好手；原本只知剐人割肉的马快刀在秀才的教习之下解文识字，戴上眼镜读起了唱本……

在剧本创作和舞台呈现上都突破了常见的模式。在中国话剧民族化的道路上进行了有益的尝试和探索。是一部看似怪诞却充满哲理、耐人寻味的经典之作。

马快刀如何变成配了眼镜能解文识字读唱本的秀才却缺少交代。人物发展的脉络缺乏相应的铺垫。导演在二度创作上如果在写实上再下些工夫是否更能传达出其中的黑色幽默？比如在表演风格的处理上，舞台上一些抽象化的表演令观众感到茫然。

话剧《打工棚》　　云南省话剧团

云南边远山区撒米罗村现任村支书共产党员赵天云，怀着要为全村共同富裕找出路的新追求，只身来到城市揽活打工。赵天云身逢逆境坚忍不拔，他的不卑不亢和满腔热忱，强烈地感染和影响着打工群体，化解了劳资双方的尖锐矛盾，显示出了共产党人的高尚品质和一身正气。

立足平民视角，关注农民工问题，全剧情感朴素。对农民工刻画不是类型化、概念化处理，而是性格化描述，形象生动、丰满。舞台美术丰富了底层工人生活和工作的环境，设计手法细腻。但是剧本缺少社会层面的反思。3个人物之间的戏剧性开掘可以深入。舞美虽然刻画细腻，但有凌乱之嫌。

话剧《棋盘岭传》　　河北省承德话剧团

这是一部关于当代“三农问题”题材的话剧。通过板凳爹等棋盘岭几个农民，在改革开放前后几十年的命运遭际和情感生活，直逼当代农村的改革现实，特别是农民流动、农村改革、乱占耕地以及农村城市化浪潮冲击等问题，在让观众为他们的命运沉浮感动、震撼的同时，更引发了人们深深的思考。

该剧以板凳爹魂灵的游走结构全剧，让灵魂出入于板凳爹的一生，与往事、与生前亲人对话、交流、评论。在荒诞的表现形式中，使戏剧事件的结构显得空灵、洒脱，使板凳爹的家史与农村变革史较好地结合起来，富有寓言诗的现代艺术品格。

希望进一步提高在表现灵魂与往事穿插、对话时舞台语汇的逻辑性和明晰性，并对板凳爹阻止炸山开矿守护青山绿水和精神家园的行动作更深入的历史性思考。

儿童剧《小蝌蚪找妈妈》　　中国儿童艺术剧院

在呼噜和哈欠的协助下，一只小蝌蚪在水中寻找自己的母亲，几经周折，它终于见到了青蛙妈妈，但都因妈妈相貌不同而拒绝相认。随着小蝌蚪的成长，它越来越像青蛙妈妈，它认识到对母亲的伤害。想再次寻找自己的母亲，可青蛙妈妈已经远去。

该剧的演出比较成熟，演员认真、投入，表现出国家级儿童剧院的实力。舞台造型设计十分突出，不仅符合剧场演出的需要，同时符合儿童的观赏要求，精致、生动。

儿童的思维是形象化的，非逻辑性的，因此儿童剧创作也应强调形象思维的特点。该剧目前社会性、生活性因素过多，而天然、自然、情感的因素偏少，导致了内容的理性判断多，情感氛围不浓烈，使得观众看热闹的心理大于欣赏体验的心理。

场面处理时，只注意用表演手段吸引观众，而忽视了情节这个基础因素，因而使原设的文学性主题得不到畅顺的表达。

话剧《独生子当兵》　　武警文工团

独生子士兵任友友聪明、机敏、从不认错、嘴硬，战友们都躲他。因为在新兵连演讲获得了第一名，它对女友夸口说立了三等功，自此他走上了一条尴尬的“不归路”。女友、父母相继来部队祝贺，父亲更是订了16桌酒席准备庆贺。为了堵住父母、女友来部队，他用谎言堵谎言，谎称父亲包了二奶，妈妈为此上吊住进医院，要求回家。最终，他在众人面前谎言被戳穿，指导员利用矛盾，使友友面对现实，逐渐懂得了什么叫责任。

《独生子当兵》以晚会喜剧小品表演的方式演绎了任友友的性格变化过程，有鲜明的部队文工团演出特点。舞台演出简洁、明快，语言机智幽默，动作变形夸张，在轻快的笑声中思考着严肃的主题。具有浓郁的喜剧色彩。

作品内容是在部队生活的背景下展开的，但现在作品的这些内容换成学校等背景照样可以成立。因此，剧作应选择具有部队特点的生活来设置事件，结构情节，组织细节，如洗袜子等。剧作小品味较浓，戏剧事件的贯串不够，后半段较好。

舞剧《西施》　　无锡市歌舞团

舞剧《西施》以爱情与战争重叠交织的艺术结构，着重描写西施与范蠡、西施与吴王夫差的情感纠葛，集中刻画了她在越国国殇之际所遭遇的痛苦与磨难，从而揭示出其舍生取义、圣洁崇高的伟大情怀。

该剧结构严谨，矛盾尖锐剧烈，节奏跌宕起伏，扣人心弦。对几个主要人物刻画比较成功，如西施的琴心剑胆，范蠡的才智过人，夫差的霸气野蛮，勾践的能屈能伸，可以说笔笔到位。尤其对西施的描写更为精细，让人看到一位外表美丽，柔情似水，却胸怀社稷江山，敢作敢当的绝世女子。

建议在舞蹈形式感上再下工夫，如浣纱舞、踏屐舞编得更有个性，更有味道，更超凡脱俗；西、范的双人舞在致力情感表达的前提下，追求美轮美奂；一幕的西施出场也应给以特别强调。

舞剧《天边的红云》　　上海歌舞团

上海东方青春舞蹈团

舞蹈诗剧《天边的红云》是一个关于女兵、女人的故事，该剧以长征为大背景，以红军女护士“云”的成长历程、内心情感为主线，塑造了以“秋”、“云”、“娃”为代表的红军女战士形象，这是一个关于生命、理想与信念的故事。

该剧采用了诗化、浪漫的舞蹈表现手法，既有宏阔大气的战争场面，又有较为细致的人性刻画；既有前仆后继生死相搏的紧张场景，又有恬静抒情，对未来充满美好憧憬的舞段。全剧采用了交响结构，刚柔并济，意激情柔。较好地将长征这段壮烈的历史化成了一首可歌可泣的壮丽诗篇。舞剧音乐流畅，舞美设计颇具新意。

该剧有望进一步提高，特别是在主要人物的内心世界塑造上应再下工夫，在独舞、双人舞、群舞的表演手段上应进一步从一般提升为精致，并将舞美与音乐更为诗化。

音乐剧《大三峡》　　湖北省歌剧舞剧院

该剧以我国几代人努力的三峡水利工程为题材。该剧立意很好，通过所讲的故事，表达了“一诺千金”的道德观念，这对构造和谐社会、宣传目前所提倡的“诚信社会”无疑具有一定的积极意义。

该剧戏剧性冲突显得不够强烈。某些情节尚欠合理，尤其是围绕毛仔的故事，尚需做大的调整，篇幅过长，需作删节。

音乐较有特色，表现的叙事也比较准确和恰当，但剧中不同角色的音乐语汇不够鲜明突出。舞蹈未见有能将音乐剧的精神内核完全展现的独立舞段。舞美还应在独特的形式感和流动性上加强。多媒体的运用，还要注意做到与戏剧的有机结合。

舞剧《黄道婆》　　海南省歌舞团

海南省文化艺术学校

大型原创民族舞剧《黄道婆》是根据中国历史上一位普通的劳动妇女在纺织上做出重大贡献的传奇故事创作、加工、演绎而成。全剧讴歌了中华民族在纺织技术方面不断进步、探索、创新的精神，同时也讴歌了汉族与黎族的团结与融合。

该剧以海南黎族文化和黎家风情为艺术基调，采用古朴与时尚并存的手法相结合，把海南的壮丽、鲜艳的生活元素融入到舞剧的情节中，使舞剧呈现浓厚的民族风格特色，同时歌颂了黎族人民的勤劳、智慧、乐观向上的精神以及黄道婆在海南30年中向黎族人民学习织锦，度过了青春年华的悸动与情感。舞剧的立意有一定的高度，编舞流畅，舞蹈五彩缤纷，观赏性强。

在三幕中黄姑去寻找迷路的文官以及符巧救黄姑的戏交代得不够清楚，符巧在临死前最后一次教黄姑织锦技术，太简单，不感人，可以进一步修改。

杂技剧《西游记》　　广州杂技团

选取古典小说《西游记》中四个主要情节——

“大闹天宫”、“三打白骨精”、“盘丝洞”、“火焰山”——分为四幕，表现唐僧师徒4人取经的故事。

杂技剧产生于杂技与舞蹈、戏剧、音乐等融汇为一，为未来的中国乃至整个东方戏剧走向综合打开了一个崭新的前景。既然是“剧”，就要按戏的逻辑发展，尤其是每大块（幕）中的起、承、转、合及块（幕）与块之间的有机衔接，舞台展示的剧情不合逻辑之处不少，应在剧情行进中展示杂技与舞蹈，加强有机融合。

音乐缺乏东方韵味，甚至有的地方欧化（如用小号过多），总体风格的把握上不准确。此剧音乐应用民乐将师徒及妖魔的音乐个性特色写出来，而不是应付一般场景的展示，写出人性、佛性和妖性来，就会好得多。

舞美用国画作为写意的背景是好的，但前后绘景粗糙，不精美，不协调。尾声的佛像太差，应该重画。谢幕的歌不协调，成了多余，此处的音乐应是结尾“见佛”的延伸，是佛家音乐，而不应另起一段不同风格的音乐。

舞台艺术创作与生产

一、2008年全国艺术创作座谈会

2008年全国艺术创作座谈会于4月23～24日在安徽合肥召开，安徽省省长王三运，文化部副部长陈晓光，安徽省委常委、宣传部长臧世凯，安徽省副省长谢广祥，中宣部文艺局局长杨新贵等领导及全国各地文化厅局的负责人出席会议。王三运省长在大会上发表了热情洋溢的欢迎辞。文化部蔡武部长向大会做了书面讲话，陈晓光副部长在会上做了主题报告。会议由文化部艺术司司长于平主持。

蔡武部长在书面讲话中指出，此次全国艺术创作会，是党的十七大以后，也是新一届政府组成以后，文化部召开的一次专题研究艺术创作的重要会议。会议的主要任务是：高举中国特色社会主义伟大旗帜，以邓小平理论和“三个代表”重要思想为指导，深入贯彻落实科学发展观，认真学习、全面领会和深入贯彻落实十七大和全国宣传思想工作会议精神，研究部署在新的历史起点上努力开创文艺工作新局面，建设社会主义核心价值体系，推动社会主义文艺大发展大繁荣。

蔡武部长在书面讲话中强调，繁荣文艺创作是深入贯彻党的十七大精神和全面落实科学发展观的必然要求。他说，繁荣文艺创作是实现中华文化伟大复兴的必然要求，是全面建设小康社会历史征程的迫切需要，是对伟大的社会主义实践的积极响应，是社会主义文化大发展大繁荣的重要标志，也是提高国家软实力、塑造国家文化形象的战略需要。广大文艺工作者应当深刻学习、全面贯彻党的十七大关于文化建设的一系列重要论述和重大部署，深入落实科学发展观，推动社会主义文化的全面发展繁荣，必须将繁荣文艺创作放在首要位置。

蔡武部长着重指明了当前繁荣文艺创作要正确认识和处理好的几个问题。他说，繁荣文艺创作，要正确处理传统与当代、民族与世界的关系，保持民族性，体现时代性，创作出具有鲜明时代精神和民族气派的精品力作；要在满足人民群众多层次、多方面、多样性文化需求的同时，引领和培育文明风尚，建设和谐文化；要在自觉构建社会主义核心价值体系的同时，充分尊重和大力维护文化的多样性发展；要坚持统筹兼顾，协调发展。

蔡武部长希望广大文艺工作者和各级政府文化主管部门在全面贯彻党的十七大精神的开局之年，在即将到来的纪念改革开放30周年和新中国成立60周年的伟大历史时刻，紧密团结在以胡锦涛同志为总书记的党中央周围，团结奋进，以自己的激情与才华，为社会主义文化大发展大繁荣做出新的贡献。

陈晓光副部长在大会报告中充分肯定了党的十六大以来全国文艺创作取得的令人瞩目的成绩。他说，在党和政府的关心指导下，文化部门的同志们通过艰苦努力，逐步创建起有利于文艺创作繁荣的政策环境和行之有效的管理机制：一方面通过艺术节日、剧目展演活动和各类的专业比赛、评选活动的不断规范和管理，成功打造了各艺术专业领域的品牌项目与活动。通过对文艺活动组织运作方式的不断创新和完善，围绕弘扬社会主义核心价值观念激励文艺创作，积极贯彻和实现对文艺创作方向和价值取向的引导，促进文艺创作的全面繁荣和发展。另一方面，通过设立以国家舞台艺术精品工程、国家重大历史题材美术创作工程、国家昆曲艺术抢救保护和扶持工程和全国重点京剧院团扶持工程为代表的一系列国家重

点文化建设项目，以及设立创作专项资金、演出补贴专项资金等举措，加强和完善通过财政手段对文艺创作的扶持和引导，并有效带动各级地方政府增加对文艺创作的支持和投入，逐步形成了良好的财政投入和项目运作机制。

陈晓光副部长在报告中强调：在新的历史起点上，面对党的十七大提出的新任务新要求，我们应该清醒地看到，目前的文艺创作工作还存在一些问题与不足：（1）尽管近年来涌现出一批优秀的文艺作品，但是总体看来能够强烈反映时代精神、把握时代脉搏、有力地弘扬社会主义核心价值观念并能够代表国家和民族文化形象的文艺精品，特别是能够传世的经典之作还不够多，尤其是现实题材的优秀作品少。（2）尽管近年来全国文艺工作呈现出较为繁荣的局面，但是从全国范围来看，文艺创作生产区域发展不平衡的状况较为突出，部分地区人民群众的基本文化权益没有得到充分实现和保障。（3）尽管近年来政府和社会对文艺创作的扶持力度和资金投入都在逐年增长，但是相对于文化发展的整体需要而言，部分地方资金投入不足，基础设施建设欠账太多，政府投入方式单一，管理模式滞后，公共服务不到位，这在很大程度上制约了区域文艺创作繁荣发展的进程。

针对艺术创作在发展中存在的问题，陈晓光副部长提出，要站在党的十七大新的历史起点上，适应新形势、新任务，解决新问题，通过建设社会主义核心价值体系，繁荣和发展社会主义文艺创作，掀起社会主义文化建设的新高潮。他阐述了当前繁荣文艺创作需要把握的方针和原则：体现社会主义核心价值观念，建设社会主义核心价值体系是繁荣文艺创作的责任和使命；以人为本为人民服务是繁荣文艺创作的根本目的；繁荣文艺创作既要遵循艺术规律又要顺从市场规律；繁荣文艺创作既要继承优秀传统又要不断创新；繁荣文艺创作要求文艺家既要追求独特的个性更要承载共同的理想。陈晓光副部长对上述观点做了鞭辟入里的阐述，其中艺术创作要以人为本，要尊重艺术规律，而不能以为官一任能否出政绩为评判标准等阐述深得人心。

陈晓光副部长提出推动文艺创作繁荣的具体思路和主要举措：一是建立好的体制机制。各级文化主管部门要把加强和改进对文艺工作的领导作为提高执政能力的重要内容，不断提高领导文艺工作的能力和水平。要全面贯彻党的文艺工作方针，尊重文艺工作者的创造性劳动，在创作上不横加干涉，不横加指责，而是要热情支持，热情鼓励，努力成为文艺家的贴心人，为文艺创作营造宽松的舆论氛围。二是重视人才培养。不仅要为文艺人才提供宽松的环境和良好的氛围，更重要的是为人才的遴选、培养和成长提供有利条件，为他们提供施展才华、奉献社会的机会和岗位。对待人才，我们的任务就是要“创造一个广袤的空间，让每一颗星星都放出自己的光彩”。三是要引导文艺家力戒浮躁，潜心创作出新的文艺精品。浮躁心态是文艺创作的大敌，急功近利的创作鲜见有成功者。尽管和几年前相比较，广大文艺工作者的创作心态正逐渐走向平和，但与出文艺精品和文艺大家的时代需求相比，我们的文艺家似乎还是少了耐心，多了浮躁；少了清醒，多了盲目；少了脚踏实地，多了好高骛远。为使广大文艺工作者心无旁骛，潜心创作，各级政府文化管理部门要尽力为他们创造好的条件，要设立文艺创作专项扶持资金，建立和完善文艺人才激励机制和奖励制度。四是要鼓励和帮助广大文艺工作者深入生活。生活是文艺创作的源泉。纵观古今中外，历史上任何一位杰出的文艺家，其作品都凝聚着深厚的生活体验，倾注着浓烈的生活激情，越伟大的文艺家越是如此。要创造各种条件，以多样的形式组织帮助并鼓励广大文艺工作者深入生活，深入基层，使广大文艺工作者感受伟大时代的伟大变化，为繁荣文艺创作再立新功。五是要加强文艺评论、文艺评奖等理论和政策的引导作用。切实加强和改进文艺评论工作，不断增强文艺评论的针对性、实效性、公正性、客观性和权威性，逐步改善近年来文艺领域理论批评力量较为薄弱的态势，发挥好文艺评论在引领艺术创作价值和审美取向、提升群众艺术鉴赏水平、弘扬社会主义核心价值观念、纠正不良创作倾向等方面的积极作用。要进一步改革和完善文艺评奖和文艺活动的组织方式，针对文艺评奖的理念、评委构成、观众参与、评奖标准、评奖监督、获奖作品的宣传与推广等方面存在的一些问题，进一步完善评奖的机制和手段，建立科学系统的专家库，评委的产生应随机抽取，评委成员采取社会公示制度，对评奖结果要向社会公布，监察部门要对评奖过程实施全程监督。六是要更加关注现实题材创作，推出一批优秀的现实题材作品。今年是改革开放30周年，明年是新中国成立60周年，这是中华民族伟大复兴进程中的具有重要意义的历史时刻，凡是有责任感、有使命感的文艺家，凡是见证这一伟大进程的文艺工作者，都应满怀激情，尽情描绘近代以来中华民族奋发图强、争取国家独立民族解放的英勇历程，讴歌改革开放的伟大实践和伟大成就，激励广大人民群众开创美好生活新篇章的豪情与信心。要重点抓好两方面的工作：一是要以改革开放30周年和新中国成立60周年为契机，精心规划、组织创作一批文艺精品。二是在各种文艺评奖活动中，把握好正确的导向，鼓励并重点扶持体现社会主义核心价值观念，反映伟大时代的现实题材、特别是改革开放30年和新中国成立60周年题材的优秀作品。七是要建立各类专项扶持资金，通过财政的手段，引导和促进文艺创作的繁荣。目前，文化部设立的国家艺术院团创作专项资金、国家艺术院团演出补助专项资金、国家艺术院团进校园演出专项资金，为国家艺术院团的创作演出提供了强有力的保障。

蔡武部长和陈晓光副部长的讲话在与会代表中产生了很大的反响，在随后的分组讨论和大会发言中大家畅所欲言，围绕着如何贯彻落实党的十七大精神，主动自觉地促进文艺大发展、大繁荣，如何总结党的十六大以来文艺创作和文艺生产的经验，正确评价成就和分析不足，如何看待当前文艺创作的机遇和困难，如何鼓励艺术家深入生活，强化社会责任感，创作出反映伟大时代的优秀作品，以及政府主管部门抓精品、促繁荣有何新招实招等议题，提出了许多建设性意见和建议，希望争取有力措施和办法，认真贯彻落实“十七大”提出的各项方针政策，推动文化大发展大繁荣。

与会代表指出，现实题材创作是时代赋予艺术家的历史使命，对现实题材怎么抓的问题需要有宏观的和全局性的把握，同时，代表们对部分艺术家在现实题材创作中不够解放思想、较少深入生活、艺术想象力贫乏的现象也予以了批评。

与会代表建议在中央及各省尽快建立艺术发展基金，促进剧目生产，同时还建议加快推动与文化相关的税收、人才流动及社会保障等方面的立法，以保障艺术生产的可持续发展。代表们尤其强调要重视边疆地区文化安全，要将这些地区的文化建设作为重点进行考虑，研究其特殊性，给予特殊政策扶持，同时对当地的艺术工作者要进行更为经常性的培训，加强东中西部地区的交流，推动当地艺术创作整体水平的提高。

与会代表还建议要坚持科学发展观，认真研究体制机制改革问题，深入调研，区别对待，对院团管理形成明晰的思路。在艺术创作上，要加快文艺创作的科技创新，提高艺术创作生产力，降低成本，提高效益。

与会代表纷纷表示，将积极贯彻落实会议有关精神，加大对艺术创作的扶持力度，鼓励广大艺术工作者以饱满的热情和精湛的技艺深入开展现实题材创作，为纪念改革开放30周年、新中国成立60周年献上一份厚礼，为社会主义文化的大发展大繁荣做出更大的贡献。

二、蔡武部长应《人民日报》之约撰写专文纪念毛泽东同志《在延安文艺座谈会上的讲话》发表66周年

66年来，几代中央领导集体在领导和指导革命文艺工作实践的同时，坚持解放思想、实事求是的思想路线，与时俱进，不断丰富和发展毛泽东同志《在延安文艺座谈会上的讲话》所提出的马克思主义文艺观，用发展了的马克思主义、中国化的马克思主义指导党所领导的文艺工作，提出了一系列具有鲜明时代特征的文艺方针和政策。在社会主义建设初期，毛泽东同志提出了百花齐放、百家争鸣，倡导洋为中用、古为今用，使社会主义文艺更好地为人民服务；在改革开放之初，邓小平同志强调人民是文艺工作者的母亲，人民需要艺术，艺术更需要人民，社会主义文艺要把最好的精神食粮奉献给人民；在改革开放的新阶段，江泽民同志强调了文艺工作和文艺工作者的历史使命和崇高职责，要求作家艺术家在人民的历史创造中进行艺术的创造，在人民的进步中造就艺术的进步。在新的历史起点上，胡锦涛总书记从以人为本、科学发展的角度论述了文艺的地位与作用、文艺家的修养、文艺的继承与创新的关系等问题，特别强调一切有理想有抱负的文艺工作者，都要密切同人民群众的血肉联系，积极反映人民心声。这些光辉篇章集中体现了我们党的文艺思想、文艺路线、文艺方针，是对《讲话》所代表的毛泽东文艺思想的丰富和发展。我们今天所处的时代，世界已经发生了深刻的变化，中国也正在发生深刻的变革，当代中国与当代世界的关系发生了历史性的变化，在这个伟大的变革时代，文化建设成为国家综合竞争力和软实力的重要组成部分，文艺工作承担着重大的历史使命，面临着前所未有的发展机遇。“为人民大众服务”仍然是我国文艺事业的根本方向，坚持这个方向，就要使文艺积极反映人民心声，这对发展中国特色社会主义文艺事业具有根本的意义。

积极反映人民心声，要坚持把以人为本、为人民服务作为繁荣文艺的根本目的。繁荣社会主义文艺事业，不仅要在文艺创作中体现人民的意愿，维护人民的利益，尊重人民群众的创造精神，而且要不断开创社会主义文艺思想内涵和审美趣味的新境界，与时俱进地适应和满足人民群众精神需求的新变化，积极引领人民群众的精神生活，始终把实现好、维护好、发展好人民文化权益作为开展文化工作、繁荣文艺事业的出发点和落脚点。

积极反映人民心声，要坚持把构建和弘扬社会主义核心价值体系作为繁荣文艺的责任和使命。繁荣文艺必须紧紧围绕社会主义核心价值观，用中国特色社会主义共同理想凝聚力量，用以爱国主义为核心的民族精神和改革创新为核心的时代精神激励人心，用社会主义荣辱观引领社会风尚。

积极反映人民心声，要鼓励和帮助广大文艺工作者深入生活。面对当前我国正在发生的广泛而深刻的变革，繁荣文艺就应该着眼于中国特色社会主义实践的新发展，着眼于人民群众对精神文化生活的新期待，在改革开放和现代化建设的火热实践中，感受社会发展和社会进步的坚实脚步，热情讴歌人民群众昂扬奋进的精神风貌，真实记录人民群众的伟大创造。

积极反映人民心声，要更加关注现实题材的创作，坚持出精品、出人才、出效益。在文艺创作方面，我们更加关注能够反映时代精神、紧贴人民生活、反映群众心声的现实题材艺术佳作，向世界展示文明开放、民主和平、奋发向上、与时俱进的崭新的中国形象。

积极反映人民心声，要重视和加强文艺批评。繁荣文艺就必须始终保持文艺批评的独立品格，不断强化文艺评论的针对性、实效性、公正性、客观性和权威性，以评论的力量激励、鞭策、引导文艺工作者关注民生、抒写民情、反映民意，真正发挥文艺评论在引领艺术创作价值和审美取向、提升群众艺术鉴赏水平、弘扬社会主义核心价值观念、纠正不良创作倾向等方面的重要作用。

今天，我们重温《在延安文艺座谈会上的讲话》精神，就是要高举中国特色社会主义伟大旗帜，坚持“三个代表”重要思想，深入贯彻落实科学发展观，坚持以人为本，密切同人民群众的血肉联系，积极反映人民心声，为建设社会主义核心价值体系，推动社会主义文化大发展大繁荣做出新的贡献。

三、陈晓光副部长在中宣部纪念“5·23”座谈会上的讲话

66年前，毛泽东同志在延安窑洞前发表了著名的《在延安文艺座谈会上的讲话》。而今我们重温《讲话》精神，仍能够深刻感受到它对于文艺繁荣发展的重要意义。在《讲话》中，毛泽东同志特别将文艺评论作为一个重要问题进行专门论述，从文艺评论的政治标准与艺术标准的辩证关系入手，深入分析了存在于当时文艺界的一些不正确的观点和言论，明确了革命文艺创作的思想方向、阶级立场、价值标准和基本出发点，极大地促动了当时文艺理论和创作的发展。随着时代的发展和文艺的进步，文艺评论的标准也随着艺术实践的日新月异而在不断丰富发展，但毛泽东同志在《讲话》中所提出的文艺批评的基本标准，政治标准和艺术标准，应该是社会主义文艺批评始终应该坚持的两个基本准则。

当前，在全面建设小康社会的伟大征程中，要全面推动社会主义文化大发展大繁荣，掀起社会主义文化建设新高潮，文艺评论的力量应该得到进一步地加强。特别是面对当前艺术创作领域中出现的各种新情况、新问题，我们应该切实提高和增强文艺批评的水平和力度，以评论的力量，积极引导和推动艺术创作的繁荣发展，真正发挥文艺评论在引领艺术创作价值和审美取向、提升群众艺术鉴赏水平、弘扬社会主义核心价值观念、纠正不良创作倾向等方面的重要作用。具体体现在以下几个方面：

1. 文艺评论要引导艺术创作体现社会主义核心价值观念

体现社会主义核心价值观念，建设社会主义核心价值体系，是文艺创作的责任和使命。一个国家、一个民族要生存发展、强大兴盛，必须要有国家和民族的认同，要有强大的凝聚力。这种认同和凝聚力来自国家和民族文化所包含的理想信仰、价值观念、伦理道德和基本思维模式，也就是社会的核心价值体系。文艺作品是社会核心价值体系的重要载体，而体现社会主义核心价值观念是社会主义文艺的本质特征。也就是说，社会主义的文艺必须是体现中国特色社会主义共同理想，体现爱国主义为核心的民族精神，体现改革创新为核心的时代精神，体现社会主义荣辱观，用真善美去感染人民、鼓舞人民、教育人民，从而激发全民族文化创造活力，使社会文化生活更加丰富多彩，使人民精神风貌更加昂扬向上。文艺评论为艺术创作提供理论支持和价值导向，就必须牢牢把握社会主义核心价值观念，将建设社会主义核心价值体系视为自觉的追求。

2. 文艺评论要引导艺术创作坚持以人为本，为人民服务

以人为本、为人民服务，是艺术创作的根本目的。社会主义文艺要以人为本、为人民服务，这是社会主义文艺的性质决定的。毛泽东同志在《讲话》中解决的最重要的两个问题，就是“文艺为谁服务”和“如何服务”的问题，明确指出了文艺为人民大众服务的方向。人民群众是社会主义文艺创造和建设的主体，又是文艺服务的对象，社会主义文艺创作繁荣的目的和任务是为了满足人民群众不断增长的精神文化需求，是为了提高人民的精神生活质量和水平，实现人的自由全面发展。文艺评论要牢牢抓住为人民服务这个基本出发点，大力倡导和激励那些能够体现人民的意愿、维护人民的利益、尊重人民群众的创造精神、为人民群众喜闻乐见的优秀艺术创作，坚决摒弃和批判那些脱离群众生活、背离群众意愿、违逆群众审美要求、为人民群众所厌弃的不良作品，把实现好、维护好、发展好人民文化权益，促进文艺创作作为文艺评论的根本出发点和落脚点。文艺评论要引导艺术作品不断开创思想内涵和审美趣味的新境界，一方面不断满足和适应人民群众的精神需求的新变化，另一方面要努力提高人的审美水平、思想道德素质和科学文化素质。鲁迅先生在谈文艺的大众化时说过：“若文艺设法俯就，就很容易流为迎合大众，媚悦大众。迎合与媚悦，是不会于大众有益的。”我们要以优秀的文艺作品满足人们的精神需求，在这个过程中去提升人、促进人的全面发展，使人们在美的享受中得到启迪，在情感的共鸣中获得教益。

3. 文艺评论要引导广大文艺工作者深入生活

人民群众的生活是一切艺术的源泉。毛泽东同志在《讲话》中语重心长地指出：“必须长期地无条件地全心全意地到工农群众中去，到火热的斗争中去，到唯一的最广大最丰富的源泉中去，观察、体验、研究、分析一切人，一切阶级，一切群众，一切生动的生活形式和斗争形式，一切文学和艺术的原始材料，然后才有可能进入创作过程。”这是艺术创作的基本规律，火热的社会实践和人民如火如荼的现实生活是艺术创作最生动、最丰富的矿藏。然而我们目前的艺术创作中却出现一些慢慢远离生活，游离实际，脱离群众的现象。正如《讲话》中所说：“一切革命的文学家、艺术家只有联系群众，表现群众，把自己当做群众的忠实代言人，他们的工作才有意义。”文艺作品如果不能紧贴现实，表达群众的心声，也必然为人民群众和时代所抛弃。生活是文艺的源泉，是孕育文艺生长的土壤，这也应该是文艺评论所坚持的原则和立场。人民需要文艺，文艺更需要人民。正因为文艺创作要为人民服务，所以文艺工作者一定要和人民水乳交融，熟悉人民生活，表现人民生活。文艺评论应该积极引导文艺家们坚持长期的深入生活，从社会生活中源源不断地汲取营养，创作出真正表达人民群众所思所想，替老百姓吐露心声的优秀作品，也只有这样的作品，才具有鲜活的艺术生命力。

4. 文艺评论要引导艺术人才不断健康成长

人才资源是文艺生产的第一资源，人的因素也是文艺生产力的首要因素，繁荣文艺创作最终必须依靠人才的智慧和力量。但是“十年树木，百年树人”，人才的培养绝不是一朝一夕的功夫，不能急于求成、拔苗助长，而是需要几代人付出不懈的努力。文艺评论对于艺术人才的培养，不

仅要提供坚实的理论基础、正确的价值取向和强大的思想动力，而且应该为艺术人才的成长提供健康的舆论环境，这一点非常重要。比如近些年来，随着市场经济的快速发展，在文化和传媒领域开始出现各种“造星”运动和各式各样的“选秀”活动，催生出一大批一夜成名的“星星”，他们有的靠着各种花边新闻炒作名声，有的一夜成名又迅速过气，成了名副其实的“流星”，媒体和舆论在很大程度上掌握着对他们的生杀大权。但无论是捧杀或是棒杀，对一个人才的成长而言都是非常不利的。面对这样的现实，文艺评论尤其要有坚定的价值标准和独立的姿态立场，要尊重文艺工作者的创造性劳动，在创作上不横加指责，在艺术上不妄下断语，对于具有创新精神的探索和尝试要积极支持、热情鼓励，对于不成熟、不完善的艺术创作应该给予客观公允的评判，对于那些心态浮躁、为名利所羁绊的创作人员要给予善意的批评和积极的引导，对于那些庸俗狭隘、品格不高、与社会主义核心价值相背离的艺术现象更要敢于批判和否定。惟其如此，才能为艺术人才的成长营造积极健康的氛围，才能促动艺术家们创作出更多形式丰富、风格多变、流派纷呈、思想健康、品位高雅的优秀作品。

5. 文艺评论要引导艺术创作积极关注现实题材

反映时代精神是文艺作品的使命，是文艺家的责任，现实题材永远是文艺作品不竭的思想源泉，是文艺家创作灵感的巨大宝库。走进火热的现实生活，运用多样的艺术手段，展现鲜活的人物形象，贴近大众，打动人心，这是评判文艺作品、检验文艺家的重要尺度，也是文艺评论应该积极倡导和鼓励的创作方向。今年是改革开放30周年，明年是新中国成立60周年，这是中华民族伟大复兴进程中具有重要意义的伟大历史时刻，凡是有责任、有使命感的文艺家，凡是见证这一伟大进程的文艺工作者，都应满怀激情、尽情描绘近代以来中华民族奋发图强、争取国家独立民族解放的英勇历程，讴歌改革开放的伟大实践和伟大成就，激励广大人民群众开创美好生活新篇章的豪情与信心。

科学的理论来自实践，又指导着实践沿着正确的方向前进。在《讲话》精神的指引下，66年来我国文艺事业不断繁荣发展，推出了众多高扬民族精神旗帜、紧扣时代脉搏、反映民众心声、极富艺术感染力的优秀作品，涌现出一代又一代德艺双馨的优秀艺术人才，文艺事业的繁荣发展已经成为社会全面进步的一个重要标志。而《讲话》的精神也根据时代的发展和新的艺术实践而不断被丰富和发展。《讲话》的影响深远而意义重大，我们重温《讲话》精神，认真学习和继承它的思想精髓和科学方法，努力为积极开拓社会主义文艺事业的新境界、新天地而奋进，为繁荣文艺创作，建设社会主义核心价值体系，推动社会主义文化大发展大繁荣做出新的贡献。

四、第七届全国舞蹈比赛

为推动我国舞蹈创作，提高舞蹈表演艺术水平，发现和鼓励优秀编创、表演人才，促进我国舞蹈艺术的进一步繁荣和发展，自1980年以来，文化部成功举办了6届全国舞蹈比赛，推出了一大批优秀作品，也推出了一大批新人，有力地推动了我国舞蹈艺术的发展。

第七届全国舞蹈比赛由文化部主办，四川省文化厅承办，于2007年12月10～20日在四川省成都市成功举办。12月的成都，沉浸在流光溢彩、美不胜收的舞蹈盛宴之中，10余天时间里，96个参赛队齐聚蓉城，148个参赛节目在金色歌剧院和锦城艺术宫精彩上演，风格各异、光彩夺目的舞蹈将人们带入了美轮美奂的艺术世界，为成都这座优雅从容的城市更增添了一份色彩和魅力。

经过9场复赛和4场决赛的激烈角逐，经过评委认真、严格的评选，评选出独舞、双人舞、三人舞组创作一等奖2个，二等奖3个，三等奖4个，优秀奖10个；表演奖8个。群舞组评出创作一等奖4个，二等奖5个，三等奖7个，优秀奖19个；表演奖10个。小型舞剧组创作一等奖空缺，二等奖2个，三等奖2个，优秀奖3个；表演奖5个。比赛获得了圆满成功，涌现出了一批形象感人的舞蹈作品和演艺高超的舞蹈新人，在业界和广大观众中引起了热烈反响。

1. 大力倡导现实题材舞蹈创作，强调政府文艺赛事的导向性和示范性，加强社会主义核心价值体系建设

本届比赛，是对3年来我国舞蹈创作和人才培养的一次全面检阅和积极引导。作为首次主题

性舞蹈创作比赛，本届比赛将题材限于现实题材和革命历史题材，旨在繁荣现实题材舞台艺术创作，鼓励艺术家深入生活、关注现实，鼓励思想性、艺术性和观赏性统一的优秀作品。从参赛情况看，本届作品普遍加大了对现实的关注和挖掘，既有表现宏阔历史事件和革命英雄人物，也有表现广大劳动人民的生活劳作和少数民族风土人情，还有表现当代人如科学家、警察、军人的精神风貌，还有的作品关注到当前的社会热点问题，如农村留守儿童、农民工、婚姻家庭问题等等，其涉及内容之广泛、触及题材之深刻、表现方式之独到，鲜明地凸现了本届比赛的主色调——在创新与开拓中洋溢着浓郁的生活气息和真挚感人的情感。那些贴近实际、贴近生活、贴近群众，具有浓厚生活气息和深厚生活积累的作品，不仅体现出我们广大舞蹈工作者关注生活、深入生活的艺术热情和不断拓展舞蹈表现力的探索精神，而且展示了我国舞界新老艺术家把握现实、创造精品的艺术功力和心性定力，激起了观众强烈震撼和共鸣。

本届比赛明确提出现实题材和革命历史题材，是通过评奖机制体现和加强政府文艺赛事对文艺创作的导向性，并以比赛推出精品力作为全国舞蹈创作树立示范作用，引导广大舞蹈工作者对现实题材舞蹈创作进行深入思考，对现实生活进行深切关注，对现实人性进行深刻挖掘，从而深远而有力地影响今后舞蹈创作的方向，推动和促进我国舞蹈创作的健康发展和持续繁荣。同时，这也是通过文艺赛事的导向，紧紧围绕社会主义核心价值体系的建设，在文艺创作中坚持弘扬民族性、时代性，建设和谐文化，培育文明风尚，守护和建设中华民族的精神家园。

2. 丰富比赛内容和形式，有力推动舞蹈创作繁荣发展

与往届比赛相比，本届比赛增设小型舞剧组，共设独舞、双人舞、三人舞，群舞和小型舞剧3个组别。小型舞剧为历届全国舞蹈比赛首次设置，是对改革开放以来我国小型舞剧创作表演成果的一次集中展示和检阅。小型舞剧相对拥有更大的表现空间，而投入成本较小，是锻炼和考验舞剧编导、演员的一种有效形式，通过对小型舞剧的重视，鼓励广大编导在舞剧创作中不断锤炼、精益求精。而且小型舞剧具有艺术精练、演出便捷的特点，可推动更多地深入群众、深入基层演出，让舞蹈艺术更多更广泛地深入人民群众，从而从整体上促进我国舞蹈创作的发展。由于为首次设置，本届比赛中小型舞剧的整体水准与其他组别的作品相比相对较弱，创作一等奖空缺，期待下一届比赛中涌现出更优秀的小型舞剧作品。

3. 重视宣传引导，扩大赛事的影响力和舞蹈艺术的吸引力

在本届舞蹈比赛的组织中，重视和加大了宣传力度。基于比赛自身的权威性、广泛的社会知名度和强大的吸引力，本届比赛的参赛范围广、人数多、规模大，从报名情况来看，主题的限制没有影响参赛作品的数量，参赛选手非常踊跃，全国共有31个省、自治区、直辖市以及中直各有关部委、单位所属艺术表演院团、院校、解放军各大军区及总政各院团、各种社会团体、机构和大、中、小学共495个新作品报名参赛。通过预选，从中选拔出160个节目，包括72个独舞、双人舞、三人舞节目；81个群舞节目；7个小型舞剧，共有近2000名选手参加成都的角逐，上演了一场绚丽多姿、精彩激烈的舞蹈盛会。

比赛现场，吸引了来自全国各地的专业人士和热心观众，几乎场场都座无虚席，真正出现了一票难求的局面，决赛场的过道都挤满了观众，喝彩声此起彼伏，气氛热烈，显示出舞蹈艺术的强大艺术魅力和感染力。为使普通民众走近高雅艺术，本届舞蹈比赛在票价制定上相对较低，最低仅50元，此外组委会还组织了多次赠票到社区、农民工的活动，取得了很好的效果。

本届比赛不仅吸引了众多参赛者和观众，全国各大强势媒体对本届比赛给予了极大关注和支持。《人民日报》、《光明日报》、中央电视台、四川电视台、《四川日报》、《中国文化报》、《舞蹈》杂志等家媒体对比赛进行了全面持续的报道，形成了电视、电台、报纸、网络等多形式、多方位的宣传，扩大了比赛的影响力。

4. 比赛体现了当前舞蹈创作的较高水准，也反映出存在的问题和不足

本届比赛涌现了许多感人至深的优秀作品，但也反映出一些存在的问题，有些作品距离生活较远，内容比较空洞，有些作品追求场面热闹华丽，歌舞晚会痕迹较重。大多数作品对音乐创作重视

不够，音乐比较生硬，有些拼凑得支离破碎，没有起到烘托作品的作用。这些不足都应引起重视，在今后的创作中逐步改善。

通过本届舞蹈比赛的举办，对今后的工作具有很大的启示：

（1）政府文艺赛事要大力加强导向性和示范性。文化部主办的各项文艺赛事均为专业领域的最高政府赛事，推出优秀作品、推出优秀新人，取得了很大成绩，具有无可置疑的权威性。为更好地发挥政府文艺赛事的作用，树立政府文艺赛事的品牌，不仅要在组织上更为严密、高效，在评奖上更加公平、公正，更要在比赛的观念、导向上具有明确的主张，这要求有关工作部门深入全面了解当前创作的态势和趋势，能够敏感地发现存在的问题，准确地找到症结，并迅速地寻求对策，从而在文艺赛事中进行有针对性的鼓励和提倡，运用评奖机制这一有效有力的手段来传达和巩固政府的导向，对文艺创作进行积极的引导。

（2）日常工作要与文艺赛事相衔接。文艺赛事是一次集中的展示和检阅，深受瞩目，我们在高度重视比赛的同时，要把日常工作与比赛相结合，使二者相辅相成，相互推动，最大限度地发挥文艺赛事作用，真正起到推动创作、培养和推出人才的作用。可适时组织专家学者，编创人员、演员，甚至媒体、观众，召开座谈会进行研究讨论，厘清概念，发现问题，找准症结，寻求对策。可利用专业、有效的媒体，有意识地组织和开展重大文艺创作问题的讨论，引导广大文艺工作者进行交流、学习，引起重视、引发思考。可与司里每年开展的培训班相结合，可具体以一些获奖作品或未获奖作品进行分析，也可约请获奖编导座谈创作体会，对今后的创作予以启发。

获奖名单

独舞、双人舞、三人舞组文华舞蹈节目创作奖（19个）

一等奖

作品名称	表演单位	编导
1. 双人舞《士兵兄弟》	广州军区战士文工团	邢时苗
2. 独舞《长河吟》	北京舞蹈学院	肖向荣 常肖妮

二等奖

作品名称	表演单位	编导
1. 双人舞《未了情》	第二炮兵文工团	易杰 纪家萱
2. 双人舞《风雨同舟》	四川省歌舞剧院	何川
3. 独舞《岛上的日子》	兰州军区战斗文工团	金美花

三等奖

作品名称	表演单位	编导
1. 独舞《稻草人》	广州军区战士文工团	石泉
2. 三人舞《家》	湖南省歌舞剧院	陈露 李灿娜
3. 独舞《红·1937》	北京罗氏兄弟国际文化发展有限公司	黄蕾
4. 三人舞《花朵》	北京舞蹈学院	李世博 刀海涛 李文祺

创作优秀奖

作品名称	表演单位	编导
1. 三人舞《前哨》	南京军区前线文工团	曹向东
2. 双人舞《最可爱的人》	兰州军区战斗文工团	信凤苓
3. 三人舞《最后的微笑》	第二炮兵文工团	路遥 杨佳佳
4. 独舞《敲戏人》	中央民族大学舞蹈学院	王天佑
5. 三人舞《生机》	云南省红河州歌舞团	侯波
6. 独舞	湖北宜昌市歌舞剧团	刘震 崔睿
7. 三人舞《情系草原》	内蒙古民族曲艺团	莎仁高娃
8. 独舞《青春记忆》	空政文工团	徐苏
9. 独舞《抹不去的一九三七》	北京舞蹈学院	霍曼迪 张守和
10. 独舞《刘胡兰》	济南军区前卫文工团	赵小刚

独舞、双人舞、三人舞组文华舞蹈节目表演

奖（8个）

作品名称	表演单位	编导
1．双人舞《士兵兄弟》	广州军区战士文工团	张　旸 齐　奇
2．独舞《长河吟》	北京舞蹈学院	孙　锐
3．双人舞《未了情》	第二炮兵文工团	易　杰 纪家萱
4．独舞《稻草人》	广州军区战士文工团	张　磊
5．独舞《刘胡兰》	济南军区前卫文工团	郭　爽
6．独舞《岛上的日子》	兰州军区战斗文工团	万　源
7．三人舞《前哨》	南京军区前线文工团	许　鹏 唐　程 韩道亮
8．三人舞《最后的微笑》	第二炮兵文工团	程　冉 李毓川 刘娴娴

群舞组文华舞蹈节目创作奖（35个）

一等奖

作品名称	表演单位	编导
《士兵与枪》	总政歌舞团	张继钢 孙育鹏 夏小虎
《父亲》	四川省青年艺术剧团	王　舸 周莉亚
《那年剪短发》	南京军区前线文工团	李春燕 陈　琛 张　飞
《呼唤绿荫》	四川省歌舞剧院	马　琳

二等奖

作品名称	表演单位	编导
《中国妈妈》	东北师范大学音乐学院舞蹈系	王　珂 韩　真
《较量》	兰州军区战斗文工团	杨　威
《城市·家》	深圳市群众艺术馆	王　迪 王　昭
《空巢的孩子》	湖南省歌舞剧院	马　波 危　婉
《雷霆风暴》	成都军区战旗文工团	许寒松 范和平
	成都体育学院艺术系	岳小林 杨笑影

三等奖

作品名称	表演单位	编导
《棒棒军》	四川省歌舞剧院	刘凌莉 常　艺
《簸炒米舞》	内蒙古自治区直属乌兰牧骑艺术团	道尔吉
《群雕》	浙江歌舞剧院	朱　萍 黄亦川
《当美人遇见美人》	新疆艺术学院舞蹈学院	枫　叶
《峡江月色》	湖北省青年艺术团	萧　遥
《麻辣乖幺妹》	四川省歌舞剧院	马东风
《背靠背》	成都市文化艺术学校	赵　明 李崇敏

创作优秀奖

作品名称	表演单位	编导
《剑兰》	海政文工团	张小芯
《前进·永生》	沈阳军区前进文工团	帅晓军 李　青 戚　岳
《拉着你的手》	四川艺术职业学院	李　楠
《姑娘》	四川省德阳舞蹈学校	杨　威
《诺苏惹》	四川省乐山市歌舞剧团	吴成涛
《情满天路》	成都军区战旗文工团	苏冬梅 李西宁
《山鹰之邦》	新疆艺术学院舞蹈学院	加苏尔·吐尔逊
《网月》	广西北海市歌舞团	李潇影
《期盼》	安徽艺术职业学院	费　波
《袁隆平的梦》	湖南省歌舞剧院 长沙舞蹈艺术职业中等专业学校	李灿娜 钱继明 陈　露
《映山红》	山西省朔州市歌舞团	岳丽娟 赵爱湘 贾　迪 王雅娟
《梅园梅》	南京艺术学院	张立夫 来静璇 郭罗乐 关　健

《红灯笼》	山西省歌舞剧院	赵　霖
《打鼓唱天歌》	陕西省歌舞剧院	王　宏
《把根留住》	厦门小白鹭民间舞团	念云华 唐　镛
《山娃仔》	广西艺术学院舞蹈学院	龚　坚
《银项圈》	贵阳市教育局、贵州大学艺术学院	孙　进
《站在高岗上》	福建省歌舞剧院	赖棋锋 倪达文
《九九艳阳天》	江苏省扬州市歌舞团	苏时进

群舞组文华舞蹈节目表演奖（10个）

作品名称	表演单位
《士兵与枪》	总政歌舞团
《父亲》	四川省青年艺术剧团
《中国妈妈》	东北师范大学音乐学院舞蹈系
《较量》	兰州军区战斗文工团
《那年剪短发》	南京军区前线文工团
《呼唤绿荫》	四川省歌舞剧院
《剑兰》	海政文工团
《前进·永生》	沈阳军区前进文工团
《拉着你的手》	四川艺术职业学院
《当美人遇见美人》	新疆艺术学院舞蹈学院

小型舞剧组文华舞蹈节目创作奖（7个）

一等奖（空缺）

二等奖

作品名称	表演单位	编导
《泥人》	北京舞蹈学院	林辰胡 淮　北 钱　鑫
《圆月》	广东省歌舞剧院	赵小刚 张云峰

三等奖

作品名称	表演单位	编导
《一条大河》	南京军区前线文工团	苏时进
《我和石光荣》	北京舞蹈学院	肖燕英

创作优秀奖

作品名称	表演单位	编导
《马灯往事》	四川省歌舞剧院	何　川
《寨子里的尔玛姑娘》	四川省歌舞剧院	赵　青
《青春之歌》	杭州师范大学钱江学院	黄亦川 张林鹃

小型舞剧组文华舞蹈节目表演奖（5个）

作品名称	剧中角色	演员
《圆月》	母亲	李　舒
《泥人》	爷爷	朱　晗
《一条大河》	王楠	胡琴心
《我和石光荣》	石光荣	李　彬
《一条大河》	指导员	吴　健

优秀组织奖

四川省文化厅、总政宣传部、北京舞蹈学院

五、第八届全国声乐比赛

由文化部与哈尔滨市人民政府共同主办的第29届中国哈尔滨之夏音乐会，于2008年6月24日～7月3日在哈尔滨市隆重举行，来自国内外众多优秀音乐艺术表演团体的高水平演出，与丰富多彩的群众文化活动交相辉映，共同构成了绚丽多彩的音乐盛会。“哈夏”期间，第八届全国声乐比赛圆满举办。全国声乐比赛为“文华奖”中文华节目奖的组成部分，所颁奖项为文华声乐节目表演奖，旨在发现和推出优秀声乐艺术人才，推动我国声乐艺术的发展。自1986年举办全国星海·聂耳声乐比赛始，文化部先后以中国民族声乐比赛、全国声乐比赛、全国声乐新人新作比赛、全国艺术歌曲比赛为名共举办了7届全国性声乐比赛，相继推出了吕继宏、韩延文、孙丽英、幺红、戴玉强、吴碧霞、柳红玲、艾尔肯、曲波、雷佳、尤泓斐等优秀声乐人才。第八届全国声乐比赛于6月25～30日举行，7月1日晚进行了颁奖音乐会，哈尔滨，这座美丽的音乐之城，再一次回荡起了优美动人的音乐旋律。

从报名情况来看，本届比赛报名非常踊跃，全国各省、自治区、直辖市以及中直艺术院团、院校、解放军各大军区及总政各院团、各种社会团体、机构等共1376名选手报名参赛。5月中旬，组织专家进行了认真严格的初选，为了保证评比的公正性，对报名选手的资料编号匿名进行了两轮选拔，最终共有146名选手进入复赛，其中独唱选手133个，重唱和组合节目13个。经过激烈的10场复赛和2场决赛，独唱组总政歌舞团王庆爽、中国东方歌舞团谢一梅获一等奖，总政歌舞团周晓琳、中央音乐学院石琳等4人获二等奖，中国音乐学院常思思等6人获三等奖，中国音乐学院王凯等26人获优秀奖；重唱和声乐组合一、二等奖空缺，四川峨边彝族自治县文化馆的彝组合获三等奖，湖北省歌剧舞剧院F·MAN组合等3个组合获优秀奖。

1. 与往届比赛相比，第八届全国声乐比赛呈现两大特点

（1）从本届起，全国声乐比赛落户哈尔滨市，固定在哈尔滨之夏音乐会中举行。哈尔滨之夏音乐会自1961年创办以来，迄今已成功举办了28届，涌现了一大批观众熟悉的音乐家和脍炙人口的音乐作品，逐渐成为具有广泛影响力的全国性艺术活动，它不仅丰富了哈尔滨市人民群众的文化生活，促进了哈尔滨的城市文化建设，而且为我国音乐艺术的发展不断注入新的活力，对推动全国音乐事业的繁荣做出了积极的贡献。从1996年起，哈尔滨之夏音乐会由文化部与哈尔滨市人民政府联合主办，现在文化部将全国声乐比赛这一重要音乐赛事放入“哈夏”中，目的正是在于不断打造哈尔滨之夏音乐会这一品牌、提升这一品牌的知名度和影响力，而且哈尔滨市具有深厚的音乐传统和丰富的举办大型活动的经验，也是全国声乐比赛的一个良好的举办地。同时，全国声乐比赛从往年的三年一届调整为两年一届，为更好地培养和推出优秀人才，为广大青年声乐人才的成长提供更广阔的空间和平台，提供更多脱颖而出的机会。

（2）在比赛的方式上，与往届按美声、民族、通俗分组不同。本届比赛首次尝试不按唱法分组，着重检验和衡量歌手驾驭歌曲的综合能力，鼓励各类唱法的选手演唱多种风格的作品，发挥和拓展歌手的艺术表现力。同时为丰富演唱形式，加强舞台的表现力和可视性，在比赛中首次增设了重唱和声乐组合，共设两个组别：独唱组、重唱和声乐组合组。

2. 为今后更好地组织全国声乐比赛，更有助于优秀声乐人才的脱颖而出，使全国声乐比赛为繁荣我国声乐艺术事业发挥更积极的作用

在比赛期间，我们组织专家就全国声乐比赛的赛事组织进行了研讨之后，综合有关意见和建议，并组织专家进行更为深入细致的研究，为今后全国声乐比赛的举办奠定良好的基础。

（1）关于全国声乐比赛的定位。作为文化部主办的全国性声乐赛事，全国声乐比赛具有很高的水准和专业性，具有政府赛事的严谨性和权威性，所评选出的获奖者应代表我国青年声乐表演艺术人才的最高水平，并对今后整体声乐教学与表演起到示范与导向作用。

（2）关于比赛的具体组织实施。第一，对于本届声乐大赛首次尝试不分唱法的形式，部分评委认为，这是从声乐发展趋势的大局出发所做的有益尝试，有利于选手、专家和观众打破固有意识藩篱，将如何更贴切地表现艺术作品作为评判演唱水平的主要准绳。但也有评委认为，美声、民族、通俗等不同演唱方法在发声方法上各具特点，分组评选更有利于评判的准确。第二，对于选手演唱曲目的要求，建议在报名时设定参赛曲目范围，细化声部划分，扩大作品风格，加重中国作品分量，着重体现民族风格。同时，增加选手参赛的必备曲目数量，体现入围选手具备的较强艺术积淀。第三，在初选形式方面，一是可以录像带代替录音带，尽可能避免后期音效处理，增强初选结果的真实性；二是充分发挥各省、自治区文化厅作用，在全国范围内划定若干区域进行现场选拔，规定各省送选名额，可由文化部派出专家负责监督各区域选拔工作。第四，在现场复、决赛比赛时，可要求选手原声演唱，避免麦克、音响等电声设备改变演唱效果；在伴奏上，全部采用现场钢琴伴奏形式，最好由大赛提供固定伴奏人员，保证选手舞台表演时享有二度创作的自由空间。

（3）关于比赛的奖励。在比赛名次、奖金设定等方面体现国家水准，增加对选手在专业方面的培养奖励力度。作为全国声乐比赛最高赛事，全国声乐比赛应保证评判的高水准，允许出现奖项空缺情况；在奖金、奖品设定方面，固定各奖项的奖金额度，奖品性质尽量贴近音乐艺术范畴，如奖品可为钢琴或作曲家的全套歌剧曲谱等。在评出获奖选手后，应为有实力有潜力的年轻选手创造更好的发展机会，比如在文化部春节晚会等

重要文艺活动中提供演出机会、举办获奖选手巡演，或推荐至各大歌剧院担任次年歌剧演出的重要角色，提供出国学习机会，申请直接进入国际声乐比赛半决赛或决赛的资格等。这些后续培养工作的展开，不但有利于通过比赛发现新人和推出新人，而且还有利于进一步扩大赛事影响力，吸引更多优秀的人才加入到比赛中。

（4）关于比赛的宣传。比赛可与一些重要媒体如电视、报纸、网络合作，对比赛进行全方位的、较为详尽的报道。在决赛环节实现上星直播或转播，进一步提高赛事知名度，比赛过程应采用全程跟踪录像，在增加比赛公开性、透明度的同时，留存历史资料，有助于今后相关赛事的借鉴，还可进一步制作为音像产品推向市场等。

获奖名单

独唱组

文华声乐节目表演一等奖（2名）

王庆爽　总政歌舞团
谢一梅　中国东方歌舞团

文华声乐节目表演二等奖（4名）

周晓琳　总政歌舞团
石　琳　中央音乐学院
吴　静　中央民族乐团
关致京　中央歌剧院

文华声乐节目表演三等奖（6名）

常思思　中国音乐学院
郭芳芳　个人
贾双辉　广州军区战士歌舞团
李　鳌　山东师范大学音乐学院
梁晓丽　山西省运城市文工团
肖　玛　四川师范大学舞蹈学院

文华声乐节目表演优秀奖（26名）

王　凯　中国音乐学院
尉金莹　中国音乐学院
泽旺多吉　中国人民解放军艺术学院
程　波　江西师范大学音乐学院
黄华桥　沈阳军区政治部前进文工团
李振涛　中国歌剧舞剧院
刘　扬　中央民族乐团
张喜秋　齐齐哈尔大学
李　超　沈阳军区政治部前进文工团
张　璋　中央音乐学院
王　莹　黑龙江省文化厅
刘铁骊　二炮文工团
李思音　广东省歌舞剧院
王晓光　东北师范大学
高　鹏　中国歌剧舞剧院
刘楠楠　沈阳音乐学院
陈福来　辽宁歌剧院
朱佳莉　中央民族大学音乐学院
陈　万　四川南充西华师范大学音乐学院
郭剑华　广西艺术学院
张灵珊　江西省九江市文化局
劳布森　北京军区政治部战友文工团
吴晓芳　杭州师范大学钱江学院
刘　玲　四川音乐学院
裴长佳　中央民族乐团
郑　璐　南昌大学

重唱、声乐组合组

文华声乐节目表演一等奖（空缺）

文华声乐节目表演二等奖（空缺）

文华声乐节目表演三等奖（1个）

彝组合　四川峨边彝族自治县文化馆

文华声乐节目表演优秀奖（3个）

F·MAN组合　湖北省歌剧舞剧院
部落组合　深圳市群众艺术馆
E动力组合　浙江省舟山市群众艺术馆

六、第七届全国杂技比赛

由文化部和深圳市人民政府共同主办，深圳市委宣传部、深圳市文化局、南山区人民政府承办的第七届全国杂技比赛于2008年11月21～28日在深圳举行。经过评委会严格认真的评审，共评出文华杂技创作金奖6个、银奖8个、铜奖21个、编导奖16个，表演奖及技术指导（教师）奖各15个。与本次比赛同时进行的2008全国杂技主题晚会优秀剧目展演同时决出一、二、三等奖。

本次杂技比赛有以下亮点：

1. 杂技艺术本体的追求更加精深

本次比赛，各杂技院团在杂技的技巧难度以及杂技艺术复合性方面进行了积极的探索。体现在：（1）单一技能难度加大，如抖杠上空翻四周，在以往的国际比赛中，成功完成该动作基本上已可以拿大奖，而本次比赛的多个节目中，已有多团体多人次顺利完成此动作。（2）杂技节目复合型增强，多种动作元素的结合成为杂技节目构思与呈现中的普遍现象，如蹬人与空竹、绳技等相结合，在增加节目难度的同时也增强了可看性与吸引力。在本次杂技比赛中，杂技艺术求新、求险、求奇的艺术追求得到了一以贯之的体现。

2. 杂技艺术表现的手段更加丰富

杂技艺术生产力的提高，一方面在于杂技演员技能的提高，另一方面，也体现在作为其舞台呈现必要手段的道具等表现手法的革新中。我们欣喜地看到，在本次杂技比赛中，越来越多的科技手段融入到杂技节目中：地圈表演中，遥控装置取代了人工检场；造型表演中，转台设计了电动机关，可以遥控操作；柔术表演中，镭射激光和多媒体投影出现在舞台上，强有力地渲染了气氛，营造了美轮美奂的氛围；滑板飞棒表演中的飞棒加上了荧光，在暗场时的操持表演具有更强的视觉冲击力，更具时尚感。诸如此类在科技含量、视觉效果与时尚元素方面的革新正在成为各杂技院团在节目编排上的共同追求。

3. 杂技主题构建的意识更加明确

近年来，杂技艺术发展的趋势之一就是主题晚会的形式的出现，各类主题性晚会的编创方兴未艾，但在杂技节目中进行主题性创作，是这次杂技比赛上出现的新趋势，这都得益于艺术本体的加强和表现手段的丰富，以及更多舞蹈、戏曲艺术元素和民族特色风情的介入。本届比赛获得一致好评的天津杂技团的《坛技》，就是利用天津作为京剧重镇的优势，生动地将顶坛技艺贯穿在了在以戏曲形式演绎的“三个和尚”的故事中，和尚单人打水喝、退让无水喝到最后争先抢水喝的情节都以顶坛技艺的各种动作进行编排，单人多人技艺穿插、整个节目生动活泼，杂技与戏曲的结合相得益彰，观赏性极佳。除此之外，《圣斗——地圈》表现战士奋勇向前、勇攀高峰；《五壮士——皮条》表现革命志士奋勇斗争，壮烈牺牲，《花棍——边寨欢歌》、《金达莱——绳技》、《套马杆的传说》充满着民族风情；《抖杠——琴键上的跳动》、《彩票狂想曲——球技》等节目也都通过明确的主题，使原本单一的杂技技巧在情节性和可看性上得到大幅提升，这也是杂技艺术面向市场、面向观众做出的积极变革。

4. 杂技比赛评奖的机制更加科学

本届杂技比赛在评奖机制上进行了创新。根据赛前调研及专家研讨的结果，为了杂技艺术科学规范的发展，本次比赛：（1）首次采用节目分类进行评奖，参赛节目共分为平衡、柔韧、腾翻、攀援和操持等五类；（2）明确拒绝含有痛苦、残忍及其他不宜观看的内容、明显低龄化的表演以及明显忽略安全措施的节目参与比赛，这既是为了维护青少年当下的身心健康，更是为了保护他们未来的和谐发展；（3）在比赛评分上，引入了其他全国性艺术比赛中在保证公正性方面成效显著的顺位法评选机制，最大限度为参赛队伍营造公平竞争的比赛环境；（4）奖牌数目精简，金银铜牌 6 ∶ 8 ∶ 21 的数目比例终结了以往杂技比赛中奖牌比例倒挂的现象，真正使最优秀的作品脱颖而出；（5）在本届杂技比赛上，还同时颁发了 2008 年度“荣毅仁基金会杂技艺术奖”，在节目获奖的同时，演员们也得到重奖，凸显了党和国家对杂技艺术事业的关心和重视。

这些评奖机制上的创新，使我国杂技艺术一步步向着科学化、规范化的方向发展，比赛的结果证明，这些创新得到了绝大多数参赛院团的认同，大家普遍认为，这些创新，在杂技艺术发展史上迈出了一大步，真正起到了推动发展、促进繁荣、保障公平、推陈出新的作用。

在看到发展与成绩的时候，我们还应该看到，面对迅速发展的国内外演出市场和大众日益丰富多样的欣赏需求，杂技艺术的发展还有很长的路要走，一些深层次的问题亟待解决。

首先，杂技艺术分类的方式是促进而不是制约杂技艺术发展，这个观念需要杂技工作者更加深入地进行领会。对杂技艺术进行分类，实际上是引导节目编导者在编导过程中，首先要确认自己这个节目的主导类别，在此基础之上，通过技术的可能，以复合的形式增强节目的“技能性”难度。这一方面是为杂技赛事提供可比性参照，同时也有助于杂技日常训练中“关键点”的掌握。

其次，虽然杂技界对于自身节目技术性内容的知识产权保护已经形成普遍共识，但是在其他方面，杂技界整体的知识产权意识还需提高。以节目音乐方面为例，在本次比赛中，无论剧目还是节目，普遍存在着截取已有明确著作权的作品进行简单编排甚至不加编排，直接拿来作为节目音乐的“扒带子”现象。经初步调查，这些音乐都未曾获得著作权人的授权。当下，音乐著作权日益引起全社会重视，各类著作权纠纷此起彼伏，如果我们的杂技节目在国内国外演出中出现因为此类音乐的著作权而引发纠纷，将会面临比较严重的后果。

再次，杂技院团应从源头抓起，切实抵制低龄化和残忍演出，这既是杂技艺术“以人为本”科学发展的基本要求，更是各院团承担的维护杂技演员人身权益的法律责任。一段时期以来，我国杂技艺术在国际上因为低龄化和“引人不适”的演出，曾遭到过一些地方演出市场的抵制，如果任由这样的不良口碑在演出市场上蔓延，不仅不利于我国杂技艺术“走出去”，还将直接妨碍我国人权事业的发展。

最后，我们的杂技院团还应在增加杂技节目艺术含量，打造自有节目和院团品牌上下更多的工夫，切实改变我国杂技节目和杂技人才在国际市场上不断充当的“原材料”和“打工者”的尴尬境遇。只有着力打造自有品牌，不断生产既有高超杂技技术难度又有丰富民族艺术特色的优质产品，我们的杂技艺术才能满足人民大众不断增长的文化需求，才能赢得未来的国际市场的竞争，真正在国际上树立起中国艺术的标杆。

七、优秀评弹青年演员电视大赛

2008 年，由文化部艺术司和江浙沪三地文化厅（局）联合主办的“评弹金榜”江浙沪优秀青年演员电视大赛，历时 3 个月，以“传承民族文化，扶持评弹新人”为主旨，采用社会赞助和市场化方式进行运作。由于江浙沪三地 35 岁以下大部分评弹青年演员的积极备战参赛，演出比赛和赛事的电视转播引起观众的密切关注，比赛得到评弹界前辈和专家的充分肯定和大力支持，在社会上引起各方强烈的反响和广泛的好评，获得了圆满的成功。此次大赛扩大了评弹艺术在社会的影响，提升了青年演员的知名度，对稳定评弹青年人才队伍、提升他们的事业心起到了积极的促进作用。业内人士和网民纷纷表示，江浙沪文化部门联合主办的这次活动具有里程碑的意义。

“评弹金榜”是评弹界有史以来第一次大规模地在戏剧剧场和电视传媒间同步进行的、历时最长、参与人数最多的青年演员选拔赛，被媒体称为“评弹界的青春盛会”。地方文化主管部门打破地域限制，以地方曲种为主体，覆盖江浙沪三地，实现了区域的文化联动。活动以青春为载体承载传统艺术的神韵，以现代包装手段展示评弹艺术的传统魅力，推出评弹新人新秀，特别是为无名小卒搭台唱戏，目的并不仅仅是举办一场一闪而过的评弹盛会，而真正在于选拔优秀的评弹艺术接班人，为他们创造成材的社会氛围和环境。通过比赛增强了青年演员对评弹事业的认知度，提升了他们的专业能力和艺术修养；通过电视传播手段拓宽了他们在观众中的知名度和影响力，起到了稳定评弹界青年从业人员信心的作用。

纵观本次大赛，有以下的经验值得总结：

1. 与时俱进，以现代视野，开放办赛，关注市场，创新赛制，适宜现代传媒的发展要求，积极寻求传统书场艺术的当代体现方式，扩大地方曲种的市场影响力

（1）打破地域限制，打破评弹艺术团体之间的门户限制。开放办赛中，充分发挥政府的协调、组织之长，充分调度演员、剧团、媒体、老艺术家甚至观众的参与热情，汇聚社会各方力量对该项目进行人力、物力上的支持，体现了政府扶持优秀民族艺术的政策导向。该项目作为上海文广局首倡的 2008 年长三角地区文化联动的主要项目，得到文化部和江浙两省文化主管部门的大力支持和协作。文化部艺术司司长于平说：“对于上海推动地方曲艺艺术发展的大局意识，以一方之力花大力气举办这样有远见的活动，文化部艺术司责无旁贷地要给予大力支持。”浙江省文化厅副厅长赵和平、江苏省文化厅副巡视员汪人元等领导，多次对我局在组织工作中，广泛征询江浙沪三地专家、院团对比赛规则的意见和建议，公开办赛、兼顾各方的细致和周到的安排表示衷心感谢，认为我们以艺术本体为主，寄望于青年的举措难能可贵。苏州市评弹学校校长邢晏芝在比赛结束后专程打电话说，大赛极大地扩大了评弹学校在观众中的影响力和知名度，肯定了评弹学校在人才培养方面的工作，代表全校师生对大赛组委会表示衷心感谢。

（2）发挥剧场和电视媒体各自不同的优势，

互相拾遗补缺。将评弹比较单一、固定的表演样式，通过剧场、演播厅不同的演出方式进行变化组合，既满足传统听众喜欢优秀传统书目的听书要求，又以形式活泼、内容多样的悬念比赛方式，满足了观众的好奇心和审美多样性的需求。以剧场现场演出为主、电视转播为辅，配以媒体多方位宣传的运作手法，将评弹书场的有限容量极大地加以延伸和扩大，将传统艺术与现代传媒各自的优势完美结合，通过舞台演出和电视综艺手段的运用、包装，打造了传统艺术的优质的展示平台。通过大赛，凝聚了广大听众的热情，扩大了评弹的影响力和辐射力，创造了剧场、媒体各自独立作战而无法达到的影响，吸引了更广泛的受众群体对评弹艺术及电视戏曲节目的关注，从而推动了评弹新生代的脱颖而出。

这一场全力为青年演员打造的评弹盛会，声势浩大，引起了广泛的关注和积极的参与。从4月的广泛动员、报名，5月江浙沪三地各自完成了初赛，三地推选了32名选手正式进入的演员培训，以及在电视演播厅举行的7场“评弹金榜”宣传专题节目，直到6月在上海逸夫舞台举行的4场复赛、3场半决赛、1场决赛和1场颁奖晚会，每一阶段的安排都极大地吊住了听客的胃口，使得最终在上海逸夫舞台举行的9场赛事，吸引了近7000人次的观众到现场观看，很多观众买了全套的套票。特别是决赛、颁奖晚会，剧场售票率达100%，逸夫舞台又出现了久违的加座。同时，决赛、颁奖晚会，电视转播的收视率高达到1.1，覆盖了110万观众，将原本狭小的评弹书场放大为座位近千人的剧场乃至荧屏和网络，这个容量对于平时几十人的书场来说，其社会效应是无法比拟的。

（3）开放办赛不仅体现在内容，也体现在赛制的安排。除评委现场公开亮分外，在复赛和半决赛中，每场演出现场随机抽取5位观众评委打分，极大地鼓励了观众的参与热情，热心的观众甚至在比赛结束的当晚就把评委的打分在网上公布，进行评议，对评委的表现进行再“打分”，为比赛创造了很好的公开透明的氛围。

紧紧扣住评弹艺术的本质，精心设置赛制和比赛内容，同时呼应时下观众对竞赛类节目的收视期待，利用电视、网络等现代传媒快速传播的特点，创造收视热点，极大地提高了青年演员在观众中的知名度。无论是复赛、半决赛的15、20分钟以“说噱弹唱”优秀传统书目的内容为主，还是在决赛中增加了流派抽签演唱、评弹知识问答、听力测试题和才艺展示等赛制和比赛内容，既围绕着评弹艺术的本体，又增加了比赛的悬念和可看性，使比赛的内容得到观众、专家、演员的普遍认可。在现场演出中，观众气氛极其火爆热烈，9场演出迅速让上海的观众熟知了黄海华、张建珍、陈侃、陆锦花、周慧等青年演员的姓名和表演特点。进入“十佳”、年仅22岁的苏州评弹团的选手陆锦花被观众戏称为本次大赛的“黑马”。

2. 关注青年，以老带新，扶持新人，通过比赛促使青年演员拜师学艺并互相切磋、学习、交流是本次大赛的目的之一，这也使大赛成为评弹界空前凝聚和团结的盛会

这一场全力为青年演员打造的评弹盛会，通过前后历时3个月反复递进的比赛、宣传及各种培训，使青年演员深刻地感受到：这次比赛，是政府文化部门投入大量财力和人力为他们创造的一次成才机会，是他们人生中的一次重大机遇。大赛期间，他们都放弃了其他一切杂务，精心准备参赛书目，认真拜师学艺。虽然不少青年演员是临阵磨枪，但通过名师的强化指导和训练，在各方面都有明显进步。王柏荫、杨乃珍、余红仙、张振华等前辈都对青年演员在整个比赛过程中的努力给予了充分肯定，反复表示青年演员从初赛到决赛的进步使他们深感无比欣慰。

由于评弹演员平时大多各自独立演出，缺乏交流、比较，相互间比较闭塞，因此他们同时也视比赛为互相间学习的难得机会，各场间互相观摩、学习。上海新艺评弹团参赛演员陈睿琪虽然复赛就被淘汰，但自始至终每场比赛必到观看，他说，这是他梦寐以求的学习机会。

特别是颁奖晚会上，张振华和朱琳，江文兰与张建珍，余红仙与颜丽花，邢晏芝、邢晏春和孙可等一批老艺术家与获奖青年演员“老带新”的拼档阵容，获得了评弹观众的阵阵喝彩。在颁奖晚会上，青年演员向观众熟识的25位江浙沪评弹界老艺术家献花的场面更是感人至深，当观众用经久不息的掌声表达他们对老艺术家们崇高敬意的时候，无疑对青年演员进行了一次最生动的

人生观和艺术观的教育。

现场观众在9场演出中所表现的热情更是出乎青年演员们意料，陆锦花、王承等青年演员纷纷表示，通过“评弹金榜”比赛，使他们了解了观众对传统评弹书目和流派的厚爱，了解了前辈艺术家对青年演员的殷切期待，了解了他们这一代所必须肩负的传承民族文化的使命，坚定了他们从事评弹事业的信心和决心，他们将不辜负观众的期望，努力多到基层书场演出，回报观众对他们的厚爱。

3. 通过本次“评弹金榜”大赛，也凸显了目前评弹艺术发展中存在的以下问题，值得各地文化管理部门在今后工作中给予高度重视

一是部分青年演员迫于生存压力，长期在茶座唱开篇，不少青年演员嗓子条件好，唱工不俗，唱起各种流派也颇有几分神韵，但在“说噱弹唱”基本功中，明显地显露出唱工好、说表差的问题，说功欠佳成为制约很多青年演员继续发展的一个瓶颈。二是青年演员能说的书目太少，有的只能说有限的几个选段，一些演员从初赛到复赛、半决赛都是相同内容的一段书目，原因是青年演员自学校毕业工作后，就无辅导老师，缺乏名师辅导和优秀传统长篇的系统学习，业务停滞不前。一位业内人士甚至开玩笑说“还好决赛不要求说书了，不然恐怕有的选手就没书好说了。”三是评话演员人数稀少，进入32名的复赛演员中只有3位评话演员，本应比翼齐飞的“弹词”和“评话”，而今“评话”一羽不丰的现状使观众、专家都非常焦虑。四是如何在大赛结束后，继续为青年演员延伸辅导优秀传统书目，度身定制新书目，提升青年演员的艺术水平，同时如何在市场经济条件下、从制度上建立扶持青年人才脱颖而出的长效机制，真正达到为评弹艺术“出人、出书、走正路”之目的，也是各级文化主管部门和评弹艺术团体切实需要落实和解决的问题。

八、第五届中国京剧艺术节

在纪念改革开放30周年和即将迎来新中国成立60周年之际，由文化部和山东省人民政府联合主办，文化部艺术司、中共山东省委宣传部、山东省文化厅、济南市人民政府共同承办的第五届中国京剧艺术节于2008年10月20日在济南开幕，11月8日闭幕，历时20天。本届京剧艺术节体现了“京剧艺术的盛会、人民群众的节日”的宗旨，获得了社会各界的广泛赞誉。

1. 盛况空前　异彩纷呈

10月20日，第五届中国京剧艺术节在山东剧院举行了隆重的开幕式。开幕式后，新编历史剧《晋德裕》拉开了第五届京剧艺术节新剧目展演的帷幕。本届新剧目展演共有37台参演剧目、40多个参演单位、4500多名演职员参与演出，在济南、青岛和淄博3个城市共举行了74场演出，其参演剧目之多、演出规模之大均为历届之最，创下了中国京剧艺术节的历史纪录。这也是在文化部对全国京剧院团进行评估并分别确定国家级和省级重点京剧院团后，举办的规模最大的京剧艺术盛会。京剧节上，不仅11个国家级重点京剧院团和17个省级重点京剧院团悉数亮相，而且部分边远地区剧团、艺术院校和军队京剧院团也闪亮登场，还有两家民营单位也首次亮相京剧艺术节，充分展示了评估以来京剧院团在剧目建设和人才培养方面取得的丰硕成果。

本届京剧艺术节不仅在数量上创造了空前盛况，同时，在质量上也达到了崭新的高度。展演剧目继承与创新并举，不但有以古鉴今、体现民族精神的新编历史剧，也有继承传统精华的整理改编传统戏，同时，还涌现出了不少现当代题材，特别是反映改革开放以来的社会生活，体现时代精神的现代戏。最终，9台新编历史剧、5台现代戏、3台整理改编传统戏荣获一等奖。上海京剧院的《成败萧何》、福建京剧院的《北风紧》、天津市青年京剧团和北京市好风好雨文化艺术有限公司联合推出的《郑和下西洋》等新编历史剧气势恢弘、主题深刻，体现了创作者对于历史题材的重新审视和深入思考。江苏省京剧院的《飘逸的红纱巾》、武汉京剧院的《吉庆街生活秀》、北京军区战友文工团的《红沙河》等现代戏，分别通过悲壮慷慨的革命历史题材和紧扣时代精神的当代题材，体现了鲜明的时代感和现实意义。大连京剧院的《风雨杏黄旗》、浙江京剧团的《宝莲灯》、吉林省京剧院的《孙安动本》等整理改编传统戏，在充分汲取传统剧目精华的基础上，积极探索和创新，使传统剧目焕发出新的光彩。这些优秀剧目全面展示了近年来京剧艺术继承与创新的优秀成果，体现了广大京剧艺术工作者既善于继承传

统，又勇于创新的不懈追求，呈现出一幅幅精彩绚烂、盛大辉煌的艺术画卷。

2. 深入研讨 积极建言

京剧艺术继承创新学术研讨会，是第五届中国京剧艺术节的一项重要内容。研讨会11月2～6日在济南市舜耕会堂举行，组委会邀请40余位知名专家学者和艺术家，以及京剧艺术节参演院团代表，共话京剧艺术发展大计。研讨会的主要议题是：京剧艺术的继承与创新应怎样更好地实现胡锦涛总书记在“十七大”报告中提出的“坚持民族性，体现时代性”的重大课题；京剧历史剧创作及传统戏整理改编如何才能实现新的突破；如何切实做到高度重视京剧现代戏，在现实题材开掘中确实做到贴近实际、贴近生活、贴近群众；认真总结京剧现代戏创作的成败得失与历史经验，并力求在创新中获得超越。

来自各地的专家和学者围绕以上议题进行了热烈讨论，同时结合自身创作实践和理论研究，提出建议和意见。研讨会理论联系实际，在充分肯定成绩的前提下强调要加强忧患意识，不同的学术观点得到了充分的展示。

3. 贴近实际 走进群众

为了使京剧艺术节真正成为人民群众共享文化发展成果的节日，使其产生更广泛和深远的影响，本届京剧艺术节进行了多场电视直播，还利用网络、电台、报纸等多种媒体进行了广泛和深入的报道。京剧艺术节还实行了网上售票和电子售票，每一场演出都保证了一定数量的公益票，让低收入观众能走进剧场。这一举措受到了观众的热烈欢迎，每场演出座无虚席，产生了巨大的社会反响。

“京剧走进群众”系列文化活动是本届京剧艺术节的重要内容之一。本届京剧艺术节开展了京剧艺术进校园、京剧票友“天天乐”演出、京剧名流书画展、京剧艺术欣赏公益讲座、京剧脸谱剪纸、“我爱京剧”摄影大赛、京剧图书展、“首届济南京剧十大名票”评选等20余项丰富多彩的群众文化活动，受到广大群众的热烈欢迎。在第五届中国京剧艺术节期间，文化部还向山东省实验中学、济南市纬十路小学授予了“京剧传承基地”称号。

京剧艺术是中华民族的文化瑰宝，举办中国京剧艺术节是大力弘扬民族优秀传统文化的重要举措。党的十七大提出，弘扬中华文化，建设中华民族共有精神家园，要全面认识祖国传统文化，取其精华、去其糟粕，使之与当代社会相适应、与现代文明相协调，保持民族性，体现时代性。我们坚信，在党中央的正确领导下，在文艺的“二为”方向和“双百”方针指引下，广大京剧艺术工作者通过深入开展科学发展观学习实践活动，一定能够继承传统精华、紧扣时代脉搏，创作出更多无愧于这个伟大时代的精品力作，为推动社会主义文化大发展大繁荣，做出更大的贡献！

获奖名单

新编历史剧（以得票多少为序）

一等奖

上海京剧院 《成败萧何》
福建京剧院 《北风紧》
天津市青年京剧团 《郑和下西洋》
北京好风好雨文化艺术有限公司
北京京剧院 《下鲁城》
山西省京剧院 《晋德裕》
国家京剧院
中国戏曲学院
山西省歌舞剧院
天津京剧院 《护国将军》
云南省京剧院 《白洁圣妃》
甘肃省京剧团 《丝路花雨》
济南市京剧院 《辛弃疾》

二等奖

河北省京剧院 《响九霄》
河南省京剧院 《嫦娥》
湖北省京剧院 《曾侯乙》
重庆市京剧团 《大足》
内蒙古自治区京剧团 《大漠昭君》
黑龙江省京剧院 《鞑鞨春秋》
上海青年京昆剧团 《大唐贵妃》
成都市京剧团 《薛涛》
上海燕萍文化艺术工作室 《道观琴缘》

现代戏（以得票多少为序）

一等奖

江苏省京剧院 《飘逸的红纱巾》

武汉京剧院 《吉庆街生活秀》
北京军区战友文工团 《红沙河》
山东省京剧院 《铁道游击队》
青岛市京剧院 《驼哥与金兰》

二等奖

贵阳京剧院 《布依女人》
沈阳京剧院 《古寺圣火》
国家京剧院 《江姐》
陕西省京剧团 《雷雨》
湖南省京剧团 《紫英》
青海省戏剧艺术剧院 《藏羚羊》
浙江京剧团
宁夏京剧团 《海上生明月》
广西京剧团 《御赐玉棋》
江苏省长荣京剧院 《扁担谣》

整理改编传统戏（以得票多少为序）

一等奖

大连京剧院 《风雨杏黄旗》
浙江京剧团 《宝莲灯》
吉林省京剧院 《孙安动本》

二等奖

天津京剧院 《韩玉娘》
中国戏曲学院
天津市青年京剧团

特别荣誉改编奖

天津市青年京剧团 《韩玉娘》
剧本改编 李瑞环

特别荣誉表演奖

河北省京剧院 裴艳玲
湖北省京剧院 朱世慧
上海京剧院 陈少云
天津京剧院 杨乃彭

名著改编奖

国家京剧院 《江姐》（含编剧、唱腔设计等）
陕西省京剧团 《雷雨》（含编剧、唱腔设计等）

组织工作奖

山东省文化厅、济南市文化局

九、第五届中国京剧艺术节优秀剧目展演

第五届中国京剧艺术节2008年11月8日在济南落下帷幕。本届京剧节是在党的十七大提出的推动社会主义文艺大发展大繁荣号召下，在纪念改革开放30周年之际举办的一次京剧艺术盛会。本届京剧节以“百花齐放，推陈出新”的文艺方针和“三并举”的剧目政策为指导，全面展现了近年来京剧艺术继承与创新的优秀成果，展示了人才培养的最新成就。本届京剧节共有37台参演剧目，题材广泛，风格多样，不但有以古鉴今的新编历史剧，也有继承传统精华的整理改编传统戏，还有紧扣时代脉搏、体现时代精神的现代戏。

为进一步扩大第五届中国京剧艺术节的影响，让人民群众共享文化发展的成果，文化部于2008年12月17日至2009年1月14日，在北京举办纪念改革开放30周年“第五届中国京剧艺术节优秀剧目展演”。本次展演活动，除2008年已在北京演出过的山西省京剧院《晋德裕》、天津市青年京剧团《郑和下西洋》、江苏省京剧院《飘逸的红纱巾》、大连京剧院《风雨杏黄旗》外，共有13台在第五届京剧艺术节上获得一等奖的优秀剧目参加展演。其中有7台新编历史剧，4台现代戏，2台整理改编传统戏。新编历史剧中，上海京剧院的《成败萧何》、福建京剧院的《北风紧》、北京京剧院的《下鲁城》，通过个人在历史大潮中的艰难抉择，将对历史的反思和对现实的关照交织在一起；天津京剧院的《护国将军》、济南市京剧院的《辛弃疾》通过对历史人物的描写，弘扬了崇高的民族精神；云南省京剧院的《白洁圣妃》、甘肃省京剧团的《丝路花雨》则以富于民族特色和绚丽多彩的舞台呈现，展示了对和平和美好生活的呼唤和向往。四台现代戏中，有两台表现当代生活的戏，武汉京剧院的《吉庆街生活秀》取材于池莉的同名小说，以当代个体经营者的生活和命运为表现对象，体现了京剧对现实题材的开拓和艺术上的创新精神；北京军区战友文工团的《红沙河》，则以恢弘大气的艺术呈现，展现了新时代的军旅生活和军人形象。而山东省京剧院的《铁道游击队》和青岛市京剧院的《驼哥与金兰》，则通过在抗战年代中涌现出的英雄人物和平民百姓形象，彰显了舍身取义的民族气节和中华民族不屈不挠的精神力量。在两台整理改编传统戏中，浙江京剧团《宝莲灯》以新颖、绚丽的现代化表现手段，赋予古典神话故事以崭新的光彩；吉林省京剧院《孙安动本》则古朴浑厚，

以戏托人、以情动人。

本次展演活动分别在长安大戏院、梅兰芳大剧院和国家大剧院举行。为了使更多的普通观众特别是低收入者能走进剧场，让广大人民群众共享京剧艺术继承发展的成果，本次展演采取政府补贴方式，体现公益性、低票价的原则。最低票价为30元和50元，最高票价则不超过180元。由于此前上海京剧院与国家大剧院签订了商演合同，除上海京剧院《成败萧何》仍按市场运作外，长安大戏院、梅兰芳大剧院在展演期间全部实行低票价。

十、全国现实题材戏曲现代戏创作研讨会

2008、2009两年分别是改革开放30周年和新中国成立60周年。在这一新的历史起点上，为全面贯彻落实党的十七大关于推动文化大发展大繁荣的战略部署，抓好文艺创作和生产，大力讴歌改革开放30周年和新中国成立60周年所取得的伟大成就，大力促进戏曲院团创作更多反映人民主体地位，体现社会主义核心价值观念，贴近实际、贴近群众、贴近生活的优秀戏曲作品，文化部艺术司、浙江省文化厅和中国戏曲现代戏研究会于2008年5月5～7日在浙江杭州共同主办了全国现实题材戏曲现代戏创作研讨会。来自全国近80位戏曲专家以及部分戏曲院团负责人和部分著名编剧参加了本次研讨会。

本次研讨会的中心议题是研讨现实题材的戏剧创作，研讨现实题材创作的难点和必须解决的难题，同时交流既往成功的经验，介绍创作的打算和规划。专家们认为，着力抓好当代题材戏曲剧目的创作，把着眼点放在我国改革开放30年来的伟大变化上，弘扬中华民族自强不息、坚韧不拔、开拓进取的时代精神，应该成为现实题材戏曲创作的重点。

我们党的戏曲剧目政策是整理改编传统戏、新编历史剧和创作现代戏三者并举，举办现实题材戏曲现代戏创作研讨会，是号召戏曲院团在“三并举”基础上，尤其要关注并着力抓好现实题材戏曲剧目的创作。随着社会生活迅速变化，人们的思想观念也在不断发展，新的思想，新的人物也不断涌现，广大观众希望在舞台上看到这些新的人物和新的生活。胡锦涛总书记在党的十七大报告中着重指出，要“建设社会主义核心价值体系，增强社会主义意识形态的吸引力和凝聚力”。因此，在各类题材的创作中都应体现这一要求，而当代题材的创作更具有特殊的不可或缺的重要作用。

近年来，在戏曲舞台上涌现了多部表现当代生活和新的人物的现代戏，像眉户剧《迟开的玫瑰》，湖北花鼓戏《十二月等郎》，山东梆子《山东汉子》，湖南花鼓戏《乡里警察》，豫剧《香魂女》、《村官李天成》，淮剧《鸡毛蒜皮》、《十品村官》等等一大批优秀剧目，表现了新的时代精神和精神风貌，在艺术上又有新的创造，因此这些作品受到广大观众的欢迎，产生了积极的社会影响，也积累了丰富的现代戏创作实践经验。

中国戏曲现代戏研究会名誉会长潘震宙（文化部原副部长）表示，与传统题材的戏曲创作相比，现实题材的戏曲创作相对较难，因为其表现形态和手段与当代生活形态有距离有矛盾。戏曲艺术的表现力要随着时代发展，创新艺术手段就显得尤为重要。艺术家应该开阔自己的视野，选择新的题材进行戏剧创作。现实题材的戏曲创作应该与时代同行，揭示生活本质，把握时代精神，并倡导用新的表述方式和演出样式来体现现实生活。

文化部艺术司司长于平认为，对现实题材戏曲的重视当前怎么强调都不过分，因为戏曲现代戏在当前文艺创作领域比较薄弱，与中国改革开放30年和新中国成立60年来丰富多彩的生活现实不相称。他表示，在戏曲艺术现代化进程中，现代戏的加盟是必不可少的。由于当今社会浮躁现象的存在，我们的创作者未能很好地深入生活，对现实生活的浮光掠影使现实题材的表现成为困扰戏曲创作的难题。关注现实题材需要戏曲创作者在民生的除旧布新、民心的革故鼎新中不断地推陈出新，在复兴中传承，在实践中摸索。关注现实是艺术创新的第一动力。

河南省艺术研究院剧作家姚金成认为，现代戏对都市生活失语，可能与戏曲本身的特点有关。戏曲是在农业文明中产生的，村庄、山林、小溪，传统的乡土社会关系，用戏曲诠释起来非常自然。而戏曲中虚构的矛盾冲突，放在高楼大厦之间，似乎比较突兀。面对极为混杂、变化迅速的都市生活，剧作家必须适应城市化的到来，只有艺术家适应了城市生活，才能用艺术形式和表现手段对城市生活从容应对。

陕西戏曲研究院院长、著名编剧陈彦认为，现代戏创作者应多关注中国传统社会结构向现代转型中的撕裂与融合，时下包括文学在内的各个艺术门类的边缘化，很大程度是因为创作者对现实生活的失语。不发言、少发言，甚至发言没有力量，话语权自然就被他人夺取。当文艺作品对时代发不出声音时，边缘化是必然的命运。现代戏对现实生活观望、顺从甚至顺应的态度都是不行的，它的审美需求应该与这个时代同步、相协，甚至引导这个时代，才会成为主流。

江苏淮剧剧作家陈明有许多农民朋友，也熟悉农村生活，他批评现代戏反映农村题材的一些作品，缺少对农村对农民真正意义上的尊重。创作者居高临下，以启蒙、同情的姿态表现农村和农民。滥施同情就是作秀，甚至是对同情方的一种伤害。舞台上的农村是化了妆的“脸谱”，农民不欢迎这种做作的戏。如果戏剧不关注现实，现实肯定不注重戏剧——剧团和剧作家也就变得无足轻重，剧作家要回归传统，到生活中去。

与会代表一致认为，2008年是我国改革开放30周年，并即将迎来新中国成立60周年。这30年和60年，我们走过了不平凡的道路，应该认真总结这30年和60年现代戏创作的宝贵经验，也应该把这段波澜壮阔的历史，生动而深刻地呈现在戏曲舞台上。因此，本次研讨会既是推动现实题材戏曲创作的动员会和经验交流会，也是做出新的规划和秣马厉兵的会议，必将为我国现实题材戏曲现代戏创作产生较重要的影响。

在研讨会上，文化部还公布了新近出台的一项奖励优秀现实题材剧本创作排演措施。文化部在国家舞台艺术精品工程创作专项扶持资金项目中，将开展优秀现实题材剧本创作排演资助活动。凡是反映新中国成立60周年以来辉煌历程和讴歌改革开放30周年的优秀剧本都可以申报。优秀剧本作者可获5万元奖金及获奖证书，排演单位可获20万元启动经费。

十一、2008全国昆曲工作会议

为部署2008年度昆曲工作，2008年4月7日，文化部在浙江永嘉召开了全国昆曲工作会议。艺术司于平司长、蔺永钧副司长及永嘉县政府领导同志出席会议。与会人员包括全国7个昆曲院团负责人、相关省市文化厅（局）艺术处负责人及上海戏剧学院戏曲学校、中国昆曲博物馆的负责人等。

于平司长在会上做了题为《昆曲艺术当代生存的生态、生产、生长及生机》的讲话。他在发言中提出，要关注昆曲艺术的当代生存，首先要关注其生存的生态。已经生存了600余年的昆曲，如今发生生存危机，是因为其生态发生了巨大变化。昆曲艺术的当代生态是一种文化生态，其主体部分是社会心态。昆曲的生存危机是在其延展进程中遭遇到社会心态的“代沟”。昆曲艺术的生存兴衰维系于其生产理念。正是那种因文化生态改变而积极跟进的生产理念，使昆曲艺术一次次跨过“代沟”而生存下来。昆曲不应满足于苟延残喘，它的生命在于生产，在于一种积极生产理念指导下的艺术生产。

他指出，昆曲艺术的当代生存应确立“生产自救”理念，通过剧目的创新使剧种跟进大幅迁变中的文化生态。“生产自救”包括：“古曲新翻”即对历史传承下来的昆曲经典，在把握历史文化精神的同时构建其现代演剧形态；和其他剧种的相互移植；同时也不应排斥顺应时风时尚而有原创的追求，目前主要体现为“新编历史剧”的创作，在昆曲“现代戏”（或“时装戏”）的创作上也会有所尝试。确立积极的生产理念对于昆曲艺术的当代生存来说是极为重要的。积极地考虑为观众生产剧目，意味着我们在生长中生存；只有生长着的生存，只有使生态不断好转的生存才体现出昆曲艺术当代生存的生机。最后，他提出，我国“非遗”抢救、保护和扶持工作将全面铺开，希望昆曲作为“百戏之祖”，在谋生长、促生产、护生存、显生机方面为传统演艺带个好头，探条新路，展示600年昆曲艺术的青春气象和时代风采。

蔺永钧副司长在会上讲话，总结了3年来昆曲抢救、保护和扶持工程取得的成绩，同时，也提出了院团艺术生产和艺术建设方面目前还存在的问题。他指出，目前剧团在艺术创作上，还存在剧本把关不严、生产效益低、精品意识不足的问题，同时，存在着专业技术人员素质还需提高、院团营销能力还需加强的问题。他针对这些现象，向昆曲院团提出了以精品剧目树形象，以领军人才举旗帜，以主流文化市场为目标的要求。从今年开始，扶持工作将力求精品，严格把关，支持艺术精湛、制作优良的优秀剧目，力争年年有昆曲精品剧目产生，从而为昆曲艺术带来生机和活力。

会上，7个昆曲院团分别汇报了上一年度的工作落实情况。最后，艺术司部署了本年度的各项工作，落实了年底的全国昆曲优秀传统改编剧目展演相关工作。

十二、全国省级重点京剧院团工作会议

2008年3月31日至4月3日，文化部艺术司在山东青岛召开了全国省级重点京剧院团工作会议。本次会议的举办，是为了贯彻落实党的十七大提出的推动文化大发展大繁荣，兴起社会主义建设新高潮号召，结合《国家重点京剧院团保护和扶持规划》的实施，进一步推动省级重点京剧院团的创作生产，迎接第五届中国京剧艺术节和改革开放30周年、新中国成立60周年的到来。文化部艺术司司长于平、副司长蔺永钧出席了此次会议。全国17个省级重点京剧院团负责人和其所在省、自治区、直辖市文化厅（局）艺术处处长与会。

在会上，于平司长做了题为《京剧艺术发展的当务之急是剧目创新》的讲话。在讲话中，他回顾了戏曲界对于新中国戏曲文化建设经验的总结，指出在改革开放的新时期，“推陈出新”仍然是完成新时代赋予社会主义文艺崇高使命的经久而迫切的课题，“两条腿走路”和“三并举举措”仍然是促进戏曲艺术发展、繁荣行之有效的剧目政策。但京剧艺术在新编历史剧方面取得重大成就的今天，比照着“两条腿”和“三并举”的剧目政策，现代戏创作是较短的“一腿”和较弱的“一举”。无论是就京剧艺术自身的建设而言，还是就改革开放30年和新中国成立60年盛典对京剧艺术的检阅而言，京剧界都有责任把“现代戏”这“一腿”续长，这“一举”增强。一个民族的精神家园不仅需要守望而且需要前瞻。目前，在对国家重点京剧院团的扶持中，“剧目创作”这一项目结果还不理想。陈晓光副部长一直认为，包括京剧艺术在内的传统演艺要改变时代变迁、社会变革所带来的生存窘境，就一定要与时俱进实现“三新”——创作新的优秀剧目、推出新的领军人物并由此培养新的观众群体。而事实上，新的领军人物有待新的优秀剧目来托举，新的观众群体也有待于新的优秀剧目来凝聚。继国家级重点京剧院团之后，省级重点京剧院团是实现国剧复兴的第二梯队。因此，他倡导省级重点京剧院团在剧目创新方面，可以在现代戏和新编历史剧中择善而从。目前，京剧在新编历史剧方面已经取得了相当的成绩，因此，对现代戏创作的知难而进更有重大的意义。他还提出，京剧现代戏的剧目创作，不必非得原创，移植某些地方戏曲的现代戏优秀剧目，不仅对京剧而且对被移植的剧种都是好事。对地方戏优秀剧目的“拿来”，是京剧200余年来的生生不息的一个重要原因。在这种“移植”的创新中，还可以逐渐形成某些剧目、剧人乃至剧团的特色。因此，他号召全国省级重点京剧院团“粉墨也当随时代”。

蔺永钧在会上向各省级重点京剧院团部署了近期有关工作。（1）第五届中国京剧艺术节相关工作。这是在党的十七大召开以后，举办的新一届京剧艺术盛会，主要内容包括新剧目展演、青年京剧演员比赛、京剧艺术继承创新学术研讨会、京剧走近群众等系列活动。他号召各省级重点京剧院团积极申报、认真投入创作，在京剧节到来时推出优秀剧目和青年人才。（2）京剧现代戏创作工作。2008年是改革开放30周年，2009年是新中国成立60周年。抓好京剧和有代表性地方剧种的现实题材剧目创作，使现实题材新创剧目成为新中国成立60周年献礼活动的一个亮点。为此，要着力推出一批优秀现代戏新创作品，同时也对近年来基础较好的作品进行加工、修改和锤炼。为了全力推进此项工作，艺术司2008年还将召开“现实题材创作研讨会”和“戏曲音乐创作研讨会”。希望各省级重点京剧院团围绕这一中心，树立创新意识、精品意识，抓好创作规划和艺术生产。（3）向各省级重点京剧院团通报了《国家重点京剧院团保护和扶持规划》的内容和2007年度《国家重点京剧院团保护和扶持规划》实施情况，倡导各省级重点京剧院团应从自身情况入手，按照《规划》内容来开展工作；各省文化厅（局）也应结合实际情况，参照《国家重点京剧院团保护和扶持规划》，并会同财政厅（局）制定具体的保护和扶持规划，对省级重点京剧院团予以扶持和保护。（4）全国京剧院团的评估工作。2005～2006年的全国重点京剧院团评估，是落实党的十六大“扶持体

现民族特色和国家水准的重大文化项目和艺术院团”精神进行的首次评估工作。根据《文化部关于印发国家重点京剧院团和省级重点京剧院团名单的通知》，文化部将实行以3年为周期的再评估再验收动态评估制度，引入竞争机制，优胜劣汰，使京剧艺术事业在科学发展观指导下，走上良性发展轨道。

会上，17个省级重点京剧院团的负责人汇报了评估后各院团发生的可喜变化，一致表示以饱满的精神状态，抓住机遇，以优秀作品迎接改革开放30周年和新中国成立60周年。

十三、全国戏曲音乐创作研讨会

为推动戏曲音乐创作的继承、创新与发展，认真总结新时期以来戏曲音乐创作的基本经验，深入研讨戏曲音乐改革创新之路，促进戏曲艺术更大的繁荣发展，在即将迎来改革开放30周年和新中国成立60周年之际，创作出一批高扬时代精神的精品力作，2008年5月26～29日，文化部艺术司与中国戏曲音乐学会共同在福建厦门召开全国戏曲音乐创作研讨会。

回顾新时期以来，在全国戏曲工作者的共同努力下，我国的戏曲艺术创作与生产得到了长足的发展，所表现的生活内容更加广阔，创作思想日渐开放，艺术手段更加丰富多样，确已取得了有目共睹的成就。音乐作为戏曲艺术的重要组成部分，在新时期戏曲艺术繁荣发展中也发挥了重要作用。30年来，广大戏曲音乐工作者积极探索和实践，继承与创新并举，使戏曲音乐的表现功能和技术手段得到了积极的拓展。与此同时，也应该看到，戏曲音乐创作还面临着一些困难和问题。这次全国性的戏曲音乐创作研讨会的及时召开，就是为了更好地总结新时期以来戏曲音乐创作的基本经验，深入研讨戏曲音乐的改革创新之路，进一步促进戏曲艺术的建设和发展。

这次研讨会，既邀请到了在戏曲音乐创作和研究领域曾做出过突出贡献的老一辈作曲家，如时白林、张建民、陆松龄等，及戏曲声腔、音乐理论家常静之、刘正维、汪人元等，也有一批正活跃在在当今戏曲音乐创作领域、并已取得了突出成绩的中青年作曲家，共计30余人与会。来自北京、上海、天津、山东、河南、山西、陕西、江苏、安徽、湖北、福建等10余个省市的作曲家、教授、理论工作者们，涉足京剧、昆曲、评剧、越剧、豫剧、黄梅戏、吕剧、河北梆子、晋剧、眉户、楚剧、淮剧、梨园戏、歌仔戏等10多个不同地域、不同风格的戏曲剧种音乐创作实践者们，与德高望重的理论家会聚一堂，广泛交流，相互切磋碰撞，将会激发出更大的艺术创造热情，也会激发出更加开放的艺术创作观念。相信这次会议将会有力推动新时期文化大发展大繁荣中的戏曲音乐建设。

文化部艺术司司长于平、副司长蔺永钧及厦门市有关领导同志出席会议。

十四、全国艺术信息工作座谈会

为总结艺术信息工作的成绩与经验，交流各地信息工作的情况，加强艺术信息网络的建设，2008年7月23～24日全国艺术信息工作座谈会在内蒙古草原城市赤峰召开。会议由文化部艺术司主办，内蒙古自治区文化厅与赤峰市文化局承办。参加这次会议的有全国部分省区市文化厅局、艺术研究所、文化部直属文艺单位和艺术司部分同志。

会议由文化部艺术司综合研究处周汉萍副处长主持。内蒙古自治区文化厅副厅长安泳锝、赤峰市副市长梁淑琴对全国艺术信息工作座谈会在内蒙赤峰召开发表了热情洋溢的讲话，对全国各地与会代表表示最热烈的欢迎，并介绍了内蒙古赤峰地区的经济和文化建设成就。

文化部艺术司副司长蔺永钧在开幕会议上发表了讲话。在讲话中，他首先传达了蔡武部长在全国文化厅局长会议上的讲话精神。着重介绍了当前文艺体制改革的方针、路线图和时间表。中央直属团体、省市院团、县市团体及边远地区团体将采取不同的方针进行改革，一团一制，稳步推进。要以科学、公正、严格的评估标准确定重点院团，重点院团保留事业体制，加强内部机制改革，在用人制度上实现“档案管理向岗位管理的转变，单位用人向社会用人的实质性转化”。他还介绍了下半年的工作重点。国家舞台艺术精品工程第二期5年的评选已经启动，将更突出重点剧目，优化对精品的打造，加强对西部地区的扶持。对艺术信息工作他发表意见说，艺术司所办《艺术通讯》近年来在各地反响良好，希望大家给予更多支持。今后的艺术信息工作，要抓重点、热点，抓基点、特点，抓最新的动态。

与会代表辽宁文化厅艺术处处长孙浩、陕西文化厅艺术处处长胡安忍、广东文化厅艺术处副处长于万东在会上介绍了对艺术信息工作重要性的体会与认识。

会上对2006～2007年优秀信息员做了表彰，他们是：陕西省文化厅胡安忍、河南省文化厅朱华、江苏省文化厅叶蔚、湖北省文化厅田松、内蒙古自治区文化厅郭苏峻、广东省文化厅于万东、辽宁省文化厅舒晓燕、福建省文化厅徐敏、中国美术馆陈真等9位同志。

十五、全国歌剧音乐剧现实题材创作研讨会

为繁荣社会主义文艺创作，进一步推动我国歌剧、音乐剧现实题材创作，迎接新中国成立60周年，文化部艺术司于2008年10月7～10日在广州召开了全国歌剧音乐剧现实题材创作研讨会。会议由广州市文化局、广州歌舞团承办，中国歌剧研究会、中国音乐剧研究会协办。艺术司于平司长，广州市文化局张润华副局长，中国歌剧研究会主席、中国音乐剧研究会代会长王祖皆出席会议。大会还邀请了居其宏、廖向红、黄维若、莫凡、蒋力等专家以及来自广州歌舞团、湖北省歌舞剧院、新疆歌剧院、总政歌剧团、山西运城文工团、广西壮族自治区歌舞剧院、甘肃省歌剧团的领导和创作人员。

会议着重就歌剧、音乐剧《星》、《三峡石》、《冰山上的来客》、《我心飞翔》、《娘啊娘》、《桂林故事》等6部优秀现实题材剧目展开研讨，交流坦诚，讨论热烈。会上总结了这些剧目的创作成功经验，也指出了存在的不足，并且出谋划策，使与会者很受启发。专家的发言对于这些剧目进一步加工提升十分有益，使这6部剧目更趋成熟，更臻完善。同时，大家围绕着当代现实题材歌剧、音乐剧在创作、演出、市场以及管理等方面所面临的问题，进行了深入探讨。大家一起共商歌剧、音乐剧现实题材的创作，共谋中国歌剧、音乐剧的生存、发展之计。通过这次会议，大家拓宽了视野，鼓舞了斗志，深化了认识，明确了方向，对进一步推动我国歌剧、音乐剧，现实题材创作，促进中国歌剧、音乐剧的繁荣和发展，必将产生深远的作用和影响。

十六、新时期30年戏曲历史剧创作研讨会

由文化部艺术司、中国戏曲学会和山西省文化厅、太原市委宣传部联合主办的“纪念改革开放30周年——新时期戏曲历史剧创作学术研讨会”于2008年12月20日在山西太原成功举办。太原市委书记申维辰、文化部艺术司副司长蔺永钧在开幕式上致辞。

中国戏曲学会会长、中国艺术研究院原副院长薛若琳，山西省文化厅党组成员、省剧协主席窦明生，太原市委常委、宣传部部长范世康在发言中阐述了历史剧创作的核心问题及新时期以来历史剧创作所取得的成就。

中国戏曲学会顾问、中国戏剧家协会顾问刘厚生，中国戏剧家协会副主席、剧作家魏明伦等专家、学者50余人参加了会议。在为期3天的会议中，与会代表围绕戏曲历史剧的时代精神和现实意义、历史剧的界说与外延、历史剧的历史真实与艺术虚构之间的关系等议题展开研讨。

十七、全国重点京剧院团第一期表演人才培训班

为繁荣京剧舞台，培养京剧艺术后备人才，受文化部艺术司委托，全国重点京剧院团第一期表演人才培训班暨武生、武丑、架子花脸行当培训班于2008年5月9～23日在国家京剧院举办。5月9日上午，培训班在该院607会议室开班。院党委书记刘孝华主持开班仪式，文化部艺术司司长于平做了开班动员。国家京剧院副院长宋官林，老艺术家张春华、景荣庆、李景德，艺术司戏剧处处长尹晓东、调研员马仲鸿等出席了开班仪式。

本期培训班有北京、天津、上海、湖北、江苏、黑龙江等7个全国重点京剧院团的31位青年演员报名参加。主要培训内容为，特邀京剧表演艺术家张春华、景荣庆、李景德亲授国家京剧院优秀保留剧目《三盗令》。按照京剧口传心授的教学特点，培训班既有剧目解读、表演理论讲解，又有技巧讲座和现场示范，在很大程度上突出了实践性。老艺术家们根据多年的舞台经验，结合各院团学员的特点，因材施教，认真抠戏，精心指导；学员们非常珍惜此次难得的机会，互相切磋，充分交流，认真钻研。经过短短15天的培训，学员们取得了较大的进步。

5月23日上午，培训班组织了学员结业汇报演出，来自江苏、上海、湖北的3组学员以精彩的表演获得了领导、老艺术家们的一致好评。文化部艺术司领导对培训成果进行了验收。吴江院长和尹晓东处长分别在结业式上讲话，他们对培训班所取得的成果给予了充分的肯定，也对各位老艺术家不遗余力、提携后辈表示深切地谢意。此次培训班的成功举办，对提高各重点院团武生、武丑、架子花脸行当青年演员的专业素质起到了积极作用，为今后举办类似的表演人才培训活动积累了有益的经验。

十八、全国昆曲丑行、净行培训班

由国家昆曲艺术抢救、保护和扶持工程办公室主办，昆曲表演人才培训中心承办的全国昆曲丑行、净行培训班于2008年8月15日在上海戏剧学院戏曲学院开班。来自全国六大昆曲院团以及永嘉昆剧传习所、江苏省昆曲博物馆的57名昆曲丑行、净行青年演员齐聚上海，这是继全国昆曲旦角、小生、老生及武生演员培训班之后举办的第四届昆曲演员培训班。

在昆曲中，丑行有着与生旦同样重要的地位。但目前全国昆曲界丑行较薄弱，昆曲的净行人才也同样紧缺。本次培训班邀请了来自上海、江苏、浙江、湖南等地的4位丑行表演艺术家与2位净行表演艺术家传授各自拿手剧目，其中刘异龙的《借茶》、王世瑶的《狗洞》、张寄蝶的《游街》等都是丑角的传统看家戏。除了教授剧目，培训班还就丑行、净行的表演特点举办讲座，让学员对本行当的表演有更深入的认识与了解。各院团还派出了配合演出的旦行、丑行及鼓、笛等学员，真正做到通过学习“把剧目带回家”。

十九、文化部西部（青海）舞蹈杂技编导培训班

2008年，由文化部艺术司主办、青海省文化厅承办的“文化部西部（青海）舞蹈杂技编导培训班”在西宁结束，来自全省专业艺术院团、文化馆、文化艺术学校和农牧民文艺演出队的近60余名舞蹈编导参加了培训。

在为期16天的培训和学习中，文化部艺术司司长、舞蹈学博士于平和来自北京舞蹈学院、济南军区歌舞团和沈阳音乐学院舞蹈学校的7名专家、学者，以理论阐述与实践操作相结合的形式，分别讲授了“即兴与独舞编导技法”、“双人舞编舞技法”、“现代舞基训与编导”、“三人舞编舞技法”、“群舞编舞技法”和“舞剧结构与当代舞剧创作”等课程。专家、学者们或结合自己的作品，传授艺术实践经验；或是以理论阐述来激发编创思维；或是介绍舞蹈创作在当今社会的变化及发展态势。培训班灵活多样，深入浅出，形象生动的授课方式，不但使培训更具有针对性，而且也激发了舞蹈编导们的创作热情，增进了相互间的沟通与交流。学员们在认真聆听专家学者讲授的同时，还观摩了国内外各类优秀的舞蹈作品，通过具体作品之间的比较、分析，与抽象的理论相对照，使学员们开阔了眼界，增长了见识，活跃了思维，拓宽了创作思路。

通过半个多月的培训，学员们在舞蹈实用技法、实践训练和完整体现艺术构思等方面，都有明显收获，在结业汇报演出时，学员们除了展示教学内容之外，还表演了自己创作的舞蹈小品。大家认为，培训班的举办，极大地提高了青海省编导人员的整体素质和艺术修养，有利于青海省编导人才的培养，对推动青海省艺术创作产生了积极影响。

此次培训班是文化部针对青海省舞蹈编导人才青黄不接，严重匮乏的现状而特意举办的，体现了文化部对西部贫困地区，尤其是对青海省文化艺术发展的关心、帮助和大力支持。今后，文化部还将针对青海文化发展的特点和实际情况，继续在青海省举办音乐创作等培训班。

二十、全国重点京剧院团及省级重点京剧院团导演培训班

按照《国家重点京剧院团保护和扶持规划》，针对目前京剧导演人才匮乏的状况，由文化部艺术司主办，中国戏曲学院承办的“全国重点京剧院团及省级重点京剧院团导演培训班”，于2008年12月15～28日在北京举办。这是贯彻党的十七大提出的推动文化大发展大繁荣，开创文化建设新局面的精神，培养京剧艺术后备人才，推动京剧艺术发展繁荣的重要举措。

京剧艺术是我国民族艺术的瑰宝，是传统文化的优秀代表，新一代优秀创作人员的培养，在京剧的传承和发展中起着举足轻重的作用。定期举办编剧、导演等不同专业的专修班，邀请全国著名艺术家，对重点京剧院团中青年创作人员进行业务培训，大力培养和造就新一代京剧尖子人才，是《国家重点京剧院团保护和扶持规划》的一项重要内容。

本次培训班邀请了来自京内外的数十位专家担任授课老师，根据文化部艺术司对该培训计划的总体要求，结合学员的实际情况，主要采取戏曲导演理论讲授、优秀剧目重点解剖、热点难点专题讲座与观摩演出、研讨等形式进行学习。

二十一、奥运重大文化活动慰问奥运建设者

2008年北京奥运重大文化活动国内演出于3月20日正式启动，150多台来自全国各地的优秀剧目将在京城各大剧场陆续上演。在27日的演出中，来自"水立方"的奥运建设者和来自天桥街道的群众一同观看了大型中华鼓舞《龙之声》，也由此揭开了奥运重大文化活动一系列慰问演出的序幕。

大型中华鼓舞《龙之声》由上海歌舞团、上海东方青春舞蹈团创作，2007年作为上海国际艺术节的开幕大戏首演，此次被上海市选送参与奥运重大文化活动，首次来京演出。著名舞蹈家黄豆豆领衔主演，以"鼓"为核心，通过鼓乐文化展现从远古到当代的中华五千年文明，演绎出灿烂振奋的舞风和鼓韵，给人以强烈的视觉冲击和审美享受，堪称中华鼓乐文化的集大成之作。

奥运重大文化活动由文化部主办，自3月到9月，将有超过600场的演出在北京各大剧场上演，是新中国成立以来规模最大的一次舞台艺术盛会。除了一部分商业演出作为参与性项目列入外，主办方从一开始就注重活动的公益性和群众性。演出票价低廉，平均票价在市场平均价格的一半以下，许多大型演出的票价远远低于此前商业演出的价格。在此基础上，主办方还专门组织了一系列慰问活动，邀请各行各业的建设者来观看演出。27日晚的慰问演出就是其中的一部分。

来观看演出的建筑工人代表来自祖国四面八方，数年来一直奋战在国家游泳中心的建设工地。天桥街道和周边社区的群众也被邀请来观看了演出。奥运重大文化活动的演出将在10多个剧场上演，主办方主动联系了剧场周边的街道和居委会，通过他们邀请社区群众、低保户、困难家庭等来观看演出，同时也把演出作为基层文化建设的重要组成部分，体现了文化和谐、艺术共享的宗旨，受到群众的热烈欢迎。

慰问演出得到了各有关方面的大力配合。接下来主办方还将组织慰问各界劳动者、社区文化日、校外艺术课堂、精品鉴赏、艺术民族园、外宾接待专场等一系列主题活动，让北京市民和来自四海的宾朋共同分享艺术盛会的魅力，着力营造喜庆、热烈、祥和的节日气氛，实现人文奥运"同一个世界　同一个梦想"的美好祝愿。

二十二、文化部艺术司积极参与组织抗震救灾义演活动

由中共中央宣传部、中共中央对外宣传办公室、中华人民共和国文化部、国家广播电影电视总局、国家新闻出版总署、中国人民解放军总政治部、中国文学艺术界联合会、中国作家协会、中华全国新闻工作者协会共同主办的，"爱的奉献"——2008抗震救灾大型募捐活动于5月18日晚在央视一套、三套、四套现场直播。艺术司与机关党委一道，认真落实中宣部有关会议精神，组织和动员部系统为抗震救灾捐款。

各单位积极响应部里部署，踊跃捐款，截至5月17日晚会开始前，共计收到各院团捐款11411022. 80元，其中中国艺术研究院2088810元，中国对外文化集团捐款2047325元，中国东方歌舞团捐款1134650元，中国美术馆捐款1053760元，中国艺术研究院捐款1049408元，文化部恭王府管理中心捐款1800000元，故宫博物院捐款1000000元。艺术家们积极要求参加赈灾义演活动，并踊跃在现场捐款，许多艺术家现场捐款都在5万以上，个别艺术家更是捐款数10万元，其为灾区人民慷慨解囊的精神感动了荧屏内外的观众。

此次晚会取得了圆满的成功，得到了中央领导的高度评价。艺术司的同志们都以自己的努力工作能为灾区人民提供些许帮助而感到欣慰。

二十三、文化部抗震救灾体验生活小分队赴四川灾区采风

根据中宣部的部署，文化部紧急组织的抗震救灾体验生活小分队于2008年5月25日到达四川地震灾区，开始为期两周的体验生活、创作采风行动。小分队由文化部艺术司副司长刘中军带队，成员包括作曲家关峡、刘锡津、谢振强，词作家刘麟、宋小明，编剧冯俐、王勇，导演张凯华、何利山、佟睿睿等国家艺术院团的知名艺术家。

小分队受命后，迅速做好一切准备工作，奔

赴灾区。他们下到都江堰市、彭州市、崇州市和温江区等受灾特别严重的地区，走近受灾民众，深入抗灾一线提炼素材，力图尽全力创作出一批歌颂灾难面前中华儿女气壮山河、感天动地的优秀事迹，展现中华民族万众一心、众志成城的伟大精神，鼓舞灾区人民自强不息、夺取抗震救灾全面胜利的坚定信心的优秀文艺作品。

1. 到受灾最严重的地方去

抵达四川后，抗震救灾体验生活小分队一刻也没有停歇，立即出发赶往都江堰市、彭州市等受灾最重的乡镇。都江堰市聚源镇中学是地震发生后温家宝总理第一个到达的地方。在地震中，学校教学楼几乎完全坍塌，4层楼高的建筑只剩下两三米高的废墟，预制板、书包、鞋、课本……满目狼藉。仍在悲痛中的家长们在现场放满了白色的花圈和香烛，纪念271名遇难学生。在向峨乡，几乎所有的建筑都被毁坏，整个乡里没有一座完好的房屋，特别是乡里的中学倒塌后，300多名学生不幸遇难，乡里13～16岁的一代人几乎完全缺失。在都江堰市，全城85%的建筑成了危楼，60万城市人口有的投奔亲友，有的远走他乡，有的住进了帐篷，城市成了一座名副其实的空城。在此次地震中，除了学校、医院受灾严重，文物古迹和文化单位也损失巨大。在小鱼洞镇，一条有着千年历史，正在申报古文化遗产的古镇房屋全部被毁，往日繁华热闹的古镇完全成了一座废墟。蜚声海内外的国家重点文物保护单位二王庙在地震中也未能幸免，主体建筑在山体滑坡中被掩埋破坏，损失无法估计。彭州市著名风景区银厂沟山体塌方、白鹿镇天主教建筑遗址领报修院被震塌……天府之国引以为豪的众多世界文化遗产和国家重点文物保护单位在经历这场大自然的浩劫后不复存在。此情此景，每一个艺术家都痛心疾首，深感震撼。

2. 到群众安置点与村民座谈

地震是无情的，它夺走了无数人的家园和生命，给人们的身体和心灵造成了无法弥补的伤痛。但在灾区，灾民们表现出来的乐观积极、自强自立的抗争精神深深感染了每一名队员。在都江堰市幸福村灾民安置点，1000多名灾民在灾后第三天就住进了政府分配的帐篷里，虽然没有通电，用水、饮食也相对困难，但他们依然精神状态良好，积极乐观地面对未来的生活，坚信日子会一天天好起来。在聚源镇小学的临时帐篷里，已经传来了孩子们朗朗的读书声。在灾难面前，许多村、镇领导在震后抢救、组织、协调工作中发挥了重要作用，体现了农村基层组织的巨大力量。彭州市通济镇村支书杨廷宽发扬不等不靠，自立自强的精神，放弃自家矿山企业恢复生产的机会，优先将挖掘机和人力调往村里帮助村民恢复生产，重建家园。双眼近乎失明，带着村民艰苦奋斗40年的龙门镇宝山村原村支书贾正方在灾后第一时间带领村民制定生产自救的新规划，为受灾村民新建安居房。他慷慨地说道，改革开放30年的成果在地震中毁于一旦，但我们有信心，誓要在五年内重建新宝山。在地震中，数万解放军官兵的功绩不可磨灭，他们不顾个人安危，承担了大量的救援工作，一条条鲜活的生命被他们重新唤醒。他们帮助灾民重建家园，恢复生产。为了感谢他们，许多朴实的灾民硬是将腊肉、鸡蛋塞给可爱的人民解放军。在与灾民的接触中，一段段难忘的经历感动着每一名队员，采访最具典型性的代表，成了队员们每到一处体验生活的重要任务。

3. 力争创作出感动心灵的文艺作品

（1）强烈的心灵震撼。当大地山崩地裂时，一个个生命消逝，而人性的光辉普照大地，艺术家的心灵受到了强烈的震撼。几天来，在学校的废墟前，在灾民倒塌的家园前，在孩子们居住地帐篷里，艺术家们的心情无比沉重。艺术根植于生活，艺术家从来与人民大众血肉相连。人心常激动，热泪总常流。艺术家将深深牢记艺术为人民大众服务的使命，把滚烫的心和无私的爱奉献给抗灾一线、奉献给灾区人民。

（2）深切的人生感悟。“文章合为时而著，歌诗合为事而作”。勇敢坚强、不畏艰难的灾区人民，是广大文艺工作者学习的光辉榜样；全国人民万众一心、抗击灾害的伟大实践，是广大文艺工作者创作的不竭源泉。面对灾难，崇高的老师、最基层的干部群众、可爱的人民子弟兵表现出来的坚强与伟大，不断激发着艺术家们的民族自豪感与艺术使命感。

（3）充满希望的大地。在灾区，倒塌的房屋边已经建立了一排排整齐的帐篷，撕裂的土地上朴实的农民已经开始新一轮辛勤的劳作，孩子们如饥似渴的眼睛再次随着老师的教导而闪烁，灾民对党和政府的信任与认可，让我们深知这是一片充满希望的土地，这里将会有美好的未来。艺术家将捕捉动人的瞬间，挖掘独特的题材，大家将用笔记录英雄的壮举；用歌祈福祖国的安宁；用心感谢人民的恩泽，力争创作出一批反映抗震救灾典型事迹的精品力作，为民族留下一笔宝贵的精神财富。

二十四、迎奥运倒计时50天大型戏曲演唱会

由文化部主办的“迎奥运倒计时50天大型戏曲演唱会”2008年6月19日晚隆重上演。京剧、昆曲、评剧、川剧、秦腔、越剧、豫剧、花鼓戏、黄梅戏、粤剧、河北梆子、梨园戏等传统剧种的顶尖艺术家齐聚于此，为2000余名观众奉献了一台精彩绝伦的传统戏曲盛宴，将北京“人文奥运”的气氛推向了一个新的高潮。

晚会亮相的艺术家堪称目前中国戏曲界的最强组合：孟广禄、于魁智、袁慧琴、杜镇杰、王蓉蓉、陈俊杰、李胜素、杨赤、袁慧琴（京剧），古文月（评剧），王惠（豫剧），韩再芬、刘国平（黄梅戏），吴凤花、单仰萍（越剧），李东桥、李梅（秦腔），倪惠英（粤剧），陈智林（川剧），魏春荣、王瑾（昆曲），彭艳琴（河北梆子），曾静萍（梨园戏）等。演出由中央歌剧院交响乐团担任演奏，中央歌剧院合唱团担任合唱，主持人则由李扬及刁朔担当。各剧种的顶尖艺术家，分别演唱了自己的拿手唱段，传达着中国人对奥运的期盼，传达着对祖国繁荣富强的美好祝愿，也表达了中国人抗震救灾、抗洪救灾，重建美好家园的决心和信心。台下气氛热烈，观众们为艺术家的精彩演出如痴如醉，每一个节目结束，台下都爆发出雷鸣般的掌声和喝彩声。

本场演出舞台美轮美奂，由现代声光电技术和中国传统文化意象交织而成的整体舞美设计，将观众带入了中国戏曲辉煌而璀璨的殿堂。在奥运会倒计时50天这一特殊的日子，将中华民族独有的戏曲之美，通过最传统，同时也是最现代的方式展现给全世界，无疑是对即将举办的奥运会最好的献礼。

二十五、文化部抗震救灾“心连心”慰问演出团放歌灾区

没有豪华的舞台，没有华丽的演出服，没有绚丽的灯光，有的是满怀深情的歌声，有的是不断的掌声、笑声。2008年6月24日开始，文化部抗震救灾“心连心”慰问演出团开始了在四川都江堰、彭州、崇州、汶川等地震灾区的慰问演出。

6月24日早上7点半，“心连心”慰问演出团分作两队，分别奔赴都江堰市勤俭人家安置点、玉堂镇安置点和汶川县映秀镇、漩口镇安置点，为安置点的灾民、参加抗震救灾的解放军指战员和参加灾后重建的工人等共2万余人进行慰问演出。虽然演出条件比较简陋，但是每一位参加演出的艺术家都以最饱满的精神状态、最高昂的热情，投入到演出中。关牧村、万山红、孙毅、牟炫甫、张火丁、袁慧琴、斯琴格日勒、郭蓉等一大批知名艺术家，《公仆赞》、《吐鲁番的葡萄熟了》、《山歌唱出好兆头》、《红旗飘飘》等一首首脍炙人口的老歌，《与你同行》、《最美中国人》、《勇敢向前冲》等一批专门为地震灾区创作的新歌都深受灾区群众欢迎，慰问演出现场，始终掌声、笑声、歌声不断，高潮迭起。

在演出现场，灾民们饱满的情绪和昂扬的斗志深深鼓舞着演出团成员，歌唱家、慰问演出团一团团长牟炫甫在炎炎烈日下一口气为灾民演唱3首歌曲后，又主动走进观众席中，为受灾群众加油鼓劲，他说虽然地震给四川造成了非常大的损失，但相信有党中央、国务院的坚强领导，有全国人民的大力支持，灾区一定能重建得更加美好。

歌唱家、慰问演出团二团团长孙毅说，作为一名艺术工作者，发挥自己的一技之长，到灾区进行慰问演出，是我们义不容辞的责任。灾难面前，文艺工作者不能缺位。虽然北京和灾区远隔千山万水，但是国家艺术院团艺术工作者与灾区人民心连心，虽然演出场地有限、场次有限、条件有限，但是我们的真情无限。

歌唱家关牧村在得知文化部组织“心连心”慰问演出团赴灾区慰问演出后，立即踊跃报名参加。为了能坚持完成每一场演出任务，关牧村主动推掉3场已安排好的商演，并忍受着双腿的关节疼痛，尽量用最美的歌声为灾民带来心灵的慰藉。歌唱家万山红在映秀镇演出现场，唱完5首歌后，热情的观众仍然不能满足，许多观众热泪盈眶，追着演员们乘坐的客车久久不愿离去。纯朴的灾民还专门为演出团送来西瓜和李子等水果，他们用这种最简单质朴的方式表达着对慰问演出团的感激之情。

国家话剧院演员张秋歌和王晓梅夫妇在接到赴灾区慰问演出的任务后，立即协调拍摄电视剧的档期，从内蒙古片场赶往灾区。在慰问现场，他们朗诵的诗歌《我有一个强大的祖国》一次次深深撞击着人们的心灵，几乎每一次演出后两人都是声泪俱下。勤俭人家安置点的灾民谢兴明看完2人的演出后，非常激动，当场做了一首诗：惊心五一二，一震恸九州；家毁精神在，泪尽愈昂首；跟着共产党，一直向前走；再创新天府，明天更风流。

演出结束后，很多灾民围住舞台，拉着演员的手，久久不愿离去，眼泪在很多人的眼眶里打转，不断地向舞台上挥手。灾民们非常感谢慰问演出团前来演出，为他们送来了宝贵的精神食粮，给他们带来了重建家园的决心和信心。

二十六、2008北京奥运重大文化活动优秀舞台剧（节）目展演

文化部主办的"2008年北京奥运重大文化活动"全国优秀舞台剧（节）目展演活动落下了帷幕。按照国务院统一部署、文化部配合北京奥运会组织的这次活动，从2008年3月20日拉开序幕（在北京音乐厅举办的"开幕音乐会"），到9月下旬基本结束，历时6个月时间里，精彩演出一天接一天、一台又一台地呈现在国内外的观众面前。本次活动是自新中国成立以来规模最大、持续时间最长、水平最高的一次文艺演出活动，为全国舞台艺术的展示、增进世界对中国舞台艺术的了解搭建了一个平台，充分展示了中华文化的勃勃生机与独特魅力。

1. 国内舞台艺术的大展示

这次展演活动涉及的演出团体，来自全国所有的31个省、自治区、直辖市，以及中央直属院团、部委所属院团和部队文艺团体，共计100余个，演职人员上万。在长达半年的演出期间，总共演出优秀舞台艺术剧（节）目170多台，650多场，观众超过40万人次。

演出场所遍布京城。展演动用了北京大小演出剧场共22个，包括国家大剧院、首都剧场、儿童剧场、中山公园音乐堂、北京音乐厅等市中心区域，以保利剧院、长安大戏院、民族宫大剧院、梅兰芳大剧院、北京展览馆剧场等东西呼应，以天桥剧场、中国剧院、海淀剧院、中国评剧大剧院等纵贯南北，演出网点覆盖全城。

不断形成新的高潮和热点。为配合奥运会、残奥会和相关活动的举办，自活动开始后分阶段地突出各个演出板块的艺术特色。3～5月份，结合奥运倒计时100天，突出奥运主题剧目展演，如：《奥林匹克颂》、《北京圣火2008》等，以及民族风情歌舞展演和"中国交响乐之春"的演出，掀起了演出活动的第一个高潮；6、7月份，结合奥运倒计时50天、奥林匹克文化节开始，突出"京昆情韵"戏曲展演和"梦幻之旅"杂技展演，形成第二个演出高潮；在奥运期间，从奥运会倒计时最后10天开始，在整个8、9月份，突出国家舞台艺术精品工程剧目展演和国家艺术院团优秀剧（节）目展演，形成此次演出的高潮。此外还结合节日庆典进行演出安排，如："六一"儿童节前后集中儿童剧目演出，"七一"前后集中红色经典剧目演出。

精心筛选优秀剧目。自2007年7月征集参演剧目开始，这次活动就得到全国各地各部门的大力支持，他们一共上报了400余台优秀剧（节）目，踊跃参加。为实现"人文奥运"的目标，在奥运之年选择适合国内外观众观看的剧目，文化部从全局考虑，经过反复研究、精心策划，最终确定了既展示我国悠久的传统文化，又表现当代中国积极创新的文化风貌的优秀舞台剧（节）目170余台进京演出。

涵盖多种艺术门类。这次活动涵盖了京剧、昆曲、音乐会、歌剧、舞剧、话剧、儿童剧、音乐剧、歌舞、杂技、曲艺和诸多地方戏曲等艺术门类。整个活动划分为国家舞台艺术精品工程精品剧目展演、国家艺术院团优秀剧（节）目展演、奥运主题剧目展演、"中国交响乐之春"、"京昆情韵"戏曲展演、"梦幻之旅"杂技展演、民族风情歌舞展演等几大板块。

热情踊跃的观众。这次活动的每场演出都吸引了众多的国内外观众，平均每场演出的观众上座率达八成，观众总数超过40万人次。

2. 活动的三大特色

此次全国优秀舞台剧（节）目展演活动以空前的规模和持续时间、鲜明的艺术特色和高超的

表演艺术、共享和惠民的公益性质为众瞩目。

（1）规模空前的大汇演。此次展演，集中了170多台优秀剧（节）目，连续演出650多场。每个省份都选派了1～2台独具特色的代表性剧目参演，全方位集中展示当代中国文化继承与发展的重大成果。

演出时间从3月20日至9月下旬，连续演出长达半年，是新中国成立以来所有演出活动中持续时间最长的。这期间紧贴两个奥运会的进程，向全世界展示中国文化，宣传中国形象，丰富了奥运期间的文化活动。

在北京22家剧场持续进行的精彩演出，使得北京奥运期间每天都有精彩的舞台演出。京城东西南北中，每个区域的居民都能就近观看到精彩的剧目。最多的一天，同时有7台精彩剧目在北京各个剧场上演。众多的精彩演出，营造出了文化和谐、艺术共享、普天同庆、人文奥运的热烈氛围。

（2）鲜明的艺术特色，高超的表演艺术。此次活动的参演剧目绝大多数都曾经荣获过国家舞台艺术精品工程精品剧目称号、国家“五个一工程”奖、文华奖等国家重要的舞台艺术奖项。如获得过国家舞台艺术精品工程精品剧目称号的有28台，获“五个一工程”奖、文华大奖及各种单项奖的参演剧目占全部剧目的70%以上。

其他参演剧目也都同样精彩。有具有浓郁地方民族特色的精品剧目，如运用原生态艺术形式表现藏族人民幸福和谐生活的歌舞诗《幸福在路上》，获得“人类口头与非物质遗产代表作”称号的新疆木卡姆《木卡姆之春》等。有各种艺术门类中久经传承的经典，如：舞剧《丝路花雨》、越剧《梁山伯与祝英台》、秦腔《杨门女将》、歌剧《江姐》、话剧《茶馆》、儿童剧《马兰花》等。还有当代在继承和创新思路下涌现出的优秀剧目，如：昆曲青春版《牡丹亭》，现代民族音乐会《乐府画廊》、《岁月如歌》等。可以说每台参演剧目都具有各自鲜明的艺术特色，代表着我国当代舞台艺术发展的新面貌。

优秀剧目的精彩演出，离不开在舞台上倾情付出的演员。许多国内著名的舞台表演艺术家和深受观众喜爱的演员都登台亮相，仅以戏曲为例，就有尚长荣、于魁智、孟广禄、李胜素、袁慧琴、王蓉蓉、杨赤、朱世慧、茅威涛、陈智林、韩再芬、李树建、谷文月、曾静萍等众多名家粉墨登场，他们以高超的表演艺术为奥运文化增光添彩，受到广大观众的热烈欢迎。

（3）为奥运服务，让人民共享。奥运文化活动是全民分享的文化盛事。文化部从主办伊始就确立了此次活动的公益性质和惠民宗旨。在国家财政的有力支持下，通过一系列举措，使百姓充分享受到奥运文化活动带来的艺术熏陶和精神享受。

由文化部直接主办的演出都坚持了低票价的票务政策，使平时被高票价门槛限制的观众都有机会看到心仪已久的舞台艺术精品。如某些大制作的精品剧目，此前的商业演出票价高达近千元，而现在只需要花几十元就能买到门票，最高的票价一般在280元左右。

为使演出覆盖到特殊群体，在低票价的基础上，主办方还有目的地进行了专场的慰问演出。这些群体中包括奥运场馆的建设者、来京务工人员及其子弟、基层群众文化工作者、科技工作者、驻京部队官兵、首都出租汽车司机等等。如为北京市第一所专为农民工子弟开办的中学——蒲公英中学演出了《青春跑道》，用他们的话说是提供了“一次难得的机会”。

在文化部统一安排下，此次活动为奥组委专门提供了近万张演出票，供奥运会及残奥会贵宾、奥委会官员、工作人员、客人及相关组织人员、其他工作人员、参赛代表团成员、媒体、志愿者、安保工作人员等免费观看演出，有力配合了两个奥运会的组织工作，也为“人文奥运”做出了直接的贡献。

演出活动坚持公益性，带动了所有参演人员积极投身公益事业。四川汶川发生特大地震时，正是奥运演出活动进行之中，正在京参演的多个艺术团体的人员，心系灾区群众，纷纷慷慨解囊，捐献灾区。5月22日晚在民族文化宫大剧院，宁夏秦腔剧团演出《清风明月》，开演前所有演员和工作人员，在舞台上向四川灾区的群众捐款。他们的举动赢得了观众热烈的掌声。

3. 强烈的社会反响

此次展演活动，在主办者文化部和各个演出团体全体工作人员的努力下，取得很大成功，对社会各界产生了强烈影响。中央领导数次观看演出并给予了赞扬。配合活动进行的观众调研，发出1500份调查表全部收回，观众对活动高度评价。几乎场场演出都迎来热情的观众，他们扶老携幼来到演出现场，为精彩的演出和演员的高超表演鼓掌叫好。演出结束谢幕时，观众和演员都舍不得离去，长久地相互挥手致意。演出结束后，还有数百封观众来信、众多的来电来访，赞赏演出的高水平，感谢演出的组织工作，并强烈希望今后能多举办这样的公益性活动。

奥运会不仅是体育竞技的盛会，也是反映主办国文化特色和国家风采的难得机遇。"2008北京奥运重大文化活动"全国优秀舞台剧（节）目展演，为国内外广大观众提供了众多丰富多彩、水准高超的演出，实践了我国对国际社会"人文奥运"的庄严承诺，也向世界展示了中国文明开放、丰富多元的现代文化，让世界上更多的人了解和认识当代中国的真实面貌。

剧目名单

	剧目名称	艺术品种	演出单位
1	《将相和》	京剧	国家京剧院
2	《柳荫记》	京剧	
3	《桃花村》	京剧	
4	《张协状元》	京剧	
5	《孙悟空大闹无底洞》	京剧	
6	《图兰朵公主》	京剧	
7	庆祝建党87周年名家演唱会	京剧晚会	
8	《孙悟空三打白骨精》	京剧	
9	《文成公主》	京剧	
10	《奥运·国粹》	京剧晚会	国家京剧院
11	《青春禁忌游戏》	话剧	国家话剧院
12	《最后的斗争》	话剧	
13	《荒原与人》	话剧	

续表

	剧目名称	艺术品种	演出单位
14	《原野》	歌剧	中国歌剧舞剧院
15	《岁月如歌》	音乐会	
16	《金舞银曲》	歌舞	
17	《四季情韵》	歌舞	
18	东方舞蹈晚会	歌舞晚会	中国东方歌舞团
19	祝福奥运世界经典音乐会	音乐会	中国交响乐团
20	《龙声华韵》	音乐会	
21	《古钢琴》	音乐会	
22	《菲岱里奥》	音乐会	
23	《贝多芬第九交响曲》	音乐会	
24	《神州颂》	音乐会	
25	《谢德林作品音乐会》	音乐会	
26	《奥运赞歌》	音乐会	
27	《想变成龙的金鱼》	儿童剧	中国儿童艺术剧院
28	《皮皮鲁·鲁西西1》	儿童剧	
29	《皮皮鲁·鲁西西2》	儿童剧	
30	《马兰花》	儿童剧	
31	《西游记》	儿童剧	
32	《霸王别姬》	歌剧	中央歌剧院
33	《茶花女》	歌剧	
34	《体育颂》	歌剧	
35	经典歌剧音乐会	音乐会	
36	新创作剧目	芭蕾舞	中央芭蕾舞团
37	中法明星荟萃	芭蕾舞	
38	《大红灯笼高高挂》	芭蕾舞剧	

续表

	剧目名称	艺术品种	演出单位
39	《盛装民乐》	音乐会	中央民族乐团
40	《民族音乐会》	音乐会	
41	《乐府画廊》	音乐会	
42	《世纪之声》	音乐会	
43	《越来越好》	相声小品晚会	广播艺术团
44	《奥林匹克颂》	歌舞	煤矿文工团
45	《关汉卿》	昆剧	北方昆曲剧院
46	《琵琶记》	昆剧	
47	《福娃》	儿童剧	北京儿艺有限公司
48	《紫气京华》	歌舞	北京歌舞公司
49	《忒拜城》	河北梆子	北京河北梆子剧团
50	《圣火 2008》	音乐会	北京交响乐团
51	《洛神赋》	京剧	北京京剧院
52	《武则天》	京剧	
53	《赵氏孤儿》	京剧	
54	《红灯记》	京剧	
55	《沙家浜》	京剧	
56	《下鲁城》	京剧	
57	《袁崇焕》	京剧	
58	《锁麟囊》	京剧	
59	《大将军寇流兰》	话剧	北京人艺
60	《全家福》	话剧	
61	《莲花》	话剧	
62	《天下第一楼》	话剧	
63	《茶馆》	话剧	
64	《雷雨》	话剧	
65	《正红旗下》	曲剧	北京市曲剧团
66	《猴王》	木偶剧	中国木偶艺术剧院

续表

	剧目名称	艺术品种	演出单位
67	《中国心·北京情·五环梦》	综合晚会	中国评剧院
68	《杨八姐游春》	评剧	
69	《三凤求凰》	评剧	
70	《三看御妹》	评剧	
71	《大脚皇后》	评剧	
72	《鸳鸯谱》	评剧	
73	《包公梦蝶》	评剧	
74	《卷席筒》	评剧	
75	《皆大欢喜》	评剧	
76	《刘巧儿》	评剧	
77	《花为媒》	评剧	
78	《乾坤带》	评剧	
79	《李三娘》	评剧	
80	《钟离剑》	评剧	
81	《魔法传奇》	杂技	中国杂技团
82	《绚技画卷》	杂技	
83	《郑和下西洋》	京剧	天津青年京剧团
84	《鼓曲精品专场》	曲艺	天津曲艺团
85	《钟馗》	河北梆子	河北梆子剧院
86	《杂技荟萃》	杂技	河北杂技团
87	《一把酸枣》	舞剧	山西华晋舞剧团
88	《黄河情韵》	歌舞	山西省歌舞剧院
89	《立秋》	话剧	山西省话剧院
90	《走西口》	京剧	山西省京剧院
91	《青春舞韵》	歌舞	乌兰牧骑艺术团
92	《二泉映月》	芭蕾舞剧	辽宁芭蕾舞团

续表

	剧目名称	艺术品种	演出单位
93	《父亲》	话剧	辽宁人民艺术剧院
94	《凌河影人》	话剧	
95	《红季节》	歌舞	吉林歌舞剧院
96	《神龙腾飞》	龙江剧戏歌	黑龙江省龙江剧院
97	《花样年华》	芭蕾舞剧	上海芭蕾舞团
98	《中华鼓舞——龙之声》	舞蹈诗	上海歌舞团
99	《商鞅》	话剧	上海话剧艺术中心
100	《孙悟空大战盘丝洞》	京剧	上海京剧院
101	《班昭》	昆剧	上海昆剧团
102	《红楼梦》	越剧	上海越剧院
103	《田螺姑娘》	儿童神话剧	中国福利儿童剧院
104	《青春跑道》	校园喜剧	苏州滑稽剧团
105	青春版《牡丹亭》	昆曲	苏州昆剧院
106	《西施》	舞剧	无锡歌舞团
107	《红河谷》	舞剧	
108	《同唱一台戏》	戏曲晚会	《同》文化发展有限公司
109	《梁山伯与祝英台》	越剧	小百花越剧团
110	《陆游与唐琬》	越剧	
111	《公孙子都》	昆剧	浙江昆剧团
112	《逆火》	黄梅戏	安徽黄梅戏剧院
113	《徽州女人》	黄梅戏	安庆黄梅戏剧院
114	《董生与李氏》	梨园戏	福建梨园戏实验剧团
115	《贬官记》	闽剧	福建实验闽剧院

续表

	剧目名称	艺术品种	演出单位
116	《钦差大臣》	木偶戏	泉州木偶剧团
117	《瓷魂》	舞剧	江西省歌舞剧院
118	《宝贝儿》	儿童剧	济南儿童艺术剧院
119	《补天》	吕剧	山东吕剧院
120	《程婴救孤》	豫剧	河南豫剧二团
121	《风中少林》	舞剧	郑州歌舞剧院
122	《洪湖赤卫队》	歌剧	湖北歌剧舞剧院
123	《膏药章》	京剧	湖北京剧院
124	《南风》	舞剧	湖南歌舞剧院
125	《中国有个海南岛》	歌舞	海南歌舞团
126	《大儒还乡》	桂剧	桂林桂剧团
127	《八桂大歌》	歌舞	柳州歌舞团
128	《金子》	川剧	重庆川剧院
129	《易胆大》	川剧	四川省川剧院
130	《布依女人》	京剧	贵阳京剧团
131	《多彩贵州风》	歌舞	贵州歌舞团
132	《太阳女》	歌舞	楚雄民族艺术剧院
133	《蝴蝶之梦》	舞蹈诗	大理风花雪月公司
134	《幸福在路上》	歌舞晚会	西藏歌舞团
135	《杨门女将》	秦腔	陕西戏曲研究院
136	《迟开的玫瑰》	眉户现代戏	
137	《郭双印连他乡党》	话剧	西安话剧院
138	《丝路花雨》	舞剧	甘肃敦煌艺术剧院

续表

	剧目名称	艺术品种	演出单位
139	《大梦敦煌》	舞剧	兰州歌舞剧院
140	《青溜溜青海》	歌舞	青海民族歌舞剧院
141	《清风明月》	秦腔	宁夏秦腔剧团
142	《木卡姆的春天》	歌舞晚会	新疆木卡姆艺术团
143	《党的女儿》	歌剧	总政歌剧团
144	《野火春风斗古城》	歌剧音乐会	总政歌剧团
145	《黄土谣》	话剧	总政话剧团
146	《江姐》	歌剧	空政文工团
147	《马蹄声碎》	话剧	南京军区文工团
148	《精品歌舞晚会》	歌舞	武警文工团
149	《我的梦》	歌舞	中国残疾人艺术团

二十七、2008年博鳌亚洲论坛年会文艺晚会

4月11～12日，备受瞩目的2008年博鳌亚洲论坛年会在海南博鳌召开。受中央办公厅的委托，文化部于4月12日在海南举办了博鳌论坛年会文艺晚会。来自北京、广东的300多名艺术家用悠扬的歌声和精彩的舞蹈为各国宾朋奉献了一台饱含民族韵味、别具五洲风情的高水平晚会。国家主席胡锦涛和巴基斯坦总统穆沙拉夫、蒙古总统恩赫巴亚尔、坦桑尼亚总统基奎特，智利总统巴切莱特、汤加国王图普五世、瑞典首相赖因费尔特共同欣赏了演出，精彩的文艺节目赢得了胡锦涛主席和各国来宾的高度称赞和好评，将浓浓的中国韵味和艺术内涵铭刻在了国际友人的心里。《夜深沉》中舞蹈水袖那鲜亮纯粹的中国红，《千手观音》中佛光四射的映衬下那曼妙的舞姿、《飞天》里灿烂的金黄、轻灵的飘逸感，《蹬球》中用双脚创造的一个个炫目的奇迹，《感谢生活》中悠远空灵的排箫和细腻柔和的二胡、白色长裙的少女弹出的琵琶声里绵延的感动，无不让人印象深刻。当各国嘉宾看到中国艺术家们表演的他们非常熟悉的优美舞姿，听到了他们本国的音乐旋律，都情不自禁地起舞欢唱，台上台下形成欢乐的海洋。演出结束后智利领导人激动地3次与演员握手并说道："谢谢你们，你们在舞台上非常的美，能用中国的乐器演奏我们智利的民歌，我们非常感动"。艺术家们用精彩的文艺节目给来宾们留下了深刻的印象，也为推动我国外交事业作出了贡献。本次演出的所有工作人员齐心协力，细致、认真、严谨、创新地完成了党和国家交办的重要演出任务，使活动体现出国家水平、保持了民族特色。徐徐夜风，阵阵海涛，参加论坛的各位贵宾们将永远难忘中国艺术家奉献给他们的美好礼物。难忘在中国度过的一个美好的艺术之夜。

二十八、首届中国农民歌会

2008年11月9日晚，由文化部、农业部和安徽省政府主办，安徽省文化厅、滁州市政府、安徽省农委、安徽省文联承办的首届中国农民歌会在滁州市人民广场隆重开幕，精彩的场面如诗如画，欢快的旋律响彻全场，恢宏的气势震撼人心。

全国人大常委会副委员长华建敏宣布歌会开幕，最高人民法院院长王胜俊出席开幕式。省委书记王金山致开幕辞，省长王三运主持开幕式。文化部副部长陈晓光，农业部副部长陈晓华先后致辞。沈浩、吴仁宝、郭凤莲等"全国十大名村"代表，当年参加"大包干"按手印仍健在的12位小岗村农民，滁州市10位农民科技致富先进典型和来自全国43个民族的各界观众近2万人参加开幕式并观看演出。

陈晓光代表文化部对首届中国农民歌会的举办表示热烈祝贺。他说，举办农民歌会就是要用歌声讴歌改革开放的好政策，讴歌农民的新生活，赞美各民族兄弟姐妹团结和谐的美丽家园。广大文艺工作者要按照党的十七大和十七届三中全会的要求，深入生活、深入农村，创作出更多深受农民喜爱的文艺作品，奉献给广大农民，让他们共享更多的社会主义先进文化发展成果。

"唱农民、唱农村，农民唱、大家唱"是首届中国农民歌会的一大特色。作为一个为8亿农民打造的文化品牌，歌会突出纪念性、思想性、展示性、艺术性，聚焦农民、歌颂农民、表现农民、塑造农民，展示农村的新变化新风貌，展示中国农民的劳动创造和美好情感，展示安徽及全国各地多姿多彩的民歌民风。从节目编排到舞台设计，从音乐制作到气氛营造，歌会都突出纪念改革开

放30周年的主题，洋溢着浓郁的乡土气息。开幕式演出分为序和土地情深、家园美好、乡村恋曲、中国农民四大篇章。来自全国15个省区市的2000多名演职人员、农民歌手和农民喜爱的艺术家，用合唱、对唱及原生态等演唱方式，倾情演绎独具地方特色和民族风情的民歌民曲。专门为歌会新创作的《中国农民》、《小村的故事》、《凤阳变成金凤凰》等5首歌曲紧扣"歌颂改革开放、歌颂美好家园、歌颂和谐新农村"主题，反映了改革开放30年来农村、安徽以及中国大地发生的翻天覆地的变化，表达了当代农民求富、求知、求美、求乐的追求和向往。开幕式演出尾声，台上台下数千人共同高歌《在希望的田野上》，奔放的音乐、热烈的欢呼，激动人心，观场气氛达到高潮。这是八亿中国农民自己的节日，这是江淮儿女一个难忘的瞬间。历经数月精心筹备，安徽向全国人民奉献了一台有特色、高水准、高质量的文化盛会。

10日下午，首届中国农民歌会组委会从参加开幕式演出的优秀民歌中精心挑选了14个节目，组成演出小分队专程赴凤阳小岗村，举行"大地欢歌——首届中国农民歌会赴小岗村演出"，来自省内外的文艺表演队伍各展技艺，表达了对"大包干"发源地人民的深情厚谊，5000多名农民群众像过节一样，享受着精彩的"文化大餐"。

造型艺术

一、中国美术馆经典藏品巡展厦门

新年伊始，由中国美术馆和厦门市文化局共同主办的"时代·乡土·农民——中国美术馆馆藏精品展"在厦门市美术馆拉开帷幕，为厦门人民送上了一份特别的新年贺礼。2008年1月2日上午，展览开幕式在新落成的厦门市美术馆隆重举行，文化部艺术司副司长刘中军，中国美术馆馆长范迪安，中国美术馆党委书记钱林祥，中共厦门市委宣传部部长洪碧玲等领导和著名画家詹建俊、张祖英等出席了开幕仪式。刘中军副司长和范迪安馆长分别在开幕式上致辞。

此次"时代·乡土·农民——中国美术馆馆藏精品展"是在2006年中国美术馆"农村·农民"展览基础上策划而成的，展览内容更加丰富而精练，分为"容貌与个性"、"土地与家园"、"社会演进与历史变迁"3个部分，展出从1930～2006年近一个世纪以来我国几代艺术家创作的中国画、油画和版画作品百余件。这些作品不仅包括20世纪我国著名艺术家齐白石、王悦之、石鲁、潘天寿、董希文、王式廓、吴作人、黄胄、吕斯百、古元等的经典作品，也有著名艺术家周思聪、詹建俊、方增先、杨之光、刘文西、王有政、张祖英、孙为民等的代表作，更有中青年画家如罗中立、何多苓、姚有多、范扬等的成名作。这些经典的美术作品从各个角度艺术地再现了近一个世纪以来占中国人口绝大多数的农民在各个时代的生存场景，真实地记录了中国农民生活境遇的变化以及由此带来的精神面貌改变，也从一个侧面展现了中国20世纪以来的深刻变革和巨大发展。这个展览使观众通过眼前这些熟悉的经典作品，通过画家笔下的农民形象，进一步了解农民，从他们的过去、现在展望他们的未来，唤起社会对于农民和农村问题的新的关注和更加深入的思索。

此次"时代·乡土·农民——中国美术馆馆藏精品展"是中国美术馆首次将馆藏的20世纪美术经典作品送出巡展，展览中很多"国宝"级作品都也是第一次离开中国美术馆。刘中军副司长在开幕式的致辞中特别强调了此次中国美术馆精品巡展的重要意义，他指出国家拨专项资金用于优秀美术作品的收藏和捐赠奖励不仅是为国家积累文化财富，更是要让更多的人民群众能够有机会欣赏到优秀的文艺作品，分享文化发展的成果。这次中国美术馆和厦门市政府共同合作，将馆藏的精品送到厦门展览，迈出了关键的一步，真正发挥了美术馆藏品的作用和价值，今后中国美术馆应该更加积极主动地发挥自身的资源优势，促进文化艺术资源的共享，不断强化公共文化服务职能，通过多种渠道和方式为观众提供更多机会欣赏高水平的展览和艺术精品。

为了配合展览活动进行，厦门市文化局和厦门美术馆还特别策划了一系列配套活动，举办专题报告和座谈会，并邀请厦门大学艺术学院的美术系研究生走进展馆，为群众进行义务讲解。同时，主办方还特别组织千名农民工观看画展，举办农民工子女现场绘画比赛，并邀请30多位厦门本土书画家现场为农民工兄弟赠画、赠春联。展览得到了厦门市民的热情欢迎和广泛参与，赢得社会各界一致好评。

二、深圳画院作品展在中国国家画院美术馆举办

为了庆祝改革开放30年，由中国国家画院、深圳画院主办的“我们与时代同行——深圳画院作品展08北京”于2008年1月8日在中国国家画院美术馆开幕。这是深圳画院成立21年来，以集体面貌首次在全国文化中心北京进行展示。文化部副部长陈晓光、中国文联副主席冯远、原深圳市市长李灏、文化部人事司副司长殷福、文化部艺术司副司长刘中军、中国美术馆馆长范迪安等领导为展览开幕式剪彩，深圳画院董小明、国家画院院长龙瑞在开幕式上分别讲话，国家画院卢禹舜副院长主持开幕式，美术界300人参加了展览及学术研讨会。

展览中有许多表现深圳城市风貌、城市风土人情的作品，充分体现深圳是改革开放的先行城市，经济发展十分迅速，在国内处于前列。它对中国美术事业的发展和新兴城市文化建设都做出了贡献。此次展览分为作品展和文献展两部分，130余幅作品是深圳画院在职画家和部分曾任及客座画家近年来的力作。收录参展作品的《2008深圳画院院展作品集》同期由海天出版社出版。

三、中国美术馆迎新春系列艺术大展

中国美术馆精心打造、社会各界瞩目的新春艺术盛宴——“盛世和光——敦煌艺术大展”与“天地同辉——中国美术馆藏年画、风筝精品陈列”展终于于2008年1月19日上午隆重开幕了，千余名来自各界的嘉宾和观众参加了这场盛大的开幕式。

上午10时，“天地同辉——中国美术馆藏年画、风筝精品陈列”展开幕式正式开始，此次展览已于1月6日开始在中国美术馆三层和五层展厅展出。“天地同辉——中国美术馆藏年画、风筝精品陈列”展精选了中国美术馆260余件馆藏民间艺术珍品，其中包含约60件套传统木版年画、59件新年画以及96件风筝作品等。

中国美术馆馆长范迪安，党委书记、副馆长钱林祥，副馆长杨炳延，副馆长马书林先生共同出席了开幕式，开幕式由钱林祥书记主持。杨炳延副馆长在开幕式上向观众朋友介绍了本次展览的基本情况，他希望展出的国家珍藏民间美术作品不仅能为百姓祈福纳祥，为节日增添喜庆祥和的色彩，还能继续加深公众对非物质文化遗产的认识和感情，提高自觉保护意识。范迪安馆长在开幕式上代表中国美术馆向广大观众送去了新春的祝福。

10时30分，迎新春系列艺术大展的第二部分——“盛世和光——敦煌艺术大展”隆重开幕。文化部副部长陈晓光，原国家文物局局长张文彬，敦煌研究院院长樊锦诗女士，著名敦煌艺术老专家、知名学者关友惠，著名敦煌艺术老专家、知名学者李其琼，原中央工艺美院院长、敦煌研究专家常沙娜教授，敦煌研究院副院长王旭东，展览赞助商万事达卡业务发展副总裁陈启章以及中国美术馆领导范迪安、钱林祥、杨炳延等近千余嘉宾出席了开幕式。中国美术馆副馆长马书林主持开幕式，范迪安馆长、樊锦诗院长、陈启章相继在会上发表了热情洋溢的讲话。

“盛世和光——敦煌艺术大展”由中国美术馆和敦煌研究院共同主办，在双方的通力配合下，中国美术馆从内到外进行了“大变身”，首次同时展出敦煌研究院的10个复制洞窟，同时展出的9尊彩塑真品、10件敦煌藏经洞出土文献真迹、120幅敦煌壁画临本、13尊彩塑复制品、10件敦煌花砖是魏晋南北朝时期至元代千年敦煌石窟艺术最具代表性的作品。此外“古韵新风——敦煌研究院美术研究所创作展”、“面壁生华——艺术名家与敦煌”两个别开生面的展项也同时与观众见面，观众可以从这两个展览中看到几代敦煌研究院美术研究所工作人员以及几代知名艺术家们创作的与敦煌有关的艺术作品。

美术爱好者、历史爱好者、宗教爱好者和对西域文化感兴趣的观众沉浸在敦煌艺术的世界里，到目前为止，敦煌艺术大展观展人数已超过万人次。

开幕式当天下午，来自北京和敦煌的36名专家学者，在中国美术馆七层学术报告厅参加了“叙旧谈新——敦煌与20世纪中国美术研讨会”。

四、雕塑传薪：中国美术馆齐聚两代雕塑家艺术成就

2008年3月下旬，由中国美术馆、中央美术学院联合主办的“时代气度——滑田友雕塑艺术纪念暨捐赠展”以及由中央美术学院、雅昌企业集团主办的“片段日记——再现孙家钵工作室”

雕塑展齐聚中国美术馆，交相辉映构成了“雕塑传薪”的主题，展现出两代中国雕塑家的艺术魅力与成就，反映了时代风貌与追求。

中国现代著名雕塑家滑田友先生的展览是以西方雕塑语言的研究和以中化西的雕塑创作为线索，汇聚其生平重要作品和捐赠给中国美术馆的23件作品以及国内外收集到的珍贵历史图像，传世经典有《轰炸》、《人民英雄纪念碑——五四运动浮雕》等，全面展现了一代雕塑大师的艺术历程及雕塑成就，成为20世纪国家美术收藏和捐赠奖励专项计划的重要项目。孙家钵先生是国内一位卓有成就的雕塑家，亲受过滑田友先生的教诲，现任中央美术学院雕塑系第一工作室博士生导师，其展览策划富有新意而朴实纯粹，在展厅中按照他个人工作室陈列的原貌呈现其雕塑作品，从而体现了新一代雕塑家的价值追求与艺术探索。雕塑家隋建国曾有过这样的评述：滑田友与孙家钵是两代人。前者是中国首屈一指的现代意义上的第一代雕塑家，他的艺术境界得益于中国传统文化的先天积累，加上在法国15年苦心孤诣地研究领悟欧洲古典雕塑门径的修炼；孙家钵是前者的学生辈，一方面得益于前者的悉心教诲，更重要的则是得力于自己对于传统木雕方法精髓的亲身体会与几十年的不懈实践。

两个展览各具特色，策展风格也迥然不同，畅游其中感受时空带给我们的追忆，体会艺术精神的永恒，仿佛一个个雕塑作品要从石头、木头、铜铁之中迸发出生命来，走下展台和支架，要走到观赏者的心里来。

五、中国美术馆举办“绿色奥运、绿色中国”迎奥运书画名家作品展

2008年4月3～10日，“绿色奥运、绿色中国——迎奥运书画名家作品展”在中国美术馆隆重举行。这一展览是2008年全国首次以“绿色奥运”为主题的书画大型展览，是以中国传统的书画艺术阐释、表现、宣扬“绿色奥运”主题的重要文化活动，将为日益临近的北京奥运呐喊助威。本次展览由中国绿化基金会，中国艺术家生态文化工作委员会、中国美术馆联合主办，中国美术家协会，中国书法家协会，中国国家画院、北京女美术家联谊会协办。展览将集中展示以建设生态文明，倡导绿化中华大地，迎接绿色奥运、人文奥运为主题创作的百余幅精品力作。此次展览的作品既有欧阳中石、沈鹏、谢云、李铎、张海等中国当代书法名家名作，也有冯远、刘大为、王明明、龙瑞、杜滋龄、张道兴等中国当代绘画名家名作，特别是杨悦浦、杨力舟、王迎春等20几位书画家创作的13幅大幅作品。

“绿色奥运、绿色中国”大型生态文化公益行动以弘扬生态文明、绿化中华大地为宗旨，以宣传绿色奥运、人文奥运为理念，组织艺术家以绿色为主题进行采风、创作与展览，通过书画和美术创作，宣传绿色奥运。中国艺术家生态文化工作委员会经过了一年的筹备工作，在数百名艺术家的踊跃参与下，赴三峡、神农架、南京、甘肃、八达岭、国家自然保护区和森林公园绿色采风等一系列的公益活动，为委员会创作了数百幅优秀的艺术作品。作为此项生态文化行动的重要内容之一，本次展览的作品就是从中精选出来的。

参展的很多书画家都是艺术家生态文化工作委员会的委员，曾经一起为创立“中国艺术家生态文化公益基金”、建设“中国艺术家林”进行义卖、外出采风、冒着风沙植树、为建设生态文化园出力，这次展览又一次形象地体现了艺术家们对公益事业的热爱和对生态环境的关注，他们手中的笔不再是借自然物来抒发狭隘的自我，而是表现出一种悲悯的情怀。他们把自然、人类和社会放在生态整体中感知和把握，这样创作出来的作品就有了相当的深度和厚度，并且闪耀着思想的光芒。

2008年，中国绿化基金，中国艺术家生态文化工作委员会还将在南京、广东、香港等地举办一系列以生态文明和奥运为主题的书画作品展览和公益性艺术品拍卖活动，继续将“绿色奥运、绿色中国”大型生态文化公益行动广泛而深入地开展起来。

六、海峡两岸艺术节之台湾当代陶艺特展

“艺器·造艺——台湾当代陶艺展”于2008年4月3日在中国美术馆盛大开展。本次展览由中华文化联谊会、中国美术馆及台湾沈春池文教基金会共同主办，台北县莺歌陶瓷博物馆策展。作为2008年北京奥运文化活动的一环，“相约北京2008”海峡两岸艺术节的重要组成部分，此展是两岸美术交流史上首见的研究型陶艺特展，是

中国美术馆推动两岸文化交流合作，增进两岸文化认同，切实做好奥运文化项目展览的积极举措；也是著名的台北县立莺歌陶瓷博物馆首度到北京的展览，同时也是台湾艺文界组织团队参加北京奥运文化活动的团队之一，意义非凡。

台湾当代陶艺发展迄今将近50年，在上世纪60年代初萌发当代陶艺创作概念的种子，此后，跨过移植与拓荒的70年代、凝聚创造活力的80年代与力求表现的90年代。今天，台湾现代陶艺在经历过一段学习西方的风潮后，已回归自身区域传统与文化脉络，在中华文化、原住民文化及外来文化的影响下，呈现出丰富而多元的风貌。

台湾当代陶艺已隐约展现出一种新气象，这新气象大致可自“造艺”、“艺器”两类创作型态中感受到。“造艺”是指陶艺作品已经脱离传统釉彩、瓶罐器形的风格展示，而迈向传递个人情感与艺术风格的表现；“艺器”则是指以具实用功能的器品，结合个人艺术风格或思维的新趋势。这些新气象展现了台湾陶艺家源自生活体验的萃取、提炼与再创造的艺术创作理念，创造出触动观者心弦，历久弥新的陶瓷艺术。本展特邀请16位台湾当代杰出陶艺家，共展出70件作品。配合展览还举行“两岸当代陶艺创作的特色与趋势”座谈会，特邀请两岸陶艺专家发表文章交流艺术，提供了一次了解台湾现代陶艺的艺术造诣和发展现况的难得机会，促进两岸美术界的良性互动与交流，并为两岸陶艺的蓬勃发展，创造出更多崭新的契机。

七、平山郁夫艺术展

2008年适逢庆祝中日和平友好条约缔结30周年，4月17日中共中央政治局常委、全国政协主席贾庆林，全国政协副主席、中国对外文化交流协会会长孙家正，中日友协会长宋健等出席了在中国美术馆隆重举办的“平山郁夫艺术展：东西方文化交流的交叉点——丝绸之路的光辉”开幕仪式。展览共展出由日本画坛巨匠平山郁夫先生四面大屏风为主件的46幅绘画作品，从中可以欣赏到日本画家眼中的敦煌石窟、蒙古草原、印度古堡、罗马广场、伊斯坦布尔的教堂以及诸多的日本佛教寺院和京杭大运河上矗立着的13重宝塔。作品凝聚了艺术家半个多世纪的心血，体现着艺术家的执著信念与顽强毅力。

平山郁夫不仅是日本当代画坛艺术巨匠，而且担任日中友好协会会长，为中日友好做出令人瞩目的贡献。他曾于1991年在中国美术馆举办画展，受到中国政府领导人与美术界的高度评价。此次展览围绕丝绸之路的主题，创作大量表现佛教文化内涵的新作品，倡导保护和弘扬人类文化遗产，表达了追求世界和平和谐发展的艺术理想。平山郁夫本次访华期间，还将在中国美术馆与我国中青年画家、理论家举行交流座谈。此次展览及交流活动作为中日文化交流的新成果，必将为推动中日两国的文化交流和增进两国人民的友谊发挥积极的作用。

八、“面对现实——中国当代艺术展”首次回国展出

“面对现实——中国当代艺术展”是由中国美术馆和奥地利路得维希基金会现代艺术馆（MUMOK）联合组织举办的一次艺术交流展，这次展览旨在呈现当代中国艺术中的现实主义面貌。2007年10月25日，由中国美术馆与奥地利路得维希基金会现代艺术馆MUMOK策划并联合主办的“面对现实——中国当代艺术展”在维也纳举办，两馆本着友好交流的协议，展览于2008年4月8～27日巡回至中国美术馆举行。

展览不但包括了方力钧、张晓刚、岳敏君等当代艺术家的代表作和新作。作品数量和形制都很丰富，涵盖了油画、雕塑、摄影、大型装置、大型架上作品、新雕塑实验等多种艺术形式。同时还展出了年轻一代艺术家表现虚幻和超现实气氛的多媒体艺术作品，年轻艺术家广泛运用从纪录片、图像社会学到电脑合成、隐喻性短剧的方式来传达现实，不仅映射出他们对所处社会的反思，还显示出他们以创新的理念再现现实的各种可能性的技术手段。

两馆通过架构基于艺术家和艺术作品的选择、展览的主题以及实际展览方式的确立等各个方面实现了两种国度文明的对话及文化的交流该展是一个严肃讨论中国现实问题和中国当代艺术自身问题的学术展览，更是中国和奥地利两国间官方第一次以当代艺术为桥梁进行交流的佐证。

九、国画名家康巴写生展

2008年4月23日，由中国国家画院与四川省崇州市人民政府共同举办的“天高云淡——当代

中国画名家康巴写生作品展”在国家画院美术馆开幕。展览展出了我国老、中、青三代著名画家23人的107幅作品。

2007年秋，画家们克服了恶劣天气及高原反应，历尽艰险来到四川省康巴藏族自治地区写生采风，终于完成了这批优秀的作品。每幅作品都鲜活生动地展示了康巴藏区的人文情怀和当地特有的风俗文化，无不流露着画家们对康巴这片沃土、对藏族同胞的深切眷恋。深刻地反映了在新时代新视角下中华大家庭和谐、发展的氛围。尤其难得的是，不少艺术家在已有的艺术语言上有更深入的思考和探索。

十、中国美术馆举办展望先生艺术个展“园林乌托邦”

当代艺术家展望先生迄今为止规模最大的个人展览2008年5月1日在中国美术馆开幕，此展是中国美术馆在奥运前期所举办的有关中国当代艺术家的个人大型展览之一。将展出展望先生自1995年以来所创作的以不锈钢材料为主体的4组主要作品：“不锈钢假山石园林”、“都市山水——新北京”、“万神药——搜神机系列”以及在特定空间实施艺术计划的录像装置、影像纪录等，除此之外，还有一些户外大型作品以及图片“镜花园”系列，展览比较全面的展现了艺术家十几年来以“乌托邦式造园”为主题的艺术实践。艺术家将中国美术馆假设为一个巨大的园林空间，“园林”又犹如一个人的身体，反映了当代人从观念到精神到物质的需求，并且与中国传统的宇宙观巧妙而独特地结合起来。

期间还在中央美术学院举办题为“介入性的‘雕塑’”的大型学术研讨会等活动。

十一、中德交流史上规模最大的德国艺术展

2008年5月14日，由中国美术馆和德国三大艺术博物馆联合主办的两个重要展览“灵动的风景：穿越德意志艺术时空”及“格哈德·里希特艺术展1963～2007”在中国美术馆举行开幕仪式。这一展事是中德交流史上规模最大的德国艺术展，在距离北京奥运会100天之内举办，已成为中国美术馆迎接奥运的重要活动项目，体现了中德两国人民友谊的不断发展，更体现了中国与世界进一步交往的文化形势。

两个展览共展出作品118件，具有极高的水平和学术性，是中国观众直接了解德国绘画艺术从浪漫主义经表现主义再到当代绘画重要流派，认识国际上最重要和最具影响力的当代艺术家之一格哈德·里希特的一次难得机会。展览于7月2日闭幕。

这两个展览在中国的成功举办是中国美术馆、柏林国立博物馆、德累斯顿国立美术博物馆、巴伐利亚国家绘画收藏馆合作的成就，弗里德尔·布尔达美术博物馆则为提供格哈德·里希特绘画展的大部分展品做出重要贡献。

2007年5月，在中国国家主席胡锦涛会见德意志联邦共和国总统霍斯特·科勒（Horst·Koehler）之时，在北京人民大会堂举行签署合作协议的仪式。中国美术馆馆长范迪安、德累斯顿国立美术博物馆馆长马丁·罗特、柏林国立博物馆馆长克劳斯－皮得·舒斯特及巴伐利亚国家绘画收藏馆馆长赖因霍尔德·鲍姆斯塔克在人民大会堂签署了展览合作协议。两国4个艺术博物馆经过一年的精心筹划，这一项目才得以成功实施。在2008年北京奥运会即将开幕之际，这两个重要展览将成为中德两国文化艺术合作与交流的最新成果。同时这两个展览是“中国在德累斯顿·德累斯顿在中国”的合作项目的重要组成部分。该项目的合作范围还包括2008年6月由中国美术馆策划的两个赴德国展出的展览，一个是“水墨新境：中国当代水墨展”，一个是“活的中国园林”。它们将展示从传统形态发展的中国当代艺术，同时也使中国的文化艺术和传统与德国的文化艺术和传统汇合交流。

十二、国家重大历史题材美术创作工程中国画、雕塑创作观摩会

2008年6月13～14日，国家重大历史题材美术创作工程办公室在北京召开了中国画和雕塑创作观摩会。中国画和雕塑创作观摩会分别由中国国家画院和中国雕塑学会承办。6月13日，中国画创作观摩会首先在中国国家画院召开，来自广东、安徽、辽宁、西藏以及中国艺术研究院、中国国家画院和总政的21组签约创作者参加了会议。6月14日，召开的雕塑创作观摩会集中了来自全国各地的14组（位）创作者和20多位业内专家、学者。来自全国各地的创作者带着他们近期创作的图稿，与美术创作工程艺术委员会委员及部分特邀专家一起，通过对图稿进行认真观摩，针对创作者在目前创作阶段所遇到的问题以及艺术表现和艺术技巧等问题进行了深入的探讨。

文化部艺术司副司长刘中军在会议上强调，观摩会非常重要，创作者们不仅可以得到艺术委员会和特邀专家有针对性的关于创作的具体建议和指导，从中获得启发，从而全面、客观地审视自己的创作，对作品的思想性、艺术性做更加深入地思考和研究；而且通过观摩，创作者相互之间也能够深入交流、彼此切磋，相互激励。也希望专家们从国家文化发展大局出发，从严格的艺术标准出发，提出中肯的、负责的意见和建议，能真正推动美术创作工程的顺利进行，保证推出一批主题鲜明、具有强烈艺术魅力的优秀美术作品。目前距离2009年5月创作收稿的日期越来越近，对创作者而言任务重、压力大。2009年美术创作工程艺术委员会还将对入选作品进行最终的评审，本着精益求精、宁缺毋滥的原则确保国家收藏高水平的艺术作品，并能够经得起时间和人民的检验。希望创作者们要真正的把心灵和深情融入到创作中去，只有真正触动心灵、激发灵感的艺术作品才会有感染力。同时，也希望创作者们处理好创作中的一些实际问题，比如作品的尺幅、作品的题目等等。

中宣部文艺局副局长汤恒在讲话中指出，国家重大历史题材美术创作工程自启动以来，所取得的阶段性成果让人感到非常振奋。创作观摩会的形式就是要通过集体的研究和探讨，发挥群体的力量，这对创作者发挥自己的个体创作性是非常有帮助的。2009年是中华人民共和国成立60周年，在这样特别的时刻，社会对美术创作工程有很多期盼，期盼大家能拿出很好的作品。相信依靠广大艺术家们的力量，可以推出一批优秀的作品，歌颂党、歌颂伟大的人民，展示出伟大祖国崭新的精神面貌，为实现中华民族伟大复兴做出美术界的贡献。

美术创作工程艺术委员会主任靳尚谊从艺术的角度对创作者们提出了要求，他指出艺术创作是很复杂的问题，每一个创作者对于题材的理解和处理方式，都与其个人的修养、素质有着密切联系。专家提出的意见和建议，对于创作者来讲是一种参考，但是最终创作者能否吸收、接受这些意见和建议，则是要根据自己对于题材的理解和判断来决定。对于历史题材创作，虽然我们在上世纪五六十年代曾经有过一些经验，但是相比于西方在这方面的创作传统而言，我们的经验还不是很丰富。创作者们一定要认真对待，抓紧时间，高质量地完成国家的创作任务。

国家重大历史题材美术创作工程2007年5月正式公布入选创作人员名单，经过艺术委员会的多次认真评审和严格遴选，共有115组创作者与创作工程办公室签订委托创作责任书，分别完成106个选题的创作。其中，中国画创作4 0件，油画创作55件，雕塑创作20件。正式签约后，美术创作工程办公室将创作启动资金拨付到签约创作者单位，并时刻关注着创作工程的进展情况。为了进一步推动创作的顺利进行，美术创作工程办公室积极组织和支持创作者比较集中的各美术单位、各地方文化主管部门分区域召开创作观摩研讨会。从2007年底开始，上海地区、中央美术学院、中国国家画院及总政已经分别组织本地区、本单位的签约创作者集中观摩创作草图，邀请专家对创作进行具体指导和评议，获得创作者的热烈欢迎，极大地推动了创作的进展。

此次国家重大历史题材美术创作工程办公室专门组织分布相对分散的入选创作者进京，进行创作观摩，邀请专家为他们的创作“把脉”，提出具体的指导和建议。会议上，与会专家们对观摩的作品图稿逐一进行讨论，不仅从创作的历史背景、艺术构思、选题角度等宏观问题上与创作者进行深入探讨，而且对于具体的艺术表现手法、艺术语言的运用、作品尺幅大小、作品题目的选择，甚至作品细节的设计都提出了详细的建议。对待每一位创作者的草图，专家们都像是对待自己的创作一样，认真细致地分析构图，不厌其烦地完善方案，开诚布公地交换意见。与会创作者们也非常珍惜这次交流的机会，把创作中的感受和思考与专家们进行深入地沟通和探讨，并纷纷表示观摩会给他们目前的创作带来很多新的启发，对他们的创作来说是极大的推动和促进。

国家重大历史题材美术创作工程办公室7月份再次组织召开油画部分的创作观摩会。

十三、中国美术馆举办“心系灾区——携手送祝福”六一儿童美术活动

每年6月1日，中国美术馆都会为少年儿童举办相应的美术活动以示庆祝。2008年的“六一”

儿童节，正值全国上下同心协力抗震救灾的特殊时期。灾区孩子们所遭遇的巨大不幸与痛苦牵动着亿万中国人的心。为此，作为国家重要公益文化设施的中国美术馆，在多方社会力量的支持下，特别为灾区的孩子们举办“六一”国际儿童节“心系灾区——携手送祝福”儿童美术活动。

“心系灾区——携手送祝福”活动于6月1日（星期日）下午1：30～5：00在中国美术馆举行。中国美术馆特别邀请灾区在京务工人员子女及其所在的八所打工子弟学校的同学们与北京市少年宫的孩子们共计200余人一起参加。

首先，中国美术馆的志愿者带领孩子们参观了正在展出的来自德国的“灵动的风景——穿越德意志艺术时空”等展览，通过讲解和交流，使他们进一步理解绘画艺术的奥秘，提高艺术审美能力。

接下来的“我在美术馆画画”是中国美术馆经典的少儿美术活动。中国美术馆免费为孩子们提供了画笔和画具，还有一件印有“我在美术馆画画”的背心和围裙，让他们在充满名家名作的艺术殿堂里自由享受绘画的乐趣。特别是，40名学生代表在中国美术馆的广场上共同创作了以“心连心——携手送祝福”为主题的大型绘画作品2.0m×2.2 m，生动形象地表达了孩子们对灾区小朋友真诚的爱和祝福。另外，中国美术馆还与星巴克咖啡有限公司一起为孩子们提供了一顿加餐。

中国美术馆将把当场创作的“心连心——携手送祝福”为主题的大型绘画作品以及孩子们创作的200幅画作，连同1000套本馆研发的儿童绘画包和购买的2000套彩色画笔一起，交由中国儿童少年基金会送往灾区，将中国美术馆和小朋友们的真诚祝福送给灾区的孩子，希望充满爱的艺术可以温暖和抚慰他们的伤痛，帮助他们尽早走出灾难的阴影，重回健康快乐的幸福生活，用手中的画笔尽情描绘五彩斑斓的美好未来。

中国美术馆范迪安馆长、钱林祥书记、杨炳延副馆长、马书林副馆长和星巴克咖啡有限公司华北区市场部经理杨亦农参加了活动，中国儿童少年基金会秘书长宋立英女士从范迪安馆长手中接过了这份送往灾区的“祝福”。

十四、非物质文化遗产进校园——中国美术馆走进中央民族大学

2008年6月14日是我国第三个“文化遗产日”，为了纪念这个特别的日子，为了响应文化部的号召，中国美术馆积极开展“非物质文化遗产进校园”的活动。6月10日上午，由中国美术馆策划，中央民族大学协办的“美在民间——中国美术馆藏民间剪纸、刺绣精品展”在中央民族大学美术馆隆重开幕，开幕式上，中国美术馆馆长范迪安向四川灾区的学生赠送了精美的民间美术画册。现场邀请来自内蒙古的民间剪纸艺术家郑蝴蝶展示剪纸技艺，同时还邀请了一对身着节日盛装的贵州苗族姐妹，她们在清脆悦耳的苗歌中展示精湛的刺绣技艺。大学生在欣赏展览与精湛的表演技艺的同时，还可以亲自动手学习剪纸和刺绣。为了让大学生更好地了解民间剪纸和刺绣艺术，中国美术馆公共教育部每天都安排义务讲解员作现场讲解；展览还印制了精美的宣传册，向大学生免费发放。展览期间还将在中央民族大学举办有关民间剪纸、刺绣的学术讲座。

这次共展出61件作品，其中剪纸31件，民间刺绣30件，遍布10多个省区，涵盖汉、苗、水、侗、羌、满、布依、侗族等民族。特别值得一提的是，中国美术馆精选了6件来自四川郫县民间绣坊的大型绣品，以及四川茂汶地区的羌族服饰1件，其色彩之艳丽，绣功之精美令人赞叹。但如今，这两个地区都遭受地震的严重侵袭。汶川大地震不仅给四川人民造成了伤害，也使当地的民间艺术遭受了巨大损失。这次展出的精美作品则作为四川少数民族刺绣艺术的有力见证而更显弥足珍贵，同时呼吁全社会对灾区文化遗产保护工作的高度重视和大力支持。

来自各民族的大学生通过这次活动走进民族民间艺术，增强对非物质文化遗产的保护意识，提升民族自豪感和自信心，感受民间美术深邃的文化内涵和旺盛的生命力。

十五、中国美术馆举办国际新媒体艺术展

为迎接2008北京奥运会的到来，在文化部的大力支持下，由中国美术馆主办的“合成时代：媒体中国2008——国际新媒体艺术展”于6月9日拉开帷幕。来自30多个国家的100多名世界顶尖新媒体艺术家为中国观众带来一次前所未有的艺术景观，集视听，游戏，网络，互动等新颖丰富的作品，使中国美术馆成为艺术科技的空间。这次展览回应了北京奥运提出的“科技奥运”、“人

文奥运”理念，反映了中国与世界更加密切的文化交流，将成为中国当代文化史上一个具有里程碑意义的艺术事件。

在文化部的领导下，中国美术馆近些年正努力展开视觉艺术领域宽阔的国际交流，从2005年中法文化年的重要展览“仲夏法兰西——北京”、2006年中国俄罗斯年的重要展览“俄罗斯艺术300年——国立特列恰科夫美术博物馆珍品展”、2006年中国意大利年的重要展览“意大利艺术·意大利生活”、2007年“美国艺术三百年：适应与革新”、2007年西班牙文化年的重要展览“从提香到戈雅——普拉多博物馆藏艺术珍品展”、到2008年奥运年的“德国艺术大展”以及这次新媒体艺术大展。中国美术馆积极地把世界艺术的优秀成果介绍给中国公众，构筑中国艺术与国际艺术对话与交流的平台。

这次展览经过两年的策划，与国际著名策展人、建筑师以及设计展示公司合作，展览期间在北京设立了两个卫星场馆，并开展相关的教育研讨活动。无论在规模上还是质量上都成为一次国际新媒体艺术最新成果的聚汇，不同文化背景的创造使这个展览反映出新媒体时代文化的统一性与差异性，由此形成跨文化的交流。这种艺术方式和我们实际的生活方式结合在一起，使我们置身于一个可以称为“媒体文明”的历史进程，启发人们对创造力产生新的理解。

十六、“水墨新境：中国当代水墨展”展现德国

为加强中德两国文化艺术交流，中国美术馆和德国柏林国家博物馆及德累斯顿国家艺术收藏馆联合主办的大型展览“水墨新境：中国当代水墨展”，于2008年6月26日下午6时和27日下午4时分别在德国柏林亚洲博物馆和德累斯顿国家艺术收藏馆隆重开幕。此展览作为与德国三大艺术博物馆在中国美术馆举办的“灵动的风景：穿越德意志艺术时空”及“格哈德·里希特艺术展1963～2007”的回访展，得到了中国国家主席胡锦涛和德国总统霍斯特·克勒的支持，书写了中德艺术交流史新的篇章，也体现了中国国家美术馆与德国著名博物馆之间的成功合作。

出席开幕式的中方嘉宾有中国驻德大使马灿荣、驻德大使馆公使衔文化参赞董俊新、文化部外联局西欧处副处长陈平、中国美术馆馆长范迪安、中国美术馆副馆长兼书记钱林祥、中国美术馆副馆长马书林以及参展艺术家代表董小明、刘庆和、武艺、徐龙森、张健君、魏青吉。出席开幕式的德方嘉宾有德国柏林国家博物馆总馆长彼得 克劳斯·舒斯特（Peter Klaus Schuster）和德累斯顿国家艺术收藏馆总馆长马丁·罗特（Martin Roth）。在两个展场的开幕式之前，都举行了隆重的记者招待会，马灿荣、范迪安、彼得 克劳斯·舒斯特和马丁·罗特分别在招待会上发言。

马灿荣大使在讲话中高度评价了中德艺术交流进入到两国国家艺术博物馆合作的新时期，他指出这次赴德的两个中国艺术展富有丰富新颖的内容，透过中国水墨艺术这种十分具有中国文化传统代表性的艺术形式，展示古老的中国与当代的中国，能够让德国的公众理解和认识今日中国艺术在继承传统基础上的创新。

“水墨新境：中国当代水墨展”是中国水墨艺术第一次大规模在欧洲的展出，向德国的观众展示了中国当代水墨在新时代、新语境下的广度和深度，同时激发了观众去探索和发现这些貌似迥异的作品中隐含着的永恒的水墨玄机。通过“水墨”这个语汇，通过“新境”的多样面貌，德国的观众们得以了解中国水墨画在历史延承与当下碰撞中的无限生机，体会到中国式创新的独特魅力。此展览展示了120余件以水墨为媒介的艺术作品，是60余位著名中国艺术家的代表作，其中有李可染、吴冠中等老一辈中国画家的作品，也有张立辰、贾又福、潘公凯、马书林、董小明等中国画坛承前启后的一代名家的力作。展览分别从“都市人文”、“乡土人情”和“戏剧人生”等方面展现了中国水墨反映社会现实、体现人与自然共进的当代发展，特别展现出画家们在笔墨上追求时代性和精神性的探索。一部分参展艺术家们以“骋怀观物”的观看方式，以深刻地理解与透析内化外在的对象，在水、墨、纸的相互生发中展现外在自然与内在心灵的相融无间。另一部分艺术家把水墨作为媒材进行大胆解构和重组，并结合多媒体、装置等艺术样式，在水墨精神的当下延展中不断尝试与探索，把当代水墨推向到前所未有的新生地。

中国美术馆馆长范迪安在谈到这两个展览的

意义时说道："水墨艺术是中国文化传统的重要载体，是融中国哲学思想、文化观念和造型语言为一体的民族艺术样式，本展览旨向德国公众介绍这一传统艺术语言在今日的发展面貌，让德国公众看到中国文化追随时代发展的活跃生机，也将在防止全球文化单一化这一课题上形成广泛的交流。"

十七、首次中美艺术博物馆教育研讨会

2008年6月17～18日，由中国美术馆和美国哥伦比亚大学教育学院共同举办的"为教育的艺术空间"中美艺术博物馆教育研讨会在中国美术馆举行。这是中美两国就"艺术博物馆教育"话题的首次国际性研讨会，对我国艺术博物馆公共教育事业的发展具有重大的现实意义和深远的历史影响。

1. 代表团成员凸显学术权威

美方代表团由美国富有经验的博物馆教育专家学者组成，并得到美国亚洲文化协会和美中关系全国委员会的资助。包括纽约大学、哥伦比亚大学、现代艺术博物馆、所罗门·古根海姆博物馆、大都会艺术博物馆、美国自然历史博物馆的艺术教育界的专家及文化艺术机构负责人、捐助人等；中方代表包括中国美术馆、广东美术馆、湖南省博物馆、华东师范大学等来自北京、上海、广东、湖南、湖北、江苏、陕西、云南、甘肃、辽宁、福建、吉林、黑龙江等全国各省市的主要美术馆、博物馆馆长及教育方面的负责人等，双方代表共计约120人，就如何更好地发挥艺术博物馆的公共教育功能、加强艺术博物馆教育的学科研究暨国内外交流与合作展开广泛深入的研讨。这是一次艺术博物馆教育领域的高端对话。

2. 组会模式采用国际惯例

两天的会议，严格按照国际学术研讨会规范进行，采用同声传译，安排紧凑而高效。与会代表围绕会议主题进行了5场论文演讲及圆桌讨论。这次研讨会的策划组织模式及融资模式，就颇具创意，在中国美术馆的学术研讨活动中首次采用与国际接轨的项目策划人制及中外联合主办、协作融资的模式。

3. 研讨会取得实质性成果

（1）双方就两国博物馆教育交流所具有的现实意义达成了共识。"以藏品为中心"的办馆理念向"以观众为中心"的办馆理念转变，其核心表现就是美术馆（艺术博物馆）日益重视和拓展自身的公共教育功能，成为学校和家庭以外最重要的艺术教育场所，成为广大公众休闲和审美的理想去处。由于社会、经济、文化背景的差异，不同国家不同地区的美术馆（艺术博物馆）在这方面的发展进程并不同步，也面临各自不同的机遇和挑战。中国美术馆与美国哥伦比亚大学教育学院联合策划举办此次研讨会，就是希望以此为来自中美双方的专家学者及相关专业人员、院校师生和普通观众提供一个互动平台，总结经验，探讨问题，交流见解，促进革新。目前，我国的美术馆、博物馆加强公共文化服务，包括各自不同的办馆目标和地区性的文化特色的公共教育活动，已经积累了不少好的经验，当然也面临诸多新的问题和挑战，比如在博物馆免费开放的新形势下，如何开展公共教育活动等。这次国际研讨会，无疑为国内美术馆、博物馆的管理者和专业人员提供了一次与来自国内外的同行们切磋交流的宝贵机会。

（2）双方首次建立了艺术博物馆领域沟通和交流的渠道。此次研讨会的组委会主席、中国美术馆馆长范迪安在对新闻界评价这次会议时表示，这次研讨会的策划举办，实现了两个第一："就艺术博物馆教育话题举办的国际研讨活动，这在中国美术馆还是有史以来第一次，在中国也是第一次，对我国美术馆、博物馆公共教育事业的发展具有深远的历史与现实意义。"来自美国的一位演讲者补充了第三个"第一"：这也是美国富有经验的博物馆教育专家学者第一次组团来到中国，与中国同行们进行交流。研讨会后，中方将与美方合作，共同编辑出版此次研讨会的中英文论文文献集，还将选派中方专业人员赴美国考察博物馆教育，并开展在人员培训方面的合作。专家认为"此次活动的策划举办，也显示出中美两国之间在艺术博物馆领域交流合作的广阔前景，并为今后继续拓展相关领域的国际交流与合作提供了新的思路。"从此次研讨会的成功举办，我们也认识到，中美两国作为当今最主要的发展中国家和最主要的发达国家，尽管在意识形态、社会体制、经济发展等诸多方面存在差异，但是在艺术、文化、教育等领域有较多共识，也面临许

多相似的问题和挑战，就艺术博物馆教育这样普遍关心的新话题进行研讨和交流，对促进双方的沟通、理解、友谊、合作，可以起到积极的作用。此次研讨会的举办，应该说也是在这方面一次富有新意的创举。

（3）在具体的交流与合作项目上取得了实质性成果。艺术博物馆教育是国际艺术教育界与艺术博物馆界的一个新兴领域。作为专业领域，艺术博物馆教育在美国发展较中国为早。为期两天的研讨会卓有成效地实现了中美两国艺术博物馆教育领域的高端对话和相互学习，激发了国内艺术博物馆教育领域的自我总结和深入思考，也增进了美国同行对中国艺术博物馆教育领域新形式的了解。美方专家带来了长期以来在艺术博物馆教育方面的先进理念，如与观众进行引导性对话的策略、展览陈列与公众教育活动相结合的方法等。尽管中国艺术博物馆教育起步较晚，需要探索和学习借鉴的地方还比较多，但其创造性和高起点为日后中国的艺术博物馆教育工作奠定了良好基础。应该在总结现有经验的基础上，继续践行真正现代意义上的公众教育理念，寻找适合中国公众和时代需求的艺术博物馆教育方式和方法。在研讨会上，有的代表提议进一步从理念上强调艺术博物馆作为“教育机构”的功能定位，尽快建立和完善馆内外的相关合作互动机制，积极开展和深化在艺术博物馆教育理论研究、人员培训、项目规划等方面的国际国内交流与合作。

十八、中国两大艺术博物馆藏联展“明清绘画精选”

由中国美术馆与故宫博物院联合策划、主办的“明清绘画精选——故宫博物院、中国美术馆藏品联展”于年2008年7月16日上午10时在中国美术馆开幕，展期至8月29日。

本次展览共计展出106件明清绘画精品，其中故宫博物院藏品60件，中国美术馆藏品46件。故宫博物院是明清绘画珍藏的宝库，此回展览选择的名作佳品可谓经典的缩影；中国美术馆的收藏以20世纪以来中国美术为主，但馆藏部分明清绘画也有独特的学术价值，其中包括邓拓先生于20世纪60年代捐赠给国家的一批珍品。

此外，中国美术馆还另辟一展厅，展陈任伯年和吴昌硕小品22件。展览的很多作品此前从未出示，此回得以与故宫博物院联袂展出，当能使广大观众在同一时间内欣赏到两所国家级艺术博物馆的珍藏。

“明清绘画精选——故宫博物院、中国美术馆藏品联展”对于以现当代美术作为主要工作范围的中国美术馆来说是一次特别展览。展览将两馆（院）的藏品资源和学术力量结合在一起，一方面，使得明清绘画与近代绘画有机结合为一个整体，凸现出中国绘画自明清以来完整的发展与转型脉络。另一方面，作为2008北京奥运的重要文化项目之一，展览展示出中华民族艺术创造的一段重要篇章，将是29届北京奥运会期间一道亮丽的文化景观，也体现出北京奥运倡导的“人文奥运”精神，是在奥运期间对广大观众的一次特别奉献。

十九、奥运会开幕式焰火总设计师蔡国强个人艺术回顾展

“蔡国强：我想要相信”世界巡展北京站由中外文化交流中心、美国纽约所罗门·R. 古根海姆博物馆和中国美术馆联合主办，于2008年8月19日在北京中国美术馆开幕，本展览列为“相约北京——2008文化活动”之一，是对蔡国强20多年艺术创作生涯的全面回顾，也是其作品在国内首次最大规模的展示。

该展于2008年春在纽约古根海姆美术馆开幕，2009年还将巡回到西班牙毕尔巴鄂古根海姆博物馆，这是对艺术家在现代世界艺术史的贡献给予的最高评价。本次展览收录了蔡国强自20世纪80年代至今的40组重要作品，分别来自欧美及亚洲等多家知名博物馆及私人收藏。展览以年代顺序和不同主题为线索，充分展示了蔡国强卓越的创造力和出众的视觉及概念语言，阐释了其对国际当代艺术实践及社会活动在形式上及概念上的重要贡献。作品内容主要分为四种不同类型的媒介：以铺设在纸上的火药线及火药粉末引燃后形成的火药草图；通过影像、照片和预备草图来记录的在特殊场所进行的爆破计划；大型装置艺术；以及通过照片记录的社会项目，即艺术家与当地公众共同创造的艺术事件或展览场地等。

二十、2008北京奥运会大型新闻图片展

值第29届夏季奥林匹克运动会胜利闭幕之际，由新华社与中国移动主办、中国美术馆协办

的“分享光荣与梦想——2008北京奥运会大型新闻图片展”于2008年9月5～9日在中国美术馆展出。本次展览得到了各级领导的高度重视，中共北京市委书记刘淇、中宣部部长刘云山、新华社社长李从军等领导先后参观了展览。

这次图片展旨在展示北京奥运会“同一个世界，同一个梦想”的核心理念，展示各国运动健儿顽强拼搏的精神风貌，展示我国向世界兑现“举办一届高水平、有特色奥运会”的庄严承诺，展示新华社作为奥运会东道主通讯社、奥林匹克国家摄影队的丰硕成果。同时中国美术馆为了积极支持奥运活动，在没有展厅档期的情况下，协商调整现有展览，高效率、高水准、高质量地完成了奥运图片展的布展、设计、接待等工作，营造出和谐高雅的展示氛围，体现了中国美术馆业务工作的水平和支持奥运的热情，为2008年北京奥运会的圆满成功增添了光彩。

新华社是中国最大的新闻信息采集和发布机构，被国际奥委会授权为2008年北京奥运会东道主通讯社并组建国家摄影队。图片展从数万张图片中精选了300余张，制作了200多个展板，分为圣火传递、精彩赛场、情满奥运、梦圆北京四个部分。并于9月初在北京启动，在全国31个省区市及青岛、大连、宁波、深圳等城市举办，同时在香港、澳门地区展出。北京主展场设在中国美术馆，北京分展场设在奥林匹克公园中国移动奥运体验厅，并在北京10所以上知名高校举办。

以后图片展还通过新华社驻外分社和我驻外使领馆，在100个国家和地区举行。新华社、中国移动继续与教育部合作，计划在国外100所孔子学院举办图片展。

二十一、“长风万里西部情”在西安展出

由文化部艺术司、陕西省文化厅主办，中国美术馆和陕西美术博物馆承办的“长风万里西部情——中国美术馆馆藏精品展”于2008年9月19日在古城西安举行了隆重的开幕式。这是国家文化支持西部的重要活动，是国家美术馆藏品首次大规模亮相西安，也是陕西省美术馆建馆以来规模最大的展览，展期1个月。

展览从400多幅表现西部主题的馆藏珍品中精选出128幅，创作时间从上世纪30年代末持续至今，品类包括油画、版画、国画。收罗了从吴作人到靳尚谊、从司徒乔到谌北新、从吕斯百到蔡亮、从石鲁、赵望云、何海霞、方济众到黄胄、傅抱石、刘西文、崔振宽、赵振川等名家名作，是西部主题作品最高级别的展示。展览的研讨会具有强大的学术阵容，北京12位学术界大家和全国10多位理论家齐聚古城西安，体现出本次展览极高的学术研究价值，亦是美术馆充分发挥馆藏作品价值的重要课题和成功实践，充分发挥了艺术博物馆“以物示人”的教育和公益职能。

陕西省美术馆与中国美术馆历时一年在策划、布展、举办研讨会等细节方面多方合作，学术含量和展示效果均达到国家级的水准，中国美术馆在展览展示方面为陕西馆带来了先进理念和技术设备，按照作品的不同风格，展厅墙壁装饰成灰色、红色、白色等，展厅的围栏设计、空间分隔、灯光装饰等细节之处都增添了设计理念，如陕西馆第一次使用百万元的专业轨道射灯200盏，使展览呈现出较高的艺术品位和展示效果。

本次展览加强了馆际之间的交流与合作，为策划品牌性巡展项目积累了经验，同时对艺术博物馆如何发挥馆藏资源价值、如何提高展示效果和专业服务等课题具有积极的启益。

二十二、中国美术馆首次举办国际企业收藏展

瑞银集团当代艺术收藏展“移动的地平线——瑞银集团艺术珍藏：1960年代至今”于2008年9月28日在北京中国美术馆揭开了帷幕，展期至11月4日。中国美术馆作为中国国家级艺术殿堂是本次展览的合作伙伴，举办此次展览，表示国家美术机构对于具有实力的企业美术收藏的倡导和支持。本次艺术展是继瑞银集团成功地于2008年6月和7月在上海举办“为了明天的记忆”艺术收藏展之后移师北京的又一更大规模的展览，为首都观众呈现出一个主题完全不同且作品涉及面更广的视觉盛宴。此次命名为“移动的地平线——瑞银集团艺术珍藏：1960年代至今”的当代艺术收藏展是中国美术馆和瑞银集团的首度合作，也是中国美术馆第一次举办国际企业的收藏展。

瑞银集团是世界上主要的国际性艺术品收藏赞助机构之一。瑞银集团中国区主席李一先生指出：“瑞银集团的艺术品收藏展反映了瑞银集团作为当今世界最大规模金融机构之一，不但关心业务的发展，而且关注民生回馈社会。我非常欣喜地看到我们的艺术藏品能够呈现在北京观众的

面前。经过今年在东京及近期在上海成功展出的经验，我坚信，'移动的地平线'将使中国观众在了解我们瑞银集团的同时享受一场独特的艺术盛宴。"

中国美术馆馆长范迪安表示，"瑞银集团当代艺术收藏展给中国观众提供了感受世界当代艺术多样性的机会，但更重要的是通过介绍瑞银艺术收藏的方式与经验，在中国形成对'企业艺术收藏'这个话题的探讨与交流。"

瑞银集团的艺术品收藏活动自20世纪70年代至今已有40年，囊括了20世纪50年代至今世界各地艺术家的杰作。此次瑞银集团当代艺术收藏展展出大约150件作品，其中包括版画、素描、油画、摄影以及视频艺术等，揭示了这些变化历程。

二十三、吴作人先生百年诞辰纪念活动

吴作人先生百年诞辰纪念活动由中华人民共和国文化部、中国文学艺术界联合会、中国民主同盟中央委员会主办，中央美术学院、中国美术家协会、中国美术馆、吴作人国际美术基金会承办，北京大学"中国现代艺术档案"协办。

吴作人先生百年诞辰纪念活动是在中国文化复兴的关键时刻，借助对一位承前启后的艺术大师的纪念，总结成绩，发扬传统，发现问题，激励斗志。近代历史经验告诉我们，当民族到了最危急的时刻，几代知识分子向西方求取强国富民的真理，在艺术上就是引进了西方学院制度。吴作人则是引进学院制度的一个关键人物。

早年吴作人先生追随徐悲鸿，是中国最早的艺术学院的学生，紧接着他进入欧洲的艺术学院，是中国第一位完整地完成西方学院教育，并取得最高成绩者（金奖毕业）。回国后随即任教中央大学、国立北平艺专、中央美术学院，历任教务长、副院长、院长、名誉院长，直至终身，真正是为中国艺术和艺术教育事业鞠躬尽瘁，死而后已。这次百年纪念活动恰逢中央美术学院建院90周年，所以特别从学院引进、发展的角度展开对吴作人的纪念，既突出了这次纪念的主题和重点，同时也不妨碍对大师的艺术的进一步认识。甚至可以这么说，这位大师的艺术从来就不是只为个人的成功，而是为了全民族艺术的发展，致力于教育和鼓励一代又一代人为中国文化不息奋斗的历程，其中的志向、国难、遭遇和涵养影响了几代艺术家和教师，薪火相传，因而反过来更有助于我们加深对吴作人艺术和人格的理解。

吴作人生前曾为中国美术家协会主席，是中国艺术界的领军人物，在各方面都具有广泛影响。虽然这些成就和影响超出了学院的范畴，但是也可以看做是在学院的立足点上更广泛的美育和创作引导作用。

吴作人百年诞辰纪念活动共包含：（1）吴作人百年诞辰纪念座谈会。座谈会于2008年10月16日在人民大会堂举行。（2）纪念展览"学院与艺术——吴作人百年诞辰纪念展"。展览除了集中展出吴作人的代表作之外，还有学术性展示，分为两个部分：第一部分将展示吴作人在国内外学习、进修创作的情况。第二部分将展示吴作人的艺术教育思想以及在学院建制、基础教学、创作教学及其他教学方面的实践、成绩，通过分析当时遭遇的问题，展现其未曾实现的教育理想，并通过今天的再认识，为今日中国艺术和中国文化更进一步发展借鉴。（3）国际学术研讨会"学院的历史与问题"，邀请国内外学者就西方艺术学院的历史及在20世纪遭遇现代艺术后发生的问题，中国的艺术学院制度的引进及发展的历史、目前遭遇当代艺术的问题，以及中央美术学院的历史和现状等学术问题发表学术报告，并出版论文集。（4）2008"吴作人艺术奖"、"萧淑芳艺术奖"的评奖与颁发。

吴作人百年诞辰纪念活动还包括稍后在布鲁塞尔"欧洲中国年"中的"吴作人作品展"，在巴黎和布鲁塞尔举办的国际学术研讨会。

二十四、中国美术馆广泛开展艺术教育活动

金秋十月，中国美术馆连续推出了针对不同受众的公益性教育活动，不仅有智障及残障儿童参观活动、家庭亲子活动，还有小学生展厅教学活动，以及公益性讲座，让中国美术馆成为一个名副其实的艺术大课堂。

来自北京市通州区培智学校、朝阳区安华（培智）学校、北京第三聋人学校的80多名同学在两个周末分别来到中国美术馆，在志愿讲解员的带领下以及瑞银集团志愿者的协助下，一起欣赏艺术作品和交流感想。中国美术馆的教育人员为孩子们的参观和创作进行了悉心的指导，在为这些孩子们做导览时志愿讲解员们也比平时更有耐心，营造出平等活跃的对话氛围。许多孩子都希望能够更多地走进中国美术馆，为了方便孩子们参观，中国美术馆公共教育部向孩子们赠送了亲子纪念卡，家长可免费陪同他们前来中国美术馆。

中国美术馆公共教育部门还根据展览内容推出了针对家庭的亲子活动和针对中小学生的展厅教学项目。瑞银集团员工积极报名参加家庭亲子活动，一同参观“瑞银集团艺术珍藏展”，在之后的互动环节中每个家庭的成员们还一起体验了“包裹艺术”，共享艺术的乐趣。

让展厅成为生动的艺术课堂是中国美术馆教育工作的重点，多年来一直受到学校老师的支持。中央美术学院人文学院艺术管理系主任皮力老师带领北京花家地实验小学的50多名孩子参与了展厅教学，并对中国美术馆的教育人员工作进行了充分的肯定，学校的老师们也表示希望能够更多参与展厅教学的机会，让孩子在接受学校艺术教育的同时也走进美术馆，现场感受艺术品的魅力。

二十五、墨西哥著名摄影家佩德罗·梅耶尔向中国美术馆捐赠百幅作品

2008年10月17日，由中国美术馆主办的“异向——佩德罗·梅耶尔摄影艺术展”在中国美术馆开幕。本次展览展出了墨西哥著名摄影家佩德罗·梅耶尔（Pedro Meyer）先生上世纪50年代至近期的摄影作品共110幅。展览结束后，这些作品全部捐赠中国美术馆，给中国观众带来欣赏国际当代摄影文化领域借助现代科技手段产生的新视觉效果的机会。

佩德罗·梅耶尔先生生于西班牙马德里的犹太人家庭，1938年移居墨西哥并加入墨西哥国籍。佩德罗·梅耶尔先生作品中呈现着强烈的拉丁美洲文化特有的艺术风格。他对墨西哥与拉丁美洲摄影探究民族文化身份的不懈求索，形成独具个性的墨西哥摄影风采，并且在个人实践中将其观念予以具体化和形象化。

二十六、西班牙大师马诺罗·瓦尔代斯中国首展

2008年10月18日，当代西班牙大师马诺罗·瓦尔代斯在中国的首次个人展览在中国美术馆开幕。马诺罗·瓦尔代斯是当今世界上“保持原创，而又不断尝试各种新形式”的顶尖当代艺术家之一。本次展览得到了马乐伯纽约画廊的大力支持。展览从10月17日开始，一直持续到11月13日结束。

马诺罗·瓦尔代斯是当今世界上最为著名的当代艺术家之一。他熟谙素描，油画、雕塑、蚀刻等多种艺术形式，显露出他多方面的艺术才华。从他的肖像、人体类作品中，可以看到鲁本斯、维拉斯贵支、里韦拉、马蒂斯等艺术家作品中的形象原型。不过，瓦尔代斯不可能也不愿意去复制它们，而是以关注生命存在的视角，用解构之后又重构的形式，使人们熟识的形象从现代的语言中透溢出来。他对物质材料有独特的敏感，善于运用布片、纸张等材料，通过拼贴与图绘的结合形成强烈的形式感。

值这次北京展览之际，瓦尔代斯向中国美术馆捐献了一件大型雕塑《女皇玛妮娜》。

二十七、东方意韵——苏天赐艺术回顾展

20世纪中国油画名家苏天赐的毕生佳作首次集中亮相中国美术馆，构成一道特色鲜明、品格高雅的油画风景。由中国美术馆、中国美术家协会、南京艺术学院共同主办的“东方意韵——苏天赐艺术回顾展”于2008年10月10日在中国美术馆开幕。此次展览共展出作品130件，展品包括苏天赐各个时期的创作，其中最早的是1948年的《蓝衣女像》，最晚的为其逝世前两个月的作品。苏天赐夫人凌环如携子女将25件作品捐赠给国家，由中国美术馆永久收藏，其中包括15幅油画和素描、水彩等。吴冠中、靳尚谊、刘大为、冯健亲等美术界代表出席开幕式，盛赞苏天赐艺术回顾展让人看到了具有中国气派的油画风采。

苏天赐1922年出生于广东阳江市，自幼以艺术为理想，青年时代曾投身抗日救亡的文艺活动。在林风眠的引导和启发下，他将东方艺术的精神融入到油画的表现中去，使被称为“西画”的外来画种充满了东方的神韵。苏天赐的油画作品，无论是人物，或是静物和风景，无不保留着一以贯之的艺术精神，从早期的《黑衣女青年像》、《蓝衣女像》，到在第七届全国美展中获铜奖的《早春》，他的作品给人以优雅的品质与充沛的诗情。以写意写神为标志的苏天赐艺术风格的建立，为当代中国油画另立新标，这种风格承传了中国绘画的“写”的特质，传达了江南田园风景的诗情画意，具有鲜明的东方美学特性。他以胸有成竹的自信将笔触的灵动演绎成音乐的节奏，让人们感受到神来之笔的美妙和充满自然生机的气韵。

通过对苏天赐艺术的回顾和研究，将激发人们关注20世纪中国油画史的热情，从而以此引发学界对于21世纪中国油画艺术发展方向的思考。

二十八、台湾艺术家庞均画展

金秋时节，中国美术馆迎来了台湾著名老艺术家庞均的油画大展，2008年11月10～27日在中国美术馆3层隆重展出。用这样的规模、规格来为老先生办展，是中国美术馆对久居台湾已过七旬的老艺术家艺术经历的一次回顾，同时也是表达对庞均先生几十年勤奋治艺的敬意。庞均先生数年来精心创作的一百多幅油画作品集中起来，首次大规模整体性在中国美术馆展出，给北京的秋天增添了一片明媚的色彩，让我们感到一份厚重与充盈。

庞均出生于艺术世家，父亲是中国20世纪最早的现代艺术社团“决澜社”的发起人，著名艺术家庞薰琹，母亲是才艺非凡的女油画家丘堤。庞均自幼接受优越的文化教养，涵育了出类拔萃的艺术心灵。12岁就与姐姐庞涛在上海义利画廊举办油画联展。1954年从中央美术学院毕业后，曾任职北京画院，从事油画创作。改革开放之初，积极组织并参与当时影响较大的油画团体“北京油画研究会”的活动。1980年移居香港，1987年定居台湾，任教于台湾艺术大学。多年的实践与教学使他的油画成就获得了社会的肯定与好评，被列入英国剑桥世界名人录，并获卓越艺术贡献奖。

台湾多元、开放的文化环境没有使庞均先生失去坐标，多年来穿行于内地、香港、台湾多种社会文化之间，反而丰富了其艺术阅历，也更加加深了对艺术生命本质的认识，洗尽铅华、返璞归真，留下内心永久的美丽。其艺术取材生活中最普通的情境，几束鲜花、一只瓶罐、两个水果等等，意境简明，韵味悠远。画家通过赋予平凡景物以生命的色泽与光影，获得审美的超越性体验和精神的愉悦，从而达致理想人格的养成与自我心灵的真实写照。他在作品中将传统写意的用笔方法与油画色彩的强烈与沉厚结合，在自由抒写的基础上传达出平静、优雅的意趣与格调。与传统水墨写意不同的是他拒绝程式化，追求气息的连绵与流动，通篇流畅之笔。大胆使用纯色以及黑白两极色，构成装饰性的色彩结构，具有直接的力度和鲜明、响亮、醇厚的视觉效果。

可贵的是，此次庞均先生还将其精品45件捐赠给中国美术馆，是他远离数十载回报故土乡亲的情谊见证。中国美术馆代表国家接受并予以珍藏，使之传之久远、惠及后世。

二十九、第五届“我在中国美术馆画画儿”大型儿童美术活动

2008年12月13日上午，中国美术馆举办了第五届“我在中国美术馆画画儿”大型儿童美术活动，这次活动的主题是“星火传递——爱心卡互动”。

“星火传递——爱心卡互动”，特选在2009年新年即将到来之际，邀请北京市各区县千余名喜爱绘画的少年儿童在中国美术馆现场创作祝福卡，并在卡片上详细填写灾区小朋友的学校、班级和姓名，这些卡将带着北京小朋友的爱心和祝福寄到四川灾区小朋友的手中；同时，在每份寄出的贺卡里还附带了一份将由灾区小朋友来接棒完成的空白卡，画完的祝福卡，再回寄给北京的少年儿童(邮资中国美术馆负担)，以完成彼此“爱”的传递。希望以一张张手绘贺年卡向我国四川地震重灾区的孩子们寄去首都小朋友的问候和祝福，并以“一对一”交流的方式，搭建起两地孩子们友谊的桥梁，播撒爱的火种。活动还邀请了近百名来自地震灾区的来京务工人员子女参加，并在现场与北京的小朋友进行了爱心卡的交换。

参加活动的每个孩子都将得到一张可偕家长24次免费参观该馆展览的“我在中国美术馆画画儿纪念卡”。

此外，中国美术馆还通过邮寄明信片的方式邀请西藏、云南、陕西、内蒙古、吉林、湖南、贵州、广东、江苏等地的6000余名贫困少年儿童共同参与，互致问候，传递爱心，建立友谊，让爱像蒲公英一样，在北京、四川以至全国少年儿童心中生根发芽。

三十、新时期中国画之路回顾展

由中国国家画院和中国美术馆主办的“新时期中国画之路·1978～2008作品回顾展”，于2008年11月29日至12月6日在中国美术馆举行。本次展览展出了300余幅有代表性的中国画作品，旨在通过对新时期中国画创作的回顾与总结，反映改革开放以来中国画艺术的学术成果，并在对新时期中国画各种思潮与流派、手法与风格的梳理过程中，试图寻找出一条适合中国画当代发展的道路。

据介绍，此次"新时期中国画之路·1978～2008作品回顾展"的作品大多是30年来各种全国性美展的获奖作品和中国美术馆馆藏作品，以及向作者征集的作品，基本上代表了改革开放30年来中国画的创作水准和学术发展方向。展览分3个板块：第一部分"艺术的春天与现实主义回归"展示了老一代画家在改革开放初期的代表作，以及新时期表现现实生活和"新写实"取向的作品；第二部分"形式探索与语言风格拓展"展现了在新时期、新形式下各种形式语言与手法探索的阶段性成果；第三部分"文脉传承与新的人文关怀"体现出以世纪之交为开端的重新发掘传统资源、注重绘画本体探索的学术取向与中国画创作上新的人文关怀。

三十一、国家画院举办向灾区人民献爱心捐赠活动

戊子春节临近，我国南方遭受了50年未遇的大雪、冻雨袭击，受灾面之广、受灾时间之长、受灾人数之多前所未有。灾情发生后，全国各地纷纷行动起来，群策群力，用各种方式支援灾区。

国家画院积极响应中央号召，连夜组织。在向灾区捐款的同时，还向全院画家发出了倡议书，倡议画家用自己的专业方式表达对雪灾地区人民的深情厚意，全体画家纷纷响应。为此，画院于2008年2月4日上午举办了中国国家画院向灾区人民献爱心捐赠活动。全体画家云集画院、挥毫泼墨，通过一幅幅饱含深情的书画作品传达着艺术家对灾区人民的深切关怀。画院退休干部和画家们也积极参与到为灾区人民献爱心的行动中，体现了老一代画家对灾区人民的牵挂和关怀。

"情暖人心——中国国家画院艺术家捐赠作品活动"共完成和收到作品40余幅，合作完成三张丈二匹巨幅作品，这些作品于新春除夕前送达文化部作品捐赠办公室。画院画家希望通过作品捐赠激励灾区人民"众志成城，战胜雪灾"，尽快恢复正常的生产和生活。

三十二、何海霞先生诞辰百年主题画展

2008年9月8日，由文化部、中国文联、中国国家画院、中国美术家协会、长安画院共同举办的国画大师何海霞先生诞辰百年主题画展"看山还看祖国山"在北京中国美术馆隆重开幕。200余幅创作于20世纪30年代至90年代的山水作品展示了何海霞一生的绘画艺术成就。全国人大常委聂力，国家博物馆馆长吕章申、原财政部部长项怀诚，文化部艺术司副司长刘中军、中国国家画院院长龙瑞，以及杨力舟、杨晓阳、周韶华等有关方面领导和艺术家200余人出席开幕式。

何海霞先生1935年拜师张大千，1950年迁居西安，与石鲁、赵望云交往，加入西安美协后成为"长安画派"的创始人之一；1984年调入中国画研究院，1988年任陕西国画院名誉院长。先后为人民大会堂、钓鱼台国宾馆、中南海紫光阁等重要场所绘制巨幅山水。

展览当日，何海霞艺术专题研讨会在北京京西宾馆开幕。研讨会由中国国家画院副院长卢禹舜主持，该院龙瑞院长发言：何老的山水画代表了新时代民族文化发展的正大气象，对当代中国画的发展有着很大贡献。该院副院长解永全回顾了何老在中国画研究院时期的感人事迹，并对他在艺术上的不懈追求和创作精神给予了高度评价。

来自全国各地的有关专家学者及该院全体画家和理论家纷纷发言回忆何海霞的艺术经历和艺术成就，大家一致认为，何海霞先生的山水画重视传统、重视生活、重视写生。特别是他对唐宋以来所形成的青绿山水画传统有着较深体认，并对其进行了现代性转换，成为中国画现代表现形式语言的组成部分，推动了中国山水画的时代发展。

三十三、国家画院"走进山西"大型画展采风

2008年9月20日，由文化部、山西省人民政府主办，中国国家画院、山西省文化厅承办的"走进山西"大型画展采风活动启动仪式在太原开幕。此次活动旨在通过画家们的画笔，反映山西省在新中国成立60年来各条战线所取得的巨大成就，特别是改革开放30年，全省在深化改革中，经济文化所取得的丰硕成果。同时，也想通过画家的作品，宣传山西省所特有的山水名胜，让观众通过作品，体会出三晋文化的深邃内涵。

出席"走进山西"大型画展采风活动启动仪式的有文化部副部长陈晓光，山西省副省长张平，文化部艺术司副司长刘中军，山西省文化厅厅长张明亮，中国国家画院院长龙瑞、副院长解永全、卢禹舜和山西省画院院长王学辉等有关领导。作为此次活动的主力军中国国家画院和山西省画院全体画家，以及来自全国部分省市画院的画家也一同出席了启动仪式。

文化部副部长陈晓光在“走进山西”大型画展采风活动的致辞中，对此次活动给予了高度赞扬，并对全体画家提出了期望，希望大家能在写生中表现出山西省改革开放30年来的光辉成就和人民的精神面貌，用优秀的作品鼓舞广大群众，以“科学发展观”在新时期深化改革中取得经济、文化的双丰收。

山西省是一个历史悠久、人杰地灵的好地方，素有“中国古代艺术博物馆”之称，它对中华民族文化的继承与发展有着特殊的贡献。山西省山河壮丽、多名山胜水。晋西有吕梁山，晋东有太行山，五岳之一的恒山和四大佛教名山之一的五台山，而这些名山又是举世闻名的抗日名山，中华民族不屈不挠的英雄气魄凝聚在这些壮美的大好河山之中，不知感召了多少优秀画家为她描绘出一幅幅美丽的画卷。

启动仪式结束后，写生团在中国国家画院院长龙瑞的带领下，先后参观了山西省大型企业太原钢铁厂、太原卷烟厂、山西汾酒厂、山西同煤集团、朔州神头电厂，以及云冈石窟，山西武乡八路军纪念馆。通过参观和学习，画家们不仅感受到山西在改革开放中日新月异的变化，也感受到山西在抗日战争中所表现出的民族气节，深感今日幸福生活的来之不易。根据写生团成员的专业特长，写生团兵分两路，一路以山水、花鸟画家为主，赴太行大峡谷、陵川王莽岭；另一路以人物画家为主，前往临县碛口、朔州右玉等地深入生活，现场写生。写生团全体画家一致认为，此次写生，不仅要表现出三晋大地的新面貌、新气象，还要通过写生与感悟，努力探索出新的表现手法和表现形式，从中国画学术本位中生发出新的画法和新的境界，使我们的创作跟上时代前进的步伐。

此次“走进山西”大型画展的隆重举办，充分体现出山西省政府高瞻远瞩的可持续发展眼光，他们深深体会出在新时期深化改革中，必须注重经济和文化的共同发展，以经济带动文化发展，用文化促进经济发展，使和谐文化、和谐社会的建设真正得到实现。绘画艺术是文化的象征和花朵，它的发展会大大促进社会主义文化的整体发展，提高人民的精神面貌和素质，充实广大人民的精神生活。

国家艺术院团

一、梅兰芳大剧院落成，国家京剧院首演

2008年12月24日，随着现代戏《沙家浜》在观众的掌声中落下大幕，庆祝中国京剧院更名为国家京剧院暨梅兰芳大剧院落成开业系列演出活动圆满结束。本次系列演出历时28天，演出剧目24场，分为庆典演出、祝贺演出、红色经典现代戏展演3个单元。第一单元，由晚会“我们的家园”、经典传统戏《龙凤呈祥》、纪念阿甲先生百年诞辰经典保留剧目《三打祝家庄》、《红灯记》组成；第二单元，北京京剧院梅兰芳京剧团为祝贺大剧院开业献演了演唱会“梅质兰韵永流芳”和梅派代表剧目《梅花香韵》、《穆桂英挂帅》；第三单元，为国家京剧院与北京国艺升平文化发展有限公司共同策划的红色经典现代戏展演，演出了《红灯记》、《平原作战》、《智取威虎山》、《杜鹃山》、《江姐》5部剧目。

整个系列演出众星荟萃、群芳争艳、流派纷呈，受到了万余名观众的热捧。一批老艺术家再现风采，英姿不减当年；一群晚生后辈亮相舞台，令众人刮目相待。特别是红色经典现代戏展演，数位优秀青年主演闪亮登场，赢得了观众与专家的广泛好评。无论是优秀青年演员马翔飞主演的杨子荣，还是李阳鸣主演的赵永刚，或是谭晓令主演的杜妈妈，都唤起了观众对当年现代戏主演的回忆。在这次展演中，青年艺术家张火丁主动提出与周婧携手完成其代表剧目《江姐》，并在排练过程中亲自为周婧辅导把关，充分体现了国家剧院团队“一棵菜”的协作精神和德艺双馨的品格。

近一个月的演出，忙碌中透着收获的喜悦，在全院上下的共同努力下，国家京剧院在梅兰芳大剧院的18场演出，总收入近百万元，取得了良好的社会效益和经济效益。常言道，行百里者半于九十。虽然距百里之行的目标尚远，但梅兰芳大剧院的落成无疑为我们提供了全新的发展机遇。在党的十七大东风的鼓动下，国家京剧院将再接再厉，为传承和发展中华文化做出新的贡献。

二、国家京剧院、梅兰芳大剧院举行京剧名家赈灾义演

2008年2月12日（正月初六）下午，由国家京剧院和梅兰芳大剧院共同主办、众多京剧名家参与的“真情家园，同此凉热”专场赈灾义演活动在梅兰芳大剧院成功举行。演出所得善款共计554550元，全部捐给灾区。文化部副部长赵维绥，部党组成员、部长助理丁伟观看了演出。国家京剧院的艺术家们心系灾区，真情奉献，充分表达了全国上下同心系灾区，与广大灾区群众共患难的精神境界。

国家京剧院从得知南方遭受冰雪灾害的第一时间开始，由院长挂帅迅速行动，举全院之力，在短短几个小时内，联络京剧界众多名家，确定演出阵容和方案。与此同时，义演活动一经提出，也得到了众多京剧界老、中、青艺术家的积极响应。90岁的王金璐、85岁的李慧芳、83岁的景荣庆等老艺术家欣然前往；梅派传人梅葆玖，以及叶少兰、李维康、耿其昌、冯志孝、孙毓敏、刘长瑜、杨春霞、赵葆秀、寇春华等名家登台献艺；谭元寿、谭孝增、谭正岩祖孙三代同台亮相。此外，国家京剧院国家一级演员张建国、邓敏、陈淑芳、江其虎、袁慧琴、赵永伟、吕昆山、黄炳强、魏积军、吕慧敏，优秀青年演员徐孟珂、马翔飞等悉数登场。他们为观众带来京剧《贵妃醉酒》、《穆桂英挂帅》等经典选段，以及难得一见的《牛皋下书》、《宇宙锋》等选段。舞台上老艺术家宝刀不老，青年才俊意气风发，深深吸引热爱国粹艺术、富有爱心的人士积极参与到赈灾义演中来。

“真情家园，同此凉热”。参加赈灾义演的每个演出者都向灾区群众伸出友爱、援助之手，力所能及地帮助那些身陷困难中的人们，让大家的热情和爱心聚集一处，为战胜这场突如其来的雪灾，同心协力，众志成城！演出结束后，国家京剧院院长吴江将所得全部善款亲手交付到文化部党组成员、部长助理丁伟手中，再由文化部转交灾区，表达对灾区人民的浓情厚意。

三、国家京剧院慰问演出温暖青海军民

新春佳节来临之际，受宣传部、文化部委派，国家京剧院组成赴青海“三下乡”慰问演出团，从2008年1月20～28日，赴青海省的西宁和格尔木地区进行了9场慰问演出和1场京剧知识讲座活动。国家京剧院艺术家们精湛的演出获得当地群众的广泛好评，把党中央的温暖和关怀送到了雪域高原，受到当地政府部门、人民群众、新闻媒体的高度评价，充分体现了“贴近实际、贴近生活、贴近群众”的精神。

此次国家京剧院赴青海“三下乡”慰问演出活动，由剧院吴江院长、宋官林副院长率队，全团60人，行程3000余公里，为青海省委、青海省文化厅、青海省军区、武警青海总队及格尔木市政府和格尔木文化体育广播电视局、青海西部矿业和青海歌华现代科技有限公司、冷湖路社区所属的政府机关干部、部队官兵、企业职工、基层百姓近万名群众献上精彩演出。国家京剧院还为青海戏剧艺术剧院的京剧学员、西宁市评弹班学员及三江源搬迁牧民培训人员进行了专场京剧知识讲座。为了把国粹艺术带给青海军民，国家京剧院从全院调拨多名国家一级演员、国家二级演员和优秀中青年演员，组成了强大的演出阵容，携经典现代戏《红灯记》、《智取威虎山》、《白毛女》等片段，以及折子戏《三岔口》、《天女散花》、《秋江》、《大登殿》，还演出了剧院经典保留剧目《杨门女将》，受到了当地广大群众的热烈欢迎。此外，剧院还与青海省京剧院切磋业务，交流技艺，为西部的文化建设做了更为扎实的工作。

青海高原缺氧，天寒地冻，慰问演出团遇到重重困难，艺术家们克服了头痛、气短、乏力、呕吐等诸多高原反应，坚持慰问演出，令观看演出的官兵深受感动。有观众说：“国家京剧院在吴江院长的带领下，在新春佳节即将到来之际，在最寒冷的冬天，克服高原缺氧等诸多困难，来到雪域高原青海进行慰问演出，体现了党中央的温暖，带来了祖国亲人的问候。”在格尔木地区演出时，有群众冒雪特地从100多公里外，专程赶来观看演出，青海同胞对京剧艺术的热爱，对文化艺术的渴求，也同样感染了国家京剧院的艺术家们，大家表示今后还要一如继往的多参加这样的演出。整个慰问演出活动取得了圆满成功，产生了良好的社会效益，为构建和谐社会做出了积极贡献。

四、国家京剧院积极投入抗震救灾工作

四川省汶川发生强烈地震后，国家京剧院演职工全力以赴投入抗震救灾工作。捐款之外，大家还积极参加了各类义演活动。老艺术家李世济、

杜近芳、张春华、刘秀荣、刘长瑜、杨春霞、李光、耿其昌等几十人次分别参加了多台义演活动。在中央电视台主办的“爱的奉献”赈灾专题晚会上，在中央电视台戏曲频道主办的“爱的家园”全国戏曲界抗震救灾义演现场，在北大百年讲堂演出的芭蕾舞剧《大红灯笼高高挂》义演中，在国家大剧院、梅兰芳大剧院、长安剧场舞台上，都有国家京剧院艺术家和优秀青年演员的身影。在各场义演活动中，无论是乐队的主奏人员，还是舞美队的同志，以及其他演职人员，都倾情参与，表现出国家京剧院员工的精神境界。

为表达京剧艺术工作者对灾区人民抗震救灾的声援和支持，剧院三团在张建国团长的带领下，主动向院领导请缨，提出把即将在梅兰芳大剧院举办的“奚派传人张建国演出周”首场演出作为赈灾义演专场。三团的建议，得到了剧院班子和其他主办单位的一致赞同。

2008年5月23日晚，由全国政协京昆室、民革中央办公厅、国家京剧院、北京国艺升平文化有限公司联合主办的张建国演出周赈灾义演专场在梅兰芳大剧院举行。演出之前，演职员和观众们纷纷走向现场临时设立的募捐箱，奉献自己的一片爱心。中华慈善总会会长范宝俊应邀出席此次赈灾义演活动，并在开演前向观众们介绍了慈善总会为救助四川灾区接受全国捐赠的情况，以及当前资金使用的情况，并对此次赈灾义演给予了充分的肯定。他的讲话博得了观众朋友们热烈掌声。当晚，张建国演出周赈火义演专场演出的剧目是传统京剧《范进中举》，台上演员倾情演出，台上观众热烈捧场，义演取得了圆满成功。

五、国家京剧院金秋好戏连台

盛大的2008北京奥运文化演出活动刚刚顺利结束，国家京剧院又推出精品2008年金秋演出季。9月13日至10月27日一个半月的时间里，该院3个演出团分别在梅兰芳大剧院和实验剧场·畅和园舞台演出传统大戏《凤还巢》、《诗文会》、《西厢记》、《红鬃烈马》、《锁麟囊》、《春草闯堂》和现代戏《智取威虎山》、青春版《江姐》等，可谓好戏连台，异彩纷呈。

金秋演出季期间，国家京剧院全力支持大连京剧院合作演出新排历史剧《风雨杏黄旗》，该剧在京剧的继承与推陈出新方面令人瞩目，于魁智团长与杨赤院长再度联手，央视《空中剧院》于10月2日进行演出实况录播，梅派传人李胜素与于魁智、杨赤、朱强等众名家合作推出梅派经典名剧《凤还巢》。各团积极提携优秀青年演员，二团老生马翔飞再度出演3场《智取威虎山》，刘铮演出经典传统戏《红鬃烈马》，杨磊演出程派名剧《锁麟囊》，张玲主演《孙悟空大闹无底洞》。三团启用青年老旦演员谭小令主演《对花枪》，同时为京剧节参赛热身，推出由周婧等演出的青春版《江姐》。

剧院在实验剧场·畅和园为戏迷朋友们准备了《春草闯堂》等20余出精品剧目演出，李红梅、吕慧敏等一级演员和一批青年演员让观众感受到实验剧场近在咫尺的古剧魅力，感受到“古”戏苑的优雅别致。

六、国家京剧院举办少儿京剧夏令营

2008年7月28日、29日，由国家京剧院与中山音乐堂共同举办的第二届“京剧夏令营”活动在中京大厦开营。共有近百名首都小朋友参加了活动。

主办方邀请了国家京剧院二团众多具有相当实力的一线演员授课。优秀青年演员李红梅、吕慧敏、张玲、金星、徐孟轲、张晨、刘真、杨磊、陈静等，应邀和小朋友们分行当分组学习京剧。一级演奏员费玉明与谢光荣等也来到汇报专场为演出伴奏。

授课演员结合家长和小朋友们的喜好，并考虑其自身条件分行当，从京剧的唱、念、做、打方面，对京剧经典剧目片段进行学演。这些小营员年龄最小的仅4岁，最大的也不过10来岁。在教课现场，老师们细致耐心而严格规范，小朋友们一招一式稚气十足却格外认真。练功厅内尽管开着空调，可师生们仍是面带汗珠。一天下来，小朋友们唱、做已显国粹风貌，进步很快。

闭营汇报专场演出在众多家长的热切期待中拉开帷幕。小营员们年龄不大，但站在台上毫不怯场，稚嫩嗓音唱起来是有板有眼，一招一式更是毫不含糊。整个演出时长3小时。

七、中国儿童艺术剧院神话舞台连续剧《西游记》首演

2008年7月19日至8月3日的每个周末，作为2008年北京奥运重大文化活动的演出项目，中

国儿童剧场都在演出神话舞台连续剧《西游记》(第一部),少年儿童和家长们好评如潮,感叹一票难求。

为了成功地打造神话舞台连续剧《西游记》,中国儿艺组织了儿童戏剧界的精兵强将。编剧陈传敏、导演张奇虹、舞美设计薛殿杰、作曲家邹野、灯光设计邢辛等组成了神话舞台连续剧《西游记》(第一部)的主创团队。把《西游记》搬上儿童剧舞台是由中国儿艺院长周予援提出的创意并担任艺术总监,他说:"这部戏是将古典名著现代化、时尚化和童趣化全新演绎的首创之举。《西游记》无处不浸透着人生的哲理,具有极为强烈的现实意义和震撼人心的艺术感染力,我们应该去发掘它。"

周院长特别强调:"此次中国儿艺版的《西游记》体现了我们对名著和儿童观众的审慎态度,充满哲思与童趣的创新演绎恰恰体现了当代儿童戏剧艺术重新审视这部经典名著的全新认知过程,是更加人性化的一种解构。"

"高品位、低票价、公益性"是中国儿艺的优良传统,也是追求"让全中国的每一个孩子都能看到儿童剧"的坚定行动。在确定神话舞台连续剧《西游记》(第一部)的票价时,坚持低票价,让更多的孩子们能走进剧场。这次中国儿艺将票价定为30～150元,加上套票优惠,实际每张票平均不足70元。7月19日至8月3日的周末,8天每天演出一场,5000多名观众观看了《西游记》,票款收入32万元。中国儿艺特意为《西游记》制作了纪念品,每个走进剧场的小朋友都得到了中国儿艺精心为他们制作的扇面上印有《西游记》剧中人物卡通形象的小扇子。

根据剧目创作计划,《西游记》第二部将于2009年春节推出,第三部将呼应2008年第一部的首演,于2009年7月19日全力推出,上中下3部都推出后,中国儿艺将根据当时情况,拟组织上中下三部连续上演,让观众欣赏到"全本"的中国儿艺版《西游记》。

八、中国歌剧舞剧院赴广西桂林赈灾慰问演出

受中宣部、文化部委派,中国歌剧舞剧院于2008年2月18日和19日在广西壮族自治区受灾最严重的灌阳县和桂林市解放军驻桂林某部进行了两场慰问演出,为当地干部群众、电力工人和部队官兵送去了党中央、国务院和全国人民的深切关怀和问候。

剧院在接到演出任务后,推掉了计划中的5场商演,在24小时内组织演员回到剧院待命。演员积极主动,以最快的速度组织起了一套针对灾区的演出方案,加班加点地完成了排练。

2月18日,在林文增院长、魏银久副院长、孙毅副书记的带领下,一行38人的慰问演出队伍抵达桂林后,不顾旅途劳累,又乘4个小时汽车赶往离桂林100多公里的灌阳县进行慰问演出。因时间紧迫,演员们在汽车上靠吃面包解决了午餐,一到灌阳就立刻投入到紧张的演出准备中。慰问团的到来让灌阳县的群众倍感激动和亲切,演出几次都被暴雨般的掌声打断,一位观众激动地说:"我们的家园虽然受到了百年不遇的冰雪灾害,但有党中央、胡主席的关怀,我们战胜冰雪、重建家园的信心更足了"。灌阳县是广西受灾最严重的地方,在乘车从桂林市去灌阳的途中,看到沿途的山上大片的树林被冰雪拦腰折断,又听陪同的当地同志说农村很多地方还没有通水通电,有的演员抑制不住泪流满面。天气非常冷,剧场的温度非常低,很多演员带病坚持演出,但是演员们始终笑容满面,仿佛忘了寒冷、忘了劳累,精神饱满,出色地完成了演出。

2月19日一大早,演员们又冒着冷风细雨,来到解放军驻桂林某部——98抗洪英雄李向群烈士生前所在部队进行了慰问演出。演出也同样受到部队广大官兵的热烈欢迎。一首《为了谁》临时邀请了一位部队的战士和我们的演员同台演唱,把当时现场的气氛推向了最高潮。部队的负责人告诉我们,这次慰问团到部队演出,必将极大的凝聚军心、鼓舞斗志,部队全体官兵必将以更饱满的斗志投入到抗灾救灾中,夺取抗灾救灾斗争的全面胜利。

通过这次赈灾慰问演出,演员们也学习到了那些英雄的官兵和伟大的群众的优秀精神,参演人员深受鼓舞,大家纷纷表示:在以后的工作中,一定兢兢业业、以第一流的精神面貌多演出来回报社会。

九、中国歌剧舞剧院《四季情韵》在大剧院上演

2008年大年初三至初五,中国歌剧舞剧院在国家大剧院奉献了5场大型情景歌舞晚会《四季情韵》。晚会分为春、夏、秋、冬四大板块，由意境歌舞、情景歌舞、民族歌舞、原生态歌舞、戏曲歌舞等共同营造出光彩炫目的浪漫意境。晚会的整个板块结构分为夏季的“沙漠风情”、秋季的“无边风月”、冬季的“北国风雪”、春季的“水乡风韵”4个部分，整体舞美设计则根据不同季节特点，呈现出“刚柔兼济”的风格特征。

十、中央民族乐团新春音乐会奏响《世纪之声》

中央民族乐团于2008年2月1日、2日在国家大剧院音乐厅上演了一台具有浓郁民族风格和时代创新精神的大型民族管弦乐《世纪之声》音乐会。这是贯彻落实党的十七大提出的文化大发展、大繁荣号召的具体体现，也是作为国家级院团，在文艺创作上进行创新，在弘扬和展示中国民族音乐的时代化发展上的具体实践，“世纪之声”音乐会从丰富和繁荣我国文艺舞台的艺术精品入手，以现代的创作理念为基础，从民族音乐走向世界这样一个高度倾力打造了这台富有创新精神的音乐会。

《世纪之声》音乐会，以百人的乐队规模和百人的合唱阵容，以大型民族管弦乐和民族交响合唱的形式，为首都观众奉献了一台高雅而精美的文化大餐，音乐会由我国著名中青年指挥家许知俊和张峥先生担任，国内知名演奏家唐峰、王次恒、吴玉霞、沈凡秀、赵聪等均有出色表演。

《世纪之声》音乐会的艺术创作，从展示中华民族优秀传统文化的艺术魅力入手，由我国著名作曲家吴祖强先生特别委约旅美博士董葵创作了一首西方管风琴与民族管弦乐的作品《风土》，它不仅体现了中国传统文化的理念，同时也融合了西方音乐文化的形式。此外，为了突出民族特色，体现民族风格，音乐会还推出了一系列富有特色的作品：新编马头琴与乐队《万马奔腾》，以我国联合国人类口头非物质文化遗产代表作的国宝马头琴和长调、呼麦为特色，充分挖掘蒙古族的音乐风格，并以8个马头琴的领奏形式，结合长调和呼麦的绝技而向观众呈现出一首不可多得的音乐精品。管弦乐《天路》由在社会中影响较大的同名通俗歌曲加工改编而成，表达了民族音乐与时俱进，改革创新的思想和精神。管弦乐《图兰多》是根据意大利著名作曲家普契尼的同名歌剧音乐片断改编而成的具有民乐特色的演奏版本。《天下黄河》这首交响性合唱作品乐队织体和风格气势庞大，由原生态民歌领唱的陕北信天游“泪蛋蛋”、“天下黄河九十九道弯”为主线创作而成。《古典运动——五项》这首作品是德国作曲家老罗（Robert Zollitsch）在2008年北京奥运会到临之际，应中央民族乐团委约而创作，用带有标题性的组曲形式，通过五个最古老且最受人尊敬的竞技项目表达奥运精神的崇高与人类奋发向上的力量。《月色荷塘》是根据我国著名作曲家刘炽先生《荷花舞》的音乐素材而进行重新加工改编，既保持原有的风格和韵味，又运用了西方的作曲技术，来塑造富有中国民族气派的管弦乐体系。

在2008年北京奥运会即将召开之际，中央民族乐团以培育市场，树立一流品牌为已任，大力宣传当代优秀的民族音乐文化，以开拓的眼光和创新的思想来拓展当代民族乐队的建设和成长。通过委约创作作品，既丰富了自己的曲目，又为现代民族音乐注入了新的内容，新的理念，使民族管弦乐队的表演风格更加开放，演奏技术更加成熟，让观众们认识和了解中国民族音乐文化的风采，展示了我国民族音乐文化建设的一个亮点。

十一、中央民族乐团举办《名家名曲音乐会》

2008年11月22日，中央民族乐团在国家大剧院音乐厅上演了一台具有浓郁民族风格和时代气息的大型民族管弦乐《名家名曲音乐会》。“名家名曲”音乐会从丰富和繁荣我国文艺舞台的艺术精品入手，特邀著名作曲家、指挥家刘文金先生、朴东生先生担纲指挥，著名二胡演奏家宋飞、京胡演奏家王彩云、钢琴演奏家原丁等倾情演出，使此台音乐会更加精彩。

中央民族乐团拥有一批优秀的演奏家、作曲家和指挥家，在如何深入搞好民族音乐演出市场的创新与发展问题上，乐团本着走出去、请进来的方式，从不同创作曲目，不同演奏家队伍的表演空间上去挖掘和探索演出市场的多样性形式，来丰富和扩大乐团演出曲目的积累，培养和提高乐队在音乐上的不同演奏风格，这对一个乐团和它的艺术发展来看是十分重要的。此次，乐团联合国内在民乐表演上的优秀艺术人才，用不同的器乐组合形式，向观众们推广一些具有代表性的演奏家和作品。他（她）们采用不同的大型乐队协奏作品与中央民族乐团合作共同演绎当今民族器乐创作的多部重要代表性作品。音乐会中由著名作曲家赵季平的《庆典序曲》开场，乐曲酣畅淋漓、一气呵成，欢快的情绪高涨热烈，很有节日庆典气息。接下来是刘湲作曲的交响诗《沙迪尔传奇》，刘文金作曲、编曲的京胡、乐队与女高音《戏彩》与民族管弦乐《难忘的泼水节》则是创意新颖、技法精到、构思严谨、带有浓郁民族特色的交响性和令人耳目一新的两部好作品。改编自著名作曲家冼星海的钢琴与民族乐队协奏曲《黄河》气势磅礴，具有很强的震撼力。音乐会压轴曲目是二胡协奏曲《长城随想》，全曲有四个乐章：关山行、烽火操、忠魂祭和遥望篇，作品蕴涵有鲜明的时代特征和浓郁的民族风格。

作为“名家名曲系列音乐会”，中央民族乐团在创作上以培养市场，树立一流的品牌为己任，大力宣传当代民族音乐文化，以开拓的目光和思想来发展现代民族乐队的建设和成长。通过与国家大剧院的强强联合，邀请国内著名指挥家、演奏家合作演出，使得国家大剧院音乐厅上座率达到了95%以上，这在以往民族音乐会上是很难做到的。通过外请名家来与乐团的交流，使乐队的表演风格更加开放，演奏技术更加成熟，这也是乐团进行此次演出活动的主要目的所在。

十二、国家话剧院导演王晓鹰演绎新版《霸王歌行》

由国家话剧院导演王晓鹰执导的话剧《霸王歌行》2008年3月14～30日正在北京东方先锋剧场演出。王晓鹰称霸王别姬是一出真正的中国悲剧，他要把项羽塑造成一个“诗人”。王晓鹰如此阐释他的新作：“我眼里的项羽并不是一个英雄，而是一个诗人，让他热血沸腾的是在疆场上厮杀的那种气度、那种光明磊落，让他柔肠百转的是和虞姬之间那种灵魂深处相互理解、水乳交融的爱情。他所追求的并不是史学家笔下的江山，而是我们理想中的那种超越功利、超越实用的对美的那种追求。”该剧由潘军编剧，房子斌、刘璐等主演。

十三、国家话剧院联合制作话剧《天朝1900》

由国家话剧院、国家大剧院和北青文化公司3家单位联合打造的话剧《天朝1900》，于2008年4月15日亮相国家大剧院。该剧由剧作家李龙云根据自己创作的《天朝上邦》“家事”、“国事”、“天下事”三部曲压缩整理而成，讲述了1900年八国联军入侵北京的那段屈辱的历史以及当时的众生百态，试图通过发生在普通人身上的命运悲欢折射那一时代。该剧由著名电影导演尹力执导，这也是他首次执导话剧。陈建斌、倪大宏、韩童生、雷恪生等实力派演员，将在剧中扮演形形色色的知识分子。

十四、第三届中国国家话剧院国际戏剧季

2008年4月23日下午，第三届中国国家话剧院国际戏剧季“永远的莎士比亚”启动仪式在国家大剧院会议厅举行。

本次戏剧季以“永远的莎士比亚”为主题，将于10月中至11月初上演多台莎剧，是近20年来最大规模的一次莎士比亚戏剧盛会，着力展现当今中国戏剧人对莎士比亚的把握。国家话剧院著名演员陶虹、陈建斌出任本届戏剧季“形象大使”并主持启动仪式。中国国家话剧院党委书记、副院长严凤琦、副院长王晓鹰及中演公司、国家大剧院等相关单位领导出席发布会。英国、以色列、立陶宛、意大利大使馆代表列席嘉宾席。

本次戏剧季，开幕大戏为田沁鑫根据《李尔王》改编的明朝宫廷剧《明》，这也是她首次尝试国外经典。立陶宛维尔纽斯市立剧院的《罗密欧与朱丽叶》久负盛名；林兆华戏剧工作室与以色列卡梅尔剧团分别演出《哈姆雷特》；其他国内院团、英国、韩国、澳大利亚、科威特等国艺术家将带来具有各自民族风格的莎剧，它们以独特的构思、现代的舞台技术，共同打造经典的梦幻剧场。戏剧节组委会还将组织专题论坛、普及讲座等一系列活动，使中国观众进一步了解莎士比亚。

十五、中央芭蕾舞团开拓海外演出市场

应英国维克多霍豪泽演出公司邀请，在奥运会开幕前夕，中央芭蕾舞团演员、演奏员和外借艺术家共计177人赴英国伦敦，于2008年7月25日至8月3日，在世界最顶尖的英国皇家歌剧院考文特花园剧场，演出了古典芭蕾舞剧《天鹅湖》和中国芭蕾舞剧《大红灯笼高高挂》。

此次演出是皇家歌剧院夏季中国演出季中的重中之重，8天之内剧团演出《天鹅湖》4场，《大红灯笼高高挂》3场。7场演出全部爆满，很多观众甚至不惜购买站票以求一睹中芭的风采。当地舞蹈界人士和评论家们也都观看了两个剧目的演出，并在报纸上发表了多篇评论。有的中芭迷还随团观看了全部的演出。一些欧洲艺术节的负责人和芭蕾舞团的团长也专程来到伦敦观看了剧团的演出。

自1986年和2003年剧团两次访问英国之后，这是中芭第三次在这个芭蕾传统国家的舞台上献艺。3次造访，从开始的小节目，到中国芭蕾作品的全剧演出，再到现在的古典和中国经典剧目双拳出击；22年中国飞速的变迁，伴随的是中芭快速的提高和发展，以及对外交流的日益增多和扩展。由于中芭不懈奋斗，不断扩大国际交往，让世界认识到了中国芭蕾的面貌和成绩。早在2003年中芭赴英演出时，剧团的表现就已经得到了当地社会和媒体的广泛关注。2004年初，鉴于剧团前一年度在伦敦的闪亮表现，英国国家舞蹈奖提名剧团为当年度3个最佳外国舞蹈团体之一，与莫斯科大剧院并列。当地的舞蹈评论界也一直对中芭的发展情况给予了长期的关注和报道。

中芭长年来坚决贯彻国家“文化走出去”的战略。将具有中国文化代表性和展示中国芭蕾高水平的作品推广到世界，取得了可喜的成绩，总结了以下几点经验和感触。

1. 严格保证艺术质量，打造艺术品牌

中国文化“走出去”的目的是展示国家软实力。从2003年《大红灯笼高高挂》和《红色娘子军》巡演欧洲至今，中芭的历次演出都是通过外国演出商和剧院的主动邀请，以文化交流或商演的形式完成的。用西方的艺术打动西方人，我们就必须推出艺术上和技术上都有说服力的剧目，才能真正地“走出去”。《天鹅湖》和《大红灯笼高高挂》两剧在国内已饱受历练，具备对外文化出口的品牌知名度。在英国观众面前演出全剧《天鹅湖》，是对剧团古典传统与规范的严格考验，是挑战，也是机遇。中芭能将古典芭蕾舞剧完整地保留并发展，已经引起了外国评论家的高度关注。《大红灯笼高高挂》的中国文化元素、戏剧冲突和演员表演的张力也吸引了欧洲观众。西方的芭蕾作品在各个国家的剧团都有演出，但像中芭这样独具中国特色的芭蕾作品则是鲜为一见。在引进、创作方面，中芭始终坚持将“继承发扬古典的，创新民族的，接受和学习当代的”作为艺术发展的“三条腿”，眼光独到、循序渐进、科学规划，积累了大量价值可观的剧目。不断扩大的买方市场，还在要求我们继续奉献更多新的作品，爱尔兰艺术节早在几年前就向中芭发出了2010年的邀请，并明确表示希望与中芭一起创作新的中国作品。事实证明，要想在国际演出市场上长期保持竞争力，就必须不断前进，不断地开拓新的创作思路，拿出更多体现我国传统文化精髓的优秀作品来。

“走出去”的核心优势在于人才。在欧洲评论家的报评中，出现频率最高的是中芭主要演员王启敏、朱妍、张剑等人，她们的艺术天赋和精湛演技博得了评论家的赏识与厚爱。同时，群舞演员扎实的基本功和一致的风格令观众拍案称奇。留住和吸引艺术人才，尤其是在世界范围内流动性很强的芭蕾舞人才，是很现实的管理难题。在现有条件下，剧团一方面努力繁荣多种艺术风格的创作实践，让演员在短暂的艺术生命中得到成就上的最大满足，另一方面在分配上大力倾斜演员，想方设法增加演员收入，大力加强中芭在行业内的竞争力。

剧团在皇家歌剧院的《天鹅湖》演出已经向西方证明了中国芭蕾的人才在古典芭蕾的领域里可以青出于蓝，而她们演绎的《大红灯笼高高挂》则更是无人比拟。

“走出去”的前提条件是艺术质量。首次在英国最著名的剧院出场，要立足于全面整体的为观众提供艺术享受。质量低劣就没有资格代表国家最高水平出征。芭蕾舞是一门集音乐、舞蹈、舞台美术的综合艺术。因此剧团领导决定在资金紧缺的情况下将中芭的交响乐团带出国门，给英国观众带来完美的享受。结果证明乐团的演奏水平也获得了外界的赞誉。

2. 了解、熟悉国际市场运行规则，与运作成熟的演出商合作，融入全球文化交流，保证我文化产品商业价值的体现

鉴于剧团近几年艺术质量不断提高，艺术作品推陈出新，美国、欧洲、澳大利亚等国家和中国香港、澳门地区演出商纷纷组织中央芭蕾舞团在当地进行商演。中芭的每一次海外演出，都是和当地最有影响力的剧院或演出商合作，利用他们丰富的市场运作经验和对当地观众艺术品位的

熟悉，挑选最合适的剧目出访。挑选高水品的合作伙伴，可以帮助剧团在投身当地演出市场的时候有的放矢。

剧团充分借鉴了皇家芭蕾舞团和巴黎歌剧院芭蕾舞团等优秀剧团来访中国的运作经验，从考察剧场、洽谈合同伊始，就在各个细节上做到万无一失。在与演出商的合作过程中，剧团也做到了不卑不亢，有礼有节，真挚诚信而又不失原则。既保证剧团巡演的艺术质量和工作条件，也照顾了对方的商业利益，从而与美国、欧洲等国演出商和经纪人建立了较为稳定而长线的合作关系。

3. 中国芭蕾产品推向国际市场的一点建议

芭蕾舞作为西方的艺术形式，在对外宣传工作中更能为国际上的观众所喜闻乐见。中国元素又是近年来国际文化交流中的热点。中芭在中西方艺术形式结合的道路上已经逐步探索出了一条道路。剧团的创作既贴近当代国际舞蹈发展的趋势，又兼顾传统文化精髓的传承。中芭的保留剧目已经形成了一定的品牌效应，在国际演出市场上也颇具竞争力。剧团已经视自身为一项重要的出口文化产品，将对外输出优质芭蕾作品作为中芭的重要任务。

然而文化产品的推销也需要政府和各界的支持。我国目前对艺术团体国际交流的支持在一定程度上还停留在一刀切，大锅饭的补助方式上。这种千篇一律的被动扶持，在政府财政负担沉重的同时，一方面无法从根本上解决各个团体发展自身文化产品的需要，另一方面也打击了优势团体和优势文化产品走出去的积极性。以商业运作方面举例，近期访问中芭的澳大利亚 Bloch 公司，是国际舞蹈业界制作销售舞蹈用鞋，特别是脚尖鞋的龙头企业。为了拓展中国的潜在市场，他们的团队不惜在前期花费巨资，不远万里自费来到北京向剧团推销自身的产品，还免费为剧团所有演员建立脚型数据库，让她们免费使用该公司的脚尖鞋产品。这样在没有大幅投入的情况下，该公司已经等于在剧团这个中国芭蕾界的旗帜单位中开辟了其未来的市场。相比于今后中芭和国内各个舞蹈团体，舞蹈学校向其发下的订单，目前的先期投入就很显然是物有所值了。

建议，应当考虑调整现有的对文化产品支持的理念，改普遍培养为重点选拔，变被动资助为主动推销，将国家有限的资金用于文化产品出口的可持续发展和扶植，并建立一定的奖励机制，以 3 年或 5 年作为周期，有计划有步骤地通过对一些重点项目一段时间的大力支持，帮助它们在国际市场上成熟起来立稳脚跟，再让他们放手开拓市场，将自己的文化产品推销出去。

十六、中央芭蕾舞团排演《奥涅金》等剧目

2008 年 9 月，中央芭蕾舞团在演出《红色娘子军》和《希尔薇亚》两部经典剧作的同时，排演了两部新戏：《奥涅金》与《拉赫马尼诺夫第三钢琴协奏曲》。

芭蕾舞剧《奥涅金》是中央芭蕾舞团继 2007 年与斯图加特芭蕾舞团合作排演《罗密欧与朱丽叶》之后的再次携手合作。芭蕾舞剧《奥涅金》是克兰科创作经典中的经典，是根据俄国伟大文学家普希金的诗体小说《叶甫盖尼·奥涅金》改编而成，加之以伟大作曲家柴科夫斯基的音乐编曲，使得该剧被誉为 20 世纪国际舞坛的旷世杰作。而现代芭蕾《拉赫马尼诺夫第三钢琴协奏曲》则是一部根据同名音乐编排的作品。音乐中包含拉赫马尼诺夫对于祖国复兴和象征死亡的元素，而舞蹈作品则偏重于气质的展现：既包括个性鲜明的旋律片断，又融合着悲愤刚强的意境波澜，是一部值得期待的优秀作品。

由于中央芭蕾舞团在其发展历史中，一直坚持实践并不断丰富着“走出去”战略，积极参与文化交流。从上世纪 70 年代赴社会主义国家巡演到《大红灯笼高高挂》巡演欧洲；从浅尝辄止的英美演出到受邀步入英皇、巴黎歌剧院的艺术殿堂。来自世界各地知名或专业机构的邀请源源不断，中央芭蕾舞团逐渐成为了世界芭蕾舞台上一道不可或缺的风景线。加之，近年来到中芭排演剧目的艺术家接踵而至，越来越多的世界级编剧对中国芭蕾趋之若鹜。“请进来”也潜移默化地成为了中芭走向世界的新战略。也正因为中芭昂首“走出去”、微笑“请进来”的优秀策略，才成就了《奥涅金》与《拉赫马尼诺夫第三钢琴协奏曲》两部精彩剧目现身中国。

十七、中央芭蕾舞团访韩演出

2008 年 10 月 14 ~ 31 日，中央芭蕾舞团一行 170 人应邀在韩国进行为期半个月的巡演。其间，中芭在韩国五大剧院共上演了 10 场经典芭蕾舞剧

《大红灯笼高高挂》，受到韩国各界的欢迎和好评，巡演获得圆满成功。

中韩两国是一衣带水的友好邻邦，建交16年来，两国的文化交流不断扩大。作为中国唯一的国家级芭蕾舞团，此次是中芭首次前往韩国进行大规模巡演。

10月17日，中芭韩国巡演的开幕演出安排在城南艺术中心歌剧院举行，以此庆祝该剧院落成两周年，城南市市长、多位国会议员和政府高官，以及几十家媒体记者专程前来观看中芭首演，演出结束后当地领导登台与演员合影留念。10月29～30日，中芭韩国巡演达到高潮，舞剧《大红灯笼高高挂》参加了在首尔韩国国立剧院举办的“2008年世界国家剧院艺术节”的闭幕演出。该艺术节自9月初开幕，在为期两个月的时间里，邀请了来自韩国、中国、俄罗斯、挪威、泰国等9个国家级艺术团进行表演，而韩国国立剧院是韩国表演艺术的最高殿堂，在韩国其地位无可替代。据了解，中芭在国立剧院的演出票在演出前两周已销售一空。

中芭首次韩国巡演对中韩文化交流起到推动作用，据不完全统计，中芭在韩国巡演10场的观众总人数近2万人次，一些没有邀请到中芭前往演出的剧院纷纷表示遗憾。据韩国主办方负责人徐廷林女士称，如此大规模的国外演出团在韩国巡演是近年来很少有的，而且演出如此成功，并受到韩国观众的热捧也是不多见的。徐女士表示她和韩国各个剧院期待着再次邀请中芭来韩国演出。

十八、中央芭蕾舞团2008年芭蕾艺术进校园活动

2008年11月1日，由首都精神文明办、北京市教委、阳光文化基金会、中央芭蕾舞团共同举办，阳光文化基金会赞助的艺术教育公益活动“阳光下成长与芭蕾共舞——芭蕾艺术进校园”在北京市宣武区鑫融剧场举办了首场演出。来自宣武区部分中学的近600名师生观看了演出。

举办这项活动的目的在于贯彻中央领导同志提出的将高雅艺术推向学校、普及社会、为全面提高广大人民素质做出贡献的指示精神，进一步丰富、活跃校园文化生活，提升广大中小学生对高雅艺术的鉴赏能力，通过艺术熏陶，促进中小学生综合素质的全面提高。该项目由著名传媒人士杨澜担任主席的阳光文化基金会资助，面向全市中小学生，尤其是特殊青少年群体，开展“芭蕾艺术进校园”的系列活动。旨在通过慈善的手法、“以人为本、关注心灵”的理念，运用艺术的方式培养未成年人美好的心灵，从而引起更多社会力量对特殊青少年群体的关心，促进和谐社会总体目标的实现。

2007年6月，艺术教育公益项目“阳光下成长——与芭蕾共舞”项目启动。该项目由阳光文化基金会出资35万元，在北京市多所专门学校中选取了北京劲松六中、海淀寄读学校为资助对象，由中央芭蕾舞团的专业老师从中选出了70名学生参加历时半年的芭蕾舞课程的专业培训。2007年12月31日，艺术汇演在天桥剧场获得了圆满成功。

2008年中，借鉴2007年度项目的成功经验，参考财政部，教育部，文化部在各个大学校园为推广文化艺术，联合组织的“高雅艺术进校园”活动的演出模式，启动“芭蕾艺术进校园”的演出。

杨澜女士介绍说：“‘芭蕾艺术进校园’是‘阳光下成长——与芭蕾共舞’项目的延续活动，2008年从项目立项，策划，实施，都得到了各方的大力支持，汇集了各方的辛勤努力。今年在演出前，中央芭蕾舞团的艺术大师精心为在座的中学生准备了芭蕾艺术普及教育的讲稿，这个公益项目会在全市范围内推广，面向各个区县的中小学群体，特别是特殊青少年群体，从而辅助提高未成年人的修养，促进他们的健康发展，给他们创造欣赏艺术的机会。”

赵汝蘅团长介绍：今年中芭的演出任务非常重，但是我们还是挤出时间，为这个特殊的公益项目派出团里优秀的演员，精心为孩子们演出。因为这次的观众都是中小学生，我们的芭蕾大师还特地准备了：芭蕾艺术的基本介绍，芭蕾发展的历史的现场讲解；芭蕾课堂，介绍芭蕾艺术，动作，音乐，姿态，形体等；组织了问答互动，通过模仿芭蕾动作，哑语等，让孩子们亲身感受，并宣传如何文明的观看芭蕾；通过芭蕾精品表演，古典—中国—现代芭蕾的剧段演出，展示芭蕾的美。我们希望用艺术的方式，让孩子们增长知识，提高素养。

在未来的两年时间内，主办单位还将继续合作，在其他区县推出“芭蕾艺术进校园”的巡演，让更多的孩子（包括特殊群体的孩子）得到芭蕾艺术的熏陶。

中国文化年鉴

Chinese Culture Yearbook

文化市场

Cultural Market

综　述

2008年是充满光荣与梦想的一年，也是充满激情与磨难的一年。面对人民群众对文化市场的新期待、新要求，面对北京奥运会前后严峻的文化市场监管形势，面对诸多突发事件的挑战，各地文化行政部门和文化市场综合执法机构以迎接北京奥运会和纪念改革开放30周年为主线，坚持“一手抓繁荣、一手抓管理”，扎实推进各项工作，取得新的成效，促进了文化市场的繁荣与规范。

一、深入学习实践科学发展观，加强调研、培训及立法立规等基础性工作，积极探索促进文化市场科学发展的新思路

（一）开展深入学习实践科学发展观活动

2008年，在学习实践科学发展观活动中，进一步提升了对科学发展观的科学内涵、精神实质和根本要求的认识，多层面地分析检查了当前妨碍文化市场科学发展的主要问题。一是文化产品的有效供给能力不足，供求不平衡的矛盾仍然存在，农村文化市场建设滞后，文化市场配置资源的功能还未能有效发挥。二是文化企业经营的市场环境较差，部分文化市场门类成为乱摊派、乱收费、多头管理的“牺牲品”，形成恶性循环。三是宏观调控手段单一，目前仍主要通过直接的行政手段，如没有预见性地停止审批、不适当地控制总量、提高准入门槛等干预文化市场微观经营，财政、税收、舆论等调控手段较为贫乏，各项产业扶持政策之间的协同性、系统性有待提高。四是政策法规操作性不强，监管力量严重不足，执法经费、装备等不能适应监管形势的需要。五是服务意识不强，作风不扎实，相互沟通交流不够。这些问题，在一定程度上制约了文化市场的全面协调可持续发展。对照存在的问题，将本着统筹兼顾、讲求实效、完善机制的原则，积极采取措施整改落实。

（二）切实加强各市场门类基础性调查研究

2008年，文化部先后组织开展了涉及多个市场门类的专项调研活动，发布相关调研报告，为实现文化市场繁荣发展奠定基础。为落实中央领导关于“文化与旅游相结合”的指示精神，与国家旅游局围绕文化旅游特别是旅游演出开展专题调研，形成了《关于旅游演出市场的调研报告》；组织专家编撰“中国动漫产业发展年度报告”，专题研究动漫会展、基地园区、人才教育、公共技术平台等问题；委托专业机构对艺术经营聚集区、艺术产权登记、外资画廊等问题开展调研，发布《2007～2008中国艺术品市场发展报告》，目前已出版发行超过3万册，社会效果良好；按照中央领导指示精神，组织了网络游戏管理工作调研，专题研究网络游戏分级运营及虚拟货币管理等新兴问题。

（三）高度重视文化市场专业人才培养

2008年10月12～29日，文化部文化市场司与清华大学公共管理学院共同举办两期文化市场管理高级研修班，组织全国省级文化市场管理执法部门的负责人及司内正副处长70余人参加培训，重点学习产业经济、公共管理等方面的理论，打破惯性思维，开阔工作思路。期间，专门设计了文化市场科学发展调查问卷，就当前文化市场发展现状、工作措施、工作作风等问题征求学员意见。此外，还分别在北京、湖南和上海等地举办了编剧、技术、市场3个方向160余人参加的国家原创动漫高级研修班，以培养高端人才为目标，严格教学管理，精心安排课程，聘请国内外一流专家授课，得到动漫业界的高度肯定。

（四）扎实开展艺术品、游艺娱乐等市场立法立规工作

为加强艺术品市场的建设与管理，2008年文化部加快了艺术品市场立法进程，多次组织法律专家、学者、业内人士及执法部门，研究艺术品评估、鉴定、交易、展览、进出口及鼓励艺术品发展的意见建议，数易其稿，提出《艺术品管理条例》草案；9月起，针对海关总署在北京地区实行艺术品进出口审查制度，要求提供文化部批件报关的情况，为简化审批手续，研究起草了《美术品进出口管理暂行规定》。另外，在充分调研各地游艺娱乐场所基本情况，认真总结电子游戏经营场所管理工作试点经验的基础上，研究起草了调整游艺娱乐场所管理政策。

这些基础性工作的开展，为理清文化市场工作思路奠定了坚实的理论基础，为促进文化市场繁荣发展提供了有力的思想准备。

二、改善宏观调控手段，完善工作机制体制，积极为行业发展及市场监管做好服务性工作

（一）以机制体制创新为手段，积极推动文化市场繁荣发展

1. 大力推动演出市场繁荣发展

2008 年 1 月，发展改革委、文化部等九部委联合下发《关于构建合理演出市场供应体系、促进演出市场繁荣发展的若干意见的通知》（发改价格〔2008〕76 号），随后建立九部委局参加的协作机制，明确任务，统筹解决演出市场中存在的问题，促进演出市场的健康持续发展。起草《关于构建合理演出市场体系、促进演出市场繁荣发展协作机制各司局任务与分工方案》，整合演出管理力量，形成文化系统促进演出市场繁荣的合力。

2. 大力扶持动漫产业发展

2008 年 8 月，文化部印发《关于扶持我国动漫产业发展的若干意见》（文市发〔2008〕33 号），提出“加强创作、培育精品，倡导、扶持动漫产业走民族风格和时代特点相结合的原创之路，坚持走技术创新与市场开发相结合的产业发展道路，大幅度提高我国原创动漫产品的数量和质量，打造拥有自主知识产权的动漫形象和动漫品牌”的发展思路，从扶持民族原创、完善产业链条、完善支撑体系、加快平台建设、改进管理服务、优化发展环境等方面全面提出扶持我国动漫产业发展的指导性意见。为落实国家对动漫企业的财税扶持政策，2008 年 12 月底，文化部与财政部、国家税务总局等部门联合发布《动漫企业认定管理办法》，明确了动漫企业享受税收优惠措施的认定主体、条件和程序，这也是文化市场管理由事前许可到事后认定的一次重要探索。

3. 继续完善网吧市场管理政策

2008 年 7 月，文化部、工商总局、公安部联合下发《关于网吧管理工作有关问题的通知》（文市发〔2008〕25 号），从改善宏观调控、强化日常管理、稳步推进网吧连锁等方面对网吧市场管理做出全面部署，对网吧市场的准入政策适时进行了调整。各地根据文化部的部署，对本地的网吧总量布局规划的实施情况进行了评估，上报了规划修订方案。文化部依法核定各省（区、市）上报的网吧总量布局规划。

（二）以各类专项工作为抓手推动文化市场繁荣发展

1. 有效组织实施“原创动漫扶持计划”

2008 年，文化部依托国家扶持动漫产业发展部际联席会议，正式启动“原创动漫扶持计划”，从漫画、动漫演出、网络动漫三方面对原创动漫作品和人才给予 700 万元的资金扶持。申报期间全国各地的动漫企业和动漫人才踊跃申报，有 110 多部漫画作品、50 多部动漫演出、1070 多部网络动漫（含手机动漫）作品和 100 多个动漫创作人才和团队提出扶持申请。

2. 以民营演出团体和旅游演出为重点，推动演出市场繁荣

2008 年 3 月，中宣部、文化部等四部门在北京召开全国服务农民服务基层文化建设先进单位表彰大会，32 个优秀民营表演团体受到了表彰，会后举办了优秀民营文艺表演团体研修班。文化部委托中国演出家协会对 2005 年文化部、财政部、人事部、国家税务总局《关于鼓励发展民营文艺表演团体的意见》的落实情况进行了调查，各地积极扶持民营表演团体发展、培育农村演出市场，安徽、北京、浙江、江苏等地取得显著成效，安徽在扶持民营黄梅戏团发展方面还得到上级领导的充分肯定。10 月，文化部文化市场司会同国家旅游局在杭州举办 2008 中国演出娱乐博览会和中国旅游演出高峰论坛，共同研究“开拓旅游演出新思路，共谋娱乐文化大发展”。

3. 实施中国现当代艺术品推广计划

国家设立中国现当代艺术推广资金以来，文化部重点向国内外推广反映当代文化精神、民族精神的艺术品，围绕水墨、农民画等需要扶持的题材组织国内外巡展；组织中国诚信画廊巡展，为优秀企业搭建交流平台、宣传平台；开展重点推广展览评选活动，从全国申报的 50 余份展览计划中，经专家审核，对其中 18 项有代表性和示范性的展览予以资金补贴，扩大这些主流展览的社会影响。通过 900 万元的扶持资金，充分发挥撬动艺术品市场的杠杆作用，引导现当代艺术品市场的走向。

（三）大力推动中国文化产品“走出去”

在加强文化市场建设的同时，文化部十分重视中华文化“走出去”工作。2008 年，文化部组织国内动漫企业、创作人员参加法国昂古莱姆国际连环漫画艺术节，使中国漫画第一次大规模走出国门，签约金额 1.15 亿元，得到了中央领导的充分肯定；

组织参加第42届法国戛纳国际音乐博览会和香港音乐汇展（HKMF），通过多种形式向世界推广中国音乐；参加加拿大渥太华动画节，积极与欧特克、惠普等国际著名企业探讨在动漫领域的合作。

通过完善网吧、网络文化、动漫、演出等方面的宏观调控机制，采取税收优惠、资金引导、协作机制等方式，开展评选优秀网络文化企业，组织举办中国国际网络文化博览会、中国原创手机动漫大赛、中国国际动漫游戏博览会、中国演艺博览会等展会活动，努力搭建交流合作平台，为行业发展和社会管理创造条件，有力推动了文化市场建设与发展。

三、以文化市场"奥运保障行动"为主线，切实加强市场监管，应对突发事件，查办大案要案，取得明显实效

（一）部署开展"文化市场奥运保障行动"，创造良好社会文化环境

围绕"创建平安文化市场"这一主题，文化部部署开展"奥运保障行动"，确立了"确保文化市场不发生重大事故，不形成社会热点，秩序良好，管理规范"的总体目标。2008年4月26日，文化部在北京举行"奥运保障行动"启动仪式，文化市场司与北京等6个奥运会举办、协办城市签订了责任状。期间，组织12个督查组对部分重点地区开展行动的情况进行督导检查，不断推动行动向纵深发展。

行动开展期间，针对含有国家禁止内容的文化产品有所增多的情况，文化部结合不同时期、不同阶段文化市场形势，发布执法工作重点，集中力量查缴《颐和园》、《苹果》、《色戒》未删节版等含有宣扬色情淫秽、危害领土完整、破坏民族团结内容的违法音像制品，查处网吧和娱乐场所违法接纳未成年人行为，加大各类文化经营场所消防安全检查；组织查处第五批违法游戏经营活动，对10家未经批准、擅自从事经营性互联网文化活动的单位进行查处；严厉打击侵权盗版，保护知识产权，广东查缴违法音像制品突破1000万盘，江苏查缴近1000万盘。

组织查处了一批大案要案，将文化市场突发事件、敏感问题的危害降到最低、影响降到最小，确保了行动目标的实现。直接督办了海南非法复制光盘案、上海比·约克非法演出案、天津特大批销盗版团伙案、"手指指"违法电子游戏案等重大案件，经提名推荐、组织审核、网络公示等程序，评选表彰了全国文化市场十大案件办案有功集体；积极处理奥运会前后发生的比·约克违法演出及深圳舞王俱乐部大火等突发事件，采取有效应对措施，取得明显成效。

在奥运前后五个月的时间里，全国各地尤其是北京、上海、天津、青岛、沈阳、秦皇岛等奥运会举办和协办城市文化市场管理执法人员圆满地完成了各项目标任务。全国文化市场始终保持规范有序运行，为奥运会的成功举办创造了和谐文化环境，也积累了文化市场监管工作的宝贵经验。

（二）切实加强文化市场监管制度性建设

2008年4月，召开了全国文化市场行政执法工作会议，系统总结交流"队伍建设年"经验，研究探讨加强文化市场行政执法队伍建设的思路和途径。文化部印发《文化市场重大案件管理办法》，明确规定了文化市场重大案件的范围及报告、督办等制度。改革创新文化市场行政执法考评形式，根据《2008年文化市场行政执法考评细则》，对全国文化市场管理执法工作开展了考评，使考评工作更加制度化、科学化、规范化。组织评选了2008年全国文化市场行政执法先进单位、优秀个人及全国文化市场十大案件。

此外，依据《行政许可法》和《互联网文化管理暂行规定》，为清理整顿网络文化经营单位，文化部对2005年6月之前取得"网络文化经营许可证"的249家网络文化经营单位进行了审核换证工作，共对128家经营性互联网文化单位的行政许可进行了延续，注销了121家经营性互联网文化单位的网络文化经营资格。

（三）加快推进文化市场技术监控体系建设

5月，文化部印发了《关于开展全国卡拉OK内容管理服务系统建设工作的通知》，全面部署系统建设。目前，全国已有29个省（区、市）的1450家卡拉OK场所（6万余间包房）完成系统安装，其中湖南、上海、湖北等地推进速度较快。初步完成网吧中央监管平台的调试及部分端口对接工作，目前全国健康繁荣发展。

四、理顺管理体制，加强法规建设，创新工作机制

积极协调有关部门，理顺动漫和网络游戏管

理体制。以科学发展观统领文化市场工作，从体制机制上解决妨碍科学发展的问题，进一步发挥市场对资源配置的基础性作用，扶持市场主体，健全市场体系，促进供求平衡，改善市场环境。

全面梳理现行文化市场管理政策法规，做到立、改、废相结合。分析近年来文化市场的新变化和新趋势，广泛听取消费者、从业者和利益相关者的意见建议，研究拟定《文化市场发展纲要》；加紧《艺术品管理条例》立法的协调工作，力争早日出台；修订《营业性演出管理条例实施细则》、《互联网文化暂行规定》，细化管理制度，下放部分行政许可事项。

认真实施《动漫企业认定管理办法》，组织开展认定工作的专题培训，出台配套实施细则，落实国家对动漫企业的财税优惠政策；会同公安部、工商总局出台关于电子游戏经营场所管理的文件，明确电子游戏行业的产业政策；会同国家旅游局出台《关于促进旅游演出市场发展的若干意见》；起草《网吧连锁经营认定管理办法》，采取税收等优惠政策，稳步推进网吧连锁；研究制定《网络游戏分级运营管理办法》；联合公安部、中国人民银行等部门，出台加强网络游戏虚拟货币管理的文件，规范虚拟货币的发行、使用、交易等行为，遏止虚拟货币的不良影响。

五、积极采取有效措施促进文化市场繁荣发展

充分利用中央财政扶持动漫产业发展专项资金，实施原创动漫扶持、推广计划，选拔一批优秀动漫作品和人才予以专项资金扶持，对优秀动漫作品进行宣传推介；组织评选“中国动漫政府奖”及“中国原创动漫大展”；举办漫画、动画、新媒体、技术、管理等方向的动漫高级研修班，着力培养动漫高端人才；建设动漫产业信息服务平台；开展动漫产业发展专项课题研究。

逐项落实国家发改委、文化部等九部委局《关于构建合理演出市场供应体系、促进演出市场繁荣发展若干意见》，力争2～3年见到实效；积极培育农村演出市场，鼓励各地以多种形式、多个渠道扶持民营文艺表演团体发展；适时召开民营院团发展典型经验交流会，举办文化旅游演出高峰论坛，搭建交流推广的平台。

研究部署游艺娱乐场所管理工作，严格市场准入，创新监管措施，形成有进有出、动态有序的市场体系；研究制订电子游戏机生产和经营的行业标准，规范生产和经营行为，加强行业自律；进一步落实娱乐场所阳光工程，引导歌舞娱乐场所向规模化、品牌化方向发展。

组织召开全国网络文化工作会议，出台文化部关于网络文化建设的指导性意见，明确网络文化管理职责，加强网络文化市场的建设；举办优秀网络音乐展示活动，鼓励创作健康向上的、有中国特色的网络音乐作品。

调整中国现当代艺术推广计划。将推广计划专项资金调整为艺术品市场建设发展资金，以扶持艺术品企业、培育和规范市场为重点，制订资金使用计划，引导市场健康发展。

六、大力推动文化市场综合执法改革，切实加强文化市场监管

会同中宣部召开文化市场综合执法改革经验交流会，梳理、总结各地开展文化市场综合执法的成功做法，研究进一步改革的目标、任务和思路，指导、督促、检查地方开展综合执法改革工作，大力推动文化市场综合执法改革，全面提高综合执法能力；以制度建设为中心，制定文化市场执法培训等制度规范，组织开展执法考评及全国文化市场十大案件评选等活动，带动文化市场执法各项工作全面进步，开创综合执法工作新局面。

以保护知识产权、维护未成年人合法权益、保障国家文化安全为重点，部署新中国成立60周年文化市场专项整治行动，为新中国成立60周年大庆创造良好社会文化环境；狠抓严格执法，继续规范网络文化市场秩序，以禁止网吧接纳未成年人为工作重点，加大对城乡结合部和农村网吧的监管力度，坚持严管重罚，规范市场秩序；联合有关部门开展动漫市场专项整治行动；开展网络低俗之风、游艺娱乐市场清理整治行动。

以加快推进网吧监管平台建设为突破口，完善文化市场技术监管措施，提供市场监管水平和效率。加快全国网络文化市场计算机监管平台建设进度，年内实现中央监管平台与省级监管平台的对接；推广文化市场行政执法办公系统；推进全国卡拉OK内容管理服务系统建设；积极争取建设覆盖文化市场各个门类的技术监控体系，不断提高文化市场技术监管水平。

专 题

中国娱乐市场发展报告

娱乐市场是我国市场化程度最高、发展最早的文化市场专业门类之一。2008 年，我国歌舞娱乐市场经营秩序进一步规范，政府管理和引导方式进一步完善，行业自律意识进一步增强；我国游艺娱乐市场发展势头迅猛，产值收益丰厚，区域性游戏游艺产业集聚群优势逐渐凸现。

一、歌舞娱乐市场

（一）全面启动娱乐场所阳光工程，构建文明娱乐环境

为深入贯彻党的十七大会议精神，认真执行《娱乐场所管理条例》，加强娱乐场所管理，改善娱乐业行业形象，提升娱乐业产业层次，构建文明娱乐环境，推动和谐社会建设。2007 年 12 月，文化部、中央综治办、公安部、卫生部、国家工商总局、国家环保总局、国家版权局联合推出了《2008 ~ 2010年全国娱乐场所阳光工程实施方案》。

2008 年 1 月 14 日，全国娱乐场所阳光工程在北京启动。该项工程着力于通过营造阳光娱乐氛围、打造阳光娱乐品牌、推动娱乐场所的标准化服务和特色化经营、提高娱乐场所管理技术含量和探索建立长效管理机制等途径，力争到 2010 年，我国娱乐场所经营秩序能有明显改善，服务质量明显提高，人民群众娱乐消费满意度明显增加，最终形成有中国特色的大众化、健康、文明、诚信、充满竞争活力的娱乐产业。

5 月 11 ~ 17 日，以“阳光娱乐，和谐文化”为主题的 2008 阳光娱乐主题宣传周活动开始。各地纷纷行动，经营者、消费者、行业协会等各界力量积极参与，开展了丰富多彩的宣传活动，使阳光娱乐的理念深入人心，为娱乐场所的健康有序发展营造良好的市场环境。安徽省安庆市在市委宣传部的支持下，利用电视台等媒体，在全国率先开展阳光金曲评选活动。

（二）稳步推进“全国卡拉 OK 内容管理服务系统”建设工作

我国拥有世界上最大的卡拉 OK 市场。截至 2007 年底，注册登记的各类歌舞娱乐场所 5 万多家，兼营卡拉 OK 项目的各类营业场所超过 10 万家。

为切实解决一些卡拉 OK 场所经营含有违法违规内容音像制品和音乐作品的问题，加强市场监管，2007 年 10 月，根据中央领导指示精神，文化部办公厅印发了《关于开展全国卡拉 OK 内容管理服务系统建设试点工作的通知》，决定在辽宁、吉林、黑龙江、河南、湖南、四川、云南省和新疆系统建设省级试点工作。2008 年 5 月，文化部发布《关于开展全国卡拉 OK 内容管理服务系统建设工作的通知》，要求各地要抓住示范场所安装的关键点，以点带面，积极推进，确保 2008 年内全面启动系统示范场所建设，2009 年底前基本完成系统建设工作，2010 年全面投入使用。同时，以系统建设为契机，加大《卡拉 OK 节目制作规范》等标准的施行力度，促进行业规范发展。

截至 2008 年 11 月底，已有湖南、辽宁、重庆、湖北、西藏等 16 个省、自治区、直辖市文化行政部门发文，成立机构，制订方案，召开会议，启动系统建设。系统安装建设已经涉及 29 个省、区、市的 187 个地（市）、459 个区（县），1450 家卡拉 OK 场所（6 万余间包房）完成系统安装。上述场所技术监管功能实现，信息数据上传顺利，场所运营正常。

（三）创新管理手段，提高工作效率

各地文化行政部门在实际工作，因地制宜，积极探索，创新管理手段、方式方法，总结出一些值得推广的好经验、好做法。

为了贯彻《娱乐场所管理条例》，加强娱乐场所和营业性演出的监督管理，推进阳光娱乐工程建设，安徽省文化厅于 2008 年 4 月 7 日出台《安徽省娱乐场所和营业性演出巡查责任制度》。此制度政策性强，操作性强，明确规定了巡查频率、巡查内容、巡查要求、巡查程序等，便于基层文化市场行政执法人员一目了然地知晓监管内容，促进监管工作的有效开展。据统计，4 ~ 6 月，安徽省对 1700 家歌舞娱乐场所出动检查 9300 多家次，比第一季度增加了近 2000 家次，娱乐场所的经营秩序进一步好转。

（四）行业自律意识进一步增强，经营秩序日趋规范

随着阳光工程的推进，阳光娱乐的理念正渐渐成为行业协会、经营者的共识，行业自律意识随之增强，经营秩序日趋规范。

阳光工程启动后，各地行业协会配合阳光工程的实施，结合本地实际，相继发布了《阳光娱乐经营倡议书》，倡议各娱乐场所守法经营、阳光经营，自觉接受各级管理部门的检查，接受人民群众的监督；加强行业自律，各场所之间互相监督、共同提高，增强社会责任感，建立健全娱乐行业内部管理制度，形成娱乐行业良好的社会风气；积极参与阳光工程建设，根据自身经营特点，开展适应本场所的各种活动，营造阳光的消费环境。

各娱乐场所在行业协会的指导下，积极行动，打造各具特色的阳光娱乐场所。“钱柜”公司严格执行安全经营规定，制定并实施了一系列制度，如安全生产检查和巡查制度、安全生产例会制度、安全生产事故隐患排查制度、教育和培训制度等等，以制度加强管理，保障质量，提升服务层次，构建文明环境。

（五）启示和思考

1. 以推动娱乐市场标准化建设为着力点，提高服务质量，促进技术升级。娱乐场所的标准化建设主要包括3个体系：一是硬件设施标准体系，包括场所的建筑质量、消防安全、环境噪声等标准；二是技术标准体系，包括卡拉OK技术设备、点播手段等标准；三是管理服务标准体系。卡拉OK内容管理服务系统从广义上讲，属于娱乐场所技术标准体系。2007年，文化部发布了《卡拉OK节目制作规范》，对卡拉OK节目的内容要求、技术要求和符合性要求做出了具体规定，是我国娱乐市场的第一部行业标准。此部规范性文件和即将出台的《卡拉OK内容管理服务系统技术标准》的推广施行，将有力推动我国娱乐市场标准化建设进程，有利于规范娱乐行业经营行为，有利于保障经营者、消费者、版权商等多方利益，有利于提高全行业的整体服务水平，从而推进全行业的技术改造升级。

2. 以开展娱乐场所阳光工程活动为主题，营造阳光娱乐氛围，促进内容建设升级。文化娱乐内容是娱乐场所存在和发展的前提，是文化行政部门管理的核心。促进娱乐场所内容建设，就是要加强管理和引导，大力发展先进文化，积极支持健康有益文化，坚决抵制腐朽文化，完善管理措施，加大清查力度，有效维护我国文化主权和文化安全。在全国范围内开展娱乐场所阳光工程，旨在倡导阳光娱乐理念，营造阳光娱乐氛围，通过推动娱乐场所的标准化服务和特色化经营，提高娱乐场所管理技术含量，促进娱乐场所内容建设升级。

二、游艺娱乐市场

（一）游戏游艺市场的发展现状及趋势

游戏游艺市场是文化市场的一个重要组成部分，也是创意文化产业链的一个重要分支。游戏游艺市场分为生产和经营两部分，涵盖大型电子游戏游艺机、家用视频游戏机和掌上电子游戏机三大类。我国的游戏游艺产业兴起于20世纪80年代初，并于90年代中期达到高峰。随着产业的发展，游艺娱乐场所也渐渐增多。2000年，国家实施行业压缩政策后，电子游戏经营场所数量大幅度缩减，经营秩序明显好转；游戏游艺企业也适应市场变化，由国内市场积极转向海外市场。

经过8年的发展，我国的游戏游艺市场规模不断扩大，游戏游艺产业水平稳步提升，逐步从“中国制造”之路走上“中国创造”之路，游艺娱乐场所经营秩序趋于稳定，不断向品牌化、综合型方向发展。据统计，2008年我国游戏游艺市场总收入320亿元人民币，占中国游戏行业年收入的59.5%。其中，大型游戏机年总经营收入约280亿元人民币，家用视频游戏机年收入约为25亿元人民币，掌上游戏机年收入约为15亿元人民币。

综观我国游戏游艺市场的发展，有3个趋势值得关注和研究。

一是区域性游戏游艺产业集聚群正在形成。我国的游戏游艺产业主要集中在长江三角洲和珠江三角洲地区，这些地区因地制宜，充分利用良好的产业基础，科学有效地推进产业发展，建设区域性产业集聚群。以广东省中山市为例，中山市以2006年电子游戏经营场所试点工作为契机，下工夫夯实产业基础。该市游戏游艺产业具有深厚的产业积淀，经过20多年的发展，整体行业与国内同行相比，具有行业集中、品种齐全、技术先进、质量可靠等优点，深受国内外客户的欢迎。2007年，中山游戏游艺生产企业30多家，行业总产值达20多亿元，产品产量25400台（套），产值年均增幅超过25%，行业的整体发展速度明显快于工业和GDP的增长速度，行业已从过去单一的机械制造发展到涵盖研究开发、制造安装、主题项目策划以及游乐游艺场所的投资经营管理等比较完整的产业链，行业生产水平、生产规模、市场占有率、出口值等都处于国内领先水平。在做好产业基础的同时，中山市着力于营造健康阳光的市场环境。该市积极倡导“阳光经营”理念，培育健康的游戏游艺市场，扶正祛邪，弘扬正气，在“绿色暑假”主题活动中营造了绿色暑假游乐环境，普遍受到学生和家长的欢迎，受到当地人大代表和政协委员的肯定和赞赏。健康有序的游戏游艺文化市场环境，广受肯定的市场经营模式，为产业发展营造了积极的、阳光的市场环境。

二是游艺娱乐场所档次不断提升，品牌效应逐步显现。随着人们对休闲娱乐消费需求的增长和游戏游艺产业的发展，我国的游艺娱乐场所档次也相应提升。截至2008年底，我国1000平方米以上的游艺娱乐场所约2500家，年经营收入约100亿元，成为国民经济中较有发展前景的一个新的经济增长点，成为我国大众文化消费的一支生力军。

神采飞扬、汤姆熊、城市英雄、世宇等游艺娱乐场所在多年的打拼中，注重科学的受众定位、上乘的服务质量、规范的经营行为和良好的企业形象，注重打造文明健康的游戏游乐业品牌。创立于1992年的神采飞扬游乐公园坚持“娱乐产业生活化，体育产业娱乐化”的理念，面向大众人群，融健身、体育、休闲、游艺项目为一体，通过体育健身与游艺的完美结合，让人们在游艺中得到锻炼，在运动中找到快乐。世宇乐园以“时尚健康、动感阳光”为经营理念，以自身强大的科研生产基地为后盾，快速提供潮流时尚的全新游艺设备，现已拓展了30余家垂直管理的连锁分店。

目前，这些企业的品牌效应正逐渐显现，对改造传统游艺娱乐产业、提升游艺娱乐业形象、促进游艺娱乐业健康发展发挥了积极的示范作用。

三是国内家用视频游戏机、掌上游戏机的发展相对滞后。2008年，我国家用视频游戏机和掌上游戏机的年经营收入约为40亿元，仅占游戏游艺市场总收入的12.5%。这些生产企业，与大型游戏游艺机生产厂商相比，存在规模小、档次低、抗风险能力差等问题。民族产品的匮乏，直接导致了国外家用视频游戏机和掌上游戏机独霸国内市场现象的出现。日本任天堂、索尼，美国微软等公司以各种方式规避我国现行的管理政策，旗下的家用视频和掌上电子游戏机通过非正常渠道不断涌入，并与其配套的非法游戏软件一道占领了我国家用视频及掌上电子游戏机市场，对我国的文化安全和民族产业构成了极大的威胁。

（二）游艺娱乐市场存在的问题

游艺娱乐市场存在的问题，主要表现在：

1.科技含量低，缺乏拥有自主知识产权的企业品牌。目前，我国的游戏游艺生产企业仍多以代工出口业务为主，大多数企业仍停留在“中国制造”阶段，鲜有响当当的“中国创造”品牌问世。

2.文化内涵不丰富，缺少具备鲜明民族特色的拳头产品。走进电子游戏厅或游艺场，我们不难发现，屏幕上闪动的大多是金头发、白皮肤的外国卡通形象，游戏内容也大都取自国外的动漫作品，就连游戏游艺机上的文字标志也都以外文为主，中国元素难觅其踪。

3.行业自律性不强，行业形象亟待提高。社会上一提及游戏游艺产业总会和“电子海洛因”、赌博等字眼相联系，整个行业的社会形象不佳，群众认可度较低，行业形象急需重塑。

4.游艺娱乐场所违法违规经营现象时有发生。利用电子游戏机进行赌博、超时经营、违规接纳未成年人等问题严重扰乱游艺娱乐场所规范健康的经营秩序。有些业主在利益的趋使下，视法律法规于无物，违法违规经营，给消费者、给行业、给社会造成恶劣的影响。

（三）对策、措施和建议

1. 加快自主创新，努力拥有自主知识产权的民族游戏游艺品牌

创新是一个国家的灵魂，是一个民族生生不息的动力和源泉。自主创新不仅是国家发展战略的核心，更是提高综合国力的关键。中国的游戏游艺产业要发展、要进步、要屹立于强手如林的世界游戏游艺行业，就必须坚持走中国特色的自主创新之路，把增强自主创新能力贯彻到电子游戏游艺产业发展的始终。虽然我国目前涌现出了一些具备一定自主研发能力的生产企业，但从总体上看，我国的游戏游艺机厂商仍多以代工生产为主，拥有自主知识产权的产品所占比重仅为20%，缺乏在国际上叫得响的“中国品牌”。从“中国制造”到“中国创造”，还有很长的路要走，

企业自主研发的主动性需要增强，有效的知识产权保障体制需要健全，具备创新意识的研发人才队伍需要培养，关键是生产企业要有创新的意识、创新的思维、创新的战略和敢于创新的真金白银的投入。要高度重视自主知识产权在企业可持续发展中的重要作用，加大对自主创新的投入，努力创造有利于吸引人才、留住人才、用好人才的创新环境；加强产学研结合，积极借助企业、学校和科研机构的优势，大力提升自主研发能力，着力突破制约本企业、本行业发展的关键技术；要坚持企业为主体，市场为导向，使企业真正成为自主创新的主导力量，靠创造赢得竞争，赢得市场，赢得全球瞩目的“中国制造”。

2. 增加文化内涵，积极研发具有鲜明中国特色的民族游戏游艺产品

我国有着五千年悠久的历史和灿烂的文化，这是我们研发、生产电子游戏游艺产品取之不尽、用之不竭的宝贵财富之源。我们的电子游戏游艺市场要“洗脸”、要“换心”，要大打民族牌，打响民族牌，把我们国家优秀的文学、动漫、影视产品搬上游戏机荧屏，在民族文化科技化的过程中，凸显鲜明的民族特色，创造中华文化的新形态，让广大人民群众特别是年轻人在自觉自愿中接受民族文化的熏陶。

3. 提升行业形象，着力打造规范自律、健康有序的民族游戏游艺行业形象

提升行业形象并非一蹴而就，需要长期的积累，需要艰苦的实干，需要“上下而求索”。游戏游艺企业只有正视问题，认真剖析，坚持以稳定和谐为目标，以法制规范为准绳，以公平公正为原则，充分发挥行业协会的力量，不断强化行业秩序，不断加强行业自律，才能切实扭转和全面提升行业形象。

4. 加强市场监管，努力营造健康、阳光、规范的游艺娱乐环境

文化行政部门要切实担负起游艺娱乐场所主管部门的责任，会同有关部门严肃查处各类违法违规经营行为，净化游艺娱乐市场，杜绝劣品驱逐良品的现象，为守法经营的企业创造良好的发展环境，为公众提供健康、阳光、规范的游艺娱乐环境。

中国演出市场发展报告

2008年四川“5·12”大地震后，全国人民同心抗灾，除了部分抗灾义演活动外，营业性演出活动一度大大减少。在全国人民迎奥运期间，国家举办了大量演出活动，包括从国外邀请大批顶级艺术院团来京演出，从全国各地征集大批高水平节目赴京调演等，几乎每两天就有一个高水平艺术团体在北京演出，演出市场一度极为火暴。但除了这两个特殊时期外，从整体发展趋势看，2008年演出市场延续了2007年的平稳态势，逐步走向淡定与成熟。

一、2008年中国演出市场发展状况

（一）政府扶持力度不断加强，市场面貌渐趋繁荣

2月2日，国家发展改革委、文化部、公安部、监察部、财政部、税务总局、广电总局、体育总局、工商总局联合制定下发了《关于下发构建合理演出市场供应体系、促进演出市场繁荣发展的若干意见的通知》。为保证文件各项要求得以落实，明确各职能部门职责分工，5月21日，国家发改委等九部委下发了《关于构建合理演出市场体系、促进演出市场繁荣发展协作机制各部门任务与分工方案的意见》。

3月20日，中宣部、文化部、广电总局、新闻出版总署在北京召开大会，对全国256个服务农民服务基层文化建设先进集体进行表彰。天津市蓟县评剧团等32个民营文艺表演团体名列其中。21日，文化部文化市场司在京举办了优秀民营文艺表演团体培训班和座谈会，32个受表彰的优秀民营院团、部分地区文化行政部门负责人、行业协会代表参加了培训，与会代表畅所欲言，交流了各自在剧目生产、人才建设、演出营销等方面的实践经验和苦乐忧思。

6月8日，中国东部剧院联盟在浙江绍兴宣布成立，浙江、江苏、上海、江西、四川、湖南、湖北、广东、福建等省市的36家剧院经过多次联络、协商，自发成为中国东部剧院联盟第一批成员，联盟将遵循“诚信协作、资源共享、风险共担、优势互补、互惠互利”的工作目标和经营方针。目前国内以共同经营演出项目和降低成本为目的的紧密

型剧院联盟，已经有了3家。东部剧院联盟的成立，标志着东部地区联手开拓演出市场迈出了可喜一步。

7月14日，为进一步加强和改进涉外及涉港澳台营业性演出管理，规范演出市场经营秩序，文化部下发了《关于加强涉外及涉港澳台营业性演出管理工作的通知》。

7月22日，温家宝总理签署中华人民共和国国务院第528号令，公布了《国务院关于修改〈营业性演出管理条例〉的决定》。

8月19日，杭州市最大的民营演艺企业杭州金海岸文化发展股份有限公司举行具有划时代意义的“杭州金海岸文化股份有限公司、信达证券股份有限公司公开发行股票保荐上市协议书签约仪式”，这标志着演艺企业迈出了走向上市的第一步，也是目前全国娱乐演艺企业中第一家保荐上市的企业。杭州金海岸娱乐有限公司创建于1996年，是集文化娱乐演艺、旅游演艺、演出经纪等于一体的综合性文化娱乐民营股份制企业。

10月19日，在美丽的休闲之都杭州，2008中国演出娱乐博览会暨中国旅游演出高峰论坛隆重开幕，来自各地的演出院团、场所、经纪公司、演出机构、旅游演出单位、媒体人士、艺术院校、旅行社等方面的有关管理人员、专家学者、业内人士400余人齐聚一堂。博览会以“开拓旅游演出新思路，共谋娱乐文化大发展”为主题，以繁荣发展国内旅游演出市场为主旨，深度分析国内旅游演出市场现状，权威解读政府有关旅游演出政策，科学引入多领域专家的理性思索，共同研究和探讨一系列关乎旅游演出发展的重要问题。

10月20日，第10届中国上海国际艺术节演出交易会在上海展览中心开幕，吸引了来自全球五大洲30多个国家最重要的主流国际演艺“巨头”齐聚申城，一方面让中国文化走出去，另一方面把海外优秀文化引进来。上海杂技团全新打造的《迷失的音乐》已拿到明年赴英国伦敦、库克，比利时布鲁塞尔等地的47场巡演合同。上海淮剧团传统武戏折子《挡马》和《金钱豹》等也拿到了2009年赴美国北卡罗来纳州巡演的合同。上海话剧中心的喜剧《秀才与刽子手》，2009年将赴以色列特拉维夫演出。上海文广演艺中心已拿到明年赴国外演出项目10余个100多场。上海交响乐团与捷克布拉格之春音乐节、西班牙伊比音乐公司签署了2009年海外巡演的协议。

11月3日，中宣部、文化部在京举办文化体制改革试点院团座谈会。江苏省演艺集团有限公司、北京儿童艺术剧院股份有限公司、中国木偶艺术剧院有限公司等10家文化体制改革试点院团负责人在会上各抒己见，共同交流体制机制创新的成功经验，畅谈如何加大力度、加快进度，进一步推动全国文艺院团改革取得新的实质性进展。

12月21日，第三届中国北京国际文化创意产业博览会在京落下帷幕，文博会以“文化创意与服务贸易”为主题，举办的近百场活动共有31万海内外各界人士参与，展览展示吸引了23万观众，专业人士、年轻人和知识层次高的观众比往届有较大幅度增长，签署文艺演出、出版物交易、设计创意、动漫与网络游戏研发制作、文化旅游等合作意向、协议292个，总金额46.8亿美元。

（二）演出主体稳步发展，演出市场逐渐成熟

2007年，演出经纪机构继续2006年的增长势头，绝对数有所增加，虽然从业人员呈下降趋势，但营业收入和利润增长迅速，特别是利润额增长幅度惊人。两项经营指标增长额度超过机构数的增长额度，显示出演出经纪机构质量提高，经营效果显著。

表1　全国演出经纪机构2006～2007年经济指标比较

	2006年	2007年	比上年同期增减
机构数（个）	926	1024	10.5%
从业人员（人）	11497	8708	-24.2%
利润总额（万元）	485	3828	68.9%
营业收入（亿元）	7.77	10.53	35.5%

随着文化体制改革的推进和深化，国家加大了对国有文艺表演团体的资金扶持力度，全国文化部门艺术表演团体2007年财政拨款较2006年增加22%；国有院团深入基层、深入农村演出场次有所下降，幅度达到13.7%；观众人次增长了

9.7%。院团总收入也有较大增长，较2006年增加了10%，经费自给率却下降了20%。

表2　全国文化部门艺术表演团体2006～2007年经济指标比较

	2006年	2007年	比上年同期增减
机构数（个）	2475	2455	-0.8%
演出场次（万场）	41	42	2.4%
农村演出场次（万场）	29	25	-13.7%
观众人次（亿人次）	4.1	4.5	9.7%
总收入（亿元）	59.0	69.1	17.1%
财政补助拨款（亿元）	39.9	48.7	22.0%
演出收入（亿元）	10.9	12.0	10%
经费自给率	37.9%	30.3%	-20%

2007年文艺表演场所总量、观众人次较2006年均出现较大幅度的下降，分别达到了4.31%，9.2%。值得欣慰的是，国家对演出场所的补贴增长较大，达到了22.4%。

表3　全国文化部门艺术表演场所2006～2007年经济指标比较

	2006年	2007年	比上年同期增减
机构数（个）	1390	1330	-4.31%
演出场次（万场）	38	38.6	1.5%
观众人次（亿人次）	0.65	0.59	-9.2%
收入合计（亿元）	11.7	11.5	-1.7%
总支出（亿元）	11.78	11.73	-0.3%
财政补助收入（亿元）	1.96	2.40	22.4%

2008年，文化部共审批涉外演出660宗，与2007年641宗相比增长2.9%。美国演出团体和演员来华最多，达105宗，与2007年90宗相比增长16%，其他依次是韩国，60宗；马来西亚，45宗；俄罗斯，36宗；德国，35宗；新加坡，35宗；日本，35宗；法国，33宗；英国，27宗；加拿大，21宗。美国来华演出较多，与部分美籍华裔演员频繁来华演出有关，真正代表国外文化到我国演出的主要还是欧洲和东南亚，如德国、法国、英国、俄罗斯、韩国、日本等，这些国家华裔演员少，到我国演出的都是他们本土的艺术院团和演员，真实体现了两国文化交往的实际情况。

（三）社会环境逐步优化，民营院团发展提速

2008年，国家发改委、文化部、公安部、监察部、财政部、税务总局、广电总局、体育总局、工商总局联合制定下发《关于构建合理演出市场供应体系、促进演出市场繁荣发展的若干意见》，文件再次提出扶持民营院团发展，为民营院团发展创造良好的社会环境和政策环境。

政府逐渐加大与民营院团合作的力度，采取政府采购的方式扶持民营院团。2007年和2008年，成都市委先后两次与四川虹宇公司签订《委托演出合同》。该合同的核心内容是剧团演出、政府补贴、农家受益，具体规定了4条原则：一是虹宇艺术团2007年下乡演出300场，2008年下乡演出350场和进工地演出40场；二是每演一场，由宣传部和文化局给予一定的经费补贴。虹宇艺术团在近两年里连续演出700多场，演遍成都市19个区（市、县）、300多个村镇；观众达100多万人次，每场平均观众1500多人次；农民观众参与互动演出的节目达600多个，几乎场场都有农民参演。

地方文化部门举办民营院团调演活动，提高民营院团演出水平。安徽省文化厅今年实施了“四个一工程”，为民营院团做了4件实事：开展一次调研，出台一份文件，举办一期培训，组织一场展演。现在安徽全省民营剧团1300余家，从业人员3万多人，年演出40余万场次，总收入4亿多元。池州九华山歌舞团2007年演出收入高达800万元。中央领导在安徽省报告上明确批示：民营院团是发展繁荣文化市场的一支生力军，要营造有利于民营院团成长的社会环境，制定促进民营院团发展的改革措施。台州民营剧团已有30多年的发展历史，目前全市民间剧团发展到近100家，演出足迹遍及全省各地和周边省份的广大农村，已成为农村演出市场的主力军。2008年台州专门举办了一场戏剧展演活动，目的在于让不同区域的民间剧团通过比赛的形式互相学习，提高表演水平，同时丰富农村群众的文化生活。

2008年，文化部文化市场司委托中国演出家协会发放了对2005年文化部、财政部、人事部、国家税务总局联合下发的《关于鼓励发展民营文艺表演团体的意见》贯彻落实情况的《调查问卷》，调查显示：近几年来，在各项政策的推动下，民营院团逐渐走上良性发展轨道，大多数民营文艺院团对宽松的政策环境和可预见的社会发展空间基本认同。

（四）旅游演出渐成规模，市场影响日益扩大

文化和旅游具有天然的内在联系，旅游与文化的结合从未断绝。旅游演出作为最具市场化特点和衍生潜力的原创性文化产品，借助融汇文化内涵和旅游市场的先天优势，在文化与旅游结合的过程中迅速崛起。近年来各地出现的大型文艺演出多是依托热点旅游地区。如以丽江“丽水金沙”、西安“梦回大唐”为代表的大型主题表演，以桂林“印象刘三姐”为代表的“印象系列”，不仅丰富了当地的文化市场，更成为海内外游客的必选活动。各地蓬勃发展的演出团体进景区、进宾馆等现象，更使演出与旅游的结合进一步密切。据不完全统计，目前在全国各重点旅游城市和旅游景点定时定点上演的旅游文化演出已逾200台以上，涌现出一大批场面宏大、制作精美、演艺精湛、格调高雅的优秀之作。旅游演出的规模稳步扩大，演出水平不断提升，资本和优秀人才不断聚集，形成了百花竞放的崭新局面。

从各地的情况来看，演出与旅游的结合对演出业和旅游业都产生了积极的重大影响。从旅游的角度看，抓住文化就抓住了核心价值；从演出的角度看，抓住旅游就抓住了一个巨大市场。演艺产业与旅游产业相互融合，相得益彰，共同繁荣。一是受众面广，桂林《印象·刘三姐》自2004年演出以来，已累计接待观众200多万人次，这是任何一种其他的演出形式所不能比拟的。二是可持续性强，旅游业作为朝阳产业，有着旺盛的生命力，依托旅游业发展演出产业，可以大大延伸演出产品的生命周期，实现演出业的可持续发展。杭州《宋城千古清》自正式上演至今，历经10余年而不衰。三是潜移默化，寓教于乐，旅游具有承载文化，传播文化的功能，发展旅游演出，可以通过旅游弘扬中华民族文化的优秀传统，展现中国特色社会主义时代的人们生活的精神风貌。贵州黔西南州将少数民族文化资源“八音坐唱”打造成旅游演出节目，既保护了非物质文化遗产，又通过旅游者将布依族文化传至世界各地。旅游演出已经成为各地旅游市场的一道亮丽风景线。

经济社会效益十分显著。据北京市演出行业协会的统计，2007年北京市旅游演出场所共15家，“北京之夜”、老舍茶馆等13家全年收入近1亿元，占到整个北京演出市场总收入的近1/3，充分显示出文化演出与旅游结合所产生的发展活力。桂林《印象刘三姐》公演四年来共获得门票收入2亿多元，更带动了阳朔周边产业的发展。演出节目吸引了大批旅游者到阳朔旅游和住宿，旅游总收入从2003年的2.44亿元增加到2006年的8.25亿元，第三产业占全县GDP的比重达到了43.5%，项目给阳朔县经济带来了1：5以上的拉动效应，取得了巨大的经济社会效益。河南挖掘少林寺的旅游资源，推出大型实景表演“禅宗少林音乐大典”，把武文化、禅文化、佛文化有机结合，已成为河南的艺术精品和知名品牌。李长春观看演出后，给与了高度评价，指出这台演出“为文化产业的发展提供了一个新思路”。

（五）金融危机的影响逐渐显现，高端演出压力骤显

演出市场作为文化产业的一部分，金融危机对其的影响具有相对滞后性。随着年关临近，经济形势的走向会愈发明晰，我国受到全球金融危机的影响逐渐加大。内部竞争加上外部危机，演出市场将面临“内忧外患”。团购锐减，是2008年的突出现象。一些高雅艺术如果没有团购以及企业文化建设需要的埋单和赞助，很难收回演出成本。北京的高雅艺术市场之所以繁荣，很大程度上要归功于外企和大型国企，单靠普通民众是无法支撑的。由于经济危机的影响，不少企业原本计划用于文化建设的资金被压缩或取消，连锁导致了艺术演出行业的不景气。音乐会、歌剧、芭蕾舞等高雅艺术受到金融危机的影响要大一些，这类演出的团购门票要占到很大比重。有时候一场音乐会的团购门票要占到三到四成。但2008年，由于经济因素的影响，不少企业计划用于文化建设或答谢客户的资金被压缩或取消，高雅艺术演出市场萎缩就难以避免。目前，保利剧院演出上座率维持在五六成，一些精品演出能达到八成，这和往年的情况没有太大区别。但团购门票有所减少。

2009年，金融海啸的影响将更大明显，演出市场前景不被看好。南京的一位业内人士表示："2009年的南京演出市场肯定不会很好。因为不知道2009年经济是否会复苏，所以我们公司不敢再像往年那样一下子把2009年的演出全排定，目前只有一场SJ的演出在2009年1月上演，除此之外很多演出还在商谈。"对于一些大型项目，比如莎拉布莱曼和陈奕迅的演出，不敢轻易接手，因为这些演出的费用很高，万一接下来票房不好，很有可能要亏大钱。很多公司能确定下来的演出基本都是与新中国成立60周年有关的主旋律演出，大型商演不敢轻易签约。有些公司在考虑2009年引进一些小型剧目，如一些精品话剧，儿童剧等，这样的演出盘子小，有比较固定的观众群体，还能确保赢利。

即使在一些发达国家，金融危机也为古典音乐和歌剧界带来了深重影响。因缺乏赞助，金融危机转嫁到演出行业的影响已日趋明显。由于至少提前一年的预制，2010年的德国萨尔茨堡音乐节已经由于两大常年金融赞助商的撤出而不得不砍掉4场歌剧。美国洛杉矶帕萨迪纳交响乐团由于流动资金已低于运作底线的580万美元，取消了4场流行音乐会演出，并以裁员来协助乐团渡过难关。美国橙郡的太平洋歌剧院近日宣布将取消所有2008～2009演出季的剩余演出，并很有可能关门大吉。纽约大都会歌剧院也同样在金融危机中受到影响，开始减少员工的医疗保险金，芝加哥交响乐团则因贷款额减少而取消了2009年的欧洲巡演计划。英国男中音歌唱家布林恩·特菲尔的夏季音乐节2009年面临停办的局面。意大利2009年度政府预算中对歌剧演出的支持款项为3.79亿欧元（约合4.84亿美元），与今年的5.6亿欧元（7.1亿美元）相比大幅缩水。

二、2008年中国演出市场管理思路

（一）贯彻落实国家发改委、文化部等九部委《关于构建合理演出市场供应体系、促进演出市场繁荣发展的若干意见》

1月4日，国家发展改革委、文化部等九部委联合下发了《关于构建合理演出市场供应体系、促进演出市场繁荣发展的若干意见的通知》（发改价格〔2008〕76号）。《通知》从扩大供给、促进发展这一制高点出发，提出了从根本上解决演出市场中存在的主要问题的办法和举措。一是从公益角度出发，加大政府投入，建立公益性演出长效机制，逐步解决广大群众最基本的文化消费需求。二是从市场角度出发，培育市场主体，扩大演出供给。三是从管理角度出发，规范政府行为，优化演出环境。为落实《通知》精神，5月21日，国家发展改革委、文化部等九部委再次下发《关于构建合理演出市场体系促进演出市场繁荣发展协作机制各部门任务与分工方案的意见》，决定由国家发展改革委、文化部、公安部、监察部、财政部、税务总局、广电总局、体育总局和工商总局建立相关协作机制，统筹解决演出市场中存在的问题，促进演出市场健康持续发展。

为落实《通知》和《意见》各项措施，充分发挥文化部各职能司局的积极性和创造性，文化市场司起草了《关于构建合理演出市场体系、促进演出市场繁荣发展协作机制各司局任务与分工方案》，要求各司局根据分工方案，制订工作计划，全面抓好落实，力争在1～2年内取得成效。

（二）扶持民营院团发展，培育农村演出市场

3月19日，中宣部、文化部等四部局在北京召开了2007年服务农民服务基层优秀集体表彰大会，32个优秀民营院团受到了表彰。3月21日，文化市场司在北京举办优秀民营院团研修班。2007年服务农民服务基层民营文艺表演团体先进单位代表、部分地区文化行政部门代表、演出协会及剧院联盟代表共计50余人参加了培训和座谈。5月26日，刘延东在文化部《文化要情》第25期《民营文艺院团发展面临的问题及对策建议》上批示："民营文艺院团发展问题确需研究"。蔡武部长批示："建议市场司牵头，会同政法司、艺术司、社文司作专题研究，搞清现状、问题，提出应对的具体建议。推动民营院团发展壮大，是文化体制改革中要解决的重要问题。"6月18日，文化市场司会同政法司、艺术司、社文司就民营院团发展问题进行了专题研究，决定对现有政策文件落实情况进行督促检查，并将有关制度改革设想与中宣部改革办进行沟通。文化市场司要求民营院团与国办院团一样享受文化体制改革相关政策的思路在2008年中宣部修改国办105号文件时已

得到体现，新的国办114号文明确民营院团与国办院团同等待遇。其次，文化市场司委托中国演出家协会对2005年文化部、财政部、人事部、国家税务总局《关于鼓励发展民营文艺表演团体的意见》的落实情况设计《调查问卷》在行业内进行普遍调查，共发放《调查问卷》1200份，收回386份，全国共有17个省（自治区、直辖市）参与了回答问卷，参与地区分布区域广泛，既有文化发达的省份，也有经济相对落后的地区，答卷反馈的各项数据具有一定的代表性，具有较好的真实度和可信度。在对民营院团发展总体情况的回答中，认为较好和一般的占77.8%，认为好和差的各占10%左右，这说明大多数民营院团对宽松的政策环境和可预见的社会发展空间基本认同。

（三）会同国家旅游局开展旅游演出调研，推动文艺演出与旅游紧密结合

2007年7月，李长春在郑州全国文艺院团改革创新经验交流会上提出要加强文化与旅游的结合，大力发展文化旅游。2008年3月，刘延东在光明日报《情况反映》第43期《文化创意加速海南旅游业转型升级的启示》上批示要把文化与旅游结合，既带动文化产业，又推动旅游业的国际化，请文化部注意总结推广先进典型。为落实中央领导指示精神，自2008年初开始，文化市场司与国家旅游局政策法规司围绕文化旅游特别是旅游演出这一主题到北京、云南、辽宁、四川、贵州、浙江等地开展了系列专题调研，对文化旅游、旅游演出的发展现状及前景形成了一些认识，并提出了下一步的初步工作设想，形成了《关于当前旅游演出发展情况的调研报告》。目前《调研报告》已得到两部门领导的肯定和认可，下一步两部门将积极会商，起草出台文化部、国家旅游局《关于促进旅游演出市场繁荣发展的若干意见》，在建立部门间高层沟通会商机制，共同确立“旅游演出示范基地”，规范旅游演出市场秩序，加强人才培养等方面加强协作。

10月19日，文化市场司会同国家旅游局政策法规司在杭州举办中国旅游演出高峰论坛。文化市场司司长刘玉珠、国家旅游局政策法规司司长张坚钟、港中旅集团公司副总许慕韩、广西文华艺术有限责任公司董事长梅帅元、宋城旅游集团副总裁邱晓军等参加论坛并做主题演讲。论坛嘉宾通过深度分析国内旅游演出市场现状，权威解读政府有关旅游演出政策，深入剖析旅游演出案例，共同研究和探讨新形势下政府如何加强管理服务，企业如何改进操作运营，学界如何提供科研理论等一系列关乎旅游演出发展的重要问题，进一步加强政府、业内和学界的智慧碰撞和思维交流，为建立旅游演出市场的规范运作机制，打造中国旅游演出完整产业链，促进国内文化旅游业的可持续发展献计献策。

（四）举办第二届中国演出娱乐博览会及演出实务培训班

10月19～20日，2008年中国演出娱乐博览会在杭州市举办。演博会由文化部文化市场司、国家旅游局政策法规司、浙江省文化厅、浙江省旅游局、杭州市人民政府、文化部文化市场发展中心联合主办，杭州市文化广电新闻出版局、杭州市旅游委员会共同承办。博览会以“开拓旅游演出新思路，共谋娱乐文化大发展”为主题，分政府论坛、政府培训、行业论坛，演出娱乐项目交流推介会、演出娱乐剧（节）目展演五大板块。全国各地演出院团、场所、经纪公司、演出机构、旅游演出单位、媒体人士等方面500余人参加博览会。

博览会期间，文化市场司举办了全国演出市场管理实务培训班，参加人员为各省、自治区、直辖市负责演出市场审批的市场和外事部门的管理人员。培训内容涉及演出娱乐市场现状、存在问题和部分政策、拟修改《实施细则》解读等。

（五）制定出台法规文件，规范演出市场经营秩序

5月14日，文化市场司会同外联局（港澳台司）在京召开重点地区涉外及涉港澳台营业性演出管理工作座谈会。部分地区文化行政部门、执法机构代表，演出经营单位代表，行业协会代表50余人参会。会议通报了近期来演出市场特别是涉外演出市场的有关案件查处情况，交流了各地加强涉外演出市场管理的办法、措施和经验，就加强和改进涉外演出管理，规范演出市场经营秩序进行了研究部署。7月14日，文化部正式下发《关于加强涉外及涉港澳台营业性演出管理工作的通知》。《通知》从加强演出经纪机构资质审核，加强演出内容审核，加强对外国和港澳台文艺表演团体和个人资信的审核，加强对举办单位与委托、投资单位权利义务关系的审核，加强对巡回演出的监督管理，加强演出活动现场的监管，建立演出市场信息通报制度和信用档案制度等方面提出了具体明确要求。《通知》的发布，将加强我国涉外及涉港澳台营业性演出管理工作，进一步规范我国演出市场经营秩序。

7月22日，国务院发布了新修改的《营业性演出管理条例》（国务院令528号）。根据《条例》要求，文化市场司启动了《营业性演出管理条例实施细则》的修订工作。新修订的《实施细则》除了与新修改的《条例》相衔接以外，还将落实文化部新"三定"方案，将加强对民营演艺机构的监管职责落到实处，明确将从事演员经纪、签约、代理等活动的演艺公司纳入政府管理范畴。《实施细则》已经在多个场合、多个层面征求了文化管理部门、执法机构、行业协会、演出经营单位的意见，同时征求了国务院法制办、公安部、国家工商总局等部门意见，也向社会公开征求了意见，已基本成熟。

（六）出台原创动漫演出扶持计划，培育动漫演出市场

为培育动漫演出市场，加强对原创动漫演出剧节目和创作团队的扶持和引导，9月23日，文化部办公厅下发《关于"原创动漫扶持计划"2008申报工作的通知》，拟对10～20部优秀原创动漫演出作品，10个动漫演出创作者（团队）进行资金扶持。目前评审委员会已经收到49件原创动漫演出作品和41个创作团队的申报材料，于春节前完成项目评选和扶持资金的落实工作。

中国网络游戏市场发展报告

引言：2008年北京奥运会的成功举办，吸引了世界的目光，也让更多的人了解到灿烂的中华文化。同时，中国的网游市场也备受世人瞩目。在文化部等相关部委政策的推动和管理下，无论是国内网游市场原创力量日渐崛起，还是网络游戏出口的良好局面，都映射出中国网游市场日益发展和成熟的态势，同时竞争也愈发激烈。2008年中国网游市场是充满了机遇和成就的一年，也面临着挑战和变革。下面对2008年中国网游市场特点做一总结，并对2009年网游市场进行展望。

一、2008年国内网游市场特点

（一）自主创新成为网游产业的发展关键

我国网络游戏市场发展空间巨大，仍然处于快速成长期，2008年中国网络游戏市场将达到150亿元的规模，未来4年网络游戏市场规模将保持25%～30%的年复合增长率（CAGR），预计2012年市场规模将有可能达到300亿～400亿元。

目前，我国网游参与厂商数量较多，竞争加剧。以往通过代理国际知名游戏而抢占市场的效果已经不明显了。为了巩固在行业中的优势，在海外上市的网游企业像巨人、九城等公司，纷纷希望借助自主开发游戏打破市场格局，获取竞争优势。比如九城目前计划将拥有的3亿美元现金的一部分收购游戏研发公司，将主营业务从游戏代理扩展到自主研发领域。

国内自主研发的网络游戏规模增长迅速（图1）。我国网游企业连续三年创造了国产原创网络游戏占据国内市场60%以上份额的佳绩，已经从根本上扭转了过去国外网络游戏在中国市场一统天下的局面，实现了由"中国代理"向"中国创造"的转变。

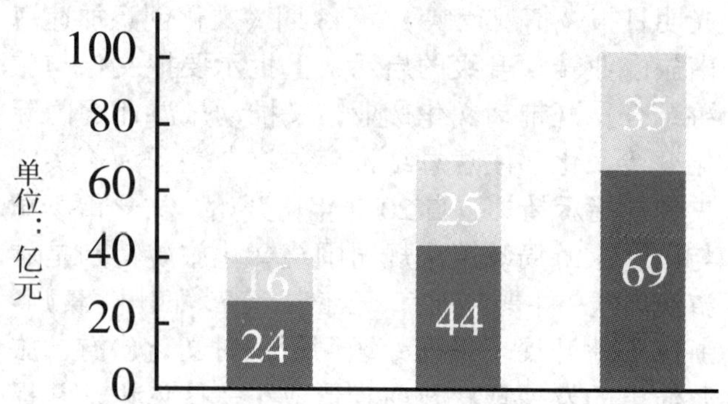

图1 中国自主研发网络游戏销售收入增长对比（2005～2007）

数据来源：文睿信息 2008

（二）坚持文化特色是自主创新和引进游戏成功的共同因素

中国的网络游戏市场早期，基本上都是从国外引进游戏，但是随着网络游戏市场地发展，由于不同国家文化，历史背景的差异，人民生活习惯、个人喜好的不同，也导致了许多网络游戏在中国的发展并不尽如人意。产业相关各方都意识到，本土化、符合当地的文化特色是游戏成功的关键。

这里的本土化，并不是说一定要土生土长的原创游戏，同样也包括对引进游戏的本土化过程。对于那些国外的进口产品，关键要做到"入乡随俗"。这四字成语虽然字面不难理解，但真正做起来却不那么容易。“随”字到了网络游戏本土化的问题上来，不再仅仅是“遵循，顺从”。而应该是：一种文化层面上的融合。

这里提到的文化层面并不单指故事背景或文化服饰，如果只是单纯地把故事人物、背景和中国历史相关联，文字语言的汉化，结果很可能会是收效甚微。其实最能打动中国玩家的，并不仅仅是游戏的画面如何精致，游戏的音效如何震撼，游戏的任务如何繁杂。而是让玩家能在繁重而又枯燥的学习、工作之余能够产生共鸣，真正地融入到游戏之中。

所以，游戏中深层次的背景文化融合，使之符合国内的文化特点，与本土化游戏模式习惯、人物和情节、画面和声音、场景任务设置、以及网络环境及配置要求等条件一样，是在国内成功运营网络游戏不可缺少的重要因素。

同样，对于出口的网络游戏，一方面要坚持打中国的文化特色牌。根据文睿信息研究，东方武侠特色是中国游戏在东南亚市场受欢迎的主要因素。另一方面在设计游戏的时候，也要遵从海外市场的风俗和价值观，有目标国市场的文化特色。

（三）从游戏类型来看网页游戏增长迅速

从2008年国内网络游戏的类型分析来看，网页游戏已经取代多人在线游戏，成为产品数量占有率第二的游戏类型。网页游戏的迅速增长，一方面是由于白领、学生等群体的娱乐需求无法得到完全满足，另一方面网页游戏的进入门槛低，因此2008年大量的小型开发、运营企业进入网页游戏市场。网页游戏市场在充满发展潜力的同时，也暴露出一些问题，例如游戏类型单一，模仿甚至抄袭严重，市场宣传混乱等。

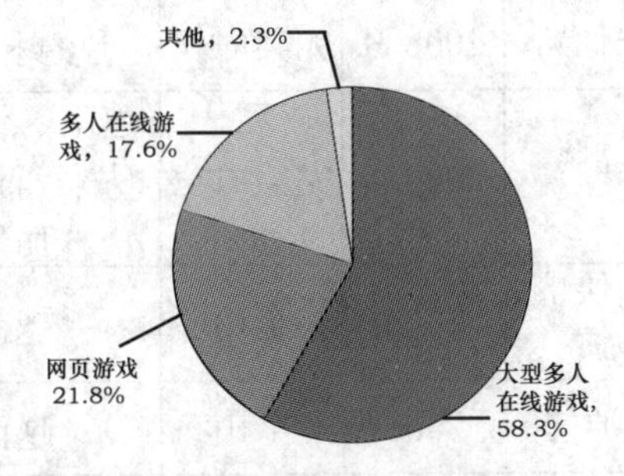

图2　2008年中国网络游戏按类型的产品数量比例
数据来源：文睿信息

（四）商业模式不断发展

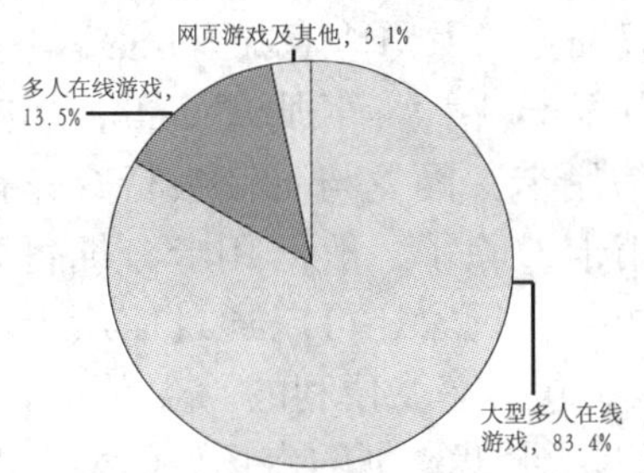

图3　2008年网络游戏市场收入来源细分
数据来源：文睿信息

1. 网络游戏内置广告市场持续增长

2008年，中国网络游戏内置广告（IGA）市场规模为1.2亿元。在我国，游戏内置广告市场才刚刚兴起。广告主对受众群体广泛的游戏内置广告十分重视，再加上相关网游公司上市后对游戏作为媒体新资源的深度挖掘，促使网络游戏内置广告市场规模在上半年增长较快。但下半年金融危机的影响逐渐显露，增长有所放缓。和2007年0.8亿元的市场规模相比，2008年IGA市场增长了大约50%。长期来看，网游内置广告将以其互动性、长期性、精准性成为网游产业的增长亮点之一。

2. 道具收费成为运营商主要收入来源

随着免费游戏和休闲类游戏的不断发展，游戏中的道具收费已成为游戏运营商的主要收入来源。2008年，网络游戏运营商的收入结构发生了显著变化，游戏虚拟物品及增值服务的收入占50%以上。免费模式将成为网络游戏中最主要的收费形式，未来的网络游戏商业模式将持续这一特点。

3. 异业合作更加普遍

异业合作指跨行业、领域的企业，在面向相同、共同用户群时所达成的，以资源互换、整合、捆绑为主要模式的战略合作。作为网游产业新的营销策略，异业合作为传统行业及新兴的网络游戏行业合作打开了新的经营模式。目前网络游戏的赢利模式已经确定，包括点卡、虚拟物品等等，但如果进一步开发游戏的潜在价值，与其他领域的合作已经成为不可缺少的一步。

异业合作可以将网络游戏的影响力转化为实际的经济效益，同时也为传统企业树立品牌、加快转型找到了有效的营销渠道。举几个现有的合作例子。

网游与饮料：《魔兽世界》与可口可乐、《剑侠世界》与王老吉；

网游与食品：《大唐风云》与牛肉干；

网游与服饰：《龙与地下城 online》与特步；

网游与电子产品:《信长野望 Online》与华硕;

网游与信用卡：网龙与工商银行合作推出的《魔域》信用卡，除了一般信用卡分期付款、刷卡消费等功能外，玩家还可以通过信用卡申请获得丰厚的游戏礼包，享受便利的游戏服务。

4. 休闲网络游戏占据的市场份额增大

大中型休闲网络游戏发展势头十分迅猛。音乐舞蹈类的《泡泡堂》、《超级舞者》等音乐舞蹈类游戏异军突起，在奥运热潮中《街头篮球》、《劲爆足球》等体育竞赛类游戏也炙手可热。与需要不断地投入时间与精力来提升等级的 MMORPG 相比，休闲网络游戏更符合政府对网络游戏健康化的要求，更代表“绿色网游”发展方向。对用户的吸引力和政策倾斜等方面的优势，使得大中型休闲网络游戏在 2008 年拥有更多的市场份额。

（五）中国网络游戏出口市场继续发展

1. 游戏出口的现状

目前“中国创造”已经成为中国网游行业的热门词汇，并成为海外市场的新宠。仅 2008 年，国产原创网络游戏进入北美、欧洲、日本等 20 个国家和地区的游戏市场，文睿信息预计 2008 年游戏出口收入在 5000 万美元以上，虽然与 2007 年相比持平（2007 年 5500 万美元），但考虑到海外市场经济危机影响，这一成绩可以视作是正常的发展。在国内网络游戏市场竞争日益激烈的背景下，利用“中国特色”的网络游戏产品出击国际市场，将成为未来网游企业发展的重点。

表 1 截止到目前的主要网游出口名单

序号	出口的游戏	出口时间	所属公司	出口国家
1	《航海世纪》	2004	游戏蜗牛	韩国、欧洲（英国／法国／德国）、北美（加拿大／美国）、南非、泰国、马来西亚、新加坡、菲律宾、澳大利亚等 20 多个国家和地区
2	《征服》	2005	网龙	欧美
3	《机战》	2005	网龙	中国香港，泰国
4	《魔域》	2005	网龙	菲律宾
5	《超级舞者》	2006	久游	英国、德国、法国、意大利、比利时等 31 个国家和地区
6	《超级乐者》	2006	久游	英国、德国、法国、意大利、比利时等 31 个国家和地区
7	《完美世界国际版》	2006	完美时空	日本、韩国、马来西亚、泰国、巴西等 17 个国家地区
8	《机甲世纪》	2006	游戏蜗牛	日本、北美等国家和地区
9	《街舞区》	2006	游戏蜗牛	台湾 、新马泰、菲律宾、泰国、越南、日本、北美、巴西等国家和地区
10	《梦幻国度》	2007	盛大	中国香港、澳门
11	《传奇世界》	2007	盛大	越南
12	《疯狂赛车》	2007	盛大	香港、澳门、越南
13	《武林外传》	2008. 3	完美时空	日本、韩国、马来西亚、泰国、巴西等 17 个国家地区
14	《诛仙》	2008. 4	完美时空	台湾和日本
15	《赤壁》	2008. 5	完美时空	越南、泰国、马来西亚和新加坡
16	《剑侠情缘》	2008	金山	越南
17	《封神榜》	2008	金山	越南
18	《剑侠情缘二》	2008	金山	越南
19	《剑侠情缘二》	2008	金山	越南

2. 游戏出口的附加价值

（1）文化传播的利器：游戏的出口必然伴随文化、风俗、价值观的传播，让世界了解中国文化，增加对中国传统文化的认同感。而且，与其他方式不同的是，出口对象国的用户是心甘情愿地付费来接受我们的文化，这种寓教于乐的形式使得中国五千年的优秀文化和价值观得到传播和发扬，其效果比其他方式要好很多。

（2）相关产业的推进器：网络游戏出口可以带动其他行业的发展，比如图书音像品、玩具文具、食品、服饰、娱乐设施、动漫产品、游戏展会、旅游等产业均有促进作用。根据统计，韩国有 10% 的入境游是由于电影、网络游戏等文化产品的影响而促成的。另外类似的，电影《指环王》的热播对新西兰的旅游业起到促进作用。

（六）网络游戏产业对于周边产业的带动作用凸显

游戏产业的发展，对周边产业带动的作用是相当明显的。所谓周边产业，包括电信宽带接入、PC 软硬件、服务器及带宽、网吧、游戏玩偶及衍生产品、游戏相关媒体等。根据文睿信息的研究，网络游戏行业每收入 1 元，对电信产业的直接贡献（包括宽带接入、服务器托管等）达到 4.2 元，对 IT 软硬件的贡献大约是 2 元，对游戏相关媒体及出版、周边产品的贡献也有 0.8 元。综合起来，网络游戏行业对相关产业的贡献比可以达 1∶7左右。以 2008 年网络游戏产业本身的规模 150 亿元计算，预计网络游戏产业对整体经济的贡献超过 1000 亿元。

（七）金融危机带给网游产业的机遇和挑战

从 2007 年开始显现的次贷危机，到 2008 年下半年终于演变成一场全球性的金融风暴。这种风暴影响到全球经济的方方面面。对于网络游戏产业的影响，业内说法不一。总的来说，金融危机带给中国网游产业的负面影响有限但不可忽视。同时带来的机遇值得产业的重视和把握。

1. 金融危机带来的负面影响有限但不可忽视

总的来说，金融危机带来的负面影响是有限的。但是，这些负面影响将制约网络游戏行业的发展。如果轻视其影响，将使整个行业受到损失。

（1）网游玩家平均消费额度将有所降低：目前，由于这场金融危机引起的企业裁员和战略收缩的新闻接二连三地出现，各个行业都不同程度地受到波及。而对于相当一部分就业人群来说，会失业或者收入减少。因此，随着实际或者预期收入的减少，消费者必然要调整自己的开支项目，对于网游这样的非生活必需品消费，自然进入削减之列。尤其在网游道具装备买卖方面，像前几年那样一掷千金的玩家会少许多，毕竟温饱是最基本需求。因此，随着玩家现实或预期的收入降低，其在道具上的消费额度减少，网游企业的整体收入必然受到影响。

（2）网游内置广告投放量会减少：由于经济低迷，企业的业务不景气，使得企业在广告投入方面，一方面要压缩经费开支，另一方面要调整投入方向。但总体来看，广告投入总量都将大为减少。所以这次金融危机，将一定程度上使得广告收入的预期下降。而从影响程度来看，网游内置广告模式，目前占网络游戏厂商收入的比重还很低，还没有成为网络游戏厂商的主流赢利模式。因此，广告收入的减少对网络游戏企业整体影响不大。

（3）从资本层面分析，网游企业的融资和上市会受到严重影响：从资本层面来说，正在计划上市的网络企业可能受到的影响更大一些。预计资本市场在最近一两年内很难会有大规模反弹。一些网络游戏企业的上市雄心因为大市疲软以及自身等各方面原因而搁浅。资本的支持是网游行业得以发展的重要源动力之一。此次危机给海外资本市场秩序造成了较大的破坏，也势必影响到海外资本市场对国内游戏行业的支持。现阶段的金融危机使得游戏行业一些尚未上市的公司最近一两年内的上市道路会很艰难，甚至暂时放弃上市打算。

（4）融资难将对网游行业的创新产生制约：由于资本市场出现了问题，网游企业的再发展将面临融资难题。近年国内新兴网络游戏原创力量不断地膨胀，对他们来说，海外资本支持的缺失，虽不至于导致灾难性的覆灭后果，但无疑也是一个不小的打击。资本“原动力”衰竭，将在很大程度上对整个行业的创新产生制约，对于一些网游企业，由于得不到外部资本市场的帮助，创新性行为将受到遏制。

2. 金融危机带来的机遇值得我们重视

危险往往潜伏着机会。这场金融危机同时也给国内网络游戏产业的发展创造了机会。

（1）给网游企业之间的并购和扩张创造了条件：对已成规模的网游企业来说，此次金融危机同时也带来了机会：可以用较低的成本收购规模小但有研发力量的公司。趁目前的形势，以较低的价格收购研发公司，要比网游公司自己投入研发更有效率，或许这将成为大型网游企业在当前这个危机时刻进一步扩张发展的捷径。但是在目前资金紧张的情况下，这样的并购必须要小心谨慎，需要选择对自己的研发力量、市场拓展等有关键作用的企业，否则就会由于草率行为而落马。

（2）为吸纳海外人才和技术提供了机会：受金融危机影响，现在许多国家的就业形势日趋严峻。而目前还算不错的国内经济环境，大批海外人才将前来寻求就业机会。根据11月7日报道，由上海市政府、部分中央和上海本地金融机构组成的"海外金融人才招聘团"即将开赴美国纽约华尔街、英国伦敦金融城等地招揽金融人才。国外顶尖的游戏人才，同样也是国内网络游戏行业渴求的对象。中国的网络游戏企业应该借此机会，适时吸纳海外人才和技术，这对于提高自身的核心竞争力来说，是不可多得的机会。

（3）由于失业等因素带来更多的消费群：金融危机给各行业都带来影响，必然造成一些人群的失业，或者工作量不饱和。这部分人群有可能成为网络游戏的潜在玩家。根据1997年亚洲金融海啸和其他金融危机的后续影响分析，由于失业以及很多岗位的工作量不饱满，一部分人开始寻求网络游戏打发时间。此外，由于金融危机导致一些人丧失财富，心情沮丧，网络游戏能把他们带到另一个虚拟世界中，找到安慰和快乐。因此金融危机将带来更多的网络游戏消费群。

（4）真正的廉价网游受到欢迎，将进一步推动网游的普及：在金融危机的环境下采取的"网游降价"措施，依靠扩大用户总数和培养更多付费用户来保持增长，将会受到广大玩家的欢迎，同时能进一步普及网游。坚决执行这一策略的网络游戏企业也会借此占领更大的市场。在这轮经济风暴中，真正廉价的网游会层出不穷，同时也带来游戏公司的排位变化。

二、2008年网络游戏个人用户构成分析

根据CNNIC在2008年7月第22次《中国互联网络发展状况统计报告》发布的数据，目前中国网络游戏的用户规模达到1.47亿人。

（1）网络游戏个人用户年龄分布：

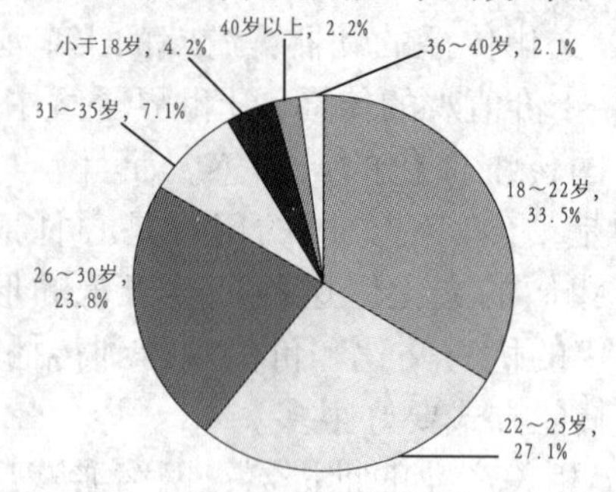

图4　2008年网络游戏个人用户年龄比例
数据来源：文睿信息

用户年龄主要集中在18～22岁、22～25岁和26～30岁3个年龄段，这3个年龄段加起来占了84.4%的份额。

（2）网络游戏个人用户收入情况分布：

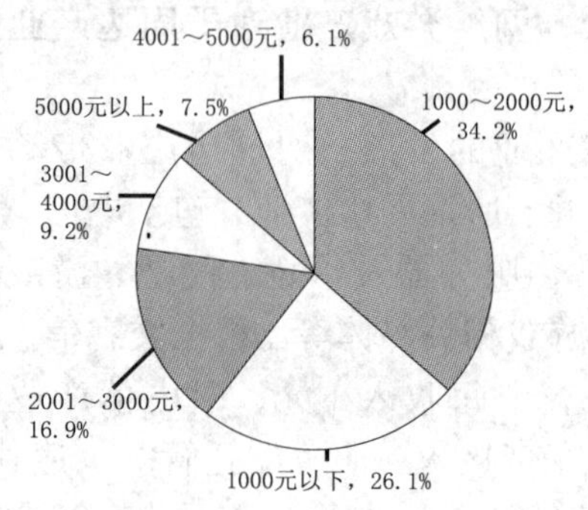

图5　2008年网络游戏个人收入比例
数据来源：文睿信息

网络游戏个人用户月收入来看，1000～2000元占据34.2%，1000元以下占据26.1%，二者加起来达到60%以上的份额。

网络游戏个人用户在线时间：

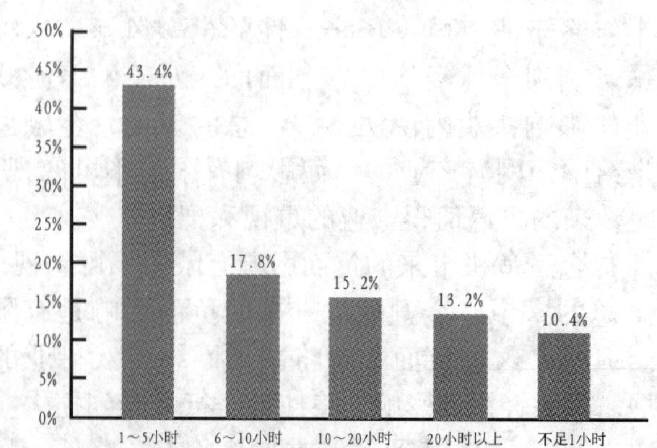

图6　2008年网络游戏个人用户每周在线时长
数据来源：文睿信息

2008年网络游戏个人用户平均每周的在线时长分析，1 ~ 5个小时仍然占据最大比例，为43.4%。以每周5个小时为划分线的话，每周在线5个小时及以下的占据了53.8%，而每周在线5个小时以上比例的为46.2%。

每月玩网络游戏的花费：

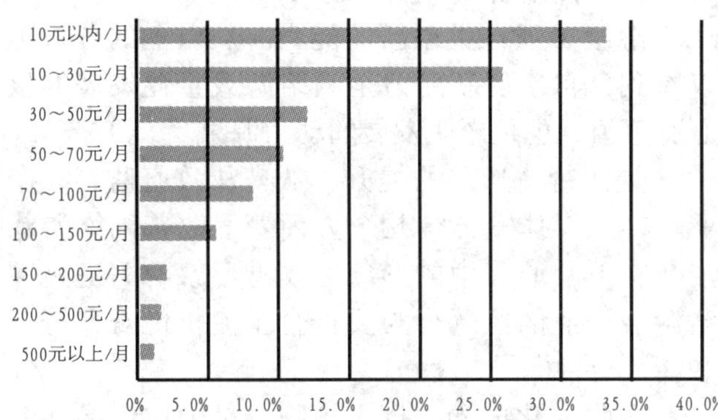

图7　2008年网络游戏个人用户每月玩网络游戏的花费
数据来源：文睿信息

每月花费10元以内的比例最高，达到33.5%，而10 ~ 30元/月的比例为第二位。这二者加起来达到接近60%，说明目前大部分网络游戏用户还是偏理性的。

购买过虚拟装备的用户比例：

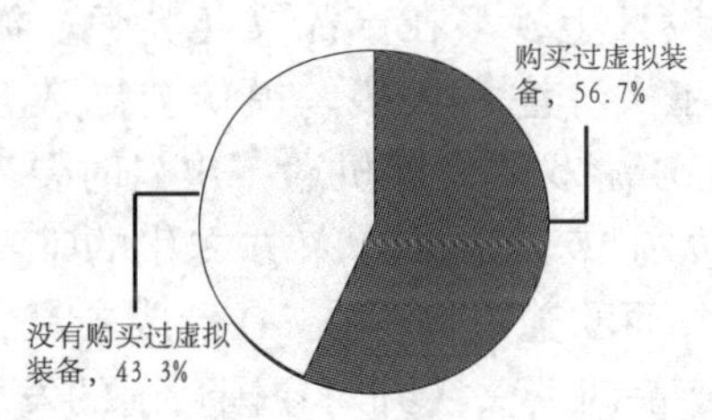

图8　2008年网络游戏个人用户购买虚拟装备的用户
数据来源：文睿信息

2008年有56.7%的网络游戏个人用户曾经购买过虚拟装备，这一比例比去年提高了4.3个百分点，说明2008年有更多的用户通过花钱来获得游戏中的装备。

三、2009年中国网络游戏市场展望

网络游戏继续成为互联网应用的热点：

由于中国的网络游戏市场用户群规模和市场规模仍然有较大的潜力，预计未来4年网络游戏市场规模将保持25% ~ 30%的年复合增长率。在2009年网络游戏仍然是互联网领域的热点之一。

异业合作广泛开展：

网络游戏的异业合作主要经历了两个阶段，第一个阶段是与硬件厂商的简单合作，第二个阶段是网络游戏与更多行业展开进一步的异业合作。

2009年，类似于网游同饮料，食品，服装等行业的合作方式将会更多。随着对网络游戏潜在价值的进一步挖掘，异业合作的模式将会层出不穷，涉及的领域也将日渐丰富，从而实现网络游戏行业和多个行业的多赢局面。

Web Game的调整，更加务实并符合主流价值观：

Web Game市场现在处在一个浮躁的成长期。在2009年，Web Game产业将迎来一个调整阶段，调整过后产业的竞争环境将会改善，从业者的务实精神得到加强。更重要的是，Web Game市场目前的内容将会更加符合广大玩家的主流价值观。与此同时，资本和行业巨头的进入将加快这个行业的发展和竞争。

3D游戏的规模和质量会有较大的提升：

经过华北、华东、华南、西南等地的网络游戏研发厂商对3D产品持续的研发和技术积累，2009年2D和2.5D游戏所占的比重将有所下降，而3D游戏在中国网络游戏市场上将会有上佳表现并获得相当多用户的支持。

休闲游戏同质化严重导致洗牌：

休闲游戏产品的市场份额近年来一直呈上升趋势，研发休闲游戏产品的厂商众多。为了追求研发速度以适应市场的变化，休闲游戏产品的研发一般采取模仿现有成功休闲游戏产品和改编经典单机游戏两种方法，这导致中国网络游戏市场上相同或相似类型的休闲游戏产品在短期内数量大增，在缺乏竞争力。2009年将引来休闲游戏的洗牌，大量没有特色的休闲游戏将遭淘汰。

四、韩国成功经验分析

经过十几年的发展，韩国已成为世界上最大的游戏输出国之一，大批韩国游戏公司在中国寻找更好的投资机会。韩国之所以能够在短短的时间内，使游戏产业得到快速的发展，是由多种因素推动的。韩国网络游戏的成功经验，来源于以下几个方面：

一是良好的网络游戏产业发展土壤，这包括政府支持和国内产业环境成熟，其中政府对游戏

产业的大力支持有很大作用。比如2008年12月3日，韩国文化体育观光部发布了游戏产业振兴中长期计划（2008 ~ 2012）。以2012年为止成为世界第三大游戏强国为目标，积极支持游戏的出口，并建成独立的开发工作室。韩国政府计划投资35003500亿韩元（折合人民币约为16.39亿元），以创造10兆韩元（折合人民币约为468亿元）的市场规模，36亿美元（折合人民币约为248亿元）的出口额为目标。到2012年为止政府将投资700多亿（折合人民币约为3.28亿元）韩元，建成300多个韩国国内独立开发工作室，并培养相关专业人才。

二是系统化的产业发展路径。在韩国游戏行业本体的发展与韩国的游戏大学、游戏大赛、游戏电视台等相关事业的运营有着密不可分的联系。多方面、多层次的配合推动了行业本身的健康运营，而由行业衍生出来的其他相关产业也创造了许多增值利润，提供了更大范围上的就业机会，从而营造出了一个良好而有序的发展空间。

三是传媒的营造，韩国的电视和报纸一直将游戏产业作为一块正在崛起的新兴市场进行宣传，将游戏开发作为信息技术的前沿阵地，将游戏出口作为国民经济发展的重要领域，受此积极影响，公众媒体在消除人们对游戏的负面印象，促进其良性发展的过程中也扮演了重要的角色，游戏产业在韩国国内也成为一个积极的产业方向。

四是教育的配合。出于当时对韩国现有游戏设计人才缺乏的考虑，游戏院校大批成立，大学也开设了游戏相关专业课程，以大力培养游戏专业人才。

五是社会和企业的支持。网游如同其他体育竞技行业一样，也得到了韩国企业的关注，甚至游戏精神也成了企业文化的组成部分。

韩国游戏产业的成功经验值得我们学习。中国政府目前对游戏行业的关注度正在不断提高，产业界和企业也在发展游戏环境，人才培养、改善行业形象等方面不断努力，相信中国的游戏产业能通过学习他国的先进经验，不断进步。

五、总结与建议

1. 总结

总之，2008年仍然是中国网络游戏快速成长的一年，是激烈竞争的一年，是深度变革的一年，是发展多元化的一年，2008年是奥运年，也是中国网游的主场年。伴随着中国经济的平稳发展，预计2009年中国网游产业将保持快速发展的态势，成为当前经济形式下快速增长的亮点，进一步融入全社会的其他行业，实现互利共赢。

2. 产业发展建议

对于网络游戏产业的建议：

继续加强自主创新的能力。从以上的分析可以看到，自主创新能力是网络游戏企业发展的核心竞争力，也是产业发展的动力源泉。

关注行业形象的提升，从遵从政府监管、产业自律、媒体宣传等几个方面着手改善网络游戏产业在群众心目中的形象。改善形象的关键是网络游戏企业的经营行为要符合主流价值观，符合和谐社会目标。

增强文化内涵，打民族牌，是国内市场和海外市场获得成功的重要因素。

对于网络游戏企业：

加强人才储备，尤其是创意和开发人才。发展海外市场的话重点需要具有国际化经验，了解国外游戏运营的人才。

加强自身的开发、策划能力，把加强自身的自主创新能力作为企业长期发展的核心竞争力来对待，同时戒除浮躁、想赚快钱的思想。

游戏设计上，多在产品文化特色、游戏创意等方面下工夫。注意太多的模仿会导致客户的流失。抓住3D游戏的发展机遇。出口时要考虑市场特点。比如东南亚地区对东方文化的唯美风格接受度很高，而欧美市场现在3D已成主流，在设计开发出口产品时要关注到对象国目前的发展阶段。

中国网吧市场发展报告

2008年，全国网吧市场总体平稳有序，网吧行业发展逐步规范和谐，人民群众满意度有所提高。

一、2008年中国网吧的发展

2008年中国网吧业的总体需求保持高速增长的趋势，并已经超过工作场所，成为中国网民第二大上网场所。2008年上半年在网吧上网的人数增加了近2810万人，达到9920万人，增幅达39.5%。2008年39%的网民选择在网吧上网，较去年同期提高了近5个百分点。平均每个网吧的年上网人次达到了5.9万人次。

1. 网吧行业总体规模

随着网吧存量市场的结构调整，网吧数量的压缩，网吧行业规模化程度显著提高，2008年中国网吧总数达到13万家，总收入达到548亿元，从业人数接近55万人。全国近65%的网吧电脑终端数量在50至200台左右，仅13.7%的网吧机器数量少于50台；电脑终端数超过200台以上的大型网吧达到21.5%。城乡网吧平均电脑终端数已突破百台。平均营业面积达到290.8平方米，单位面积终端数0.25台。

2. 网吧区域布局结构

2008年中国网吧呈现自东向西，由密集向稀疏的渐变格局。地处东部沿海的经济发达地区，仍然是网吧较密集的地区，而受经济发展的影响，中西部的网吧数量受到一定制约。华东、中南和西南地区成为存量网吧数最大的地区，份额分别占33%、21%和14%；而西北地区占比最少，份额仅为7%。从各省、市的网吧数量的布局来看，2008年网吧数量居前的省市分别是山东、四川、辽宁、河南和广东，份额分别为9.6%、6.9%、6.2%、5.9%和5.7%。而宁夏、青海和西藏等省、自治区的网吧数量仅占总量的0.5%、0.3%和0.2%。

3. 网吧规模与经济数据的关联

（1）人均收入：2008年全国各省市的存量网吧数与相应地区的总体可支配收入数成较强正相关，复相关系数值达到0.69。西藏总体可支配收入最少，约177.5亿元，同时其存量网吧数也最少，为307家。相对而言，总体可支配收入数达9577亿元的广东省，存量网吧数为7350个。

2008年全国各省市的存量网吧数与相应地区的人均可支配收入数的关系较复杂，人均可支配收入8000元是分水岭。低于8000，存量网吧数与人均可支配收入数成正相关；高于8000，存量网吧数与人均可支配收入数成负相关。从人均可支配收入数看，青海、山东和上海三地分别为5476元、8103元和13911元，呈现递增趋势。而相应的存量网吧数分别为415个、12518个和1472个，山东最多，上海次之，青海最少。

人均可支配收入处于6000到7000区间的省市，存量网吧数不均衡。人均可支配收入属于该区间的省市共15个，这些省市的存量网吧数均匀分布于从307到8996的区间之中，西藏最少，为307，而四川最高，为8996。

（2）人口数量：2008年中国网吧网民以男性居多，占到63.3%。以年轻人居多，24岁及以下网民占到网吧网民的70.7%，比总体网民高了20.8个百分点。

2008年全国各省市的存量网吧数与相应地区的人口数成较强正相关，复相关系数值达到0.82。在人口数仅为281万的西藏，存量网吧数仅为307个。而人口大省山东，人口规模达到9309万，拥有最高的存量网吧数，12518个。2008年全国平均万人拥有网吧29.6个，辽宁最多为1.9个，贵州最少为0.6个。

4. 网吧经营状况

从网吧行业总体收入规模和布局看，2008年中国网吧的总体收入规模达到548亿元。其中，地处城市的网吧占有的份额最高，达到58%，而地处县城和县以下的份额分别为26%和16%。按登记注册类型分，内资企业总收入达547.8亿元，而港澳台商投资企业和外商投资企业分别为1430万元和600万元。连锁门店的总收入份额占全部的11%，非连锁门店占89%。在总体收入中，属于非文化部门的网吧收入占总体的85%。

从网吧行业总体利润规模和布局看，2008年中国网吧的总体利润规模达到104亿元，其中，地处城市的网吧占有的份额最高，达到56%，而地处县城和县以下的份额分别为29%和15%。按登记注册类型分，内资企业总利润达103.6亿元，而港澳台商投资企业和外商投资企业分别为320万元和80万元。连锁门店的总利润份额占全部的9%，非连锁门店占91%。在总体利润中，属于非文化部门的网吧利润占总体的87%。

从2008年中国网吧行业整体平均经营情况来看，平均收入达到41.1万元，平均利润达到7.8万元。地处城市的网吧平均收入50.4万元，高于整体平均水平；而地处县城和县以下的网吧平均收入仅为35.7万元和29.0万元。地处城市的网吧平均利润达到10.9万元，远高于整体平均水平。地处县城和县以下的网吧平均利润接近，分别为5.7万元和4.1万元。港澳台资网吧的平均收入达120万元，平均利润达26.5万元，分别是整体平均水平的3倍和4倍。连锁门店的平均收入和利润均远超整体平均水平，分别达到53万元和8万元。

5. 金融危机对网吧业的影响分析。

2008年开始的全球范围金融危机，直接的影响是产生一定规模的闲置人口，这些人员会采取多种方式上网交流、寻找工作机会。作为第二大上网地点，网吧将会满足这些人员的需求。此外，由于金融危机为网络游戏提供了发展契机，会有更多的网民玩网络游戏。因此，金融危机为网吧业的发展提供了新契机。

二、2008年网吧管理工作

2007年文化部等14个部门《关于进一步加强网吧及网络游戏管理工作的通知》等文件下发后，各部门、各地区加大对网吧整治力度，使网吧市场秩序日趋规范。网吧市场管理工作取得的成效主要体现在以下几个方面：

一是进一步改善宏观调控，营造规范有序的市场环境和政策环境。今年7月，文化部、工商总局、公安部三部门下发了《关于网吧管理工作有关问题的通知》，在总量布局、宏观调控的基础上，核准各地有序开展网吧的审批工作。按照国务院《互联网上网服务营业场所管理条例》的要求，各地区充分考虑本地经济社会发展水平、人口结构、市场需求、消费习惯、监管实效、监管力量和社会反映等因素，调整了网吧布局规划，进一步改善了宏观调控方式，从制度安排上遏制了黑网吧、许可证非法倒卖等违规现象。

二是部门协作机制不断完善，网吧管理长效机制已经初步形成。2007年以来，文化部门认真履行网吧及网络游戏管理工作协调小组办公室日常工作，严格审批管理，加强执法力度，引导行业规范健康发展；工商部门加大黑网吧取缔力度，专项整治成效显著，查处取缔黑网吧1.3万余家；公安部门加强对网吧信息安全、消防安全、治安安全的监督管理，并将网吧检查作为重点纳入奥运专项行动；教育部门加强和改进中小学德育工作，引导学生健康文明上网；文明办加强舆论引导，开展形式多样的网络文明创建活动。此外，工业和信息化部、中央综治办、财政部、卫生部、出版总署、团中央等部门也从各自的职责为网吧的规范与管理做了大量的工作，对网吧管理给予积极支持。网吧上网登记、日常巡查、处罚量化、经营管理和信息安全的技术管理、专项治理、社会监督和行业自律等，已成为网吧管理的基本制度；齐抓共管、目标明确，配合有序的网吧管理长效机制已初步形成。

三是严格执法，加大未成年人保护力度。新修订的《未成年人保护法》对未成年人上网管理作出了明确规定，强化了网吧在未成年人保护中承担的法律责任。2008年文化部门以查处接纳未成年人为工作重点，坚持严管重罚，保持高压态势。前三个季度全国文化执法部门共检查网吧191万余家次。同时，各地还开展各类针对春节、寒暑假等重点时期、以及中小学校周边等重点地段有的放矢地排查暗访、专项整治，构筑起了全方位、多层次、人防与技防相结合的防范监管体系。通过严格执法，大中城市网吧接纳未成年人现象的发生率已大大减少，据《2008全国网吧行业调查报告》中对16651家网吧抽样调查显示，2008年进入网吧的未成年人从2007年的7%下降到4%。

四是网吧行业规模化、连锁化趋势不断加强。随着网吧存量市场的结构调整，网吧数量的压缩，网吧行业规模化程度显著提高，同时网吧连锁化发展趋势增强，行业整合速度加快，连锁网吧影响力、示范性开始显现，目前全国共形成连锁业态的网吧11451家，年营业额占行业总收入的11%。湖南长沙与广东深圳相继开展了以连锁促规范，向体制要秩序，连锁网吧建设试点工作，取得了显著成效，为进一步推进网吧连锁政策，提供了有益的标志。

五是行业自律得到明显加强，社会责任心不断增强。2007年3月，全国各网吧行业协会召开大会，向社会郑重承诺担负起应尽的社会责任和文化责任，实现网吧行业的自我提升、自律规范和健康有序发展。目前，各级网吧协会在配合政府管理、市场规范、行业建设等方面积极工作，已成为政府与企业之间重要的纽带和桥梁。与此同时，各地普遍建立了行之有效的社会监督员制度。现在全国网吧社会义务监督员人数已经远远超过文化部门网吧管理人员的编制数量，成为政府行政力量之外的一支网吧管理大军。

2008年5月12日，四川汶川大地震发生后，各地网吧行业积极关心地震灾情，纷纷向灾民伸出热情援手，及时捐赠。各地网吧行业协会都及时向会员单位发出了《关于向四川地震灾区捐款的倡议书》，广大网吧从业人员积极响应，纷纷以各种形式向灾区捐款。据不完全统计，仅浙江省各地网吧行业协会累计为灾区（不含个人和单体网吧捐款）捐款超过146万元。网吧以其顽强的生命力和重要通信功能，在抗震救灾中发挥了率先和不可替代的作用。通过网络传递、了解灾情、救援情况，寻找亲人，突破了信息孤岛和信号盲区，为抢险救援争得了宝贵的时间和资料。网吧在抗震救灾中的表现，表明了网吧承载着重要的社会功能，也体现了网吧行业的社会责任心在不断增强。

六是及时交流总结工作经验，管理水平不断提高。

2008年12月16日，文化部会同工商、公安、教育、文明办等网吧管理重要职能部门，以全国网吧及网络游戏管理工作协调小组名义召开了全国网吧文明创建与管理工作交流会，各地文化、工商、公安、教育、文明办等五个系统、70多个地方部门的120多名代表参加会议，传达和学习了李长春、刘云山的批示，交流了各部门、各地区在网吧管理中出现的先进经验，推出了如“宁波经验”、“长沙经验”、“宁国经验”等好的做法和有效举措，研究了网吧管理存在的突出问题。欧阳坚副部长代表文化部党组作了题为《科学管理 常抓不懈 开创全国网吧文明与管理新局面》的主题报告，要求以科学发展观为指导，以常抓不懈、求真务实的工作作风，完善网吧管理长效机制的建设，坚决遏制网吧违法经营，不断规范网吧管理，发挥网吧在建设和谐社会，扩大就业和促进社会信息化方面的积极作用。

三、2009年网吧管理工作展望

2009年，文化部将根据2008年网吧市场发展总体概况，在2008年各项工作基础上，按照中央关于网络文化工作的总方针，对网吧管理实行“总量控制、从严管理、限制发展、正面引导”的政策，全面加强网吧管理工作

1. 大力加强农村网吧管理与建设

农村网吧市场一直是网吧管理工作的难点和重点。考虑到农村文化市场监管力量的不足，网吧可能带来的负面影响，过去我们一直采取的是限制和不鼓励发展的做法。目前，农村网吧市场呈现出小、差、散、乱的特点，一些地区黑网吧泛滥，未成年人正在成为消费主体，并且这种现象反过来向城市蔓延，一些乡镇和城乡结合部已成为问题的多发区。

在社会主义新农村建设的背景下，如何满足农村日益增长的文化需求，如何实现农民的基本文化权利，如何向广大农村提供优质、健康的文化产品和服务，是关系我国发展全局的重大问题。特别是在今年以来发生的全球金融危机中，具有极大潜力的农村市场正在成为拉动内需，扩大消费，保持我国经济新一轮增长的重要基础。

要加大投入力度，加强农村执法队伍建设，保障人员经费，改善执法装备，增强监管和执法的实效性。同时，各地要认真研究，加强农村绿色网吧建设，鼓励经营规范、信誉良好的大型国有企业、网吧连锁企业进农村，并在市场准入、税费减免等方面给予倾斜和扶持，实现农村网吧市场规范发展、繁荣发展，为社会主义新农村建设提供文化条件。

2. 大力推进网吧连锁经营的步伐

根据中央领导关于“整合组建连锁网吧”、“向体制要秩序”的精神，从2003年以来，通过促进网吧连锁经营业态的发展，让规模化、连锁化、主题化、品牌化的网吧逐步成为市场的主导力量，一直是我们改进网吧管理工作的政策取向。但目前，连锁网吧的数量规模仅占网吧市场的11%，存在着“连不起”、“锁不住”，竞争力不强等问题。

现阶段，要认真总结长沙等地的试点经验，要在总结连锁网吧实践的基础上进行机制创新，对不适应连锁网吧发展的政策进行调整，对不利于连锁网吧运营的措施进行改进。在加强管理的同时，对经营规范、制度健全的网吧连锁经营企业可在税收等方面给予优惠，增强其市场的竞争力，造就引领市场规范发展的龙头企业，发挥其示范性、先导性作用，挤压非法经营的生存空间。

3. 切实强化网吧内文化内容的监管和知识产权的保护

一个时期以来，网吧内文化内容的消费和知识产权保护等成为社会关注、领导关心的问题。一些网吧经营管理不到位，消费者可以下载、使用淫秽色情、凶杀暴力、格调低俗等有害信息；局域网中擅自架设服务器，传播、使用含有非法

内容的影视、音乐、游戏等产品；在计算机内安装侵权盗版的操作系统和应用系统；明令打击的违法网络游戏仍在网吧中传播等方面。

因此，要在治理源头的同时，强化对互联网消费终端—网吧内文化内容的监管，打击下载、使用这些有害信息的经营行为，同时，为消费者提供更加丰富的合法、健康的精神文化产品。另外，要切实采取有效措施，加大知识产权保护力度，维护中国的国际形象。2008年7月，文化部、工商总局、公安部三部门下发的《关于网吧管理工作有关问题的通知》，对上述工作已提出要求。这里，需要强调的是，知识产权问题是西方国家和发展中国家博弈的重要领域，各地区、各部门在网吧知识产权保护工作中，要按照文化部的统一部署规划，步调一致，杜绝只顾局部利益和部门利益，不顾国家利益、企业利益的行为，使我国在WTO等国际谈判中占据有利地位。

4. 明确责任，加大执法力度

2002年以来，网吧管理形成了一整套较为完备的法律法规体系。它已纳入文明城市、文明社区、文明村镇、文明行业考核体系和社会治安综合治理考核体系。目前，要进一步落实行政执法责任制，将责任落实到地方、部门和人员；要严格责任追究制，确保政令畅通。文化部门要以禁止网吧接纳未成年人为工作重点，强化市场退出机制。建议工商管理部门对黑网吧要做到露头就打，对市场巡查中发现的、群众举报的、相关部门通报的、新闻媒体曝光的，都要及时查处取缔。公安机关望进一步加强网吧的信息安全、治安安全和消防安全监管，落实信息安全管理制度。要根据网吧的守法经营情况、社会满意程度等标准实行差异化管理，对违法违规的网吧实行重点检查。要切实提高基层执法人员的执法能力和执法素质，上级文化、工商、公安等部门要采取异地交叉检查、明查暗访、重点回访、查阅执法文书等方式，加大对下级部门的督察力度。

5. 依法行政，改进服务

网吧管理工作是政府履行市场监管和社会管理职能的重要内容。政府管理既不可缺位，也不能越位。目前，网吧经营涉及的部门有14个之多，一些地方不同程度地存在着重复管理，多头管理，行政不作为或行政乱作为的现象。网吧开展正常经营需要6项以上行政许可或准入程序，要向各部门缴纳10项以上各类税费。因此，要切实转变管理职能，改善行政管理，做好公共服务。对行政机关及其工作人员在网吧管理工作中以权谋私、接受商业贿赂和乱收费、乱罚款的，参与或变相参与网吧经营的，为违法经营和黑网吧充当“保护伞”的，要坚决查处，构成犯罪的要及时移送司法机关追究刑事责任。同时，要变管理为服务，改进管理水平，提高管理能力，为网吧经营营造竞争有序、繁荣发展的法律政策环境和公共服务氛围。

6. 修订条例，加大处罚力度

2009年，文化部将会同各有关部门，开展《互联网上网服务营业场所管理条例》的修订工作，落实中央领导关于在法规层面上解决未成年人进入问题的指示精神，加大对接纳未成年人、黑网吧等违法行为的处罚力度，为未成年人进入网吧、黑网吧等违规违法行为设置更严格的监管条款。调整一部分不符合网吧市场现状的相关规定，更好地体现政府依法行政公共服务的职能。

中国艺术品市场发展报告

2008年，是中国艺术品市场发展过程中不平凡的一年，具有复杂性和多变性的特点，市场出现较大的结构调整。一方面延续了近年来持续发展的大势，在社会、经济、文化领域拥有越来越大的影响力，参与人群的规模化、与其他市场间关联性的增强，在很大程度上展现了艺术市场不断拓展的深度与广度。与此同时，中国艺术品市场也要面对全球性金融危机，以及由金融系统向实体经济不断演化的危机蔓延，面对全球性经济衰退的客观事实。

“梅·摩艺术品投资指数”指出：艺术品市场最近5年和10年的复合年平均回报率（CAR）分别为11.7%和9.5%，2008年艺术品回报率下降到4.5%，这是艺术品市场连续5年快速增长后首次下降。具体而言，2008年的中国艺术品市场可谓“先喜后悲”，总体行情也呈现“先涨后跌”。特别是从10月份以来的表现来看，全球艺术品行情急转直下，艺术品交易中心的纽约、伦敦跌幅较大，拍卖市场的成交率与交易额均较上半年降低50%。我国艺术市场也相应受到了很大的冲击，但是主要集中在受到国际影响较大的当代艺术方面，占我国艺术品市场总体比例70%以上的品种，是非常有特色的区域性交易品种——中国书画和中国古董，这一部分则相对稳定。这些情况既反映了艺术市场在全球化背景下存在着广泛联动性，也反映了中国艺术品市场具有特殊性。

一、影响2008年艺术品市场发展的主要因素

1. 国际经济环境的影响

2002年以来，全球艺术品市场进入新一轮的增长周期，其显著特点是投资资本进入带动了艺术品价格的大幅上升。2008年以来，美国次贷危机波及全球金融市场，很多投资者财产大幅缩水，艺术品市场中的投资资本减少，影响了艺术市场的进一步扩张。同时金融危机带来的全球汇率波动，对艺术品市场也有影响，例如，美元持续贬值，人民币兑美元汇率攀升的走势，引发一些美国资本进入中国艺术市场，将前期低价收购的中国当代艺术投放到中国市场套现，一方面可以获得艺术品的升值回报，另一方面获得未来人民币对美元升值的价差回报，这种情况在一定阶段上会支撑我国艺术品在国际市场中的价位，但套现离场后将会给当代艺术市场带来快速下滑和衰退，限制艺术市场的发展。2008年汇率变化所的趋势，仍会在今后的相当长时间对中国艺术品市场产生复杂的影响。

2. 国内经济环境影响

（1）自然灾害影响：2008年发生雪灾、汶川地震等自然灾害给社会经济带来巨大损失，在一定程度上影响了艺术消费的信心。

（2）奥运因素：1988年汉城“奥运会”之后，韩国艺术品的价格平均下跌了25%，直至1990年之后才重新开始上升。基于这一历史经验，很多专家对中国奥运之后的艺术品市场行情并不看好。事实上中国艺术品市场的主流市场——中国书画市场早在2006年即进入行情调整阶段，只是2007年以来中国古典艺术品和当代艺术品价格的继续增长部分冲抵了中国书画的负面影响。调整期的提前对冲了因前期的价格暴涨所带来的“泡沫化”压力，中国艺术品市场在奥运后并未出现韩国现象。

（3）与金融投资市场的联动性：中国艺术品市场中存在两种不同观点：一部分认为，中国艺术品市场与股票、房地产市场之间具有越来越强的联动性，在股票市场、房地产市场进入低迷之后，艺术品市场也会受到影响；另一部分认为，股票市场、房地产市场的持续低迷，会进一步凸现艺术投资回报的魅力，引发更多资金进入艺术品市场，支撑艺术品市场的行情走高。2008年我国股票和房地产市场都进入深度调整，事实证明，艺术市场受制整体经济的变化，呈现出与股票、债券和房地产市场发展的某种趋同性，随之进入明显的调整期。

二、2008年艺术品市场的主要特点

1. 全球化和当代性转移

19世纪后期，艺术品初步形成以欧洲、美国为核心的贸易体系，随着国际化的加速，以中国、印度、中东、俄罗斯为代表的新兴市场的勃兴，客观上加速了艺术资源的全球化流通，全球艺术品贸易逐步形成开放式的格局。特别近几年来，“中国概念”在全球艺术品市场中的持续升温，大量资金融入，引发了中国当代艺术价格暴涨，中国艺术品市场依据自我的发展，在全球范围内越来越多地拥有了属于自己的文化权力以及市场话语。美林和凯捷在《2006年全球财富报告》中指出，“2006艺术品市场呈现出了两大趋势：全球化与获得信息的渠道增加”，而在2008年这些趋势特征则显得更为鲜明。事实上全球化与信息化已经成为全球艺术品市场新的发展基础，也是全球艺术品市场进一步发展的助推力。

在相当长的历史时期，艺术品市场主流是传统艺术，在全球化的趋势下，除对各民族国家和各洲际的艺术品全方位观照之外，更重要的是当代艺术以其丰富多变的面貌进入了市场，关注当代艺术成为全球收藏家的共识，艺术品市场的购买群体和市场运营机构操作也将重点转移，当代艺术逐渐取代传统艺术、印象派艺术甚至现代艺术，成为引领21世纪以来行情发展的主要市场品类，全球艺术品市场发生当代性转移。

2. 当代艺术行情大幅下滑，历史名作价位依然坚挺

2008年香港苏富比“现代及当代亚洲艺术”的夜场拍卖结果显示：47件中国当代艺术拍品，估价超过2.45亿港币，但最终成交率只有59.6%，成交额1.17亿港币，不足估价的一半。包括方力钧、岳敏君、曾梵志等在内的一线艺术家

的5件作品流拍，许多作品只卖出估价的一半。不少业内人士都认为，当代艺术的“疯狂时代”开始“终结”，甚至有悲观的估计认为“中国当代艺术可能要缩水2/3，甚至更多”。北京华辰甚至彻底放弃当代艺术专场，选择影像艺术和红色经典系列为特色推出。

但另一方面，传统艺术、经典艺术的抗跌性较强。首先，写实作品有不俗的表现。2008年12月举行的广州嘉德冬拍油画专场中，中国写实油画的代表人物靳尚谊的作品拍出了约600万元的价格；其次，传统文物、古董市场稳定。在嘉德2008年秋拍中，中国传统艺术方面占绝大部分，其中增加的“国石国艺”专场，成交率高达91%；在不久前于上海举行的唐云旧藏拍卖会上，几乎百分之百的高成交率让不少人看到了古董收藏的市场潜力。在整体经济形式短期难以彻底扭转的情况下，古董将成为较多人关注的收藏品类。第三，中国现当代书画表现良好。中国书画具有很强的地域特色，不同地区的藏家，对于本乡本土艺术家的兴趣远远大于外地艺术家。这使得在全球性的金融海啸中，中国书画仍有可能在不同的小区域内找到比较不错的市场。例如广州2008年三大拍卖行的冬拍中，岭南书画成为市场拍卖的亮点之一。高奇峰和黎雄才都有百万元以上的作品成交。第四，中青年艺术家低价位作品受到关注。在经济困难时期，画廊要找寻新的艺术形式填补空档，为下一个艺术市场周期囤积作品，因此价位不高，但艺术基础良好的中青年艺术家还是具备市场潜力。

总之，2008年艺术品市场总体而言，真正质优的藏品，价格仍在攀升，相对其他投资产品，艺术品仍是抗跌性较强的投资品类。中国艺术品市场已经全面地进入到了“名家行情”的阶段，而艺术品市场的有效机制正是通过“名作行情”来消减早先所产生的市场“泡沫”。在另一方面，“名作行情”也构成了对后市的不确定性的有效“防御”，历史的经验证明“名作在市场整体下跌的时候往往因为本身所具有无与伦比的稀缺性而具有明显的抗跌性”。

3. 画廊行业面临严峻考验

艺术品市场的核心是艺术交易，是艺术品物权的转移，这是古老的行业。但脱胎于19世纪流行于欧洲的艺术沙龙的画廊，对于中国是个舶来的新兴事物，在很多艺术家、艺术商人和消费者的心目中，画廊等同于画店，因此改革开放初期，虽有零星画廊出现，但它们实质上仍是传统坐店式代销、直销性质的美术品商店。画廊本身具有的发现新艺术家，推广新艺术，引领当代艺术收藏的作用，在很长一段时期并不为人了解。目前，画廊在全球范围内得到迅速发展，不仅在艺术市场中被称之为“一级市场”，同时又与公共收藏体系、私人收藏体系有效互动，建构起“公”、“私”兼顾的共享机制，有效地达成社会各利益群体的互动均衡。

2006年以来中国画廊行业开始向质量专业化和品质国际化转型，众多海外顶级画廊给进入中国带来新规则和商机同时也会引起竞争和资源争夺，加之前期画廊成长过快，各种不完善不规范的操作造成的后果开始浮出水面，这些潜伏的问题随金融危机带动浮出水面，当然还有艺术家代理制度的不完善、艺术家陷入创作节点，市场表现下滑，画廊聚居区地价与房租的上涨、画廊经营成本的增加等现实问题，都成为画廊业必须应对严峻考验。一些专家对中国画廊未来几年的发展持悲观态度，美国当年金融危机时，几千家画廊几乎关掉了一半以上，中国画廊也可能面临类似的洗牌。2008年10月份以后，中国当代艺术画廊聚集地的代表，北京798就迎来了大规模的画廊倒闭潮，近日798艺术区内，画廊的外墙及街道的告示栏上到处张贴着“出租”“转让”的广告，有些画廊转身开始做二房东，一些艺术家不以创作为业，而以转让工作室为生，这些无不体现出近阶段市场过剩的前兆。对于起步不久还处于摸索阶段的中国画廊来说，受经营成本上升和市场空间萎缩的双重挤压，改换门庭、另迁他址、缩减活动、调整策略，寻找目标藏家和客户的真正需求，进而转换自己的商业定位，是在大浪淘沙过程中很多专业画廊的理性选择。

4. 艺术品拍卖进入深度调整

据统计，2008年上半年中国艺术品市场各类拍品的成交总额高达115.75亿元。中国书画总计上拍了46608件，成交了32701件，总成交率70%，总成交金额达到38.27亿元，占2008年上半年拍卖市场成交总额的33%。中国油画与当代艺术总计上拍了7637件，成交了5694件，总成交率75%，总成交金额达到30.21亿元，占2008年上半年拍卖市场成交总额的26%。中国瓷器杂项总计上拍拍品39601件，成交了26029件，总成交率66%，总成交金额达到47.27亿元，占2008年上半年成交总额的41%。从这三类拍品成交总额来看，2008年上半年各类拍品的成交总额都有所下降。但从各类拍品所占的份额来讲，瓷器杂项所占市场份额比2007年下半年增加了2%，中国油画与当代艺术的份额也比2007年下半年增加了1%，中国书画的份额减少了3%。

而到了下半年拍卖行情迅速“缩水”，据不完全统计，2008年下半年中国拍卖市场成交总额在70亿~80亿元左右。以香港苏富比、中国嘉德、香港佳士得、匡时国际、西泠印社、北京保利6家公司为例，这些公司2008年秋季总体拍卖成交总额与春季相比“缩水50%”。中国嘉德、匡时国际、西泠印社、北京保利这4家公司，2008年春季拍卖成交总额25.23亿元人民币，秋季这4家公司的成交总额只有11.01亿元人民币。香港佳士得、香港苏富比两家2008年春季拍卖成交总额39.92亿港元，2008年秋季只有22.36亿港元。

可见2008年上半年，海内外的中国艺术品拍卖还是“形势一片大好”下半年则整体趋冷，特别是是中国当代艺术受到冷遇，北京中国嘉德的油画雕塑专场竟以不到5200万元成交额、50%左右的成交率草草收场。北京翰海油画雕塑专场的成交额也只有3313万元。但同时，中国传统艺术精品、写实作品、中国近现代书画，依然成交正常。这说明，中国拍卖市场中的泡沫成分在减少，在深度调整期内，市场将更趋于理性。

三、2008年艺术品市场管理主要工作

1. 起草《艺术品管理条例》

2008年文化部在近几年国内外调研的基础上，起草了《艺术品管理条例》草案。在起草过程中文化部多次召开立法座谈会，分别组织艺术家、市场研究人员、法律界人士、艺术企业、消费者等方面人员对草案内容提出修改意见。8月，在浙江召开了部分省文化市场管理及执法人员研讨会，根据近年来艺术品市场中的案例，再次对条例的可行性和操作性进行研讨。9月，文化市场司正式将条例草案征求全国文化厅局市场处、执法机构以及相关部委的书面意见，并根据反馈反复修改。12月召开艺术品评估鉴定从业人员资格认定专题论证会，对拟定的审批项目进行听证，听取相关方面意见，再次调整草案内容。目前条例草案基本成型，将尽快进入正式立法程序。

在条例草案中围绕艺术品市场的繁荣规范拟定以下制度：一是单列鼓励和促进章节，从繁荣创作、鼓励收藏、鼓励捐赠、鼓励公益性展览等方面，制定优惠政策，引导、鼓励、保护将我国艺术精品转化为人民群众共同享有文化财产；二是拟定艺术品评估鉴定从业人员资格认定制度。艺术品收藏和投资是专业性很强的消费活动，消费者很难凭借自己常识经验判断艺术品的质量，因此在购买高价位艺术品时，往往会求助鉴定人员的意见，再作出是否购买的决定。鉴定人员的鉴定结果会影响到消费者的购买倾向和资金安全，需要对鉴定从业人员的技能和职业道德制定规范和标准，以保证消费者的合法权益。三是规定艺术品经营的明示担保制度，对艺术品企业经营产品的合法来源、交易记录、调查义务作相应规定，减少赝品假画的流通；四是为保护艺术精品，避免文化财产流失，加强对艺术品进出口的管理。文化部将进一步对条例拟定的制度进行论证，更广泛的征求意见，力争条例在规范和繁荣市场方面发挥实际效用。

2. 启动中国现当代艺术推广计划

“现当代艺术”是个时间性的概念，国际通用的定义是将“二战”以来的艺术统称为现当代艺术。在我国，通常将1919 ~ 1949年间的艺术称为现代艺术，1949年以后的艺术称为当代艺术。在我国艺术界对“当代艺术”的定义有两种看法，一种是以风格和类型划分，将体现新形式、新概念、新技术的艺术创作称为当代艺术，例如，20世纪以来，在全世界范围内普遍存在的装置艺术、影像艺术、多媒体艺术等等都被认为是当代艺术的典型风格。同时对于利用传统艺术形式表现当下生活和情感的艺术，也称为当代艺术，如中国画中的新文人画，就是利用传统水墨形式，描绘当下都市题材，突破传统水墨山水、花鸟、人物的题材局限，是在传统艺术基础上的创新和变革。另一种是评价性的概念，将前卫的、先锋的、反传统的、非主流的艺术形式和艺术观念，称为当

代艺术。在国际艺术界和学术界，普遍接受当代艺术的时间性概念和风格类型概念。认为当代艺术是一个国家当下社会、文化、审美、以及人民生活状态的反映，具有强烈的时代色彩。因此很多国家在保护传统艺术的同时，也鼓励艺术创新和变革，向国际社会宣扬本国的当代文化精神和文化形象。在我国，由于现当代艺术的态度褒贬不一，社会只是通过非主流渠道片面了解中国当代艺术的发展，势必造成对中国现当代艺术的误读。事实上，中国现当代艺术风格多样，主流艺术创作蓬勃发展，创新意识突出，能够代表当代中国文化形象。另外，调查表明，在艺术品市场比较发达的国家，90%的艺术消费者，其接受和欣赏艺术的途径来自艺术市场中画廊、拍卖、民营美术馆等举办的各类艺术活动。在国际重要拍卖会、画廊、商业展览、艺术博览会中被推崇和倡导的艺术形式，被认为是一个国家和地区当代主流艺术的具体表现，艺术市场的受众范围和影响力超出了官方举办的交流性展览。目前我国艺术品经营企业经济实力、市场的影响力还不大，参与国际艺术贸易会遇到经济、贸易政策、很多难题，目前为止，国际艺术市场中的中国艺术品，大多数是由外资画廊代理的，按照西方标准选择的非主流艺术。这种艺术类型的强势发展，与中国本土当代艺术的弱势表现，势必会影响青年艺术家的创作倾向，造成国际社会对中国文化的误读。基于以上认识，2008年文化部设立中国现当代艺术推广专项资金，引导、鼓励多样化、自由表达思想、表达民族自豪感、荣誉感的当代艺术，树立健康、向上、创新的中国当代艺术形象。中国现当代推广专项资金使用的重点是，给中国艺术品经营企业在文化管理策略、大众认同、扶植出口等方面给予指导和支持，提供畅通的国际贸易渠道，扶植企业进入国际主流市场，展现我国艺术品企业的形象。

2008年推广计划包括举办水墨、当代农民版画、青年艺术家为题的一系列大型国际艺术展览。这些展览的选题都是经专家深入论证，选择具有市场潜力和代表性的艺术门类，如中国当代水墨，作为一种崭新的艺术传统出现在当代中国。它既与传统文脉有着紧密联系，又体现出当代文化的价值，在此次展览中，包括水墨纸本绘画、雕塑、影像和装置等多种形式，比较全面地反映出中国当代水墨发展的情况和新特点。美国艺术赞助人在中国看到这些作品时十分震惊，认为这些作品完全改变了西方对中国书画的片面认识，立即决定将当代水墨展，作为美国费城2009年最重要的艺术展，并相应支付在美展览费用，拟在美国掀起关注中国水墨的热点。在这次展览中，中方对艺术品选择具有决定权，摆脱了一般涉外展览中，外方来挑选艺术家的惯例，中国文化精神占了主导地位，完全达到了自主、主动推广的文化战略目的。

在推广展览实施过程中，采取承办单位包干经费的方式，重点将经费用于宣传和推广，充分发挥承办单位商业运作的积极性，弥补展览经费缺口，一方面改变了纯商业展览规模小、社会影响力小、国际社会重视程度不高的缺憾，也改变了官方举办展览的行政手段过浓的印象，将有限资金发挥最大的效应。常规而言，一个国内展览的费用在100万元左右，国际展览一般需要300万元。而2008年政府部门仅用不到900万元，就举办和补贴了近30个展览，其中还包括4个国际展，产生的效益远远超过资金投入的预期。这种方式表明，政府资金支持，不仅是展览必需费用，更会影响到展览规模和展品内容，这是社会商业展览很难做到的，充分证明了国家资金在引导和提升文化形象中的重要作用。另外，在项目实施过程中，成立了由艺术家、艺术评论家、艺术研究人员、艺术企业代表组成专家组，负责艺术推广各分项目的论证、参展作品遴选，艺术企业资助项目的审核，研究课题的申报评选等专业性咨询工作。中国现当代艺术推广各项目的确定、补贴额度都是由专家集体决策确认。专家的介入，使整个推广计划更具有专业性、艺术性、可行性。除此外，文化市场司还以中国诚信画廊为重点，选择20项中国艺术企业在国内外举办的中国现当代主流艺术展览，列入中国现当代艺术推广计划，统一宣传推广，并给予一定补贴。政府补贴，具有市场引导性，改变了国内艺术企业在举办涉外展览时，多是依靠国外基金力量，选择前卫艺术进行市场炒作的现象。开始在政府鼓励和支持下，将关注点投向代表中国民族精神的艺术创作。除以上项目外，我部还将资金资助中央美术学院等学术单位开展市场调研，在借鉴国际艺术推广政策的基础上，研究适合我国国情的艺术市场管理政策。

中国现当代艺术推广是一项复杂的系统工作，兼具政策导向性和专业技术性。通过政府资金的鼓励和支持，2008年国内外艺术市场中掀起了对中国水墨、民间艺术等主流艺术的关注和讨论热潮，也在国内外初步树立了中国艺术企业诚信、专业的行业形象，引起市场对前期炒作非主流艺术的反思，这些情况表明，政府资金适当介入艺术市场，将会利用市场本身的宣传渠道和价值判断渠道，直接有效地引导市场、引导消费、引导创作，提升文化竞争力。

3. 开展诚信画廊复查和第三批诚信画廊评选活动

2008年，文化部办公厅下发《关于开展“中国诚信画廊”复查和第三批中国诚信画廊评选活动的通知》（办市函〔2008〕200号），要求各省、自治区、直辖市文化厅（局）对2004年以来评选的48家诚信画廊的经营情况进行复查，确保获得荣誉称号的企业在市场示范方面发挥实际作用。经过严格复查和评审，取消了7家画廊的诚信称号。同时，在各省上报的基础上，文化部市场司组织由专家、画廊、网站、艺术家代表成立的审核小组，对各省、自治区、直辖市文化厅（局）推荐的35家画廊，按照诚信画廊的标准、条件和评定程序，进行认真审核，评选出23家入选企业。文化部文化市场司将入选企业情况在中国文化市场网上进行了为期1个月的公示，公示期间，没有接到对这些参评单位的投诉。

“中国诚信画廊”评选活动，目的是联合优秀企业，发挥诚信画廊在行业中的示范和引导作用，积极协助政府部门打击艺术品制假贩假活动，联合抵制行业不正当竞争行为，积极参加社会公益性活动，配合文化部门开展当代主流艺术推广活动，协力开拓国际市场，建立诚信经营的行业风气。文化部将进一步做好对诚信画廊的服务工作，在中国文化市场网（www.ccm.gov.cn）开辟“诚信画廊”专栏，及时发布画廊信息、经营动态和展览情况。同时，设立艺术品市场发展与建设专项资金，加大对画廊行业的扶持力度，不定期组织诚信画廊在国内外巡回展览，为画廊企业扩大国内市场营销和参与国际市场的竞争创造条件。

四、2009年艺术市场预测

艺术品市场的涨跌过程可以形象地称之为是“走楼梯、坐电梯”，即上涨会有一个较长的过程，而下跌会很快速、很剧烈。因为无论是消费或投资，艺术品都在“购入排序”中列后而在“卖出排序”中靠前，艺术品不是基本消费需要，在危局面前，恐慌令人们对于艺术品的态度出现逆转，往往开始非理性地“脱离基本面的交易”。

从历史的角度观察，全球艺术市场的前一个峰值出现在1990年，当时由于日本经济泡沫破灭以及美国经济结构调整，艺术品市场出现了明显下跌。1990年夏季纽约艺术品市场价格指数下跌达到38%，直至1996年初之后才行情反转，出现了恢复性增长。结合历史经验对于目前市场情况加以观察，不难发现两者惊人地一致，2008年纽约艺术品市场也出现了短期“暴跌”，整体价格下跌30%，专家认为到了2008年底纽约应该已经基本走完了它的下跌周期，或者认为最低的行情会在2009年上半年才出现。

回顾2002 ~ 2008年这一波艺术品市场的增长行情，会发现这一波行情的增长动力，既来源于艺术投资的资金增量，又来自于新兴市场购买力的积极参与，可见这一波行情不是市场的周期性增长，而是市场的结构性增长。这在客观上令当今的艺术市场具有更大的优化可能与支撑力量。从2008年的整体情况来看，在金融危机之下的中国艺术品市场的基本面依然较好。当然，2009年受到市场信心的影响而出现的短期波动在所难免，市场运作处在资本的无界和全球流通，以及在全球化背景下文化趣味的交融和多元，这些将支撑包括中国艺术品市场将建立起一个广泛的相互支撑的国际化营销渠道和网络，通过在一定时期内自由调配供需等方式化解危机是完全可能的。另外，艺术市场的未来固然与市场环节和结构的是否健全、营销和运作是否智慧和策略有关，更重要的是与艺术品质量有关，能提供高品质的货源才能长久支撑市场，避开危机，因此专家普遍认为基本面稳定仍是对2009年的一个基本判断。

中国音像市场发展报告

由于娱乐载体的多样化和侵权盗版的冲击等原因，2008年音像市场总体上继续呈下滑趋势，正版音像制品销售终端明显减少，销售额明显下降，音像市场面临严峻的考验。但另一方面，随着大量小、散、差的经营单位被淘汰，经营单位数量大幅下降，以及政府打击违法违规经营、支持合法经营的工作力度不断增强，又有利于音像市场资源的重新整合、市场秩序的进一步规范和市场结构的优化调整。

一、音像市场的现状及特点

2008年的传统音像制品销售整体上仍处在继续下滑中，高容量、低成本、强兼容的盗版DVD压缩碟快速冲击音像市场，网络影视音乐非法下载的影响越来越大，导致正版音像制品销量急剧下降，销售商大量退货，发行商库存大量积压，发行网络大幅萎缩。传统音像制品的制作周期较长，投入高，而网络环境中影视音乐产品的制作周期大为缩短，成本明显降低，消费者可以享受到更快、更新、价格更低的产品。批发商资源枯竭，大量批发单位不得不进行市场收缩或资源整合，有的投入财力开发新产品，以保证发行品种的数量，有的整合资源投身数字销售，有的甚至退出音像业从事其他行业。零售商维持音像制品销售越来越难，曾经支撑音像制品零售业半壁江山的民营零售店，进入了大幅衰退的阶段。广东音像城的音像制品经营单位，已经由鼎盛时期的150多家，减少到现在的90多家，销售额也大幅下降，2007年销售额为94104万元，2008年截至11月份销售额为64300万元，同比下降31%。在传统盗版和网络非法下载的双重打击下，音像市场发展陷入巨大的困境。

在总体下滑的同时，音像市场也出现了一些新特点。一是各种数据表明，音像制品在某些特定领域，如文化教育传播领域仍然保持着较好的发展趋势，一些百科知识类音像制品如《故宫》、《再说长江》、《大国崛起》等比较畅销，教育内容的盒带发行数量还有明显增长。一些高品质、高水平、有特定受众群的高端音像制品，如HD（高清）、BD（蓝光）等高清晰度数字光盘充分利用现有的流通体系进入市场，成为一部分追求高品质和视听完美享受的高端消费群体购买的对象，有利于保障音像市场传统的流通方式持续发展。二是在音像市场整体不景气的情况下，连锁经营和大规模物流配送网络在市场中逐渐占据重要份额，国有和集体经营单位的发展优势日益明显。不少音像企业充分认识到连锁经营在音像市场营销中的重要性，越来越多地加入到连锁经营领域，利用自身的品牌和产品资源优势，进一步扩大产品销量和对市场的控制力。大量小、散、差的经营单位被淘汰，音像经营单位数量不断下降，市场资源进一步有效整合，市场布局逐渐向规模化、连锁化和法人治理的市场结构转变。浙江新华发行集团通过集团化管理、集约化经营，已经形成了全省新华书店连锁经营，真正做到了集中采购、统一配送、计算机动态管理，做到终端无库存，实现以最低成本完成最大利润的目标。江苏苏果超市有限公司是一家以经营农副产品为主的集体所有制企业，取得了音像连锁经营许可证后，经过资产重组，注册资本达2.5亿元，目前经营音像制品的超市已达到2000多家。音像连锁化、规模化经营步伐的加快，有利于音像制品发行和销售新格局的形成，改善目前音像市场流通领域不景气的状况，为音像市场发展注入新的活力。三是数字音乐发行市场的潜力巨大。全球数字音乐的发展已经进入具有商业模式的良性发展中，国际唱片业协会在《2007数字音乐报告》中指出，中国手机用户现已达到4.3亿，宽待业务也高速发展，客户对数字音乐的需求与日俱增，未来的中国数字音乐市场很可能是一个尚未开发的获利丰厚的市场。数字音乐的出版发行将成为音像市场发展的趋势之一，音像业在维持传统音像制品发行销售的同时，如果能够抓住机遇，将眼光转向数字出版发行，就可能迎来下一个发展浪潮的良好时机。

二、2008年音像市场管理工作

1. 推动正版音像市场体系建设和民族音像业发展

根据“一手抓繁荣，一手抓管理”的方针，大力推动音像市场体系建设，建立正版音像制品现代流通网络，积极引导现代经营模式，大力发展连锁、超市和电子商务，建立正版音像制品快速配送中心，推动正版音像制品占领市场阵地，迅速填补打击非法经营造成的市场空间，为民族音像业发展创造良好市场环境。文化部以北京2008奥运会为契机，继续大力实施音像制品“走出去”工程，确定了一批“走出去”优秀项目加以扶持。文化部鼓励国内音像企业积极参与国际性的文化或专业展览活动，以英国“伦敦呼唤”音像展、嘎纳国际音乐博览会和香港音乐汇展等活动为平台，积极组织国内优秀音像企业“走出去”参与国际交流与合作，进行中国优秀音像制品展示和版权交易，达成了一系列合作协议和投资意向，扩展了音像市场的发展空间。广东省出台了《广东省国产音像制品“走出去”专项扶持资金使用暂行规定》，并成立了国产音像制品“走出去”扶持资金评审小组，对6个单位授予“优秀出口企业奖”，对4个音像节目授予“优秀出口节目奖”对9个项目给予资助经费，对重点项目给予奖励扶持，2008年1～6月份，经该省文化厅审批出口的国产音像制品达到134万余张，约占全国的80%。

2. 深入开展音像市场法制宣传活动

2008年文化部下发了《文化部办公厅关于开展第十届全国音像市场法制宣传活动的通知》，要求以“保护知识产权，打击侵权盗版”为主题，大力宣传我国知识产权保护的方针政策、原则立场和文化市场管理的法律法规，大力宣传政府为打击盗版开展的执法行动以及典型案例，大力宣传侵权盗版对社会诚信体系建设和社会主义市场经济环境建设的危害性等。各地根据当地市场发展特点及市场规范管理的需要，以文化市场经营者为主要对象，以知识产权保护和音像市场管理的法律法规为主要内容，开展了形式多样的宣传教育活动，通过组织音像企业、专家学者召开研讨会、专题论坛、培训班等形式，引导音像企业诚信经营，增强其守法经营意识和维权意识；以设立法制宣传咨询点、图片展、知识竞赛等形式，并充分利用报刊、广播、电视、网络等新闻媒体，向人民群众宣传音像市场法制知识以及盗版产品的危害和识别，曝光一批重大案件和典型案例，提高群众的鉴别能力和自觉抵制盗版的意识。各地还结合宣传周活动，广泛开展音像市场集中执法行动，加大对盗版DVD压缩碟、盗版游商、无证照摊点及合法门店违法违规经营行为的打击力度，开展违法音像制品统一销毁活动，集中展示各级政府打击侵权盗版的成果和决心。

3. 持续开展音像市场专项执法行动

2008年，音像市场以迎接北京奥运会和纪念改革开放30周年为主线，不间断地开展了以打击侵权盗版活动为重点的第一次、第二次专项行动以及文化市场“奥运保障行动”等一系列专项执法行动，坚持反盗版“天天查”，严厉打击音像市场违法违规经营活动。文化部先后下发了《关于近期音像市场执法工作重点的通知》、《文化部办公厅关于严厉打击系列违法音像制品进一步整顿和规范音像市场秩序的通知》等，明确要求各级文化市场行政执法部门将70%以上的执法力量投入到文化市场日常监管中，以音像市场为重点进行整顿治理，打掉一批违法音像制品窝点，查处一批有影响力的重大案件。各地文化行政执法部门以打源头、破网络、抓大案为主要目标，实施精确打击，集中破获一批违法音像制品生产线、包装厂、加工店、货运站和地下仓库等，坚决打击网络侵权盗版行为。2008年前三季度，全国文化行政部门共出动执法人员402万余人次，检查音像经营单位75万余家次，收缴非法音像制品4700余万张。同时，各地积极开展网上“扫黄打非”行动，把净化网络文化环境，规范网络文化经营秩序作为重点工作之一，大力加强网络信息和网络公共服务终端管理，坚决查处利用信息网络和通信工具传播有害信息、从事淫秽色情活动、提供非法下载服务、销售非法音像制品和侵犯知识产权等违法行为。

4. 督办和查处音像市场重大案件

文化部有计划、有步骤地指导督办了一批重大案件，严厉查处侵权盗版以及含有色情、淫秽、“藏独”、“疆独”等非法或反动内容的音像制品。查处了海南文广电子光碟有限公司生产非法音像制品案，当场查获无SID码光盘5360张，并在其仓库内发现其他有SID码的光盘12500张和母盘3365张。各地也继续深入查办大案要案。上海破获一非法音像制品经营团伙，收缴非法音像制品33.9万张，抓捕涉案人员3人；天津破获“6·03”盗版团伙案，收缴盗版音像制品30余万张；深圳连续破获5个盗版窝点，收缴盗版音像制品23万余张；江西破获侵权盗版大案，收缴非法音像制品20余万张；河北省、石家庄市联合查获8个盗版窝点，收缴盗版音像制品13.8万余张；江苏盐城市破获一盗版窝点，收缴盗版音像制品10万余张。在查处大案要案的同时，继续加大行政执法与刑事司法衔接的力度，仅北京市各级检察机关就受理侵权盗版案件69起，批准逮捕99人，对不法经营者产生了极大的威慑作用，对规范音像市场秩序、净化音像市场环境起到了积极作用。

三、音像市场存在的突出问题

一是传统形式的侵权盗版仍然比较猖獗。随着政府打击力度不断增强，传统形式的侵权盗版越来越走向集团化、规模化、组织化，手段越来越高明，方式越来越隐蔽。除了无码、烫码的侵权盗版音像制品外，还有更换包装彩封，改头换面以新节目的形式重复发行，套版、套号、伪造版号发行或擅自发行海外进口音像制品等，形式多样，错综复杂，导致不少经营业主识别比较困难。另外，市场上还出现一些由正规音像出版、复制、发行单位出版、复制、发行的涉及性教育、人体艺术或敏感政治问题的敏感题材音像制品，在合法与色情、反动之间的把握难度比较大，群众关注度较高，执法比较被动。

二是网络侵权盗版的形势日益严峻。网络盗版主要有在线提供播放、下载和链接其他网站的影视音乐产品，提供 MP3 搜索服务和提供 P2P 服务等形式。网络盗版的危害性显而易见，不仅导致全球影视音乐市场份额急剧萎缩，正版音像制品不断下降，而且阻碍了合法网络影视音乐节目服务的快速发展。由于网络的虚拟性和不确定性，使打击网络侵权盗版活动面临很多困难，执法成本高、取证、固定证据的难度大是急需解决的问题。

三是版权管理的机制还不完善。目前音像行业在购买版权方面存在着各种混杂的因素，有的版权费被炒到天价，导致一些真正想购买版权的商家无力支付高额版权费；有的版权到期却仍然在市场流通，有的存在一版多用、重复使用等现象，版权所有者和使用者的合法权益难以得到保障，购买版权的积极性受到打击。盗版因无须购买版权而成本低廉，并且进入流通领域的速度较快，在市场上有了一定的活动空间。

四是行业自律和市场监管的作用还没有充分发挥。音像市场的规范有序发展，仅依靠政府的力量是不够的，还要充分发挥行业协会等社会团体的作用。目前我国相关行业协会的力量还普遍比较薄弱，尚未形成规范化、制度化的内部管理方式和行业自律机制，集体维权的意识和能力普遍较低。这方面的工作亟待加强，以充分发挥行业协会在加强行业自律、促进行业发展、维护行业合法权益方面的积极作用。

五是知识产权保护的舆论宣传氛围还比较淡薄。目前，全民全社会尊重、保护知识产权的意识和氛围尚未形成，对知识产权保护的宣传教育力度不够，不少经营者、消费者对知识产权保护的相关法律法规不了解，缺乏知识产权保护的意识。必须从源头抓起，加大宣传教育工作力度，形成浓厚的舆论宣传氛围，提高经营者和消费者的法律意识，自觉合法经营，抵制盗版。

尽管音像市场发展正面临着新媒体的巨大冲击，但正像上世纪中叶电视的崛起对广播和纸介质媒体形成的冲击一样，新媒体会影响传统媒体的生存与发展，但并不会彻底取代传统媒体，而是将在很长时间内并行发展，只是受众群体分散了。随着国家推动文化大发展大繁荣战略的全面实施，音像市场将面临新的发展机遇，并朝向产品分化、市场细化、制作发行分工更加明确的方向发展。遵循音像市场发展规律，解决音像市场发展难题，规范音像市场经营秩序，不断规范满足人民群众日益增长的文化需求，是管理部门应该长期予以重视和思考的课题。

中国文化年鉴

Chinese Culture Yearbook

文化产业

Cultural Industries

中国文化年鉴

综　述

2008年是贯彻落实党的十七大精神的第一年，也是文化产业司成立的第10个年头。这一年里，在文化部党组的关心领导下，在分管部领导的具体指导下，文化产业司坚持以党的十七大精神和科学发展观为指导，以推动社会主义文化大发展大繁荣、兴起社会主义文化建设新高潮为目标，进一步解放思想，更新观念，锐意创新，奋发进取，使文化产业工作取得了新的进展。

一、开展深入学习实践科学发展观活动

根据《中共中央关于在全党深入学习实践科学发展观活动的意见》和《文化部深入学习实践科学发展观活动实施方案》的要求，文化产业司制定了《文化产业司深入学习实践科学发展观活动实施方案》，紧密结合文化产业工作实际，积极开展学习实践科学发展观活动，着力解决了影响和制约文化产业科学发展的突出问题，使各项工作按照科学发展观的要求上了一个新台阶。

二、召开第二次全国文化系统文化产业工作会议

2008年10月中旬，以文化部名义在陕西省西安市召开了第二次全国文化系统文化产业工作会议。会议认真总结了近年来特别是2004年第一次全国文化系统文化产业工作会议以来，文化产业工作所取得的主要成绩和基本经验，客观分析了存在的问题，全面部署了今后一个时期文化产业工作的主要任务。文化部党组书记、部长蔡武出席会议并讲话，党组成员、部长助理丁伟做了题为《认真学习实践科学发展观，促进文化产业又好又快发展》的工作报告。为筹备开好第二次全国文化系统文化产业工作会议，文化产业司于3月上旬和4月下旬先后召开了两次全国文化产业处长座谈会，总结了33份典型经验材料。

三、表彰首批全国文化系统文化产业工作先进集体和先进个人

为树立典型，鼓励先进，调动广大文化产业工作者的积极性，促进我国文化产业快速发展，在认真申报和严格评审的基础上，2008年9月30日，文化部下发文件表彰了北京市宣武区文化委员会等60个文化产业工作先进集体和李龙吟等100名文化产业工作先进个人，在第二次全国文化系统文化产业工作会议上颁发了牌匾和证书。

四、举办第四届中国（深圳）国际文化产业博览交易会、第四届中国西部（西安）文化产业博览会和2008中国义乌文化产品交易博览会

2008年5月16～19日，第四届中国（深圳）国际文化产业博览交易会取得圆满成功。本届文博会总成交702.32亿元人民币，其中文化产品出口交易额为129.63亿元，占总成交金额的18.5%。10月11～14日，第四届中国西部文化产业博览会在西安成功举办。本届文博会总成交80亿元人民币，其中合同成交总额为58.77亿元，合同意向总额为20.7亿元，现场交易总额为5700万元。今后西部文博会将固定在西安市举办，并由每年举办一届变更为每两年举办一届。文化产业司参与举办的2008中国义乌文化产品交易博览会于5月2日落下帷幕。本届博览会实现经贸展览洽谈成交额18.6亿元，比上届增长6.3%，其中外贸成交额11.38亿元，占总成交额的61.2%。

五、培育文化产业骨干企业和战略投资者，加快文化产业基地和区域性特色文化产业群建设

为发挥文化产业的集聚效应和规模效应，催生一批有较强实力、竞争力、影响力和自主创新能力的大型文化企业和企业集团，在组织专家充分论证的基础上，文化部于2008年5月13日命名山东曲阜新区文化产业园和沈阳棋盘山开发区为第二批国家级文化产业示范园区。9月17日，按照《国家文化产业示范基地评选命名管理办法》，命名北京老舍茶馆有限公司等59个企业和单位为第三批国家文化产业示范基地，在第二次全国文化系统文化产业工作会议上颁发了牌匾。

六、文化产业项目服务工程运行良好，中国文化产业网影响力不断扩大

全国文化产业项目服务工程之一的中国文化产业网所建立的国家文化产品、服务项目和投融资项目库，为民营资本和外资依法进入我国文化产业领域，提供全面、便捷、有效的政府服务，打造了一个永不落幕的文化产业博览会。国家文化产品、服务项目和投融资项目库在2008年深圳文博会期间，被文化部、商务部、广电总局、新闻出版总署评为10个首届中国文化产业创新奖之一。截至9月底，中国文化产业网总访问量已达5900万人次，覆盖176个国家和地区。网站于2008年，又专门推出英文版面。

七、鼓励扶持中国文化产品和服务走出去，扩大中华文化影响力

2008年9月下旬，在辽宁大连成功举办了第七届中韩日文化产业论坛。10月下旬，在广西南宁成功举办了第三届中国—东盟文化产业论坛。同时，编辑出版了第一本《国际文化产业典型案例选编》和中英文版的《2008文化产业投融资手册》。组团赴英国参加了中英创意文化交流大会。奖励了2007～2008年度优秀出口文化产品和服务项目，补贴了国家文化出口重点企业。

八、进一步完善文化产业政策，创造良好的外部环境

积极参与《国务院办公厅关于印发文化体制改革中经营性文化事业单位转制为企业和支持文化企业发展两个规定》（国办发〔2008〕114号）的起草制定工作，参与有关部门《文化产业投资指导目录》和《中国文化"走出去"规划纲要》的制定和出台工作。按照部领导的要求，着手制订《国家级文化产业示范园区命名管理办法》。批准广东省进行文化产权交易试点。

九、加强文化产业理论研究，加大人才培养力度

召开国家文化产业研究机构座谈会，下达2008年度国家文化产业研究基地和研究中心理论研究课题，年底将编辑出版《国家文化产业课题研究报告（2008年度）》。在内蒙古自治区举办了第五期西部文化产业经营管理人才培训班。

十、转变政府职能，加快文化产业行业组织建设

根据《国家"十一五"时期文化发展规划纲要》关于"要健全文化行业组织"的要求，为抓紧文化领域行业组织建设和改造，逐步实现政府部门与行业组织分开，开展了中国文化产业协会和中国文化产业研究会的相关筹备工作。

专　题

举办第四届中国（深圳）国际文化产业博览交易会

2008年5月16～19日，第四届中国（深圳）国际文化产业博览交易会取得圆满成功。本届文博会总成交702.32亿元人民币，其中文化产品出口交易额为129.63亿元，占总成交金额的18.5%。在本届深圳文博会期间，由中国文化产业网站创建，列入全国文化产业项目服务工程的国家文化产品、服务项目和投融资项目库，被文化部、商务部、广电总局、新闻出版总署评为10个首届中国文化产业创新奖之一。

鼓励扶持中国文化产品和服务走出去

2008年9月下旬，在辽宁大连成功举办了第七届中韩日文化产业论坛。10月下旬，在广西南宁成功举办了第三届中国—东盟文化产业论坛。同时，编辑出版了第一本《国际文化产业典型案例选编》和中英文版的《2008文化产业投融资手册》。组团赴英国参加了中英创意文化交流大会。奖励了2007～2008年度优秀出口文化产品和服务项目25个（附后），发放奖金205万元。对列入《2007～2008年度国家文化出口重点企业目录》，且2007年出口业绩突出的文化企业进行认定，通过中央财政拨付补贴。

2007～2008年度优秀出口文化产品和服务项目

舞剧《大梦敦煌》（兰州歌舞剧院）
杂技芭蕾《天鹅湖》（上海市城市舞蹈有限公司）
大型原创民族舞剧《一把酸枣》（山西艺术职业学院华晋舞蹈团）
大型原生态歌舞集《云南映象》（云南映象文化产业发展有限公司）
功夫舞台剧《少林雄风》（中国对外文化集团公司）
大型功夫舞台剧《功夫传奇》（天创国际演艺制作交流有限公司）
大型原创舞剧《野斑马》（上海市演艺总公司）
大型冰上杂技主题晚会《北极光》（黑龙江省杂技团冰上杂技舞蹈团）
昆剧《1699·桃花扇》（江苏省演艺集团有限公司江苏省昆剧院）
大型民间歌舞《茉莉飘香的地方》（江苏省演艺集团有限公司江苏省歌剧舞剧院）
大型杂技主题晚会《海盗》（武汉杂技团）
"东方彩灯"（自贡灯贸有限公司）
大型杂技舞台剧《龙狮》（中国对外文化集团公司）

大型情境杂技《SPLENDID·一品一三绝》
（中国杂技团有限公司）
大型舞台剧《中国印象》
（杭州金海岸文化发展股份有限公司）
大型杂技主题晚会《依依山水情》
（遵义市杂技团）
歌仔戏（厦门市歌仔戏剧团）
新编京剧《王子复仇记》（上海京剧院）
《女儿风流》（花之乐舞《茉莉花》）
（辽宁歌舞团）
大型杂技主题晚会《梦之旅》（南京市杂技团）
昆曲《牡丹亭》（江苏省苏州昆剧院）
大型歌舞诗剧《和平颂》（杭州歌舞剧院）
武术表演（河南少林寺塔沟武术学校）
灯艺术工程（自贡市海天文化传播有限公司）
黑龙江冰雕（黑龙江省文化艺术发展中心）

第七届中韩日文化产业论坛在辽宁大连成功举办

2008年9月17～18日，作为中日韩三方文化产业领域合作重要的官方平台，本届论坛以"加强沟通，在交流与合作中追求双赢"为主题，设立动漫、游戏、表演艺术和电影等四个分专题。来自三国的政府、文化企业及行业协会代表近200人参加了论坛。

第三届中国—东盟文化产业论坛在广西南宁成功举办

2008年10月28～29日，论坛以"文化产业与社会发展"为主题，与会代表围绕"金融危机给中国与东盟各国文化产业带来的机遇和挑战"等6个议题展开了深入讨论。

第三届中国北京（国际）文化创意产业博览会在北京举行

2008年12月17～21日，该届博览会上共签署集聚区项目入驻，文艺演出、出版物交易、影视节目制作交易、设计创意、动漫与网络游戏研发制作、古玩艺术品交易、文化旅游等合作意向、协议292个，总金额46.8亿美元。

公布第二批国家级文化产业示范园区

为深入贯彻落实党的十七大精神，加快区域性特色文化产业群建设，提高文化产业的规模化、集约化水平，增强我国文化产业的整体实力和竞争力，经研究，文化部决定命名山东省曲阜新区文化产业园和辽宁省沈阳棋盘山开发区为第二批国家级文化产业示范园区。

1. 曲阜新区文化产业园

曲阜市位于山东省中南部，是伟大的思想家、教育家、儒家学派创始人孔子的家乡，儒家学派的代表人物孟子、颜子、子思也诞生于此，少昊帝死后葬在曲阜，工匠祖师鲁班是春秋鲁国（曲阜）人。悠久的历史和灿烂的文化给曲阜留下了极为丰富的文化资源。全市共有包括6处国家级、21处省级在内的111处重点文物保护单位，其中著名的孔庙、孔府、孔林为世界文化遗产。

近年来，曲阜市委、市政府在抓好文化遗产保护的同时，高度重视文化产业发展，提出"文化强市、旅游兴市"的发展战略。连续24年举办了中国曲阜国际孔子文化节，推出一系列以孔子文化为特色的文化产品和服务。建设了孔子六艺城、孔子研究院、论语碑苑、杏坛剧场，明故城墙等文化设施，重点扶持发展了孔子文化旅游、孔子文化演艺、孔府餐饮文化、文化书画业、文物复制品、文化会展博览和旅游商品销售等文化产业门类。2007年，全市接待中外游客600万人次，文化产业和文化旅游总收入30亿元，对经济和地方财政的贡献率超过30%。2008年1月，曲阜明故城区域被评为山东省首批省级文化产业示范基地。

根据党的十七大关于"弘扬中华文化、建设中华民族共有精神家园"的精神和山东省关于"大力实施孔子文化品牌带动战略、打造以曲阜为中心的鲁文化集聚区"的要求，曲阜市依托、利用孔子及儒家文化的资源优势，规划了以世界文化遗产"三孔"大中轴线向新区延伸的文化产业园。园区内已经建成并开放了40万平方米的孔子文化商品市场，正在动工建设12万平方米的孔子文化会展中心。还规划建设孔子博物馆、孔子文化广场、大型游客中心、文化体育公园、大成桥及沂河景区等重大文化项目。同时规划建设孔子出生地尼山等。通过文化产业园区建设，进一步提高本地文化产业规模、质量和水平，以产业发展促进世界文化遗产孔庙、孔府、孔林的有力保护，为增强中华民族向心力和凝聚力、提升中国文化软实力做出应有贡献。

2. 沈阳棋盘山开发区

沈阳棋盘山开发区位于辽宁省沈阳市东部，

规划面积203平方公里，行政管辖面积190平方公里，下辖3个街道，总人口4.9万人。按照沈阳市委、市政府确定的城市发展总体规划要求，开发区发展战略目标定位于打造国家级文化产业示范区和国家级生态示范区，创建世界知名旅游品牌。2007年，地区生产总值18亿元，同比增长25%，完成固定资产投资60亿元，同比增长38%。

沈阳棋盘山开发区生态条件优越，区位优势明显，基础设施完备，拥有清福陵等36个人文景观和秀湖景区等57个自然景观。近年来，开发区管委会利用本地丰富的资源优势，建设了沈阳世界园艺博览园、关东影视城等一系列文化设施和产业园区，先后成功举办了“2006中国沈阳世界园艺博览会”、“2007中国沈阳世界文化与自然遗产博览会”、“沈阳国际冰雪节”、“世界奥林匹克文化展示会”和“2008中国沈阳世界报道摄影节”等大型文化旅游活动。

按照国家大力发展文化产业的战略要求，2007年，沈阳棋盘山开发区出资组建了文化产业发展公司，采取加速器孵化、培育、发展、上市的模式，加速培育文化产业项目和骨干企业；通过资本运作，吸引社会资本和国外资本，参与开发区文化产业发展。目前，已与香港长江实业集团、香港恒基兆业集团、香港谢瑞麟集团和上海实业集团、同济大学人文学院等知名企业和高校签订合作意向，计划建设电影风情小镇、“东方威斯勒”度假区、圣诞村、生态风情小镇、路虎文化产业园等重大文化产业项目。沈阳棋盘山开发区文化产业发展将会有力地促进沈阳市产业结构调整和辽宁省老工业基地振兴，为促进全省文化产业和国民经济快速发展做出积极贡献。

公布第三批国家文化产业示范基地

为深入贯彻党的十七大精神，加快文化产业基地和区域性特色文化产业群建设，树立典型，以点带面，推动我国文化产业又好又快发展，按照《国家文化产业示范基地评选命名管理办法》，文化部决定命名北京老舍茶馆有限公司等59个企业和单位为第三批国家文化产业示范基地。

1. 北京老舍茶馆有限公司

北京老舍茶馆有限公司始建于1988年，营业面积3300多平方米，设有戏曲演出大厅、前门四合茶院、新京调茶餐坊和品珍楼等4个经营场所，是一家集书茶馆、清茶馆、大茶馆、餐茶馆、野茶馆和清音桌等六大老北京传统茶馆形式于一体，会聚京味文化、戏曲文化、茶文化、食文化等民族优秀文化的文化休闲特色茶馆。多年来，北京老舍茶馆有限公司一直坚持“振兴古国茶文化，扶持民族艺术花”的经营宗旨，将文化资源的保护开发与舞台演出节目的推陈出新相结合，通过茶馆这个舞台空间，宣传和展示中国灿烂悠久的民族艺术和深厚的文化底蕴。经过20年的实践与创新，老舍茶馆的“品茶赏戏”已成为北京文化舞台的一个特色品牌。仅2007年，演出销售收入就达2335万元。

2. 俏佳人传媒股份有限公司

俏佳人传媒股份有限公司是集策划、拍摄、制作、发行、推广于一体的集团化文化企业。公司以动漫产业、新媒体开发、大型演艺活动、汉语推广和音像制品发行为主营项目，旨在向海内外传播推广优秀的中国文化。经过10余年的经营发展，该公司在资源开发与利用、新兴业态研发、经营管理和经济实力等方面均处于国内领先地位。特别是积累了种类繁多、数量庞大的自有音像版权，成为我国音像出版发行行业重要的版权经营商。公司还拥有2000多部国内外新老电影的音像版权，光碟年销售量达1000多万张，产品出口遍布欧美、东南亚及中国港澳台地区，在国际市场上具有了品牌知名度。2004年，俏佳人传媒涉足原创动漫产品项目后，成立了专业制作团队，建立了原创动漫笑话平台“笑笑吧”，目前已完成2000多集作品。2007年，公司主营业务收入过亿，净利润为1626万元。多年来，俏佳人传媒不仅赢得国内广大消费者的欢迎，更得到海外主流媒体和主流营销渠道的认可，成为中国文化产品对外营销的一个知名品牌。

3. 天津华夏未来文化发展中心

天津华夏未来文化发展中心成立于2002年，是一家以少儿艺术培训为主，经营范围涵盖演出、娱乐、图书发行、文体用品销售等多个领域的集体经济企业。该中心围绕儿童艺术培训、计算机网络、图书发行及吃、穿、用等项目，注册了“华夏未来”商标四大类20余项，形成了良好的品牌效应。特别是艺术培训业已形成完整的文化产业链，到2007年，累计培训已达8万人次、创收1387万元，在满足广大群众文化生活需要的同时，获得了社会效益与经济效益的双丰收。

4. 天津市爱心手工编织制品有限公司

天津市爱心手工编织制品有限公司是天津市河东区爱心编织中心以“织出新文化、织出新生活、织出新天地”为主旨，按照政府支持、公司组织、市场运作的原则，所组建的中国传统手工编织研究、培训、生产、销售为主的企业。现有7个分公司，8个编织站，并在内蒙古、河北等地也设立了分站。公司6000多名从业人员，大部分是再就业的下岗人员。公司经营产品已达九大类、千余个品种，年生产能力30万件，年销售产值2000余万元，产品远销20多个国家和地区。还与国外百余家公司建立了长期、稳定的业务关系，年出口交易额达70余万美元。同时，公司产品的文化内涵不断丰富，工艺水平不断创新，先后获得65项国家专利，经济附加值和市场占有率持续提高，走出一条良性发展道路。

5. 衡水习三内画艺术有限公司

衡水习三内画艺术有限公司是由中国工艺美术大师、“冀派内画”创始人王习三与其长子王又三于1996年创建的，是集内画艺术理论研究、专业内画艺术人才培养、内画艺术产品生产开发、“冀派内画”精品展销于一体的综合性文化企业。公司有中高级工艺师35名，主要产品有鼻烟壶、水晶球、摆件、花瓶、茶叶罐等内画工艺品。在生产、开发、销售过程中，公司十分注重知识产权保护，生产的内画工艺品均以“习三”为品牌。2007年，公司主营业务收入达1274万元。目前，“习三”内画工艺品在国内同行业中具有较强的竞争力，投资建设的中国内画艺术之乡展览馆已竣工并投入使用。该展览馆是宣传、展示内画艺术的专业性展览馆，拥有明末以来各个时期、各种材质、各种造型的近千件鼻烟壶珍品，为宣传和传承内画工艺，提升企业知名度发挥了积极作用。

6. 曲阳宏州大理石工艺品有限公司

曲阳宏州大理石工艺品有限公司坐落在有两千多年历史的“中国雕刻之乡”——河北省曲阳县，系中英合资企业。公司占地面积3万多平方米，建筑面积1万多平方米，主要生产传统雕塑、西方雕塑、城市雕塑及园林雕塑等艺术雕塑，产品销往全国及世界各地。该公司始终坚持质量第一、打造精品的理念，实行现代企业化管理制度，依法开展生产经营活动，经济效益不断提高，2007年销售收入逾1400万元。该公司高度重视人才培养工作，专门设立艺术创作室，定期聘请国家级雕刻大师、大专院校专家教授前来给工人讲授雕刻艺术与技法，并与曲阳县雕刻学校合作，为学员提供实习机会。公司还十分关注社会公益事业，多次捐款资助农村贫困学生。

7. 大同市广灵剪纸文化产业园区

山西省大同市的广灵剪纸以其艳丽的色彩、生动的造型、纤细的线条、传神的表现力和细腻的刀法，在全国剪纸中独树一帜，被列入国家级非物质文化遗产名录。《山西省“十一五”文化发展规划》将大同市广灵剪纸文化产业园区列为重点建设项目之一。该园区自2005年以来，已基本形成政府规划、园区推广、公司经营、农户生产的区域性特色文化产业群。园区以生产广灵剪纸的4个乡镇、9个村、1200余农户为主体，年产值可达5000万元。目前，园区已建成广灵剪纸文化艺术研究中心、剪纸艺术博物馆、九连环四合院剪纸民俗宾馆等文化设施，兴办了大同市广灵剪纸职业培训学校和大同市广灵剪纸技工学校，并在国内多个地区设立了展示厅和专营店，打造出一条融研发、生产、展示、销售、人才培养功能于一体的具有浓郁地方特色的文化产业链条。

8. 包头市乐园文化传播有限责任公司

包头市乐园文化传播有限责任公司是一家集室内外游乐、文化娱乐、文化休闲、园林经管和综合服务于一体的大型文化产业集团。该公司投资8.5亿元打造的包头乐园，占地面积41.41万平方米，是包头市重点文化产业建设项目之一。包头乐园吸纳了众多世界知名主题公园的设计理念，结合当地文化娱乐市场的实际，将高科技和全新休闲方式相融合，参与性、观赏性、娱乐性、趣味性和知识性相结合，营造出一个自然、清新、快乐、刺激的休闲娱乐文化氛围。自2007年9月28日开园以来，已接待游客100多万人次。同时，举办2008年“新春游园会”、“包头乐园时尚狂欢节”、“六一儿童节卡通嘉年华活动”等大型系列文化活动。包头乐园已成为周边地区的一大文化娱乐亮点。

9. 沈阳杂技演艺集团有限公司

辽宁省沈阳杂技团创建于1951年，是中国最具实力的杂技艺术表演团体之一，先后有20多个节目在国际、国内重大杂技比赛中荣获大奖，并赴60多个国家和地区的300多个城市进行访问、比赛和演出。2004年，作为全国文化体制改革试点单位，沈阳杂技团与沈阳南湖剧场、南湖剧场招待所合并组建了沈阳杂技演艺集团有限公司。改制以来，该公司积极打造有活力、有实力、有竞争力的外向型文化企业，先后派出27个团组、515名演员赴十几个国家和地区，商业演出3469场，创汇242万美元。公司打造的《天幻秀》、《未来》等剧目演出803场，营业收入700多万元。改制4年，公司实现产业收入2400万元，净资产总额达到3031万元，职工年人均收入超过40000元，比改制前增加了1倍。2008年4月，被中宣部、文化部、广电总局和新闻出版总署命名为全国文化体制改革优秀企业。

10. 盘锦辽河文化产业园

盘锦辽河文化产业园创建于2003年初，是辽宁省盘锦市兴隆台区政府实施“文化立区”发展战略，倾力推动的重点文化建设项目。几年来，先后投资上亿元建设了辽河美术馆、辽河画院、辽河文化商业街、辽河石油文化公园、辽河文化产业园网站等文化设施和项目，正在建设辽河民俗文化市场、辽河画家村、博物馆群落等项目。其中辽河美术馆不仅是盘锦市的标志性文化建筑，而且是东北地区最大的美术馆。开馆一年多，举办国家和地方各类艺术展览70余次。该园区在全国范围内招商引资，吸引了省内外众多艺术家和文化经营者向产业园集聚，带动了周边的配套设施建设，促进了兴隆台区文化产业圈的形成，改善了城市环境，提升了文化品位，对区域经济社会发展产生了积极作用。

11. 大连海昌企业发展有限公司

大连海昌企业发展有限公司一直致力于打造大连文化旅游项目，目前资产规模达12亿元。公司在大连金石滩建设的发现王国主题公园自2006年正式开业以来，入园游客数量和经济效益大幅增长。2007年游客人数达到120万人次，较2006年增加40余万人次；2006年营业收入6000万元，2007年达到1.1亿元，并带动了金石滩地区的住宿、餐饮及交通业的发展。两年多时间里，在该公园内举办了一系列活动，包括中央电视台举办的“2006动感夏日校园红歌会”、“发现王国2007年四季庆典活动”、“教师节感恩大献礼”活动、2008年的“牵手奥运、触摸雅典”主题系列活动等，取得了良好的社会反响。

12. 吉林歌舞剧院集团有限公司

吉林歌舞剧院集团有限公司是在整合吉林省歌舞团、吉林市歌舞团和吉林省文化活动中心东方大剧院的基础上组建的国有文化企业。近年来，公司大胆改革创新，狠抓市场营销，努力扩大演出市场，逐步发展成为一个在国内外具有重要影响的演艺集团，打造出“吉歌特色”的文化品牌。2006年全年演出247场，其中公益演出60场，经济收入1974万元；2007年全年演出256场，其中公益演出65场，经济收入2677万元；2008年，截至5月底，演出订单达5000万元。公司多次承担国家各类大型文艺演出任务，连续11年参加中央电视台春节联欢晚会、戏曲晚会、元宵晚会演出，取得良好的社会效益和经济效益。几年来，公司还多次赴法国、日本、韩国、朝鲜、美国、俄罗斯等国家访问演出，有力地促进了中外文化交流。2008年4月，被中宣部、文化部、广电总局和新闻出版总署命名为全国文化体制改革优秀企业。

13. 中筝文化集团长春光明艺术学校

中筝文化集团长春光明艺术学校成立于2000年，是中筝文化国际集团有限公司开办的集艺术教育、职业培训、演出演艺、乐器生产、网络传播于一体的综合性民办艺术培训学校。学校以古筝为产业载体，将传统民族文化、现代思维模式和商业运营手段有机融合，设立了全国连锁的“袁莎古筝艺术连锁中心”，创办了大型民乐网站“华音网”和“中国古筝在线”，在扬州天艺民族乐器厂创建了年产近万台古筝的“秦牌古筝生产基地”，组建了大型民乐表演团体“中筝古筝艺术团”，形成一条以古筝艺术为核心的文化产业链。6年时间，学校累计培训古筝学员近50000人次，年收入2300万元，创利润270万元，为弘扬民族文化、发展古筝产业、推动艺术产业化做出了突出贡献。

14. 显顺琵琶学校

显顺琵琶学校位于吉林省辽源市，成立于1994年，是一个民办学校。建校10多年来，该校以琵琶专业为龙头，以市场需求为导向，不断提高教学水平，逐步发展成一个艺术培训业中的品牌学校。目前，学校占地面积3万平方米，其中建筑面积9000平方米，拥有教职员工60余人。琵琶专业开办有学前部、小学部、初高中部、业余培训部、考前培训部以及寒暑期专项技艺提高班等，培训各个不同层次的学员。为满足艺术培训市场的需求，学校还开办了音乐表演、音乐师范、美术、戏剧等专业门类，为中央音乐学院、上海音乐学院等十几所音乐学院培养输送了540多名专门艺术人才。为此，辽源市被中国民族管弦乐协会授予了“中国琵琶之乡”的美誉。2007年8月，吉林大学艺术学院将该校确定为教学实习基地。现在，学校每年的艺术培训收入已达800万元。2007年，又注册成立了辽源市中显文化产业有限公司，主要开展艺术创作与表演、演艺剧场经营、文化产业开发和文化中介服务等，并注册了“金琵琶”系列商标，艺术培训的规模越来越大。

15. 哈尔滨松雷股份有限公司

哈尔滨松雷股份有限公司是黑龙江省的一家民营公司。从2002年起，该公司开始投资文化产业，并在北京注资成立了北京松雷文化传媒发展有限公司，致力于推动中国原创音乐剧的发展。该公司组建了音乐剧专业剧团“中国松雷·北京蝶之舞音乐剧剧团”，并投资6000多万元排演了原创大型音乐剧《蝶》。《蝶》剧在国内巡演60余场，获得巨大反响。2008年7月，在韩国第二届大邱国际音乐剧节上，《蝶》剧获得评委特别奖。目前，该公司还控股北京松雷雷奥维尔影视文化传播有限公司、北京松雷影视文化传播有限公司、北京松雷菲姆勒网络文化传播有限公司等多家文化企业，打造了一个以原创音乐剧制作为主，集影视制作、影片发行、网络娱乐、院线投资、媒体广告等全方位融合的文化产业平台。借此完善公司产业结构的多元化，提升企业品牌价值。

16. 哈尔滨新媒体集团

哈尔滨新媒体集团是以哈尔滨新媒体文化产业集团有限公司为龙头，联合黑龙江新洋科技有限公司、哈尔滨市盛源文化传播有限公司、哈尔滨软件外包园有限公司等4家产业相关度大、互补性强的企业共同组建的一家综合性文化企业集团，主要从事新媒体产业基地基础设施建设和管理、公共技术服务平台建设、配套服务设施建设、技术开发与制作等业务。目前，新媒体产业基地累计投资超亿元，拥有办公场地4万平方米，已吸引入驻企业63家。2007年，这些企业实现销售收入20亿元，利税1.5亿元，初步形成了具有黑龙江区域特色的新媒体产业集群，为促进本地区文化产业发展发挥了聚集效应和示范作用。

17. 上海东方明珠（集团）股份有限公司

上海东方明珠（集团）股份有限公司成立于1992年，1994年在上海证券交易所挂牌上市，主营旅游娱乐、媒体广告、信息传输、产业投资等业务。公司注册资本19.26亿元，总资产86.45亿元，净资产58.51亿元，拥有文化类子公司近30家。上市12年，取得良好的经营成绩。2001年以来，平均每年营业收入和利润总额分别增长18.57%和20.27%。2007年营业收入和利润总额分别为17.1亿元和7.9亿元，是1992年成立之初的37倍和35倍。公司下属东方明珠电视塔是亚洲第一、世界第三高塔，目前是全国年均观光人数最多、赢利水平最高的广播电视塔。近年来，公司不断加大对传媒产业的投资力度，已建立起跨报刊杂志、有线电视网络、移动电视、楼宇电视、手机电视等多媒体的传媒产业平台。此外，公司还在澳大利亚设有全资子公司，持有澳大利亚主流媒体——世界电影频道的部分股权，成为中国文化产业进军国际市场的先行军。

18. 上海长远集团

上海长远集团成立于1999年，主要业务包括主承办大型文体和会展活动、经营和管理大型文体场馆、提供文化旅游、健身休闲、影视娱乐等服务。2007年，集团主营业务收入达12024万元，净资产值达到9945万元。集团所属虹口足球场已成为上海最有影响力的大型室外演唱会场馆。近年来，集团举办了《红楼梦》大型多媒体话剧、国庆焰火晚会等文体活动，以及众多明星的大型演唱会。在多伦现代美术馆和朱屺瞻艺术馆举办了一系列有影响力的展览。在鲁迅公园成功举办了“千筝和鸣”中秋文艺晚会、“均瑶”杯戏曲比赛、“难忘的旋律”百日演出、以及青年风尚节等活动，丰富了市民的文化生活，成为上海市的文化亮点。

19. 江苏省演艺集团有限公司

江苏省演艺集团有限公司自2005年1月改制以来，坚持以建立新型文化企业为发展方向，以创作群众喜闻乐见的优秀舞台艺术产品为主要任务，通过建立和完善现代企业管理制度，集团的经济实力和市场竞争力不断增强。2006年，集团各院团累计演出3478场，经营收入3978万元；2007年，累计演出3761场，经营收入4939万元。集团先后创排了大型歌剧《悲怆的黎明》、大型民间歌舞《好一朵美丽的茉莉花》、昆剧《牡丹亭》和《1699·桃花扇》等一批优秀剧目，并在国内获多项大奖。此外，集团还主办和承办了一系列大型公益文艺活动。2008年2月，江苏省演艺集团有限公司获“首届全国文化企业30强”称号。2008年4月，被中宣部、文化部、广电总局和新闻出版总署命名为全国文化体制改革优秀企业。

20. 江苏爱涛艺术精品有限公司

江苏爱涛艺术精品有限公司是由江苏省弘业国际集团有限公司和江苏弘业股份有限公司共同出资组建，注册资本12993万元，主营艺术品设计、工艺品制作、展览及销售等。2005年，“爱涛”（ARTALL）品牌被商务部评为2005～2006年度“重点培育和发展的出口名牌”。2007年，公司实现销售收入6265万元。经营管理的爱涛艺术中心，面积3000多平方米，分红木雕刻家具馆、刺绣丝织民俗馆、名人名家字画馆、玉石陶瓷漆器馆等，馆内珍藏和精心设计制作的工艺精品数十类2000余套（件），是江苏省艺术品收藏、销售、交流的现代化展馆，也是国内外艺术交流和美术教育的重要场所。

21. 扬州工艺美术集团有限公司

扬州工艺美术集团有限公司，是2006年底由扬州市人民政府和扬州市工艺美术工业联社共同投资成立的国有控股有限责任公司，净资产5549万元。公司所属的全资企业有扬州玉器厂、扬州漆器厂和扬州绣品时装总厂，代管企业有扬州亲亲首饰有限公司和工艺厂有限公司，主营产品有漆器、玉器、绣品、剪纸、灯彩、绒制品、金银首饰等。公司所属扬州漆器厂目前是全国规模最大、工艺最全、技艺力量最强的专业生产厂家之一，生产和销售占全国同行业的1/4。该公司还十分重视销售平台建设，近两年投资4000多万元，建成了工艺品、美术、剪纸、玉石等五个销售窗口，打造了工艺美术一条街，扶持了周边500多户个体经营户的生产。2007年，公司销售收入2亿元，预计到2010年，将形成5个亿的销售规模。

22. 西泠印社集团有限公司

西泠印社成立于清光绪三十年（1904年）。作为文人结社的典范，西泠印社在艺术创作、学术研究、对外交流、文物收藏、人才培养等领域取得了辉煌成就，声名远扬。2003年以来，根据杭州市委、市政府“光大品牌、做大产业”的要求，西泠印社深化改革，转换机制，组建了以西泠印社社务委员会为出资人的国有独资公司——西泠印社集团有限公司。公司以“西泠印社”品牌为核心，吸引社会力量共同投资艺术品原创、展览、出版、广告、鉴赏、画廊、拍卖等领域，形成比较完整的艺术品业产业链。2007年，西泠印社集团有限公司销售收入6597.8万元，利润2882.1万元，分别是2004年的5.5倍和近20倍。转企改制使拥有百年历史的西泠印社重新焕发出勃勃生机。

23. 浙江中南集团卡通影视有限公司

浙江中南集团卡通影视有限公司成立于2003年，是浙江中南集团投资的新型文化企业，致力于打造原创动画制作、影视节目发行、音像图书行销、衍生产品开发营销、品牌授权等业务。经过5年的不懈努力，该公司已发展成为国内最大的原创动漫公司之一，原创的《天眼》系列、《魔幻仙踪》、《星际飚车王》、《劲爆战士》等7部动画片，时间长度达11500分钟。正在创作的《天眼神牛》、《风速战警》、《乐比》、《科乐》等动画片，完成后将超过10000分钟。公司创作的动画片先后获得国际、国内大奖20多项，在中央电视台等200多家国内电视台播出，并远销美国、韩国、新加坡、俄罗斯等40多个国家和地区。公司探索自行开发、品牌授权、贴牌生产、加盟经销等产业合作和运营模式，先后开发了玩具、文具、儿童用品、服装、鞋帽、食品、饮料等相关产品领域，并积极构建自己的销售渠道。2007年实现收入4275.43万元，利润1241.92万元，上缴利税240.39万元。

24. 宁波海伦乐器制品有限公司

宁波海伦乐器制品有限公司成立于2001年，是国内专门从事钢琴研制、生产的中美合资高新技术企业。目前，年生产能力达145000架立式钢琴，1800架三角钢琴，产品供不应求。公司高度重视技术创新和知识产权保护，组建了省级钢琴制造工程技术中心，每年从销售收入中提取5%以上资金作为科研经费。在国内外注册了“HAILUN”（海伦）商标，并为“HAILUN”钢琴申报了3项发明专利、15项实用新型专利及1项外观专利。2006年，“HAILUN”钢琴被国家质监总局列为“中国名牌产品”。“HAILUN”钢琴的代理销售遍及国内各大中城市，并在日本和美国各有50多家琴行，在欧洲20多个国家有260多家琴行，取得良好的社会效益和经济效益。2006年，公司实现销售收入11782万元，纳税720万元，净利润1207万元；2007年实现销售收入16430万元，纳税1298万元，净利润1733万元。同时，公司先后成功举办了“海伦杯”关爱琴童、“海伦杯”浙江省首届少儿钢琴大赛、上海中老年钢琴大赛等公益活动，与当地北仑小学合作开办海伦业余艺术学校，与宁波职业技术学院联合开办了乐器修造专业。

25. 黄山市屯溪老街

黄山市屯溪老街是一条集宋、明、清时代建筑风格为一体的步行文化街。现有店铺300多间，企业40余家，主要经营文房四宝、书画古董、漆器瓷器、根雕竹艺等各类工艺品和旅游纪念品，聚集了许多民间博物馆、纪念馆、书画院、研究所、陈列馆和工作室，吸引了大量来自境内外的游客。老街每年接待游客600万人次，年销售额达10亿元。近年来，屯溪老街文化产业规模不断扩大，发展势头良好，逐渐形成一个以黄山旅游资源为依托、具有区域特色的文化产业群。2007年，实现文化产业增加值3000万元，同比增长14%，创造了若干就业岗位，带动了当地经济发展。

26. 厦门市优必德工贸有限公司

厦门市优必德工贸有限公司成立于1997年，主要从事闽南地区至今已有300年历史的漆线雕的设计、开发和生产。公司以“传统为宗、漆艺为根、品牌为本、创新为魂”为宗旨，大胆开拓创新，成为同行业中的佼佼者。目前，公司在北京设有北京漆宝斋文化艺术有限公司，并分别成立了优必德福州分公司和优必德（香港）国际集团有限公司。在东南亚及欧美地区发展了经销代理商和大型终端客户，在全国各地设有几十个专卖展示场所和70多家经销商，建立起完善的营销网络。2007年，公司销售收入4870万元，净利润479万元。2008年，优必德中标的北京2008年奥运会主体育场“鸟巢”的贵宾厅室内装饰工程顺利完成，大大提高了企业和漆线雕的知名度。

27. 景德镇法蓝瓷实业有限公司

景德镇法蓝瓷实业有限公司成立于2003年。该公司在继承东方传统瓷艺文化的基础上，融合东西方艺术装饰风格，结合时代特点，不断创新工艺，开发出造型精致、色泽丰富的法蓝瓷。自2005年正式投产以来，产品销往亚洲、欧洲、美洲、大洋洲众多国家和地区。目前已在全球拥有5500多个销售网点，并在中国、美国、欧盟注册了“法蓝瓷”和“FRANZ”商标。2007年公司销售收入达6925万元，创汇788万美元。近年来，该公司的产品先后获得2005年和2006年的景德镇国际陶瓷博览会金奖、2006年“百花杯”中国工艺美术精品奖金奖、联合国教科文组织颁发的“世界杰出手工艺品徽章”等多个奖项。

28. 蓬莱八仙过海旅游有限公司

蓬莱八仙过海旅游有限公司始建于1984年，经过20余年的发展，公司从经营特色餐饮逐渐发展成为集旅游开发、旅游观光、旅游服务为一体的大型综合性文化企业，也是目前全省投资文化产业的最大民营企业之一。公司现经营蓬莱海洋科技馆、蓬莱八仙过海景区、三仙山风景区等三大景区。2007年，共接待中外游客300多万人次，企业直接收入3亿元，占蓬莱市GDP的1.9%，同时拉动了相关产业的发展。公司十分注重对文化资源的保护，协助政府对“八仙”、“七仙女”等105个与八仙过海有关的文化品牌进行了商标注册保护。此外，公司积极投身于公益事业，先后安置下岗失业人员、剩余劳动力1100多名，主动接收转业军人和退伍士兵150多名，并承担了蓬莱市3所养老院的帮扶工作。从1996年起，公司还先后投资近百万元帮助当地开展新农村建设，取得了良好的社会效益。

29. 淄博东夷齐文化发展有限公司

淄博东夷齐文化发展有限公司成立于2002年，以艺术品经营为主。公司十分注重专业化、规模化发展，所经营的淄博荣宝斋书画古玩城，经营面积2万多平方米，是山东省规模最大、档次最高的专业艺术品市场之一，来自全国各地的160余家商铺入驻，直接从业人员2000余人，年交易额2亿多元，实现利润6000万元。近两年，该公司举办了上百次书画、珍玩鉴定、拍卖及其他文化艺术活动，还举办了“澳洲三人行画展暨慈善捐赠仪式”、“淄博市书画艺术品赈灾义卖义演活动”等一系列公益文化活动，取得良好的社会效应。淄博荣宝斋书画古玩城已成为全省最具影响力和吸引力的艺术品交易中心，为文化艺术爱好者提供了良好的交流平台。

30. 嘉祥石雕文化产业园

山东省嘉祥石雕艺术诞生于1800多年前，具有典型的中国北派石雕艺术风格，是我国石雕艺术的重要流派，被国务院列入国家级非物质文化遗产名录。目前，嘉祥拥有石雕专业村16个，石雕企业126家，从业人员2.6万人，从事相关产业人数达20万人，占当地人口的26%。为推动石雕产业向规模化、集约化发展，2000年政府投资建设了嘉祥石雕文化产业园，园区占地350余亩，入园石雕企业88家，从业人员1.6万人，年产值1.6亿元，利税3000万元，园区石雕产品有10多个系列1000多个品种，远销海外20多个国家和地区，成为当地石雕文化产业的聚集区。园区每年举办一次的“中国（嘉祥）石雕艺术节”，已成为当地重要的文化品牌。

31. 焦作云台山旅游发展有限公司

焦作云台山旅游发展有限公司主要负责河南省云台山风景名胜区的管理经营。公司采用先进的企业化管理模式，不断完善内部管理机制，提高职工整体素质，强化市场营销力度，实施山水品牌战略，注册了包括旅游工艺品、旅游服务商标在内的“云台山”商标43类512项，已成为拥有世界地质公园、国家级风景名胜区、国家首批5A级旅游景区、国家森林公园、国家地质公园、国家级猕猴自然保护区、国家水利景区、国家自然遗产等众多称号的文化旅游胜地。2007年，接待游客达254万人次，门票收入突破2亿元。景区的发展拉动了当地经济的发展，景区所在地焦作市修武县的宾馆饭店达到375家，旅游购物商店33家，旅游综合收入7亿元，占全县GDP比重达12.9%。近年来，云台山的成功发展被誉为“焦作现象”、“云台山速度”，引起各界人士的广泛关注。

32. 郑州市天人文化旅游有限责任公司

郑州市天人文化旅游有限责任公司成立于2005年，由河南省兆腾投资有限公司、北京天人文化传播有限公司、广西维尼纶集团、中国嵩山少林寺联合投资组建，具体负责《禅宗少林·音乐大典》项目开发经营。该演出项目是以演绎和谐中原文化为主题，以挖掘禅宗和少林武功资源为切入点而创作的大型山地实景演出剧目。演出场地在河南省登封市待仙沟，项目总投资1.15亿元，是河南省最大的民营资本投资开发的文化旅游演出项目。《禅宗少林·音乐大典》于2007年4月26日正式运营，当年演出210场，接待海内外观众20万人次，门票收入1500万元。同时，该项目吸收了当地150余位农民演员，增加了农民收入，促进了当地经济发展，推动了社会主义新农村建设。

33. 郑州中远演艺娱乐有限公司

郑州中远演艺娱乐有限公司是由郑州歌舞剧院、建业住宅集团（中国）有限公司、郑州宇通集团有限公司合资组建的股份制公司，主要从事文艺表演、艺术展览、舞台美术制作工程及灯光音响设备租赁等业务。公司自2005年成立以来，所成功策划推广的大型原创舞剧《风中少林》，已在国内外商业演出近200多场，先后荣获2005～2006年国家舞台艺术精品工程十大精品剧目奖、第五届中国舞蹈“荷花奖”金奖、2007年中宣部“五个一”工程奖，囊括文华奖4个单项奖，得到社会各界的一致好评，取得良好的社会效益和经济效益。截至目前，该舞剧实现演出收入和衍生产品收入1200多万元。此外，由公司策划推出的青春版舞剧《清明上河图》和原创舞剧《云水洛神》也分别于2007年和2008年与广大观众见面。目前，公司正积极策划把这两台舞剧推向海外商业市场。

34. 湖北三峡非博园发展有限公司

湖北三峡非博园发展有限公司是由武汉国风文化产业园开发有限公司和武汉九真山旅游产业开发有限公司共同投资创办的文化企业。公司规划用地11220亩、总投资126亿元，在武汉市和当阳市、宜都市、巫山县、秭归县等地着力打造一个以传承保护非物质文化遗产为核心内容的文化旅游产业集群。目前，已建成知音文化景区、中华非遗技艺传承学校、巴楚博览园、沙滩浴场等文化产业项目，正在建设的项目有天下传人第一街、凤凰山屈原祠旅游区等。另外，大型山水实景歌舞剧《千古离骚》等项目也已启动。自2007年9月至今，运营项目已创造经济效益4800万元。预计整个产业集群全部建成后，将拉动社会生产、物资供应、仓储物流、交通运输、旅游中介、宾馆酒店、餐饮副食等相关行业的快速发展。

35. 湖南宏梦卡通传播有限公司

湖南宏梦卡通传播有限公司是我国目前最大的国产原创动画生产制作企业之一。自2004年成立以来，公司始终坚持生产国产原创动画的道路，把产品的教育性、艺术性、娱乐性有机结合在一起，打造推出了《虹猫蓝兔七侠传》、《虹猫仗剑走天涯》、《奇奇颗颗历险记》等一系列原创动画作品。公司拥有创意制作、资本运营、延伸开发等方面的专家团队，在授权产品开发、延伸产品零售渠道建设等方面同样取得显著成效。2005年，与美国英特尔公司合作建立了电脑动画技术发展中心，通过节目交换广告时段的形式，在全国617家电视台播放《宏梦卡通天地》。目前，“虹猫蓝兔”已成为中国民族原创动画的优秀品牌，“虹猫蓝兔”系列图书创下了少儿图书发行的纪录。2007年，公司总收入1.02亿元，其中仅“虹猫蓝兔”动画形象授权一项收入就达2950万元。公司规划建设的“宏梦卡通艺术村”已在长沙经济技术开发区奠基。

36. 张家界魅力湘西旅游开发有限责任公司

张家界魅力湘西旅游开发有限责任公司成立于2001年，现有专业演职人员105名，下设一座能容纳1100人的大型剧院，拥有较强的创作和管理团队。公司成立以来致力于挖掘和演绎湘西地区少数民族文化，坚持传承创新，将少数民族音乐舞蹈与现代舞台技术相结合，使一些濒临失传的湘西民俗文化和民间绝活重新展现在世人面前。先后打造出《桑植民歌》、《苗家呷酒》、《土家女儿会》、《湘西赶尸》等一系列少数民族优秀剧目，演出2400多场，观众145万人次，占张家界文化旅游市场75%的份额。2006年接待观众25万人次，门票收入近3000万元。2007年，观众超过40万人次，门票收入5227万元。另外，为湘西提供了200多个就业岗位，为合作的剧团每年创造数百万元的演出收入。目前，公司已在武陵源景区购置了32亩土地，计划投资1亿元建造“魅力湘西国际旅游文化广场”。

37. 广东省广告股份有限公司

广东省广告股份有限公司的前身是广东省广告公司，成立于1981年，2002年改制为广东省广告有限公司，2008年变更为广东省广告股份有限公司。该公司是我国最大的综合性广告公司之一，主营业务包括品牌管理、媒介代理和自有媒体等。公司汇集了一大批优秀的广告策划人才、提出了许多品牌管理的理论和方法，创造出众多具有很大社会影响与行业影响的成功品牌案例。近10年来，该公司创作的作品在国内外广告评比活动中，共获得各类奖项451个，包括美国莫比广告奖金奖、美国印刷协会最佳全场大奖、国际优秀印刷展银奖，以及数届中国广告节的金奖和银奖等，被中国广告协会授予中国一级广告企业称号。2005～2007年，公司营业收入年均增长35%，2007年营业收入高达15.2亿元。

38. 深圳市腾讯计算机系统有限公司

深圳市腾讯计算机系统有限公司成立于1998年，是中国最早的互联网即时通信软件开发企业。公司依托在中国占据领导地位的“腾讯QQ”即时通信平台，以及QQ.com门户平台，为用户提供一站式在线生活服务。目前公司已建立即时通信、门户资讯、互动娱乐、电子商务等四大网络平台，形成巨大的网络社区。2004年，在香港联交所主板上市，市值超过1000亿港币，是目前中国市值和营业收入最大的互联网公司之一。2007年总收入为38.2亿元，比2006年同期增长36.4%，经营赢利15.68亿元，同比增长47.4%。长期以来，腾讯在产品设计和业务运营上，坚持文明、绿色、健康的经营理念，努力净化网络环境，倡导用户文明上网、奉献爱心，抵制网上不文明行为，并对青少年用户提供快乐、健康的互联网服务。开发经营的网络游戏《QQ堂》、《围棋》、《中国象棋》、《五子棋》等被列入第一批适合未成年人娱乐活动的网络游戏产品名单，得到网民的广泛认可。

39. 中山市小榄镇文化产业发展有限公司

广东省中山市小榄镇是位于珠江三角洲中部的经济重镇和区域商贸中心。2005年，镇政府积极调整经济结构，投资2亿元，建设了占地2.5万平方米的文化艺术品产业基地，并成立中山市小榄镇文化产业发展有限公司。公司下设文化产业服务公司、演出公司和网络公司等分公司，同时还负责管理小榄镇的艺术团、艺术培训中心、菊城影剧院及电影放映队。镇文化艺术品产业基地目前年成交额约1.8亿元，主要经营古玩、艺术品及旅游纪念品等产品，并提供网络信息、贸易支持、中介经纪、艺术培训、宣传推广、电影放映等配套服务。小榄镇文化产业发展有限公司成为农村发展文化产业的先进典型。

40. 肇庆市端砚文化旅游村开发有限公司

广东省肇庆市端州区黄岗镇白石村是一个有着1300多年端砚制作历史的地方，现存文化古迹众多，砚文化氛围浓厚。2002年，肇庆市将建设“端砚文化村”列入文化产业发展重点项目，并组建肇庆市端砚文化旅游村开发有限公司对周边村落进行整体开发和经营管理。目前，白石村周边已有农家制砚厂和作坊200多家，并建有端砚展览馆，举办了端砚文化节等多项文化活动。端砚文化旅游村旅游路线也初步形成，每月接待游客近万人次。为打造端砚文化品牌，形成集聚效应，近年来，该公司不断扩大景区范围，增加配套设施，端砚文化景区二期工程正在面向社会招商。整个景区建成后，可增加就业岗位3000个，每年预计能为当地带来上百万人的客流量，综合收入在1亿元以上，形成具有地方特色的端砚文化旅游产业群。

41. 深圳古玩城

深圳古玩城是经市政府批准的唯一一家由深圳市古玩城文物监管物品有限公司经营管理的专业文化市场。该市场占地面积15万平方米，建筑面积8万平方米，地理环境优越，配套设施齐全。文物监管物品有限公司拥有完备的人才队伍和一整套科学规范的管理体系，并聘请众多文物专家、学者、艺术家作为顾问团队。目前，深圳古玩城已形成古玩玉器、字画、普洱茶三大支柱产业，古玩艺术品种类上千种，储量总值达200多亿元。文物回流精品区高端商户700家，原创画廊70家，普洱茶经营者800家，是全国重要的海外文物回流基地和白玉集散地。古玩城举办的华夏遗珍特展、全国古玩艺术品交流会、茶文化节、周末淘宝市场等活动已成为业内著名的文化品牌。连续四届成为中国（深圳）国际文化产业博览交易会的分会场，为促进文化产业发展做出了积极贡献。

42. 百色靖西旧州绣球村

手工制作的绣球是广西壮族传统民间工艺品。从1997年起，为挖掘开发绣球的文化内涵和经济价值，传承和发扬古老的绣球文化，旧州村开始组织家家户户生产绣球，成立了刺绣协会，产生了颇具特色的百色靖西旧州绣球村。目前，旧州村300多户人家，有600多人从事绣球生产，年产量达到15万只。全村仅绣球一项的年收入就达200万元，绣球生产户年均收入近万元。村里采取专业化分工、社会化协作的方式，形成“公司+协会+农户”的发展模式，给周边农民提供了2万多个就业岗位，使绣球生产成为乡村经济的支柱产业。此外，旧州绣球村还建成了风情浓郁、建筑独特、产品丰富的工艺品旅游一条街，建成全国第一座壮族生态博物馆。目前，绣球产品知名度日益提高，市场需求量不断增大，产品远销欧美、东南亚等国家和地区。

43. 海口市大致坡镇琼剧文化产业群

海口市大致坡镇位于海口、文昌交界处，是海南省琼剧剧团的聚集地。自1997年以来，镇常驻琼剧团发展到10家，另有24家琼剧联络站，从事琼剧表演的专兼职演员近千人，累计每年商业演出近万场次，演出范围辐射到省内外。琼剧演出市场的繁荣，带动了大致坡镇的房租租赁、餐饮、商业、教育等相关行业的发展，推动了镇经济的繁荣。2003年以来，镇上投资建设了一批与琼剧有关的文化设施，2008年4月，中国戏剧家协会将大致坡镇命名为中国戏剧家活动基地。琼剧文化产业群的建设，有力弘扬了地方民间艺术，丰富了群众文化生活，提升了大致坡镇的文化影响力。

44. 重庆巴国城文化投资有限公司

重庆巴国城文化投资有限公司以传承历史、传播文化、推动民间工艺品生产为己任，大力发展文化娱乐业、文化旅游业。其中，自2003年起先后投资6亿元，与九龙园区联合开发的重庆巴国城项目，现已成为一个集文化、观光旅游、休闲娱乐、商务会议等众多功能于一体的生态文化观光旅游胜地。巴国城内建设有巴人博物馆、巴人雕塑、巴人文化广场、生态公园、风情步行街等项目，并已入驻60余家企业。2007年，巴国城接待游客60万人次，文化产业产值达8000万元。同时，解决就业岗位1000多个，带动周边餐饮、旅游、娱乐、休闲、房地产等相关产业产值近10亿元，成为重庆市文化产业的一个特色品牌。

45. 重庆洪崖洞城市综合发展有限公司

重庆洪崖洞城市综合发展有限公司是一家致力于民俗文化传承和文化产业发展的民营企业。公司先后投资3.6亿元，在市中心开发建设了洪崖洞民俗文化风貌区项目。该项目北临重庆市解放碑沧白路，南接江滨路，全长600米，商业总建筑面积逾60000平方米。整个景区以重庆传统文化资源为核心，同时挖掘巴渝文化的民俗元素，对该区域的民俗建筑、文化街区及文化历史景观进行整体开发与建设，再现巴渝文化建筑形式和当地居民的生活形态，成为重庆市中心集旅游休闲、文艺演出、购物娱乐为一体的一个新的文化旅游景观。公司投资6000万元打造的巴渝大剧院，成为景区内的文化中心。投资1200万元排演了原创情景式歌舞剧《巴渝情缘》，自2006年6月公演以来，已演出320余场。2007年景区综合收入达6.2亿元，利税1.2亿元。目前近500户商家入驻洪崖洞民俗风貌区，商铺入住率高达90%，极大带动了景区及周边相关产业的发展。

46. 四川乐山乌木珍品文化博物苑有限公司

四川乐山乌木珍品文化博物苑有限公司主要经营管理一座由民间资本投入，规划占地50余亩，集乌木收藏、雕刻艺术研究、产品开发生产和精品展示为一体的乐山乌木珍品文化博物苑。该博物苑现藏有乌木原材料5000多立方米，还有大量大型木雕艺术作品及37万枚毛主席像章。博物苑一期工程占地30余亩，投资1.2亿元，已于2006年正式对外开放，内有乌木博物馆展厅和毛主席像章陈列馆；二期工程包括用乌木精雕的五百罗汉堂、乌木艺术品雕刻制作中心及相关的旅游、休闲、餐饮、娱乐等配套设施，预计2009年完工。一期工程对外开放仅一年多就接待游客60万人次，综合旅游收入达1000多万元，产品销往内地及香港、新加坡、马来西亚等地，促进了当地和周边乡镇旅游服务业的发展，为社会提供了300多个就业岗位。

47. 成都洛带客家文化产业开发有限责任公司

洛带古镇位于四川省成都市东郊，全镇86%以上居民是客家后裔，历史上留下众多民间传说、文物遗存、古老建筑和客家会馆。成都洛带客家文化产业开发有限责任公司是镇政府为利用当地文化资源、发展农村文化产业而成立的国有开发公司，也是洛带客家古镇旅游区的开发建设主体和经营管理者。公司成立以来，以古镇景区开发建设为依托，致力于客家文化的传承、发扬和挖掘。一是通过“修旧如旧”，恢复了具有明清建筑风格的客家民居；二是积极选择大公司、大集团合作，推动古镇景区建设和文化旅游产业发展；三是推动文化旅游产品的研发、加工、展示、销售、交流与体验；四是抓大项目建设，先后引进新西南艺术陶瓷厂、中国·洛带——女红坊、中国文博公园、“创库”等一批文化旅游项目。2007年，洛带古镇共接待海内外游客约260万人次，直接经济收入达8000万元。2008年1～6月份，接待海内外游客160万人次，直接经济收入已超过8000万元。同时，古镇老街的商铺租金和房价分别增加了10倍和4倍以上。

48. 成都演艺集团有限公司

成都演艺集团有限公司前身为成都演艺（集团）公司，2007年由市委、市政府批准改制为股份制有限公司。该公司成立前后，举办了近5000场文艺演出活动，引进许多国内外著名文艺团体和著名歌星赴成都演出，取得良好的社会反响。2004年，该公司联合成都文化、报业、广电三大集团共同投资，以成都金沙遗址为元素所创作的音乐剧《金沙》，已成为当地经典的文化旅游剧目。截至2008年4月，公演近千场，观众超过25万人次。2005年，联合成都道教协会、青城山和成都青羊宫，成立了成都碧洞道教文化发展公司，开发了中国道教文化节目《太极神韵》，在2006年中国道教文化节开幕式上首演，获得圆满成功。2008年，通过增资扩股，先后引入四川报业集团、成都传媒集团入股，共同成立了四川立即送票务营销有限责任公司。此外，该公司所创办的艺博文化艺术培训学校，还为社会培养了近20万各类文化艺术人才。2007年，公司收入1199.7万元，其中《金沙》演出收入606.6万元。

49. 安顺开发区兴伟文化发展有限责任公司

安顺开发区兴伟文化发展有限责任公司位于贵州省安顺市经济技术开发区内，是一个集收藏、保存、展览、研究、交易和传播石文化艺术为一体的民营企业。公司主要由兴伟古生物化石博物馆、兴伟奇石城、兴伟黄果树书画院、兴伟奇石博览中心和兴伟旅游商品市场等部分组成。兴伟古生物化石博物馆年接待游客达10万人次，成为黄果树、天星桥、安顺龙宫旅游链上的一个新景点，填补了贵州省古生物化石展览馆的空白，保护了贵州境内的珍贵、稀有古生物化石，增强了当地群众的自然环境保护意识。2007年，公司年销售收入3000万元。同时安置下岗失业人员200余人，缓解了当地的就业压力，受到当地政府和群众的好评。

50. 云南柏联和顺旅游文化发展有限公司

和顺古镇地处我国云南省腾冲县，是著名哲学家艾思奇的故乡，600多年来形成独特的建筑、宗祠、民俗文化风貌。2003年，为了保护开发和顺古镇，腾冲县和和顺镇政府吸引社会资本，在兼并原有亏损国有企业、承担全部债务、安排全部员工的基础上，组建了云南柏联和顺旅游文化发展有限公司。5年来，该公司本着“保护风貌、浮现文化、适度配套、和谐发展”原则，投资9000多万元改造了镇上的道路、照明等基础设施和文化旅游配套设施，建设了滇缅抗战博物馆，修复了大批古建筑，组织挖掘整理了和顺洞经古音，扶持了腾冲女子洞经乐团、腾冲皮影与神马艺术展览，恢复了腾冲古法造纸等，形成“和顺模式”。2003年收入仅103万元、亏损40多万元，而2007年销售收入已达1028万元，实现扭亏为盈。公司的发展还改善了当地群众的生活条件，安置了150名村民的工作，为当地村民带来增收的机会。

51. 昆明市福保文化城有限公司

昆明市福保文化城有限公司是云南省昆明市著名的旅游文化企业，其打造的福保文化城是一个集山水湿地景观、旅游休闲度假、温泉康体养生、歌舞演艺娱乐、宾馆会议接待为一体的文化旅游景区。特别是投资上亿元兴建的室内温泉水上世界和室内水上剧场“福天宝地”等独具特色的文化旅游项目，深受游客的欢迎。2007年，被国家旅游局评为全国农业旅游示范点。2007年，公司年销售收入3828.9万元，上缴利税217.5万元。同时，公司热心社会公益事业。多年来，积极帮贫扶困和捐资助学，先后举办了“春城的士节”、“农民工中秋国庆团圆节”、“十大孝顺儿女评比”、“中国·福保乡村文化艺术节”等活动，为保护和弘扬民族民间文化、繁荣和发展农村经济，推动社会主义新农村建设发挥了积极作用。

52. 拉萨岗地经贸有限公司

拉萨岗地经贸有限公司位于拉萨市堆龙德庆县乃琼镇，占地20余亩，是一家以开发唐卡、藏香、刺绣、服装等西藏传统手工艺和文化旅游工艺品为主的综合性企业。公司生产的唐卡、藏香等特色文化产品远销国内外。近年来，公司以“抢救民间文化遗产，保护民族传统工艺，培养民族传统工艺人才，发展民族文化产业”为宗旨，开发启动了参观生产车间和唐卡、藏香制作流程的特色文化旅游服务。2007年，共接待旅游团体8700多个，国内外游客26万人次，公司经营的传统民族手工艺品和旅游纪念品市场销售收入达1495万元。在注重经济效益的同时，公司先后解决了近200名当地农牧民青年的就业，还举办了“西藏拉萨首期唐卡绘画和裁剪缝纫技能培训班”，对当地贫困农牧民子女进行就业培训。

53. 西安关中民俗艺术博物院

西安关中民俗艺术博物院由民营企业陕西省天都集团创办、西安灏文堂文化艺术有限公司承办，位居西安南五台风景区内。从上世纪80年代开始，博物院的创办者就组织人力对陕西关中地区的民风民俗、历史遗存进行大规模的调查搜集和登记造册。20多年来，累计出动人工3000多人次，投入资金2.7亿多元，共收集了各个历史时期，特别是宋、元、明、清时期的各类民俗物品以及名人字画33600余件（套），还保护了40个院落、近千间明、清时期的古民居，整理了大量非物质文化遗产。目前，博物院整体设计为明清园林风格，建有民俗文物展览区、古镇游览区、文化名人活动区、关中民俗文化研究中心和会议中心。藏品分民间艺术、关中民居、民俗风情、名人字画四大系列、九个类别。从不同侧面集中反映了关中人民不同历史时期的生活风貌，其中最具特色的是大量的栓马桩和整体迁建修复的古民居。

54. 陕西华清池旅游有限责任公司

陕西华清池旅游有限责任公司公司成立于1994年，主要从事华清池景区的园林管理、旅游观光、温泉沐浴、餐饮购物、休闲娱乐等服务。近年来，公司坚持“以文化铸造景区灵魂”的发展思路，深入挖掘景区文化内涵，加大资金投入力度，创新经营发展模式，相继推出贵妃伴驾游、仿唐乐舞表演、唐宫廷御宴等特色项目。2006年，投资近亿元，在华清池九龙湖景区，以山体为背景，以湖水为舞台，打造了一台大型实景历史舞剧《长恨歌》。随着舞剧的成功推出，公司又先后开发出大唐婚典等文化旅游活动及相关文化旅游纪念品。文化产业链的延伸带动了企业核心竞争力的不断提升。2007年，景区共接待中外游客178万人次，收入1.12亿元，上缴利税1900余万元，创下近10年来的新高。

55. 华县皮影文化产业群

陕西省华县皮影是中国古老的艺术品种之一，艺术特色鲜明，雕刻造型和表演技艺颇具特色，被列入第一批国家级非物质文化遗产名录。近年来，华县政府在保护传承皮影文化的基础上，积极发展皮影文化产业。目前，全县组织成立了皮影协会，从事皮影文化传播的单位有5家，皮影培训机构有1个，还有皮影雕刻专业村1个，具有一定规模的皮影雕刻工作室和企业11家。全县皮影艺人遍布12个乡镇，皮影演出班社13家，演出艺人63人，从事皮影雕刻、演出、装帧、刀具加工、营销、经纪、中介、培训等从业人员近2000人，形成“公司＋农户＋基地”的产业发展模式。2006年、2007连续两年皮影文化产品和相关产业产值突破2000万元，年生产雕刻皮影10余万件，销售十几个国家和地区。皮影文化产业成为当地新的经济增长点，为农民增收开辟了新路。

56. 庆阳香包民俗文化产业群

庆阳市位于甘肃省东部，拥有深厚的历史底蕴和丰富的民俗文化，其中香包刺绣、唢呐艺术、道情皮影被列入第一批国家级非物质文化遗产名录。近年来，庆阳市立足于对传统民俗文化的抢救、保护和开发，以举办“中国·庆阳端午香包民俗文化节”为契机，大力开发以庆阳香包为代表的民俗文化产业，形成了具有区域特色的庆阳香包民俗文化产业群。目前，庆阳市各级政府都把香包民俗文化产业发展纳入经济社会发展的总体规划，成立了香包民俗文化产业开发领导小组，设立了香包民俗文化产业办公室，组建了香包产业协会、民俗文化研究所等机构。在政府的大力推动下，已形成上面以公司为龙头进行规范定型、订单收购和集中销售，下面由农户按照统一标准生产加工的模式，实现了专业化、产业化、产销一体化。目前，庆阳市香包民俗文化产业群集聚了3万多农户、15万多农民，拥有30多个基地和110多家企业，年生产香包500万件以上。2007年，当地民俗文化艺术产品销售收入达1.54亿元。

57. 贵南县石乃亥民间艺术团

贵南县石乃亥民间艺术团位于青海省海南州，最初是由当地优秀基层文化干部索南卓玛1995年策划组织、23人组成的一个藏族歌舞表演队。经过多年的努力，现在已发展成为一个深受农牧民喜爱的民间艺术团，先后在全国20多个省、自治区和直辖市演出6万余场，观众达500多万人次。2005年，被中宣部、文化部评为“服务农民、服务基层”的全国先进民营文艺表演团体。在传承弘扬了优秀民族传统文化、丰富人们精神文化生活的同时，该团还先后吸纳大批下岗失业人员、困难家庭成员、大中专技校毕业生及农牧区青年，对外培养输送演员、导游和服务人员1000多人，每年为农牧民创收280多万元。

58. 宁夏回乡文化实业有限公司

宁夏回乡文化实业有限公司成立于2002年，主要从事文化旅游景点开发。该公司开发的中华回乡文化园位于银川市，规划占地1000亩，投资约4亿元，目前已完成的一期工程占地300亩，投资1.35亿元，已建成主体大门、大团结广场、圣洁广场、中国回族博物馆、穆斯林金色礼仪大殿等多个颇具伊斯兰文化特色的主体建筑，并先后举办了“宁夏首届文化艺术节”开幕式、“颂歌唱宁夏”、“万人唱花儿”等大型文化演出活动，成为银川展示回乡文化、举办大型文艺表演活动的良好场所，为游客全面认识和了解伊斯兰历史和文化提供了方便。园区自2005年9月开园至今，已接待游客30万人次，2007年，园区的门票收入800万元。目前，宁夏回乡文化实业有限公司正在建设阿依莎宫、回族风情一条街、回族民俗村等后续文化产业项目。

59. 新疆和合玉器有限公司

新疆和合玉器有限公司是集和田玉原料开发、玉器雕刻及金镶玉产品设计生产、精品收藏、全国连锁销售于一体的综合性企业，在全国和田玉行业内具有一定的经济实力和知名度。公司拥有新疆最大的现代化玉雕厂，与香港合资建设的金镶玉厂，以及遍布全国各地的三十余家和田玉加盟店，年生产能力3万件以上，2007年的销售总额达5000多万元。多年来，公司借用人文色彩浓厚、流传久远的“和合二仙”历史典故，创出了“和合玉器”的企业品牌，并通过行之有效的管理机制和优质服务，将“和合玉器”品牌打造成和田玉行业内价值最高的优秀品牌之一，先后开发出和田宝玉系列、金镶玉系列、时尚系列、日用精品及礼品系列、中大型工艺品系列和自定系列等六大系列，产品迅速推向市场并得到消费者的好评，其中金镶玉系列和时尚系列将现代珠宝设计艺术与传统玉雕相结合，填补了和田玉行业的市场空白。

中国文化年鉴

Chinese Culture Yearbook

文化科教

Cultural Science and Education

综　述

2008年，文化科教工作以党的十七大精神为指导，积极落实科学发展观，不断开拓创新、锐意进取，努力为文化建设做好各项基础性工作，取得了圆满成绩。

一、不断开拓进取，切实做好文化科技工作

1. 加强了文化行业标准化工作。根据行业发展实际需要，在国家标准化管理委员会指导下，成立了全国剧场标准化技术委员会、全国剧场标准化技术委员会舞台机械分委员会、全国文化馆标准化技术委员会、全国社会艺术水平考级标准化技术委员会、全国文化艺术资源标准化技术委员会、全国娱乐场所标准化技术委员会、全国网络文化标准化技术委员会等8个标准化专业委员会。此项工作，将全国数百名文化行业标准化专家组织起来。配合筹建工作，各委员会分别制定了本领域标准化工作规划和标准体系框架目录，为今后开展工作打下良好基础。

审定发布了《流动舞台车车载设备技术规范》、《卡拉OK内容管理服务系统技术标准》、《舞台灯具设计常用术语》、《DMX512-A数据传输协议》等4项行业标准；发布国家标准《古籍修复技术规范与质量要求》。这些标准均为文化建设急需标准。

2. 建立文化科技专家库。为了充分发挥文化行业专家在文化建设中的作用，教科司于2006年下半年开始征集文化科技、艺术科研、艺术教育、文化管理及其他等方面的专家。经研究，从文化科技类专家入手，遴选了186名作为第一批入库专家。2008年8月1日，专家库开始试运行，为文化系统及各地政府采购部门提供服务。

3. 修订并颁布了《文化部创新奖奖励办法》，起草并颁布《文化部科技创新项目管理办法》。

4. 对《城市街区24小时自助图书馆系统》进行了阶段性验收。2008年4月7日，在深圳召开了文化部部级科技项目《城市街区24小时自助图书馆系统》的阶段性技术成果验收会。与会专家对这个项目的阶段性技术成果给予了充分的肯定，创新了图书馆服务模式，为图书馆提出了全新的服务理念。

5. 召开文化创新研讨会。为进一步推动文化创新工作，2008年10月，教科司在江西召开了文化创新研讨会。来自全国分管文化科教的40余名参加了会议。与会者建言献策，为文化创新工作提出了有价值的意见和建议。

二、积极稳妥，推进艺术科研工作

1. 顺利完成2008年度国家社科基金艺术学项目的评审工作。经过半年时间的紧张工作，顺利完成了2008年度国家社科基金艺术学项目的指南发布、受理、资格审查、会议评审等程序，经全国艺术科学规划领导小组审定批准，共计92项课题获得立项。其中，重点项目6项，一般项目51项，青年项目19项，西部项目10项，数据项目6项。与此同时，为了支持地方艺术科研建设，适度缓解供需矛盾，42个2008年度文化部文化艺术研究项目获准立项。

2. 进行国家社科基金艺术学委托项目“中国特色社会主义文化理论研究”立项工作。为了进一步贯彻落实党的十七大精神，推动社会主义文化大发展大繁荣，教科司暨全国艺术科学规划领导小组办公室会同中国艺术研究院提出了开展“中国特色社会主义文化理论研究”的设想，得到部党组赞同。2008年5月正式获准立项。该项目共分为4个子课题，分别为：原典马克思主义文化理论研究；马克思主义文化理论中国化进程及其成果形态研究；基于改革开放背景的文化自觉与文化创新研究；科学发展观和以人为本命题条件下的文化发展规律研究。4个子课题切合文化建设现实需要，属急需的重大研究课题。

3. 全国艺术科学规划领导小组办公室的日常管理工作有序开展。完成了课题管理工作、鉴定结项工作和成果要报工作。

4. 主办了“全国艺术科学规划管理培训会”。2008年2月，科教司暨全国艺术科学规划办公室在天津召开全国艺术科研规划管理培训会，通报国家哲学社会科学发展的最新形势和近年来艺术科研规划管理工作有关情况，并就做好国家社科基金艺术学课题申报工作进行了专题培训。文化部教科司司长韩永进做了题为“新的文化自觉”的专题讲座。这次会议，为进一步提高认识，做好全国艺术科学规划项目的管理工作具有重要意义。

三、求真务实，认真做好艺术教育工作

1. 深入调研，积极探索艺术职业教育规律。为探索艺术职业教育特色办学之路，司领导多次带队进行深入调研。通过调研，得出共识：艺术职业院校，要坚持尊重艺术教育规律，坚持走自己已经实践证明了的特色办学之路，要根据文化市场发展现状制定合理切实的办学规划，不可盲目扩大规模。尤其值得一提的是，司长韩永进带队对苏州评弹学校进行了专题考察，调研后形成的意见为中央领导的决策提供了依据。

2. 编辑艺术职业教育蓝皮书。为了总结艺术职业教育改革开放30年来所取得的成功经验，把握当前艺术职业教育的基本现状，科学预测艺术职业教育未来发展的方向，进行了艺术职业教育蓝皮书的编辑工作，计划于2008年11月完成。

3. 开展了国家级中等艺术职业学校的调整与评审工作。经与教育部有关司局协商，召开了国家级重点艺术学校调整与评审工作指标体系专家论证会议，制定了职业学校（艺术类）评审标准。

4. 指导、支持黑龙江艺术职业学院、山西戏剧职业学院、河北艺术职业学院、湖北艺术职业学院的评估工作，艺术职业院校感受到了文化部强大后盾的支持，几所院校在评估中均取得了优秀的成绩。

5. 举办各项艺术教育赛事。举办了文华艺术院校奖第三届全国民族乐器演奏比赛、全国艺术院校木管演奏比赛，与广西文化厅共同举办了“东盟十国国际艺术职业教育成果展演”活动，均取得圆满结果。

6. 加强社会艺术水平考级管理工作。本年度，教科司对国内外考级活动、考级管理工作、考级现状等进行了多方位的调研工作，进一步厘清了新形势下社会艺术水平考级管理工作思路。本年度，批准上海音乐学院开展阮、古琴开考专业；批准浙江省开展越剧专业艺术考级活动；论证并批准增加舞蹈类专业目录子项踢踏舞和爵士舞并同意中国艺术职业教育学会开展上述两个专业考级活动。这些工作，扩大了社会艺术水平考级工作的范畴，促进了社会艺术的发展。

7. 根据中央领导的指示精神，积极筹办第五届优秀青年京剧演员研究生班。

专　题

文化部科技创新项目管理办法（暂行）

第一章　总　则

第一条　为促进科学技术在文化领域的广泛应用，鼓励广大文化工作者积极参与文化创新活动，使科技创新更有效地为文化建设服务，实现对文化部科技创新项目的规范化、科学化管理，根据《国家科技计划项目管理暂行办法》及其他有关规定，特制定本办法。

第二条　本办法中文化部科技创新项目是指由文化部科技主管部门在申报的基础上组织评审选定并安排实施，项目承担单位在约定时间内进行的科技创新活动。文化系统申报的国家级科技项目按照国家科技项目管理有关规定执行。

第三条　本办法适用于文化部科技创新项目的立项、实施管理、验收等项目管理工作。

第二章　立项原则与程序

第四条　文化部科技创新项目应具备下列条件：

（一）有较高科学价值，是文化建设中急需解决的关键技术或行业共性问题，有一定的推广应用前景并可产生良好的社会效益和经济效益；

（二）申请单位应具备必要的科研条件，可以保障科技创新项目正常进行；

（三）科技创新项目主要研究人员应有较强的研究能力和丰富的实践经验；

（四）科技创新项目的研究周期，一般不超过3年。

第五条　凡申请文化部科技创新项目的单位，必须认真填写《文化部科技创新项目开题报告》一式三份，并按程序申报。

各省、自治区、直辖市文化厅（局）负责向文化部科技主管部门申报本行政区域内的项目；文化部各司局、直属单位及原文化部直属高等艺术院校可直接向文化部科技主管部门申报。

项目申报部门对所申报的科技创新项目应组织相关专家进行论证。

第六条　文化部科技创新项目每年受理一次，

受理时间为每年的1月1日至2月28日。

第七条　未按计划完成科技创新项目的单位，无特殊原因，3年内不得申请新的科技创新项目。

第八条　项目承担人不能同时担任2个或2个以上项目的第一负责人。

第三章　实施管理

第九条　文化部科技主管部门负责文化系统科技创新项目的管理工作。对申报的科技创新项目，文化部科技主管部门先期进行形式审查后，组织专家进行论证，做出综合评价，确定是否列入文化部科技创新项目计划。

第十条　列入文化部科技创新计划的项目须填写文化部制定的《文化部科技创新项目合同书》一式三份。

第十一条　如需更改、中止合同，项目承担单位应提出书面申请，阐明原因及调整方案，经项目申报部门审查同意，报文化部科技主管部门批准后，方可更改或中止。

第十二条　列入文化部科技创新计划的项目，项目承担单位应自项目下达之日起，每半年以书面形式向文化部科技主管部门上报一次项目进展情况。

第四章　项目验收

第十三条　列入文化部科技创新计划的项目由文化部科技主管部门或委托项目申报部门组织验收。

（一）科技创新项目按合同约定完成后的3个月内，由项目承担单位向项目申报部门提出验收申请，并提交项目工作总结、研究报告等合同书中所规定的成果资料；

（二）项目申报部门审查并签署意见后，报送文化部科技主管部门；

（三）项目验收可采用专家会审、通讯评审、检测评定等形式。文化部科技主管部门视项目情况确定验收形式，原则上2个月内完成项目验收工作。

采用专家会审验收时，由组织验收单位聘请不少于7人的同行专家组成验收委员会。验收结论必须经验收委员会2/3以上专家通过。

采用通讯评审验收时，由组织验收单位聘请不少于7人的同行专家组成函审验收委员会，以通讯方法对项目做出评价。验收结论必须依据3/4以上的专家意见形成。

采用检测评定验收时，由组织验收单位指定经过省、自治区、直辖市或国务院有关部门认定的专业技术检测机构进行检验、测试。专业技术检测机构出具的检测报告是检测验收的主要依据。必要时，组织验收单位可以会同检测机构聘请3至5名同行专家，成立检测验收专家组，提出综合评价意见。

第十四条　组织验收单位聘请的同行专家应具有高级技术职称，对验收项目所属专业有较丰富的理论知识和实践经验，熟悉国内外该领域发展的状况，具有良好的职业道德。

项目承担单位的人员不得作为同行专家参加该项目验收。

第十五条　项目验收应以《文化部科技创新项目合同书》约定的内容为依据，科学、公正、实事求是地对项目成果的科学性、先进性、实用性、经济性和对文化建设的作用等进行客观评价。

第十六条　通过验收的项目，由文化部科技主管部门颁发“文化科技创新成果验收证书”并进行成果登记。

第五章　经　费

第十七条　根据文化事业发展需要，文化部科技主管部门在列入科技创新计划的项目中选择重大项目，确定为文化部重点攻关项目，重点攻关项目由文化部提供补助经费；其余项目由项目承担单位自筹经费。有补助经费的项目，补助经费于项目立项时一次性给付或视项目实施进度分次给付，项目承担单位负责落实配套经费。

如合同中止，未使用的补助经费由文化部收回。

第十八条　项目经费的管理和使用必须严格按照国家有关财务规章制度执行。

第六章　附　则

第十九条　本办法由文化部负责解释。

各省、自治区、直辖市文化厅（局）可参照本办法制定本行政区的《科技创新项目管理办法》。

第二十条　本办法自颁布之日起实施。

文化部关于印发“2008年度国家社会科学基金艺术学项目立项名单”的通知

为深入贯彻落实党的十七大关于“推动社会主义文化大发展大繁荣”的精神及中共中央《关

于进一步繁荣发展哲学社会科学的意见》，根据《国家哲学社会科学研究“十一五”（2006～2010年）规划》精神和我国文化艺术事业改革发展的实践需要，围绕《全国艺术科学研究“十一五”（2006～2010）规划》所明确的中心任务和总体要求，国家社会科学基金艺术学“十一五”规划2008年度项目评审工作已经完成，现将经全国艺术科学规划领导小组各学科规划小组评审并报经全国艺术科学规划领导小组审定批准的立项名单发给你们，并就有关工作通知如下：

一、国家社会科学基金艺术学规划管理及国家社会科学基金艺术学“十一五”规划项目评审、立项和实施是文化部的重要工作，立项课题代表着我国艺术科学研究工作的方向和水平，对于推动艺术科学理论创新体系建设、培养艺术科学人才队伍、提高艺术科学研究管理能力，进而为构建社会主义和谐社会提供良好的文化条件和精神支撑，具有十分重要的作用。各地文化行政部门应当予以高度重视，凡立项课题，都必须切实纳入工作计划，在经费、人员等方面予以支持，提供必要的条件，确保这一工作的顺利进行。

二、根据《全国艺术科学规划课题管理办法》的规定，国家社会科学基金艺术学规划项目实行三级管理。全国艺术科学规划领导小组办公室全面负责国家社会科学基金艺术学规划项目的管理；各省、自治区、直辖市文化厅（局）或本级艺术科学规划领导小组及其办公室作为中级管理单位管理本辖区内的国家社会科学基金艺术学规划项目；课题负责人所在单位在上级艺术科研管理机构的指导下，具体负责管理本单位承担的国家社会科学基金艺术学规划项目。文化部直属单位及其他在京单位的项目由全国艺术科学规划领导小组办公室直接进行管理。各级科研管理部门要按照有关规定，认真做好课题管理工作。

三、《2008年度国家社科基金艺术学项目立项通知书》将由全国艺术科学规划领导小组办公室于近期发出，请各省、自治区、直辖市文化厅（局）和有关部门，尽快转发至课题负责人，并按照《全国艺术科学规划课题管理办法》的规定和要求，认真填写回执意见（未按规定时间反馈回执意见的视为自动放弃），并切实做好课题管理工作。

四、艺术科学研究是文化事业长远发展的重要基础，做好这项工作，对于全面提升文化行业研究水平，促进文化事业的繁荣与发展，具有积极而深远的作用。各地文化行政部门应对这项工作给予足够重视，对那些具有一定地方特色和学术水准、经过各级艺术科研学术部门遴选推荐但未能入选2008年度国家社会科学基金艺术学项目的申报课题，各地文化行政部门要根据当地文化建设的实际需要，纳入本地本部门的艺术科研规划，予以积极扶持，以保护广大艺术科研工作者的积极性，并促进本地区、本部门艺术科研规划管理工作的进一步发展。

2008年7月10日

2008年度国家社会科学基金艺术学项目立项名单

立项批准号	项目名称	立项类别	项目负责人	项目负责人所在单位
08AA01	中国艺术市场史研究	国家重点	罗宏才	上海大学
08AB02	20世纪中国戏剧理论批评史	国家重点	周　宁	厦门大学
08AC03	中国电影史学与资料库建设研究	国家重点	丁亚平	中国艺术研究院
08AF04	中西美术史经典文献研究	国家重点	曹意强	中国美术学院
08AF05	西方现代视觉文化与艺术研究	国家重点	易　英　邵亦杨	中央美术学院
08AG06	我国文化服务业发展及政策研究——基于产业特性视角	国家重点	杨玉英	国家发展改革委员会

续表

立项批准号	项目名称	立项类别	项目负责人	项目负责人所在单位
08BA07	性别视野的民俗艺术	国家一般	陈　力	黑龙江省艺术研究所
08BA08	湖北大端午——西塞神舟会文化空间研究	国家一般	吴志坚	湖北省群众艺术馆
08BA09	我国数字媒体艺术的理论构建与学科发展研究	国家一般	廖祥忠	中国传媒大学
08BA10	艺术语言研究	国家一般	李荣启	中国艺术研究院
08BB11	戏剧表导演的中国学派	国家一般	林兆华	北京大学
08BB12	皮影新媒体传播研究	国家一般	王　珉	北京交通大学
08BB13	闽粤地方戏曲团体经营模式及演出市场研究	国家一般	白勇华 胡玲玲	福建省艺术研究院 广东省艺术研究所
08BB14	走在现实主义道路上的辽宁人民艺术剧院	国家一般	桂亚林	辽宁省艺术研究所
08BB15	城市化进程中的戏曲发展研究	国家一般	朱恒夫	上海大学
08BB16	江南曲学世家研究	国家一般	周巩平	上海艺术研究所
08BB17	戏曲折子戏研究	国家一般	王　宁	苏州大学
08BC18	中国电影全面实施产业化政策以来电影产业成果及问题研究	国家一般	陆绍阳	北京大学
08BC19	香港回归十年间粤港电视剧比较研究	国家一般	戴剑平	广州大学
08BC20	当代华语电影发展研究	国家一般	陈犀禾	上海大学
08BC21	新时期中国文献纪录片研究	国家一般	张宗伟	中国传媒大学
08BD22	传统音乐文化的传承与发展研究	国家一般	李英杰	大连大学
08BD23	民间仪式音乐与乡土社会秩序——礼乐文化与和谐社会理论与实践研究	国家一般	孟凡玉	杭州师范大学
08BD24	唐教坊曲子的曲调考证研究	国家一般	高　兴	山西大学
08BD25	中国民族声乐艺术百年发展史	国家一般	刘　辉	沈阳音乐学院
08BD26	中国古代应用律学体系研究	国家一般	郭树群	天津音乐学院
08BD27	音乐的网络传播研究	国家一般	曾遂今	中国传媒大学
08BD28	传统的蜕变——中国现代民族管弦乐队百年鉴思	国家一般	薛艺兵	中国艺术研究院

续表

立项批准号	项目名称	立项类别	项目负责人	项目负责人所在单位
08BD29	客家宗祠及其仪式音乐——以赣南客家宗族祭祖仪式为例	国家一般	张振涛	中国艺术研究院
08BD30	中国乐器学概论	国家一般	刘　勇	中国音乐学院
08BD31	西方音乐史学理论研究	国家一般	刘经树	中央音乐学院
08BD32	印度音乐文化	国家一般	陈自明	中央音乐学院
08BE33	中国古代舞蹈研究与复现	国家一般	孙　颖	北京舞蹈学院
08BE34	岭南舞蹈的传承与发展研究	国家一般	李永祥	广东舞蹈学校
08BF35	安徽省徽州雕刻艺术非物质文化遗产的保护与传承研究	国家一般	黄　凯	安徽工程科技学院
08BF36	武林古版画研究	国家一般	周　亮	江南大学
08BF37	中国古代雕塑风格演变研究	国家一般	吴为山	南京大学
08BF38	欧洲油画色彩理论与实践	国家一般	盛梅冰	南京师范大学
08BF39	中国佛教艺术中的佛衣样式研究	国家一般	费　泳	南京艺术学院
08BF40	新农村规划建设的环境艺术设计研究	国家一般	周浩明	清华大学
08BF41	山东淄博民窑艺术研究	国家一般	远　宏	山东艺术学院
08BF42	三百年来石涛艺术接受现象研究	国家一般	张长虹	上海大学
08BF43	两宋画院研究	国家一般	顾平	上海大学
08BF44	中国装饰艺术史	国家一般	诸葛铠	苏州大学
08BF45	广义设计学基础理论研究	国家一般	董　雅	天津大学
08BF46	中国历代《舆服志》研究	国家一般	华　梅	天津师范大学
08BF47	中国金石（艺术）学史	国家一般	王宏理	浙江工商大学
08BF48	中日禅宗墨迹研究	国家一般	韩天雍	中国美术学院
08BF49	中国书法文献研究	国家一般	任　平	中国艺术研究院
08BF50	中国少数民族刺绣工艺文化研究	国家一般	李宏复	中国艺术研究院
08BF51	中国当代美术口述史	国家一般	王　林	中国艺术研究院
08BF52	城市品牌形象系统研究	国家一般	孙湘明	中南大学

续表

立项批准号	项目名称	立项类别	项目负责人	项目负责人所在单位
08BF53	大足石刻宋代艺术研究	国家一般	杨　雄	重庆三峡学院
08BG54	文化竞争力评价体系研究	国家一般	周用金	湖南省文化厅
08BG55	我国改革开放以来文化建设指导思想研究	国家一般	田川流	山东艺术学院
08BG56	互联网时代欧美文化产业制度转型危机：版权体系的重构	国家一般	郑　涵	上海大学
08BG57	文化行业中的标准化问题理论与实证研究	国家一般	闫贤良	中国艺术科技研究所
08CA58	“跨媒介艺术”：当代艺术创作中的多媒介和跨学科现象研究	国家青年	庄维嘉	北京航空航天大学
08CA59	赣闽粤边区客家服饰的艺术人类学研究	国家青年	周建新	赣南师范学院
08CB60	男旦：性别反串——中国戏曲特殊文化现象研究	国家青年	徐　蔚	莆田学院
08CB61	梨园行会与中国戏曲衍生规律——古代梨园会馆碑刻文献整理与研究	国家青年	王　馗	中国艺术研究院
08CC62	电影台词的设置与艺术张力研究	国家青年	张　冲	北京电影学院
08CC63	美国电影中的华人形象及中国身份认同	国家青年	黎　煜	中国电影艺术研究中心
08CD64	中国当代音乐创作的曲式结构形态	国家青年	吴春福	湖南师范大学
08CD65	藏族民间“热巴”歌舞艺术的传承与保护研究	国家青年	康·格桑梅朵	四川音乐学院
08CD66	彝族音乐与彝语的关系研究	国家青年	徐健顺	中央民族大学
08CF67	20世纪中国装饰艺术研究	国家青年	周爱民	清华大学
08CF68	“艾德莱斯”与中亚文化艺术交融研究	国家青年	张俊慧	新疆师范大学
08CF69	1978～2008中国画之当代研究	国家青年	张冬卉	中国国家画院
08CF70	电子游戏艺术研究	国家青年	虞　睾	中国美术学院
08CF71	绘画与诗意——丰子恺的艺术	国家青年	张　斌	中国艺术研究院
08CF72	中国现代漆艺史	国家青年	丛玲玲	中国艺术研究院
08CF73	民初北京传统派画家“美术改良”之价值重审	国家青年	杭春晓	中国艺术研究院
08CF74	留学生与中国近现代美术	国家青年	傅怡静	中央美术学院
08CG75	“武汉城市圈”公共文化服务体系建设研究	国家青年	陈　波	华中师范大学

续表

立项批准号	项目名称	立项类别	项目负责人	项目负责人所在单位
08CG76	我国文化产业融资问题研究	国家青年	赵建军	文化部
08EA77	云南民族文化艺术信息资源网络化研究	国家西部	陈复声	云南省民族艺术研究所
08EB78	东路二人台——从无意识发生到介入式延续	国家西部	刘新和	呼和浩特市艺术学校
08EC79	华语电影与主流核心价值观在大学生中的传播	国家西部	虎维尧	宁夏师范学院
08EC80	电视艺术与西南农村日常生活研究	国家西部	陈国钦	重庆邮电大学
08ED81	中国当代流行歌曲歌词的性别研究	国家西部	陆正兰	西南大学
08ED82	失落文明的挽回——云南 7 个人口较少特有民族濒危民歌保护研究	国家西部	王　群	云南省民族艺术研究所
08EE83	延安新秧歌运动研究	国家西部	李开方	陕西省艺术研究所
08EF84	现代社会湘西南少数民族民间美术生态与保护研究	国家西部	李立芳	湖南商学院
08EF85	20 世纪中国招贴艺术发展史研究	国家西部	郭线庐	西安美术学院
08EG86	青海藏区民族文化多样性与社会稳定关系研究	国家西部	骆桂花	青海民族学院
08HA87	黑龙江省非物质文化遗产数据库系统	国家数据库专项	黑龙江省艺术研究所	黑龙江省艺术研究所
08HA88	陕西文艺基础资料研究及多媒体数据库建设	国家数据库专项	陕西省艺术研究所	陕西省艺术研究所
08HA89	四川省民族民间文化艺术资源数据库	国家数据库专项	杨　莉	四川省音乐舞蹈研究所
08HF90	中国苗族刺绣艺术数据库	国家数据库专项	杨晓辉	贵州省文化艺术研究所
08HG91	网络文化特征及表现形式	国家数据库专项	王　路	中国艺术研究院
08HG92	全国文化艺术类网站调查与研究报告	国家数据库专项	吴祚来	中国艺术研究院

文化部办公厅关于印发“2008 年度文化部文化艺术科学研究项目立项名单”的通知

为深入贯彻落实党的十七大关于“推动社会主义文化大发展大繁荣”的精神及中共中央《关于进一步繁荣发展哲学社会科学的意见》，鼓励广大文化艺术科研工作者积极为我国文化艺术建设事业服务，根据我国文化艺术事业改革发展的实践需要，围绕《全国艺术科学研究“十一五”（2006～2010）规划》所明确的中心任务和总体要求，2008 年度文化部文化艺术科学研究项目评审工作已经完成，现将全国艺术科学规划领导小组审定批准的立项名单发给你们，并就有关工作通知如下：

一、2008 年度文化部文化艺术科学研究项目评审、立项和实施是文化部的重要工作，对于推动文化艺术科学理论体系建设、培养文化艺术科学人才队伍、提高文化艺术科学研究管理能力，进而为构建社会主义和谐社会提供良好的文化条件和精神支撑，具有十分重要的作用。各地文化行政部门应当予以高度重视，凡立项课题，都必须切实纳入工作计划，加强管理，提供必要的条件，确保这一工作的顺利进行。

二、参照《全国艺术科学规划课题管理办法》的规定，文化部文化艺术科学研究项目实行三级管理。全国艺术科学规划领导小组办公室全面负责文化部文化艺术科学研究项目的管理；各省、自治区、直辖市文化厅（局）或本级艺术科学规划领导小组及其办公室作为中级管理单位管理本辖区内的文化部文化艺术科学研究项目；课题负责人所在单位在上级艺术科研管理机构的指导下，具体负责管理本单位承担的文化部文化艺术科学研究项目。文化部直属单位及其他在京单位的项目由全国艺术科学规划领导小组办公室直接进行管理。各级科研管理部门要按照有关规定，认真做好课题管理工作。

三、《2008年度文化部文化艺术科学研究项目立项通知书》将由全国艺术科学规划领导小组办公室于近期发出，请各省、自治区、直辖市文化厅（局）和有关部门，尽快转发至课题负责人，并参照《全国艺术科学规划课题管理办法》的规定和要求，认真填写回执意见（未按规定时间反馈回执意见的视为自动放弃），并切实做好课题管理工作。

四、文化艺术科学研究是文化事业长远发展的重要基础，做好这项工作，对于全面提升文化行业研究水平，促进文化事业的繁荣与发展，具有积极而深远的作用。各地文化行政部门应对这项工作给予足够重视，对那些具有一定地方特色和学术水准、经过各级艺术科研学术部门遴选推荐但未能入选2008年度文化部文化艺术科学研究项目的申报课题，各地文化行政部门要根据当地文化建设的实际需要，纳入本地本部门的文化艺术科研规划，予以积极扶持，以保护广大艺术科研工作者的积极性，并促进本地区、本部门艺术科研规划管理工作的进一步发展。

2008年度文化部文化艺术科学研究项目立项名单

立项批准号	项目名称	项目负责人	项目负责人所在单位
08DA01	两淮文化与民间艺术	谢昭新	安徽师范大学
08DA02	书会文化及产业化发展研究——以山东胡集书会和河南马街书会为例	张献青	滨州学院
08DA03	湖南民族民间文化遗产的文化解读	孙文辉	湖南省艺术研究所
08DB04	贵州少数民族戏剧口述史研究	盛　义	贵州省文化艺术研究所
08DB05	青阳腔研究	刘春江	九江学院、湖口艺术创作研究室
08DB06	山西戏曲剧目总揽	王　辉	山西省戏剧研究所
08DB07	达里奥·福喜剧研究	刘明厚	上海戏剧学院
08DB08	作为学科的表演与作为科学的表演之研究	彭万荣	武汉大学
08DB09	新疆戏剧史	周建国	新疆艺术研究所
08DB10	玉溪花灯史论	陈晓静	玉溪市艺术创作研究所

续表

立项批准号	项目名称	项目负责人	项目负责人所在单位
08DB11	20 世纪浙江戏剧史	聂付生	浙江工商大学
08DB12	中国戏曲艺术思想发展史研究	李世英	中国戏曲学院
08DB13	戏剧演出中的多重空间叙事	丁如如	中央戏剧学院
08DD14	中央苏区红色歌谣及其教化传承研究	刘小兰	赣南师范学院
08DD15	对当代中国歌坛“花鼓戏现象”的声乐研究	刘一矛	湖南艺术职业学院
08DD16	海峡两岸闽南语歌曲研究	卢广瑞	集美大学
08DD17	青海省高原民歌的社会学分析	罗　成	青海省艺术研究所
08DD18	非物质文化遗产南音的保护与发展研究	王　珊	泉州师范学院
08DD19	中国合唱创作研究	房思钊	山东教育学院
08DD20	秦汉唐出土的乐人俑研究	陈四海	陕西师范大学
08DD21	中原弦索乐的传承与保护研究	陈　艳	郑州大学
08DE22	民间舞蹈文化遗产与舞蹈美育发展战略研究	金　秋	北京师范大学
08DE23	土家族“跳丧”文化的跨学科研究	谢雪峰	武汉体育学院
08DE24	对阿细跳月保护发展利用的实践研究	葛树蓉	云南省民族艺术研究所
08DF25	新安画派画品研究	黄少华	合肥师范学院
08DF26	河北辽代墓室壁画研究	张树真	河北经贸大学
08DF27	少数民族特色动漫艺术素材开发及其文化价值研究	陈克巧	昆明理工大学
08DF28	书法创作理论研究	徐利明	南京艺术学院
08DF29	宁夏回族民间剪纸艺术保护与开发研究	王莲喜	宁夏民族艺术研究所
08DF30	艺术设计中潜在风险因素分析及减轻、阻断策略研究	宗明明	齐齐哈尔大学
08DF31	中国书法批评方法研究	董玉玲	沈阳师范大学
08DF32	改革开放 30 年我国设计艺术发展研究	陈汗青	武汉理工大学
08DF33	中国民族动画美学研究	徐群晖	浙江大学
08DF34	新媒体影像互动艺术研究	金　妹	中国传媒大学
08DF35	近现代书法的碑帖融合现象研究	白　砥	中国美术学院

续表

立项批准号	项目名称	项目负责人	项目负责人所在单位
08DG36	西部特色文化产业群建设研究	郝相礼	甘肃省文化艺术研究所
08DG37	农村文化建设务实创新研究——基于农村社会问题的文化调适视角	谢俊贵	广州大学
08DG38	撒拉族民间文化遗产保护与研究	马雪雁	青海民族学院
08DG39	文化品牌的价值评估与经营管理研究	杨　青	深圳大学
08DG40	全球化背景下的节日文化遗产保护与国家文化权益、文化安全问题研究	黄　涛	温州大学
08DG41	上海文化发展基金会项目资助综合评估指标体系研究	王仲伟	中共上海市委宣传部
08DG42	严肃游戏的应用研究	路海燕	中国美术学院

文化部创新奖奖励办法

（第二次修订）

第一条　为在文化艺术领域弘扬科学精神、倡导科学方法、传播科学思想，鼓励和调动广大文化工作者文化创新的积极性，促进文化的繁荣与发展，结合文化行业的实际情况，制定本办法。

第二条　文化部创新奖授予在文化行业各领域的文化实践中以科学理论、科学方法、科学技术实施创新，并取得显著的社会效益、经济效益，为促进文化的发展与繁荣做出突出贡献的单位及项目完成人。

第三条　文化部创新奖的评选每三年一届，每届奖励项目总数不超过20项，对其中特别优秀的项目授予特等奖，特等奖项目不超过2项。

第四条　文化部创新奖的评审遵循公平、公正的原则。

第五条　文化部创新奖是对文化实践过程的奖励。文化部创新奖针对项目的创新性、科学性、实践性、有效性、示范性等5个方面进行综合评价。

创新奖项目应有一套完整的科学理论、科学方法作指导，将科学理论、方法和技术创造性地应用在文化工作中，取得显著的社会效益或经济效益，具有较大的借鉴和广泛的推广应用价值。

第六条　文化部创新奖参评项目还须具备下列条件：

（一）申报时间距完成时间不超过3年；

（二）在参评期间不涉及法律纠纷；

（三）申报材料真实、完整。

第七条　各省、自治区、直辖市文化厅（局）负责向文化部推荐本行政区域内的参评项目；文化部直属单位及原文化部直属高等艺术院校可直接向文化部申报参评项目。参评项目申报工作包括材料报送、资格审查和选拔推荐等。申报时间以当年所发申报通知为准。

第八条　文化部设立文化部创新奖评审委员会，负责文化部创新奖的评审工作。

（一）评审委员会设主任委员1人，副主任委员2人，秘书长1人，委员若干人。委员由文化部聘任，任期一届。

（二）评审委员会下设评审办公室。评审办公室设在文化部科技主管部门，负责日常工作。

（三）根据评审工作需要，评审委员会可设若干专业评审组。专业评审组设组长1人，副组长1～2人，成员若干人。专业评审组正、副组长由文化部创新奖评审委员会的委员担任。

各评审组成员由评审办公室根据当年创新奖项目推荐的具体情况确定，原则上从文化行业专家资源库中选出，经评审委员会秘书长审核，报评审委员会主任委员批准。

第九条　评审办公室对申报的参评项目进行资格审查，符合条件的提交评审委员会评审。

第十条　文化部创新奖评审分为初评和终评。

（一）各评审专业组对评审办公室提交的参评项目申报书及相关材料进行分组审查，并以分组投票的方式产生初评结果。

（二）评审委员会以会议方式对初评结果进行评审，以记名投票表决方式产生终评结果。评审会议应当有2/3以上的评审委员参加，票数超过实到评审委员半数以上，评审结果有效。

（三）评审委员因故不能参加会议，须提前向评审办公室请假，评审办公室按程序增补新的评审委员。

（四）评审实行回避制度。参评项目参与者不得参与评审委员会及相关评审组。

第十一条　评审结果由文化部审核批准后予以公示。公示期为30天。

第十二条　在公示期内如对公示的获奖项目有异议，可以书面形式向评审办公室提出。

异议书须写明项目名称、事实理由、异议人的真实姓名、工作单位、联系方式等事项，并提供必要的证明材料。评审办公室应当自收到异议书之日起30日内会同该项目推荐单位协商提出处理意见并报评审委员会裁决。

评审办公室负责将评审委员会裁决结果以书面形式通报异议人及项目完成单位。

第十三条　获得文化部创新奖的项目由文化部颁发奖状、奖金和证书。奖励人数每项限额为10人，奖金数额为每项2万元；特等奖项目奖励人数每项限额为15人，奖金数额为每项5万元。

第十四条　参评单位及项目完成人在申报和评审过程中弄虚作假或者以其他不正当手段骗取奖励的，一经查实，由文化部撤销奖励，并追回奖状、证书和奖金，并在适当范围内予以通报。

第十五条　参与文化部创新奖评审活动的评审委员和有关工作人员必须严格遵守评审纪律和相关规定。评审委员在评审工作中违反规定徇私舞弊的，取消其评审委员资格。评审办公室人员有上述行为的，由有关部门予以严肃处理。

第十六条　文化部创新奖评审全程接受驻文化部监察局的监督。

第十七条　每一届文化部创新奖的评审可由评审办公室根据本办法制定具体的实施细则。

第十八条　本办法由文化部负责解释。各省、自治区、直辖市文化厅（局）可参照本办法设立本行政区的文化创新奖。

第十九条　本办法自2009年1月7日起实施。2006年3月21日印发的《文化部创新奖奖励办法》同时废止。

“文化行业专家资源库”专家（文化科技类）名单公示

“文化行业专家资源库”专家（文化科技类）名单已经文化行业专家资源库领导小组办公室审核、筛选产生，现予以公示。

自公示之日起20日内，任何单位和个人对公示名单持有异议的，可采取书面形式写明异议的事实依据、本人真实姓名、工作单位及地址（含邮政编码）等，向文化行业专家资源库领导小组办公室（100020 北京市朝阳门北大街10号 文化部教育科技司）提出。文化行业专家资源库领导小组办公室将对异议内容进行核实、查证。对采取匿名异议的将不予受理。对逾期未提出异议的，或虽有异议但经查证后符合入库条件的专家，予以确认并办理聘请手续，发给“专家聘书”。

文化部教育科技司

2008年6月5日

“文化行业专家资源库”专家（文化科技类）名单

序号	姓名	工作单位
1	胡　斌	全国政协
2	江仁熹	广电设计院
3	李海燕	中国艺术科技研究所
4	苏培义	中国艺术科技研究所
5	闫贤良	中国艺术科技研究所
6	韩　萍	中国艺术研究院
7	李　扞	中国艺术研究院
8	刘效民	中国艺术研究院

续表

序号	姓名	工作单位
9	朱乐耕	中国艺术研究院
10	金志舜	国家大剧院
11	徐　奇	国家大剧院
12	郝立众	中国儿童艺术剧院
13	刘金城	中国儿童艺术剧院
14	张　伟	中国儿童艺术剧院
15	林　丁	中央歌剧院
16	聂金民	中央芭蕾舞团
17	隋春立	中国演艺设备技术协会
18	冯德仲	中央戏剧学院
19	马述智	中央戏剧学院
20	徐　翔	中央戏剧学院
21	徐　虎	故宫博物院
22	张晓新	故宫博物院
23	赵德增	北京人民艺术剧院
24	韩春启	北京舞蹈学院
25	蔡大庆	中国建筑技术集团有限公司
26	吕圣龙	斯毕士舞台工程技术（北京）有限公司
27	刘文豪	海政文工团创作室
28	陈　力	国家图书馆
29	富　平	国家图书馆
30	顾　犇	国家图书馆
31	李致忠	国家图书馆
32	卢海燕	国家图书馆
33	孙一钢	国家图书馆

续表

序号	姓名	工作单位
34	汪东波	国家图书馆
35	詹福瑞	国家图书馆
36	张雅芳	国家图书馆
37	张志清	国家图书馆
38	陈　坚	首都图书馆
39	陈建新	首都图书馆
40	邓菊英	首都图书馆
41	高　莹	首都图书馆
42	林　岫	首都图书馆
43	刘乃英	首都图书馆
44	倪晓建	首都图书馆
45	智　浩	63918 部队
46	方志刚	总装备部工程设计研究总院
47	龚奎成	总装备部工程设计研究总院
48	刘建斌	总装备部工程设计研究总院
49	温庆林	总装备部工程设计研究总院
50	吴涧彤	总装备部工程设计研究总院
51	郑　辉	总装备部工程设计研究总院
52	成其圣	天津市文化局
53	梁　波	天津市文化局
54	张金玉	天津舞台科学技术研究所
55	王卫中	天津人民艺术剧院
56	孔方恩	天津图书馆

续表

序号	姓名	工作单位
57	陆行素	天津图书馆
58	蓝　焰	上海舞台技术研究所、上海舞美艺术中心有限公司
59	石士昌	上海舞台技术研究所、上海舞美艺术中心有限公司
60	史汇荣	上海歌舞团
61	张顺昌	上海歌剧院
62	华天祁	上海音乐学院
63	赵国昂	上海保利欣房地产有限公司
64	陈先行	上海图书馆上海科技情报研究所
65	缪其浩	上海图书馆 上海科技情报研究所
66	王世伟	上海图书馆 上海科技情报研究所
67	王宗义	上海图书馆 上海科技情报研究所
68	吴建中	上海图书馆 上海科技情报研究所
69	张　伟	上海图书馆 上海科技情报研究所
70	周德明	上海图书馆 上海科技情报研究所
71	李小强	山西省图书馆
72	石焕发	山西省图书馆
73	李博昭	吉林省图书馆
74	吴爱云	吉林省图书馆
75	赵庆禹	吉林省图书馆
76	宋　强	长春市文化科技研究所
77	刘慧娟	长春图书馆
78	吴　锐	长春图书馆

续表

序号	姓名	工作单位
79	朱亚玲	长春图书馆
80	赵　跃	吉林市图书馆
81	陈爱燕	黑龙江省图书馆
82	董绍杰	黑龙江省图书馆
83	师丽梅	黑龙江省图书馆
84	张大尧	黑龙江省图书馆
85	张晓东	黑龙江省图书馆
86	商建勇	黑龙江省歌舞剧院
87	纪志成	江南大学
88	陈恒福	南京图书馆
89	黄　红	南京图书馆
90	马　宁	南京图书馆
91	彭　飞	南京图书馆
92	全　勤	南京图书馆
93	单红彬	南京图书馆
94	姚俊元	南京图书馆
95	姚　毅	南京图书馆
96	王陆军	南京图书馆
97	吴　汉	南京图书馆
98	许建业	南京图书馆
99	童德兴	浙江省文化厅
100	王亦民	浙江省建筑研究院
101	池万刚	浙江大学

续表

序号	姓名	工作单位
102	张三明	浙江大学
103	于桂荣	浙江话剧团
104	胡小罕	浙江美术馆
105	贾晓东	浙江图书馆
106	刘晓清	浙江图书馆
107	徐　洁	浙江图书馆
108	袁　逸	浙江图书馆
109	高　城	浙江舞台设计研究院有限公司
110	何毓新	浙江舞台设计研究院有限公司
111	洪美芳	浙江舞台设计研究院有限公司
112	黄瑞明	浙江舞台设计研究院有限公司
113	金建平	浙江舞台设计研究院有限公司
114	金　珂	浙江舞台设计研究院有限公司
115	李谦俊	浙江舞台设计研究院有限公司
116	马志扬	浙江舞台设计研究院有限公司
117	鲁　星	浙江舞台设计研究院有限公司
118	宋　宏	浙江舞台设计研究院有限公司
119	王伟强	浙江舞台设计研究院有限公司
120	吴伟平	浙江舞台设计研究院有限公司
121	俞　健	浙江舞台设计研究院有限公司
122	詹有根	浙江舞台设计研究院有限公司
123	张忠宏	浙江舞台设计研究院有限公司

续表

序号	姓名	工作单位
124	鞠　鹏	浙江大丰实业有限公司
125	裘树侃	浙江大丰实业有限公司
126	田海弘	浙江大丰实业有限公司
127	王荣安	浙江大丰实业有限公司
128	薛焕新	浙江大丰实业有限公司
129	严华锋	浙江大丰实业有限公司
130	杨岳军	浙江大丰实业有限公司
131	苑长领	浙江大丰实业有限公司
132	黄杭娟	浙江艺术职业学院
133	王鲁杭	浙江艺术职业学院
134	袁良忠	浙江艺术职业学院
135	侯　勇	安徽省图书馆
136	阚　华	安徽省图书馆
137	孙　琪	安徽省图书馆
138	王建涛	安徽省图书馆
139	王运堂	山东省图书馆
140	赵炳武	山东省图书馆
141	周玉山	山东省图书馆
142	吕东明	山东歌舞剧院
143	赵善伦	山东师范大学
144	陈起俊	山东建筑大学
145	董明晓	山东建筑大学
146	纪伟东	山东建筑大学
147	于承新	山东建筑大学
148	周长积	山东建筑大学

续表

序号	姓名	工作单位
149	周学军	山东建筑大学
150	江奔东	山东艺术学院
151	刘志强	山东艺术学院
152	顾群业	山东工艺美术学院
153	胡　杰	青岛职业技术学院
154	王风茂	青岛职业技术学院
155	李贤温	山东淄博职业学院
156	栗祥忠	潍坊市图书馆
157	苏洪泰	烟台图书馆
158	翟红志	河南博物院
159	徐继贤	湖北省歌剧舞剧院
160	汤旭岩	湖北省图书馆
161	万群华	湖北省图书馆
162	程　林	荆门市政府 投资工程管理公司
163	戴晓明	武汉歌舞剧院
164	范国志	湖北艺术职业学院
165	雷树德	湖南图书馆
166	伍　艺	湖南图书馆
167	张　勇	湖南图书馆
168	胡　加	广东歌舞剧院
169	刘桂雄	华南理工大学机械工程学院
170	莫少强	广东省立中山图书馆
171	杜燕翔	东莞图书馆
172	李东来	东莞图书馆
173	甘　琳	深圳图书馆

续表

序号	姓名	工作单位
174	王　林	深圳图书馆
175	辛中军	深圳大剧院
176	李庆照	广西歌舞剧院
177	谢耀芳	广西图书馆
178	徐欣禄	广西图书馆
179	邓景华	海南省图书馆
180	郑晓洪	中国建筑西北设计研究院
181	田　奇	长安大学工程机械学院
182	刘功毅	长安大学工程设计院
183	李国华	长安大学建筑声光研究所
184	黄东伟	陕西西影数码 制作有限责任公司
185	郭向东	甘肃省图书馆
186	李鸿恩	敦煌研究院

国家社科基金艺术学规划研究项目成果要报总 27 期

一、《旧城区建筑改造与文化环境建设的实证研究》

国家社会科学基金艺术学“十五”规划项目成果《旧城区建筑改造与文化环境建设的实证研究》（项目负责人：上海应用技术学院韩兵）通过对上海市苏州河沿岸近现代工业建筑遗产特别是莫干山路 50 号旧仓库建筑群的历史、现状及其文化价值的深入调查研究，论述了充分利用蕴涵着历史文化传统的大型旧建筑创造新的文化艺术环境及其人文价值这一当代城市环境设计与规划的重要理念，提出了以上海城市为面、上海母亲河苏州河为线、苏州河畔艺术仓库为点将历史建筑风貌与当代人文景观有机结合起来的整体保护利用规划。该成果包括《旧城区建筑改造与文化环境建设的实证研究报告》与专著《东方的塞纳河左岸——上海苏州河沿岸的艺术仓库》、《从无声开始》以及论文《上海近现代产业建筑的保护性利用——以莫干山路50号为例》、《苏州河沿岸（莫干山路地块）近现代旧工业建筑群保护的价值研究》、《关于苏州河南岸莫干山路地块近现代工业建筑群保护利用规划的可行性报告》等。

苏州河沿岸近代以来一直作为上海工业发展的重要地带，保存有大量工业建筑，这些历史遗存记载了上海近代工业发展与城市发展的过程。近年来，由于上海市政府对苏州河沿岸环境综合整治力度不断加强，两岸自然环境得到显著改善，同时房地产开发热潮持续升温，在市场机制的作用下，众多工厂面临改制拆迁，原有的旧工业区、棚户区亟待重新开发，因而成为上海保护与再利用近代工业建筑遗产最具典型意义的地区。该课题组对苏州河市中心区段内环线以内长13.3公里、共55.3平方公里范围36栋历史建筑的风貌特色、使用性质等进行了分类调查统计，分析论述了保护和再利用这些工业建筑遗产的历史文化与生态环境等重要意义，以及由此带来的文化传播、文化产业投资乃至周边开发等效应，提出了“适当再利用”是延续工业建筑遗产生命的主要途径、在改造利用旧建筑发展新兴文化产业的过程中建立资源转化的多元机制、艺术与生活的互动模式等观点，并在此基础上提出了改造建设一个由上海历史博物馆、上海近代工业和民族工业博物馆、苏州河及其沿岸历史变革陈列馆、海派艺术博物馆、上海民间艺术博物馆、画廊及艺术家与设计师工作室聚集区、传统工艺艺术学校及大面积公共绿地休闲区等构成的新型都市文化艺术中心的规划建议，引起上海市城市规划管理局等有关部门高度重视，为在世博会前夕对这一地区的老建筑进行保护与重新规划提供了参考性决策依据，有关建议已被采纳并付诸实施，受到上海市有关部门的积极评价和国内外媒体的广泛关注。

二、《进入新世纪的中国电影发展战略和策略》

国家社会科学基金艺术学“十五”规划项目成果《进入新世纪的中国电影发展战略和策略》（项目负责人：清华大学尹鸿）以确切的数字、历史性经验教训的回顾以及与美国电影的对照，系统、动态地分析了进入21世纪的中国电影发展状况及其面临的国际国内环境、机遇与挑战，论述了中国电影发展的总体战略与策略——重点研究了好莱坞电影的全球化与中国电影发展战略、中国电影国际化策略、中国电影的高概念产业策略、新媒体及其对中国电影发展的影响、中国内地与香港电影的合拍策略、中国独立电影发展现状、中国电影国际贸易策略等，认为中国电影在未来5年要建成积极的管理体系、完善的电影产业体系、健康的电影市场格局、具有市场领导力的综合性大型电影企业，实现中国电影综合收入超过250亿的发展战略目标，必须充分发挥自身资源优势和充分利用国际国内的各种有利条件，加快改革步伐，保持持续发展，才能抓住机遇，实现目标。据此提出中国电影产业的发展对策：

以国内市场培育和扩大为基础，建立巩固的国产电影根据地——依托国内人口及持续增长的经济发展和消费能力等优势，开发和服务本土市场，逐渐扩大在全球电影市场中的份额。

以国际市场为补充，扩大中国电影的全球市场空间——应建立具有国际发行、推广和交易能力的专业电影经营公司，并加大海内外合作力度，提高中国电影的国际市场交易能力。

以增强电影的市场适应性为手段，保证电影的有效市场供给——全面、深入研究观众的电影观赏行为、消费心理及方式，实现从“可看的电影”向“必看的冲动”的转变，推出适应市场不同需要而有序投资、精心制作、准确投放的国产影片。

以强化发行能力为关键，建立中国电影的产业体系——加大电影发行的开放程度，鼓励形成多元投资的以发行为中心的大型投资－制作－发行一条龙的电影企业或媒介集团，提高发行环节在整个中国电影产业链条中的强度。

以影院、院线的价格和服务竞争为基础，扩大观众规模——加快多厅影院的合理布局和建设，鼓励通过灵活的票价措施和改善服务等方式扩大、培养观众群，形成符合产业发展现状的供求机制和价格机制，以期达到供需的有效契合。

重视电影传播的新媒体新渠道，提高电影的规模经济——加强市场监管，保护电影知识产权，扩展电影的多级市场，用规模化经济的最大化来强化电影的原创动力和投资信心。

以垂直和横向整合为方向，建立以综合性大

型媒介集团为主导的大电影产业——推行现代企业制度，形成一批跨媒介、跨行业、跨区域、跨级别的以内容生产和发行为核心的品牌影视企业。

以电影新人培养为重点，促进中国电影的持续发展——应制定鼓励政策和提供资金支持，开展电影专业培训和扩大电影教育，提高电影行业整体素质，支持一批有潜力的青年电影人进入电影第一线，培养后备力量。

该成果为专著，共35万字，分为中国电影产业发展战略与策略、中国电影发展报告、好莱坞经验与中国电影产业3部分，已由中国电影出版社出版。

国家社科基金艺术学规划研究项目成果要报第28期

一、《中国马克思主义艺术理论发展史》

国家社会科学基金艺术学“十五”规划项目成果《中国马克思主义艺术理论发展史》（项目负责人：中国艺术研究院宋建林）在研究大量历史资料、理论文献及广泛听取该领域专家学者意见、建议的基础上，运用马克思主义唯物史观的立场、观点和方法，全面、系统地研究和总结了中国马克思主义艺术理论发展的经验教训，梳理了近百年中国马克思主义艺术理论发展、演变的历史轨迹，总结归纳了中国马克思主义艺术理论的主要特征和理论贡献及在20世纪中国艺术理论发展历程中的重要作用和历史价值，实事求是地评价了历史事件和人物，展示了中国马克思主义艺术理论独特的创新发展道路，在学科建设上具有填补学术空白的意义，对于构建当代形态的马克思主义艺术科学体系，具有重要的学术价值和实践指导意义。

该专著由导论及马克思主义艺术理论在中国的早期传播与探索、左翼文艺运动与中国马克思主义艺术理论建设、左翼艺术观念的阐释与论争、毛泽东文艺思想的形成与发展、中国马克思主义艺术理论的深化与拓展、马克思主义艺术理论关于民族化的探索、当代形态的马克思主义艺术理论建设、邓小平艺术理论和建设中国当代先进文化等8章组成。该专著不同于国内已出版的马克思主义文艺理论发展史著作多侧重文学理论研究的角度，而是从包括文学、戏剧、美术、音乐、电影、舞蹈等门类在内的艺术学科理论的角度出发，对马克思主义艺术理论中国化的进程作全面、系统、综合的考察。既重视党的几代领袖人物的艺术思想研究，也深入发掘周扬、冯雪峰、胡风、郭沫若、蔡仪等中国马克思主义艺术理论家的思想，同时侧重考察在美术、戏剧、电影、音乐、舞蹈等艺术门类中马克思主义艺术理论中国化的发展、演变历程，并对王朝闻、张庚、陈荒煤、李凌、吴晓邦等有代表性艺术理论家的学术观点加以论述。把研究视角由过去注重研究马克思主义文学理论扩展到各艺术门类，全方位地阐述了马克思主义艺术理论中国化在各艺术门类中发展的历程。

该专著采用宏观考察与微观研究相结合的方法，既从宏观视角审视各种艺术理论在20世纪中国艺术理论发展史上的历史作用，科学总结中国马克思主义艺术理论发展的经验教训，也从艺术的某一层面、某一门类、某一事件进行实证的考察与研究，为建设和发展21世纪有中国特色的马克思主义艺术科学体系提供借鉴。同时，也注意广泛吸收和运用当代人文社会科学各学科的研究方法，如社会学方法、比较研究方法、接受美学方法、系统分析方法等，不断拓宽研究视野，深化对问题的认识。全书共32万字，将由文化艺术出版社出版。

二、《以教育为宗旨的美术馆学研究》

国家社会科学基金艺术学“十五”规划项目成果《以教育为宗旨的美术馆学研究》（项目负责人：厦门大学张小鹭）从美术馆的性质、定位和教育功能入手，借鉴发达国家美术馆运作的先进经验，结合我国的具体国情，对美术馆在全球化、多元文化环境下如何发展并提升自己服务大众、教育大众的功能进行了研究。

该成果深入分析了我国美术馆面临的多方面挑战以及传统运作模式滞后、不适应当代经济社会发展、难以发挥服务当代社会和教育大众的现代美术馆功能等现状，研究了国外美术馆经营与管理、美术馆与地域产业文化相结合共同发展的成功案例，探讨了多种体制下美术馆的运作方式，对我国各类美术馆的建设与发展及其与地方产业的结合乃至协调科技、产业与文化的关系等提出了建议。

该成果认为，21 世纪是全球化的信息时代和视觉文化、多元文化的时代，以图片、影像为中心的视觉形式逐渐成为文化传播的主要方式，而视觉艺术是连接视觉文化和多元文化的纽带，也是多元文化的重要表达方式之一。美术馆是视觉艺术的殿堂，是终生教育、视觉文化教育和校外美术教育的重要场所，对提高普通民众的审美与视觉文化素养以及解读多元文化的能力具有重要作用。我国正处在经济快速发展、推进小康社会和城镇化建设的重要历史阶段，现代美术馆通过与社区的合作，将在社区文化的建设过程中发挥愈益重要的作用；校外美术教育是对学校美术教育的重要补充，美术馆则是进行校外美术教育的重要资源和最佳场所，是沟通美术文化和普通民众的桥梁和纽带。

——美术馆与学校的互动与合作是美术馆的一项重要教育活动，可采用以美术馆为主或学校教师为主的馆校合作方式、社区美术馆学校、中介者模式、美术馆博物馆群与学校教育及社区群众互动等多种模式；

——充分发挥美术馆教育促进国际交流与理解以及通过艺术沟通多元文化的作用，应着眼于小康社会的社区文化建设，增强美术馆的国际化意识，加强国际交流与合作，建立相应的美术馆教育组织机构，积极培养美术馆教育国际化人才，努力开拓美术馆教育国际化服务空间。

——以美术馆信息系统开发和数字化为基础，积极探索新的美术馆教育运作模式。

该专著共28.9万字，将由西南大学出版社出版。

国家社科基金艺术学规划研究项目成果要报第 29 期

国家社科基金艺术学现实应用类研究项目概况

国家社会科学基金制度自 1983 年建立以来，艺术学项目除了在戏剧戏曲、音乐、美术、舞蹈、电影电视、曲艺及一般艺术理论等门类的基础研究方面获得了长足发展与大量重要成果外，在现实应用研究方面也取得了积极进展。随着我国改革开放和现代化建设事业的持续深入发展特别是我国社会主义市场经济体制的逐步建立，深入、系统地研究文化体制改革以及与之密切相关的一系列文化艺术建设与发展的新的重要理论与实践问题，成为国家社会科学基金艺术学项目的重要任务。全国艺术科学规划领导小组办公室所制定的“九五”、“十五”、“十一五”规划及历年课题指南都把对我国社会主义文化艺术建设和发展具有重大实践意义和理论意义的课题作为重点研究内容，强调“积极探索有中国特色社会主义文化的发展规律，要以有中国特色社会主义文化艺术建设和发展中的重大理论和实践问题为主攻方向”，重点加强对“我国文化艺术事业建设中关系全局的重大问题的研究，为科学决策提供有力的依据”；“要围绕党和国家经济、政治、文化及社会建设的大局，全面落实科学发展观，努力促进构建社会主义和谐社会、建设和谐文化，以深化、拓展新世纪新阶段我国文化艺术建设实践中的重大现实问题研究和加强、完善我国艺术科学学科体系建设为中心任务”，并设立了“邓小平文艺理论、‘三个代表’重要思想与有中国特色社会主义文化建设研究”、“科学发展观与新世纪新阶段我国文艺发展战略研究”、“我国文艺事业发展与建立社会主义市场经济体制的关系研究”、“当代中国文化体制改革研究”、“文艺创新的理论与实践研究”、“文化大发展大繁荣与社会主义核心价值体系建设研究”、“全球化背景下国家‘软实力’与文化安全体系构建研究”、“文化市场、文化产业与文化经济政策研究”、“社会主义新农村文化建设问题研究”、“公共文化服务体系研究”、“网络文化现状、发展趋势及对策研究”等研究方向与选题。全国艺术科学规划领导小组办公室根据不同时期我国改革开放和现代化建设实践的发展与需要，在组织专家评审的基础上批准立项了一批现实应用类及相关基础理论方面的研究项目。

文化艺术基础理论的研究方面，有《中国特色社会主义文化理论研究》、《中国马克思主义艺术理论发展史》、《邓小平文艺理论研究》等项目。

文化体制改革的研究方面，有《全国戏曲剧种、剧团现状调查》、《转型期艺术表演团体改革模式研究》、《国家文化体制的起源、演进与确立——政治变局中的政党、意识形态与文化领导权（1921～1952）》、《精品创作管理中政府职能研究》、《公共文化机构评估系统和绩效考评机制研究》、《长江三角洲地区大型公共文艺设施管理和运营的现状、问题与对策研究》、《现代西方国家艺术发展政策和运行机制研究》、《当代中国艺术管理问题研究》、《我国艺术表演团体的体制与管理》、《江西专业艺术表演团体布局调整中艺术资源的合理化配置》、《艺术表演团体多元化运作模式研究》、《社会办团的艺术管理模式研究》等项目。

文化发展战略与现实问题对策的研究方面，有《中国文化发展战略研究》、《国家艺术节对中国社会发展的意义、影响和作用——第八届中国艺术节的运作模式、经验及其影响力的实证研究》、《关于城市化与城市文化建设的协调发展的思考》、《消费时代中国文艺领域的道德演变研究》、《文化艺术生态保护与民族地区社会发展》、《西部大开发文化战略研究》、《边远贫困地区文化事业可持续发展研究》、《中国电视现状与发展战略研究》、《网络文化传播发展趋势及对策研究》、《网络文化现状及对策——网络成瘾症的对策研究》、《影视文化对未成年人成长的影响与对策研究》、《全球化时代的文化多样性研究》、《20世纪中国动画史及21世纪中国动画发展战略》、《进入新世纪的中国电影发展战略与策略》、《中国当代流行音乐的发展与社会文化环境》等项目。

文化市场、文化产业与文化经济政策及相关基础理论的研究方面，有《艺术经济原理》、《文化经济学研究》、《促进文化资源向文化资本转变的理论与政策研究》、《文化市场理论与实践研究》、《关于艺术创作和艺术市场调查研究》、《北京市剧场市场化研究》、《现代文化产业理论与政策研究》、《中国文化产业发展的理论与实践研究》、《政府在发展文化产业上的权利与义务及其实现机制研究》、《中国网络文化产业现状、发展趋势及对策研究》、《中国电影产业发展研究》、《中国国有电影产业人才发展战略研究》、《中国西部电影文化与产业化研究》、《全球化背景下中国动画、漫画产业价值链的建构：以深圳为例》、《中日韩动画产业发展战略比较研究》、《动漫衍生产品的开发策略研究》、《云南民族民间传统文化产业发展研究》、《上海大世界——都市化进程中综合性娱乐文化研究》等项目。

农村文化建设的研究方面，有《社会主义新农村文化艺术建设研究》、《中国农村文化市场演变与未来引导研究》、《浙江农村青少年大众文化接触及影响实证研究》等项目。

具有重要现实意义与实践应用价值的新领域的研究方面，有《我国公众闲暇时间文化精神生活状况的调查与研究》、《文学艺术著作权保护制度研究》、《视觉文化研究——对一种新文化形态的理论阐述》、《网络视觉艺术形态及理论研究》、《现实主义与亚洲现代视觉文化的建构》、《旧城区建设改造与文化环境建设的实证研究》等项目。

上述项目，有些尚在研究过程中，有些已经完成并产生了积极的影响，有的研究成果受到有关部门的重视与积极评价，为科学决策提供了参考性依据，有的则引起有关方面及媒体的广泛关注。

国家社科基金艺术学规划研究项目成果要报第30期

一、《1978～2003年中国城市流行音乐发展与社会文化环境互动关系研究》

国家社会科学基金艺术学“十五”规划项目成果《1978～2003年中国城市流行音乐发展与社会文化环境互动关系研究》（项目负责人：河南大学王思琦）通过梳理、研究中国大陆新时期——1978～2003年城市流行音乐在当代社会文化环境中的发展，揭示流行音乐作为中国当代社会大众文化组成的主要代表形式，与当代社会文化环境各构成因素之间的互动关系及其发展规律。

该成果根据中国当代流行音乐发展中的重要事件、现象等特征提出了5个阶段性分期，并从文化学、社会学的角度揭示流行音乐的诸方面文化特征，对流行音乐概念进行了新的界定；提出中国当代流行音乐是一种多细胞的文化复合体，其文化功能具有复合、多样的属性，既有低成本音乐教育、抵御外来文化渗透、社会“安全阀”等积极功能，也有消解主流意识形态、浪费社会资源等消极功能，全面认识和把握流行音乐的文化功能，对于正确评价流行音乐在整个社会文化建设中的地位，协调流行音乐与社会文化环境之间的良性互动发展有着积极的现实意义；认为中国当代社会文化环境的变迁与发展决定了中国当代流行音乐发展的阶段性特点，中国当代流行音乐的整体发展特点主要体现在社会文化环境与流行音乐的互动关系之中，即“成因性”、“反向性”、“选择性”三种影响与“相互作用”、“互为因果”两层关系，而其中“选择性影响”是促使流行音乐良性运行并与其所处社会文化环境处于良性循环、获得健康发展的必要保证，这是建立在文化主体面对流行音乐的发展进行建设性主动选择的基础之上的，因而也是社会主义音乐文化建设和发展中需要特别注意的“一个重点”，对社会主义音乐文化建设的和谐发展有着积极的指导意义。

该成果为专著，共35万字，将由上海音乐出版社出版。

二、《浙江农村青少年大众文化接触及影响实证研究》

国家社会科学基金艺术学“十五”规划项目成果《浙江农村青少年大众文化接触及影响实证研究》（项目负责人：浙江传媒学院葛进平）以浙江农村青少年大众文化接触及影响为研究对象，通过对浙江省20个样本县农村中小学生大众文化生活状态的抽样调查分析和研究，比较直观地从几个不同的角度反映和揭示了当前以大众媒介为载体的大众文化传播对农村青少年价值观和文化生存方式的影响程度。尤其是通过对“青少年对媒介人物或事件的信息拥有量和信息来源”的调查，“青少年接触广播电视的内容分析”比较深入地揭示了“大众文化对青少年价值观的影响”，并在此基础上揭示了“大众文化提供的媒介人物是青少年偶像崇拜的主体，并有取代传统的榜样学习之势”这一发展趋势，提出了“大众传媒应大力推出榜样和优质偶像”和“传统媒介必须转型”等建议。

该项成果的研究表明：（1）大众文化是青少年休闲娱乐的主要内容。在整个社会加速向市场转型的宏观环境中，主流政治文化的强势地位下降，大众文化的发展与影响迅速扩展，从21世纪90年代初的综艺热到时下的游戏热、真人秀等都是这一趋势的表现。应在正视这一转向的前提下把握“娱乐”的内涵和本质，抓住影视剧和游戏这两个青少年休闲娱乐的兴奋点，积极发展和制作尊重历史、知识性较强的影视剧及动画片等，开发健康的游戏，追求寓教于乐，防止把娱乐误解为“愚乐”。（2）以大众传媒为主体的大众文化在青少年价值观的培养中起着积极作用。以电视为主要载体的大众文化的中心化为表达国家主流意识形态，提供了更加大众化、多样化的表现形式。研究数据显示，在父母、老师、同学、电视、广播、报纸、杂志、网络和其他等9个因素对青少年10项行为品质的影响中，电视对“爱国”、“遵纪守法”的影响占第三位，其他8项都占第四位，说明电视对第一层次行为品质影响较强。大众传播作用不仅有同一性而且是正面的同一性，即大众传播对培养青少年正确、积极的价值观起到了相同的作用。（3）大众传媒应大力推出杰出人物和优质偶像。研究表明，以歌星为代表的文艺明星是青少年的偶像，杰出人物的选择率只有3%～4%，杰出人物的影响力变弱，以电视为主的大众媒介对杰出人物的关注不够是重要原因，因此，提供积极的媒介人物形象对青少年的健康成长意义重大。（4）农村青少年与城镇青少年大众文化的接触与影响差别显著。研究表明，媒介拥有量对获取知识不起决定性作用，接触动机和目的才是关键因素。（5）从发展趋势看，传统媒介必须转型。传统大众媒介正面临互联网的挑战，我国传统媒介利用互联网的主要方式是开办传统媒介的网络版，这与西方传统媒介巨头普遍采取的并购商业网站相比，难以实现快速转型。调查显示，浙江省小学生、初中生和高中生网民的比率分别为45.57%、75.27%、84.74%，远远高于全国平均水平，同时浙江的经济发展处于全国前列，因此，浙江传统媒介的转型可以走在前面，开展各种形式的并购，为全国提供经验。

该成果为5万字研究报告；包括“数据解读”和“专题研究”两部分内容的《新农村 新希望》一书也将在此基础上完成，均计划由浙江大学出版社出版，在研究中形成的10081份浙江省青少年大众媒介接触和影响的调查数据（11MB数据量），也将成为目前国内文化和传播研究的珍贵资料。

三、《网络成瘾症的对策研究》

国家社会科学基金艺术学“十五”规划项目

成果《网络成瘾症的对策研究》（项目负责人：宁波大学李海峰）在大量实证调查数据及对多个城市和群体的调查样本进行分析的基础上，对网络文化的异质化现象——“网络成瘾症”的定义、现状与分类、形成机理、危害作用、及其与网络文化的关系乃至防治对策等进行了系统的阐述。研究显示，目前我国网瘾青少年约占青少年网民总数的13.2%，而在非网瘾群体中，另有约13%的青少年存在网瘾倾向，所带来的社会问题日益严重，且有从城市向农村蔓延之势。该成果认为，国家有关部门和机构面向全社会倡导网络文明活动决不是一劳永逸的，而应逐步形成从中央到地方、从政府部门到社会、从法律法规建设到网络传播技术建设的长效机制。并对加强网络文化的建设与引导监管、早期教育、家庭教育指导以及加强对网络的法制管理、行业自律等方面的问题提出了建议和具体措施。

该成果包括研究报告《网络成瘾症的对策研究》与论文《对网络成瘾防症范对策的文化思辨》、《网络成瘾症的基本特征和防治对策》、《网络传播技术及应用的新态势》及《虚拟社群意见领袖的传播角色》等主要内容，共约8万字，其中部分已发表。

国家社科基金艺术学规划研究项目成果要报第31期

一、《西部人文资源研究》

国家社科基金艺术学“十五”规划项目《西部人文资源研究》（项目负责人：中国艺术研究院方李莉）现已完成。该成果对西北五省区、部分西南省区进行了一次较为全面的人文资源调查及评估，并针对西部个别不同文化类型的区域进行了近距离的实地考察，以大量的第一手资料说明西部人文资源的保护、开发和利用所遇到的种种问题。

课题组在田野考察基础上，完成了73篇考察报告，并按内容编辑成5本考察集；还完成了4本考察笔记，3本论著，1本总报告书。总计13本书，400万字。

研究成果指出，当一种文化还有生命力时，它融入生活，与其成为一个整体。当它不再起作用，它就成为一种遗产，一种可以表演和展示的对象。但是，“在这些表演形式背后，与农民们的宇宙观、道德观、生命观，乃至生产方式紧密相连的传统文化，似乎正在碎片化、甚至空洞化。在这里面隐藏了一系列令人担忧的问题”。

研究成果建议，关注开发与保护之间的关系研究；建立学术队伍加强记录和梳理工作；在保护中要以人为本；要重视人文资源立法。

二、《名家口述中国文艺》

国家社科基金艺术学“十五”规划项目《名家口述中国文艺》（项目负责人：中国艺术研究院廉静）现已完成，并于2007年由文化艺术出版社出版。

该成果在原有采访资料的基础上，整理了艾青、丁玲、陈明、胡一川、林默涵、周而复、胡风、华君武、欧阳山、张庚、刘白羽、李焕之、李群、张瑞芳、吕骥、贺敬之、凌子风、陈紫、关山月、胡可、胡朋、汪曾琪、柯岩、汪洋、赵子岳、陈强、李德伦、彦克、王朝闻、吴祖光、乔羽、刘炽、于蓝、新凤霞等50位文艺家的口述资料，内容既有口述者从事革命文艺工作的经历，又有其对文艺问题的思考和回顾，真实、生动地为人们展现了他们的风采，再现了他们的心路历程。相比于以往某些史书撰写的干涩，用口述方式反映文学艺术的发展历史更能突显亲历者的个人感受，增加真实感和鲜活性。

首次专题开展《社会艺术水平考级管理办法》执法情况检查

《社会艺术水平考级管理办法》（文化部令第31号）（以下简称办法）自2004年7月1日施行以来，为管理艺术考级活动提供了法律依据。对艺术考级机构和考官的条件、考级管理的具体要求和违规的处罚办法等做出了详细规定，艺术考级被纳入到规范化管理的轨道。为检查《办法》的施行效果，发现执行《办法》当中存在的问题，进一步促进社会艺术水平考级活动健康发展，2008年文化部教育科技司和政策法规司联合在上海、福建等10省市，采用地方自查和实地检查两种方式，对《办法》执行情况进行了检查。

一、《办法》执行的总体情况

1. 各地对《办法》的学习宣传贯彻情况总体

较好

《办法》出台后，各地文化厅局高度重视，大力加强对《办法》的学习和宣传工作。举办专题讲座，组织人员参加社会艺术水平考级工作会议及业务培训。加强考级工作相关人员和考级机构负责人之间的联系，定期召开联席会议，加强管理，促进交流。要求各考级机构和承办单位严格按照《办法》规定，规范开展社会艺术水平考级活动，并向广大家长和考生做好《办法》的宣传。通过以上各项工作的开展，使各地考级工作相关人员和考级机构负责人充分认识规范开展社会艺术水平考级活动的重要意义，准确把握《办法》的精神，严格按照《办法》的规定，规范开展社会艺术水平考级活动。

2. 文化行政部门严格按照规定审批艺术考级机构，并认真履行监督、指导职能

各地成立新考级机构之前，各地文化厅局经全国社会艺术水平考级工作专家指导委员会论证后进行审批，确保新增考级机构的资质。各地区考级管理机构与文化稽查执法部门密切配合，及时将考级机构信息和考级活动开展信息反馈给文化稽查执法部门，便于执法部门深入考级活动现场，履行监管职能。文化行政部门切实履行备案职能，检查备案内容是否符合《办法》要求，建立完善的考级活动管理档案。加强对考级活动的监督和指导，对不够规范的考级活动进行引导，对违反《办法》规定的考级活动予以查处。由于各地履行审批、监督、指导职能较为规范，近年来未出现因考级活动而引起的行政复议或行政诉讼案件。

3. 各考级主办单位与承办单位在举办考级活动时总体相对规范，但仍存在少许违规考级现象

在各省区市文化厅局考级管理机构的监督指导下，各地考级工作单位也逐步进行自我完善。首先，加强对《办法》的学习和宣传，严格依照《办法》规范开展考级活动。其次，加强自身机构建设。各考级单位不断充实人员、完善机构设置，形成了稳定的考级工作队伍，同时结合自身考级工作特点健全考级规章制度，将考级工作纳入制度化轨道，加强对专业教师的培训，提高教师的专业能力。还有的考级单位将考级活动的社会效益更好地发挥出来，如上海福利会将考级活动送至“大墙内”、福建省艺术馆将考级收入用于偏远地区的艺术扶贫等都获得了良好效果。但由于考级市场发展的仍不够完善，少数地区仍存在违规考级的现象，如福建省文化厅2007年在泉州市查处了一家假冒考级机构在福建省违法开展的考级活动。

二、《办法》在执行中遇到的困难和问题

各地反映，《办法》在执行中也遇到了一些困难和问题，主要包括以下几个方面。

1. 考级管理的相关规定尚需进一步细化和完善。在检查过程中各地反映，新《办法》较原24号令做了较大的修改和补充，但改动部分要求不够具体明确，如对艺术考级机构实行评估制度、《考官资格证》的认定使用办法等，不利于工作的顺利开展，应进一步细化和完善。有的文化教育厅局和考级机构还提出进一步提升艺术考级领域的立法层次的建议，希望能够适时出台《社会艺术水平考级管理条例》。

2. 备案制度不完善，主要表现在以下3个方面：第一，目前大多数跨省考级机构开展考级的情况在各省市没有备案；第二，各地备案没有统一的格式要求，致使各家考级机构备案的形式各异；第三，有些考级承办单位不重视备案或事后备案，监督管理难度较大。

3. 国家收费政策的变化导致《办法》关于收费的规定难以执行。文化部、发改委2003年下发的《关于社会艺术水平考级收费标准的通知》中规定的收费标准只针对传统考级项目，对于新增的可考项目没有收费标准可以参照；《办法》中明确规定考级机构“持证书到当地物价管理部门办理收费许可”，但在实际操作中，物价局的收费许可项目中不包括艺术考级，操作存在困难。

三、解决办法

1. 通过制定社会艺术水平考级活动服务标准，达到细化《办法》相关规定的目的，使其更具操作性。对于各地反映比较集中的问题，如艺术考级机构的评估方法和标准、考官资格认定、规范备案制度、考级标准、考级教材的认定使用等问题，已经列入社会艺术水平考级服务标准体系，计划于2010年前完成与上述问题相关的标准制定工作。

2. 健全组织机构。《办法》赋予全国社会艺术水平考级中心的职能较多，涉及的工作面广、工作量大，需要一个部门合理、职能清晰的系统

组织才能胜任。但目前建制的考级中心规格、编制与职能不符，制约了考级服务管理工作的开展。积极建议并争取成立健全的考级中心，加强工作力量。

3. 定期召开全国性的艺术考级工作会议，交流情况，沟通信息，总结经验，进一步促进社会艺术水平考级活动的规范健康发展。同时加强对艺术考级的理论研究。

4. 加强对《办法》的宣传。考级活动牵涉众多未成年人的切身利益，要加强《办法》的宣传，不仅针对考级机构，还要面向社会，让广大考生和家长熟悉《办法》的规定，监督《办法》的执行，保障考生的合法权益。

中国艺术职业教育学会颁发“改革开放30年中国艺术职业教育优秀教师奖”

为纪念改革开放30周年，倡导尊师重教之风，奖励在中国艺术职业教育领域从改革开放伊始就在这条战线上默默耕耘并做出巨大贡献的教师代表，中国艺术职业教育学会于2008年开展“改革开放30年中国艺术职业教育优秀教师奖”评选活动。

参评条件包括：（1）自1978年，30年来一直工作在艺术职业教育岗位（包含现已退休人员）；（2）具有较为突出的业绩和优秀的教学成果。

经过各院校的推荐，报文化部教科司审核通过，来自26所艺术职业学校共30名优秀教师获此殊荣。2008年12月颁奖仪式在福建艺术职业学院举行，教科司副司长王丰为获奖人员颁奖。

附：获奖名单

1. 江西艺术职业学院　龙友辉
2. 浙江艺术职业学院　韩　磊
3. 江苏省戏剧学校　何华平
4. 内蒙古科尔沁艺术职业学院　李常山
5. 天津艺术职业学院　孟宪瑢
6. 广西艺术学校　潘世明
7. 湖南艺术职业学院　李自然
8. 山东省烟台艺术学校　韩日成
9. 湖北艺术职业学院　张晓红
10. 中央音乐学院附属中等音乐学校　赵　薇
11. 中国戏曲学院附属中等戏曲学校　魏寅初
12. 北京戏曲艺术职业学院　孙毓敏
13. 四川艺术职业学院　朱贵庆
14. 上海戏剧学院附属戏曲学校　田恩荣
15. 西安市艺术学校　蔡文杰
16. 沈阳师范大学附属艺术学校　沈建国
17. 山西戏剧职业学院　王　斌
18. 厦门艺术学校　曾若虹
19. 厦门艺术学校　种俐俐
20. 安徽艺术职业学院　吴宁宁
21. 安徽艺术职业学院　周爱宝
22. 福建艺术职业学院　刘世瑛
23. 福建艺术职业学院　林历牲
24. 山西艺术职业学院　赵葆真
25. 广西艺术学院附中　李　江
26. 北京舞蹈学院附中　林　洋
27. 北京舞蹈学院附中　徐志刚
28. 深圳艺术学校　但昭义
29. 新疆阿克苏地区文化艺术学校　阿斯亚·依明
30. 上海舞蹈学校　胡蓉蓉

2008年度国家级重点中等职业学校（艺术类）评估工作

根据教育部职成司《关于对调整、评审国家级重点中等艺术职业学校有关问题的复函》（教职成司函〔2007〕40号）和文化部教科司关于此项工作的部署和安排，2008年6～11月文化部教科司主持并组织完成了本年度调整、评审国家级重点中等职业学校（艺术类）评审阶段的工作。

1. 2008年上半年，教科司组织多名教育和文化行业专家在北京、合肥等地多次召开研讨会，经过几轮的征求意见和修订，在教育部国家级重点中等职业学校评估体系的基础上，制定了《国家级重点中等职业学校（艺术类）评估指标体系》和“申报表”，报教育部征得同意后备案。

7月下发《文化部教科司关于开展调整、评审国家级重点中等职业学校（艺术类）工作的通知》（教科函〔2008〕47号）。

10月8～9日，教科司在南昌召开评审工作会，请专家为参评学校详细解读评估指标体系，指导参评学校对评审工作的理解和申报书的规范填写。

2. 教科司聘请12名行业专家组成评审工作组。

截至申报日期，共收到35所学校的申报申请，其中新评14所，复评21所。专家组资格审查后，确定31所学校具备此次参评条件，其中新评11所，复评20所。

3. 10月28日至11月20日，评审组分为3个小组，分赴广西、湖北、北京、内蒙古、江苏、福建等省、自治区、直辖市，对11所新评学校，1所复评学校进行了进校考察、评审。

每校的进校考察时间为2天。专家组要听取校长自评报告，审看佐证材料，考察教学场地设施，看课听课，召开学生座谈会，与学校各部门负责人以及部分教师、学生等进行个别访谈，观看教学汇报演出等。专家对照评估指标体系，结合以上形式，分指标对参评学校进行全面了解与考察。

11月24～25日，评估组在北京召开总评会，对新评学校逐个进行评议，根据指标体系，经过充分讨论和意见交流，以无记名形式进行了表决。

11月26日，由专家组中6名成员组成了复核评审组。所有复评学校校长来京参加答辩，通过校长现场报告、专家审阅材料、问答等形式，对复评学校进行评议。复评专家组经过充分讨论和意见交流，以无记名形式进行了表决。

4. 经过计票和遵循少数服从多数原则，专家组投票结果为，11所新评学校全部通过，20所复评学校中19所通过，1所建议暂缓通过。

5. 总评会期间，教科司就此次评审工作召开了专题座谈会，韩永进司长、王丰副司长、评审组全体成员和教育处人员参加。会上，每位评委对前一段评审工作都进行了深入总结和分析，对中国艺术职业教育行业的发展和今后评审工作的开展提出了建设性意见，达成如下共识：

（1）国家级重点中等职业学校（艺术类）的评审要坚持分类指导的原则，在考察指标体系各条目的基础上，重点关注学校办学质量、办学特色、社会声誉、服务区域文化能力、发展前景这5个因素。

（2）此次评审只是一个环节，要真正达到“以评促建、以评促改、以评促管、评建结合、重在建设”的评估目的，还需要在建立长效机制上下工夫，真正切实地推动艺术类中等职业学校的发展和建设。建议建立一套完善合理的跟踪、复评机制，对学校在评估后的整改进行监督，不断鞭策和促进学校的发展。

6. 2009年1月，教育部发文《教育部办公厅关于公布2008年认定的国家级重点中等职业学校名单的通知》（教职成厅〔2009〕1号），通过评审的11所新评院校名列其中。

国家级重点中等职业学校（艺术类）评审专家组

组 长：高德峰
黑龙江艺术职业学院院长、教授
教育部高职高专评估专家

副组长：蒯小棣
原江苏省戏剧学校校长
中国艺术职业教育学会顾问
江苏省文化系统艺术教育督学、省重评估组长

卢竹音
原浙江艺术职业学院院长、教授、一级作曲
中国艺术职业教育学会顾问

成 员：明文军
北京舞蹈学院副院长、附中校长、教授，教育部本科教学水平评估专家，教育部艺术教育委员会委员

彭文民
河北艺术职业学院院长、教授，
教育部高职高专评估专家

易介南
湖南艺术职业学院党委书记、教授，中国艺术职业教育学会副会长

罗佩华
湖北艺术职业学院院长、研究员
中国艺术职业教育学会副会长

李 江
广西艺术学院影视学院院长、附中校长、副教授，中国艺术职业教育学会副会长

赵银邦
山西戏剧职业学院院长、副教授
中国艺术职业教育学会副秘书长

卢 川

江西艺术职业学院院长、二级编剧

中国艺术职业教育学会副秘书长

何华平

江苏省戏剧学校校长、一级作曲

江苏省省部级重点中专校评审组专家

张 云

安徽艺术职业学院副院长、副书记、副教授

秘 书：刘 宣

北京舞蹈学院附中副校长

曹晓富

安徽艺术职业学院教务处主任

曹志超

湖南艺术职业学院人事处处长

评审通过的新评学校名单（11所）

广西壮族自治区艺术学校

武汉市艺术学校

武汉音乐学院附属中等音乐学校

湖北省十堰艺术学校

中国音乐学院附属中等音乐专科学校

呼和浩特市艺术学校

内蒙古大学艺术学院附属中等艺术学校

乌兰察布市民族艺术学校

苏州评弹学校

扬州文化艺术学校

厦门艺术学校

评审通过的复核学校名单（19所）

中央音乐学院附属中等音乐学校

北京舞蹈学院附属中等舞蹈学校

上海戏剧学院附属戏曲学校

上海戏剧学院附属舞蹈学校

上海音乐学院附属中等音乐专科学校

广西艺术学院附属中等艺术学校

沈阳师范大学附属艺术学校

江苏省戏剧学校

湖南省艺术学校

湖北省艺术学校

天津市艺术学校

浙江艺术学校

安徽艺术学校

广东舞蹈学校

临汾市文化艺术学校

河南省南阳文化艺术学校

广州市艺术学校

山东省烟台艺术学校

山东省临沂艺术学校

文化部教科司对中国艺术职业教育学会卢竹音等6名顾问专家进行表彰

中国艺术职业教育学会的前身是中国中等艺术教育学会，到2008年已经成立22年。在多年的发展和建设中，学会规模日益壮大，会员学校不断增加，学术、教学交流不断深入，活动丰富多彩，成功起到了连接政府与学校的桥梁纽带作用，在全国艺术教育界具有举足轻重的地位和崇高的声誉。

这些成绩的取得，与中国艺术职业教育学会几届领导班子有着密不可分的联系。从1998年到2006年，卢竹音、蒯小棣、孙毓敏、张庭秀、李刚、曹锦荣6位一直担任学会重要领导职务，他们团结协作、兢兢业业，为学会的发展付出了巨大的心血和力量，学会在他们的领导下迈入了新的发展阶段。

为表彰以上6位对中国艺术职业教育学会乃至整个中国艺术职业教育事业所做出的杰出贡献，文化部教科司决定授予他们“中国艺术职业教育贡献奖”。

在2008年11月湖北艺术职业学院承办的中国艺术职业教育学会第22次年会上，文化部教科司副司长王丰宣布了表彰决定，司长韩永进为6位获奖人员颁奖。

文华艺术院校奖——第三届全国民族乐器演奏比赛在西安成功举办

由文化部主办，中国民族管弦乐学会、文化部民族民间文艺发展中心和西安音乐学院联合承办的“文华艺术院校奖——第三届全国民族乐器演奏比赛”于2008年8月25～29日在西安音乐学院举办。共有来自国内外150余所院校、17个民族的2412名选手报名参赛。

“全国民族乐器演奏比赛”是中国文化艺术

政府奖——文华奖——文华艺术院校奖赛事之一，该项赛事自2002年开始举办，每三年一届，已经成功举办了两届。此项赛事的设立为艺术院校间搭建了一个互相了解、互相交流、互相学习和艺术实践的平台，对于弘扬我国优秀民族音乐文化，促进民族器乐艺术的普及和发展，传承少数民族乐器、乐种，加强各院校之间教学经验的交流，检验教学成果，起到了积极的推动作用。

本届赛事经民乐专家多次论证，设置了乐器独奏、小型民族乐器组合、少数民族特色乐器独奏和传统器乐合奏4个项目。乐器独奏选取了普及程度较广和教学水平较高的二胡、古筝、琵琶、竹笛和扬琴5种乐器，各乐器按选手年龄和所在院校分设青年A组、青年B组、少年A组和少年B组4个组别。小型民族乐器组合是由5～15人组成的多种乐器合奏形式，其表现力非常丰富，深受广大观众喜爱。少数民族特色乐器包含了我国各少数民族悠久历史传统和民族特色的独奏乐器，如蒙古族的马头琴、维吾尔族的艾捷克、热瓦普、藏族的加木聂、朝鲜族的伽耶琴、西南少数民族广泛流行的巴乌、芦笙等。传统器乐合奏人数不超过10人，这是第一次将多民族的传统器乐合奏同台竞技，展示风采，有7个民族的十几类乐种参赛，如维吾尔族的木卡姆、蒙古族的阿斯尔、土家族的打溜子、汉族的广东音乐、江南丝竹等。

为保护普通艺术院校参赛的积极性，促进民乐演奏教学水平的均衡发展，探索各类院校民乐演奏专业的办学方向，本届赛事在乐器独奏项目上首次尝试将参赛选手按所在院校的不同划分为A、B组。A组选手为中央音乐学院、中国音乐学院、上海音乐学院、武汉音乐学院、天津音乐学院、沈阳音乐学院、西安音乐学院、四川音乐学院、星海音乐学院等9所音乐学院及其附中在校学生；B组选手为9所音乐学院以外的全国各类艺术院校、师范院校、综合院校的音乐学院、艺术学院以及其他院校的器乐演奏专业在校学生。

本届比赛组委会主任由文化部副部长陈晓光担任，评委会主任由我国著名民乐指挥家、中国民族管弦乐学会会长朴东生先生担任。评委由文化部聘请国内各艺术院校、院团的著名民乐理论家、演奏家、指挥家和作曲家担任。中纪委监察部驻文化部纪检组监察局派员对本次比赛的复、决赛全程进行监督。

二胡青年A组

金奖：赵元春　中央音乐学院
银奖：王俊娜　中国音乐学院
陈　艳　上海音乐学院
铜奖：应怡婷　上海音乐学院附中
王　寒　中国音乐学院
李志卿　上海音乐学院
入围决赛选手名单
邢　璐　中央音乐学院
郭琴星　西安音乐学院
康娅妮　中央音乐学院

二胡青年B组

金奖：闫正君　吉林艺术学院
银奖：王晓犇　南京艺术学院
刘思思　中央民族大学
铜奖：蔡　悦　内蒙古大学
张　帆　南京艺术学院
陈　文　中央民族大学附中
入围决赛选手名单
吴　青　安徽艺术职业学院
马　佳　中国戏曲学院
刘程扬　解放军艺术学院

二胡少年A组

金奖：张敬一　中央音乐学院附中
银奖：章海玥　中央音乐学院附中
王雅琪　中国音乐学院附中
铜奖：高　白　中央音乐学院附小
赵丹青　西安音乐学院附中
陈　翔　中国音乐学院附中
入围决赛选手名单
吴沐潇　中国音乐学院附中
薛辰茜　上海音乐学院附中
宋紫金　中央音乐学院附中

二胡少年B组

金奖：空缺
银奖：章童谣　南京艺术学院附中
金京瑶　浙江省艺术学校
铜奖：贾添杰　北京戏曲艺术职业学院
王　淼　中国戏曲学院附中
卢晨昕　中国戏曲学院附中
入围决赛选手名单
张娴雅　南京艺术学院附中
陶梦颖　南京艺术学院附中

谭朋枝 南京艺术学院附中
刘思嘉 中国戏曲学院附中

古筝青年A组

金奖：宋心馨 中央音乐学院
银奖：苏　畅 中央音乐学院
任洲洋 上海音乐学院
铜奖：成　莉 西安音乐学院
夏金瓯 上海音乐学院
姚宁馨 中国音乐学院

入围决赛选手名单
温若妮 中央音乐学院
郑丹怡 中央音乐学院
王　伊 上海音乐学院

古筝青年B组

金奖：空缺
银奖：詹　倩 南京艺术学院
曹媛源 中央民族大学
铜奖：王桂瑜 中央民族大学
封　格 深圳艺术学校
董逢若 中央民族大学

入围决赛选手名单
龚　萍 上海戏剧学院
曹滟莉 福建艺术职业学院
王　程 中央民族大学
鲁　茜 上海戏剧学院

古筝少年A组

金奖：空缺
银奖：程皓如 中央音乐学院附中
邓翊群 上海音乐学院附中
铜奖：崔　杉 中央音乐学院附中
孙　青 中国音乐学院附中
崔晓彤 西安音乐学院附中

入围决赛选手名单
张梦娴 中国音乐学院附中
雷思雨 武汉音乐学院附中
姚伊新 武汉音乐学院附中
叶逸斯 中央音乐学院附中

古筝少年B组

金奖：曹　原 南京艺术学院附中
银奖：李丹丹 北京戏曲艺术职业学院
孔俏俏 中国戏曲学院附中
铜奖：廖慧娟 深圳艺术学校
闫　明 广西艺术学院附中
林若岚 杭州艺术学校

入围决赛选手名单
王　缜 深圳艺术学校
吴　昊 南京艺术学院附中
刘一曼 中央民族大学

琵琶青年A组

金奖：高思超 中国音乐学院
银奖：杨莹莹 中国音乐学院
马　琳 中央音乐学院
铜奖：孟　霄 中央音乐学院
宋　薇 西安音乐学院
张　银 中央音乐学院

入围决赛选手名单
朱　蕾 天津音乐学院
林乐章 天津音乐学院
高筱卉 武汉音乐学院

琵琶青年B组

金奖：梁星华 北京师范大学
银奖：汤　扬 安徽师范大学
崔月茹 中国戏曲学院
铜奖：赵　鑫 中国戏曲学院
赵梦璐 吉林艺术学院
陈鹤天 华南师范大学

入围决赛选手名单
赵月萌 河北师范大学
杨　坤 山西大学

琵琶少年A组

金奖：韩　妍 中国音乐学院附中
银奖：张雅迪 中央音乐学院附中
李胜男 中央音乐学院附中
铜奖：杨　天 中国音乐学院附中
张润菲 西安音乐学院附中
杨晶晶 西安音乐学院附中

入围决赛选手名单
田　葱 四川音乐学院附中
刘凯利 中央音乐学院附中
田丽坤 天津音乐学院附中

琵琶少年B组

金奖：空缺
银奖：黄思霖 深圳艺术学校
许依璠 南京艺术学院附中
铜奖：唐慧琳 深圳艺术学校
龚　捷 深圳艺术学校
龙方婷 中国戏曲学院附中

入围决赛选手名单

朱业成 南京艺术学院附中
倪丽华 南京艺术学院附中

竹笛青年A组

金奖：张莹莹 中央音乐学院
银奖：李　乐 中央音乐学院
王　溪 中国音乐学院
铜奖：陈奇彦 武汉音乐学院
马　芸 中国音乐学院
汪悦洲 上海音乐学院

入围决赛选手名单
毛宇龙 上海音乐学院
蔡　蕾 中国音乐学院附中
李宛慈 国立台北教育大学

竹笛青年B组

金奖：空缺
银奖：胡玉林 首都师范大学
韦　兰 中国戏曲学院
铜奖：马云鹤 许昌市艺术学校
马　彪 濮阳市杂技艺术学校
孙明钰 南京艺术学院

入围决赛选手名单
徐拂宇 南京艺术学院
李家馨 北京现代音乐研修学院
陈　岚 中国戏曲学院
赵立平 中国戏曲学院

竹笛少年A组

金奖：范临风 上海音乐学院附中
银奖：吴佳蓁 私立晓明女子高级中学
肖凯迪 中央音乐学院附中
铜奖：王李傲恒 中国音乐学院附中
况禄师 武汉音乐学院附中
王堪湡 武汉音乐学院附中

入围决赛选手名单
杜子华 中国音乐学院附中
冯天石 中央音乐学院附中
纪常怡 星海音乐学院附中

竹笛少年B组

金奖：空缺
银奖：张玉乾 中国戏曲学院附中
李　丹 浙江艺术职业学院
铜奖：多吉旺堆 杭州艺术学校
李儒修 杭州艺术学校
卞　舸 中国戏曲学院附中

入围决赛选手名单
苟晋翔 中国戏曲学院附中
张玉坤 中国戏曲学院附中

扬琴青年A组

金奖：王玉珏 中央音乐学院
银奖：吴璜璜 中国音乐学院
郭佩丽 星海音乐学院
铜奖：刘　陈 西安音乐学院
杨　菲 中央音乐学院
徐艺芳 中国音乐学院

入围决赛选手名单
唐一凡 中央音乐学院
白　静 沈阳音乐学院
任佳琪 沈阳音乐学院附中

扬琴青年B组

金奖：空缺
银奖：陈　臬 中央民族大学
王　璇 南京艺术学院
铜奖：王　娟 中央民族大学
木其乐 内蒙古师范大学
王　娜 厦门大学

入围决赛选手名单
李　夏 中央民族大学
梁　柱 首都师范大学
张　莹 中央民族大学
侯　然 解放军艺术学院

扬琴少年A组

金奖：空缺
银奖：陈妍君 中央音乐学院附中
于　帆 中国音乐学院附中
铜奖：周晋臣 中央音乐学院附中
张　希 中国音乐学院附中
邱静婵 中央音乐学院附中

入围决赛选手名单
施天颖 中国音乐学院附中
张钰阳 上海音乐学院附中
杜　玉 中央音乐学院附中
崔佳怡 西安音乐学院附中

扬琴少年B组

金奖：吴炫炫 深圳艺术学校
银奖：谢华林 深圳艺术学校
李　喆 中央民族大学
铜奖：周婷婷 深圳艺术学校
王楚芸 浙江艺术职业学院
郭旋妮 中国戏曲学院附中

入围决赛选手名单
黎影彤　　广东粤剧学校
小型民族乐器组合
金奖：十指莲花　中国音乐学院附中
李　玲、伍君瑜、赵　星、葛思静、关艾琳、翁媚玲、庄亦柔、张晓棠、李姝涵、朱朋宇、李孟悦、孙寒冰、龙　露
琴胡新韵组合　西安音乐学院
张冀文、刘　理、赵晓阳、郭晓兰、胡蔚蔚、邹　乐、安　静、韩婧娜、李　静、郭琴星、唐　磊、刘若骅、杨　星、彭　珊、张　翼
银奖：中央音乐学院民族室内乐团
中央音乐学院
李　娟、申　婷、齐　洁、宋心馨、董　淼、马　瑞、魏　然、李　畅、杨　雪、尹雷鹏
铜奖：华夏室内乐团　中国音乐学院
陈　悦、柳长青、李　佳、宋　帅、马　欢、王韶铭、邱　霁
蝶梦飞竹　中国音乐学院
杨雨露、吴璜璜、侯一岚、方　园、马　媛
小型民族乐器组合　广西音乐学院附中
刘晓静、黄　希、杨丽媛、唐梦茜、黄　说、贾建军、廖　萌、曾　茜、陈黎清、舒　芳、戴　伟、周　杰
入围决赛名单
丝弦五重奏　浙江艺术职业学院
王楚云、蒋陈竹、厉　沲、陈密佳、杨小菁
丝弦五重奏　天津音乐学院
刘念念、刘一莹、侯海琼、吴汶蔚、王　婉
小型民族乐器组合　广东粤剧学校
戚　铿、李进金、袁　俊、柯丽霞、苏志双、邹建忠、卢劲康、陈　品、陈文静、许承华、陈松富、谢夙慧、王朝仁、谢　帆、黄紫贤
尔玛山鹰组合　西南民族大学
王　昆、晏景晟、杨　为、高　珊、刘瑞霞、杨瑞珍、刘海峰、刘敏敏、周雅丽、龙　腾、苑丽娜、白德灵、杨硕钊、柳东霞、钟　磊
丝弦五重奏　天津音乐学院
尹裴忠、李汶娣、崔　岩、李　礼、李　菲
小型民族乐器组合　山西大学
田菽峰、史智轩、孙　琦、贾江丽、李　娜、韩　超、席　笑、杨彩艳
小茉莉古筝演奏组合　福建艺术职业学院
周居易、郑倩芸、刘筱烨、沈子淋、许书林
少数民族特色乐器独奏
金奖：阿不都徐克·买买提明　艾捷克
新疆艺术学院
银奖：萨切荣贵　马头琴
内蒙古大学
阿不都外力·沙它尔　弹拨尔
新疆艺术学院
铜奖：存布乐　马头琴
内蒙古大学
杨心瑜　芦笙
中央音乐学院
崔红华　伽倻琴
延边大学
入围决赛选手名单
苏雅　蒙古四胡
内蒙古大学
崔美鲜　伽倻琴
延边大学
李银姬　横笛
延边大学
传统器乐合奏
金奖：中国音乐学院
宋菲飞、周　芳、雷　默、田　超、高思超、王　宁、李　菲、王轶炜

银奖：上海音乐学院
张余成、刘　芳、章文婷、
高纯华、杨仁杰、何　阳、
赵惠荣、孙璐婕、韩　雪
新疆师范大学
奴尔夏提·艾力、阿里木江·吾布力
热扎克·阿布力米提、哈斯木江·赛米
阿不都合拜尔·阿不都瓦给、
古丽扎尔·哈力克、古丽扎尔·米吉提
阿力木·斯坎旦尔
铜奖：中央音乐学院　蔡　锋、张　银、马　慧、
王云飞、白　莹、郭晓蒙、
马　瑞、任小贝
内蒙古大学　韩晓晨、妲丽娅、存布乐、
苏　雅、额尔齐斯、
沃德乐呼、杨　帆、石田立、
蒋瑜菁、李　莉
延边大学　朱光浩、郑文一、崔美鲜、
李银姬、方达花、朴海燕、
徐亨虎、金银姬
入围决赛名单：

星海音乐学院　余乐夫、李文瑶、郭佩丽
赵大禹、冯晓琦
中央音乐学院　李　畅、魏　然、马　瑞、
任小贝
内蒙古大学艺术学院附中
娅茹、白萨日娜、麦拉苏、
萨其日拉、萨仁高娃、
木其乐、李文斌、李志刚、
乌　兰
上海音乐学院　韩　雪、明　杨、张余成、
宋　蕾、向　旋
南京艺术学院
刘思华、于海音、洪　强、
陈雪霞、李　彬、贾　奥、
张超然、蒋　浩
吉林艺术学院
赵惠宁、李广涛、田　野、
李　洋、杜宏宇、刘长明、
谭金强、张　东、张　弛

大型楚文化神幻杂技秀《梦幻九歌》是武汉市首台大型旅游晚会，该剧是取自屈原的名作《九歌》改编的，该剧以其新颖创新、如梦如幻、古典高雅和独树一帜的表现手法深受广大观众的喜爱，目前该剧已成为武汉市著名的文化品牌。

《魔幻之城》是武汉杂技团创作的杂技舞台剧。该剧把角色引入其中，除了在故事和场景等方面做了很多大胆的尝试外，该剧引入了很多时尚元素，如极限运动、跑酷、花式调酒、搏击、街舞等表现形式，同时在剧中吸收了黑光剧的表现手法，以及很多夸张、搞笑的表演方式，是一部非常时尚、前卫的杂技剧。

中国武汉杂技团

Wuhan Acrobatic Troupe of China

地址：湖北省武汉市建设大道739号

电话：027-85805362

邮编：430015

网址：www.wuhanzaji.com

《英雄天地间》是2003年在武汉杂技团建团50周年之际创作编排的一台大型主题杂技晚会。晚会力求把时代精神通过具有民族特色的中华历史人物来加以展现，用民族英雄情感来形成晚会的主题，呈现给观众的是一系列具有英雄符号和重要仪式感的节目。2009年，《英雄天地间》被评为“中国国家舞台艺术精品工程剧目”。

大型情景杂技剧《海盗》是武汉杂技团与中国对外演出公司、荷兰星辰马戏公司三方联合投资编排的。该剧的主题创意，是根据欧洲市场提出的，晚会的主创人员全部由欧洲著名的导演团队担任。2008~2009年该剧获商务部、文化部、国家广电总局、国家新闻出版总署共同颁布的“优秀出口产品奖”和“国家文化出口重点项目目录”。

西安说唱艺术传播有限公司

董事长兼法人代表：尼康

大专毕业后进入西安市说唱艺术团至今，主攻相声、小品并执导过很多大型综艺晚会；曾荣获国家级和省市艺术大赛各类奖项达40多项，现任西安市说唱艺术团法人暨团长。

西安市说唱艺术团原名西安市曲艺团，成立于1953年，是国家专业文艺团体。为西北地区成立最早、阵容最强的专业曲艺艺术表演队伍，是全国五大说唱团体之一，2009年文化体制改革后改为西安说唱艺术传播有限责任公司。多年来，说唱团创作排演了大量优秀曲艺节目，在全国引起了巨大的反响，获得过多项国家级各类专业大赛奖项，成为我国曲艺事业的中坚力量。

中国首批历史文化名城曲阜，不仅是黄帝生地、孔子故里，而且也是鲁班的家乡

曲阜市鲁班文化研究促进会

2008年6月16日，曲阜市隆重纪念巧圣鲁班诞辰2515周年系列活动揭幕、开展仪式

2007年6月16日，曲阜市鲁班文化研究促进会第一次会员大会召开

2007年7月21日，中国两院院士、清华大学教授吴良镛大师在考察曲阜并确认鲁班故里后欣然为曲阜鲁促会挥毫题词

2009年5月21日，联合国教科文组织遗产中心专员林志宏博士一行3人来曲阜鲁促会考察，图为赵元山会长与考察团座谈

2006年9月27日，中国曲阜巧圣鲁班文化展开展仪式

郑州市群众艺术馆

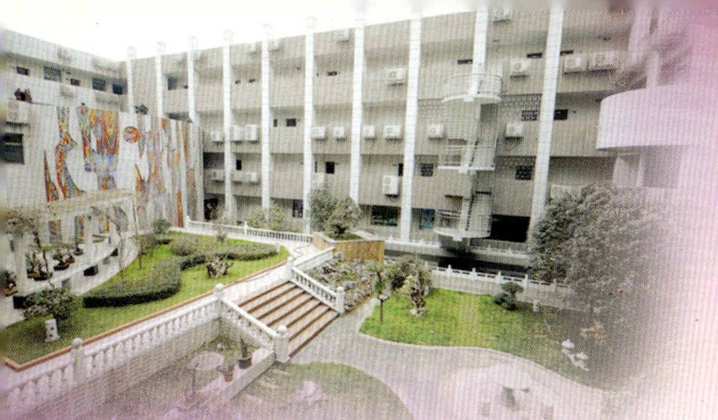

1948年10月，在解放战争的隆隆炮火中，郑州人民拨云见日获得解放。郑州解放3个星期后的11月12日，郑州市群众艺术馆的前身“人民教育馆”即正式挂牌成立，踏上了至今61年的发展历程。61年来，在上级党委、政府的领导下，在社会各界的支持下，郑州市群众艺术馆从小到大，逐步发展为全市群众文化的活动策划中心、创作研究中心、艺术培训中心、文化交流中心、“非遗”保护中心。尤其是近几年，郑州市群众艺术馆充分利用和发挥自身具备的文化艺术专业优势，带领区县文化馆、站，各类文艺团队及业余骨干，积极开展各项群众文化业务工作，有力地促进了省会郑州的文化强市建设。

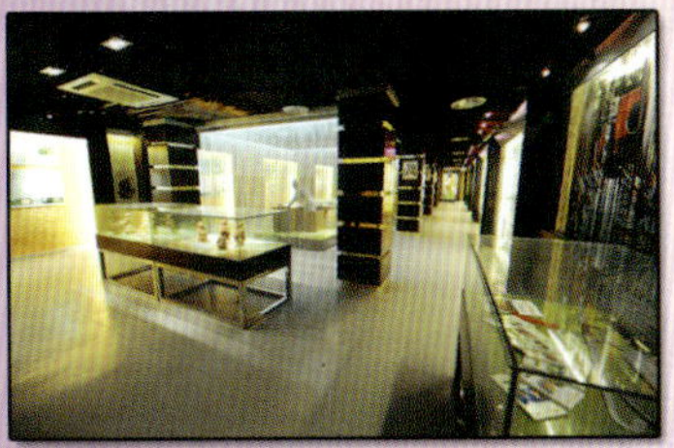

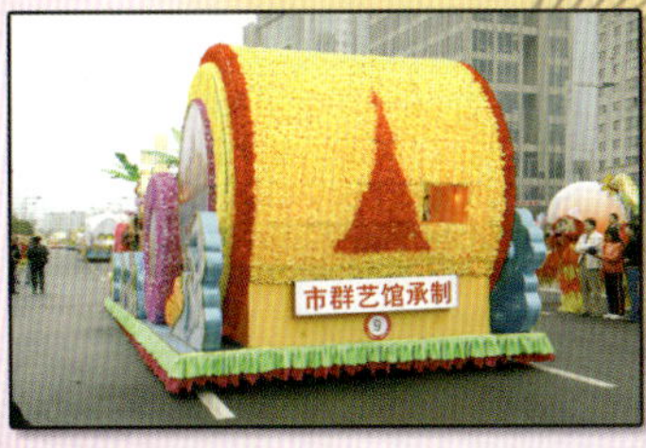

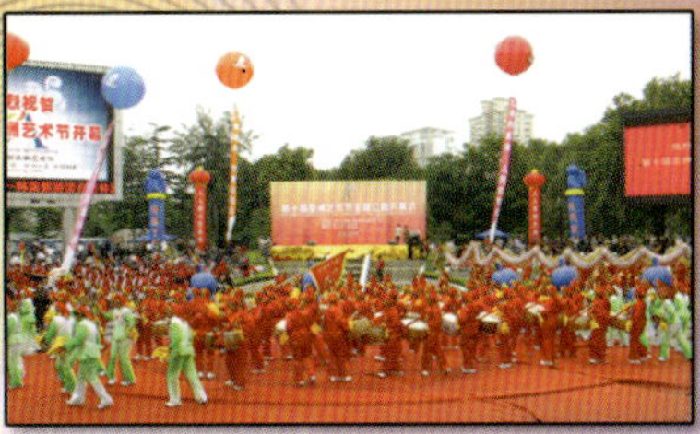

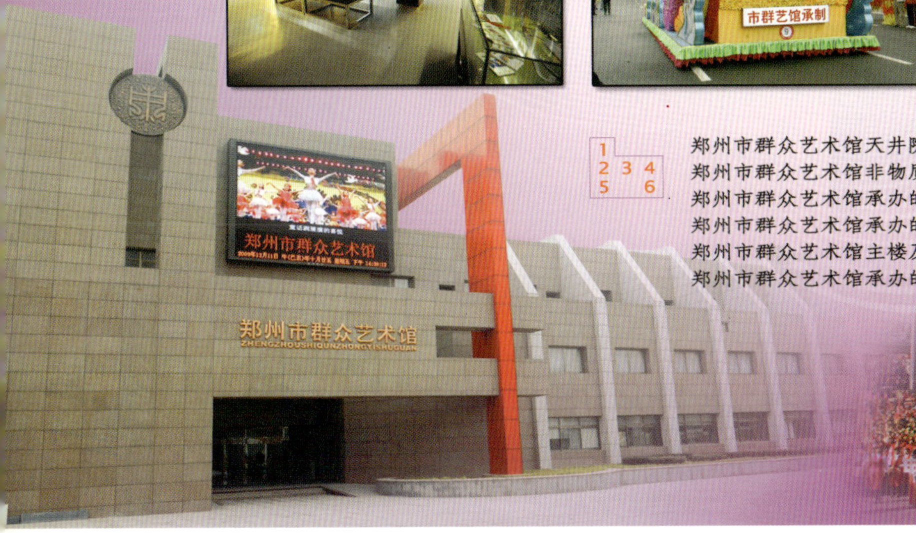

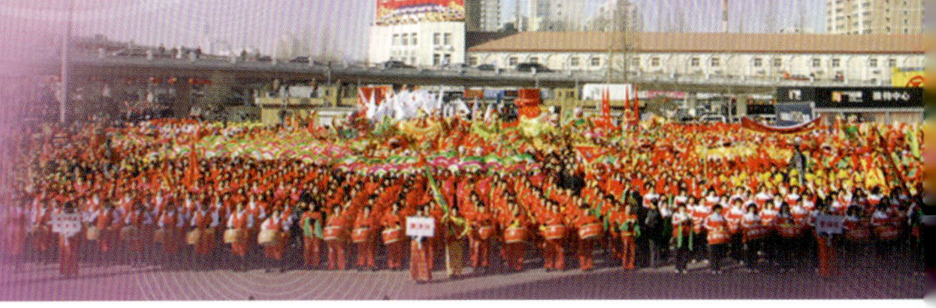

1 郑州市群众艺术馆天井院
2 郑州市群众艺术馆非物质文化遗产展示厅
3 郑州市群众艺术馆承办的第十届亚洲艺术节“花车巡游活动”
4 郑州市群众艺术馆承办的第十届亚洲艺术节“主题公园活动”启动仪式
5 郑州市群众艺术馆主楼及LED大屏幕
6 郑州市群众艺术馆承办的《盛世闹春》2009年春节民间文艺大巡游

攀枝花市 西区文化馆（国家二级馆）

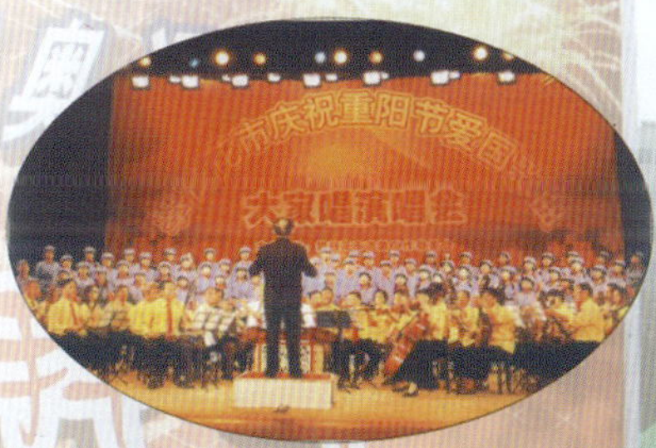

音乐团

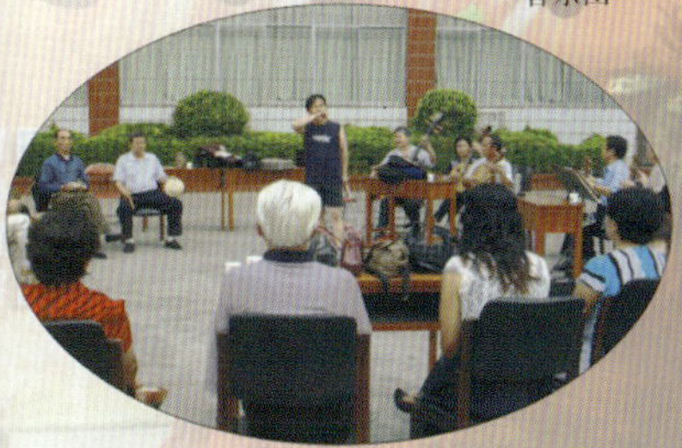

京剧社

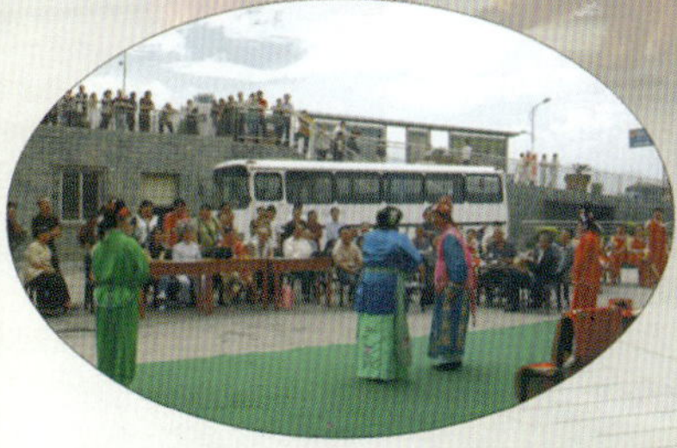

川剧社

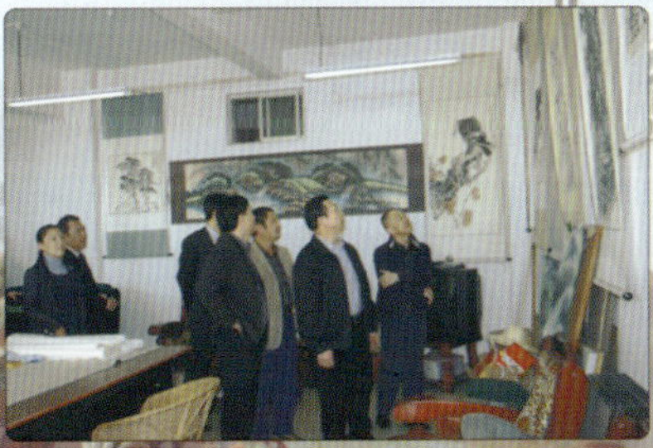

四川省委宣传部部长黄新初等省、市领导前来视察

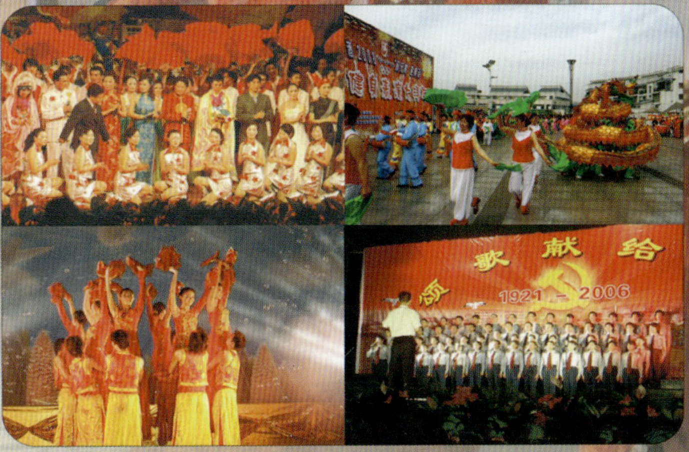

承办大型文艺演出

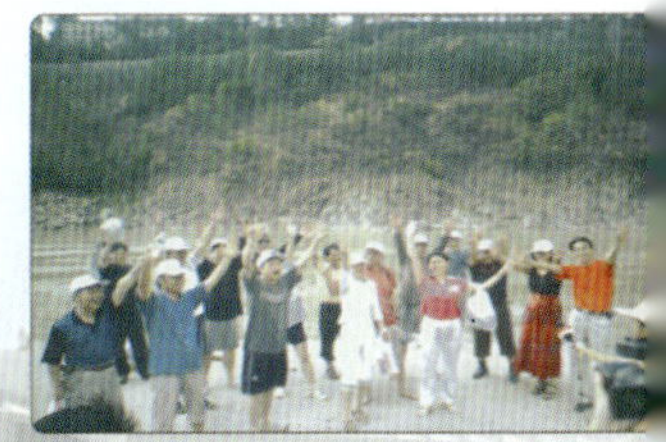

邀请《星星》诗刊诗人漂流采风

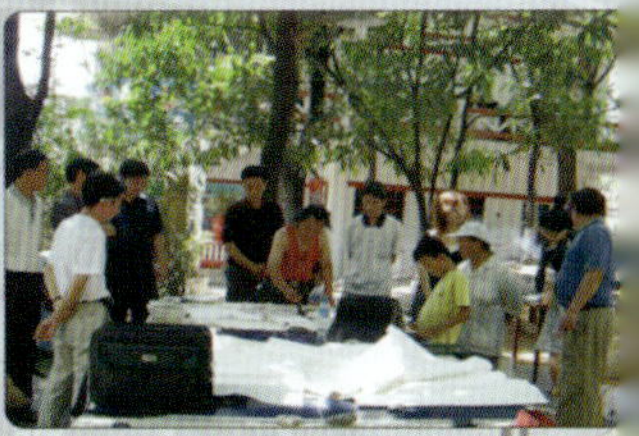

艺术交流

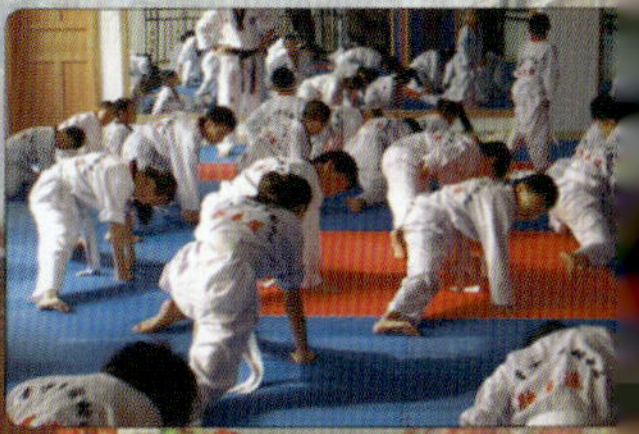

艺术培训

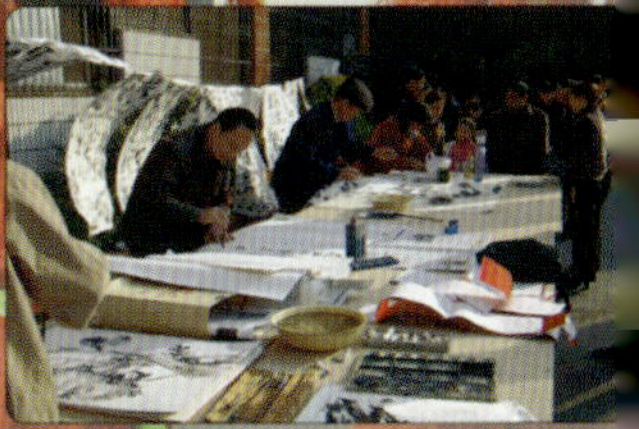

送文化下乡

苏州市滑稽剧团始建于1950年。50多年来，在党的“二为”方向、“双百”方针指引下，发愤图强，艰苦创业，坚持出人出戏，在各个不同时期创造了与时俱进的业绩。

20世纪50年代，《苏州两公差》、《钱笃笤求雨》、《小山东到上海》等一批优秀传统剧目誉满艺坛。60~80年代，电影《满意不满意》、《小小得月楼》、《三十层楼上》三上银幕。进入新时期，《快活的黄帽子》、《一二三，起步走》、《青春跑道》、《笑着和明天握手》、《顾家姆妈》等大型滑稽戏两度荣获“文华大奖”、两度被评为国家舞台艺术精品工程“十大精品剧目”、三度荣获中国戏剧节“优秀剧目奖”、五次荣获中宣部精神文明建设“五个一工程奖”以及文化部首届“优秀保留剧目大奖”等殊荣；小品《今夜情》、《今夜更有情》、《回家过年》分别荣获文化部“文华新节目奖”和全国小品比赛金奖。

苏滑人才辈出，著名滑稽戏表演艺术家张幻尔，创造了独树一帜的冷面滑稽表演流派，方笑笑、叶霞珍等老一辈艺术家在滑稽界享有盛名。如今剧团建立了以国家一级演员、三度“文华表演奖”、二度“梅花奖”、“白玉兰奖”获得者顾芗，国家一级演员、二度“文华奖”、“梅花奖”、“白玉兰奖”获得者张克勤等为代表的中青年艺术骨干队伍，传承了苏式滑稽“冷隽幽默、爽甜润口、滑而有稽、寓理于戏”的艺术风格，受到广大观众的欢迎。10多年来足迹遍布大半个中国，演出收入逐年增加，两个效益同步增长。

剧团相继获“全国文化工作先进集体”，先后5次被省政府记“集体一等功”、3次被省文化厅记“集体二等功”、2次“集体三等功”、2次被苏州市政府记“集体二等功”，连续19年被评为“苏州市文明标兵单位”，连续8年被评为“江苏省文明标兵单位”。

《一二三，起步走》

《青春跑道》

《顾家姆妈》

韩再芬，全国人大代表（2003年第十届、2009年第十一届）、中国戏剧家协会副主席（2005年）、全国首届30名“德艺双馨”艺术家、中国戏剧“梅花奖”得主、国家首批新世纪百千万人才、国家级非物质文化遗产项目代表性传承人、全国劳动模范和先进工作者……

韩再芬10岁参加工作，任演员，16岁担纲主演黄梅戏电视连续剧《郑小姣》而一举成名。此后先后主演了《女驸马》、《血狐帕》、《西施》、《杨玉环》、《孔雀东南飞》、《徽州女人》、《公司》、《美人蕉》等20余部具有较大影响的舞台剧及《香魂》、《徽商情缘》、《生死擂》、《疾风劲草》、《温州女人》、《清明上河图》、《红粉须眉》、《走向共和》、《尘埃落定》、《贞观长歌》、《清风明月佳人》等20余部优秀影视剧。并连续10多年应邀参加中央电视台春节联欢晚会。曾荣获省级和国家级最高荣誉和奖项40余项。

1999年以来，在党和政府及社会各界的大力支持下，由韩再芬创意、策划并主演的《徽州女人》获得巨大成功，先后赴北京、上海、深圳、台北、天津、重庆、香港、澳门等40多个大中城市演出，演逾400场，好评如潮，赢得党和政府、社会各界、各宣传媒体广泛赞誉，受到胡锦涛、江泽民、吴邦国、温家宝等中央领导人的接见和鼓励。

2005年，安庆再芬黄梅艺术剧院成立，韩再芬出任院长。几年来，韩再芬积极响应市委、市政府号召，在市文广局党委的领导下，更新发展思路、创新发展内容，开创了文化事业和文化产业化发展的新局面。

安庆再芬黄梅艺术剧院

福建省梨园戏实验剧团

为庆祝新剧院（梨园古典剧院）落成，剧团在省文化厅、市文化局及莆田市文化局、东南早报联合主办下，于2008年12月28日至2009年1月8日偕同上海昆剧团、莆仙剧院进行“三大古剧”首次展演。集结了中国戏剧界表演最高奖——梅花奖的10位戏剧表演艺术家：蔡正仁、岳美缇、梁谷音、张铭荣、计镇华、刘异龙、谷好好、张静娴、曾静萍、王少媛。为了进一步推动梨园戏艺术的继承发展，自剧院展演伊始，对内，实行“梨园周末”演出，定期演出一些优秀传统剧目、折子戏及新创剧目，逐步推出剧团的青年演员，积极培养戏剧观众，在尊崇守望传统基础上，用心感悟传承，思考发展传播梨园戏艺术；对外，实行商业化的运营方式，同锦绣文化传播公司合作，引进其他剧种演出，推动泉州戏剧事业的繁荣发展，促进文化事业交流。

《朱弁》剧照

《节妇吟》剧照

《节妇吟》剧照

《朱弁》剧照

《节妇吟》剧照

泉州市木偶剧团

泉州提线木偶戏，古称悬丝傀儡，源于秦汉。据文献记载，至迟于唐末五代已在泉州及周边地区流行。此后历经宋、元、明、清以至当代，传承不辍。至今保存700余出传统剧目和由300余支曲牌唱腔构成的独有剧种音乐“傀儡调”（含“压脚鼓”、“钲锣”等古稀乐器及相应的演奏技法）。同时形成了一整套精湛规范的操线功夫（传统基本线规），以及独具特色的偶头雕刻、偶像造型艺术与制作工艺。

泉州提线木偶戏主要传承者——泉州市木偶剧团创建于1952年。建团以来，相继创作排演了大批剧目，数十次获国内外大奖，其中：木偶戏《古艺新姿话傀儡》获“第十届文华奖”；木偶剧《钦差大臣》获“第十一届文华奖”，并入选两届“国家舞台艺术精品工程”；木偶剧《火焰山》获“首届国家优秀保留剧目大奖”。2005年应邀在联合国总部举办“2005联合国中国春节文艺晚会”。2007年奉调赴巴黎联合国教科文组织总部参加“联合国中国非物质文化遗产艺术节”。2008年8月8日，泉州市木偶剧团在北京第29届奥运会开幕式文艺演出上，向全球40多亿电视观众展示了中国提线木偶戏的独特风采。2009年10月，应邀赴世界著名艺术殿堂美国卡内基音乐厅为“古今回响中国艺术节”作开幕式演出。2009年11月，赴比利时国家剧院参加“欧罗巴利亚中国艺术节”演出。2009年11月，荣获中国人民对外友协“人民友谊贡献奖”。

泉州提线木偶戏是我国不间断传承史最长，文化积淀、艺术积累最为丰厚的傀儡戏种。也是我国悬丝傀儡艺术的珍稀范本和不争代表。2002年，经中国艺术研究院推荐，泉州提线木偶戏同昆曲等10个项目，被联合国亚太文化中心列入“传统民间表演艺术数据库”。2005年，泉州市木偶剧团被联合国南南合作网示范基地授予“联合国南南合作网木偶艺术项目示范基地”。2005年10月，泉州市木偶剧团被人事部、文化部授予“全国文化工作先进集体”称号。2006年泉州提线木偶戏入选首批“中国非物质文化遗产保护名录”。2007年6月，获文化部“文化遗产日”奖。2008年11月被福建省文化厅授予“闽南文化生态保护实验区示范点”称号及“第三批福建省文化产业示范基地”称号。2009年1月，被联合国教科文组织国际木偶联会（UNIMA）中国中心、中国木偶皮影艺术学会授予“艺术交流实验基地”。

1.《火焰山》剧照
2.《钦差大臣》剧照
3. 泉州提线木偶戏在2008年奥运会开幕式上表演
4.《火焰山》剧照
5. 泉州市木偶剧团于纽约联合国总部专场献演
6. 深受观众喜爱的泉州提线木偶

重庆艺术学校

1 2 3 4 5

1. “我和我的学生”舞蹈专场——群舞《溜溜的康定，溜溜的情》剧照
2. 20年庆典剧照
3. 新年音乐会
4. 歌剧《白毛女》剧照
5. 由马志广、曲鹏、郭晓红编导的舞蹈《送寒衣》在第三届辽宁舞蹈荷花奖中获金奖

艺校毕业生、影视明星蒋勤勤

杂技专业演出剧照

艺校毕业生、影视明星殷桃

三门县文化馆

省领导来三门县前郭村视查“种文化”活动

全国“群文品牌”会议在三门县召开

文化遗产日宣传活动

台州市中国画邀请展

澳门舞蹈家协会

2009年“中国舞等级考试”
教师培训暨学生文凭考试结业礼

“欢庆回归·十载辉煌”第
六届澳珠欢舞大型专题文艺晚会

2008年“舞韵风化”专题摄影
比赛作品展览开幕式暨颁奖典礼

庆祝澳门舞蹈协会成立20周
年联欢晚会

“划破時空·舞向2010”
两岸四地舞蹈精英荟萃

2008“花儿朵朵·庆奥运”华夏儿童艺术展演

古元美術館

1986年古元在珠海

运草（版画 1940年） 古元

铡草（版画 1940年） 古元

古元美术馆是以中国杰出的人民美术家、美术教育家古元之名命名的珠海市第一座市立美术馆。古元（1919~1996年）出生于珠海市唐家那洲村，曾任中央美术学院第四任院长、中国美术家协会副主席、中国版画协会名誉主席。徐悲鸿先生誉其为“中国艺术界一位卓绝之天才”。古元的艺术作品是中国革命和建设的历史画卷，其高度的思想性和艺术性的统一，具有不朽的历史和艺术价值。蔡若虹先生为古元美术馆题写了馆名。

古元美术馆坐落于珠海市梅华东路388号，此地有崇山摩崖，茂林修竹，石溪潺湲，映带左右。该馆占地10000平方米，建筑面积8160平方米，集美术馆、小型博物馆和个人纪念馆于一体，履行美术馆典藏、研究、展览、教育、服务、交流六大功能。

古元美术馆的业务结构主要由典藏研究部、策划推广部、展览陈列部和办公室组成。馆内拥有三层设施完备的展厅、多功能报告厅、恒温恒湿的画库；还有图书资料室、美术研究室、接待室、画廊、咖啡茶座等配套服务设施，同时拥有完备的安保系统。可举办各种类型的美术展览，是开展美术教育，组织学术研究和美术交流的理想场馆。

古元美术馆以专业的水准和规范的服务面向国内外美术界人士和广大观众。

古元美术馆全景

湖北省古建筑保护中心/湖北明代藩王博物馆

湖北明代藩王历史文物陈列展馆

“湖北省古建筑保护中心”位于武汉市武昌区友谊路2号，为湖北省文化厅领导的处级事业单位，由湖北省文物局管理。按职能要求，被国家文物局授予文物保护工程勘察设计甲级资质，证书号为文物设甲字0101SJ0017号。经湖北省文化厅批准，在湖北省古建筑保护中心加挂了“湖北明代藩王博物馆”的牌子。

湖北省古建筑保护中心的职能是：在国家文物保护法律法规的框架内，对全省古民居建筑加强管理，制定保护措施，实施抢救性保护；承担古文化遗址、古墓葬、古建筑、近现代文物建筑维修保护方案之作、文物保护规划编制等工作；承担湖北省文物信息数据库的建设、管理和运行；完成湖北省文物局授权办理的其他文物保护事项。

文物陈列展柜

湖北明代藩王博物馆是集中展示、研究湖北区域明代藩王历史文化轨迹及灿烂文化瑰宝的专题博物馆，位于武汉市黄陂区木兰湖，占地面积157亩，总建筑面积8270平方米，于2008年对外免费开放，年接待参观人员近30万人。馆区内以抢救性搬迁复建的古建筑作为展厅及库房使用，并规划建设相应景点对外开放。通过收藏、保护、展示、研究明代藩王历史文物，采用现代科技手段，弘扬优秀的传统地域文化，展示明代社会政治、经济、文化的发展和湖北明代藩王历史文化最真实的一面。使具有历史、艺术和科学价值的历史文化遗产（包含非物质文化遗产）得到充分保护和利用，使之与全省文物保护事业互为促进、共同发展。湖北明代藩王博物馆的建成及对外免费开放，已成为人民群众共享改革开放文化成果的亮点。

湖北省古建筑保护中心、湖北明代藩王博物馆现有干部职工30人，大专以上学历27人，其中，具有博士、硕士、学士学位的规划、设计人员18人，平均年龄31岁，勘察设计标准执行文化部颁布的《文物保护工程管理办法》、博物馆工作执行《博物馆条例》。全部职能受湖北省文物局的监督指导。

检查陈列

田家已耕作
井屋起晨烟
园林鸣好鸟
闲居犹独眠
不觉朝已晏
起来望青天
四体一舒散
情性亦欣然

中国文化艺术发展促进会

2008奥林匹克美术大会启动仪式上公布活动口号“艺术让奥林匹克更美”

国际奥林匹克委员会主席雅克·罗格先生出席2008奥林匹克美术大会开幕式

2008奥林匹克美术大会颁奖现场：前排从左至右依次为原会长侯恩余、艺术家聂义斌、梁岩、会长何秀范、中国美协副主席何家英

2008奥林匹克美术大会优秀作品巡展广东省中山市小榄镇展厅

中国文化艺术发展促进会会长何秀范（右5）、北京奥林匹克文化促进会秘书长郭鹏（右2）与大伦敦市政府主管文化副市长Munira（右4）、英国伦敦发展署北京代表处首席代表刘桐渤（右1）、大伦敦市政府推广顾问安德纬（左1）大伦敦市政府国际事务部主任多米尼克（右3）及相关部门负责人就“2012（伦敦）奥林匹克美术大会”联合举办事宜进行商谈。

中国文化艺术发展促进会会长何秀范（右1）、北京奥林匹克文化促进会秘书长郭鹏（右2）、英国伦敦发展署北京代表处首席代表刘桐渤（左1）、大伦敦市政府推广顾问安德纬（右3）与伦敦博物馆副馆长伊丽莎白（左2）就“2012（伦敦）奥林匹克美术大会”合作事宜进行商谈。

中国儿童音乐学会

China Institute of Children's Music

申溪

魏雅鸣

李众

王晓洪

崔静

孟大鹏

巩素清

学会创建于1987年，是由热心于儿童音乐事业的词、曲作家、表演艺术家、心理教育学家、音乐评论家、儿童活动家组成的全国性音乐学术团体。学会受文化部社会团体办公室的管理。曾先后与中央电视台、北京电视台等单位共同组织了多次少年儿童大型选拔赛，中澳青少年文化艺术交流等诸多国际活动，并获得各界好评。

名誉会长：周巍峙、徐沛东
顾问：严金萱、金 波、周广仁、王效恭、邵紫绶、龚耀年、晓丹
终身名誉会长：申 溪
会长兼法人：魏雅鸣
副会长：李众、王晓洪、孟大鹏、崔静
秘书长兼办公室主任：巩素清
副秘书长：金英华、张先敏、耿大权、方群力

下设专业委员会：

中国儿童音乐学会艺术委员会	主 任：金英华、张先敏
中国儿童音乐学会花朵艺术团	团 长：张先敏
中国儿童音乐学会音乐教育委员会	副主任：巩素清

海事博物馆

HAI SHI BO WU GUAN

海事博物馆是澳门最受欢迎的文化旅游景点之一，位于妈阁庙前地。海事博物馆外形独特，远看就好像一艘船；博物馆楼高三层，以中国、葡萄牙及澳门的航海事业为主线来划分专题展区，地下的展厅主要介绍澳门渔民社群的生活情况，一楼介绍中国及葡萄牙的航海历史，二楼介绍有关航海技术知识及海上交通工具。运用深入浅出的手法，配合动画短片，展示了本地区渔民社群的风俗习惯、航海科技的发展、海上交通史的演变过程、海洋生物学以及其他相关知识领域。此外，还陈列了大量珍贵的模型、图片和船舶复制品，展品林林总总，内容丰富，令人目不暇接。除了展馆外，博物馆还设有水族馆及露天茶座。

海事博物馆不仅是一个展览馆，而且还是一个海事历史和文化研究中心，积极进行富历史价值文献及专题研究的出版工作，期望在促进澳门史研究和各种历史著作的传播和推广工作上略尽绵力。同时，还设有一个以海事为专题的图书馆，其中不泛非常珍贵的书籍。

入场费为：

10岁至17岁　澳门币5元（周一至周六）；$3元（星期日）
18岁至64岁　澳门币10元一标准票（周一至周六）；$5元（星期日）
10岁以下、65 岁或以上者免费

▲二楼

▲一楼

◄博物馆内

◄地下

地　　址：澳门妈阁庙前地一号
开放时间：上午10时至下午6时（下午5时30分停止售票），逢星期二休馆
电　　话：(853) 2859 5481
传　　真：(853) 2851 2160
电子邮箱：museumaritimo@marine.gov.mo
网　　址：http://www.museumaritimo.gov.mo
巴士线路：1, 2, 5, 6, 7, 9, 10, 10A, 11, 18, 21, 21A, 26, 28B
（以上资料只供参考，如有更改，以有关交通机构公布为准。）

三國聖地

成都武侯祠博物馆

成都武侯祠园林区举办的电影《赤壁》全球首映礼

成都武侯祠——汉昭烈陵

2010年成都大庙会开幕仪式

成都武侯祠——红墙夹道

福建博物院

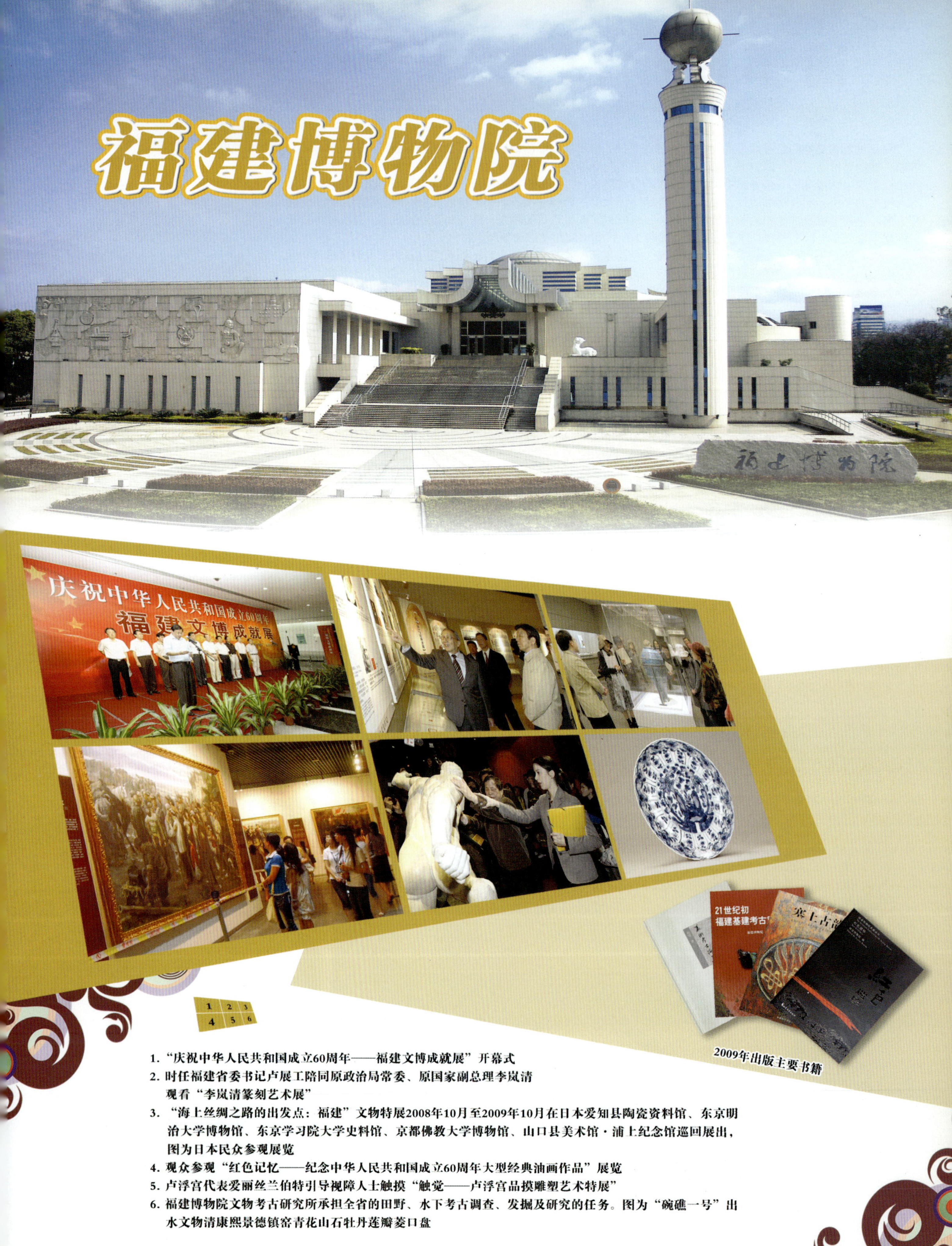

2009年出版主要书籍

1. “庆祝中华人民共和国成立60周年——福建文博成就展”开幕式
2. 时任福建省委书记卢展工陪同原政治局常委、原国家副总理李岚清观看“李岚清篆刻艺术展”
3. “海上丝绸之路的出发点：福建”文物特展2008年10月至2009年10月在日本爱知县陶瓷资料馆、东京明治大学博物馆、东京学习院大学史料馆、京都佛教大学博物馆、山口县美术馆·浦上纪念馆巡回展出，图为日本民众参观展览
4. 观众参观“红色记忆——纪念中华人民共和国成立60周年大型经典油画作品”展览
5. 卢浮宫代表爱丽丝兰伯特引导视障人士触摸“触觉——卢浮宫品摸雕塑艺术特展”
6. 福建博物院文物考古研究所承担全省的田野、水下考古调查、发掘及研究的任务。图为“碗礁一号”出水文物清康熙景德镇窑青花山石牡丹莲瓣菱口盘

少林寺武术馆

河南省旅游景区(点)
Henan Province Tourism Scenic Spot
河南省旅游局颁发
Issued By Henan Tourism Bureau

《少林武魂·慧光的故事》成功登上美国百老汇的舞台并获美国托尼奖和剧评人奖提名

《少林武魂·慧光的故事》在美国大雾山剧院驻场演出

河南禅居国际饭店

舞台功夫剧《十三棍僧》赴希腊演出

与台湾优剧团合作功夫剧《禅武不二》参演法国诺曼底艺术节

河南省嵩山少林寺武术馆，位于少林寺东700米处，是国家旅游局和河南省人民政府共同投资兴建的我国首家集武术表演、教学、文化交流、旅游于一身的大型综合性禅武文化训练场馆，也是少林景区最具特色的旅游景点。隶属于河南省旅游局。下设4个表演团、演武剧场、禅居国际饭店、武术学院、国际教学部、宝剑厂、旅行社等。

少林寺武术馆建馆20多年来，先后接待过新加坡总理李光耀、韩国总统金泳三、老挝国家主席朱马里、塞拉利昂总统卡巴等国外政要，以及李长春、刘云山、乔石、李瑞环、杨尚昆等党和国家领导人。武术馆还为200多个重要政府代表团、驻华使节团和来自世界各地的数以千万计的武术爱好者表演少林功夫。

少林寺武术馆表演团作为国家旅游局和河南省政府指定的专业对外文化交流团体，出访过世界80多个国家和地区，是我国首家进入英国皇家剧院、美国百老汇、奥地利金色大厅和俄罗斯克里姆林宫演出的文化团体。武术馆表演团历经数年磨砺，成功推出《少林武魂·慧光的故事》、《禅武不二》、《十三棍僧》等一系列大型功夫舞台剧，频频亮相于世界重要文化艺术节和主流演艺市场，为弘扬和传播少林文化，作出了积极的贡献。

宁夏回族自治区博物馆

宁夏回族自治区博物馆的前身是1959年9月成立的宁夏地质博物馆筹备处，1973年宁夏回族自治区博物馆正式成立，馆址位于银川市承天寺院内。2008年9月，在自治区50周年大庆之际，一座崭新的博物馆以其端庄的外形、先进的设施、完备的功能、新颖的展陈、优质的服务，正式开馆使用。

宁夏博物馆现馆藏文物4万多件。其中三级以上珍贵文物4000余件，经鉴定确认的国家一级文物159件，胡旋舞石刻墓门、鎏金铜牛、力士志文支座被鉴定为国宝级文物。西夏文物、回族文物的收藏数量和质量为文博行业所瞩目；馆藏文物鲜明的地方特色和民族特色，在全国博物馆中，独树一帜。

1. 宁夏博物馆新馆
2. 9月23日，中央代表团一行参观宁夏博物馆
3. 8月28日，自治区党委书记陈建国、主席王正伟、国家文物局副局长张柏出席宁夏博物馆新馆开馆典礼
4. 中央大厅
5. 通史展序厅
6. 鎏金铜牛（西夏）
7. 宣德款阿文铜香炉（明）

长沙简牍博物馆

1. 国家文物局单局长参观长沙简牍博物馆
2. 免费开放，游人如织
3. 大型书画临时展览迎接国庆
4. 第二课堂活动小讲解员培训班

四川省图书馆

四川省图书馆始建于1912年10月，迄今已有近百年历史。

四川省图书馆是综合研究性公共图书馆，是巴蜀文化、典籍文献研究和公益性文献信息基地，是世界银行资料存放馆和国际图书馆联合会的成员馆。其主要职能可以概括为“一库三中心”，即：四川省总书库，全国文化信息资源共享工程四川省分中心、四川省古籍保护中心、四川省编目中心。四川省中心图书馆委员会办公室设在四川省图书馆，其职能主要是协作协调全省大专院校、科研院所图书馆及外刊相关工作，编制、经费独立。

四川省图书馆馆藏极为丰富独特，拥有490余万册藏书。最具特色的部分有：隋唐时代手写经卷、宋元明清著名文人重要诗词集、历代四川珍贵地方志书、中国古代医学典籍、近代文化名人手稿、民国暨抗战文献等。

经过建设与发展，四川省图书馆已经成为全国具有重要影响，在西部具有示范和带动作用的大型公共图书馆。在四川省委、省政府的高度重视和四川省文化厅党组的直接领导下，2009年，四川省图书馆党委一班人提出了以构建公共文化服务体系为核心内容的图书馆发展新思路，加快四川省图书馆新馆的建设步伐，于2009年12月23日举行了四川省图书馆新馆开工奠基仪式，并以此为契机，强化图书馆服务功能，以省图书馆文献资源为基础，以“巴蜀讲坛”和“共享工程”建设为依托，联合市州县（区）图书馆并充分利用数量众多的基层图书馆服务窗口，把数字图书馆与共享工程有机地结合起来，整合数据并率先在互联网开通、发放“网上读书卡”，同时将馆藏自建和购置的数字资源向全省覆盖。“巴蜀讲坛”截至2009年，先后在仪陇、成都、绵竹、万源、汶川、广汉、安县、绵阳、广安、新都区等地举办讲座近百场，听众达15万人次，被百姓誉为“心灵的甘泉”；为四川省委、省人大、省政府、省政协及相关职能部门提供决策信息，完成四川省公共图书馆地方法规立法工作；开展政府信息公开查询服务工作；全面减免服务收费，延长开放时间，全年365天免费为农民工、现役军人、离退休人员、残障人员和未成年人服务；抢救整理再造了馆藏《南阆盐务图说》、《四川方志简编》、《明代印存》等馆藏珍贵古籍；在传统的阅览流通、参考咨询、缩微声像资料服务及图书馆科学管理、信息化技术、文献标准化等理论与技术的研究基础上，努力开拓新的服务领域，加强了与立法机构（省人大常委会办公厅）、政府有关部门（旅游局、信息办、四川新闻网）、学校（高校、中小学）、企业（四川移动、四川电信）、部队（成都军区通信部、政治部）、国内国际图书馆界等多种形式的密切合作。2009年7月21日，接待美国文化代表团来川考察，并与美国博物院与图书馆事业机构达成了双方加强合作交流的意向；由中国图书馆学会、德国歌德学院（中国大区）主办、四川省图书馆、广汉市图书馆承办的“儿童阅读在德国”报告会于10月22日在广汉市图书馆举行，进一步扩大了中国文化在德国主流社会的影响。四川省图书馆积极开辟了新的服务范围和项目，拓展服务领域，有利改善公共图书馆形象，发挥了图书馆作为行使政府职能基本理念的转变，强化政府公共文化服务的重要作用。

2009年，四川省图书馆加快了信息化建设的步伐，5月12日，“中国国家数字图书馆四川分馆”正式成立，重点加强数字资源建设，独立建设和开发了一系列有特色的专题数据库，拥有16TB的数字资源，初步形成了覆盖全川的省、市、县、镇（乡）、村五级公共文化服务网络。

“巴蜀讲坛”四川省公共图书馆界文化惠民百场流动讲座

四川文化信息资源共享工程成都市残联分中心

“巴蜀讲坛”在武警部队黄金三总队为新战士举办心理健康常识讲座现场

湖北省图书馆
HUBEI SHENG TUSHUGUAN

湖北省图书馆始建于1904年，是我国最早建成的省级公共图书馆之一，是国家一级图书馆，全国古籍重点保护单位，被誉为“楚天智海”。现馆舍坐落于武昌蛇山南麓，馆舍面积近3万平方米。截至2009年底，馆藏文献总量已达496万册(件)，其中古籍46万册，数字资源总量超过13TB。中国文学、地方志等50多个学科（领域）文献达到研究级水平。累计持证读者已达21.4万余人，年接待读者115万余人次，书刊流通280余万册次。现设有各类对外服务窗口24个，全年365天对外开放，每周开馆时间达到73个小时。为读者提供文献借阅、信息咨询、课题检索、公益讲座、数字资源等服务，形成了“名家讲坛”、“童之趣少儿读书节”、“跨系统图书馆服务宣传周”等知名服务品牌。

2008年10月，湖北省图书馆新馆建设工程隆重奠基开工，新馆建设规模10万平方米，概算总投资6.4亿元人民币，是新中国成立以来湖北省最大的文化基础设施建设工程之一。新馆建设项目将在2010年8月30日前完成全部主体结构，预计2011年投入使用。

近年来，湖北省图书馆先后荣获第八届中国艺术节先进单位、全国第14届“群星奖”服务奖、“省级最佳文明单位”、湖北省“党建工作先进单位”等荣誉。湖北省图书馆驶入了历史发展的快车道，将以新建一流馆舍、整合一流资源、培养一流队伍、实施一流管理、争创一流服务为总体目标，为建设中西部一流的现代化图书馆而奋斗。

湖北省图书馆地址：湖北省武汉市武昌区武珞路45号　邮　编：430060　办公室：027-88846080
传　真：027-88843780　E-mail: bgs@library.hb.cn　网　址：www.library.hb.cn

湖北省图书馆新馆方案沿街日景透视图

湖北省图书馆公益讲座被文化部授予全国第十四届群星奖服务奖

1. 国家图书馆魏大威副馆长（右）与湖北省文化厅王建刚副厅长（左）共同为国家数字图书馆湖北分馆揭牌
2. 省文化厅社文处徐永胜处长（左）、国家图书馆数字资源部王志庚主任（中）和省图书馆万群华馆长（右）共同开通武汉城市圈图书馆联盟网站
3. 湖北省图书馆历史文献楼外景
4. 国际图联主席卢克斯博士（左一）视察湖北省图书馆

国家会议中心
CHINA NATIONAL CONVENTION CENTER
国家会议中心位于奥林匹克公园中心区，交通十分便利。场馆功能设置科学，方便进行会议、展览、宴会、演出、会中会、展中展、会带展、展带会等各种活动。共有会议室百余个，6000人大会堂，3500人大宴会厅，40000平方米的展厅。
专业的管理为企业带来健康的发展，国家会议中心会展预订已到2018年。国家会议中心作为北京会展业的龙头企业，不仅成为北京新的经济增长点，也是北京奥运场馆赛后利用的成功典范。
网址：www.cnccchina.com
地址：北京朝阳区奥林匹克公园天辰东路7号
电话：（8610）84373300
大酒店尊宴厅
酒店咖啡厅
行政楼层客房
大堂
行政酒廊
行政楼层客房
行政楼层套房
国家会议中心大酒店

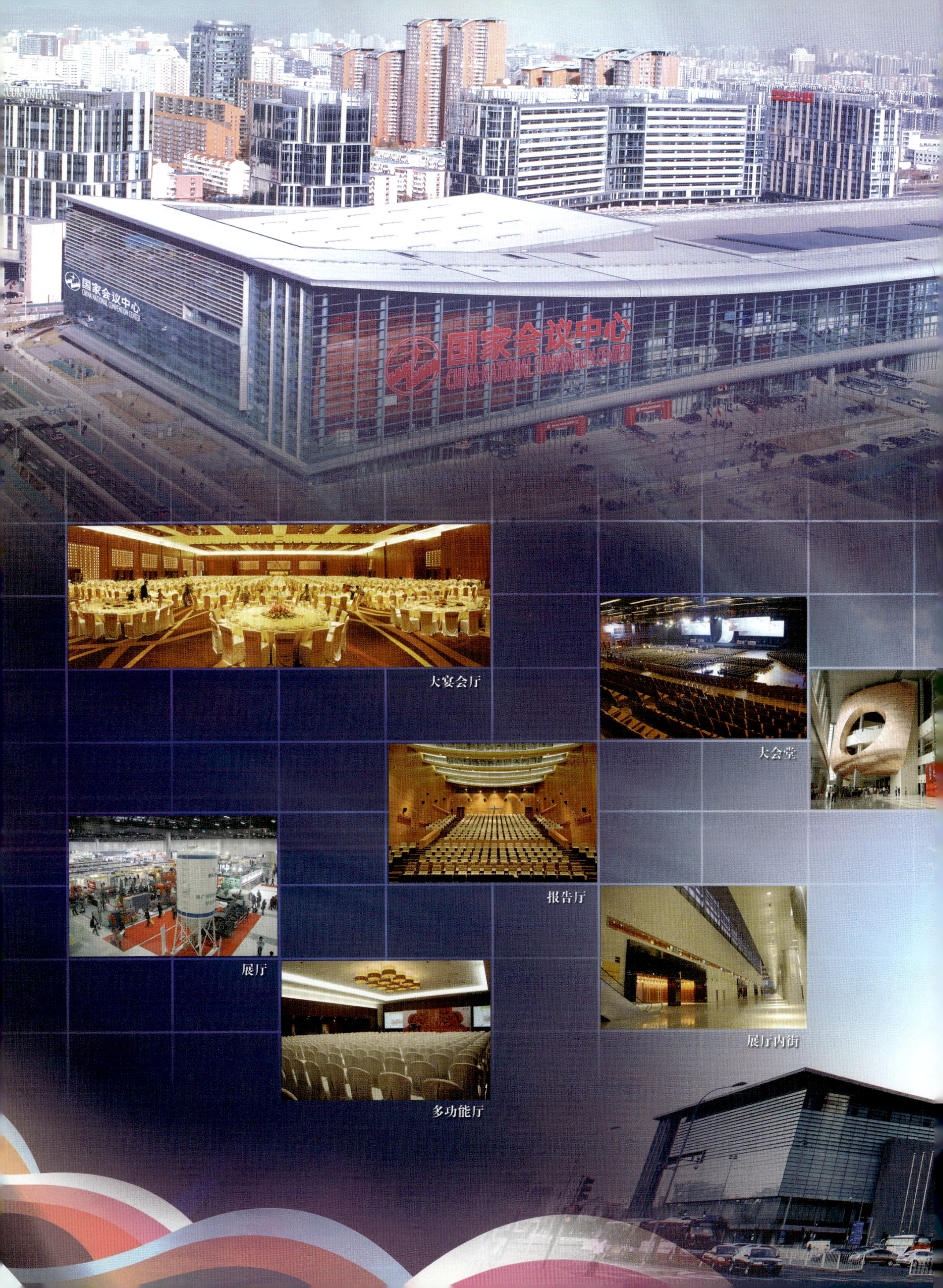

大宴会厅

大会堂

报告厅

展厅

展厅内街

多功能厅

香港新声音乐协会

电邮：ntco_contact@newtune.org
网址：www.newtune.org

新声国乐团于八七年由邱少彬创办，九七年成立新声音乐协会，并领导至今。本会一向积极参与各类社区活动，得到社会普遍认同，零八年正式获确认为"慈善团体"。乐团及协会以"雅俗共赏"为目标，既把优秀的民间、传统音乐及新作品介绍给观众，又把艺术性高的作品普及化。并且提出"业馀团体，专业精神"的口号作为指南，积极提高技术与艺术水准，被誉为音乐界的"无印良品"。近年更确定透过"演艺"、"音乐教育"及"学术研讨"三大领域，积极推动香港的民乐发展。

▲二零零九年八月，由中国民族管弦乐学会主办的(第131期)"全国民族乐器演奏艺术水平考级(香港区)优秀考生《桃李芬芳》音乐会"在北京演出，百多名香港考生担纲演出。音乐会由(左起)香港新声音乐协会主席邱少彬、副会长邓诗绵、香港道教联合会学务部主任汤伟侠博士、中国民族管弦乐学会会长朴东生、副会长张殿英、中国音乐学院附中校长沈诚及中国民族管弦乐学会常务副秘书长张升平主礼。▶指挥邱少彬的两首作品《至和颂》及《紫荊颂》获中国民族管弦乐学会朴东生会长赞扬为"有深度、有思想"的作品。

◀第130期《桃李芬芳》(香港地区)优秀考生音乐会于七月十一日在香港大会堂举行。中国民族管弦乐学会特别重视这场首次于香港举办的音乐会，委派考级办公室副主任、京胡演奏家郭一老师赴港担任主礼嘉宾，年青演奏家王俊娜(二胡)、苏畅(古筝)两位优秀考生任独奏嘉宾。

▲藉潘娥青老师(左六)及翁镇荣老师(左四)赴港任"全国民族乐器演奏艺术水平考级"考官之便，在考试完结后，邀得他们为众学员及老师作辅导。

◀本会于零九年五月举办《梦幻飞天》音乐会，邀请了王惠然先生(右图)及三位来自澳门与广州专业乐团的弹拨乐首席来港合作演出，全场满座。音乐会发表了王惠然老师的两首大型新作——柳琴协奏曲《梁红玉》及中阮协奏曲《梦幻飞天》，分别由魏青(左一)及林洁(左三)担任独奏，还有《毕兹卡欢庆会》及《大漠魂》。《三位独奏嘉宾各领风骚，其他节目有：缪晓铮(左二)与乐队合作演绎经典琵琶作品《彝族舞曲》及《小刀会》颂。另外三重奏《我们永远在一起》及《渔舟唱晚》。

▲二零零九年十月，新声音乐协会主办《金曲回响2009——60年名歌名曲回顾》音乐会，精选不同年代有代表性的歌乐作品，共治一炉。

◀本会应香港盈枫舞蹈团之邀合演《望夫石》舞剧，内容以香港家喻户晓的香港传说"望夫石"作背景。总监邱少彬先生应邀为舞剧《望夫石》创作音乐，并指挥新声国乐团现场伴奏，获得观众热烈的赞赏。

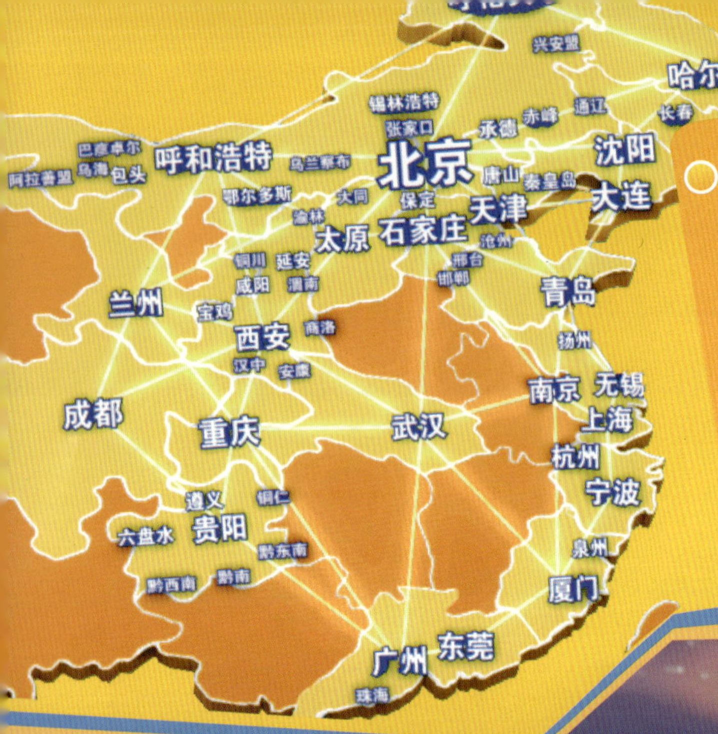

立足北京 覆盖全国

北京卡酷动画卫视是国内首家开播的专业动画卫星频道，落地覆盖全国18省区近百座大中城市，覆盖区域人口6亿，是国内覆盖较广、收视较强、具有全国影响力的动漫专业卫视平台。

精品战略 黄金收视

卡酷八大动画剧场、八大品牌栏目，全天候24小时不间断播出，少儿收视北京地区持续居高，全龄收视领跑全国动画少儿媒体，收视排名稳居全国40余家省级地方卫视前16位，巅峰收视全国第8位。

璀璨华语动漫星空

动画原创 创意领军

创意版权为先，卡酷作为中国十大原创动画制作机构之一，原创动画产量位居北京首位，策划制作《福娃奥运漫游记》、《中华五千年》、《星游记》、《快乐东西》、《我们小孩有力量》、《劳拉的星星在中国》等国产原创动画片和动画电影，赢得五个一工程奖、金鹰奖、华表奖、星光奖、北京文化大奖及亚洲电视奖等众多奖项。

产业多元 渠道为王

立足全国落地平台，产业多元拓展，向商标形象保护、衍生品开发、全国总代理、版权经营、玩具销售、动漫新媒体、儿童艺术培训等动漫产业链外延纵深开拓，构建卡酷动漫全产业链，助力北京文化创意产业。

卡酷全卡通动漫文化

卡酷七色光

卡酷世纪动漫

卡酷世纪商贸

卡酷全景界

WWW.KAKU.TV

中国文化年鉴

Chinese Culture Yearbook

非物质文化遗产保护

The Protection of Intangible Cultural Heritage

综　述

近年来，在党中央、国务院的高度重视下，我国非物质文化遗产保护工作稳步推进，有序开展。胡锦涛总书记在党的十七大报告中特别强调指出“加强对各民族文化的挖掘和保护，重视文物和非物质文化遗产保护”；温家宝总理在政府工作报告中也提出要“加强民族文化遗产保护”，充分表明党和国家对非物质文化遗产保护工作的关心和支持。各级党委、政府对非物质文化遗产保护工作也非常重视，将非物质文化遗产保护工作纳入经济社会发展规划和文化发展纲要，纳入财政预算，纳入重要议事日程。许多省、自治区、直辖市党委、政府将非物质文化遗产保护作为建设文化大省重要内容，在保护机制建设、地方政策法规制定、经费投入等方面，积极采取措施，加大工作力度，工作取得了明显成效。

2008年，非物质文化遗产保护工作在部际联席会议成员单位的大力支持下，在各级文化部门的积极努力下，取得了一定的成绩，抢救保护了一批珍贵、濒危的非物质文化遗产，营造了全民参与非物质文化遗产保护的良好氛围，提高了全社会的非物质文化遗产保护意识，为推动文化大发展大繁荣，满足人民群众的文化需求，兴起社会主义文化建设新高潮，促进社会主义和谐社会建设，发挥了重要作用，做出了积极贡献。主要表现在：

一、普查工作初见成效

普查工作是非物质文化遗产保护的一项基础性工作。2005年6月，文化部部署了全国非物质文化遗产普查工作，目的是通过普查，全面了解和掌握各地各民族非物质文化遗产的种类、数量、分布状况、生存环境、保护现状和存在的问题。

根据2008年11月20～21日在浙江象山召开的全国非物质文化遗产普查工作经验交流会反映的情况，目前，各地普查工作已取得阶段性成果。北京、云南、浙江等省（区、市）已率先完成普查工作任务。北京市普查的项目达7000项，并完成了18个区（县）普查资料汇编。云南省普查工作由州（市）统一组织，以县为单位开展，历时两年半，至2005年底结束，现正在编辑普查分省图集。山东省、上海市普查工作也基本结束，目前普查材料的整理、归档正次序进行。一些省份前期田野普查工作已经完成，正在总结普查成果，进行整理文字、音像、珍贵实物资料，建立数据库等工作。四川省对收集的有关历史文献、相关资料、珍贵实物，进行分级分类管理、建档保存，形成了50多万字的《四川省非物质文化遗产资源汇编》。

二、名录体系逐步完善

在总结第一批国家级非物质文化遗产名录申报与评审经验的基础上，根据国务院办公厅《关于加强我国非物质文化遗产保护工作的意见》和《国家级非物质文化遗产代表作申报评定暂行办法》，文化部制定了第二批国家级非物质文化遗产名录项目的评审标准，并成立了第二批国家级非物质文化遗产名录评审委员会，开展第二批国家级非物质文化遗产名录的申报和评审工作。经过组织专家评审、征求意见、公示、部际联席会议审核等程序，2008年6月，国务院正式批准公布了第二批国家级非物质文化遗产名录，共计510项，涉及925个申报地区或单位，以及第一批国家级非物质文化遗产扩展项目名录，共计147项，涉及427个申报地区或单位。

各地也在积极推进省级非物质文化遗产名录的建立工作。据不完全统计，全国省级名录共有4155项。其中云南、贵州等省已经基本建立了省、市、县三级名录体系。北京、上海两市建立了市、区两级名录体系。一些市、县也建立了本级非物质文化遗产名录，如湖北省17个市（州、直管市、林区）已全部建立地市级名录，第一批共计382项。

名录体系的建立，对推动非物质文化遗产保护工作发挥了重要作用。

三、代表性传承人保护取得新进展

传承人是非物质文化遗产的重要承载者和传递者，他们掌握并承载着非物质文化遗产的知识和精湛技艺，既是非物质文化遗产活的宝库，又是非物质文化遗产代代相传的代表性人物。传承人的保护，是非物质文化遗产保护工作的关键。为加强代表性传承人的保护，文化部开展了国家级非物质文化遗产项目代表性传承人的认定与命名工作，分别于2007年6月9日和2008年2月

15日，公布了两批共777名国家级非物质文化遗产项目代表性传承人。2008年2月28日，文化部在人民大会堂举行了国家级非物质文化遗产项目代表性传承人颁证仪式，向来自全国各地的国家级非物质文化遗产项目代表性传承人代表颁发了证章和证书。这项工作受到社会的广泛好评和中央领导的肯定。

各省区市也陆续开展了省级非物质文化遗产项目代表性传承人的认定与命名工作，云南省1999年、2002年和2007年，分三批命名了647名省级非物质文化遗产传承人。16个州（市）命名了970名州（市）级传承人，129个县（区、市）命名了1893名县（区、市）级传承人。目前，云南已建立起四级传承人保护体系。

为推进国家级非物质文化遗产项目代表性传承人的保护工作，文化部以部长令的形式公布了《国家级非物质文化遗产项目代表性传承人认定与管理暂行办法》，对国家级非物质文化遗产项目代表性传承人的认定标准、权利、义务及管理作出具体规定。在2008年中央转移支付地方非物质文化遗产保护经费中，文化部按照大约每人8000元的标准，安排了国家级非物质文化遗产项目代表性传承人传承津贴，鼓励他们开展非物质文化遗产的宣传、保护和传承工作。

浙江、上海、宁夏等省（区、市）较早出台了地方非物质文化遗产项目代表性传承人认定与管理办法，并对国家级和省级项目代表性传承人给予了补助或津贴。浙江省从2007年开始，对65岁以上的国家级、省级代表性传承人，由省财政给予每人每年3000元至4000元的政府津贴，直到传承人去世；上海每年给70岁以上的老艺人每年2000元标准的艺术补贴；甘肃省环县是全国贫困县，为支持代表性传承人开展传习活动，每年给予环县道情皮影的代表性传承人500元的补贴；宁夏在2007年开展了濒危民间艺人的调查摸底工作，对40余位省级以上非物质文化遗产代表性传承人进行了抢救性录音录像，建立了录像档案资料。

四、文化生态保护区建设逐步展开

《国家“十一五”时期文化发展规划纲要》要求，在“十一五”期间确定十个国家级民族民间文化生态保护区，对非物质文化遗产内容丰富、较为集中的区域，实施整体性保护。

在2007年6月文化部命名我国第一个国家级文化生态保护区试点——福建省闽南文化生态保护实验区之后，2008年1月，文化部命名了第二个文化生态保护实验区——徽州文化生态保护实验区，8月和10月，又分别命名了热贡文化生态保护实验区和羌族文化生态保护实验区。目前，广东、湖南、浙江等省区也在积极探索文化生态的整体性保护。

文化生态保护实验区的相继建立和文化生态保护实验区保护工作的深入开展，将不断积累丰富的非物质文化遗产整体性保护的实践经验，完善非物质文化遗产整体性保护的理论体系，大大促进我国非物质文化遗产保护工作。

五、非物质文化遗产专题博物馆、民俗博物馆和传习所建设呈现良好态势

建立专题博物馆、民俗博物馆和传习所，既能有效地保护普查工作中收集、整理的非物质文化遗产珍贵实物资料，又能将非物质文化遗产资源加以集中保护和展示，充分发挥对青少年和广大群众的宣传教育作用。据不完全统计，目前，北京、河北、云南、贵州等省（区、市）共建立专题博物馆363个、民俗博物馆241个、传习所359个。广东省现已建立木雕艺术、粤剧等各类非物质文化遗产专题博物馆、民俗博物馆、传习所40个。江苏省苏州、无锡、扬州、南通、镇江等市建立了专题博物馆、民俗馆、传习所共67个。这些形式多样的专题博物馆、民俗博物馆和传习所，对于建立科学有效、可持续的非物质文化遗产保护工作机制，加强非物质文化遗产的保护与传承发挥了重要作用。

六、非物质文化遗产保护立法取得新进展

2007年7月，国务院法制办专门就非物质文化遗产保护立法工作赴云南和福建进行调研，2008年5月份又专门赴新疆进行了调研。全国人大教科文委员会也在近期专门到中国非物质文化遗产保护中心就立法问题进行了调研。经多次修改完善和广泛征求意见后，《非物质文化遗产保护法》已列入全国人大立法程序。

在各级党委、政府的积极推动下，地方非物质文化遗产保护的立法工作也取得积极进展。云南、贵州、广西、福建、江苏、浙江、宁夏、新疆等8个省区已经制定了地方的非物质文化遗产保护条例，河北、山西、海南等省也已经把非物

质文化遗产保护的立法工作列入了省人大重点立法计划。

七、经费投入不断加大，机构队伍建设得到加强

中央和地方各级财政大力支持非物质文化遗产保护工作。目前，中央财政已累计投入3.86亿元。2008年，中央财政用于非物质文化遗产保护的地方转移支付专项经费为1个亿，本级专项保护经费为5000万元，今后还将继续增加投入。各地对非物质文化遗产保护的投入力度也不断加大。2005～2008年的年中，地方省级财政共投入约2.59亿元。北京市2004～2008年共投入保护经费3900多万元。山东省地方各级财政近年来投入3579万元，2007年安排了省级专项资金700万元。西部一些省区也安排了非物质文化遗产保护专项经费，如贵州省在财力十分紧张的情况下，省级财政每年安排的保护专项经费由原来的100万元增加到了650万元。保护经费的增加，有力地保障了非物质文化遗产保护工作开展。

非物质文化遗产保护机构和队伍建设也得到加强。《国务院办公厅关于印发文化部主要职责内设机构和人员编制规定的通知》（国办发〔2008〕79号），明确在文化部单独设立非物质文化遗产司。2008年12月29日，文化部印发了《文化部关于印发非物质文化遗产司“三定”方案的通知》（文人发〔2008〕52号），根据非物质文化遗产司职责安排，设立办公室、管理处、保护处3个处室，编制暂定15名。

贵州、江苏等省文化厅的社会文化处加挂了非物质文化遗产处的牌子，增加了人员编制；北京、河北、山西、江苏、浙江、青海、新疆等省（区、市）已经当地编办批准陆续成立了省级非物质文化遗产保护中心，有的省区还落实了人员编制。非物质文化遗产保护工作机构和队伍建设不断加强，从国家到省、市、县四级的保护队伍正在形成。

八、“文化遗产日”活动丰富多彩

2008年6月14日第三个“文化遗产日”期间，文化部、国家文物局和北京市人民政府联合举办了“2008’文化遗产日”系列活动，活动以“展示文化之都神韵，绽放奥运北京光彩”为主题，利用北京市的各类公园、博物馆、故居、图书馆等公共文化活动场所举办了近100场文化遗产展览、展演、讲座活动。

“文化遗产日”期间，受文化部委托，中国非物质文化遗产保护中心在北京市民族文化宫举办了58场“人文奥运”非物质文化遗产展演活动，北京、山西、吉林、江苏等9个省市及中国木偶皮影艺术学会参与了展演活动，观众达40多万。这些活动营造了全民参与保护文化遗产的良好氛围，宣传了文化遗产保护的重要意义，提高了整个社会的文化遗产保护意识。

九、积极参与北京奥运会系列文化活动

在奥运会和残奥会期间，文化部与北京奥组委联合主办“中国故事”文化展示活动，受到了首都观众和国内外参加奥运会的各方人士的高度赞赏，产生了重要影响，为人文奥运增添了丰富的内容。

“中国故事”借助奥运会平台，建造了30个“祥云小屋”，通过实物、多媒体视听艺术、现场手工艺表演以及观众互动等方式，向观众立体展示了我国丰富多彩的非物质文化遗产资源。据不完全统计，参与此次展示活动的国家级非物质文化遗产名录项目共有160余项，每天参观人数达3万多人次。

各地文化部门也积极组织各具特色的非物质文化遗产节目，参加北京奥运会开幕式前“吉祥奥运”演出活动，获得了参加开幕式的世界各国人士的一致好评。

十、积极支持地震灾区非物质文化遗产恢复重建工作

“5·12”汶川大地震发生后，为帮助灾区开展非物质文化遗产抢救和保护工作，文化部经过对地震灾区的非物质文化遗产考察与调研，详细了解了各地非物质文化遗产包括羌族非物质文化遗产损失情况，并以文化要情形式上报中央和国务院有关领导。组织有关专家学者，特别是羌族文化的学者，在北京、成都两地召开汶川地震灾区非物质文化遗产保护与恢复重建规划纲要座谈会，就《汶川地震灾区非物质文化遗产保护与恢复重建规划纲要》、《羌族文化生态保护实验区规划纲要》，进行了认真研究和修改。2008年7月，文化部委托中国非物质文化遗产保护中心论证、筹建和开通了“羌族文化数字博物馆”。目前，《汶川地震灾区非物质文化遗产保护与恢复重建规划纲要》已经纳入地震灾区文化设施重建规划。10月，文化部命名了第四个国家级文化生态保护实验区——羌族文化生态保护实验区。11月14日，文化部在人民大会堂为羌族文化生态保护实验区的设立举行了隆重的授牌仪式，中央政治局委员、国务委员刘延东也应邀出席了授牌仪式，为四川、陕西省授羌族文化生态保护区标牌。

专　题

全国非物质文化遗产普查进展情况

根据国务院办公厅《关于加强我国非物质文化遗产保护工作的意见》（国办发〔2005〕18号）精神，2005年6月，文化部在全国范围内部署了非物质文化遗产普查工作。这是全国范围内第一次对各个门类非物质文化遗产进行全面系统的普查。

3年来，各地贯彻落实国务院文件精神，政府加强领导，文化部门结合本地实际认真安排，知难而上，积极开展普查工作，取得了阶段性进展。云南省于2005年底、北京市于2007年底率先完成了普查工作；浙江省于2008年8月结束普查工作；上海市、山东省田野普查工作也基本结束，目前已进入普查材料的整理、归档阶段；宁夏回族自治区将于今年年底前完成普查工作。大部分省（区、市）普查工作正在稳步推进中。

根据2008年11月20～21日，文化部在浙江象山召开了全国非物质文化遗产普查工作经验交流会会议，有力地推进了全国非物质文化遗产普查进展情况：

一、普查工作取得了阶段性成果

许多地方党委政府高度重视，将普查工作与当地的经济社会发展紧密结合，列入重要议事日程，落实经费，加强领导，为开展普查工作创造了很好的条件。各地充分发挥主动性和积极性，努力探索行之有效的普查工作模式。如浙江省委、省政府高度重视普查工作，分管领导亲自督导，各市、县政府均建立了普查工作组织领导机构，精心组织，落实普查工作责任，积极筹措资金，保障普查工作顺利进行。广东省各地陆续建立了由政府分管领导担任组长和文化部门主管领导担任副组长的普查工作领导小组，并建立了市、县、镇（乡）三级普查工作机构，确保了普查工作各项任务的有效落实。各地文化行政部门普遍采取先行试点的办法，稳步推进普查工作。通过试点摸索经验，借助试点工作经验，理清工作思路，制定了一系列符合当地实际的普查工作措施和具体的操作流程，从而有力地引导、推动普查工作的有效开展和有序推进。许多省从本地实际出发，边实践、边摸索、边总结，形成了不少行之有效的工作模式。如浙江省宁波市在普查实践中总结了“村报普查线索、乡查重点项目、县做规范文本”的普查工作流程和普查方法，使普查工作从最基层的村落（社区）做起，从动员广大群众参与做起，从提供简单的普查线索做起，推动了普查工作的深入进行。江苏省结合本地实际，实施了“自下而上查报信息，自上而下指导采录，上下联动实施普查”的工作措施。青海省采取了由省文化厅直接组织，抽调骨干力量组成3个普查组，赴各地开展普查工作。山东省采取了“四个一”的普查评估做法，要求以县为单位，完成“一本普查资料汇编、一个档案资料室、一个珍贵实物陈列厅、一个数据库”。

普查取得了积极进展，主要表现在以下几个方面：

（一）采集、记录、整理了一大批非物质文化遗产资料，建立了普查档案和数据库

各地采取文字、图片、音像等方式，系统全面地对当地的非物质文化遗产资源进行了详细的记录，并建立了普查档案。浙江省形成普查文字记录1032.1万字，录音记录4525.7小时，普查资料汇编3260余册。上海市共收集文字记录稿12142篇，相关音像资料517份。广东省采集非物质文化遗产资源照片1.8万张，音像光碟共3000多盘。

为了科学地记录普查资料和建立完善的普查档案管理系统，一些地方积极推进普查成果的数字化建设。如湖北省宜昌市建立了本地非物质文化遗产资源数据库，甘肃省环县作为全国贫困县也率先建立了环县道情皮影资料管理数据库，将普查工作成果进行数字化整理、保存和展示。

（二）征集了一批非物质文化遗产珍贵的实物

各地在普查中也十分注重非物质文化遗产珍贵实物的记录、整理和征集工作。如山东省在普查工作中，征集非物质文化遗产珍贵服饰、建筑构件、生活用具、生产用具、工艺品、道具、乐器等实物10000余件，征集乐谱、剧本、手稿、画稿、书籍等资料15000余件；湖北省通过普查，征集工艺品、生产生活用品等各类珍贵实物72850件，书籍、手稿等各类资料61775件；宁夏回族自治区在普查工作中征集了珍贵实物3530余件，资料2100余本，抢救了一大批珍贵实物和资料。

（三）抢救和保护了一大批濒危的非物质文化遗产项目

在普查工作中，各地对新发现的非物质文化遗产项目进行了整理，并对濒危的非物质文化遗产项目采取措施，进行了优先抢救和科学地保护，为抢救保护非物质文化遗产名录项目奠定了基础。如青海省在普查中发现了濒临失传的红陶制作技艺项目后，立即组织专家制定保护方案，实施了有效的保护措施。

（四）出版了一批普查成果

一些地方在普查工作中，边普查，边整理出版普查成果。北京市采取了完成一个普查县，汇编一个县的普查资料的方式，对全市普查资料进行了汇总，编纂了统一格式的《北京市非物质文化遗产普查项目汇编》（区县分卷本）。河北省出版了《河北民间古乐工尺谱集成》、《中国内画图典》、《中国武强年画艺术》等普查成果。浙江省在普查工作基本结束后，各县（市、区）、地级市以及省里均编辑出版了非物质文化遗产资源汇总资料。福建省泉州市编辑出版了《泉州地方戏曲丛书》、《泉州民俗文化丛书》、《南音指谱大全》、《明刊戏曲弦管选集》等普查成果。

（五）培养了一支普查工作队伍

一些省（区、市）重视普查队伍培训工作，组织专家开展了边培训、边普查的工作方式，有力地推动了普查工作和队伍建设。如浙江省通过委托培训和自己组织培训等方式，举办了各类普查工作培训班，参加培训人数达17万人。北京市组织举办了普查培训班20余期，培训人数2000多人。江西省开展了省市县三级普查培训。通过开展普查培训工作，有效地提高了各地参与普查工作人员的业务水平，培养了一支既懂普查又懂保护业务的工作队伍。

二、普查工作存在的一些问题

虽然目前各地普查工作总体上取得了积极进展，但距离全国完成普查工作任务的要求和目标还有很大差距。目前全国有59.4%的地（市、州）和57%的县（区）的普查工作正在进行中，但仍有1.1%的地（市、州）和12%的县（区）普查工作进展缓慢。存在的主要问题有：

（一）对普查工作重要性和必要性认识不足

一些地方对非物质文化遗产普查工作未引起足够的重视，缺乏抓紧抓好普查工作的责任感和使命感，未能将普查工作纳入经济、社会和文化发展规划，纳入地方政府的重要议事日程，普查工作进展缓慢。

（二）田野普查工作不扎实

部分省份记录普查项目的资料不准确，不完整。有的地区普查未能充分利用录音、录像、数字化多媒体等现代化手段开展田野普查，普查手段单一。有的地区还以项目申报资料代替普查资料。

（三）数据库建设进展缓慢

一些地区缺乏非物质文化遗产普查设备和专业人员，掌握和使用现有普查设备和软件的创新和开拓能力不够，致使非物质文化遗产普查数据库建设进展缓慢。

（四）经费投入严重不足

一些地区普查经费投入不足，非物质文化遗产普查经费难以保证，工作举步维艰，严重影响了普查的进度。

三、努力完成非物质文化遗产普查任务的几点要求

普查工作是非物质文化遗产保护的重要任务和工作内容，是关系到非物质文化遗产保护持续发展的基础性工作。必须从落实科学发展观，推动中华传承发展和建设先进文化的高度予以高度重视，切实采取措施，认真落到实处。

（一）要提高认识

开展非物质文化遗产普查，是非物质文化遗产保护工作一项重要的基础性工作，也是抢救、保护和传承非物质文化遗产的重要环节。开展非物质文化遗产普查和保护工作，对摸清非物质文化遗产家底，建立非物质文化遗产名录保护体系，抢救代表性传承人，进一步推进非物质文化遗产保护工作，具有重要现实意义。同时，必须清醒地认识到，随着现代化和城市化进程的日益加快，许多珍贵的非物质文化遗产正濒临消亡。做好非

物质文化遗产普查工作，对濒危的非物质文化遗产项目及传承人进行抢救性记录和保护已经刻不容缓。只有摸清本地区非物质文化遗产资源的家底，才能正确认识非物质文化遗产的性质和特点，制定科学有效的保护政策和措施，进一步做好非物质文化遗产保护各项工作。

按照部署，普查工作应在2008年底完成。从各地完成的工作实际情况出发，普查验收将从2009年初陆续开始，到2009年底基本完成。困难很大，希望大家齐心协力，克服困难，努力按时完成普查任务。

（二）要创新工作思路

开展普查工作，任务繁重，工作复杂，必须以创新的思路开展这项工作。要注重“抢救为先”，对于那些濒危项目和年老体衰的非物质文化遗产传承人，要优先安排调查采访和抢救搜集，以免造成人亡艺绝。在开展非物质文化遗产普查和采集过程中，坚持全面调查和真实采录。要严格按照普查工作的原则，在“全面性、真实性、科学性”上下工夫，真正摸清家底，把普查工作做细、做深、做实。要把普查工作与向全社会普及宣传文化遗产保护知识，全面认识祖国优秀传统文化结合起来，把普查与发动社会力量，调动全民族遗产保护意识结合起来，以政府为主导，发动全社会力量参与文化普查工作，形成全民关心、支持和参与普查工作的良好局面。

（三）要积极做好验收准备工作

文化部和国家中心将尽快组织专家制定详细的分类普查验收标准，并按照计划，从2009年初开始，陆续对各地的普查工作进行验收。各省文化厅局要先对本省的普查情况进行总结和自行验收，发现问题，及时解决，确保普查目标基本完成。

（四）要注意整理利用普查成果

普查工作成果，主要体现在要有一个调查报告，一份保护清单，一套分省分布图集。编纂出版非物质文化遗产普查分省图集，是完成非物质文化遗产普查工作的重要标志。要按照“统一体例、统筹规划、分省实施”的工作方针，制定全国非物质文化遗产普查分省图集出版计划，并委托中国非物质文化遗产保护中心于2008年12月中旬成立编委会，指导和帮助已完成普查工作的省份编纂并陆续出版非物质文化遗产分省图集。各省区市要根据普查完成的实际情况，有计划地制定编纂规划，组织专家和学者启动非物质文化遗产普查资料的编纂工作。争取在2010年前完成全部分省图集的出版工作。

（五）要积极筹措，加大经费投入

文化部将积极与财政部沟通，加大投入，支持各地的普查工作。各地也要积极争取当地政府财政的支持，为普查工作提供经费保障。要采取多种方式，充分调动社会各界包括社会团体、组织和个人的积极性，建立多元化的投入机制，拓宽普查资金渠道。要建立经费使用的管理机制，加强对现有普查经费的严格管理，确保专款专用。

（六）要加强人员培训

非物质文化遗产普查专业性强，普查工作队伍的业务水平，直接影响到普查工作的效果。因此，抓好普查工作队伍培训是整个普查工作的重要环节。国家中心要组织普查专项培训，各省也要分类别分层次组织本地的普查培训。这次会后，国家中心将在浙江举办普查培训班，学习浙江的普查做法和经验，重点培训一线普查工作人员。普查人员要具备基本的操作能力，持证上岗，不断提高工作水平。

（七）要表彰奖励先进典型

各地在普查工作中，摸索出一些行之有效的普查方法，涌现了一批先进单位和先进个人，对他们的经验，要广泛推广，组织交流，相互学习，取长补短。同时要适时进行表彰奖励，调动基层普查队伍的积极性，加快推进普查工作。

第三个“文化遗产日”各地活动丰富多彩

2008年6月14日是我国第三个“文化遗产日”，各地紧紧围绕“文化遗产人人保护，保护成果人人共享”的主题，开展丰富多彩的宣传活动，营造文化遗产保护人人有责的良好社会氛围。

一、情系灾区，重建文化家园

由国家民族事务委员会、文化部、国家文物局主办，四川省北川羌族自治县羌族民俗博物馆等单位协办的“四川地震灾区羌族文化展”6月14日在北京民族文化宫开展。四川绵阳市隆重举行“保护文化遗产，重建文化家园”主题纪念活动，来自全市各县区的演员向观众展示了丰富多彩的非物质文化遗产。以68岁的北川羌族口弦传承人何秀芬为代表的14名北川非物质文化遗产传承人冒着塌方的危险，跋山涉水，辗转17个小时从北川青片乡赶到活动现场，为大家表演了口弦、北川羌族酒歌、羌族莎朗等羌族非物质文化遗产，深深感动了在场的每一个人。还举行了万人签名仪式，签名横幅将作为地震文物，被即将建设的地震遗址博物馆永久收藏。青岛市举办“情系灾区——我们共有的家园”主题展演活动，向广大市民免费开放。展演包括崂山道教音乐、胶州秧歌等一批进入国家级、省级、市级、县级非物质文化遗产名录的项目，使广大群众再次品味青岛优秀传统表演艺术，感受传统文化魅力，同时也表达了全市人民对灾区同胞抗震救灾、重建家园的美好祝福。中国美术馆组织策划的“美在民间——中国美术馆藏民间剪纸、刺绣精品展”在中央民族大学展出，共展出61件作品，涵盖汉、苗、水、羌、满、布依、侗族等民族，并邀请民间艺人现场展示剪纸和刺绣技艺。特别精选了来自四川郫县民间绣坊的6件大型绣品和四川茂汶地区的1件羌族服饰，并向四川灾区的学生赠送了精美的民间美术画册。大学生在欣赏展览与技艺表演的同时，还可以亲自动手学习剪纸和刺绣。展览期间还在中央民族大学举办有关民间剪纸、刺绣的学术讲座。为了让大学生更好地了解民间剪纸和刺绣艺术，还向大学生免费发放印制精美的宣传册，并安排义务讲解员每天做现场讲解。

二、加大对非物质文化遗产及其传承人的保护

在第三个“文化遗产日”到来之际，国务院公布了第二批国家级非物质文化遗产名录共计510项，以及第一批国家级非物质文化遗产扩展项目名录共计147项。各地也结合实际，纷纷公布省（市）级非物质文化遗产名录。甘肃省公布了第二批省级非物质文化遗产名录共计88项、第一批省级非物质文化遗产名录部分项目传承人推荐名单共126人；济南市公布了第二批市级非物质文化遗产名录共计十大类49项；银川市公布了首批非物质文化遗产名录共计九大类21项，并成立了市非物质文化遗产保护中心。文化部出台了《国家级非物质文化遗产项目代表性传承人认定与管理暂行办法》，并于6月14日开始施行，加强对传承人的保护，鼓励和支持传承人将其所掌握的技艺进行传承；宁夏公布了首批自治区级非物质文化遗产项目代表性传承人25人，并发放传承资助金7.5万元；河北省公布了首批省级非物质文化遗产项目代表性传承人260人；广西举办了非物质文化遗产项目代表性传承人培训班。福建、上海、甘肃、广西、厦门等地举办了非物质文化遗产项目代表性传承人颁证仪式。青岛、厦门、杭州等地还举办了非物质文化遗产保护成果展览和展演活动，通过文字、图片、现场表演等形式对非物质文化遗产项目和代表性传承人进行广泛宣传和介绍。

三、拓展保护方式，各地纷纷推出保护文化遗产新举措

上海市将精心制作的第一批上海市非物质文化遗产名录83个项目的系列挂图，经由专用渠道配送至上海市200余个基层社区，在各中心城区开展了一系列海派建筑展示开放活动，并从保护传承人、加强普查工作、积极参与文化创意、大力开展宣传普及，以及深化联席会议等方面加强非物质文化遗产保护。甘肃省组织召开国家级非物质文化遗产名录项目保护任务落实会议，由省文化厅与进入首批国家级非物质文化遗产名录的项目所在市县文化局和项目保护责任单位签订保护责任书。济南市举办非物质文化遗产保护项目传习班，由知名艺人授课，为社会各界人士提供专门培训。厦门市将在非物质文化遗产濒危项目、重点项目或文化遗产密集的所在地建立5处镇（街）、7处村（居）一级试点，首批保护试点包括试点单位、活态展示区和传习中心。河北省命名河北科技大学为首个“河北省非物质文化遗产传承基地”并揭牌。

四、开展形式多样、内容丰富、贴近市民大众的宣传展示活动

文化部在国家图书馆举办了“国家珍贵古籍特展”，此次展览是建国以来规模最大、范围最广、展品最精的一次大型古籍展览，展出的古籍善本近400种。组织“2008中国非物质文化遗产展演”系列活动，从全国各地入选国家级非物质文化遗产名录项目中精选出45场形式多样、各具特色的表演节目，并在遗产日当天由来自四川省包括地震灾区在内的民间艺人表演四川民族民间歌舞专场——“蜀风古韵”专场演出，感动了首都观众。

各地通过举办各具特色的展览、展演、讲座、文物收藏鉴赏及第三次文物普查宣传活动，贯彻文化遗产保护的法律法规规章，普及文化遗产保护知识，提高公众文化遗产保护意识，保障人民基本文化权益。北京市精心组织了近百场展览、演出、讲座等内容丰富、形式多样的活动，包括在16个区县、社区举办系列活动，在奥运文化广场、奥运主题公园等地举办来自全国其他省区的有关单位和非物质文化遗产传承人的广场演出，景泰蓝经典艺术作品展、金漆镶嵌作品展等展览，有关专场演出及专题研讨会、讲座等。西藏自治区觉木隆藏戏队、娘热乡民间艺术团、拉萨市民族艺术团、西藏大学艺术学院、雪巴拉姆藏戏队等演出队的200余名演员专场演出了入选第一批国家级非物质文化遗产名录的朗玛、卓舞、热巴舞、格萨尔说唱、藏戏等节目，有力宣传了近年来藏区非物质文化遗产及传承队伍的保护和发展成果。福建举办了“福建非物质文化遗产图片展”暨“福建省图书馆古籍保护成果展”、“非物质文化遗产保护”系列讲座，以及文物专家现场咨询、鉴定、文物收藏鉴赏活动。甘肃开展文物义务鉴定、文物和非物质文化遗产保护法律法规知识咨询，举办讲座和系列展览，组织国家级非物质文化遗产名录传统戏剧、曲艺类项目调演；6月14日，当天向公众群发宣传文化遗产保护的公益手机短信10万条，唤起公众保护意识；组织开展文化遗产进社区、乡村、学校和军营活动。江苏省举办“第三个中国‘文化遗产日’江苏省系列活动·中国‘人类非物质文化遗产代表作’镇江展演”活动，集中展示23个江苏省级、市级非物质文化遗产保护项目。苏州在全市发起一场主题为“我为城墙捐块砖”的活动，鼓励市民捐出家中收藏的古城砖或者提供其他散落古城砖的相关线索，得到市民热烈响应，已有20余位市民捐出散落古城砖190余块。

奥运文化活动丰富多彩

由文化部主办、中国非物质文化遗产保护中心承办的“2008中国非物质文化遗产展演、中国非物质文化遗产传承技艺展演”在北京成功举办。

一、2008中国非物质文化遗产展演有关情况

“2008中国非物质文化遗产展演”于2008年6月10日～9月1日，在民族文化宫大剧院举行，共演出41场。

具体演出日程：

6月11日，晋江高甲戏柯派（丑行）小戏专场；

6月12日，晋江高甲戏《真假公主》；

6月14～16日，四川民族民间歌舞专场《蜀风古韵》；

6月17～18日，淮海戏《皮秀英》；

6月19日，淮海戏（折子戏）专场；

6月20～22日，柳琴戏《王祥卧鱼》；

6月24～26日，婺剧《白蛇前传》；

6月28～30日，山西民间器乐专场；

7月6～10日，北京曲艺专场；

7月22～27日，山东五音戏专场；

7月29～31日，晋江木偶剧《五里长虹》；

8月4～7日，贵州民族民间歌舞专场；

8月25～26日，东北“二人转”专场；

8月28～29日，青海花儿专场《高原花儿红》；

8月31日～9月1日，皮影、木偶专场。

这次参加“2008中国非物质文化遗产展演”活动的基本上都是来自基层的艺术团体和民间艺人，演出的节目都是珍稀的剧种和民族民间的音乐舞蹈，如福建晋江高甲戏剧团演出的高甲戏柯派（丑行）小戏专场、浙江金华婺剧团演出的婺剧《白蛇前传》、广东海丰县西秦戏剧团演出的西秦戏《游西湖》、广东海丰县白字戏剧团演出的白字戏《同窗记》，山西的民间器乐演出、青海的花儿专场，贵州来自少数民族地区的侗族琵琶歌、苗族芦笙滚山珠、布依族“八音坐唱”等等，充分展示了我国非物质文化遗产的丰富多彩及其保护成果。

“2008中国非物质文化遗产展演”得到社会各界的一致好评，许多观众都是慕名而来并反复观看演出，每天的观看人数平均达到800人次，多场演出都出现座无虚席的场面。

二、2008中国非物质文化遗产传承技艺展演有关情况

“2008中国非物质文化遗产传承技艺展演”于8月6～24日在民族文化宫展览馆举行，展期20天。

本次展演以非物质文化遗产项目的传承技艺活态展示为主，配以精练的文字、精选的图片和珍贵的实物，集中展示了近年来我国开展非物质文化遗产保护的工作实践和显著成果，以及我国丰富的非物质文化遗产资源。在1200米的两层展厅中，羌族刺绣、徽墨制作技艺、歙砚制作技艺、内联升千层底布鞋制作技艺、厦门漆线雕技艺、剪纸、无锡精微绣、藏族唐卡、木版年画、泉州提线木偶、衡水内画艺术、茶艺、浚县泥咕咕、潮州木雕、宜兴紫砂陶制作技艺、南京云锦制造技艺等17项非物质文化遗产项目的代表性传承人现场演示各自掌握的绝技，与观众亲切互动，形象生动地诠释出“人”在非物质文化遗产传承和延续中的重要意义。中国艺术研究院、民族文化宫博物馆收藏的180余件珍贵实物同时展出。其中，入选联合国教科文组织公布的“人类口头和非物质遗产代表作”昆曲艺术、古琴艺术、新疆维吾尔木卡姆艺术和蒙古族长调民歌（与蒙古国联合申报）的入选证书首次与观众见面。“5·12”汶川大地震造成灾区文化系统人员伤亡惨重、设施设备重大破坏、文化遗产资源严重损毁，非物质文化遗产传承环境和保护工作面临严峻形势。这次在展览中演示羌族刺绣的代表性传承人李兴秀就来自四川阿坝州茂县地区。她受邀后以第一时间来到北京，并在展览中认真演示最有特色的羌族刺绣技艺，以表达对党和政府以及所有关心灾区的人们的谢意。同时展出的羌族工艺大师创作的艺术作品就是从地震废墟中抢救出来的。8月6日展览开幕式上表演泉州提线木偶的传承人在举世瞩目的8月8日北京奥运会开幕式上也进行了现场表演，将我国宝贵的非物质文化遗产呈现给世界。

此次展演成为奥运北京系列文化活动的亮点之一，每天都有近1500余名观众前来参观。阿尔及利亚议长及驻华大使在展览中的宜兴紫砂陶制作演示台前驻足观赏，连连赞叹中国的紫砂壶真是太美了，感叹中国悠久绵长的传统文化。展览还吸引了中外媒体的普遍关注，8月15日下午，2008北京国际新闻中心专程组织了北京奥运会非注册记者参观并报道了该展览。来自美国林肯电台、《人民日报》、《光明日报》、《北京青年报》、四川电视台等12家媒体的44名记者观赏了中国非物质文化遗产精彩的传统技艺演示。记者们对这些传统技艺非常感兴趣，抓住每一个机会对传承人进行采访和提问。来自美国的记者对侗族大歌的原生态表演作了独家访谈。一名外国记者表示，这次参观非物质文化遗产展览让他们有机会了解和认识中国优秀的传统技艺和博大精深的文化，能够有机会亲眼目睹这些神奇的技艺，让他十分兴奋。他认为，这些中国优秀的非物质文化遗产也是世界文化宝库中的瑰宝，他将会尽力介绍并呼吁各国人民共同保护和传承人类这些共有的文化遗产。

“2008中国非物质文化遗产展演、中国非物质文化遗产传承技艺展演”取得圆满成功。活动正逢奥运会举办期间，为向世界展示中国的民族传统和历史文化，活动主办方专门向奥组委提供充足的展演票券以满足非注册记者的参观采访需要。演出每场提供5%的票券，即每场50张票。“中国非物质文化遗产传承技艺展演”因每天限票500张，每天提供10%的票券，即每天提供50张票。各种媒体都对此次展演给予高度评价，普遍认为“这次活动突出展现出中国丰富的非物质文化遗产和中国政府积极、有效地保护措施”。精彩的演出“征服”了现场观众，全场掌声不断。

地震灾区
非物质文化遗产受损严重

“5·12”汶川大地震使四川、甘肃、陕西、重庆等省市的自然生态环境和非物质文化遗产遭受了巨大破坏，羌族文化遗产损失尤为严重。

一、非物质文化遗产项目遭受严重损毁，项目传承人伤亡严重

据统计，在此次地震中，四川、甘肃、陕西、重庆共有49个国家级非物质文化遗产、144个省级非物质文化遗产、706个其他等级非物质文化遗产受损。其中，四川省有绵竹木版年画、羌笛演奏及制作技艺等20项国家级名录项目、88项省级名录项目、268项市县级名录项目均遭受严重损坏，涉及1.44万件珍贵实物、1774万字文字资料、2.44万幅图片、9497盒（碟）音像资料。陕西省的汉调桄桄、凤翔泥塑等12项国家级名录项目、16项省级名录项目受损，涉及259件珍贵实物。甘肃省有11项国家级名录项目、33项省级名录项目及403项县区级名录项目受损，涉及6.51万件珍贵实物和8000份珍贵资料。重庆市的梁平癞子锣鼓、梁平抬儿调、梁山灯戏等6项国家级名录项目、七项省级名录项目、35项其他等级名录项目也不同程度受损。

四川省共有117位非物质文化遗产项目传承人伤亡，其中遇难12人，受伤105人。陕西省共有40间传承人的房屋受损、倒塌，成为危房。甘肃省共有734名传承人的生活发生困难，其中70多名国家级、省级的传承人房屋受损。

二、非物质文化遗产专题博物馆、民俗博物馆和传习所不同程度损毁

四川省有绵竹年画博物馆、茂县羌族博物馆等66个非物质文化遗产专题博物馆、21个民俗博物馆、325个传习所，共计8.41万平方米受到不同程度毁坏。陕西省有一个民俗博物馆和200多处传习场所受到不同程度毁坏。甘肃省有25间民俗陈列馆倒塌、105处传习场所受到不同程度毁坏，许多传习场所已经闭馆，无法开展传承工作。重庆市梁平癞子锣鼓传承基地礼让镇小学传承班教室所在教学楼垮塌，造成教学设备和部分乐器损坏，传承活动难以进行。

三、羌族文化遭到毁灭性破坏

汶川大地震使原先具有独特文化生态环境的羌族居住区基本成为一片废墟，羌民族文化遭到近乎毁灭性打击，羌族现存的非物质文化遗产实物和非物质文化遗产普查资料全部被掩埋。四川省羌族地区的碉楼、吊脚楼垮塌损毁严重，其中，汶川的萝卜羌寨、茂县的黑虎羌寨、理县的姚坪羌寨、北川的小寨子沟等羌寨受到毁灭性破坏，其他羌族民居也有不同程度的损毁。甘肃省文县的12个山寨以及白马人聚居区内的古宅、碉楼严重受损，90%以上成为危楼，30%已坍塌，文化生态环境受到毁灭性破坏。

四、积极采取措施，抢救和保护地震灾区非物质文化遗产

文化部正积极采取措施，成立指导协调小组、专家委员会、非物质文化遗产保护工作组、羌文化生态保护区工作小组，组织实施非物质文化遗产灾后抢救、保护工作；制定文化设施灾后重建规划，将非物质文化遗产保护纳入其中；组建调查组，进一步摸清地震灾区非物质文化遗产资源及受损情况；在专业人员的指导下抢救、挖掘、清理被掩埋的非物质文化遗产档案资料和珍贵实物；做好灾区非物质文化遗产项目传承人救助、安抚工作；组织民俗专家和相关部门共同研究、科学规划，重建非物质文化遗产专题博物馆、民俗博物馆和传习所；抓紧研究论证设立羌族文化生态保护区，争取尽早采取措施，制定科学的保护规划和方案，努力使地震灾区的非物质文化遗产得到最大程度的抢救和保护。

地震灾区羌族
非物质文化遗产保护工作进展情况

2008年5月12日，汶川大地震不仅带来巨大人员伤亡，也对文化遗产造成了重大损失。这次地震所波及的地区是四川、甘肃、陕西等省非物质文化遗产特别是羌族非物质文化遗产富集的地区。地震使羌族地区自然生态环境、文化生态环境受到严重破坏，大部分乡镇村寨建筑倒塌，羌族现存的非物质文化遗产普查资料和非物质文化遗产实物、传习所大多被掩埋。四川省羌族地区的碉楼、吊脚楼垮塌损毁，汶川的萝卜羌寨、茂县的黑虎羌寨、理县的姚坪羌寨、北川的小寨子沟等羌族风格独特的羌寨受到严重破坏，其他羌族民居也有不同程度的损毁，羌族非物质文化遗产遭到重大损失。

“5·12”汶川地震发生之后，党中央、国务院高度重视地震灾区非物质文化遗产的保护和恢复重建工作，中央和国务院领导同志多次在讲话和批示中，对地震灾区文化遗产的保护与恢复重建工作，特别是对羌族文化遗产的保护工作提出了明确要求。文化部根据中央和国务院领导的重要批示精神，为进一步加强羌族文化遗产的保护，会同国家文物局、国家民委成立了羌族文化遗产保护协调小组，由蔡武部长任组长，统一协调指导羌族文化遗产抢救、保护、规划和重建的各项工作。

一、开展羌族非物质文化遗产抢救性保护

（一）及时报告地震灾区羌族非物质文化遗产损失情况

经过对地震灾区的非物质文化遗产考察与调研，汇总了各地非物质文化遗产包括羌族非物质文化遗产损失情况，起草《地震灾区非物质文化遗产受损严重》（《文化要情》第49期），已于2008年6月24日上报中央和国务院有关领导。国务委员、国务院秘书长马凯和国务委员刘延东均对抢救保护羌族非物质文化遗产做出了重要批示。

（二）制定重建规划纲要，抢救保护羌族非物质文化遗产

文化部委托中国非物质文化遗产保护中心，组织有关专家学者、特别是羌族文化的学者，分别于6月17、24、26日，在北京、成都两地召开汶川地震灾区非物质文化遗产保护与恢复重建规划纲要座谈会。座谈会上，有关专家学者、当地非物质文化遗产保护工作人员就《汶川地震灾区非物质文化遗产保护与恢复重建规划纲要》、《羌族文化生态保护实验区规划纲要》，进行了认真研究。经过反复修改，《汶川地震灾区非物质文化遗产保护与恢复重建规划纲要》基本确定了地震灾区非物质文化遗产保护的对象、范围、方式、原则、措施、保障机制以及保护目标。目前，《汶川地震灾区非物质文化遗产保护与恢复重建规划纲要》已经纳入地震灾区文化设施重建规划。

（三）救助安置羌族文化代表性传承人

地震发生后，文化部与四川省文化厅积极开展地震灾区羌族文化代表性传承人的救助安置工作。一是调查摸清了羌族文化代表性传承人的幸存与伤亡情况；二是通过提供生活救助、心理抚慰等各种方式安置代表性传承人；三是鼓励羌族文化代表性传承人从地震灾难的阴影中走出来，尽可能的恢复开展非物质文化遗产传习活动；四是在2008年国家非物质文化遗产保护工程专项经费安排中，对羌族非物质文化遗产传承人保护予以重点倾斜；五是6月14日“文化遗产日”期间，在北京民族宫大剧院组织了有17位羌族民间艺人参加的“蜀风古韵——四川民族民间歌舞专场”演出活动，向全国展现了四川灾区特别是羌族人民战胜灾害、重建家园的决心；六是在第三批国家级非物质文化遗产项目代表性传承人的申报工作中，对地震灾区特别是羌族地区的代表性传承人予以特别关注。

（四）保护羌族非物质文化遗产名录项目，抢救性征集羌族文化珍贵实物资料

对地震灾区羌族非物质文化遗产名录项目的受损情况进行了调查、统计；根据每个项目的受损情况，指导和协助项目保护单位制定恢复保护规划，落实抢救保护措施；重点开展汶川地震中受损的羌族非物质文化遗产实物和资料抢救性征集工作，抢救整理出版相关学术成果和宣传资料等一批图书、刊物、音像作品，进一步加大羌族非物质文化遗产名录项目的抢救保护力度。

（五）积极安排恢复和重建工作经费

为支持羌族非物质文化遗产抢救与保护，在2008年非物质文化遗产专项经费安排上，拟通过中央财政转移支持方式，安排四川、甘肃、陕西地震灾区非物质文化遗产恢复与重建工作经费1181.6万元。对羌族文化的恢复重建工作进行了重点倾斜。其中，对汶川、北川、理县、茂县等羌族聚居的县安排恢复重建工作经费各20万元，对羌族羊皮鼓舞、羌族刺绣等6个羌族国家级非物质文化遗产项目各安排了10万元；对北川羌族民俗博物馆、茂县羌族博物馆各安排40万元和30万元恢复工作经费。对羌族文化生态保护实验区建设，分别安排四川省60万元，陕西省20万元的工作补助经费。对抢救地震灾区包括羌族非物质文化遗产珍贵实物安排100万元，抢救文字、音像等资料安排100万元。

（六）开通“羌族文化数字博物馆”

7月23日，由文化部主管、中国非物质文化遗产保护中心负责论证、筹建、发布和日常维护的“羌族文化数字博物馆”正式在互联网开通，这是我国第一个以少数民族文化为专题的数字化博物馆。

“羌族文化数字博物馆”运用数字化手段，通过互联网，以大量文字、图片和200多分钟的音频、视频资料，全面介绍了羌族这一古老民族的独特文化。该数字博物馆系统详细地介绍了羌族的历史、现状及其文化遗产和灾后抢救重建情况。

二、实施汶川地震灾区非物质文化遗产规划重建

《汶川地震灾区非物质文化遗产保护与恢复重建规划纲要》对下一步抢救和保护羌族非物质文化遗产，提出了一系列切实有效的措施。

1. 救助安置、扶持羌族非物质文化遗产代表性传承人。

2. 抢救性征集羌族非物质文化遗产实物和文字、图（影）像资料等，征集和修复民间具有代表性的民俗资料和实物。

3. 恢复重建北川羌族民俗博物馆、茂县羌族博物馆等羌族非物质文化遗产保护的基础设施。

4. 采用现代化数字技术手段，抢救保护羌族非物质文化遗产文字、影像、实物等资料。建设羌族文化遗产名录数据库、羌族非物质文化遗产影像资源库、羌族数字化资源综合管理系统、羌族文化虚拟体验中心等在内的羌族数字文化空间。

三、积极推动羌族文化生态保护实验区建设工作

建设羌族文化生态保护实验区，是保持文化多样性、文化生态空间完整性、文化资源丰富性，也是抢救保护传承羌族文化的重要方式。文化部与四川省文化厅积极联系和配合，组织专家开展调研活动，编制了《羌族文化生态保护实验区规划纲要》，初步确立了保护区的指导思想、基本原则、总体目标、保护范围、保护对象、保护方式、保护措施以及保障机制，通过组织专家反复研究和科学论证，文化部于2008年10月正式批准设立“羌族文化生态保护实验区”。

12月14日，由文化部命名的“羌族文化生态保护实验区”授牌仪式在人民大会堂浙江厅举行。中共中央政治局委员、国务委员刘延东，文化部党组书记、部长蔡武，文化部党组副书记、副部长欧阳坚，文化部副部长周和平，以及文化部有关司局、中国非物质文化遗产保护中心、四川省、陕西省有关领导，中央民族大学30名羌族学生代表等参加了授牌仪式。羌族文化生态保护实验区包括羌族现今主要聚居在茂县、汶川、理县、北川羌族自治县，以及毗邻的松潘县、平武县、黑水县等部分相关地区。羌族文化生态保护实验区，就是在上述羌族文化发生、发展、传承的区域空间内，对其所承载的文化表现形式，特别是对以活态传承作为文化生态链的非物质文化遗产实施整体性保护工作的地区。

根据《羌族文化生态保护实验区规划纲要》，羌族文化生态保护实验区制定了分步实施计划：第一阶段（2008 ~ 2010年）为抢救保护与恢复重建阶段，第二阶段（2011 ~ 2015年）为发展、完善、提高阶段。通过完善四级名录体系、完善四级名录项目代表性传承人认定体系、确立文化空间、收集资料、建立数据库和数字博物馆、建立非物质文化遗产专题博物馆和传习所、采取生产性方式保护七项保护方式更好地开展羌族文化生态保护区的建设工作。同时，《羌族文化生态保护实验区规划纲要》就组织保障、政策保障、资金保障都提出了明确要求。

附件

国务院关于公布第二批国家级非物质文化遗产名录和第一批国家级非物质文化遗产扩展项目名录的通知

国发〔2008〕19号

各省、自治区、直辖市人民政府，国务院各部委、各直属机构：

国务院批准文化部确定的第二批国家级非物质文化遗产名录（共计510项）和第一批国家级非物质文化遗产扩展项目名录（共计147项），现予公布。

各地区、各部门要按照《国务院关于加强文化遗产保护的通知》（国发〔2005〕42号）和《国务院办公厅关于加强我国非物质文化遗产保护工作的意见》（国办发〔2005〕18号）要求，进一步贯彻“保护为主、抢救第一、合理利用、传承发展”的工作方针，认真做好非物质文化遗产的保护、管理工作，为弘扬中华文化，推动社会主义文化大发展大繁荣做出新的贡献。

国务院

2008年6月7日

第二批国家级非物质文化遗产名录

（共计 510 项）

一、民间文学（共计 53 项）

序号	项目编号	项目名称	申报地区或单位
519	Ⅰ-32	八达岭长城传说	北京市延庆县
520	Ⅰ-33	永定河传说	北京市石景山区
521	Ⅰ-34	杨家将传说	北京市房山区
		（穆桂英传说、杨家将说唱）	山西省
522	Ⅰ-35	尧的传说	山西省绛县
523	Ⅰ-36	牛郎织女传说	山西省和顺县
			山东省沂源县
524	Ⅰ-37	西湖传说	浙江省杭州市
525	Ⅰ-38	刘伯温传说	浙江省文成县、青田县
526	Ⅰ-39	黄初平（黄大仙）传说	浙江省金华市
527	Ⅰ-40	观音传说	浙江省舟山市
528	Ⅰ-41	徐福东渡传说	浙江省象山县、慈溪市
529	Ⅰ-42	陶朱公传说	山东省定陶县
530	Ⅰ-43	麒麟传说	山东省巨野县、嘉祥县
531	Ⅰ-44	鲁班传说	山东省曲阜市、滕州市
532	Ⅰ-45	八仙传说	山东省蓬莱市
533	Ⅰ-46	秃尾巴老李的传说	山东省即墨市、莒县、文登市、诸城市
534	Ⅰ-47	屈原传说	湖北省秭归县
535	Ⅰ-48	王昭君传说	湖北省兴山县
536	Ⅰ-49	炎帝神农传说	湖北省随州市、神农架林区
537	Ⅰ-50	木兰传说	湖北省武汉市黄陂区，河南省虞城县
538	Ⅰ-51	巴拉根仓的故事	内蒙古自治区通辽市
539	Ⅰ-52	北票民间故事	辽宁省北票市
540	Ⅰ-53	满族民间故事	辽宁省文学艺术界联合会民间文艺家协会
541	Ⅰ-54	徐文长故事	浙江省绍兴市
542	Ⅰ-55	崂山民间故事	山东省青岛市崂山区
543	Ⅰ-56	都镇湾故事	湖北省长阳土家族自治县
544	Ⅰ-57	盘古神话	河南省桐柏县、泌阳县
545	Ⅰ-58	邵原神话群	河南省济源市
546	Ⅰ-59	嘎达梅林	内蒙古自治区科尔沁左翼中旗
547	Ⅰ-60	科尔沁潮尔史诗	内蒙古自治区
548	Ⅰ-61	仰阿莎	贵州省黔东南苗族侗族自治州
549	Ⅰ-62	布依族盘歌	贵州省盘县
550	Ⅰ-63	梅葛	云南省楚雄彝族自治州
551	Ⅰ-64	查姆	云南省双柏县
552	Ⅰ-65	达古达楞格莱标	云南省德宏傣族景颇族自治州
553	Ⅰ-66	哈尼哈吧	云南省元阳县

554	Ⅰ-67	召树屯与喃木诺娜	云南省西双版纳傣族自治州
555	Ⅰ-68	米拉尕黑	甘肃省东乡族自治县
556	Ⅰ-69	康巴拉伊	青海省治多县
557	Ⅰ-70	汗青格勒	青海省海西蒙古族藏族自治州
558	Ⅰ-71	维吾尔族达斯坦	新疆维吾尔自治区
559	Ⅰ-72	哈萨克族达斯坦	新疆维吾尔自治区文学艺术界联合会民间文艺家协会、沙湾县、福海县
560	Ⅰ-73	珠郎娘美	贵州省榕江县、从江县
561	Ⅰ-74	司岗里	云南省沧源佤族自治县
562	Ⅰ-75	彝族克智	四川省美姑县
563	Ⅰ-76	苗族贾理	贵州省黔东南苗族侗族自治州
564	Ⅰ-77	藏族婚宴十八说	青海省
565	Ⅰ-78	童谣（北京童谣、闽南童谣）	北京市宣武区 福建省厦门市
566	Ⅰ-79	桐城歌	安徽省桐城市
567	Ⅰ-80	土家族梯玛歌	湖南省龙山县
568	Ⅰ-81	雷州歌	广东省雷州市
569	Ⅰ-82	壮族嘹歌	广西壮族自治区平果县
570	Ⅰ-83	柯尔克孜约隆	疆维吾尔自治区阿克陶县、新疆师范大学
571	Ⅰ-84	笑话（万荣笑话）	山西省万荣县

二、传统音乐（民间音乐，共计 67 项）

序号	项目编号	项目名称	申报地区或单位
572	Ⅱ-73	陕北民歌	陕西省榆林市、延安市
573	Ⅱ-74	昌黎民歌	河北省昌黎县
574	Ⅱ-75	高邮民歌	江苏省高邮市
575	Ⅱ-76	五河民歌	安徽省五河县
576	Ⅱ-77	大别山民歌	安徽省六安市
577	Ⅱ-78	徽州民歌	安徽省黄山市
578	Ⅱ-79	信阳民歌	河南省信阳市
579	Ⅱ-80	西坪民歌	河南省西峡县
580	Ⅱ-81	马山民歌	湖北省荆州市荆州区
581	Ⅱ-82	潜江民歌	湖北省潜江市
582	Ⅱ-83	吕家河民歌	湖北省丹江口市
583	Ⅱ-84	秀山民歌	重庆市秀山土家族苗族自治县
584	Ⅱ-85	酉阳民歌	重庆市酉阳土家族苗族自治县
585	Ⅱ-86	镇巴民歌	陕西省镇巴县
586	Ⅱ-87	嘉善田歌	浙江省嘉善县
587	Ⅱ-88	南坪曲子	四川省九寨沟县
588	Ⅱ-89	茶山号子	湖南省辰溪县
589	Ⅱ-90	啰啰咚	湖北省监利县
590	Ⅱ-91	爬山调	内蒙古自治区呼和浩特市、乌拉特前旗
591	Ⅱ-92	漫瀚调	内蒙古自治区准格尔旗

592	Ⅱ-93	惠东渔歌	广东省惠州市
593	Ⅱ-94	海门山歌	江苏省海门市
594	Ⅱ-95	新化山歌	湖南省娄底市
595	Ⅱ-96	姚安坝子腔	云南省姚安县
596	Ⅱ-97	海洋号子 （舟山渔民号子、长岛渔号）	浙江省岱山县 山东省长岛市
597	Ⅱ-98	江河号子 （黄河号子、长江峡江号子、酉水船工号子）	黄河水利委员会河南黄河河务局 湖北省宜昌市夷陵区、伍家岗区、巴东县、秭归县，湖南省保靖县
598	Ⅱ-99	码头号子 （上海港码头号子）	上海市浦东新区、杨浦区
599	Ⅱ-100	森林号子 （长白山森林号子、兴安岭森林号子）	吉林省文学艺术界联合会民间文艺家协会 黑龙江省伊春市
600	Ⅱ-101	搬运号子 （梁平抬儿调、龙骨坡抬工号子）	重庆市梁平县、巫山县
601	Ⅱ-102	制作号子（竹麻号子）	四川省邛崃市
602	Ⅱ-103	鲁南五大调	山东省郯城县、日照市
603	Ⅱ-104	老河口丝弦	湖北省老河口市
604	Ⅱ-105	蒙古族民歌 （科尔沁叙事民歌、鄂尔多斯短调民歌、鄂尔多斯古如歌、阜新东蒙短调民歌、郭尔罗斯蒙古族民歌）	内蒙古自治区通辽市、鄂尔多斯市、杭锦旗，辽宁省阜新蒙古族自治县，吉林省前郭尔罗斯蒙古族自治县
605	Ⅱ-106	鄂温克族民歌 （鄂温克叙事民歌）	内蒙古自治区鄂温克族自治旗
606	Ⅱ-107	鄂伦春族民歌 （鄂伦春族赞达仁）	内蒙古自治区鄂伦春自治旗 黑龙江省大兴安岭地区
607	Ⅱ-108	达斡尔族民歌 （达斡尔扎恩达勒、罕伯岱达斡尔族民歌）	内蒙古自治区莫力达瓦达斡尔族自治旗，黑龙江省齐齐哈尔市
608	Ⅱ-109	苗族民歌 （湘西苗族民歌、苗族飞歌）	湖南省吉首市 贵州省雷山县
609	Ⅱ-110	瑶族民歌 （花瑶呜哇山歌）	湖南省隆回县
610	Ⅱ-111	黎族民歌 （琼中黎族民歌）	海南省琼中黎族苗族自治县
611	Ⅱ-112	布依族民歌 （好花红调）	贵州省惠水县
612	Ⅱ-113	彝族民歌 （彝族酒歌）	云南省武定县

613	Ⅱ-114	布朗族民歌 （布朗族弹唱）	云南省勐海县
614	Ⅱ-115	藏族民歌 （川西藏族山歌、玛达咪山歌、华锐藏族民歌、甘南藏族民歌、玉树民歌）	四川省甘孜藏族自治州、阿坝藏族羌族自治州、炉霍县、九龙县，甘肃省天祝藏族自治县、甘南藏族自治州、青海省玉树藏族自治州
615	Ⅱ-116	维吾尔族民歌 （罗布淖尔维吾尔族民歌）	新疆维吾尔自治区尉犁县
616	Ⅱ-117	孜别克族埃希来、叶来	新疆维吾尔自治区艺术研究所、伊犁哈萨克自治州、喀什地区
617	Ⅱ-118	回族宴席曲	青海省门源回族自治县
618	Ⅱ-119	琵琶艺术 （瀛洲古调派、浦东派、平湖派）	上海市崇明县、南汇区，浙江省平湖市
619	Ⅱ-120	古筝艺术（山东古筝乐）	山东省菏泽市
620	Ⅱ-121	笙管乐 （复州双管乐、建平十王会、超化吹歌）	辽宁省瓦房店市、建平县 河南省新密市
621	Ⅱ-122	津门法鼓 （挂甲寺庆音法鼓、杨家庄永音法鼓、刘园祥音法鼓）	天津市河西区、北辰区
622	Ⅱ-123	锣鼓艺术 （汉沽飞镲、常山战鼓、太原锣鼓、泗泾十锦细锣鼓、大铜器、开封盘鼓、宜昌堂调、韩城行鼓）	天津市汉沽区，河北省正定县，山西省太原市，上海市松江区，河南省西平县、郏县、开封市，湖北省宜昌市，陕西省韩城市
623	Ⅱ-124	朝鲜族洞箫音乐	吉林省延吉市、珲春市
624	Ⅱ-125	土家族咚咚喹	湖南省龙山县
625	Ⅱ-126	哈萨克六十二阔恩尔	新疆维吾尔自治区伊犁哈萨克自治州
626	Ⅱ-127	维吾尔族鼓吹乐	新疆维吾尔自治区
627	Ⅱ-128	洞经音乐 （文昌洞经古乐、妙善学女子洞经音乐）	四川省梓潼县，云南省通海县
628	Ⅱ-129	芦笙音乐 （侗族芦笙、苗族芒筒芦笙）	湖南省通道侗族自治县，贵州省丹寨县
629	Ⅱ-130	布依族勒尤	贵州省贞丰县、兴义市、镇宁布依族苗族自治县
630	Ⅱ-131	藏族扎木聂弹唱	青海省海南藏族自治州
631	Ⅱ-132	哈萨克族冬布拉艺术	新疆维吾尔自治区伊犁哈萨克自治州
632	Ⅱ-133	柯尔克孜族库姆孜艺术	新疆维吾尔自治区克孜勒苏柯尔克孜自治州、乌恰县
633	Ⅱ-134	蒙古族绰尔	新疆维吾尔自治区阿勒泰地区
634	Ⅱ-135	黎族竹木器乐	海南省保亭黎族苗族自治县、五指山市
635	Ⅱ-136	口弦音乐	四川省布拖县

636	Ⅱ-137	吟诵调（常州吟诵）	江苏省常州市
637	Ⅱ-138	佛教音乐（天宁寺梵呗唱诵、鱼山梵呗、大相国寺梵乐、直孔噶举派音乐、拉卜楞寺佛殿音乐道得尔、青海藏族唱经调、北武当庙寺庙音乐）	江苏省常州市，山东省东阿县，河南省开封市，西藏自治区墨竹工卡县，甘肃省夏河县，青海省兴海县，宁夏回族自治区平罗县
638	Ⅱ-139	道教音乐（广宗太平道乐、恒山道乐、上海道教音乐、无锡道教音乐、齐云山道场音乐、崂山道教音乐、泰山道教音乐、胶东全真道教音乐、腊山道教音乐、海南斋醮科仪音乐、成都道教音乐、白云山道教音乐、清水道教音乐）	河北省广宗县，山西省阳高县，上海市道教协会，江苏省无锡市，安徽省休宁县，山东省青岛市崂山区、泰安市、烟台市、东平县，海南省定安县，四川省成都市，陕西省佳县，甘肃省清水县

三、传统舞蹈（民间舞蹈，共计55项）

序号	项目编号	项目名称	申报地区或单位
639	Ⅲ-42	鼓舞（花钹大鼓、隆尧招子鼓、平定武迓鼓、大奏鼓、陈官短穗花鼓、柳林花鼓、花鞭鼓舞、八卦鼓舞、横山老腰鼓、宜川胸鼓、凉州攻鼓子、武山旋鼓舞）	北京市昌平区，河北省隆尧县，山西省平定县，浙江省温岭市，山东省广饶县、冠县、商河县、栖霞市，陕西省横山县、宜川县，甘肃省武威市、武山县
640	Ⅲ-43	麒麟舞	河北省黄骅市，河南省兰考县，广东省海丰县
641	Ⅲ-44	竹马（东坝大马灯、邳州跑竹马）	江苏省高淳县、邳州市
642	Ⅲ-45	灯舞（青田鱼灯舞、莆田九鲤灯舞、鲤鱼灯舞、沙头角鱼灯舞、东至花灯舞、苏家作龙凤灯舞）	浙江省青田县，福建省莆田市，江西省吉安县，广东省深圳市，安徽省东至县，河南省博爱县
643	Ⅲ-46	沧州落子	河北省南皮县
644	Ⅲ-47	十八蝴蝶	浙江省永康市
645	Ⅲ-48	火老虎	安徽省凤台县
646	Ⅲ-49	商羊舞	山东省鄄城县
647	Ⅲ-50	跑帷子	河南省汤阴县
648	Ⅲ-51	官会响锣	河南省项城市

649	Ⅲ-52	肉连响	湖北省利川市
650	Ⅲ-53	禾楼舞	广东省郁南县
651	Ⅲ-54	蜈蚣舞	广东省汕头市澄海区
652	Ⅲ-55	翻山铰子	四川省平昌县
653	Ⅲ-56	靖边跑驴	陕西省靖边县
654	Ⅲ-57	查玛	内蒙古自治区阿拉善盟
655	Ⅲ-58	朝鲜族鹤舞	吉林省延边朝鲜族自治州
656	Ⅲ-59	朝鲜族长鼓舞	吉林省图们市
657	Ⅲ-60	瑶族长鼓舞	湖南省江华瑶族自治县，广东省连南瑶族自治县，广西壮族自治区富川瑶族自治县
658	Ⅲ-61	傣族象脚鼓舞	云南省潞西市、西双版纳傣族自治州
659	Ⅲ-62	羌族羊皮鼓舞	四川省汶川县
660	Ⅲ-63	毛南族打猴鼓舞	贵州省平塘县
661	Ⅲ-64	瑶族猴鼓舞	贵州省荔波县
662	Ⅲ-65	高山族拉手舞	福建省华安县
663	Ⅲ-66	得荣学羌	四川省得荣县
664	Ⅲ-67	甲搓	四川省盐源县
665	Ⅲ-68	博巴森根	四川省理县
666	Ⅲ-69	彝族铃铛舞	贵州省赫章县
667	Ⅲ-70	彝族打歌	云南省巍山彝族回族自治县
668	Ⅲ-71	彝族跳菜	云南省南涧彝族自治县
669	Ⅲ-72	彝族老虎笙	云南省双柏县
670	Ⅲ-73	彝族左脚舞	云南省牟定县
671	Ⅲ-74	乐作舞	云南省红河县
672	Ⅲ-75	彝族三弦舞（阿细跳月、撒尼大三弦）	云南省弥勒县、石林彝族自治县
673	Ⅲ-76	纳西族热美蹉	云南省丽江市古城区
674	Ⅲ-77	布朗族蜂桶鼓舞	云南省双江拉祜族佤族布朗族傣族自治县
675	Ⅲ-78	普米族搓蹉	云南省兰坪白族普米族自治县
676	Ⅲ-79	拉祜族芦笙舞	云南省澜沧拉祜族自治县
677	Ⅲ-80	宣舞（古格宣舞、普堆巴宣舞）	西藏自治区札达县、墨竹工卡县
678	Ⅲ-81	拉萨囊玛	西藏自治区拉萨市
679	Ⅲ-82	堆谐（拉孜堆谐）	西藏自治区拉孜县
680	Ⅲ-83	谐钦（拉萨纳如谐钦、南木林土布加谐钦）	西藏自治区拉萨市城关区、南木林县
681	Ⅲ-84	阿谐（达布阿谐）	西藏自治区比如县
682	Ⅲ-85	嘎尔	西藏自治区
683	Ⅲ-86	芒康三弦舞	西藏自治区芒康县
684	Ⅲ-87	定日洛谐	西藏自治区定日县
685	Ⅲ-88	旦嘎甲谐	西藏自治区萨嘎县

686	Ⅲ-89	廓孜	西藏自治区曲水县
687	Ⅲ-90	多地舞	甘肃省舟曲县
688	Ⅲ-91	巴郎鼓舞	甘肃省卓尼县
689	Ⅲ-92	藏族螭鼓舞	青海省循化撒拉族自治县
690	Ⅲ-93	则柔（尚尤则柔）	青海省贵德县
691	Ⅲ-94	蒙古族萨吾尔登	新疆维吾尔自治区和静县
692	Ⅲ-95	锡伯族贝伦舞	新疆维吾尔自治区察布查尔锡伯自治县
693	Ⅲ-96	维吾尔族赛乃姆	新疆维吾尔自治区哈密地区、莎车县

四、传统戏剧（共计46项）

序号	项目编号	项目名称	申报地区或单位
694	Ⅳ-93	老调（保定老调）	河北省保定市
695	Ⅳ-94	四股弦（冀南四股弦）	河北省巨鹿县、馆陶县、魏县、肥乡县
696	Ⅳ-95	赛戏	河北省邯郸市、武安市、涉县，山西省朔州市
697	Ⅳ-96	永年西调	河北省永年县
698	Ⅳ-97	坠子戏	河北省深泽县，安徽省宿州市
699	Ⅳ-98	上党落子	山西省潞城市、黎城县
700	Ⅳ-99	眉户（运城眉户、华阴迷胡、迷糊戏）	山西省运城市，陕西省华阴市，新疆生产建设兵团
701	Ⅳ-100	海城喇叭戏	辽宁省鞍山市
702	Ⅳ-101	黄龙戏	吉林省农安县
703	Ⅳ-102	淮剧	上海淮剧团，江苏省盐城市
704	Ⅳ-103	锡剧	江苏省演艺集团锡剧团、无锡市、常州市
705	Ⅳ-104	淮海戏	江苏省淮安市、连云港市
706	Ⅳ-105	童子戏	江苏省通州市
707	Ⅳ-106	瓯剧	浙江省温州市
708	Ⅳ-107	甬剧	浙江省宁波市
709	Ⅳ-108	姚剧	浙江省余姚市
710	Ⅳ-109	绍剧	浙江省绍兴市
711	Ⅳ 110	婺剧	浙江省金华市、江山市
712	Ⅳ-111	文南词	安徽省宿松县
713	Ⅳ-112	花鼓戏	安徽省宿州市、淮北市、宣城市，湖北省随州市、麻城市，湖南省岳阳县、邵阳市、常德市
714	Ⅳ-113	二夹弦	安徽省亳州市，河南省开封市、滑县，山东省定陶县
715	Ⅳ-114	打城戏	福建省泉州市
716	Ⅳ-115	屏南平讲戏	福建省屏南县
717	Ⅳ-116	吕剧	山东省吕剧院、济南市、博兴县、东营市东营区
718	Ⅳ-117	柳腔	山东省即墨市
719	Ⅳ-118	山东梆子	山东省菏泽市、泰安市、嘉祥县
720	Ⅳ-119	莱芜梆子	山东省莱芜市
721	Ⅳ-120	枣梆	山东省菏泽市

722	Ⅳ-121	徐州梆子	江苏省徐州市
723	Ⅳ-122	同州梆子	陕西省大荔县
724	Ⅳ-123	罗卷戏	河南省汝南县、范县
725	Ⅳ-124	二股弦	河南省武陟县
726	Ⅳ-125	南剧	湖北省来凤县、咸丰县
727	Ⅳ-126	提琴戏	湖北省崇阳县
728	Ⅳ-127	湘剧	湖南省湘剧院、长沙市、桂阳县
729	Ⅳ-128	祁剧	湖南省祁剧院、衡阳市、祁阳县
730	Ⅳ-129	广东汉剧	广东汉剧院
731	Ⅳ-130	琼剧	海南省琼剧院、海口市
732	Ⅳ-131	黔剧	贵州省黔剧团
733	Ⅳ-132	滇剧	云省滇剧院、玉溪市滇剧团、昆明市
734	Ⅳ-133	合阳跳戏	陕西省合阳县
735	Ⅳ-134	武都高山戏	甘肃省陇南市
736	Ⅳ-135	佤族清戏	云南省腾冲县
737	Ⅳ-136	彝剧	云南省大姚县
738	Ⅳ-137	白剧	云南省大理白族自治州
739	Ⅳ-138	邕剧	广西壮族自治区南宁市

五、曲艺（共计50项）

序号	项目编号	项目名称	申报地区或单位
740	Ⅴ-47	相声	中国广播艺术团，北京市歌舞剧院有限责任公司，天津市
741	Ⅴ-48	京韵大鼓	北京市歌舞剧院有限责任公司 天津市曲艺团
742	Ⅴ-49	单弦牌子曲（含岔曲）	北京市歌舞剧院有限责任公司、北京市西城区
743	Ⅴ-50	扬州弹词	江苏省扬州市
744	Ⅴ-51	长沙弹词	湖南省长沙市
745	Ⅴ-52	杭州评词	浙江省杭州市
746	Ⅴ-53	杭州评话	浙江省杭州市
747	Ⅴ-54	绍兴词调	浙江省绍兴市
748	Ⅴ-55	临海词调	浙江省临海市
749	Ⅴ-56	四明南词	浙江省宁波市
750	Ⅴ-57	北京评书	北京市宣武区，辽宁省鞍山市、本溪市、营口市
751	Ⅴ-58	湖北评书	湖北省武汉市
752	Ⅴ-59	浦东说书	上海市浦东新区
753	Ⅴ-60	讲古	福建省厦门市思明区
754	Ⅴ-61	湖北大鼓	湖北省武汉市、团风县
755	Ⅴ-62	襄垣鼓书	山西省襄垣县
756	Ⅴ-63	萍乡春锣	江西省萍乡市
757	Ⅴ-64	三弦书 （沁州三弦书、南阳三弦书）	山西省沁县，河南省南阳市

758	Ⅴ-65	莺歌柳书	山东省菏泽市
759	Ⅴ-66	平湖钹子书	浙江省平湖市
760	Ⅴ-67	宁波走书	浙江省宁波市鄞州区、奉化市
761	Ⅴ-68	独脚戏	上海市黄浦区，浙江省杭州市
762	Ⅴ-69	大调曲子	河南省南阳市
763	Ⅴ-70	湖北小曲	湖北省武汉市
764	Ⅴ-71	南曲	湖北省五峰土家族自治县
765	Ⅴ-72	秦安小曲	甘肃省秦安县
766	Ⅴ-73	徐州琴书	江苏省徐州市
767	Ⅴ-74	恩施扬琴	湖北省恩施市
768	Ⅴ-75	四川扬琴	四川省曲艺团、四川省音乐舞蹈研究所、成都艺术剧院
769	Ⅴ-76	四川竹琴	重庆市三峡曲艺团，四川省成都艺术剧院
770	Ⅴ-77	四川清音	四川省成都艺术剧院
771	Ⅴ-78	金华道情	浙江省金华市、义乌市
772	Ⅴ-79	陕北道情	陕西省延安市、清涧县
773	Ⅴ-80	朝鲜族三老人	吉林省和龙市
774	Ⅴ-81	南京白局	江苏省南京市秦淮区
775	Ⅴ-82	武林调	浙江省杭州市
776	Ⅴ-83	绍兴宣卷	浙江省绍兴县
777	Ⅴ-84	温州莲花	浙江省温州市鹿城区、永嘉县
778	Ⅴ-85	山东落子	山东省单县
779	Ⅴ-86	说鼓子	湖北省公安县、松滋市
780	Ⅴ-87	广西文场	广西壮族自治区桂林市
781	Ⅴ-88	车灯	重庆市曲艺团
782	Ⅴ-89	眉户曲子	陕西省户县
783	Ⅴ-90	韩城秧歌	陕西省韩城市
784	Ⅴ-91	金钱板	四川省成都市
785	Ⅴ-92	青海平弦	青海省西宁市
786	Ⅴ-93	青海越弦	青海省西宁市
787	Ⅴ-94	青海下弦	青海省
788	Ⅴ-95	好来宝	内蒙古自治区科尔沁左翼后旗
789	Ⅴ-96	哈萨克族铁尔麦	新疆维吾尔自治区伊犁哈萨克自治州

六、传统体育、游艺与杂技（杂技与竞技，共计38项）

序号	项目编号	项目名称	申报地区或单位
790	Ⅵ-18	围棋	中国棋院，北京棋院
791	Ⅵ-19	象棋	中国棋院，北京棋院
792	Ⅵ-20	蒙古族象棋	内蒙古自治区阿拉善盟
793	Ⅵ-21	天桥摔跤	北京市宣武区
794	Ⅵ-22	沙力搏尔式摔跤	内蒙古自治区阿拉善左旗
795	Ⅵ-23	峨眉武术	四川省峨眉山市
796	Ⅵ-24	红拳	陕西省

797	Ⅵ-25	八卦掌	河北省廊坊市
798	Ⅵ-26	形意拳	河北省深州市
799	Ⅵ-27	鹰爪翻子拳	河北省雄县
800	Ⅵ-28	八极拳（月山八极拳）	河南省博爱县
801	Ⅵ-29	心意拳	山西省晋中市
802	Ⅵ-30	心意六合拳	河南省漯河市、周口市
803	Ⅵ-31	五祖拳	福建省泉州市
804	Ⅵ-32	查拳	山东省冠县
805	Ⅵ-33	螳螂拳	山东省莱阳市
806	Ⅵ-34	苌家拳	河南省荥阳市
807	Ⅵ-35	岳家拳	湖北省武穴市
808	Ⅵ-36	蔡李佛拳	广东省江门市新会区
809	Ⅵ-37	马球（塔吉克族马球）	新疆维吾尔自治区塔什库尔干塔吉克自治县
810	Ⅵ-38	满族珍珠球	吉林省吉林市
811	Ⅵ-39	满族二贵摔跤	河北省隆化县
812	Ⅵ-40	鄂温克抢枢	内蒙古自治区鄂温克族自治旗
813	Ⅵ-41	挠羊赛	山西省忻州市
814	Ⅵ-42	传统箭术（南山射箭）	青海省乐都县
815	Ⅵ-43	赛马会（当吉仁赛马会、玉树赛马会）	西藏自治区拉萨市，青海省玉树藏族自治州
816	Ⅵ-44	叼羊（维吾尔族叼羊）	新疆维吾尔自治区巴楚县
817	Ⅵ-45	土族轮子秋	青海省互助土族自治县
818	Ⅵ-46	左各庄杆会	河北省文安县
819	Ⅵ-47	戏法（赵世魁戏法）	黑龙江省杂技团
820	Ⅵ-48	建湖杂技	江苏省建湖县
821	Ⅵ-49	东北庄杂技	河南省濮阳市
822	Ⅵ-50	宁津杂技	山东省宁津县
823	Ⅵ-51	马戏（埇桥马戏）	安徽省宿州市埇桥区
824	Ⅵ-52	风火流星	山西省太原市
825	Ⅵ-53	翻九楼	浙江省杭州市、东阳市
826	Ⅵ-54	调吊	浙江省绍兴市
827	Ⅵ-55	苏桥飞叉会	河北省文安县

七、传统美术（民间美术，共计45项）

序号	项目编号	项目名称	申报地区或单位
828	Ⅶ-52	面人（北京面人郎、上海面人赵、曹州面人、曹县江米人）	北京市海淀区，上海工艺美术研究所，山东省荷泽市牡丹区、曹县
829	Ⅶ-53	面花（阳城焙面面塑、闻喜花馍、定襄面塑、新绛面塑、郎庄面塑、黄陵面花）	山西省阳城县、闻喜县、定襄县、新绛县，山东省冠县，陕西省黄陵县
830	Ⅶ-54	草编（大名草编、徐行草编、	河北省大名县，上海市嘉定区，山东省莱州市，四川省沐川县，江西省湖口县

		莱州草辫、沭川草龙、湖口草龙）	
831	Ⅶ-55	柳编 （广宗柳编、维吾尔族枝条编织）	河北省广宗县，新疆维吾尔自治区吐鲁番市
832	Ⅶ-56	石雕 （煤精雕刻、鸡血石雕、嘉祥石雕、掖县滑石雕刻、方城石猴、大冶石雕、菊花石雕、雷州石狗、白花石刻、安岳石刻、泽库和日寺石刻）	辽宁省抚顺市，浙江省临安市，山东省嘉祥县、莱州市，河南省方城县，湖北省大冶市，湖南省浏阳市，广东省雷州市，四川省广元市、安岳县，青海省泽库县
833	Ⅶ-57	玉雕 （北京玉雕、苏州玉雕、镇平玉雕、广州玉雕、阳美翡翠玉雕）	北京市玉器厂，江苏省苏州市，河南省镇平县，广东省广州市荔湾区、揭阳市
834	Ⅶ-58	木雕 （曲阜楷木雕刻、澳门神像雕刻、武汉木雕船模）	山东省曲阜市，澳门特别行政区，湖北省武汉市硚口区
835	Ⅶ-59	核雕 （光福核雕、潍坊核雕、广州榄雕）	江苏省苏州市，山东省潍坊市，广东省增城市
836	Ⅶ-60	椰雕（海南椰雕）	海南省海口市
837	Ⅶ-61	葫芦雕刻（东昌葫芦雕刻）	山东省聊城市
838	Ⅶ-62	锡雕	山东省莱芜市，浙江省永康市
839	Ⅶ-63	汉字书法	中国文学艺术界联合会书法家协会，中国艺术研究院中国书法院
840	Ⅶ-64	藏文书法 （德格藏文书法、果洛德昂洒智）	四川省德格县，青海省果洛藏族自治州
841	Ⅶ-65	木版年画 （平阳木版年画、东昌府木版年画、张秋木版年画、夹江年画、滑县木版年画）	山西省临汾市，山东省聊城市、阳谷县，四川省夹江县，河南省滑县
842	Ⅶ-66	彩扎 （凤凰纸扎、秸秆扎刻、彩布拧台、邳州纸塑狮子头、佛山狮头）	湖南省凤凰县，河北省永清县、邯郸市，江苏省邳州市，广东省佛山市
843	Ⅶ-67	龙档（乐清龙档）	浙江省乐清市
844	Ⅶ-68	常州梳篦	江苏省常州市
845	Ⅶ-69	麦秆剪贴	浙江省浦江县
846	Ⅶ-70	北京绢花	北京市崇文区
847	Ⅶ-71	堆锦（上党堆锦）	山西省长治市堆锦研究所、长治市群众艺术馆
848	Ⅶ-72	湟中堆绣	青海省湟中县

849	Ⅶ-73	瓯绣	浙江省温州市
850	Ⅶ-74	汴绣	河南省开封市
851	Ⅶ-75	汉绣	湖北省武汉市江汉区
852	Ⅶ-76	羌族刺绣	四川省汶川县
853	Ⅶ-77	民间绣活（高平绣活、麻柳刺绣、西秦刺绣、澄城刺绣、红安绣活、阳新布贴）	山西省高平市，四川省广元市，陕西省宝鸡市、澄城县，湖北省红安县、阳新县
854	Ⅶ-78	彝族（撒尼）刺绣	云南省石林彝族自治县
855	Ⅶ-79	维吾尔族刺绣	新疆维吾尔自治区哈密地区
856	Ⅶ-80	满族刺绣（岫岩满族民间刺绣、锦州满族民间刺绣、长白山满族枕头顶刺绣）	辽宁省岫岩满族自治县、锦州市古塔区，吉林省通化市
857	Ⅶ-81	蒙古族刺绣	新疆维吾尔自治区博湖县
858	Ⅶ-82	柯尔克孜族刺绣	新疆维吾尔自治区温宿县
859	Ⅶ-83	哈萨克毡绣和布绣	新疆生产建设兵团农六师
860	Ⅶ-84	料器（北京料器）	北京京城百工坊艺术品有限公司
861	Ⅶ-85	瓯塑	浙江省温州市
862	Ⅶ-86	砖塑（鄄城砖塑）	山东省鄄城县
863	Ⅶ-87	灰塑	广东省广州市
864	Ⅶ-88	糖塑（丰县糖人贡、天门糖塑、成都糖画）	江苏省丰县，湖北省天门市，四川省成都市
865	Ⅶ-89	瓷板画	江西省南昌市
866	Ⅶ-90	软木画	福建省福州市
867	Ⅶ-91	镶嵌（彩石镶嵌、骨木镶嵌、嵌瓷）	浙江省温州市鹿城区、瓯海区、仙居县、宁波市，广东省汕头市、普宁市
868	Ⅶ-92	新会葵艺	广东省江门市新会区
869	Ⅶ-93	传统插花	北京林业大学
870	Ⅶ-94	盆景技艺（扬派盆景技艺、徽派盆景技艺、英石假山盆景技艺）	江苏省扬州市、泰州市，安徽省歙县，广东省英德市
871	Ⅶ-95	布老虎（黎侯虎）	山西省黎城县
872	Ⅶ-96	建筑彩绘（白族民居彩绘、陕北匠艺直机关丹青、炕围画）	云南省大理市，陕西省，山西省襄垣县

八、传统技艺（传统手工技艺，共计97项）

序号	项目编号	项目名称	申报地区或单位
873	Ⅷ-90	琉璃烧制技艺	北京市门头沟区，山西省
874	Ⅷ-91	临清贡砖烧制技艺	山东省临清市
875	Ⅷ-92	定瓷烧制技艺	河北省曲阳县
876	Ⅷ-93	钧瓷烧制技艺	河南省禹州市

877	Ⅷ-94	唐三彩烧制技艺	河南省洛阳市
878	Ⅷ-95	醴陵釉下五彩瓷烧制技艺	湖南省醴陵市
879	Ⅷ-96	枫溪瓷烧制技艺	广东省潮州市枫溪区
880	Ⅷ-97	广彩瓷烧制技艺	广东省广州市
881	Ⅷ-98	陶器烧制技艺（钦州坭兴陶烧制技艺、藏族黑陶烧制技艺、牙舟陶器烧制技艺、建水紫陶烧制技艺、荥经砂器烧制技艺）	广西壮族自治区钦州市，四川省稻城县，云南省迪庆藏族自治州，青海省囊谦县，贵州省平塘县，云南省建水县，四川省荥经县
882	Ⅷ-99	蚕丝织造技艺（余杭清水丝绵制作技艺、杭罗织造技艺、双林绫绢织造技艺）	浙江省杭州市余杭区、杭州市福兴丝绸厂、湖州市
883	Ⅷ-100	传统棉纺织技艺	河北省魏县、肥乡县
		新疆维吾尔自治区伽师县	
884	Ⅷ-101	毛纺织及擀制技艺（彝族毛纺织及擀制技艺、藏族牛羊毛编织技艺、东乡族擀毡技艺）	四川省昭觉县、色达县，甘肃省东乡族自治县
885	Ⅷ-102	夏布织造技艺	江西省万载县，重庆市荣昌县
886	Ⅷ-103	鲁锦织造技艺	山东省鄄城县、嘉祥县
887	Ⅷ-104	侗锦织造技艺	湖南省通道侗族自治县
888	Ⅷ-105	苗族织锦技艺	贵州省麻江县、雷山县
889	Ⅷ-106	傣族织锦技艺	云南省西双版纳傣族自治州
890	Ⅷ-107	香云纱染整技艺	广东省佛山市顺德区
891	Ⅷ-108	枫香印染技艺	贵州省惠水县、麻江县
892	Ⅷ-109	新疆维吾尔族艾德莱斯绸织染技艺	新疆维吾尔自治区洛浦县
893	Ⅷ-110	地毯织造技艺（北京宫毯织造技艺、阿拉善地毯织造技艺、维吾尔族地毯织造技艺）	北京市，内蒙古自治区阿拉善左旗，新疆维吾尔自治区洛浦县
894	Ⅷ-111	滩羊皮鞣制工艺	山西省交城县
895	Ⅷ-112	鄂伦春族狍皮制作技艺	内蒙古自治区鄂伦春自治旗，黑龙江省黑河市爱辉区
896	Ⅷ-113	盛锡福皮帽制作技艺	北京市东城区
897	Ⅷ-114	维吾尔族卡拉库尔胎羔皮帽制作技艺	新疆维吾尔自治区沙雅县
898	Ⅷ-115	内联升千层底布鞋制作技艺	北京市
899	Ⅷ-116	黄金溜槽堆石砌灶冶炼技艺	山东省招远市
900	Ⅷ-117	金银细工制作技艺	上海市黄浦区，江苏省南京市、江都市
901	Ⅷ-118	斑铜制作技艺	云南省曲靖市
902	Ⅷ-119	铜雕技艺	浙江省杭州市
903	Ⅷ-120	藏族金属锻造技艺	西藏自治区南木林县，四川省白玉县，西藏

		（藏族锻铜技艺、藏刀锻制技艺）	治区拉孜县，青海省玉树藏族自治州
904	Ⅷ-121	成都银花丝制作技艺	四川省成都市青羊区
905	Ⅷ-122	维吾尔族传统小刀制作技艺	新疆维吾尔自治区英吉沙县
906	Ⅷ-123	蒙古族马具制作技艺	内蒙古自治区科尔沁左翼后旗
907	Ⅷ-124	民族乐器制作技艺（长子响铜乐器制作技艺、朝鲜族民族乐器制作技艺、苏州民族乐器制作技艺、漳州蔡福美传统制鼓技艺、维吾尔族乐器制作技艺）	山西省长子县，吉林省延边朝鲜族自治州，江苏省苏州市，福建省漳州市 ，新疆维吾尔自治区疏附县、新和县
908	Ⅷ-125	花丝镶嵌制作技艺	北京市通州区，河北省大厂回族自治县
909	Ⅷ-126	金漆镶嵌髹饰技艺	北京市
910	Ⅷ-127	漆器髹饰技艺（徽州漆器髹饰技艺、重庆漆器髹饰技艺）	安徽省黄山市屯溪区，重庆市
911	Ⅷ-128	彝族漆器髹饰技艺	四川省喜德县，贵州省大方县
912	Ⅷ-129	纸笺加工技艺	安徽省巢湖市
913	Ⅷ-130	宣笔制作技艺	安徽省宣城市
914	Ⅷ-131	楮皮纸制作技艺	陕西省西安市长安区
915	Ⅷ-132	白沙茅龙笔制作技艺	广东省江门市
916	Ⅷ-133	砚台制作技艺（易水砚制作技艺、澄泥砚制作技艺、洮砚制作技艺）	河北省易县，山西省新绛县，甘肃省卓尼县，岷县
917	Ⅷ-134	印泥制作技艺（上海鲁庵印泥、漳州八宝印泥）	上海市静安区，福建省漳州市
918	Ⅷ-135	木活字印刷技术	浙江省瑞安市
919	Ⅷ-136	装裱修复技艺（古字画装裱修复技艺、古籍修复技艺）	北京市荣宝斋，故宫博物院，国家图书馆中国书店
920	Ⅷ-137	传统木船制造技艺	江苏省兴化市，浙江省舟山市普陀区
921	Ⅷ-138	水密隔舱福船制造技艺	福建省晋江市、宁德市蕉城区
922	Ⅷ-139	龙舟制作技艺	广东省东莞市
923	Ⅷ-140	伞制作技艺（油纸伞制作技艺、西湖绸伞）	四川省泸州市江阳区，浙江省杭州市
924	Ⅷ-141	藏香制作技艺	西藏自治区尼木县、墨竹工卡县
925	Ⅷ-142	贝叶经制作技艺	云南省西双版纳傣族自治州
926	Ⅷ-143	土碱烧制技艺	新疆生产建设兵团
927	Ⅷ-144	蒸馏酒传统酿造技艺（北京二锅头酒传统酿造技艺、衡水老白干传统酿造技	北京红星股份有限公司、北京顺鑫农业股份有限公司，河北省衡水市、平泉县、承德县，山西省朔州市，辽宁省沈阳市，吉林省通化

		艺、山庄老酒传统酿造技艺、板城烧锅酒传统酿造技艺、梨花春白酒传统酿造技艺、老龙口白酒传统酿造技艺、大泉源酒传统酿造技艺、宝丰酒传统酿造技艺、五粮液酒传统酿造技艺、水井坊酒统酿造技艺、剑南春酒传统酿造技艺、古蔺郎酒传统酿造技艺、沱牌曲酒传统酿造技艺）	县，河南省宝丰县，四川省宜宾市、成都市、绵竹市、古蔺县、射洪县
928	Ⅷ-145	酿造酒传统酿造技艺（封缸酒传统酿造技艺、金华酒传统酿造技艺）	江苏省丹阳市、金坛市，浙江省金华市
929	Ⅷ-146	配制酒传统酿造技艺（菊花白酒传统酿造技艺）	北京仁和酒业有限责任公司
930	Ⅷ-147	花茶制作技艺（张一元茉莉花茶制作技艺）	北京张一元茶叶有限责任公司
931	Ⅷ-148	绿茶制作技艺（西湖龙井、婺州举岩、黄山毛峰、太平猴魁、六安瓜片）	浙江省杭州市、金华市，安徽省黄山市徽州区、黄山区、安市裕安区
932	Ⅷ-149	红茶制作技艺（祁门红茶制作技艺）	安徽省祁门县
933	Ⅷ-150	乌龙茶制作技艺（铁观音制作技艺）	福建省安溪县
934	Ⅷ-151	普洱茶制作技艺（贡茶制作技艺、大益茶制作技艺）	云南省宁洱县、勐海县
935	Ⅷ-152	黑茶制作技艺（千两茶制作技艺、茯砖茶制作技艺、南路边茶制作技艺）	湖南省安化县、益阳市，四川省雅安市
936	Ⅷ-153	晒盐技艺（海盐晒制技艺、井盐晒制技艺）	浙江省象山县，海南省儋州市，西藏自治区芒康县
937	Ⅷ-154	酱油酿造技艺（钱万隆酱油酿造技艺）	上海市浦东新区
938	Ⅷ-155	豆瓣传统制作技艺（郫县豆瓣传统制作技艺）	四川省郫县
939	Ⅷ-156	豆豉酿制技艺（永川豆豉酿制技艺、潼川豆豉酿制技艺）	重庆市，四川省三台县
940	Ⅷ-157	腐乳酿造技艺（王致和腐乳酿造技艺）	北京市海淀区

941	Ⅷ-158	酱菜制作技艺 （六必居酱菜制作技艺）	北京六必居食品有限公司
942	Ⅷ-159	榨菜传统制作技艺 （涪陵榨菜传统制作技艺）	重庆市涪陵区
943	Ⅷ-160	传统面食制作技艺 （龙须拉面和刀削面制作技艺、抿尖面和猫耳朵制作技艺）	山西省全晋会馆、晋韵楼
944	Ⅷ-161	茶点制作技艺 （富春茶点制作技艺）	江苏省扬州市
945	Ⅷ-162	周村烧饼制作技艺	山东省淄博市
946	Ⅷ-163	月饼传统制作技艺 （郭杜林晋式月饼制作技艺、安琪广式月饼制作技艺）	山西省太原市 广东省安琪食品有限公司
947	Ⅷ-164	素食制作技艺 （功德林素食制作技艺）	上海功德林素食有限公司
948	Ⅷ-165	同盛祥牛羊肉泡馍制作技艺	陕西省西安市
949	Ⅷ-166	火腿制作技艺 （金华火腿腌制技艺）	浙江省金华市
950	Ⅷ-167	烤鸭技艺 （全聚德挂炉烤鸭技艺、便宜坊焖炉烤鸭技艺）	北京市全聚德（集团）股份有限公司、北京便宜坊烤鸭集团有限公司
951	Ⅷ-168	牛羊肉烹制技艺 （东来顺涮羊肉制作技艺、月盛斋酱烧牛羊肉制作技艺、北京烤肉制作技艺、冠云平遥牛肉传统加工技艺、烤全羊技艺）	北京市东来顺集团有限责任公司、北京市鸿宾楼餐饮全羊席制作技艺有限责任公司、北京月盛斋清真食品有限公司、北京市聚德华天控股有限公司、山西省冠云平遥牛肉集团有限公司，内蒙古自治区阿拉善盟
952	Ⅷ-169	天福号酱肘子制作技艺	北京天福号食品有限公司
953	Ⅷ-170	六味斋酱肉传统制作技艺	山西省太原六味斋实业有限公司
954	Ⅷ-171	都一处烧麦制作技艺	北京便宜坊烤鸭集团有限公司
955	Ⅷ-172	聚春园佛跳墙制作技艺	福建省福州市
956	Ⅷ-173	真不同洛阳水席制作技艺	河南省洛阳市
957	Ⅷ-174	官式古建筑营造技艺 （北京故宫）	故宫博物院
958	Ⅷ-175	木拱桥传统营造技艺	浙江省庆元县、泰顺县，福建省寿宁县、屏南县
959	Ⅷ-176	石桥营造技艺	浙江省绍兴市
960	Ⅷ-177	婺州传统民居营造技艺 （诸葛村古村落营造技艺、俞源村古建筑群营造技艺、东阳卢宅营造技艺、浦江郑义门营造技艺）	浙江省兰溪市、武义县、东阳市、浦江县
961	Ⅷ-178	徽派传统民居营造技艺	安徽省黄山市

962	Ⅷ-179	闽南传统民居营造技艺	福建省泉州市鲤城区、惠安县、南安市
963	Ⅷ-180	窑洞营造技艺	山西省平陆县，甘肃省庆阳市
964	Ⅷ-181	蒙古包营造技艺	内蒙古自治区文学艺术界联合会、西乌珠穆沁旗、陈巴尔虎旗
965	Ⅷ-182	黎族船型屋营造技艺	海南省东方市
966	Ⅷ-183	哈萨克族毡房营造技艺	新疆维吾尔自治区塔城地区
967	Ⅷ-184	俄罗斯族民居营造技艺	新疆维吾尔自治区塔城地区
968	Ⅷ-185	撒拉族篱笆楼营造技艺	青海省循化撒拉族自治县
969	Ⅷ-186	藏族碉楼营造技艺	四川省丹巴县

九、传统医药（共计8项）

序号	项目编号	项目名称	申报地区或单位
970	Ⅸ-10	中医养生（药膳八珍汤、灵源万应茶、永定万应茶）	山西省太原市，福建省晋江市、永定县
971	Ⅸ-11	传统中医药文化（鹤年堂中医药养生文化、九芝堂传统中药文化、潘高寿传统中药文化、陈李济传统中药文化、同济堂传统中药文化）	北京鹤年堂医药有限责任公司，湖南省九芝堂股份有限公司，广东省广州潘高寿药业股份有限公司、广州陈李济制药厂，贵州省同济堂制药有限公司
972	Ⅸ-12	蒙医药（赞巴拉道尔吉温针、火针疗法）	内蒙古自治区
973	Ⅸ-13	畲族医药（痧症疗法、六神经络骨通药制作工艺）	浙江省丽水市，福建省罗源县
974	Ⅸ-14	瑶族医药（药浴疗法）	贵州省从江县
975	Ⅸ-15	苗医药（骨伤蛇伤疗法、九节茶药制作工艺）	贵州省雷山县、黔东南苗族侗族自治州
976	Ⅸ-16	侗医药（过路黄药制作工艺）	贵州省黔东南苗族侗族自治州
977	Ⅸ-17	回族医药（张氏回医正骨疗法、回族汤瓶八诊疗法）	宁夏回族自治区吴忠市、银川市

十、民俗（共计51项）

序号	项目编号	项目名称	申报地区或单位
978	Ⅹ-71	元宵节（敛巧饭习俗、九曲黄荫道河阵灯俗、柳林盘子会、蔚县拜灯山习俗、马尾－马祖元宵节俗、泉州闹元宵习俗、闽台东石灯俗、枫亭元宵游	文化部，北京怀柔区、密云县，山西省柳林县，河北省蔚县，福建省福州市马尾区、泉州市、晋江市、仙游县、连城县，甘肃省永昌县，青海省乐都县

		灯习俗、闽西客家元宵节庆、永昌县卍字灯俗、九曲黄河灯俗）	
979	X -72	渔民开洋、谢洋节	浙江省象山县、岱山县，山东省荣成市、日照市、即墨市
980	X -73	畲族三月三	浙江省景宁畲族自治县
981	X -74	宾阳炮龙节	广西壮族自治区宾阳县
982	X -75	苗族独木龙舟节	贵州省台江县
983	X -76	苗族跳花节	贵州省安顺市
984	X -77	苗族四月八姑娘节	湖南省绥宁县
985	X -78	德昂族浇花节	云南省德宏傣族景颇族自治州
986	X -79	江孜达玛节	西藏自治区江孜县
987	X -80	塔塔尔族撒班节	新疆维吾尔自治区塔城地区
988	X -81	灯会 （苇子灯阵、胜芳灯会、河曲灯会、肥东洋蛇灯、南安英都拔灯、石城灯会、渔灯节、泮村灯会、自贡灯会）	河北省邯郸市、霸州市，山西省河曲县，安徽省肥东县，福建省南安市，江西省石城县，山东省烟台市，广东省开平市，四川省自贡市
989	X -82	羌年	四川省茂县、汶川县、理县、北川羌族自治县
990	X -83	苗年	贵州省丹寨县、雷山县
991	X -84	庙会 （妙峰山庙会、东岳庙庙会、晋祠庙会、上海龙华庙会、赶茶场、泰山东岳庙会、武当山庙会、火宫殿庙会、佛山祖庙庙会、药王山庙会）	北京市门头沟区、朝阳区，山西省太原市晋源区，上海市徐汇区 ，山东省泰安市，浙江省磐安县，湖北省十堰市，湖南省长沙市，广东省佛山市，陕西省铜川市
992	X -85	民间信俗 （千童信子节、关公信俗、石浦—富岗如意信俗、汤和信俗、保生大帝信俗、陈靖姑信俗、西王母信俗）	河北省盐山县，山西省运城市，河南省洛阳市，浙江省象山县、温州市龙湾区，福建省厦门市沧海区、龙海市、古田县、福州市仓山区，甘肃省泾川县
993	X -86	青海湖祭海	青海省海北，藏族自治州
994	X -87	抬阁（芯子、铁枝、飘色） （葛渔城重阁会、宽城背杆、隆尧县泽畔抬阁、清徐徐沟背铁棍、万荣抬阁、峨口挠阁、脑阁、金坛抬阁、浦江迎会、肘阁抬阁、大坝高装、青林口高抬戏、庄浪县高抬、湟中县千户营高台、隆德县高台、阁子里芯子、周村芯子、章丘芯子、霍童铁枝、福鼎	河北省廊坊市、宽城满族自治县、隆尧县，山西省清徐县、万荣县、代县，内蒙古自治区土默特左旗，江苏省金坛市，浙江省浦江县，安徽省寿县、临泉县，四川省兴文县、江油市，甘肃省庄浪县，青海省湟中县，宁夏回族自治区隆德县，山东省淄博市临淄区、周村区、章丘市，福建省宁德市蕉城区、福鼎市、屏南县，广东省中山市、台山市、吴川市、陆河县

		沙埕铁枝、屏南双溪铁枝、南朗崖口飘色、台山浮石飘色、吴川飘色、河田高景）	
995	Ⅹ-88	打铁花	河南省确山县
996	Ⅹ-89	朝鲜族花甲礼	辽宁省丹东市，吉林省延边朝鲜族自治州
997	Ⅹ-90	祭祖习俗 （大槐树祭祖习俗）	山西省洪洞县
998	Ⅹ-91	鄂温克驯鹿习俗	内蒙古自治区根河市
999	Ⅹ-92	蒙古族养驼习俗	内蒙古自治区阿拉善盟
1000	Ⅹ-93	长白山采参习俗	吉林省抚松县
1001	Ⅹ-94	查干淖尔冬捕习俗	吉林省前郭尔罗斯，蒙古族自治县
1002	Ⅹ-95	蚕桑习俗 （含山轧蚕花、扫蚕花地）	浙江省桐乡市、德清县
1003	Ⅹ-96	洪洞走亲习俗	山西省洪洞县
1004	Ⅹ-97	蟳埔女习俗	福建省泉州市丰泽区
1005	Ⅹ-98	汉族传统婚俗 （孝义贾家庄婚俗、宁海十里红妆婚俗、斗门水上婚嫁习俗）	山西省孝义市，浙江省宁海县，广东省珠海市
1006	Ⅹ-99	朝鲜族传统婚礼	吉林省延边朝鲜族自治州
1007	Ⅹ-100	塔吉克族婚俗	新疆维吾尔自治区塔什库尔干塔吉克自治县
1008	Ⅹ-101	水乡社戏	浙江省绍兴市
1009	Ⅹ-102	界首书会	安徽省界首市
1010	Ⅹ-103	洛阳牡丹花会	河南省洛阳市
1011	Ⅹ-104	三汇彩亭会	四川省渠县
1012	Ⅹ-105	石宝山歌会	云南省剑川县
1013	Ⅹ-106	大理三月街	云南省大理市
1014	Ⅹ-107	茶艺 （潮州工夫茶艺）	广东省潮州市、珠海市
1015	Ⅹ-108	蒙古族服饰	内蒙古自治区，甘肃省肃北蒙古族自治县，新疆维吾尔自治区博湖县
1016	Ⅹ-109	朝鲜族服饰	吉林省延边朝鲜族自治州
1017	Ⅹ-110	畲族服饰	福建省罗源县
1018	Ⅹ-111	黎族服饰	海南省锦绣织贝有限公司、海南省民族研究所
1019	Ⅹ-112	珞巴族服饰	西藏自治区隆子县、米林县
1020	Ⅹ-113	藏族服饰	西藏自治区措美县、林芝地区、普兰县、安多县、申扎县，青海省玉树藏族自治州、门源回族自治县
1021	Ⅹ-114	裕固族服饰	甘肃省肃南裕固族自治县
1022	Ⅹ-115	土族服饰	青海省互助土族自治县
1023	Ⅹ-116	撒拉族服饰	青海省循化撒拉族自治县
1024	Ⅹ-117	维吾尔族服饰	新疆维吾尔自治区于田县
1025	Ⅹ-118	哈萨克族服饰	新疆维吾尔自治区伊犁哈萨克自治州

1026	Ⅹ-119	珠算 （程大位珠算法、珠算文化）	中国珠算心算协会，安徽省黄山市屯溪区
1027	Ⅹ-120	南海航道更路经	海南省文昌市
1028	Ⅹ-121	藏族天文历算	西藏自治区

第一批国家级非物质文化遗产扩展项目名录

（共计147项）

一、民间文学（共计5项）

序号	项目编号	项目名称	申报地区或单位
8	Ⅰ-8	孟姜女传说	河北省秦皇岛市，湖南省津市市
9	Ⅰ-9	董永传说	江苏省金坛市，山东省博兴县
13	Ⅰ-13	宝卷（靖江宝卷、河西宝卷）	江苏省靖江市，甘肃省张掖市
22	Ⅰ-22	吴歌	上海市青浦区，江苏省无锡市
31	Ⅰ-31	谜语（澄海灯谜）	广东省汕头市澄海区

二、传统音乐（民间音乐，共计17项）

序号	项目编号	项目名称	申报地区或单位
34	Ⅱ-3	蒙古族长调民歌	新疆维吾尔自治区巴音郭楞蒙古自治州、和布克赛尔蒙古自治县
35	Ⅱ-4	蒙古族呼麦	新疆维吾尔自治区阿勒泰地区
38	Ⅱ-7	畲族民歌	浙江省景宁畲族自治县
44	Ⅱ-13	崖州民歌	海南省乐东黎族自治县
51	Ⅱ-20	花儿（新疆花儿）	新疆维吾尔自治区昌吉回族自治州、巴音郭楞蒙古自治州
58	Ⅱ-27	薅草锣鼓 （武宁打鼓歌、宜昌薅草锣鼓、五峰土家族薅草锣鼓、兴山薅草锣鼓、宣恩薅草锣鼓、长阳山歌、川东土家族薅草锣鼓）	江西省武宁县，湖北省宜昌市、五峰土家族自治县、兴山县、宣恩县、长阳土家族自治县，四川省宣汉县
59	Ⅱ-28	侗族大歌	贵州省从江县、榕江县
61	Ⅱ-30	多声部民歌 （潮尔道－蒙古族合声演唱、瑶族蝴蝶歌、壮族三声部民歌、羌族多声部民歌、硗碛多声部民歌、苗族多声部民歌）	内蒙古自治区锡林浩特市，广西壮族自治区富川瑶族自治县、马山县，四川省松潘县、雅安市，贵州省台江县、剑河县
65	Ⅱ-34	古琴艺术 （虞山琴派、广陵琴派、金陵琴派、梅庵琴派、浙派、诸城派、岭南派）	江苏省常熟市、扬州市、南京市、南通市、镇江市，浙江省杭州市，山东省诸城市，广东省广州市
66	Ⅱ-35	蒙古族马头琴音乐	吉林省前郭尔罗斯蒙古族自治县
67	Ⅱ-36	蒙古族四胡音乐	吉林省前郭尔罗斯蒙古族自治县，黑龙江省杜尔伯特蒙古族自治县
68	Ⅱ-37	唢呐艺术	河北省唐海县、丰宁满族自治县，山西省阳

序号	项目编号	项目名称	申报地区或单位
		（唐山花吹、丰宁满族吵子会、晋北鼓吹、上党八音会、上党乐户班社、丹东鼓乐、杨小班鼓吹乐棚、于都唢呐公婆吹、万载得胜鼓、邹城平派鼓吹乐、沮水呜音、鸣音喇叭、远安呜音、青山唢呐、永城吹打、绥米唢呐）	高县、忻州市、长子县、壶关县，辽宁省丹东市，黑龙江省肇州县，江西省于都县、万载县，山东省邹城市，湖北省保康县、南漳县、远安县，湖南省湘潭县，重庆市綦江县，陕西省绥德县、米脂县
71	Ⅱ-40	江南丝竹	浙江省杭州市
75	Ⅱ-44	十番音乐 （楚州十番锣鼓、邵伯锣鼓小牌子、楼塔细十番、遂昌昆曲十番、黄石惠洋十音、佛山十番、海南八音器乐）	江苏省淮安市、江都市，浙江省杭州市、遂昌县，福建省莆田市，广东省佛山市，海南省海口市
76	Ⅱ-45	鲁西南鼓吹乐	山东省菏泽市牡丹区
85	Ⅱ-54	土家族打溜子	湖北省五峰土家族自治县、鹤峰县
90	Ⅱ-59	冀中笙管乐 （白庙村音乐会、雄县古乐、小冯村音乐会、张庄音乐会、军卢村音乐会、东张务音乐会、南响口梵呗音乐会、里东庄音乐老会、辛安庄民间音乐会、安新县圈头村音乐会、东韩村拾幡古乐、子位吹歌）	北京市大兴区，河北省雄县、固安县、霸州市、廊坊市安次区、文安县、任丘市、安新县、易县、定州市

三、传统舞蹈（民间舞蹈，共计13项）

序号	项目编号	项目名称	申报地区或单位
104	Ⅲ 1	京西太平鼓 （石景山太平鼓、怪村太平鼓）	北京市石景山区、丰台区
105	Ⅲ-2	秧歌 （济阳鼓子秧歌、临县伞头秧歌、原平凤秧歌、汾阳地秧歌）	山东省济阳县，山西省临县、原平市、汾阳市
107	Ⅲ-4	龙舞 （易县摆字龙灯、曲周龙灯、金州龙舞、舞草龙、骆山大龙、兰溪断头龙、大田板灯龙、高龙、汝城香火龙、九龙舞、埔寨火龙、人龙舞、荷塘纱龙、乔林烟花火龙、醉龙、黄龙溪火龙灯舞）	河北省易县、曲周县，辽宁省大连市金州区，上海市松江区，江苏省溧水县，浙江省兰溪市，福建省大田县，湖北省武汉市汉阳区，湖南省汝城县、平江县，广东省丰顺县、佛山市、江门市蓬江区、揭阳市、中山市，四川省双流县
108	Ⅲ-5	狮舞 （白纸坊太狮、沧县狮舞、	北京市，河北省沧县，河南省巩义市、沈丘县， 广东省梅州市，江西省丰城市，贵

		小相狮舞、槐店文狮子、席狮舞、丰城岳家狮、布依族高台狮灯舞）	州省兴义市
110	Ⅲ-7	傩舞 （寿阳爱社、祁门傩舞、邵武傩舞、湛江傩舞、文县池哥昼、永靖七月跳会）	山西省寿阳县，安徽省祁门县，福建省邵武市，甘肃省文县、永靖县，广东省湛江市麻章区
112	Ⅲ-9	高跷 （盖州高跷、上口子高跷、独杆跷、高抬火轿）	辽宁省盖州市、大洼县，山东省泰安市，河南省沁阳市
119	Ⅲ-16	滚灯 （奉贤滚灯、海盐滚灯）	上海市奉贤区，浙江省海盐县
120	Ⅲ-17	土家族摆手舞 （恩施摆手舞、酉阳摆手舞）	湖北省来凤县，重庆市酉阳土家族苗族自治县
122	Ⅲ-19	弦子舞（玉树依舞）	青海省玉树藏族自治州
123	Ⅲ-20	锅庄舞 （甘孜锅庄、马奈锅庄、称多白龙卓舞、囊谦卓干玛）	四川省石渠县、雅江县、新龙县、德格县、金川县，青海省称多县、囊谦县
126	Ⅲ-23	苗族芦笙舞	贵州省雷山县、关岭布依族苗族自治县、榕江县、水城县
127	Ⅲ-24	朝鲜族农乐舞	辽宁省铁岭市
129	Ⅲ-26	铜鼓舞 （田林瑶族铜鼓舞、雷山苗族铜鼓舞）	广西壮族自治区田林县，贵州省雷山县

四、传统戏剧（共计33项）

序号	项目编号	项目名称	申报地区或单位
148	Ⅳ-4	潮剧	广东省揭阳市
160	Ⅳ-16	秦腔	甘肃省秦剧团
162	Ⅳ-18	晋剧	河北省张家口市，山西省太原市
165	Ⅳ-21	上党梆子	山西省长治市
166	Ⅳ-22	河北梆子	北京市河北梆子剧团，天津河北梆子剧院
167	Ⅳ-23	豫剧（桑派）	河北省邯郸市
170	Ⅳ-26	大平调	山东省东明县、菏泽市牡丹区
171	Ⅳ-27	越调	河南省许昌市
172	Ⅳ-28	京剧	湖北省京剧院
175	Ⅳ-31	汉调二簧	湖北省竹溪县
179	Ⅳ-35	荆河戏	湖北省荆州市
183	Ⅳ-39	乱弹（威县乱弹）	河北省威县
187	Ⅳ-43	柳子戏	河南省清丰县
188	Ⅳ-44	大弦戏	山东省菏泽市
192	Ⅳ-48	高甲戏（柯派）	福建省晋江市
194	Ⅳ-50	四平调	山东省金乡县、成武县
195	Ⅳ-51	评剧	北京市中国评剧院，天津评剧院

197	Ⅳ-53	越剧（尹派）	福建省芳华越剧团
200	Ⅳ-56	扬剧	江苏省演艺集团扬剧团、镇江市
207	Ⅳ-63	柳琴戏	江苏省徐州市，山东省临沂市
209	Ⅳ-65	采茶戏	湖北省阳新县
213	Ⅳ-69	曲子戏	新疆生产建设兵团
214	Ⅳ-70	秧歌戏 （蔚县秧歌、祁太秧歌、襄武秧歌、壶关秧歌）	河北省蔚县，山西省祁县、太谷县、襄垣县、武乡县、壶关县
215	Ⅳ-71	道情戏 （洪洞道情、沾化渔鼓戏）	山西省洪洞县，山东省沾化县
217	Ⅳ-73	二人台	陕西省府谷县
221	Ⅳ-77	灯戏	湖北省恩施市
222	Ⅳ-78	花灯戏	贵州省独山县，云南省花灯剧团、弥渡县、姚安县、元谋县
224	Ⅳ-80	藏戏 （德格格萨尔藏戏、巴塘藏戏、色达藏戏、青海马背藏戏）	四川省德格县、巴塘县、色达县，青海省果洛藏族自治州
226	Ⅳ-82	壮剧	云南省文山壮族苗族自治州
227	Ⅳ-83	侗戏	湖南省通道侗族自治县
233	Ⅳ-89	傩戏 （万载开口傩、仡佬族傩戏、鹤峰傩戏、恩施傩戏）	江西省万载县，贵州省道真仡佬族苗族自治县，湖北省鹤峰县、恩施市
235	Ⅳ-91	皮影戏 （北京皮影戏、河间皮影戏、岫岩皮影戏、盖州皮影戏、望奎县皮影戏、泰安皮影戏、济南皮影戏、定陶皮影戏、罗山皮影戏、湖南皮影戏、四川皮影戏、河湟皮影戏）	北京市宣武区，河北省河间市，辽宁省鞍山市、盖州市，黑龙江省望奎县，山东省泰安市、济南市、定陶县，河南省罗山县，湖南省木偶皮影艺术剧院、衡山县，四川省阆中市、南部县，青海省
236	Ⅳ-92	木偶戏 （孝义木偶戏、杖头木偶戏、平阳木偶戏、单档布袋戏、湖南杖头木偶戏、五华提线木偶、文昌公仔戏、三江公仔戏）	山西省孝义市，江苏省扬州市，浙江省平阳县、苍南县，湖南省木偶皮影艺术剧院，广东省梅州市，海南省文昌市、海口市

五、曲艺（共计15项）

序号	项目编号	项目名称	申报地区或单位
237	Ⅴ-1	苏州评弹 （苏州评话、苏州弹词）	上海市书场工作者协会
240	Ⅴ-4	山东大鼓（梨花大鼓）	河北省鸡泽县、威县
241	Ⅴ-5	西河大鼓	河北省廊坊市
242	Ⅴ-6	东北大鼓	辽宁省锦州市、瓦房店市、岫岩满族自治县，吉林省榆树市，黑龙江省五常市
246	Ⅴ-10	京东大鼓	河北省廊坊市

247	Ⅴ-11	胶东大鼓	山东省青岛市
254	Ⅴ-18	摊簧（杭州摊簧、绍兴摊簧）	浙江省杭州市、绍兴市
255	Ⅴ-19	贤孝（西宁贤孝）	青海省西宁市
257	Ⅴ-21	山东琴书	山东省菏泽市
266	Ⅴ-30	新疆曲子	新疆维吾尔自治区巴里坤哈萨克自治县
270	Ⅴ-34	歌册（潮州歌册）	广东省潮州市
271	Ⅴ-35	东北二人转	黑龙江省绥棱县，内蒙古自治区通辽市
276	Ⅴ-40	乌力格尔	内蒙古自治区通辽市
277	Ⅴ-41	达斡尔族乌钦	内蒙古自治区莫力达瓦达斡尔族自治旗
281	Ⅴ-45	哈萨克族阿依特斯	甘肃省阿克塞哈萨克族自治县

六、传统体育、游艺与杂技（杂技与竞技，共计4项）

序号	项目编号	项目名称	申报地区或单位
285	Ⅵ-3	中幡（安头屯中幡、正定高照、建瓯挑幡）	河北省香河县、正定县，福建省建瓯市
288	Ⅵ-6	线狮（九狮图）	浙江省永康市、仙居县
292	Ⅵ-10	沧州武术（劈挂拳、燕青拳、孟村八极拳）	河北省沧州市
293	Ⅵ-11	太极拳（武氏太极拳）	河北省永年县

七、传统美术（民间美术，共计16项）

序号	项目编号	项目名称	申报地区或单位
313	Ⅶ-14	藏族唐卡（昌都嘎玛嘎赤画派、墨竹工卡直孔刺绣唐卡、甘南藏族唐卡）	西藏自治区昌都县、墨竹工卡县，甘肃省夏河县
314	Ⅶ-15	内画（北京内画鼻烟壶、广东内画）	北京市西城区，广东省汕头市
315	Ⅶ-16	剪纸（广灵染色剪纸、和林格尔剪纸、庄河剪纸、岫岩满族剪纸、建平剪纸、新宾满族剪纸、长白山满族剪纸、方正剪纸、上海剪纸、南京剪纸、徐州剪纸、金坛刻纸、浦江剪纸、阜阳剪纸、漳浦剪纸、泉州（李尧宝）刻纸、柘荣剪纸、瑞昌剪纸、莒县过门笺、滨州民间剪纸、高密剪纸、烟台剪纸、灵宝剪纸、卢氏剪纸、辉县剪纸、孝感雕花剪纸、鄂州雕花剪纸、仙桃雕花剪纸、踏虎凿	山西省广灵县，内蒙古自治区和林格尔县，辽宁省庄河市、岫岩满族自治县、建平县、新宾满族自治县，吉林省通化市，黑龙江省方正县，上海市徐汇区，江苏省南京市、徐州市、金坛市，浙江省浦江县，安徽省阜阳市，福建省漳浦县、泉州市、柘荣县，江西省瑞昌市，山东省莒县、滨州市、高密市、烟台市，河南省灵宝市、卢氏县、辉县市，湖北省孝感市孝南区、鄂州市、仙桃市，湖南省泸溪县，贵州省剑河县，甘肃省镇原县

		花、苗族剪纸、庆阳剪纸）	
317	Ⅶ-18	苏绣（无锡精微绣、南通仿真绣）	江苏省无锡市、南通市
320	Ⅶ-21	蜀绣	重庆市渝中区
321	Ⅶ-22	苗绣	贵州省凯里市
324	Ⅶ-25	挑花（望江挑花、花瑶挑花）	安徽省望江县 湖南省溆浦县
325	Ⅶ-26	香包（徐州香包）	江苏省徐州市
337	Ⅶ-38	砖雕（山西民居砖雕）	山西省清徐县
339	Ⅶ-40	潮州木雕	广东省揭阳市、汕头市
341	Ⅶ-42	黄杨木雕	上海市徐汇区
343	Ⅶ-44	木偶头雕刻（江加走木偶头雕刻）	福建省泉州市
345	Ⅶ-46	竹刻（无锡留青竹刻、常州留青竹刻、黄岩翻簧竹雕、江安竹簧）	江苏省无锡市、常州市，浙江省台州市黄岩区，四川省江安县
346	Ⅶ-47	泥塑（玉田泥塑、苏州泥塑、聂家庄泥塑、大吴泥塑、徐氏泥彩塑、苗族泥哨、杨氏家庭泥塑）	河北省玉田县，江苏省苏州市，山东省高密市，广东省潮安县，四川省大英县，贵州省黄平县，宁夏回族自治区隆德县
349	Ⅶ-50	灯彩（北京灯彩、上海灯彩、秦淮灯彩、苏州灯彩、佛山彩灯、潮州花灯、洛阳宫灯、汴京灯笼张）	北京市崇文区、朝阳区，上海市卢湾区，江苏省句容市、苏州市，广东省佛山市、潮州市湘桥区，河南省洛阳市、开封市
350	Ⅶ-51	竹编（东阳竹编、舒席竹编、瑞昌竹编、梁平竹帘、渠县刘氏竹编、青神竹编、瓷胎竹编）	浙江省东阳市，安徽省舒城县，江西省瑞昌市，重庆市梁平县，四川省渠县、青神县、邛崃市

八、传统技艺（传统手工技艺，共计 24 项）

序号	项目编号	项目名称	申报地区或单位
356	Ⅷ-6	维吾尔族模制法土陶烧制技艺	新疆生产建设兵团
373	Ⅷ-23	花毡、印花布织染技艺	新疆维吾尔自治区且末县、塔城地区、英吉沙县
374	Ⅷ-24	蓝印花布印染技艺	湖南省凤凰县、邵阳县
375	Ⅷ-25	蜡染技艺	贵州省安顺市
376	Ⅷ-26	扎染技艺（自贡扎染技艺）	四川省自贡市
380	Ⅷ-30	侗族木构建筑营造技艺	贵州省黎平县、从江县
385	Ⅷ-35	生铁冶铸技艺（干模铸造技艺）	河北省泊头市
388	Ⅷ-38	剪刀锻制技艺	北京市

		（王麻子剪刀锻制技艺）	
390	Ⅷ-40	银饰制作技艺 （苗族银饰制作技艺、彝族银饰制作技艺）	贵州省黄平县，四川省布拖县
394	Ⅷ-44	弓箭制作技艺 （锡伯族弓箭制作技艺）	新疆维吾尔自治区
395	Ⅷ-45	家具制作技艺 （京作硬木家具制作技艺、广式硬木家具制作技艺）	北京市崇文区，广东省广州市
396	Ⅷ-46	蒙古族勒勒车制作技艺	内蒙古自治区阿鲁科尔沁旗
400	Ⅷ-50	雕漆技艺	甘肃省天水市秦州区
411	Ⅷ-61	老陈醋酿制技艺 （美和居老陈醋酿制技艺）	山西省太原市
420	Ⅷ-70	桑皮纸制作技艺	安徽省潜山县、岳西县
421	Ⅷ-71	竹纸制作技艺	福建省将乐县
427	Ⅷ-77	木版水印技艺	上海书画出版社
428	Ⅷ-78	雕版印刷技艺	福建省连城县
430	Ⅷ-80	藏族雕版印刷技艺 （波罗古泽刻版制作技艺）	西藏自治区江达县
431	Ⅷ-81	制扇技艺 （王星记扇、荣昌折扇、龚扇）	浙江省杭州市，重庆市荣昌县，四川省自贡市
432	Ⅷ-82	剧装戏具制作技艺	北京剧装厂
433	Ⅷ-83	桦树皮制作技艺 （鄂温克族桦树皮制作技艺、鄂伦春族桦树皮船制作技艺）	内蒙古自治区根河市，黑龙江省大兴安岭地区
436	Ⅷ-86	烟火爆竹制作技艺 （南张井老虎火制作技艺、万载花炮制作技艺、萍乡烟花制作技艺、蒲城杆火制作技艺、架花烟火爆竹制作技艺）	河北省井陉县，江西省万载县、上栗县，陕西省蒲城县、洋县
438	Ⅷ-88	风筝制作技艺 （北京风筝哈制作技艺、天津风筝魏制作技艺）	北京市海淀区，天津市南开区

九、传统医药（共计5项）

序号	项目编号	项目名称	申报地区或单位
442	Ⅸ-3	中药炮制技术 （四大怀药种植与炮制、中药炮制技艺）	河南省焦作市，四川省成都市
443	Ⅸ-4	中医传统制剂方法 （龟龄集传统制作技艺、雷允上六神丸制作技艺、东阿阿胶制作技艺、廖氏化风丹	山西省太谷县，江苏省苏州市，山东省东阿县、平阴县，贵州省遵义市红花岗区、汇川区

		制作技艺）	
444	Ⅸ-5	针灸 （刘氏刺熨疗法）	重庆市渝中区
445	Ⅸ-6	中医正骨疗法 （宫廷正骨、罗氏正骨法、石氏伤科疗法、平乐郭氏正骨法）	北京市护国寺中医医院，北京市朝阳区，上海市黄浦区，河南省洛阳市，广东省深圳市
448	Ⅸ-9	藏医药 （藏医外治法、藏医尿诊法、藏医药浴疗法、甘南藏医药、藏药炮制技艺、藏药七十味珍珠丸配伍技艺、藏药珊瑚七十味丸配伍技艺、藏药阿如拉炮制技艺、七十味珍珠丸赛太炮制技艺）	西藏自治区藏医学院、西藏自治区山南地区藏医院，青海省藏医院，甘肃省碌曲县，西藏自治区藏医院、西藏自治区藏药厂、西藏自治区雄巴拉曲神水藏药厂，青海省金诃藏药药业股份有限公司

十、民俗（共计15项）

序号	项目编号	项目名称	申报地区或单位
450	Ⅹ-2	清明节（溱潼会船）	江苏省姜堰市
451	Ⅹ-3	端午节 （罗店划龙船习俗、五常龙舟胜会、安海嗦啰嗹习俗）	上海市宝山区，浙江省杭州市余杭区，福建省晋江市
452	Ⅹ-4	七夕节（乞巧节）	甘肃省西和县
453	Ⅹ-5	中秋节 （中秋博饼、佛山秋色）	福建省厦门市，广东省佛山市
456	Ⅹ-8	傣族泼水节	云南省德宏傣族景颇族自治州
473	Ⅹ-25	侗族萨玛节	贵州省黎平县
480	Ⅹ-32	黄帝祭典 （新郑黄帝拜祖祭典）	河南省新郑市
481	Ⅹ-33	炎帝祭典	陕西省宝鸡市
484	Ⅹ-36	妈祖祭典（天津皇会）	天津市民俗博物馆
496	Ⅹ-48	那达慕	青海省海西蒙古族藏族自治州，新疆维吾尔自治区和静县
497	Ⅹ-49	新疆维吾尔族麦西热甫 （新疆维吾尔刀郎麦西热甫、维吾尔族却日库木麦西热甫、维吾尔族塔合麦西热甫、维吾尔族阔克麦西热甫）	新疆维吾尔自治区阿瓦提县、阿克苏市、木垒哈萨克自治县、哈密市
502	Ⅹ-54	民间社火 （桃林坪花脸社火、永年抬花桌、本溪社火、义县社火、朝阳社火、浚县民间社火、洋县悬台社火）	河北省井陉县、永年县，辽宁省本溪满族自治县、义县、朝阳县，河南省浚县，陕西省洋县
503	Ⅹ-55	蒙古族婚礼	内蒙古自治区阿鲁科尔沁旗、西乌珠穆沁旗

		（阿日奔苏木婚礼、乌珠穆沁婚礼、蒙古族婚俗）	吉林省前郭尔罗斯蒙古族自治县
508	X -60	药市习俗 （樟树药俗、百泉药会、禹州药会）	江西省樟树市，河南省辉县市、禹州市
513	X -65	苗族服饰	湖南省湘西土家族苗族自治州 贵州省桐梓县、安顺市西秀区关岭布依族苗族自治县、纳雍县、剑河县、台江县、榕江县六盘水市六枝特区、丹寨县

附件二：

文化部关于公布第二批国家级非物质文化遗产项目代表性传承人的通知

文社图发〔2008〕1号

各省、自治区、直辖市文化厅（局），新疆生产建设兵团文化局，各计划单列市文化局：

根据国务院办公厅《关于加强我国非物质文化遗产保护工作的意见》(国办发〔2005〕18号)(以下简称《意见》)精神，为有效保护和传承国家级非物质文化遗产，鼓励和支持国家级非物质文化遗产项目代表性传承人开展传习活动，我部于2007年4月印发了《文化部办公厅关于推荐国家级非物质文化遗产项目代表性传承人的通知》(办社图函〔2007〕111号)。经各地申报、专家评审委员会评审、社会公示和复核，最后确定第二批民间音乐、民间舞蹈、传统戏剧、曲艺、民俗等五大类的551名国家级非物质文化遗产项目代表性传承人，现予以公布。

国家级非物质文化遗产项目代表性传承人掌握并承载着非物质文化遗产的知识和精湛技艺，既是非物质文化遗产活的宝库，又是非物质文化遗产代代相传的代表性人物。各地区、各部门要按照国务院办公厅《意见》的要求，认真贯彻“保护为主、抢救第一、合理利用、传承发展”的工作方针，鼓励和支持国家级非物质文化遗产项目代表性传承人开展传习活动，切实做好非物质文化遗产的保护工作，弘扬中华文化，建设中华民族共有精神家园。

中华人民共和国文化部

2008年1月26日

第二批国家级非物质文化遗产项目551名代表性传承人名单

（排名不分先后）

民间音乐（104名）

序号	项目编码	项目名称	申报地区或单位	代表性传承人		
				姓名	性别	年龄
1	Ⅱ-2	河曲民歌	山西省河曲县	辛里生	男	69
2				吕桂英	女	66
3	Ⅱ-3	蒙古族长调民歌	内蒙古自治区	巴德玛	女	67
4				额日格吉德玛	女	75
5				莫德格	女	75
6				宝音德力格尔	女	74

续表

序号	项目编码	项目名称	申报地区或单位	代表性传承人		
				姓名	性别	年龄
7	Ⅱ-8	兴国山歌	江西省兴国县	徐盛久	男	81
8	Ⅱ-9	兴山民歌	湖北省兴山县	陈家珍	女	72
9	Ⅱ-11	梅州客家山歌	广东省梅州市	余耀南	男	69
10	Ⅱ-12	中山咸水歌	广东省中山市	吴志辉	男	68
11	Ⅱ-14	儋州调声	海南省儋州市	唐宝山	男	58
12	Ⅱ-15	石柱土家啰儿调	重庆市石柱土家族自治县	刘永斌	男	66
13	Ⅱ-16	巴山背二歌	四川省巴中市	陈治华	男	62
14	Ⅱ-17	傈僳族民歌	云南省泸水县	王　利	男	78
15	Ⅱ-20	花儿（松鸣岩花儿会）	甘肃省和政县	马金山	男	58
16		花儿（老爷山花儿会）	青海省大通回族土族自治县	马得林	男	58
17		花儿（丹麻土族花儿会）	青海省互助土族自治县	马明山	女	58
18		花儿（七里寺花儿会）	青海省民和回族土族自治县	赵存禄	男	77
19				张英芝	女	60
20		花儿（瞿昙寺花儿会）	青海省乐都县	王存福	男	55
21		花儿（宁夏回族山花儿）	宁夏回族自治区	马生林	男	65
22	Ⅱ-21	藏族拉伊	青海省海南藏族自治州	切吉卓玛	女	65
23	Ⅱ-22	聊斋俚曲	山东省淄博市	蒲章俊	男	62
24	Ⅱ-25	南溪号子	重庆市黔江区	杨正泽	男	58
25	Ⅱ-26	木洞山歌	重庆市巴南区	潘中民	男	70
26	Ⅱ-27	川北薅草锣鼓	四川省青川县	王绍兴	男	65
27	Ⅱ-28	侗族大歌	贵州省黎平县	吴品仙	女	62
28			广西壮族自治区三江侗族自治县	吴光祖	男	63
29				覃奶号	女	62
30	Ⅱ-29	侗族琵琶歌	贵州省榕江县	吴家兴	男	65
31			贵州省黎平县	吴玉竹	女	40

续表

序号	项目编码	项目名称	申报地区或单位	代表性传承人		
				姓名	性别	年龄
32	Ⅱ-30	哈尼族多声部民歌	云南省红河哈尼族彝族自治州	车　格	女	42
33				陈习娘	男	42
34	Ⅱ-31	彝族海菜腔	云南省红河哈尼族彝族自治州	后宝云	男	65
35				阿家文	男	68
36	Ⅱ-32	那坡壮族民歌	广西壮族自治区那坡县	罗景超	男	64
37	Ⅱ-34	古琴艺术	中国艺术研究院	郑珉中	男	84
38				陈长林	男	75
39				吴　钊	男	72
40				姚公白	男	59
41				刘赤城	男	69
42				李　璠	男	92
43				吴文光	男	61
44				林友仁	男	69
45				李祥霆	男	67
46				龚　一	男	66
47	Ⅱ-35	蒙古族马头琴音乐	内蒙古自治区	齐·宝力高	男	63
48	Ⅱ-36	蒙古族四胡音乐	内蒙古自治区通辽市	吴云龙	男	72
49				特格喜都楞	男	72
50	Ⅱ-37	唢呐艺术	河南省沁阳市	贺德义	男	54
51				李金海	男	59
52	Ⅱ-38	羌笛演奏及制作技艺	四川省茂县	龚代仁	男	73
53	Ⅱ-39	辽宁鼓乐	辽宁省	刘振义	男	93
54	Ⅱ-40	江南丝竹	上海市	陆春龄	男	86
55				周　皓	男	78

续表

序号	项目编码	项目名称	申报地区或单位	代表性传承人		
				姓名	性别	年龄
56	Ⅱ -41	海州五大宫调	江苏省连云港市	赵绍康	男	82
57				刘长兰	女	68
58	Ⅱ -42	嵊州吹打	浙江省嵊州市	尹功祥	男	78
59	Ⅱ -43	舟山锣鼓	浙江省舟山市	高如丰	男	70
60	Ⅱ -44	十番音乐（茶亭十番音乐）	福建省福州市	陈英木	男	74
61	Ⅱ -45	鲁西南鼓吹乐	山东省嘉祥县	伊双来	男	59
62	Ⅱ -46	板头曲	河南省南阳市	宋光生	男	66
63	Ⅱ -47	宜昌丝竹	湖北省宜昌市夷陵区	黄太柏	男	72
64	Ⅱ -48	枝江民间吹打乐	湖北省枝江市	杜海涛	男	73
65	Ⅱ -49	广东音乐	广东省台山市	陈哲深	男	69
66	Ⅱ -50	潮州音乐	广东省潮州市	黄义孝	男	72
67			广东省汕头市	林立言	男	72
68				杨秀明	男	74
69	Ⅱ -51	广东汉乐	广东省大埔县	罗邦龙	男	65
70	Ⅱ -52	吹打（接龙吹打）	重庆市巴南区	唐佑伦	男	47
71		吹打（金桥吹打）	重庆市万盛区	张登洋	男	44
72	Ⅱ -53	梁平癞子锣鼓	重庆市梁平县	刘官胜	男	52
73	Ⅱ -54	土家族打溜子	湖南省湘西土家族苗族自治州	罗仕碧	男	76
74				田隆信	男	66
75	Ⅱ -55	河北鼓吹乐	河北省永年县	刘红升	男	77
76	Ⅱ -59	冀中笙管乐（屈家营音乐会）	河北省固安县	冯月池	男	81
77		冀中笙管乐（高洛音乐会）	河北省涞水县	蔡玉润	男	53
78		冀中笙管乐（高桥音乐会）	河北省霸州市	尚学智	男	60
79		冀中笙管乐（胜芳音乐会）	河北省霸州市	胡德明	男	74
80	Ⅱ -60	铜鼓十二调	贵州省镇宁布依族苗族自治县	王芳仁	男	77
81			贵州省贞丰县	王永占	男	66

续表

序号	项目编码	项目名称	申报地区或单位	代表性传承人		
				姓名	性别	年龄
82	Ⅱ-61	西安鼓乐	陕西省	赵庚辰	男	89
83				顾景昭	男	61
84				田中禾	男	64
85	Ⅱ-63	回族民间器乐	宁夏回族自治区	马兰花	女	68
86	Ⅱ-65	智化寺京音乐	北京市	张本兴	男	84
87	Ⅱ-68	苏州玄妙观道教音乐	江苏省苏州市	毛良善	男	79
88				薛桂元	男	90
89	Ⅱ-70	新疆维吾尔木卡姆艺术（十二木卡姆）	新疆维吾尔自治区	玉素甫·托合提	男	55
90				阿布来提赛来	男	50
91				吐尼莎·萨拉依丁	女	63
92				乌斯曼·艾买提	男	48
93		新疆维吾尔木卡姆艺术（吐鲁番木卡姆）	新疆维吾尔自治区鄯善县	买买提·吾拉音	男	58
94				吐尔逊·司马义	男	58
95		新疆维吾尔木卡姆艺术（哈密木卡姆）	新疆维吾尔自治区哈密地区	艾赛提·莫合塔尔	男	69
96		新疆维吾尔木卡姆艺术（刀郎木卡姆）	新疆维吾尔自治区麦盖提县	玉苏因·亚亚	男	66
97				阿不都吉力力·肉孜	男	73
98	Ⅱ-71	南音	福建省泉州市	黄淑英	女	65
99				苏统谋	男	68
100				吴彦造	男	81
101				丁水清	男	71
102				苏诗永	男	63
103				夏永西	男	62
104			福建省厦门市	吴世安	男	58

民间舞蹈（72名）

序号	项目编码	项目名称	申报地区或单位	代表性传承人		
				姓名	性别	年龄
1	Ⅲ-1	京西太平鼓	北京市门头沟区	高洪伟	男	38
2	Ⅲ-2	秧歌（昌黎地秧歌）	河北省昌黎县	周贺华	男	69
3				于振江	男	63
4	Ⅲ-2	秧歌（鼓子秧歌）	山东省商河县	杨克胜	男	61
5		秧歌（胶州秧歌）	山东省胶州市	吴英民	男	52
6		秧歌（海阳大秧歌）	山东省海阳市	王　发	男	88
7				鞠洪钧	男	81
8		秧歌（陕北秧歌）	陕西省绥德县	李增恒	男	79
9	Ⅲ-3	井陉拉花	河北省井陉县	武新全	男	66
10	Ⅲ-4	龙舞（铜梁龙舞）	重庆市	黄廷炎	男	66
11		龙舞（汕尾滚地金龙）	广东省汕尾市	黄锐胜	男	64
12		龙舞（长兴百叶龙）	浙江省长兴县	谈小明	男	58
13		龙舞（奉化布龙）	浙江省奉化市	陈行国	男	46
14		龙舞（泸州雨坛彩龙）	四川省泸县	罗德书	男	58
15	Ⅲ-5	狮舞（徐水狮舞）	河北省徐水县	王利忠	男	64
16		狮舞（天塔狮舞）	山西省襄汾县	李登山	男	61
17		狮舞（黄沙狮子）	浙江省临海市	王曰友	男	58
18		狮舞（广东醒狮）	广东省遂溪县	李荣仔	男	42
19	Ⅲ-6	花鼓灯（蚌埠花鼓灯）	安徽省蚌埠市	冯国佩	男	93
20				郑九如	男	88
21		花鼓灯（凤台花鼓灯）	安徽省凤台县	陈敬芝	男	88
22		花鼓灯（颍上花鼓灯）	安徽省颍上县	王传先	男	85
23	Ⅲ-7	傩舞（南丰跳傩）	江西省南丰县	罗会武	男	68
24		傩舞（婺源傩舞）	江西省婺源县	胡振坤	男	75

续表

序号	项目编码	项目名称	申报地区或单位	代表性传承人		
				姓名	性别	年龄
25	Ⅲ-8	英歌（普宁英歌）	广东省揭阳市	陈来发	男	50
26		英歌（潮阳英歌）	广东省汕头市	杨　卫	男	75
27	Ⅲ-9	高跷（海城高跷）	辽宁省海城市	邢传佩	男	54
28	Ⅲ-10	永新盾牌舞	江西省永新县	吴三桂	男	60
29	Ⅲ-11	翼城花鼓	山西省翼城县	杨作梁	男	69
30	Ⅲ-13	安塞腰鼓	陕西省安塞县	曹怀荣	男	68
31	Ⅲ-14	洛川蹩鼓	陕西省洛川县	张万玖	男	56
32	Ⅲ-15	兰州太平鼓	甘肃省兰州市	缪正发	男	52
33	Ⅲ-17	土家族摆手舞	湖南省湘西土家族苗族自治州	田仁信	男	74
34				张明光	男	69
35	Ⅲ-18	土家族撒叶儿嗬	湖北省长阳土家族自治县	覃自友	男	66
36				张言科	男	60
37	Ⅲ-19	弦子舞（芒康弦子舞）	西藏自治区	次仁旺堆	男	51
38				江　措	男	57
39	Ⅲ-20	锅庄舞（迪庆锅庄舞）	云南省迪庆藏族自治州	达珍区批	男	76
40				徐桂莲	女	63
41		锅庄舞（昌都锅庄舞）	西藏自治区	松吉扎西	男	69
42				洛松江村	男	70
43		锅庄舞（玉树卓舞）	青海省玉树藏族自治州	昂加措	男	63
44	Ⅲ-21	热巴舞（丁青热巴）	西藏自治区	丹增曲塔	男	65
45				四郎曲珍	女	60
46		热巴舞（那曲比如丁嘎热巴）		嘎　乌	男	39
47	Ⅲ-22	日喀则扎什伦布寺羌姆	西藏自治区	喇嘛·次仁	男	87
48				喇嘛·米玛	男	74
49	Ⅲ-23	苗族芦笙舞（锦鸡舞）	贵州省丹寨县	李金英	女	42
50				余贵周	男	42
51		苗族芦笙舞（滚山珠）	贵州省纳雍县	王景才	男	39

续表

序号	项目编码	项目名称	申报地区或单位	代表性传承人		
				姓名	性别	年龄
52	Ⅲ-24	朝鲜族农乐舞（象帽舞）	吉林省延边朝鲜族自治州	金明春	男	49
53	Ⅲ-25	木鼓舞（反排苗族木鼓舞）	贵州省台江县	万政文	男	56
54	Ⅲ-26	铜鼓舞（文山壮族、彝族铜鼓舞）	云南省文山壮族苗族自治州	陆孝宗	男	58
55				黄正武	男	62
56	Ⅲ-27	傣族孔雀舞	云南省瑞丽市	约　相	男	59
57				旺　腊	男	62
58	Ⅲ-29	蒙古族安代舞	内蒙古自治区库伦旗	那仁满都拉	男	61
59	Ⅲ-30	湘西苗族鼓舞	湖南省湘西土家族苗族自治州	洪富强	男	71
60				石顺民	女	58
61	Ⅲ-31	湘西土家族毛古斯舞	湖南省湘西土家族苗族自治州	彭英威	男	74
62	Ⅲ-32	黎族打柴舞	海南省三亚市	黄家近	男	84
63	Ⅲ-33	卡斯达温舞	四川省黑水县	斯旦真	男	82
64	Ⅲ-35	傈僳族阿尺木刮	云南省维西傈僳族自治县	熊自义	男	66
65	Ⅲ-36	彝族葫芦笙舞	云南省文山壮族苗族自治州	钟天珍	女	61
66				杨应金	男	54
67	Ⅲ-37	彝族烟盒舞	云南省红河哈尼族彝族自治州	施万恒	男	60
68	Ⅲ-39	山南昌果卓舞	西藏自治区	索　朗	男	33
69				边巴次仁	男	44
70	Ⅲ-40	土族於菟	青海省同仁县	阿　吾	男	57
71	Ⅲ-41	塔吉克族鹰舞	新疆维吾尔自治区塔什库尔干塔吉克自治县	库尔班·托合塔什	男	76
72				买热木汗·阿地力	女	54

传统戏剧（304 名）

序号	项目编码	项目名称	申报地区或单位	代表性传承人		
				姓名	性别	年龄
1	Ⅳ-1	昆曲	江苏省	张继青	女	68
2				王　芳	女	44
3			浙江省	林天文	男	71
4				汪世瑜	男	66
5				林为林	男	43
6	Ⅳ-1	昆曲	上海市	蔡正仁	男	66
7				计镇华	男	64
8				倪传钺	男	100
9				梁谷音	女	65
10				张洵澎	女	66
11				刘异龙	男	67
12				岳美缇	女	66
13				张静娴	女	58
14			北京市	侯少奎	男	68
15				杨凤一	女	44
16			湖南省	傅艺萍	女	43
17				张富光	男	50
18	Ⅳ-2	梨园戏	福建省泉州市	许天相	男	65
19				曾静萍	女	44
20	Ⅳ-3	莆仙戏	福建省莆田市	黄宝珍	女	73
21				朱石凤	男	80
22	Ⅳ-4	潮剧	广东省汕头市	方展荣	男	59
23				姚璇秋	女	72
24			广东省潮州市	陈　鹏	男	65
25				郑舜英	女	45
26	Ⅳ-6	青阳腔	安徽省青阳县	汪正科	男	76
27			江西省湖口县	殷武焕	男	75

续表

序号	项目编码	项目名称	申报地区或单位	代表性传承人		
				姓名	性别	年龄
28	Ⅳ-7	高腔（西安高腔）	浙江省衢州市	严帮镇	男	89
29				汪家惠	男	52
30		高腔（松阳高腔）	浙江省松阳县	吴陈基	男	43
31				陈春林	男	52
32		高腔（岳西高腔）	安徽省岳西县	蒋小送	男	72
33				王琦福	男	72
34		高腔（辰河高腔）	湖南省辰溪县	陈　刚	男	50
35			湖南省泸溪县	向　荣	男	72
36		高腔（常德高腔）	湖南省常德市	龚锦云	女	63
37				李少先	男	73
38	Ⅳ-8	新昌调腔	浙江省新昌县	章华琴	女	65
39				蔡德锦	男	64
40	Ⅳ-10	永安大腔戏	福建省永安市	熊德钦	男	53
41				邢承榜	男	54
42	Ⅳ-11	四平戏	福建省屏南县	陈秀雨	女	62
43				陈大并	男	58
44			福建省政和县	张孝友	男	56
45				李式青	男	58
46	Ⅳ-12	川剧	四川省	陈智林	男	43
47				陈巧茹	女	40
48				晓　艇	男	65
49			重庆市	陈安业	男	71
50				夏庭光	男	74
51				沈铁梅	女	42
52	Ⅳ-13	湘剧	湖南省衡阳市	谭东波	男	58
53				夏传进	男	38
54	Ⅳ-14	广昌孟戏	江西省广昌县	李安平	男	39
55				曾国林	男	45
56	Ⅳ-15	正字戏	广东省陆丰市	彭美英	女	63
57				黄壮营	男	45

续表

序号	项目编码	项目名称	申报地区或单位	代表性传承人		
				姓名	性别	年龄
58	Ⅳ-17	汉调桄桄	陕西省汉中市	陶和清	男	67
59				许新萍	女	66
60				李天明	男	67
61	Ⅳ-18	晋剧	山西省	牛桂英	女	82
62				郭彩萍	女	63
63				王爱爱	女	67
64				武　忠	男	67
65	Ⅳ-19	蒲州梆子	山西省临汾市	张　峰	男	82
66				任跟心	女	44
67				郭泽民	男	47
68			山西省运城市	武俊英	女	51
69				王秀兰	女	75
70	Ⅳ-20	北路梆子	山西省忻州市	李万林	男	69
71				翟效安	男	64
72	Ⅳ-21	上党梆子	山西省晋城市	马正瑞	男	68
73	Ⅳ-22	河北梆子	河北省	齐花坦	女	70
74				张惠云	女	66
75				裴艳玲	女	60
76	Ⅳ-23	豫剧	河南省	马金凤	女	84
77				张宝英	女	67
78				虎美玲	女	61
79	Ⅳ-23	豫剧	河南省	吴碧波	女	74
80				贾廷聚	男	70
81				张梅贞	女	66
82				李树建	男	45

续表

序号	项目编码	项目名称	申报地区或单位	代表性传承人		
				姓名	性别	年龄
83	Ⅳ-24	宛梆	河南省内乡县	周成顺	男	50
84				程建坤	男	65
85	Ⅳ-25	怀梆	河南省沁阳市	赵玉清	女	67
86				郭全仁	男	66
87	Ⅳ-26	大平调	河南省濮阳县	张相彬	男	43
88			河南省滑县	魏守现	男	65
89			河南省延津县	杜学周	男	67
90				曹秀芝	女	67
91	Ⅳ-27	越调	河南省周口市	何全志	男	71
92	Ⅳ-28	京剧	中国京剧院	李世济	女	74
93				张春华	男	83
94				刘秀荣	女	72
95				刘长瑜	女	65
96				李金泉	男	87
97				杜近芳	女	75
98				杨秋玲	女	71
99			北京市	谭元寿	男	78
100				梅葆玖	男	73
101				孙毓敏	女	67
102				赵燕侠	女	79
103				李维康	女	60
104				叶少兰	男	64
105				王金璐	男	88
106				李长春	男	66

续表

序号	项目编码	项目名称	申报地区或单位	代表性传承人		
				姓名	性别	年龄
107	Ⅳ-28	京剧	天津市	张幼麟	男	54
108				李荣威	男	81
109			辽宁省	周仲博	男	82
110				汪庆元	男	70
111			上海市	尚长荣	男	67
112				陈少云	男	59
113				王梦云	女	69
114				孙正阳	男	76
115				关栋天	男	51
116	Ⅳ-29	徽剧	安徽省	章其祥	男	63
117				李龙斌	男	51
118			江西省婺源县	江裕民	男	63
119				江湘璈	男	64
120	Ⅳ-30	汉剧	湖北省武汉市	陈伯华	女	88
121	Ⅳ-31	汉调二簧	陕西省安康市	王发芸	女	66
122				龚尚武	男	70
123	Ⅳ-32	泰宁梅林戏	福建省泰宁县	黎秀珍	男	61
124	Ⅳ-35	荆河戏	湖南省澧县	张又君	男	69
125				萧耀庭	男	72
126	Ⅳ-36	粤剧	香港特别行政区	陈剑声	男	45
127			广东省广州市	红线女	女	80
128	Ⅳ-37	桂剧	广西壮族自治区	秦彩霞	女	74
129				周小兰魁	男	74
130	Ⅳ-39	乱弹	浙江省台州市	许定龙	男	66
131				傅林华	男	49
132	Ⅳ-40	石家庄丝弦	河北省石家庄市	边树森	男	67
133				张鹤林	男	63

续表

序号	项目编码	项目名称	申报地区或单位	代表性传承人		
				姓名	性别	年龄
134	Ⅳ-41	雁北耍孩儿	山西省大同市	薛瑞红	女	41
135				王斌祥	男	45
136	Ⅳ-43	柳子戏	山东省	李艳珍	女	65
137				黄遵宪	男	75
138	Ⅳ-44	大弦戏	河南省滑县	韩庆山	男	65
139			河南省濮阳县	戴建平	男	59
140	Ⅳ-45	闽剧	福建省福州市	林培新	男	56
141				林　瑛	女	57
142	Ⅳ-46	寿宁北路戏	福建省寿宁县	缪清奇	男	44
143				刘经仓	男	67
144	Ⅳ-47	西秦戏	广东省海丰县	吕维平	男	41
145	Ⅳ-48	高甲戏	福建省泉州市	赖宗卯	男	60
146				曾文杰	男	52
147				颜佩琼	女	63
148			福建省厦门市	纪亚福	男	59
149				陈炳聪	男	41
150	Ⅳ-49	碗碗腔（孝义碗碗腔）	山西省孝义市	张建琴	女	48
151				田学思	男	63
152	Ⅳ-50	四平调	河南省商丘市	邹爱琴	女	78
153				拜金荣	女	76
154			河南省濮阳市	崔太先	男	42
155				张绪斌	男	43
156	Ⅳ-51	评剧	河北省	刘秀荣	女	51
157				洪　影	女	77
158			辽宁省沈阳市	冯玉萍	女	48
159				筱俊亭	女	86

续表

序号	项目编码	项目名称	申报地区或单位	代表性传承人		
				姓名	性别	年龄
160	Ⅳ-52	武安平调落子	河北省武安市	杜银方	男	65
161				陈淮山	男	50
162	Ⅳ-53	越剧	浙江省	茅威涛	女	45
163				董柯娣	女	47
164	Ⅳ-53	Ⅳ-53	上海市	袁雪芬	女	85
165				徐玉兰	女	86
166				傅全香	女	84
167				王文娟	女	81
168				范瑞娟	女	83
169				张桂凤	女	85
170	Ⅳ-54	沪剧	上海市	杨飞飞	女	84
171				马莉莉	女	58
172				王盘声	男	85
173				陈　瑜	女	60
174	Ⅳ-55	苏剧	江苏省苏州市	蒋玉芳	女	85
175				尹斯明	女	86
176	Ⅳ-56	扬剧	江苏省扬州市	李开敏	女	68
177				汪　琴	女	67
178	Ⅳ-57	庐剧	安徽省合肥市	黄　冰	男	48
179			安徽省六安市	武克英	女	66
180	Ⅳ-58	楚剧	湖北省	熊剑啸	男	85
181	Ⅳ-59	荆州花鼓戏	湖北省潜江市	胡新中	男	54
182	Ⅳ-60	黄梅戏	安徽省	韩再芬	女	39
183				赵媛媛	女	41
184				黄新德	男	60
185			湖北省黄梅县	周洪年	男	44

续表

序号	项目编码	项目名称	申报地区或单位	代表性传承人		
				姓名	性别	年龄
186	Ⅳ-62	泗州戏	安徽省宿州市	陈若梅	女	43
187			安徽省蚌埠市	李宝琴	女	74
188				鹿士彬	男	69
189	Ⅳ-64	歌仔戏	福建省漳州市	郑秀琴	女	63
190				吴兹明	男	59
191			福建省厦门市	纪招治	女	75
192				陈志明	男	45
193	Ⅳ-65	采茶戏（桂南采茶戏）	广西壮族自治区博白县	陈声强	男	60
194	Ⅳ-66	五音戏	山东省淄博市	霍俊萍	女	60
195	Ⅳ-67	茂腔	山东省胶州市	曾金凤	女	76
196	Ⅳ-68	曲剧	河南省	马　琪	男	84
197				王秀玲	女	72
198	Ⅳ-69	曲子戏（华亭曲子戏）	甘肃省华亭县	康　和	男	72
199	Ⅳ-70	秧歌戏（隆尧秧歌戏）	河北省隆尧县	刘巧菊	女	65
200				吴年成	男	65
201		秧歌戏（定州秧歌戏）	河北省定州市	张占元	男	66
202		秧歌戏（朔州秧歌戏）	山西省朔州市	张元业	男	75
203	Ⅳ-71	道情戏（临县道情戏）	山西省临县	张瑞锋	男	43
204				任林林	女	38
205		道情戏（太康道情戏）	河南省太康县	朱锡梅	女	67
206	Ⅳ-72	哈哈腔	河北省清苑县	裘印昌	男	63
207				王兰荣	女	50
208			河北省青县	刘宗发	男	57
209	Ⅳ-73	二人台	内蒙古自治区呼和浩特市	冯来锁	男	42
210			河北省康保县	史万富	男	52
211				冯俊才	男	54

续表

序号	项目编码	项目名称	申报地区或单位	代表性传承人		
				姓名	性别	年龄
212	Ⅳ-74	白字戏	广东省海丰县	吴佩锦	男	35
213				钟静洁	女	36
214	Ⅳ-76	彩调	广西壮族自治区	傅锦华	女	68
215	Ⅳ-77	灯戏（梁山灯戏）	重庆市梁平县	陈德惠	女	64
216				阙太纯	男	57
217		灯戏（川北灯戏）	四川省南充市	彭　涓	男	74
218				汪　洋	男	70
219	Ⅳ-78	花灯戏（思南花灯戏）	贵州省思南县	秦治凤	女	46
220				刘　芳	女	45
221		花灯戏（玉溪花灯戏）	云南省玉溪市	李鸿源	男	70
222				陈克勤	男	72
223	Ⅳ-80	藏戏（拉萨觉木隆）	西藏自治区	旦　达	男	63
224				次旦多吉	男	69
225		藏戏（日喀则迥巴）		朗杰次仁	男	46
226		藏戏（日喀则南木林湘巴）		次　多	男	58
227		藏戏（日喀则仁布江嘎尔）		次　仁	男	79
228		藏戏（山南雅隆扎西雪巴）		次仁旺堆	男	32
229				尼玛次仁	男	34
230		藏戏（山南琼结卡卓扎西宾顿）		嘎玛次仁	男	60
231				白　梅	男	40
232		藏戏（黄南藏戏）	青海省黄南藏族自治州	仁青加	男	41
233				多杰太	男	59
234	Ⅳ-81	山南门巴戏	西藏自治区	格桑旦增	男	37
235				巴　桑	男	57
236	Ⅳ-82	壮剧	广西壮族自治区	张琴音	女	74
237				闭克坚	男	71

续表

序号	项目编码	项目名称	申报地区或单位	代表性传承人		
				姓名	性别	年龄
238	Ⅳ-83	侗戏	贵州省黎平县	张启高	男	45
239				吴胜章	男	59
240	Ⅳ-84	布依戏	贵州省册亨县	罗国宗	男	81
241				黄朝宾	男	81
242	Ⅳ-85	彝族撮泰吉	贵州省威宁彝族回族苗族自治县	罗晓云	男	34
243				文道华	男	59
244	Ⅳ-86	傣剧	云南省德宏傣族景颇族自治州	刀保顺	男	70
245	Ⅳ-87	目连戏（徽州目连戏）	安徽省祁门县	王长松	男	51
246				叶养滋	男	68
247		目连戏（辰河目连戏）	湖南省溆浦县	周建斌	男	44
248				谢杳文	男	66
249		目连戏（南乐目连戏）	河南省南乐县	张占良	男	58
250				贺书各	男	73
251	Ⅳ-89	傩戏（武安傩戏）	河北省武安市	李增旺	男	57
252		傩戏（池州傩戏）	安徽省池州市	刘臣瑜	男	77
253				姚家伟	男	42
254		傩戏（侗族傩戏）	湖南省新晃侗族自治县	龙子明	男	93
255				龙开春	男	77
256		傩戏（沅陵辰州傩戏）	湖南省沅陵县	李福国	男	44
257		傩戏（德江傩堂戏）	贵州省德江县	张月福	男	57
258				安永柏	男	43
259	Ⅳ-90	安顺地戏	贵州省安顺市	顾之炎	男	67
260				詹学彦	男	55

续表

序号	项目编码	项目名称	申报地区或单位	代表性传承人		
				姓名	性别	年龄
261	Ⅳ-91	皮影戏（唐山皮影戏）	河北省唐山市	丁振耀	男	69
262				齐永衡	男	74
263		皮影戏（冀南皮影戏）	河北省邯郸市	傅希贤	男	71
264				申国瑞	男	73
265		皮影戏（孝义皮影戏）	山西省孝义市	梁全民	男	75
266				李世伟	男	60
267		皮影戏（复州皮影戏）	辽宁省瓦房店市	宋国超	男	57
268				孙德深	男	57
269		皮影戏（海宁皮影戏）	浙江省海宁市	徐二男	男	75
270		皮影戏（江汉平原皮影戏）	湖北省潜江市	汤先成	男	54
271				刘年华	男	58
272		皮影戏（陆丰皮影戏）	广东省汕尾市	蔡锦镇	男	45
273				彭　忠	男	79
274		皮影戏（华县皮影戏）	陕西省渭南市	刘　华	男	64
275				魏金全	男	43
276				潘京乐	男	78
277		皮影戏（华阴老腔）	陕西省华阴市	王振中	男	70
278				张喜民	男	60
279	Ⅳ-91	皮影戏（弦板腔）	陕西省乾县	李育亭	男	43
280				丁碧霞	女	63
281		皮影戏（环县道情皮影戏）	甘肃省环县	史呈林	男	60
282				高清旺	男	44
283		皮影戏（凌源皮影戏）	辽宁省凌源市	徐积山	男	69
284				刘景春	男	55

续表

序号	项目编码	项目名称	申报地区或单位	代表性传承人		
				姓名	性别	年龄
285	Ⅳ-92	木偶戏（泉州提线木偶戏）	福建省泉州市	陈应鸿	男	42
286				陈志杰	男	43
287		木偶戏（晋江布袋木偶戏）	福建省晋江市	李伯芬	男	81
288	Ⅳ-92	木偶戏（漳州布袋木偶戏）	福建省漳州市	庄陈华	男	63
289				陈锦堂	男	65
290		木偶戏（辽西木偶戏）	辽宁省锦州市	王　娜	女	51
291		木偶戏（邵阳布袋戏）	湖南省邵阳县	刘永安	男	61
292				刘永章	男	65
293		木偶戏（高州木偶戏）	广东省高州市	何文富	男	61
294				曹章玲	女	47
295		木偶戏（潮州铁枝木偶戏）	广东省潮州市	丁清波	男	44
296				陈培森	男	39
297		木偶戏（临高人偶戏）	海南省临高县	陈少金	女	47
298				王春荣	男	46
299		木偶戏（川北大木偶戏）	四川省	李泗元	男	71
300		木偶戏（石阡木偶戏）	贵州省石阡县	饶世光	男	63
301				付正华	男	77
302		木偶戏（郃阳提线木偶戏）	陕西省	王红民	男	39
303				肖朋芳	女	38
304		木偶戏（泰顺药发木偶戏）	浙江省泰顺县	周尔禄	男	62

曲艺（66名）

序号	项目编码	项目名称	申报地区或单位	代表性传承人		
				姓名	性别	年龄
1	Ⅴ-1	苏州评弹（苏州弹词）	江苏省苏州市	邢晏芝	女	59
2				金丽生	男	63

续表

序号	项目编码	项目名称	申报地区或单位	代表性传承人		
				姓名	性别	年龄
3	V -2	扬州评话	江苏省	王丽堂	女	67
4				李信堂	男	73
5	V -3	福州评话	福建省福州市	陈如燕	女	59
6				毛钦铭	男	76
7	V -4	山东大鼓	山东省	左玉华	女	60
8	V -5	西河大鼓	河北省	伍振英	女	50
9				张领娣	女	45
10	V -6	东北大鼓	黑龙江省	夏晓华	女	53
11	V -7	木板大鼓	河北省沧县	唐贵峰	男	68
12				刘银河	男	58
13	V -8	乐亭大鼓	河北省	何建春	男	46
14				张近平	男	45
15	V -12	河洛大鼓	河南省洛阳市	陆四辈	男	65
16	V -13	温州鼓词	浙江省瑞安市	阮世池	男	78
17				方克多	男	65
18	V -14	陕北说书	陕西省延安市	韩应莲	女	50
19				解明生	男	56
20	V -15	福州伬艺	福建省福州市	钱振华	男	80
21				强淑如	女	38
22	V -17	绍兴平湖调	浙江省绍兴市	郑关富	男	62
23				王玉英	女	62
24	V -19	贤孝（凉州贤孝）	甘肃省武威市	冯兰芳	女	42
25	V -20	河南坠子	河南省	刘宗琴	女	79
26	V -21	山东琴书	山东省	李湘云	女	68
27				姚忠贤	男	66

续表

序号	项目编码	项目名称	申报地区或单位	代表性传承人		
				姓名	性别	年龄
28	V -22	锣鼓书	上海市南汇区	谈敬德	男	65
29				康文英	女	45
30	V -23	绍兴莲花落	浙江省绍兴县	胡兆海	男	58
31				倪齐全	男	58
32	V -27	常德丝弦	湖南省常德市	谌晓辉	女	53
33				朱晓玲	女	38
34	V -28	榆林小曲	陕西省榆林市	林玉碧	男	62
35				王　青	男	53
36	V -29	天津时调	天津市	王毓宝	女	81
37	V -30	新疆曲子	新疆维吾尔自治区昌吉回族自治州	郭天禄	男	70
38				侯毓敏	男	83
39	V -31	龙舟说唱	广东省佛山市顺德区	伍于筹	男	79
40				尤学尧	男	68
41	V -32	鼓盆歌	湖北省荆州市	望熙诰	男	79
42	V -33	汉川善书	湖北省汉川市	徐忠德	男	73
43	V -34	歌册（东山歌册）	福建省东山县	蔡婉香	女	67
44				黄春慧	女	44
45	V -35	东北二人转	辽宁省黑山县	李秀媛	女	68
46			辽宁省铁岭市	赵本山	男	50
47			吉林省	王中堂	男	73
48			黑龙江省海伦市	赵晓波	女	33
49				石桂芹	女	59
50	V -36	凤阳花鼓	安徽省凤阳县	孙凤城	女	56

续表

序号	项目编码	项目名称	申报地区或单位	代表性传承人		
				姓名	性别	年龄
51	Ⅴ-37	答嘴鼓	福建省厦门市	陈清平	男	72
52				杨敏谋	男	59
53	Ⅴ-38	小热昏	浙江省杭州市	安忠文	男	82
54				周志华	男	62
55	Ⅴ-39	山东快书	山东省	孙镇业	男	63
56	Ⅴ-40	乌力格尔	内蒙古自治区扎鲁特旗	劳斯尔	男	61
57			辽宁省阜新蒙古族自治县	杨铁龙	男	42
58				韩英福	男	44
59			吉林省前郭尔罗斯蒙古族自治县	包朝格柱	男	38
60	Ⅴ-41	达斡尔族乌钦	黑龙江省	色　热	男	76
61				那音太	男	72
62	Ⅴ-42	赫哲族伊玛堪	黑龙江省	吴明新	男	70
63				吴宝臣	男	47
64	Ⅴ-43	鄂伦春族摩苏昆	黑龙江省	莫宝凤	女	71
65	Ⅴ-46	布依族八音坐唱	贵州省兴义市	梁秀江	男	52
66				吴天玉	男	53

名俗（5名）

序号	项目编码	项目名称	申报地区或单位	代表性传承人		
				姓名	性别	年龄
1	Ⅹ-14	瑶族盘王节	广东省韶关市	盘良安	男	71
2	Ⅹ-27	傈僳族刀杆节	云南省泸水县	李学强	男	48
3	Ⅹ-41	白族绕三灵	云南省大理白族自治州	赵丕鼎	男	65
4	Ⅹ-45	瑶族耍歌堂	广东省清远市	唐买社公	男	63
5	Ⅹ-46	壮族歌圩	广西壮族自治区南宁市	刘正城	男	72

国家级非物质文化遗产项目代表性传承人认定与管理暂行办法

（文化部令第 45 号）

2008 年 5 月 14 日文化部部务会议审议通过，2008 年 5 月 14 日发布，自 2008 年 6 月 14 日起施行。

第一条　为有效保护和传承国家级非物质文化遗产，鼓励和支持国家级非物质文化遗产项目代表性传承人开展传习活动，根据国家有关规定，制定本办法。

第二条　本办法所称的“国家级非物质文化遗产项目代表性传承人”，是指经国务院文化行政部门认定的，承担国家级非物质文化遗产名录项目传承保护责任，具有公认的代表性、权威性与影响力的传承人。

第三条　认定国家级非物质文化遗产项目代表性传承人，应当坚持公开、公平、公正的原则，严格履行申报、审核、评审、公示、审批等程序。

第四条　符合下列条件的公民可以申请或者被推荐为国家级非物质文化遗产项目代表性传承人：

（一）掌握并承续某项国家级非物质文化遗产；

（二）在一定区域或领域内被公认为具有代表性和影响力；

（三）积极开展传承活动，培养后继人才。

从事非物质文化遗产资料收集、整理和研究的人员不得认定为国家级非物质文化遗产项目代表性传承人。

第五条　公民提出国家级非物质文化遗产项目代表性传承人申请的，应当向所在地县级以上文化行政部门提供以下材料：

（一）申请人基本情况，包括年龄、性别、文化程度、职业、工作单位等；

（二）该项目的传承谱系以及申请人的学习与实践经历；

（三）申请人的技艺特点、成就及相关的证明材料；

（四）申请人持有该项目的相关实物、资料的情况；

（五）其他有助于说明申请人代表性的材料。

国家级非物质文化遗产项目保护单位可以向所在地县级以上文化行政部门推荐该项目代表性传承人，但应当征得被推荐人的同意，推荐材料应当包括第一款各项内容。

项目保护单位属省级行政部门直属单位的，可以将推荐材料直接报送省级文化行政部门；项目保护单位属中央各部门直属单位的，可以将推荐材料直接报送国务院文化行政部门。

第六条　文化行政部门接到申请材料或推荐材料后，应当组织专家进行审核并逐级上报。

省级文化行政部门收到上述材料后，应当组织省级非物质文化遗产专家委员会进行评审，结合该项目在本行政区域内的分布情况，提出推荐名单和审核意见，连同原始申报材料和专家评审意见一并报送国务院文化行政部门。

第七条　国务院文化行政部门收到省级文化行政部门报送的申报材料后，结合申请项目在全国的分布情况，进行整理分类，组织该项目领域的专家组进行初评，由专家组提出初评意见。

第八条　国务院文化行政部门设立国家级非物质文化遗产项目代表性传承人评审委员会。评审委员会对各专家组的初评意见进行审核评议，提出国家级非物质文化遗产项目代表性传承人推荐名单。

第九条　国务院文化行政部门对评审委员会提出的代表性传承人的推荐名单向社会公示，公示期为 15 天。

第十条　国务院文化行政部门根据公示结果，审定国家级非物质文化遗产项目代表性传承人名单，并予以公布。

第十一条　国家级非物质文化遗产项目保护单位应采取文字、图片、录音、录像等方式，全面记录该项目代表性传承人掌握的非物质文化遗产表现形式、技艺和知识等，有计划地征集并保管代表性传承人的代表作品，建立有关档案。

第十二条　各级文化行政部门应对开展传习活动确有困难的国家级非物质文化遗产项目代表性传承人予以支持，支持方式主要有：

（一）资助传承人的授徒传艺或教育培训活动；

（二）提供必要的传习活动场所；

（三）资助有关技艺资料的整理、出版；

（四）提供展示、宣传及其他有利于项目传

承的帮助。

对无经济收入来源、生活确有困难的国家级非物质文化遗产项目代表性传承人，所在地文化行政部门应积极创造条件，并鼓励社会组织和个人进行资助，保障其基本生活需求。

第十三条 国家级非物质文化遗产项目代表性传承人应承担以下义务：

（一）在不违反国家有关法律法规的前提下，根据文化行政部门的要求，提供完整的项目操作程序、技术规范、原材料要求、技艺要领等；

（二）制定项目传承计划和具体目标任务，报文化行政部门备案；

（三）采取收徒、办学等方式，开展传承工作，无保留地传授技艺，培养后继人才；

（四）积极参与展览、演示、研讨、交流等活动；

（五）定期向所在地文化行政部门提交项目传承情况报告。

第十四条 省级文化行政部门应于每年年底前将本行政区域国家级非物质文化遗产项目代表性传承人的情况报送国务院文化行政部门。

第十五条 国务院文化行政部门应当建立国家级非物质文化遗产项目代表性传承人档案。

国务院文化行政部门对做出突出贡献的国家级非物质文化遗产项目代表性传承人，给予表彰和奖励。

第十六条 国家级非物质文化遗产项目代表性传承人无正当理由不履行传承义务的，经省级文化行政部门核实后，报国务院文化行政部门批准，取消其代表性传承人资格，重新认定该项目的代表性传承人。

国家级非物质文化遗产项目代表性传承人丧失传承能力的，经省级文化行政部门核实后，报国务院文化行政部门，重新认定该项目的代表性传承人。

第十七条 本《暂行办法》由国务院文化行政部门负责解释。

第十八条 本《暂行办法》自 2008 年 6 月 14 日起施行。

中国文化年鉴

Chinese Culture Yearbook

对外文化交流

Foreign Cultural Exchange

综　述

2008年，全国经历了“汶川大地震”巨大灾难的严峻考验，成功地举办了北京奥运会和残奥会。文化部外联局（港澳台司）在部党组领导下，以邓小平理论和“三个代表”重要思想为指导，深入学习和实践科学发展观，以党的十七大提出的“加强对外文化交流，吸收各国优秀文明成果，增强中华文化国际影响力”和“着力提升国家文化软实力”为总体目标，紧紧围绕“服务于国家外交战略大局、服务于国内文化建设、服务于促进祖国统一和人心回归”的总体任务，配合“大国是关键、周边是首要、发展中国家是基础、多边是重要舞台”的国家整体外交战略，创新体制机制，由办文化向管文化转变，不断增强工作的整体性、计划性、主动性和针对性。通过政府间交流项目、对外文化宣传、民间文化交流、文化企业“走出去”和文化产品贸易等商业性渠道，以多种形式全力推动中华文化走向国际主流舞台。不断加强统筹重大活动与日常工作、国内发展与对外开放、中央和地方的协调能力，提高地方参与对外文化交流的积极性，加强中央和地方共同参与、协同作战，壮大对外文化事业。加强对外文化交流品牌和中国文化中心建设，不断提高对外文化交流项目质量，亮点迭出，影响巨大。按照《文化部2008年工作计划》的部署和要求，在北京奥运重大文化活动和政府以及民间文化交流方面取得了丰硕的成果，对外和对港澳台文化工作迈上了一个新台阶。

一、奥运重大文化活动盛况空前，影响深远

配合北京奥运会，举办奥运会有史以来规模最大、水平最高、影响最广、持续时间最长的奥运文化活动，为世界不同文化的交流和互鉴搭建了平台，推广和展示“人文奥运”和“特色奥运”的理念，表达了北京奥运会“同一个世界、同一个梦想”和残奥会“超越、融合、共享”的美好愿望，很好地发挥了艺术与运动交相辉映，共同推动世界和谐的作用，有力地推动了我国对外文化交流事业的广度和深度，增进了各国之间的交流与了解，加深了友谊，促进了合作，在世界面前树立起一个既注重民族特色又倡导世界文化多样性的中国文化形象。

（一）成功举办“2008北京奥运会重大文化活动”

“2008北京奥运会重大文化活动”分为国内（含港澳台地区）和国际地区两大部分，在2008年3～9月的整个活动期间，来自世界80多个国家和地区的2万多名艺术家会聚北京，上演了260多台优秀剧目，举办了160项国内外大型展览，现场观众达400多万人次。据不完全统计，报纸、杂志、广播、电视、网络等各类媒体对奥运文化活动的报道达33万次，信息投放总量超过300万条。

此次奥运重大文化活动呈现出六大特点：一是艺术形式丰富多样，既有歌剧、戏曲、芭蕾、交响乐、综艺晚会、非物质文化遗产展演、当代艺术展等艺术形式，又有许多富有创新精神的跨界或实验型艺术作品。二是参与面覆盖全球，充分体现了国际性，其中以“五大之夜”为代表的综合歌舞晚会，充分体现了五洲欢聚的人文主题，展现了世界各地区、各民族独具特色的文化风情和艺术魅力。三是艺术水平高，国内外公认的优秀剧目和知名艺术团体，以“艺术集群”的方式呈现，出现了世界顶级艺术团体云集、名家聚会和经典剧目荟萃的局面。四是实现了不同层面的资源整合，不但整合了“相约北京”、国际合唱节、“中国国际青年艺术周”等大型综合性艺术节，而且在项目层面上也进行了多种创新整合。五是演出场所覆盖面大，几乎覆盖了北京大小剧院，像人民大会堂、国家大剧院等重点剧场几乎是以每天一台的演出密度排期。六是活动亮点不断，除演出、展览和大型活动之外，文化部还在一些重要时间节点，开展丰富多彩、供公众自由参与的文化活动，让广大观众切实感受到奥运重大文化活动带来的热烈氛围和文化便利。

（二）“相约北京——2008”奥运文化活动

“相约北京——2008”奥运文化活动是文化部根据国务院统一部署配合北京奥运会组织举办的国际文化交流盛会。经过一年的精心规划，整合资源，组织了一系列内容丰富、亮点突出的文化活动，生动诠释了“人文奥运”理念，为北京奥运会、残奥会营造了良好的社会文化氛围。

“相约北京——2008”奥运文化活动从6月

23日开幕到9月19日闭幕，历时近3个月，覆盖了奥运会所有重要时间节点。其中，国际及港、澳、台地区项目由外联局牵头负责，联合国家广电总局、北京市委、市政府和北京奥组委共同主办，以“分享奥运、和谐共融”为主题，活动分为：“和谐欢聚”、“世界经典”、“典藏中国”、“圣火传递”、“创意亚洲”、“绽放北京”、人文奥运和艺术展览等八大特色板块，涵盖音乐、舞蹈、话剧、展览等各类艺术品种，举办地点遍及京城，形成了古今相承、中外互动、开放多样的项目体系。来自美国、阿根廷、英国、俄罗斯、新西兰、日本、沙特、南非等五大洲的80多个国家和地区的110个艺术团体、近万名艺术家参与200余项丰富多彩的文化活动，观众规模超过300万人次。活动推出了“四海一家——驻华使馆艺术藏品展”、“中国国际青年艺术周”、“希腊主宾国”活动、“世界和谐——北京系列音乐会”以及“五大之夜”大型国际歌舞晚会等特色文化活动。

党和国家领导人以及国际贵宾出席了“相约北京——2008”奥运文化活动。6月23日，胡锦涛主席和希腊总统出席奥运文化活动开幕式活动；8月1日，国际奥委会主席罗格夫妇观看了现代舞《美狄亚》；8月16日，“欧盟青年交响乐团音乐会”迎来欧盟25国驻华大使；8月30日，世卫组织总干事陈冯富珍同国际残奥会主席克雷文夫人一起观看了“爱的传承——弗莱明经典音乐会”等等。活动赢得了社会各界广泛好评和一致肯定，引起国内外媒体的高度关注。拉美各国大使、非洲使团长和众多国际艺术家对奥运文化活动给予了高度评价。

“相约北京——2008”奥运文化活动既是国际文化交流盛会，又是一次世界文化的大联欢。作为两个奥运中一道绚丽的风景，它在努力展示中国精品文化的同时，也积极引进吸收人类创造的一切优秀文化成果，体现了中华民族兼容并蓄、积极创新的文化追求。“相约北京——2008”奥运文化活动在组织运作方式上也进行了新的探索，为今后举办大型国际文化交流活动积累了有益的经验。

二、春节品牌项目持续推广

2008年的春节品牌活动以政府为主导，以民间为主体，以政府扶持和民间承办相结合的方式，形成了渠道宽广、手段众多的对外文化交流新格局，呈现出以下几个特点：

（一）主流社会重视、支持并积极参与

在丹麦，春节活动连年举办，影响日益扩大，正逐步融入丹麦主流文化。丹麦首相为中国春节发来贺词，丹麦王室成员和有关政要、各界名流出席了在皇家剧院举办的中国新春民族音乐会和招待会。

在莱索托，首相、副首相、文化大臣等11名内阁大臣及当地各界群众共同观看了云南艺术团的演出。莫西西利首相感谢中国政府在中非合作论坛北京峰会召开一周年后派出高水平的文艺团体访问莱索托，并称赞演出将胡锦涛主席在峰会上提出的8项政策措施落到了实处。

在毛里求斯，总统夫妇、副总统、副总理夫妇、首席大法官夫妇、外交部长、艺术与文化部长和青年与体育部长等多位内阁部长观看了春节活动演出。

在悉尼，悉尼市政府大型活动部主抓春节活动，还专门成立了华埠中国农历新年庆典咨询委员会协助其工作。为充分展示中国春节文化魅力，主办方专门聘请了艺术指导，策划巡游主题板块，编排巡游行进表演。

在俄罗斯圣彼得堡，四川省歌舞剧院“天姿国乐”民乐团在第三届中俄联欢节上与俄罗斯艺术家们同台演出。圣彼得堡市议会副主席、圣彼得堡外联委主席、俄罗斯外交部驻圣彼得堡代表、商业界和文化界知名人士等出席了联欢节。

各国媒体也对春节活动给予了大量积极报道。莱索托电视台和电台及时播出和报道了中国艺术团演出的部分节目；毛里求斯电视台对春节演出进行了现场转播；澳大利亚《每日电讯》、《堪培拉时报》及当地多家电视台及时报道了中国艺术团在悉尼的巡游实况以及在堪培拉多元文化节的文艺演出情况；悉尼市政府“迎中国新年”网站多次对春节活动进行报道；德国柏林—勃兰登堡州电视台（RBB）对在德国举办的中国春节活动开幕式进行了8分钟的直播；德国《世界报》、《每日镜报》、《柏林报》等多家媒体对春节活动进行了广泛报道。

（二）形式丰富多彩，参与面广，持续时间长，影响深远

通过调动各方积极性，整合中央、地方和国外资源，打造春节品牌活动，使春节活动的参与

面不断扩大，内容更加丰富多彩，其中既有展示中华文化魅力的文艺演出、音乐会、美食文化节、电影周等演展活动，也有与各地民众互动交流的庙会、灯会、巡游、联欢会等渲染春节气氛的活动。各类活动相互交织，在各地营造了浓厚的欢庆春节气氛，产生了广泛深远的影响。

在英国，伦敦、曼城、伯明翰、爱丁堡、格拉斯哥、贝尔法斯特、卡迪夫等大中小城市纷纷举办春节活动，参与的机构包括政府、博物馆、美术馆、植物园、音乐厅、图书馆、学校和社区中心等。由英国工商界发起的大型中国主题综合性活动“时代中国”在春节期间开幕；大伦敦市政府连续第3年举办“中国在伦敦”系列活动，项目多达百余个；中央电视台“同一首歌”走进伦敦；北京市政府应邀举办“北京文化周”系列活动；文化部组派“中国人大附中艺术团”先后在伦敦、剑桥、牛津、格拉斯哥、爱丁堡等地举行专场演出，参加了大英博物馆“中国年”活动和特拉法加广场春节庆祝活动，并与英国学生开展了一系列交流互动。

在孟加拉国，春节活动从1月17日～2月16日，历时近一个月的活动不仅在首都达卡地区举行，而且扩展到了南至吉大港、北到迈门辛格的广大地区。

在悉尼，春节庆祝活动共有50多个项目，历时3周，吸引观众60余万人次，是该活动连续举办12年以来历时最长、内容最丰富、吸引观众最多的一届。陕西省派团参加农历新年大巡游，举办了文艺演出和民俗展，并进行旅游推介，湖南卫视举办了“五洲同乐——快乐澳洲行”大型演唱会。

在法国，中国音乐学院华夏民族乐团在法国巴黎、马赛和布希—圣乔治市举办了5场民族音乐会。在巴黎期间，中国音乐家们还与法国钢琴家合作，进行了即兴表演，观众反响热烈。

在德国，由文化部、中国驻德国使馆和德国联邦铁路共同主办的庆祝中国春节活动在柏林中央火车站隆重举行。来自中国重庆市川剧院、重庆市歌剧院和重庆市曲艺团的50多位艺术家为德国民众献上了丰富多彩的文艺节目。此外，德国民众还欣赏了四川民间艺人的綦江农民版画、画糖人、剪纸、木雕、刺绣、捏面人等手工艺展示。

在丹麦，文化部派团举办的新春民族音乐会、使馆春节招待会、华人社团和当地文化机构合作举办的春节活动、奥运图片展、中国文化讲座、电影放映等活动相互烘托，增进了观众对中国文化的认知。

在美国纽约帝国大厦，中国农历新年点灯仪式、齐淑芳京剧团演出。中国民间舞蹈、中国农民画展、花卉展、亚洲美食展和中央歌剧院《霸王别姬》剧组及北京友谊歌舞团《红楼梦》剧组在纽约林肯表演艺术中心的演出，让纽约民众领略到了中国文化的魅力。

在春节品牌活动中，通过充分发挥地方资源优势，使各地更多更主动地参与了春节品牌活动，如春节期间，仅四川省就派出15个项目、近200人次出访，在国外共计演展100多场次。

（三）突出“奥运”主题，为北京奥运会营造良好氛围

2008北京奥运会是举世瞩目的盛事。为进一步做好迎奥运宣传工作，通过充分发挥文化外宣优势，在春节品牌活动安排中，注入诸多奥运元素，为迎接北京奥运的成功举办营造了良好氛围。

在南非，奥运图片展提前一周在春节庙会现场显著位置展出，使当地民众更多地了解了有关北京奥运的信息。

在英国，在特拉法加广场的巡游活动中，“福娃”作为排头兵走在队伍前列，广场主舞台的大屏幕上滚动播放外联局制作的奥运宣传片。此外，中英两国的杰出女性还在大英博物馆举办了“妇女与奥运”主题研讨会。

在巴西，举办北京奥运摄影图片展和大型充气奥运福娃的演示成为春节庆祝活动的一个亮点。

在捷克，首届捷克“中国节”活动闭幕式晚会以迎接中国奥运年为主题，旅捷华人歌手与捷克赫拉德茨格拉洛唯市交响乐团合作，演唱中国和捷克民歌，以音乐体现世界民族大团结和奥运精神。

在丹麦，哥本哈根和奥胡斯等地举办的“把目光投向中国”、“舞动的北京”和“北京欢迎您”等奥运图片展受到普遍欢迎。

（四）众多商家和企业参与活动

春节品牌活动的连年举办，在一些国家和城市主流社会中形成了品牌效应，也给商家和企业带来了无限商机，使不少商家和企业更加积极主动地参与到了春节品牌活动中来。

在南非，BRIGHTWATER COMMONS 商业集团为我国免费提供了春节庙会举办场地，还提供10余万兰特资金帮助搭建舞台和租用灯光音响设备。南非第一国民银行也赞助了10万兰特和40余顶帐篷。在南非的中资企业积极参与庙会文化活动，借助这一平台展示中国企业的正面形象，宣传自己的产品，改善劳资关系，对更好地融入当地社会等方面起到积极作用。

在英国，伦敦希思罗机场免税店举行春节促销活动，大型百货公司 John Lewis 装点中国橱窗，汇丰银行张灯结彩庆春节，BBC 专门制作并播放中国美食节目。

在多伦多，社区新移民中有实力的华商出资，尝试引用商业运作模式举办春节文艺演出，取得较大成功。其中一个商业演出主办方还向我国灾区捐款10万元人民币，向当地慈善机构捐款3000加元。华商通过参与春节活动，既弘扬了中华文化、报效了祖国和家乡，又回馈了当地福利事业。

（五）整合国内资源，定向派团扩大民间交流

春节品牌活动的成功举办，大力弘扬中华文化，扩大了影响，使各国人民进一步了解真正的中华文化。

1."春节品牌"以伦敦、巴黎、哥本哈根3个城市为中心重点开展。春节期间，人大附中舞蹈团赴英国参加伦敦特拉法加广场的庆祝活动，并赴爱丁堡、牛津和剑桥等城市访演；中国音乐学院华夏民乐团赴法国巴黎、马赛等地举办新春民族音乐会；中国音乐学院中国民族器乐与打击乐小组赴丹麦参加春节庆祝活动，并顺访荷兰参加当地春节庆祝活动。

伦敦的春节活动已成为其一年一度的重大节庆，是中国以外规模最大的中国农历新年庆祝活动，由英方主导，利用当地主流社会和主流平台，示范性派团参与，带动地方和民间文化资源积极参加，吸引主流媒体关注。英国《卫报》、《每日电讯报》、《独立报》等都对这一活动作了采访报道，特拉法加广场一天活动的人数达40万。

2.整合国内地方资源，积极推介中华文化。6月，组派湖南省歌舞团赴德国参加法兰克福多元文化节活动；8月，组派山西绛州鼓乐团赴英国参加爱丁堡边缘艺术节以及爱丁堡国际艺术节花车巡游；邀请爱丁堡军乐节执行总监到陕西、山西和北京等地进行考察，为2009～2012年的继续合作做了可行性研究；组派上海师范大学舞蹈团参加"芬兰考斯蒂宁民间音乐节"和"2008德国波茨坦中国文化节"活动；组派北京舞蹈学院舞蹈团赴葡萄牙访演。

三、强化与主要大国、区域组织和发达国家的文化关系

（一）稳步推进与美国的文化关系

对美国文化工作始终是对外文化工作的重中之重。2008年，对美国文化工作重点着眼于进一步加强与美国联邦主要文化机构的交往与项目合作，取得了显著成效。

1.与美国文化机构建立良好的互信关系和工作机制。美国总统艺术人文委员会代表团在2007年访华后，主动承担协调与其他联邦文化机构的责任，双方负责人多次互访，积极推动双方的交流与合作。截至2008年底，文化部与美国国家艺术基金会、美国博物馆图书馆事业总署签署了《中华人民共和国文化部和美利坚合众国国家艺术人文委员会开展合作的意向书》、《中华人民共和国文化部和美利坚合众国国家人文基金会就鼓励人文学科学术性研究和文化遗产保护合作事宜的谅解备忘录》和《中华人民共和国文化部和美国博物馆图书馆事业总署关于支持建立文化交流合作伙伴关系的谅解备忘录》，中国国家图书馆与美国国会图书馆签署了《中国国家图书馆与美国国会图书馆关于世界数字图书馆项目合作协议》，中国图书馆学会与美国伊力诺依大学厄本那香槟校区莫滕森国际图书馆项目中心签署了《中美图书馆员专业交流项目协议书》，双方合作取得成效并进入实质性阶段。

2.加强中美两国官方文化交流。1月26日～2月5日，孙家正部长率中国政府文化代表团对美国进行友好访问，出席美国总统艺术人文委员会在白宫举行的"站得更高"活动颁奖仪式，并与美国总统夫人劳拉一道向中国获奖者——中国福利会上海少年宫"小伙伴艺术团"颁奖。4月，内蒙古"安达组合"艺术小组应邀赴美中西部五个州巡演取得成功，这是与美国总统艺术人文委员会的另一个合作项目。11月，蔡武部长率中国政府文化代表团访美，落实与美国各文化机构所达

成的合作意向。以上这些活动十分清晰地向美国各主要文化机构传达了中美两国政府支持开展双边文化交流活动的明确信息。

3. 配合国家整体外交，加强对美国重要人物的工作。北京奥运会期间，全国政协副主席孙家正陪同美总统夫人劳拉参观了故宫。5月，为加强对美国参院财委会主席鲍克的工作，邀请美国洛基山芭蕾舞团来华演出；安排美国大型艺术杂志出版及艺术信息咨询企业——布隆恩控股公司（LTB HOLDING LTD.）首席执行官麦克班女士赴西藏参访，麦回国后在媒体上发表文章介绍我国在西藏文化发展及文化遗产保护方面的成绩，呼吁国际社会、媒体正面宣传西藏。

4. 举办庆祝中美建交30周年等文化活动。推出高层次、高水准的文化项目，大力提升了对美主流社会的文化宣传层次，美国媒体给予了积极报道。1月，组派了中央歌剧院《霸王别姬》剧组赴美巡演，为我国高端文化艺术团组赴美商演积累了丰富经验。5月，协调美国加利福尼亚州宝尔博物馆和美国佐治亚州亚特兰大海伊艺术博物馆举办“秦始皇兵马俑展”，同时举办了“陕西文化周”活动。6月9～15日，中国国家博物馆和泉州海事博物馆与美国国家地理博物馆合作举办了“被遗忘的中国舰队：郑和下西洋”展览。11月，筹组了“中国当代艺术展”和“纪念中美建交30周年图片展”分别提供驻美国使领馆举办各种文化活动。

（二）与欧盟国家交流频繁

1. 高层对话，增进了解。高层互访是促进双边关系不可替代的手段，通过高层对话交流，增进相互了解，建立互信，积极推动和开展对欧洲的文化交流与合作。

2月，孟晓驷副部长赴法国出席第35届法国安古兰国际漫画节“中国”和第42届戛纳国际音乐博览会“中国主宾国”活动并会见法国文化部长。5月22日，蔡武部长会见了比利时外交大臣卡尔·德·古赫特，双方商谈了2009年举办“欧罗巴利亚中国艺术节”的有关事宜。6月16日，蔡武部长会见法国文化通讯部长克里斯蒂娜·阿尔巴奈尔及其率领的法国政府文化代表团，双方签署了关于两国在文化遗产保护领域开展合作的《行政协议》以及合作修复汶川地震受损文物的《联合声明》。8～9月，部领导分别会见来华观摩北京奥运会和残奥会活动的瑞典、希腊、英国、丹麦、挪威、芬兰等多位欧洲文化部长（大臣）及王室要员。10月23日，李冬文局长与比利时欧罗巴利亚中国艺术节总协调人吉尔尚女士在北京签署《欧罗巴利亚中国艺术节框架协议》。11月4日，蔡武部长会见了荷兰文化大臣普拉斯特克，双方签署了《中华人民共和国文化部与荷兰王国教育、文化和科学部文化交流与合作备忘录》。为加强与各国民间机构的友好合作和交流关系，中国对外文化交流协会与葡萄牙东方基金会发展友好往来，并签署了两会间的《2008～2010年文化交流合作协议》。

2. 重大活动，形成亮点。

（1）在意大利罗马成功举办了“走近中国”中国艺术节。这是两国建交以来在意大利举办的最大规模的文化活动，也是配合北京奥运在欧洲举办的重要文化活动。5月23日～6月8日，来自全国8个省市的21个艺术团体的400名艺术家参加了上述艺术节，举办了各种文化演出活动近70场，观众达8万余人次，在意大利产生了巨大影响。

中国艺术节全面介绍了中国优秀的传统文化以及生机勃勃的当代文化，使意大利民众通过文化和艺术更加深入地了解中国。中意两国政府对艺术节给予了极大关注，文化部副部长陈晓光率中国政府文化代表团赴罗马出席了艺术节开幕式活动，意大利总统担任艺术节的监护人。艺术节引起我国和当地主流媒体的广泛关注。意大利主要报纸《晚邮报》、《共和国报》及意大利国家电视台和中国新华社、中央电视台、《人民日报》、新浪网等都对艺术节进行了报道，认为“走近中国”艺术节是“展示当代中国文化的橱窗”，“体现了中国艺术文化的时代魅力”。

（2）英国举办“时代中国”文化节。该节由英国汇丰银行、太古银行等20多家大公司共同发起，涉及多个领域，以文化活动为主，覆盖伦敦等25个城市，在英国100个城镇举办了1300场活动，300多家机构自筹经费参与活动。主要文化项目有：“中国在伦敦”春节庆祝活动、“中国秦兵马俑展”、“创意中国·中国当代设计展”、“中国演出季”等多项演展活动。全面向英国公众展示中国的最新形象，增进了两国的相互了解，扩大了两国人民的联系和友谊，进一步推动了中英关系的全面发展。

2月18日，国务委员唐家璇访英并参加开幕式活动。北京市和全国妇联组团赴英分别举办“精彩北京文化周”和“中国妇女文化周”活动。“中国秦兵马俑展”获得巨大成功，观众达80多万人次，英国首相布朗出席开幕式并致辞。国务院新闻办专门组团赴英对该展的成功举办进行考察，对我国开展对外文化交流与宣传提出了建设性意见。“创意中国·中国当代设计展”是中国现代设计作品第一次在英国展出，观众达8万多人次。“中国演出季”由中央芭蕾舞团、广州军区战士杂技团、苏州昆剧院等参加演出。中央芭蕾舞团在英国皇家歌剧院演出《天鹅湖》和《大红灯笼高高挂》，这是中国艺术团首次登上英国皇家歌剧院舞台演出。英国文化大臣出席观看了广州军区战士杂技团演出的杂技芭蕾《天鹅湖》。

（3）瑞士举办中国艺术节。2月6日～10月26日，瑞士洛桑奥林匹克博物馆在该馆举办“北京2008”文化节活动，通过展览、演出、庙会、研讨会等形式介绍中国文化和北京奥运。文化部派出陕西民间艺术剧院的皮影小组、江西省杂技团、北方昆曲剧院和北京京城百工坊风筝小组赴瑞士参加文化节表演。洛桑奥林匹克博物馆对这项活动给予了高度评价，对演展活动跟踪拍摄，发专刊报道。

（4）希腊在华举办文化年活动。8月4日，希腊文化年在华举办，项目约50项，涉及音乐、舞蹈、戏剧、展览、影视、出版、学术研究、研讨会等。第六届“北京2008奥林匹克文化节”暨“相约北京——2008”联欢活动将希腊作为主宾国，希腊艺术家参加了开幕演出。9月18日，希腊文化年闭幕式在北京国家大剧院举行，希腊国家剧院演出了《被缚的普罗米修斯》。

（5）“德中同行”活动。德国联邦政府从2007～2010年在华举办介绍德国的系列活动，活动包括文化、经济、科技、环境等内容。胡锦涛主席与德国联邦总统克勒共同作为该活动的监护人。5月9日，“德中同行·走进重庆”在重庆市人民广场布置的“德国大道”举办了开幕式活动。5月17晚，中德两国艺术家为“汶川大地震”举办了赈灾义演，募得善款1.06亿元人民币。

10月20日～12月20日，“德中同行·走进广东”在广州天河体育中心西门广场举办“德国大道”系列演出活动，届时德国19个表演团组参加演出，还将举办“未来的音乐市场、转型中的音乐市场”研讨会和“遗产与创新”文化论坛以及钢琴公开赛、艺术展览等活动。

（6）“中法文化交流之春”系列文化活动。4月4日，第三届“中法文化交流之春”拉开帷幕，郑欣淼副部长出席了开幕式。“中法文化交流之春”活动在18个城市举办，包括展览、音乐、舞蹈、戏剧、电影、时装表演等逾百场活动。

（7）民间交流活动。组派上海师范大学舞蹈团参加“芬兰考斯蒂宁民间音乐节”和“2008德国波茨坦中国文化节”活动，组派北京舞蹈学院舞蹈团赴葡萄牙访演，扩大了民间交流。

（三）深化与俄罗斯的双边交流

巩固与俄罗斯互办“国家年”所取得的成果，保持两国文化交流的平稳势头。10月，赵少华副部长率中国政府文化代表团赴俄罗斯参加中俄文化合作分委会第八次会议，就进一步深化和发展中俄文化关系交换意见，并签署了《中国和俄罗斯文化合作分委会第八次会议纪要》。11月，“东方文化研究计划”邀请俄罗斯国家杜马议员、杜马文化委员会知识经济与创新分委会主席古雪夫访华。12月，俄罗斯文化部长阿夫杰耶夫率俄政府文化代表团访华，并签署了《中国和俄罗斯两国文化部2009～2010年文化合作计划》。

在“相约北京——2008”奥运文化活动期间，俄罗斯在华举办了俄罗斯文化节。俄方派出了莫斯科大剧院芭蕾舞明星团、明星快车舞蹈团、流行音乐组合“纳纳”来华演出，获得了观众的赞誉和好评。

打造春节品牌，促进民间交流。组派四川省歌舞剧院民乐小组赴莫斯科、圣彼得堡参加“春节品牌”活动。在圣彼得堡，四川省歌舞剧院“天姿国乐”民乐团在第三届中俄联欢节上与俄罗斯艺术家们同台演出，增进了友谊，加深了解。圣彼得堡市政界、商界和文化界的知名人士等出席了联欢节。组派中国少儿艺术团赴俄罗斯参加“第12届国际儿童音乐创作节”。

（四）扩大对日本的交流

1. 与日本签署互设文化中心协议。经过与日本外务省就两国政府互设文化中心协议进行多次谈判，5月7日，胡锦涛主席访问日本时，孟晓驷副部长代表中国政府与日本外相高村正彦在东京签署了《中华人民共和国政府和日本国政府关于互设文化中心的协定》。

2.促进民间活动。2008年是中日两国领导人共同确定的“中日青少年交流年”，8月，中国对外文化交流协会在沈阳成功举办了“第五届中国文化夏令营之中日青少年友好交流会”。为纪念中日和平友好条约缔结30周年，在中国美术馆举办“平山郁夫艺术展”。中国对外文化交流协会在北京湖广会馆上演了由日本歌舞伎大师坂东玉三郎主演的中日版昆曲《牡丹亭》和歌舞伎《杨贵妃》。

（五）积极开展与澳、新、加等国的交流

1.加大对澳洲“春节品牌”活动影响力。借助悉尼市政府搭建的平台，春节期间，文化部与陕西省政府联合组派649人的巡游艺术团组，参与澳大利亚悉尼市春节巡游活动，并举办了规模盛大的露天演出和民间艺术展览，10余万民众参加了上述活动。澳《每日电讯》、《堪培拉时报》等6家主要报刊，悉尼市政府网站，澳洲7、9、10台及ABC、SBS电视台等主流媒体都对活动进行了大篇幅报道。活动成功地宣传了中国传统节庆文化及中国改革开放以来取得的积极成果。陕西民族艺术团顺访堪培拉并参加了当地举办的“多元文化节”。

2.加强与新西兰政府和文化机构的合作，邀请新西兰国家交响乐团来华参加北京奥运文化演出活动；组派上海宝山民间艺术团赴新西兰首都惠灵顿、基督城等地参加元宵灯节演出活动，宣传中国“元宵节”品牌，受到观众的欢迎和当地媒体的广泛报道。新西兰国家交响乐团来华参加奥运文化活动，增进了两国政府和文化机构的合作关系。

3.推广“东方快车计划”，分别组派小提琴家宁峰、李传韵赴澳大利亚、新西兰等国巡演。

4.积极促进中加传统友谊，加强与加拿大的文化交流，筹组“纪念宣传白求恩大夫援华70周年图片展”在加拿大智利华市的两家美术馆、渥太华和蒙特利尔的当地大学及文化机构举办巡展。

四、高层互动频繁，持续保持与邻国的文化交往

（一）与亚洲各国高层交往有序开展

1月23日，中韩两国政府文化共同委员会第七次会议在北京举行，双方共同签署《中华人民共和国政府与大韩民国政府2008～2010年政府文化交流执行计划》。5月，蔡武部长会见了以尼泊尔王国文化、旅游、民航部秘书鲍德尔为团长的尼泊尔王国政府文化代表团，对鲍德尔为奥运火炬成功登顶珠峰所作努力表示感谢，并向尼泊尔文化部提供10万元人民币小额援助。6月，蔡武部长出席在吉尔吉斯斯坦举行的“上合组织”成员国文化部长例会。7月7日，蔡武部长会见了以泰国文化部部长阿努颂·翁万率领的代表团，双方共同签署了《中国和泰国2008～2010年文化交流执行计划》。此外，蔡武部长还分别会见了出席第10届亚洲艺术节相关活动的吉尔吉斯斯坦、缅甸、马来西亚、朝鲜政府文化代表团；会见了来华参加残奥会闭幕式的土库曼斯坦副总理。10月，赵少华副部长率中国政府文化代表团赴哈萨克斯坦参加中哈文化和人文合作分委会第四次会议，就进一步深化和发展中哈文化关系交换意见，并签署了《中国和哈萨克斯坦文化和人文合作分委会第四次会议纪要》。

（二）成功举办第10届亚洲艺术节

9月26日～10月8日，文化部与河南省政府在郑州和开封举办了第10届亚洲艺术节，受到中外各国高层的广泛关注和重视。中共中央政治局委员、国务委员刘延东，文化部和河南省领导，缅甸文化部长、吉尔吉斯斯坦文化部长、马来西亚文化部副部长、朝鲜对外文委副主任分别率政府文化代表团与20个亚洲国家的驻华使节和文化官员共同出席了艺术节开幕式和相关活动。

18个亚洲国家的20个艺术团参加了本届艺术节，中外艺术团共演出119场，举办了5个系列13个展览和“亚洲电影展”，放映了亚洲各国影片390场。市民参与的积极性高涨，据初步统计，观众达300多万人次，使亚洲艺术节真正成为人民的节。艺术节实现了“和谐亚洲，欢聚河南”的目标，各界给予高度评价，反响良好，取得圆满成功。

（三）依托“上合组织”开展对中亚国家交流

上海合作组织是目前唯一一个由我国主导的区域性国际组织，从最初的安全合作组织已经发展成为在政治、经济和人文领域开展全面合作的国际平台，是我国维护西北边陲安全，提升我国在中亚乃至世界影响力的重要舞台。

通过积极参加上海合作组织框架内的多边文

化活动，参加上海合作组织成员国文化部长第五次会晤和第五届艺术节演出活动，组织上合组织文化官员访华班，在上合组织文化活动中发挥了积极的作用。以上海合作组织为平台，努力扩大我国在该地区的文化影响和文化存在。

1. 参加上海合作组织成员国文化部长会晤。6月26～29日，上合组织在吉尔吉斯斯坦举行成员国文化部长第五次会晤（中国、俄罗斯、哈萨克斯坦、乌兹别克斯坦、吉尔吉斯斯坦、塔吉克斯坦），文化部长会晤每年一届，轮流在各成员国举行。文化部长会晤的主要议程有：总结2007年会晤以来上合组织成员国文化交流情况、签署第四届上合成员国艺术节章程等。此外，为配合此次文化部长会晤，各方同意在会晤期间，举办上合组织成员国民间工艺品展览。蔡武部长率代表团对吉尔吉斯斯坦进行正式访问，并参加在吉首都比什凯克举行的上合组织成员国文化部长第五次会晤。蔡武部长与各国文化部长共同研究了上合组织多边文化合作计划项目的执行情况，并签署了会议纪要以及《上海合作组织成员国2009～2011年多边文化合作计划》。

蔡武部长率代表团在吉尔吉斯斯坦出访期间，吉国务委员、副总理等分别会见了蔡武部长及其代表团成员。蔡武部长代表文化部向吉尔吉斯斯坦文化部提供了价值15万元的小额文化援助。

2. 派出中国艺术团参加第四届上合组织成员国艺术节，发挥文化外交的作用。8月28日，在塔吉克斯坦首都杜尚别举行了上合组织元首峰会。为配合峰会，同期在杜尚别举办第四届“上海合作组织成员国艺术节”。胡锦涛主席和各国与会元首及政府代表出席艺术节开幕式并观看演出。丁伟部长助理率领以武汉杂技团为主的中国艺术团一行43人参加了艺术节开幕式和在塔吉克斯坦举办的“中国文化日”的演出活动。其中，艺术团专门为此次峰会庆典演出的《古琴与柔术》，赢得与会各国元首及在场观众的热烈赞誉。

3. 出版《文明面对面——上合组织成员国文化纵览》画册。根据《上海合作组织成员国2007～2008年度多边文化合作计划》的规定，由中国文化部主持筹备，其他成员国参与，编辑出版了介绍成员国传统、风俗习惯和名胜古迹的画册。4月，文化部以中、俄、英3种文字出版了《文明面对面——上海合作组织六国文化纵览》约200页的画册，印制数量为2000册，发送至各成员国驻华使馆、各成员国有关政府机构、上合秘书处、我国驻外使领馆等，受到各方好评。此项工作对于加强上合组织的凝聚力，突出我国在该组织中的主导作用具有积极意义。

（四）积极促进“10+3”区域合作进程

为强化“10+3”文化合作机制，1月，丁伟部长助理率团赴缅甸内比都出席第三届“10+3”文化部长会议和高官会议，介绍了中国与东盟文化交流与合作的基本思路，提出中国与东盟签署文化交流执行计划的构想。还派员出席了第四次东亚文化网络会议、“10+1”高官会议、东盟文化分委会会议、第二次东盟文化人力资源工作小组会。通过上述会议，中国与东盟沟通了情况，交换了意见，探讨了今后的合作方式和途径，为有效开展与东盟的文化交流与合作奠定了基础。

为加强与东盟在文化人力资源上的合作与开发，11月，举办了以“非物质文化遗产保护”为主题的第三届“10+3”文化人力资源合作开发培训班，东盟十国和东盟秘书处20余人出席。

（五）配合外交活动，加强与周边国家文化交流

2008年，适逢中国和柬埔寨建交50周年，相机组派艺术小组并制作中柬友好图片展赴柬埔寨参加庆祝活动，柬埔寨国王和首相出席了中国驻柬使馆举办的大型招待会。此外，还为柬埔寨驻华使馆邀请来华参加纪念中柬建交50周年演出活动的柬埔寨皇家芭蕾舞团安排了演出交流场地并提供了灯光音响设备。

五、加大投入力度，同发展中国家的交流明显增加

（一）对非文化工作力度加大，成果显著

宣传中非政治上的平等互信，协助经济上的合作共赢，落实文化上的交流互鉴，是新时期对非文化工作的三大使命。2008年是对非文化工作贯彻“中非合作论坛——北京峰会”精神、落实北京行动计划（2007～2009年）的重要一年。

1. 配合高访，积极落实政府交流项目。2月底，配合尼日利亚总统奥马鲁·穆萨·亚拉杜瓦率政府代表团访华，打破国际社会对中非之间的交流与合作往往局限于经济层面的揣测，积极促成此

次高访并签署了《中华人民共和国政府和尼日利亚联邦共和国政府2008～2010年文化教育交流与合作议定书》。7～11月，先后邀请喀麦隆、加蓬、马里三国政府文化代表团访华，并签署了《中国和喀麦隆文化协定2008年～2010年执行计划》、《中国和马里文化协定2009年～2011年执行计划》。此外，部领导还会见了以塞舌尔社区发展、青年、体育和文化部长文森特·梅里顿为团长的塞舌尔青年代表团；坦桑尼亚新闻、文化和体育部长乔治·胡鲁马·姆库奇卡率领的代表团；南非总统府部长伊索普·帕哈德率领的代表团。

7月28、29日，“相约北京——2008”奥运文化活动之“非洲之夜”文艺演出在人民大会堂举行，坦桑尼亚、肯尼亚、卢旺达、塞内加尔、毛里求斯、南非、喀麦隆七个国家的艺术团以及在吴桥杂技艺术学校学习的加纳、科摩罗、埃塞俄比亚的学员参加了演出。7月29日～8月3日，在首都图书馆举行了“非洲与奥运”图片展。

2. 推动地方和民间开展对非交流。

（1）落实《中非合作论坛北京行动计划（2007～2009年）》，积极推动地方和民间赴非访演。云南艺术团、北京华夏民族乐团分别赴莱索托、南非、毛里求斯、塞舌尔、津巴布韦、马达加斯加和莫桑比克访演，推动了在非打造“春节品牌”活动；甘肃歌舞杂技团赴毛里求斯、埃塞俄比亚参加毛里求斯独立40周年庆典和埃塞千禧年活动；深圳艺术团赴乌干达、喀麦隆、塞内加尔、肯尼亚和佛得角参加庆祝佛得角首都普拉亚建城150周年等活动；河南艺术团赴加蓬、刚果（金）、刚果（布）和马里参加加蓬“武术之夜”等活动；福建艺术团赴毛里求斯、坦桑尼亚、卢旺达、厄立特里亚参加泛非舞蹈节和厄特国家艺术节等活动；重庆艺术团赴南非、纳米比亚、贝宁参加庆祝中南建交10周年、温得和克艺术节等活动；青海艺术团、展览小组赴肯尼亚、贝宁演展并在贝宁举办“青海文化周”活动。上述活动赢得到访国的热烈欢迎和高度好评，圆满完成了任务。

（2）举办“非洲文化人士访问计划·文化政策圆桌会议”。

10月16～26日，作为“2008非洲文化聚焦”活动的一部分，2008年度“非洲文化人士访问计划·文化政策圆桌会议”邀请来自厄立特里亚、几内亚比绍、加纳、莱索托、利比里亚、莫桑比克、纳米比亚、南非、塞拉利昂、津巴布韦、尼日利亚、肯尼亚12个国家的12位司局级文化官员参加。本年度的会议主题为“国内文化发展和对外文化交流”。圆桌会议代表团在北京期间了解了中国的文化政策、文化发展和对外文化交流情况，观摩了文艺演出，参观了名胜古迹；在湖南考察了博物馆、纪念馆等公共文化设施，赴拓维、三辰等动漫文化企业和省杂技团等文艺团体观摩、交流，观看流动舞台车，体验群众文化生活；在深圳举办圆桌会议，介绍各自国家文化政策、文化发展和对外文化交流特别是与中国的文化交流情况。本次会议以加强双方治国理政和发展经验交流为宗旨，实施项目既有情况介绍，又有实地考察，日程安排紧张而有序。各国代表普遍表示，访问改变了他们从西方媒体中得到的对中国的负面印象，赞赏中国的发展特别是文化的发展，希望推动与中国开展文化交流与合作。

（3）推动民间机构赴非洲创作交流。中国艺术摄影学会组织知名摄影（像）家于12月上旬分四组赴马里、塞内加尔、几内亚、埃及、埃塞俄比亚、卢旺达、莫桑比克、马拉维、坦桑尼亚、贝宁、加蓬等11个非洲国家进行采风创作，并从摄影（像）家拍摄的作品中精选200幅作品在非洲国家举办“中国摄影家眼中的非洲”摄影展。

3. 成功举办“2008非洲文化聚焦”大型文化活动。10月23日～11月2日，由文化部、国家广电总局、国家新闻出版总署和广东省人民政府联合主办、深圳市人民政府承办的“2008非洲文化聚焦”大型中非文化交流活动在深圳举行。加蓬副总理兼文化部长保罗·姆巴·阿贝索莱率政府文化代表团与来自非洲6个国家的艺术团、3个国家的展览以及12个国家的文化官员、8个国家的博物馆专家、5个国家的画家、11个非洲国家驻华使馆代表，云集深圳，共襄盛事。加蓬副总理兼文化部长保罗·姆巴·阿贝索莱在活动开幕式讲话中感谢中国的热情与好客，为本次活动提出了一个口号——“让我们永远更多地了解对方”。非洲联盟经社文理事会向我国发来贺信表示祝贺，希望“2008非洲文化聚焦”活动能够搭建一座在文化多样性原则下进行文化交流的平台，同时也能够成为中国和非洲联盟互相学习对方文化精华的机制。这次活动将成为促进文化多样性的成功范例而载入史册。该活动是“中非合作论坛”设立以来在国内打造的一个介绍非洲文化的大型活动，打造了对非文化工作的新格局，开创了新局面。

作为“2008非洲文化聚焦”活动的组成部分，非洲文化人士访问计划·文博专家挂职调研项目侧重文化机构及其人员交流。文化部邀请来自喀麦隆、埃塞俄比亚、肯尼亚、马达加斯加、坦桑尼亚、赞比亚、摩洛哥和多哥8个国家的8名博物馆中青年专家来华，并分赴吉林、上海、陕西、湖南四省市，以“外籍挂职调研员”的身份，对地方博物馆事业现状和与非洲交流项目进行调研考察。10月24日下午，参加该项目的文博专家代表向出席“文化政策圆桌会议”的中非文化官员介绍了该项目情况和调研成果，并进行了交流。

深圳卫视精选播出了中央电视台和香港凤凰卫视台联合摄制的百集大型纪录片《走进非洲》的25集。该片全景式介绍了非洲政治、经济、人文、形势等内容，在“2008非洲文化聚焦”活动期间播出，烘托了活动气氛，为增进对非洲的了解起到了重要作用。

4. 对非人力资源培训工作稳步推进。为巩固援建喀麦隆国家舞蹈团的成果，延长两名舞蹈教师在喀麦隆工作。派遣四川省绵阳文化馆林海、姜迎赴厄立特里亚指导和协助厄方筹办厄立特里亚独立17周年大型文艺庆典等活动。本年度为肯尼亚、加纳、科摩罗培训杂技学员18人，同时完成下年度招收坦桑尼亚、赞比亚等国学员工作。

5. 与非驻华使馆加强联系与沟通。7月，召开了“与非洲驻华使节沟通会”，24个非洲国家的驻华公使、参赞出席会议。会议介绍了“中非合作论坛”北京峰会以来落实北京行动计划、推动中非文化交流与合作的情况和今后的设想。

（二）根据“中阿合作论坛”框架精神开展与阿拉伯国家的交流

1. 机制化建设取得突破性进展。中阿互办艺术节机制和中伊文化联委会机制正式确立，为中国和阿拉伯国家、中国和伊朗的文化交流稳固发展打下扎实基础。在“中阿合作论坛”框架下，中阿双方于2008年初确立了中阿互办艺术节机制。该机制是在论坛框架下中阿在文化领域建立的首个合作机制，它的确立是近年来对阿文化外交工作取得的一项突破性成果。

2. 官方交流活跃。1～2月，中国政府文化代表团对突尼斯、巴林进行正式访问；10～11月，中国政府文化代表团对伊朗和也门进行正式访问，并签署了《中国和伊朗文化与伊斯兰联络组织文化谅解备忘录》和《中国和也门政府2008～2011年文化合作执行计划》。4月，黎巴嫩贝特丁艺术节主席率文化市场考察团访华。5月，伊朗文化与伊斯兰联络组织主席参加深圳第四届国际文化产业博览交易会并与文化部签署了《中国和伊朗2007～2010年文化与教育交流执行计划》。10月，约旦政府文化代表团应邀访华；阿尔及利亚政府文化代表团应邀出席在京举办的庆祝中阿建交50周年“阿尔及利亚文化周”开幕式等活动并与文化部签署了《中国和阿尔及利亚政府文化协定2009～2013年执行计划》；配合国家外交活动，在签署中国和卡塔尔两国能源协议的同时，签署了《中华人民共和国政府和卡塔尔国政府2008～2011年文化合作执行计划》。

3. 中阿互办文化活动。

（1）在叙利亚成功举办“中国艺术节”，并辐射周边阿拉伯国家。4～6月，借助“大马士革——阿拉伯文化之都”多边活动的平台，艺术节在叙首都大马士革中心的国家剧院阿萨德艺术宫隆重开幕。中共中央政治局常委李长春与叙利亚复兴党民族领导机构副总书记艾哈迈尔共同出席开幕式观看演出，并为“新北京，新奥运”摄影图片展剪彩。叙文化部长、阿拉伯国家联盟驻叙代表及我驻叙大使分别发表讲话，并对艺术节开幕表示热烈祝贺。文化部组派了甘肃省歌剧院艺术团、中国刺绣精品展团、湖南省杂技团、红缨束女子打击乐团等100余人的展演团组赴叙参加艺术节活动，足迹遍及叙利亚各大城市及埃及、摩洛哥等西亚北非国家，在各地均获得热烈反响，取得了圆满成功。该节是双方建立互办艺术节机制之后中方在阿拉伯国家举办的首个大型艺术节活动，影响深远。

（2）在巴林举办“中国文化节”活动。为在巴林召开的“中阿合作论坛”部长级会议营造良好气氛，5月，组派“景德镇陶瓷精品展”和甘肃省歌舞剧院的大型乐舞《敦煌韵》赴巴林举办“中国文化节”展演活动。杨洁篪外长和阿拉伯国家外长及嘉宾出席了演出和展览活动。

（3）举办“相约北京——2008”奥运文化活动的重点项目“阿拉伯之夜”大型文艺晚会；组

派中国艺术团赴埃及、阿联酋举办庆祝中国春节文艺演出活动，打造“春节品牌”；组派少儿艺术团赴土耳其参加“第30届4·23国际儿童联欢节”。邀请阿尔及利亚音乐小组和阿尔及利亚艺术展参加在北京和天津举办的“阿尔及利亚文化周”活动；沙特民间遗产和阿拉伯风俗传统画展、黎巴嫩风情展、埃及文物复制品展和突尼斯造型艺术展先后来华展出。

（4）积极筹划举办“第二届阿拉伯艺术节”。根据“中阿合作论坛”第三届部长级会议行动计划，我部和阿盟与上海世博会组委会合作，定于2010年世博会期间举办“第二届阿拉伯艺术节”。

（5）人力资源培训。4月10～29日，在北京和杭州举办“阿拉伯国家文化会展活动高级管理人员研修班”，来自西亚北非地区阿拉伯国家大型国际艺术节组委会负责人参加了研修班，推动了文化部与阿拉伯国家文化会展领域的交流与互动。

（三）不断提升与中东欧、独联体和前南国家的交流

1.加强与东欧传统友好国家的文化往来。4月，捷克政府文化代表团访华，并签署了《中国和捷克文化部2007～2011年文化合作议定书》，双方首次写明在议定书时效内互办文化活动，这是与捷克官方文化交流的重大突破。5月，波兰政府文化代表团访华，出席在华举办的波兰文化活动。蔡武部长在奥运会期间会见了出席奥运活动的阿尔巴尼亚文化部长。春节期间，组派吉林省歌舞剧院赴保加利亚参加其国家交响乐团庆祝春节活动联合演出。邀请匈牙利、保加利亚两国博物馆馆长和罗马尼亚汉学家罗明夫妇访华参加“东方文化研究计划”，增进了中国与东欧国家的文化学术交流。

2.保持与独联体和前南国家的文化往来。为配合奥运文化活动，根据《中国和白俄罗斯文化部2007～2011年文化合作议定书》，7月15～20日，在京举办“白俄罗斯文化节”，白俄罗斯文化部长弗拉基米尔·马特维丘克率政府文化代表团来访并出席了在华举办的“白俄罗斯文化”活动。

7月17日，文化节展览项目“白俄罗斯当代油画展”在首都图书馆举办。蔡武部长和马特维丘克部长发来贺词，孟晓驷副部长和马特维丘克部长出席开幕式并致词，赞扬两国在文化交流领域取得的成绩，肯定美术交流对促进相互了解发挥的重要作用。部分国家的驻华使节、艺术家、学生、记者等150余人出席了开幕仪式。

“白俄罗斯文化节”开幕式暨白俄罗斯岑多维奇国家模范民间合唱团在北京音乐厅演出。李洪峰副部长和马特维丘克部长分别致词，高度评价两国文化交流的发展现状和互办文化节。合唱团还在怀柔明珠广场为5000名观众演出。白俄罗斯广播公司派电视新闻摄制组跟踪拍摄了文化节相关活动。

7月，与克罗地亚签署了《中国和克罗地亚政府2008～2010年文化合作执行计划》，与塞尔维亚签署了《中国和塞尔维亚文化部2008～2012年文化合作执行计划》，与马其顿签署了《中国和马其顿文化部2008～2011年文化合作执行计划》。

通过官方交流促进民间交往，积极推广“东方文化研究计划”，邀请塞尔维亚、格鲁吉亚、阿塞拜疆和摩尔多瓦四国博物馆馆长访华；组派中国儿童中心艺术团赴波黑参加“2008萨拉热窝之冬”国际艺术节；组派上海师范大学舞蹈团参加“白俄罗斯2008斯拉夫人艺术节”，增进了中国与独联体和前南国家人民之间的友谊和了解。

（四）与拉美及大洋洲国家交流渐趋活跃

1.巩固外交成果，增进中国与拉丁美洲国家人民的友谊。在哥斯达黎加举办国际艺术节“中国主宾国”活动获得圆满成功。4月12～20日，中国作为首个主宾国应邀参加了第11届哥斯达黎加国际艺术节，文化部部长特别助理李洪峰率中国政府文化代表团出席了本届艺术节开幕式。天津市青年京剧团、中国杂技民乐团和北京民间手工艺小组等60余人参加了艺术节活动。在艺术节期间，还举办了“中国瓷器、京剧服饰和民族乐器展”、“北京欢迎您图片展”和“中国当代电影展”；开办了太极拳培训班等系列活动。主宾国活动的成功举办，为增进哥斯达黎加人民对中国和中国文化的了解，巩固建交成果，树立我国正面形象，发挥了积极作用。

继续巩固和加强与古巴的传统友谊，深化两国文化关系。蔡武部长于11月访问古巴，与古巴政治局委员哈瓦那市委第一书记塞斯、政治局委员文化部长普列托和古共中央对外联络部部长雷米雷斯等会晤，并向古巴文化部提供价值40万元人民币的舞台设施。

8月1～2日，“相约北京——2008”文化活动的重点项目“拉美之夜”歌舞晚会在人民大会堂举行。来自阿根廷、巴哈马、巴西、秘鲁、哥伦比亚、古巴和墨西哥等7个国家的百余名艺术家同台表演，首次在中国舞台上集中展示拉美和加勒比国家绚丽多姿的文化艺术。文化部领导和拉美及加勒比地区17个国家的驻华使节一同出席观赏首场晚会演出。“拉美之夜”歌舞演出的成功举办将对拉美文化交流提升到一个新的水平，并积累了多国艺术交流的宝贵经验。

2. 配合对汤加的外交工作开展文化活动。7月29日～8月5日，中国歌剧舞剧院管弦乐团赴汤加参加了汤加国王登基庆典活动，取得圆满成功。该团出访得到外交部和商务部的大力支持，访演活动积极配合了对汤加的整体外交工作，还慰问了华侨，堪称多部委合作开展文化外宣工作的成功案例。8月，南京市杂技团赴斐济、汤加两国进行巡演。以上活动均得到当地媒体的广泛报道，扩大了访演的影响力。

3.配合在中美洲和加勒比海地区的涉台斗争，积极寻求商业渠道推动中华文化“走出去”。3月30日～4月19日，中国杂技民乐团（中国煤矿文工团）对多米尼加、巴拿马和哥斯达黎加三国进行了成功访问演出。3～4月，推动阿根廷演出商邀请天津市青年京剧团一行33人赴阿根廷和巴西演出。

六、借助多边舞台深化与世界各国、国际组织的交流与合作

（一）参加《保护非物质文化遗产公约》相关会议

2月，组团参加保护非物质文化遗产政府间委员会第二次特别会议，会议审议了《保护非物质文化遗产公约》的细则。6月，派团参加《保护非物质文化遗产公约》缔约国大会第二次常会，会议讨论通过了实施《公约》的系列文件，标志着《公约》的实施正式启动。

（二）参加第三届亚欧会议文化与文明会议

4月21～24日，第三届亚欧会议文化与文明会议暨亚欧文化部长会议在吉隆坡举办，外交部亚欧会议高官王学贤大使作为孟晓驷副部长代表率团与会。会议围绕“文化多样性——实现行动计划”这一主题，就进一步实施第二届亚欧文化部长会议上通过的“文化部长行动计划”（下称“行动计划”）进行探讨并通过了主席声明文件。

（三）参加《保护和促进文化表现形式多样性公约》政府间委员会会议

6月24～27日，《保护和促进文化表现形式多样性公约》政府间委员会第一次特别会议在巴黎教科文组织总部召开，会议继续就制定实施《公约》的系列文件进行了讨论。我国组派了以常驻教科文组织代表团师淑云大使为团长，包括文化部、外交部、商务部、广电总局、知识产权局、新闻出版总署、社会科学院和常驻团人员在内的中国代表团与会。

（四）做好“申遗”和筹建亚太中心等工作

1. 申报“人类非物质文化遗产代表作名录”。联合国教科文组织于7月启动了“人类非物质文化遗产代表作名录”申报工作。9月30日前向教科文组织提交了35个申报代表作名录项目申报书。

2. 筹建亚太地区非物质文化遗产保护中心。为进一步推动我国非物质文化遗产保护事业的发展，履行缔约国的责任和义务，积极主动开展更为广泛和深入的国际合作，我国提出在中国建立由联合国教科文组织支持的亚太地区非物质文化遗产保护中心（第二类）。日本、韩国均提出在各自国家建立亚太地区非物质文化遗产保护中心。

8月，组团出席在首尔举行的中、日、韩三方建立由联合国教科文组织支持的亚太地区非物质文化遗产中心协调会。会议围绕各自中心的重点职能、3个中心运作及相互合作等问题展开讨论，就3个中心重点职能达成初步共识，即中国中心主要职能以培训为主，本中心主要职能以研究为主，韩国中心主要职能以信息和网络建设为主，并商定三方将以签署谅解备忘录进行正式确认。教科文组织待中、日、韩三方就建立中心的分工职能问题达成一致后，开始就三国建立亚太中心的可行性进行研究，于2009年2月底交联合国教科文组织第181届执行局会议审议。

3. 积极做好境外非政府组织在华活动管理工作。9月初，根据中央的指示精神，各单位针对本系统内与境外非政府组织开展合作问题进行自查，并请各单位就加强对境外非政府组织在华活动管理提出意见和建议。经全国各省、自治区、直辖市文化厅（局）自查，均未出现与从事反华活动

的境外非政府组织合作的情况。

（五）国际性艺术活动好戏连台

1. 整合资源成功举办国际艺术活动。6月8～18日，首届中国新疆国际民族舞蹈节在新疆维吾尔自治区举行。来自亚洲、欧洲、美洲、非洲的9个国家和地区的舞蹈团以及3个国内知名舞蹈团体、省内4个舞蹈团体共2600多名演职人员在乌鲁木齐市、昌吉市参加舞蹈节展演，在乌鲁木齐和昌吉的10个剧场，16个国内外艺术团体进行了45场演出，5万多人次欣赏了演出。舞蹈节期间，还举办民族舞蹈艺术论坛、新疆非物质遗产保护成果展以及新疆文物精品展等系列活动。以“和谐中国、魅力新疆”为主题的首届中国新疆国际民族舞蹈节，精彩纷呈，盛况空前，真正办成了一个国际文化的盛会，人民欢乐的节。

6～9月，第八届“相约北京”联欢活动（奥运重大文化活动）在北京举办。7月2～13日，在北京成功举办首届“中国国际青年艺术周”，凸显了国家奥运文化年宣传气势。10月，第四届中国国际声乐比赛（宁波）在宁波举行，第八届中国武汉国际杂技艺术节在武汉举行，第11届北京国际音乐节在北京举办，“2008国际民歌博览音乐周”在国家大剧院举办，国际戏剧协会第31届世界戏剧节在江苏省南京市举办，2008南宁国际民歌艺术节在广西南宁市举办。10～11月，第二届中国国际小提琴比赛（青岛）在青岛举行，第10届中国上海国际艺术节在上海举办。11～12月，第六届北京国际戏剧舞蹈演出季活动在北京举办；中国对外文化交流协会与中华儿童文化艺术促进会和中华社会文化发展基金会共同主办的第三届“和平的旗帜”世界儿童呼唤和平绘旗展览活动在北京举行。

2. 加强与国际音乐比赛世界联盟的合作。该联盟是国际艺术比赛界较为重要的组织，我国国际钢琴比赛是其成员。为促成中国国际声乐比赛和中国国际小提琴比赛加入该联盟，5月派团参加了该联盟第52届年会，10月邀请该联盟主席来华观摩第四届中国国际声乐比赛（宁波）。

七、推动对外民间文化交流的发展

积极配合国家文化外交的整体需求，发挥对外文化交流协会的作用，大力开展对外民间文化交流，展开了一系列对外文化交流工作。对外文化交流协会派代表团出访2起、艺术团出访8起；接待代表团来访4起、艺术团来访1起；交流人员达数千人次，交流对象涉及数十个国家。

“5·12”四川汶川发生特大地震灾害后，国际社会和各国友好人士予以了极大关注，大家纷纷伸出援助之手，支持中国的救灾和灾后重建工作，对外文化交流协会推动民间活动举办了大型“生命之光”义演音乐会。

协会积极开展与各国民间机构的交流与合作，既加深了友谊，又拓宽了合作领域。协会领导人亲自参与此项工作，为协会与国外民间机构保持高层密切往来发挥了重要作用。加强与各国民间机构的友好合作和交流关系，与葡萄牙东方基金会等发展友好往来。

积极打造“中国文化夏令营”等品牌，在沈阳成功举办“第五届中国文化夏令营之中日青少年友好交流会”，日本国际书道文化发展协议会组派日本青少年一行37人来华参加了此次活动，并与沈阳当地的中国青少年现场进行了交流，取得良好成效。

八、重视网络信息应用，为对外文化交流提供稳固的宣传平台

（一）精心打造文化外宣品牌，使其成为推广中华文化的有效载体

1. 积极配合北京奥运、重大事件，充分挖掘重要节庆的外宣潜力，大力推广中华文化。2008年为北京奥运会、改革开放30周年、国庆60周年、澳门回归祖国10周年、中美建交30周年等活动制作了“为奥运剪彩——中国民族传统体育竞技剪纸展”；策划制作多语种国庆主题大型图片“中国北纬30度”、“纪念白求恩逝世70周年图片展”、“纪念中美建交30周年图片展”、澳门回归祖国10周年大型图片“澳门风情”；策划、设计制作“中国女红展”、“南京云锦展”、“中国春节展”、“北京中轴线展”等7个展览；制作了“奥运盛会”、“文明对话”、“中国改革开放30年”、“汶川大地震”等12期橱窗图片。

对多媒体影视品进行资源整合，完成和投入制作《中国文化》、《中医文化》等CD—ROM6.8万套；制作PPT外交官演讲稿“中国文化概况”和“展开中国画卷——解读北京奥运会开幕式中的中国文化元素”等6篇；出版英文版《文化境

界——与外国友人谈话录》；向驻外使馆文化处发送赠书9306册、期刊32种10011册并配发《中国汶川大地震》专刊3660本和《强震凝聚中国》画册500册；制作了文化纪念品48种11430件、贺卡4种34000张、台历和挂历30000本。

制作了故事片29部和专题片的DVD 87000张以及5部广播级录像带78盘和5部VHS录像带113套。完成了9部外宣故事片和19部专题片的选定、翻译和改编工作。2007年，招标拍摄了《茶文化》、国庆献礼片《走近中国》、庆祝澳门回归10周年影片《澳门》等片。

2. 加强宏观管理和制度化建设。制定了外文翻译、审核标准以及进一步规范自动化办公管理系统工作流程。完成对影视翻译价格标准和数字影片价格选购标准的确定。

3. 努力创新，拓宽思路，扩大合作。充分利用外宣精品，做好各国主流社会工作。经重新整合、精选以往的外宣专题片，制作了1万套礼品套装。与地方合作打造外宣品，改编了第一部反映地方文化特色的专题片《湖南文化荟萃》。

（二）网络升级，中国文化网得到快速发展

中国文化网网络系统技术全面升级为web 2.0，使文化网的网络平台能较好地支持多媒体技术。推出了网络视频、Slideshow幻灯、Flash、电子杂志等“富媒体（Rich Media）”传播形式，增强网民的文化体验，更好地实现文化传播的价值，积极推广中国文化。

2008年前10个月，文化网中文网完成工作量4772篇，303.7174万字；英文网完成工作量2625篇，397.0585万字。中、英文网共同制作了文化奥运专题《2008，相约中国——北京》、《2007文化盘点》、《春节》和《国际青年艺术周》等专题；中文版推出了《2008非洲文化聚焦》，并针对中央对文化网络外宣的指导精神，在“两会”期间邀请周和平副部长对话文化热点话题，制作了独家专访视频；英文网制作了《乐在中国年》电子杂志，首次用多媒体的方式时尚、生动、图文影音并茂地展示了中国的春节文化。

英文网完成搭建新版电子图书馆数据库；中文版完成导入新系统，制作《东方快车》网站，成功搭建地方文化年报系统，并进行改版。北京奥运期间，对文化网的业务系统进行了全面的技术安全梳理，检查安全隐患，进行安全加固，记录各类应用的详细信息，并对各类业务系统中信息进行预防性备份。

文化网网站流量激增。2008年，文化网的读者访问量，无论页面浏览总量，还是独立的访问者人数，都比往年有较大幅度的增长，达到6年来一个最高峰。这进一步证明了文化网改版和数据库重新优化的成功。

专　题

对外文化交流活动一览表

2008年文化部、局领导重要会见活动一览表

序号	日　期	活　动　内　容
1	1.23	李冬文局长和韩国外交通商部文化外交局长裴宰铉出席在北京举行的中韩两国政府文化共同委员会第七次会议，并共同签署《中华人民共和国政府和大韩民国政府2008～2010年政府文化交流执行计划》
2	2.26	张瑞副局长会见美国威尔逊中心董事会副主席戴维·梅茨纳一行
3	3.25	李新副局长会见比利时欧罗巴利亚理事会代表团,并就“欧罗巴利亚中国艺术节”活动框架协议、项目清单等问题继续交换意见
4	4.4	郑欣淼副部长在北京出席法国“卢浮宫——拿破仑一世”展览开幕式
5	4.8	李新副局长出席在中国美术馆举办的奥地利“面向现实：中国当代艺术选展”开幕式
6	4.8	蔡武部长在国家大剧院会见新西兰总理海伦·克拉克
7	4.8	张瑞副局长出席新西兰总理海伦·克拉克访华庆祝《中国和新西兰两国自由贸易协定》签署庆祝晚宴
8	4.14	蔡武部长会见智利文化部部长乌鲁蒂亚女士。
9	4.15	中共中央政治局委员、中央书记处书记、中宣部部长刘云山在国家大剧院观看朝鲜血海歌剧团演出的歌剧《卖花姑娘》，蔡武部长陪同出席
10	4.22	蔡武部长会见捷克文化部部长瓦茨拉夫·耶赫利奇卡及捷克政府文化代表团一行
11	5.8	蔡武部长会见日本中国文化交流协会会长辻井乔一行
12	5.13	蔡武部长会见并宴请美国LTB控股有限公司首席执行官麦克班女士
13	5.14	陈晓光副部长出席在中国美术馆举办的德国“格哈特·李希特”个人艺术展与“灵动的风景”展览开幕式
14	5.14	孙家正副主席在恭王府会见并宴请麦克班女士，蔡武部长、李冬文局长陪同出席
15	5.18	赵维绥副部长会见波兰文化部第一副部长（国务秘书）彼得·朱霍夫斯基及波兰政府文化代表团一行，并出席“波兰文化节”开幕式活动
16	5.19	蔡武部长会见尼泊尔文化旅游航空部秘书鲍德尔率领的代表团一行6人，对鲍德尔为奥运火炬成功登顶珠峰所做努力表示感谢，并向尼泊尔文化部提供10万元人民币小额援助

续表

序号	日期	活动内容
17	5.20	张瑞副局长在文化部会见并宴请美国博物馆图书馆学会“中美图书馆项目”代表团
18	5.22	蔡武部长会见比利时外交大臣卡尔·德·古赫特，并商谈2009年举办“欧罗巴利亚中国艺术节”事宜
19	5.23	蔡武部长接受美国PBS公共电视台主持人吉姆·拉赫尔“新闻一小时”栏目采访
20	5.28	孟晓驷副部长会见美国朱丽亚音乐学院校长一行，张瑞副局长陪同会见
21	6.16	蔡武部长会见法国文化通讯部长克里斯蒂娜·阿尔巴奈尔及法国政府文化代表团。双方签署了关于两国在文化遗产保护领域开展合作的《行政协议》及合作修复汶川地震受损文物的《联合声明》
22	6.26	中国对外文化交流协会常务副会长刘德有在文化部会见并宴请日本书法团体泰书会会长柳田泰山一行4人，张瑞副局长陪同出席
23	6.30	赵维绥副部长在文化部会见并宴请塞舌尔社区发展、青年、体育和文化部长文森特·梅里顿及其率领的塞舌尔青年代表团
24	7.7	蔡武部长在贵宾楼会见泰国文化部部长阿努颂·翁万及泰国政府文化代表团一行6人，双方签署了《中国和泰国文化合作协定2008～2010年文化交流执行计划》
25	7.14	蔡武部长在文化部会见澳大利亚众议员麦克·约翰逊
26	7.16	蔡武部长在达园宾馆会见白俄罗斯文化部长弗基米尔·马特维丘克及白俄罗斯政府文化代表团一行
27	7.29	蔡武部长在文化部会见应邀来访的喀麦隆文化部长阿玛·图图·穆纳一行，双方签署了《中国和喀麦隆文化协定2008年～2010年执行计划》
28	8.4	蔡武部长在首都博物馆会见希腊奥运代表团团长、文化部长米哈伊勒·利亚彼斯，并一同出席“希腊文化年”展览开幕式
29	8.5	蔡武部长在故宫漱芳斋会见来北京出席第29届奥运会开幕式的美国新闻集团董事长默多克一行
30	8.10	丁伟部长助理出席在恭王府举办的“丹麦皇家文物精品展”
31	8.11	蔡武部长会见来北京观摩第29届奥运会开幕活动的瑞典文化大臣莲娜·阿德尔松·利耶路特女士一行
32	8.12	蔡武部长在文化部会见来北京出席第29届奥运会开幕式及相关活动的哥伦比亚奥运代表团团长、文化部部长保拉·莫莱诺·萨帕塔一行
33	8.12	蔡武部长在文化部会见随阿尔巴尼亚总理来北京出席第29届奥运会开幕式活动的阿旅游、文化、青年和体育部部长于利·潘戈
34	8.14	蔡武部长在文化部会见率团参加第29届奥运会的坦桑尼亚新闻、文化和体育部长乔治·胡鲁马·姆库奇卡一行，并就双边文化交流交换了意见
35	8.16	蔡武部长会见来北京参加第29届奥运会的韩国文化体育观光部部长官柳仁村
36	8.21	蔡武部长在文化部会见来北京观摩第29届奥运会的英国文化媒体与体育大臣安迪·博纳姆一行
37	8.21	蔡武部长在文化部会见来北京观摩第29届奥运会赛事的挪威文化宗教事务大臣特隆德·吉斯克一行
38	8.21	蔡武部长在文化部会见来北京观摩第29届奥运会赛事的芬兰教育部文化体育事务部部长斯特凡·瓦林一行

续表

序号	日　期	活　动　内　容
39	9.4	蔡武部长会见应国际残奥会邀请来华观摩北京残奥会赛事并出席闭幕式活动的丹麦新任文体大臣卡丽娜·克里斯丹森一行
40	9.8	蔡武部长在钓鱼台国宾馆会见来华参加北京残奥会闭幕式的土库曼斯坦副总理亚兹穆哈梅多娃一行
41	9.8	蔡武部长在钓鱼台国宾馆会见并宴请应邀来华参加北京残奥会的南非总统府部长伊索普·帕哈德一行
42	9.16	李新副局长会见比利时“欧罗巴利亚中国艺术节”比方总协调人吉尔尚女士及其代表团一行9人
43	9.16	蔡武部长会见并宴请来华出席中国—委内瑞拉高级混合委员会第七次会议的委内瑞拉人民政权文化部部长埃克托·索托·卡斯特里亚诺斯一行
44	9.16	蔡武部长在文化部会见应国际残奥委会邀请来华观摩北京残奥会赛事并出席闭幕式活动的丹麦新任文体大臣卡丽娜·克里斯丹森一行
45	9.17	蔡武部长在钓鱼台国宾馆会见出席北京残奥会闭幕式的土库曼斯坦副总理亚兹穆哈梅多娃一行
46	9.17	赵少华副部长会见委内瑞拉文化部部长埃克托·索托·卡斯特里亚诺斯，并共同主持召开中国—委内瑞拉高级混合委员会第七次会议文化分委会
47	9.22	蔡武部长会见以缅甸文化部部长钦昂敏少将为团长的缅甸政府文化代表团一行6人
48	9.22	中共中央政治局委员、国务委员刘延东在河南郑州出席第10届亚洲艺术节开幕式，蔡武部长、李冬文局长陪同出席
49	9.22	蔡武部长会见来华出席第10届亚洲艺术节开幕式的吉尔吉斯斯坦文化和信息部部长苏尔丹·拉耶夫一行
50	9.26	赵少华副部长会见法兰西研究院艺术院终身秘书长阿尔诺·多德里夫及其率领的院士代表团一行8人
51	10.3	于芃局长助理会见率德国歌剧院交响乐团来华参加北京国际艺术节的德国柏林主管文化事务的国务秘书施密茨（副部级）
52	10.8	蔡武部长在文化部会见专程来北京拜会的日本每日新闻社社长朝比奈丰一行
53	10.10	蔡武部长会见日本TBS（东京广播公司）社长井上弘一行
54	10.10	赵少华副部长在文化部会见应邀来访的阿联酋阿布扎比文化遗产委员会主席助理阿卜杜拉·阿姆里一行
55	10.15	赵少华副部长会见应邀来访的约旦文化部秘书长杰莱斯·萨马维（副部级）及约旦政府文化代表团一行
56	10.16	蔡武部长在文化部会见日本TBS（东京广播公司）社长井上弘一行
57	10.17	蔡武部长在文化部会见缅甸宣传部部长觉山准将一行
58	10.23	李冬文局长、李新副局长（欧罗巴利亚中国艺术节中方总协调人）与比利时欧罗巴利亚中国艺术节总协调人吉尔尚女士、德·穆尔德女士（欧罗巴利亚国际协会总经理）在北京签署《欧罗巴利亚中国艺术节框架协议》
59	10.25	李新副局长会见英国爱丁堡军乐节执行总监理查德·汉布尔顿上校

续表

序号	日 期	活 动 内 容
60	10.27	蔡武部长在北京会见并宴请加蓬副总理兼文化部部长保罗·姆巴·阿贝索莱及加蓬政府文化代表团一行
61	10.29	蔡武部长在文化部会见应邀来访的阿尔及利亚文化部部长赫丽达·突米女士一行
62	10.31	赵少华副部长会见并宴请泰国国家旅游局大型活动部主任素万纳猜一行
63	11.4	蔡武部长在国家大剧院会见荷兰教育、文化和科学部大臣普拉斯特克及其一行，双方签署了《中华人民共和国文化部与荷兰教育、文化和科学部文化交流谅解备忘录》，并一同出席荷兰音乐周开幕演出——阿姆斯特丹皇家音乐厅管弦乐团音乐会
64	11.18	赵少华副部长在文化部会见并宴请应邀来访的泰国国家旅游局大型活动部主任素万纳猜一行
65	11.21	赵少华副部长在贵宾楼饭店会见并宴请俄罗斯杜马议员古雪夫及其代表团一行
66	11.28	蔡武部长在贵宾楼会见应邀来访的马里共和国文化部部长穆罕默德·莫克塔尔及马里政府文化代表团一行，双方签署了《中国和马里文化协定2009～2011年执行计划》
67	12.3	赵少华副部长会见日本株式会社“汎企画21”董事长津田忠彦
68	12.4	赵少华副部长在文化部会见加拿大国际文化基金会主席吴永光一行4人
69	12.4	张瑞副局长会见哥斯达黎加大学外办主任，并商谈该校舞蹈团参加2009年“相约北京”事宜
70	12.9	蔡武部长在钓鱼台国宾馆会见并宴请来华出席首届“中美文化论坛：数字时代的文化遗产保护与展望”活动的美国人文基金会、美国总统艺术人文委员会等文化机构的中美专家学者共30余人
71	12.17	安哥拉总统多斯桑托斯率代表团来华访问，代表团在北京期间，蔡武部长和安哥拉外交部部长阿松邵·阿丰索·多斯·安如斯分别代表本国政府签署《中华人民共和国政府和安哥拉共和国政府文化合作协定》
72	12.17	赵少华副部长会见澳大利亚广播公司董事会主席莫瑞斯·纽曼及其随行的澳大利亚广播公司国际电视台台长布鲁斯等5人
73	12.17	张瑞副局长会见并宴请加拿大驻华使馆公共事务参赞高柏灵先生，双方商谈签署《中国和加拿大2009～2011年文化合作执行计划》事宜
74	12.19	蔡武部长在贵宾楼会见应邀来访的俄罗斯新任文化部部长阿夫杰耶夫及其一行
75	12.19	蔡武部长会见陪同法国总理菲永访华的法国新任文化与通讯部部长弗雷德里克·密特朗及其一行

2008年外国政府文化代表团来访一览表

序号	日 期	活 动 内 容
1	2.28	应外交部邀请，尼日利亚总统奥马鲁·穆萨·亚拉杜瓦率政府代表团来华访问。代表团在北京期间，孙家正部长和尼日利亚外长奥乔·马杜埃奎分别代表本国政府签署《中华人民共和国政府和尼日利亚联邦共和国政府2008～2010年文化教育交流与合作议定书》

续表

序号	日　期	活　动　内　容
2	4.28 ～ 5.3	应文化部邀请，马来西亚团结、文化、艺术与遗产部部长沙菲益·阿达率政府文化代表团一行5人来华出席“马来西亚文化周”相关活动，并与文化部签订《中国和马来西亚文化合作协定 2008 ~ 2011 年执行计划》
3	5.10 ～ 19	应文化部邀请，哥斯达黎加文化和青年部部长卡尔巴约女士及其丈夫埃雷拉访华
4	5.14 ～ 23	应文化部邀请，波兰文化部第一副部长（国务秘书）彼得·朱霍夫斯基率政府文化代表团一行4人访华，并出席“波兰文化节”开幕式活动
5	5.15 ～ 20	应文化部邀请，伊朗穆斯塔法维主席率政府文化代表团一行出席深圳国际文化博览会开幕式。代表团访问北京期间，蔡武部长与穆斯塔法维主席签署了《中国和伊朗政府文化教育合作协定 2007 ~ 2010 年执行计划》，双方就成立中伊联合委员会及落实执行计划条款事宜达成一致
6	5.17 ～ 23	应文化部邀请，尼泊尔王国文化、旅游、民航部秘书鲍代尔率政府文化代表团一行6人来华，访问北京、大连和广州
7	7.3 ～ 7	应文化部邀请，泰国文化部部长阿努颂·翁万率政府文化代表团一行6人来华访问上海、北京，并签署《中国和泰国 2008 ~ 2010 年文化交流执行计划》
8	7.16 ～20	应文化部邀请，白俄罗斯文化部部长弗基米尔·马特维丘克率政府文化代表团来访，并参加在华举办的“白俄罗斯文化节”活动
9	7.27 ～8.4	应文化部邀请，喀麦隆共和国文化部部长阿玛·图图·穆纳女士率政府文化代表团一行6人来华访问北京、深圳和西安，并签署《中国和喀麦隆政府文化协定 2008 ~ 2010 年执行计划》
10	9.18 ～28	应文化部邀请，缅甸文化部部长钦昂敏少将一行6人来华在北京、上海和西安等地参观考察，并出席在河南郑州举行的第10届亚洲艺术节开幕式
11	9.21 ～27	应文化部邀请，吉尔吉斯斯坦共和国文化和信息部部长苏尔丹·拉耶夫率政府文化代表团一行5人来访，并参加在华举行的“吉尔吉斯斯坦文化年”活动和第10届亚洲艺术节活动
12	9.23 ～ 30	应文化部邀请，马来西亚团结、文化、艺术及遗产部副部长邓文村率政府文化代表团一行5人来华访问桂林、北京，并出席在河南郑州举行的第10届亚洲艺术节开幕式
13	9.25～ 10.1	应文化部邀请，朝鲜对外文化委员会副委员长田英进（副部级）率政府文化代表团一行5人来华在北京、河南、广东等地进行友好访问，并出席在河南郑州举行的第10届亚洲艺术节开幕式活动
14	10.14 ～ 21	应文化部邀请，约旦文化部秘书长杰莱斯·萨马维（副部级）率政府文化代表团一行6人来华访问，考察中方在举办大型文化活动方面的经验和做法
15	10.21 ～ 28	应文化部邀请，加蓬共和国副总理兼文化部部长保罗·姆巴·阿贝索莱率政府文化代表团一行6人来华参加由文化部、广播电影电视总局、新闻出版总署和广东省人民政府联合主办，深圳市人民政府承办的“2008 非洲文化聚焦”大型中非文化交流活动
16	11.27～12.3	应文化部邀请，马里文化部部长穆罕默德·莫克塔尔率政府文化代表团一行6人来华访问北京、上海和西安。蔡武部长会见了代表团一行，双方签署了《中国和马里文化合作协定 2009 ~ 2011 年度执行计划》

续表

序号	日 期	活 动 内 容
17	10.28～11.5	应文化部邀请，阿尔及利亚民主人民共和国文化部部长赫丽达·突米女士率政府文化代表团来华访问
18	12.8～16	应文化部邀请，美国国家人文基金会主席布鲁斯·科尔博士（副部长）率由美国国家人文基金会及美国总统艺术人文委员会等文化机构代表组成的代表团一行12人来华参加在北京举办的“中美文化论坛”，并在北京、成都、桂林等地进行参观访问
19	12.17～21	应文化部邀请，俄罗斯文化部部长亚力山大·阿列克谢耶维奇·阿夫杰耶夫率政府文化代表团一行2人来北京访问，蔡武部长会见了阿夫杰耶夫一行，双方签署了《中国和俄罗斯联邦文化部2009～2010年文化合作计划》

2008年中国政府文化代表团出访一览表

序 号	日 期	活 动 内 容
1	1.23～28	文化部副部长孟晓驷率中国政府文化代表团访问法国，参加第35届安古兰国际漫画艺术节“中国”主题年活动和第39届戛纳国际音乐博览会中国主宾国活动
2	1.28～2.4	应突尼斯文化和遗产保护部及巴林新闻部邀请，孟晓驷副部长率中国政府文化代表团一行6人访问突尼斯和巴林
3	3.21～4.1	应斯里兰卡国家遗产部、印度国家博物馆、尼泊尔外交部的邀请，文化部副部长兼故宫博物院院长郑欣淼率故宫博物院考察团一行4人赴斯里兰卡、印度、尼泊尔进行访问
4	4.11～20	李洪峰以文化部部长特别助理身份率中国政府文化代表团访问哥斯达黎加
5	5.21～23	陈晓光副部长率中国政府文化代表团一行4人访问意大利，并参加在罗马举办的中国艺术节开幕式
6	5.24～30	陈晓光副部长率中国政府文化代表团一行4人访问德国，并出席柏林中国文化中心启用仪式
7	6.22～27	蔡武部长率中国政府文化代表团一行5人应邀赴吉尔吉斯斯坦参加上海合作组织文化部长第五次会晤
8	10.20～23	赵少华副部长率中国政府文化代表团一行5人应邀赴哈萨克斯坦参加中哈人文合作分委会第四次会议
9	10.24～29	赵少华副部长率中国政府代表团一行5人应邀赴俄罗斯参加中俄文化合作分委会第八次会议
10	10.26～11.5	应伊朗文化与伊斯兰联络组织和也门文化部邀请，赵维绥副部长率中国政府文化代表团访问伊朗和也门
11	10.29～11.7	李洪峰以文化部部长特别助理身份率中国政府文化代表团访问阿根廷和乌拉圭
12	11.8～16	蔡武部长率中国政府文化代表团访问古巴和美国
13	11.22～12.1	应意大利文化遗产部等部门邀请，文化部副部长兼故宫博物院院长郑欣淼率文化代表团访问意大利、荷兰、比利时

续表

序号	日　期	活　动　内　容
14	12.23 ～ 26	应韩国文化观光体育部邀请，蔡武部长率中国政府文化代表团赴韩国参加第二届中韩文化部长会议

2008 年美大地区来访项目一览表

序号	日　期	项目名称、团长及人数	访问城市及邀请单位	备注
1	3.10 ～ 4.20	澳大利亚《时尚芭莎》杂志摄制组一行来华拍摄以奥运主要场馆、故宫、天坛、颐和园、司马台长城等景点为背景的时装照片	北京 中外文化交流中心	
2	3.18 ～ 31	中国美术馆举办"尤托皮亚，绘画的故事——澳大利亚原住民丝绸画收藏精品展"，展品共计 88 件	北京 中国文化促进会	
3	4.8 ～ 21	美国林肯中心爵士乐社玛雅·阿祖赛娜乐队一行 4 人来华进行文化交流演出	北京、沈阳、广州、昆明、杭州 中演交流中心	
4	5.26 ～ 29	加拿大第一民族四社在中央民族大学联合举办"加拿大原住民文化周"活动。	北京 中央民族大学	
5	5.28 ～ 31	英国、法国、德国、芬兰、捷克、美国、加拿大、墨西哥等国人员来华合作演出音乐剧《雾都孤儿》	北京 中国国际文化艺术公司	
6	5.28 ～ 31	加拿大巴克 65 乐队、冠军乐队、木手乐队、丹尼斯·韦斯利乐队和聚会或死亡乐队一行来华交流演出	北京 中国对外文化集团公司	
7	6.29 ～ 7.3	美国国会图书馆世界数字图书馆项目负责人约翰·乌登纳仁 (JOHN VAN OUDENAREN) 博士来华与国家图书馆进行业务交流	北京 中国国家图书馆	
8	6 ～ 7 月	美国艺术家博洛夫斯基·乔纳森·查尔斯及其助手比森·弗朗希纳（加拿大）和鲁特切维茨·杰瑞米·雅各布（美国）来北京商谈参加中国国际艺术品投资与收藏博览会事宜	北京 文化部市场发展中心	
9	6 ～ 7 月	美国金士威国际（Kingsway International）组织的 35 支青少年合唱团共 118 人来华举办主题为"和谐之声——向中国 2008 北京奥运会致敬"合唱活动	北京 中外文化交流中心和中国交响乐团附属少年及女子合唱团	

续表

序号	日　期	项目名称、团长及人数	访问城市及邀请单位	备注
10	7.17	美国“雷吉伍德乐队”一行55人在北京国家图书馆音乐厅举办友好交流演奏会一场	北京 中国对外集团公司	
11	7.17～21	美国康奈利中学女子合唱团来华参加“北京2008”城市奥运文化广场演出活动	北京 中国对外集团公司	
12	7.25	美籍钢琴家殷承宗在国家大剧院音乐厅参加“相约北京——2008”文化活动演出	北京 国家大剧院	
13	8.1～2	墨西哥的墨西哥州民族歌舞团25人、巴西里约热内卢桑巴舞学校30人、秘鲁安第诺乐队12人、哥伦比亚安提奥基亚民族歌舞团25人、阿根廷激情探戈舞蹈团8人、古巴热带舞团20人和巴哈马民间歌舞团20人，共计140人参加“相约北京——2008”文化演出活动	北京 中国对外文化集团公司	
14	8.1～9.25	北京今日美术馆主办“体育，明星和社会：安迪·沃霍尔笔下的人物特写”展览，共计展品43件	北京 中外文化交流中心	
15	8.2～12	墨西哥特莱维萨电视台2名负责报道北京奥运的记者在北京、山西和陕西三地采访拍摄	北京 中外文化交流中心	
16	8.6～12	美国盖特林兄弟演唱组一行5人来华进行交流演出		
17	10.7～17	加拿大文明博物馆文物保管员卡罗琳·玛赫尚等4人来华与国家博物馆对“加拿大古代民族：加拿大文明博物馆馆藏展”展品进行包装、点交工作	北京 国家博物馆	
18	10.15～2009.1.15	美国美术摄影家柯克·佩德森来华举办巡回展，共展出作品78幅（绘画作品50幅，摄影作品28幅）	广州、上海、北京 中国对外文化集团公司中国文化国际旅行社	
19	10.15～31	墨西哥艺术家佩德罗·梅耶尔在北京举办“异向——佩德罗·梅耶尔摄影艺术展”，展品110幅	北京 中国美术馆	
20	10.20～30	美国华纳家庭录影公司国际部总裁菲利浦·卡顿来华洽谈中录华纳家庭娱乐有限公司业务	北京 中国录音录像出版总社	
21	10.27～31	美国华人图书馆员协会主席张莎丽女士、美国华人图书馆员协会会员大卫·西奇于来华参加中国图书馆学会在重庆举办的“2008中国图书馆学会年会”	重庆 国家图书馆	

续表

序号	日　期	项目名称、团长及人数	访问城市及邀请单位	备注
22	12.1～12	委内瑞拉西蒙博利瓦尔青年交响乐团一行280人在国家大剧院演出	北京 国家大剧院	
23	12.4～9	悉尼市议员郭耀文（英文名Robert Kok）代表悉尼市长出席在郑州和成都举行的市长峰会，并分别与外联局、河南省商谈在悉尼举办中国新年活动事宜	北京 文化部	
24	12.17	澳大利亚广播公司董事会主席莫瑞斯·纽曼及其随行的澳大利亚广播公司国际电视台台长布鲁斯来华访问	北京 文化部	

2008年出访美大地区项目一览表

序号	日　期	项目名称、团长及人数	出访国家及邀请单位	备注
1	2007.12.30～2008.1.6	中国杂技团孙力一行56人赴美国洛杉矶，参加在该市举办的玫瑰花车游行并演出杂技两场	美国 美国帕萨迪纳市政府	
2	1月～3月	内蒙古歌舞剧院安达组合赴美国巡演	美国 美国中西部艺术联盟	
3	1.9～1.15	中国演出家协会聂明建等11人赴美国参加第51届美国艺术表演主办者协会年会暨全美演出节目交易会	美国 美国艺术表演主办者协会	
4	1.16～1.20	故宫博物院王时伟等4人赴美国参加研讨会	美国 美国哥伦比亚大学建筑学院“第三届国际建筑彩画研究会议”筹委会	
5	1.25～2.22	中国交响乐团少年及女子合唱团一行81人赴美参加俄勒冈儿童合唱节	美国 美国俄勒冈儿童合唱节	
6	1.31～2.14	四川省川剧院、自贡杂技团一行5人赴美国交流演出	美国 美国缅因州长城艺术团	
7	2月	对外文化交流协会组派小提琴家宁峰赴澳大利亚和马来西亚演出	澳大利亚、马来西亚 文化部“东方快车”项目	

续表

序号	日　期	项目名称、团长及人数	出访国家及邀请单位	备注
8	3.4～4.16	天津市青年京剧团出访智利、阿根廷、巴西、秘鲁和哥斯达黎加	智利、阿根廷、巴西、秘鲁和哥斯达黎加 阿根廷 AKEMUSIC 公司、哥斯达黎加艺术节组委会	
9	3.15～3.25	故宫博物院资料信息中心主任胡锤等 6 人赴美国与 IBM 公司及其他有关单位就《超越时空的紫禁城》的内容编辑和制作等方面进行技术交流活动	美国 美国 IBM 公司	
10	3.24～4.21	中国杂技民乐团出访美国、多米尼加、巴拿马、哥斯达黎加	美国、多米尼加、巴拿马、哥斯达黎加 美国史密森学会、多米尼加文化部、巴拿马华人社团、哥斯达黎加国际艺术节组委会	
11	4.2～4.14	国家图书馆副馆长张雅芳等 2 人赴美国参加东亚图书馆会议	美国 美国东亚图书馆	
12	4.3～13	北京图书馆出版社姜红等两人赴美国亚特兰大和洛杉矶参加“第 60 届美国亚洲图书馆年会”和“第四届中国古籍图书文化展”	美国 美国亚洲研究协会、美国长青书局	
13	4.11～20	天津市青年京剧团、中国杂技民乐团、北京民间手工艺人小组等展演团组赴哥参加哥斯达黎加国际艺术节中国主宾国活动	哥斯达黎加 哥斯达黎加文化部	
14	4.15～22	故宫博物院李文儒等 6 人赴美国进行博物馆经营管理研究考察	美国 美国弗利尔美术馆	
15	4.20～30	中国美术馆馆长范迪安率中国美术馆专家代表团一行 8 人赴美国考察美著名博物馆、美术馆并与美国的美术馆界专业人士举行工作会谈	美国 美国驻华使馆	
16	4.22～30	中国文联所属中国杂技家协会组派赵育莹 1 人赴澳大利亚参加交流演出	澳大利亚 澳大利亚上海文化节上海世博会宣传周组织委员会	

续表

序号	日　期	项目名称、团长及人数	出访国家及邀请单位	备注
17	5.2～12	对外文化交流协会组派小提琴家李传韵访问新西兰参加演出和影片拍摄	新西兰 新西兰文化部“东方快车”项目	
18	5.18～5.25	中国对外文化集团公司张宇等2人随中国服务贸易协会企业会员代表团赴美国访问	美国 美国服务贸易联盟	
19	5月～10月，11月～2009.4月	陕西省文物交流中心在美国宝尔博物馆、美国亚特兰大海伊艺术博物馆举办“中国秦兵马俑展”巡回展	美国 美国加利福尼亚州宝尔博物馆和美国佐治亚州亚特兰大海伊艺术博物馆	
20	6.1～12	国家博物馆赵永等2人赴美国进行“被遗忘的中国舰队：郑和下西洋”布展工作	美国 美国国家地理博物馆	
21	6.2～15	中国演出家协会李大士等9人赴美国进行演出业务交流和考察	美国 美国肯尼迪表演艺术中心	
22	6.9～15	国家博物馆李向平等4人代表团赴美国参加“被遗忘的中国舰队：郑和下西洋”展览开幕式	美国 美国国家地理博物馆	
23	6.16～2009.6.17	河北省沧州杂技团李占胜等9人赴墨西哥合作演出	墨西哥 墨西哥达克特利马戏团（DAKTARY CIRCUS,S.A.）	
24	6.21～6.30	故宫博物院副院长陈丽华等3人赴美国出席“明代宫廷艺术展”开幕式等活动	美国 美国旧金山亚洲艺术博物馆	
25	6月～7月	杭州西泠印社包正彦等9人赴美举办“百年西泠·中国印——西泠印社洛杉矶特展”并参加展览开幕式和艺术交流活动	美国 美国洛杉矶市“常青画廊”	
26	6.23～6.26	故宫博物院改派李文儒副院长一行3人赴美国旧金山参加“明代宫廷艺术展”开幕式等活动	美国 美国旧金山亚洲艺术博物馆	
27	6月下旬	文化部干部司举办文化部第17期全国地方文化局长培训班，为期10天学习考察	加拿大	
28	7月～9月	对外文化交流协会宁峰第二次赴澳大利亚、新西兰进行为期50天的大型巡演	澳大利亚、新西兰 文化部“东方快车”项目	

续表

序号	日 期	项目名称、团长及人数	出访国家及邀请单位	备注
29	7.1～27	国家图书馆高红等一行16人赴美国进行业务交流	美国 美国国会图书馆	
30	7.20～27	中国杂技家协会组派以杂协副主席林建为团长的代表团一行6人赴美国肯塔基州参加美国国际魔术师协会和美国魔术师协会2008年联合大会	美国 美国国际魔术师协会和美国魔术师协会2008年联合大会组委会	
31	7.22～8.11	河北工业大学艺术团梁计生一行30人赴美国参加艺术节演出	美国 美国爱达荷州国际舞蹈音乐节、犹他州国际民间艺术节组委会	
32	7.25～2009.1.15	黑龙江省文化艺术发展中心柏伟一行135人赴美国纳什维尔、奥兰多、达拉斯3个城市参加冰雕展	美国 美国国际特别项目有限公司和盖洛德旅游会展中心	
33	7.25～8.8	中国人民对外友好协会举办环太平洋国家艺术巡展。展品共计31件，由湖南省友协和湖南省老年书画协会筹办	加拿大 加拿大智利华市，加拿大国际文化交流协会	
34	8.3～8	文化部全国文化信息资源建设管理中心罗云川1人赴美国访问南康涅狄格州立大学	美国 美国南康涅狄格州立大学	
35	8.11～16	国家图书馆组派陈宁、李萤雪、罗欢、武翰、许旭、樊桦赴加拿大担任第74届世界图书馆和信息大会翻译志愿者	加拿大 加拿大国际图书馆协会和机构联合会	
36	8.12～23	中国对外文化集团公司组派南京市杂技团一行14人赴斐济、汤加进行访问演出，并经停新西兰奥克兰期间顺访罗托鲁阿市	斐济、汤加、新西兰 斐济红花节组委会、驻汤加共和国使馆和新西兰新中贸易文化交流中心	
37	8.29～9.7	中国文联中国杂技家协会分党组书记、副主席林建等2人赴新西兰和澳大利亚参加魔术交流等活动	新西兰、澳大利亚 国际魔术师协会新西兰分会及澳大利亚全国魔术大会“超级魔术周末”大会	

续表

序号	日　期	项目名称、团长及人数	出访国家及邀请单位	备注
38	9.1～2009.3.1	上海博物馆赴新西兰达尼丁市奥塔歌博物馆举办“中国龙”展。展览由文物展品103件（组）组成，其中一级文物3件（组）	新西兰 新西兰达尼丁市奥塔歌博物馆	
39	9.2～9.7	故宫博物院张震赴美国协助布置“王翚艺术展”	美国 美国纽约大都会艺术博物馆	
40	9.5～12	中外文化交流中心经元华1人赴美国进行有关业务商谈活动	美国 美国亚马逊公司	
41	9.9～2009.1.4	中国文物交流中心赴美国纽约大都会艺术博物馆参加“王翚艺术展”	美国 美国纽约大都会艺术博物馆	
42	9.17～22	广州市归国华侨联合会组团赴新西兰惠灵顿、奥克兰为当地华人社团慰问演出	新西兰 新西兰广东同乡会	
43	9.19～28	故宫博物院曾君1人赴美国协助进行“明代宫廷艺术展”撤展	美国 美国旧金山亚洲艺术博物馆	
44	9.24～30	郑州歌舞剧院赴澳大利亚在阿德莱德庆典中心演出2场大型舞剧《风中少林》	澳大利亚 澳大利亚阿德莱德庆典中心	
45	9.27～10.2	国家话剧院赴加拿大进行文化交流活动	加拿大 好莱坞中国电影节（加拿大）有限公司	
46	9.29～10.4	故宫博物院组派工作小组赴加拿大参加“以产地的精神—在无形和有形之间”大会	加拿大 加拿大国际古迹遗址理事会	
47	9.30～10.18	中国残疾人联合会组派中国残疾人艺术团一行50人赴美国洛杉矶和旧金山交流演出	美国 美国硅谷粤剧研究会	
48	10.2～13	国务院侨办以中国海外交流协会名义组派9人综合艺术小组赴夏威夷参加“中国风情节”活动，并顺访关岛及塞班岛参加当地侨胞举办的中华人民共和国成立59周年庆祝活动	美国 美国夏威夷中华总商会	
49	10.4～19	故宫博物院胡国强等2人赴美协助布置“明代宫廷艺术展”	美国 美国印第安那波利斯艺术博物馆	

续表

序号	日　期	项目名称、团长及人数	出访国家及邀请单位	备注
50	10.4～19	故宫博物院改派杨帆、李杨赴美国担任“明代宫廷艺术展”布展组翻译	美国 美国印第安那波利斯博物馆	
51	10.10～15	艺术研究院舞蹈研究所教授刘青弋赴美国进行美国现代舞调研及中国现代舞学术演讲活动	美国 美国康涅狄格学院	
52	10.13～20	中国对外集团公司组派中国铁路文工团杂技团“晃管”节目小组一行5人赴加拿大参加魁北克市建市400周年庆典晚会的演出	加拿大 加拿大太阳马戏团	
53	10.15～11.8	中国对外友协在加拿大智利华市美术馆、加拿大智利华市阿茜画廊合作举办“纪念白求恩美术作品展”，展品共计18件	加拿大 加拿大国际文化交流协会	
54	10.18～27	故宫博物院副院长王亚民等2人赴美国出席“明代宫廷艺术展”开幕式活动	美国 美国印第安那波利斯艺术博物馆	
55	10.18～31	国家博物馆组派陈煜、德永华2人工作组赴加拿大交还“加拿大古代民族：加拿大文明博物馆馆藏展”展品并进行清点工作	加拿大 加拿大文明博物馆	
56	10.19～21	中华老人文化交流促进会组派古东和李成顺2人赴澳大利亚布里斯班参加“第八届国际老人文化节”	澳大利亚 澳大利亚布里斯班“第八届国际老人文化节”组委会	
57	10.22～27	艺术研究院高显莉一行6人赴美国进行学术交流	美国 美国纽约州罗切斯特市纳萨勒斯大学	
58	10.23～11.7	中华全国归国华侨联合会组派慰问演出团一行16人赴美国芝加哥等地慰问演出	美国 美国大芝加哥地区华侨华人联合会、洛基山美中交流协会、明州华人工商协会、大底特律中国人协会、密尔沃基市亚洲文化中心及《密城时报》	
59	10.29～11.14	全国政协办公厅联络局秦宝春赴美国休斯敦市举办“秦宝春国画展”	美国 美中文化教育交流基金会	

续表

序号	日　期	项目名称、团长及人数	出访国家及邀请单位	备注
60	10.30～11.3	中华全国归国华侨联合会组派慰问演出团一行20人赴加拿大，与中央电视台联合在温哥华举办“中华情——亲情中华欢聚温哥华”大型公益慰问演出活动	加拿大 加拿大中国工商联合会等侨团	
61	10～2009.10（后因甲流疫情终止演出）	黑龙江省杂技团，赴墨西哥进行为期一年的商业演出	墨西哥 墨西哥兄弟马戏团	
62	11.6～18	中华全国归国华侨联合会组派慰问演出团一行16人赴美国洛杉矶等地慰问演出	美国 美国南加州华人联合总会、美国亚利桑那州（亚省）华人华侨联合总会、圣地亚哥中国人协会	
63	11.12～16	国家图书馆詹福瑞等一行3人赴美国商谈合作事宜，并签署参加世界数字图书馆项目协议	美国 美国国会图书馆	
64	11.13～18	艺术研究院中国文化研究所研究员梁治平赴美国华盛顿特区参加“张福运(FY Chang)学者项目”20周年庆典，并于活动结束后赴波士顿出席哈佛大学法学院非正式座谈会	美国 美国哈佛大学法学院和美中教育基金会	
65	11.11～14	陕西省秦腔演员培训班项目2名师生代表（1名老师和1名学生）赴美国参加在美国白宫举行的“站得更高”颁奖典礼	美国 美国总统艺术人文委员会	
66	11.13～22	中国对外文化集团公司组派竺自毅等2人赴加拿大和美国访问，商讨和签订双方新的合作协议	加拿大 加拿大太阳马戏团	
67	11.17～30	全国文联所属中国戏剧家协会秘书长季国平等2人赴加拿大观摩该戏剧节的演出并进行戏剧交流活动	加拿大 加拿大蒙特利尔国际戏剧节	
68	11.24～2010.31	中国对外文化集团组派广州市杂技团《升降软钢丝》小组2人赴加拿大、美国加入其新节目“马戏2009”剧目的演出	加拿大、美国	
69	11.25～30	中国作家协会组派陈崎嵘一行5人赴厄瓜多尔参加“国际图书博览会”	厄瓜多尔 厄瓜多尔文化部邀请	
70	11.25～12.4	故宫博物院李季一行4人分别与厄瓜多尔文化部副部长进行会谈并出席秘鲁“伊比利亚美洲国家博物馆年”活动	厄瓜多尔、秘鲁 厄瓜多尔文化部、秘鲁博物馆学家协会邀请	

续表

序号	日　期	项目名称、团长及人数	出访国家及邀请单位	备注
71	12.10～15	国家图书馆组派以张玉辉副馆长为团长的代表团一行5人赴新西兰，与新西兰国家图书馆进行业务交流	新西兰 新西兰国家图书馆	
72	12.10～2009.9.20	广西玉林市博白县杂技艺术团赴澳大利亚、新西兰、英国巡回演出	澳大利亚、新西兰、英国 澳大利亚蒂姆·马克·劳森（TML）娱乐公司、新西兰边缘（The Edge）公司、美国国际特别项目有限公司	
73	12.12～21	中国对外文化集团公司组派河北省杂技团一行16人赴密克罗尼西亚联邦进行访问演出，并于转机期间在关岛访演一场	密克罗尼西亚 驻密克罗尼西亚联邦使馆	
74	12.14～29	中国对外文化集团公司阎文清一行12人赴美国配合驻美使馆庆祝中美建交30周年大型招待会，并顺访驻休斯敦总领馆领区的休斯敦、达拉斯、迈阿密和亚特兰大四个城市，参加其组织的相关庆祝活动	美国 加拿大太阳马戏团	
75	12.17～2009.1.7	中国杂技团一行52人赴多米尼加共和国演出	多米尼加 多米尼加共和国驻中国贸易发展办事处	
76	12.27～2009.1月	中国艺术研究院莫言参加美国现代语言协会2008年年会并应邀赴华盛顿州立大学和斯坦福大学进行演讲	美国 美国现代语言协会	

2008年中国对外文化交流协会出访项目一览表

序号	日　期	项目名称及人数	出访国家及邀请单位	备注
1	2.4～11	中国对外文化交流协会组派中国煤矿文工团一行20人赴埃及、阿联酋迪拜进行春节文艺演出活动	埃及、阿联酋迪拜 埃及文化部、阿拉伯联合酋长国迪拜酋长国哈菲特有限公司	

续表

序号	日　期	项目名称及人数	出访国家及邀请单位	备注
2	2.15～23	江西省文化厅组派江西省木偶剧团一行7人赴越南参加河内首届国际木偶艺术节，并取得了演员个人表演金奖5个、演出剧目铜奖的优异成绩	越南河内 越南文化部邀请	
3	4.16～26	中国对外文化交流协会组派中国儿童中心中国少儿艺术团一行25人赴土耳其参加在安塔利亚市举行的“第30届4·23国际儿童联欢节”演出	土耳其安塔利亚市 土耳其4·23国际儿童联欢节	
4	5.7～10	外联局副局长张瑞率中国对外文化交流协会代表团一行2人赴葡萄牙出席葡萄牙东方基金会成立20周年庆典活动暨东方博物馆开馆仪式	葡萄牙 葡萄牙东方基金会	
5	5.10～14	中国对外文化交流协会与中国儿童中心共同组派由该中心黑龙江省分中心组成的中国少儿艺术团一行38人赴俄罗斯斯维尔德洛夫斯克州参加“第12届国际儿童音乐创作节”	俄罗斯斯维尔德洛夫斯克州 “第12届国际儿童音乐创作节”组委会	
6	5.16～18	中国对外文化交流协会组派辽宁省民间艺术家一行2人参加了在阿什哈巴德举行的“土库曼斯坦和世界艺术杰作”国际艺术展	土库曼斯坦阿什哈巴德 土库曼斯坦国际艺术展	
7	9.18～29	中国对外文化交流协会组派北京舞蹈学院舞蹈团赴葡萄牙进行交流演出	葡萄牙 葡萄牙东方基金会	
8	11.25～30	中央音乐学院研究生、打击乐演员王贝贝赴瑞士与苏黎士室内乐团合作演出旅美指挥家谭盾的《水》和《纸》作品音乐会，谭盾担纲指挥	瑞士 苏黎士室内乐团	

2008年中国对外文化交流协会来访项目一览表

序号	日　期	项目名称及人数	访问城市及邀请单位	备注
1	3.29 ~ 4.4	邀请葡萄牙东方基金会代表团一行2人来华访问北京、上海，并签署《中国对外文化交流协会和葡萄牙东方基金会2008 ~ 2010年文化交流合作协议》	北京、上海 中国对外文化交流协会	

续表

序号	日　期	项目名称及人数	访问城市及邀请单位	备注
2	4.17 ~ 4.27	与中国美术馆、中日友好协会在中国美术馆联合举办“平山郁夫艺术展”，展出作品46件	北京 中国对外文化交流协会、中国美术馆、中日友好协会	
3	5.6 ~ 15	与日本松竹株式会社、江苏省苏州昆剧院和北京梦花庭院文化传媒有限公司在北京湖广会馆联合举办中日版昆曲《牡丹亭》和歌舞伎《杨贵妃》演出	北京 中国对外文化交流协会	
4	7.2 ~ 13	配合北京奥运会与中国对外文化集团公司联合举办“中国国际青年艺术周”	北京 中国对外文化交流协会、中国对外文化集团公司	
5	8.3	与世界针灸学会联合会、欧洲中国基金会在北京人民大会堂联合举办“生命之光”义演音乐会	北京 中国对外文化交流协会	
6	8.17 ~ 21	日本国际书道文化发展协议会组派日本青少年一行37人来华参加在沈阳举行的“第五届中国文化夏令营之中日青少年友好交流会”活动，并与沈阳青少年进行现场交流	沈阳 中国对外文化交流协会	
7	9.17 ~ 26	根据文化部“东方文化研究计划”邀请罗马尼亚汉学家罗明夫妇来华访问	北京、上海、西安 中国对外文化交流协会	
8	10. 17 ～ 21	与中华儿童文化艺术促进会、中华社会文化发展基金会在北京联合举办“第三届“和平的旗帜”世界儿童呼唤和平绘旗展览”活动	北京 中国对外文化交流协会、中华儿童文化艺术促进会、中华社会文化发展基金会	
9	10. 20 ～ 29	根据文化部“东方文化研究计划”邀请匈牙利、保加利亚、塞尔维亚、格鲁吉亚、阿塞拜疆和摩尔多瓦六国国家博物馆馆长来华访问	北京、上海、西安 中国对外文化交流协会	
10	11. 21 ～ 27	根据文化部“东方文化研究计划”邀请俄罗斯国家杜马议员古雪夫一行3人来华访问，并考察北京2008奥运会文化活动及相关文化工作	北京、上海、西安 中国对外文化交流协会	

2008年亚洲地区来访项目一览表

序号	日　期	项目名称、团长及人数	访问城市及邀请单位	备注
1	3.16	印度金字塔赛米拉公司艺术团一行42人来华演出	南京，应江苏省演出公司邀请	
2	3.16～20	以日本茶道里千家千玄室大宗匠（正部级）为团长的日本茶道里千家代表团一行9人，访问北京、天津等地	北京、天津，应文化部邀请	
3	4.10～15	越南苏维埃义静博物馆馆长潘春成等一行4人，来华与中国国家博物馆及上海中共一大会址纪念馆进行馆际业务交流	上海，应中国国家博物馆邀请	
4	4.10～5.30	朝鲜血海歌剧团一行180人来华巡回演出朝传统革命歌剧《卖花姑娘》。这是近5年来朝首次组派大型艺术团出国演出	北京、上海、广州等14座城市，应文化部邀请	
5	4.16～22	日本松下中央合唱团一行90人访华，在北京中山公园音乐堂举办1场音乐会	北京，应中国人民对外友好协会邀请	
6	4.16～27	日本“平山郁夫艺术展”在中国美术馆展出	北京，中国美术馆与中友好协会、中国对外文化交流协会	
7	4.24～29	日本爱知亚细亚胡琴音乐院一行90人访华交流演出	北京，中国文化国际旅行社邀请	
8	5.1～3	日本影法师剧团一行12人、韩国蒲公英剧团一行8人联合举办中日韩合作童话剧《想变成龙的金鱼》演出	北京，应中国儿童艺术剧院邀请	
9	5.19～26	以朴光武副馆长为团长的韩国国立中央图书馆代表团一行5人来华进行图书馆业务交流	北京，应国家图书馆邀请	
10	6.4～6	菲律宾大学马德加尔合唱团一行18人访华，在世纪剧院与中国人民对外友好协会共同举办1场交流演出。	北京，中国人民对外友好协会与菲律宾驻华使馆共同邀请	
11	6.9～14	韩国马山市交响乐团一行31人来津访问演出	天津，应天津交响乐团邀请	
12	7.5～8	在北京中国艺术研究院美术馆共同举办“中韩国际书法年展”	北京，中国艺术研究院与日中交流振兴协会、韩国书艺协会合作	
13	8.15～19	日本“天堂四人组”爵士乐队一行19人访华演出	北京，中国对外文化集团公司	
14	8.16	日本歌手谷村新司赴上海参加第29届奥林匹克运动会组织委员会足球比赛上海赛区奥运文化广场文艺演出	上海，应上海市演艺总公司邀请	

续表

序号	日 期	项目名称、团长及人数	访问城市及邀请单位	备注
15	8.27～10.31	在广东石湾陶瓷博物馆和石湾·中国当代陶瓷美术馆共同举办“2008年中韩现代陶艺新世代交流展”	广东，广东石湾陶瓷博物馆、石湾·中国当代陶瓷美术馆与韩国弘益大学陶艺研究中心、日本爱知县陶瓷博物馆	
16	9.2～9	泰国皇家吞武里大学艺术团一行20人赴陕西，在西安人民剧院举行3场演出	西安，应泰国驻西安总领事馆邀请	
17	9.7～17	为纪念朝鲜建国60周年在北京中外博艺画廊举办“纪念朝鲜民主主义人民共和国成立60周年——朝鲜艺术展”	北京，文化部	
18	9.17～22	日本狂言和泉流表演团一行10人来华演出	北京，应中国对外文化集团邀请	
19	9.19～25	巴基斯坦国家（民族）歌舞团一行24人和印度尼西亚努桑塔拉歌舞团一行25人、柬埔寨歌舞团一行21人	北京、郑州，应文化部邀请。	
20	9.20	韩国财团法人国乐广播的韩国民间艺术表演团一行18人赴浙江省杭州市进行交流演出	杭州，应浙江朱炳仁铜雕艺术博物馆与杭州清河坊历史街区管委会邀请。	
21	9.25～29	韩国光州艺术团一行74人，赴江西省南昌市举办2场郑律成音乐会	南昌，应江西省南昌市人民政府邀请	
22	9.26～10.8	邀请新加坡等17个国家的19个艺术团组来华参加第10届亚洲艺术节的演出活动	郑州、开封市。文化部主办	
23	10.1～10	越南青少年歌舞剧院院长黎雄等一行3人，来华参加由中国儿童艺术剧院主办的中国儿童戏剧演出周系列活动	北京，应中国儿童艺术剧院邀请	
24	10.8～13	日本中国文化交流协会演出团神田幸子等一行5人来华，在黑龙江省哈尔滨剧院演出单人剧	哈尔滨，应黑龙江省文化厅邀请	
25	10月9～12	日本现代民乐组合Soothe来华，并在北京民族文化宫大剧院演出1场	北京，中国对外演出公司与日本国际交流基金会北京日本文化中心联合举办	
26	10.17	韩国时尚无言剧《乱打》剧组一行12人来华，在广州市中山纪念堂演出	广州，应广东省广州市凤凰演艺有限公司邀请	

续表

序号	日　期	项目名称、团长及人数	访问城市及邀请单位	备注
27	10.20～27	首尔中国文化中心"特殊贡献者"洪京北（HONG KYUNG BOOK）先生和夫人访华	北京、西安和上海，应文化部外联局邀请	
28	10.23～31	日本出版贩卖株式会社组织的第29次"日本出版友好访华代表团"一行12人来华参观访问	北京、海南、福建、上海，国家图书馆邀请	
29	10.31～11.9	在首都图书馆艺术展厅举办"越南综合艺术展"	北京，文化部与越南文化体育旅游部共同举办	
30	11.4～12	第三期"10＋3文化人力资源开发合作研讨班"，邀请东盟十国、日本、韩国及东盟秘书处代表参加	北京、浙江、福建，应文化部邀请	
31	11.15～19	泰国国家旅游局大型活动部主任素万纳猜率泰国文化代表团一行6人，来华考察赴泰参加"中国春节文化周"活动的节目	北京、河南	
32	11.26～12.2	日本音乐长廊公司所属的音乐组合DD（钻石狗）来华演出，并在北京星光现场音乐厅举办1场交流音乐会	北京，中国人民对外友好协会	
33	12.19～25	中国人民对外友好协会在友谊馆举办韩国艺术家金永植个人艺术展	北京，中国人民对外友好协会	
34	12.20	日本芥川高等学校、日本盛冈中央高等学校代表团一行26人在北京航空航天大学体育馆参加"中日青少年友好交流年"闭幕式文艺演出，表演日本大鼓和岩手县民族舞蹈	北京，共青团中央	
35	12.22	在今日美术馆举办"日本陶瓷壁画家田边哲彦作品捐赠展"	北京，中国对外艺术展览中心与中文化交流协会联合举办	

2008年出访亚洲地区项目一览表

序号	日　期	项目名称、团长及人数	出访国家及邀请单位	备注
1	1.18～4.8	天创国际演艺制作交流有限公司的子公司北京天创寰宇功夫剧院有限公司组派《少林魂》剧组一行21人赴日本岩手县花卷温泉商演	日本 日本岩手县花卷温泉株式会社	
2	2.2～4	安徽省杂技团一行14人赴东京参加日本电视台"中国女性"节目的录制工作	日本 日本电视人联盟株式会社	

续表

序号	日　期	项目名称、团长及人数	出访国家及邀请单位	备注
3	2.7～3.5	内蒙古杂技团一行7人赴日本爱知县野外民族博物馆小世界剧场进行商业演出	日本 日本世界计划有限公司	
4	2.14～25	中国对外文化集团组派北京京剧院一行37人赴马来西亚、新加坡进行演出	马来西亚、新加坡 马来西亚皇家珍藏音乐公司、新加坡中央舞台艺术公司	
5	2.17～3.3	文化部组派由广西杂技团组成的中国艺术团一行40人赴印度尼西亚演出	印尼 印尼春节文化活动组委会	
6	2.22～26	中国对外文化集团公司组派中国歌剧舞剧院民乐队一行25人赴韩国参加亚洲乐团的演出活动	韩国 韩国中央大学校长朴范薰	
7	2.22～8.20	重庆杂技艺术团“红舞鞋”剧组一行17人赴日本枥木县光市朝屋饭店商演	日本 日本株式会社朝屋饭店	
8	2.25～4.30	中国残疾人艺术团邰丽华一行62人赴日本东京、大阪等城市演出大型音乐舞蹈《我的梦》	日本 株式会社日本放送	
9	3.23～27	中国艺术研究院中国非物质文化遗产研究保护中心副主任田青、助理研究员张乃锋赴日本参加“中国非物质文化遗产”演讲会并进行学术交流	日本 日本金泽大学	
10	3.29～5.18	故宫博物院展览部主任胡建中等2人赴日本参加东京写真美术馆举办“紫禁城写真展”开幕式等相关活动	日本 日本电通公司项目规划局	
11	3.30～4.4	中国书法家协会副主席、解放军总政治部直属工作部原部长、退休少将申万胜一行2人赴日本出席在名古屋举行的“当代中国书法名家作品展”开幕式及交流活动	日本 日本中文化交流协会	
12	3.31～4.4	国家图书馆副馆长陈力一行5人赴新加坡进行业务交流	新加坡 新加坡国家图书馆管理局	
13	4.7～13	中国儿童艺术剧院庄正华、刘培婷一行2人赴越南出席越南青少年歌舞剧院30周年院庆系列活动	越南 越南青少年歌舞剧院	
14	4.8～7.14	贵州省遵义杂技团一行6人赴日本大阪吉日本兴业难波花月剧场演出	日本 日本智华演出有限会社	

续表

序号	日　期	项目名称、团长及人数	出访国家及邀请单位	备注
15	4.11～14	中国残疾人联合会组派中国残疾人艺术团一行62人赴泰国参加西班牙曼弗雷保险互助集团公司文化交流演出活动	泰国 泰国蒙通他尼公司	
16	4.30～5.6	陕西省西安音乐学院院长翟志荣率西安音乐学院东方民族交响乐团一行116人赴新加坡滨海艺术中心音乐厅举办“华乐新韵”交流演出音乐会	新加坡 新加坡爱华音乐与文化发展公司	
17	5.6	中国国际文化交流中心下属中国国际文化艺术公司与日本新华侨华人会、日本中华总商会在东京新国立剧场联合举办“春之声——中国音画‘清明上河图’音乐会”	日本 日本新华侨华人会、日本中华总商会	
18	5.6～8.12	中国人民对外友好协会组派辽宁歌舞团一行54人赴日本访问演出	日本 日本民主音乐协会	
19	5.13～19	故宫博物院副院长纪天斌等4人赴日本考察“翰墨千秋——北京故宫藏历代书法大展”展览场地	日本 日本每新闻社	
20	5.14～18	中国作家协会组派中国作家代表团叶辛一行20人赴韩国参加由中国作为主宾国的2008年首尔国际书展	韩国 韩国大韩出版文化协会	
21	5.15～23	广西壮族自治区文化厅组派由广西歌舞剧院和广西杂技团组成的广西艺术团一行54人赴柬埔寨演出	柬埔寨 柬埔寨王国驻南宁总领事馆	
22	5.20～25	中国文学艺术界联合会党组副书记、副主席李牧率中国文联代表团一行6人访问日本	日本 日本中国文化交流协会	
23	5.20～25	中国艺术研究院与日本篆刻家协会在日本大阪市立美术馆共同举办“中国第一届寿山石篆刻艺术展”	日本 日本篆刻家协会	
24	5.20～30	山东省旅游局组派山东曲阜孔子文化艺术团一行198人赴日本东京在早稻田大学体育馆演出祭孔大典及“杏坛圣梦”	日本 日本日中文化体育交流协会	
25	5.28～6.22	中国对外文化集团组派沈阳京剧院一行48人赴日本东京、福冈、大阪、名古屋等地巡回演出京剧《花木兰》	日本 日本青少年文化中心	
26	5.29～11.9	重庆杂技艺术团一行8人赴日本静冈县远铁饭店进行商业演出	日本 日本中国企画有限公司	
27	6.1～12	文化部青年联合会一行4人赴菲律宾马尼拉举办“中国青年美术家精品展”	菲律宾 菲律宾菲华各界联合会	

续表

序号	日　期	项目名称、团长及人数	出访国家及邀请单位	备注
28	6.8～17	中国儿童艺术剧院副院长黄西岭率《想变成龙的金鱼》剧组一行9人赴韩国首尔进行交流演出	韩国 韩国蒲公英剧团	
29	6.20～25	中国曲艺家协会副主席姜昆率中国曲艺家协会代表团一行13人赴日本访问并进行曲艺交流活动	日本 日本中国文化艺术中心株式会社	
30	6.20～26	故宫博物院副院长王亚民一行4人赴日本考察“故宫博物院藏琉球时期文物展”展览场地	日本 日本冲绳县教育委员会	
31	6.20～9.20	中国对外文化集团公司组派齐齐哈尔马戏团一行15人赴泰国普吉岛演出	泰国 泰国普吉幻多奇有限公司	
32	6.23～29	故宫博物院副院长李文儒一行4人赴新加坡考察“康熙皇帝展”展览场地	新加坡 新加坡亚洲文明博物馆	
33	6.28～29	国家宗教事务局组派佛教交响乐《神州和乐》演出团一行182人赴韩国访问演出	韩国 韩国佛教太古宗总务院	
34	6.30～7.4	中国文学艺术界联合会国际部副主任董占顺等2人赴韩国参加国际艺术理事会及文化机构联合会（IFACCA）第六次亚洲区会议	韩国 韩国文化艺术委员会委员长金正宪	
35	7.4～18	黑龙江省哈尔滨松雷集团创排的大型音乐剧《蝶》一行100人赴韩国大邱、釜山、首尔演出	韩国 韩国大邱第二届国际音乐剧节组委会	
36	7.16～8.10	中国对外文化集团公司组派浙江省杭州市青少年杂技团一行21人赴日本东京等地进行商业演出	日本 日本笑猫公司	
37	7.17～20	文化部在柬埔寨举办以反映中柬友好关系为主题的图片展，并组派吉林艺术小组一行10人艺术团组赴柬进行交流演出		
38	7.24～27	河南省郑州市歌舞剧院《风中少林》剧组一行80人赴新加坡滨海艺术中心演出4场大型舞剧《风中少林》	新加坡 新加坡报业控股华文报集团	
39	7.24～28	中国残疾人艺术团一行30人赴马来西亚进行访问演出	马来西亚 马来西亚秀曼演艺公司	

续表

序号	日　期	项目名称、团长及人数	出访国家及邀请单位	备注
40	7.25～29	中国艺术研究院副院长张庆善等3人赴马来西亚出席“第六届国际‘红楼梦’学术研究会”	马来西亚 马来西亚大学	
41	8.20～2009.2.19	安徽省杂技团团长朱建平一行16人赴日本栃木县株式会社朝屋旅馆商演	日本 日本栃木县株式会社朝屋旅馆董事长本村和夫	
42	8.27～9.3	中国对外演出公司副总经理宋丽红率中国艺术团（内蒙古自治区艺术团）一行30人赴蒙古乌兰巴托市和达尔汗市演出	蒙古 蒙古教育文化科学部	
43	8.29～10.26	中国美术馆馆长范迪安等2人赴新加坡参加题为“向上：中国当代艺术”展览开幕式活动，共展出绘画、雕塑、装置和影像作品等45件	新加坡 新加坡美术馆	
44	9.3～7	故宫博物院副院长纪天斌一行4人赴韩国参加“修饰与完美的艺术——装潢”展开幕式	韩国 韩国国立古宫博物馆	
45	9.8～14	国家话剧院《霸王歌行》剧组一行19人赴韩国访问演出	韩国 韩国国立中央剧场	
46	9.11～15	故宫博物院常务副院长李季一行5人赴日本出席“翰墨千秋——北京故宫藏历代书法大展”闭幕式等相关活动	日本 日本每日新闻社	
47	9.13～24	中国对外艺术展览中心副总经理万基元率中国展览团赴蒙古国出席在乌兰巴托市中央文化宫举办“中国当代油画精品展”	蒙古 蒙古教育文化科学部	
48	9.17～10.22	中国残疾人艺术团一行56人赴日本东京、大阪、名古屋等地演出28场大型音乐舞蹈《我的梦》	日本 日本日中市场开拓株式会社	
49	9.20～25	故宫博物院副院长段勇一行4人赴日本考察VR（虚拟现实）技术在博物馆展示方面的应用情况	日本 日本凸版印刷株式会社	
50	9.20～26	故宫博物院副院长王亚民一行4人赴日本商谈“故宫博物院藏琉球时期文物展”合作事宜	日本 日本冲绳县教育委员会	
51	9.22～25	中国京剧院院长吴江随中国人民对外友好协会代表团赴日本就国家京剧院预定2009年访日具体事宜与日方进行磋商	日本 日本民主音乐协会	
52	9.22～25	国家广播电影电视总局所属中国广播艺术团团长王书伟一行92人赴韩国访问演出	韩国 韩国釜山文化会馆	

续表

序号	日 期	项目名称、团长及人数	出访国家及邀请单位	备注
53	9.24～11.19	中国对外文化集团组派北京京剧院一行30人赴日本东京、关东、东海、关西、九州等地演出京剧《火烧于洪》、《秋江》、《无底洞》	日本 日本青少年文化中心	
54	9.25～28	上海大剧院徐寅一行2人赴韩国全州参加亚洲文化促进联盟年会	韩国 亚洲文化促进联盟（FACP）	
55	9.25～28	中国杂技团有限公司张玉生一行11人赴日本参加日本电视台2008年秋季感谢节目演出	日本 日本有限会社三协经纪公司	
56	9.29～10.4	中国作家协会主席铁凝一行2人赴韩国参加首届中韩东亚文学论坛	韩国 韩国大山文化财团	
57	9.29～10.5	由总政歌舞团组成的中国人民解放军歌舞团一行48人赴菲律宾对华人华侨进行慰问演出	菲律宾 菲华各界联合会	
58	9.30～10.4	四川交响乐团一行87人赴日本东京参加“2008亚洲交响乐周”演出	日本 日本交响乐团联盟	
59	10.8～12	中国艺术研究院音乐研究所所长张振涛赴韩国参加“2008富川世界非物质文化遗产研讨会”	韩国 韩国“2008富川世界非物质文化遗产博览会组委会”	
60	10.15～25	中国人民对外友好协会与日本北枝篆会在日本石川县金泽市北国新闻赤羽大厅举办“中国古代钱币铭文书法篆刻展”	日本 日本北枝篆会	
61	10.19～25	国家图书馆张雅芳、申晓娟、吴斌一行3人赴日本参加第16届亚洲大洋洲地区国家图书馆馆长会议及中韩国家图书馆业务交流会	日本 日本国立国会图书馆	
62	10.20～27	云南美术家代表团及评委一行8人赴孟加拉国达卡参加“2008年孟加拉国第13届亚洲艺术双年展”	孟加拉国 第13届孟加拉国亚洲艺术双年展组委会	
63	10.21～28	文化部组派空政文工团一行105人赴朝鲜进行了友好访问并演出大型现代舞剧《红梅赞》	朝鲜 朝鲜文化省	
64	10.22～26	中国对外文化交流中心副主任马达一行2人赴韩国参加第四届光州郑律成国际音乐节	韩国 韩国光州郑律成国际音乐节	

续表

序号	日　期	项目名称、团长及人数	出访国家及邀请单位	备注
65	10.22～31	国家清史纂修领导小组办公室副主任顾春作为“中国青年干部赴日考察团”成员，赴日本进行考察	日本	
66	10.29～11.3	中国杂技家协会副秘书长曹建明等2人赴韩国参加2008年国际魔术联盟亚洲魔术大会	韩国 国际魔术联盟亚洲魔术大会	
67	10.29～11.3	故宫博物院副院长晋宏逵一行5人赴日本参加“故宫博物院藏琉球时期文物展”开幕式	日本 日本冲绳县立博物馆	
68	11.5～7	中国国家博物馆馆长吕章申率3人代表团赴日本，参加第二届中日韩三国国家博物馆馆长会议	日本 日本东京国立博物馆	
69	11.7～9	中外文化交流中心马达、市场司李健一行2人赴韩国参加春川国际动漫节	韩国 韩国春川国际动漫节组委会	
70	11.8～12	中国对外文化集团公司组派中国歌剧舞剧院一行25人赴韩国参加“朴范熏亚细亚之歌”音乐会	韩国 韩国社团法人中央国乐艺术协会	
71	11.8～14	云南歌舞杂技团一行35人赴印度访问演出	印度 印度中城旅行社私人有限公司	
72	11.10～16	故宫博物院副院长李文儒等4人赴新加坡检查“康熙皇帝展”展览场地	新加坡 新加坡亚洲文明博物馆	
73	11.11～17	上海民族乐团张洁一行91人赴日本演出三场民族音乐会	日本 日本株式会社NHK（日本广播放送协会）中部支社	
74	11.15～2009.3.20	湖南飞燕杂技艺术团一行43人赴泰国演出	泰国 泰国金世界国际娱乐有限公司	
75	11.18～27	天津文化局副局长张志率由天津市杂技团组成的中国艺术团一行30人赴印度访问演出	印度 印度文化关系委员会	
76	11.26～12.5	中国文联党组书记、常务副主席胡振民（正部级）率代表团一行6人赴俄罗斯参加中国文联与我国驻俄罗斯大使馆、俄罗斯国家杜马文化委员会、俄罗斯奥委会联合主办的“从莫斯科到北京——大型奥运摄影展”活动，并赴日本出席中国文联与日本中国文化交流协会共同主办的“今日中国”艺术周活动	俄罗斯、日本 俄罗斯国家杜马文化委员会、日本中国文化交流协会	

续表

序号	日　期	项目名称、团长及人数	出访国家及邀请单位	备注
77	12.2～8	中国文联书记处书记廖奔率艺术团一行85人赴日本参加中国文联与日本中国文化交流协会在日本举办“今日中国”艺术周活动	日本 日本中国文化交流协会	
78	12.19～28	以中国作协副主席、党组成员、书记处书记高洪波（副部级）为团长的中国作家代表团一行4人访问以色列、新加坡	以色列、新加坡 以色列外交部文学局、新加坡艺术理事会	
79	12.23～27	中国美术馆党委书记、副馆长钱林祥赴日本出席“马越阳子归国展”开幕式等相关活动	日本 中日友好会馆理事长村上立躬	

2008年西欧地区来访项目一览表

序号	日　期	项目名称、团长及人数	访问城市及邀请单位	备注
1	1.14～24	希腊现代舞蹈团20人	北京	
2	2.6～14	爱尔兰踢踏舞蹈团一行12人参加由北京市朝阳区文化交流协会在朝阳公园举办的第六届“北京朝阳国际风情节”期间的文化交流活动	北京 中外文化交流中心	
3	2.26～3.3	丹麦“彼得及其他拷贝”乐队一行9人参加中国丹麦商会年度晚宴演出	北京 中国国际文化艺术公司	
4	3.6～4.15	意大利加鲁佐视觉艺术协会访华	北京 中展中心	
5	3.14～4.20	希腊艺术家索非亚·瓦瑞作品展（3人）	北京 孔庙国子监管理处	
6	3.15～4.6	为庆祝爱尔兰国庆，中外文化交流中心和北京市朝阳区对外文化交流协会与爱尔兰驻华使馆合作邀请爱尔兰莱克斯现代舞团一行11人在北京市朝阳文化馆“九个”剧场演出爱尔兰音乐舞蹈剧《面包和杂耍》	北京 中外文化交流中心、北京市朝阳区对外文化交流协会、爱尔兰驻华使馆	
7	3.16～21	爱尔兰都柏林青年交响乐团60人、爱尔兰民间歌舞团5人、爱尔兰KIF现代乐团6人、爱尔兰现代舞2人、爱尔兰民间舞3人、爱尔兰著名诗人德斯蒙德·伊格和雨果·汉米尔顿共78人参加“爱尔兰文化周”活动及王府井步行街的演出活动	北京 中外文化交流中心、北京市朝阳区对外文化交流协会、爱尔兰驻华使馆	

续表

序号	日　期	项目名称、团长及人数	访问城市及邀请单位	备注
8	3.16～30	为庆祝爱尔兰国庆，盛世今来（北京）国际文化艺术有限公司与爱尔兰驻华使馆合作在北京皇城艺术馆举办娃尔瓦拉·沙妩诺等四位艺术家“爱尔兰影像艺术作品展”，展出35件摄影和摄像作品	北京 盛世今来（北京）国际文化艺术有限公司、爱尔兰驻华使馆	
9	3.25～5.15	中外文化交流中心与希腊驻华使馆合作，在北京皇城艺术馆举办希腊“杰出的爱琴海文明——基克拉迪艺术展”	北京 中外文化交流中心、希腊驻华使馆	
10	3.26～30	为配合希腊旅游部部长访华，邀请希腊塔纳西斯·波利坎迪奥提斯乐团一行45人在上海音乐厅举办希腊传统音乐会一场	北京 中外文化交流中心、希腊驻华使馆	
11	3.31～4.30	中外文化交流中心与希腊驻华使馆合作，在北京市东城区南河沿大街109号举办“希腊风景油画作品展”	北京 中外文化交流中心、希腊驻华使馆	
12	3.31～4.30	中外文化交流中心与希腊驻华使馆合作举办“多媒体艺术展”	北京 中外文化交流、希腊驻华使馆	
13	4.3～10	意大利Q乐队赴辽宁演出	辽宁 辽宁大剧院	
14	4.20～5.30	中外文化交流中心与希腊驻华使馆合作在中央音乐学院举办乔安娜·韦伯拍摄的古希腊悲剧剧照《埃阿斯》展及阿提斯剧院（ATTIS）摄影展，并于5月30晚在该院小剧场举办演出	北京 中外文化交流中心、希腊驻华使馆	
15	4.22～23	德国专家乌特·哈赫曼女士在黑龙江省图书馆举办“儿童阅读在德国的推广”专题报告	黑龙江 黑龙江省图书馆学会	
16	4.30～5.5	英国飞龙艺术团一行16人在北京世纪剧院进行3场交流演出	北京 中国对外文化交流中心、北京市朝阳区对外文化交流协会	
17	5.4～7.7	中国美术馆与德国柏林国家博物馆、德累斯顿国家艺术收藏馆和慕尼黑巴伐利亚国家绘画收藏馆合作在北京中国美术馆举办德国艺术家“格哈特·里希特艺术展”，展出作品56件	中国美术馆	
18	5.8～10	德国布朗施维格国家剧院舞蹈团一行20人赴广州进行交流演出	广东 广东实验现代舞团	
19	5.9～17	德国14支乐队共115人参加“德中同行——走进重庆”演出活动	重庆 重庆市政府	

续表

序号	日　期	项目名称、团长及人数	访问城市及邀请单位	备注
20	5.13～23	芬兰凯米交响乐团一行42人来华参加“相约北京——2008”文化活动演出	北京 中国对外文化集团公司	
21	5.15～17	西班牙男高音歌唱家何塞·卡雷拉斯参加5月16在青岛天泰体育场由中国残疾人福利基金会主办、青岛市委宣传部和青岛市残疾人联合会承办的“走进残奥·共享激情”全国助残大型公益文艺晚会演出。其往返国际旅费、在青岛期间的食宿费用和演出费等由中国残疾人福利基金会负担	青岛 中国残疾人福利基金会	
22	5.21～7.20	中外文化交流中心与希腊驻华使馆合作在北京时态空间艺术馆举办“希腊当代艺术展”	北京 中外文化交流中心、希腊驻华使馆	
23	6.3～4	比利时弗拉芒语区皇家爱乐乐团60人参加迎奥运“相约北京”艺术节	北京 中国国家大剧院	
24	6.7～7.7	四川省成都博物院与西班牙国家文化推广署合作在成都金沙遗址博物馆举办“西班牙伊比利亚木偶之窗”展，展品共计339件（含布展道具）。该展所需费用由上述双方根据协议共同负担	四川 四川省成都博物院	
25	6.13～19	德国柏林文学艺术协会摄制组一行2人来华在北京、上海、湖北等地拍摄电视专题片《中国风情》	北京、上海、湖北 中外文化交流中心	
26	6.22～25	德国柏林交响乐团一行29人赴哈尔滨举办两场音乐会	哈尔滨 第29届“哈尔滨之夏”音乐会组委会	
27	7.2～26	希腊新卫城博物馆复制品展览	北京 中外文化交流中心	
28	7.15～8.5	丹麦男童合唱团一行42人参加“相约北京——2008文化活动”	北京 中国对外集团公司	
29	7.15～16	奥地利阿尔班四重奏乐团一行5人在北京国家大剧院音乐厅演出两场音乐会	北京 国家大剧院	
30	7.25～8.2	德国亚琛市思梦摇滚乐队一行8人在宁波进行友城间的交流演出	浙江 浙江省宁波市人民政府外事办公室	
31	8.1～28	比利时画家赫尔曼·冯纳扎尔参加“相约北京——2008”活动并在京举办画展	北京 中外文化交流中心	
32	8.1～10.30	丹麦腓特烈堡国家历史博物馆在恭王府举办“丹麦皇家文物精品展”，展品共89件（组）	北京 恭王府管理中心	

续表

序号	日　期	项目名称、团长及人数	访问城市及邀请单位	备注
33	8.9～10	丹麦皇家芭蕾舞团一行100人在国家大剧院演出芭蕾舞剧《仙女》、《拿波里》	北京 国家大剧院	
34	8.23	英国友人大龙（Patrick James Whalen，任职于香港威置国际有限公司北京代表处）和挪威留学生斯佳丽在青岛参加2008奥帆赛闭幕联欢晚会演出	青岛 中国国际电视总公司中视演艺中心、青岛奥帆委	
35	9.11～10.26	在国家大剧院举办“古希腊戏剧对歌剧的影响”展	北京 国家大剧院	
36	9.11	西班牙罗梅罗吉他四重奏乐团一行8人在国家大剧院歌剧院演出“佩佩和他的罗梅罗家族吉他音乐会”，共1场。上述项目纳入“相约北京——2008”文化活动	北京 国家大剧院	
37	9.15～25	江苏省南京博物院与德国歌德学院北京分院合作在南京博物院举办展览“德国新设计与包豪斯作品展”，展出建筑照片57幅	江苏 江苏省南京博物院、德国歌德学院北京分院	
38	9.19～28	意大利国家广播电视总局来访	北京 中国广播艺术团	
39	9.20～21	奥地利布鲁克纳童声合唱团一行40人在成都娇子音乐厅演出2场音乐会	四川 四川省人民对外友好协会	
40	9.20	比利时莫泰克（Motek）乐队一行3人在上海举办摇滚视听音乐会	上海 上海证大现代艺术馆、上海兴启房地产有限公司	
41	9.23～11.6	中国美术馆举办瑞士瑞银集团的艺术藏品展览，展出176余件艺术品	北京 中国美术馆	
42	9.23～10.10	美术馆与瑞典东方博物馆合作举办“磨石，中国瑞典当代绘画联展”，共展出57件绘画作品	北京 中国美术馆	
43	10.9～25	比利时“欧罗巴利亚中国艺术节”比方总协调人吉尔尚等9人来华考察，并签署艺术节框架协议	北京、甘肃、上海、广东 文化部	
44	10.13～27	西班牙最高科研理事会图书馆专家德索拉诺女士（Barbara Munoz de Solano）来华就国际敦煌项目、数字化资料保护等方面进行工作调研。国际旅费自理，在京期间食宿费用由国家图书馆负担	国家图书馆	

续表

序号	日　期	项目名称、团长及人数	访问城市及邀请单位	备注
45	10.15～11.13	中国美术馆和西班牙马乐伯画廊合作在中国美术馆举办西班牙艺术家马诺罗·瓦尔代斯（Manolo Valdes）作品展 展出53件油画、雕塑、版画及相关的印刷品。展品的往返国际运费、全程保险费以及随展人员的国际旅费由马乐伯画廊承担；在华的展品运输费、承办展览的相关费用由中美术馆负担	北京 中国美术馆	
46	10.19～30	德国"捣蛋鬼"哑剧团一行4人参加第10届中国上海国际艺术节演出活动，在上海兰心大戏院演出哑剧2场	上海 上海音像出版社	
47	10.16～11.16	德国玫瑰杀手——托彼亚斯爵士乐队一行10人赴沪参加第10届中国上海国际艺术节群文演出活动	上海 上海国际艺术节中心	
48	10.17～29	英国爱丁堡军乐节执行总监理查德·汉布尔顿上校赴沪观摩上海国际艺术节。其后，文化部邀请汉布尔顿上校于10月20～29访问陕西、山西和北京，旨在考察我国军乐、打击乐的表演和实践，落实组团参加2009年爱丁堡军乐节项目，探讨与爱丁堡军乐节长期合作的可能性	上海、北京、陕西、山西 上海国际艺术节	
49	10.24～26	德国巴登州国立剧院芭蕾舞团一行73人在上海大剧院演出三场芭蕾舞	上海 上海国际艺术节中心	
50	11.10～15	挪威音乐会组织一行14人赴上海有关中学进行交流演出	上海 上海国际艺术节之友俱乐部	
51	11.14～26	中外文化交流中心在中国美术馆举办芬兰女画家索伊莉·玛亚利作品展，展品共计50件（组）	北京 中外文化交流中心	
52	11.15～25	中国对外艺术展览中心在中国美术馆举办爱尔兰艺术家约翰·康格利作品展，展出其油画作品40幅	北京 中国对外艺术展览中心	

2008年出访西欧地区项目一览表

序号	日　期	项目名称、团长及人数	出访国家及邀请单位	备注
1	2007.12月初～2008.1.8	中演公司组派内蒙古杂技团"踢碗"节目组一行9人赴德国斯图加特市参加圣诞马戏演出	德国斯图加特市 荷兰星辰国际马戏公司	

续表

序号	日　期	项目名称、团长及人数	出访国家及邀请单位	备注
2	2007.12.26～2008.1.6	中国杂技家协会组派第二炮兵政治部文工团魔术演员赵育莹赴西班牙参加该魔术节活动。其出访费用由邀请方负担	西班牙 西班牙第四届国际魔术节组委会	
3	1.2～14	中国歌剧舞剧院20人应奥地利维也纳市政府邀请，与中国音乐家协会合作，于2008年1月8在维也纳金色大厅举办空政文工团二胡演奏家邓建栋独奏音乐会	奥地利 奥地利维也纳市政府	
4	1.8～25	中国唱片总公司组派中国交响乐团合唱团一行80人与奥地利维也纳民族歌剧院交响乐团合作在金色大厅举办“神州颂·中国作品音乐会”	奥地利 奥地利维也纳市政府	
5	1.18～1.28	中国演出管理中心38人参加“2008维也纳·中国新春音乐会”，与奥地利维也纳音乐艺术家交响乐团合作于1月19在金色大厅举办音乐会	奥地利 奥地利音乐之友协会	
6	1.20～1.27	外联局副局长李新等5人参加“欧罗巴利亚中国艺术节”筹备工作会议	比利时 欧罗巴利亚国际协会	
7	1.27～2.7	中国民乐演奏会、广州民族乐团88人赴德国、瑞士、比利时、捷克、奥地利演出	德国、瑞士、比利时、捷克、奥地利 德国中国娱乐公司	
8	1.28～2.29	沈阳杂技团《绸吊》节目组一行12人赴德国慕尼黑进行商演	德国 德国皇冠马戏团	
9	1.28～2.12	重庆市艺术团一行50人赴马耳他、德国参加当地春节庆祝活动	马耳他、德国 马耳他文化旅游部、德国柏林中心火车站	
10	2.1～8	中国民族器乐与打击乐艺术团一行10人赴丹麦参加“欢乐春节”活动	丹麦 驻丹麦使馆	
11	2.3～6	中外文化交流中心张辛赴比利时观摩布鲁塞尔国际动漫艺术节	比利时 布鲁塞尔国际动漫艺术节组委会	
12	2.8～21	中华全国归国华侨联合会以高景远为团长的“亲情中华”慰问演出团一行17人赴西班牙、葡萄牙和法国演出。该团的国际旅费由中华全国归国华侨联合会负担，在国外的食、宿、交通和演出场地费用由邀请方负担	西班牙、葡萄牙和法国 西班牙华人企业联合会、葡萄牙中华总商会、法国法华工商联合会	
13	2.8～13	“春节品牌”项目中国音乐学院华夏民族乐团20人出访	法国 驻法国使馆文化处	

续表

序号	日 期	项目名称、团长及人数	出访国家及邀请单位	备注
14	2.10～4.15	广州战士杂技团一行85人出国商演杂技《天鹅湖》	瑞士、德国 上海城市舞蹈有限公司应法国格鲁伯有限责任公司和德国中国娱乐公司邀请，赴瑞士和德国演出杂技《天鹅湖》。	
15	2.11～14	上海京剧院出国演出新编京剧《王子复仇记》	法国 驻法国使馆文化处	
16	2.13～24	贾明祖等3人为“2008第12届彩色摄影展”担任评委	比利时、荷兰 比利时职业摄影家协会	
17	2.14～4.7	《大梦敦煌》剧组一行180人赴荷兰、法国、西班牙商演。邀请方承办演出、推介、票务等一切事宜，并支付相关费用，剧组人员所需费用由该院自筹解决	荷兰、法国、西班牙 法国安科尔制作公司、西班牙马约卡歌剧院和马德里歌剧院	
18	2.14～4.7	兰州歌舞剧院一行180人出国商演舞剧《大梦敦煌》	荷兰、法国、西班牙 法国安科尔制作公司 、西班牙马约卡歌剧院和马德里歌剧院	
19	2.24～3.4	湖南师范大学附中艺术团樊希国等110人和乒乓球队15人赴英国参加英国“时代中国”文化节组委会、英国通达集团合办的“长沙文化周”活动，其中包括与伦敦进步乒乓球俱乐部的友谊赛和闭幕演出	英国 英国“时代中国”文化节组委会、英国通达集团、伦敦进步乒乓球俱乐部	
20	2.29～6.30	云南省杂技团“水流星”节目组一行4人赴欧洲巡演	比利时、英国、荷兰、德国、奥地利 加拿大太阳马戏团	
21	2.29～3.10	文化部艺术司司长于平一行8人考察外国剧院管理体制	英国、法国 英国本末文化公司、驻法国使馆文化处	
22	3月～10月	文化部组派陕西民间艺术剧院皮影小组8人和北京京城百工坊风筝小组4人赴瑞士参加在洛桑奥林匹克博物馆举办“北京2008”文化节活动	瑞士洛桑 瑞士洛桑奥林匹克博物馆	
23	3.1～17	故宫博物院副院长李季一行4人与卢浮宫商谈合作办展事	法国、瑞士、德国 法国卡地亚公司和德国巴伐利亚国立博物馆	

续表

序号	日　期	项目名称、团长及人数	出访国家及邀请单位	备注
24	3.1～11.6	重庆杂技艺术团“蹬人”节目组一行5人赴德国与德国德华文化交流中心合作演出	德国 德国斯密德——勒文哈得集团有限公司幻想乐园	
25	3.2～9.30	杭州青少年杂技团一行20人赴西班牙环球港冒险乐园参加2008演出季商业演出。邀请方负担该团此次出访的相关费用并支付一定演出费	西班牙 西班牙全球艺术制作公司	
26	3.8～9.20	中国杂技家协会组派河南省郑州星光有限公司杂技演员一行14人赴挪威商演	挪威 挪威阿诺德马戏团	
27	3.18～4.6	故宫博物院白寅生等4人赴意大利访问	意大利 意大利科尔索博物院	
28	4.12～4.16	中展中心副总经理阎东1人出席“陕西秦兵马俑展”开幕活动	法国 巴黎美术馆	
29	5月～10月	贵州省文化厅筹组“中国贵州少数民族美术展览”赴奥地利展出，展品共332件	奥地利 奥地利利恩茨市布鲁克宫博物馆	
30	5.1～31	国家图书馆副研究员鲍国强1人访问法国	法国 法国远东学院	
31	5.1～15	中国文联所属中国曲协副主席姜昆为团长的中国曲艺艺术团一行15人赴葡萄牙和法国进行曲艺讲学和交流演出。该团出访的往返国际旅费及在外期间的食、宿、交通等费用均由邀请方负担	葡萄牙、法国 葡萄牙葡中经贸投资协会和法国巴黎中国文化中心	
32	5.3～15	中国爱乐乐团与上海歌剧院合唱团合作组派125人演出团赴罗马、雅典和伦敦举办音乐会	罗马、雅典和伦敦 英国雅士贺演出经纪公司（Askonas Holt）	
33	5月	受中宣部委托，文化部组织部分“四个一批”文艺界人才一行15人赴希腊、西班牙、葡萄牙访问15天，考察上述3国的文化现状、与三国政府文化部座谈并与三国的同行进行交流。考察团出访费用由中宣部负担	希腊、西班牙、葡萄牙 驻希腊、西班牙、葡萄牙使馆文化处	
34	5.18～27	故宫博物院晋宏逵等4人赴意大利访问。	意大利 意大利文化遗产部	
35	5.20～26	中国文联所属中国杂技家协会赵育萱1人参加奥地利魔术大会，作为演出嘉宾表演魔术	奥地利 奥地利第53届魔术大会组委会	

续表

序号	日　期	项目名称、团长及人数	出访国家及邀请单位	备注
36	5月～7月	贵州省遵义杂技团《依依山水情》节目组一行45人出国商演。邀请方负担该团此行的全部费用（包括国内国际差旅费、签证费、道具运输费、人员和道具保险费等），并支付演出费	西班牙 西班牙拉斯提克演出公司（RUSTIC SHOW，S.L.）	
37	5.21～5.26	北京人民艺术剧院执行中国艺术节演出任务	意大利罗马 罗马音乐中心	
38	5.22～6.10	中国残疾人艺术团一行48人赴英国演出大型音乐舞蹈《我的梦》	英国 英国华人社会论坛	
39	6.3～6	河南豫剧二团一行45人赴法国演出豫剧《程婴救孤》	法国 法国巴约纳市国立剧院和阿尔卡松市奥林匹亚剧院	
40	6.5～7	中外文化交流中心张辛赴比利时商谈中国动漫电影纳入“欧罗巴利亚中国艺术节”事宜	比利时 比利时布鲁塞尔国际动漫艺术节组委会	
41	6.11～30	中国美术馆布展小组5人前往德国负责在德累斯顿举办的“活的中国园林：从幻象到现实”和“水墨新境：中国当代水墨展”两个展览的布展工作	德国 德国德累斯顿市	
42	6.14～11.19	广西壮族自治区玉林市博白县杂技艺术团组派苏伟等一行31人与美国国际特别项目有限公司合作参加由英国斯比瑞特演出公司编导制作的“大马戏”节目，赴南非约翰内斯堡城市剧场、爱尔兰国家活动中心和英国巡回演出	南非约翰内斯堡、爱尔兰和英国 美国国际特别项目有限公司、英国斯比瑞特演出公司	
43	6.19～24	文化部派湖南省歌舞剧院艺术团一行40人参加德国法兰克福“国际文化节”彩妆大游行	德国 德国法兰克福“国际文化节”	
44	6.22～30	中国美术馆范迪安馆长等4人赴德国德累斯顿市出席“活的中国园林：从幻象到现实”和“水墨新境：中国当代水墨展”两个展览的开幕式活动	德国 德国德累斯顿市	
45	6.24～7.15	中国文学艺术界联合会组派上海电影艺术职业学院艺术团一行27人参加荷兰沃尔富姆国际民间艺术节、荷兰布兰萨姆国际民间舞蹈节、德国比特堡国际民间艺术节	荷兰和德国 荷兰沃尔富姆国际民间艺术节、荷兰布兰萨姆国际民间舞蹈节、德国比特堡国际民间艺术节组委会	

续表

序号	日　期	项目名称、团长及人数	出访国家及邀请单位	备注
46	6.26～7.5	国家博物馆盛永波等6人赴德国和英国，考察两国博物馆的展厅设计、安全设施及设备管理情况，学习博物馆改扩建工程的成功经验	德国、英国 德国历史博物馆和英国大英博物馆	
47	6.27 ～7.1	文化部文化市场发展中心董因赴法国观摩游戏软件竞技赛	法国 美国暴雪娱乐有限公司	
48	7.2～7	中国杂技家协会副主席林建等3人赴德国参加魔术大会	德国 德国魔术大会	
49	7.5～9.14	广东省美术馆6人在爱丁堡城市艺术中心举办“中国人本——纪实在当代”大型摄影展，展出作品590幅	英国爱丁堡 英国爱丁堡市议会	
50	7.6～8.17	以周书为领队的云南省杂技团一行7人赴英国和西班牙商演，此次出访的一切费用由邀请方负担	英国、西班牙 英国“国际活动有限公司”总经理弗兰克·威尔森邀请	
51	7.10～9.2	黑龙江艺术职业学院艺术团一行34人赴意大利、瑞士，参加上述艺术节演出	意大利 意大利民间艺术节组委会和瑞士弗里堡国际民间艺术节组委会	
52	7.10～22	上海师范大学舞蹈团一行25人赴芬兰参加卡乌斯帝宁国际民间音乐节	芬兰 芬兰卡乌斯帝宁国际民间音乐节	
53	7.12～9.3	以张玉生为领队的中国杂技团一行19人赴葡萄牙商演。邀请方承担访演费用，其中包含人员的往返国际旅费、签证费、保险费、在葡期间的住宿和交通运输费、道具的往返国际运输费，并支付演出费和零用费	葡萄牙 葡萄牙特拉艺术制作公司	
54	7.12～8.11	上海歌剧院张国勇等183人赴芬兰、瑞典访演	芬兰、瑞典 芬兰萨翁林娜歌剧艺术节和瑞典达尔哈拉艺术节	
55	7.15～8.5	浙江省残疾人艺术团一行40人参加第36届和平艺术节及巡演	法国 法国和平艺术节组委会	
56	7.22～8.3	中央芭蕾舞团178人根据法国演出代理迪迪埃·勒·贝斯克先生的协调安排，与英国莉莲·霍斯豪萨尔演出公司合作，在英国在皇家歌剧院演出《天鹅湖》和《大红灯笼高高挂》	英国 英国莉莲·霍斯豪萨尔演出公司	

续表

序号	日　期	项目名称、团长及人数	出访国家及邀请单位	备注
57	7.26～8.18	上海城市舞蹈有限公司组派广州军区战士杂技团《天鹅湖》剧组一行85人赴英国演出	英国 英国霍斯豪萨尔演出公司	
58	8.1～27	山西省绛州鼓乐艺术团一行18人赴英国参加爱丁堡边缘艺术节演出	英国 英国爱丁堡边缘艺术节	
59	8.14～9.7	以王为为团长的重庆三峡杂技艺术团一行12人赴西班牙商演	西班牙 西班牙融汇基金会	
60	8.20～26	中外文化交流中心组派江西省杂技团一行10人赴瑞士洛桑，参加奥林匹克博物馆“2008奥博与中国同行——中国主题年”活动的交流演出	瑞士洛桑 瑞士洛桑奥林匹克博物馆	
61	8.20～9.15	中国交响乐团在维也纳国家歌剧院演出歌剧《木兰诗篇》，总政歌舞团彭丽媛和总政歌剧院戴玉强主唱，李心草担任指挥。演职人员和媒体人士一行16人	奥地利 奥地利奥中关系促进会	
62	8.22～9.3	中国人民对外友好协会组派中国民乐小组一行7人赴德国进行友好访问演出	德国 德国莱法州音乐山庄基金会	
63	9.5～15	上海世博会协调局委托海文广新闻传媒集团组派以滕俊杰为团长的上海艺术团80人赴西班牙萨拉戈萨世博会组织策划“上海周”活动并参加演出	西班牙 西班牙萨拉戈萨世博会	
64	9.7～2009.3.2	南京市杂技团《坛技》节目组一行5人赴法国、瑞士、比利时商业巡演	法国、瑞士、比利时 法国欧洲演出公司	
65	9.11～20	中国美术馆韩淑英等6人撤展小组赴德国柏林和德累斯顿，为“水墨新境：中国当代水墨展”进行撤展工作	德国柏林和德累斯顿 德国德累斯顿市	
66	9.18～29	中国对外文化交流协会组派以陈志刚为团长的北京舞蹈学院舞蹈团一行17人赴葡萄牙访问演出。该团出访的往返国际旅费、保险费、签证费、公杂费和零用费(半额)等由协会负担，在葡期间的食、宿、交通和与演出相关的一切费用由邀请方负担	葡萄牙 葡萄牙东方基金会	
67	9.19～27	上海图书馆刘炜和夏海参加“DC 2008—都柏林核心元数据应用国际会议”	德国柏林 德国柏林“DC 2008——都柏林核心元数据应用国际会议”	

续表

序号	日　期	项目名称、团长及人数	出访国家及邀请单位	备注
68	9.20～2009.2.16	广州军区战士杂技团《天鹅湖》剧组一行67人赴德国、瑞士和奥地利进行商演	德国 德国中国娱乐公司	
69	9.21～28	中国杂技家协会副主席林建等3人赴葡萄牙、西班牙进行交流，观摩两国的魔术大会。出访费用全部由中国杂协负担	葡萄牙、西班牙 葡萄牙魔术师协会及西班牙全国魔术大会	
70	9.23～28	中国杂技家协会组派该会副秘书长邹玉华和翻译马洁2人赴英国观摩伊斯特本年会，并为中国杂协2009年举办北京世界魔术大会作宣传推广	英国 国际魔术师协会英国分会	
71	9.24～29	中国杂技家协会秘书长邵学敏等3人参加法国魔术艺术家联合会年会	法国 法国魔术艺术家联合会	
72	9.28～10.3	中国京剧院院长吴江等2人参加法国文学和艺术界人士座谈会	法国 驻法国使馆文化处	
73	9.29～10.4	浙江曲艺杂技艺术总团《功夫——头顶技巧》节目组一行9人赴英国参加“今宵”（For One Night Only）圣诞特别娱乐节目的录制演出	英国 英国ITV1电视台	
74	10.4～11.4	内蒙古广播合唱团一行40人与法国Sedru演出公司合作进行商业巡演	法国 法国Sedru演出公司	
75	10.7～11	中国艺术研究院文化艺术出版社总编辑查振科赴西班牙巴塞罗那参加巴塞罗那第26届国际图书展	西班牙 西班牙巴塞罗那第26届国际图书展组委会	
76	10.8～12	中国对外文化集团公司中演公司副总监秦文焕等3人考察“欧罗巴利亚中国艺术节”演出场地	比利时 比利时欧罗巴利亚国际协会	
77	10.8～19	紫禁城出版社副社长章宏伟、副编审万钧2人赴法国、意大利、德国洽谈图书出版事宜	法国、意大利、德国 法国巴黎拉鲁斯出版社、意大利米兰儿童图书出版公司、德国法兰克福图书博览会	
78	10.8～2009.1.11	中国文物交流中心赴芬兰埃斯堡现代艺术博物馆举办“中国茶文化展”	芬兰 芬兰埃斯堡现代艺术博物馆	
79	10.9～14	故宫博物院副院长段勇等4人赴德国参加“金龙银鹰1644～1795——故宫博物院/德累斯顿艺术收藏馆文物联展”开幕式	德国 德国德累斯顿艺术收藏馆	

续表

序号	日　期	项目名称、团长及人数	出访国家及邀请单位	备注
80	10.11～2009.1.11	故宫博物院参加德国德累斯顿国立艺术收藏馆“金龙银鹰1644～1795——故宫博物院/德累斯顿艺术收藏馆文物联展”。文物展品120件（组），其中一级文物9件（组）	德国 德国德累斯顿国立艺术收藏馆	
81	10.13～2009.1.31	辽宁省大连杂技团组派29人赴英国参加由法国、德国和英国艺术家共同编创的歌剧《西游记》的排练及巡回演出	英国 英国“2008西游记公司”和曼彻斯特国际艺术节	
82	10.15～11.23	内蒙古杂技团“高车踢碗”节目组一行10人赴法商演	法国 法国V.L.C制作公司	
83	10.16～21	故宫博物院副院长纪天斌等3人赴瑞士考察该馆的展览场地	瑞士 瑞士李特博格博物馆	
84	10.22～11.3	以邰丽华为团长的中国残疾人艺术团一行50人赴葡萄牙演出大型音乐舞蹈节目《我的梦》。邀请方负担该团出访的往返国际旅运费、签证费、在葡期间的食宿交通费及剧场租赁费等	葡萄牙 葡萄牙曼瑞克演艺公司	
85	11.11～2009.2.16	辽宁省大连杂技团一行45人赴法国、瑞士、西班牙商演，演出杂技童话剧《胡桃夹子》	法国 法国歌露白演出公司	
86	11.11～2009.1.28	安徽省杂技团一行23人赴德国进行商演	德国 德国朔雷格娱乐有限责任公司	
87	11.11～2009.2.16	辽宁省大连杂技团一行45人赴欧洲商业巡演	法国、瑞士、西班牙 法国歌露白演出公司	
88	11.11～2009.2.16	以张荣荣为领队的辽宁省大连杂技团45人赴法国、瑞士、西班牙商演，演出杂技童话剧《胡桃夹子》。邀请方负担该团出访的相关费用并支付演出费	法国 法国歌露白演出公司	
89	11.12～2009.5.17	辽宁省沈阳杂技团一行32人赴德国及周边国家演出	德国 德国肖里克娱乐公司	
90	11.14～16	辽宁省沈阳杂技团一行32人赴德国及周边国家演出	英国 英国黄纪连 慈善基金会（KT Wong Charitable Trust）	
91	11.16～2009.1.4	成都新都区川剧团“变脸”节目组2人赴瑞士苏黎世演出	瑞士 瑞士康纳利马戏团	

续表

序号	日　期	项目名称、团长及人数	出访国家及邀请单位	备注
92	11.16～2009.1.4	中国对外文化集团公司组派中国铁路杂技团“晃板”节目组6人赴瑞士参加冬季马戏演出	瑞士 瑞士康纳利马戏团	
93	11.16～2009.12.8	中国美术馆与瑞典东方博物馆合作举办“磨石—中国瑞典当代绘画联展”	瑞典 瑞典东方博物馆	
94	11.17～20	文化部外联局副局长李新等15人考察“欧罗巴利亚中国艺术节”场地，并商谈有关事宜	比利时 欧罗巴利亚国际协会	
95	11.22～12.1	故宫博物院院长郑欣淼等4人赴荷兰、比利时、意大利进行工作访问	荷兰、比利时、意大利 荷兰国家自动音乐博物馆、比利时布鲁塞尔美术馆、意大利文化遗产部	
96	11.27～2009.4.5	河北杂技团一行42人分两批赴德国进行商演	德国 德国欧洲中国娱乐有限公司	
97	11月底～2009.1.12	中国对外文化集团公司组派河北杂技团“集体车技”节目组19人和沈阳杂技团“集体绸吊”节目组12人赴德参加圣诞马戏演出	荷兰 荷兰星辰国际马戏公司	
98	12.1～2009.1.1	以王颖为领队的河北省沧州杂技团一行8人赴葡萄牙进行商业演出。邀请方负担该团的往返国际旅费、道具运输费以及住宿、保险和办理签证手续等费用，并支付演出费	葡萄牙 葡萄牙波尔图马戏剧院	
99	12.6～15	文化部社图司副司长刘小琴等5人赴法国、意大利考察访问	法国、意大利 驻法国、意大利使馆文化处	
100	12.10～2009.9.20	广西玉林市博白县杂技艺术团一行30人赴澳大利亚、新西兰、英国巡回演出	澳大利亚 澳大利亚蒂姆·马克·劳森（TML）娱乐公司、新西兰边缘（The Edge）公司、英国斯比瑞特（Spirit）演出公司、美国国际特别项目有限公司	
101	12.12～2009.1.5	上海市马戏学校《兜杠》节目组一行10人赴德国海尔布朗市参加圣诞马戏演出	德国 德国格尔曼和梅尔雅克马戏制作公司（Gehrmann & Melnjak）	

续表

序号	日　期	项目名称、团长及人数	出访国家及邀请单位	备注
102	12.15～2009.1.11	以费广生为团长的江苏南京市杂技团《梦之旅》节目组一行39人赴西班牙商演，该团出访全部费用由邀请方负担	西班牙 西班牙文化活动联合公司	
103	12.16 ～19	故宫博物院张彦1人赴法国卢浮宫商谈举办故宫博物院藏品展相关事宜	法国 法国卢浮宫博物馆	
104	12.16～21	中国作家协会副主席蒋子龙一行6人出访法国参加文学交流活动	法国 法国《欧洲时报》	
105	12.19～2009.1.7	以王为为团长的重庆三峡杂技团一行12人赴西班牙参加艺术节演出。该团出访的全部费用由邀请方负担	西班牙 西班牙融会基金会	

2008年欧亚地区来访项目一览表

序号	日　期	项目名称、团长及人数	访问城市及邀请单位	备注
1	5～7	俄罗斯文艺团体来华参加俄罗斯文化节	北京	
2	7.15～20	白俄罗斯，岑多维奇合唱团来华参加白俄罗斯文化节演出活动	北京	
3	11.17～24	俄罗斯国家杜马议员、杜马文化委员会知识经济与创新分委会主席古雪夫一行来华访问交流	北京、深圳	

2008年出访欧亚地区项目一览表

序号	日　期	项目名称、团长及人数	出访国家及邀请单位	备注
1	1月	春节品牌，吉林省歌舞剧院3名演员与保加利亚国家交响乐团联合演出	保加利亚	
2	1月	春节品牌，四川省歌剧舞剧院民乐小组7人赴俄罗斯演出	俄罗斯	
3	8.24～9.1	上海合作组织成员国艺术节及中国文化，以武汉杂技团为主组成的中国艺术团一行43人赴塔吉克斯坦演出	塔吉克斯坦	丁伟部长助理出席

2008年亚非地区来访项目一览表

序号	日　期	项目名称、团长及人数	访问城市及邀请单位	备注
1	1.21～25	“伊朗文化艺术展”在北京和沈阳展出。	北京、沈阳 伊朗驻华使馆	

续表

序号	日　期	项目名称、团长及人数	访问城市及邀请单位	备注
2	2.25～3.9	阿曼卡布斯大学商业经济学院信息中心图书馆馆员穆萨·赛德·金迪1人来华交流	北京 中国国家图书馆	
3	3～12	"以色列与中国——古老的文明，朋友与伙伴"图片巡展	昆明、武汉、济南和杭州 中国人民对外友好协会	
4	4.21～26	努拉·琼布拉特女士率领黎巴嫩文化市场考察团一行2人来华访问	北京、上海 中外文化交流中心	
5	4.24～30	阿尔及利亚国家图书馆馆长艾敏·扎维及妇人一行2人来华交流	北京、上海 国家图书馆	
6	4.28～5.5	2008中国(常熟)尚湖国际民间艺术交流活动	常熟市 中国群众文化学会和江苏省常熟市政府	
7	6.16	以色列卡米亚现代舞团加利娅·巴尔15人来华演出	北京 北京保利紫禁城剧院管理有限公司	
8	6月	土耳其火图民间舞蹈团一行30人	北京 中国对外文化集团公司	
9	6.19～20	以色列卡米亚现代舞团《布尔伦之歌》一行20人	北京 中国对外文化集团	
10	6.20～28	埃及、苏丹、叙利亚、突尼斯等4个阿拉伯艺术团	北京 中国对外演出公司	
11	6.21～25	以色列卡梅阿舞蹈团塔米尔一行15人	哈尔滨 第29届哈夏音乐会组委会	
12	7.10～13	埃及开罗歌剧院歌剧《阿依达》剧组一行200人	北京 国家大剧院	
13	7.21～25	阿联酋阿尔·曼哈尔公司总经理阿尔·达哈瑞一行7人	北京 中国对外文化集团	
14	8.5～10	突尼斯演员海发·卡祖依达一行14人	北京 北京时代新纪元文化传播有限公司	
15	8.7～18	沙特民间舞蹈艺术团哈立德·本·阿卜杜拉·穆罕默德一行30人	北京 中国对外文化集团	
16	9.10～20	在中国美术馆举办"黎巴嫩风情展"	北京 中国对外艺术展览中心	
17	9.24～10.4	"金字塔时代的回声——埃及文物复制品暨视觉艺术展"	北京、上海、深圳 中国对外艺术展览中心	

续表

序号	日　期	项目名称、团长及人数	访问城市及邀请单位	备注
18	9.26～10.8	土耳其发展基金会艺术团一行34人	北京 中国对外文化集团公司	
19	10.3～8	土耳其奥费恩室内合唱团一行30人参加2008国际民歌博览音乐周	北京 国家大剧院	
20	10.7～11	阿联酋阿尔曼哈尔（AL Manhal）公司文化艺术部主任阿卜杜拉·艾明一行7人来华访问	北京 中国对外文化集团公司	
21	10.15～22	土耳其盖翰民间舞蹈团一行25人访问上海	上海 上海市文化广播影视管理局	
22	10.21	以色列皮卡杜打击乐二重奏一行3人在上海访演	上海 上海音像出版社	
23	10.27～11.6	阿尔及利亚音乐歌舞及艺术展览团一行27人在北京访演	北京 文化部	
24	2007.11.15～16	土耳其国家剧院阿尔坎·坎斯杜根一行10人来华访问	北京 上海市演出公司	
25	11.17～19	以色列肯布兹教育大学表演艺术学院艺术家科恩一行11人来华访问交流	上海 上海马戏城演出有限公司、上海话剧艺术中心联合	
26	11.20～12.10	以色列钢琴家亚伦·格特弗雷德三重奏一行3人来华访演	北京 北京市文化局	
27	12.22～23	以色列莎科达克现代舞团西娃·古兹霍尔兹一行20人来华演出	北京 国家大剧院	

2008年出访亚非地区项目一览表

序号	日　期	项目名称、团长及人数	出访国家及邀请单位	备注
1	1月	中国杂技教练尚永普一行2人赴苏丹杂技教学	苏丹 苏丹国家杂技团、苏丹文化青年体育部	
2	1.21～2.15	民间手工艺家王炳炎一行15人赴阿曼参加第九届马斯喀特艺术节民间手工艺品展销活动	阿曼 马斯喀特市第九届马斯喀特艺术节组委会	
3	1.29～2.10	湖北省武汉杂技团一行52人赴土耳其演出	土耳其 迈卡音乐戏剧电影股份公司（MEGA MUZIKAL TIYATRO SINEMA）	

续表

序号	日　期	项目名称、团长及人数	出访国家及邀请单位	备注
4	2.4～11	中国煤矿文工团一行20人赴埃及、阿拉伯联合酋长国访演	埃及、阿拉伯联合酋长国、埃及文化部 阿拉伯联合酋长国迪拜酋长国哈菲特有限公司	
5	2.14～3.5	濮阳市杂技艺术中心张伟生一行8人赴科威特参加"二月哈拉节"	科威特 "二月哈拉节"组委会	
6	2月下旬～10月底	沈阳杂技团一行22人赴以色列演出	以色列 特维特电影和演出制作有限公司	
7	2.20～3.6	国家图书馆代表团詹福瑞一行3人访问埃及、以色列	埃及、以色列 中国驻埃及开罗文化中心、以色列犹太国家大学图书馆	
8	2.28～3.6	中国少数民族服饰表演团王利泉一行46人赴卡塔尔表演	卡塔尔 卡塔尔文化、艺术和遗产委员会秘书长穆巴拉克·纳瑟尔·阿卡利法	
9	3.31～4.8	甘肃省歌剧院《敦煌韵》艺术团一行55人赴叙利亚演出	叙利亚 叙利亚文化部	
10	4.2～10	中国文联党组副书记、副主席覃志刚一行5人访问埃及、约旦	埃及、约旦 埃及文化部对外文化关系司、约旦艺术家工会	
11	4.15～27	中国少儿艺术团一行25人赴土耳其演出	土耳其 土耳其广播电视总局"国际4·23儿童联欢节"组委会	
12	4.15～10.15	湖南省杂技团刘军科一行41人赴土耳其演出	土耳其 土耳其肯恩表演组织有限公司	
13	4.16～26	中国少儿艺术团一行25人参加"第30届国际4·23儿童联欢节"	土耳其广播电视总局"国际4·23儿童联欢节"组委会	
14	4.17～22	长沙市少儿艺术团一行26人参加土耳其伊兹密尔卡尔舍卡亚国际儿童节	土耳其 伊兹密尔卡尔舍卡亚国际儿童节组委会	
15	5.1～2009.6.30	河北杂技团小组一行3人赴以色列演出	以色列 特维特电影和演出制作有限公司	

续表

序号	日　期	项目名称、团长及人数	出访国家及邀请单位	备注
16	5.18～28	在巴林举办“景德镇精品瓷器展”	巴林 巴林文化部	
17	5.19～24	甘肃省歌剧院艺术团一行41人赴巴林演出	巴林 巴林文化部	
18	5.28～6.4	湖南省杂技团刘军科一行30人赴叙利亚访演	叙利亚 叙利亚文化部	
19	6.4～9	中国红樱束女子打击乐团一行14人赴约旦、埃及演出	约旦、埃及 约旦文化部、埃及文化部	
20	6.7～14	全国古籍整理出版规划领导小组黄松一行23人访问埃及	埃及 埃及驻华使馆	
21	7.1～17	湖南省歌舞剧院艺术团一行25人赴以色列、约旦演出	以色列、约旦 以色列民俗促进中心（MAATAF）、约旦安曼夏季艺术节组委会	
22	7.7～8.11	河北省杂技团刘奇芳一行24人赴土耳其演出	土耳其 土耳其安卡拉市政府文化旅游责任有限公司	
23	7.14～21	安徽花鼓灯艺术团赴阿尔及利亚、突尼斯访演	阿尔及利亚、突尼斯 阿尔及利亚文化部、突尼斯阿乌苏狂欢节组委会	
24	8.18～25	江苏省演艺集团管乐队一行30人参加土耳其伊兹密尔国际管乐节	土耳其 土耳其伊兹密尔博览会文化和艺术事务有限公司	
25	10.10～21	国家话剧院《霸王歌行》剧组严凤琦一行20人赴埃及演出	埃及 开罗国际实验戏剧节组委会	
26	10.18～11.2	中央歌剧院刘锡津一行191人赴埃及演出	埃及 埃及国家文化中心开罗歌剧院	
27	10.21～27	中国对外文化集团公司总经理张宇赴阿联酋参加阿布扎比古典艺术节开幕式	阿联酋 阿联酋阿尔曼哈尔（AL Manhal）公司	
28	10.25～30	新疆木卡姆艺术团赴叙利亚、卡塔尔访演	叙利亚文化部 卡塔尔中央市政委员会	
29	11.3～22	中国残疾人艺术团邰丽华一行55人赴摩洛哥、阿尔及利亚、阿联酋访问演出	摩洛哥、阿尔及利亚、阿联酋 摩洛哥王国文化部、阿尔及利亚人民民主共和国文化部、阿拉伯联合酋长国ITR集团公司	

续表

序号	日　期	项目名称、团长及人数	出访国家及邀请单位	备注
30	11.8～16	CIOFF中国委员会常务副主席魏中珂率代表团一行四人赴土耳其参加国际民间艺术节	土耳其 国际民间艺术节组织理事会（CIOFF）土耳其委员会	
31	11.18～25	中国作家代表团张胜友一行5人访问土耳其	土耳其 土耳其作家工会	
32	11月下旬～12.10	北京舞蹈学院青年舞蹈团17人赴黎巴嫩演出《秦俑点兵》和《踏歌》	黎巴嫩 黎巴嫩卡拉卡拉剧院	
33	11.22～12.1	以中国作协副主席、中国文联副主席、原云南省人大常委会副主任丹增（副部级）为团长的中国作家代表团一行6人访问约旦、叙利亚	约旦、叙利亚 约旦作家联盟、叙利亚作家协会	
34	12月	“中国刺绣精品展”在阿曼展出	阿曼 阿曼手工业总局	
35	12.19～28	以中国作协副主席、党组成员、书记处书记高洪波（副部级）为团长的中国作家代表团一行4人访问以色列	以色列 以色列外交部文学局	
36	12.22～28	以中国作协主席团委员、书记处书记张健（副部级）为团长的中国作家协会代表团一行6人访问埃及	埃及 埃及作协	

2008年非洲地区来访项目一览表

序号	日　期	项目名称、团长及人数	访问城市及邀请单位	备注
1	7.28～29	坦桑尼亚、肯尼亚、卢旺达、塞内加尔、毛里求斯、南非、喀麦隆7个国家的艺术团参加文化部、国家广电总局、北京市和北京奥组委联合主办的“相约北京——2008”之“非洲之夜”文艺演出	北京 文化部	配合奥运
2	9.22～28	埃塞俄比亚国家档案和图书馆管理局埃舍图·约翰内斯率代表团一行5人访问北京	北京 国家图书馆	根据《中埃文化合作协定2007～2009年执行计划》相关条款邀请
3	9～11月	肯尼亚、埃及、科特迪瓦、贝宁、南非五国各派1名知名画家来华，参加深圳市文化局在深圳画院实施“非洲文化人士访问计划·客座画家来华创作”项目交流	深圳 文化部	08非洲文化聚焦

续表

序号	日　期	项目名称、团长及人数	访问城市及邀请单位	备注
4	10.12～26	喀麦隆、埃塞俄比亚、肯尼亚、马达加斯加、坦桑尼亚、赞比亚、摩洛哥和多哥8个国家的8名博物馆中青年专家来华参加“非洲文化人士访问计划·文博专家挂职调研项目”	吉林、上海、陕西、湖南 文化部	08非洲文化聚焦
5	10.16～26	厄立特里亚、几内亚比绍、加纳、莱索托、利比里亚、莫桑比克、纳米比亚、南非、塞拉利昂、津巴布韦、尼日利亚、肯尼亚等12个国家的12位司局级文化官员来华参加2008年度“非洲文化人士访问计划·文化政策圆桌会议”	北京、湖南、深圳 文化部	08非洲文化聚焦
6	10.23～11.2	加蓬、利比里亚、南非、尼日利亚、坦桑尼亚、乍得6个国家的文艺团组110人参加文化部、国家广电总局、国家新闻出版总署和广东省人民政府联合主办 “2008非洲文化聚焦”活动	深圳 文化部邀请	08非洲文化聚焦
7	2007～2008年	吴桥杂技学校培训非洲学员项目。肯尼亚、加纳、科摩罗3国18人参加此项目	深圳、河北吴桥 文化部委托	培训项目

2008年出访非洲地区项目一览表

序号	日　期	项目名称、团长及人数	出访国家及邀请单位	备注
1	1.26～2.16	云南省艺术团一行36人执行访演任务	莱索托、南非、毛里求斯、塞舌尔 上述4国文化部	
2	3.11～24	甘肃艺术团一行15人执行访演任务	毛里求斯和埃塞俄比亚 上述2国文化部	
3	4.28～5.17	深圳艺术团一行21人执行访演任务	乌干达、喀麦隆、佛得角、塞内加尔、肯尼亚 上述5国文化部	
4	4月初～8月下旬	四川省绵阳市文化馆副馆长林海及四川音乐学院绵阳艺术学院学生姜迎赴厄立特里亚举办大型庆典演出培训班，指导和协助厄方筹办5月间独立17周年庆典、6月间纪念烈士节活动、7月间国家艺术节和8月间独立斗争纪念等大型文艺庆典活动	厄立特里亚 厄立特里亚执政党文化局	

续表

序号	日　期	项目名称、团长及人数	访问城市及邀请单位	备注
5	4月底～5月初	中央美术学院张元和清华大学美术学院宋克2位教授赴塞讲学两周	塞内加尔 塞内加尔国立艺术学院的邀请	
6	5.21～6.10	河南艺术团一行19人执行访演任务	加蓬、刚果(金)、刚果（布）、马里 上述4国文化部	
7	7.17～8.7	福建艺术团一行23人执行访演任务	毛里求斯、坦桑尼亚、卢旺达、厄立特里亚 上述4国文化部	
8	8.31～9.26	重庆艺术团一行22人执行访演任务	南非、纳米比亚、贝宁 上述3国文化部	
9	11.3～15	青海艺术团、展览小组一行25人	肯尼亚和贝宁 上述2国文化部	
10	11.16～11.15	四川省自贡市杂技团李思璐一行8人赴南非商演	南非 南非布赖恩斯（Brian's）马戏团	
11	12月下旬	中国艺术摄影学会组织了9位知名摄影家分4组赴非洲东、西、南、北、中9个国家进行采风创作	马里、塞内加尔、埃及、埃塞俄比亚、卢旺达、马拉维、坦桑尼亚、贝宁、加蓬 上述9国文化部	文化部外联局委托
12	2005～2008年底	蒋可钰、娜尔斯2位老师赴喀麦隆参加教学工作	喀麦隆 喀麦隆文化部	

2008年接待艺术团项目统计表

序号	日　期	项目名称、团长及人数	来访城市及邀请单位	备注
1	1.12	张蔷演唱会	北京	商演
2	1.19～27	《猫》	北京	商演
3	1.30～2.4	《燃烧地板》	北京	商演
4	3.8	刘若英演唱会	北京	商演
5	5.14～24	芬兰凯米交响乐团	北京	官方
6	5.16～23	波兰艺术团	北京	官方
7	5.3	纪念侯宝林诞辰90周年专场晚会	北京	商演

续表

序号	日　期	项目名称、团长及人数	来访城市及邀请单位	备注
8	5.23	德国法兰克福交响乐团音乐会	北京	
9	6.4～24	杨百翰大学歌舞团	北京	官方
10	6.12～19	芬兰室内乐团	北京	官方
11	6.17～18	土耳其“火图”	北京	
12	6.19～20	以色列现代舞团	北京	官方
13	6.19～22	埃塞俄比亚舞蹈团	北京	官方
14	6.23	相约北京开幕式——来自雅典和奥林匹克的问候	北京	相约北京
15	6.23～7.1	阿拉伯之夜	北展、哈尔滨国际会展中心	官方
16	6.23～7.15	哈特福德/纽约合唱团	北京、上海	官方
17	6.25～7.7	美国天乐合唱团	北京	
18	6.28～29	俄罗斯明星芭蕾舞团	北京	官方
19	6.28～29	韩国戏剧《天生缘分》	北京	相约北京
20	6.30～7.1	俄罗斯明星快车舞蹈团	北京	官方
21	7.3～6	香港话剧团《德龄与慈禧》	北京	相约北京
22	7.5～7.6	韩国音乐剧《王的优人》	北京	相约北京
23	7.11～12	意大利卡达克罗舞蹈团	北京	相约北京
24	7.13	北京欢迎你——中韩奥运歌会	世纪剧院	相约北京
25	7.15～20	白俄罗斯艺术团	北京	官方
26	7.15～21	上和之夜综合音乐会	北京	
27	7.16～17	香港舞蹈团《清明上河图》	北京	相约北京
28	7.17～21	美国科尼日利亚·康奈利女子合唱团	北京、上海	
29	7.17～8.5	丹麦男童合唱团	北京	
30	7.23～13	澳门中乐团	北京	相约北京

续表

序号	日 期	项目名称、团长及人数	来访城市及邀请单位	备注
31	7.23～30	坦桑尼亚艺术团	北京	
32	7.23～30	武桥杂技学校	北京	
33	7.25	2008 朗盛青年——欧洲·古典中国音乐会	北京	相约北京
34	7.25～29	俄罗斯 NANA 乐队	北京	
35	7.25～30	音乐剧《发胶星梦》	北京	相约北京
36	7.27～8.3	古巴国家民间歌舞团		
37	7.27～8.3	阿根廷探戈舞团		
38	7.27～8.5	巴哈马民间创意艺术团		
39	7.27～8.8	墨西哥民间歌舞团	北京	
40	7.27～8.8	哥伦比亚歌舞团		
41	7.27～8.8	秘鲁民间乐队	北京、西安	
42	7.28	“天人一生”中青年音乐家音乐会	北京	相约北京
43	7.30～31	中外合作谭盾歌剧《茶》	国家大剧院歌剧院	相约北京
44	7月底～8月初	巴西桑巴舞团		
45	8.11	亚洲歌后曹秀美独唱音乐会	北京	相约北京
46	8.13	超越神话——新世纪三大男高音音乐会	北京	相约北京
47	8.13～14	行路知音——中国民族情歌音乐会	北京	相约北京
48	8.14	绽放北京——群星璀璨盛典音乐会	北京	相约北京
49	8.16	爱的传承——弗莱明、考夫曼经典音乐会	北京	相约北京
50	8.17～23	昆曲《浮生六梦》	北京	相约北京
51	8.17～27	芬兰赫尔辛基爱乐乐团	北京、上海、深圳	
52	8.27～28	新西兰国家交响乐团	北京	相约北京
53	8.29～30	欧盟青年交响乐团	北京	相约北京

续表

序号	日　期	项目名称、团长及人数	来访城市及邀请单位	备注
54	8.1～8.2	希腊奥马达现代舞团《美狄亚 2》	国家大剧院戏剧场	相约北京
55	8.30～31	舞台剧《终极使命》	北京	相约北京
56	8.7	欧洲歌后安吉拉·乔治乌独唱音乐会	北京	相约北京
57	8.9	美国辛辛那提管弦乐团	北京	相约北京
58	9.5	日本著名民谣歌手喜昌纳吉	北京	相约北京
59	9.12～13	加拿大红天艺术团民族歌舞晚会	北京	相约北京
60	9.16	亚洲之夜	北京	官方
61	9.17	“孔子文化节”开幕式	山东曲阜	
62	9.18～10.9	印尼努桑塔啦歌舞团	郑州、开封	亚洲艺术节
63	9.19～10.9	柬埔寨歌舞团	北京、河南	亚洲艺术节
64	9.19	相约北京闭幕式——我们的 2008	北京	相约北京
65	9.23～29	印度宝莱坞歌舞团	郑州	亚洲艺术节
66	9.24～29	日本大江户助六鼓乐团	郑州	亚洲艺术节
67	9.25～28	日本茶道艺术术团	郑州	亚洲艺术节
68	9.25～10.6	土耳其发展基金会艺术团	郑州	
69	9.25～10.6	蒙古歌舞团	郑州	
70	9.25～10.9	马来西亚歌舞团	郑州、开封	
71	9.25～10.9	泰国国家舞蹈团	郑州、开封	
72	9.25～10.9	越南青年剧院艺术团	郑州	
73	9.25～10.9	缅甸歌舞团	郑州、开封	
74	9.25～10.9	巴基斯坦民族歌舞团	北京、河南	亚洲艺术节
75	9.26	蔡健雅北京演唱会	北京	商演

续表

序号	日　期	项目名称、团长及人数	来访城市及邀请单位	备注
76	9.26～10.2	新加坡什丽瓦纳舞蹈团	郑州	亚洲艺术节
77	9.27～10.3	叙利亚茱利亚娜舞蹈团	郑州	亚洲艺术节
78	9.29～10.6	菲律宾芭蕾舞剧院	郑州	
79	9月	吉尔吉斯艺术团	北京、郑州	官方
80	10.1～5	以色列 FRSCO 舞团	郑州	亚洲艺术节
81	10.6～10	亚洲乐团	开封	
82	10.16～25	吴桥杂技学校	深圳、上海、北京	官方
83	10.18～28	乍得国家歌舞团	深圳、上海、北京	官方
84	10.18～31	加蓬国家剧院舞蹈团	深圳、上海、北京	官方
85	10.19～28	坦桑尼亚 AFRIART 艺术团	深圳、上海、北京	官方
86	10.19～28	尼日利亚阿达玛瓦艺术团	深圳、上海、北京	官方
87	10.19～28	利比里亚 Juliendee 国家文化中心艺术团	深圳、上海、北京	官方
88	10.19～11.4	南非“非洲魂”艺术团	深圳、上海、北京	官方
89	11.8～9	陈绮贞北京演唱会	北京	商演
90	12.30～31	张震岳 FREE9 北京演唱会	北京	商演
91		塞内加尔舞蹈团	北京	
92		喀麦隆现代舞团	北京	
93		南非“咖啡鼓”乐团	北京	
94		卢旺达艺术团	北京	
95		毛里求斯塞卡舞团	北京	
96		肯尼亚卡巴扬合唱团	北京	
97		韩国 JUMP 武艺团	郑州	亚洲艺术节

2008年派出艺术团统计表

序号	日　期	项目名称、团长及人数	出访国家及邀请单位	备注
1	2007.7.13～6.3	武汉杂技团一行50人	西班牙、德国 梅登星辰公司	
2	2007.11.2～2009.11.20	河南星光杂技团一行27人	美国 玲玲马戏团	
3	1.1～4.26	南京杂技团一行5人	以色列 TEVET电影制作公司	
4	1.1～12.31	北京杂技团一行6人	葡萄牙、西班牙、墨西哥 太阳马戏团	
5	1.1～12.31	北京杂技团一行6人	美国 唐阳马戏团	
6	1.1～12.31	云南杂技团一行5人	西班牙、德国 太阳马戏团	
7	1.1～12.31	北京杂技团一行6人	葡萄牙、西班牙、墨西哥 太阳马戏团	
8	1.1～2009.2.4	北京杂技团一行5人	美国 美国布什公园	
9	1.17～28	李亚萍	蒙特卡罗 蒙特卡罗马戏节	
10	1.18～2.2	陕西杂技团一行14人	匈牙利 匈牙利马戏节	
11	1.29～2.10	武汉杂技团一行52人	土耳其	
12	1.29～2.19	山东杂技团一行55人	印尼	
13	1.30～2.11	人大附中艺术团一行41人	英国 驻爱丁堡领事馆	
14	2.1～11	中国民族器乐与打击乐艺术团一行10人	丹麦、荷兰 驻丹麦使馆等	
15	2.2～3.24	陕西杂技团、铁路杂技团一行14人	匈牙利 匈牙利马戏节	
16	2.8～11.20	北京杂技团 一行16人	美国 美 国 UNIVERSOUL 马戏团	
17	2.15～25	北京杂技团一行30人	马来西亚 新加坡	
18	2.19～2.24	杭州青少年杂技团一行24人	俄罗斯 俄罗斯国际马戏节	
19	2.20～25	琪琪格、付旭鹏	智利 智利国际金曲大奖赛组委会	

续表

序号	日　期	项目名称、团长及人数	出访国家及邀请单位	备注
20	2.29～10.26	沈阳杂技团一行22人	以色列 TEVET电影制作公司	
21	3	广州歌舞杂技团一行33人	印尼	
22	3.3～4.18	天津青年京剧团一行31人	智利、阿根廷 哥斯达尼加 驻阿、智使馆	
23	3.6～11.25	福建杂技团一行11人	瑞士 克尼马戏团	
24	3.11	美的音符女子乐队一行13人	泰国	
25	3.24～4.20	中国煤矿文工团民乐和杂技小组一行8人	经美国赴巴拿马、哥斯达尼加 哥斯达尼加艺术节组委	
26	4.30～12.31	济南杂技团一行8人	日本 太阳马戏团	
27	5.4～2009.6.4	河北杂技团一行3人	以色列 TEVET电影制作公司	
28	5.11～12.31	河北杂技团一行13人	澳门 太阳马戏团	
29	5.28～6.22	沈阳杂技团一行45人	日本	
30	6.1～10.30	德州杂技团一行3人	塞浦路斯 索里德娱乐公司	
31	6.4～18	红樱束女子打击乐团一行13人	叙利亚、约旦 埃及	
32	6.19～6.24	湖南省艺术团一行40人	德国 驻德国使馆	
33	6.30～7.7	上海市马戏学校一行4人	俄罗斯 俄罗斯第二届国际儿童马戏节	
34	7.12	成都军区战旗杂技团一行52人	澳大利亚 加拿大马戏团	
35	7.15	北京舞蹈学院	保加利亚 第23届瓦尔纳国际芭蕾比赛	
36	7.16～8.10	杭州市青少年杂技团一行20人	日本	
37	8.2～8.27	山西艺术团一行25人	英国 驻英国使馆委托	
38	8.17～2009.7.29	南京杂技团一行5人	美国 美国大苹果马戏团	

续表

序号	日　期	项目名称、团长及人数	出访国家及邀请单位	备注
39	8.19	解放军艺术剧院一行10人	韩国 第五届手而国际舞蹈大赛组委会	
40	8.24～9.1	武汉杂技团一行40人	新西兰、斐济汤加 中国当地使馆	
41	8.27～9.3	内蒙古艺术团一行30人	蒙古国	
42	9.1～9.7	广州战士杂技团一行14人	俄罗斯 莫斯科青少年马戏比赛	
43	9.12	中国音乐学院	西班牙 第12届胡里安加亚国际声乐比赛	
44	9.24～11.19	北京京剧院一行30人	日本	
45	10	中国铁路杂技团战士杂技团一行6人	加拿大 加拿大马戏团	
46	10.3～2009.1.7	南京市杂技团一行3人	匈牙利 匈牙利马戏公司	
47	10.3～2009.1.7	武汉市杂技团一行2人	匈牙利 匈牙利马戏公司	
48	10.16～10.22	中国杂技团一行2人	意大利 拉蒂纳国际马戏节	
49	10.26	沈阳杂技团一行22人	以色列 以色列特维特公司	
50	11.14～23	中国艺术团一行30人	越南文莱	
51	11.15～2009.1.5	铁路杂技团一行6人	瑞士 瑞士康纳利马戏团	
52	11.17～2009.1.5	芙蓉花川剧院一行2人	瑞士 瑞士康纳利国际马戏团	
53	11.18～28	天津杂技集团一行30人	印度	
54	11.20	齐齐哈尔马戏团一行27人	美国 玲玲马戏团	
55	11.23	北京杂技团一行16人	美国 美国UNIVERSOUL马戏团	
56	11.24	广州、山东杂技团一行10人	加拿大 加拿大太阳马戏团	
57	11.25	福建杂技团一行11人	瑞士 瑞士尼克马戏团	
58	12.1～2009.1.7	沈阳杂技团一行13人	德国 荷兰星辰国西马戏公司	

续表

序号	日期	项目名称、团长及人数	出访国家及邀请单位	备注
59	12.1～2009.1.14	河北杂技团一行18人	德国 荷兰星辰国际马戏公司	
60	12.10～2009.1.5	沈阳杂技团一行22人	马耳他 以色列特维特公司	
61	12.14～12.28	中国艺术团（民乐和声乐）一行12人	美国 驻美国使馆	
62	12.14～2009.1.7	内蒙古杂技团一行8人	荷兰 荷兰星辰国际马戏公司	
63	12.14～2009.1.7	福建杂技团一行12人	荷兰 荷兰星辰国际马戏公司	
64	12.20	北京杂技团一行5人	美国 美国布什公园	

2008年来华展览统计

序号	日期	项目名称、团长及人数	出访国家及邀请单位	备注
1	3.6～27	物质的微妙能量——意大利当代雕塑展	中国国家画院美术馆	
2	3.13～14 3.20～21	真情无价·真爱永存——中国当代艺术品慈善拍卖会	北京国际饭店	
3	4.3～20	台湾当代陶艺展	中国美术馆	
4	4.10～23	第三届驻华使馆艺术藏品展	首都博物馆	
5	4.29	中国艺术典藏展	王府井西街奔驰展厅	
6	5.1	国际少儿艺术大展	首都图书馆	
7	5.6～9	中国民族风情工笔人物提名展	中国国家花园美术馆	
8	5.23～27	美与和平庆典——现代日本名作选拔展	中华世纪坛	
9	6.5～28	一分钟影像展——世界的一分钟60秒的影像艺术	今美术馆	
10	6.23～29	2008港澳视觉艺术展	中华世纪坛	
11	7.4～17	异视同梦——英国当代艺术展	今美术馆	
12	7.17～20	白俄罗斯当代油画展	首都图书馆	
13	7.26～8.24	阿迪达斯运动视界艺术展	今美术馆	
14	7.29～8.3	非洲与奥运	首都图书馆	

续表

序号	日　期	项目名称、团长及人数	出访国家及邀请单位	备注
15	8.6～24	世界同盟中国艺术贺奥运——杜大恺王家新、周昌新联合艺术展	军事博物馆	
16	8.11～15	沙特民间遗产和阿拉伯风俗传统画展	首都图书馆	
17	8.21～29	东亚视觉艺术展	首都图书馆	
18	8.28～9.4	突尼斯造型艺术展	中外博艺画廊	
19	9.12～19	黎巴嫩风情展	首都图书馆	
20	9.18～24	朝鲜美术展	中外博艺画廊	
21	9.20～28	创意与设计——2008国际平台玩具展	歌华艺术馆	
22	9.24～10.4	金字塔的时代回声——埃及文物复制品暨视觉艺术展	首都图书馆	
23	11.15～11.25	爱尔兰“约翰·康格里绘画艺术展”	中国美术馆	

2008年派出展览统计

序号	日期	项目名称、团长及人数	出访国家及邀请单位	备注
1	1月	中国油画家赴土耳其安卡拉参加国际艺术博览会一行6人		
2	5.20～30	中国刺绣精品展一行3人赴叙利亚	叙利亚大马士革国家博物馆	
3	5月20～30	“中国手工艺品展览”一行4人赴叙利亚	叙利亚大马士革国家博物馆	
4	2008.10.8～2009.1.11	中国茶文化展	芬兰埃斯堡市艾斯堡现代艺术博物馆	
5	12月18～28	“中国刺绣精品展”一行3人赴阿曼	阿曼首都马斯喀特祖贝尔博物馆	

2008 年举办国际艺术比赛和国际艺术节情况

一、三大国际艺术比赛

为继续推动全国举办国际多边活动的布局和改革措施，进一步打造国家级国际活动品牌，调动地方参与文化事业建设的积极性，丰富地方人民群众的文化生活，文化部主办了以下国际艺术比赛：

（一）第四届中国国际声乐比赛（宁波）

10月8～20日在宁波举行，由宁波市人民政府承办。

（二）第二届中国国际小提琴比赛（青岛）

10月27日至11月8日在青岛举行。由青岛市人民政府承办。

（三）第八届中国武汉国际杂技艺术节

10月25～31日在武汉举行。由文化部外联局、艺术司、中国杂技家协会、中国对外文化集团公司和武汉市人民政府共同主办。

二、积极推动两项国家级音乐赛事加入国际音乐比赛世界联盟

5月，文化部派代表团赴格鲁吉亚参加了国际音乐比赛世界联盟第52届年会。会议期间，与该联盟负责人建立了联系，对于入盟程序有了一个比较全面的了解。

10月，外联局邀请国际音乐比赛世界联盟主席来华观摩第四届中国国际声乐比赛（宁波），积极推动中国国际声乐比赛和中国国际小提琴比赛加入国际音乐比赛世界联盟，以利用更专业、更权威的国际平台推广上述两项赛事，吸引更多的国外高水平选手参赛，提升我国举办的国际艺术比赛水准。

三、国际艺术节

6月8～18日，在新疆乌鲁木齐市举办首届“中国新疆国际民族舞蹈节”。

6月23日～9月17日，在北京举办第8届“相约北京”联欢活动（奥运重大文化活动）。

10月2～19日，在北京举办第11届北京国际音乐节。

10月3～8日，在北京国家大剧院举办2008国际民歌博览音乐周，外联局为主办方之一。

10月16～26日，在江苏省南京市举办国际戏剧协会第31届世界戏剧节。

10月18日至11月18日，在上海举办第10届中国上海国际艺术节。

10月22～25日，在广西南宁市举办2008南宁国际民歌艺术节。

11月11日至12月25日，在北京举办“第六届北京国际戏剧舞蹈演出季”。

2008 年举办和参加国际组织、国际会议情况

1. 2月18～22日，文化部派代表团出席在保加利亚索非亚举行联合国教科文组织《保护非物质文化遗产公约》政府间委员会第二次特别会议。会议讨论审议了《保护非物质文化遗产公约》实施细则的系列文件。

2. 4月21～24日，文化部派代表团出席在马来西亚吉隆坡举行第三届亚欧文化部长会议，外交部亚欧会议高官王学贤大使作为孟晓驷副部长代表率团与会。会议围绕“文化多样性——实现行动计划”的主题，就进一步实施2005年6月巴黎召开的第二届亚欧文化部长会议上通过的“文化部长行动计划”进行了探讨。

3. 6月16～19日，文化部派代表团出席在巴黎举行联合国教科文组织《保护非物质文化遗产公约》缔约国大会第二次会议，会议审议了由保护非物质文化遗产政府间委员会提交的《实施〈保护非物质文化遗产公约〉操作指南草案》等文件，选定了《保护非物质文化遗产公约》徽标，并改选了12个政府间委员会委员国。此次会议标志着《保护非物质文化遗产公约》正式进入实施阶段。

4. 6月24～27日，《保护和促进文化表现形式多样性公约》政府间委员会第一次特别会议在巴黎教科文组织总部召开，会议继续就制定实施《公约》的系列文件进行了讨论。我组派了以常驻教科文组织代表团师淑云大使为团长，外交部王学贤大使为顾问，包括文化部、外交部、商务部、广电总局、知识产权局、新闻出版总署、

社会科学院和常驻团人员在内的中国代表团与会。会议审议了《保护和促进文化表现形式多样性的措施》、《伙伴关系》、《公民社会的作用和参与》以及《文化多样性国际基金的使用——过渡报告》等文件。

5. 7月，联合国教科文组织启动了“人类非物质文化遗产代表作名录”申报工作，外联局组织了我国的申报工作。文化部于9月30日前向教科文组织提交了35个申报代表作名录项目申报书。

6. 关于建立亚太地区非物质文化遗产保护中心事。

为进一步推动我国非物质文化遗产保护事业的发展，履行缔约国的责任和义务，积极主动开展更为广泛和深入的国际合作，2007年9月，我国以孙家正部长的名义致函联合国教科文组织总干事松浦晃一郎，提出在中国建立由教科文组织支持的亚太地区非物质文化遗产保护中心（第2类）。

4月第179届执行局会议前后，日本、韩国均提出在各自国家建立亚太地区非物质文化遗产保护中心。此后，教科文组织第179届执行局会议通过了请总干事就建立亚太非物质文化中心建议进行可行性调研的决议，以期定于下半年召开的第180届执行局会议对此议题进行正式审议。

4月25日～5月6日，应文化部邀请，教科文组织总干事顾问爱川纪子夫妇访华，参观访问了北京、新疆、甘肃和上海，围绕在中国建立由联合国教科文组织支持的亚太地区非物质文化遗产保护中心进行可行性调研考察。

8月5日，应韩国文化财厅邀请，外联局组派代表团出席了在首尔举行的中、日、韩三方建立由联合国教科文组织支持的亚太地区非物质文化遗产中心（二类，以下简称“中心”）协调会。

本次会议围绕各自中心的重点职能、3个中心运作及相互合作等问题展开讨论，就3个中心重点职能达成初步共识，即中国中心主要职能以培训为主，本中心主要职能以研究为主，韩国中心主要职能以信息和网络建设为主，并商定三方将以签署谅解备忘录进行正式确认。

中、日、韩三方已就建立中心的分工职能问题达成一致。教科文组织将派专家开始进行三国建立亚太中心的可行性考察，并于2009年2月底交联合国教科文组织第181届执行局会议审议。

2008年出国参加国际比赛项目一览表

序号	时　间	比赛名称、地点	团组、团长及人数
1	5.3～8	第45届德国克林根塔尔国际手风琴大赛（青年组）	王寒之
2	5.3～8	第45届德国克林根塔尔国际手风琴大赛（少年组）	田佳男
3	5.3～8	第45届德国克林根塔尔国际手风琴大赛（艺术家组）	张维怡
4	7.15～30	第23届瓦尔纳国际芭蕾舞比赛（青年组）	郑　宇
5	7.15～30	第23届瓦尔纳国际芭蕾舞比赛（青年组）	黄　怡
6	7.15～30	第23届瓦尔纳国际芭蕾舞比赛（青年组）	黄俊泷
7	7.15～30	第23届瓦尔纳国际芭蕾舞比赛（青年组）	石佳灵
8		第13届梅纽因国际小提琴比赛	朱　可

续表

序号	时　间	比赛名称、地点	团组、团长及人数
9	10.13～19	第33届意大利卡斯特费达多国际手风琴比赛（少年组）	邓钧池
10	10.13～19	第33届意大利卡斯特费达多国际手风琴比赛（青年组）	王寒之
11	10.13～19	第33届意大利卡斯特费达多国际手风琴比赛（青年组）	高义程
12	10.13～19	第33届意大利卡斯特费达多国际手风琴比赛（艺术家组）	杜　鹏
13	10.13～19	第33届意大利卡斯特费达多国际手风琴比赛（艺术家组）	刘海瑜
14		第5届韩国首尔国际舞蹈比赛（民族舞蹈青年组）	李　超
15		第5届韩国首尔国际舞蹈比赛（现代舞青年组）	张　琦
16		第5届韩国首尔国际舞蹈比赛（民族舞少年组）	刘　迦
17		第5届韩国首尔国际舞蹈比赛（芭蕾舞青年组）	王　韵
18		第50届西班牙哈恩国际钢琴比赛	秦云轶

2008年在华举办国际艺术比赛统计

序号	时　间	活动名称	来华人数	主办单位
1	10.8～10.20	第四届中国国际声乐比赛（宁波）	54人	文化部
2	10.27～11.8	第二届中国国际小提琴比赛（青岛）	17人	文化部

中国文化年鉴

Chinese Culture Yearbook

对港、澳、台地区文化交流

With Hong Kong and Macao Special and Administrative Regians and Taiwan Regian cultural exchange

综　述

2008年，文化部认真贯彻落实中央关于加强对港澳工作的指示和胡锦涛等中央领导同志的讲话精神，坚持以科学发展观为指导，配合特区政府，积极弘扬中华优秀文化，以新视角、新思路、新方法深化内地与港澳的文化交流与合作，积极拓展内地与港澳地区的文化联系，深入推动港澳文化的大发展，共同促进中华文化的大繁荣。

一、完善法规，加强对港澳文化工作的宏观指导，大力推动全国对港澳地区文化交流工作

2008年，文化部先后印发了《文化部关于进一步加强对港澳特区文化交流工作的指导意见》、《文化部、国务院港澳事务办公室关于内地与港澳地区文化交流管理办法》和《文化部关于加强对港澳文化交流基地建设的通知》，加强政策引导、突出工作重点、整合地方资源、优化资源配置，在全国范围内形成对港澳地区文化交流工作的合力，全面推动内地与港澳地区的文化交流与合作。

二、加强与港澳特区政府高层官员沟通，增进共识，共同弘扬中华文化

3月，时任文化部部长孙家正在北京分别会见了香港特别行政区行政长官曾荫权和参加“两会”的部分香港全国政协委员。8月，文化部部长蔡武出席了全国政协副主席董建华在故宫为来京参加第29届奥运会的美国前总统布什、前国务卿基辛格等美国各界重要人士举行的欢迎宴会，与香港知名人士陈启宗等进行了会谈，并会见了来京出席第29届奥运会闭幕式活动的香港特区政府民政事务局局长曾德成。9月，文化部副部长赵少华应邀赴香港特区出席香港文化界人士庆祝新中国成立59周年活动并会见了香港特区政府民政事务局局长曾德成。奥运会期间，驻部纪检组组长李洪峰、部长助理丁伟分别会见和宴请了出席“相约北京——2008奥运文化活动·港澳艺术节”开幕式活动的香港民政事务局局长曾德成、澳门文化局局长何丽钻。双方就香港、澳门回归后的政治稳定、经济繁荣和文化发展等方面问题进行亲切友好交谈，探讨如何进一步加强在港澳地区弘扬中华文化，推进内地与港澳地区的文化交流、实现优势互补、促进文化产业合作，共同做好以文化人、争取人心等工作，达成广泛共识。

三、加强与港澳特区政府合作，建立与港澳特区政府文化主管部门的磋商机制，深化与港澳地区的文化交流与合作

文化部遵循与港澳特区政府签订的《更紧密文化关系安排协议书》的基本原则，加强与港澳特区政府文化部门的沟通与联系，努力促进内地与港澳的文化交流。3月，应澳门特区政府文化局邀请，文化部港澳台司司长助理汪志刚等一行5人赴澳门访问。4月，应文化部港澳台司邀请，以香港特别行政区民政事务局副秘书长谭志源为团长的香港特区政府文化官员代表团一行13人来京访问。9月，应香港特区政府民政事务局邀请，文化部港澳台司司长李冬文等2人赴香港出席“内地贵宾访港赞助计划”活动。双方一致表示愿意在《更紧密文化关系安排协议书》的基础上，加强内地与港澳特区文化主管部门之间的沟通与联系，建立内地与港澳特区政府文化主管部门之间的磋商机制，通过文化官员的互访，加强对话，沟通信息，引导内地与港澳地区的文化交流与合作，整合资源，形成合力，拓展并深化三地的文化交流与合作。

四、借助北京奥运文化活动年平台，首次成功举办“港澳艺术节”

作为“相约北京——2008奥运文化活动”重要板块之一的“港澳艺术节”，于6月23日～7月17日在北京隆重举行。香港特区政府民政事务局局长曾德成、澳门特区政府文化局局长何丽钻率领代表团出席开幕式。艺术节活动内容包括1项艺术展览和3台文艺演出，均为港澳地区最高水平的艺术团体的精品舞台剧目和港澳地区视觉艺术领域的最新力作，称得上是港澳地区文化的一次高水平的集中展示，充分展现了港澳地区文化东西兼容、中西合璧的艺术风采，促进了三地的文化交流与合作。

五、发挥文化艺术的情感纽带作用，通过举办“艺海流金”大型文化交流活动，增进港澳地区文化艺术界人士对祖国和中华文化的了解与认同

由文化部、贵州省人民政府共同主办的第四届“艺海流金——多彩贵州行”大型文化交流活动于10月在贵州成功举行。来自香港、澳门特区政府文化官员、文化艺术界知名人士以及港澳艺术表演团体、文化演出公司、演艺经纪机构负责人和内地文化艺术界嘉宾100余人应邀出席活动。此届“艺海流金——多彩贵州行”活动的主旨更为鲜明，互动性及专业性更为突出，通过对贵州各地的实地参观考察、组织文化艺术项目推介会、专题研讨会及座谈会等活动，加强了内地与港澳地区文化界人士的交流，密切了三地文化界的联系，促进了三地在文化艺术领域的交流与合作。

六、大力推动中华优秀传统文化、当代文化精品赴港澳地区交流，打造“中华文化精品港澳行”活动

文化部与香港特区政府有关部门合作，组织内地优秀艺术团组、艺术展览、文物展览赴港澳地区展演，打造“中华文化精品港澳行”活动。2月，福建泉州木偶剧团赴港演出国家舞台艺术精品工程剧目《钦差大臣》和“折子戏专场”。4月，国家京剧院、绍兴小百花艺术中心分别赴港演出《锁麟囊》、“越剧名剧展”等经典曲目。4～9月，故宫博物院赴澳举办“中国古代文物展”。5月，上海歌剧院赴澳演出《托斯卡》，浙江婺剧团赴澳参加澳门艺术节。8月，浙江绍剧团、江苏扬剧团分别赴港演出《百岁挂帅》、《孙悟空三打白骨精》等折子戏。9月，中国民族乐团合唱团赴港演出“中国百年民歌——难忘的旋律”。12月，文化部与香港特区政府康文署合作举办了“中国非物质文化遗产成果”展演活动。这些活动在港澳地区引起强烈反响，得到了港澳同胞的欢迎与肯定。

七、根据港澳地区节庆文化特点，积极鼓励和支持内地优秀剧目、地方特色文化品牌项目赴港澳交流

利用港澳地区的节庆文化特点，在港澳地区打造节庆文化活动品牌，是文化部对港澳地区文化交流工作的重点之一。2月，由文化部港澳台司委托文化部民族民间文化中心负责筹组的以河南和贵州民间春节风俗和民族节庆为特色的“内地春节习俗展演”活动在澳门特区举办。9月，由文化部港澳台司支持的庆祝中秋大型综艺晚会“香江明月夜”以及“同乐今宵——中秋彩灯会文艺演出”在香港特区隆重举办。全国政协副主席董建华、香港特区行政长官曾荫权、中央政府驻香港联络办主任高祀仁、文化部副部长赵少华、澳门特区行政长官何厚铧、澳门特区民政总署管理委员会主席谭伟文等分别出席在香港特区和澳门特区举办的相关活动。同时，在文化部积极支持与推动下，四川自贡杂技团、云南楚雄歌舞剧院、广西东方民族实验歌舞团、贵州民族学院音乐舞蹈学院、上海虹影魔幻艺术团、上海戏曲学院等利用庆祝回归周年庆典、国庆、中华民族传统节日等有利时机赴港澳交流。这些活动以鲜活浓郁的民间节庆特色和形式多样的展演内容在港澳地区引起轰动，促进了内地与港澳地区的文化交流与融合。

八、利用内地丰富的文化资源，加强与港澳地区青少年的交流，确保中华文化在港澳地区薪火相传

近年来，文化部充分利用内地丰富的文化资源，通过为港澳地区在校大学生提供暑期来内地文化机构实习的机会，组织一系列形式多样的实习与交流相结合的文化活动，发挥文化特有的纽带作用，加强与港澳地区青少年的文化交流。6～7月，文化部组织第四批香港特区大学生暑期在京文化单位实习活动，安排来自香港理工大学、香港中文大学、香港大学近30个专业、60余名大学生到故宫博物院、中国科技馆、首都博物馆、北京自然博物馆等7家文化单位实习，通过工作实践、参观访问、座谈联谊等活动，向香港特区学生真实、全面地展现祖国的灿烂文化与社会的蓬勃发展，增进他们对中华文化的认同以及对民族的认知。此外，由文化部港澳台司作为特别支持单位并参与策划的“国粹香江校园行”系列活动于10～11月在香港、澳门特区举行，内地艺术家和专家通过演出、讲座、展示等形式，系统地介绍了中国非物质文化遗产古琴，让国粹艺术走进港澳特区校园，走近青年学生，让港澳特区青少年感受中国传统艺术的魅力。

九、利用国家文化外交平台，鼓励港澳文化机构参与内地举办的全国性、区域性及国际性文化交流活动

文化部积极促进并推动港澳地区参与国家文化外交活动，帮助港澳地区建立对外文化交流渠道，鼓励港澳文化机构参与内地举办的全国性、区域性及国际性文化交流活动。1月，香港中乐团参加了“国家大剧院开幕国际演出季”演出。5月，香港岭南大学学生会剧社、澳门大学学生会剧社参加了首届中国校园戏剧节活动。7月，香港德爱中学合唱团等9支合唱团参加了第九届中国国际合唱节。9月，香港动艺当代舞蹈剧场、澳门演艺学院青年舞蹈团参加了“第10届亚洲艺术节”。10月，香港话剧团、澳门石头公社剧团参加了“第31届世界戏剧节”演出。这些活动为港澳文艺团体展示特区文化建设成就提供了平台，对促进中华文化的发展意义深远。

（一）“艺海流金——多彩贵州行”大型文化交流活动在黔成功举行

为贯彻落实中央关于加强对港澳工作的方针政策，深化内地与港澳的文化交流与合作，增进港澳文化艺术界人士对祖国和中华文化的了解与认同，由文化部、贵州省人民政府共同主办，贵州省文化厅承办的第四届“艺海流金——多彩贵州行”大型文化交流活动，于2008年10月19～26日在贵州隆重举行。来自香港、澳门特区政府文化官员、文化艺术界知名人士以及艺术表演团体、文化演出公司、演艺经纪机构负责人和内地文化艺术界人士等近百名嘉宾出席了活动。文化部副部长赵维绥，贵州省省长林树森、副省长谢庆生等出席了开、闭幕式并发表热情洋溢的讲话。

赵维绥在致辞中表示，作为一国的软实力，文化的力量和影响力越来越大，港澳文化作为中华文化的一部分，形成了别具一格的港澳特色。内地与港澳在文化领域有着很强的互补性，文化交流与合作的潜力巨大。举办“艺海流金”活动，旨在借助港澳前沿优势和内地的资源优势，实现优势互补，促进内地与港澳地区文化的共同发展，引领中华文化走向世界。

活动期间，嘉宾们在贵阳、安顺、荔波、凯里等地进行了实地参观考察，观看了大型民族歌舞《多彩贵州风》，出席了贵州省文化艺术项目推介暨交流会，参加了以“加强交流合作，实现优势互补——发挥港澳窗口作用，推动中华优秀文化走向世界”为主题的研讨会和以“内地与港澳地区文化交流存在的问题及建议”为主题的座谈会。三地嘉宾对参与活动表现出了极大的热情，全情融入于贵州奇秀的自然风光和多姿多彩的少数民族风情，并通过参与文化艺术项目推介暨交流会、专题研讨会、座谈会及联谊等活动，增强了对贵州历史文化的认识以及对祖国文化的了解。此次活动策划精心，安排周密，文化内涵丰富，嘉宾反响强烈，达到了以文化人、凝聚人心，扩大内地与港澳文化交流渠道，提升交流层次，增进港澳文化界人士对祖国的了解，培养他们作为中国人的自豪感、责任感和使命感，增进文化共识，促进文化认同的预期效果，得到了港澳及内地嘉宾和新闻媒体的高度评价和赞誉。

“艺海流金”大型系列文化交流活动是由文化部组织策划的对港澳文化交流重点品牌项目，迄今为止，文化部已分别与四川、河北、河南、贵州省政府合作，业已形成良好的品牌效应，在港澳文化等各界产生了广泛的影响。

（二）赵少华副部长率文化部代表团赴香港、澳门出席活动

9月11～14日，应香港文化艺术界庆祝国庆筹备委员会、香港中华文化城有限公司和中央政府驻澳门联络办邀请，文化部副部长赵少华率文化部代表团一行6人访问香港和澳门。在港期间，代表团参加了香港文化艺术界庆祝国庆活动，出席了“香江明月夜——大型中秋综艺晚会”，会见了香港民政事务局局长曾德成，并与中央政府驻香港联络办副主任李刚就加强内地与香港的文化交流交换了意见。在澳门期间，代表团与中央政府驻澳门联络办副主任李本钧就2009年举办庆祝澳门回归10周年文化活动进行了磋商，并参观了澳门博物馆、澳门文化中心、澳门东亚运动会体育馆等文化设施。

9月12日上午，赵少华与曾德成进行了亲切会谈。赵少华首先转达了蔡武部长的问候。她说，香港回归祖国以来，特区依托祖国广阔腹地，发挥自身优势，在中央“一国两制”、“港人治港”、高度自治方针的指引下，在香港特区政府和广大香港同胞的共同努力下，成功实践了邓小平先生“一国两制”的伟大构想，保持了香港的繁荣稳定。实践证明“一国两制”方针是完全正确的。谈到北京奥运会时，赵少华说，香港被指定为北京奥运会的6个协办城市之一，既是中央政府对香港特区的信任，也是国际体育界对香港赛马传统的认同和激励，对进一步促进香港的长期繁荣具有积极的推动作用。在香港特区政府的支持下，奥运会马术比赛取得圆满成功，香港特区政府和全体香港同胞为北京奥运会的成功举办，为树立自由开放、包容多元的中华文化形象做出了新的贡献。香港特区的积极参与让全世界看到了香港同胞的爱国心、中华民族的凝聚力和中华文化的向心力。在谈到内地与香港的文化交流时，赵少华说，2005年11月文化部与香港特区政府民政事务局签署了《内地与香港特区更紧密文化关系安排协议书》，从机制上保证了与香港地区的文化交流与合作。香港回归以来，内地与香港的文化交流不断深入，文化合作更加紧密。香港拥有国际化视野、灵活的机制和先进的管理经验，内地则有着丰富的文化资源和广阔的市场，两地应通过加强交流与合作，实现优势互补，互利双赢，共同发展。希望两地政府文化行政主管部门进一步加强沟通，交流意见和建议，共同探讨未来的合作发展方向。希望香港今后在推动中华文化走向世界的进程中扮演更加积极的角色。曾德成在会谈中重点介绍了即将兴建的香港西九龙文化区，表达了进一步加强与内地开展文化交流与合作的愿望，并希望文化部在人才培训方面给予支持。赵少华表示，文化部将一如既往地支持香港发展文化事业，全力支持内地与香港的文化交流与合作，并希望与香港同人一道，为香港地区的繁荣稳定，为不断密切与深化内地与香港地区的文化交流与合作，为实现中华文化的大繁荣、大发展而共同努力。

9月12日下午，香港文化艺术界庆祝国庆活动在香港会展中心隆重举行。赵少华以主礼嘉宾身份出席酒会并致辞。她说，新中国成立以来，特别是改革开放以来，祖国现代化建设蓬勃发展，人民生活水平显著提高，综合国力不断增强，国际地位大幅提升，一个更加开放包容、更加文明和谐的中国正在和平崛起。香港回归以来，在“一国两制”方针指引下，香港不但继续保持原有的优势，而且从内地获得了更强有力的支持，形成了与内地优势互补、共同发展的良好局面。今天的香港经济持续增长，社会保持稳定，民生不断改善，各项事业良性发展，文化建设欣欣向荣，国际影响不断扩大。文化越来越成为民族凝聚力与创造力的源泉和综合国力竞争的重要因素，中国正致力于文化建设与政治、经济、社会建设的协调发展，努力实现中华文化大发展、大繁荣。香港位居中西文化交汇地，享有独特的文化区位优势与文化资源优势。近年来，香港文化艺术界以中华文化为本，兼取东西文化之长，为中华文化的繁荣与发展做出了许多新的贡献。赵少华在致辞中还特别对香港各界人士与内地同舟共济、共克时艰的义举表示敬意与感谢，并对香港文化艺术界同人为推动内地与香港的文化交流与合作付出的努力表示感谢。中央政府驻香港联络办副主任李刚、香港文化艺术界国庆筹委会执行委员会主席区永熙、香港民政事务局局长曾德成、香港立法会主席范徐丽泰、香港立法会议员霍震霆等香港特区政府重要官员及文化艺术界知名人士出席了酒会。

9月12日晚，赵少华在香港文化中心出席了“香江明月夜——大型中秋综艺晚会”首场演出活动。全国政协副主席董建华、香港特区行政长官曾荫权、中央政府驻香港联络办主任高祀仁以及香港政界、商界、文化界知名人士1500余人观看了演出。晚会精彩纷呈、高潮迭起，中国国家歌舞团的艺术家们为香港观众奉献了一场高水平的视听盛宴。大公报、文汇报等香港各大媒体均在重要版面对演出活动给予大幅报道。“香江明月夜”是由香港中华文化城有限公司、香港中华文化总会、中央电视台、香港无线电视台联合举办的庆祝中秋系列演出活动，迄今为止已经成功举办9届。活动推精品、重质量，是展示中华传统文化及现、当代舞台艺术的力作，在香港社会各界产生了广泛影响，成为广受香港社会各界好评的品牌活动。

9月13日，赵少华与中央政府驻澳门联络办副主任李本钧就2009年举办庆祝澳门回归10周年文化活动事宜交换了意见。李本钧首先介绍了澳门中联办对举办庆祝活动的设想。赵少华表示，文化部党组十分重视澳门回归10周年文化活动，根据香港回归10周年庆祝活动的做法，庆祝活动主要以特区政府为主，内地予以配合。文化部将遵照中央的统一部署，积极参与、协助澳门特区政府和中央政府驻澳门联络办举办庆祝活动，并根据澳门方面的需要，积极组派表演艺术、造型艺术的精品赴澳门展演，体现中央政府对特区政府的关怀和支持。

（三）首届“港澳艺术节”在京圆满闭幕

为利用奥运会难得的历史机遇，发挥奥运会的对外窗口作用，增强港澳文化艺术界人士心系祖国、共谋发展的国家民族意识和历史责任感以及同根同源的文化身份归属感，通过三地文化艺术的对话与互动，进一步加强内地与港澳地区的文化交流与合作，推动中华文化的繁荣与发展，提升中华文化的整体竞争力与影响力，文化部于2008年6月23日至7月17日在北京成功举办了“港澳艺术节”。文化部党组成员、驻部纪检组组长李洪峰，香港特别行政区政府民政事务局局长曾德成，澳门特别行政区政府文化局局长何丽钻及国务院港澳办相关领导和社会各界人士300多人出席开幕式。

李洪峰在开幕式上致辞并剪彩。他说，“港澳艺术节”的举办秉承“人文奥运”的理念，旨在借助奥运年的特殊意义和奥运会的巨大向心力，通过港澳艺术家的积极参与，向世界展示中华文化的丰富多彩，表达中华民族共迎奥运的和谐寓意，营造华夏儿女精神互通、骨肉浓情的家庭氛围。开幕仪式前，李洪峰还专门会见了曾德成、何丽钻等港澳特区政府文化官员一行。会见中，李洪峰首先对在这次抗震救灾中港澳文化艺术界人士踊跃捐款、义演支援四川灾区表示感谢。他高度评价回归以来港澳特区政府发展文化事业的成果，并强调内地与港澳地区实现优势互补、加强交流合作的必要性，尤其是香港发展创意产业的先进经验和成熟的企业文化对内地有很强的借鉴意义，而澳门在保护历史文化遗产方面的做法也很具有启发性。李洪峰表示，只要三地携手合力，中华文化的繁荣发展将迎来无比广阔的前景。曾德成、何丽钻对李洪峰的观点表示认同，并分别简要介绍了近年来港澳特区政府大力发展文化事业的积极举措，表达了希望与内地进一步加强交流与合作的愿望。

“港澳艺术节”开幕式活动当晚，文化部党组成员、部长助理丁伟会见并宴请港澳官员团一行。他对港澳特区政府对艺术节活动给予的大力支持表示感谢。丁伟表示，近年来内地与港澳地区在文化领域的交流与合作日益紧密与深化，内地赴港澳地区举办大型演展活动，内地与港澳地区互相参与各自主办的地区性、国际性的大型文化活动明显增多。希望三地今后不论在官方层面还是民间渠道上，都能进一步加强文化交流与合作，共同提升中华文化的国际影响力与竞争力。

“港澳艺术节”由文化部主办，香港特区政府民政事务局、澳门特区政府文化局协办，中国对外文化集团承办，是2008年奥运文化活动的重要板块与亮点之一，内容包括1项展览和3台文艺演出，有来自香港话剧团、香港舞蹈团、澳门中乐团及“2008港澳视觉艺术展”随展团等4个团体200多名港澳艺术家应邀参加艺术节演展活动。作为“相约北京——2008年奥运文化活动”重要板块的“港澳艺术节”，借奥运会广阔的交流平台，不仅制造了宣传亮点和看点，扩大了规模和影响，还突出体现了三地骨肉亲情、和谐共荣的寓意。

此次艺术节集中展示了港澳地区一流水平的舞台艺术精品和港澳目前视觉艺术领域的最新力作，以鲜明的“港澳特色”和独特的“港澳视野”赢得社会各界的一致好评，取得了预期的交流效果。

1. 高水平的专业艺术团体和最具代表性的优秀艺术作品，确保了艺术节的权威性和艺术水准

“港澳艺术节”推出的3台演出和1项展览，均为代表港澳地区最高水平的专业艺术团体和近年来最具代表性的优秀艺术作品，既传承了中华传统文化之精华，又糅合了西方文化元素，同时还具有鲜明的港澳个性。著名编剧何冀平的话剧《德龄与慈禧》囊括香港舞台剧5项大奖，是香港话剧团的经典保留剧目，集合了一流的主创队伍和演员阵容，其中饰演慈禧的八旬影后卢燕称得上是全剧一大亮点；香港舞蹈团大型舞蹈诗《清明上河图》荣获“香港舞蹈年奖2008”，编创人员曾亲往河南采风，并广泛征询专家学者意见，历时两年多对宋代历史及舞蹈进行考证，通过精心策划与编排再现了北宋国宝画卷；澳门中乐团《乐海揽胜》、《韵国驰思》两场音乐会精心选取了著名作曲家赵季平等受约创作的《澳门印象》、《澳门情怀》系列作品，曲风融汇东西，别具风韵，充分展现了澳门中西合璧的文化特色；“2008港澳视觉艺术展”则展示了港澳现代视觉艺术的最新力作，反映了多元文化背景和视角下的港澳城市人文生活。本次艺术节在展示以中国为核心的东方文化价值的同时，又反映了港澳文化的独特面貌和全新的艺术理念，显示了东方文化艺术古老和创新兼备的人文价值。

2. 新颖有效的宣传手段，广泛深入的媒体报

道，充分展现了港澳艺术的独特魅力

6月3日，“港澳艺术节”新闻发布会在港澳中心隆重举行。文化部港澳台司领导、中国对外文化集团负责人和参与艺术节活动的港澳艺术家，以及新华社、《人民日报》、《光明日报》、中国新闻社、雅虎、搜狐、中央电视台等52家重要媒体的记者近百人出席了发布会。发布会突破传统模式，采用全新的互动模式，艺术家们一改以往刻板的介绍方式，以轻松对话、多媒体播放等形式向媒体展示了此次艺术节活动的独特魅力。发布会过程中，港澳艺术家还穿插表演了艺术节部分节目的精彩片断，令大家先睹为快。除了新闻发布会为艺术节活动做了一次集中的推介以外，还精心设计并印制了艺术节活动的宣传手册，对参与艺术节的港澳艺术团体及演展项目做了详细的介绍，每场演出还专门向媒体公开排练场，邀请内地文艺界名人观剧、评剧。为使媒体广泛深入地报道艺术节盛况，还举办了香港话剧团《德龄与慈禧》主创人员与媒体见面会，由艺术团主创人员直接面向媒体介绍剧目的有关情况；安排了《北京日报》、北京音乐台、香港无线电台等媒体采访澳门中乐团指挥彭家鹏以及香港舞蹈团《清明上河图》导演梁国城等主创人员。艺术节立足中华传统文化，融汇西方文化元素，通过新颖有效的宣传手段，广泛深入的媒体报道，充分展现了独具魅力的港澳风情和艺术风采。

3. 利用港澳特区政府高级官员出席艺术节的良好机会，积极主动做工作，强化与港澳特区政府间的合作机制

自内地与香港、澳门签署《更紧密文化关系安排协议书》以来，文化部一直把在《协议书》框架下密切与港澳特区政府文化主管部门间的联系，实现信息畅通与互享，加强与港澳官方合作机制列为对港澳文化工作的重要内容。为充分利用艺术节这一契机，以文化人，有针对性地做好港澳特区政府高级文化官员的工作，同时为扩大艺术节活动影响，提升交流效果，文化部港澳台司特别邀请香港特区政府民政事务局、澳门特区政府文化局作为艺术节的协办单位，并邀请以香港特区政府民政事务局局长曾德成为团长和以澳门特区政府文化局局长何丽钻为团长的港澳特区政府文化官员代表团一行8人来京出席艺术节开幕式活动，同时特别安排部党组成员、驻部纪检组组长李洪峰和部党组成员，部长助理丁伟分别会见和宴请港澳文化官员代表团一行，主动做工作。宾主双方就进一步加强和推动内地与港澳地区文化交流进行了深入的探讨，达成普遍共识，起到了很好的交流效果。

4. 提供交流与展示平台，加强艺术对话，增进相互了解，促进港澳地区与内地的文化融合

港澳艺术节的演展项目虽然大都是港澳当地原创的艺术作品，但在创作理念上吸收了很多内地艺术家的理念，有不少作品的创作就是在内地与港澳文化的借鉴、交流与互补的过程中完成的。像话剧《德龄与慈禧》的部分主创人员就有来自内地的，为来京参加艺术节演出，该剧专门编排了普通话版。除参加演出外，还组织了形式多样的交流活动，如与国家大剧院合作举办与演出相关的展览及研讨会活动，与香港驻京办联合举办专家座谈会，与北京师范大学艺术学院开展剧艺交流活动等；参与“2008港澳视觉艺术展”的港澳艺术家们则在艺术节活动期间参观了上苑艺术村、酒厂艺术区、798艺术区等北京知名的现、当代艺术创作区，与在京的艺术家们进行了座谈交流。这些交流与座谈对加强港澳与内地艺术家之间的对话，增进相互之间的了解，促进港澳地区与内地的文化融合必将产生积极的影响。

“港澳艺术节”既是一次港澳艺术的聚会，更是为促进内地与港澳文化交流搭建的一方舞台。艺术节的成功经验再次印证了文化交流具有潜移默化、润物无声、增进感情的纽带作用，我们将继续秉持以文化感染人、以文化影响人的宗旨，充分发挥文化交流不可替代的优势，努力开创对港澳文化交流工作新局面。

（四）香港大学生暑期在京实习活动圆满结束

为期一个多月的2008年香港大学生暑期在京实习活动于7月25日圆满结束。2008年，故宫博物院、首都博物馆等7家在京的文博机构共接收了来自香港大学、香港中文大学、香港理工大学3所院校的近60名香港大学生进行实习。

在为期一个多月的实习活动中，各家实习接收机构在文化部指导下，做了大量细致有效的接待工作，为香港实习生安排了与其所学专业密切相关、能充分发挥其个人专长的实践活动。在实习总结中，香港实习生对实习活动给予了高度评价，他们表示通过参与实习活动，不仅在基本技能及专业知识方

面得到了很好的锻炼，为将来就业积累了有益的经验，而且所在实习机构浓厚的文化氛围以及实习之余丰富多彩的文化活动使他们深入了解到光辉灿烂的中华文化和悠远深厚的历史积淀，深切感受到身为中华儿女、同享文化滋养的骄傲与自豪，并大大提升了个人的文化素养与视野。

自2005年以来，实习活动已经成功举办了4届,10余家在京文化机构，共接收了数百名香港在校大学生来京实习。短短几年时间，实习活动在香港各大院校中产生了广泛影响，在香港实习生中赢得了一致好评,如今已成为香港在校大学生来内地开展社会实践活动的首选、在香港各大院校中具有一定知名度和影响力的品牌活动。

（五）“港澳艺术节”在京闪亮揭幕

6月23日,“相约北京—2008奥运文化活动·港澳艺术节”在中华世纪坛隆重拉开帷幕。文化部党组成员李洪峰、香港民政事务局局长曾德成、澳门文化局局长何丽钻以及众多港澳艺术家代表出席开幕式。

李洪峰在开幕式上致辞并剪彩。他说，“港澳艺术节”的举办秉承“人文奥运”的理念，旨在借助奥运年的特殊意义和奥运会的巨大向心力，通过港澳艺术家的积极参与，向世界展示中华文化的丰富多彩，表达中华民族共迎奥运的和谐寓意,营造华夏儿女精神互通、骨肉浓情的家庭氛围。开幕仪式前，李洪峰还专门会见了曾德成、何丽钻等港澳特区政府文化官员一行。会见中，李洪峰首先对在这次抗震救灾中港澳文化艺术界人士踊跃捐款、义演支援四川灾区表示感谢。他高度评价回归以来港澳特区政府发展文化事业的成果，并强调内地与港澳地区实现优势互补、加强交流合作的必要性，尤其是香港发展创意产业的先进经验和成熟的企业文化对内地有很强的借鉴意义，而澳门在保护历史文化遗产方面的做法也很具有启发性。李洪峰表示，只要三地携手合力，中华文化的繁荣发展将迎来无比广阔的前景。曾德成、何丽钻对李洪峰的观点表示认同，并分别简要介绍了近年来港澳特区政府大力发展文化事业的积极举措，表达了希望与内地进一步加强交流与合作的愿望。

“港澳艺术节”开幕式活动当晚，文化部党组成员、部长助理丁伟会见并宴请港澳官员团一行。他对港澳特区政府对艺术节活动给予的大力支持表示感谢。丁伟表示，近年来内地与港澳地区在文化领域的交流与合作日益紧密与深化，内地赴港澳地区举办大型演展活动、内地与港澳地区互相参与各自主办的地区性、国际性的大型文化活动明显增多。希望三地今后不论在官方层面还是民间渠道上，都能进一步加强文化交流与合作，共同提升中华文化的国际影响力与竞争力。

“港澳艺术节”由文化部主办，香港特区政府民政事务局、澳门特区政府文化局协办，中国对外文化集团承办，是今年奥运文化活动的重要板块与亮点之一。“港澳艺术节”于6月23日至7月17日在京举办，是港澳艺术高水平的一次集中展示，内容包括一项展览和三台文艺演出，其中香港话剧团的话剧《德龄与慈禧》、香港舞蹈团的舞蹈史诗《清明上河图》、澳门中乐团《乐海揽胜》、《韵国驰思》两场音乐会均为代表港澳地区一流水平的舞台艺术精品，融合了中华传统文化与现代艺术创作理念；《2008港澳视觉艺术展》则囊括了港澳目前视觉艺术领域的最新力作，反映了港澳城市文化和人文生活，体现了浓郁的港澳地域特色与鲜明的文化个性。艺术节立足中华传统文化，融汇西方文化元素，展现了独具魅力的港澳风情和艺术风采。

（六）国粹港澳校园行

10月26日至11月4日，应香港联艺机构有限公司与澳门基金会邀请，“国粹港澳校园行”赴港澳两地举办古琴艺术讲座及示范表演活动，这是继2006和2007年举办京剧和昆曲艺术推介后的又一次成功实践。

“国粹港澳校园行”是由文化部港澳台司支持的对港澳文化交流的重点项目，旨在通过国粹艺术走进港澳校园，让港澳青年学生增进对祖国历史和传统文化的了解与认识，增强他们身为中国人的自豪感和责任意识。此次活动由中国艺术研究院承办，组派了古琴专家赴香港城市大学、香港中文大学、香港理工大学、香港演艺学院、香港浸会大学、香港大学、澳门大学及澳门理工大学8所高等院校进行古琴讲座及示范表演，并于11月1日在香港南莲园池香海轩举行了两场题为“和鸣”的古琴音乐会。专家们细腻的讲解、娴熟的演奏技巧博得了观众的普遍称赞，观众们对古琴艺术表现出极高的热情。活动达到预期效果。

本次“国粹港澳校园行”活动对港澳青年学

生及港澳同胞产生了深刻的影响。观众们感叹古琴艺术竟会有如此神奇的魅力，能让沉浸在繁华都市的浮躁心灵瞬间得到抚慰。古琴艺术只是中华传统文化的一部分，更多的特色艺术形式有待通过进一步的交流活动展现给港澳同胞。文化部将充分利用内地丰富的文化资源，发挥港澳窗口作用，共同弘扬中华文化。

（七）11 家内地文博机构代表赴港考察访问

为加强内地与香港文博机构之间的相互了解与合作，进一步推进香港高校学生来内地文博机构实习活动的开展，应香港特区政府康乐及文化事务署的邀请，文化部港澳台司组派国家博物馆、故宫博物院、国家图书馆、中国美术馆、首都博物馆、梅兰芳纪念馆等 11 家文博机构的代表于 12 月 4 ~ 9 日赴香港考察访问。访港期间，代表团与香港文博机构代表进行了座谈，了解香港文博事业发展状况，与特区政府康乐及文化事务署洽谈交流合作意向，并与香港理工大学等香港高校相关负责人就香港大学生来内地文博机构实习等问题进行商谈。访问取得圆满成功。

1. 加深了内地与香港文博机构之间的相互了解，增进了共识，为今后的合作打下了坚实的基础。此次交流活动是香港特区政府康文署接待的首个内地文博机构代表团，康文署助理署长吴志华率相关博物馆总馆长 10 余人与代表团进行了座谈。座谈会上，康文署官员详细介绍了香港文物及博物馆的组成特点、管理模式及运作方式，围绕展览、公众活动、教育宣传、网上信息、西九龙文娱艺术区等特色项目进行了讲解。康文署代表表示，香港特区政府长期致力于通过展览及文博机构举办的各项活动向广大香港市民提供文化服务，强调内地优秀的文化艺术资源是香港文博事业发展的重要支持，感谢文化部为此付出的努力以及在重要展览项目上给予香港的巨大帮助，强烈希望进一步与内地加强合作。代表团认真听取了情况介绍，并就相关问题进行了提问和讨论。代表团成员一致表示，此次座谈使他们对香港博物馆管理运行的总体情况及突出特色有了全面的了解，香港文博机构先进的运作模式和特色服务值得内地学习借鉴。内地与香港文博机构的合作是促进内地与香港的文化联系、增强香港同胞对祖国历史文化的了解与认知的重要方式，希望今后进一步加强内地与香港文博机构的交流与合作，共同弘扬中华文化。

2. 为内地文博机构与香港高校之间搭建了交流平台，并就香港青年学生来内地实习进行了深入探讨。访港期间，代表团于 12 月 8 日在香港理工大学同来自香港 8 所主要大学的学生事务负责人进行了座谈，就香港高校学生来内地文博机构实习等具体问题进行了深入探讨。文化部港澳台司代表首先向大家介绍了香港大学生在北京文博机构的实习情况，并希望利用内地文化机构的资源优势，组织一系列形式多样的实习与交流相结合的文化活动，增进香港青年学生对祖国历史和民族文化的了解与认知，增强香港学生身为中国公民的自豪感和责任意识。来自国家博物馆、故宫博物院、国家图书馆、中国美术馆、首都博物馆、中国科技馆、北京自然博物馆、宋庆龄故居、鲁迅博物馆、恭王府管理中心以及梅兰芳纪念馆等文博机构的代表分别介绍了历年香港大学生实习活动的具体接待情况，围绕学生选拔、工作分配、时间安排等问题同港方进行了讨论，并就明年活动的开展交换了意见。香港高校代表对文化部多年来为香港大学生提供的实习机会和文博机构周到的接待工作表示感谢，并对内地文博机构的专业素质、责任意识和奉献精神表示敬意。香港理工大学、香港大学以及香港中文大学在总结历年工作的基础上，向其他高校介绍了学生选拔、活动组织等方面的经验。香港科技大学、香港教育学院、浸会大学等高校的代表就相关问题向文博机构及其他高校代表进行了咨询，表现出对参与此项活动的极大的热情和期待。

会谈中，双方还围绕香港大学生暑期在京实习活动中存在的问题和困难进行了分析，并提出了很好的建议：

一是要提升高度、拓展广度，将“香港大学生暑期在京实习活动”扩展为“香港青年内地实践教育计划”，既配合香港高校开展的国情教育及文化教育课程，更成为传播中华文化，培养香港青年的公民意识和责任感的重要平台之一。

二是要根据香港高校的实际情况，在其组织机构上注重协调，在实习生的实习时间、实习项目选定等方面采取灵活方式，增加参与院校和实习生的数量，并进一步扩展实习接收机构的范围。

三是要配合香港社会发展，通过丰富的实践内容和针对性强的专业能力训练，促进香港青年适应社会的“软能力”与所学专业的“硬能力”

的协调发展，使该项活动能够为香港大学生的文化素养及求职就业提供有效帮助，以推动此项活动持续有效的发展。

访港期间，代表团还参观了香港艺术馆、香港历史博物馆、香港文化博物馆等香港重要的文博机构，并与工作人员进行了面对面的交流。

（八）“内地春节习俗展”在澳门成功举办

在港澳地区打造春节品牌，不断增强港澳同胞的国家意识和文化认同，是文化部对港澳文化交流的重点工作。在文化部港澳台司的大力支持下，由文化部民族民间文化中心负责筹组的以河南和贵州民间春节风俗和民族节庆为特色的“内地春节习俗展演”活动于2008年2月5日～3月9日在澳门成功举办。

“内地春节民俗展演”活动以鲜活浓郁的民间春节节庆特色和形式多样的展演效果在澳门引起轰动。2月6日，澳门特首何厚铧前往观看贵州省黔南州及黔东南州民族歌舞团的演出并参观展览。澳门特区民政总署管理委员会主席谭伟文、咨询委员会主席梁官汉、监察委员会主席司徒民义，中央政府驻澳门联络办官员以及澳门各界知名人士出席开幕式。

展览内容不仅有河南和贵州各民族的服饰、织绣品、戏曲服饰、生活器物、特色乐器、民间工艺品等民俗实物等静物展品，还有两省民间手工艺人制作河南泥泥狗、苗族蜡染技艺、银饰制品等十几种手工技艺的现场展示，使澳门市民兴趣盎然，流连忘返。现场还设置了与观众互动的知识问答游戏箱，引起不同年龄段观众的强烈兴趣。讲解员身着民族服饰现场解答，成为展场的一大亮点。与此同时，民俗专家还举办了介绍两省春节节庆特色的讲座，让澳门市民对中原地区和西南山乡各民族百姓如何欢庆春节有了系统的了解。

贵州省黔南州及黔东南州民族歌舞团为广场、剧场等10场演出带去的别样民族风情，更加烘托出了浓厚的春节气氛。

活动吸引了澳门和两省主流媒体争相报道。澳门电视台收视率很高的“澳门早晨”栏目连续专题采访了内地代表团有关成员，并做了现场直播；凤凰卫视、澳广视在展览现场作现场直播；《澳门日报》、《华侨报》连续数日进行图文报道；贵州“新闻联播”播放了3集专题短片；《中国文化报》以及贵州、河南的10余家媒体都作了相关报道。

专题

2008年文化部部、局领导重要会见活动一览表

序号	日期	活动内容
1	3.12	文化部部长孙家正和党组书记、副部长于幼军在京会见了参加“两会”的部分香港全国政协委员
2	3.17	全国政协副主席孙家正会见来京列席第十一届全国人大一次会议闭幕式的香港特别行政区行政长官曾荫权。文化部党组书记、副部长于幼军，党组成员、国家文物局局长单霁翔等参加了会见
3	7.17	文化部部长助理丁伟在文化部会见以全国政协委员、香港梅州联会会长林光如为团长的香港客属各界访京团及香港舞蹈团董事局主席梁永祥等有关人士一行36人
4	8.25	文化部部长蔡武在文化部会见来京出席第29届北京奥运会闭幕式活动的香港民政事务局局长曾德成
5	8.15	文化部部长助理丁伟会见了香港特别行政区政府民政事务局常任秘书长尤曾家丽及其率领的香港文化官员代表团一行30人
6	4.18～21	文化部党组成员、机关党委书记常克仁会见了以香港特别行政区民政事务局副秘书长谭志源为团长的香港特区政府文化官员代表团一行13人，港澳台司司长李冬文与代表团进行了工作会谈

2008年中国政府文化代表团出访一览表

序号	日期	活动内容
1	3.11～14	文化部港澳台司汪志刚司长助理一行5人赴澳门特区访问，与澳门特区政府文化局、民政总署、澳门特区基金会等部门进行了会晤
2	9.11～14	文化部副部长赵少华率文化部代表团一行6人访问香港特区和澳门特区，出席“香江明月夜——大型中秋综艺晚会”，会见了香港特区民政事务局局长曾德成、中央政府驻香港特区联络办副主任李刚、中央政府驻澳门特区联络办副主任李本钧
3	9.28～10.3	文化部港澳台司司长李冬文赴港出席“内地贵宾访港赞助计划”活动

对港澳台文化交流一览表

2008年香港特区政府文化代表团来访一览表

序号	日期	活动内容
1	4.18～21	香港特别行政区民政事务局副秘书长谭志源率香港特区政府文化官员代表团一行13人对北京进行访问
2	6.23～7.17	香港特区政府民政事务局局长曾德成率代表团出席"港澳艺术节"开幕式
3	8.15	文化部部长助理丁伟会见了香港特别行政区政府民政事务局常任秘书长尤曾家丽及其率领的香港特区文化官员代表团一行30人

2008年澳门特区政府文化代表团来访一览表

序号	日期	活动内容
1	6.23～7.17	澳门特区政府文化局局长何丽钻率代表团出席"港澳艺术节"

2008年香港地区来访项目一览表

序号	项目名称、团长及人数	访问城市及邀请单位	来访起止日期	备注
1	香港季丰轩画廊举办"为伊甸园寻找无公害的苹果——方少华的油画世界作品展"	上海 上海市文广局、上海美术馆	1.13～21	
2	香港中乐团105人参加"国家大剧院开幕国际演出季"演出	北京 国家大剧院	1.26～27	
3	香港城市合唱团45人来京演出	北京 中国人民对外友好协会	3.21～24	
4	小提琴演员姚珏1人赴京演出	北京 国家广电总局、中国爱乐乐团	3.5～8	
5	进念·二十面体21人来京演出《万历十五年》	北京 中国国家话剧院	5.11～21	
6	泛亚国际新纪元（香港）有限公司举办"张大千绘画精品珍藏"摄影艺术展	中国人民对外友好协会	10.23～30	
7	香港岭南大学学生会剧社23人参加首届中国校园戏剧节	中国戏剧家协会	5.28～6.2	

续表

序号	项目名称、团长及人数	访问城市及邀请单位	来访起止日期	备注
8	香港艺术家朱达诚等 6 人参加“第三届北京国际美术双年展”开幕式及研讨会等相关活动	中国美术家协会	7.7～11	
9	香港特区诗人许连进等 8 人参加“2008（中国·南京）全球汉诗学会年会暨中华诗词研讨会”	全球汉诗学会、江苏省诗词协会、中国韵文学会、江苏省文联及南京市政协文史（学习）委员会	6.8～10	
10	香港特区艺术家曾萍举办“曾萍水彩画展”	上海 刘海粟美术馆（上海市文广局）	7.26～31	
11	金庸参加浙江杭州 2008 文化高峰论坛“中华文化的普适价值”	中华民族文化促进会、中共杭州市委、杭州市人民政府	10 月下旬	
12	举办“2008 港澳地区视觉艺术展”	文化部 中国对外艺术展览中心	6.23～30	
13	今日美术馆、香港意中艺术工作室有限公司合作举办“地图游戏：变化动力”	今日美术馆	6.19～28	
14	香港基湾小学（爱蝶湾）合唱团 40 人参加第九届中国国际合唱节	中国对外文化集团公司	7.16～21	
15	香港童军总会合唱团 60 人参加第九届中国国际合唱节	中国对外文化集团公司	7.16～21	
16	香港仁爱堂田家炳中学合唱团 25 人参加第九届中国国际合唱节	中国对外文化集团公司	7.16～21	
17	香港心灵之声合唱团 35 人参加第九届中国国际合唱节	中国对外文化集团公司	7.16～21	
18	香港培基小学合唱团 80 人参加第九届中国国际合唱节	中国对外文化集团公司	7.16～21	
19	香港圣公会林护纪念中学合唱团 85 人参加第九届中国国际合唱节	中国对外文化集团公司	7.16～21	
20	香港德爱中学合唱团 30 人参加第九届中国国际合唱节	中国对外文化集团公司	7.16～21	
21	香港铭贤合唱团 15 人参加第九届中国国际合唱节	中国对外文化集团公司	7.16～21	
22	香港国际创价学会地涌合唱团 40 人参加第九届中国国际合唱节	中国对外文化集团公司	7.16～21	

续表

序号	项目名称、团长及人数	访问城市及邀请单位	来访起止日期	备注
23	男高音歌唱家叶曲凌担任“第 39 届意大利贝利尼国际音乐比赛‘中国选拔赛’”评委	北京 当代音乐学院	11.21 ～ 28	
24	香港钱秀莲舞蹈团 20 人北京演出	保利文化艺术有限公司	8.13 ～ 17	
25	黄耀明等 5 人北京参加“亚洲之夜”演出	中国对外文化集团公司	9.13 ～ 19	
26	汤恩佳、刘国强等 6 人参加“第四届儒家伦理与东亚地区公民道德教育论坛”	国际儒学联合会	11 月上旬	
27	香港特区演员夏梦、梁咏琪等 57 人赴大连出席第 17 届中国金鸡百花电影节活动	中国电影家协会	9.9 ～ 14	
28	香港特区艺术学者 20 人赴海南海口市参加“两岸四地艺术论坛”	中国文联	11.10 ～ 13	
29	香港特区话剧团 13 人赴南京演出《洋麻将》	中国剧协	10.15 ～ 26	
30	香港特区艺术家饶宗颐举办“陶铸古今——饶宗颐学术艺术展”	故宫博物馆	10.29 ～ 11.13	
31	香港特区艺术家徐嘉炀等 8 人参加中国美术家协会第七次全国代表大会交流	中国文联	12.7 ～ 10	

2008 年澳门地区来访项目一览表

序号	项目名称、团长及人数	访问城市及邀请单位	来访起止日期	备注
1	澳门乐团 66 人举办巡回音乐会	哈尔滨、长春、沈阳、大连 中华民族文化促进会	1.4 ～ 11	
2	澳门大学学生会戏剧社 20 人参加中国校园戏剧节	中国戏剧家协会	5.28 ～ 6.2	
3	诗人冯刚毅 1 人参加“2008（中国·南京）全球汉诗学会年会暨中华诗词研讨会”	南京 全球汉诗学会、江苏省诗词协会、中国韵文学会、江苏省文联及南京市政协文史（学习）委员会	6.8 ～ 10	
4	“2008 港澳视觉艺术展”	重庆 文化部中国对外艺术展览中心	6.23 ～ 30	

续表

序号	项目名称、团长及人数	访问城市及邀请单位	来访起止日期	备注
5	澳门特区艺术家陈世英等3人参加“第三届北京国际美术双年展”开幕式及研讨会等相关活动	北京 中国美术家协会	7.7～11	
6	澳门特区艺术家何仲仪1人举办个人作品展“西游散记”	上海 上海三尚艺术发展有限公司	9.6～26	
7	黄伟麟等5人参加“亚洲之夜”演出	中国对外文化集团公司	9.13～19	
8	澳门石头公社剧团15人演出	中国戏剧家协会	10.15～26	
9	郑祖基等2人参加“第四届儒家伦理与东亚地区公民道德教育论坛”	国际儒学联合会	11月上旬	
10	20人参加“两岸四地艺术论坛”交流	海口 中国文联	11.10～13	
11	澳门艺术家冯宝珠等19人参加“和谐亚洲——第23届亚洲国际美术展”展览	广州 亚洲艺术家联盟中国委员会、广州美术学院大学城美术馆	2008.12.3～2009.3.10	
12	澳门乐团66人演出	福州、厦门、南昌、长沙 中华民族文化促进会	12.5～12	
13	4人参加中国美术家协会第七次全国代表大会	中国文联	12.7～10	

2008年出访香港地区项目一览表

序号	项目名称、团长、人数	出访国家及邀请单位	出访起止日期	备注
1	文化部民族民间文艺发展中心主任李松1人出席“中国非物质文化遗产展”	香港康乐及文化事务署	2008.12.20～2009.2.6	
2	中国文联：中国音乐家协会理事、解放军军乐团于海2人担任“2008激情演奏唱响奥运—香港为奥运喝彩”、第四届“金紫荆大联欢”暨全国青少年儿童器乐展演活动评委	香港金紫荆大联欢组委会、香港资助小学校长会	1.23～25	
3	江苏省演艺集团昆剧院石小梅1人参加“传统戏曲艺术及学术交流活动”	香港进念·二十面体试验团	2.19～3.3; 2.25～3.3	

续表

序号	项目名称、团长、人数	出访国家及邀请单位	出访起止日期	备注
4	中国艺术研究院丁亚平等 16 人参加“从中国电影历史角度看朱石麟”座谈会	香港电影资料馆	4.4 ～ 8	
5	中国电影家协会 2 人出席香港电影金像奖颁奖晚会	香港电影金像奖协会	4.12 ～ 18	
6	江苏省演艺集团昆剧院柯军等 4 人参加“昆曲创作交流及推广计划《临川四梦汤显祖》”活动	香港进念·二十面体	4.16 ～ 5.5	
7	江苏省演艺集团昆剧院程敏、钱冬霞参加“学校昆曲推广计划 2008”活动	香港中华文化促进中心	4.25 ～ 5.19	
8	中国国家博物馆董琦参加“第三届亚洲国际艺术暨古董展”“‘藏宝于市，藏珍于馆——博物馆与艺术品市场’研讨会”	香港亚洲国际艺术暨古董展组委会	5.22 ～ 24	
9	中国艺术研究院项阳参加中国地方社会仪式比较研究国际学术研讨会	香港中文大学	5.4 ～ 5.8	
10	云南省博物馆马文斗参加“亚洲国际艺术古董展暨研讨会”	香港讯通展览公司	5.22 ～ 25	
11	中国影协霍廷霄参加拍摄新影片合作会议	香港安乐影片有限公司	5.20 ～ 27	
12	上海大剧院钱世锦赴港特区参加“声乐发展研讨会—20 世纪下半叶声乐发展概况”研讨会	香港作曲家联合会及香港合唱团协会	5.16 ～ 18	
13	文化部市场司副司长张新建出席“亚洲国际艺术古董展”与“亚洲国际当代艺术展”开幕式活动	香港迅通展览公司	5.21 ～ 23	
14	文化部文化市场发展中心主任助理胡月明等 2 人出席“亚洲国际艺术古董展”与“亚洲国际当代艺术展”开幕式活动	香港迅通展览公司	5.21 ～ 23	
15	中外文化交流中心主任吕军等 2 人赴港特区与香港《经济导报》报社洽谈相关合作事宜	香港《经济导报》	5.28 ～ 31	
16	江苏省演艺集团昆剧院单晓明等 26 人参加“传统戏曲艺术及学术交流活动”	香港进念·二十面体	7.7 ～ 8.4	
17	中华儿童文化艺术促进会 2 人参加“同一蓝天下，齐心迎奥运”京港青少年交流活动	香港明爱青少年及社区服务总主任黎永开先生	7.8 ～ 13	

续表

序号	项目名称、团长、人数	出访国家及邀请单位	出访起止日期	备注
18	文化部港澳台司司长李冬文等3人参加“内地贵宾访港赞助计划”	香港特区民政事务局	10.5～12	
19	国家清史编纂委员会史表组3人与香港大学吕元驄教授及在港特区相关专家研讨《清史 史表 大学年表》有关问题	香港大学图书馆	8.27～31	
20	文化部民族民间文艺发展中心1人考察中国非物质文化遗产保护成果展有关布展情况	香港特区文化博物馆	8.29～9.8	
21	西安歌舞剧院安源担任打击乐艺术指导老师	香港中华基督教会基协中学	8.28～9.13	
22	中国民间文艺家协会副秘书长赵铁信等12人参加“庆祝中华人民共和国成立59周年和香港特别行政区成立11周年香港首届紫荆花杯国际文化艺术博览拍卖会”	香港国际书画家协会	9.11～16	
23	中国作家协会3人参加香港作家联会成立20周年	香港作家联会	11.21～24	
24	国家图书馆2人参加“香港图书馆协会50周年学术会议”	香港图书馆协会	11.3～6	
25	国家图书馆1人参加“第六次中文名称规范联合协调委员会会议”	香港中文大学图书馆	11.5～7	
26	内蒙民族歌舞剧院30人商演（无伴奏合唱）	香港文艺演出有限公司	1.29～2.2	
27	内蒙民族歌舞剧院36人商演	香港文艺演出有限公司	3.5～10	
28	北京京剧院王玉珍等70人演出	香港文艺演出有限公司	2.27～3.2	
29	云南省歌舞剧院女子民乐组合4人参加各界庆祝春节及元宵活动	香港林戈娱乐制作公司	2.1～25	
30	杭州市青少年杂技团35人参加中国传统节目演出	香港中国文化艺术传播有限公司	1.27～2.12	
31	自贡市杂技团8人举行庆祝春节及元宵节活动	香港林戈娱乐制作公司	2.1～25	
32	四川省川剧院10人公益性演出	香港中国文化艺术传播有限公司	1.30～2.14	

续表

序号	项目名称、团长、人数	出访国家及邀请单位	出访起止日期	备注
33	中国艺术研究院75人在香港举办人文奥运、中国非物质文化遗产保护成果展演活动（展览演出讲学）		9.1～20	
34	上海民族乐团罗小慈参加2008年情人节音乐会	香港中乐团	1.30～2.15	
35	上海音乐学院刘英参加演出	香港爱乐民乐团	1.14～22	
36	浙江越剧团王滨梅参加2008情人节音乐会	香港中乐团	2.10～14	
37	浙江昆剧团林为林等13人演出	香港刑金沙戏曲传习所	1.7～10	
38	上海音乐学院何占豪担任“2008年情人节音乐会”指挥	香港中乐团	1.30～2.15	
39	文化部艺术服务中心胡克率“新戏剧《花木兰》”演出组20人演出	香港特区政府	1.19～2.25	
40	黑龙江省歌舞剧院10人公益性演出	香港中国文化艺术传播有限公司	1.30～2.10	
41	山东省京剧院28人演出《乌龙院》、《尤三姐》	香港京昆剧场有限公司	1.27～2.1	
42	中国音乐学院吴碧霞参加香港中乐团“红楼梦”音乐会	香港中乐团	3.22～31	
43	四川省大木偶剧院8人演出	香港中华文化艺术传播有限公司	1.30～2.13	
44	中国交响乐团李心草参加香港艺术节之音乐会演出	香港艺术节协会有限公司	3.3～7	
45	河北省杂技集团侯国经等16人商演	香港联艺机构有限公司	2.3～14	
46	广西东方民族试验歌舞团18人参加春节彩灯会大型公益演出	香港变脸王国际艺术中心	2.20～24	
47	中央音乐学院郭淑珍等3人参加“中外名曲演唱会——新一代歌声”	香港青年歌唱家协会	3.19～24	
48	北京人民艺术剧院林兆华等10人演出话剧《建筑大师》	香港艺术节协会有限公司	3.4～10	
49	中国音协爱乐乐团42人参加万众激情迎奥运系列庆祝演出活动	香港李明英中国民歌艺术团	3.24～28	

续表

序号	项目名称、团长、人数	出访国家及邀请单位	出访起止日期	备注
50	上海市文化联谊会组织上海评弹小组7人举办评弹专场演出	香港联艺娱乐公司	3.4～13	
51	中国音协陈军等2人参加“港乐——郑中基·梁汉文演唱会”	香港管弦乐团	3.11～18	
52	绍兴县小百花艺术中心53人参加“越剧名剧展”节目演出	香港上海戏曲艺术协会	4.15～21	
53	青海省文化厅93人举办“大美青海—香港行”活动	香港文汇报国际公关顾问有限公司	3.24～28	
54	浙江歌舞剧院杜如松参加“吴越风韵”演出	香港竹韵小集	5.1～13	
55	中央民族乐团冯秋生参加奥运庆祝晚会演出	中国文化香港艺术文娱公司、香港李明英中国民歌艺术团	4.25～29	
56	国家京剧院张火丁等88人演出《锁麟囊》、《江姐》	香港广东各级政协委员联谊会	4.24～28	
57	北京歌舞剧院4人迎奥运庆祝活动	香港李明英中国民歌艺术团	4.25～29	
58	中国民族博物馆101人举行“多彩中华迎奥运”演出	“香港各界青少年迎奥运系列活动”组委会	5.1～7	
59	杭州越剧院55人演出	香港上海戏曲艺术协会	4.18～22	
60	内蒙古民族歌舞剧院15人演出	香港灵巧艺术协进会	6.14～17	
61	中国交响乐团关峡等178人参加“和谐社会颂神州”ITAT音乐会	香港中华文化城有限公司	5.12～17	
62	广西右江民族歌舞团36人演出	香港联艺机构有限公司	5.15～19	
63	东方歌舞团杨春林担任香港青年音乐营指挥	香港康文署	7.19～8.4	
64	上海京剧院124人现代京剧《杜鹃山》等4部	香港文艺演出有限公司	7.2～8	
65	中国歌剧舞剧院李小祥等8人参加香港大会堂音乐厅“为祖国高歌，为健儿喝彩”演出	香港华夏之声艺术团	7.28～8.2	
66	中国音乐学院周强赴港参加“为祖国高歌、为健儿喝彩”演唱会	香港华夏之声艺术团	7.28～8.2	

续表

序号	项目名称、团长、人数	出访国家及邀请单位	出访起止日期	备注
67	桂林市杂技团8人参加庆祝“香港回归祖国11周年”活动演出	香港林戈娱乐制作公司	6.20～7.14	
68	广西东方民族试验歌舞团31人参加香港旅游发展局主办的旅游节及旅游展览活动演出	香港变脸王国际艺术中心	6.15～7.9	
69	中国歌剧舞剧院副院长李小祥等6人参加“为祖国高歌、为健儿喝彩”演唱会	香港华夏之声艺术团	7.28～8.2	
70	安徽省徽京剧院44人演出3场徽剧折子戏	香港明辉文娱有限公司	7.21～7.25	
71	上海戏剧学院附属戏曲学校17人参加“社区文化大使”导赏活动	香港京昆剧场有限公司	6.30～7.25	
72	江苏扬剧团52人演出传统剧《百岁挂帅》等	香港龙音制作有限公司	8.28～9.2	
73	浙江绍剧团52人演出《孙悟空三打白骨精》、折子戏	香港中国艺术推广中心	9.23～28	
74	爱之旅合唱团55人参加“明仪合唱团成立四十四周年音乐会”	香港明仪合唱团音乐总监费明仪	7.17～23	
75	中国东方歌舞团刘林参加“第三十二乐季”音乐会	香港中乐团	11.6～8	
76	上海民族乐团88人演出	香港新天地文化策划有限公司	8.21～25	
77	浙江歌剧院1人演出	香港歌剧院	8.20～9.15	
78	杭州越剧院47人参加“越剧演出晚会”	香港上海戏曲艺术协会	8.16～22	
79	中国音协陈军参加第29届奥运会马术比赛开幕式演出	第29届奥林匹克运动会马术比赛（香港）有限公司	8.5～10	
80	中央民族乐团合唱队36人参加“中国百年民歌——难忘的旋律”音乐会	香港联艺机构有限公司	9.17～20	
81	重庆三峡杂技艺术团王为等9人参加庆祝“中秋及国庆”演出活动	香港林戈娱乐制作公司	9.12～10.2	
82	中国东方歌舞团135人参加第9届“香江明月夜——大型中秋综艺晚会”	香港中华文化城	9.9～14	
83	中国对外文化集团张宇等2人参加第9届“香江明月夜——大型中秋综艺晚会”	香港中华文化城	9.9～14	
84	民族学院音乐舞蹈学院43人参加“中秋彩灯会演”	香港联艺机构有限公司	9.11～15	
85	广西东方民族实验歌舞团33人参加香港旅游节及旅游展览活动	香港变脸王国际艺术中心	9.5～10.4	

续表

序号	项目名称、团长、人数	出访国家及邀请单位	出访起止日期	备注
86	河北省杂技团7人参加中秋期间演出活动	香港联艺有限公司	9月中旬	
87	浙江歌舞剧院蒋国基演出	香港歌剧院	12.22～30	
88	中央民族乐团乐队79人参加“第一届国际中乐节”	香港中乐团	10.8～12	
89	河北省杂技集团魔术团9人参加“庆祝新中国成立59周年”	香港联艺有限公司	9月下旬	
90	国家京剧院甄建华参加《惊梦》演出	香港歌德学院	11.5～9	
91	上海虹影魔幻艺术团17人参加“庆祝中华人民共和国成立59周年葵青区公益型文艺演出晚会”	香港变脸王国际艺术中心	9.23～10.5	
92	上海戏剧学院戏曲学院31人演出3场	香港京昆剧场有限公司	10.1～8	
93	中央民族歌舞团吴彤参加“香港中乐团2008香港新视野艺术节”	香港中乐团	11.3～9	
94	上海民族乐团顾冠仁演出	香港演艺学院	11.23～12.4	
95	楚雄州民族艺术剧院49人演出云南民族歌舞晚会“威楚彝韵”	康乐及文化事务署	10.22～26	
96	广西东方民族实验歌舞团33人参加香港旅游发展局主办的旅游节演出	香港变脸王国际艺术中心	10.22～11.20	
97	文化部艺术服务中心24人演出新戏剧《梁红玉》	香港特区政府	11.11～17	
98	中国艺术研究院9人古琴艺术讲座及示范表演活动	香港联艺文化交流中心	10.26～11.3	
99	苏州昆剧院56人演出4场昆曲传统折子戏	香港大学	11.26～22	
100	北京舞蹈学院35人演出3场古典舞《水色生香》	香港文艺演出有限公司	11.19～25	
101	中国广播艺术团90人交响乐演出	香港联艺机构有限公司	11.29～12.2	
102	中央音乐学院1人参加“第32乐季”音乐会	香港中乐团	11.1～10	
103	云南省文联46人参加第23届荃湾艺术节	香港特别行政区舞蹈联会、第23届荃湾艺术节统筹委员会主席	11.14～18	
104	天津杂技团37人演出	香港中华文化城有限公司	12.25～29	
105	中国戏剧梅花奖艺术团26人演出	香港演艺学院	12.1～6	

续表

序号	项目名称、团长、人数	出访国家及邀请单位	出访起止日期	备注
106	广西东方民族实验歌舞团 33 人参加香港旅游发展局主办的旅游节演出	香港变脸王国际艺术中心	12.30～2009.1.29	
107	第 29 届奥运组委会在香港举办国际奥委会奥林匹克珍藏品中国巡展	香港体育协会暨奥林匹克委员会、澳门特区政府体育发展局	2008 年 2 月	
108	上海市书法家协会举办“上海书法篆刻精品巡回展”	香港沪港文化交流协会	1.1～8	
109	四川大学博物馆 6 人举办“四川大学博物馆皮影艺术展”	香港城市大学中国文化中心	10.24～12.14	
110	中国文物交流中心 18 人举办“道教文物艺术展”	香港道教联合会、香港中文大学道教文化研究中心、香港中文大学文物馆	2.22～5.11	
111	中国传统文化促进会 8 人举办“2008 当代书画家邀请展”	世界艺术家联合总会	3.2～9	
112	中国对外友好协会举办高仲奇“张大千绘画精品珍藏”摄影艺术展	广州泛亚咨询顾问服务有限公司、泛亚国际新纪元（香港）有限公司、金龙贸易（国际）有限公司	11.4～11	
113	青海省文化厅 93 人举办“大美青海—香港行”展演活动	香港文汇报国际公关顾问有限公司	3.24～28	
114	青海省博物苑举办“青海历史文化展”	香港文汇报国际公关顾问有限公司	3.24～26	
115	西安中国画院院长王西京等 3 人举办“2008 迎奥运名家书画展”	香港（西安）商会	4.29～5.1	
116	中国文化艺术发展促进会举办“奥林匹克文化之旅”巡展	中国香港体育协会暨奥委会	4.16～30	
117	西安中国画院王西京等 3 人举办“2008 迎奥运西安名家书画展”	香港（西安）商会	4.28～5.3	
118	广州艺术博物院与香港艺术馆、香港中文大学文物馆 5 人合作举办“居巢居廉绘画展览”	广州艺术博物院	6.18～8.31	
119	中国文物交流中心 22 人参加“中国马文化展”	香港特别行政区康乐及文化事务署	7.16～10.13	
120	军事博物馆举办“钢铁长城—新中国国防和军队建设成就展”	中央港澳工作协调小组	7.31～8.7	
121	宁夏回族自治区文物局 12 人举办“宁夏丝绸之路文物展”	香港大学美术馆	12.13～2009.3.15	
122	广州艺术博物院 7 人举办“故园拾香—居巢居廉绘画展览”	香港康乐及文化事务属	10.30～2009.2.1	

续表

序号	项目名称、团长、人数	出访国家及邀请单位	出访起止日期	备注
123	湖北省博物馆2人参加“孙中山纪念馆文物展览”	香港康乐及文化事务署	11.25～2009.11.12	
124	文化部民族民间文艺发展中心举办“中国非物质文化遗产展——香港2008”	香港康乐及文化事务署	12.22～2009.2.16	
125	徐州市文学艺术联合会11人举办“华润电力杯——中国书法名城徐州书画展”	华润（香港）电力控股有限公司	12月上旬	
126	文化部文化市场发展中心12人举办“中国诚信画廊精品巡回展——香港展览”	香港亚洲国际艺术促进会	12.26～2009.1.2	

2008年出访澳门地区项目一览表

序号	项目名称、团长及人数	出访国家及邀请单位	出访起止日期	备注
1	安徽省黄梅戏剧院14人参加2008“新春联谊暨黄梅戏演唱会”	澳门中华文化交流协会	2.22～25	
2	国家文物局郭旃等4人学术交流	澳门特区政府文化局	4.16～20	
3	国家文物局张文彬1人出席“文明对话暨论坛”	澳门中华文化交流协会	4.18～21	
4	中国文联副主席覃志刚等2人出席“中华情”美术书法作品展	澳门基金会		
5	中国艺研院罗斌1人参加“澳门舞蹈教育论坛”	澳门演艺学院	5.10～13	
6	中国舞协冯双白1人出席“澳门舞蹈教育论坛”	澳门特区政府文化局	5.10～13	
7	文化部外联局蓝素红等3人赴澳门特区为“香港回归十周年图片展”的制作问题进行前期准备工作	澳门特区政府	6.4～7	
8	中华民族文化促进会主席高占祥等2人参加以中华文化与外来文化融合为主题的“中华文化研讨会”	澳门中华民族文化促进会	7.24～28	
9	文化部港澳台司司长李冬文等2人商谈明年举办庆祝澳门回归10周年文化活动有关事宜	中央政府驻澳门联络办文化教育部	10.9～11	
10	中华文化促进会、澳门文化促进会及大陆、台湾文化学界、文学艺术届等50人举行“两岸文化交流协商会议”	澳门中华民族文化促进会	9.25～28	

续表

序号	项目名称、团长及人数	出访国家及邀请单位	出访起止日期	备注
11	中国对外文化集团公司张宇等2人商谈有关文化演出事宜	澳门威尼斯人度假村有限公司	9.9～11	
12	故宫博物院2人参加“像应神全——明清人物肖像画学识研讨会”	澳门艺术博物馆	11.6～10	
13	国家图书馆6人参加“第七次中文文献资源共建共享合作会议”	澳门基金会	11.6～10	
14	中国作家协会12人参加香港作家联会成立20周年	澳门笔会	11.25～27	
15	国家图书馆1人参加“全球中华寻根网”启动仪式及座谈会	澳门社会发展研究会	11.7～10	
16	中国艺术研究院4人考察并收集材料	澳门特区政府	12.16～26	
17	沈阳歌舞团65人演出舞蹈诗画《满风神韵》	澳门沈阳文化交流协会	1.15～1.20	
18	浙江省群众艺术馆19人进行手工艺表演	澳门特区政府文化局	2.18～7.14	
19	上海市歌舞团、上海青春舞蹈团沈雁峰等4人参加第19届澳门艺术节	澳门演艺学院	3.28～5.12	
20	河北省杂技团《大球杠杆》小组12人演出	加拿大太阳马戏团	4.1～2010.5.15	
21	上海歌剧院张国勇等70人演出音乐会版歌剧《托斯卡》	澳门特区政府文化局	4.14～20	
22	昆明民族歌舞剧院37人庆祝《澳门基本法》颁布15周年演出	澳门基本法推广协会	4.11～15	
23	浙江婺剧团80人参加第19届澳门艺术节	澳门特区政府文化局	5.15～20	
24	河池市民族歌舞团22人演出	澳门广西联谊总会	4.19～22	
25	浙江省群艺馆组派民间工艺术家12人手工艺表演	澳门特区政府文化局	6.30～9.22	
26	中央民族乐团林富国1人参加澳门文化中心举办“中国民族器乐系列——谢廷峰笙专场音乐会”	澳门长虹音乐会	7.29～8.3	
27	中国音协邓建栋1人参加“2007～2008乐季闭幕式音乐会”	澳门特区文化局	7.24～28	
28	上海戏剧学院附属戏曲学校55人参加庆祝国庆综合晚会演出	澳门特别行政区民政总署	9.29～10.5	
29	中央民族乐团张辉1人参加“第22届澳门国际音乐节”	澳门特别行政区文化局	10.5～19	

续表

序号	项目名称、团长及人数	出访国家及邀请单位	出访起止日期	备注
30	中国广播艺术团李骅等27人参加“第22届澳门国际音乐节”	澳门特别行政区文化局	10.5～19	
31	中央芭蕾舞团165人演出《牡丹亭》、《芭蕾精品三合一》	澳门博彩股份有限公司	11.23～12.1	
32	中央音乐学院1人参加“第22届澳门国际音乐节”	澳门中乐团	10.5～19	
33	河北省文化厅25人参加“庆祝中华人民共和国成立59周年”综艺晚会	澳门特区政府民政总署	9.29～10.4	
34	安徽手工艺术家15人赴澳门进行手工艺展示	澳门特区政府文化局	9.22～12.15	
35	上海民族乐团顾冠仁1人演出	澳门中乐团	11.10～23	
36	天津艺术团59人参加“第六届澳门妈祖文化旅游节”	澳门中华妈祖基金会	10.5～8	
37	中国艺术研究院9人进行古琴艺术讲座及示范表演活动	澳门基金会	11.3～5	
38	河北文化厅组派河北杂技团20人参加“航天英雄 情系濠江”晚会演出	澳门特区政府民政总署	12月上旬	
39	天津市河北梆子剧院25人参加庆祝澳门回归9周年庆典晚会	澳门特区全国政协“推动澳门文化产业建设”调研组	12.20～23	
40	河北省河北梆子剧院30人参加庆祝澳门回归9周年庆典晚会演出	澳门特区全国政协“推动澳门文化产业建设”调研组	12.20～23	
41	第29届奥运组委会在香港特区、澳门特区举办国际奥委会奥林匹克珍藏品中国巡展	香港体育协会暨奥林匹克委员会、澳门特区政府体育发展局	3月	
42	文化部民族民间文艺发展中心参加2008澳门“内地春节习俗展”	澳门特区民政总署	2.5～3.9	
43	上海图书馆8人举办“盛世危言——郑观应文献展”	澳门特区政府文化局	4.17～8.31	
44	中国文物交流中心11人举办“中国古代文物展”	澳门特区政府文化局	4.15～2009.3.31	
45	中国文联2人举办“中华情美术书法作品展”	澳门基金会	4.13～19	
46	中国摄影家协会举办“四川大地震抗震救灾图片展”	澳门摄影学会	6.20～27	
47	河北省文化厅刘淑敏一行6人参加“艺墟”传统民间工艺活动展演	澳门特区政府民政总署	7.10～8.5	
48	国家文物局19人举办“像应神全——明清人物肖像画特展”	澳门特区政府民政总署	9.5～11.16	

2008年两岸文化交流回顾

2008年两岸文化交流异彩纷呈

2008年，两岸关系出现了历史性转机。两岸在“九二共识”基础上恢复制度化协商，“大三通”格局基本形成。两岸同胞对改善两岸关系、促进交流合作的愿望更加强烈，对两岸关系和平发展更加充满信心。在新形势下，祖国大陆积极搭建两岸文化交流平台，努力拓展交流领域，深化交流内涵，不断推动对台文化交流与合作向前发展，为促进两岸关系和平发展做出积极努力。

2008年，两岸文化交流与合作呈现以下五个特点：

一、两岸文化对话与文化合作日益深化

随着两岸交流交往的不断深入，海峡两岸共同弘扬中华优秀文化进入了一个新阶段。第四届两岸经贸文化论坛专门举办文化沙龙，邀请大陆作家王蒙、余秋雨及台湾政论家南方朔、台湾艺术大学校长黄光男畅谈如何弘扬与传承中华文化以及推动两岸文化交流与合作。中华民族文化促进会与台湾两岸文化艺术联盟、澳门中华民族文化促进会联合在澳门举办“两岸文化交流协商会议”，从民间角度提出了促进两岸文化交流的意见和建议。国家文物局局长、中华文物交流协会会长单霁翔率团赴台参加第一届“海峡两岸南系古建艺术学术研讨会”，文化部以中华文化联谊会名义组派大陆文化艺术管理专业人士访问团赴台参加“2008海峡两岸文化艺术管理论坛”等研讨活动，进一步加强了两岸文化对话。

两岸传统艺术的合作更加密切。河南豫剧团和台湾豫剧团拟联袂排演新编历史剧《台北知府》。厦门歌仔戏剧团与台湾唐美云歌仔戏剧团签订联合排演协议，拟共同合作演出歌仔戏《蝴蝶之恋》。上述两台剧目将在两岸进行巡演。

二、祖国大陆成功举办系列“海峡两岸艺术节”大型文化交流活动，搭建两岸交流平台

2008年，文化部以中华文化联谊会名义成功举办了“相约北京2008——海峡两岸艺术周”奥运文化活动、“海峡两岸民间艺术节暨歌仔戏展演”及“两岸城市艺术节——台北县文化艺术周、南京市文化艺术周”等大型文化交流活动，既是“海峡两岸艺术节”这一对台文化交流品牌的系列化发展，又扩大了对台文化交流的影响。

“相约北京2008——海峡两岸艺术周”奥运文化活动激发台湾同胞民族自豪感。6月8～18日，中华文化联谊会与台湾沈春池文教基金会合作在北京成功举办“相约北京2008——海峡两岸艺术周”奥运文化活动，邀请了台湾鸿胜醒狮团、原舞者舞蹈团、无垢舞蹈剧场、台湾豫剧团、台北新剧团、河南省豫剧二团以及“艺器·造艺——台湾当代陶艺展”等7个展演团队260多人参加，全面呈现了台湾当代艺术的发展脉络。作为“相约北京——2008”奥运重大文化活动的重要板块之一，“海峡两岸艺术周”成为与台湾文化艺术界共同分享的奥运文化盛宴。

“海峡两岸民间艺术节暨歌仔戏展演”密切两岸文化亲缘。10月17～21日，中华文化联谊会与厦门市人民政府、福建省文化厅在厦门成功举办了“海峡两岸民间艺术节暨歌仔戏展演”大型文化交流活动。台湾中南部地区文化界人士交流访问团、台南市文化交流访问团、台湾一心歌仔戏剧团、台中县声五洲掌中剧团、台南市十鼓击乐团、东方艺术团及著名歌仔戏演员和专家、学者等150多人与大陆展演团体以多姿多彩的艺术展演、富有成效的学术研讨以及令人流连忘返的民间艺术展览汇聚成一场艺术盛宴，充分展示了中华优秀传统文化的魅力和两岸同胞同根同源的历史传承。

“两岸城市艺术节”进一步深化两岸城市文化交流。中华文化联谊会和南京市政府于2008年11月14～21日、12月5～11日分别在南京市和台北县举办“两岸城市艺术节——台北县文化艺术周”和“两岸城市艺术节——南京市文化艺术周”大型文化交流活动。台北县组派鸿胜醒狮团、江之翠剧场、福舟表演剧坊和“台湾当代陶艺展”、“台湾现代金工展”、“魅力北县·风情万象”摄影展等展演团体一行103人来南京交流；南京市组派南京小红花艺术团、南京市越剧团、南京市话剧团和“南京今昔摄影图片展”、“中华瑰宝——南京云锦展”等展演团体一行142人赴台交流，促进了南京市和台北县共同分享彼此的城市文化发展成果。此次“两岸城市艺术节”系列活动的举办，是继2006年“两岸城市艺术节——城市文化互访系列（北京周、台北周）”大型文化交流活动之后，海峡两岸相互举办的又一次以城市文化艺术交流为主题的综合性文化交流活动，成为两岸城市文化交流的又一盛事。

三、文化入岛十分活跃，深受岛内民众欢迎

祖国大陆优秀文化团体赴台交流十分踊跃。文化部以中华文化联谊会名义应邀组派福建文化艺术交流访问团和大陆“妈祖之光”综艺晚会艺术团赴台中、台南交流，深受台湾中南部民众的欢迎。

应台南市文化中心的邀请，中华文化联谊会和福建省文化厅组派由大陆文化交流参访团、福建省艺术馆、厦门金莲升高甲剧团、漳州市芗剧团和福建省梨园戏实验剧团组成的福建文化艺术交流团一行150人，于4月28日至5月10日赴台南市参加“2008郑成功文化节”，并分赴台北市、台东县、台中县等地演出交流。闽南传统表演艺术和民间技艺受到了台湾中南部民众的热情欢迎。

继2006年和2007年在台成功举办“相约东南”晚会之后，中华文化联谊会和福建省广播影视集团共同组派大陆“妈祖之光”综艺晚会艺术团一行95人赴台，于2008年4月4日和6日分别在台中县大甲体育场和台南市政府西侧广场成功举办“妈祖之光”大型综艺晚会，引起岛内外媒体和民众的广泛关注，现场观众达10万人之多，反响十分热烈。晚会通过福建东南卫视和海峡卫视、台湾东森亚洲台和美洲台、香港凤凰卫视等两岸三地媒体向大陆和海外现场直播或录播了晚会盛况。

由河南省和浙江省策划的“中原文化宝岛行”、“浙江文化节”等相继在台湾成功举办。中国杂技团、上海话剧艺术中心、天津京剧院、山西歌舞剧院、福建省京剧团、福建省实验闽剧院等优秀表演团体纷纷应邀赴岛内和澎湖、金门、马祖等地交流演出，南京小红花艺术团、黑龙江青少年艺术团、安徽芜湖青少年艺术团等大陆优秀青少年团体深入台湾中小学开展艺术交流。“丝路传奇——新疆文物展”等优秀展览相继赴台展出。

四、两岸文化产业合作迈向新台阶

为打造海峡两岸文化产业交流与合作平台，中华文化联谊会和福建省政府等单位共同主办的首届海峡两岸（厦门）文化产业博览交易会于2008年11月27 ~ 30日在厦门市成功举办。本届两岸文博会以中华文化为纽带，汇集两岸优秀的文化产品和服务，集博览、交易、投资、研讨等功能于一体，台湾参展商的展位占两岸文博会1000个总展位数的30%以上。文博会期间举行了3场签约仪式，共有69个签约项目，金额达58亿元人民币，达到了构建海峡两岸文化产业合作与对接的综合平台、促进两岸文化繁荣、共创两岸双赢的目的。全国政协副主席罗富和、文化部副部长赵少华、国务院台办副主任叶克冬、广电总局副局长田进、新闻出版总署副署长阎晓宏、海峡两岸关系协会副会长张铭清、中国出版工作者协会常务副主席兼秘书长刘波以及福建省、厦门市有关领导出席了开幕式。赵少华副部长代表文化部与福建省副省长陈桦签署了《文化部、福建省政府海峡西岸经济区文化共建协议》，并在文博会高峰论坛上发表了题为“两岸合作，共创双赢”的主旨演讲。

台湾产业界积极来大陆参加各类国际性文化产业博览会。台北文化创意主题馆在第三届中国北京国际文化创意产业博览交易会上深受各界欢迎。两岸文化产业界整合资源、交流合作、互补互利、共同发展，必将走出一条资源共享和利益最大化的合作双赢路。

五、两岸文化往来更加密切

为加强两岸文化往来，增进相互了解，文化部以中华文化联谊会名义先后邀请台湾地区大学院校艺文中心协会访问团来北京、上海交流访问，邀请台湾文化行政专业人士交流访问团、台湾中南部地区文化界人士访问团及台湾表演艺术专业人士交流访问团来大陆交流访问并举办“海峡两岸文化交流座谈会”，邀请台湾戏曲学院京剧团来北京、苏州、上海、厦门进行交流演出。

台湾的舞台艺术在大陆深受欢迎。台北市交响乐团、朱宗庆打击乐团、屏风表演班等艺术团体应邀参加了国家大剧院的开幕演出季。台湾汉唐乐府再次来北京故宫演出南音乐舞《洛神赋》。台湾表演工作坊、当代传奇剧场、台湾幼狮管乐团等优秀艺术团体在大陆各地的演出也取得了良好的交流效果。祖国大陆各类艺术博览会上活跃着台湾美术界和画廊业界的身影，台湾艺人在大陆的演唱会常年不断。两岸图书馆、博物馆、美术馆以及艺术院校还广泛开展了人员交流，两岸专家学者交流经验、分享成果、深化合作，同样取得丰硕成果。

总之，两岸文化交流与合作已成为跨越海峡两岸的精神纽带，正在朝向更加开放、更加积极、更高层次的方向发展。

台湾来祖国大陆文化交流项目一览表

时　　间	团组或个人名称	活　动　情　况
1.11	台湾地区伍思凯 1 人	应杭州演出有限公司邀请，来杭州黄龙体育馆演出 1 场
1.11	台湾地区周杰伦、S.H.E 组合（田馥甄、陈嘉桦、任家萱）、吴克群、许茹芸（许宏琇）、罗志祥、五月天组合（温尚翊、陈信宏、刘浩明、石锦航、蔡升晏）、苏见信、王若琳、萧敬腾等 15 人	应北京中歌嘹亮音乐文化传播有限公司邀请，来北京工人体育馆演出 1 场
1.12	台湾地区蔡依林（蔡依翎）、苏打绿组合（吴青峰、谢馨仪、刘家凯、龚钰祺、史俊威、何景扬）、吴克群、杨庆煌等 9 人	应北京城乡行文化艺术有限公司邀请，来中国人民大学如论讲堂演出 1 场
1.15	台湾地区吕建忠 1 人	应上海艺穗文化管理有限公司邀请，来上海极佳酒吧演出 1 场。
1.19	台湾艺人巴戈等 10 人	应全国台湾同胞投资企业联谊会与苏州市台湾同胞投资企业协会邀请，参加江苏省台湾同胞跨年联欢晚会
1.19	台湾地区 ENERGY 组合（张书伟、谢坤达、萧景鸿、唐振刚）、麻吉组合（黄立行、黄立成、费聿锋、洪健钧、崔惟楷）等 9 人	应中国祥宇文化发展有限公司邀请，来北京 798 创意工厂 4 号场演出 1 场
1.2	台湾地区邰正宵 1 人	应安徽省演出总公司邀请，来合肥元一希尔顿酒店演出 1 场
1.21	台湾地区周杰伦、萧亚轩（萧雅之）2 人	应北京凯韵传媒有限公司邀请，来北京五棵松奥林匹克篮球馆演出 1 场
1.23	台湾地区张韶涵、周杰伦、吴克群、温岚、五月天组合（温尚翊、陈信宏、刘浩明、石锦航、蔡升晏）、罗志祥、蔡依林（蔡依翎）、张震岳（张震嶽）、阿信（苏见信）、范玮琪等 14 人	应北京中歌嘹亮音乐文化传播有限公司邀请，来国家奥林匹克体育中心体育馆演出 1 场

续表

时　　间	团组或个人名称	活　动　情　况
1.27	台湾地区周杰伦、蔡卓妍、刘畊宏等 3 人	应上海开思文化艺术有限公司邀请，来上海大舞台演出 1 场
1.17 ~ 2.15	台北教育大学学生郭书萍等 4 人	应中国美术馆邀请来该馆实习
1.15 ~ 2009.1.20	台湾地区张信哲、周正芳、朱芷莹、丁乃筝等 4 人	应深圳市文化娱乐交流公司邀请，来广州白云国际会展中心、深圳大剧院等地演出 4 场
1.5	台湾地区台北爱乐合唱团刘葳莉等 32 人	应北京国家大剧院演艺中心有限公司邀请，来国家大剧院音乐厅演出 1 场
1.2 ~ 2009.1.3	台湾地区张帝（张志民）1 人	应中国评剧院邀请，来北京中国评剧大剧院等地演出 2 场
1.8	台湾地区蔡依林（蔡依翎）1 人	应杭州演出有限公司邀请，来浙江省人民大会堂演出 1 场
1.8	台湾地区张信哲、苏慧伦等 2 人	应北京世纪轩昂文化艺术传播有限公司邀请，来北京嘉里中心大酒店演出 1 场
1.3 ~ 2009.3.31	台湾地区卓依婷 1 人	应佛山市星之苑演出有限公司邀请，来惠州市体育馆等地演出场
2.02	台湾地区动力火车组合（尤秋兴、颜志琳）等 2 人	应安徽省演出总公司邀请，来合肥市美高美俱乐部演出 1 场
2.14	台湾地区周杰伦、杨瑞代、南拳妈妈组合（张杰、詹宇豪、宋健彰、梁心颐）等 6 人	应广东省演出公司邀请，来深圳体育场演出 1 场
2.15	台湾地区周杰伦、南拳妈妈组合（宋健彰、詹宇豪、张杰）等 4 人	应江苏新天地演艺中心邀请，来徐州市体育馆演出 1 场
2.21	台湾地区李宗盛 1 人	应国务院侨务办公室邀请，参加“团圆灯火耀今宵——海峡西岸闹元宵·全球华人盼团圆”文艺晚会演出
2.3	台湾地区辛晓琪、周蕙、谭健常、姜育恒、高明俊、动力火车组合（尤秋兴、颜志琳）等 7 人	应九洲文化传播中心邀请，来北京大学百周年纪念讲堂演出 1 场
2.5 ~ 3.5	台湾艺术家法国沙龙学会陈石连理事长一行 33 人	应福建省厦门中华文化联谊会邀请，参加海峡两岸油画创作研讨会
3.1	台湾地区苏打绿乐团（何景扬、刘家凯、吴青峰、史俊威、龚钰祺、谢馨仪）等 6 人	应中国国际文化艺术公司邀请，来北京展览馆剧场演出 1 场
3.1	台湾地区范玮琪、姚中仁等 2 人	应上海白玉兰文化艺术发展有限公司邀请，来上海大舞台演出 1 场
3.10 ~ 24	台湾雕塑家李真	应中央美术学院邀请，在北京中国美术馆举办台湾雕塑家李真作品展
3.14	台湾地区李宗盛、陈信宏、石锦航等 3 人	应上海城市舞蹈有限公司邀请，来上海体育馆演出 1 场

续表

时　　间	团组或个人名称	活 动 情 况
3.14	台湾地区范玮琪(范伟琪)1人	应浙江省对外文化交流公司邀请，来温州广电中心演播大厅演出1场
3.15	台湾地区蔡依林(蔡依翎)、罗志祥、温岚、杨丞琳、徐熙娣、蔡康永等6人	应上海索尔比文化传播有限公司邀请，来上海体育场演出1场
3.15	台湾地区陈信宏1人	应南京大唐亚太国际演出交流有限公司、上海白玉兰文化艺术发展有限公司邀请，来南京奥体中心体育馆演出1场
3.30	台湾地区温岚1人	应北京嘉华丽音国际文化发展有限公司邀请，来北京中国人民大学如论讲堂演出1场
3.1 ~ 4.30	台湾艺术家郑在东、萧长正等2人	应上海牧井绘画艺术有限公司邀请，参加“上海态度——上海当代艺术邀请展”
3.20 ~ 6.30	台湾表演工作坊丁乃筝等11人	应北京巨龙文化公司邀请，来上海、北京、苏州、深圳等地参加舞台剧《如影随行》的演出
3.24 ~ 4.5	台湾画家李善单	应上海文化联谊会邀请，在上海美术馆举办个人画展
3.8	台湾地区刘若英1人	应北京中演文化娱乐公司邀请，来首都体育馆演出1场
3.28 ~ 4.6	台湾幼狮管乐团李嘉新等一行60人	应中国青年大陆研究文教基金会邀请，来北京、西安进行交流演出
4月	台湾摄影家钟永和等2人	应浙江省群众艺术馆邀请，参加浙江摄影创作活动
3.27 ~ 4.8	台湾“中国文艺协会”交流团王吉隆等一行17人	应中国文联邀请，来大陆进行交流参访活动
4.1 ~ 4.21	台北县莺歌陶瓷博物馆游冉琪一行9人	应中华文化联谊会邀请，来北京中国美术馆参加“艺器·造艺——台湾当代陶瓷展”
4.10	台湾地区孙志群、黄迈可等2人	应浙江省对外文化交流公司邀请，来温州大学大学生活动中心演艺厅演出1场
4.12	台湾地区苏见信、周杰伦、吴克群、罗志祥、张震岳(张震嶽)、蔡依林(蔡依翎)、张韶涵、王心凌、张惠妹、沈建宏、杨培安、范玮琪(范玮琪)、S.H.E组合(田馥甄、任家萱、陈嘉桦)、五月天组合(温尚翊、陈信宏、蔡升晏、刘浩明、石锦航)、F.I.R乐团(詹雯婷、陈建宁、黄汉青)、飞轮海组合(汪东成、吴尊、辰奕儒)、强辩乐团(黄壮为、邵崇柏、黄少谷、张胜凯)等30人	应华瀚国际文化发展公司邀请，来北京工人体育馆演出1场

续表

时　　间	团组或个人名称	活　动　情　况
4.16 ~ 19	台湾台北文化财保存修理研究所修复专家林焕盛	应国家图书馆邀请，来北京进行学术交流活动
4.17	台湾地区陈鼓应、许倬云2人	应中华民族文化促进会邀请，参加“2008中华文化论坛”活动
4.18 ~ 20	台湾地区魔术师罗宾等3人	应中国青年高级人才培训中心与广东省杂技家协会邀请，参加2008两岸三地大学生魔术交流大会
4.18 ~ 19	台湾专家、学者聂光炎等9人	应厦门中华文化联谊会名义邀请，参加“海峡两岸戏曲舞美研讨会”
4.18	台湾地区李宗盛、张信哲等2人	应南京大洋商务广告代理制作有限公司、江苏五环广告传播公司邀请，来南京五台山体育馆演出1场
4.18	台湾地区伍佰（吴俊霖）1人	应九洲文化传播中心邀请，来北京工人体育馆演出1场
4.18 ~ 19	台湾地区林宥嘉1人	应上海新碟文化传播有限公司邀请，来杭州上城区魅力金座酒吧、宁波海曙天一天空西餐酒吧等地演出2场
4.18	台湾地区蔡依林(蔡依翎)1人	应湖南省文化艺术交流中心邀请，来怀化市医学高等专科学校演出1场
4.18	台湾地区樊光耀1人	应九洲文化传播中心邀请，来北京工人体育馆演出1场
4.18	台湾地区童安格1人	应北京中演世纪文化传播有限公司邀请，来扬州市瘦西湖万花园景区演出1场
4.18	台湾地区黄品源(黄钰棋)1人	应上海市桑德利文化艺术有限公司邀请，来长沙市天心区酒库酒吧演出1场
4.19	台湾地区张韶涵、周传雄、许茹芸（许宏琇）等3人	应江苏新天地演艺中心邀请，来江都市仙城中学体育场演出1场
4.19	台湾地区徐婕儿(徐致菁）1人	应江苏新天地演艺中心邀请，来南京紫金大戏院演出1场
4.2 ~ 3	台湾丛树朗等41人	应陕西省海峡两岸交流促进会与民革陕西省委邀请，参加展览有关活动
4.22 ~ 27	于右任书法精品暨海峡两岸书画名家百品联展	由浙江省文化艺术交流促进会和台湾海峡两岸和谐文化交流协进会，共同在杭州举办
4.25	台湾地区旺福乐队（古欣玉、谢谨如、姚浚民、杜秉鸿）等4人	应北京中兴发文化发展有限公司邀请，来北京星光现场音乐厅演出1场

续表

时　　间	团组或个人名称	活　动　情　况
4.25	台湾地区齐秦 1 人	应江苏省演出公司邀请，来苏州市甪直镇阳明山花园酒店广场演出 1 场
4.26	台湾地区刘若英 1 人	应哈尔滨同利达文化发展有限公司邀请，来哈尔滨国际会展体育中心演出 1 场
4.26	台湾地区任贤齐 1 人	应哈尔滨同利达文化发展有限公司邀请，来哈尔滨国际会展体育中心体育馆演出 1 场
4.27	台湾地区范玮琪(范玮琪）1 人	应江苏新天地演艺中心邀请，来无锡市江南大学文浩馆演出 1 场
4.28	台湾地区张信哲、苏有朋、苏见信等 3 人	应河南中兴民乐文化演出有限公司邀请，来河南省信阳市体育场演出 1 场
4.28	台湾地区卓文萱、蔡依林(蔡依翎)、文章(黄文章)等 3 人	应杭州演出有限公司邀请，来杭州休博园演出 1 场
4.30	台湾地区五月天组合(陈信宏、温尚翊、石锦航、蔡升晏、刘浩明)等 5 人	应上海东亚演出有限公司邀请，来上海体育场演出 1 场
4.30	台湾地区萧亚轩(萧雅之)、伍佰(吴俊霖)、费玉清(张彦亭)等 3 人	应浙江省对外文化交流公司邀请，来海盐县原武中学体育场演出 1 场
4.1 ~ 4.21	台北县立莺歌陶瓷博物馆馆长游冉琪等一行 9 人	应中华文化联谊会邀请，参加北京中国美术馆举办“艺器·造艺——台湾当代陶艺展”
4.4 ~ 6	台湾地区蔡依林(蔡依翎）1 人	应北京影音艺典文化交流有限公司邀请，来北京工人体育馆等地演出 3 场
4.4 ~ 5	台湾地区柳翰雅、周正芳等 2 人	应江苏新天地演艺中心邀请，来南京市人民大会堂等地演出 2 场
4.4 ~ 5	台湾地区黄立行 1 人	应北京影音艺典文化交流有限公司邀请，来北京工人体育馆等地演出 2 场
4.24 ~ 4.28	台湾诚品书店、第雅艺术、新苑艺术等 4 家机构及随展人员王若纹等 10 人	北京中艺博文化传播有限公司邀请，参加 2008 中艺博国际画廊博览会
4.28 ~ 6.28	台湾画家周荣源等 3 人	应上海豫园管理处邀请，在豫园举办“台湾周荣源画展”
4.9 ~ 20	台湾戏曲学院京剧团一行 42 人	应中华文化联谊会邀请，来大陆演出新编昆剧《孟姜女》演出并举办学术座谈会
5 月底	台湾历史文化展	浙江省西湖风景名胜区管委会与台湾国政研究基金会联合在杭州玛瑙寺举办

续表

时　　间	团组或个人名称	活　动　情　况
5.01	台湾地区周杰伦1人	应九洲文化传播中心邀请，来北京工人体育场演出1场
5.1	台湾地区刘畊宏、南拳妈妈组合(张杰、詹宇豪、宋健彰)等4人	应九洲文化传播中心邀请，来北京工人体育场演出1场
5.10	台湾地区周杰伦1人	应浙江省演出公司邀请，来温州市体育中心体育场出1场
5.16	台湾地区许慧欣1人	应江苏东方盛世文化产业有限公司邀请，来南京东南大学礼堂演出1场
5.17	台湾地区阿信(苏见信)1人	应上海城市舞蹈有限公司邀请，来上海大舞台演出1场
5.17	台湾地区蔡琴1人	应九洲文化传播中心邀请，来上海东方艺术中心演出1场
5.17	台湾地区吕建忠1人	应上海桑德利文化艺术有限公司邀请，来浙江金碧辉煌餐饮娱乐有限责任公司演出1场
5.18	台湾地区蔡琴1人	应九洲文化传播中心邀请，来北京中山音乐堂演出1场
5.18	台湾地区张震岳(张震嶽)1人	应上海白玉兰文化艺术发展有限公司邀请，来上海英舜餐饮管理有限公司俊奇音乐餐厅演出1场
5.18	台湾地区张信哲1人	应江苏省演出公司邀请，来无锡市超越神话保利大剧院演艺厅演出1场
5.18	台湾地区小宇(宋庠锋)、阿信(苏见信)等2人	应岳阳市演出公司邀请，来岳阳市体育馆演出1场
5.19	台湾地区周杰伦、伍思凯、辛晓琪等3人	应浙江省对外文化交流公司邀请，来浙江省宁海县开游节广场演出1场
5.2	台湾地区张震岳(张震嶽)1人	应杭州演出有限公司邀请，来杭州魅力金座娱乐城演出1场
5.22	台湾地区张帝(张浩民)1人	应浙江省对外文化交流公司邀请，来宁波港岛大舞台演出1场
5.23	台湾地区范晓萱、张信哲等2人	应上海东亚演出有限公司邀请，来上海大舞台演出1场
5.24	台湾地区五月天组合(蔡升晏、温尚翊、陈信宏、刘浩明、石锦航)及工作人员等40人	应浙江省对外文化交流公司邀请，来杭州市黄龙体育中心体育馆演出1场。
5.25 ~ 31	台湾"中国口传文学学会"理事长金荣华等6人	应中国民间文艺家协会邀请，来大陆进行民俗考察及学术交流活动

续表

时　间	团组或个人名称	活　动　情　况
5.25	台湾地区江美琪 1 人	应浙江国华演艺有限公司邀请，来温州广播电视总台一楼演播大厅演出 1 场
5.25	台湾地区张信哲 1 人	应杭州演出有限公司邀请，来丽水电视台文艺会堂演出 1 场
5.3	台湾地区周杰伦、南拳妈妈组合(张杰、詹宇豪、宋健彰)等 4 人	应河南省演出公司邀请，来河南省体育中心演出 1 场
5.3	台湾地区张震岳(张震嶽)1 人	应杭州演出有限公司邀请，来温岭市体育馆演出 1 场
5.1 ～ 10.20	台湾著名雕刻家吴炫三等 2 人	应中国对外艺术展览中心邀请，在北京奥运公园举办"吴炫三·我们都是一家人——都会丛林"大型木雕艺术展
5.31	台湾地区刘畊宏、南拳妈妈组合(张杰、詹宇豪、宋健彰、VEROMN)等 5 人	应湖南省演出公司邀请，来长沙贺龙体育中心演出 1 场
5.31	台湾地区周传雄 1 人	应杭州演出有限公司邀请，来金华市体育馆演出 1 场
5.4 ～ 8	台湾观想艺术有限公司、东门美术馆、台中金禧美术、台北也趣画廊等 4 家机构及随展人员颜瑜等 7 人	应中共中央统战部邀请，来北京参加" 北京国际艺术博览会"
5.24 ～ 6.2	台湾台北艺术大学戏剧学院詹惠登等一行 16 人	应中国文学艺术界联合会邀请，参加与上海市人民政府共同主办的首届中国校园戏剧节
5.9 ～ 21	台湾画家陈显栋	应上海美术馆邀请，在该馆举办"2008 陈显栋八十回顾展"
6.1	台湾地区郎正宵、潘美辰等 2 人	应陕西省国际文化交流基金会邀请，来咸阳体育场演出 1 场
6.1	台湾地区刘谦 1 人	应上海丌思文化艺术有限公司邀请，来上海大舞台演出 1 场
6.1	台湾地区齐秦 1 人	应杭州演出有限公司邀请，来台州市温岭影视城演出 1 场
6.10	台湾地区江美琪 1 人	应江苏省演出公司邀请，来南京三江学院大会堂演出 1 场
6.12	台湾地区孟庭苇(陈秀玫)1 人	应南京司麦尔文化艺术有限公司邀请，来盱眙县都梁公园演出 1 场
6.13	台湾地区张信哲 1 人	应江苏省演出公司邀请，来徐州市中山堂影剧院演出 1 场
6.15	台湾地区苏打绿乐团(吴青峰、史俊威、何景扬、龚钰祺、谢馨仪、刘家凯)等 6 人	应中国祥宇文化发展有限公司邀请，来北京展览馆剧场演出 1 场
6.15	台湾地区张信哲 1 人	应杭州演出有限公司邀请，来绍兴大剧院演出 1 场

续表

时　　间	团组或个人名称	活　动　情　况
6.16 ~ 30	台湾豫剧团一行 40 人	应河南省文化厅邀请，与河南省豫剧二团联合演出《清风亭上》和《慈禧与珍妃》等剧目
6.18	台湾地区林心如 1 人	应浙江国华演艺有限公司邀请，来富阳市体育中心体育馆演出 1 场
6.19	台湾地区吴克群 1 人	应江苏省演出公司邀请，来南京林业大学体育馆演出 1 场
6.20 ~ 26	台湾书画家陈文成等 19 人	应上海市社会经济文化交流协会邀请，参加"和谐海峡两岸书画展"
6.20	台湾地区林进璋（迪克牛仔）1 人	应长春市书博文化艺术传播有限公司邀请，来长春五月花酒吧演出 1 场
6.20	台湾地区动力火车组合(尤秋兴、颜志琳)等 2 人	应长春市书博文化艺术传播有限公司邀请，来长春市金樽酒吧演出 1 场
6.21	台湾地区蔡琴 1 人	应安徽省演出总公司邀请，来合肥市中心综合体育馆演出 1 场
6.21	台湾地区张悬（焦安溥)1 人	应华文中国民间文化艺术发展有限公司邀请，来北京夜未央酒吧演出 1 场
6.21	台湾地区萧亚轩(萧雅之)1 人	应浙江国华演艺有限公司邀请，来温州市鹿城区文化中心演出 1 场
6.22 ~ 29	台湾地区大学院校艺文中心协会参访团一行 26 人	应中华文化联谊会邀请，来北京、上海参访交流
6.22	台湾地区周杰伦、苏芮、S.H.E 组合(任家萱、田馥甄、陈嘉桦)等 5 人	应吉林省易吟文化传播有限公司邀请，来长春市南岭体育场演出 1 场
6.27 ~ 30	台湾书法家谢季芸等 5 人	应中国书法家协会邀请，参加"第八届国际书法交流大展"开幕式及相关活动
6.27	台湾地区孙志群、黄迈可等 2 人	应浙江省对外文化交流公司邀请，来宁波演出 1 场
6.28	台湾地区周杰伦 1 人	应多彩贵州艺术团有限责任公司邀请，来贵州省新体育场演出 1 场
6.28	台湾地区陈明真 1 人	应镇江市华艺演出有限责任公司邀请，来镇江市体育馆演出 1 场
6.28	台湾地区周渝民(周育民)1 人	应江苏省演出公司邀请，来南京紫金大戏院演出 1 场
6.28	台湾地区信乐团(孙志群、黄迈可)等 2 人	应杭州演出有限公司邀请，来杭州风暴 SOS 酒吧演出 1 场
6.25 ~ 7.10	台湾京剧艺术家王海波等一行 4 人	应北京京剧院、北京华尚隆国际文化艺术传播有限公司邀请参加音乐会演出
6.6 ~ 12	台湾文化交流访问团一行 11 人	应中华文化联谊会邀请，来北京参加"相约北京——2008"——海峡两岸艺术周开幕活动，观摩演出并进行交流参访
6.6 ~ 9	台湾白目乐队高芷玮等一行 5 人	应泉州市文化局、石狮市人民政府邀请，参加"第二届闽台对渡文化节"

续表

时　　间	团组或个人名称	活　动　情　况
6.7	台湾地区陈志朋(陈宏翔)1人	应上海桑德利文化艺术有限公司邀请，来昆明音皇娱乐有限公司演出1场
6.7	台湾地区高胜美1人	应湖南省文化艺术交流中心邀请，来湖南省涟源演出
6.8 ~ 18	台湾“鸿胜醒狮团”、“原舞者舞蹈团”、“无垢舞蹈剧场”、“台湾豫剧团”、“台北新剧团”一行193人和河南省豫剧二团一行45人	应中华文化联谊会邀请，参加在京举办的“相约北京——2008海峡两岸艺术周”交流演出活动
6.8	台湾地区游鸿明1人	应杭州演出有限公司邀请，来嘉兴市中山影城演出1场
7.12	台湾地区F.I.R乐队(陈建宁、詹雯婷、黄汉青)等3人	应江苏凌云文化艺术有限公司邀请，来南通市等地演出
7.15	台湾地区张惠妹、张信哲、蔡琴等3人	应吉林省天邦会展有限责任公司邀请，来长春体育场等地演出
7.19	台湾地区周杰伦1人	应浙江省演出公司邀请，来杭州市黄龙体育中心体育场演出1场
7.2 ~ 13	台湾当代传奇剧场一行40人	应中国对外文化集团公司邀请，参加“中国国际青年艺术周”活动
7.26	台湾地区孙志群、黄迈可等2人	应浙江省对外文化交流公司邀请，来慈溪市等地演出
7.27	台湾地区孙志群、黄迈可等2人	应浙江省对外文化交流公司邀请，来宁波市演出1场
7.10 ~ 2009.1.10	台湾地区黄君豪1人	应北京市对外文化交流有限责任公司邀请，来北京希尔顿酒店等地演出
7.3 ~ 7	台湾台南市师美学会陈修程等一行24人	应福建省福州市海内外书画家联谊会邀请，参加在福州画院举办的“福州—台南两岸两市书画交流展”
7.30	台湾地区温岚1人	应浙江省对外文化交流公司邀请，来宁波市演出1场
7.4 ~ 18	台湾画家陈怀谷等2人	应湖南电视台艺术玩家有限公司邀请，参加“山水寄情——陈怀谷的水墨世界巡回展”
7.5	台湾地区许慧欣、温岚等2人	应江苏新天地演艺中心邀请，来南京市龙江体育馆演出1场
7.23 ~ 8.3	台湾画家袁金塔	应上海文化联谊会，在上海美术馆举办个人作品展
7.26 ~ 9.30	台湾画家李奇茂等5人	应文化部恭王府管理中心邀请，参加画展开幕式活动
7.7 ~ 11	台湾画家胡念祖等5人	应中国美术家协会邀请，来北京参加第三届“北京国际美术双年展”开幕式及研讨会

续表

时 间	团组或个人名称	活 动 情 况
7.4 ~ 8.3	台湾鞋子儿童实验剧团陈筠安等一行14人	应上海风韵文化经纪有限公司邀请，参加2008上海国际儿童戏剧展演
8.1	台湾地区吴宗宪1人	应杭州演出有限公司邀请，来杭州等地演出
8.15 ~ 20	台湾画家黄梅	应上海市文化广播影视管理局邀请，举办个人画展
8.18	台湾地区罗志祥1人	应浙江省演出公司邀请，来温州演出1场
8.2	台湾地区蔡旻佑、萧闳仁等2人	应北京中兴发文化发展有限公司邀请，来北京演出1场
8.23	台湾地区周华健和飞儿乐队黄汉青等3人	应中国国际电视总公司中视演艺中心邀请，参加青岛演出
8.3	台湾地区张信哲1人	应浙江省对外文化交流公司邀请，来宁波市演出1场
8.30	台湾地区张震岳（张震嶽）、姚中仁等2人	应上海白玉兰文化艺术发展有限公司邀请，来上海大舞台演出1场
8.25 ~ 9.3	台湾文化行政专业人士交流访问团一行18人	应中华文化联谊会邀请，来重庆、西安、济南访问
8.30	台湾地区陈绮贞1人	应上海白玉兰文化艺术发展有限公司邀请，来上海大舞台演出1场
8.31	台湾地区陈建州、罗志祥、范玮琪等3人	应上海国际文化艺术交流有限公司邀请，来上海源深体育场演出1场
8.22 ~ 8.28	台湾画家黄梅	应浙江省杭州西湖博物馆邀请，举办个人作品展
8.20 ~ 9.3	台湾画家李善单等一行9人	应江苏省美术馆与南京润彩原色艺术传媒有限公司共同邀请，来南京举办画展
8.31 ~ 9.2	台北新剧团李宝春等一行39人	应天津市政浩科技文化有限责任公司邀请，天津演出
8 ~ 2009.6.	台湾魔术师丁建中	应广东南方杂技艺术团聘请，担任该团魔术指导
8.7	台湾地区李宗盛1人	应上海市演艺总公司邀请，来上海演出1场
8.8 ~ 12	台湾儿童艺术团赖秀峰等一行25人	应中国华夏文化遗产基金会邀请，参加“花儿朵朵·庆奥运”演出活动
8.28 ~ 9.6	台湾表演艺术专业人士交流访问团一行18人	应中华文化联谊会邀请，来广西、贵州、浙江访问
9.11 ~ 15	台湾摄影家钟永和等2人	浙江省文化艺术促进会邀请，参加展览活动
9.12	台湾地区童安格1人	应北京市演出有限责任公司邀请，来人民大会堂演出1场
9.12	台湾地区张帝（张浩民）1人	应浙江省对外文化交流公司邀请，来慈溪市演出1场

续表

时　　间	团组或个人名称	活　动　情　况
9.18	台湾地区莫凡、袁惟仁等2人	应江苏省演出公司邀请，来南京市演出1场
9.19	台湾地区苏打绿乐队(吴青峰、谢馨仪、刘家凯、何景扬、史俊威、龚钰祺)等6人	应上海白玉兰文化艺术发展有限公司邀请，来上海演出1场
9.19	台湾地区周杰伦、费玉清(张彦亭)、张震岳(张震嶽)等3人	应山东省演出公司邀请，来青岛国际啤酒城中心舞台演出1场
9.2	台湾地区张韶涵、蔡依林(蔡依翎)等2人	应吉林省演出有限责任公司邀请，来长春市演出1场
9.20	台湾地区张信哲1人	应上海中演文化艺术有限公司邀请，来上海大舞台演出
9.20	台湾地区林志颖、辛晓琪等2人	应常熟市虞山大戏院演出有限责任公司邀请，来常熟市演出1场
9.20	台湾地区F.I.R乐团(詹雯婷、黄汉青、陈建宁)等3人	应浙江省演出公司邀请，来舟山剧院演出1场
9.20	台湾地区王杰1人	应广西盛典文化传媒有限公司邀请，来广西演出1场
9.20	台湾地区苏有朋1人	应浙江国华演艺有限公司邀请，来台州市体育中心体育场演出1场
9.21	台湾高雄交响乐团欧秀卿等50人	应上海非凡文化艺术有限公司邀请，参加上海城市交响乐团合作演出
9.21	台湾地区周杰伦、吴克群、潘美辰、陈明真、苏瑞芬(苏芮)等5人	应安徽国人文化艺术发展有限公司邀请，来安徽省演出1场
9.23 ~ 28	台湾高雄交响乐团欧秀卿等一行50人	应青岛市文化局邀请，来青岛与青岛交响乐团合作演出
9.12 ~ 9.14	台湾地区江美琪1人	应浙江省对外文化交流公司邀请，来宁波国际会展中心、象山县石浦海滩等地演出2场
9.26	台湾地区徐洁儿(徐致菁)、伊能静(吴静怡)等2人	应江苏新天地演艺中心邀请，来淮安市体育场演出1场
9.26	台湾地区许慧欣、张惠妹、K-ONE组合(蔡尚甫、郑人豪、江峻锐、简孝儒、萧立扬)等7人	应浙江省演出有限公司邀请，来浙江省永康市体育中心演出1场
9.11 ~ 9.16	台湾民间工艺师陈惠美等4人	应上海民族民俗民间文化博览会邀请，参加民俗文化博览会

续表

时　　间	团组或个人名称	活　动　情　况
9.27	台湾地区 F.I.R 乐队（陈建宁、詹雯婷、黄汉青）等 3 人	应南宁市演出公司邀请，来广西演出 1 场
9.27	台湾地区温岚 1 人	应上海新翼演艺有限公司邀请，来上海维派娱乐管理有限公司（唐会 VIP 酒吧）演出 1 场
9.28	台湾地区张信哲 1 人	应绵阳市天艺演出有限责任公司邀请，来绵阳市南河体育中心演出 1 场
9.28	台湾地区 F.I.R 乐队（詹雯婷、黄汉青、陈建宁）、周华健等 4 人	应江西省演出公司邀请，来江西省抚州市体育场演出 1 场
9.30	周杰伦、南拳妈妈组合（张杰、詹宇豪、宋健彰）、刘畊宏等 5 人	应沈阳市演出公司邀请，来沈阳奥体中心演出 1 场
9.30	台湾地区文章（黄文章）1 人	应浙江国华演艺有限公司邀请，来杭州市演出 1 场
9.30	台湾地区 S.H.E 组合（任家萱、陈嘉桦、田馥甄）、飞轮海组合（吴尊、汪东成、辰奕儒、吴尊）等 7 人	应内蒙古金鹰文化艺术有限公司邀请，来呼和浩特演出 1 场
9.30	台湾地区卓依婷 1 人	应中山市演出公司邀请，来中山市演出 1 场
9.30	台湾地区刘若英、费玉清（张彦亭）等 2 人	应安徽省演出总公司邀请，来合肥市奥体中心体育场演出 1 场
9.30	台湾地区徐怀钰、迪克牛仔（林进璋）等 2 人	应内蒙古金鹰文化艺术有限公司、额济纳旗北方嘉禾影视文化发展有限公司邀请，来内蒙古额济纳旗胡杨林生态广场演出 1 场
9.16 ~ 10.16	台湾新东阳集团董事长麦宽成等 8 人	应南京博物院邀请，参加展览活动
9.27 ~ 10.15	台湾画家黄湘詅	应广东省深圳画院邀请，举办个人画展
9.23 ~ 10.2	台湾地区林秀金、洪佩菁等 2 人	应杭州演出有限公司邀请，来杭州红星剧院、上海大剧院等地演出 8 场
9.26 ~ 10.2	台湾北原山猫演出团吴廷宏等一行 14 人	应中国国际美食旅游节组委会邀请，参加旅游节的演出
9.28 ~ 10.18	台湾地区齐秦、齐豫等 2 人	应河北碧海云天演出有限公司邀请，来石家庄体育场、唐山体育场、保定体育场等地演出 3 场
9.23 ~ 9.24	台湾地区南拳妈妈组合（梁心颐、张杰、詹宇豪、宋健彰）等 4 人	应江苏省演出公司邀请，来上海交通大学等地演出 2 场
3.20 ~ 6.30	台湾地区表演工作坊丁乃筝、屈中恒、尹昭德、朱芷莹、李建常、徐堰铃、时一修、林俊臣、潘恒健、刘美珏、马景涛等 11 人	应北京巨龙文化公司邀请，来上海大剧院、北京保利剧院、苏州科技文化艺术中心大剧院、深圳大剧院演出 13 场

续表

时　　间	团组或个人名称	活　动　情　况
9.5 ~ 11	台湾地区陈辉、王秋桂	应中国人民对外友好协会、宁夏回族自治区文化厅邀请，参加“第四届（中国·宁夏）国际剪纸艺术展览”
9.5	台湾地区温岚、江美琪、伊能静(吴静怡)、吴克群、许茹芸(许宏琇)、许哲珮、叶乃文等7人	应上海索尔比文化演出有限公司邀请，来虹口足球场演出1场
9.24 ~ 9.29	台湾地区陈明真、侯湘婷、陈志朋(陈宏翔)等3人	应上海新翼演艺有限公司邀请，来浙江省乐清市等地演出3场
9.7	台湾地区F.I.R乐队(詹雯婷、黄汉青、陈建宁)等3人	应浙江国华演艺有限公司邀请，来上海演出1场
9.3 ~ 9.5	台湾地区台北新剧团李宝春等60人	应北京国家大剧院演艺中心有限责任公司邀请，来国家大剧院戏剧场等地演出3场
9.9 ~ 14	台湾著名导演李行等34人	应中国电影家协会邀请出席金鸡百花电影节活动
9.9	台湾地区范晓萱1人	应山东省演出公司邀请，来山东省演出1场
9.8 ~ 11.16	台湾艺术家黄心健等2人	应上海双年展组委会邀请，参加上海双年展
9.28 ~ 10.7	台湾地区文沛然、曹连胜、曹锡荣、李佳峰等4人	应北京中兴发文化发展有限公司邀请，来北京欢乐谷景区等地演出30场
10.10 ~ 19	台湾地区台北市文化基金执行总监王文仪	应中国儿童剧院邀请，参加“2008中国儿童戏剧演出周”的系列活动
10.11 ~ 15	台湾著名诗人洛夫等2人	中国现代文学馆邀请，参加“2008秋·洛夫诗书画展”
10.11	台湾地区张惠妹1人	应天津华谊兄弟文化传媒有限公司邀请，来陕西省体育场演出1场
10.11	台湾地区S.H.E组合(任家萱、陈嘉桦、田馥甄)、飞轮海组合(辰奕儒、吴尊、炎亚纶)等6人	应浙江省对外文化交流公司邀请，来杭州演出1场
10.11	台湾地区刘若英1人	应广州耀星影视艺术传播中心邀请，来广东省奥林匹克体育中心演出1场
10.12	台湾长荣交响乐团一行85人	应上海强民演出有限公司邀请，来上海演出
10.12	台湾地区五月天组合（陈信宏、温尚翊、石锦航、蔡升晏、刘浩明）等5人	应北京城乡行文化艺术有限公司邀请，来上海演出1场
10.13 ~ 18	台湾如果儿童剧团王镜冠等一行40人	应中国戏剧家协会邀请，参加戏剧节的演出
10.15 ~ 26	台湾“中央大学”教授孙玫等一行3人	应中国戏剧家协会邀请，来南京观摩该戏剧节

续表

时　　间	团组或个人名称	活　动　情　况
10.15	台湾地区张信哲 1 人	应昆山市演出有限公司邀请，来昆山市体育中心体育场演出 1 场
10.15	台湾地区齐秦、齐豫等 2 人	应昆山市演出有限公司邀请，来昆山市体育中心体育场演出 1 场
10.16	台湾地区陈宏翔 1 人	应浙江省对外文化交流公司邀请，来慈溪嗨卡士酒吧演出 1 场
10.16	台湾地区黄文章、陈明真等 2 人	应福建省典格文化艺术有限公司邀请，来平和县演出 1 场
10.17 ~ 21	台北一心歌剧团、台中声五洲掌中剧团、台南十鼓击乐团、东方艺术团及台湾政治大学教授蔡欣欣等专家、学者一行 160 人	应中华文化联谊会邀请，参加“海峡两岸民间艺术节暨歌仔戏展演”活动
10.17	台湾地区林志颖 1 人	应上海中演文化艺术有限公司、上海佳乐美广告传播有限公司邀请，来上海等地演出
10.18 ~ 20	台湾汉唐乐府乐团艺术总监陈美娥等一行 41 人及台湾地区专家学者王耀庭等一行 14 人	应故宫博物院和中国艺术研究院邀请，来京演出并举办学术研讨会
10.18	台湾地区五月天组合（陈信宏、温尚翊、石锦航、蔡昇晏、刘浩明）等 5 人	应北京城乡行文化艺术有限公司邀请，来北京演出 1 场
10.18	台湾地区费玉清（张彦亭）、童安格、王心凌等 3 人	应苏州市吴中区影剧有限公司邀请，来苏州市吴中区体育馆演出 1 场
10.18	台湾地区苏慧伦、黄品源（黄钰棋）等 2 人	应山东省演出公司邀请，来日照市太阳广场演出 1 场
10.19	台湾地区许慧欣 1 人	应广东南方文化发展有限公司邀请，来珠海市珠海大会堂演出 1 场
10.19	台湾地区张震岳（张震嶽）1 人	应江苏浩扬文化产业发展有限公司邀请，来连云港市苍梧绿园演出 1 场
10.2	台湾地区周杰伦、刘畊宏、南拳妈妈组合（宋健彰、詹宇豪、张杰）等 5 人	应扬州嘉华演出有限公司邀请，来扬州市演出 1 场
10.2	台湾地区张惠妹 1 人	应四川永艺演出有限公司邀请，来成都市演出 1 场
10.2	台湾地区 S.H.E 组合（任家萱、陈嘉桦、田馥甄）、苏芮（苏瑞芬）等 4 人	应中国演出管理中心邀请，来哈尔滨国际会展中心体育场演出 1 场
10.10 ~ 10.11	台湾地区方芳（周正芳）、朱芷莹、丁乃筝、张信哲等 4 人	应杭州演出有限公司邀请，来杭州大剧院等地演出 2 场
10.24	台湾地区 S.H.E 组合（任家萱、陈嘉桦、田馥甄），飞轮海组合（辰奕儒、汪东成、吴尊、炎亚纶）等 7 人	应山西省演出公司邀请，来山西省体育场演出 1 场

续表

时　　间	团组或个人名称	活　动　情　况
10.24	台湾地区齐秦 1 人	应浙江国华演艺有限公司邀请，来杭州市萧山体育中心体育馆演出 1 场
10.24	台湾地区张韶涵 1 人	应玉林市演出公司邀请，来玉林市体育中心演出 1 场
10.25	台湾地区姜育恒 1 人	应上海东亚演出有限公司邀请，来上海演出 1 场
10.25	台湾地区蔡琴 1 人	应云南省演出公司邀请，来昆明演出 1 场
10.25	台湾地区苏芮（苏瑞芬）1 人	应上海东亚演出有限公司邀请，来上海大舞台演出 1 场
10.25	台湾地区苏打绿乐队（吴青峰、刘家凯、龚钰祺、史俊威、何景扬、谢馨仪）等 6 人	应四川省演出展览公司邀请，来成都市电子科技大学体育馆演出 1 场
10.25	台湾地区张震岳（张震嶽）1 人	应江苏东方盛世文化产业有限公司邀请，来泰州市体育场演出 1 场
10.25	台湾地区林心如、吴佩慈等 2 人	应上海白玉兰文化艺术发展有限公司邀请，来上海世贸国际广场演出 1 场
10.25	台湾地区齐秦 1 人	应浙江国华演艺有限公司邀请，来安吉县生态广场演出 1 场
10.26 ~ 31	台湾地区《空竹》表演小组	应湖北省文化厅邀请，参加第八届中国武汉国际杂技艺术节比赛演出
10.26	台湾地区刘若英、黄文章等 2 人	应江苏凌云文化艺术有限公司邀请，来宜兴市体育馆演出 1 场
10.26	台湾地区魏如萱 1 人	应江苏省演出公司邀请，来南京林业大学体育馆演出 1 场
10.26	台湾地区许慧欣、陈乔恩、明道（林明章）、伊能静（吴静怡）、K-ONE 组合（蔡尚甫、简孝儒、江峻锐、萧立扬、郑人豪）等 9 人	应福建省中视传播有限公司邀请，来漳州市吉马国际家居广场演出 1 场
10.28	台湾地区张信哲、苏见信等 2 人	应江苏新天地演艺中心邀请，来徐州市体育馆演出 1 场
10.28	台湾地区江美琪、许茹芸（许宏琇）、萧亚轩（萧雅之）等 3 人	应江苏省演出公司邀请，来常熟市体育中心体育场演出 1 场
10.28	台湾地区刘若英 1 人	应江苏省演出公司邀请，来丹阳市行政中心广场演出 1 场
10.28	台湾地区李宗盛、童安格、苏芮、郑智化、周杰伦、郭美美等 6 人	应浙江省对外文化交流公司邀请，来浙江省丽水纳爱斯集团总部中心广场演出 1 场
10.29	台湾地区张惠妹 1 人	应天津雅动达文化传播有限公司邀请，来天津奥林匹克中心体育场演出 1 场

续表

时间	团组或个人名称	活动情况
10.31	台湾地区S.H.E组合（田馥甄、陈嘉桦、任家萱）、飞轮海组合（吴尊、汪东成、陈亦儒、吴吉尊）等7人	应山东省演出公司邀请，来山东省体育中心体育场演出1场
10.31	台湾地区卓依婷1人	应江西省金星文化演出有限公司邀请，来赣州市体育馆演出1场
10.18 ~ 11.15	台湾艺术家方尚瀚等7人	应上海电子艺术节组委会邀请，参加青年新媒体艺术展
10.4	台湾地区张震岳(张震嶽)、范晓萱等2人	应上海开思文化艺术有限公司邀请，来云南省丽江市演出1场
10.16 ~ 10.25	台湾中南部地区文化界人士交流访问团一行18人	应中华文化联谊会邀请，来厦门、南京、上海交流，并与大陆文化艺术界座谈交流
10.31 ~ 11.1	台北爱乐室内合唱团和爱乐剧工厂陈祥麟等一行33人	应上海中演文化艺术有限公司邀请，参加上海演出
10.31 ~ 11.2	台湾地区如果儿童剧团王镜冠等8人	应上海城市舞蹈有限公司邀请，来上海戏剧学院上戏剧院等地演出3场
10.28 ~ 10.28	台湾地区王心凌、费玉清等2人	应南通金桥文化艺术有限公司邀请，来如东高级中学体育场演出1场
10.6	台湾地区蔡依林(蔡依翎)1人	应山东省演出公司邀请，来济南市体育中心体育场演出1场
10.21 ~ 11.4	台湾艺术大学表演艺术学院黄光男等一行40人	应中华文化联谊会邀请，来山东、上海和浙江交流演出
10.2 ~ 10.5	台湾地区张信哲、方芳(周正芳)、朱芷莹、丁乃筝、赖声川等5人	应北京索有文化传播有限公司邀请，来上海戏剧学院上戏剧场等地演出4场
10.8	台湾地区张信哲1人	应吴江市兰萌广告文化传播有限责任公司邀请，来吴江市体育馆演出1场
9.9 ~ 11.9	台湾艺术家李子勋等10人	应上海当代艺术馆邀请，参加当代艺术馆文献展
10.9 ~ 13	台湾台北艺术大学北管组李秀琴等一行20人和竹堑北管艺术团蔡进德等一行43人	应江苏省苏州市道教协会邀请，来苏州参加海峡两岸城隍庙的演出活动
11.1、15	台湾地区张震岳等13人	应华瀚国际文化发展有限公司邀请，参加音乐演唱会演出
11.1	台湾地区周杰伦、蔡琴、林宥嘉、“飞轮海”组合等7人	应上海中演文化艺术有限公司邀请，来上海展览中心演出1场

续表

时　　间	团组或个人名称	活　动　情　况
11.1	台湾地区刘若英、SHE 组合等 4 人	应张家港市巨星影演文化有限公司邀请，来张家港市体育场演出 1 场
11.11	台湾地区萧亚轩(萧雅之)、齐秦、潘越云、邰正宵等 4 人	应湖南省演出公司邀请，来怀化市体育中心演出 1 场
11.14 ~ 21	台北县文化交流访问团一行 108 人	应中华文化联谊会和南京市人民政府共同邀请，来南京参加“两岸城市艺术节——台北县文化艺术周”
11.15	台湾地区卓依婷 1 人	应中山市演出公司邀请，来中山市小榄体育馆演出 1 场
11.15	台湾地区许慧欣、阿雅(柳翰雅)、萧敬腾、K–ONE 组合(蔡尚甫、江峻锐、简孝儒、萧立扬、郑人豪)等 8 人	应福建省演出公司邀请，来福建省体育馆演出 1 场
11.16	台湾地区五月天组合(陈信宏、温尚翊、蔡升晏、石锦航、刘浩明)等 5 人	应云南百胜广告民族文化传播有限公司邀请，来昆明市体育馆演出 1 场
11.16	台湾地区周杰伦、罗志祥、蔡依林(蔡依翎)、萧敬腾、王若琳、苏打绿组合(吴青峰、谢馨仪、刘家凯、龚钰祺、史俊威、何景扬)、大嘴吧乐团(张怀秋、蔡宗华、薛仕凌)等 14 人	应北京市演出有限责任公司邀请，来北京工人体育馆演出 1 场
11.17	台湾“五月天”乐队温尚翊等 5 人	应云南省青少年发展基金会和上海市希望工程办公室合作邀请，参加奠基仪式演出
11.19	台湾地区五月天组合(温尚翊、陈信宏、石锦航、蔡升晏、刘浩明)等 5 人	应江苏省演出公司邀请，来南京明基医院广场演出 1 场
11.1 ~ 11.1	台湾地区许如芸、江美琪、孙志群、黄迈可等 4 人	应湖南省文化艺术交流中心邀请，来湖南大剧院演出 1 场
11.2	台湾地区 S.H.E 组合(任家萱、田馥甄、陈嘉桦)、飞轮海组合(汪东成、陈亦儒、吴尊)等 6 人	应广东娱乐制作公司邀请，来深圳体育场演出 1 场
11.2	台湾地区姜育恒 1 人	应南京司麦尔文化艺术有限公司邀请，来南京奥体中心体育馆演出 1 场
11.20	台湾地区五月天组合(温尚翊、陈信宏、石锦航、蔡升晏、刘浩明)等 5 人	应江苏省演出公司邀请，来苏州佳世达电通有限公司足球场演出 1 场

续表

时　间	团组或个人名称	活 动 情 况
11.20	台湾地区张韶涵1人	应浙江省对外文化交流公司邀请，来宁波市北仑区体艺中心演出1场
11.21	台湾地区五月天组合(刘浩明、石锦航、蔡升晏、温尚翊、陈信宏)、强辩乐团(黄壮为、张胜凯、邵崇柏、黄少谷)等9人	应浙江省对外文化交流公司邀请，来温州体育馆演出1场
11.22	台湾地区飞轮海组合(辰奕儒、吴尊、汪东成)、S.H.E组合(任家萱、陈嘉桦、田馥甄)等6人	应上海白玉兰文化艺术发展有限公司邀请，来上海虹口足球场演出1场
11.22	台湾地区周杰伦、刘畊宏、杨瑞代、南拳妈妈组合等7人	应南宁市演出公司邀请，来广西壮族自治区体育场演出1场
11.23	台湾地区周杰伦、南拳妈妈组合(张杰、宋健彰、詹宇豪)、F.I.R组合(陈建宁、黄汉青、詹雯婷)等7人	应福州东明文化传播有限公司邀请，来龙岩市体育中心演出1场
11.25	台湾地区五月天组合(刘浩明、石锦航、温尚翊、陈信宏、蔡升晏)等5人	应厦门明海演出有限公司邀请，来厦门理工学院演出1场
11.28	台湾地区费玉清(张彦亭)1人	应北京金展望文化艺术有限公司邀请，来北京工人体育馆演出1场
11.28	台湾地区罗大佑、张韶涵、齐秦、苏见信等4人	应厦门市天视文化有限公司邀请，来厦门市体育中心演出1场
11.29	台湾地区张信哲1人	应北京嘉华丽音国际文化发展有限公司邀请，来北京演出1场
11.29	台湾地区费玉清(张彦亭)1人	应上海开思文化艺术有限公司邀请，来上海演出1场
11.29	台湾地区星光帮(林宥嘉、潘裕文、周定纬、许仁杰、许宛玲)等5人	应中国祥宇文化发展有限公司邀请，来北京展览馆剧场演出1场
11.29	台湾地区周杰伦、刘畊宏、“南拳妈妈”组合等6人	应北京中兴发文化发展有限公司邀请，来昆明市拓东体育场演出1场
11.29	台湾地区苏有朋1人	应保利文化艺术有限公司邀请，来北京国家体育馆演出1场
11.29	台湾地区动力火车组合(颜志琳、尤秋兴)等2人	应福建省中视传播有限公司邀请，来厦门大学漳州校区演出1场
11.29	台湾地区苏慧伦1人	应北京嘉华丽音国际文化发展有限公司邀请，来北京工人体育馆演出1场
11.26 ~ 12.1	台湾表演工作坊周正芳等10人、汉唐乐府陈美娥等16人和丝竹空爵士乐团彭郁雯等8人	应海峡两岸文博会组委会邀请，来厦门参加海峡两岸文化产业博览交易会并进行交流演出

续表

时间	团组或个人名称	活动情况
11.15 ~ 11.24	台湾学者龚鹏程	应浙江省杭州市唐云艺术馆邀请，举办书法作品展
11.4	台湾地区徐怀钰 1 人	应浙江省对外文化交流公司邀请，来诸暨市广播电视台演播厅演出 1 场
11.21 ~ 11.22	台湾地区张信哲、方芳（周正芳）、朱芷莹、丁乃筝等 4 人	应上海市演艺总公司邀请，来上海大剧院等地演出 2 场
11.28 ~ 2009.1.18	台湾地区凌绍礼 1 人	应深圳市经典演出有限公司邀请，来深圳威尼斯酒店等地演出
11.28 ~ 11.29	台湾地区当代传奇剧场吴国秋等 15 人	应上海圣翎演出有限公司邀请，来上海东方艺术中心等地演出 2 场
11.29 ~ 11.30	台湾地区吴佩慈 1 人	应湖南省演出公司邀请，来株洲市环洲歌剧院、衡阳市环境生物学院体育馆等地演出 2 场
11.6	台湾地区王心凌、蔡琴等 2 人	应浙江国华演艺有限公司邀请，来余姚市职成教中心演出 1 场
11.27 ~ 2009.11.29	台湾地区云门舞集舞蹈团林怀民等 45 人	应北京国家大剧院演艺中心有限责任公司邀请，来国家大剧院歌剧院等地演出 3 场
11.7 ~ 12	台湾台北文山合唱团、“中华五眼协会五眼乐团”和新店市妇女合唱团等一行 52 人	应海南省国际文化交流中心和海南爱乐女子合唱团邀请，与海南爱乐女子合唱团合作演出
11.7	台湾地区周杰伦 1 人	应四川省演出展览公司邀请，来成都市演出 1 场
11.7	台湾地区萧亚轩(萧雅之)、许慧欣等 2 人	应北京巨龙世纪文化艺术有限公司邀请，来天津体育馆演出 1 场
11.7	台湾地区温岚、信乐团组合（孙志群、黄迈可、傅超华、刘晓华）等 5 人	应江苏省演出公司邀请，来南京市文化艺术中心演出 1 场
11.7	台湾地区飞儿乐团（詹雯婷、陈建宁、黄汉青）等 3 人	应赣州市文化演出服务公司邀请，来赣州宝葫芦农庄演艺场演出 1 场
11.8	台湾地区刘若英、张洪量、游鸿明、迪克牛仔等 4 人	应陕西省演出公司邀请，来陕西省体育场演出 1 场
11.8	台湾地区周杰伦 1 人	应上海新碟文化传播有限公司邀请，来通州区月亮河度假村演出 1 场
11.8	台湾地区徐若瑄、麻吉组合（洪健钧、崔惟楷、费聿锋、黄立成）等 5 人应广东南方文化发展有限公司邀请，	应广东南方文化发展有限公司邀请，来广州芳村信义国际会馆演出 1 场
11.9 ~ 14	台湾地区文化界人士白先勇等 20 人	应中国文联邀请，参加“两岸四地艺术论坛”
11.7 ~ 11.27	台湾油画家庞均等 4 人	应中国美术馆馆邀请，举办油画艺术展
12.1	台湾地区高胜美 1 人	应浙江省对外文化交流公司邀请，来慈溪市人民大会堂演出 1 场

续表

时　间	团组或个人名称	活　动　情　况
12.12 ~ 14	台湾林奕华工作室郑元畅等一行12人	应上海东方艺术中心管理有限公司邀请，在东方艺术中心演出
12.12 ~ 22	台湾画家李奇茂	应佛山市顺德区文学艺术界联合会和顺德区台商协会联合邀请，举办画展
12.13	台湾地区蔡依林(蔡依翎)1人	应广东对外艺术交流中心邀请，来广州体育馆演出1场
12.13	台湾地区周传雄1人	应汕头市演出公司邀请，来汕头市林百欣国际会议展览中心大会堂演出1场
12.13 ~ 26	台湾地区动力火车组合(尤秋兴、颜志琳)、温岚、游鸿明等4人	应湖南省演出公司邀请，来长沙田汉音乐厅、岳阳市工人文化宫、怀化学院体育馆等地演出3场
12.15	台湾地区苏见信、刘若英等2人	应广东南方文化发展有限公司邀请，来珠海市珠海大会堂演出1场
12.17	台湾地区苏见信、范玮琪(范玮琪)等2人	应南充市演出有限公司邀请，来四川省体育馆演出1场
12.17	台湾地区苏见信、范玮琪(范玮琪)等2人	应南充市演出有限公司邀请，来四川省体育馆演出1场
12.19 ~ 24	台湾画家黄光男等一行18人	应上海文化联谊会邀请，在上海美术馆举办“美丽宝岛·我的家园”画展
12.19	台湾地区刘若英1人	应江苏凌云文化艺术有限公司邀请，来常州市体育会展中心体育场演出1场
12.2	台湾地区苏见信1人	应中国国际文化艺术公司邀请，来北京会议中心报告厅演出1场
12.2	台湾地区苏见信1人	应北京嘉华丽音国际文化发展有限公司邀请，来北京中影怀柔影视基地演出1场
12.20	台湾地区费玉清(张彦亭)1人	应南京大唐亚太国际演出交流有限公司邀请，来南京市演出1场
12.20	台湾地区任贤齐1人	应浙江省对外文化交流公司邀请，来杭州黄龙体育馆演出1场
12.20	台湾地区蔡琴1人	应深圳市文化娱乐交流公司邀请，来深圳体育馆演出1场
12.20	台湾地区蔡依林(蔡依翎)1人	应四川永艺演出有限公司邀请，来四川省体育馆演出1场
12.20	台湾地区Energy组合(谢坤达、唐振刚、萧景鸿、张书伟)等4人	应四川永艺演出有限公司邀请，来四川省体育馆演出1场

续表

时　　间	团组或个人名称	活　动　情　况
12.20	台湾地区张韶涵 1 人	应浙江省对外文化交流公司邀请，来杭州黄龙体育馆演出 1 场
12.20	台湾地区刘若英 1 人	应福建省演出公司邀请，来南安市体育场演出 1 场
12.21	台湾地区苏见信 1 人	应福州东明文化传播有限公司邀请，来泉州市侨乡体育馆演出 1 场
12.21	台湾地区温岚、叶乃文等 2 人	应南宁市演出公司邀请，来广西大学礼堂演出 1 场
12.21	台湾地区 S.H.E 组合(任家萱、陈嘉桦、田馥甄)、动力火车组合(颜志琳、尤秋兴)、TANK(吕建忠)等 6 人	应云南卓越文化传播有限公司邀请，来临沧市佤山竞技场演出 1 场
12.21 ~ 30	台湾地区江美琪、游鸿明、范玮琪(范玮琪)等 3 人	应苏州市明星演出有限公司邀请，来常州市红星大剧院、宿迁市宿迁学院体育馆、吴江市体育馆、张家港市大戏院、苏州大学存菊堂等地演出 5 场
12.21	台湾地区张震岳(张震嶽)1 人	应湖南省文化艺术交流中心邀请，来岳阳市工人文化宫演出 1 场
12.24	台湾地区费玉清 1 人	应无锡星辰演艺传媒有限公司邀请，来无锡市体育馆演出 1 场
12.24	台湾地区苏打绿乐队组合(吴青峰、谢馨仪、刘家凯、龚钰祺、史俊威、何景扬)等 6 人	应北京春秋永乐文化传播有限公司邀请，来广州市中山纪念堂演出 1 场
12.24	台湾地区伍佰(吴俊霖)1 人	应浙江省演出公司邀请，来温州市体育中心体育馆演出 1 场
12.24	台湾地区周传雄 1 人	应北京中兴发文化发展公司邀请，来北京金茂威斯汀大饭店演出 1 场
12.24	台湾地区高明俊 1 人	应福建省演出公司邀请，来福州香格里拉酒店演出 1 场
12.24	台湾地区张震岳(张震嶽)1 人	应江苏东方盛世文化产业发展有限公司邀请，来南京市五台山体育馆演出 1 场
12.24	台湾地区范晓萱 1 人	应无锡市三百六十度文化艺术传播有限公司邀请，来无锡凯宾斯基大饭店演出 1 场
12.24	台湾地区陈明真 1 人	应淮安振邦文化交流有限公司邀请，来无锡市锡州花园酒店演出 1 场
12.24	台湾地区蔡琴 1 人	应四川省演出展览公司邀请，来宜宾体育馆演出 1 场
12.24 ~ 26	台湾地区张帝(张志民)1 人	应四川省演出展览公司邀请，来成都俄罗斯大剧院等地演出 3 场

续表

时　间	团组或个人名称	活　动　情　况
12.24 ~ 25	台湾地区周传雄、苏慧伦等 2 人	应四川省演出展览公司邀请，来四川美高美国际会所等地演出 2 场
12.24	台湾地区动力火车组合(尤秋兴、颜志琳)等 2 人	应四川省演出展览公司邀请，来成都香格里拉酒店演出 1 场
12.24	台湾地区许茹芸、苏芮(苏瑞芬)等 2 人	应中国演出管理中心邀请，来北京嘉里中心饭店、北京中国大饭店等地演出 2 场
12.25	台湾地区杨丞琳 1 人	应浙江省对外文化交流公司邀请，来温州广播电视总台演播大厅演出 1 场
12.12 ~ 12.14	台湾地区林奕华工作室郑元畅等 12 人	应上海东方艺术中心管理有限公司邀请，来上海东方艺术中心等地演出 3 场
12.26	台湾地区蔡依林(蔡依翎)1 人	应广东文馨对外艺术交流中心邀请，来深圳体育馆演出 1 场
12.26	台湾地区伍思凯 1 人	应浙江国华演艺有限公司邀请，来宁海县开游节广场演出 1 场
12.26	台湾地区 Energy 组合(萧景鸿、张书伟、谢坤达、唐振刚)等 4 人	应广东文馨对外艺术交流中心邀请，来深圳体育场演出 1 场
12.26	台湾地区刘若英、郃正宵、潘安邦等 3 人	应江西省演出公司邀请，来瑞金历史博物馆广场演出 1 场
12.27	台湾地区任贤齐 1 人	应湖南省演出公司邀请，来长沙市国际会展中心演出 1 场
12.27	台湾地区罗志祥 1 人	应广州耀星影视艺术传播中心邀请，来广州市天河体育中心体育场演出 1 场
12.27。	台湾地区蔡琴 1 人	应陕西省演出公司邀请，来西安城市运动公园体育馆演出 1 场
12.27	台湾地区 Energy 组合(萧景鸿、张书伟、谢坤达、唐振刚)等 4 人	应广州耀星影视艺术传播中心邀请，来广州市天河体育中心体育场演出 1 场
12.27	台湾地区杨丞琳 1 人	应浙江国华演艺有限公司邀请，来上海复旦大学视觉艺术学院演出 1 场
4.26 ~ 8.02	台湾地区张惠妹 1 人	应新疆华杲东方文化演出有限公司邀请，来贵州省贵阳市新体育场、新疆乌鲁木齐市北京路体育中心等地演出 2 场
12.3	台湾地区范玮琪(范玮琪)1 人	应江苏省演出公司邀请，来镇江市江苏大学体育馆演出 1 场
12.31	台湾地区蔡琴 1 人	应成都市演艺集团有限公司邀请，来四川省体育馆演出 1 场
12.31	台湾地区飞轮海组合(吴尊、汪东成、陈亦儒)等 3 人	应九洲文化传播中心邀请，来首都体育馆演出 1 场
12.31	台湾地区卓依婷 1 人	应广东中演文化有限公司邀请，来佛山岭南明珠体育馆演出 1 场

续表

时　　间	团组或个人名称	活　动　情　况
12.31	台湾地区齐秦 1 人	应浙江省对外文化交流公司邀请，来杭州黄龙体育馆演出 1 场
12.31	台湾地区信乐团组合、动力火车组合及陈富元等 7 人	应北京市演出责任有限公司邀请，来北京工人体育馆演出 1 场
12.31	台湾地区长荣交响乐团钟德美等 85 人	应广东省演出公司邀请，来佛山市影剧院演出 1 场
12.31	台湾地区伊能静(吴静怡)1 人	应浙江省对外文化交流公司邀请，来杭州黄龙体育中心体育馆演出 1 场
12.18 ~ 12.19	台湾地区林奕华工作室演员黄健玮等 11 人	应杭州演出有限公司邀请，来杭州红星大剧院等地演出 2 场
12.18 ~ 12.24	台湾画家潘钰	应上海文化联谊会与刘海粟美术馆共同邀请，举办台湾潘钰画展
12.25 ~ 2009.1.1	台湾地区信乐团(黄迈可、孙志群)、棒棒堂组合(邱胜翊、颜宝霖、廖亦崟、廖俊杰、刘俊纬、杨奇煜、庄濠全)等 9 人	应深圳市经典演出有限公司邀请，来深圳华侨城欢乐谷旅游公司中心剧场演出 1 场
12.26 ~ 2009.1.10	台湾地区杨丞琳、吴佩慈等 2 人	应天津市对外文化交流公司邀请，来天津市八一礼堂、光华剧院等地演出 2 场
12.24 ~ 12.25	台湾地区童安格、文章(黄文章)等 2 人	应北京天堂文化发展有限公司邀请，来西安曲江宾馆等地演出 2 场
12.5	台湾地区范玮琪(范玮琪)1 人	应云南省演出公司邀请，来云南楚雄州体育馆演出 1 场
12.5	台湾地区张韶涵、刘若英等 2 人	应宁波市演出有限公司邀请，来宁波市鄞州区文化广场演出 1 场
11.8 ~ 11.8	台湾地区张韶涵、费玉清等 2 人	应浙江省对外文化交流公司邀请，来温州市体育中心体育场演出 1 场
12.6 ~ 15	台湾作家蓝博洲等一行 16 人	应中国作家协会邀请，来北京、上海、绍兴等地举办“鲁迅文学之旅”活动
12.6	台湾地区费玉清(张彦亭)1 人	应北京金展望文化艺术有限公司邀请，来北京等地演出
12.6	台湾地区蔡琴 1 人	应江苏东方盛世文化产业有限公司邀请，来南京奥体中心体育馆演出 1 场
12.6	台湾地区强辩乐队(黄少谷、邵崇柏、黄壮为、张胜凯)等 4 人	应北京春秋永乐文化有限公司邀请，来上海浦东正大广场 9 楼多功能厅演出 1 场
12.6	台湾地区任贤齐 1 人	应哈尔滨同利达文化发展有限公司邀请，来哈尔滨国际会展中心体育馆演出 1 场
12.6	台湾地区卓依婷 1 人	应阳江市演出公司邀请，来阳江市体育馆演出 1 场
12.6	台湾地区周杰伦、范晓萱等 2 人	应上海新碟文化传播有限公司邀请，来上海浦东展览馆演出 1 场

续表

时　间	团组或个人名称	活 动 情 况
12.6	台湾地区黄品源(黄钰棋)1人	应哈尔滨同利达文化发展有限公司邀请，来哈尔滨国际会展体育中心演出1场
12.30 ~ 12.31	台湾地区张震岳(张震嶽)1人	应北京中演文化娱乐公司邀请，来北京展览馆剧场等地演出2场
12.23 ~ 2009.1.3	台湾地区张信哲、方芳(周正芳)、朱芷莹、丁乃筝等4人	应北京索有文化传播有限公司邀请，来北京华汇时代剧院等地演出12场
11.8 ~ 11.9	台湾地区陈绮贞1人	应北京中演文化娱乐公司邀请，来北京展览馆剧场等地演出2场
11.8 ~ 11.9	台湾地区罗百吉(罗吉瑞)、欧得洋(李益增)、林志炫等3人	应广西壮族自治区演出公司邀请，来南宁市青秀山东盟友谊园等地演出2场
12.7	台湾地区蔡依林和SHE组合(任家萱、田馥甄、陈嘉桦)等4人	应无锡市三百六十度文化艺术传播有限公司邀请，来常州市奥林匹克体育中心体育场演出1场
12.7	台湾地区苏见信1人	应上海市演艺总公司邀请，来上海国际体操中心演出1场
12.7	台湾地区萧敬腾1人	应苏州市明星演出有限公司邀请，来常熟理工学院新体育馆、昆山大戏院等地演出3场
12.4 ~ 12.5	台湾地区张信哲、方芳(周正芳)、丁乃筝、朱芷莹等4人	应南京新世纪演出有限责任公司邀请，来南京人民大会堂等地演出2场
12.9	台湾地区罗大佑1人	应上海开思文化艺术有限公司邀请，来上海东方艺术中心演出1场
12.3 ~ 12.7	台湾地区吴天葳等14人	应北京保利剧院管理有限公司邀请，来保利剧院等地演出5场
12.1 ~ 2009.7.31	台北鸿禧艺术文教基金会(鸿禧美术馆)	应湖北省博物馆邀请，举办“台湾鸿禧美术馆藏品展”
5.7 ~ 9	台湾地区“动力火车”组合(颜志琳、尤秋兴)等2人	应浙江省对外文化交流公司邀请，来慈溪市雷克酒吧、台州路桥视听慢摇酒吧等地演出2场
5.9 ~ 9	台湾地区陈宏翔1人	应上海桑德利文化艺术有限公司邀请，来昆明音皇娱乐有限公司演出1场
5.8 ~ 11	台湾地区稻草人现代舞蹈团(罗文君、罗文瑾、李佩珊、左涵洁、张靖琦、周书毅、关云翔)等7人	应北京索有文化传播有限公司邀请，来北京朝阳区文化馆等地演出4场
7.2 ~ 10	台湾地区朱宗庆打击乐团吴思珊等21人	应上海东方艺术中心管理有限公司邀请，来上海东方艺术中心歌剧厅等地演出10场
3.1 ~ 15	台湾地区刘若英1人	应上海白玉兰文化艺术发展有限公司邀请，来上海体育馆演出1场
5.16 ~ 16	台湾地区刘若英、许茹芸等2人	应江苏五环广告传播公司邀请，来常州中天钢铁体育馆演出1场

续表

时　　间	团组或个人名称	活　动　情　况
5.15 ~ 18	台湾地区外表坊时验团（李建常、徐华谦、梅若颖、简玉婷、李智翔、陈祥纯）等6人	应北京索有文化传播有限公司邀请，来北京朝阳区文化馆等地演出4场
5.18 ~ 18	台湾地区姜育恒、许茹芸等2人	应江苏省演出公司邀请，来扬州市体育场演出1场
5.18 ~ 18	台湾地区许慧欣1人	应杭州演出有限公司邀请，来杭州红星剧院演出1场
5.24 ~ 25	台湾地区林志颖1人	应浙江省对外文化交流公司邀请，来绍兴市越城区风暴娱乐俱乐部酒吧、慈溪市雷克酒吧等地演出2场
4.24 ~ 27	台湾地区节点文化坊（雷光夏、陈主惠、彭郁雯、徐千秀、王雁盟、雷若豪、邹耀庆、周东彦、翁雅俐）等9人	应北京索有文化传播有限公司邀请，来北京东方先锋剧场等地演出4场
4.25 ~ 28	台湾地区飞人集社（石佩玉、王天宏、蔡政良、薛美华、林岱蓉）等5人	应北京索有文化传播有限公司邀请，来北京朝阳区文化馆等地演出4场
6.27 ~ 28	台湾地区卢家宏1人	应北京嘉华丽音国际文化发展有限公司邀请，来北京亚库斯提喀浩司咖啡厅等地演出2场
6.27 ~ 29	台湾地区张信哲1人	应云南省演出公司邀请，来曲靖市体育馆、玉溪市体育馆等地演出2场

2008年祖国大陆赴台地区文化交流项目一览表

时间	团组或个人名称	活动情况
1.8 ~ 1.22	北京舞蹈学院曲皓等2人	应台湾周凯剧场基金会邀请，赴台进行舞蹈教育交流考察
1.8 ~ 1.22	北京舞蹈学院蔡虹等2人	应台湾杨明艺术团邀请，赴台参加“两岸儿童舞蹈教学研讨会”
1.10 ~ 20	重庆市文化广播电视局副局长程武彦等12人	应台湾中华经贸文教交流协会邀请，赴台进行交流考察活动
1.14 ~ 19	外交部离休干部康冀民携夫人韩健立一行2人	应台湾长流美术馆邀请，赴台商谈举办韩乐然画展事宜
1.14 ~ 19	中央美术学院教授吕品晶、戎安、何崴等3人	应台湾实践大学设计学院邀请，赴台参加国际设计工作营活动
1.20 ~ 3.5	四川省自贡市杂技团陈必等一行32人	应台湾高雄关帝庙管理委员会邀请，赴台演出
1.23 ~ 2.1	江苏省启东市教育局施洪飞等6人	应台湾宜兰县传统艺术推广协会邀请，赴台举办版画展并进行交流活动

续表

时间	团组或个人名称	活动情况
1.24 ~ 30	福建省杂技团团长林防等一行86人	应台湾澎湖县文化基金会邀请，赴澎湖演出
1.25 ~ 31	湖北省文物局局长沈海宁等6人	应台湾中华海峡两岸文化资产交流促进会邀请，赴台参加“海峡两岸传统民居学术研讨会”
1.27 ~ 2.5	上海音乐学院教师陈春园	应台湾小巨人丝竹乐团邀请，赴台演出
1.30 ~ 2.12	福建省厦门市歌仔戏剧团朱伟捷等一行56人	应台湾唐美云歌仔戏团邀请，赴台参加“台中市传统艺术节”演出
1.30 ~ 2.29	江苏省苏州高新区英英绣庄姚红英等3人	应台湾佛光山文教基金会邀请，赴台高雄举办“2008姚红英刺绣特展”
1.31 ~ 2.13	中央音乐学院研究生沈乐	应台湾高雄筝乐团邀请，赴台参加两岸民乐艺术交流活动
2.2 ~ 8	福建艺术职业学院教师陈雯	应台湾陈玟陵舞蹈工作室邀请，赴台参加两岸民族民间舞蹈观摩交流
2.3 ~ 23	云南省海峡两岸交流促进会艺术团周越明等一行42人	应台湾台南县南瀛文教基金会邀请，赴台交流演出
2.5 ~ 10	福建省杂技团团长林防等一行50人	应台湾澎湖县文化基金会邀请，赴澎湖演出
2.5 ~ 16	福建省泉州木偶剧团团长王景贤等一行22人	应台湾发一光耀文教基金会邀请，赴台参加新竹长和宫举办的文化庆典活动
2.6 ~ 13	中央音乐学院教师吉炜	应台湾小巨人丝竹乐团邀请，赴台参加音乐会演出
2.9 ~ 7.31	中国音乐学院教师沈洽	应台湾南华大学邀请，赴台讲学
2.12 ~ 21	北京市文物公司温桂华等5人	应台湾中华文物学会邀请，赴台参加“艺术探源——海峡两岸文物保护近况之比较讨论会”
2.15 ~ 21	浙江省温州市台办副主任张振宇等一行48人	应台湾昆剧团和台北新潮乐集邀请，赴台进行演出交流
2.15 ~ 24	文化部离退休人员服务中心胡炳旭	应台北市国乐团邀请，赴台演出
2.19 ~ 2.25	广东省星海音乐学院附中校长、大提琴演奏家李继武	应台湾高雄市儿童合唱团邀请，赴台担任“2009文化杯音乐大赛青少年邀请赛”评委
2.20 ~ 25	上海美术馆副馆长张晴等一行3人	应台北当代艺术馆邀请，赴台参加“果冻时代”展览的布展、开幕式并举办相关讲座
2.24 ~ 4.23	江苏省演艺集团演奏员卢小杰	应台湾东南国中邀请，赴台教学
3.3 ~ 31	河南省郑州市艺术创作研究院一级作曲耿玉卿	应台湾国光剧团邀请，赴台参加戏剧的编腔谱曲等工作
3.3 ~ 6.30	广东汉剧院谢仁昌	应台湾戏曲学院邀请，赴台进行教学活动
3.19 ~ 7.31	山西省歌舞剧院一级演奏员王宝灿	应台湾南华大学邀请，赴台演出

续表

时间	团组或个人名称	活动情况
3.20 ~ 29	上海博物馆书画研究部副研究员黄朋	应台湾何创时书法艺术文教基金会邀请，赴台进行学术考察活动
3.25 ~ 4.3	福建省文化考察团郑一仙等一行 25 人	应台湾龙唐文化艺术经纪有限公司邀请，赴台进行交流考察活动
3.25 ~ 4.3	浙江省宁海县平调（越）剧团尤玲娟等一行 28 人	应台湾兰阳民族乐团邀请，赴台进行交流演出
3.26 ~ 4.21	上海昆剧团一级演员岳美缇等一行 6 人	应台湾昆剧团邀请，赴台进行教学和演出
3.27 ~ 5.27	吉林省长春市杂技团教师马晓捷	应台湾台北市体育学院体健系邀请，赴台讲学
3.27 ~ 6.5	浙江省博物馆副研究馆员王屹峰	应台湾逢甲大学历史与文物管理研究所邀请，赴台讲学
3.28 ~ 4.6	福建省工艺美术研究院高级工艺美术师陈明光	应台湾艺术大学邀请，赴台参加学术研讨会
3.30 ~ 4.30	北京京剧院演奏员李萍等一行 3 人	应台湾辜公亮文教基金会邀请，赴台参加演出
4.1 ~ 10	中华文化联谊会和福建省广播影视集团共同组派"妈祖之光"综艺晚会艺术团朱清等一行 95 人	应台湾财团法人大甲妈社会福利基金会邀请，赴台交流，参加"妈祖之光"大型综艺晚会
4.6 ~ 13	中央民族大学音乐学院讲师阿里木江和中央民族歌舞团演员乌布里卡塞姆、阿地力·阿不力孜等一行 3 人	应台北市国乐团邀请，赴台参加音乐会演出
4.10 ~ 22	江苏省演艺集团副总经理朱昌耀等 6 人	应台湾实验国乐团邀请，赴台参加江南风情音乐会
4.12 ~ 16	中国杂技团有限公司张玉生等 4 人	应台湾威景国际文化事业有限公司邀请，赴台考察演出场地
4.12 ~ 20	中国交响乐团指挥李心草	应台北市国乐团邀请，赴台参加音乐会演出
4.15 ~ 20	内蒙古大学艺术学院学生麦拉苏	应台北市国乐团邀请，赴台参加音乐会演出
4.18 ~ 27	中国电影家协会国际联络部主任齐颂等 4 人	应台湾电影事业发展基金会邀请，赴台参访
4.20 ~ 5.28	中国京剧院演员常贵祥	应台湾辜公亮文教基金会邀请，赴台参加演出
4.21 ~ 30	黑龙江艺术职业学院艺术交流团朱秀芝等一行 30 人	应台湾"中国青年大陆研究文教基金会"邀请，赴台中小学校开展交流、演出

续表

时间	团组或个人名称	活动情况
4.21 ~ 5.1	福建省石狮市美术家协会组织王小萌等 12 人	应台湾鹿港文教基金会邀请，赴台进行交流考察活动
4.21 ~ 5.1	上海歌剧院指挥林友声	应台湾管乐协会邀请，赴台参加音乐节活动
4.21 ~ 5.15	浙江国华演艺有限公司组织“紫凤鸣乐”女子乐团金保胜等一行 20 人	应台湾威景国际文化有限公司邀请，赴台巡回演出
4.22 ~ 28	华谊兄弟时代文化经纪有限公司黄晓明	应台湾移动影音出版事业有限公司邀请，赴台进行交流活动
4.22 ~ 5.5	上海太一文化艺术有限公司总经理乔旸	应台湾高雄市文化局邀请，赴台高雄协助举办展览
4.22 ~ 5.6	辽宁省本溪市文联副主席田连元	应台北曲艺团邀请，赴台演出并进行说唱艺术交流
4.27 ~ 5.1	中唱艺能（北京）音乐有限公司王宏海等一行 4 人	应台湾移动影音出版事业有限公司邀请，赴台进行交流活动
4.27 ~ 5.1	福建省实验闽剧院宋闽旺等一行 60 人	应马祖经贸文化交流联谊会邀请，赴马祖演出
4.27 ~ 5.28	天津京剧院演奏员刘云鹤等 2 人	应台湾辜公亮文教基金会邀请，赴台参加排戏及演出活动
4.28 ~ 5.8	中华文化联谊会组派由大陆文化人士参访团、福建省艺术馆、厦门金莲升高甲剧团、漳州市芗剧团和福建省梨园戏实验剧团组成的福建文化艺术交流团一行 150 人	应台湾台南市文化中心和沈春池文教基金会邀请，赴台南市参加“郑成功文化节”
5.1 ~ 6	故宫博物院副研究馆员房宏俊	应台湾中华民族艺术文教基金会邀请，赴台参加台北历史博物馆举办的“清宫宫廷服饰展”研讨会
5.2 ~ 12	广东省教育厅退休干部钟维国等 2 人	应台湾花莲县美术协会邀请，赴台举办“钟维国书画展”
5.2 ~ 12	中央音乐学院教师孙凰	应台湾琴园国乐团邀请，赴台举办独奏音乐会
5.5 ~ 14	广东省珠江电影制片有限公司田炎鹭	应台湾柯达股份有限公司邀请，赴台参加举办娱乐影像部电影洗印会议
5.9 ~ 5.20	福建博物院郑辉等 2 人	应台湾大学人类学系邀请，赴台参加台湾考古年度学会
5.12 ~ 16	上海星世代影音娱乐有限公司董事长徐毅	应台湾中华音乐人交流协会邀请，赴台进行交流参访活动
5.12 ~ 18	中国作家协会组派中国现代文学馆常务副馆长李荣盛和周明 2 人	应台北远流出版事业股份有限公司邀请，赴台参加台湾著名作家柏杨先生的葬礼

续表

时间	团组或个人名称	活动情况
5.12 ~ 22	国务院侨务办公室文教宣传司司长刘辉等6人	应台北市文化艺术促进协会邀请，赴台举办“中国民间体育摄影图片展”
5.12 ~ 28	上海京剧院演员赵群	应台湾辜公亮文教基金会邀请，赴台演出
5.12 ~ 28	国家京剧院演员刘魁魁、徐孟珂等2人	应台湾辜公亮文教基金会邀请，赴台参加演出
5.14 ~ 23	长春市杂技团李宪军等2人	应台湾中华台北杂技家协会邀请，赴台参加杂技论坛研讨会
5.15 ~ 28	浙江省文化艺术交流促进会金庚初等一行20人	应台湾沈春池文教基金会邀请，赴台举办“浙江古镇风情图片展
5.16 ~ 25	贵州省文史馆顾久等17人	应台湾威景国际文化事业有限公司邀请，赴台参加“海峡两岸书画联展”
5.20 ~ 30	安徽省文物考古研究所张敬国等2人	应台湾大学理学院邀请，赴台进行学术交流活动
5.24 ~ 6.6	浙江省博物馆赵雁君	应台湾华梵大学艺术设计学院邀请，赴台讲学
5.26 ~ 6.8	中国杂技团有限公司总经理王跃芬等一行105人	应台湾威景国际文化事业有限公司邀请，赴台演出
5.30 ~ 6.4	清华大学代大权、中国美术学院张敏杰、深圳大学齐凤阁等7人	应台湾艺术大学邀请，赴台参加“2008亚太国际版画邀请展暨学术研讨会”
5.30 ~ 6.4	陕西省西安美术学院版画系主任杨锋	应台湾艺术大学邀请，赴台参加“2008亚太版画邀请展暨学术研讨会”
6.1 ~ 30	大陆歌手胡彦斌	应台湾科艺百代股份有限公司邀请，赴台进行音乐专辑宣传活动
6.2 ~ 6.10	上海话剧艺术中心徐建荣等一行35人	应台北艺术推广协会邀请，赴台演出
6.3 ~ 16	广东省广州市艺术研究所创作员陆键东	应台湾“中央研究院”近代史研究所邀请，赴台进行学术交流活动
6.5 ~ 15	广东省文化厅厅长方健宏率广东文化考察团一行16人	应台湾唐龙艺术有限公司邀请，赴台进行交流考察活动
6.6 ~ 23	北京舞蹈学院张玲、石玉红等2人	应台湾阳明艺术舞蹈团邀请，赴台参加“两岸幼儿舞蹈教学之研讨”活动
6.10 ~ 19	江苏省南京市文化局党委书记何亦农等一行7人	应台湾鸿禧艺术文教基金会和鸿禧美术馆邀请，赴台进行交流考察活动
6.10 ~ 7.30	福建艺术职业学院教师刘世瑛	应台湾台北许亚芬歌仔戏剧坊邀请，赴台参加排练和演出
6.11 ~ 7.1	上海京剧院演员范永亮和焦宝宏等2人	应台湾魏海敏京剧艺术文教基金会邀请，赴台参加演出
6.11 ~ 7.1	北京京剧院演员梅葆玖等一行12人	应台湾魏海敏京剧艺术文教基金会邀请，赴台演出

续表

时间	团组或个人名称	活动情况
6.13 ~ 22	安徽省歌舞剧院肖桂兰等一行20人	应台湾“中华舞蹈学会”邀请，赴台进行交流演出
6.15 ~ 23	中国音乐学院教师杨靖	应台湾国乐团邀请，赴台参加音乐会演出
6.15 ~ 30	中国对外艺术展览中心所属北京中展丹青展览有限公司万基元等11人	应台湾观想艺术有限公司邀请，赴台进行艺术写生活动
6.20 ~ 8.20	北京舞蹈学院教师张峥	应台湾中华文化养生运动协会邀请，赴台教学
6.25 ~ 29	上海星世代影音娱乐有限公司董事长徐毅	应台湾中华音乐人交流协会邀请，赴台进行交流参访活动
6.28 ~ 7.6	中国音乐学院教师董楠	应台湾台中县神冈文教基金会邀请，赴台参加音乐会演出
6.28 ~ 7.6	上海民族乐团演奏员赵琦	应台湾台中县神冈文教基金会邀请，赴台参加音乐会演出
6.29 ~ 7.8	广东省珠海市作家协会名誉主席罗春柏等13人	应台湾“中国文艺协会”邀请，赴台参加“两岸文学交流座谈会”
6.30 ~ 9.30	山东省京剧院一级演奏员周娜娃	应台湾先锋国剧团邀请，赴台教学
7.1 ~ 15	江苏省南京艺术学院教授钱建明	应台湾大中青少年国乐团邀请，赴台参加音乐会演出
7.1 ~ 8.17	浙江昆剧团张世铮等2人	应台湾兰庭昆剧团邀请，赴台讲学
7.4 ~ 9.1	上海昆剧团二级导演周志刚等2人	应台湾台北昆剧团邀请，日赴台讲学
7.5 ~ 17	上海民族乐团二胡演奏家沈多米、上海戏剧学院附属舞蹈学校民乐队教师林顺顺和深圳市艺术学校雅乐琴行古琴教师姚亮	应台湾观念文化事业有限公司邀请，赴台参加“两岸名家民乐演奏会”的演出
7.10 ~ 22	天津京剧院院长刘毅民等一行100人	应台湾多元化艺术事业有限公司邀请，赴台演出
7.10 ~ 22	杭州师范大学教师盛秧和杭州西湖琴社社长徐君跃等2人	应台湾观念文化事业有限公司邀请，赴台演出并举办讲座
7.11 ~ 13	湖南省木偶皮影艺术剧院演员彭泽科等一行4人	应台湾亦宛然掌中剧团邀请，赴台参加演出
7.14 ~ 8.14	中国东方歌舞团演员门静	应台湾陈玟陵舞蹈工作室邀请，赴台进行舞蹈交流活动
7.15 ~ 8.15	北京金太丰文化传播有限公司歌手江奇霖、刘锐2人	应台湾科艺百代股份有限公司的邀请，赴台进行音乐专辑宣传
7.17 ~ 21	中国爱乐乐团演奏员曾诚等一行3人	应台湾果核有限公司邀请，赴台演出

续表

时间	团组或个人名称	活动情况
7.17 ~ 23	福州市歌舞剧院陈彤丹等一行 14 人	应台北九歌儿童剧团邀请，赴台参加台北儿童艺术节的演出
7.17 ~ 23	中央美术学院吕品昌	应台湾台北县莺歌陶瓷博物馆邀请，赴台参加交流活动
7.19 ~ 26	山东省济南聚雅斋艺术品有限公司徐国卫等 4 人	应台湾台北市山痴画会邀请，赴台进行交流活动
7.21 ~ 27	海南省博物馆馆长丘刚、研究馆员郝思德等 2 人	应台湾“中央研究院”历史语言研究所邀请，赴台进行学术交流
7.26 ~ 8.3	中央音乐学院赵瑞林等 2 人	应台湾管乐协会邀请，赴台参加“第十五届亚太管乐节暨理事会”
7.26 ~ 8.4	福州海峡两岸交流协会王聪深等 7 人	应台湾台南市文化中心邀请，赴台参加“府城——福州美术交流展”
8.1 ~ 10	北京市文物公司温桂华等 5 人	应台湾中华文物学会邀请，赴台参加学术交流活动
8.1 ~ 15	江苏省演艺集团副总经理朱昌耀和演员孙娜坚 2 人	应台湾摇篮唱片有限公司邀请，赴台演出
8.1 ~ 17	广东省教育厅教研室退休干部钟维国	应台湾花莲县美术协会邀请，赴台举办书画展览
8.6 ~ 30	北京舞蹈学院教师苏雪冰	应台湾陈玟陵舞蹈工作室邀请，赴台讲学
8.7 ~ 17	中央音乐学院教师孙凰	应台湾新竹市青少年国乐团邀请，赴台参加音乐会演出
8.7 ~ 28	中国音乐学院教师李光六	应台湾新竹市青少年国乐团邀请，赴台演出和教学
8.7 ~ 8.13	北京纳尼亚传媒广告有限公司赵晨光	应台湾明日工作室邀请，赴台参加讲座活动
8.8 ~ 8.14	中国美术学院顾黎明等 2 人	应台湾长流美术馆邀请，赴台参加“两岸油画展”
8.10 ~ 29	北京金太丰文化传播有限公司歌手胡彦斌	应台湾科艺百代股份有限公司邀请，赴台进行音乐专辑宣传
8.10 ~ 9.9	北方昆曲剧院张卫东	应台湾新竹国剧演艺团邀请，赴台讲学
8.12 ~ 17	国家图书馆出版社助理编辑高柯立	应台湾“中央研究院”历史语言研究所邀请，赴台参加研讨会
8.15 ~ 8.31	广东省佛山市顺德区书法家协会主席李良晖等 3 人	应台湾花莲县美术协会邀请，赴台参加书法展
8.17 ~ 23 赴	广东省韩山师范学院院长薛军力等 5 人	应台湾中华弘道书学会邀请，赴台参加陈其铨书道推广委员会联席会议
8.17 ~ 10.17	山东省京剧院演奏员于艳涛	应台湾台北市中兴国剧团邀请，赴台演出
8.18 ~ 9.4	中央音乐学院讲师兰维薇	应台湾小巨人丝竹乐团邀请，赴台演出并举办讲座

续表

时间	团组或个人名称	活动情况
8.20 ~ 9.1	广东省深圳市童话艺术团张明珠等一行 20 人	应台北市文化教育发展协会邀请，赴台演出
8.20 ~ 10.18	江苏省演艺集团京剧院演员徐季平	应台湾醉霜国剧团邀请，赴台讲学
8.21 ~ 9.5	北京市人文空间雕塑研究所赵磊	应台湾苗栗县三义木雕博物馆邀请，赴台参加木雕创造营活动
8.23 ~ 8.29	中国美术馆学术部主任陈履生	应台湾藏丰文化艺术有限公司和“国父纪念馆”邀请，赴台办展
8.23 ~ 9.1	上海音乐学院教师李捷	应台湾观念文化事业有限公司邀请，赴台演出
8.23 ~ 9.2	江苏省演艺集团演员单晓明	应台北市文化基金会邀请，赴台参加演出
8.25 ~ 9.5	故宫博物院古建部副主任王时伟等 2 人	应台湾台南科技大学数位影音中心邀请，赴台进行学术交流活动
8.27 ~ 9.10	北京徐进中国工笔画艺术发展中心有限责任公司徐国顺	应台湾高雄市华夏文经交流促进会邀请，赴台举办画展
8.28 ~ 9.7	华南师范大学教授皮道坚等 2 人	应台湾静宜大学邀请，赴台参加两岸学术论坛
8.29 ~ 9.8	中国艺术研究院美术研究所任平	应台湾成功大学邀请，赴台参加学术研讨会
8.30 ~ 9.7	清华大学美术学院鲁晓波等 3 人	应台湾成功大学创意产业设计研究所邀请，赴台参加研讨会
8.30 ~ 2009.1.30	山西省歌舞剧院一级演奏员王宝灿	应台湾南华大学邀请，赴台讲学
8.30 ~ 2009.8.3	中国音乐学院沈洽	应台湾南华大学邀请，赴台讲学
8.31 ~ 9.18	福建省莆田市青年画家林金春	应台湾唐龙艺术有限公司邀请，赴台举办画展
9.1 ~ 10.20	北京雨里文化发展有限公司钟长江	应台湾台北人文国剧团邀请，赴台讲学
9.1 ~ 2009.1.20	内蒙古民族歌舞剧院一级演奏员李镇	应台湾台南艺术大学邀请，赴台讲学
9.3 ~ 8	北京大熊星文化经纪有限公司艺人黄晓明和周嗣伟 2 人	应台湾大熊星国际多媒体股份有限公司邀请，赴台进行演艺交流
9.5 ~ 23	上海音乐学院附中学生石文婷	应台湾台北肖邦音乐基金会邀请，赴台参加肖邦钢琴大赛活动
9.5 ~ 23	中央音乐学院杨峻等 8 人	应台湾台北肖邦音乐基金会邀请，赴台参加肖邦钢琴大赛活动
9.5 ~ 23	四川音乐学院附中学生张冠亚等 2 人	应台湾台北肖邦音乐基金会邀请，赴台参加肖帮钢琴大赛活动

续表

时间	团组或个人名称	活动情况
9.5 ~ 9.23	中国交响乐团退休钢琴家鲍蕙荞	应台湾台北肖邦音乐基金会邀请，赴台担任“中国台北肖邦钢琴大赛”评委
9.7 ~ 14	广东省深圳市文化局副局长陈新亮等 12 人	应台湾表演艺术联盟邀请，赴台参加“四城市文化交流台北年会”
9.7 ~ 11.4	江苏省演艺集团二胡演奏员卢小杰	应台湾东南国中邀请，赴台讲学
9.7 ~ 11.5	福建人民艺术剧院导演陈大联	应台湾戏曲学院邀请，赴台参与新编歌剧的编导工作
9.9 ~ 11.9	中国艺术研究院美术研究所研究员牛克成	应台湾艺术大学邀请，赴台讲学
9.10 ~ 20	上海文化联谊会组织上海美术管理人员崔宝文等 20 人	应台湾龙唐文化艺术经纪有限公司邀请，赴台参加台北双年展
9.10 ~ 11.9	辽宁省沈阳钢厂文化干事胡连祝	应台湾台北市人文国剧团邀请，赴台进行教学活动
9.11 ~ 23	内蒙古歌舞剧院副院长杜日升 83 人	应台湾万世国际股份有限公司邀请，赴台交流演出
9.12 ~ 22	福建省厦门小白鹭民间舞团曾若虹等一行 42 人	应台湾十方心文化事业有限公司邀请，赴台演出
9.16 ~ 10.15	北京现代舞团赵梁等 4 人	应台北教育大学邀请，赴台参加创作活动
9.16 ~ 10.15	四川省乐山市艺术家丁洁	应台北教育大学邀请，赴台参加创作活动
9.17 ~ 11.10	黑龙江省京剧院赵惠兰	应台湾台北市弘梅雅集京昆艺术团邀请，赴台教学
9.18 ~ 20	福建省杂技团陈朱等一行 65 人	应台湾金门体育会邀请，赴金门参加表演活动
9.20 ~ 12.20	广州美术学院在校研究生林庆华	应台湾花莲教育大学邀请，赴台进行短期研究
9.24 ~ 28	福建京剧院一行 100 人	应台湾澎湖县文化基金会邀请，赴澎湖、金门演出
9.25 ~ 28	江苏省南京市杂技团副团长朱伏生等一行 3 人	应台湾泛亚传播事业有限公司邀请，赴台演出
9.25 ~ 10.10	安徽省美术家协会名誉主席鲍加等 2 人	应台湾长流美术馆邀请，赴台进行美术交流活动
9.26 ~ 29	福建京剧院陈立华等一行 89 人	应台湾金门县音乐协会邀请，赴金门进行交流演出
9.26 ~ 10.15	江苏省淮海工学院美术教师吕欣	应台湾台北教育大学邀请，赴台参加创作活动
9.30 ~ 10.9	安徽省民族管弦乐学会吴家宝等 4 人	应台湾兰阳民族乐团邀请，赴台演出

续表

时间	团组或个人名称	活动情况
10.1 ~ 10.17	浙江省群众艺术馆副馆长邬勇等3人	应台湾公益协会邀请，赴台参加浙台摄影作品联展
10.2 ~ 6	广东省广州艺术博物院副院长肖海明	应台湾屏东教育大学视觉艺术学系邀请，赴台参加学术研讨会
10.2 ~ 11.2	北京现代音乐研修学院国际舞蹈学院教师齐奇	应台湾财团法人台北爱乐文教基金会邀请，赴台参加演出
10.3 ~ 11.2	北京星光星国际文化经纪有限公司歌手袁成杰2人	应台湾群石国际有限公司邀请，赴台进行唱片宣传
10.6 ~ 16	福建省实验闽剧院林瑛等一行52人	应马祖经贸文化交流联谊会邀请，参加交流演出活动
10.6 ~ 11.2	中国戏曲学院海震	应台湾“中国文哲研究所”邀请，赴台进行学术研究
10.6 ~ 11.4	河南省郑州市艺术创作研究所耿玉卿等2人	应台湾传统艺术总处筹备处邀请，赴台参加配器工作
10.6 ~ 12.6	北京军威文化传媒有限公司吴文疆	应台湾大唐艺术剧团邀请，赴台教学
10.8 ~ 10.20	北京京剧院青年团团长迟小秋等一行63人	应台湾国际佛光会中华总会的邀请，赴台参加公益演出
10.10 ~ 10.16	福建省厦门市闽南文化研究会歌仔戏团郑国辉等一行39人	应台湾金门县金城镇北镇庙管理委员会邀请，赴金门交流演出
10.11 ~ 19	北京东方先锋小剧场演员姜均等2人	应台北艺术大学邀请，赴台参加演出
10.13 ~ 21	中国文献影像技术协会马淑桂等8人	应台湾中华档案暨资讯微缩管理学会邀请，赴台参加学术交流会
10.13 ~ 10.22	中国宋庆龄基金会与中华文化联谊会组派安徽芜湖市少儿艺术团张瑞革等一行32人	应台湾“中国青年大陆研究文教基金会”邀请，赴台中小学校开展交流、演出活动
10.13 ~ 12.2	河南省曲剧团演员朱旭光等4人	应台湾豫剧团邀请，赴台演出
10.16 ~ 24	文化部离退休人员服务中心胡炳旭	应台湾省高雄市国乐团邀请，赴台参加音乐会演出
10.19 ~ 26	中国音乐学院王俊娜等2人	应台湾省台北市国乐团邀请，赴台参加民族乐器大赛决赛
10.20 ~ 10.31	中国音乐学院李光六	应台湾省高雄国乐团邀请，赴台进行演出及教学活动
10.20 ~ 11.2	中国音乐学院宋飞	应台湾省台北国乐团邀请，赴台担任评委
10.20 ~ 12.21	江苏省演艺集团演奏员周义刚	应台湾弘梅雅集京昆艺术团邀请，赴台讲学

续表

时间	团组或个人名称	活动情况
10.21 ~ 30	中国民族管弦乐学会副秘书长张升平等一行 12 人	应台湾国乐协会邀请，赴台进行考察交流
10.21 ~ 10.30	山西省文化厅副厅长张建军、主任科员李伦等 2 人	应台湾威景国际文化事业有限公司邀请，赴台洽商山西省“黄河情韵”交流演出
10.22 ~ 27	福建省厦门市翔安民间戏曲学校高甲实验剧团团长洪庆水等一行 38 人	应台湾金门县金宁乡古宁头李氏雄房宗亲会邀请，赴金门演出
10.22 ~ 30	四川省建川博物馆樊建川等一行 9 人	应台湾贤德惜福文教基金会邀请，赴台进行交流
10.22 ~ 31	安徽省芜湖市文化委员会方成等 11 人	应台湾“中国生产力中心”邀请，赴台进行交流与考察
10.23 ~ 11.1	北京鲁迅博物馆研究员陈漱渝	应台湾云林科技大学邀请，赴台参加学术研讨会
10.23 ~ 11.2	中华文化联谊会组派大陆文化艺术管理专业人士交流访问团一行 19 人	应台湾台北艺术大学邀请，赴台参加“2008 海峡两岸文化艺术管理论坛”交流访问活动
10.25 ~ 11.2	江苏省南京艺术学院教授杨易禾 2 人	应台北市国乐团邀请，赴台参加演出
10.25 ~ 11.2	浙江歌舞剧院许奕等一行 4 人	应台北市国乐团邀请，赴台参加台北胡琴节系列活动
10.25 ~ 11.4	福建省厦门市台湾艺术研究所黄永碳	应台湾戏曲学院邀请，赴台参加舞美设计等活动
10.26 ~ 29	上海歌剧院副院长魏松	应台湾新象文教基金会邀请，赴台参加演出
10.27 ~ 11.5	上海市徐汇区文化局蔡立夫等一行 10 人	应台湾“中华两岸产经文化交流协会”邀请，赴台交流考察
10.27 ~ 11.5	山东省泰安市泰山画院原副院长李宪润等 2 人	应台湾中华书道学会邀请，赴台进行书画艺术交流活
10.30 ~ 12.22	中国戏曲学院教授陈霖苍等 2 人	应台湾传统艺术总处筹备处邀请，赴台进行演出
10.30 ~ 12.31	江苏省演艺集团昆剧院演奏员戴培德等 2 人	应台湾幽兰乐坊邀请，赴台讲学
10.30 ~ 12.31	北方昆曲剧院演奏员徐达君	应台湾幽兰乐坊邀请，赴台教学交流
10.31 ~ 11.3	福建省艺术研究院院长王评章、上海艺术研究所助理研究员庄永平等 2 人	应台湾戏曲学院邀请，赴台参加学术研讨会
10.31 ~ 11.6	武汉大学教育发展公司孙庆桥及广电总局方德运等 4 人	应台湾政治大学邀请，赴台参加研讨会

续表

时间	团组或个人名称	活动情况
10.31 ~ 11.6	新闻出版总署办公厅杨月如	应台湾政治大学邀请，赴台参加研讨会
10.31 ~ 11.7	故宫博物院研究馆员王连起	应台湾师范大学艺术史研究所邀请，赴台参加学术研讨会
11.1 ~ 10	贵州省多彩贵州文化艺术团李月成等一行 66 人	应台湾两岸文化事业有限公司邀请，赴台进行演出交流
11.1 ~ 11.9	陕西省渭南市白居易书画院院长李如钢	应台湾台中县艺术家学会邀请，赴台举办书法作品展
11.1 ~ 11.30	故宫博物院研究馆员罗文华	应台湾"中央研究院"邀请赴，台进行访问研究活动
11.2 ~ 20	北京金牌大风文化传播有限公司歌手胡彦斌等一行 3 人	应台湾大大国际艺术有限公司邀请，赴台举办演唱会
11.4 ~ 12	山东师范大学学生李鳌等 4 人	应台湾任蓉表演艺术学坊邀请，赴台参加声乐大赛
11.4 ~ 13	中央音乐学院教授郭淑珍等一行 5 人	应台湾任蓉表演艺术学坊邀请，赴台参加台北世华声乐大赛
11.6 ~ 17	天津市曲艺团演员杨云	应台湾大汉玉集剧团邀请，赴台进行交流演出
11.6 ~ 18	北京人民艺术剧院马欣等 50 人	应台湾新象文教基金会邀请，赴台演出
11.6 ~ 20	福建省泉州市木偶剧团演员林文荣等一行 3 人	应台湾亦宛然掌中剧团邀请，赴台观摩偶戏演出
11.8 ~ 16	天津市曲艺团演奏员岳长乐等 3 人	应台湾大汉玉集剧艺团邀请，赴台演出
11.8 ~ 17	江苏省南京市文物局副局长杨新华等 8 人	应台湾鸿禧艺术文教基金会邀请，赴台进行交流考察活动
11.8 ~ 28	江苏京剧艺术团顾欣等一行 76 人	应台湾弘梅雅集京昆艺术团邀请，赴台演出
11.10 ~ 2009.1.8	上海昆剧团二级导演周志刚等 2 人	应台湾省台北昆剧团邀请，赴台讲学
11.11 ~ 30	辽宁省本溪市群众艺术馆演员毕谷云	应台湾省台北市弘梅雅集京昆艺术团邀请，赴台进行教学和演出
11.12 ~ 19	广东省星海音乐学院教师欧海鸥	应台湾成明合唱团邀请，赴台参加演出
11.12 ~ 11.18	上海孙中山故居纪念馆陈兆丰等 8 人	应台北"国父纪念馆"邀请，赴台举办精品展
11.13 ~ 17	福建省厦门市同安区吕实力芗剧团陈美玲等一行 43 人	应台湾金门县烈屿乡青岐村清水祖师庙邀请，赴金门演出
11.13 ~ 19	华中师范大学文学院教授陈建宪 2 人	应台湾花莲教育大学民间文学研究所邀请，赴台参加文学学术研讨会

续表

时间	团组或个人名称	活动情况
11.16 ~ 22	内蒙古自治区包头市少年宫杨文政等一行31人	应台湾“中华天使儿童村协会”邀请，赴台进行交流活动
11.16 ~ 12.6	中央音乐学院袁静芳	应台湾艺术大学邀请，赴台讲学
11.16 ~ 12.15	上海京剧院演员赵群2人	应台湾辜公亮文教基金会邀请，赴台参加演出
11.16 ~ 12.16	国家京剧院演员常贵祥	应台湾辜公亮文教基金会邀请，赴台参加排练及演出
11.17 ~ 24	中国音乐学院教师李玲玲	应台湾省高雄市国乐团邀请，赴台参加音乐会演出
11.19 ~ 25	中国文联书记处书记白庚胜等4人	应台湾“中国口传文学学会”邀请，赴台参加文化研讨会
11.20 ~ 29	国家博物馆学术研究中心副主任孙彦贞2人	应台湾“中央研究院中国文哲研究所”邀请，赴台参加研讨会
11.20 ~ 12.31	北方昆曲剧院方彤彤	应台湾台原偶戏团邀请，赴台参加剧本的创作活动
11.20 ~ 2009.1.10	上海爱听慕文化艺术策划有限公司艺人李娅莎	应台湾采姿国际开发有限公司邀请，赴台进行演艺交流
11.20 ~ 2009.1.18	审计署所属中国时代经济出版社美术编辑雷子人2人	应台湾佛光山文教基金会邀请，赴台举办作品展
11.20 ~ 2009.1.31	中央美术学院教授罗世平	应台湾佛光大学艺术学研究所邀请，赴台讲学
11.21 ~ 30	原福建省委副书记、原福建省政协副主席黄瑞霖（副部级）率福建省考古博物馆学会代表团一行6人	应台湾唐龙艺术有限公司邀请，赴台进行交流考察活动
11.21 ~ 12.2	河南省曲剧团团长郑书刚等5人	应台湾豫剧团邀请，赴台观摩演出
11.21 ~ 12.16	天津京剧院演奏员吕玉勇等3人	应台湾辜公亮文教基金会邀请，赴台参加京剧演出
11.21 ~ 12.16	北京京剧院演奏员李萍等2人	应台湾辜公亮文教基金会邀请，赴台参加排练及演出
11.22 ~ 11.30	福建省宁德市青年画家林建	应台湾“中国澹宁书法学会”邀请，赴台举办画展
11.23 ~ 30	国家文物局文物保护司副司长柴晓明等10人	应台湾沈春池文教基金会邀请，赴台参加学术研讨会
11.23 ~ 30	河南省文化厅组派“梨园飞歌·少林功”演出团崔为工等一行97人	应台湾威景国际文化事业有限公司邀请，赴台举办文化交流活动

续表

时间	团组或个人名称	活动情况
11.23 ~ 12.2	国家文物局局长单霁翔率大陆文物博物馆交流团一行10人	台湾沈春池文教基金会邀请，赴台参加学术研讨会
11.23 ~ 12.9	福建省泉州市高甲戏剧团团长吴毓秀等一行76人	应台湾省台北市文化艺术促进协会邀请，赴台举办"泉州文化台湾行"活动
11.24 ~ 29	中国音乐学院教师张维良	应台北市国乐团邀请，赴台参加音乐会演出
11.25 ~ 2009.1.4	国家博物馆退休研究馆员周宝中	应台湾省台南艺术大学博物馆学研究所邀请，赴台讲学
11.26 ~ 12.9	山西省歌舞剧院张明亮等一行75人	应台湾威景国际文化事业有限公司邀请，赴台演出
12.1 ~ 7	河南登封市少林寺武术学校释小龙等2人	应台湾长宏影视股份有限公司邀请，赴台参加电影展
12.1 ~ 8	福建省考古博物馆学会代表团黄瑞霖等6人	应台湾唐龙艺术有限公司邀请，赴台进行交流考察活动
12.1 ~ 12	中国上海国际艺术节中心柳百建等18人	应台湾唐龙艺术有限公司邀请，赴台进行交流考察活动
12.2 ~ 12.10	新疆维吾尔自治区文化厅副厅长韩子勇等7人	应台湾时艺多媒体传播股份有限公司邀请，赴台举办"丝绸之路——新疆文物展"开幕式及相关活动
12.4 ~ 9	广东省文物考古研究所水下考古研究中心副主任崔勇	应台湾台北县十三行博物馆邀请，赴台参加"考古学研讨会"
12.4 ~ 10	陕西省人民艺术剧院孙雪僮	应台湾明日工作室邀请，赴台领奖
12.4 ~ 11	中华文化联谊会和南京市政府共同组派南京文化交流访问团刘建等一行142人	应台湾良彦文教基金会和"中国青年大陆研究文教基金会"邀请，赴台北县举办"两岸城市艺术节——南京市文化艺术周"
12.4 ~ 11	中国民族声乐艺术研究会组织金铁霖等15人	应台湾声乐家协会邀请，赴台进行交流考察活动
12.5 ~ 14	广东省文化厅厅长方健宏率广东文化考察团一行12人	应台湾唐龙艺术有限公司邀请，赴台交流考察
12.7 ~ 2009.1.22	浙江昆剧团张世铮、周雪雯等2人	应台湾昆剧团邀请，赴台讲学
12.9 ~ 12.12	北京港通天地之上文化传播有限公司马山岭等10人	应台湾台北市山痴画会邀请，赴台参加彩瓷联展
12.10 ~ 15	上海音乐学院民乐系教师吴强	应台湾台南艺术大学中国音乐学系邀请，赴台参加论坛
12.10 ~ 16	江苏省南京艺术学院副教授于汉等一行12人	应台湾苗栗县文化基金会邀请，赴台进行演出交流

续表

时间	团组或个人名称	活动情况
12.10 ~ 22	福建省厦门市歌仔戏表演艺术家纪招治	应台湾廖琼枝歌仔戏文教基金会邀请，赴台参加演出
12.10 ~ 23	中国艺术研究院中国文化研究所研究员方李莉等 2 人	应台湾“中央研究院”邀请，赴台参加研究论坛
12.11 ~ 15	中国美术学院俞佳迪	应台湾领东科技大学邀请，赴台参加“平面与广告研习所”及设计颁奖活动
12.11 ~ 16	上海博物馆研究员周亚	应台湾“中央研究院”历史语言研究所邀请，赴台参加学术研讨会
12.12 ~ 21	上海文化联谊会组织上海市文化广播影视管理局李金鑫等一行 9 人	应台湾唐龙艺术有限公司邀请，赴台进行社会文化管理调研考察活动
12.12 ~ 24	湖北省武汉音乐学院副教授荣政	应台北琴园国乐团邀请，赴台参加音乐会演出
12.12 ~ 24	浙江歌舞剧院一级演奏员蒋国基	应台北琴园国乐团邀请，赴台参加音乐会演出
12.14 ~ 20	浙江省博物馆李刚等 3 人	应台湾逢甲大学邀请，赴台进行交流考察活动
12.14 ~ 23	北京岩彩天雅艺术中心王雄飞等 2 人	应台湾台中教育大学邀请，赴台举办讲座活动
12.15 ~ 2009.1.4	北京金牌大风文化传播有限公司歌手江奇霖等 2 人	应台湾金牌大风音乐文化股份有限公司邀请，赴台进行音乐专辑宣传
12.16 ~ 25	广西壮族自治区文化厅副厅长李格训等 14 人	应台湾中华华夏文化交流协会邀请，赴台进行交流考察活动
12.19 ~ 12.26	内蒙古包头市轻工技校女子军乐团徐恩和等一行 58 人	应台湾嘉义市文化基金会邀请，赴台参加演出交流
12.20 ~ 30	国家文物局所属文物出版社黄文昆及夫人张义美等 2 人	应台湾佛光山丛林学院邀请，赴台参加研讨会
12.20 ~ 2009.1.9	福建省厦门闽南文化研究会彭一万等 7 人	应台湾河洛文化事业股份有限公司邀请，赴台参加研讨交流活动
12.25 ~ 30	中国音乐学院教师邱霁	应台湾新竹县国乐团邀请，赴台参加国乐民家音乐会演出
12.26 ~ 2009.1.2	中华文化联谊会与福建省广播影视集团共同组派闽南语歌曲大赛交流访问团朱清等一行 57 人	应台湾东森电视事业股份有限公司邀请，赴台参加“全球闽南语歌曲创作演唱大赛”总决赛及颁奖晚会的演出
12.27 ~ 2008.1.5	浙江省平湖市文学艺术界联合会李仁等一行 9 人	应台湾中华文化经济交流协会邀请，赴台举办书画作品展

续表

时间	团组或个人名称	活动情况
12.28 ~ 2009.1.2	福建省厦门市翔安区南音协会康江良等一行 15 人	应台北市松山奉天宫南乐团邀请，赴台进行演出交流
12.28 ~ 2009.1.10	上海文化联谊会组派上海青年京昆剧团刘文国等一行 36 人	应台北艺术大学邀请，赴台演出交流
12.29 ~ 2009.1.3	北京戏曲艺术职业学院院长杨洪义等一行 48 人	应台湾辜公亮文教基金会邀请，赴台演出
12.29 ~ 2009.1.12	浙江省文化艺术交流促进会组派浙江省文化代表团齐有为等一行 73 人	应台湾中华文化艺术交流促进会、威景文化事业有限公司邀请，赴台举办“2008 台湾·浙江文化节”交流展演活动
2009.1.1 ~ 30	中国舞蹈家协会组联部副主任周祥华	应台湾枫香舞蹈团邀请，赴台讲学

中国文化年鉴

Chinese Culture Yearbook

文物事业

Cultural Relic Undertakings

中国文化年鉴

综　述

2008年，全国文物系统深入学习贯彻党的十七大精神，全面落实科学发展观，坚决按照党中央、国务院的战略部署，忠于职守、勇挑重担，万众一心、沉着应对，不仅取得了抗震救灾的阶段性胜利，精心组织了文物系统迎奥运工作，而且出色地完成了各项重点工作，保持了文化遗产事业持续发展的良好势头。

一、周密组织文物系统抗震救灾工作

四川汶川特大地震对众多珍贵文化遗产造成了前所未有的破坏。在党中央、国务院的坚强领导下，全国文物系统组织开展了一场救援速度最快、动员范围最广、投入力量最大的灾后文化遗产抢救保护行动。

迅速反应，及时展开文化遗产灾后规划工作。地震发生后，全国文物系统以灾情为最高命令、以救灾为神圣使命，紧急动员、迅速行动。在第一时间，国家文物局和震区文物行政部门迅速启动应急机制；在第一时间，深入灾区第一线直接指挥协调文物保护工作；在第一时间，震区各文物、博物馆单位启动应急预案，开展自救工作。抗震救灾期间，国家文物局共先后召开会议17次，发文、办理上级批示等102件，争取设立紧急抢险专项经费3000万元，在最短的时间内完成涵盖灾区各省120余万字的专项规划和评估报告。《文物抢救保护修复专项规划》被纳入《国家汶川地震灾后重建规划》，文化遗产保护的内容被纳入国家《汶川地震灾后恢复重建条例》。

广泛动员，开展文物系统对口支援工作。面对特大地震灾害，全国文物系统风雨同舟、和衷共济，充分发扬全国一盘棋的大团结大协作精神。文物系统各级党组织和广大党员倾力支持、守望相助。广大干部职工奉献爱心、捐款捐物，向灾区人民伸出援助之手；广大党员争先恐后、慷慨解囊，自发向党组织交纳特殊党费；一批具有甲级资质的文物保护工程勘察设计单位，以及12家国家文物局重点科研基地，向灾区文博单位开展科技援助；首批83家国家一级博物馆集体倡议，帮助灾区博物馆修复文物、恢复展览。组织召开全国文物系统支援地震灾区文物抢救保护工作会议，积极开展文物系统对口支援工作，开展文物系统抗震救灾先进集体、先进个人评选表彰活动，鼓舞和坚定灾区文物工作者夺取抗震救灾斗争胜利的勇气和信心。

科学规划，快速启动灾后文化遗产抢救修复工程。灾后文化遗产保护是鼓舞灾区人民重建家园信心的重要举措。2008年6月30日，启动都江堰古建筑群抢救修复工程；7月15日，启动理县桃坪羌族碉楼与村寨抢救修复工程；10月13日，启动马尔康松岗直波碉楼抢救保护工程；彭州领报修院、新都宝光寺、罗江庞统祠墓等10余个文物抢救保护项目正有序推进。此外，组织开展“5·12”地震遗址博物馆的前期研究，推动建立地震遗址博物馆；协调编制茂县羌族博物馆重建规划，开展羌族文化遗产保护等。这对恢复城市功能、促进经济社会发展、振奋灾区群众重建家园的信心，具有重要作用。

二、精心筹办文物系统迎奥运活动

举办一届有特色、高水平的奥运会、残奥会，既是中国人民对国际社会的郑重承诺，也是包括文物战线在内的全国各条战线的重要任务。文物系统秉承人文奥运的理念，发挥文化遗产的独特优势，精心组织文物系统迎奥运活动。

加大文物保护力度，实现平安奥运的目标。为迎接奥运，北京、天津、上海、青岛、沈阳、秦皇岛等奥运举办城市的文物部门制订迎奥运文物保护计划，加大了文物保护和修缮力度，扩大了文物保护单位开放的范围；开展无障碍设施改造，不断改善服务。召开迎奥运文物安全工作会议，会同公安部对奥运举办城市进行安全检查。指导督促相关文物、博物馆单位完善技防、消防基础设施，制定突发事件应急预案。开展相关培训，提高安全意识和突发事件应急处置能力。

精心筹备各项展览，营造浓郁的文化氛围。积极支持和协调各有关文博单位加强文物资源的整合共享，全力提供专业指导和服务；全国各相关文物部门讲大局、讲风格，密切协作，确保各项迎奥运展览活动圆满成功。奥运期间，仅北京地区博物馆就推出各类迎奥运文物展览140余项。“奇迹天工——中国古代发明创造文物展”、“中国记忆——5000年文明瑰宝展”和“世界瑰宝——

中华人民共和国外交礼品特展”等一批展览获得较大反响，中国文物交流中心等单位和个人获得奥运会、残奥会文化活动先进集体、先进个人荣誉称号。

做好对外宣传工作，热情为媒体提供优质服务。根据迎奥运新闻宣传计划，国家文物局先后在2008北京国际新闻中心和人民网直播现场，举办两场新闻发布会、一场网上采访。在奥组委成立媒体“一站式”服务办公室，为37个国家72家媒体和记者提供了热情、周到、细致的服务，完成奥运期间文物拍摄审批近160件。一些文物、博物馆单位为媒体采访和报道开启了绿色通道。

三、扎实开展第三次全国文物普查

2008年以来，全国文物系统根据第三次全国文物普查的总体安排，认真落实既定的工作目标和各项任务。9月22日，中央政治局委员、国务委员、国务院第三次全国文物普查领导小组组长刘延东主持召开了国务院第三次全国文物普查领导小组第二次（扩大）会议，充分体现了党中央国务院对文物普查的高度重视，推动了各方面工作。

各级政府责任到位，成员单位积极参与。国务院第三次全国文物普查领导小组增补中央党史研究室为成员单位，组织督察组对黑龙江、吉林、辽宁、贵州、云南五省文物普查进展情况进行联合督察。召开“全国文物系统深入学习实践科学发展观座谈会暨第三次全国文物普查办公室主任工作会议”，全面落实国务院普查领导小组会议精神。截至12月初，有26个省区市召开本地区文物普查领导小组会议，有17个省区市逐级签订文物普查政府责任书。

第一阶段任务顺利完成，各项工作组织有序。全国省、市、县三级普遍成立了文物普查工作机构，参与文物普查工作人员超过4.1万人，其中一线普查队员2.47万人；2008年度全国文物普查经费到位4.85亿元，一线普查队员野外补助等问题得到明显改善；文物普查培训工作广泛开展，全国培训各类人员累计6.96万人次。

第二阶段工作全面推进，实地调查成果丰硕。截至11月初，全国有2587个县级行政区域启动了实地调查，启动率达到90.4%；已调查登记不可移动文物21.3万处，其中新发现13万多处，复查约8.3万处，全国实地调查覆盖率达到34.6%；全国有206个县级行政区域已经率先完成田野工作。完成普查标准规范与专用软件修订工作，开展全国地市级文物普查队长冬季轮训。

宣传动员卓有成效，社会参与热情日益高涨。国家文物局2008年两次组织中央新闻媒体走近普查第一线，举办“第三次全国文物普查摄影图片展”、“第三次全国文物普查征文”等活动；各级普查机构联合广大新闻媒体，通过举办展览、开通热线、招募志愿者、散发宣传品等方式，大力宣传文物普查知识、阶段性成果和广大文物普查工作者的精神风貌。

四、稳步推进博物馆免费开放

在中央领导同志的亲切关怀下，经过中宣部、财政部、文化部和国家文物局的统筹谋划和精心组织，年初，四部门联合印发了《关于全国博物馆、纪念馆向社会免费开放工作的通知》，国家文物局召开免费开放工作会议，开展免费开放工作调研。目前，免费开放工作正按既定计划稳步推进，取得阶段性成果。

试点工作有序开展，经费保障逐步落实。自2008年3月至11月30日，除西藏、海南外，其余29个省份列入2008年向社会免费开放试点名单的500座博物馆中，已有494座陆续实现了免费开放，另有521座博物馆主动向社会免费开放。自2008年6月5日起，财政部分三批下达地方免费开放试点博物馆专项补助资金9.7852亿元，截至9月30日，已基本下达到试点博物馆。

观众人数大幅度提升，社会效益明显提高。自2008年3月至11月底，免费开放的博物馆接待观众已突破1亿人次，其中试点博物馆接待近6200万人次，为2007年同期的2～3倍。当前试点博物馆观众量已从免费开放之初的“爆棚”、“井喷”，回落到常态。

内部管理不断完善，展陈服务水平有所提高。各博物馆通过制定免费开放管理办法，公布服务项目，明确参观要求等，引导观众有序参观。开展免费开放调研，创新体制机制。加强内部机构调整，提高博物馆的运行效率。探索展示艺术和表现手法，适当调整基本陈列，不断推出优秀的展览。开展免费开放安全检查，确保观众和文物安全。

五、认真做好其他重点工作

法规制度建设卓有成效，执法力度逐步加大。国务院颁布《历史文化名城名镇名村保护条例》。《博物馆条例（草案稿）》已上报国务院，并向社会征求意见。《文物认定管理办法》、《文物保护单位保护管理办法》取得进展。开展东北、华北、西北、华东、中南、西南等6片区文物消防安全督察、免费开放安全检查，完成奥运举办城市文物安全工作。开展全国文物系统安全大检查，对全国31个省份2741个县级以上行政区域的文物安全工作现状，以及2351处全国重点文物保护单位、421座重点博物馆的安全保卫情况进行了较为系统的检查摸底。督办文物行政违法案件百余起。执法程序进一步规范，文物执法专项督察工作初见成效。

重大文物保护工程取得进展，第七批国保单位申报前期工作进展顺利，申报标准和信息采集标准制定工作已经完成。西藏三大工程文物建筑主体维修工程完成，九大维修工程开始实施。应县木塔现状加固、监测保护方案深化工作正式展开。晋东南早期建筑保护工程的试点和实施工作稳步推进。涉台文物保护前期工作进展顺利。河北鸡鸣驿城保护工程全面启动。召开全国文物保护工程经验交流会。《文物保护工程审批管理暂行规定》颁布，并在部分省（区、市）试行。

考古工作继续推进，大遗址保护成绩斐然。完成三峡工程田野考古发掘任务。稳步实施南水北调、川气东送、西气东输二线、京沪高铁等大型工程中的考古和文物保护工作。组织沿海相关地区开展水下文物普查工作。推进中肯、中蒙合作考古项目；加强与日本、美国等国专业考古科研机构的交流与合作。召开全国大遗址保护工作现场会，推广大遗址保护“无锡经验”；召开西安大遗址保护高峰论坛，形成“大遗址保护西安共识”。继续做好丝绸之路（新疆段）、西安片区和洛阳片区、大运河等重点大遗址保护和展示重点项目。

世界遗产工作有序开展，长城资源调查卓有成效。福建土楼申报世界文化遗产成功，丝绸之路沙漠线路联合申遗、大运河保护与申遗、杭州西湖文化景观申遗准备工作等顺利推进；完成明长城资源调查工作和山海关长城工程。举办东亚地区木结构彩画保护国际研讨会，形成了《东亚地区彩画保护与修复的北京备忘录》。

博物馆评估定级工作全面启动，社会文物管理力度加大。正式启动博物馆评估定级工作，公布首批国家一级博物馆83家；指导中国博物馆学会完成改选换届工作。规范文物市场，加强文物进出境审核，开展文物进出境责任鉴定员考核工作和文物进出境审核机构核查工作。首次集中审批了申请增加第一类文物拍卖资质的拍卖企业。成功追索非法流失到丹麦的中国文物156件。

行业科技成果显著，教育培训工作扎实推进。“中华文明探源工程”等4项文化遗产保护领域国家科技支撑计划重点项目取得丰硕成果，顺利通过中期验收。“指南针计划”取得阶段性成果。开展可移动文物保护管理体系建设，加强重点科研基地的规范管理。颁布首批9项行业标准。开展省、地（市）文博管理干部和全国重点文物保护单位保护管理机构负责人培训，配合第三次全国文物普查、汶川地震灾区文物保护工作等举办培训10批次，促进了相关工作的开展。

宣传和调研工作持续开展，信息公开全面铺开。组织中央媒体，围绕文物普查、免费开放和文物系统抗震救灾等开展系列宣传活动。周密组织“文化遗产日”活动，大力营造“文化遗产人人保护，保护成果人人共享”生动局面。完成贯彻党的十七大精神专题调研、改革开放30周年专题调研。依托专业机构完成2008年文化遗产蓝皮书和公众参与文化遗产保护状况等调研。开展全国文物先进县调研，召开首届全国文物工作先进县（市）长论坛。各地文物部门围绕重点工作，结合工作实际，开展系列调研活动。加强文物系统信息化建设，主动公开文化遗产保护相关信息，推进文物行政部门工作信息化、公开化和规范化，促进政府职能转变。

外事工作深入开展，对外交流与合作富有成效。政府间的交流与合作不断深化，与智利、斯里兰卡、塞浦路斯、委内瑞拉签署了防止盗窃、盗掘和非法进出境文物的双边协定，与希腊、哥伦比亚签署了部门间意向书。与国际组织的合作关系不断加强。出入境文物展览水平和质量不断提高。驻华使节、外交官走进中国文化遗产活动富有成效。召开国家文物局文物外事工作座谈会，加大外事人员培训力度，文物外事工作更加规范。

专　题

党建工作

【围绕抗冰雪灾害和抗震救灾斗争积极开展工作】

2008年2月，我国南方部分地区发生严重冰雪灾害，国家文物局直属机关党委组织机关和各直属单位广大干部职工向冰雪灾区捐款，捐款数额超过40万元。

5月12日，四川汶川发生特大地震灾害。国家文物局党组带领机关干部冒着余震，不顾生命危险，奋战在抗灾斗争第一线，慰问灾区文物系统干部职工，指导抗震救灾文物保护抢险工作。直属机关党委组织机关和直属单位干部职工踊跃捐款50万元。而后，按照中央组织部有关交纳“特殊党费”支援抗震救灾工作的通知精神，发动组织党员干部交纳“特殊党费”。局系统党员干部积极响应，有501名党员累计交纳“特殊党费”365556元，自愿交纳“特殊党费”1000元以上的党员167名。6月6日下午，国家文物局举办抗震救灾报告会，局机关和直属单位160多名团员、青年及机关干部职工参加了报告会，局党组书记、局长单霁翔做抗震救灾报告，用抗震救灾精神教育干部职工，激励大家为抗震救灾斗争做贡献。

【开展深入学习实践科学发展观活动】

按照党中央的部署，国家文物局在中央第11指导检查组的指导和文化部党组的领导下，自2008年9月起，开展深入学习实践科学发展观活动。

9月21日，国家文物局党组书记、局长单霁翔主持局党组会议，认真学习胡锦涛总书记在全党深入学习实践科学发展观活动动员大会暨省部级主要领导同志专题研讨班上的重要讲话精神。

9月25日，国家文物局直属机关党委召开全委（扩大）会议，要求基层党组织认真做好开展深入学习实践科学发展观活动各项准备工作。

10月8日上午，国家文物局召开深入学习实践科学发展观活动动员大会。中央学习实践活动第11指导检查组组长、江西省政协主席傅克诚，副组长、全国政协常委、原国家安监总局副局长、党组副书记王显政，以及指导检查组全体成员出席大会。局党组书记、局长单霁翔，局党组副书记、副局长张柏，局党组成员、副局长董保华、童明康出席大会。局机关和各直属单位全体党员参加大会。单霁翔代表局党组作学习实践活动动员讲话。他说，开展深入学习实践科学发展观活动，是坚持用马克思主义中国化最新成果武装全党的重大举措，是推进文化遗产事业科学发展的迫切需要，是提高党的执政能力、保持和发展党的先进性的必然要求，是顺应人民新期待、进一步密切党同人民群众血肉联系的重要步骤。他说，各级党组织要正确把握学习实践活动的指导思想、主要原则和目标要求，着力解决影响和制约科学发展的突出问题。国家文物局将“加强文化遗产保护能力建设，推进文化遗产事业科学发展”作为学习实践活动的实践载体，突出解决加强文化遗产保护能力建设的问题。他要求各级党组织抓住关键环节，确保学习实践活动扎实开展；加强对学习实践活动的领导，务求学习实践活动取得实效。中央学习实践活动指导检查组组长傅克诚在大会上讲话。他说，国家文物局承担着拟定文物、博物馆事业的发展方针、政策、法规和规划，指导、协调文物的管理、保护、抢救、发掘、研究、出境、宣传等重要职责，同志们一定要自觉把思想和行动统一到中央要求上来，进一步增强责任感和使命感，以认真负责的态度、改革创新的精神、求真务实的作风，紧密结合国家文物局实际，创造性地开展工作，确保学习实践活动取得实实在在的效果，在深化理论武装上下工夫，在解决突出问题上下工夫，在完善体制机制上下工夫。

10月13日下午，国家文物局党组中心组召开会议，集体学习中共十七届三中全会精神，认真研讨深入学习实践科学发展观活动。

10月14日，国家文物局举行深入学习实践科学发展观活动报告会。单霁翔做题为《学习实践科学发展观与文化遗产事业科学发展》的报告。

10月14～17日，国家文物局举办学习实践科学发展观主题研讨班，局机关处以上干部和各直属单位领导班子成员85人参加学习研讨。

10月19～20日，全国文物系统深入学习实践科学发展观活动座谈会在浙江省余姚市召开。单霁翔在座谈会上做报告。

10月29～30日，局直属机关党委举办基层党支部书记学习实践活动培训班。

10月31日～11月21日，国家文物局党组成员深入局机关各司室和各直属单位召开14次现场办公会，调研指导学习实践活动。

11月13日，国家文物局召开深入学习实践科学发展观研讨会。单霁翔、张柏在大会上交流学习体会。鲁迅博物馆馆长、副书记孙毅，中国文化遗产研究院党委书记、副院长孟宪民、文物出版社党委书记、副社长张全国，局办公室副主任叶春，人事教育司司长侯菊坤等分别在大会发言。

11月24日，国家文物局召开会议总结学习调研阶段成果，部署分析检查阶段工作。

12月11日，局党组召开学习实践科学发展观专题民主生活会。单霁翔、张柏、董保华、童明康在生活会上发言。中央学习实践活动第11指导检查组组长傅克诚、副组长王显政以及检查指导组其他同志出席了会议。局机关各司室、各直属单位负责同志，机关党员代表列席了会议。

12月中下旬，局机关各党支部、各直属单位党委、总支、支部相继召开学习实践科学发展观专题组织生活会，紧密围绕学习实践科学发展观，紧密联系党的十六大以来科学发展的实践，结合本单位本部门工作实际，认真查找影响和制约文化遗产事业科学发展的突出问题和党性党风党纪方面的突出问题，深挖思想根源，提出整改措施。36个基层党支部也召开了党支部专题组织生活会。全体党员干部在生活会上围绕学习实践科学发展观，诚心诚意地查找问题，严肃认真地分析原因，实事求是地明确整改方向。通过专题组织生活会，进一步加深了对科学发展观的理解，深化了对解放思想的认识，增强了推进文化遗产事业科学发展的紧迫感和责任感。

【加强机关和直属单位思想政治建设】

机关和各基层党支部“七一”期间积极开展主题党日活动。通过重温入党誓词、参观党史展览、先进事迹交流、走访慰问老党员和困难党员等多种方式开展主题党日活动，引导党员干部坚定理想信念，保持先进性。直属机关党委开展“我为文化遗产事业发展献计献策”征文活动，得到基层党组织和党员干部的积极响应，共收到论文27篇，体现出广大党员干部对文化遗产事业的执著热爱，对事业的发展高度关注和积极投入。征文活动评出一等奖2名，二等奖3名，三等奖5名，组织奖1名。

【加强党风廉政建设】

2008年2月15日，国家文物局召开系统党风廉政建设大会，认真学习传达胡锦涛总书记在中央纪委二次全会上的重要讲话，教育党员干部树立胡锦涛总书记倡导的8个方面良好作风，提出贯彻落实的实施意见。制定《国家文物局2008年度党风廉政建设和反腐败工作任务分工》，明确责任，抓好落实。

加强党员干部廉洁自律工作。按照中央有关规定，组织党员领导干部认真开展报告个人有关事项工作和收入申报工作。局机关副处级以上党员领导干部、直属单位副局级以上党员领导干部共98人全部进行了个人申报工作。

认真开展政府采购领域治理商业贿赂专项工作。按照有关要求，对2001年以来政府采购活动进行自查自纠。

做好信访工作。局直属机关纪委共收到群众来信来访48 件(次)。

人事工作

【直属事业单位岗位设置管理】

1. 岗位设置管理

2008年3月，国家文物局召开人事工作会议，研究、部署直属事业单位岗位设置管理实施工作；4月，印发《国家文物局直属事业单位岗位设置管理工作补充意见（暂行）》；8月，完成各直属单位岗位设置管理实施方案、岗位总量、最高等级和结构比例的审核、批复工作；9月，完成局系统专业技术二级岗位拟聘人员的遴选、审批工作；10月，各单位进入岗位聘用阶段，11月、12月各单位陆续完成同时聘用在管理岗位和专业技术岗位即“双肩挑”人员报批工作，以及岗位聘用实施情况备案工作。

2. 专业技术二级岗位评审

经国家文物局专业技术二级岗位专家评审委员会评审推荐，国家文物局党组研究同意，陈漱渝（北京鲁迅博物馆研究馆员）、邓文宽（中国文化遗产研究院研究馆员）、葛承雍（文物出版社教授）、刘兰花（女，中国文化遗产研究院研究馆员）、吴加安(中国文物信息咨询中心研究员)、张囤生（中国文物报社编审）等6人具备专业技术二级岗位任职资格。

【表彰奖励】

1. 抗震救灾表彰

5月12日，四川省汶川地区发生里氏8.0级特大地震。面对这场突如其来的地震灾害，在党中央、国务院和中央军委的正确领导下，全党全军全国各族人民全力投入抗震救灾工作。灾区广大文物工作者临危不惧、不怕牺牲、忠于职守、坚守岗位，积极抢救人民群众生命财产，积极抢救保护文化遗产，彰显了文物工作者对国家和事业的忠诚，涌现出一批可歌可泣的先进集体和先进个人。

为表彰先进，激励文物系统广大干部职工全力投入抗震救灾工作，国家文物局决定，授予四川省绵阳市文物管理局等11个单位“文物系统抗震救灾先进集体”荣誉称号，授予四川省都江堰市灵岩山文物管理所张秀等19人“文物系统抗震救灾先进个人”荣誉称号。

（1）文物系统抗震救灾先进集体名单（11个）

四川省成都市都江堰市文物管理局、四川省德阳市什邡市文物管理所、四川省绵阳市文物管理局、四川省广元市青川县文物管理所、四川省雅安市汉源县文物管理所、四川省阿坝州茂县羌族博物馆、四川省阿坝州汶川县文物管理所、四川省绵阳市平武县报恩寺博物馆、重庆市红岩联线文化发展管理中心、陕西省宝鸡市文物事业管理局、甘肃省陇南市成县博物馆。

（2）文物系统抗震救灾先进个人名单（19名）

张秀（四川省成都市都江堰市灵岩山文物管理所所长、支部书记）、卞再斌（四川省成都市都江堰市文物局党总支书记、常务副局长）、刘学勤（四川省成都市都江堰市文物管理局保管员）、杨东（四川省成都市杜甫草堂博物馆宣教部副科长、挂职彭州市磁峰镇滴水村党支部副书记）、丁武明（四川省成都市彭州市文物保护管理所所长）、谢之战（四川省德阳市绵竹县文物管理所副所长）、王锡鉴（四川省绵阳市文物管理局局长）、高泽友（四川省绵阳市北川羌族自治县民俗博物馆馆长）、张敏（四川省绵阳市江油市文物管理所所长）、李蓉（四川省广元市青川县文物管理所所长）、卫洪强（四川省雅安市汉源县文物管理所所长、邓勇（四川省阿坝州文物管理所办公室主任）、蔡清（四川省阿坝州茂县羌族博物馆馆长）、银福忠（四川省阿坝州理县文物管理所员工）、董旭梅（四川省阿坝州汶川县文物管理所管理员）、窦友华（陕西省汉中市宁强县博物馆管理员）、廖北远（甘肃省文物局副局长）、苟长途（甘肃省陇南市康县文化体育局局长）、何晓虹（甘肃省陇南市宕昌县哈达铺红军长征纪念馆馆长）。

2. 郑振铎、王冶秋文物保护奖表彰

郑振铎、王冶秋等老一辈文物工作者为我国文物、博物馆事业的开创与发展呕心沥血、历尽艰辛，他们是新中国文物、博物馆事业的奠基人和开拓者。为弘扬他们为新中国文物、博物馆事业艰苦创业、百折不挠的光荣传统，宣传我国西部地区基层文物工作者爱岗敬业、无私奉献的精神，激励广大文物工作者以崭新的精神风貌和饱满的工作热情投身于文化遗产事业，国家文物局决定，表彰重庆市文物考古所等12个单位为“郑振铎、王冶秋文物保护奖”先进集体，王孝阳等41名同志为“郑振铎、王冶秋文物保护奖”先进个人。

（1）“郑振铎、王冶秋文物保护奖”先进集体名单（12个）

四川省文物考古研究院、重庆市文物考古所、云南省扎西会议纪念馆、贵州省镇远县文物管理局、西藏自治区昌都地区文化局文物管理科、陕西省延安革命纪念馆、甘肃省高台县博物馆、青海省乐都县文物管理所、宁夏回族自治区文物考古研究所、新疆维吾尔自治区哈密地区伊吾县文物管理局、广西壮族自治区柳州市博物馆、内蒙古自治区宁城县辽中京博物馆。

（2）“郑振铎、王冶秋文物保护奖”先进个人名单（41名）

雷雨（四川省文物考古研究院三星堆遗址工作站站长、副研究馆员）、江章华（四川省成都市文物考古研究所副所长、研究馆员）、张跃辉（四川省广汉市文物管理局局长、广汉三星堆博物馆常务副馆长、副研究员）、唐光孝（四川省绵阳市文物管理局副局长、副研究馆员）、王孝阳（重庆市武隆县文物管理所、博物馆所长、馆长）、刘豫川（重庆市重庆中国三峡博物馆 党委副书记、副馆长、研究馆员）、厉华（满族，重庆市红岩联线文化发展管理中心党委书记、主任、研究馆员）、和桂华（纳西族，云南省迪庆藏族自治州博物馆馆长、馆员）、杨安宁（满族，云南省昆明市五华区文物管理所所长）、马娟（女，回族，云南省临沧市文物管理所所长、副研究员）、龙小平（女，苗族，贵州省惠水县文物管理所所长）、吴文华（侗族，贵州省铜仁地区文物局主任、馆员）、彭银（女，贵州省贵阳市文物管理所所长、书记、副研究馆员）、程晓钟（甘肃省大地湾文物保护研究所所长、副研究员）、杜永强（甘肃省会宁县博物馆馆长、助理馆员）、杨国文（甘肃省酒泉市文物管理局局长）、李宏伟（甘肃省瓜州县博物馆馆长、助理馆员）、李汉财（藏族，青海省湟中县博物馆馆长、馆员）、多杰才培（藏族，青海省泽库县人大，机械工程师，退休）、陈刚（青海省海南州贵德县文物管理所所长、助理馆员）、王金铎（宁夏回族自治区固原市原州区文物管理所所长、助理馆员）、丁西林（回族，宁夏回族自治区青铜峡市文物管理所干部）、张勇（新疆维吾尔自治区吐鲁番地区文物管理局办公室主任、文博馆员）、赵莉（女，回族，新疆维吾尔自治区龟兹石窟研究所副所长、副研究馆员）、王博（新疆维吾尔自治区博物馆研究馆员）、居麦尼亚孜·图尔逊（维吾尔族，新疆维吾尔自治区和田地区文物局陈列宣教科科长）、黄胜敏（壮族，广西壮族自治区右江民族博物馆馆长、副研究员）、李义凡（广西壮族自治区玉林市博物馆副馆长、馆员）、梁富林（壮族，广西壮族自治区河池市文物管理站站长、副研究馆员）、李兴盛（内蒙古自治区乌兰察布市博物馆馆长、副研究馆员）、张牧林（内蒙古自治区将军衙署博物院院长、副研究馆员）、刘志兰（女，内蒙古自治区鄂尔多斯文化局副局长）、胡延春（内蒙古自治区巴彦淖尔市文物工作站站长、副研究馆员）、哈比布（回族，西藏自治区文物保护研究所副所长）、马秀英（女，藏族，西藏自治区昌都地区文化局党组书记、副局长）、强巴格桑（藏族，西藏自治区布达拉宫管理处处长）、更堆加措（藏族，西藏自治区山南地区文物局副局长、馆员）、翟文勇（陕西省略阳县灵岩寺博物馆馆长、馆员）、王改户（陕西省延安市文物局文物科科长）、李广（陕西省镇安县文物管理所所长、助理馆员）、吉英逊（陕西省韩城市博物馆馆长、馆员）。

【干部管理】

加强国家文物局机关公务员的组织性、纪律性，规范请假、考勤制度，根据国家有关规定，结合局机关实际，2008 年 3 月中旬印发《国家文物局机关公务员考勤暂行办法》。

任命孟宪民为国家文物局博物馆司巡视员（正局级）；任命张建新为国家文物局博物馆司副司长，免去其国家文物局办公室副巡视员兼外事处处长职务；任命王莉为国家文物局政策法规司副司长，免去其国家文物局博物馆司副巡视员兼社会文物处处长职务；任命周明为国家文物局人事教育司副司长，免去其国家文物局政策法规司副司长职务；免去何戍中国家文物局政策法规司法规处处长职务；任命唐炜为国家文物局博物馆司社会文物处副处长，免去其国家文物局文物保护司文物处副处长职务。

王军任国家文物局政策法规司司长试用期满，按期转正；张健任国际友谊博物馆馆长（正局级）、安来顺任国际友谊博物馆副馆长、郭俊英任北京新文化运动纪念馆副馆长（副局级、主持工作）、何洪任北京新文化运动纪念馆副馆长（副局级）、李让任中国文物报社总编辑助理；张忠志任中国文物交流中心主任助理试用期满，按期转正。

调张和清到国家文物局工作，任办公室外事处处长；调张建华到国家文物局工作，任政策法规司法规处处长；调侯卫东到中国文化遗产研究院工作，任副总工程师。

【社会组织管理】

为加强对国家文物局管理的文博社会组织的管理，促进文博社会组织健康发展，根据《社会团体登记管理条例》、《基金会管理条例》等法律和行政法规，2008 年 7 月下旬印发《国家文物局社会组织管理暂行办法》；2000 年 10 月 8 日发布的《国家文物局社会团体管理暂行办法》同时废止。

抗震救灾中，6 家局管社会组织积极募捐，共向灾区捐款 70 万，其中，中国文物保护基金会捐款 53.8 万元。

【基础工作】

为贯彻全国组织工作会议精神、落实中组部部署，2008 年 4 月印发《国家文物局系统人事部门开展“讲党性、重品行、作表率”活动方案》，从 2008 年至 2010 年在局系统人事部门开展为期 3 年的“讲党性、重品行、作表率”树组工新形象活动。

继续推动直属单位人事档案信息化建设工作，

各直属单位在册人员基本信息已录入“中国人事信息管理系统”（3.3版）。

法规建设

【积极推进文化遗产法制建设】

法制建设是文化遗产事业的一项基础性工作，是文化遗产工作的法律依据和制度保障，做好文化遗产法制工作一直是文化遗产事业发展中主要任务之一。《国务院关于加强文化遗产保护的通知》提出“到2010年，初步建立比较完备的文化遗产保护制度，到2015年，基本形成较为完善的文化遗产保护体系”的总目标，对文化遗产法制建设提出了明确的任务和新的更高要求。虽然目前文物保护法律法规体系框架已经初步建立，但是丰富和完善这一法律法规体系仍是文化遗产法制建设的长期任务。为此，法规处在各部门支持下，积极开展立法工作，推进文化遗产法制进程，主要做了以下四方面工作：

1. 修改完善《博物馆条例（送审稿）》。《博物馆条例》是2008年1月报国务院法制办研究的。此后，国家文物局配合法制办通过网络等多种形式公开征求社会各界意见和建议，并根据反馈的意见和建议，对送审稿进行了较大幅度的修改完善。8月29日，政策法规司、博物馆司和文化部法规处有关领导和国务院法制办教科文卫司领导，就《博物馆条例（送审稿）》中的一些问题进行了沟通协商。10月10日，法制办召开了10个部门参加的研讨会，对条例中涉及的几个主要问题进行会商。2009年1月8～9日，法制办教科文卫司与国家文物局政策法规司、博物馆司以及文化部法规处共同对《博物馆条例》进行了研究修改，在许多问题上达成了一致，在进一步完善后再征求有关部门意见。

2. 起草《文物认定管理办法》。《中华人民共和国文物保护法》第二条第二款规定：“文物认定的标准和办法由国务院文物行政部门制定，并报国务院批准。”为落实《文物保护法》的规定，起草了《中华人民共和国文物认定条例（草案稿）》，并书面征求了各地方文物行政主管部门和有关专家的意见，采纳了合理的意见与建议，对该草案稿进行了再修改。根据局领导先以部门规章发布试行的指示，拟定了《文物认定管理办法》，征求文物保护司、博物馆司等部门的意见后，报送文化部审议。

3. 起草《文物保护单位保护管理办法》。我国文物保护单位管理制度实施已经有50余年时间，现行《文物保护法》和《文物保护法实施条例》对文物保护单位也都作出了比较详细的规定，是比较成熟的文物保护法律制度。但是，现行政策对法律法规的内容有所发展，法律法规实施当中也出现了不少尚需进一步明确和细化的问题，有些制度还需要进一步完善，有必要制定文物保护单位保护管理的具体办法。在对一些文物保护单位进行专门调研，听取部分文物保护单位管理机构、地方文物行政部门、有关业务司以及部分专家意见和已有成果的基础上，研究起草了《文物保护单位保护管理办法（草案稿）》，并专门与文物保护司进行座谈讨论。2008年12月17日在成都召开的全国文物保护工程经验交流会上，征求了部分省、区、市文物行政部门代表的意见。拟再征求专家意见后，进行进一步修改，争取2009年报文化部以部门规章形式发布。

4. 修订《行政许可项目说明》。国家文物局于2004年5月发布《行政许可项目说明》，4年来，由于法律法规和国务院有关决定发生变化，国家文物局负责的行政许可项目也进行了调整，有的被取消，有的被下放，有的被转移给其他部门。为了更方便申请人查询办理，有必要对《行政许可项目说明》进行重新修订。目前，我们已经根据法律法规和国务院的决定，起草了修订稿，并正在征求有关部门的意见。

【加强立法调研工作，编制立法工作规划】

为确保文化遗产法规制度更能体现文化遗产工作的实际，科学性、可操作性更强，切实解决实际工作中产生的问题，国家文物局政策法规司法规处专门就《博物馆条例》、《文物认定条例》、《文物保护单位保护管理条例》等立法项目内容，进行立法调研。考察了部分文博单位，听取了地方文物行政部门和部分专家的情况介绍，对于相关立法项目的意见和建议。此外，在起草法规草案过程中，还有针对性地赴文物保护单位进行实地考察，并利用参加各种研讨会的机会听取各界意见。

为更好地推动国务院提出的文化遗产保护的

总体目标实现，统筹考虑文物立法项目安排，进一步促进文化遗产事业全面协调可持续发展，按照国家文物局领导和司领导指示，拟定《国家文物局2009～2015年立法工作规划》。

【加强文化遗产法制研究与法制宣传工作】

为进一步加强法制研究和宣传，总结全国文物保护立法工作的经验，编辑出版了《文化遗产保护地方法律文件选编》。研究编写《文物法制工作改革开放30年》纪念文章。组织召开了《历史文化名城名镇名村保护条例》座谈会。为加强文物法制教育与宣传，委托文物出版社联合北京电视台录制播放了两部文物法制专题片，专题片播出后收视效果比较好，收视率排名在北京电视台同类节目中居第三位。

【其他工作】

圆满完成人大与政协共110件建议、提案答复工作。完成文物系统行政许可项目统计报表，并报送给行政审批制度改革工作部际联席会议办公室。向国务院法制办报送2009年立法项目。完成全国人大法工委、最高人民检察院、人民解放军总后勤部、文化部、国家统计局、国务院法制办等单位有关法规征求意见的研究回复。参加执法督查处、世界遗产处、故宫博物馆、长城学会等举办的研讨会。

文物安全与执法督察

【全国文物系统安全大检查】

在连续4年对全国26省区市的287个文物保护单位和博物馆开展以文物安全检查为重点的行政执法专项督察的基础上，2008年下半年，国家文物局结合学习实践科学发展观活动，部署全国文物系统，集中力量，进行了为期50天的文物安全大检查。这是新中国成立以来规模最大、范围最广的一次文物安全专项检查行动，完成了85%的全国重点文物保护单位和58%的重点博物馆的安全检查，内容包括安全防范设施、队伍及管理情况，采集了近50万项数据。

通过实地检查及对各地自查上报数据进行系统分析，发现当前文物安全存在巨大隐患，文物安全形势严峻：一是法人违法现象严重，损毁破坏文化遗产及其原生环境的事件频频发生；二是盗窃、盗掘、走私文物等犯罪活动猖獗；三是各地各级文物安全监管与执法机构不健全、队伍严重缺编，文物、博物馆单位安全防范设施严重短缺。国家文物局将有关情况及时向国务院进行报告，并积极与相关部门进行沟通，初步形成了加强文物安全工作的若干意见。

【奥运举办城市文物安全检查】

为保障游客和文物安全，提高各文物、博物馆单位应急处置能力，全力确保北京奥运会顺利举办，国家文物局副局长董保华带队于5月20～30日对北京、天津、上海、青岛、沈阳、秦皇岛等地的40余处世界文化遗产地、全国重点文物保护单位和国家一级博物馆进行了安全检查，检查内容包括技防和消防设施建设、规章制度建设与执行、各类应急预案制定与演练、干部职工安全知识与技能掌握情况等等。检查组采取专家考核、实地查看、问卷调查、模拟演练和座谈等多种方式对各单位的安全工作进行了较为彻底的检查。

为迎接奥运，在当地政府的统一部署下，各文博单位的准备工作井然有序。各单位均按要求安装、完善了技防、消防设施，并制定相应的规章制度和多种突发事件应急预案，积极开展人员安全培训和应急演练。不可避免的是，各单位的安全工作仍存在一些普遍性问题和隐患。针对每个单位安全工作中的薄弱环节，检查组从技术和管理等多个方面进行会诊并提出了行之有效的办法和意见。

这次安全检查精心组织、分工明确，紧密结合新时期文物安全工作特点，采取了多方位、多角度的检查手段和措施，将普遍检查与专业性、针对性结合起来，将现场检查与问卷考核结合起来，将现场检查与模拟演练结合起来，工作富有成效。

【文物执法督察机构建设调研】

2002年，新修订的《文物保护法》颁布施行后，明确赋予文物行政部门多项法律责任，为文物行政部门依法行政、开展行政执法工作奠定了良好的基础。5年来，在各级文物行政部门的积极推动和努力下，文物行政执法工作逐步加强，执法水平显著提高，执法行为不断规范，大批涉及文物的行政违法案件得到查处，文物事业发展的外部环境不断优化。同时，文物行政执法机构建设渐次推进，文物执法队伍得到扩充和壮大。但个别地区的文物行政执法机构建设尚不健全，《文物保护法》并未得到很好的贯彻执行。

为进一步加强文物行政执法督察机构建设工作，国家文物局组织开展了相关调研工作。调研发现，文物行政执法机构建设与社会文化、经济发展和落实法律法规的要求尚有差距，各地体制与形式、机构和队伍各不相同，对全面推进文物行政执法工作，加快机构建设造成诸多障碍。因此，巩固已有成果，解放思想、创新机制，充分认识行政执法工作和机构建设的重要性，尽快建立责权明确、行为规范、监督有效、保障有力的行政执法体制，是重中之重。因此，调研组初步提出了文物行政执法机构建设的发展方向和发展模式。

【第二届文物行政处罚案卷评比】

2008年，为进一步落实国务院《全面推进依法行政实施纲要》的要求，规范文物行政执法行为，提高执法水平，确保执法工作科学、民主、公正，推动行政执法工作的标准化建设，国家文物局开展了第二届文物行政处罚案卷评比工作。在各地精心组织下，此次案卷评比工作共收到参评案卷70份。经过专家们认真细致的初评、终评，北京、上海、河南、浙江、江苏、湖南、湖北、陕西、山东、山西、甘肃等地文物部门选送的19份案卷分别荣获优秀、良好和鼓励奖，北京市文物局等6家单位荣获组织奖。

【编辑出版】

2008年，国家文物局编辑出版了《文物行政执法案例选编与分析》，该书不仅能为一线的文物执法人员提供参考，成为他们办理案件的助手，而且对促进全社会了解、支持文物行政执法工作，推动文物行政执法工作的顺利进行有一定的帮助。该书内容包括：全国文物行政执法现状概括性的分析与阐述，国家文物局2005～2007年度行政执法专项督察工作简要介绍，对第一届文物行政执法案卷评比工作中各地选送的文物行政执法案卷的甄选、分析、评价及示范，对执法过程中易出现的一些问题的解答和解释。

文物保护

【文物保护工程管理基础工作】

1. 推进文物保护工程方案审批方式改革

为适应文化遗产保护事业发展需要，进一步加强文物保护工程管理，解决方案审核和现场脱节的问题，提高文物保护工程质量和工作效率，2008年2月29日，《文物保护工程审批管理暂行规定》经国家文物局第二次局务会议审议通过，自5月1日起在北京、河北、山西、浙江、四川5省（市）试行。同时为配合《暂行规定》的实行，又组织开展了全国重点文物保护工程方案审核专家库和全国重点文物保护工程方案审核顾问的评选工作。专家库和顾问名单经5月5日国家文物局第六次局务会议审议通过后公布。

2. 进一步完善文物保护工程资质体系建设

国家文物局按照有关资质管理规定，制定评审标准和规范，开展了首批文物保护工程监理单位资质及第三批甲级勘察设计单位资质和一级施工单位资质评审工作。共29家单位获得文物保护工程甲级监理资质，3家单位获得文物保护工程甲级勘察设计资质，14家单位获得文物保护工程一级施工资质。另外3家单位新增了甲级勘察设计资质业务范围，1家单位新增了一级施工资质业务范围。

3. 加强相关法规及标准化建设

国家文物局多次组织召开专家论证会，继续开展《文物保护工程北方地区定额》、《文物建筑防雷技术规范》、《文物建筑消防技术规范》编制工作，重点推进《文物建筑保护工程竣工报告编写要求》和《文物建筑保护工程竣工报告出版要求》的编制，为下一步加强和规范竣工报告的编写和出版工作奠定基础。

【文物抢险救灾工作】

1. 南方冰冻灾害

2008年2月，国家文物局党组统一派员分赴南方受冰冻灾害的省份，就文物系统抗冰救灾、文物安全等工作进行专题调研，拟定抗冰救灾的指导性原则和意见。

2. “5·12”汶川地震

5月12日发生的四川汶川特大地震，造成巨大人员伤亡和财产损失，同时也对众多珍贵文化遗产造成了前所未有的破坏。灾难发生后，国家文物局组织多个专家组，分赴地震灾区实地调查。根据实地调研情况，制定了文化遗产抢救维修原则意见和受损情况评估标准，及时分发各受灾严重省份，对文物保护单位受灾情况进行了详细统计，为及时决策提供了可靠的数据支撑。在进行大量实地调研的基础上，国家文物局组织有关方面完成涵盖灾区各省、100多万字的各种专项规划和评估报告，为科学规划、快速启动灾后文化遗产抢救保护工作奠定了坚实的基础。同时，根据文物抢救保护工程特点，组织召开对口技术支援现场会，针对灾区实际情况协助四川省文物局组织了全国16家优秀的甲级资质勘察设计单位开展了技术援助工作，建立了灾后文物抢救保护工程项目储备库，储备数量已过百项。

6月30日，都江堰古建筑群抢救修复工程开工。这也是灾后实施的全国第一个文物抢救保护工程；7月15日，理县桃坪羌族碉楼与村寨抢救修复工程开工；10月13日，马尔康松岗直波碉楼抢救保护工程开工。

国家文物局结合藏羌地区的实际工程情况，连续举办了桃坪羌寨维修工程工匠培训班、藏族传统建筑维修技术工匠培训班，近百名具有一定建筑经验的当地工匠参加培训。此项工作为日后培养出一支以当地工匠为主的文物维修专业技术队伍奠定了人才基础，有利于更好、更有效地保护和传承藏羌民族文化遗产。

【第三次全国文物普查】

文物普查第二阶段工作进展顺利，取得了阶段性的成果。截至10月31日，全国参与文物普查工作人员共计41249人；全国共到位2008年度文物普查经费4.85亿元；全国共调查登记不可移动文物213240处，其中新发现130465处，复查82775处；全国县域普查启动率为90.4%，普查覆盖率为34.6%，普查完成率为7.2%。部分省（市）的工业遗产、乡土建筑、20世纪遗产等新类型文化遗产调查取得进展。

【文物保护重点工程】

1. 应县木塔

应县木塔养护维修和监测工程全面实施。养护维修及监测工作总体进展顺利。在先期试验的基础上，完成了部分瓦面维修工作；监测系统已建立并开始运行。

2. 西藏文物保护工程

2008年，西藏布达拉宫、罗布林卡、萨迦寺三大重点文物保护维修工程总体进展顺利，主体工程已基本完工。2008年8月，国家文物局组织专家对“三大工程”进行了竣工验收前的最后一次工地检查，工程总体质量较好。对检查中发现的一些技术层面的问题，及时向西藏自治区人民政府领导和相关管理部门做出通报，并提出整改意见。有关工程最新进展情况已向国务院汇报。

检查组同时还对九大工程中的扎什伦布寺、夏鲁寺等进行了实地考察，对部分正在进行的工程项目提出指导性意见。对于西藏“十一五”重点文物保护工程的前期准备工作，国家文物局给予高度重视，在方案编制、论证、批复等方面给予重点关注。已经及时批复了拉加里王宫文物保护规划和科迦寺、扎什伦布寺、夏鲁寺等多家文物保护单位保护维修工程设计方案，为工程的实施做了充分的技术准备。

3. 山西南部早期建筑保护工程

为充分发挥省级文物部门的积极主动性，加强山西南部早期建筑保护工程的规范管理，国家文物局协助山西省文物局制定了《山西南部早期建筑保护工程管理办法》等一系列规章制度，组建专家组，负责工程技术指导和把关，及时论证、批复了相关保护规划和工程方案，为工程顺利进行奠定基础。在大量前期筹备工作的基础上，7月23日，山西南部早期建筑保护工程开工仪式在山西长治举行，标志着经过两年多的准备，山西南部早期建筑保护工程进入正式施工阶段。工程实施阶段，国家文物局多次组织专家组按工程进度定期进行工地检查，及时发现问题，有效保证了工程质量。

4. 涉台文物保护工作

为贯彻落实中央领导关于进一步加强涉台文物保护工作指示精神，国家文物局结合第三次文物普查工作，对涉台文物进行了摸底调查，初步确定了涉台文物的数量、分布范围等基本情况。同时，积极指导福建等涉台文物集中省份抓紧编制涉台文物保护规划和维修方案，做好项目储备工作。对已经先期开展的三坊七巷维修保护工程在技术、资金等方面给予重点关注和支持。

12月26日，国家文物局与国务院台湾事务办公室、福建省人民政府在福建泉州天后宫共同举行了涉台文物保护工程启动仪式，涉台文物保护工程正式全面实施。经过前期实地考察研究，确定了首批启动的15个涉台文物保护工程项目，包括昙石山遗址、三坊七巷——朱紫坊建筑群、泉州天后宫等全国重点文物保护单位和省级文物保护单位。

5. 鸡鸣驿城抢救保护工程

为落实中央领导同志关于鸡鸣驿城文物保护工作的重要指示，10月，国家文物局相关领导和专家对鸡鸣驿城的保护工作进行了实地调研。11月，召开鸡鸣驿城文物保护规划论证会，及时论证、批复了鸡鸣驿城文物保护规划，为开展鸡鸣驿城全面抢修保护工程奠定了坚实基础。12月12日，由国家文物局与河北省人民政府主办的鸡鸣驿城抢修保护工程全面启动仪式在鸡鸣驿城举行。

【全国文物保护工程经验交流会】

2008年12月17～18日，国家文物局在四川成都市召开了全国文物保护工程经验交流会。单霁翔局长、童明康副局长出席会议并讲话。来自全国31个省级文物行政部门的相关领导、特邀专家以及各文物保护工程甲级勘察设计、监理、一级施工单位的负责人约240人参加了会议。单霁翔局长在会上做了题为《用科学发展观指导文物保护工程》的主题报告。与会代表围绕单局长讲话，结合本地区、本单位的实际，就进一步加强、完善文物保护工程管理等问题进行了热烈的讨论。

【第七批全国重点文物保护单位申报准备工作】

为确保第七批全国重点文物保护单位申报工作如期顺利开展，国家文物局委托相关技术机构和专家制定了第七批全国重点文物保护单位申报标准和信息采集标准，并进行了反复论证、修订，拟于近期提交局务会研究讨论。该标准吸收了近几年来文化遗产保护理论的研究成果，体现了文化遗产保护内涵与外延的深化和扩大，将乡土建筑、工业遗产、20世纪遗产、文化景观、文化线路等新品类文化遗产涵盖其中。同时吸取第六批全国重点文物保护单位遴选的经验和教训，尽量将标准细化、量化，便于实际操作，做好、做细第七批全国重点文物保护单位遴选的基础工作。

【第四批中国历史文化名镇名村评审工作】

2008年上半年，共收到各地上报的150多处第四批中国历史文化名镇名村评审材料。在委托中国文化遗产研究院进行初审的基础上，与住房和城乡建设部联合开展了第四批中国历史文化名镇名村评审工作，共有94处村镇被评选为中国历史文化名镇名村。12月23日，国家文物局与住房和城乡建设部在北京举行了第四批中国历史文化名镇名村授牌仪式。

考古工作

【概况】

经国务院三峡建设委员会批准通过，共有1087项文物列入长江三峡工程淹没及迁建区文物古迹保护规划。截至2008年12月31日，三峡库区地面文物保护工程保护工作进展顺利。留取资料类项目144处全部完成留取资料工作，原地保护类项目89处全部完成留取资料工作，并完成58处原地加固保护工程。搬迁复建类项目133处全部完成留取资料工作和原址构建拆卸工程，其中107处的复建工程基本完工。张桓侯庙完成搬迁复建，石宝寨原地保护主体工程基本完工，白鹤梁、屈原祠2处保护工程正在施工中。三峡工程库区四期移民工程文物保护任务基本完成，能够满足长江三峡工程175米蓄水发电的要求。

南水北调工程文物保护工作进展顺利。2008年1月，国务院第204次常务会议原则同意了国务南水北调办会同水利部、国家文物局和国家发展改革委研究提出的南水北调东、中线一期工程实施阶段文物保护工作方案。3月，国家文物局联合国务院南水北调办印发了《南水北调东、中线一期工程文物保护管理办法》和《南水北调工程建设文物保护资金管理办法》。这两个办法的发布，为进一步加强南水北调工程文物保护工作的管理，确保工程建设和文物保护工作顺利进行提供了制度保障。5月，国家发展改革委已正式批准国家文物局和国务院南水北调办联合上报的《南水北调工程丹江口库区2008年度文物保护方案》。该保护方案共涉及南水北调工程丹江口库区文物保护项目59项，涉及资金近1亿元。截至2008年底已累计完成考古发掘面积逾70万平方米，占总工作量的1/3。其中，山东寿光双王城盐业遗址群、河南荥阳娘娘寨遗址、河南新郑胡庄墓地荣获“2008年全国十大考古发现”殊荣。

在考古管理工作方面，国家文物局组织了《中华人民共和国水下文物保护管理条例》、《考古调查、勘探、发掘经费预算定额管理办法》、《田野考古工作规程》的修订工作，继续推动“考古发掘项目检查、验收办法及标准”的制定工作。2008年，国家文物局全年共审批考古发掘项目近

580项，并组织专家考察浙江、安徽、江西、甘肃、广东、河南、陕西等地的考古工地，对考古工作提出指导意见和要求。4月，国家文物局举办了“考古发掘报告编写工作高级研修班”，召集全国各考古资质单位主要业务负责同志参加培训，促使各地对考古报告编辑出版的意义、编写方法等进行重新反思，切实提高考古报告编写质量，推动各地考古资料整理和报告编写工作进一步开展。2008年，全国出版考古报告约60余部。

【重要考古发掘项目】

在2008年的考古发掘项目中，有41项被列入国家文物局年度重要考古发现。河南许昌灵井旧石器遗址出土人类头盖骨化石及大量细石器，对研究东亚古人类演化和中国现代人类的起源具有重要意义。山西绛县周家庄遗址发现龙山时期大型环壕聚落，是探索本地区早期复杂社会发展进程的重要资料。陕西高陵杨官寨遗址发现完整环壕，为探索庙底沟文化聚落布局与社会结构提供重要线索。甘肃临潭陈旗磨沟齐家、寺洼文化墓葬出土大量器物，为研究齐家文化及其埋葬习俗提供了新的资料。安阳殷墟刘家庄北地的考古发现，为殷墟都邑布局的研究提供了重要的资料。山西翼城大河口西周墓地是一处新发现的西周封国墓地，从铜器铭文可知该封国与燕、芮等国曾有往来。安徽蚌埠双墩一号春秋墓葬结构特殊，遗迹现象复杂，是先秦考古的重要发现。山东寿光双王城水库盐业遗址首次揭露出比较完整的盐业作坊遗迹，为研究中国古代的制盐业提供了重要资料。河南南阳楚彭氏墓地为研究楚国高级贵族墓地的埋葬制度提供了重要的实物资料。云南大理剑川海门口遗址第三次考古发掘，出土大量器物，发现木构干栏式建筑，对建立滇西地区史前文化序列和完善中国西南地区文化谱系具有重要意义。甘肃张家川马家塬墓地2008年发掘工作又有新进展，出土大量高锡青铜、锡制品，为我国古代冶金史研究提供重要资料。湖北荆州谢家桥一号汉墓出土的大量丝织品，陕西靖边老坟梁汉代墓地发现的建筑遗迹，都是近年来汉代考古的重要发现。甘肃永昌水泉子汉墓丰富了河西地区汉墓的资料，反映了汉王朝开拓西北地区的历史以及汉文化对当地的影响。太原晋阳古城太山龙泉寺唐塔基遗址提供了佛塔地宫瘗埋舍利的早期实例。山西汾阳东龙观宋金元墓葬选择明堂作为墓地轴心，这在我国考古工作中是首次发现。杭州中山中路南宋御街考古发掘揭示了御街经历了由砖砌到石板铺筑的演变历程。洛阳北宋富弼家族墓出土墓志内容丰富，具有很高的历史价值和艺术价值。成都江南馆街唐宋时期街坊遗址规划科学、布局合理，充分反映了唐宋时期的城市规划管理水平。陕西蓝田五里头北宋家族墓地可能是北宋吕大临家族墓，为北方地区北宋家族墓地研究提供重要资料。唐德宗崇陵调查新发现蕃酋像残躯17件，是研究唐代晚期周边民族的珍贵资料。江西高安华林造纸作坊遗址可以完整再现明代宋应星《天工开物》所记“造竹纸”中关于原料加工的一整套工序，是此前我国发现的时代最早的一处造竹纸的作坊遗址。

【合作考古方面的交流与合作】

2008年，国家文物局共审理中外合作考古研究项目15项，包括中美合作大凌河上游流域红山文化遗址考古项目、中美合作成都平原史前聚落遗址考古调查和研究项目，中日合作成都冶铁遗址考古调查、发掘和研究项目、中美合作滇池区域史前聚落形态考古调查、勘探和研究项目、中美合作山东龙口地区归城遗址及其周边地区考古调查项目等，并批复国内出土马骨样品等赴英国进行检测。中肯合作考古项目稳步推进。

6～9月，中蒙联合考古队对蒙古国后杭爱省浩腾特苏木乌兰朝鲁巴戈浑地壕莱山谷5号和6号四方形遗址行了发掘，并对鄂尔浑河流域的遗址进行了调查。此次考古工作发现了回鹘砖室墓壁画，是此前在漠北蒙古高原发现的最为精美的回鹘美术作品，是2008年度蒙古国本土考古发掘项目中最为重要的发现。

【水下考古工作】

积极组织福建、海南等沿海地区配合第三次全国文物普查开展水下文物普查工作。2008年福建沿海水下文物普查基本结束，取得了阶段性成果。继续指导、协调“南海I号”沉船的考古和文物保护工作，批复了《“南海I号”沉船考古试掘方案》。11月，“华光礁I号”沉船第二阶段水下考古工作正式启动。经过为期一个多月的辛勤工作，水下考古队圆满完成任务，将“华光礁I号”船体发掘出水。此次出水的船体在国内罕见，船板层数多，体量大，最长的达14.4米，最宽的超过45厘米。通过考古发掘，对“华光礁I号”船体的结构和形制有了深入了解，为研究我国造船史和海外交通史提供了第一手资料。

【考古工作会议】

2008年初，国家文物局组织召开了“2007年度考古发掘资质及考古发掘领队资格评议会”，共47人评议通过，获得考古发掘领队资格。同时，举办了新领队上岗前的集中培训，增强文物保护意识，提高领队的综合素质和田野考古工作水平。

9月和10月，分别在西安和洛阳组织召开了“大明宫遗址考古工作计划专家论证会暨大遗址考古工作座谈会”、“隋唐洛阳城遗址考古工作座谈会”，指导大明宫遗址、隋唐洛阳城遗址考古工作的开展。

10月31日～11月2日，国家文物局在云南昆明召开了“2008年度边疆地区考古工作座谈会”。云南省文物局、各相关省、市考古单位的主要负责同志，中国社会科学院考古研究所、北京大学、吉林大学、四川大学、西北大学、中山大学等科研机构和高校代表参加了会议。本次会议进一步加强了边疆地区考古科研机构的学术交流与合作，促进了相关省区考古工作的开展。

大遗址保护

2008年是“十一五”期间大遗址保护规划实施的第三年。国家文物局继续扎实推进大遗址保护基础工作和规划编制，指导实施了一批具有示范意义的大遗址保护展示工程，初步建成了一批大遗址保护展示示范园区，初步建立了大遗址保护管理体系，确立了由长城、丝绸之路、大运河、西安片区、洛阳片区组成的“三线两片”为核心的大遗址保护格局，基本实现了《“十一五”期间大遗址保护总体规划》部署的中期目标。

2008年，国家文物局批准了元上都遗址、吴城遗址、河姆渡遗址、长沙铜官窑遗址、景德镇御窑厂窑址、郑州商城遗址、郑韩故城遗址、侯马晋国遗址、姜寨遗址、许三湾城及墓群等重要大遗址保护规划；陆续批准了凤凰山城遗址、广武汉墓群、狮子山楚王陵陪葬坑兵马俑及俑坑、隋唐洛阳城定鼎门遗址、汉长安城未央宫道路遗址、汉长安城长乐宫四号和五号建筑遗址、阿房宫前殿遗址、吴城祭祀遗址、吉州窑本觉寺岭龙窑遗址、成都江南馆街唐宋遗址、克孜尔尕哈烽燧、钧台窑窑址、高家镇遗址、交河故城遗址、龙头山古墓群、六顶山古墓群、西夏陵四号陵和六号陵、龙湾放鹰台遗址等重要大遗址保护方案；协调指导高句丽、殷墟、隋唐洛阳城、西安大明宫、汉长安城、扬州城、丝绸之路新疆段、牛河梁、良渚、鸿山遗址的保护工作，有力地推动大遗址保护工程顺利开展。

4月，国家文物局在无锡召开大遗址保护工作现场会，系统总结“十一五”以来大遗址保护工作取得的成绩，探讨大遗址保护的新思路、新模式，并推广大遗址保护“无锡经验”，即按照国际最新理念对大遗址进行整体规划和保护，通过遗址保护改善社区民生。

2月，大明宫遗址区保护工程正式启动。规划改造面积为19.16平方公里，其中国家遗址公园为3.2平方公里，周边改造区域为12.76平方公里。5月，大明宫遗址拆迁工程启动，拆迁面积达350万平方米，涉及10万人口，多渠道筹集资金80亿元。8月，《西安大明宫国家大遗址保护展示示范园区暨遗址公园总体规划》通过专家论证。10月，国家文物局联合陕西省人民政府在西安市召开大遗址保护高峰论坛。西安、郑州、杭州、成都、洛阳、无锡、扬州、荆州、安阳、朝阳等城市的代表以及相关专家，围绕“做好大遗址保护，推进城市和谐发展”的主题，就大遗址保护新模式、大遗址保护深入开展、促进区域经济协调发展与确保民众共享保护成果等内容进行了深入研讨，并一致达成了大遗址保护的西安共识。《大遗址保护西安共识》是在全面总结国际国内大遗址保护理论和实践的基础上形成的，是大遗址保护方面的第一个专门性文件，表明中国文化遗产保护理论体系正日趋成熟，并逐渐形成了大遗址保护的自身特色，具有里程碑意义。

世界遗产

【概况】

2008年，中国的世界遗产事业进展顺利。在世界遗产申报方面，福建土楼被列入《世界遗产名录》，至此我国世界文化遗产数量达到26处，文化与自然双遗产4处。在推进五台山和嵩山历史建筑群申报工作的同时，丝绸之路、大运河的申报工作也在按计划进行。在遗产保护和管理方面，国家文物局积极推进长城资源调查、山海关长城保护工程、大足石刻千手观音造像抢救性保护工程和高句丽壁画墓文物保护研究工程等保护项目，召开东亚地区木结构彩画保护国际会议等，加强文化遗产保护管理的理论研究工作。在世界遗产监测方面，国家文物局配合世界遗产中心、ICOMOS 反应性监测团和专家咨询团对 3 处世界遗产地进行了反应性监测，并组织专家团对全国世界文化遗产进行了摸底调查。

【世界文化遗产的保护和管理】

1. 世界遗产申报

2008 年 7 月，在加拿大魁北克召开的联合国教科文组织第 32 届世界遗产委员会上，福建土楼顺利通过审议，被列入《世界遗产名录》，成为我国第 36 处世界遗产，确保了我国自 2003 年以来每年都有世界文化遗产项目获得通过的良好发展势头。

9 月 8 ~ 16 日，国际古迹遗址理事会（ICOMOS）派出专家，先后对我国 2009 年世界遗产申报项目五台山和嵩山历史建筑群进行了现场评估考察，国家文物局协调忻州市和郑州市编制并提交了这两个申报项目的补充文本。

为加强世界文化遗产申报项目储备工作，国家文物局重点推进丝绸之路、大运河等申报项目。其中，1 月，在洛阳召开丝绸之路申报工作交流会。6 月 2 ~ 5 日，丝绸之路跨国联合申报世界遗产第四轮国际协商会在西安成功举行。会议通过了丝绸之路申遗时间表，进行了丝绸之路总体价值论证，委托中国古迹遗址保护协会会同中国建筑设计研究院、清华大学等单位共同开展丝绸之路中国段总文本的编制工作。

大运河保护与申遗相关工作全面展开，制定了大运河申遗时间表，组织 3 次会议部署大运河沿线各地开展保护规划编制工作，并与国家文物局相关处、室共同组织中国文化遗产研究院等单位开展"大运河遗产保护规划编制要求"课题研究和课题应用工作，全力推进大运河保护规划编制工作。大运河保护与申遗引起了社会各界和国务院领导的重视。

2. 文化遗产的保护和管理

在现有世界文化遗产的保护管理方面，国家文物局积极推进长城资源调查工作和重点世界文化遗产的保护工程。

长城资源调查工作进展顺利，基本摸清了明长城家底。各省已基本完成野外调查工作，获得了丰富的调查成果。山西、宁夏、河北、辽宁、陕西、内蒙均有新长城墙体段落发现；此外，还发现敌台、烽火台、堡等单体建筑以及摩崖石刻等相关遗迹。这些发现在长城研究中具有重要意义。

山海关长城保护工程完工；大足石刻千手观音造像抢救性保护工程前期勘察工作进展顺利，形成了多单位合作、多技术支撑的局面，并初步进行了修复工艺试验，取得阶段性成果；国家文物局派专家对高句丽壁画墓保护进行现场咨询。

2008 年 10 月底，国家文物局联合国教科文组织世界遗产中心、ICOMOS 和 ICCROM 共同主办的东亚地区木结构彩画保护国际会议在北京召开。会议通过了《关于东亚地区木结构彩画保护的北京备忘录》。

3. 世界文化遗产监测巡视

国家文物局组织 10 个专家组对 29 处文化遗产和文化与自然双遗产进行调研，对全国世界文化遗产进行摸底调查，针对存在的问题提出建议，及时将相关情况报告中央和国务院领导，形成的调研报告已进入编审出版阶段。

另外，国家文物局分别于 2008 年 1 月和 11 月配合世界遗产中心和 ICOMOS 反应性监测团和专家咨询团，对丽江古城进行监测和专家咨询，敦促当地确定遗产边界以及开展丽江保护规划编制工作。组织中国世界遗产专家委员会专家对澳门历史城区保护状况进行专业咨询，并配合澳门文化局做好迎接国际反应性监测工作。对龙门石窟违法建筑事件进行反应性监测，与遗产地管理机构探讨加强监管、确保安全的有效途径。

博物馆

【概况】

截至 2008 年年底，全国共有 2970 个博物馆通过省级文物行政部门年检备案。其中，根据博物馆举办主体，文物行政部门所属的国有博物馆 2161 个，非文物行政部门所属的行业性国有博物馆 490 个，民办博物馆 319 个；根据博物馆专业标准，功能基本完善的博物馆2539个（其中，文物行政部门所属的国有博物馆1843个，非文物行政部门所属的行业性国有博物馆435个，民办博物馆261个），其余431个博物馆与专业标准有较大差距。

2008年，全国文物文化系统博物馆从业人数51587人，博物馆公用住房面积为747.9万平方米，其中展览用房318.2万平方米、文物库房71万平方米；馆藏文物1455.4158万件（套），其中一级品5.1241万件（套），二级品91.5185万件（套），三级品221.2306万件（套）。全年共举办陈列、展览8364个，接待观众28328万人次，其中未成年人7166.6万人次。

【大型博物馆建设】

2008年建成开放的重要博物馆有：

1. 1月8日，安徽中国徽州文化博物馆在安徽黄山开馆

安徽中国徽州文化博物馆是以展示徽州文化为主题的综合性博物馆，占地157亩，建筑面积1.4万平方米，其中展出面积6000平方米，库房面积2000平方米。博物馆内设“走进徽州”、“天下徽商”、“礼仪徽州”、“徽州建筑”、“徽州艺术”、“徽州科技”六大部分。安徽中国徽州文化博物馆收藏陈列有历代陶瓷、砚台、徽墨、书画、三雕、青铜器、玉器、杂项和徽州文书等各类历史文物近10万件（册）。

2. 4月2日，中国审计博物馆在江苏南通开馆

中国审计博物馆是迄今为止唯一以审计为主要内容的专题博物馆，也是世界上第一家国家审计博物馆。展馆建筑面积约5000平方米，展陈面积约4000平方米，陈列珍贵史料和文物400余件。展馆分为基本陈列区、临时陈列区两个部分。中国审计博物馆以珍贵的历史文物、文献展示了我国不同历史时期的审计制度、审计管理、审计活动及其所体现出的审计文化，展现了我国审计事业3000多年的发展脉络。

3. 4月8日，广东客家博物馆在广东梅州开馆

广东客家博物馆是收藏、研究、展示客家人文历史的综合性博物馆，总投资1.7亿多元，由5个展厅的主馆及黄遵宪纪念馆、大学校长馆、将军馆等分馆组成。其中主馆建筑面积1.5万平方米，展厅面积8000多平方米，展出文物194件、文献史料近100件。馆内设有固定陈列“客家人”主题展览，以“客从何来”、“客家风情”、“地标围屋”、“人文秀区”、“客家腾飞”五部分展陈客家渊源、风俗、民居、文化、精神等内容，向世人传播、展示客家积淀深厚的历史文化底蕴，多维度诠释了“大客家”精神，生动叙述了历史上客家人几次大迁徙的艰难历程，彰显了客家人不畏艰辛、开拓进取、崇文重教、爱国爱乡的精神品格。

4. 8月28日，宁夏博物馆新馆在宁夏银川开馆

宁夏博物馆新馆建筑面积30258平方米，地下1层，地上3层，设有“辉煌塞上”、“石刻史书”、“朔色长天”、“红旗漫卷”、“漫步回乡”5大部分6个展厅组成。宁夏博物馆馆藏文物共约4万件，其中一级文物159件，以回族文物、西夏文物、贺兰山岩画和革命文物最具特色。新建开放后的宁夏博物馆将成为银川市的重要标志性文化建筑，是反映宁夏悠久历史和灿烂文化的重要窗口。

5. 11月15日，海南省博物馆在海南海口开馆

海南省博物馆工程占地面积60余亩，第一期工程占地面积约1.8万平方米，主要包括陈列展厅、文物库房、技术用房、服务设施、办公用房，目前已有馆藏文物2万多件。展厅面积约8000平方米，设有10个展厅，其中6个展厅为博物馆的基本陈列，基本陈列展出的文物有1000多件，主要包括“海南馆藏文物精品陈列”、“海南历史陈列”、“海南少数民族陈列”及“海南非物质文化遗产及保护陈列”4个专题，其余4个展厅为临时陈列展厅，主要用于展示国内外有影响的文博精品，突出海南、民族及边疆特色，以富有观赏趣味性的表现形式，让参观者了解海南的历史和现状。

6. 12月5日，宁波博物馆开馆

宁波博物馆是以展示宁波人文、历史、艺术类为主，具有地域特色的综合性博物馆，由宁波市、鄞州区两级政府共建。博物馆建设占地60亩、总建筑面积达3万余平方米，建筑主体3层。现有藏品6万余件，共设7个展厅，主题基本陈列为“东方神舟——宁波史迹陈列”，两个专题陈列为“明清竹刻艺术陈列”、“阿拉老宁波——民俗陈列”，特别陈列为“时代印痕——当代中国著名版画家邵克萍先生捐赠艺术品特展”和引进的故宫博物

院"皇家风范——故宫御用金银器特展"。

7. 12月11日，广西民族博物馆在广西南宁开馆

广西民族博物馆占地130亩，其中广西传统民居文化生态展示园占地60多亩，主体大楼总建筑面积2.83万平方米，是一座以征集、收藏保护、研究、展示、演示广西12个民族繁衍生存、融合发展的社会发展历程和多姿多彩的风情习俗的专题性民族文化博物馆。馆内设有4个主题各异、规模不同的陈列和展览："穿越时空的鼓声——铜鼓文化展"、"五彩八桂——广西民族文化陈列"、"八桂瑰宝——广西14个城市博物馆收藏精品展"、"东盟文化展"。

【博物馆、纪念馆免费开放】

中宣部、财政部、文化部和国家文物局于1月26日联合印发了《关于全国博物馆、纪念馆免费开放的通知》（中宣发〔2008〕2号），并于2月1日联合召开全国博物馆纪念馆免费开放工作会议，全面部署博物馆纪念馆免费开放工作。

免费开放的实施步骤是：2008年，中央级文化文物部门归口管理的博物馆全部向社会免费开放；各省级综合博物馆全部向社会免费开放；各级宣传和文化文物部门归口管理的列入全国爱国主义教育示范基地的博物馆、纪念馆全部向社会免费开放；浙江、福建、湖北、江西、安徽、甘肃和新疆等七省(区)文化文物系统归口管理的省、市、县级博物馆全部向社会免费开放。2009年，除文物建筑及遗址类博物馆外，全国各级文化文物部门归口管理的公共博物馆、纪念馆，全国爱国主义教育示范基地全部向社会免费开放。

为指导各地做好博物馆免费开放工作，国家文物局、财政部会同中宣部确定了首批500家免费开放试点博物馆的名单，中央财政安排专项补助经费预算12亿元。

国家文物局印发了《关于做好博物馆免费开放工作的实施意见》（文物博发〔2008〕14号），编辑出版了《博物馆免费开放参观指南》；并组织开展专项调研，推进各地有序实施免费开放工作。

截至2008年底，除西藏外，30个省份有1007家博物馆、纪念馆相继向社会免费开放，举办陈列展览3157个，接待观众总量为1.54亿人次，其中500家试点博物馆接待观众量达1.18亿人次，分别是2007年的1.6倍和1.74倍。免费开放极大地调动了公民参观博物馆的积极性，改变了博物馆冷冷清清的局面，引起了全社会对博物馆文化建设的关心与支持。

【博物馆评估定级制度】

为加强行业监管，建立博物馆质量控制体系，国家文物局于2月13日印发《全国博物馆评估办法（试行）》、《博物馆评估暂行标准》，2月15日发布《关于开展首批一级博物馆评估定级工作的通知》（文物博发〔2008〕7号），全面推开博物馆评估定级工作。

博物馆评估工作由国家文物局组织开展，遵循自愿申报、行业评估、动态管理、分级指导和公平、公正、公开的原则，按照自评、申报、评定、公布的程序进行。博物馆经评估确定相应等级，从高到低依次为一级博物馆、二级博物馆、三级博物馆。

博物馆评估指标体系包括"综合管理与基础设施"、"藏品管理与科学研究"、"展示教育与社会服务"三个方面，着重评价博物馆的工作效益和水平高低，分别赋予20%、30%和50%的权重，凸显博物馆作为社会教育和公共文化服务机构的属性。

在首批一级博物馆评估定级工作中，经对29个省级文物行政部门推荐的149家单位的现场考察、专家评议，国家文物局5月16日印发《关于发布首批国家一级博物馆名单的决定》（文物博发〔2008〕35号），决定故宫博物院、上海博物馆等83家博物馆成为首批国家一级博物馆，并于5月18日在首都博物馆举行了国家一级博物馆颁证授牌仪式。文化部部长蔡武、国家文物局局长单霁翔出席并讲话。

博物馆评估定级制度的建立，有利于规范博物馆行业管理，促进博物馆体制机制创新，充分发挥博物馆传播先进文化的重要作用，加强博物馆公共服务体系建设，促进博物馆事业全面发展。

【汶川地震灾后重建】

"5·12"汶川地震发生后，国家文物局协调全国博物馆界积极参与四川、甘肃、陕西等地灾后文化遗产抢救保护和博物馆灾后重建工作。

7月4日，国家文物局、四川省文物局指导茂县羌族博物馆将馆藏7519件（套）文物安全顺利搬迁到四川成都博物院妥善保管，实施馆藏文物

异地保护。

《国家汶川地震灾后重建规划·文物抢救保护修复专项规划》编制完成，震后可移动文物及其设施的损毁情况在第一时间得以及时汇总和统计。

国家文物局、国家民委组织专家，完成茂县羌族博物馆新馆选址评估和论证；并按照立足重建、突出特色、勤俭节约、陈展先行的原则，编制完成《茂县羌族博物馆重建规划大纲》和《茂县羌族博物馆陈列展览大纲》。博物馆建筑的设计招标工作也相继启动。

【全国革命文物工作座谈会】

为进一步加强革命文物保护、利用和管理，国家文物局联合中宣部、国家发展改革委、教育部、民政部、财政部、住房和城乡建设部、文化部、国家旅游局、共青团中央于3月20日共同印发《关于加强革命文物工作的若干意见》（文物博发〔2008〕22号）。

8月1日，中宣部、国家文物局在江西井冈山联合召开“全国革命文物工作座谈会”。会议回顾了改革开放30年来特别是进入新世纪以来革命文物工作取得的成绩，围绕提高认识、加强革命文物保护、提升革命文物展示服务水平、深化博物馆和纪念馆免费开放、推进革命文物工作的体制机制创新等问题进行了广泛的交流和深入的讨论，部署了今后一段时期的革命文物工作。

【文物调查及数据库管理系统建设项目】

由财政部、国家文物局联合启动的“文物调查及数据库管理系统建设项目”在原有11省（区）文物调查项目工作建设成果基础上，2008年在北京、天津、上海、江苏、福建、山东、广东、海南、吉林、黑龙江、安徽、江西、内蒙古、重庆、贵州、云南、西藏、青海、宁夏、新疆等20个省（区、市）推开。

12月22日，国家文物局印发《关于全面推进文物调查及数据库管理系统建设项目的通知》（文物博函〔2008〕1347号），并于12月23日召开文物调查及数据库管理系统建设工作会，重点研究和部署项目的全面铺开和推进工作。要求各地全力以赴地推进文物调查项目的建设工作，2010年8月底前完成全国文物系统国有文物收藏单位收藏的馆藏珍贵文物的数据采集工作，其中一级文物报国家文物局数据中心审核入库，二三级文物报国家文物局数据中心备案。

【展示宣传和社会服务】

1. 2008年“5·18国际博物馆日”的主题是“博物馆：促进社会变化发展的力量”，当天，国家首批一级博物馆的颁证授牌仪式在首都博物馆举行，各种展示、宣传活动在全国范围广泛开展。

2. “第三届博物馆及相关产品与技术博览会”（简称“博博会”）于11月29日～12月1日在北京中国农业博物馆举行。博博会每两年举办一次，是中国博物馆界唯一的专业展览会，是以展示博物馆相关的新成果、新技术、新产品为主要内容，集展示、交流、合作于一体的大型综合性行业盛会。本届博博会更加突出了博物馆相关产品与技术展示，为博物馆与相关和技术服务企业搭建了广阔的交流合作平台。当代博物馆与文化创意产业论坛等活动同期举办。

3. 中国博物馆学会第五届会员代表大会12月9日在北京召开。大会修订并讨论通过了新的《中国博物馆学会章程》。大会顺利完成了改选换届工作，产生了新一届学会理事会，选举张柏为理事长，宋新潮、郭得河、李文儒、董琦、陈燮君、陈建明、王川平、徐延豪为副理事长，安来顺为秘书长，马宝杰等25人组成常务理事会。

4. 2010年国际博协第22届上海大会筹备工作推进顺利。中国博物馆学会编制完成2010年国际博协大会筹备方案，组建北京办公室，召开2010年国际博协大会执委会第二次会议，指导上海方面顺利承办了国际博协第114次执委会，举办2010年大会协调人培训班，召开深化大会主题的国际学术研讨会。宁波博物馆成功举办了携手“2010——国际博物馆高峰论坛”。

【重要的全国性展览】

1. 制胜之道——“孙子兵法”暨中国古代军事文物精品展，7月22日～10月5日在中国人民革命军事博物馆展出。

展览由中国人民革命军事博物馆、北京市文物局共同主办。展览由“兵学泰斗，横空出世”、“兵学圣典，博大精深”、“兵学哲理，魅力永存”三部分组成，汇集了国内21家博物馆和文物考古研究部门的160余件（套）军事文物，除吴越古剑外，还有西汉驻军图、银雀山汉墓竹简、曾侯乙墓出土三戈戟等珍贵文物。展览以古代军事文物精品为主体，辅以相关的历史图片、模型、艺术品等，以军事历史发展阶段为脉络，展示了《孙子兵法》博大精深的军事思想精髓。

2. 长江文明展，7月25日～10月14日在首都博物馆举行。

展览由首都博物馆、重庆中国三峡博物馆承办，长江沿线14家博物馆共同参与，吸纳了学术界最新的考古发现与研究成果，通过新颖现代的表现手段，将丰富多彩、底蕴深厚的文化内涵与大气磅礴、神秘瑰丽的艺术效果结合，是中国博物馆界首次以反映长江文明为主题的展览。展览由“母亲之河”、“青铜之光”、“人文胜景看长江”、“尾声”等部分组成，撷取了治玉、盐业、茶叶、戏曲、织绣、园林、航运、水利等独具长江流域地域特色的199件代表性文物，全方位、立体感地展现长江两岸的文明史，肯定长江文明在中华文明历史进程中的作用和地位，揭示长江文明的源头及其对今天的深远影响，进而揭示中华文明的辉煌与灿烂。

3. 奇迹天工——中国古代发明创造文物展，7月28日～9月20日在中国科技馆举行。

国家文物局与中国科学技术协会于2008年北京奥运会期间共同举办的“奇迹天工——中国古代发明创造文物展”，分为“锦绣华服”、“雄奇宝器”、“典藏文明”和“泱泱瓷国”4个专题，通过270余件珍贵文物，并配以模型、场景、图片、影视等辅助展品及多媒体演示和互动式参与手段，铺就“古代科技文明走廊”，集中真实再现了我国古代发明与创造的卓越成就。展览展示了中国古代科技的丰富内涵，中华文化的博大精深及对人类社会发展的深远影响，展现了中华民族传统的丝绸织造术、青铜铸造术、造纸印刷术和瓷器制作术中蕴藏的中国古代科技文明和中华文化精髓。此展是国家文物局组织实施的重大项目“指南针计划——中国古代发明创造的价值挖掘与展示项目”的阶段性成果。

4. 中国记忆——5000年文明瑰宝展，7月29日～10月7日在首都博物馆举行。

展览由国家文物局、北京第29届奥林匹克运动会组织委员会主办。全国55座博物馆为广大群众耳熟能详、历史教科书中经常提及的169件堪称各自“镇馆之宝”的珍贵文物在展览中集体亮相，其中不少展品从未借出展览过，如成都金沙太阳神鸟金饰、秦始皇陵将军兵马俑、徐州狮子山楚王墓金缕玉衣、湖南长沙马王堆汉墓T形帛画等。展览通过精美的文物瑰宝，全方面集中展示了绵延5000年而不间断、延续至今的中华文明，展现了中华文明的辉煌灿烂、中华文化的博大精深。

5. 世界瑰宝——中华人民共和国国际礼品特展，8月7日～9月26日在中国人民革命军事博物馆举办。

展览由国家文物局主办，国际友谊博物馆和中国人民革命军事博物馆共同承办。该展汇集了中华人民共和国成立以来我国党和国家领导人在外交活动中接受的来自世界五大洲100余个国家的近200件（套）珍贵礼品，包括金银器、铜雕器、陶瓷器、玻璃器、漆器、玉石器、牙骨器、竹木雕、织绣、绘画等十几个门类。

展览展出面积近1300平方米，展线长400多米，以礼品实物展示为主，辅以图片及电视短片，展现了世界各地不同的历史及多元文化的特色与魅力，反映了中国人民与世界各国人民的友好交往，见证了新中国外交事业所取得的丰硕成果，突出“友谊与和谐”的展览主题。

社会文物管理

2008年，国家文物局社会文物管理工作以法规建设为重点，以服务社会为宗旨，进一步加强依法管理、宏观管理力度，在文物市场、文物进出境审核、文物追索等工作中取得了新的进展。

1. 加强文物拍卖和流通的管理

出台了《关于加强文物拍卖标的审核备案工作的通知》，对文物拍卖标的审核备案的申报资料、受理部门、资质认定、审核程序，尤其是针对异地拍卖、联合拍卖等近年来文物拍卖监管中问题较多的环节，做了详细的规定，进一步规范了文物拍卖标的审核备案程序。

首次开展了申请增加第一类文物拍卖经营资质企业的审批工作。按照公平、公正、公开的原则，组成了具有广泛代表性的评审委员会，严格按照审核标准对申报企业进行评审，评审结果向社会公示。共有7家文物拍卖企业符合各项规定条件，获准增加第一类文物拍卖经营资质。该举措有利于鼓励拍卖企业增强守法经营意识和文物保护理念，不断提升企业管理水平和经营能力，也有利于加强文物拍卖专业人员培养和文物拍卖企业资质审批管理，以实现文物拍卖行业的健康持续发展。

委托中国博物馆学会举办了文物拍卖专业人员培训，委托中国拍卖行业协会和中国文物信息咨询中心组织了申报增加第一类文物拍卖经营资质的企业之专业人员的考试，共有69人考核合格。促进了文物拍卖企业人才培养和规范经营，受到企业的欢迎。

严厉打击无资质、超范围经营和经营出土文物、被盗文物等违法违规活动，查处了一批重点案件，维护了依法经营、公平竞争的文物市场秩序。

2. 加强对文物进出境审核机构资质的管理

国家文物局核查组对原有的17个国家文物出境鉴定站进行了实地核查，在摸清各鉴定站实际情况的同时，重点了解和分析了文物进出境审核工作的总体形势、主要问题和困难。针对核查中发现的问题，出台了《关于加强文物进出境审核工作的通知》，重点就加强文物进出境审核的机构建设、人才培养、经费投入、科技检测提出了具体要求。

根据文物进出境核查工作成果，下发了《关于审定文物进出境审核机构资质的通知》，对基本符合《文物进出境审核管理办法》各项规定条件的北京等14个国家文物出境鉴定站，授予文物进出境审核资质，并授权其在履行文物进出境审核职能时，使用“国家文物进出境审核管理处”的名称进行工作。山西、辽宁、四川3个国家文物出境鉴定站因未能达到规定条件，被暂停文物进出境审核资质。

3. 责任鉴定员的培训、考核

委托南京博物院举办书画类责任鉴定员培训班，委托西北大学举办了铜器类责任鉴定员培训班，培训范围扩大到申请成立文物进出境审核机构的20多个省区市的文博单位，培训相关专业人员近70人次。

颁布试行了责任鉴定员考试大纲和参考书目，首次实现了责任鉴定员考、培分开，统一考核内容包括了陶瓷、玉器、铜器、书画、杂项等全部5项责任鉴定员资格的笔试、实物鉴定和文物进出境法规考试。共有100多人参加考核，其中有16人通过考核并取得18项责任鉴定员资格。

4. 文物追索工作

在我驻丹麦使馆和有关部委的积极协助下，争取到丹麦社会力量的支持，丹麦地方法院判决将156件中国文物归还中国政府，之后这批文物顺利运送回国。国内外众多新闻媒体对此做了专题报道，在社会公众中引起了较大反响。

在文化遗产日期间，国家文物局联合文化部、外交部、公安部共同举办了“成功追索流失海外的中国文物”专题展览。此次展览展出了近5年来从海外回归祖国的5批195件文物，集中反映了中国近年来争取文物返还的主要成果。文化部蔡武部长、国家文物局单霁翔局长等主办单位领导，以及来自13个国家的20多位驻华使节出席了开幕式。据初步统计，在20天的短暂展期内，共有8000多人次参观展览，对唤起社会对文物追索工作的关注和支持，促进相关的国际合作，发挥了重要作用。

积极支持有关单位，逐步启动甘肃大堡子山遗址被盗流失文物调查研究、山西晋侯墓地被盗流失文物调查研究、流失海外的元以前中国书画调查、清宫散佚文物调查等项目，为全面开展流失海外的中国文物调查，建立、完善流失文物数据库打好基础。

5. 文物征集工作

2008年，在中央财政的支持下，国家文物局于11月征集明嘉靖重抄本《永乐大典》一册三卷，征集价格800万元，与国家图书馆现藏的《永乐大典》相关卷册前后顺序衔接，文物文献价值极高；12月，征集明代至近现代道场画10490件，征集价格1200万元，该批文物对于研究中国民间信仰、民俗及道教信仰，具有较高的研究价值。

文物科技与信息

【文物保护科技】

1. 充分发挥科技的支撑引领作用，积极参与灾后文化遗产抢救性保护工作

落实党中央、国务院领导批示精神，组织有关单位编制完成《5·12地震遗址博物馆项目建议书》，地震遗址、遗迹保护及地震博物馆建设纳入《汶川地震灾后恢复重建总体规划》。启动《灾后文化遗产抢救性保护综合信息平台》的研发工作，为灾后文化遗产受损情况的调查、评估以及抢救性保护方案的编制和论证提供数据和技术支

持。针对博物馆藏品的防震减灾，组织开展相关技术研究和标准制定工作。

2. 全面推进“指南针计划”专项各项工作

从完善管理机制入手，从组织、规划、制度、标准和管理系统建设等5个方面加强“指南针计划”专项的管理。国家文物局会同中宣部、教育部、科学技术部、财政部、文化部、中国科学院、中国社会科学院、中国工程院、中国科学技术协会和中央电视台等10部门和单位组建了领导小组；组织完成了“古代农业技术发明创造”等七大主体类项目规划的编制工作，提出了各分专项实施的工作思路、主要任务、保障措施及经费投入测算，确定了项目实施的体系框架，并在此基础上编制完成《“指南针计划”专项实施方案》；研究起草了《“指南针计划——中国古代发明创造的价值挖掘与展示”专项经费管理办法》；组织完成了《中国古代发明创造国家名录认定标准》的研究制订工作；完成了《“指南针计划”ERP综合管理系统》的研发。

加强了对“指南针计划”阶段性成果的展示与宣传，在北京奥运会期间，组织举办了“奇迹天工——中国古代发明创造文物展”。中共中央政治局常委李长春，中共中央政治局委员刘淇，全国人大副委员长路甬祥、韩启德、陈至立，全国政协副主席孙家正等党和国家领导人参观了展览。参观结束后，李长春做重要指示。他指出：中国古代发明创造集中了中国人民的伟大智慧和创新精神，是中华民族5000年悠久文明的历史见证，是民族生命力和创造力的具体体现；要把中国古代发明创造的伟大成果作为中国古代史研究的重要内容，设立专门学科，培育专业人才，组织立项攻关，推动中国古代科学技术研究的学理化、规范化、系统化；要对中国古代发明创造的重大成果重新进行梳理，发掘史料，科学验证，使其以充分的史料根基和科学依据，得到世界公认；要把中国古代发明创造的伟大成果作为爱国主义教育的重要内容，进教材、进课堂，让广大青少年充分认识和了解中国古代重大创造发明成果，继承和发扬中华民族的伟大智慧，不断增强民族自尊心、自信心、自豪感；要把中国古代发明创造的伟大成果作为开展科普教育活动的重要内容，运用多种手段展示其科技内涵，广泛宣传对人类社会发展产生的深远影响，培育全社会的科学精神，激发全社会的创造活力；要把中国古代发明创造的展览作为常设性展览办好办活，在古代科技发明的复原、再现上狠下工夫，让参观者在参与、互动中体验古代发明创造的具体过程，体验中国古代科学家和发明家的聪明才智，使展览成为弘扬中华文化、进行爱国主义教育、开展科学普及活动的重要基地。

展览也得到了社会各界的一致好评，为“指南针计划”的全面实施营造了良好的舆论氛围；同时，依托1本图录、4本科普图书和1部电视专题片，将展览的影响力进一步延伸。此外，“指南针计划”专项各项试点工作稳步推进，并取得显著成果，大量最新研究成果应用于奥运科技展。启动了“指南针计划”门户网站建设项目。

3. 加强行业科技管理能力建设，提高管理效率和水平

依托敦煌研究院设立的国家古代壁画保护工程技术研究中心获批准，成为国家在社会公益领域设立的首家国家工程技术研究中心，是文化遗产保护科技进入国家科技创新体系的重要标志。完成首批科研基地的运行评估工作，实现“以评促建、以评促改”；进一步明确了科研基地作为文化遗产保护的技术研发中心、保护修复中心和成果推广中心的发展目标。指导第三批6家局重点科研基地研究制订基地发展规划和运行计划。

完成了国家科技支撑计划重点项目的中期检查工作，项目研发新技术、新产品、新装置36项，申请专利6项，制定技术标准14项，培养博士、硕士研究生40名，发表文章62篇，出版专著6本。

4. 积极开展标准化规划研究、标准制定及修订工作，推进行业标准体系建设

积极参与国家社会服务标准化战略研究和发展规划的制订工作。在《全国服务业标准2009～2013年发展规划》中，增加了“文物保护、博物馆业”标准类别，将“文化遗产领域走向国际化，建立文化遗产保护国际标准化组织”作为推进服务业标准国际化的重点支持对象，提出的文化遗产保护领域94项标准制定项目也全部列入规划。《文物保护单位标志》等2项国家标准由国家标准委员会正式颁布，组织完成2项国标、11项行业标准的研究制定工作。启动国家标准《博

物馆服务》和《文物保护工程监理规范》等12项行业标准的研究、制定工作。

为加强行业标准的推广实施，国家文物局颁布了《古代壁画病害与图示》等首批9项行业标准，并于10月在西安举办了首期标准培训班，对全国113名学员进行了培训。

5. 从法规、资质、技术监管等方面入手，加强可移动文物保护管理体系建设

开展《可移动文物保护修复管理办法》的研究、制定工作。组织完成了首批可移动文物修复资质的备案复核和可移动文物技术保护设计资质的审核工作，共授予44家单位一级修复资质，51家单位二级修复资质；授予37家单位甲级设计资质，30家单位乙级设计资质。加强可移动文物保护过程管理，逐步建立可移动文物保护电子档案库，启动“可移动文物保护综合管理平台”研发工作。

6. 加大文物保护科技宣传力度，使文物保护成果真正惠及人民群众

在全国14个城市18家单位同时举办了“文物科技保护图片展”，得到社会公众一致好评。展览宣传介绍我国文物保存、修复的新技术和新成果。利用网民喜闻乐见的手段，推出《文化遗产保护科学与技术》电子杂志创刊号，以共享文物保护科技成果为发展理念，通过信息化网络平台，推介文化遗产保护与展示的成功案例，打造传播、宣传、交流文化遗产保护领域创新成果、创新理论、创新实践的信息平台。

【文物、博物馆信息化】

1. 第三次全国文物普查软件的开发与应用

为推动国家重点项目“第三次全国文物普查”的实施，加强项目管理，完成了普查数据采集专用软件和普查数据报送与接收专用软件的研发，并投入实际应用，实现普查信息的现场采集与汇总；完成了普查进度图示系统软件研发和普查数据管理系统的规划设计，服务普查工作进程监控和成果管理。

2. 文物调查及数据库管理系统建设

按计划开展调查工作，系统梳理调查项目已有标准规范和制度文件，开展项目试点与推广省份工作情况调研，编写了文物调查项目试点工作评估报告。根据项目工作进度，进一步研究明确了数据采集核心指标项和数据资源目录体系框架。2008年12月23日，国家文物局召开了该项目工作会议，要求未开展项目工作的20省（区、市）到2010年完成文物系统内国有文物收藏单位馆藏珍贵文物的数据采集工作，其中一级文物报国家文物局数据中心审核入库，二、三级文物报国家文物局数据中心备案入库。此次会议后，国家文物局下发了《关于全面推进文物调查及数据库管理系统建设项目的通知》，进一步明确了项目的组织方式和实施计划。

3. 文物安全监管和管理信息系统建设

为及时掌握各地文物安全动态，提高安全执法工作效率，提升文物安全监管能力，研发了文物安全与行政执法管理信息系统软件；组织开发了全国文保单位名录数据库检索系统等应用软件，为数据查询等业务管理工作提供技术支持。

4. 其他管理信息系统建设

国家文物局数据中心与辽宁省文物局、朝阳市牛河梁遗址管理处合作，共同开展大遗址保护信息技术框架研究，研发了大遗址保护综合信息系统，利用信息技术加强大遗址的保护、展示和管理工作；与承德市文物局合作，探讨共同开展地面古建筑文物数据管理与虚拟展示应用研究；与山西博物院合作，编制完成《山西博物院数字博物馆项目可行性报告（讨论稿）》，促进博物馆陈列展示水平的提升；与成都文物考古研究所合作开发田野考古管理信息系统，通过GIS/GPS/RS、无线通信、近景摄影测量等技术手段的综合运用，建立统一的考古作业管理系统和考古资源共享平台，实现考古作业管理、考古资源共享、考古研究与信息服务等过程的一体化管理；与天津文物进出境鉴定站、天津海关合作，探索无线射频识别技术（RFID）等现代信息技术手段在加强文物进出境管理中的应用。

5. 网络基础设施建设

国家文物局数据中心机房开展了改造和扩建工作，机房扩建实用面积70平方米，其中涉密机房面积16平方米，服务器机房53平方米；功能改造面积30平方米，其中UPS配电室达23平方米。为确保国家文物局政府网站及相关行业网站等重要服务器的安全，进行了系统安全评估和加固工作，根据实际需要，优化现有网络结构，保障网络平台和数据交换平台的畅通运行。国家文物局数据中心负责建设了国家文物局财务专网系统，实现了国家文物局及直属单位财务专网连接，

达到财务统一管理要求。建设局机关服务中心、新文化运动纪念馆和中国文物交流中心网络，满足日常办公和上网要求。

6. 行业网站建设

2008年6月16日，中国文化遗产网正式开通，整合、荟萃全国文化遗产信息资源，创新展示和服务方式，力图打造内容全面、技术先进、更新及时、亮点突出、互动充分的中国文化遗产信息及知识门户。网站开通了中华遗产、在线展览、遗产课堂、互动家园、动态资讯、资料信息、文博黄页、网站服务等八个频道及近百个子栏目，在宣传普及有关中国文化遗产基础知识和信息的同时，还提供论坛、博客、咨询等多种互动交流服务。

7. 电子政务

按照《国务院办公厅关于加强政府网站建设和管理工作的意见》要求，根据《中华人民共和国政府信息公开条例》及《国务院办公厅做好施行〈中华人民共和国政府信息公开条例〉准备工作的通知》要求，国家文物局政府网站政务公开的改版工作圆满完成。网上政务公开功能基本达到国务院通知要求，自5月1日新版上线以来点击率有较大提升，5月份点击率由原来每月20万次猛增至42万次。截至12月11日，政务信息公开条数为799条，信息员报送地方信息3590条。

在保证重点宣传导向的同时，国家文物局政府网站注重基础内容建设，先后完善修正了政策法规条目、行政许可条目、博物馆免费开放名录等资料性栏目，努力做到资料信息的权威性和准确性。

对外交流与合作

【概况】

在2008年全国文物局长会议上，文化部蔡武部长高度评价了国家文物局文物外事工作："对外交流与合作成绩斐然，文物外事工作开创局面。"同时也提出要求："通过文化遗产保护，提高中华文化软实力，丰富文化遗产的表现形式和传播形式，扩大中国文化遗产的传播范围，增强中国文化遗产的吸引力和国际竞争力。"

2008年，国家文物局外事工作继续坚持以"服务外交大局、服务对外文化交流、服务文物事业"为宗旨，坚持以邓小平理论、"三个代表"重要思想和党的十七大精神为指导，与时俱进、创新思维，文物对外交流工作取得重要进展。

【政府间交流与合作】

1. 签署《防止盗窃、盗掘和非法进出境文物的协定》

打击盗窃、盗掘和非法进出境文物等违法活动是各国政府的共识，签署这一协定有利于有效遏制违法活动给文化遗产造成的破坏，为进一步扩大政府间的交流与合作奠定了坚实基础。

9月24日，在胡锦涛主席和应邀来华访问的委内瑞拉总统查韦斯的见证下，国家文物局局长单霁翔和委内瑞拉人民权利文化部部长赫克多尔·索托在人民大会堂签署了《中华人民共和国政府与委内瑞拉玻利瓦尔共和国政府关于防止盗窃、盗掘和非法进出境文物的协定》。

4月14日，在智利总统巴切莱特的见证下，单霁翔局长与智利外交部长阿尔贝托·冯·克拉维伦签署了《中华人民共和国政府和智利共和国政府关于防止盗窃、盗掘和非法进出境文物的协定》。

2月26日，单霁翔局长与希腊文化部长米哈伊勒·利亚彼斯在北京签署了《中国国家文物局与希腊文化部关于防止盗窃、盗掘和非法进出境文物的谅解备忘录》。

5月8日，国家文物局副局长董保华与塞浦路斯交通与工程部常秘康斯坦提尼蒂斯在北京签署了《中华人民共和国政府和塞浦路斯共和国政府关于防止盗窃、盗掘和非法进出境文物的协定》。

截至2008年底，中国已先后与秘鲁、意大利、印度、菲律宾、智利、希腊、塞浦路斯、委内瑞拉和美国等9个国家根据联合国教科文组织1970年公约签署了防止盗窃、盗掘和非法进出境文化财产的双边、政府间协定。

中国积极履行相关国际公约及双边协定的责任和义务。2008年，国家文物局多次将秘鲁丢失文物的有关信息通报相关单位。

2. 以签署部门间文化遗产保护协定为辅，不断扩大政府间的交流与合作的广度和深度

8月11日，国家文物局局长单霁翔与哥伦比亚文化部长共同签署了《中华人民共和国国家文

物局和哥伦比亚共和国文化部意向书》，为双方的合作开创了新局面。

4月14日，国家文物局副局长董保华与智利图书馆、档案和博物馆司司长妮维亚·帕尔玛签署《中华人民共和国国家文物局和智利共和国国家遗迹委员会关于开展文化遗产领域交流合作的协议》。

在斯里兰卡总理见证下，单霁翔局长与斯里兰卡国家遗产部代部长签署了《中华人民共和国国家文物局与斯里兰卡民主社会主义共和国国家遗产部关于合作保护文化遗产的协议》。

国家文物局与印度尼西亚文旅部签署了有关保护、发展和利用早期人类遗址的合作备忘录。

6月10日，国家文物局派员赴意大利出席中意政府委员会第三次联席会议，并与意大利文化遗产部代表签署了中意联合举办《秦汉与罗马文明展》意向书，成为本次联席会议的重要成果。

3. 执行政府间交流计划

2008年，国家文物局派团对斯里兰卡、印度尼西亚、哥伦比亚、玻利维亚、新加坡、马来西亚等国家进行正式友好访问。

2008年，国家文物局接待了日本、以色列、匈牙利、埃及、尼日利亚等多个国家的政府代表团。

通过政府间互访，中国与这些国家加深了相互了解，达成了共识，为双方在文化遗产、博物馆领域进一步展开交流与合作奠定了基础、创造了条件。

4. 援助柬埔寨修复柬埔寨吴哥窟周萨神庙项目

12月5日，全国政协主席贾庆林出席我援柬周萨神庙维修工程竣工及移交典礼。

援助柬埔寨修复柬埔寨吴哥窟周萨神庙项目是我国承担的第一项重大文化遗产援外工程，该项目成功体现了中国作为一个负责任的文物大国积极承担国际义务的形象。同时，中国的文化遗产保护理念、技术以及实践获得国际同行的检验、认可和推广。

在援柬吴哥窟周萨神庙维修过程中，党和国家领导人多次前往视察、指导。

切实落实与越南、菲律宾签署的保护合作协定、谅解备忘录，派遣专家赴越南授课，

5. 法、意、日对中国地震文物的援助

为落实2008年6月16日中法两国文化部长签署的《关于保护和修复汶川地震中受损文化遗产开展合作的联合声明》，法国文化遗产保护与修复专家组前往四川灾区进行考察，并进行相关评估。

意大利政府一直在积极主动地与中方合作，寻求参与灾后文物修复工作。

【涉台交流】

胡锦涛总书记在纪念《告台湾同胞书》发表30周年座谈会上指出，中华文化是维系两岸同胞感情民族感情的重要纽带。两岸同胞要共同继承和弘扬中华文化优秀传统，开展各种形式的文化交流，使中华文化薪火相传、发扬光大，以增强民族意识、凝聚共同意志，形成共谋中华民族伟大复兴的精神力量。

文化遗产事业是社会主义文化事业的重要组成部分。通过文化遗产的保护，深入挖掘、充分展示文化遗产所凝聚的深刻内涵，促进中华民族共有精神家园建设，让文化遗产在祖国和平统一大业进程中扮演积极角色。

顺利推动新疆“丝绸之路大展”入岛展出，受到岛内观众的热烈欢迎；在台湾艺术大学举办“承先启后 再现辉煌——第一届海峡两岸南系古建艺术研讨会”，反响良好；派“中华文物交流协会代表团”赴台参观访问，增进两岸文博界的学术交流与相互了解，为推动两岸文博领域的交流与合作奠定基础；12月26日，国务院台湾事务办公室、国家文物局、福建省人民政府共同举办涉台文物保护工程启动仪式。涉台文物是中华民族文化遗产的重要组成部分，是联系海峡两岸同胞感情的重要纽带，是台湾作为中国神圣领土不可分割的重要组成部分的历史见证，具有重要的历史、艺术、科学价值。积极开展对涉台文物的保护，深入发掘、展示和宣传涉台文物丰富的历史文化内容，对于促进祖国和平统一大业，推动我国文化遗产事业全面发展，具有重要现实意义。

【对外宣传】

1. 出入境文物展览

2008年，在党中央、国务院的关心和外交部、文化部的具体指导下，文物出国（境）展览数量平稳增长，内容更加丰富，水平不断提高，影响日益扩大，全年共组织了59个出境文物展览赴多个国家和地区展出，包括赴英国大英博物馆的“秦始皇：中国兵马俑”、赴日“大三国志展”、赴南非“华夏瑰宝”展、赴香港“马文化展”、与

澳门民政署的长期合作项目——中国文物展“时间廊”等。

2. 组织国际组织、基金会和非政府组织活动，召开国际会议

7月，福建土楼及其村落被成功列入世界遗产名录，使中国列入“世界遗产”名录的文化和自然遗产达到37处，居世界第三位，其中文化遗产26处。

联合国教科文组织世界遗产中心发起丝绸之路联合申报世界遗产项目。在我国的积极倡导下，丝绸之路沿线国家积极开展丝绸之路文化线路申报世界遗产的探索。

6月，召开“丝绸之路系列申报世界遗产国际协商会”，“丝绸之路”将于2010年进行审查并投票，确定能否入选世界遗产名录。

10月，国家文物局与联合国教科文组织世界遗产中心、国际古迹遗址理事会和国际文化财产保护与修复研究中心联合召开东亚地区木结构建筑彩画保护国际研讨会。来自14个国家的50余位代表出席了会议。会议通过了《东亚地区彩画保护的北京备忘录》。与会代表认为我国专家保护与修复建筑彩画的理念、准则和做法具有广泛的参考价值和指导意见。

派员出席了世界遗产委员会第32届大会、国际古迹遗址理事会第16届大会、返还委员会特别会议以及国际博物馆协会执委会会议等一系列重要国际会议，扩大在国际文博领域的发言权和影响力。

与联合国教科文组织驻京办合作开展中日纸张保护专题研究，并继续做好教科文组织日本信托基金项目——龙门石窟和库木吐拉千佛洞二期维修工程的协调工作，充分利用国际组织交流平台的作用，学习了解最新国际保护理念与科技信息，为我国文化遗产保护事业服务。

3. 争取更多国际友人了解、理解并支持我国的文化遗产事业

10月，组织部分国家外交官赴福建考察刚刚申报世界遗产成功的福建土楼及其村落和其他文物古迹和博物馆。

“组织驻华外交官走进中国文化遗产活动”是国家文物局组织的一项系列活动，从2005年开始，国家文物局先后4次举办此项活动，先后邀请驻华外交官访问了新疆、湖南和四川等地的文化遗产和博物馆。

6月，为配合遗产日活动，组织驻华外交官参加“成功追索流失海外的中国文物展”和“第三次全国文物普查和抗震救灾图片展”的开幕式并参观展览。

为配合奥运会，成功举办“奇迹天工——中国古代发明创造文物展”等专题展览，邀请近30个国家的上百位外交官参观了展览。

【涉外培训与外事管理】

1. 涉外培训

国内文博单位与国外博物馆、科研院所、文物保护机构开展的馆际交流、考古研究、文物保护科技、文物保护工程、人员培训等合作项目，数量不断增长，范围不断扩大，呈现良性发展态势。

完成与美国盖蒂保护所第6期合作计划，正在积极规划第7期合作事宜；与美国梅隆基金会合作进展顺利。2009年将继续选派中国博物馆高级管理人员赴美研修；举行中日韩合作丝路培训项目古建筑保护修复培训班 。

2. 外事管理

召开国家文物局外事工作座谈会暨文物进出境展览培训班；举办了第一期“国家文物局系统护照签证管理培训班”，为局属各单位培训了首批专办员，按外交部要求做到了护照签证专人专办，提高了护照收缴效率，并指导各单位建立了人事政审档案；建立健全了外事工作管理制度体系。以《国家文物局外事工作规则》为总纲，包括《国家文物局因公临时出国（境）人员管理办法》等多个实施细则。

特别是按相关文件精神，对《国家文物局临时因公出国（境）团组管理规定》进行补充修订，加强管理、从严审批，从严、从紧处理，推动落实。

2008年，国家文物局系统共派出92个团组448人次出访数十个国家（地区），各出访团组均较圆满完成出访任务。按照中纪委、中组部、外交部、公安部联合发出的《关于加强因公出国（境）团组境外纪律的通知》要求，对国家文物局2008年出访工作计划进行梳理、分析，取消、推迟出访团组30余个。

文博教育培训

【培训】

2008年，国家文物局共举办培训班30个，培训各类管理和专业人员1904人。重要培训如下：

1. 抗震救灾专题培训班

"5·12"四川汶川地震发生后，为积极配合地震灾区重建和文化遗产保护工作，7月13～21日，在北京大学考古文博学院举办西部地区文博干部培训班，围绕抗震救灾文物保护设置课程，国家文物局领导亲自为学员讲课，培训文物系统抗震救灾先进集体代表和先进个人26人。

2. 省级文博系统专业管理干部培训

8～9月，在复旦大学举办第6期省级博物馆馆长培训班，培训学员37人。标志着连续6年举办的省级文物局局长、博物馆馆长、考古所所长、古建所所长培训班基本完成。自2003年开展省级专业管理干部专项培训以来，共有443名省级文博管理干部参加培训。

3. 地市文博管理干部培训和全国重点文物保护单位保护管理机构负责人培训

4月印发《关于推进地市文博管理干部培训和全国重点文物保护单位保护管理机构负责人培训的意见》，由国家文物局与各省文物局联合开展培训，完成湖北、山东、江苏、浙江、上海、广东、陕西、西藏、甘肃等九省区市的培训工作，共培训地市级文博干部和全国重点文物保护单位管理干部952人。

4. 专业技术人员业务培训

国家文物局举办了"工业遗产调查与利用培训班"、"考古发掘报告编写工作高级研修班"、"第二期世界文化遗产（预备清单）保护管理培训班"、"文物进出境审核机构文物鉴定系列培训"等，取得良好的培训效果。专业技术人员中长期培养项目进一步推进，"文物保护修复技术人员中长期培养计划"启动，"博物馆文物鉴定人员中长期培养计划"继续开展，完成陶瓷鉴定培训项目。

5. 涉外培训

6月19～25日，在青岛市举办了中法合作工业遗产调查与保护利用培训班，法国国家遗产学院派出专家为培训班授课，来自25个省、自治区、直辖市从事第三次全国文物普查的70余名学员参加了培训，取得良好效果。中国文化遗产研究院完成"中日韩合作丝绸之路沿线文物保护修复人员培养项目"、土遗址保护和纸质文物保护修复等培训项目。

【高校合作办学】

5月27日，国家文物局与北京大学在北京大学召开联合办学指导委员会全体会议。会议通过了新一届联合办学指导委员会委员名单。名单如下：

主任委员：

单霁翔（国家文物局局长）

副主任委员：

吴志攀（北京大学党委副书记）

张 柏（国家文物局副局长）

委员（按姓氏笔画为序）：

孙 华（北京大学考古文博学院副院长）

宋新潮（国家文物局博物馆司司长）

张国有（北京大学副校长）

侯菊坤（国家文物局人事教育司司长）

赵 辉（北京大学考古文博学院院长）

高 岱（北京大学研究生院副院长）

顾玉才（国家文物局文物保护司司长）

程玉缀（北京大学社会科学部部长）

指导委员会设联络组，负责日常事务，由如下人员组成：

赵 辉（北京大学考古文博学院院长）

王大民（国家文物局人事教育司教育培训处处长）

孙 华（北京大学考古文博学院副院长）

会议还通过了北京大学考古文博学院（中国文物博物馆学院）工作报告和今后十年工作规划，签署了《国家文物局与北京大学联合办学协议书》。

注：1998年，国家文物局与北京大学签署联合办学协议书，决定在北京大学合办北京大学考古文博学院暨中国文物博物馆学院，并由国家文物局与北京大学组建联合办学指导委员会，在学院的组织领导、基本建设、专业设置及科研等方面进行联合管理。国家文物局、北京大学联合办学指导委员会成立以来，北京大学考古文博学院（中国文物博物馆学院）在学院建设、学科发展、继续教育、在职培训、课题申报等方面稳步发展，成绩显著，为我国文化遗产保护事业输送了一大

批专门人才。

【文博高级职称评审】

10月，先后召开了2008年度编辑出版、文博两个系列高级职称评审会议，评审受理了符合参评条件的天津、山西、内蒙古、云南、新疆以及中国地质博物馆、中国电信博物馆、国家清史纂修领导小组办公室和国家文物局直属单位的评审申请共41名。其中申报文博研究馆员资格的25名，申报文博副研究馆员资格的5名，申报编审资格的7名，申报副编审的4名。经过评委会成员认真审读及讨论，并经过无记名投票，最终通过评审的有28名同志。其中：

获得文物博物系列研究馆员任职资格的有（共15人）：

天津：陈卓、王凤琴、尚洁；内蒙古：塔娜、杨泽蒙；云南：张家华、杨德聪；新疆：吴艳春、李文瑛、邱陵、李丽、李肖；中国地质博物馆：陈开宇；国际友谊博物馆：马先军；中国文化遗产研究院：杨新。

获得文物博物系列副研究馆员任职资格的有（共4人）：

中国电信博物馆：彭淑琦；北京鲁迅博物馆：夏晓静、于静、冯英。

获得编辑出版系列编审任职资格的有（共5人）：

文物出版社：谷艳雪、李缙云；中国文物报社：朱威、李让；国家清史纂修领导小组办公室：赵海明。

获得编辑出版系列编审任职资格的有（共4人）：

文物出版社：耿宝、安倩敏、郑华；中国文物报社：冯朝晖。

2008年中国文博事业大事记

1月14日，中共中央政治局常委李长春、国务委员陈至立到中国国家博物馆调研。

1月23日，中共中央宣传部、财政部、文化部、国家文物局联合印发《关于全国博物馆、纪念馆免费开放的通知》。

1月26～30日，国家文物局与印度尼西亚文旅部签署《有关保护、发展和利用早期人类遗址的合作备忘录》。

1月30日，国家文物局印发《关于做好雨雪冰冻灾情下文物保护工作的紧急通知》。

1月31日，国家文物局印发《关于甘肃省博物馆文物安全事故的通报》。

1月31日，《中华人民共和国国家文物局与斯里兰卡民主社会主义共和国国家遗产部关于合作保护文化遗产的协议》在科伦坡签署。

2月1日，中宣部、财政部、文化部和国家文物局在北京召开全国博物馆纪念馆免费开放工作会议。

2月4日，国家文物局、国务院南水北调办公室印发《南水北调东、中线一期工程文物保护管理办法》。

2月5日，国家文物局印发《全国博物馆评估办法（试行）》、《博物馆评估暂行标准》和《博物馆评估申请书》。

2月14日，国家文物局印发《关于加强文物消防工作的紧急通知》。

2月22日，国家文物局印发《关于加强突发事件应急预案制定和落实确保文物安全的紧急通知》。

2月26日，中国国家文物局与希腊文化部在北京签署《中华人民共和国国家文物局与希腊共和国文化部关于防止盗窃、盗掘和非法进出境文物的谅解备忘录》。

2月29日，国家文物局印发《〈古代壁画病害与图示〉等9项文化遗产保护行业标准的通知》。

3月1日，国务院印发《关于公布第一批国家珍贵古籍名录和第一批全国古籍重点保护单位名单的通知》。

3月4日，国家文物局印发《关于做好博物馆免费开放工作的实施意见》。

3月13日，国家文物局印发《全国文物保护标准化技术委员会章程》。

3月20日，国家文物局等10部委联合印发《关于加强革命文物工作的若干意见》。

4月7日，国家文物局印发《关于进一步加强大运河文化遗产及其环境景观保护工作的通知》。

4月9～10日，全国政协副主席孙家正赴浙江考察杭州西湖申遗工作。

4月11～12日，国家文物局在江苏无锡召开全国大遗址保护现场会。

4月13日，中共中央书记处书记何勇考察山西太行八路军纪念馆。

4月14日，国家文物局和智利外交部在北京签署《中华人民共和国政府和智利共和国政府关于防止盗窃、盗掘和非法进出境文物的协定》。

同日，“马普切－智利的起源”展览在首都博物馆举行。智利总统米歇尔·巴切莱特等出席开幕式。

同日，国家文物局印发《关于发布〈第一批文物保护工程监理甲级资质单位及部分勘察设计甲级、施工一级资质单位名单〉的通知》。

4月17日，国务委员刘延东就博物馆免费开放作重要批示。

4月18日，国务委员刘延东到文化部、国家文物局调研。

4月22日，国家文物局印发《关于加强20世纪遗产保护工作的通知》。

同日，国家文物局印发《关于推进地市文博单位管理干部和全国重点文物保护单位保护管理机构负责人培训工作的意见》。

4月24日，国务委员刘延东就我国成功追索非法流失丹麦的中国文物作重要批示。

5月1日，《文物保护工程审批管理暂行规定》在北京、河北、山西、浙江、四川五省开始试行。

5月8日，《中华人民共和国政府和塞浦路斯共和国政府关于防止盗窃、盗掘和非法进出境文物的协定》在北京签署。

5月12日，四川汶川发生8.0级地震，四川、陕西、甘肃等省文物、博物馆遭受地震破坏，毁损严重，共有145处全国重点文物保护单位（其中2处世界文化遗产）、285处省级文物保护单位受到不同程度损害，包括372件珍贵文物在内的4109件馆藏文物受损。

5月15日，国务委员刘延东就四川、陕西、甘肃等省文物博物馆遭受地震破坏毁损严重作重要批示。

5月16日，国家文物局印发《关于发布首批国家一级博物馆名单的决定》。故宫博物院等83家单位获此称号。

5月19～28日，国家文物局分别在川渝陕甘灾区召开抗震救灾现场会。

5月22日，国务院总理温家宝视察北川县，并就建立地震遗址博物馆做重要指示。

5月23日，国家文物局印发《关于公布全国重点文物保护工程方案审核专家库和顾问名单的通知》。

5月29日，国务委员刘延东视察四川地震灾害中受损严重的世界文化遗产都江堰等文物点，并对在地震灾害中痛失亲人的文物系统职工表示亲切慰问。

6月1～3日，中共中央政治局常委李长春，中共中央政治局委员、中央书记处书记、中宣部部长刘云山等视察世界文化遗产地都江堰受灾情况。

6月3日，国务院总理温家宝、中共中央政治局常委李长春、国务委员刘延东就高度重视灾后文物恢复重建工作做重要批示。

6月5日，国家文物局在北京召开《“5·12”汶川大地震四川文化遗产抢救保护修复规划大纲》审核会议，原则通过规划大纲。

6月8日，国务院公布《汶川地震灾后恢复重建条例》。

6月12日，首届中国文化遗产保护年度杰出人物颁奖暨事迹报告会在北京举行。

6月13日，国家文物局印发《关于加强馆藏文物借用管理工作的通知》。

6月14日，我国第三个文化遗产日。活动主题：文化遗产人人保护，保护成果人人共享。

6月19日，国家文物局印发《关于做好汶川地震灾后文物抢救保护工作的意见》。

6月20～21日，国家文物局在北京召开全国文物局长座谈会、文物系统抗震救灾先进集体先进个人表彰会和全国文物系统支援地震灾区文物抢救保护工作会议。

6月24日，国务院总理温家宝和国务委员刘延东就开展地震遗址博物馆（纪念馆）工作作重要批示。

6月30日，四川省人民政府、国家文物局在四川都江堰举行都江堰古建筑群抢救保护工程开工仪式。

7月1日，《历史文化名城名镇名村保护条例》施行。

同日，《天津市文物保护条例》开始施行。

7月6日，福建土楼在联合国教科文第32届世界遗产委员会会议上被批准列入《世界遗产名录》。截止到2008年7月，我国拥有世界遗产37处，其中文化遗产26处，自然遗产7处，文化与自然混合遗产4处。

7月10日，温家宝、李克强、回良玉、刘延东、马凯就四川汶川地震灾后重建保护羌族文化遗产做重要批示。

7月15日，国家文物局、四川省人民政府在四川阿坝理县桃坪羌寨举行羌族碉楼与村寨抢救保护工程开工仪式。

7月18日，国家文物局向国家灾后重建规划组报送《关于报送〈汶川地震灾后文物抢救保护修复专项规划〉的函》。

7月21日，国家文物局印发《国家文物局社会组织管理暂行办法》。

7月28日，第一批《国家珍贵古籍名录》颁证暨第一批全国古籍重点保护单位授牌仪式在北京举行。国务委员刘延东出席仪式并讲话。

同日，“奇迹天工——中国古代发明创造文物展”开幕式在中国科学技术馆新馆举行。全国人大常委会副委员长、中国科协主席韩启德，全国人大常委会副委员长、北京奥组委副主席陈至立，全国政协副主席、中国文联主席孙家正等领导出席。

8月1日，中宣部、国家文物局在江西南昌召开全国革命文物工作座谈会。

8月11日，《中华人民共和国国家文物局和哥伦比亚共和国文化部意向书》在北京签署。

8月13日，国务委员刘延东担任国务院第三次全国文物普查领导小组组长。

8月15日，文化部部长蔡武主持召开第7次部务会议，研究“发展60年文化建设”研究课题方案，确定“中国文化遗产事业60年”作为该课题的独立分报告。

8月17日，由中国古迹遗址保护协会（ICOMOS/CHINA）和四川省文物管理局联合主办，四川省阿坝州文管所承办的“四川灾后第一期羌族地区传统建筑维修保护技术培训班”，在四川省阿坝州理县桃坪羌寨临时搭建的地震板房内开班。

9月2日，国务院总理温家宝视察世界文化遗产、全国重点文物保护单位都江堰二王庙的灾后抢救保护工作，并就保护、研究工作做重要指示。

同日，中共中央政治局常委李长春参观“奇迹天工——中国古代发明创造文物展”。

9月11日，国家文物局印发《关于加强文物拍卖标的审核备案工作的通知》。

9月12日，国家发展改革委等14个部委联合印发《关于进一步促进红色旅游健康持续发展的意见》。

9月14～16日，国际博协博物馆学委员会2008年年会在湖南长沙召开。会上通过并发布《长沙宣言》。

9月22日，国务院第三次全国文物普查领导小组第二次（扩大）会议在北京召开。会议由国务委员、国务院第三次全国文物普查领导小组组长刘延东主持。

9月23日，中共中央政治局常委李长春就云南西双版纳州民族博物馆建设作重要批示。

9月24日，中共中央政治局常委李长春、国务委员刘延东就“指南针计划——中国古代发明创造的价值挖掘与展示”专项进展及全面推进实施情况做重要批示。

9月24日，中国政府与委内瑞拉政府签署《中华人民共和国政府与委内瑞拉玻利瓦尔共和国政府关于防止盗窃、盗掘和非法进出境文物的协定》。

9月25日，国家文物局外事工作座谈会在陕西西安召开。

9月26日，中共中央政治局常委李长春、国务委员刘延东就建设中国文字博物馆做重要批示。

10月8日，国家文物局召开深入学习实践科学发展观活动动员大会。中央第11指导检查组组长傅克诚做动员讲话。

10月10日，《西安市丝绸之路历史文化遗产保护管理办法》开始施行。

同日，国家文物局举办指导检查组深入学习实践科学发展观活动培训班。

10月13日，第二期四川藏羌地区传统建筑维修保护技术工匠培训班在阿坝州马尔康县开班。

10月14日，国家文物局举行深入学习实践科学发展观活动报告会。

10月15日，国务院总理温家宝、中共中央政治局常委李长春就羌族文化遗产抢救与保护情况做重要批示。

同日，国家文物局在北京举行2008年度“郑振铎、王冶秋文物保护奖”表彰会。

10月19～20日，全国文物系统深入学习实践科学发展观座谈会在浙江余姚召开。

10月20日，国务委员刘延东就东北四小民族文化遗产保护问题做重要批示。

10月21日，国家文物局和陕西省人民政府在陕西西安联合举办“大遗址保护高峰论坛”。论坛通过《大遗址保护西安共识》。

10月23～27日，村落文化景观保护与可持续利用国际学术研讨会在贵州贵阳召开。会议通过《关于“村落文化景观保护与发展”的建议》。

10月28日，国家文物局印发《关于在全国文物系统开展安全大检查有关事项的通知》。

10月28～29日，全国文物先进县县（市）长论坛在江苏常熟召开。

10月29日～11月1日，东亚地区木结构彩画保护国际研讨会在北京举行。会议通过《关于东亚彩画保护的北京备忘录》。

10月31日，国务委员刘延东就经济欠发达地区的文物安全采取有效措施强化管理做重要批示。

11月1～2日，首届中国文化遗产保护天津论坛在天津举行。论坛主题为“城市化发展与文化遗产保护”。会议通过《天津宣言》。该论坛是新中国成立以来第一个由民间发起的全国性文化遗产论坛。

11月3日，国家文物局印发《关于加强文物进出境审核工作的通知》和《关于审定文物进出境审核机构资质的通知》。

11月3日，国家文物局召开深入学习实践科学发展观研讨会。

11月4日，国家文物局印发《关于加强文物进出境审核工作的通知》。

11月21日，国家文物局在北京召开文物拍卖管理座谈会。

12月5日，全国政协主席贾庆林出席我援柬周萨神庙维修工程竣工庆典。

12月5日，“携手2010：宁波国际博物馆高峰论坛”在浙江宁波举行。论坛通过《宁波宣言》，发起“成立国际友好城市博物馆联盟”《宁波共识》。

12月12日，由国家文物局、河北省人民政府主办，张家口市人民政府、怀来县人民政府承办的鸡鸣驿城抢修保护工程全面启动仪式在河北鸡鸣驿城举行。

12月17日，国家文物局试行《文物进出境责任鉴定员考试大纲》。

12月17～18日，国家文物局在四川成都召开全国文物保护工程经验交流会。进一步规范和加强文物保护工程管理，总结和交流文物保护经验，安排部署汶川地震灾后文物抢救保护工作。

12月22日，国务委员刘延东就加强革命文物保护工作做重要批示。

12月26日，国务院台湾事务办公室、国家文物局、福建省人民政府在福建泉州共同举办涉台文物保护工程启动仪式。

12月31日，国务委员刘延东就关于进一步加强文物安全工作情况做重要批示。

中国文化年鉴

Chinese Culture Yearbook

文化设施建设

Cultural Facilities

2008年，各级文化部门深入学习实践科学发展观，按照中央关于健全公共文化服务设施网络的要求，加大对文化设施建设的投入力度，全国公共文化服务设施建设成绩显著。

一、全国文化（文物）系统基本建设项目总数达到4441个，比上年增长139.28%

2008年，全国文化(文物)系统基本建设投资项目总数达到4441个，比上年增加2585个，增长139.28%；计划总投资达380.73亿元，计划施工面积（建筑面积）987.05万平方米；本年完成投资额为70.3亿元，其中国家投资47.6亿元，地方投资22.7亿元；国家投资占本年完成投资总额的67.7%。全国建成项目1262个，比上年增加397个，增长45.9%；竣工面积212.5万平方米，比上年增加37.2万平方米，增幅达到21.2%。

1.2008年，全国文化基建项目总数为4195个，比上年增加2569个，增长158%；计划总投资达257.28亿元；施工面积(建筑面积)748.5万平方米，比上年增加232.2万平方米，增长44.97%；本年投资额为53.74亿元，其中国家投资29.71亿元，地方投资24.03亿元，国家投资占本年资金来源的比重为44.7%，比上年增加了14.59个百分点；本年完成投资额为44.46亿元，比上年增加4.38亿元，增长10.9%。全国文化基建建成项目1175个，比上年增加392个，增长50.06%；竣工建筑面积达到125.61万平方米。

在文化基建项目中，全国有134个公共图书馆建设项目，占项目总数的3.19%，图书馆建设面积占文化基建项目总面积的14.99%。图书馆国家投资占文化项目的国家投资总数达23.44%，比上年增加了7.3个百分点；实际完成投资额占总数的20.14%，也比上年增加了0.1个百分点。

全国有3876个群众艺术馆、文化馆、文化中心、乡镇综合文化站建设项目，占项目总数的92.4%，比上年增加10.9个百分点；面积占总数的71.39%，比上年增加37.07个百分点；实际完成投资额占总数的43.16%，与上年基本持平。

2. 2008年，全国文物基建项目总数为246个(不含文物维修项目)，比上年增加16个，增长6.95%；计划总投资达123.4亿元，比上年增加4.9亿元，增长4.13%；施工面积（建筑面积）238.56万平方米，比上年增加77.88万平方米，增长48.5%。本年投资额为30.0亿元，比上年增加1.4亿元，增长4.90%；其中国家投资17.9亿元，比上年增加5.8亿元，增长47.9%；国家投资占本年投资额的比重为59.7%。本年完成投资额为25.8亿元，比上年增加8.7亿元，增长50.9%。全国文物新建成项目87个，比上年增加5个，增长6.1%；竣工面积86.93万平方米，比上年增加48.94万平方米，增长128.82%。

在文物基建项目中，全国有159个博物馆建设项目，比上年增加17个，增长12.0%，占项目总数的64.6%。博物馆建设面积195万平方米，占文物系统总数的81.74%；国家投资14.7亿元，占文物系统总数的87.5%；本年实际完成投资额23.1亿元，占文物系统总数的89.5%。全国60个博物馆项目建成，竣工面积83.7万平方米。

上述数据表明，2008年国家对文化馆、图书馆、博物馆和乡镇综合文化站等文化设施建设的投入，无论是投资额，还是占总投资额的比重都比上年有了大幅度的增加，说明各地对博物馆、图书馆、文化馆（站）等公共文化服务基层设施建设非常重视，国家投资主要用于能直接为广大人民群众提供公共文化服务产品的基层文化设施建设。

二、县级和乡镇级文化事业机构基建项目共3920个，占全国文化事业机构基建项目总数的88.27%

2008年，各级财政对县级图书馆、文化馆和乡镇综合文化站等基层文化设施建设的投入比上年大幅增加。在全国4441个文化（文物）事业机构基建项目中，县级和乡镇级文化事业机构基建项目共3920个，占全国文化事业机构基建项目总数的88.27%。

乡镇综合文化站是我国农村公共文化服务体系的重要组成部分，是党和政府开展农村文化工作的基本力量，长期以来在活跃农村文化生活，促进农村经济社会协调发展等方面，发挥了重要作用。大力加强乡镇综合文化站建设，对构建健全、高效的农村公共文化服务网络，形成服务优质、覆盖农村的公共文化服务体系，促进农村经济和社会协调发展具有重要意义。

为加强乡镇综合文化站阵地建设，2007年，文化部和国家发展改革委联合制定了《全国“十一五”乡镇综合文化站建设规划》。根据规划，在“十一五”期间，新建和扩建2.67万个规模不低于300平方米的文化站，到2010年基本实现“乡乡有综合文化站”的建设目标。2008年，共安排中央预算内投资10亿元补助全国乡镇综合文化站建设。建成投入使用的乡镇综合文化站，以维护广大农民的文化权益为出发点，以满足农民群众的精神文化需求为目的，坚持开展各种丰富多彩的文化活动，受到农民群众的热烈欢迎，对活跃农村文化生活，促进农村地区经济建设和社会发展发挥了积极作用。

三、全国投资在亿元以上的筹建项目25个，投资亿元以上的在建项目41个，投资亿元以上的竣工项目14个

2008年，全国投资在亿元以上的大型文化设施筹建项目有广州文化广场、秦始皇陵遗址公园、郑州市图书馆新馆、云南省博物馆新馆建设、黑龙江省博物馆新馆建设、江西艺术中心、湖南省艺术职业学院新址、贵州省博物馆新馆建设、山西省图书馆新馆、扬州市文化艺术中心、四川艺术职业学院新校区、铜陵市文化艺术中心、深圳艺术学校新址工程、南越王博物馆整治工程、南越国史研究及保护中心、宝鸡市北首岭遗址博物馆、淮阳太昊陵综合开发项目、莆田莆仙大剧院、重庆南川区宣传文化中心、广东演艺中心（含群众艺术馆）、重庆渝中文化馆图书馆综合楼、赤峰博物馆、广东省友谊剧院改造工程、咸宁市博物馆、昭君文化园建设项目等25个项目。

2008年，全国投资在亿元以上的在建项目41个，分别是国家博物馆改扩建工程、国家图书馆二期工程暨国家数字图书馆工程、中国国家话剧院剧场工程、广州歌剧院、广州图书馆新馆建设、山东省博物馆新馆、河南艺术中心、广东省博物馆新馆项目、山西大剧院、湖北省图书馆新馆建设工程、鲁迅故里保护整治工程、南昌新四军军部陈列馆改扩建工程、苏州市美术馆（文化馆、名人馆）三馆合建工程、广州市图书馆改扩建项目一期工程、鄂尔多斯市民族剧院、鄂尔多斯市文化中心、鄂尔多斯市博物馆、鄂尔多斯市图书馆、江苏省现代美术馆、四川省博物馆新馆建设、无锡市鸿山遗址博物馆、聂耳纪念馆、延安革命纪念馆“一号工程”纪念馆建设、敦煌研究院、西安市乐游原历史公园保护项目、安徽艺术职业学院新校区建设、包头市图书馆、福建艺术职业学院工程、西双版纳民族博物馆、黑龙江省渤海遗址保护工程、湖南省群众艺术馆新馆、天津市青年京剧团中华剧院、杭州碑林扩建（孔庙）工程、青城山—都江堰古建筑群恢复重建、福清市文化艺术中心、河北省图书馆改扩建工程、济南市艺术大厦、广东星海演艺集团新址工程、潮州市文化艺术馆、汕头市博物馆新馆工程、天津滨湖剧院重建工程等项目。

2008年，全国投资亿元以上的文化设施竣工项目有：中国歌剧舞剧院迁址项目、山西博物馆建设工程、广州中山舰博物馆、浙江美术馆、广西民族博物馆、宁波市博物馆、连云港市文化艺术中心、八一南昌起义馆改扩建工程、扬州中国雕版印刷博物馆、新疆民族歌舞学校、八路军太行纪念馆扩建工程、秦皇岛市文化广场、厦门市翔安区文化活动中心、珠海市图书馆等14个项目。

四、国家级重点文化设施建设共落实资金9.68亿元

2008年，中央继续加强国家级重点文化设施建设力度，全年共落实基建投资9.68亿元，保证了国家级重点文化设施建设项目的顺利实施。

国家图书馆二期工程于2004年12月开工，2008年9月竣工试开馆。国家博物馆改扩建工程2007年3月开工，2008年完成老馆结构加固和外立面幕墙工程，计划2009年国庆节前“复兴之路”展览顺利开展，2010年竣工。国家话剧院剧场工程2007年12月奠基，2008年完成地下部分结构施工，计划2009年上半年主体结构封顶，2010年竣工。故宫博物院整体修缮工程完成神武门等中轴线主要古建筑的修缮，奥运会前对观众开放。恭王府府邸修缮工程顺利完工，并于奥运会前对外开放。中国歌剧舞剧院完成新址迁建工程和装修，2008年5月竣工投入使用。中国美术馆二期扩建工程和民族艺术国家三馆工程确定选址奥林匹克公园中心区B04、B02地块，前期工作取得进展。

随着我国综合实力的日益提升和对外文化交流工作的不断开展，国家对海外文化设施建设的投入不断加大。毛里求斯文化中心重建工程2008年7月竣工投入使用。法国巴黎文化中心新楼工程2008年8月完成，开始进行旧楼维修改造工作。印度文化处宿舍楼翻建工程和业务办公楼改造工程2008年12月竣工投入使用。泰国曼谷文化中心2008年5月完成设计招标和方案设计，开始进行工程测绘和地质勘探工作，计划2009年开工建设。

中国文化年鉴

Chinese Culture Yearbook

文化人才队伍建设

Cultural Talent Team Construction

中国文化年鉴

2008年，文化部以邓小平理论和“三个代表”重要思想为指导，深入学习实践科学发展观，立足党的十七大提出的推动社会主义文化大发展大繁荣，提高我国在未来国际竞争中软实力这一战略目标，结合贯彻落实党的十七届三中全会精神，按照中组部2008年人才工作要点要求，结合文化工作实际，继续实施“人才兴文”战略。

一、以实施国家文化建设重点工程为依托，推动文化人才队伍协调发展

文化部积极依托全国文化信息资源共享工程、国家舞台艺术精品工程、国家重大历史题材美术创作工程、全国重点京剧院团扶持工程、非物质文化遗产保护工程及国家图书馆二期工程暨国家数字图书馆工程等重点项目，加强对艺术表演人才、基层文化人才、特殊专业领域人才等各类文化人才的培养。

1. 为进一步完善全国文化信息资源共享工程基层点的服务功能，对工程基层人员培训工作作了专门部署。2008年，印发了《全国文化信息资源共享工程培训工作规划（2008～2010年）》，明确提出今后一个阶段工程培训工作的指导思想、目标任务及具体要求。2008年，先后举办了全国文化信息资源共享工程馆长研讨班、工程师技能培训班、基层服务点专兼职工作人员培训班等，并将相关培训课程制作成16集视频培训教材，通过光盘、卫星视频直播等方式进行。制作了《资源服务手册》、《优秀基层服务点服务经验资料汇编》等培训教材，并在文化共享工程网站上设立了培训专栏，提供资料下载、数据统计、经验交流等。

2. 国家舞台艺术精品工程实施以来，不仅推出一批具有时代影响力和民族代表性的作品，而且扩大了全国舞台艺术工作者的彼此交流，打造了一批熟悉艺术规律、具有创新精神的艺术家。文化部通过召开研讨会、座谈会，广泛征求专家学者对文化人才队伍建设的意见和建议，就人才培养中的困难和亟需解决的问题进行了研讨。

3. 国家重大历史题材美术创作工程在全国范围内推荐选拔专业水平优秀、文化使命感强、有驾驭大型主题性历史题材创作能力的画家、理论家，组成了专题创作研究队伍。文化部先后举办了中国画、油画和雕塑创作观摩活动，来自全国各地和中国艺术研究院、总政等单位的30余组创作者及业内专家、学者就图稿进行观摩学习，在创造优秀主题性美术作品的过程中不断提高创作水平。

4. 在实施国家京剧重点院团保护和扶持规划过程中，定期、分门别类地举办编剧、导演、作曲等不同专业的专修班，对中青年创作人员和青年演员进行业务培训。召开全国省级重点京剧院团工作会议，并在中国京剧艺术节期间举办“全国优秀京剧青年演员展演”，鼓励青年演员参与新创作剧目。

5. 非物质文化遗产保护工作坚持以人才培养为先，大力开展人才培训工作。11月，在湖北省宜昌市举办了非物质文化遗产数据库建设培训班；12月，在上海市举办了中国非物质文化遗产分类（传统音乐）保护工作培训班，分别对各省（区、市）非物质文化遗产保护工作人员进行非物质文化遗产数据库建设、传统音乐类项目保护的理论指导和方法培训，以提供保护工作队伍的专业理论水平和工作实践能力。

6. 国家图书馆二期工程暨国家数字图书馆工程作为国家信息产业基础建设的重要内容，列入了国家“十五”计划。结合工程实际需求，自2006年起即在全员继续教育中增加了数字图书馆专题讲座，聘请馆内外专家介绍国内外数字图书馆领域的最新发展方向和研究成果、管理服务经验。2008年，增加了“二期开馆前培训月”、“图书馆前沿知识培训”等项目。积极引进海外优秀人才承担重要工作，保障工程建设的人才支持。

此外，文化部在昆曲扶持、古籍保护、中华再造善本工程等重点工作中，都坚持把人才培养和梯队建设列入工作整体规划。2008年，组织召开了全国昆曲工作会议，对昆曲各专业继续举办系列培训班，逐步解决全国昆曲院团存在的表演艺术人才青黄不接的问题；先后举办了5期古籍普查培训班、7期全国古籍修复技术班及全国古籍鉴定保护高级研修班等，提高了古籍保护人才的素质，使他们在实践中得到了锻炼。

二、以知识更新和提高创新能力为重点，抓好文化人才培养工作

1. 树立大培训观念，构建全方位培训模式。根据中央《关于2008～2012年大规模培训干部工作的实施意见》精神，文化部制定了《文化部关于贯彻落实科学发展观，进一步加强大规模培训干部工作的实施意见》，为下一步工作开展提供了政策保障。2008年，文化部以加强管理能力、创新能力为重点，相继开展了文化部系统第2期青年干部培训班、第7期处级干部任职培训班、第17期全国地市文化局长岗位培训班及2008年公务员初任培训班，协助选派了7位部领导参加中组部集中调训，并为12名机关干部办理在职学习手续，继续邀请专家学者到文化部讲学，通过以会代训的方式丰富现有人才的知识含量，逐步完善组织调训、单位培训、挂职实践、在职自学和网络培训“五位一体”培训格局。

2. 完善机制，增强人才培养工作的针对性与实效性。为激励人才不间断地学习，制定了《文化部干部培训管理办法》，建立起干部培训经费定额补贴制度、各司局培训年度计划申报与汇编制度。开通文化部干部培训信息查询系统，完成了培训档案管理由传统记录方式向电子化管理方式的转变，搭建起信息交流和资源互动共享的平台。2008年，首次开展全程境外培训项目，举办了全国文化艺术管理机构人力资源管理境外培训班，并利用驻外使馆文化处（组）的优势，增加了有关对外文化交流方面的学习内容。同时，文化部开辟了为地方院校培养优秀中青年专业艺术人才的有效途径，以中国艺术研究院艺术硕士（MFA）试点为平台，为浙江、湖南、山西等地的艺术职业学院培养艺术硕士，不仅缓解了学院师资力量不足的问题，而且培养了高层次专业艺术人才。

3. 拓宽渠道，在实践锻炼和文化艺术交流中提高人才队伍整体素质。在抓好人才培训的同时，文化部还利用各种机会抓好人才的实践锻炼，在实践中提高他们的能力素质。落实“文化领导人才交流”计划，接收西部地区1名司局级干部、安排重庆文化系统8名干部来部系统挂职，并积极选派第六批援疆干部和第九批博士服务团人员。为使新入部公务员在实践中提高素质，组织新入部公务员中无基层工作经历的9名同志到重庆市文广局，进行了为期3个月的基层锻炼。同时，文化部积极创造各方面条件，鼓励各直属单位为专业技术人才创造施展才华的机会。中国艺术研究院组织设立了“高层学术论坛”，邀请中国科协主席周光召等国内外各领域具有重要影响的著名学者、专家做学术演讲，开阔了科研人员的学术视野。中央芭蕾舞团、中国国家画院等单位也通过客席演出、专题写生等途径，为优秀文化艺术人才搭建一个良好的实践舞台，促进他们在实践中成长。

4. 在各类人才培训中加大西部人才培养力度。为更好地推动西部文化人才队伍建设，文化部有计划、有区别、有重点地举办了各类培训班。2008年4月，在桂林举办了第三届西部戏曲音乐创作培训班，为67名学员开展了戏曲音乐配器手法、戏曲音乐多元化发展等内容的系列辅导。为培养西部戏剧创作队伍，提高西部戏剧编导人员、音乐创作人员业素质，在重庆举办了第五届西部戏剧编导培训班，为来自西藏、云南、广西等九个省市的160名学员进行了专题培训。同时，在为学员传授戏剧创作理论知识的同时，来自国家话剧院、总政话剧团、中央戏剧学院的多位专家对西部地区的青年编剧导演给予了关心支持，举办了重庆市青年编剧陈国亮新创剧作的剧本讨论会。

三、以深化改革为动力，不断改进和完善文化人才工作各项机制

充分发挥人才作用，关键是制度和机制问题。为调动人才积极性，实现文化艺术人才资源的优化配置，文化部做了大量工作，推进文化单位的人事和分配制度改革。

1. 稳步推进人才使用机制建设

一是启动事业单位岗位设置管理的实施工作。文化部进行了认真细致的调查研究，请各直属单位填报了岗位设置预填表，并提出下一步岗位设置中可能遇到的问题及解决建议。经过调查摸底，组织起草了《文化部直属事业单位岗位设置管理工作实施方案》，经反复征求意见，报人力资源和社会保障部审批后印发实施。首次岗位设置工作充分考虑单位实际，妥善处理好在职与在岗、专业技术岗位与管理岗位等关系，做到既兼顾现实，更着眼事业发展，努力形成人才结构合理、梯次发展的良性局面。

二是规范人才派遣制度。人才派遣是一种新型的招聘和用人相分离的用人方式，一般在临时性、辅助性或者替代性的工作岗位上实施。上半年，及时向故宫博物院、机关服务局等工勤人员较多的单位了解情况，提出重要岗位禁止使用派遣制员工、加强对派遣制员工的教育和管理、加强岗位培训等要求。

2. 完善专业技术人才评价机制

一是修订完善高级职称评审基本条件，逐步建立科学的、多层次的、规范化的专业技术人才评价体系。根据文化事业发展的需要和文化艺术专业人员的成长规律，在充分论证、广泛征求意见的基础上，对各有关单位意见和建议进行整理汇总，对部分专业高级职称评审基本条件进行了修订完善。

二是组织开展了2007年职称评审工作，先后召开了艺术系列、图书资料系列、文物博物系列等专业的高级职称评审会议。严格执行评审条件，强化对职称评审材料的审核。在评审会议中严格履行评审程序，坚持公正、公平原则，确保评审质量。

3. 进一步加强和规范人才激励制度

一是做好高层次人才推荐选拔工作，以激励高层次专业技术人才。向中宣部推荐张建康、张政为宣传文化系统“四个一批”经营管理人才人选，推荐孙一钢、沙晓岚、闫贤良等3人为宣传文化系统“四个一批”文化专门技术人才人选。根据人力资源和社会保障部工作要求，推荐中国艺术研究院贾磊磊等11人为2008年度享受政府特殊津贴专家人选。同时，组织开展了2008年度文化部优秀专家推荐选拔工作。

二是在重大文艺活动中注重对优秀人才的奖励和表彰。年初，举办了2006～2007年度国家舞台艺术精品工程授牌仪式，向精品剧目创作人颁发了奖牌和证书。为促进我国声乐艺术的发展，鼓励和选拔优秀声乐人才，举办了第八届全国声乐比赛，以此作为“文华奖”的子项“文华节目奖”的组成部分，从全国1374个参赛选手中评选出160名参加复决赛。同时，开展了国家社会基金艺术学项目评审，为艺术科学人才创造良好的科研条件和科研范围。

三是积极推动将文化艺术荣典制度纳入国家荣典制度体系。为贯彻落实十七大关于在文化领域建立国家荣典制度的精神，根据文化艺术工作实际，在国家荣典制度框架基础上，提出了实施国家文化艺术荣典制度的工作设想，并积极与人力资源和社会保障部有关部门沟通，得到了支持与认同。

四、以强化服务为着力点，加强与人才的沟通与联系

1. 生活上热情关心，发放生活困难补助。年初，按照国务院的要求和财政部有关文件精神，文化部向李世济等228名生活困难及身患重病的老艺术家、老专家发放困难补助，发放范围包括文化部直属院团和中国广播艺术团、中央民族歌舞团、中国铁路文工团、全总文工团、煤矿文工团等在京中央部委直属艺术院团老艺术家、老专家。同时，按照国务院部署，在对直属单位各级各类离退休人员收入情况进行全面调查摸底的基础上，为离退休人员发放了临时性生活补贴，艺术院团离退休人员待遇偏低问题得到了一定程度的缓解。

2. 政策上加强研究，力争提高老艺术家待遇。积极配合人力资源和社会保障部、财政部制定提高中央艺术团体老艺术家工资待遇的有关政策。向人力资源和社会保障部提供了文化部艺术院团在职人员和离退休人员的工资待遇情况、老艺术家的界定标准建议及提高老艺术家待遇的政策建议等。

3. 开展各项人才走访慰问活动。元旦、春节期间，我们积极通过走访、举办茶话会等形式，开展慰问专家活动，认真倾听专家的意见。重大节假日期间，定期开展慰问活动。年初，我们协同中组部举办了2008年春节慰问专家学者文艺演出，中组部、文化部领导出席，与在京的中央直接掌握联系高级专家一起观看演出。演出节目由中国东方歌舞团承办，受到专家的一致好评。

4. 积极为人才排忧解难，为他们解决后顾之忧。始终把人才的冷暖放在心上，关心他们的家庭生活，及时解决干部夫妻两地分居问题。对有即将生育、子女就学升学等急难事情的，做到急事急办、特事特办。对援藏、援疆、扶贫干部，予以优先解决。同时，文化部对艺术家、专家的生活情况高度关注。老艺术家欧阳山尊先生住院期间，文化部领导陪同中组部领导多次前往看望。中国东方歌舞团老艺术家张钧同志生病住院，文化部人事司有关同志前往探访，转达部领导的关心与慰问。

五、以加强人才宣传为抓手，积极营造人才成长的舆论环境

近年来，文化部高度重视人才宣传工作。2006年，文化部成立了文化人才宣传工作领导小组，制定并通过了人才宣传工作方案，积极宣传中央关于人才工作的方针政策、宣传文化人才工作的先进经验，宣传文化领域领军人物、优秀专业技术人才、经营管理人才及其成果和主要业绩，从而带动广大文艺工作者刻苦钻研，多出成果。

1. 有关部门与新闻媒体相结合，形成专家宣传工作的强大声势。以《中国文化报》为主要宣传平台，专门开辟“人才专刊”并扩大版面，每两周发行一期，专题宣传中央人才工作各项改革措施，推广文化系统各部门各单位在人才队伍建设方面的具体措施和经验，报道各类优秀文化艺术专业人才的典型事迹。2008 年，为了进一步加强人才宣传力度，改为每周一期，在版面、栏目上也进行了改进和完善。

2. 宣传人才工作方针政策与宣传优秀专家典型相结合，反映专家工作的最新成果。在宣传内容上，既注重宣传“人才兴文”战略、科学人才观等党的人才工作方针政策，又注意宣传各地和文化部直属单位加强、改进人才工作的经验和做法，还注重对优秀专家典型事迹的宣传，突出报道各类人才的成长经历和突出业绩。相继开展了关于中国京剧院、中央芭蕾舞团、中国东方歌舞团等单位人才培养工作的系列报道，收到良好的社会效果。

3. 宣传老艺术家、老专家与宣传中青年文化艺术人才相结合，形成专家宣传的梯队效应。人才专刊开设了名人谈人才、专家视点、文化基石、无语追求、青春飞扬等一系列栏目，分别对不同年龄阶段、不同专业领域的文化艺术领域专家进行系列报道。“无语追求”栏目相继报道了乔羽等老艺术家、老专家，“青春飞扬”栏目报道了张火丁等年轻文化艺术领域专家。“文化基石”栏目报道了四川自贡市盐业历史博物馆馆长黄健、湖南湘西凤凰县阳戏剧团团长杨胜平等基层文化系统的专家，从而构成了多层次、全方位的专家宣传格局。

六、以党管人才原则为指导，积极发挥组织人事部门在推进文化人才工作中的牵头协调作用

组织人事部门在推进人才工作和人才队伍建设中承担牵头协调的职能，是组织人事部门的职责所在，也是坚持和落实党管人才原则的重要保证。加强协调，进一步健全统分结合、协调高效的人才工作机制，不断完善党组统一领导，组织人事部门牵头抓总，有关部门各司其职、密切配合，各方面广泛参与的人才工作格局。

1. 围绕中心，牵头制定人才工作和人才队伍建设的发展战略和规划。根据中宣部全国宣传文化人才队伍建设专题研究工作要求，文化部承担了文化人才队伍建设的子课题研究工作，及时制定了《文化人才队伍建设课题研究工作方案》，成立了由人事司有关负责同志主持、相关业务司局参加的课题研究小组，多次召开会议，明确具体任务及进度安排，就文化人才队伍 2008 ~ 2020 年发展规划进行了研讨。同时，先后召开了直属单位艺术家、专家、人事处长及机关业务司局处长参加的多个座谈会，结合文化艺术门类自身特点和特有的发展规律，对文化人才队伍的发展趋势以及如何满足文化事业发展需要进行深层次探讨，制定有效的政策措施，形成了《文化人才队伍建设课题研究报告》。

2. 加强沟通，整合人才工作的力量和资源。文化部人事部门及时了解各司局各单位在贯彻“人才兴文”战略、推进人才工作的进展情况，并根据中央人才工作协调小组要求开展调研，对业务司局实施的重点文化工作、重点工程提出工作建议，提出下一步文化人才工作规划。同时，积极发挥人事部门在掌握人才信息、人才工作政策方面的优势，支持各司局各单位的业务建设和人才工作，先后为“创新奖”评选工作完善专家评委库，为国家图书馆申报博士后工作站提供政策支持，并协助向人力资源和社会保障部进行申报。

3. 夯实基础，进一步推动人才信息化建设。文化部在原有的高级专家数据库建设的基础上，不断总结专家数据库建设的经验，把建设一个功能完备、信息权威、及时动态的文化部高级专家管理系统提到工作日程上，及时开发新的高级专家信息管理软件，增强数据管理、查询和安全保密功能。4 月，下发了《文化部办公厅关于建立文化部专家管理系统的通知》，将各省、市、自治区文化系统的高级专家纳入专家数据库收录范围。5 月，组织了两期高级专家管理软件培训班，对各省、市、自治区文化厅（局）、部直属单位负责专业技术人才工作进行了系统的软件使用培训。目前，全国正高职称专家的信息采集工作已初步完成。新的专家管理系统拟收录全国副高职称以专上专家信息，及时掌握文化人才资源现状，对人才资源开发进行科学的分析、预测和规划。

中国文化年鉴

Chinese Culture Yearbook

部属单位概况

Subordinate Unit Profiles

中国文化年鉴

中国艺术研究院

2008年，中国艺术研究院在文化部党组的领导下，在财政部、教育部、科技部等相关部委和上级部门的支持下，始终坚持“以艺术科研为中心、以人才队伍建设为基础”的办院理念，加强科研管理，鼓励学术创新，在艺术科研、艺术教育、艺术创作等方面取得了重要进展，成绩显著。

一、艺术科研

2008年，全国参加国家社科基金艺术学评审项目共计1692个，最终92项课题获得立项资助，中国艺术研究院有51个申报项目参加评审，共有13项课题获得批准立项，其中国家数据库专项获准立项2项，立项率为14.1%。这些课题分别是:《艺术语言研究》、《梨园行会与中国戏曲衍生规律——古代梨园会馆碑刻文献整理与研究》、《中国书法文献研究》、《中国少数民族刺绣工艺文化研究》、《中国当代美术口述史》、《中国现代漆艺史》、《民初北京传统派画家“美术改良”之价值重审》、《绘画与诗意——传统中国画的审美特征研究》、《传统的蜕变——中国民乐百年鉴思》、《客家宗祠及其仪式音乐——以赣南客家宗族祭祖仪式为例》、《中国电影史学与资料库建设研究》、《网络文化特征及表现形式》、《全国文化艺术类网站调查与研究报告》。此外，还有获得财政部支持的重大课题《中国传统节日》、《中国传统建筑营造技艺三维数据库》、《中国艺术研究院院藏珍贵古琴复制项目》，以及国家发展和改革委员会资助课题《农村公共文化服务体系研究》。

2008年，中国艺术研究院结项课题包括：《中国文化发展战略研究》、《中国近代戏曲史》、《中国民间美术史》、《中国近现代琴史》、《元明清乐舞史》等十余个。其中，《中国文化发展战略研究》不仅属于学科建设的基础工作，而且也是一个具有现实针对性的课题。通过这一重大课题，我院经过几年努力，已经形成了一支文化发展战略研究的科研队伍，在学科建设上也日趋成熟。

2008年，中国艺术研究院承担的一批国家重点课题取得重要进展，《中国艺术科学总论》已经完成13本书稿：《美学基础》、《中国曲艺史》、《中国戏曲史》、《艺术市场学》、《中国音乐史》、《艺术经济学》、《中国摄影艺术史》、《中国马克思主义艺术理论发展》、《艺术传播学》、《中国电视艺术学》、《艺术社会学》、《艺术教育学》等。此外，国家重点课题《中国现代美术史》、《中国传统色彩学》、《中国民间工艺美术传承人口述史数据库》、《当代中国社会变迁与传统手工技艺的保护与发展》、《昆曲艺术大典》、《中国电影史学及资料库建设研究》、《中国现代学术思想史》、《京剧大典》等国家课题的研究，也都取得了重要进展。

2008年，中国艺术研究院完成了一系列重要科研成果，正式出版或发表的科研成果包括：专著56部，译著4部，论文集11部，论文448篇，评论312篇，译文17篇，学术资料57种，共计发表字数2445.08万字。

2008年4月11日，中国艺术研究院召开“科研工作座谈会”。座谈会上，与会专家学者围绕“社会主义核心价值观与艺术科研的发展”、“如何进一步加强我院在各艺术门类基础学科领域的建设”、“如何加强我院学术人才的梯队建设、保证我院科研事业发展的可持续性”、“如何建立更有效的制度和机制，推进我院学术科研的大发展”、“如何提升和增强我院学术的国际影响力”等议题进行了深入的探讨。

二、艺术教育

2008年，中国艺术研究院研究生院向国家外国专家局申请引智项目“世界前沿艺术论坛”，向各学科的国际知名专家、学者分别用汉语、英语和法语发出正式邀请，全年共邀请了10余位国际专家学者来讲学，使研究生教育国际化的进程又迈出了坚实的一步。

2008年，中国艺术研究院艺术教育取得重要进展。硕士研究生录取人数为96人，比2007年的90人增长了7%。博士研究生招生人数为37人，比2007年录取人数增加2人。2008年，录取香港、台湾地区攻读博士学位研究生3名，至此面向港澳台招生录取的博士研究生13人，硕士研究生1人，共14人。

2008年11月1日，“中国艺术研究院研究生院30周年校庆”隆重举行。中共中央政治局委员、国务委员刘延东为校庆发来贺信，全国政协副主席、中国文联主席孙家正出席庆祝大会并题词，文化部部长蔡武，文化部副部长、中国艺术研究院院长王文章出席庆典大会并讲话。来自文化部、教育部、国务院学位委员会等部门嘉宾、兄弟院校代表，国内外校友以及全体导师、教职员工和在校学生共800余人参加了庆典。

三、艺术创作

2008年，中国艺术研究院艺术创作也取得了丰硕成果。共计完成文学类作品12项，美术类作品355项，舞台艺术类作品12项，音乐类作品17项。

2008年，广义的美术仍是艺术创作的主要领域。先后举办了“寻源问道——杨飞云师生作品展”、“走进泰王国——中国当代中国画名家精品展”、“金石永寿——中国第一届寿山石篆刻艺术展”、“金石永寿——中国寿山石篆刻艺术展”、“沟通与扩散——韩中陶艺交流展”、“意象——中国: 中国雕塑院特邀当代雕塑家作品展”、“艺苑撷英——师生美术作品展”、“寻源问道——油画研究展”等重要展览。

四、非物质文化遗产保护工作

2008年，中国艺术研究院·中国非物质文化遗产保护中心积极参与和推动非物质文化遗产的保护与研究工作，举办了一系列大型论坛和研讨活动。4月24日，在京举办“国家级非物质文化遗产代表性传承人保护工作座谈会”。座谈会总结了我国非物质文化遗产保护工作开展以来传承人保护工作经验、探讨当前国家级非物质文化遗产代表性传承人保护理论和实践中存在的问题，并对下一阶段的保护工作提出建议。6月16～17日，在京召开“地震灾区非物质文化遗产保护工作座谈会”。会议议题为灾后非物质文化遗产设施修复、重建和传承恢复规划，以及羌族文化生态保护区的建立规划。6月15～17日，与青海省人民政府联合主办“国际唐卡艺术及非物质文化遗产保护·青海论坛”。7月23日，在京举行“羌族文化数字博物馆”开通仪式。

2008年，中国艺术研究院·中国非物质文化遗产保护中心还举办了一系列大型展览和演出活动。2月26～29日，在北京梅兰芳大戏院、长安大戏院、民族文化宫剧场分别举办国家级非物质文化遗产代表性传承人戏曲、曲艺、音乐舞蹈专场演出。6月11日，在北京民族文化宫剧场举行“文化遗产日”系列活动——“2008中国非物质文化遗产展演”。8月6～24日，在北京民族文化宫展览馆举行“中国非物质文化遗产传承技艺展演”。10月27日～11月4日，与香港德音琴社、澳门基金会、香港联艺文化交流中心联合主办“和鸣——古琴艺术进大学”系列活动。

五、学术交流活动

2008年，中国艺术研究院举办了一系列大型国际性学术论坛。5月5～7日，与韩国韩中文化艺术协会联合主办“中韩暨观察员国家文化艺术界高层学术论坛”。来自中国、韩国以及日本、新加坡、越南等国文化艺术领域的专家学者和艺术家围绕论坛议题“21世纪亚洲文化发展展望”展开深入探讨和广泛交流，提出诸多建设性的观点和建议。10月5～7日，与法兰西学院艺术院联合主办“中法保护世界文化多样性高层论坛——中国艺术研究院与法兰西学院艺术院文化对话”。两国文化艺术界的学者和艺术家围绕保护世界文化多样性的理论和实践问题，进行了广泛而深入的探讨和交流。10月15～16日，与欧盟文化中心合作组织（EUNIC）联合主办“第一届中欧文化对话”。双方就文化多样性、文化管理与创意产业、传统与现代性、中欧跨文化合作的现状与前景等议题进行了深入对话。12月8～9日，由中华人民共和国文化部和美国国家人文基金会共同主办、中国艺术研究院承办的“中美文化论坛——数字化时代的文化遗产保护和展现”学术研讨会在北京隆重召开。两国专家学者围绕“数字技术与文化遗产保护”的中心论题，针对数字技术在遗产保护中的作用、数字技术与当代文化发展等多个论题进行了广泛对话与深入讨论。

2008年，中国艺术研究院还举办了一系列学术研讨及展览活动。包括：“文艺作品中的国家形象”学术研讨会、“中国传统工艺美术保护与发展研讨会”、“中国写实画派大型油画‘热血5月·2008’赈灾捐赠仪式”、“首届国际书法年展暨中国艺术研究院向中华思源工程扶贫基金会捐赠书法作品仪式”、“西部人文课题总结会暨费孝通‘文化自觉’思想座谈会”、“第一届世界儒学大会”、“中国传统工艺美术精品大展”、“中国工艺美术学术高峰论坛”、“中国文化发展战略与国家文化软实力研讨会”、“电影《梅兰芳》学术研讨会”。

2008年是改革开放30周年，中国艺术研究院举行多种形式的学术研讨活动，以便从不同艺术学科的角度，回顾和纪念30年的历程。包括："改革开放30年文化发展与建设"专家与艺术家座谈会、"文艺的当代性：改革开放30年理论与实践学术研讨会"、"与时代互动——中国话剧30年学术研讨会"、"发展与繁荣——改革开放30年戏剧创作研讨会"、"改革开放30年全国马克思主义文艺理论研究学术研讨会"、"改革开放30年中国电影艺术成就研讨会"。

2008年，中国艺术研究院各项工作取得显著成绩。在新的发展阶段，中国艺术研究院将继续坚持"以艺术科研为中心，以人才队伍建设为基础"的发展理念，努力构建艺术科研、艺术教育和艺术创作三足鼎立的发展格局，努力把中国艺术研究院建成"全国一流、世界知名"的艺术科研中心、艺术教育中心和国际艺术交流中心。

中国国家图书馆

国家图书馆是国家总书库，国家书目中心，国家古籍保护中心。履行国内外图书文献收藏和保护的职责，指导协调全国的文献保护工作；为中央和国家领导机关、社会组织及社会公众提供文献信息及参考咨询服务；开展图书馆学理论与图书馆事业发展研究，指导全国图书馆业务工作；对外履行有关文化交流职能，参加国际图联及相关国际组织，开展与国内外图书馆的交流与合作。

国家图书馆3个馆区总建筑面积达25万平方米，居世界国家图书馆第三位，截至2008年底，正式工作人员1357人，其中正副高级专业技术人员187人，中级专业技术人员619人。

2008年，国家图书馆接待到馆读者3279928人次；全馆流通书刊为15787507册次，与2007年相比，上升11.06%；办理读者证卡15.14万个，与2007年相比，上升48.43%；各类咨询为总量29.82万件。此外，还通过讲座、培训、参观、展览等形式服务公众，其中全年开办公益性讲座165场，组织业界培训27期，接待参观197场，举办各类展览64场，举办其他活动340场。截至2008年底，国家图书馆馆藏文献总量为26967079册（件），数字资源总量达250TB，其中自建资源达180TB。

2008年是国家图书馆发展历程中具有里程碑意义的一年。一年来，在文化部党组的正确领导下，国家图书馆以科学发展观为统领，抓主题、谋全局、促发展，上下同心，艰苦奋斗，完成了二期新馆暨国家数字图书馆建设和开馆等任务，实现了公益性服务目标，国家图书馆历史翻开了新的一页。

一、国家图书馆二期新馆暨国家数字图书馆落成并对外开放

2008年9月9日，国家图书馆二期新馆暨国家数字图书馆正式开馆。国家图书馆以高度的历史使命感和责任感，克服了时间紧、任务重等重重困难，推动了新馆馆舍按时竣工，完成了近百万册文献的核查、搬迁等工作，最终开辟出一个文献丰富、内容精致、布局合理的开放式阅览区域，成为了我国文化建设取得的又一标志性成果，赢得了社会各界的广泛赞誉。

国家数字图书馆工程建设稳步推进，完成并实施二期机房装饰装修工程、网络与安全建设、RFID系统、光纤外连机房环境改造（一期）、无线接入网、一卡通等数字图书馆工程子项目20余个，在数字资源建设、创新服务项目以及信息化水平提升方面，形成国家数字图书馆诸多新亮点。

二、服务工作呈现新亮点

国家图书馆坚持以读者和用户为本、需求需要为先的服务理念，努力探索建立适应新时代读者需求，适应图书馆发展潮流的服务体系，服务工作取得突出成绩。

第一，实现公益性服务目标，公共文化服务能力不断提高。在国家财政的大力支持下，期盼了几十年的公益性服务目标得以实现，在全国图书馆界起到了引领和示范作用，成效明显。

第二，国家数字图书馆阶段性成果得到展示。面向社会公众推出的RFID自动借还系统、触摸屏电子报纸、虚拟导航、基于手机移动阅读的"掌上国图"、中国盲人数字图书馆、无线网连接等10余项创新服务方式，拓展了服务空间，受到社会各界的广泛关注和好评。

第三，为中央和国家领导机关提供信息服务的专业能力和水平，得到较大提升。全年优质、高效地完成了立法决策咨询9224件，是自1998年以来立法决策咨询服务量的最高点。其中仅《汶川地震灾后重建信息专报》就以每周 2 ～ 3 期的频率，直接发送到 154 位中央、国务院领导手中，以及参与灾后重建的各部委领导案头，该专报得到温家宝总理的重要批示；开通了“国家图书馆立法决策服务平台”，标志着法决策服务职能更加专业化；“两会”服务再次获得人大领导机关的充分肯定和好评；增设国家图书馆民政部分馆，有效地服务于该单位的国家大政方针决策工作；承办的“部级领导干部历史文化讲座”，全年举办了 20 期。

第四，为重点科研、教育和企业组织服务取得新进展。参与科技创新，为中国科学院研究所、中国原子能研究院等多家机构提供及时有效的文献信息咨询服务；设立了博士后信息服务专用快速通道，提供“一站式”服务。

第五，举办多彩的文化活动，社会教育职能进一步强化。文津讲坛、世界图书馆馆长论坛等特色系列讲座影响日益广泛；承办或举办颇具特色的“汶川抗震救灾大型纪实图片展”、“国家珍贵古籍特展”等展览 20 余场，反响热烈。“国家图书馆文津图书奖”已成功举办 4 届，社会影响日益扩大。

第六，业界服务不断深化和拓展，龙头地位进一步突显。联合建立国家数字图书馆东莞、吉林、广西等分馆，使国家数字图书馆资源得到更广泛的服务；继续推进西部援助计划，特别是汶川地震后，克服困难，向四川、陕西等赠送下架图书 35 万册和电子书光盘 500 套，为灾后图书馆重建提供了有力支援；与中国图书馆学会联合组织志愿者行动，有 6 个省的 708 名基层图书馆馆长参加了培训，在业界产生了重要影响，并得到了国际图联主席的赞赏；与文化部全国文化信息资源建设管理中心合作，将总量达 2.62TB 的数字资源向全国基层百姓提供服务。

三、基础业务建设得到加强，事业发展根基进一步夯实

基础业务工作取得长足进步。加强文献资源建设，圆满完成本年度文献的采集、加工、编目和典藏工作；一批徽州文书以及启功、傅雷、罗常培等名家藏书和手稿入藏国家图书馆，丰富了珍贵馆藏；向 OCLC 提供中文书目数据，在国内外产生了良好的反响。

信息化水平全面提升。在总馆北区，实现了万兆骨干、千兆桌面的接入和无线网的全面覆盖；建立了海量数字资源存储管理系统；全面升级了图书馆自动化集成管理系统，提高系统对基础业务工作与读者服务工作的保障能力；完成了网站改版，开辟了新的栏目，推出了新的服务，并实现馆内外资源和服务的整合。

四、国家图书馆所承担的国家重点文化工程和工作扎实推进

发挥国家图书馆在保护和弘扬中华民族文化中的重要作用，有力地促进了全国古籍保护工作的开展。中华古籍保护计划取得重要成就，克服困难完成首批“国家珍贵古籍名录”、“全国古籍重点保护单位”的评审、上报工作，获得国务院批准颁布；以人才培养为重点，为全国古籍收藏单位，培养基本的古籍修复和鉴定人员，举办各类培训班 20 余期，收到良好效果；启动“中华再造善本工程”二期工程，初步确定并完成选目工作共 500 余种。

积极推动送书下乡工程，已完成 2008 年度选书工作。

五、国内外交流与合作取得新进展

以开放的姿态，积极拓展国内外交流新领域。配合国务院新闻办继续实施“中国之窗”赠书计划；深化与世界先进图书馆的交流合作，与美国国会图书馆签署了“世界数字图书馆项目合作协议”，标志着国家图书馆国际化进程迈出实质性一步；成功举办了“第七次中文文献资源共建共享合作会议”，确立了国家图书馆的领导地位；夯实与国际图联的合作，拟在国家图书馆成立中文语言中心，国家图书馆在国际图联的地位进一步加强；与澳门社会基金会开展实质性合作，共同建立“全球华人寻根网”，推动了中华文化的融合与凝聚。

六、科研工作迈上新台阶

坚持业务工作与科技工作并举与协调发展，全馆科研工作取得新进展。国家社科基金项目《数字资源老化机理和生命周期测度的理论与实证研究》、《知识组织系统构建与知识服务研究》获得立项，表明国家图书馆科研能力进一步提高；首次召开全国图书馆科研工作研讨会，促进了图书馆界科研领域的交流和合作；通过全国图书馆标准化技术委员会工作，积极牵头组织标准化研究，为图书馆业务规范与可持续发展提供保障。

七、员工队伍建设、人才培养取得实效

坚持以提高素质，优化结构为重点，进一步加强员工队伍建设和人才培养，并取得实效。通过轮岗交流以及挂职锻炼的方式，提高干部的管理能力；接收了77名大学应届毕业生补充专业人才；设立博士后科研工作站，为人才培养提供更高的平台；贯彻落实“创新人才”计划，召开中期学术成果汇报会，加强动态管理；鼓励和选派优秀人才参与国际交流，由国家图书馆人员组成的中文语言工作组，在第74届国际图联大会期间，出色完成中文快报编印和同声传译服务，受到与会代表的好评；全员继续教育力度进一步加强。

八、继续深化改革，增强发展活力

继续深化体制机制改革，激发内在发展动力和活力。根据事业需要和图书馆发展趋势，完成了全馆格局调整和机构重组，并对机构运行情况进行跟踪和微调，使管理更加顺畅；实现了收支两条线，解决了重要业务部门搞创收的压力，集中精力做好服务工作和基础业务工作。

后勤服务社会化迈出了关键的一步，完成了全馆车辆管理、馆区保卫及部分后勤保障工作，交由物业公司管理等外包工作，实现专业化管理。馆属企业全面超额完成任务，运转良好。

2008年国家图书馆大事记

1．“洁白的丰碑：纪念傅雷百年诞辰展览”在国家图书馆开展

2008年4月7日，由国家图书馆主办的“洁白的丰碑：纪念傅雷百年诞辰展览”在展览厅开幕。中共中央政治局委员、国务委员刘延东，文化部部长蔡武 、副部长周和平，国家图书馆名誉馆长任继愈出席了仪式。

本次展览是迄今举办的规模最大的傅雷纪念展览。展览首次展出了傅雷先生的全部著译手稿和家书100多件。展览还以展板的形式，系统介绍了傅雷先生的生平，傅雷与画家黄宾虹、刘抗、刘海粟、张弦等朋友的情谊，傅雷与家人的感情以及傅雷在翻译领域的辛勤耕耘和成就。

2．“国家珍贵古籍特展”在京开幕

6月14日，由文化部主办，国家图书馆（国家古籍保护中心）承办的“国家珍贵古籍特展”在古籍馆开幕。文化部副部长周和平，科技部副部长刘燕华，新闻出版总署副署长邬书林等出席仪式。

本次展览萃选了入选第一批《国家珍贵古籍名录》的部分古籍，其珍品之多、展品数量之大、文献类型之丰富均属前所未有。

3．中共中央政治局委员、国务委员刘延东参观“国家珍贵古籍特展”

6月14日，中共中央政治局委员、国务委员刘延东在文化部副部长周和平等陪同下参观“国家珍贵古籍特展” 。此次展览由文化部主办，国家图书馆（国家古籍保护中心）承办。

本次展出的古籍善本近400种，展品来自80个单位，均是从入选首批《国家珍贵古籍名录》的2392种古籍中遴选出来的，均为国家一二级古籍。

4．部级领导干部历史文化讲座成功举办100期

6月28日，部级领导干部历史文化讲座第100期在国家图书馆古籍馆举行。本次讲座由北京大学历史学系教授邓小南主讲，题目是《宋代历史再认识》。全国人大常委会副委员长华建敏，国务委员兼国务院秘书长马凯和100多位部级领导干部聆听了讲座。

5．国家数字图书馆数字资源通过文化共享工程网络系统服务公众

7月1日，国家图书馆与文化部全国文化信息资源建设管理中心合作签字仪式在国家图书馆文津厅举行，文化部副部长周和平出席仪式并讲话。

国家图书馆为此次合作精心组织了总量达2.62 TB的数字资源，于2008年7月1日起，投放到全国文化信息资源共享工程的服务网络中，通过互联网、局域网、电子政务外网、光盘、卫星等多种渠道向全国公众免费提供服务。

6．全国人大教科文卫委员会来国家图书馆调研

7月15日下午， 全国人大常委会委员、全国人大教科文卫委员会副主任委员金炳华，全国人大教科文卫委员会副主任委员李树文，全国人大常委会委员、全国人大教科文卫委员会副主任委员任茂东等全国人大教科文卫委员会一行21人，在文化部副部长周和平等的陪同下，来馆就我国“图书馆法”立法情况进行专题调研。

7．国家图书馆民政部分馆成立暨国家图书馆立法决策服务民政部平台开通仪式在京举行

8月25日，国家图书馆民政部分馆成立暨国

家图书馆立法决策服务民政部平台开通仪式在民政部隆重举行。民政部副部长窦玉沛、文化部副部长周和平出席了仪式并揭牌。

8．国家图书馆二期暨国家数字图书馆开馆

9月9日，适逢国家图书馆建馆99周年，国家图书馆二期暨国家数字图书馆正式开馆接待读者。中共中央政治局委员、国务委员刘延东，全国政协副主席孙家正等党和国家领导人出席开馆仪式。

二期新馆建筑面积8万平方米，设有读者座位2900个，日均接待读者能力约8000人次，国家图书馆馆舍总面积也随之增至25万平方米，居世界国家图书馆第三位。

9．中华再造善本工程二期启动

9月9日，在国家图书馆二期暨国家数字图书馆开馆之际，“中华再造善本工程二期启动工作”座谈会在二期新馆举行。文化部副部长周和平出席座谈会并作重要讲话。

10．中国盲人数字图书馆正式开通

10月14日，由国家图书馆、中国残联信息中心、中国盲文出版社共同研制的中国盲人数字图书馆正式开通。

中国盲人数字图书馆网站先期推出了近200册电子图书，500首音频和500个视频的数字化资源。

11．学习实践科学发展观——文化部党组书记、部长蔡武来馆调研

10月30日下午，文化部党组书记、部长蔡武在人事司司长高树勋等的陪同下来到馆调研。

蔡武部长认真听取了詹福瑞所作的关于国家图书馆学习实践科学发展观活动、领导班子和人才队伍建设情况的汇报并发表了重要讲话。

国家图书馆馆领导班子名单

名誉馆长：任继愈

馆长、党委书记：詹福瑞

党委副书记、副馆长：张雅芳

副馆长：陈　力

副馆长：张玉辉

故宫博物院

2008年是北京成功举办奥运会的一年，是贯彻党的十七大精神、学习实践科学发展观的重要一年，也是战胜严重自然灾害的一年。面对南方雪灾、汶川大地震等突发自然灾害，在文化部的领导下，全院职工团结一心、积极捐款，参与抗震救灾。同时，在安全开放、文物展览、院容原貌、观众服务等多方面采取措施，积极服务奥运，充分阐释了“人文奥运”的理念，弘扬了中华文化，获得了多项表彰。在深入学习科学发展观活动中，继续做好古建筑保护与藏品管理、非物质文化遗产保护、研究出版、信息化建设、对外交流等文化遗产保护与弘扬的各项工作，促进了故宫保护与现代化博物馆建设事业的科学发展。全年接待观众949万人次。

一、藏品管理与非物质文化遗产保护

按照计划继续进行文物清理工作。本年完成了书法库、碑帖库、工艺珐琅库、原九龙壁陶瓷库四类文物库房36万余件文物的验收工作。至此，通过验收的藏品总量达到58万余件，约占在账藏品总量的60%。《故宫博物院藏品大系》出版了“绘画卷”的4编。地下文物库房视频监控系统基本安装完毕，正在调试。

全年共保护修复文物247件。同时，深入开展文物保护科研攻关，如国家文物局“铁质文物综合保护技术”评估、文物保护修复档案的科学化构建、古陶瓷科技研究、文物保护环境科学及传统工艺的整理与研究、文物保护科研课题等。古陶瓷检测研究实验室被国家文物局正式批准为古陶瓷保护研究国家文物局重点科研基地。

根据故宫自身优势，对现存传统工艺进行总结，将“古书画装裱修复”和“故宫官式古建营造技艺”进行整理，申报我国“第二批国家级非物质文化遗产”。并于2008年5月被国家正式认定为“第二批国家级非物质文化遗产”。为弘扬故宫保存的传统文物修复技术，对非物质文化遗产进行的抢救性保护和系统整理，正在合作筹划拍摄纪录传统文物修复技术的电视资料片《故宫绝活》。

藏品征集工作进一步规范，制定并启用《藏品收购协议书》，明确双方责任。2008年收购历代碑刻拓片46项135件套。全年共接受文物捐赠7批37件。从来源看，既有来自大陆的捐献，又有台湾、香港以及美籍华人乃至国外的捐赠。

二、古建修缮

太和殿等维修竣工，重新开放。故宫大规模古建维修保护项目中，位于开放路线的太和门、太和殿、神武门维修在7月中旬陆续竣工，重新开放。按照《故宫保护总体规划大纲》，已经完成第一阶段的任务，维修保护涉及的古建有武英殿区建筑、午门正楼、中轴线东、西两庑及其周边建筑、钦安殿、戏衣库、延禧宫、太和门、太和殿、神武门等，完成维修面积38083平方米。经过修缮，包括午门展厅在内的10个新展厅投入使用，开放范围大幅度扩大。正在维修的项目有寿康宫、慈宁宫和御史衙门工程，建筑面积7743平方米。

三、陈列展览

近年来，故宫博物院不断探索基于文化遗产保护的科学展示，调整展览布局，充实展览内容，突出宫廷文化特色，给观众提供更为丰富的文化信息。

2008年，新举办的院内展览21个（含3个引进展览），包括了在奥运前夕推出的10个文物展览（考虑到新绘画馆展览为3期，实际为12个，包括新增常设展馆陶瓷馆、绘画馆，以及“尽善尽美——殿本聚珍”、“同文之盛——清宫民族语文辞书展”、“金昭银辉——故宫博物院藏清代金银器展”、“盛世琳琅　故宫博物院藏乾隆朝玉器精品展”、“清代王翚小品山水画展”、“宫阙述往”、“天朝衣冠——故宫博物院藏清代宫廷服饰精品展”、“古物撷英——故宫藏捐献文物精品展”）、3个引进展览（法国“卢浮宫·拿破仑一世展”、香港“饶宗颐书画作品展”、日本中国写真文化交流协会“中日摄影家写真展”），以及其他6个展览〔“清内府书籍印刷工艺展”、“天府永藏展——清宫藏藏传佛教金铜造像”（改陈）、“清代四僧画展”、“清代雍正皇帝行乐图特展”、原永和宫的“清代嫔妃生活展”调至永寿宫，以及原永寿宫的“故宫藏历代铜镜展”调到永和宫等〕。

支持和参与国内其他博物馆展览共12个，包括有为迎奥运举办的特展5个〔遴选出306件（套）藏品支持其他博物馆为迎接奥运而举办展览。这些展览包括与首都博物馆联合举办“紫禁城内外的竞技游戏展”，与中国美术馆联合举办“明清绘画精选展”，还参展国家文物局在中国科技馆新馆举办的“奇迹天工——中国古代发明创造文物展”，参展北京市文物局、首都博物馆的“中国记忆——五千年文明瑰宝展”和“北京文物精品展”〕，支持兄弟单位展览7个（内蒙古博物院“皇家风范——故宫博物院藏金银器展”、淄博中国陶瓷馆“故宫藏明清官窑青花瓷器展”、上海豫园“历史印迹——清宫帝后玺印展”、宁波博物馆“皇家风范——故宫博物院藏金银器展”，与上海博物馆联合举办“南陈北崔—陈洪绶崔子忠书画特展”，参展中华世纪坛“传承与守望——翁氏六代珍藏展”。此外，云南普洱“百年贡茶回归普洱”展自2007年3月开始后，本年度续展至2009年底）。

通过举办这些展览或参展，在提升博物馆形象、扩大故宫文化辐射范围的同时，更为传统文化的弘扬做出了新的贡献。

四、安全保卫与开放管理

年初，确定了开展以“迎奥运、保安全”为工作目标的“迎奥运安全年”活动，继续严格落实安全责任制和岗位责任制。强化安检制度。在午门东门洞和神武门西门洞各新建了两处安检房，对所有进入故宫参观游客的包裹和随身携带的物品进行安检。加大了对进入故宫车辆的安检力度，严格执行会客制度，确保各项安全管理制度落到实处，消除安全隐患。

加强了重要通道和区域的安全监控。完成了中轴线西侧安防报警系统工程，在午门、神武门、东华门、西华门四个进出通道安装了视频监控系统。

奥运会和残奥会艰巨的接待任务和高标准的服务水准，对故宫的开放管理工作提出了更高的要求。为此，在严格落实岗位责任制、执行各项规章制度的同时，多方面开展了各种培训，提高服务能力。组织开放一线和外来合作人员参加安全、礼仪、外语、手语、奥运知识、故宫知识、商品知识等培训，以新形象、高素质树立起故宫的良好服务形象，努力使每个工作人员都成为故宫形象的展示者。全年接待观众949万人次。

奥运期间，故宫共接待了大约1万名奥运嘉

宾，包括外国国家领导人和贵宾40批次，计495人次。接待各国媒体记者重要采访拍摄24批次，包括美国全国广播公司、英国第五频道、德国电视一台、南非电视台、法国24小时电视台等。接待一般常规性采访拍摄1962人次。被中共北京市委、北京市人民政府、北京奥组委授予“北京奥运会残奥会先进集体”荣誉称号；并荣获了北京奥组委运动会服务部、北京市旅游局颁发的“服务奥运贡献突出”奖。被北京市旅游局评为“平安奥运先进单位”。

五、公众服务

整治院容院貌，改善服务环境。公共服务指示标牌的排查、更换于奥运前基本完成。对午门和神武门外栏杆重新油饰。启动了把保和殿后至御花园区域文物保护护栏将更换为与故宫整体风格和环境协调一致的铸铜护栏的工作。院内7个公用电话亭的14部电话全部重新更换，其中有4部残疾人专用电话。

强化管理，整治购物休闲环境，提升服务形象。先后对位育斋、景运门南侧、太和门西侧倒座、午门右掖门及午门贵宾接待室等处的店面柜架及绛雪轩、御茶房、扮戏楼经营网点进行了全面的装修更新，将原封闭式经营的东长房全部亮出；武英门经营点在改变经营方式的基础上，重新装修。至奥运前夕，全院大部分经营场所均得到了改造与更新。“五一”前后，全院所有经营人员着新装上岗，整体形象为之一新。

开发多语种自动讲解器。为迎接北京奥运会，近年来一直致力于自动讲解器的多语种开发。目前，自动讲解器能够用40种语言讲解故宫。中文讲解有多个版本，包括普通话（分为王刚版、张家声版和鞠萍版3个版本）、广东话、闽南话，还有满足我国少数民族使用的藏语版和维吾尔语版本。

多地点设立观众咨询服务台，方便观众咨询。奥运前夕，昭德门及贞度门咨询服务台正式服务观众。从6月开始，经过培训的外籍志愿者加入到咨询员的队伍之中。目前的外籍志愿者有10余人，能够为观众提供地道的英语、日语、法语、德语、西语等语种服务。

在服务于普通观众的同时，尽量满足残疾人和行动不便者的参观游览需求。5月18日，故宫博物院无障碍通道正式开通，实现了无障碍参观三大殿、后三宫及御花园等中轴线区域。此外，故宫红十字救护站本年上半年开始启用，主要承担游客现场救护服务工作和宣传普及初级急救知识等，受到各方好评。

2008年，还完成了历时一年、规模空前的观众问卷调查工作。通过对问卷反映出的观众需求的解读，必将对故宫博物院今后的观众服务水平的提升带来积极的影响。

六、学术研究与出版

加强科研管理，努力提高故宫学术研究水平，科研管理状况逐步规范，形成了从“故宫学”学科研究出发的具有故宫特色的研究方向和科研规划宗旨，产生了一批较高水平的大型、集体科研课题项目。完成了《故宫博物院近期科研规划（2008～2010）》与《故宫博物院中长期科研规划纲要（2011～2020）》。创办《故宫博物院科研工作简报》，搭建学术交流平台，促进科研信息沟通。院级大型出版项目《故宫百科全书》正式启动并进入实质性编纂阶段。《故宫博物院藏文物珍品全集》（60卷）编辑出版于2008年全部结束。继续做好《故宫博物院院刊》、《故宫学刊》编辑出版工作。

开拓学术视野，活跃科研气氛。以与故宫主要研究领域相关学科的研究方法及边缘交叉学科为重点内容，坚持举办学术讲座4期、学术沙龙12期。积极借助社会和国际科研力量来加强学术研究。同时继续借用中国艺术研究院等社会教育资源，为故宫博物院的发展培养专门人才。

故宫博物院紫禁城出版社成功登记为事业法人，给出版社的发展以及故宫特色传统文化的普及和弘扬带来新的机遇。依托故宫的资源优势，强化出版特色，逐步树立起紫禁城出版社的古陶瓷、古书画品牌图书形象。加强与其他出版社、博物馆和文化单位的合作，优势互补。开阔思路，探索营销规律，积极参与市场竞争。出版社全年出书144种，其中新出134种，出书品种创历史新高。纳入新闻出版总署“十一五国家重大出版工程”的《故宫博物院藏品大系》2008年已经出版绘画编4卷。配合展览出版了《拿破仑一世文物珍品集》，《故宫书画馆》第一编、第二编，《故宫陶瓷馆》以及《天朝衣冠》等，其中，《天朝衣冠》获第20届香港印制大奖。其中《故宫经典》系列8种、《故宫收藏》系列15种，分别入围“中华优秀出版物奖”、“文津图书奖”。《紫禁城》杂志继续探索市场定位，根据变化的出版形势，逐步完善办刊思路，转向开门办刊。

七、信息化建设

2008年是资料信息中心组建的第10年。这10年间，故宫博物院信息化建设从零起步，并实现了跨越式发展。故宫院内自动化办公系统、古建筑信息系统、文物管理系统、历史文档信息系统以及文化信息展示系统等多个工作平台的建设使用，有力地促进了管理水平的提高，并成为故宫博物院迈向现代博物馆的重要标志，对文化弘扬的促进作用日渐显著。本年的信息化建设，随着文化展示信息平台的基本建成以及文物管理及行政办公等领域的信息化工作的继续推进，又跃上了一个新台阶。

从2006年提出的建设故宫博物院文化展示信息化工作平台的设想至今，历时2年。通过分析来院观众在不同情境下的实际需求，对展示内容进行了精心策划，在对故宫网站进行改版准备的同时，先后完成了7部导引观众参观陶瓷、绘画和古代建筑展览的视频短片，开发了一批与展览知识互动的多媒体节目。在新建的文华殿陶瓷馆、武英殿绘画馆内都安装了全新的数字展示设备；在太和门、外朝东西两侧观众通道也装设了数字导览装置，与IBM公司合作的“超越时空的紫禁城”项目也已完成。充分利用信息技术，由浅入深地向观众揭示故宫所蕴藏的中华悠久文化，基本实现了项目建设的目标。

虚拟现实技术方面，完成大型虚拟现实技术节目《养心殿》节目的制作。这部节目主要由自主技术力量完成，并突破了此前以建筑场景为主的模式，引进了立体文物三维模型的开发技术，尝试在宫殿场景内讲述文化内容，超过了此前两部的技术水准。

八、对外交流与合作

利用故宫深厚的文化底蕴和作为中华文明标志的特殊影响，继续加强对外文化交流。进一步扩大与国际博物馆界的交往与合作。2008年9月，与东京国立博物馆签订了合作交流意向书，确立了长期战略合作关系。至此，故宫博物院已与法国卢浮宫博物馆、美国大都会博物馆、英国大英博物馆、俄罗斯艾尔米塔什博物馆、德国德累斯顿艺术品收藏博物馆5个世界知名博物馆签订了长期战略合作意向文件。

保持传统优势项目，不断开拓新的外展领域，精心组织各项赴外展览和引进外展，扩大故宫博物院的国际交流范围，弘扬中华文化。在继续保持原有赴日本、香港和澳门等传统项目的系列展出的同时，与国外著名博物馆间互办展览的良好势头得以发展，展览内容也不断丰富。本年已经完成和正在进行的出国（境）展览8个（赴意大利科尔索博物馆“皇家韵致展”、赴澳门艺术博物馆“天下家国——以物见史故宫专题文物特展”、赴日本东京江户东京博物馆“翰墨千秋——北京故宫藏历代书法大展”、赴德国德累斯顿艺术收藏馆“金龙银鹰1644至1795——故宫博物院/德累斯顿艺术收藏馆文物联展”、赴日本冲绳县立博物馆“故宫藏琉球时期文物展”、赴澳门艺术博物馆“钧乐天听——故宫珍藏戏曲文物特展”、赴日本长崎孔子庙中国历代博物馆“故宫宫廷文物展”、赴日本佐贺县锅岛缎通吉岛家美术馆“地毯展”），赴外参展6个（赴日本东京都写真美术馆“紫禁城写真展”、赴日本“大三国志展”、赴美国旧金山亚洲艺术博物馆“明代宫廷艺术展”、赴香港历史博物馆“中国马文化展”、赴美国大都会博物馆“王翚艺术展”、赴韩国古宫博物馆“修饰与完美的艺术——装潢展”）。

国际学术交流与合作得到增强。一些中外合作的项目继续进行，如与荷兰国家自动音乐博物馆合作修复院藏钟表项目，与美国世界建筑文物基金会合作保护故宫倦勤斋和乾隆花园项目，与德国马普科学技术史研究所“宫廷对技术发展的推动”科研项目等。与日本凸版公司合作，实现了虚拟现实技术从SGI大型机向PC机平台的转移。这意味着故宫博物院的虚拟现实作品，从此可以DVD光盘的形式，随同赴外展览一起走出国门，跨越时空局限，生动直观地呈现故宫形象和诠释中华文化，加深印象，扩大影响。

中国国家博物馆

2008年，中国国家博物馆（以下简称国家博物馆）在文化部和国家文物局的领导下，馆领导班子带领全馆职工深入学习实践科学发展观，紧紧把握新馆建设的历史机遇，解放思想、锐意创新、突出重点、务求实效，在“抓建设、求改革、促发展”的总体思路下，坚持“人才立馆、藏品立馆、业务立馆、学术立馆”的办馆方针，全馆上下团结一致，努力开创工作新局面，各方面工作都取得了显著成绩。

一、用科学发展观统揽全局，推动各项工作健康开展

党和国家领导人对国家博物馆改扩建工程十分关心。1月14日，李长春视察国家博物馆，对改扩建工程给予高度评价，明确要求国家博物馆要发挥龙头和引擎作用，为全国的博物馆做好示范，指示我们把“复兴之路”在展览作为一项重大的政治任务完成好。7月15日，刘延东来馆视察，对新馆建设给予充分肯定。要求要做到五好，即设计好、建设好、使用好、管理好、经营好。要求国家博物馆尽早谋划，从文化大发展大繁荣和兴起文化建设新高潮的高度又好又快地建成国家博物馆。6月6日，文化部部长蔡武来馆指导工作，明确要求国家博物馆的建设和发展要体现文化创新。不仅国家博物馆工程要成为一个创新工程，更要以创新的精神开展各项工作。10月27日，蔡武部长再一次来馆调研和指导工作，了解国家博物馆人才建设和新馆建设的情况，要求抓住学习实践科学发展观活动和新馆建设的历史机遇，落实解决好新馆建设和开馆的一些根本性问题。

国家博物馆认真贯彻落实中央领导和部领导的指示精神，大力加强人才队伍建设，努力抓好各项业务工作建设和各项基础性建设，努力探索国家博物馆新的体制和运营机制的建立，更新观念、加强管理、提高效益，深刻理解国家博物馆所承担的重大责任和使命，把握好建馆方向和目标，坚持“四个立馆”的办馆方针，争取到2012年国家博物馆建馆100周年时，初步实现“国内领先、国际一流”的宏伟目标。

二、深入学习实践科学发展观，进一步加强党的建设

按照党中央和部党组的部署，国家博物馆从2008年9月28日至2009年2月底，在全馆党员中开展深入学习实践科学发展观活动。全馆高度重视深入学习实践科学发展观活动，把学习实践活动作为推动国家博物馆新馆建设的历史机遇。2008年10月6日，国家博物馆召开党政联席会议暨深入学习实践科学发展观活动领导小组第一次会议，布署学习实践活动，成立以吕章申为组长，姜丰义、周志强为副组长，有党委成员和馆长助理参加的国家博物馆深入学习实践科学发展观活动领导小组，会议讨论通过《国家博物馆深入学习实践科学发展观活动实施方案》。10月14日上午，召开深入学习实践科学发展观活动动员大会。吕章申馆长做动员报告。会议明确了开展学习实践科学发展观活动的重要意义、指导思想、目标要求和主要原则，并对各级党组织和党员干部特别是领导干部提出了明确要求。从10月20日开始，党委书记、馆长吕章申和领导班子其他成员，按照职责分工，分别深入到所分工负责26个部门的22个党支部以讲党课的形式带头谈学习实践科学发展观的体会。

三、扎实搞好改扩建工程，确保“复兴之路”如期开展

党中央、国务院把国家博物馆工程确定为国家重大文化工程。在文化部、国家发改委等各方面的大力支持下，工程于2007年3月正式动工。为把国家博物馆建设成为一个精品工程、阳光工程，国家博物馆制定了一系列严格的招投标工作制度和严密的招投标工作程序。2008年共完成了施工总承包、“复兴之路”展厅等12个项目的招标工作。同时，合理安排工程施工，加强施工现场的安全管理，不定期对施工安全隐患进行排查，确保工程的绝对安全，保障工程质量和工程进度。遵照李长春的指示，为使大型主题展览“复兴之路”于2009年新中国成立60周年前夕在改建后的老馆部分向公众开放，国家博物馆倒排和调整工期，确保展览如期开展。

四、坚持“四个立馆”办馆方针，做好各项基础性建设，为新馆开馆做准备

（一）新馆筹备工作全面启动

2008年是新馆开馆前重要的一年，如何在新馆建成后实现工程建设和新馆开放管理的无缝衔接，是馆领导班子重点思考的问题。为此，2008年国家博物馆启动新馆筹备工作，积极开展调研和课题研究工作，形成新馆建设的具体思路，制定新馆开放后切实可行的各种方案，并通过规范和完善规章制度，筹备新馆展览陈列等，为新馆建成后各项管理和业务工作的开展奠定基础。

（二）人员培训全面铺开

贯彻“人才立馆”方针，强化人才队伍建设，全面提高职工的综合素质，是国家博物馆事业发展的一个长期而紧迫的任务。馆党委、馆领导班子一直高度重视人才队伍建设工作，组织实施大规模人员培训工作，以加强全馆职工的业务素质，为新馆开馆做好人员准备。2008年，国家博物馆建立健全教育培训申报审批制度、培训评价机制、奖惩结合的学习动力机制和培训经费预算制度，共举办了五期大型馆内培训，11次学术讲座，外派培训24人，正在参加研究生学历教育11人，其中4人攻读博士，形成培训工作的阶段性成果。

（三）藏品征集力度加大成绩显著

藏品是国家博物馆发挥社会效益的根本，是博物馆开展学术研究、组织陈列展览、推行公众服务、进行对外文化交流等一切业务活动的基础。2008年，国家博物馆继续加大藏品征集力度，不断增加数量，提高质量，效果明显。古代文物共征集53件套，包括接受22尊古代佛造像重大捐赠。近现代藏品征集工作取得历史性突破，征集到藏品23500余件套。包括新疆民族民俗藏品7000余件，非洲木雕艺术品592件套，15800余件套百年奥运邮品在内的重大征集项目。还征集到汶川地震、航天及绕月探测工程、奥运资料在内的相关实物，并结合“复兴之路”基本陈列开展征集活动，填补馆藏空白。

（四）基本陈列论证取得成果

基本陈列是国家博物馆新馆开放的重点和亮点。为办好“古代中国”和“复兴之路”两个基本陈列，体现出具有大国气概、历史积淀厚重，又闪烁出时代艺术光辉的国家博物馆展览特色，最大限度发挥好国家博物馆展览的社会效益，提供高质量的公共文化服务，2008年国家博物馆高度重视基本陈列的内容和形式设计，全力抓好基本陈列的论证工作。专门成立“古代中国”基本陈列的内容设计总体领导小组，进行“古代中国”基本陈列的内容设计研讨工作。

（五）各项业务工作扎实开展

国家博物馆大型国宝级文物展览“国家宝藏”展继2007年在国内外巡展后，继续在河南博物院、重庆中国三峡博物馆、内蒙古博物院、深圳博物馆巡回展出，影响巨大，反响强烈。“加拿大原住民的杰作：加拿大文明博物馆珍藏展”在北京皇城博物馆成功展出。

1．坚持做好藏品日常管理与保护。藏品的鉴选、管理、入藏、文物照片的洗印等基础工作有条不紊。特别是对新近入藏的古代和近现代藏品进行了整理工作。

2．继续开展文物科技保护工作。完成了文物的分析、检测和大量书画、文献的复制和书画作品装裱。做好所承担的各项文物保护课题的研究工作。

3．积极推进社会教育宣传工作。以建设国家博物馆新型宣教服务体系为目标，推出“中华文明普及与共享工程”并报中央财政支持，组织了30场“国史讲堂”系列讲座。

4．全面开展信息化建设工作。着重进行了国家博物馆网站改版工作，启动实施了国家博物馆OA办公自动化系统。

5．顺利完成图书资料回溯编目。继续进行日常书刊采集、编目和流通工作，共采购中外文图书6605部、8219册，累计完成编目359609册书刊，158821条数据。

6．进一步明确学术管理职能。学术研究工作重心由科研出版策划和组织逐步转变为对科研项目的管理和监督，由学术指导的角色向业务服务的角色转变。图书出版管理工作也由过去出版项目的承担者转变为项目的监管者。2008年启动了《中国国家博物馆馆藏研究丛书：近现代部分》编纂工作，继续编辑发行《中国历史文物》和《近代中国与文物》两个馆刊。

7．考古工作取得成果。2008年，国家博物馆在田野、航空、水下等考古领域均取得一定成绩。田野考古工作新增加山西绛县周家庄遗址调查等五个项目。遥感考古研究中心参与科技部、国家文物局2007～2008“空间信息技术在大遗址保护研究工作中应用——以京杭大运河为例”的科技支撑项目。水下考古研究中心继续开展福建沿海水下文物、浙江沿海水下文物普查项目。

8．积极筹备蜡像艺术展。9月22日，“蜡像艺术展”在中国国际科技会展中心开幕。此次展览共展示了150余尊蜡像，其中包括近30尊奥运人物蜡像。

9. 美术创作研究深入开展。积极拓展研究领域，努力提高博物馆整体艺术水平和国家博物馆美术设计、创作和美术理论研究水平。

（六）综合服务安保后勤保障有力

1．继续加强安全保卫工作。提高处置突发事件能力，完善了处置突发事件等10项预案。做好端门地区的古建筑安全，制定并进一步完善了古建筑防火安全措施。

2．积极探索后勤服务社会化。围绕新馆建成后，全新的、高标准的服务保障要求积极探索后勤保障新思路，制定符合新馆实际的后勤服务保障模式。

3．人事管理不断加强。做好岗位设置管理改革准备和新馆岗位与人员配置相关的准备工作，规范机构编制管理，采取有效措施，做好老的组织和服务工作。

4．财务管理逐步规范，服务水平提高。逐步建立和完善财务、资产、政府采购管理的相关制度和流程，探索适合国家博物馆的预算管理办法，规范各部门预算编制工作，财务管理和服务水平大大提高。

5．中枢管理工作水平不断提高。深入开展“我的岗位我负责”活动，转变思想观念，强化新馆开馆意识，努力提高工作质量，围绕中心工作，做好公文办理和馆讯的编发工作，创编国家博物馆年鉴。同时，继续做好合同审核，积极维权，开展知识产权的研究工作

6．艺术品开发和经营创收稳中求进。艺术品开发重新建立高品位的意识，将原有的部分艺术产品进行了更高要求的重新制作，提高了高仿品的仿真程度和品位。经营工作抓住北京奥运会的历史契机，从提高服务质量入手，保证了奥运会期间端门和天安门地区商业网点的创收活动。基金会筹备工作正在广泛联系机构与个人并对基金会未来工作的开展与运作进行探讨。

五、对外文化交流工作稳步扩大和加强

2008年，全馆对外文化交流日益扩大。推动多项国际交流展览合作事项的进展，加强国际博物馆界间的合作与交流，为新馆开馆的国际交流展览做好准备。德国柏林国家博物馆、德累斯顿国家艺术收藏馆和巴伐利亚国家绘画收藏馆三大博物馆联合在中国国家博物馆新馆举办“启蒙的艺术”展览合作事项正式顺利启动。

重视区域内博物馆界的多边交流，吕章申馆长出席在日本东京举办的中日韩三国国家博物馆馆长会议。签署了《第三届中日韩国立博物馆馆长会议合作备忘录》。

积极举办和提供展品参与对外展览。参与了“被遗忘的中国舰队：郑和下西洋”、“中国古代绘画的起源”、“香港孙中山纪念馆展”和“天马神骏——中国马的艺术与文化”展。

10月，配合国家外交大局，选取了20件最具代表性的馆藏文物瑰宝，与中国文物交流中心合作举办了“国宝撷英”文物展，在第七届亚欧首脑会议期间展出，圆满完成了接待欧亚五国国家博物馆馆长访华团的任务。

国家博物馆领导名单（以2008年12月31日在职干部为准）

馆长、党委书记：吕章申

名誉馆长：潘震宙

常务副书记、副馆长：姜丰义

副馆长：周志强、马英民、董　琦

顾　问：夏燕月

馆长助理：王玉雪、张　威

中国文化报社

中国文化报社成立于1985年，经过20多年的发展，中国文化报社目前拥有一个报纸——《中国文化报》，三个刊物——《艺术市场》、《文化月刊》、《艺术教育》，一个文化类网站——文化传播网（www.ccdy.cn），一个影视艺术中心以及多个文化公司和一个印刷厂。主要业务涉及报纸、期刊、网络传播、影视制作、舞台艺术、文化会展等。

《中国文化报》创刊于1985年11月，是文化部主管的权威性文化艺术类报纸。多年来，《中国文化报》以继承、弘扬中华民族文化传统，繁荣、发展文化事业和文化产业，促进中外文化交流为宗旨，为推动中国文化建设和对外交流发挥了巨大作用。除了报道国内外最新的文化动态和文化热点外，报纸还设有文化产业、文化市场、国际文化、艺术、美术等特色鲜明的专题版面，深度挖掘文化类选题。创刊20多年来，《中国文化报》在文化领域具有了较强的影响力，积累了丰富的资源，并且形成一个颇具实力的团队。

《艺术市场》、《文化月刊》、《艺术教育》

三个杂志均为国家级文化艺术类核心刊物。《艺术市场》杂志以专业的视角，提供新鲜、全面的市场信息，客观性、前瞻性的市场分析，公正性、权威性的艺术品鉴赏知识。《文化月刊》杂志底蕴丰厚，是在全国具有广泛影响的大型城市文化生活综合月刊。《艺术教育》杂志为政策性、新闻性和学术性为一体的艺术教育学术类期刊，是研究普及艺术教育、提升素质教育的必读刊物。

文化传播网于2000年创办。依托中国文化报社强大的采编资源优势和在文化艺术领域所具有的广泛影响力，网站近年来在各类文化资讯网站具有了一定的影响力，逐渐树立了自己的品牌。在网络信息日益发展的今天，中国文化报社致力将文化传播网打造成为国内外较为知名的文化类门户网站，使之成为中国国内最大的文化艺术数据库。

中国文化报社下属全维兴文化公司、文源盛世期刊公司、远东公司等经济实体，近年来组织策划了大量的文化艺术活动，日益发挥着其作为文化公司的作用。

2008年，中国文化报社主要完成了以下工作：

一、结合国内外重大事件，出色完成各类宣传报道

中国文化报社在2008年的编采工作中，在配合文化部充分报道好国内各类大型文化艺术活动和重大国际文化交流活动的基础上，还出色完成对南方雨雪冰冻灾害、中央两会、抗震救灾、北京奥运会、“相约北京”纪念改革开放30年等重大事件的宣传报道任务。

2008年年初，南方雨雪冰冻灾害发生后，中国文化报社对报道工作进行了统一部署，组织新闻中心、总编室以及相关部门对冰冻灾害进行报道，组织记者第一时间采写了《抵御冻雨暴雪，文化工作者在行动》、《暴风雪中，确保文物安全》、《冰雪面前，我们万众一心》等稿件，并对文化系统开展的一系列募捐、赈灾义演活动进行连续报道。2月16日至20日，文化部派出3个演出团到安徽、江西、湖南、湖北、广西等受灾最严重的地区慰问演出，中国文化报社派记者全程跟随采访，写出了《歌声鼓斗志，真情暖人心》等报道。

对2008年“两会”的报道，中国文化报社领导班子提前召开会议，进行研究，制定了宣传报道方案，作出了详细具体的采访计划和工作分工，提出动员全社力量，各部门密切配合，保质保量地完成这次重大报道任务要求。对两会报道，坚持了以正面宣传为主，从2月27日起在相关版面开设“两会代表委员专访”“瞩目两会”等栏目，发表的相关文字和图片，为“两会”传递了声音，得到了文化系统读者的肯定和好评。

5月12日，四川发生特大地震，报社党委、领导班子更是立即启动“新闻应急反应机制”，紧急召开党政领导联席会议，研究支援抗震救灾工作及相关报道事宜，并在第一时间派出记者前往灾区采访，之后又多梯次排出记者深入灾区报道。在抗震救灾宣传报道过程中，报社领导班子始终坚守在一线岗位，报社总编室、新闻中心、通联中心等有关部门始终战斗在一线，组织采编力量，采写、编发了大量有关灾情的报道，刊发有关抗震救灾消息、报道20多篇，图片百余幅，全面深入地报道了党中央、国务院以及文化部、国家文物局关于抗震救灾工作的部署和工作，全国文化系统和文化工作者抗震救灾的情况，以及全国文化系统和文化工作者踊跃捐款、义演、义展、义卖的报道。让广大读者在第一时间看到了作为全国文化系统的大报对这一突发事件的报道。

奥运会期间，报社发挥主观能动性，积极采写奥运文化活动稿件。本报记者先后采写了《祥云小屋讲述五千年中国文化故事》、《享受精彩奥运，触摸文化中国》、《漫步京城，感受奥运》、《笑脸打动世界》以及对奥运火炬手的报道等，同时，报社还对“相约北京”的奥运重大文化演出活动参演剧目进行了专题报道。文字记者、摄影记者不辞辛劳，对奥运会期间的各项文化活动进行跟踪采访拍摄，刊发文字、图片报道得到读者的好评，受到了奥组委文化活动部的表彰。

在纪念改革开放30周年报道工作中，中国文化报社按照文化部的统一部署，既重视做好相关重大活动如《改革开放三十年中国文化的发展》报告会、文艺界纪念改革开放30周年等的采访报道工作，也重视抓好相关选题的策划组织，报社记者采写了一大批反映改革开放30年文化建设成就的稿件，涉及文艺创作、公共文化服务体系建设、文化体制改革、文化遗产保护、对外文化交流等多个领域。中国文化报社的摄影记者还参与了文化部出版的《改革开放30年文化发展》一书的图片搜集、整理工作。

2008年的《中国文化报》，无论是版面内容还是版式编排，都体现了时政类大报的风范，突出了《中国文化报》自身的鲜明特色，赢得了广大读者的肯定和赞誉。

二、主办、承办、协办了一系列研讨会、展览、论坛等活动

1. “首届中国历史文化名街评选推介活动”正式启动

中国文化报社注重结合本领域的实际情况，发挥媒体的独特优势，努力探索版面宣传与活动相互促进的运行模式。2008年，在文化部、国家文物局的支持下，中国文化报社启动了首届中国历史文化名街评选推介活动。7月，中国文化报社在文化部召开了首届中国历史文化名街评选活动专家座谈会。座谈会上，与会的权威专家对由中国文化报社来主办和推动这项工作，表示充分地肯定和大力地支持。此后，这项活动被列入文化部仅有的7项评选活动之一。文化部、国家文物局还专门下发了文件，在全国范围内推动这项工作的开展。

2. 主办第四届“全国艺术院校院（校）长高峰论坛”

11月，由文化部教育科技司与中国文化报社艺术教育杂志社共同主办的2008第四届“全国艺术院校院（校）长高峰论坛”在上海召开。来自国内外百余所艺术院校的近200位院长和和美国、韩国5所艺术大学的专家、学者，围绕“以科学发展观统领艺术教育，探索艺术教育特色发展之路”的主题，共同探讨艺术教育领域的热点问题。由中国文化报社艺术教育杂志社组织发起、全国各级各类艺术院校积极响应的“全国艺术院校院长高峰论坛”活动已连续举办了4届。每届论坛的主题都和艺术教育的现实发展紧密联系，主题的内涵不断加深、外延不断扩大，参加的院校和专家越来越多，成果越来越丰硕，给业界带来丰厚收获的同时，也成为艺术教育领域的一个文化品牌。

3. 重视群众文化建设，组织召开相关论坛及研讨会，交流经验

由中国文化报社、中国群众文化学会主办的2008年“全国城乡特色文化论坛”“全国综合文化站论坛”于5月31日、6月1日在浙江省宁波市举行。该会议总结了近年来各地特色文化建设的经验，探讨了新形势下特色文化建设的新思路，围绕综合文化站的建设模式、服务方式、管理运营、队伍建设以及政策保障等议题进行了研讨。

11月，由中国文化报社、中国群众文化学会共同主办的“第二届全国文化馆馆长年会暨百馆论坛”在重庆成功举办，全国有近百个文化馆140余名代表参加此次论坛。这是目前全国规模最大、影响最为广泛的文化馆民间会议，通过中国文化报社的有效组织，百馆论坛充分反映了文化馆工作第一线的声音，为有关政府部门的决策提供了有益的资政建议。

12月，由中国群文学会、中国文化报社、重庆市文化广播电视局、中共北碚区委、北碚区人民政府主办的全国城乡统筹发展公共文化服务论坛在重庆举行。会议以认真学习贯彻党的十七届三中全会精神，深入研讨交流城乡统筹发展和着力构建公共文化服务体系建设为主题，交流各地方的经验。

4. 召开一系列有关文化产业的研讨会、论坛等

2008年，中国文化报社文化产业部结合自身的理论优势组织承办了一系列有关文化产业的研讨会和论坛。7月，组织召开“思考与前瞻，当前经济状况与中国文化产业发展趋势”的研讨会；8月，主持召开《文化部关于扶持我国动漫产业发展的若干意见》的专家座谈会；10月，主持召开了“改革开放30年中国演出市场 西湖论坛”；11月，与文化部批准的六家国家动漫产业振兴基地共同主持召开“落实动漫十七条，推动动漫产业基地升级创新”工作会议；12月，参与组织了第三届“‘创意中国，和谐世界’文化产业国际论坛”等一系列与文化产业相关的研讨会及论坛。这些活动的组织和参与，不仅丰富了中国文化报的版面，也增强了报社的影响力和报纸的权威性。

三、组织参与一些工具书籍的编撰工作

由中国文化报社下属文化公司创办的中国文化大黄页，即《全国文化机构名址录》，已成为文化系统的品牌工具书，在全国文化系统中有一定的影响力，该书于2001年创办，每两年修订一次。2008年5月，中国文化报社正式启动了《全国文

化机构名址录》2009年版的编纂工作，对文化系统名址进行了大规模复核。

2008年，由中国文化报社发起的《中国舞台艺术产品目录》编撰工作正式启动，该书的出版为行业首创，是建国以来首部关于演出剧目的大型资讯工具书，填补了中国演出产品流通领域的一项长期空白，该书的出版将对中国演出业的发展具有极其重要的意义。预计该书将于2010年完成全部编撰工作。

2008年下旬，学习实践科学发展观活动在全国铺开。中国文化报社适时为基层推出了关于科学发展观与文化发展内容的参考书《文化局长论坛：科学发展与文化创新》一书，满足了地方学习实践科学发展观活动的参考之需。

四、成立影视艺术中心，拍摄电视剧《杏花魂》并完成后期制作

2008年年初，中国文化报社成立影视艺术中心，开始进入影视艺术界，学习摸索影视艺术的策划、生产和发行。7月底，由山西省委宣传部、中国文化报社、山西电影制片厂、杏花村汾酒集团联合主创的37集电视连续剧《杏花魂》开始进行拍摄。中国文化报社的影视艺术中心负责了该项目的前期融资、剧组的建立、拍摄、后期的剪辑及送审发行等一系列重要环节，是独立承制的首部电视剧。经过一定的努力，这部电视剧已经制作完成，择期将在央视播出。

中国国家京剧院

2008年，国家京剧院围绕以“京剧艺术传承建设发展、京剧艺术人才延揽培养、京剧艺术传播普及培育” 为主要内容的“三大工程”开展工作；同时，以“转换机制、加强管理，改善服务、增强活力”为工作重点的内部管理机制深化改革，呈现出“突出重点，稳中求进，影响深入，复合发展”的良性运行态势。

一、以科学发展观为指导，进一步解放了剧院艺术生产能力

1. 剧目创作与复排。剧院创排了一批优秀剧目，扩大了影响，赢得了市场，诸多台剧目获奖。为配合奥运盛事，精心创排了《孙悟空大闹无底洞》和《孙悟空三打白骨精》两部“西游”剧目，丰富和活跃奥运期间的演出市场。为传承经典，全面提高青年演员的武戏水平，复排了经典武戏《三盗令》、《猎虎记》和程派名剧《文姬归汉》。其中《文姬归汉》于年初在宝岛台湾首演获得成功，后与《三盗令》在奥运期间推出。对现代戏《江姐》进行了认真的加工打磨，以青春版阵容推出参赛，该剧荣获第五届中国京剧节优秀剧目奖。在奥运会闭幕式前期，由国家京剧院与西藏自治区藏剧团联合排演的京剧藏戏《文成公主》在梅兰芳大剧院的演出，受到了多家国际知名媒体的广泛关注。

2. 演出经营与普及。坚持举办“新春”、“五一”、“金秋”演出季，先后推出了传统保留剧目和近年来创排复排剧目近110部，演出351场，演出收入940.73万元。其中：经营性演出242场，收入约908.78万元，场均收入约3.75万元，取得了良好的社会效益和经济效益。在国家财政的支持下，剧院还开展了“三下乡”、“三贴近”、“京剧艺术进校园”等一系列公益性演出活动，公益性演出近46场次，参与其他各类社会演出、公益性活动87次。年初，组织赴青海“三下乡”慰问演出团，行程6000余公里，在青海省境内举行了以“进军营，进企业，进社区”为主题的9场慰问演出和1场京剧知识讲座；“京剧艺术进校园”活动，走进了7个城市、25所高校，同时进行了27场京剧知识讲座，6次交流座谈会，发放宣传册约2万份。此外，剧院各演出团在北京和赴外地演出期间，坚持走进校园的演出工作，先后到国防大学、北京师范学院、河南铁道警官学院等开展公益性普及演出，受到热烈欢迎。剧院与田汉基金会组织了“纪念田汉先生诞辰110周年”专场演出；年底投入“纪念张云溪先生诞辰90周年”专场演出等相关活动。

3. 国家院团职能发挥。圆满完成了上级交办的国家大剧院“新年京剧晚会”、“政协团拜会”，2009年香港艺术节“京剧名家汇演”审查等演出任务。同时，积极组织了庆祝梅兰芳大剧院落成一周年演唱会；组织了畅和园重张开台联谊活动和专场慰问演出；开展暑期夏令营活动。面对南方冰雪灾害、汶川地震引发的灾难，剧院迅速反应、精心策划举办的“真情家园·同此凉热”、“范进中举”赈灾义演专场、“桃花村”专场慰问。

积极支持兄弟院团重点剧（节）目创作演出，先后应邀参加兄弟院团创排重点剧（节）目：与山西省京剧院、中国戏曲学院合作排演现代京剧《走西口》，并组织参赛中国京剧节；支持北京京剧院的京剧《袁崇焕》、《梅兰芳》、《赤壁》的演出；支持大连京剧院的京剧《风雨杏黄旗》的演出；支持中央芭蕾舞团《大红灯笼高高挂》赴英国、韩国演出等。

4. 对外文化交流。几年来，在文化部支持下，加大了中华文化走向世界的力度，发挥两岸四地同胞同根同源同文化的感情纽带的作用。一团一行75人，赴台湾进行了为期10天的访问演出，演出受到了台湾观众的热烈欢迎和高度称赞，增强了台湾地区同胞对中华文化的认同感。张火丁戏剧工作室一行携程派名剧《锁麟囊》和现代京剧《江姐》奔赴香江，参加了在香港举办的“中国名剧节”演出。全年外事出访225人次，其中50人以上大型团组2次。

5. 艺术衍生产品开发。剧院在拓展演出市场的同时，不断探索利用剧院品牌和艺术产品吸纳社会力量共同开发艺术衍生产品。剧院拍摄了《泸水彝山》、《文姬归汉》、京剧藏戏《文成公主》、《图兰朵公主》、《桃花村》、《桃花扇》等多部戏曲数字电影。遵照中央领导的指示，在文化部、教育部的指导下，抓住契机，积极推动“京剧唱段纳入中小学生音乐课程教育体系”工作；与中央编译出版社联合出版了《小学生京剧常识100问》，《中国京剧百科全书》的编辑出版进入筹备阶段。

二、以科学发展观为统领，进一步增强了剧院人才建设活力

1. 加快青年后备人才的培养。一年来，通过《智取威虎山》、《孙悟空三打白骨精》、《孙悟空大闹无底洞》等剧目的创（复）排；在梅兰芳大剧院举办“优秀青年演出专场”；在畅和园实验剧场开辟固定周末青年演出专场，并实行演出场次补贴；支持青年演员参加全国性比赛；破格晋升专业职务等一系列举措，为青年演员的培养搭建平台。

2. 重视领军式艺术人才综合能力的提高。2008年，剧院在梅兰芳大剧院举办了奚派老生张建国演出周，并举行了学术研讨会，促进其表演风格的不断完善和形成；支持于魁智、李胜素等实力雄厚的优秀演员参与山西省京剧院《晋德裕》、大连京剧院《风雨杏黄旗》等剧目创作，提高其创新能力，开阔眼界，拓宽戏路；在国家财政的支持下，为一批当红演员拍摄了数字电影；剧院还以学术研讨会、媒体专题性宣传、出版学术文集等形式支持主要演员做“学者型”的艺术家，鼓励他们全方位地锻炼、提高。

3. 根据京剧口传心授的艺术传承特点，剧院一直以来注重发挥老艺术家授业解惑的传帮带作用。2008年初，艺术司委托剧院举办全国青年演员《三盗令》专题培训班，老艺术家张春华、景荣庆亲临现场手把手地教授和指导，借此机会，剧院组织本院所有青年文武丑、花脸演员，旁听了专家的真传，获益匪浅。为支持青年演员参加中央电视台举办第六届青年京剧演员大奖赛，剧院提前安排热身演出，请来老艺术家进行专门辅导。青年大赛中剧院13位选手进入复赛，最终取得了5金5银的佳绩。创复排新剧目公演后，剧院依照惯例，召开研讨会，由老艺术家进行总结点评，使青年们迈上新的艺术台阶。

4. 不断改进方法，努力实施全员培训。调动演职员的学习积极性。从前年起即将培训任务下达到部门，并拨出专款给与支持，2008年剧院进一步增大了培训专款的投入。各团在艺术生产同时因地制宜地组织培训，取得较好的效果。采取多种措施，继续推进在职员工学历教育。

5. 在实施专业培训的同时，剧院继续注重员工的思想道德教育。年初结合党的十七大文件学习，剧院组织了中层干部培训班；下半年在全院开展了深入学习实践科学发展观活动。为配合各项教育活动的有效进行，组织播放多部教育专题片，组织了“科学发展观与中国国情”等讲座。增强了广大演职员工的使命感、责任感和做德艺双馨文艺工作者的意识。

三、以科学发展观为理念，进一步提高了剧院综合管理能力

1. 剧院继续以“润物细无声”的方式深化改革，向管理要效益，用服务促效益。在科学发展观理念的指导下，继续深化了创作科研管理、业务营销管理、人力资源管理、财务资产管理、后勤物业管理、基建工程管理等，更加注重工作的系统性、科学性，以及整体服务意识的培养，为艺术创作和生产搭建了坚实的平台。全年，各部门密切配合，以高水平优质服务完成了李长春、李岚清以及多位部领导视察、调研。

2. 服务奥运，确保平安奥运。通过各种举措，强化了各部门奥运期间的维稳责任，剧院圆满完成了文化部下达的部系统处置突发事件的应急演练。奥运期间，剧院还多次完成重要宾客的接待工作。仅开幕式前后就接待了国际奥林匹克青年营的600多名营员到梅兰芳大剧院参观、罗格夫人等国际奥委会贵宾团、香港实业家李嘉诚先生贵宾团等，高质量的接待工作赢得了来宾的好评，也得到了北京奥组委的表彰，通过京剧艺术的魅力为构建人文奥运做出了积极的努力。

3. 2007年，剧院经过认真研究论证，将院属企业梅兰芳大剧院以托管的形式交给北京国艺升平文化发展公司经营管理。剧场所有权与经营权的分离，在一定程度上解决演出院团在市场运作、营销推广等方面能力不足的问题，也给剧院扩充实力，培养自己的经营人才预留了时间。同时，这种合作模式，规避风险，缓解剧场开业后运营经费的困难，为剧院提供较为稳定的收入。从一年委托经营情况看，梅兰芳大剧院共对外提供演出服务241场，其中承接国家京剧院演出100场，剧院分回演出收入465万元，接待中央领导、国内外来宾参观百余次，特别是承接的奥运重大文化演出，为人文奥运增辉，取得了社会效益、经济效益的双丰收。

4. 在国家财政的大力支持下，剧院在实现社会效益的同时，创造了较好的经济效益。按照《中国京剧院公益性事业单位深化改革试点工作实施方案》，剧院努力完善与管理机制相适应的收入分配机制，按照“绩效优先、兼顾公平”、“多劳多得，优劳优得”的基本原则，实行按岗定酬，按任务定酬，按业绩定酬，积极试行收入分配与岗位职责、工作业绩、实际贡献挂钩；收入分配总额同剧院收入增长情况及积累状况挂钩，充分调动了演职员工的工作积极性和创造性。在提升艺术生产和创新能力的同时，员工的收入逐年提高。

国家京剧院领导名单

院　长：吴　江

党委书记、副院长：刘孝华

副院长：赵书成（2008年2月退休，3月任顾问）

党委副书记、副院长：刘惠平

副院长：宋官林

艺术指导：刘长瑜

中国国家话剧院

一、牢牢把握科学发展观是剧院建设的基石，以科学发展观引领剧院艺术生产稳步前进

建院7年来，中国国家话剧院以科学发展观引领剧院艺术生产稳步前进，创作了35个新剧目，其中有2/3的剧目能够保留并轮番参与到与新剧目组合而成的轮演之中，保留剧目体现了艺术质量，而平均每个年度能排演出5个以上的新剧目，则体现了坚实的艺术生产潜力。艺术生产能力得到持续发展不是偶然的，究其深层原因就是得益于科学发展观。

2008年是国家话剧院艺术生产、演出、营销态势比较好的一年，推出新剧目6台，恢复排演保留剧目9台，扶持院外剧目2台。一年内以15台剧目轮演，共演出547场，是建院以来年度演出场次最多的一年：其中《霸王歌行》、《天朝1900》、《坚守》、《明》、《爱比死更冷酷》和《物理学家》为新排首演剧目，《红玫瑰与白玫瑰》、《两只狗的生活意见》、《镜花水月》、《琥珀》、《奇异的插曲》、《恋爱的犀牛》、《青春禁忌游戏》、《荒原与人》和《哥本哈根》为恢复演出剧目。

《青春禁忌游戏》、《荒原与人》参加了“北京2008年奥运重大文化活动”，分别于6月和9月在北京展演，得到观众好评。先锋戏剧导演孟京辉执导的《恋爱的犀牛》及《两只狗的生活意见》由北京至上海、杭州、苏州、武汉、长沙，两戏演出均突破百场。9月10～28日，剧院与北京市文学艺术界联合会、北京戏剧家协会共同主办了北京青年戏剧节。期间，共有11个剧目分别在4个小剧场演出，起到了为青年戏剧人的创作提供舞台，推动戏剧繁荣发展的作用。10月10日至11月2日，成功举办了中国国家话剧院第三届国际戏剧季——永远的莎士比亚。在近一个月的时间里，中外观众欣赏了8台5部风格各异的莎士比亚经典剧目：中国国家话剧院以《李尔王》为蓝本的新创历史剧《明》，北京大学戏剧与电影研究所的《李尔王》，林兆华戏剧工作室及哈萨克斯坦高尔基剧院分别演出的《哈姆雷特》，英国TNT剧院的《驯悍记》，天津人民艺术剧院的《仲夏夜之梦》，韩国木花剧团及立陶宛维尔纽斯市立剧院分别诠释的《罗密欧与朱丽叶》。每两年一届的中国国家话剧院国际戏剧季，力图让世界上最优秀的戏剧团体来北京展示他们传统与现代的演出成果，并构架出一个国际一流剧院之间的戏剧交流平台，同时推动中国话剧事业的发展。

11月2日~12月6日，《青春禁忌游戏》、《哥本哈根》两剧组参加由教育部、文化部、财政部共同举办高雅艺术进校园活动。两剧组由中国国家话剧院党委书记兼副院长严凤琦带领，以"走近大师，感受经典，陶冶情操，提高修养"为主题，分赴湘潭、长沙、南京、佳木斯、长春，共演出16场，为湘潭大学、中南大学、南京财经学院、南京师范大学、南京邮电大学、南京理工大学、佳木斯大学、黑龙江农业职业技术学院、黑龙江中医药大学佳木斯学院、佳木斯职业学院、东北师范大学、东北师范大学人文学院、吉林大学等13所高校两万多学子奉献了优美、完善的演出，获得莘莘学子的热烈欢迎与由衷喜爱。

剧院深化体制改革，撤销原剧院影视艺术中心，成立国话东方影视文化有限公司，真正实现逐步与市场接轨。目前影视公司针对市场需求，积极选择项目，寻求合作伙伴，工作已全面开展起来，力争不断提升自身的市场价值，追求艺术与商业的统一。

剧院近年来对外文化交流活动也日益频繁，不仅成功地举办了3届国家话剧院国际戏剧季，还有多台剧目赴韩国、日本、以色列、墨西哥、埃及等国及中国香港、台湾、澳门等地区参加戏剧交流演出，几年来剧院努力将中国话剧介绍给世界，让世界了解中国，也让中国了解世界，提高话剧艺术在国际上的影响力、竞争力。

2008年，剧院不仅业务生产在社会上取得了很好的反响，同时行政工作也有条不紊，完成了中国国家话剧院的定岗定编实施方案。完成了专业技术人员13个专业等级的划分工作，开展了2008年职称评审工作，为29名评审和推荐参评高级职称。开展了全院人员人事档案的整理工作，完成了高级专业人员（包括离退休人员）专家信息库的建立。为数名分居的解决两地分居问题，办理了户口入京的相关手续。为22名有名望、有影响、有困难的老艺术家和中年艺术家申请了困难补助。完成了全院人员的年终考核工作。全年总收入也比往年有了很大提升，实现社会效益、经济效益同步增长。形成自我激励、自我完善、自我发展的机制。诚实守信、依法行政、照章纳税、开拓进取是领导班子的经营之道。剧院聘请了常年税务顾问、法律顾问，在工作中做到依法决策。

几年来，剧院以创作和演出高质量、高品位优秀话剧作品为广大观众服务。依照以符合艺术自身规律、适应文化市场需求、科学及高效的管理体制和运行机制，探索新型的艺术生产方式，合理配置艺术资源，大力开发话剧演出市场等原则，深化剧院的改革。

二、"众志成城抗灾害、天灾无情人有情"，利用我们的优势，从多方面为灾区人民奉献力量

1月中旬，中国南方大部分地区和西北地区东部出现了罕见的持续大范围低温、雨雪和冰冻天气，极端天气给人民群众的生产生活带来了无法估量的损失。为帮助灾区人民渡过难关，重建家园，国家话剧院全体演职员工慷慨解囊，积极参与到捐款救灾行动中来，共计捐款30370元，以自己的实际行动向灾区人民贡献力量。

2月16~20日，文化部组织国家艺术院团分赴安徽、江西、湖北、湖南和广西等受雨雪冰冻灾害的重灾区开展"抗冰救灾"慰问演出活动，为灾区群众及奋战在救灾一线的英雄模范及时送去问候与祝福。慰问演出为观众带去歌曲、戏曲、舞蹈、器乐、朗诵等节目，受到了当地群众的热烈欢迎。王卫国、高宝宝、刘铁钢、扈斌、佘南南、李晔参加了此次慰问活动，充分体现"冰雪无情人有情"的感人情怀和无私奉献精神。

5月12日的汶川大地震后，全国乃至全世界纷纷伸出援助之手，在不同的方面为灾区人民奉献自己的力量。5月26日，副院长王晓鹰带领导演王剑男，演员侯岩松、杨婧，舞台设计严龙火速赶往灾区一线。他们冒着频繁发生的余震，先后到具源、向俄、都江堰等受灾严重的地区体验生活、积累创作素材。5月28日，剧组初步完成了剧本修改后，即在成都艺术剧院进行了排练。这部由中国国家话剧院、成都艺术剧院联合出品，四川省委宣传部、成都市委宣传部、中国戏剧家协会、中国国家话剧院、成都市文化局联合主办的大型话剧《坚守》于6月15日在海淀剧院进行公益首演，受到各界广泛好评。《坚守》剧组临时党支部荣获中央国家机关“抗震救灾优秀党支部”称号，《坚守》剧组荣获中共中央、国务院、中央军委颁发的“全国抗震救灾英雄集体”称号。

汶川发生强烈地震后，文化部直属机关党委发出发扬“一方有难、八方支援”的精神，向灾区人民奉献爱心的活动，国家话剧院广大干部职工共为四川灾区捐款11411022元，参加捐款人数达9970人。根据中央组织部《关于做好部分党员交纳“特殊党费”用于支援抗震救灾工作的通知》有关问题的通知，按照文化部直属机关党委的统一安排，院党委要求：各党支部一定要把中央组织部决定传达到每一位共产党员，坚决按照“自觉自愿、量力而行”的原则做好交纳“特殊党费”支援抗震救灾的工作。广大党员心系地震灾区，尽管他们中的许多已经通过多种渠道多次向地震灾区捐款，这次仍然积极踊跃自觉自愿向党组织交纳了一份“特殊党费”，用自己的实际行动支援地震灾区。截至6月23日，国家话剧院155名党员中共有114名共产党员交纳了51640元“特殊党费”。

6月23日，文化部组织抗震救灾“心连心”慰问演出团赴四川都江堰、汶川等地震灾区进行慰问演出。张秋歌、王晓梅、王卫国、高宝宝参加了慰问演出团，他们满怀深情，为灾区人民送去了宝贵的精神食粮，体现了文艺工作者的责任感和使命感。

三、加强廉政建设，规范各项规章制度，做好新建剧场及办公楼工程

拥有自己的剧场，是剧院几代人的梦想，在文化部领导的支持帮助下，2008年国家话剧院剧场终于破土动工。为保证基建工作的开展，组建了国家话剧院“剧场工程建设办公室”，明确提出了以建设“优质工程”、“廉政工程”为目标，职责明确，责任到人。在严格有效的管理下，施工进展顺利。截至12月底，土建工程已完成总体结构70%，工程质量良好。

2008年，剧院全体演职员工，用自己一点一滴的辛勤汗水建设着国家话剧院这个美丽和谐的大家园。

中国歌剧舞剧院

一、概况

2008年，中国歌剧舞剧院在以林院长为首的院领导班子带领下，全体演职员工共同拼搏奋斗，全年各类演出229场，收入3434万元。这两项统计超剧院历史水平。

4月1日，剧院迁入北京市丰台区南三环东路23号新址办公，新址建筑面积15600平方米，剧院艺术生产环境得到改善。

二、艺术生产

1月22日，剧院新排大型原创情景歌舞晚会“金舞银曲”（一）在海淀剧院首演。

2月18～19日剧院组团赴广西桂林、灌县，慰问受冰雪灾害的群众。

2月25日，剧院民族乐团赴韩国参加韩国新总统就职仪式演出。

3月16～21日，剧院组团赴四川、重庆等地参加“三下乡”演出。

5月，剧院新编舞剧《绝代佳人》投入排练。该剧于2009年1月19～20日在天桥剧场首演。

6月25～27日，剧院参加文化部抗震救灾“心连心”艺术团慰问灾区群众。

2008年7～9月，剧院携歌剧《原野》在北京、宁夏、重庆、成都、南京、苏州等地参加“高雅艺术进校园”的演出50余场，观众逾49万人次。

8月1日，剧院管弦乐团赴汤加在汤加国王加冕仪式上演出。

北京举办奥运会期间，剧院组织歌剧《原野》、歌舞晚会“四季情韵”、歌舞晚会“金舞银曲”、音乐会“岁月如歌”等5台剧、节目参加文化部重大文化活动演出22场。部分演职人员参加奥运会开、闭幕演出。

11月21～22日，剧院新排大型原创情景歌舞晚会“金舞银曲”（二）在海淀剧院首演。

三、剧院建设、管理

1. 2008年，剧院的行政工作繁忙。围绕着新院址的建设和搬迁工作，克服时间紧、任务重、人员少的种种困难，齐心协力，完成了办公楼的装修及办公家具、设备和办公用品的采购工作，剧院按计划迁入新址。

2. 剧院党委紧密围绕党和国家的中心工作，按文化部党组的统一部署开展各项工作。认真组织党员干部开展学习实践科学发展观活动，制定《中国歌剧舞剧院深入学习实践科学发展观活动实施方案》。通过召开各种座谈会、研讨会，采取多种形式开展调研、查找突出问题，以科学发展为统领，解放思想、创新思维，进一步提高剧院党员领导干部队伍综合能力。

3. 在2008年我国遭受冰雪和地震灾害后，剧院前后共有857人次向灾区捐出善款445202元。

4. 剧院连续7年被评为“文化部文明单位”和“中央国家机关文明单位”。

5. 在文化部举办的“放飞青春——文化部优秀（杰出）青年”评选活动中剧院有两名青年获“优秀青年”荣誉称号，一名青年获“杰出青年”荣誉称号。

6. 剧院领导班子根据文化部党组的要求认真组织两次专题民主生活会，开展批评与自我批评，形成民主、团结务实的氛围。

7. 剧院党组织认真做好吸收一线优秀的入党工作，年内4个党支部发展10名预备党员。

四、2008年文化大事记

1月22日，剧院大型原创情景歌舞晚会“金舞银曲”（一）在海淀剧院首演。

1月29日，剧院管弦乐团和民乐团在人民大会堂演出《北京新春音乐会》。

2月18～19日，剧院组团赴广西桂林、灌县，慰问受冰雪灾害的群众。

2月25日，剧院民族乐团赴韩国参加韩国新总统就职仪式演出。

3月16～21日，剧院组团赴四川、重庆等地参加“三下乡”演出。

3月22日，剧院管弦乐团与英国同行合作在中山公园音乐堂演出歌剧《安魂曲》。

4月22日，剧院管弦乐团在中山公园音乐堂演出柴可夫斯基的《第一钢琴协奏曲》。

4月29日，剧院民乐团在上海艺术中心音乐厅演出“中国古典四大名著影视精品音乐演唱会”。

5月5日，剧院管弦乐团在国家大剧院演出“京剧音乐会”。

5月，剧院新编舞剧《绝代佳人》投入排练。该剧于2009年1月19～20日在天桥剧场首演。

6月25～27日，剧院参加文化部抗震救灾“心连心”艺术团，慰问灾区群众。

7月10～13日，剧院管弦乐团和歌剧团与埃及国家歌剧院合作在国家大剧院演出歌剧《阿依达》。

7月～9月，剧院携歌剧《原野》在北京、宁夏、重庆、成都、南京、苏州等地参加“高雅艺术进校园”的演出50余场，观众逾49万人次。

8月1日，剧院管弦乐团赴汤加为国王加冕演出，在汤加海军基地露天剧场与新西兰乐队为国王及各国贵宾同台演出。演出极为成功，受到国王接见。

8月，北京举办奥运会期间，剧院组织歌剧《原野》、歌舞晚会“四季情韵”、歌舞晚会“金舞银曲”、音乐会“岁月如歌”等5台剧节目参加文化部重大文化活动演出22场。部分演职人员参加奥运会开、闭幕演出。

10月1～5日：剧院管弦乐团在国家游泳中心（水立方）演出“梦幻水立方音乐会”。

11月7日，剧院管弦乐团在中山公园音乐堂演出“良师益友程志师生”音乐会。

11月9日，剧院管弦乐团和歌剧团在世纪剧院演出“中国情”音乐会。

11月14日，剧院管弦乐团在北京音乐台参与“王宏伟独唱音乐会”演出。

11月21～23日，剧院大型原创情景歌舞晚会“金舞银曲”（二）在海淀剧院首演。

12月24日，剧院管弦乐团在辽宁大剧院演出“大屏幕奥斯卡电影音乐会”。27日在大连电视中心演播大厅续演。

中国歌剧舞剧院领导名单

院长：林文增

党委书记：金一伟

副院长：李小祥

党委副书记：孙　毅

副院长：于　健

副院长：魏银久

中国东方歌舞团

2008年，中国东方歌舞团在文化部党组的领导下，坚持以邓小平理论和“三个代表”重要思想为指导，遵循构建和谐社会的指导方针，以演出为中心，大力发展艺术生产力，积极创作排演歌舞艺术作品，满足人民群众文化生活需求，完成了奥运会开闭幕式大型演出活动，取得了社会效益和经济效益的双丰收，为祖国赢得了荣誉，突出体现了国家歌舞团的导向性、代表性、示范性作用。在深化文化体制改革工作中，中国东方歌舞团已确定为文化部转企改制试点单位，各项准备工作有序地进行，为下一步实施改革奠定了基础。

一、深入贯彻党的十七大精神，开创艺术工作新局面

党的十七大要求继续解放思想、坚持改革开放、促进社会和谐，从全面建设小康社会的战略任务和人民群众对文化工作的新期待出发，强调要更加自觉、更加主动地推动社会主义大发展大繁荣，使人民基本文化权益得到更好的保障，使社会文化生活更加丰富多彩。

中国东方歌舞团在部党组的领导下，向着集团化、规模化、产业化的方向稳步迈进。中国东方歌舞团组建3年来，始终牢牢把握“以艺术生产和经营为中心”不动摇，坚定不移地围绕“艺术生产和经营”这个中心，开展各项工作，使得艺术生产和经营得到了跨跃式的快速发展。

中国东方歌舞团于1月11～21日在国家大剧院上演了大型环球风情音乐舞蹈晚会——“海风送你维纳斯”，首轮演出达19场之多，演出收入1427.6万元，创中国首轮歌舞演出收入最高纪录。这台晚会的节目不同以往，其中的西班牙、印度、越南、非洲等地的特色节目，都是第一次在国内观众面前亮相。除了最新编排的精彩歌舞节目之外，整台晚会的舞台工程是特别为国内最先进的国家大剧院舞台量身订做的，最大限度地展现大剧院舞台推、拉、升、降、转等先进功能。晚会中的12个场景由技术先进的舞台迅速切换完成，其中的许多高科技机关，都是首次使用。

中国东方歌舞团在发展经济效益的同时，始终不曾忘记自己的社会责任。这其中，既要完成好政府的指令性演出，也要完成好以“进村镇”、“进社区”、“进校园”、“进军营”、“进厂矿”为主要内容的无偿的公益性演出。6月10～20日，中国东方歌舞团积极响应由文化部、教育部主办的“高雅艺术进校园”活动的号召，走进西安电力大学、西安邮电大学、西安建筑科技大学、陕西师范大学、兰州大学、兰州交通大学，为高校师生搭建了一个更好的接触艺术、亲近艺术、提升艺术素养、感受艺术魅力的平台。

二、全面开展“迎奥运、讲文明、树新风”活动，为奥运会成功举办做贡献

在北京2008年奥运会开、闭幕式大型演出活动筹备工作中，中国东方歌舞团从总导演、编导到各类演出、保障人员，参与人数达到110人，为奥运会的成功举办做出了贡献。奥运会后，中国东方歌舞团受到文化部表彰，被评为“文化部北京奥运会、残奥会文化活动先进集体称号”，以副团长兼艺术总监陈维亚为代表的一大批创作人员分别受到了奥组委、北京市、文化部的表彰。

北京奥运期间，按照中央政法委委员会《关于切实维护社会稳定确保北京奥运会安全的工作意见》及北京市委、市政府《关于全市深入开展“平安奥运行动”的工作意见》精神和中国东方歌舞团5月21日维护稳定工作专题会议做出的决定，制定了《维护首都安全稳定，实现平安奥运目标责任书》，成立了中国东方歌舞团维护稳定工作领导小组，明确了小组成员的分工和项目责任人，对政治性安全工作、社会性安全工作和突发情况提出了预防措施和解决办法。以最强有力的组织领导、最严格的工作措施，确保奥运会的绝对安全。

同时，积极开展“传承奥运精神，文明重在行动——我参与、我奉献、我快乐主题教育实践活动”，按照活动方案要求，结合中国东方歌舞团实际情况，组织开展了“迎奥运、讲文明、树新风”系列活动，使全团上下“迎奥运、讲文明、树新风”意识显著增强，讲文明、筑和谐蔚然成风。

三、深化体制改革，做好转企改制的各项准备

2005年12月，中共中央、国务院《关于深化文化体制改革的若干意见》提出了深化文化体制改革，加快文化事业和文化产业发展，推动社会主义先进文化建设的任务。党的十七大报告关于“推动社会主义文化大发展大繁荣”的论述中指出：“在时代的高起点上推动文化内容形式、体制机制、传播手段创新，解放和发展文化生产力，是繁荣文化的必由之路。”在新一轮院团改革全面展开的形势下，中国东方歌舞团作为全国文化体制改革试点单位，经过几年苦练“内功”，到2008年，已具有了深入推进改革的有利条件：一是在市场经济体制下做了很多改革尝试，取得了成功的经验，产生了非常明显的经济效益和社会效益，得到了绝大部分职工的理解、认同和支持，广大职工的改革愿望为转企改制的成功打下了良好的思想基础。二是在编制机制、管理模式、运行机制方面已经和企业基本接轨，从文化事业单位到文化企业只有一步之遥、一纸之隔，现在实行转企改制、实现名义和身份上的转变，是实至名归。三是已经创立了自己的市场品牌，开辟了自己特有的市场份额。文化单位转企改制最大的障碍和顾虑是市场风险，中国东方歌舞团已成功完成了价格和价值之间的跨跃，不存在进入市场的障碍，转企改制后能够名正言顺地发挥市场的作用，取得更好的市场表现。四是经过多年的发展，已积累了相当的实力，资产规模、演出装备、品牌影响在全国演艺院团中名列前茅，为进一步做大做强、寻找战略合作伙伴、进行股份制改造并发展成为国内外知名的大型演艺集团奠定了良好基础。五是多年来引进培养了一批有文化、懂经营的管理人才，一批知名度较高的优秀艺术创作和表演人才，一批善于利用高新技术提高舞台表现力的技术人才，为中国东方歌舞团的生存发展积累了宝贵的人才资源。2008年11月，文化部党组决定，中国东方歌舞团为深化改革转企改制单位。

四、积极响应中央号召，大力支援雨雪冰冻救灾和抗震救灾

2008年1月中旬以来，我国南方大部分地区和西北地区东部出现了罕见的持续大范围低温、雨雪和冰冻天气。中国东方歌舞团把正在春节假期中的演职人员迅速召集回来，分成两个小队，于2月17日启程赴安徽合肥、湖北鄂州、湖南长沙、江西抚州等灾区慰问演出，在短短2天内演出8场，受到了当地广大群众的热烈欢迎。同时，还开展为灾区群众奉献爱心活动，单位捐款60万元，并组织全团演职员工捐赠衣物和生活必需品。

5月，面对突如其来的汶川地震，团党委立即向全团发出捐款救灾的倡议，号召全团员工伸出援助之手，奉献爱心。5月14日，仅仅用了半天时间，中国东方歌舞团455名的捐款就达到了133350元，老团长王昆听到消息后，马上就派人送来了1万元。这是歌舞团有史以来速度最快的一次捐款活动。除个人捐款外团里也拿出了100万元的爱心捐款，献给灾区人民。5月20日，团里再次拿出60万元用于抗震救灾。5月21日，中国东方歌舞团发起了第二次全团范围内的爱心捐款活动，捐款127180元。同时，中国东方歌舞团党委和团委积极响应上级号召，开展了“特殊党费”和“特殊团费”的捐献活动。捐款共计237.3092万元。作为一个艺术院团，能在短时间内拿出200多万元的捐款，表达了他们与灾区人民血脉相连、共渡难关的真诚愿望。

2008年是我们的国家经受严峻考验的一年，面对复杂多变的市场环境，中国东方歌舞团始终不懈努力，积极进取，创造了较好的业绩：演出收入8189.29万元，在聘人员人均收入7.33万元，被评为文化部精神文明先进单位，为转企改制实现跨越式发展做好了准备。

中国交响乐团

交响乐进入中国刚好经过了百年历程，逐渐融入我国的社会文化生活。2008年，对中国交响乐团是充满挑战的一年，也是收获颇丰的一年。在交响乐中国化的基础上，中国交响乐团进一步提出中国交响乐国际化的更高追求。中国交响音乐应该创立具有中国文化特点和文化个性、符合交响音乐特征又区别于其他学派的中国学派。要让中国交响乐在世界交响乐之林中占有自己应有的地位，这也是中华民族伟大复兴的一部分。2008年，中国交响乐团按照中央精神和部党组的要求，努力推进交响乐中国化，深入开展学习实践科学发展观活动，实现了全员签约，圆满完成了既定计划和艺术生产活动，使乐团发展又上了一个新的台阶。

一、务实创新、解放思想，深入开展学习实践科学发展观活动

2008年，党建工作的重点是学习实践科学发展观。乐团制定了《中国交响乐团深入学习实践科学发展观活动实施方案》，并按照实施方案的要求分阶段进行落实，努力解决影响和制约乐团发展的突出问题；初步解决了部分党员干部中贯彻落实科学发展观的自觉性不高、对科学发展观理解不够深入的问题。按照贯彻落实科学发展观必须加强和改进党的建设的要求，查找问题和解决问题。在学习实践活动中，开展个别谈话、发放征求意见表和举办各种形式座谈会，广泛征求各部门和职工群众对领导成员和党委的意见和建议，找准影响、制约乐团科学发展的突出问题，以及群众反映强烈的突出问题，并形成了分析检查报告。

在完成日常工作的同时，中国交响乐团侧重加强民主决策和党务公开制度的建设，充分尊重党员和群众的意愿，做到权为民所用。在深化内部机制改革方面，严格监督机制和考核机制，积极稳妥地对分配制度进行了调整。在廉政建设工作方面，做到了廉洁自律，形成用制度管人，按制度办事的有效机制。

二、热心公益、真诚奉献，为抗震救灾尽心尽力

2008年，我国自然灾害严重，演职员工心系灾区，为冰冻灾害和汶川大地震受灾地区个人捐款共150440元，其中，关峡、许树滋等10余位捐款千元以上，提高了党组织的凝聚力。中国交响乐团组织公益募捐演出：年初在北京国家大剧院举办的为冰冻灾害募捐的交响音乐会；5月在香港和深圳演出期间听到汶川大地震的噩耗，中国交响乐团在当地组织募捐，并把音乐会与募捐活动结合起来；7月，在唐山体育馆“唐山汶川一家亲”交响音乐会，让受到地震戕害的心灵得到些许安慰与激励。关峡作为中宣部、文化部抗震救灾体验生活小分队的一员，于5月25日至6月6日赴四川灾区进行文艺创作体验生活，决定创作一部大型交响合唱作品《大地安魂曲》，并在“5·12”地震周年时与共建单位四川交响乐团进行全国巡演，因为灾难虽已过去，心灵重建更显重要，安抚逝者、激励生者，讴歌中华民族百折不挠的英雄气节，应把一部成熟而浩瀚的作品留给后世。

中国交响乐团乐队、合唱团于2008年10月开始，分别赴福州、杭州、合肥、蚌埠、广州五市16所院校进行了“高雅艺术进校园”演出活动。2008年还举办了“首届全国爱耳日公益音乐会”等慈善音乐会。

三、代表国家形象、喜迎北京奥运

国际上通常将交响乐的演奏水准视为一个国家文化水平高低的标准之一。2008北京奥运成为世界注目的焦点，作为能代表国家形象的交响乐团，中国交响乐团在奥运年中上演了一系列倍受关注的音乐会。自3月24日至9月15日，共演出了8台9场“2008年北京奥运重大文艺演出活动”大型音乐会。此外，还于8月4日在国家大剧院演出了“相聚在五环旗下”专场音乐会。

四、饮水思源，讴歌改革开放30周年

2008年是改革开放30周年，中国交响乐团为此做出了系列演出的计划，并分别在北京、香港、深圳等地轮回演出。热情歌颂了祖国自改革开放以来的繁荣昌盛，借此展示了中国交响乐界改革开放后焕然一新的面貌，演出受到各界好评。音乐会曲目包括交响序曲《红旗颂》、《小平之歌》、《银河不再遥远》、《走在春风里》、《中国敞开胸怀》、《我的祖国》、《走进新时代》等近些年来的优秀主旋律作品。

五、中外曲目并举，乐季演出精彩纷呈

交响乐的发展经历了近300年的历史，每个时期、每个流派以及不同地域与国家都有经典作品，因此演绎经典有助于演出团体业务水平的提高，在演绎经典时邀请国际著名指挥家演奏家合作更是训练乐队、提高演奏水准必不可少的手段。2008年，中国交响乐团共演出22场音乐季音乐会，在这些音乐会上邀请了世界著名指挥家小泽征尔、普拉松、杰尔兹·盖尔、哈丁；华裔著名指挥汤沐海、邵恩、陈佐湟、林涛；著名歌唱家芭托、鲍罗丁娜、卡斯特罗诺夫、曹秀美等；著名演奏家鲁丁、戈林伽斯、朗朗、李云迪、薛伟等，演出了贝多芬、理查·斯特劳斯、德彪西、拉威尔、比才、肖斯塔科维奇等欧洲经典交响乐作品。此外，还依照国交近年来的传统一年推出一部歌剧，国内首演音乐会版贝多芬的唯一歌剧《费黛里奥》。

2008年，中国交响乐团“龙声华韵”系列音乐会越办越好，业界影响力越来越大。其中很多作品是中国首演：中国音画《清明上河图》（史志有）、陈怡作品专场音乐会、双筝与乐队《花木兰》（关峡）、合唱《我们唱》（关峡）、交响诗《对阳光的忆念》（杜鸣心）、管弦乐《火与山石抗争·走向草原》（辛沪光）等等。2008

北京国际女音乐家大会开幕式交响音乐会、世界旅游城市市长论坛交响音乐会等均获得广泛影响。

六、面向市场、面向群众、面向未来

2008年，中国国家交响乐团共进行了39场商业演出。在上海、山东、长沙、重庆、深圳、广州、西安、南京等地进行。随着演出市场的建立与不断完善，普及推广交响乐就成为乐团发展的生命线。中国交响乐团不断拓宽市场、开发演出渠道使乐团不断增加演出，扩大社会影响，同时促进了乐团的发展和艺术家收入的提高。

2008年，中国交响乐团紧紧围绕艺术生产展开工作，取得了令人欣慰的丰硕成果，演出收入连年大幅提高，职工收入实现了快速增长。

七、财务运营平稳，预算管理成效卓著

中国交响乐团的财务管理以资金管理为中心，资金管理以现金流量为中心，合理调配资金，照顾民生，保障了演职员工的利益不受损失。

2008年，中国交响乐团为应对全球金融危机制定预案，建立了财务预警制度，避免了财务风险的出现。随着市场经济对文化领域的冲击，对财务管理能力的要求越来越高，中国交响乐团正在努力使财务管理成为领导班子全面系统管理的保证。

2008年，乐团是近些年来财务状况最好的一年，财务管理稳健高效。财务管理重点推行“预算控制”，建立财务对业务的动态监控系统。2008年中国交响乐团试行“用款计划审批制”，较好的掌握了资金使用动态和进度。

八、锐意改革，不断探索与实践中国交响乐发展之路

中国交响乐团体制机制改革取得实效，乐团各方面工作紧张有序，交响乐创作演出机制成效显著，乐队演出水准国内无人比肩，岗位津贴也基本达到国内职业交响乐团的水平，乐器更新资金和老干部收入也得到国家财政的专项资金支持。中国交响乐团不断在克服困难中寻求发展，并逐步探索出一条适合中国交响乐团发展的规律。那就是坚持马克思主义文艺观，解放思想，转变观念，结合中国交响乐团实际，建立新型的运营体系和良好的经济运行模式。

中国交响乐团4年来推出了89位海内外华人作曲家135部（其中53部为首演新作品，9位作曲家专场交响乐音乐会）中国当代作曲家的作品，用自己的行动实践交响乐中国化，努力普及交响音乐。几年来，在科学发展观指引下一年一个台阶，中国交响乐团走上了健康发展的轨道。2008年可以说是近期乐团状况最好的一年，演职员工收入连续两年较大幅度提高，国家大剧院新年新春音乐会、凤凰卫视全球华人新春音乐会、木兰诗篇音乐会、交响乐之春闭幕音乐会、贝多芬歌剧《费黛里奥》音乐会、龙声华韵系列音乐会、高雅艺术进校园系列音乐会、庆祝改革开放30周年音乐会等等，不胜枚举、精彩连连，都获得圆满成功。

提高人民群众的艺术鉴赏力，丰富和充实人民群众的文化生活是中国交响乐团的职责，也是历史赋予中国交响乐团的光荣使命。中国交响乐团近几年发展比较顺利，但与经济发展形势和国际标准的要求仍然存在差距，与文化大发展大繁荣的要求仍然存在差距，与人民群众不断增长的精神文化需求仍然存在差距。中国交响乐团仍然要继续坚持走交响乐中国化、国际化之路，在科学发展观引领下，吸收西方优秀文明成果，努力传承和发扬祖国的优秀文化，不断增强中华文化国际影响力。

中国儿童艺术剧院

2008年，中国儿童艺术剧院认真学习贯彻落实科学发展观，坚持“为人民服务、为社会主义服务”的方向和“百花齐放、百家争鸣”的方针，坚持把社会效益放在首位、努力实现社会效益和经济效益的统一，以创作和演出为中心，以建设和谐剧院为途径，以“出精品、出效益、出人才”为目标，以改革创新精神统揽各项工作，认真贯彻文化部的指示精神，按照“突出一个中心、注重两个效益、打牢三个基础、坚持四个战略、狠抓五个措施”的工作思路，实现了全面建设的新发展。

一、学习实践科学发展观，推动剧院可持续发展

“推动社会主义文化大发展大繁荣，兴起文化建设新高潮”，为中国儿童戏剧和中国儿童艺术（以下简称中国儿艺）的可持续发展提供了良好机遇。根据文化部党组的要求，中国儿艺深入开展学习实践科学发展观活动，召开中心组理论学习会，组织中层干部培训班，举办解放思想大讨论，设立意见箱，分别召开党员、群众座谈会，认真听取意见建议。邀请文化部党组成员、中纪委驻部纪检组组长、直属机关党委书记李洪峰为党员、团员、入党积极分子上了题为《共产党员的责任》的党课；组织了“关爱少年儿童的思想道德教育是我们共同的责任”专题讲座。领导班子成员认真对照检查，撰写整改措施，并召开民主生活会，以“深化内部机制改革，理顺部门设置和职责，增强自身活力，为3.8亿少年儿童提供更多更好的精神食粮”为载体，用党的最新理论成果武装头脑，转化成为改革创新、建设和谐剧院、繁荣儿童戏剧创作和演出的实际行动，在推动剧院全面建设上取得了较好的效果。

二、狠抓创作与演出，实现社会与经济效益双赢

作为国家儿童艺术剧院，中国儿艺肩负着为广大青少年儿童提供优秀儿童戏剧的责任，肩负着儿童戏剧的继承、发展与创新的责任。贴近实际、贴近生活、贴近少年儿童、寓教于乐，是儿童剧创作与演出的根本。历史和现实一再表明，真情热爱少年儿童、真正了解少年儿童、真诚理解少年儿童，才能创作出深受少年儿童欢迎、对少年儿童有深刻影响、把真善美传达给少年儿童的优秀儿童剧作品。正是在这种思想的指导下，中国儿艺2008年2月新创作并演出了大型原创视觉舞台剧《十二生肖》，该剧讲述的是一个关于成长和生存的故事，一个不需要语言，也能够沟通情感的故事。5月，新创作并演出了大型原创现代童话剧《想变成龙的金鱼》，这是一部中日韩三国儿童戏剧人首次合作的剧目，融会了三国当代儿童戏剧的精髓元素。6月，新创作并演出了“皮皮鲁·鲁西西”系列音乐童话剧《红沙发音乐城》，此剧对音乐情感魅力的展示以及快乐与付出的辩证诠释都是空前的。7月，首次将古典名著《西游记》（第一部），以神话舞台连续剧的形式，搬上了中国儿童戏剧的舞台，这是将古典名著现代化、时尚化和童趣化的全新演绎。这4台精品剧目，深受少年儿童、家长和专家们的欢迎。这是中国儿艺遵循艺术创作规律、打造精品剧目的成功实践。

着眼于中国儿艺的可持续发展，不断开拓儿童戏剧的演出市场。为适应不断变化的演出市场需求，优化资源配置，把中国儿童剧场的固定场所演出与到全国各地的商业演出营销相结合，发挥中国儿童剧场与假日经典小剧场的窗口优势，把剧场资源、学校资源、外省市资源优势互补，加强市场营销，使之贯穿到艺术创作、剧目生产、舞台演出的整个环节。推出了“六一儿童节全国大巡演”。2008年，中国儿艺演出了《十二生肖》、《红沙发音乐城》、《想变成龙的金鱼》、《西游记》（第一部）、《小吉普·变变变》、《皮皮·长袜子》、《十二个月》、《马兰花》、《饼干小子》、《小蝌蚪找妈妈》、《安徒生之旅》、《综艺节目》等12部儿童剧，遍及北京、广东、广西、天津、浙江、上海、江苏、陕西、辽宁、江西、内蒙古、河南、湖北、重庆、宁夏、青海、四川、贵州等18个省区市。6月，《想变成龙的金鱼》赴韩国演出，2008年取得了良好的社会效益和经济效益。

三、成功举办“2008年中国儿童戏剧演出周”

为纪念改革开放30周年，由中国儿童艺术剧院、中国儿童戏剧研究会共同举办的“2008中国儿童戏剧演出周”系列活动，于10月1～12日在京推出。全国的13个儿童剧院（团）、19台剧目亮相京城，在各大、小剧场和学校演出50多场，观众达3万多人次，受到了首都少年儿童、家长、儿童戏剧专家、外国同行们的热烈欢迎和高度赞扬。演出周展示了改革开放30年来中国儿童戏剧的风采和成果。中国儿艺的《西游记》（第一部）、《皮皮·长袜子》、《小吉普·变变变》、《红沙发音乐城》、《十二生肖》5部作品为参演剧目。

日本、韩国、美国、加拿大、澳大利亚、新西兰、奥地利、越南、菲律宾等9个国家的代表团，应邀前来参加此次演出周活动。

为了巩固创作成果，促进世界及全国儿童剧院团的交流与发展，10月5日，各参演剧院（团）领导、主创人员以及来自日本、韩国、美国、加拿大、澳大利亚等国代表，在中国儿艺召开了以“交流创作经验、运营方式、探讨儿童戏剧市场发展状况”为主题的研讨会。

“2008中国儿童戏剧演出周”活动，增强了中国儿童剧演出市场的凝聚力，强化了精品意识，鼓励以不同的艺术形式、独特的艺术风格创作优秀儿童剧作品，充分发挥了中国儿艺在中国儿童戏剧界的桥梁与纽带作用，推动和促进了中国儿童戏剧与世界儿童戏剧的交流与合作。

四、“经典儿童戏剧走进西部校园”公益演出

着眼于全国少年儿童的健康成长，不断扩大儿童剧公益演出的覆盖面，长期坚持公益演出是中国儿艺关爱少年儿童健康成长的坚定选择。在国务院有关领导和财政部、文化部的大力支持下，2008年中国儿艺再次组织了“经典儿童戏剧走进西部、关爱少年儿童健康成长”大型公益演出活动，走进了青海省的西宁市；内蒙古呼和浩特市、包头市、鄂尔多斯市、准格尔市；宁夏的固原市、石嘴山市、银川市；陕西的延安市、西安市；贵州的遵义市；江西赣州市，为孩子们带去了《马兰花》、《小蝌蚪找妈妈》、《小吉普·变变变》、《饼干小子》，纵横6个省(区)13个城市，为6万多名西部孩子特别是农村的留守儿童进行了64场演出。让广大西部地区的少年儿童接受戏剧艺术教育、欣赏儿童戏剧艺术、享受儿童戏剧的快乐，充分体现了党和国家对西部地区少年儿童健康成长的关怀，充分体现了文化部对西部地区文化建设事业的大力支持，充分体现了中国儿艺的艺术家们对西部少年儿童的关爱之情。

五、将爱心和快乐播洒在灾区孩子们心中

2008年初，我国南方大部分地区遭受了罕见的冰雪灾害，2月28日，受中宣部、文化部委托，中国儿艺“三下乡”演出队奔赴广西南宁，为当地学校和幼儿园送去精美的《小吉普·变变变》和“综艺节目”。将一份爱与温暖播洒在灾区孩子们心中。

四川汶川地震后，中国儿艺在用自己的方式参加抗震救灾。首先，在中国儿童剧场举办了《马兰花》“六一”专场赈灾义演，并将假日经典小剧场《小吉普·变变变》、沈阳《小蝌蚪找妈妈》、宁波《皮皮·长袜子》等“六一”演出的票房收入，连同观众们投入“天使之爱”募捐箱的善款，共计18万元，通过中国扶贫基金会全部捐献到四川灾区；中国儿童剧场在“六一”儿童节当天，还举办了“心系灾区，遥寄祝福”心连心活动，让孩子们祝福的话语通过各种媒体传递给灾区的小朋友。5月30日，中国儿艺特别为海淀行知实验小学的700名打工子弟加演了一场《马兰花》，这些孩子们当中，有100多名来自受灾地区。

6月30日～7月7日，中国儿艺《小吉普·变变变》剧组，冒着余震的危险，携手成都儿艺、绵阳艺术剧院奔赴四川震区进行慰问演出，行程8天，为地震重灾区都江堰市、彭州市、崇州市和绵阳市等4个地区10多所学校的20000多名学生，进行了12场义演。7月4日上午，在四川省都江堰市最大的板房学校皖川中心学校，1000多名小学生观看了中国儿艺益智趣味剧《小吉普·变变变》。中央电视台新闻频道进行了现场直播报道。震区义演，为震区的孩子们带去了欢乐，抚慰了孩子们受伤的心灵，孩子笑脸就是中国儿艺人最大的欣慰。

六、以人为本，共创中国儿艺科学发展的明天

胡锦涛总书记指出：“科学发展观，第一要义是发展，核心是以人为本，基本要求是全面协调可持续，根本方法是统筹兼顾。”剧院领导班子一直把提高演职人员收入做为重中之重，这正是以人为本思想的重要内容之一。在文化部、财政部的大力支持下，全院演职人员的收入水平实现了稳步增长。

中国儿艺可持续发展的“魂”是创作、演出和管理。解放思想、实事求是、自强不息、勇于创新，共创中国儿艺广阔而生机盎然的明天。

中央歌剧院

中央歌剧院是隶属于文化部的国家歌剧院，始建于1952年，目前是中国及亚太地区具有规模优势和实力的歌剧院。

中央歌剧院现有歌剧团、合唱团、交响乐团和舞台美术部。歌剧团聚集着众多优秀的歌剧表演艺术家，他们大都曾获得过国内外声乐大赛的重要奖项，并一直活跃在中国及世界歌剧舞台上；合唱团绝大多数成员是全国各高等音乐学院的佼佼者，他们具有良好的音乐修养和声音表现力，是目前国内具有实力和影响力的合唱团体，演唱曲目广泛，涉及中外著名歌剧和声乐作品；交响乐团以擅长歌剧音乐演奏而闻名，并积累了丰富的曲目，经常参加国内外大型演出，是活跃并受欢迎的交响乐团之一；舞台美术部实力雄厚，除常年高质量完成剧院歌剧、音乐会演出的舞美工作外，还广泛参与中外重大演出和各类大型活动的舞美制作；剧院还聚集着一批颇具实力的作曲家、指挥家、导演、剧作家及舞台美术家。剧院历任院长有著名艺术家李伯钊、周巍峙、卢肃、赵沨、马可、李凌、刘莲池、王世光、陈燮阳、刘锡津。现任院长为著名指挥家俞峰。

半个世纪以来，经过几代艺术家的不懈努力，剧院先后在中国首演、推出并保留了一批世界歌剧经典剧目，其中主要有《茶花女》、《蝴蝶夫人》、《卡门》、《詹尼·斯基奇》、《图兰朵》、《阿依达》、《艺术家的生涯》、《弄臣》、《费加罗的婚礼》、《奥塞罗》、《乡村骑士》、《塞维利亚理发师》、《丑角》、《霍夫曼的故事》、《伊斯国王》等；积累了一批中国歌剧作品，如《刘胡兰》、《草原之歌》、《阿依古丽》、《第一百个新娘》、《马可·波罗》、《杜十娘》、《霸王别姬》等。1988年夏，中央歌剧院应芬兰萨沃林纳歌剧节邀请，赴芬兰演出了《蝴蝶夫人》、《卡门》、威尔第《安魂曲》及中国音乐作品，得到众多媒体的如潮好评。2008年1月，中央歌剧院携歌剧《霸王别姬》赴美国旧金山、洛杉矶、华盛顿、纽约、休斯顿、达拉斯六地巡演，此次赴美演出，创造出多个第一：第一次以中国完整剧院建制赴美；第一次全部由中国艺术家，用中文在美演唱完整版中国原创歌剧；第一次用一个月时间走遍美国全境；第一次连续演出10场中国原创歌剧。10月，中央歌剧院又首次赴埃及访问演出，在开罗歌剧院连续演出了4场普契尼的歌剧《图兰朵》。剧院还多次前往日本、新加坡、马来西亚、中国台湾、香港和澳门等国家和地区演出外国及中国歌剧，均受各方好评。自1992年以来剧院合唱团、交响乐团连续10年参加澳门国际音乐节的重要演出，得到音乐节组委会、观众的肯定和高度认同。改革开放以来，剧院国际艺术化交流活动得到广泛的拓展。1986年，与世界著名男高音歌唱家帕瓦罗蒂合作上演歌剧《艺术家的生涯》获得成功。1999年，又与世界著名男高音歌唱家卡雷拉斯进行了合作演出。2001年6月，与帕瓦罗蒂、多明哥、卡雷拉斯成功合作了“世界著名三大男高音紫禁城广场音乐会”，为中国申奥出了力，为民族增了彩；同时不断地开创并拓展着中华民族的歌剧艺术之路。

50多年来，剧院一直保持着新人辈出的繁荣局面，青年艺术家在国际国内比赛中频频获奖，在国际艺术交流中保持着高水准，为剧院赢得了广泛的声誉，为剧院的发展提供源源不断的支持力。

作为新世纪的国家歌剧院，将保持着开放性、国际性的发展原则，肩负着发扬民族文化和国际间合作交流的历史重任。

中央芭蕾舞团

一、艺术创作

2008年，剧团新创作两台大戏《牡丹亭》、《奥涅金》，一台中型剧目《拉赫曼尼诺夫第三交响曲》，小节目《最后的天堂》、《其实很简单》，与英国阿库汉姆舞蹈团合作演出《相聚》，重新制作《希尔薇亚》，等等。

1. 中国芭蕾舞剧《牡丹亭》首演。2008年5月2日，中国芭蕾舞剧《牡丹亭》在天桥剧场全球首演。自2001年芭蕾舞剧《大红灯笼高高挂》首演获得成功后，中央芭蕾舞团一直为创作新剧目寻找适合芭蕾舞特性的选题，《牡丹亭》等一批名作被列入备选剧目。这部舞剧是剧团对创作中国芭蕾品牌的又一探索和尝试，目前还处于试验性演出阶段。

2. 剧团新创排了约翰·克兰科作品《奥涅金》。该剧根据普希金的诗体小说《叶甫盖尼·奥涅金》改编，以作曲家柴可夫斯基的音乐编曲，被誉为20世纪国际舞坛的旷世杰作。

3. 除了《奥涅金》，剧团选择了《拉赫玛尼诺夫第三钢琴协奏曲》作为精品晚会的重头戏。该作品是根据同名音乐编排的现代芭蕾作品。舞蹈作品偏重对于气质的展现，展现了我团演员的综合素质。该节目入选国家大剧院“世界芭蕾精品荟萃”。

二、演出经营

据统计，截至2008年12月，剧团全年演出场次为88场，“走进芭蕾”大学演出24场。

2008年，剧团的演出工作呈现以下特点：一是重大演出多。新创作的中国芭蕾舞剧《牡丹亭》全球首演；历史上首次赴英国皇家歌剧院考文特花园剧场演出；参加奥运重大文化活动展演；为2009年1月赴法国巴黎歌剧院演出做筹等等。二是“走进校园”场次多，年一共进行24场，较往年有了新增长。三是乐队为国家大剧院伴奏和举办音乐会多。

1. 赴英国皇家歌剧院演出。

应英国维克多霍豪泽演出公司邀请，在奥运会开幕前夕，剧团于7月25日至8月3日，在世界最顶尖的英国皇家歌剧院考文特花园剧场，演出古典芭蕾舞剧《天鹅湖》和中国芭蕾舞剧《大红灯笼高高挂》。7场演出全部爆满，很多观众甚至不惜购买站票以求一睹中央芭蕾舞团的风采。我驻英大使傅莹女士及很多中英政治、经济、文化和教育等各界人士均莅临观看了演出。驻英国使馆发回密电“从奥运前夕看中芭访英盛况看我文化走出去”，刘延东做出批示：中芭在实施文化“走出去”方面进行了成功的探索。

英国广播公司（BBC）中英文频道、路透社、《每日电讯》、《金融时报》、《泰晤士报》、《独立报》和《卫报》等英国主流媒体对中芭的发展历史、艺术水准以及两台剧目的演出情况进行了系列报道。《金融时报》评论说，中芭目前取得的成就是“60年努力和心血的结晶，来源于中国四千多年文化艺术的创造力”，并号召英国观众“共同见证和庆祝这一时刻。”中芭此次访英演出恰逢北京奥运会的前夕。有关中芭客观积极的信息在英国公众群众中起到了良好的反响，在一个侧面为北京奥运会营造了融洽的氛围。

2. 10月14～31日。剧团一行170人应邀在韩国城南市、大田市、高阳市、水原市和首都首尔市等5个城市进行为期半个月的巡演。这是中芭历史上首次前往韩国进行大规模巡演。其间，剧团在韩国5大剧院共上演了10场经典芭蕾舞剧《大红灯笼高高挂》，受到韩国各界的欢迎和好评，获得圆满成功。据不完全统计，此次在韩国演出10场的观众总人数近2万人次，韩国主办方负责人徐廷林女士称，近年来很少有如此大规模的国外演出团在韩国巡演，演出如此成功，受到韩国了观众的热捧。

3. “走进大学”及其他公益性演出。在多年坚持下，中芭的“走进芭蕾”普及教育演出日趋品牌化。本着普及芭蕾、培养观众的宗旨，近年来，演出部在全团完成舞剧创作和演出任务的同时，一直坚持以北京大学为基地，同时赴外地举办“走进大学”演出，在国内举办公益性活动。2008年10月，剧团部分演员与北京舞蹈学院芭科学生在黑龙江、吉林、辽宁、天津四省市16所大学进行“走进大学”系列演出，11月“走进澳门大学”，并与首都精神文明办、北京市教委、阳光文化基金会、共同举办了两次 “阳光下成长与芭蕾共舞——芭蕾艺术进校园”，该活动由阳光文化基金会赞助。目前，“走进芭蕾”已经形成了独特的品牌效应，在取得社会效益的同时，也培养了一批芭蕾爱好者，扩大了中央芭蕾舞团的影响力，同时为剧团的年轻演员提供了非常好的表演机会，锻炼了一大批中层演员。

4. 乐队伴奏及音乐会。自2007年国家大剧院正式运营之后，剧团乐队先后在大剧院为俄罗斯基洛夫芭蕾舞团、马林斯基大剧院、英国国家芭蕾舞团、巴黎歌剧院芭蕾舞团、瑞典国家芭蕾舞团、英国皇家芭蕾舞团、卡迪拉斯独唱音乐会等世界知名芭蕾舞团和个人独唱进行现场伴奏。乐队在业务上的进步在国内赢得了各界的瞩目和赞扬，在国外赢得了知名芭蕾舞团和音乐界的认可与肯定，获得了由文化部艺术司、国家大剧院、中国音乐家协会颁发的“第一届中国交响乐之春”突出表现奖。

三、思想、组织、作风建设

在剧团的思想、组织、作风建设方面，中央芭蕾舞团按照党中央精神和部党组部署，组织全团党员尤其是党员领导干部认真学习和实践科学发展观。在学习和实践活动中，团党委在面对赴外地和国外巡演工作异常繁忙的情况下，带头拿出专门时间，深入学习理论知识，深入倾听演职员对班子成员的批评和意见，团党委和领导班子从执政的高度充分认识到文化建设和科学发展观的重要地位和作用。2008年，剧团发展了3名新党员，4名预备党员转正，若干名入党积极分子向党组织递交了入党申请书。

南方雪灾后，团党委、团委广泛动员干部职工积极捐款。短短一天半的时间内，剧团为南方雪灾捐款共计16670元。“5·12”汶川地震事件后，团党委多次组织捐款。截至6月13日，以剧团名义捐款250000元；演职人员和离退休老个人捐款累计达199804元，其中61名党员缴纳“特殊党费”23150元。

为进一步宣传抗震救灾的英雄事迹和营造良好的抗震救灾舆论氛围，团党委以最快速度在一楼大厅举办了抗震救灾图片展，宣传“抗震救灾、踊跃捐款”的感人事迹，弘扬自强互助的抗灾精神。

在业务工作之余，剧团组织了若干讲座、参观活动，提升了员工综合素质。包括参观西蒙基金会“古典与唯美画展——19世纪欧洲绘画典藏”，聘请北大文学教授孔庆东来团讲解文学作品《奥涅金》，邀请联想集团总裁柳传志先生来团做管理讲座。

值得一提的是，在党委和工会的支持下，离退休工作开展的有声有色，真正实现了“三必访”，即遇婚丧嫁娶必访、职工生病住院必访、家庭出现矛盾纠纷必访，使职工切实感到集体的关怀和温暖。2008年，剧团多名离退休去世，协助家属做了大量的安葬祭奠工作。对患有癌症等重大疾患的员工，剧团尽力给予了资助和关心。对孤寡老人，剧团为他们安排入住敬老院，让他们感受到了剧团的温暖。

中国美术馆

2008年是中华民族历史上难忘的一年，这一年中国美术与国家一起经历了南方冰冻灾害、四川汶川地震等大灾大难的考验，也经历了迎接奥运、举办奥运的辛苦与喜悦，从实践中体会到落实科学发展观的重要性和艰巨性，全馆职工在馆领导班子的带领下，坚持以邓小平理论、“三个代表”重要思想和科学发展观为指导，积极探索文化事业单位的创新发展之路，切实贯彻以服务社会为中心的办馆理念，努力打造国家美术博物馆的专业工作水准和公益文化形象，取得了一定的成绩，积累了宝贵经验。

一、不断提高展览的质量和学术影响，以精品服务社会

展览是中国美术馆的“艺术生产”，是中国美术面向公众和社会的答卷，一年来，以奥运为契机，组织了一系列反映中华民族优秀传统，弘扬民族精神的精粹艺术作品，同时注重观察和分析美术发展动态，及时向社会推出美术创作中的优秀成果，使一年的展览形成迎奥运为重点，突显重大题材、重大事件、重要成果的展览格局，加大自主策划展览的力度，加强与美术界各兄弟单位的合作，使展览的质量和水平不断增强。本年度共举办展览110个，其中本馆策划的展览15个，与其他单位合作举办的大型展览22个。

1. 奥运项目展览。自1月19日开幕，历史2个月的“盛世和光——敦煌艺术大展”是年初本馆的开场大戏，馆领导在筹办展览过程中多次赴敦煌与敦煌研究院的领导磋商，经过研究、分析、选择，最终确定了10个原大原状复制石窟，100多件临摹壁画、彩塑精品及藏经洞出土文献等文物赴京展出的方案，为配合此项展览，美术馆设计人员对展厅和主楼做了精美展示设计和外沿包装，展览过程中，由于组织周密、设计独特、宣传到位、服务细致认真，它所引起的观众热情与社会影响为历年罕见，共接待参观60余万人次。现场有15位来自敦煌的优秀讲解员的讲解，中国美术馆也配备了50多位志愿者所提供的5种语言的导览。期间还举办了4场展览专题讲座。

此外，“明清绘画精选——故宫博物院、中国美术馆藏品联展”、“合成时代：媒体中国2008——国际新媒体艺术展”、“2008北京国际美术双年展”、“蔡国强：我想要相信”、“灵动的风景：穿越德意志艺术之旅”、“瑞士银行收藏艺术作品展”、“‘分享光荣与梦想’——2008北京奥运会大型新闻图片展”等奥运项目展览，都从不同的角度，在不同题材上反映人文风貌，共同讴歌人类和平，受到社会好评。

2. 由中国美术馆自主策划或参与策划的大型展览。如“改革开放三十周年美术作品展”、“全国廉政文化大型绘画书法展”、“‘水色华彩’中国美术馆藏水彩作品展”、“新时期中国画之路艺术展”、“学院与艺术——吴作人百年诞辰纪念展”、“苏天赐捐赠作品展”、“庞均艺术展”，这些展览都经过较长时间的筹备，从整体构架到实施细节都体现出新颖独特的风格，受到观众欢迎。

3. 影响较大的国际交流展。如“日本平山郁夫艺术展”、“中国·面对现实”、“大衣，意大利时装55年”、“马诺罗·瓦尔代斯艺术展”，这些展览为观众带来异国风情和艺术语言的审美享受的同时，也加强了彼此间的合作与友谊，国外艺术家对我馆的热情服务也表示满意。

全年通过展览和展览相关活动共接待观众110万人次，观众数量逐年递增。本年度精彩的展览为领导进行国事活动和视察参观提供了服务，贾庆林、李长春等都多次来馆指导，本年度接待中央领导来馆约30场次。

二、稳步推进收藏工作，积极拓展藏品利用，充分发挥典藏功能

藏品是博物馆的基石，国家典藏行为体现了国家对中华艺术瑰宝的保护，是利国利民，千秋万代，造福子孙的伟业同时这也是一项颇为复杂的工作。一年来，中国美术馆克服重重困难，使大批优秀作品被国家收藏。2008年度，共收藏1888件，其中实现506项收藏捐赠计划，如一批老艺术家向国家捐赠了代表性作品，共实现了王敬恒、滑田友、冯今松、王树村、苏天赐、庞均、吴作人、靳尚谊等艺术家作品集收藏的捐赠。其中包括吴作人家属捐赠的素描、油画等作品32件，靳尚谊捐赠的素描、油画等作品36幅。另实现了获第10届全国美展金奖、南京军区艺术家陈坚创作的油画《公元一千九百四十五年九月九日九时·南京》的专项收藏。

2008年适逢改革开放30周年，在馆里举办的各种大型学术及纪念展览相对较多，艺术家们纷纷拿出自己的代表作品参与这些展览。中国美术馆利用这一有利时机，收藏了一批创作佳作。

经过坚持不懈的努力，多年未决的接受国际艺术作品捐赠及收藏海关免税问题有了初步的成效。中国海关会同财政部正在着手制定国家级博物馆接受国际捐赠和收藏的相关规定，具体措施将不久下发，在这期间，中国美术馆接受台湾画家庞均先生捐赠的45幅油画作品以及西班牙艺术家马诺罗·瓦尔代斯捐赠的大型雕塑作品顺利通关。

本年度藏品多次外出巡展，在保证安全的前提下，有关人员对藏品的出库、运输、展示、回归的各个环节做了精心的安排，每到一地巡展，在有关方面的配合下，对藏品的艺术价值做了较大规模的宣传，使藏品充分发挥应有的效益。“长风万里西部情——中国美术馆馆藏精品展”赴陕西展、上海展，“时代·乡土·农民——中国美术馆藏品展”赴厦门展等动用我馆藏品100多件，数量和次数都超过以往，在展出地都受到热烈欢迎。配合藏品的巡展，在当地还举行了一系列新闻和学术座谈活动，使藏品的学术含量得到充分的发挥。配合收藏捐赠工作，本年度出版了《中国美术馆藏赵延年捐赠作品集》、《中国美术馆藏佩德罗·梅耶尔摄影作品集》、《个性与时代——中国美术馆藏油画集》、《明清绘画精选》等10本大型画册，使馆藏精品在宣传力度上不断加强。

三、积极拓展美术交流的国际空间，扩大美术交流途径，不断树立国际形象

本年度中国美术馆积极与国外美术馆和文化机构合作，引进了一批具有影响力的国际精品展，如“澳大利亚蜡染展”、“平山郁夫艺术展”、“德国三大博物馆精品展”、“墨西哥佩德罗摄影艺术展”、“大衣，意大利时装55周年展”等12个外国展览，同时本着“中国文化走出去的”战略部署，向国外输送了一批反映当代中国发展风貌的优秀作品展如“中国水墨赴德国展”、“中国园林设计赴德国展”、“中国当代艺术赴新加坡展”、“馆藏刘迅作品赴意大利展”等。

本年度中国美术馆接待了大批国外代表团，共计113批次，1000多人。仅在奥运会期间就接待了美国财长代表团、荷兰王子代表团、英国前首相布莱尔夫妇、现任首相布朗夫妇、挪威王后、瑞典国王、王后等2个代表团组来访。“敦煌艺术大展”期间，中国美术馆筹办了“文化部驻华使节迎春招待会”，邀请在京的160余个驻华使馆约400余位外交使节出席，加深了友谊，宣传了中华文化。

对港澳台的交流与合作也是本年度的一个重点，经过多次协商合作，“台湾陶瓷展”在本馆成功举行，使观众领略到台湾陶瓷艺术的精美和地域特征，接待了“台湾地区大学院校艺文中心协会”参访团、澳门文化局艺术家代表团等多个团组和个人的来访，促进了对台港澳地区的美术交流工作不断向前发展。

四、大力推进公共美术教育，不断深化公益服务职能

中国美术馆为世界上少有的全年无休日开放馆，并一直以低票价和部分免票提供公益服务。2008年，进一步响应博物馆免费政策，扩大免票范围，目前60岁以上，17岁以下观众免票。农民工等特殊群体免票，并设立妇女节、青年节、建军节、博物馆日、文化遗产日等节庆免票日，现免票范围已达到参观观众的65%。

本馆免费向公众提供“展讯”，每月均举办

专家学术讲座，敦煌大展期间特邀敦煌研究院院长樊锦诗女士等作精彩演讲，受到欢迎。本年度共举办17场次重要讲座，提供展览资料手册，听众2000余人。经过多年培训，现拥有一支约百人较为稳定的志愿者服务队伍，他们活跃在重大展览的现场讲解工作中。有些人还可以用多语种讲解，大大提高了服务质量。

为了拓展公共教育范畴，吸引更多的观众特别是青少年人群走进美术馆，中国美术馆举办了多种类型的专题教育活动，如组织四川汶川大地震重灾区绵竹市汉旺镇的30多名孩子参观展览；邀请北京8所打工子弟学校学生其中包括灾区在京务工子女与北京市少年宫的学生共同创作以“心连心——携手送祝福”为主题的大型绘画作品，通过中国儿童基金会转赠四川灾区；举办第五届“我在中国美术馆画画儿”活动等。对于高校美育工作，我们在“高雅艺术进校园”工作启动之时，更为重视大学生这一特殊群体的美术普及工作，与清华大学、北京师范大学、中国人民大学等多所高校的学生会保持密切联系，曾举办“艺术现场——中央财经大学学生走进中国美术馆”的大学生专场艺术讨论活动。为加强国际间公共教育的交流与互动，中国美术馆举办了“为教育的艺术空间”中美艺术馆教育研讨会，中美双方12位主题演讲人分别从不同角度对公共艺术教育和博物馆的功能进行研讨，并与听众展开讨论，来自国内10多个省市的博物馆及文化教育人士100余人出席了会议，首都多家媒体进行了报道。

公共教育活动增加了展览的受众面，通过各种活动使艺术理念更加深入人心。

五、职能工作不断改革创新，为全馆中心工作服好务

根据中央精神和上级部署的科学发展观学习实践活动，经过半年多的推进，现已进入分析调研阶段，通过学习，广大党员对科学发展观的历史意义和现实重要性有了更深的理解，在南方冰冻灾害和汶川地震的赈灾活动中，他们以国家民族为己任，纷纷伸出援手献出爱心，全年共组织捐款4次（包括党员交特殊党费），共计人民币1804391元。捐助御寒衣物1次，共计百余件。

为迎接奥运工作，中国美术馆共进行了3次卫生大检查工作，一次反恐演练，保证奥运期间中国美术馆安全无疏漏、无事故。

中国美术馆2008年的人事工作围绕为美术馆事业发展做好人力资源的保障的基本宗旨，稳扎稳打地不断推进。完成岗位设置管理方案的起草工作。做好招聘工作，全年共接收2名应届硕士研究生、1名博士研究生，优化专业队伍的知识和年龄结构，增强单位发展后劲。顺利完成培训工作，2008年共有20余人参加了中央党校、北京市委党校等各类大专院校的艺术管理方面成人继续教育，已有15人顺利拿到艺术管理本科学历。先后举办三期外语培训班，10人参加培训。

中国美术馆二期工程选址在中央领导及各级政府的支持关注下，已基本完成，在奥林匹克中心区建立新馆对于推进中国美术馆事业的不断发展具有重要的意义。

中国国家画院

2008年是共和国历史上不平凡的一年，其适逢改革开放30周年，年内又遇北京奥运、冰雪灾害、汶川地震，喜事与灾难并存，机遇与挑战同在。中国国家画院同全国人民一道，畅享和讴歌改革开放的伟大成就，感受北京奥运的盛大与辉煌，情系灾区人民的悲情与苦难，以艺术的特有方式为改革开放30年立传，为北京奥运添彩，为灾区人民解难，同时努力开拓创新，强化学术意识，创作出一批精品、力作，取得了丰硕的学术成果，充分体现了国家画院在国家大局、民族大难面前的社会责任感和文化使命意识。

一、坚持先进文化方向　理清中国画创作思路

开展深入学习实践科学发展观活动，是进一步贯彻“三个代表”的重要思想，也是中国国家画院2008年党建工作的重要内容，画院领导班子充分认识到它的重大历史意义和现实意义，按照文化部学习实践活动领导小组的部署，精心制定了画家画院学习实践活动的实施方案，并按计划分层次地组织开展学习实践活动。

在学习活动，国家画院不流于形式，不走过场，做到学习内容重点突出，主题鲜明；并且始终结合画院和中国美术的实际，积极组织调研，虚心听取各方意见，改进工作方法，从而使画院各项业务职能得到了高效发挥。

相当一段时期以来，中国画创作研究中存在的价值观念混乱，民族文化自信心不足，作品创作重形式轻内涵等问题，对此，2008年国家画院院委会在多次召开院内外专家座谈会，广泛征求各方意见的基础上，及时制定了继续坚持先进文化方向不动摇，继续宏扬传统文化精神不游移，以“出思想、出观念、出精品、出人才”为目标的保持中国画事业科学健康持续发展的业务方向，并坚持了学术建设、基础设施建设一起抓的发展思路，采取了创作研究、教学培训，展览交流各项业务互为联动的工作机制。经由一年的努力实践，全院各项工作持续进步，学术研究日趋深化，学术影响日趋扩大，基础设施更加完善，在全国画院系统中的表率作用更加突出，今天的中国国家画院已成为坚持民族文化立场的坚强堡垒和继承宏扬民族文化传统的重要阵地，为当代中国画事业的整体进步发挥了重要作用。

二、强化学术意识　努力创作艺术精品

2008年，中国国家画院坚持“学术立院、人才立院、精品立院”的办院宗旨，建立了多种学术促进机制。其中“学术例会”由创作研究部主持，每月定期召开学术例会，每次例会均有确定的学术主题和明确的学术针对性，就当前中国画界的热点、焦点问题展开讨论。“学术讲堂”由院美术馆主持，定期邀请院内外专家学者，向院内外听众做公益性讲座。这些学术机制的建立，对深化学术研究，推广学术成果起到了积极的促进作用。

为促就精品力作的产生，2008年，国家画院还组织了画家到贵州、山西、陕西、甘肃、河南、四川、宁夏、云南、浙江、湖南等近20个省区市及北京郊区写生，写生活动中，只要工作时间不冲突，院领导班子成员均亲自带队，与画家们一起下矿井、进工厂，深入乡村，获得了第一手创作素材，为精品力作的产生打下了基础。

2008年，国家画院业务人员学术热情持续升温，院内学术氛围浓厚，促就了精品力作的产生。全年有80余件作品参加了全国性的美术作品展览，出版各类专著、画集、专刊50余部（期），部分画家举办了个人作品展。

充分利用国家画院专业人才，学术积累深厚专业功能齐全的优势，通过艺术的特有方式，积极参与和配合国家文化建设，是国家画院领导班子长期坚持的工作方针。2008年，围绕北京奥运、纪念改革开放30周年和业务建设自身的需要，院本部和院美术馆、院艺术交流中心共主办了“看山还看祖国山——纪念何海霞先生诞辰”百年主题画展、“2007中国国家画院作品年展”、“新时期中国画之路1978～2008”、“2008亚洲大学生艺术展”、“以心接物——第二届全国艺术院校学生作品展”、“壮丽山河六人巨幅作品展”等各类美术作品展览活动20余次。其中配合奥运宣传和纪念改革开放30周年的展览项目就有5项之多，发挥了国家画院的社会服务功能。

其中“新时期中国画之路1978～2008”大型中国画展览，是国家画院业务建设服务全国的上佳表现。展览在中国美术馆举办，300多件作品装满中国美术馆9个大厅，展览涵括改革开放30年来各时期全国中国画重要代表性作品，是30年全国中国画创作的集中展示。展览同时出版了画集和文集，其中80万字的《新时期中国画之路1978～2008论文集》，汇集了30年中国画理论研究的重要成果，是对30年中国画理论的全面梳理。展览和文集的出版，是对改革开放30年的隆重纪念，同时也是对当代中国画的历史性回顾和对未来中国画发展方向的积极探索，为深化当代中国画的学术研究发辉了国家画院的学术导向作用。

三、情系灾区　积极赈灾救灾

在年初的冰雪灾害和“5·12”汶川地震救援中，国家画院全体同人和全国人民一道共赴国难，积极投入了赈灾重建工作。灾难发生之即，在院领导班子的带动下，中国国家画院上下齐心，迅速行动，即时组织了捐资捐物和书画义拍义卖活动。累计金额达1000余万元。同时，国家画院还派专人前往灾区了解灾情，了解灾区所需，制定了再为四川灾区捐资修建一座“三孤”院的工程规划，全部将通过国家画院书画作品拍卖筹集。目前此项目工程已进入实施阶段，预计投资500万元。

在国家画院组织的各项书画义捐义卖活动之外，国家画院书画家还积极参加了由中华慈善总会、全国政协书画室、荣宝斋、中国残联、中国文联、中国美协等单位组织的书画赈灾义卖活动。累计捐赠书画作品200余幅，所拍款项也全部用

于赈灾和灾区重建工作。

四、多头齐进　各项事业全面展开

以创新的思维，开阔的视野，探索画院发展之路，是近年来国家画院领导班子成员着眼画院建设的基本特点。画院是有中国特色独有体制，画院建设无规律可循，无现成例子可学，画院建设如何与时俱进，如何适应时代的要求，是今年国家画院领导班子持续思考的问题。因此，及时总结以往的工作经验和教训，本着突出画院特点，发挥人才资源，巩固学术成果，完善业务机制，树立画院新形象的原则，全面思考画院各项业务建设，为国家画院各项业务功能的全面发挥，起到了统筹协调的作用。2008 年，国家画院领导班子在坚持推进创作研究、教学培训、展览交流 3 项主要功能互为联动，共同发展的同时，根据国家文化大发展、大繁荣的形势要求和艺术活动日趋繁荣，艺术品市场日趋活跃的新情况，及时调整工作思路，加强了作品收藏、对外交流、市场经营、网站出版等工作的力度，并对院内部分机构进行了调整，建立了中国国家画院的官方网站，将图书资料、期刊出版一并纳入，成立了院艺术信息中心。目前，艺术信息中心和原有的艺术交流中心、美术馆相互促进，形成了具有国家画院特色的集作品展示、期刊出版、网络信息 3 项功能为一体的艺术交流和推广平台，为扩大学术影响，促进学术进步，同时促进社会对文化艺术产业的多元关注，更有效地发挥国家画院的社会服务功能产生了推动作用。

后勤保障工作，事关主要业务建设的正常开展，事关全院职工的切身利益，事关全院员工的团结与稳定，因此，后勤保障工作，一直是国家画院领导班子持续关心并下大力气开展的工作。今年，在文化部有关司局的大力支持下，国家画院“画库”工程顺利竣工，通过了北京市有关部门的验收，目前新画库已投入使用。

中国对外文化集团公司

2008 年，在中国对外文化集团发展历史上，是具有深远意义的一年。通过转企改制四年多的探索和实践，集团实现平稳过渡，初步完成建章立制，已经步入战略发展的关键阶段。一年来，集团公司在部党组的正确领导下，深入学习实践科学发展观，按照“两大一新”的要求和长春的重要指示，继续深化改革、开拓创新，通过加快建立现代企业制度，重塑文化市场主体；优化业务发展布局，重点打造品牌竞争力；积极筹备股份制改造，争取尽快上市，实现超常规、跨越式的发展。

2008 年，集团公司积极贯彻“推动中华文化‘走出去’”的国家战略，以服务贸易方式努力促进优秀中国文化产品出口，在面向国际市场的业务开拓中取得了长足进展。我们的演出和展览，出现在全球 50 多个国家和地区的 210 余座城市，以 74 项演展、5600 场次的庞大规模，吸引海外观众达 1100 万人次，其中商业项目超过 60%，为增强中华文化的国际影响力做出了重要努力。与此同时，集团公司把 115 个高水平的国外艺术团组引进国内，举办了 30 项大型展览和 320 场精彩演出，为繁荣国内文化市场、配合北京奥运会、促进中外文化交流做出了突出贡献。

2008 年，集团公司作为“相约北京——2008”奥运重大文化活动的主要承办单位，荣获中共中央、国务院颁发的“北京奥运会残奥会先进集体”荣誉称号；作为全国首批文化体制改革试点单位，被中宣部、文化部、广电总局和新闻出版总署联合授予“全国文化体制改革优秀企业”称号。

一年来，集团公司业绩喜人，各方面呈现出强劲的上升趋势，改革成效日益显现。一方面，集团公司资产规模和赢利水平成倍提高，各项业务越做越实、不断拓展，企业的竞争力和影响力持续上升。另一方面，团队的策划水平和执行能力显著提高，市场意识不断增强，发展思路和重点领域有所突破。

一、以科学发展观为指导，做好集团公司改革发展规划

科学发展观是统领国家建设全局的重大方略，也是指导企业改革发展的根本指针。自党的十七大以来，集团公司把贯彻落实科学发展观，贯穿于实际工作的各个环节，用科学发展的新思维、新观念，推动改革继续深入，为后续开展学习实践活动打下了良好的基础。

自 2008 年 10 月 13 日起，集团公司按照文化部党组部署，深入开展学习实践科学发展观活动。

在集团公司领导班子带领下，广大党员职工积极投入学习实践活动中，认真学习调研，仔细检查分析。结合集团的改革实践，大家积极建言献策、坦诚交流，领导班子倾听民意、集中民智，使集团的学习实践活动实现了良好开局。

在集团公司深入学习实践科学发展观过程中，文化部党组副书记、副部长欧阳坚，副部长赵少华，部长助理丁伟以及计财司、政法司和外联局的3位司局长，来集团公司开展调研工作并召开现场办公会。会上充分肯定了集团转企改制以来取得的成绩，同时就下一步的改革发展做出了重要指示，提出了具体要求。

2008年，集团公司深入学习实践科学发展观活动已顺利完成学习调研和检查分析两个阶段的任务，取得了明显成效。通过总结分析、深化认识，集团内部进一步形成共识，增强了合力。

二、以体制改革为动力，推动企业可持续发展

改革创新是企业活力的催化剂。2008年，集团公司内部机制改革继续深入推进，公司治理结构进一步完善。集团围绕“建立规范化的现代企业集团”这一目标，面向市场、创新机制，使企业活力与效率显著增强；与此同时，股改上市工作也全面提速。2008年成为改革道路上承上启下的关键一年。

（一）加快建立现代企业制度，提升公司治理水平

制度是企业发展的根本保障。4年多来，集团公司把制度建设作为改革的切入点和突破口，打破陈规、革旧立新，建立起科学的企业架构和较为完备的管理制度体系。2008年以来，集团公司先后出台或修订了《集团公司全员竞聘上岗工作方案》、《集团薪酬改革方案》、《集团在职员工培训规划》、《劳动合同实施、管理办法》、《集团所属全资、控股、参股子公司经营指标》和《集团职能部门、业务部门及所属子公司绩效考核办法》等一系列规章制度，为建立现代企业制度打下了坚实基础。2008年，公司治理水平跃上了新层次，具体表现为：

第一，在清产核资、履行程序的基础上，完成了子公司向集团的资产注入，理顺了产权关系。目前，以集团公司作为出资人的各项资产变更手续已履行完毕，为下一步股改引资扫清了法律障碍。

第二，在由“劳动人事管理”向“人才资源管理”成功转型的基础上，力图实现了向“人力资本管理”的新跨越，为企业可持续发展提供了强大动力。集团公司以“人才战略”为中心，制定《特殊人才政策》来吸引国内外优秀管理人才和专业人才，努力构筑国际化、复合型的人才结构。

第三，在对各部门职能进行优化整合的基础上，继续调整组织架构，以适应业务转型的新要求。集团公司以“奥运重大文化活动”为契机，进一步整合业务部门、精简职能机构，打破内部壁垒、促进资源共享，大幅提高了企业运营效率和科学管理水平。

第四，在强化业绩考核、控制经营风险的基础上，建立起行之有效的激励约束机制和内部投融资机制，提高了集团公司的控制能力和子公司的创新活力。

（二）积极筹备股改工作，以突破企业发展瓶颈

作为全国文化体制改革首批试点单位，股改上市一直是集团公司遵循的发展方向。早在改制之初，国家就为集团定下了“三步走”战略：第一步，完成转企改制，建立现代企业制度；第二步，进行股份制改造，引入战略投资者；第三步，进行资本运作，争取尽早上市。2004年，李长春在视察集团公司时就曾强调指出，要鼓励引导有条件的国有文化企业面向资本市场融资，打造一批战略投资者；通过四年多的改革探索，集团公司按照现代企业制度的要求建章立制，已圆满实现第一阶段的改革目标，为下一步股改引资、尽早上市打下了良好基础。

几年来的改革实践也使集团公司切身感到，进行股份制改造、引入战略投资者、争取早日上市，不仅是国家的要求和领导的期望，也是自身发展的需要。改制以来，虽然集团公司业绩有目共睹，发展速度在国内同类企业中名列前茅；然而不容忽视的一点是，在现有的资产规模基础上，企业的发展已经进入平台期。第一，资金不足严重制约着业务扩张的速度，难以做大做强。第二，资本实力的巨大差距使我们无法在平等基础上与全球娱乐巨头开展竞争，难以掌握市场主导权。第三，战略投资者的缺位使公司在跨界、跨业、跨区域经营时缺少助力，难以实现“文化产业战略投资者”的发展定位。因此，进行股份制改造、引进战略投资者、争取尽快上市，已经成为集团公司突破瓶颈、跨越平台、实现更好更快发展的关键所在。国家的战略利益、文化产业的大趋势和企业自身的发展需要形成了高度统一。

为尽早对接资本平台，2008年，集团公司全面加快股改上市的筹备进度，已与多家券商进行过接触，认真研究了各家提交的上市建议书，初步拟定由中信建投证券作为上市合作券商。与此同时，还分别与国开行、中投公司等金融机构以及上海文广、北京歌华等文化产业集团洽谈合作。

三、以品牌创新为战略，开拓业务发展新空间

2008年，集团公司继续实施“精品战略”，以“品牌制作”打造企业核心竞争力，通过大力加强自主创新，积极推进业务格局的战略性调整，使业务工作成绩斐然，取得了长足发展。一方面，在传统业务上不断创新，巩固优势；另一方面，在新业务上积极开拓，抢占市场先机，从而实现了新老业务双翼齐飞、国内国外市场相互促进的良好局面，在金融危机中仍然保持了良好的发展态势。

（一）完美诠释“人文奥运”理念，探索官方项目新型运作模式

2008年是奥运之年，国家对外文化交流活动十分频繁。集团公司作为“相约北京——2008”奥运重大文化活动、第10届“亚洲艺术节”、第九届“中国国际合唱节”、“中美建交30周年纪念活动”等一系列重大文化交流活动的主要承办机构，从大局出发，精细策划、周密组织，积极探索最佳模式，依靠严谨、出色的执行团队，使所有承办项目圆满成功，得到了党中央、国务院、文化部的充分肯定和高度评价。

特别是由集团公司作为主承办方的“相约北京——2008”奥运重大文化活动，是新中国成立以来规模最大的国际文化交流盛会。作为专为配合北京奥运会实施的重大文化工程，意义重大、影响深远。在文化部的领导下，集团以高度的责任感和使命感，投入了最强力量，全力做好各项筹备工作，策划组织了73项内容丰富、亮点突出的文化活动，为深入贯彻“人文奥运”理念、烘托节日氛围，发挥了重要作用。从3月启动到9月闭幕，活动共引进80多个国家和地区的110多个艺术团体，近万名艺术家参与其中，观众规模超过300万人次。期间，推出了“四海一家——驻华使馆艺术藏品展”、“世界和谐——北京系列音乐会”、“五大之夜”歌舞晚会、“中国国际青年艺术周”等一批创意独特、影响广泛的特色文化活动，获得了强烈的社会反响。6月23日，胡锦涛主席和希腊总统一同出席观看开幕演出，充分体现了党和国家领导的高度重视。在历时6个月的时间里，奥运文化活动先后迎来了国际奥委会主席罗格夫妇、残奥会主席克雷文夫人以及世卫组织秘书长等多位重要贵宾，他们对活动无不给予高度评价，充分显示出活动本身的艺术水准和策划组织工作的成功。

奥运文化活动，是集团公司在官方业务上实施创新理念和服务增值理念的具体体现。多年来，集团在政府交流项目上一直发挥着主渠道的作用。通过几年来的不断创新，集团公司在官方项目承办模式上已经发生了深刻变化，由原来的简单项目承办，向提供立体式、全方位的承办服务方向发展。在奥运文化活动中，从整体创意到项目执行，从宣传推广到公益活动，全程负责、全面介入，通过一系列配套活动，为文化部提供了一套整体性的策划方案，实现了服务增值。与此同时，活动十分重视政府项目普惠大众的宗旨，在公益活动上下足工夫。奥运文化活动中，采取了免费赠票等一系列惠民举措，让全社会分享到社会文化事业的发展成果，推动了艺术普及，真正达到了“全民共享”的目的。此外，在官方项目上同样追求传播效应的最大化，努力使官方交流产生更广泛、更深入的影响。据不完全统计，报纸、杂志、广播、电视、网络等各类媒体，对奥运文化活动的报道达33万次，信息投放总量超过300万条。通过以上这些举措，为官方项目大大增加了服务附加值，并通过运作方式上的探索，为政府举办大型国际文化交流活动，探索出一种可资借鉴的新型运作模式。

（二）不畏金融寒冬，自主品牌走向世界

集团公司自成立起，就把“建设有强大国际市场竞争力的中国文化出口企业”确立为自己的发展目标，以推动中国文化产品走出去作为战略方向；在高质量完成官方交流项目的同时，更着力于开拓国际商业演出市场。2007年下半年，集团专门召开海外演出工作会议，全面总结了几年来"走出去"的经验，同时制定了海外商演新战略，提出了"营销前移"、"全球营销"等新理念，从而进一步增强了自身的整合营销能力和抵御风险的能力。

2008年，集团公司继续打造自主品牌国际演出产品，继《龙狮》、《少林雄风》、《太极时空》、《英雄天地间》、《美猴王》等品牌剧目之后，又投资打造了专门面向海外市场的谭盾音乐剧《茶》、昆曲集成《浮生六梦》、综艺舞台剧《终极使命》和《武林时空》,并通过多种渠道积极向海内外推广。

2008年，集团海外演出呈现出三大新特点：一是产品升级换代，逐步走向中高端；二是品种跳出杂技、歌舞的老套路，向艺术品种多样化方向扩展；三是交响乐、芭蕾舞、歌剧、戏曲类海外演出取得突破，从过去场次较少的点式交流性访演，逐步发展成初具规模的线式商业性综合巡演。

2008年，面对国际性金融危机的严峻挑战，集团公司海外演出仍然取得了可喜成绩。当金融危机在全球蔓延，许多国内院团被迫取消原定出访计划时，集团公司的中长期演出项目仍然按计划在国外主要城市面向主流观众进行定点演出或巡演，均有不俗表现。

（三）走"集成创新"之路，以品牌制作打造核心竞争力

作为中国最大的演出、展览代理商，长期以来，中介代理一直是集团公司的主营业务。但传统代理业务服务内容单一、资源利用率不高，而且行业门槛过低，难以形成独有的竞争优势。为此，集团公司积极调整业务结构，确立了以"产品"为核心的"精品战略"，通过自主研发、制作品牌项目，努力打造面向未来的企业核心竞争力。几年来，集团先后打造了《时空之旅》、《少林雄风》、《太极时空》、《四海一家》、《世纪风骨》，以及"相约北京"、"亚洲艺术节"、"中国国际合唱节"、"中国国际青年艺术周"等品牌项目。与此同时，积极谋求在"威尼斯双年展"上建立中国长期固定的国家馆，抢抓国际文化竞争的制高点。

2008年成为集团公司品牌项目全面开花的一年。"相约北京"联欢活动作为奥运重大文化活动的孕育平台，成为世界瞩目的焦点；历经9届的"中国国际合唱节"愈加显示出品牌的持久力量；第三届"四海一家——驻华使馆藏品展"在参展国家数量、艺术水平和运作模式上又有新的突破；首次亮相的"中国国际青年艺术周"反响热烈，展现出良好的前景；正在力推的"春节文化品牌"逐渐成为开拓海外业务的新平台；而由集团公司与上海文广集团、上海杂技团联合制作的多媒体舞台剧《时空之旅》，则实现了自2005年首演以来的第1300场演出，中外观众超过130万人次，累计净票房超过1.4亿元。

特别值得欣喜的是，《时空之旅》作为一台具备较强国际竞争力的高端自主品牌，已经探索出一套新颖的"文化集成"创作模式：它以项目合作制为契机，跨部门、跨区域整合资源；以"中国元素，国际制作"的理念，在满足国际市场需要的基础上，重新发掘传统文化资源，创造了"出口不出国"的"走出去"新模式，成功实践了"以产品为核心"的品牌战略。

目前，集团的品牌项目已经形成系列，并向规模化方向发展；为与高端的大型项目形成互补，我们正在挖掘中小型文化产品的国际市场潜力，最终将构建起立体交叉的品牌群，实现品牌效益的最大化。而在这一过程中，集团公司将通过实施精品战略，牢牢掌握演展策划、节目制作、内容提供等文化产业链上游的关键性资源，进一步增强了集团公司的核心竞争力。

（四）加快构建全国票务网络，确立未来竞争优势

中国文化产业蕴藏着巨大机遇，票务网络作为联系上游生产者与终端消费者的桥梁，是整个产业链上的关键节点。随着文化市场对外开放，大举进军中国的全球娱乐巨头都在窥伺着这块处女地，一场产业链上的资源争夺战势不可当，抢占先机者将成为最大赢家。作为一项确立未来竞争优势的战略性举措，集团公司决心在中演"票务通"的基础上，打造全国性的文化体育票务网络系统，牢牢掌握渠道优势，使其成为集团未来的重要业务增长点和股份制改造的契机。

从2005年起，中演"票务通"在中宣部和文化部的指导支持下，通过自组、并购、参股、合作等方式，逐步形成了以北京、上海为中心、辐射全国的票务网络。截止目前，“中演票务通”已在20余座城市成立了分公司，票务销售实现全国联网，形成了集网点销售、人员直销、热线购票、网上售票于一体的立体化营销格局，综合服务水平位居国内前列。

2008年，“票务通”的业务发展迈入一个新的跃升期。继2007年为“好运北京”奥运测试赛提供票务服务之后，2008年又成功介入奥运核心场馆的票务系统，与此同时，还积极参与世博会、全运会和亚运会的票务竞标。目前，北京市场上大部分演出和全部体育赛事都已纳入到票务通网络，市场份额接近半数。

2008年，“票务通”全国票务网络系统建设全面提速。集团公司为此专门成立了领导小组，出资5000万元组建了项目公司，并在全国范围内寻觅优秀的管理技术团队。为研发安全、先进、具有自主知识产权的“票务营销及客户关系综合管理系统”，集团公司聘请专业机构进行可行性研究，并委托专业招标公司进行公开招标。全国票务网络系统是集团公司运用现代科技催生新的文化业态的一种积极探索，将使集团公司站在“大文化”营销的制高点上，扮演起行业整合者的角色。

新的一年、新的希冀、新的耕耘。展望2009年的发展蓝图，责任和使命激励着我们，困难和风险考验着我们。但我们坚信，在文化部党组的正确领导下，以科学发展观统领全局，集团的改革与发展一定能够实现新的跨越，为中国文化体制改革、为文化市场建设、为推动中华文化走出去，继续发挥全局性、带动性、示范性的作用，做出更大的贡献。

文化部恭王府管理中心

一、概况

恭王府是迄今保存最为完整的一座清代王府，初为营建于乾隆中后期的和珅私宅，继为庆郡王永璘府第。道光三十年（1850），被赐予恭亲王奕䜣，始称恭王府。民国二十六年（1937），因小恭王溥伟无力偿债，辅仁大学遂以19.9万元购得其产权。新中国成立后，恭王府收归国有，但一直被很多单位和居民占用。

20世纪70年代末，根据周恩来总理的遗愿，国家开始将恭王府的腾退保护工作提上日程。1986年，恭王府管理处成立；1988年，恭王府花园向社会开放；2003年，文化部恭王府管理中心成立；2008年8月，恭王府完成全面修缮。

恭王府既是保留了完整清代王府建筑的全国重点文物保护单位，又是包含了丰富文化内涵以及优秀民族文化遗产的文化空间和展示平台，具有物质文化遗产和非物质文化遗产的双重属性。作为文化部直属的公益型事业单位，恭王府管理中心肩负着保护和弘扬珍贵民族文化遗产、深化王府文化研究的重任。

在恭王府管理中心发展史上，2009年是非同寻常的一年，也是十分关键的一年——既是经过多年搬迁修缮实现全面开放的第一年，也是中心新一届领导班子组成的第一年，可以说是面临着前所未有的新形势、新任务、新问题、新要求、新机遇和新挑战。在文化部的正确领导下，在文化部各司局的关心帮助下，在有关兄弟单位和社会各界的理解支持下，在恭王府全体干部职工的共同努力下，中心以科学发展观统领各项工作，坚决贯彻执行部党组的各项决议决定，团结奋进，开拓创新，锐意改革，不断进取，顺利实现了新老交替，妥善处理了历史上的遗留问题和体制机制上存在的一些弊端，使各项工作都获得了较大进展，取得了可喜的成绩。截至2009年11月底，全年共接待观众游客达3122948人次，比2008年增长38.04%；各项收入167130955元人民币，比2008年增长52.43%。

二、业务建设

（一）古建修缮

由于在府邸修缮工程中所做出的突出贡献，管理中心荣获了“中国古建工程科技进步奖”和“北京市优质工程奖”，这是对中心多年来文物保护修缮工作的充分肯定。

在历时3年的府邸大修竣工之后，古建修缮工作的重点逐步调整为古建筑的合理使用、利用和内部设施的功能性改造，以及进行恭王府总体保护规划和花园整体修缮方案的编制和实施。

（二）文物保护与征集

1. 接受伍炳亮先生捐赠仿明式红酸枝木如意灵芝纹翘头案。

2. 为支持中国艺术研究院（以下简称艺研院）自愿捐献作品为山西楼烦县扶贫的义举，收藏了艺研院的知名书画家的现代书画作品26幅，丰富了馆藏书画资料。

3. 面向社会开展老照片的征集活动，通过公开征集、拍卖竞购等方式遴选老照片近60张，对清代王府文化研究有较高参考价值。

（三）展览陈列

恭王府古建筑群的底蕴与展厅面积方面的局限是一对客观存在的矛盾。为了扬长避短，中心近年来在展陈手段方面下了很多工夫，着力突出建筑的古典韵味和展厅的精致小巧；又投资600余万元，实施了对乐道堂展厅的改建工程，一座现代化、多功能的展厅已经竣工；完成了后罩楼抱厦展厅的改造。形成了多功能、多形式、多用途的展览空间。

1. 在继续完善“清代王府文化基本陈列”和“恭王府历史沿革和博物馆建设成果展”的基础上，又举办了河南禹州晋家钧窑作品展、静谧·顿悟——庆祝新中国成立60周年暨恭王府全面开放一周年文物特展（青州龙兴寺佛像展）、“江山多娇”篆刻艺术精品展以及“恭王府艺术系列展”之“金彩华章·李晓军　魏广君　李晓松中国画作品展”、“李健强中国画作品展”、“合美·畅神——三院九人中国花鸟画展”等一系列既能体现王府品位，又具有自身特色的精品展览。

2. 中心的藏品第一次走出了国门，远赴海外参加展览。2009年10月，中心配合国家文物局，将馆藏的5件套明代古典家具选送意大利，参加明代家具展，使海外的观众也有机会领略恭王府的风采，这在中心业务工作上是一个重要突破。

（四）学术研究与非物质文化遗产保护

1. 古籍善本库、拓片库和学术报告厅等项目陆续竣工，学术空间得到扩展，业务氛围有效提升。

2. 建立“口述历史”资料库，逐步搜集整理了一些王府后裔和历史亲历者的采访资料。

3. 完成了“恭王府石刻、碑刻等拓片的二期工程”，新增拓片660件。

4. 恭王府网站优化升级工作顺利完成，从形式到内容都有一个质的飞跃，得到了内外的一致好评，不仅畅通了信息和沟通互动的渠道，也为王府文化的研究搭建起崭新的平台。

5. 出版了《恭王府探秘》、《恭王府修缮》、《恭王府明清家具》等影像光盘，出版了《清宫恭王府秘档——和珅秘档》、《清宫恭王府秘档——永璘秘档》等档案书籍。推动了科研的进步，为王府文化的深入研究提供了最权威资料。

6. 6月9～13日的“非物质文化遗产日·恭王府昆曲演出周”场场爆满，一票难求，已然成为恭王府的又一张名片，彰显了王府文化的品位和内涵。

三、安全保卫

安全保卫工作是恭王府的头等大事，既包括文物古建的安全，也包括游客和职工的人身安全，责任重于泰山，因此要常抓不懈。

1. 强化安全保卫工作的制度化和规范化建设，完善、充实各项安全管理制度，使安全保卫各项工作有章可循。

2. 提前进行了国庆黄金周期间的统筹安排，通过联络警力、加强演练，全面部署了各项工作，提高了处理突发事件的能力。经过全体干部职工的共同努力，圆满出色地完成了新中国成立60周年“国庆平安行动”任务。

3. 在职工中开展一系列消防安全宣传活动，进行了“恭王府设施设备知识讲座”等培训，树立职工安全保卫意识，增强职工安全防范能力。同时加强了对单位内部施工现场的安全管理。

4. 实行由中心主任与各部门负责人签订安全责任书的“安全目标管理制度”。

四、开放经营

（一）改善开放环境，提高服务水平

1. 不断加强景区和周边治理，改善开放环境。完善基础设施，优化参观旅游路线，最大限度方便游客。

2. 加强对岗位人员的培训，提高服务技能和服务水平。

3. 积极开展创建国家5A景区，以此作为提高服务水平、完善设施、加强管理、优化环境、改进工作的强大动力。目前已顺利通过北京市评审，报国家旅游局待批。

4. 为保证古建文物安全，合理控制参观人数，给观众创造舒适的旅游环境，开始针对系列游团队业务实行门票预约制度，

（二）创新经营机制

近年来，恭王府文化产业不断发展，经营收入持续增加，不断增长的客流给古建保护和经营服务的各个方面都带来了巨大压力，适时调整迫在眉睫。管理中心加紧采取一系列措施，创新经

营机制，从以前靠数量取胜的粗放型管理，逐步过渡到以品位和质量为核心的精品化战略，大大拓展了恭王府的产业空间。

1. 强化了经营管理处对企业的开发和管理职能，着手制定“四川饭店”房屋租赁合同到期后的开发使用和经营方案，以“王府家宴”为主题，拟订《王府特色餐厅项目经营方案可行性报告》，并启动了设计招投标工作。

2. 合理规划区域，打造精品项目。划分出普通商品区、大众休闲区和精品消费区等不同风格和定位的销售区域，兼顾不同层次的旅游消费者，不仅开发了潜能、打开了渠道，也为产业的发展准备了更为充足的条件。

3. 调整了多年来的团队商品销售模式，调整导游的销售奖励办法，完成团队导游会员卡积分工作；改变了运行多年的旅游经营模式，实行团队预约制度，既保证了古建文物安全，又保障了恭王府的客源市场，同时给观众创造了舒适的旅游环境。

4. 逐步采用电子售票和电子收银系统。

（三）加大商品开发力度

在巩固旅游地位的同时，积极开发具有恭王府特色的旅游产品。为提升恭王府旅游产品的文化内涵，适应现今旅游市场发展的需要，管理中心启动了首届“恭王府文化旅游商品设计大赛”，以期最大限度发掘社会资源，推出一批蕴涵王府文化特色、彰显中国传统文化元素的旅游产品，为恭王府的产业发展和经营创新注入了新的活力。大赛得到了社会各界的热烈响应，最终选出了金奖7名，银奖10名，创意奖15名以及优秀奖30名，共计62件作品。这次大赛的成功举办，对促进中心旅游产品由数量型向文化型、效益型转变，加速旅游产业的结构调整起到了十分重要的作用。

五、建设与管理

（一）党的建设

1. 组织了6次中心组学习，集中学习了胡锦涛在党的十七届四中全会上的重要讲话、《中共中央关于加强和改进新形势下党的建设若干重大问题的决定》、中共中央办公厅印发《关于进一步从严管理干部的意见》的通知等重要文件，使中心领导班子始终保持着先进的思想、科学的理念和创新的活力，将创造学习型团队的目标落到了实处。

2. 在不断提高理论水平，深入贯彻落实科学发展观的同时，加强思想作风建设，着力解决群众关心的矛盾和问题。

3. 继续做好学习实践科学发展观活动“回头看”工作，积极围绕科学发展进行解放思想大讨论，广泛征求干部群众意见，使整改措施和完善体制机制更加到位。

4. 加强党的组织建设和制度建设，真正做到做事有章可循，使党的建设工作更好地有计划、分步骤地开展。

5. 加强党风廉政建设和干部作风建设。认真学习贯彻第十七届中央纪委第三次全会精神、集中学习《关于党政机关厉行节约若干问题的通知》、《六个“为什么”——对几个重大问题的回答》等文件材料，切实增强领导干部党性修养，为广大党员和群众当好表率。

6. 结合工作实际，开展了“讲党性、重品行、做表率”、“迎国庆主题党日”等一系列主题活动。

7. 关心职工日常生活，积极做好公益事业。为支持汶川灾区重建和文物普查工作，中心派专人驱车两千多公里，将一辆适于山区道路行使的越野车捐赠给北川羌族民俗博物馆。

（二）制度建设

全面开放为恭王府注入了新的生机和活力，同时也带来了一系列挑战和考验，原有管理模式和制度规范已不能适应新的要求。

1. 深化改革和事企分开。随着恭王府文博事业和文化产业的发展，原有的事企混制、事企混岗的发展模式已经无法适应新形势的要求。因此，在经过一系列的摸底和梳理工作后，中心初步明确了深化改革的总体思路和“两步走”的改革步骤：第一步首先在机构设置、职能分工以及财务上解决事企分开的问题，第二步逐步实现人事和分配渠道等相关领域的划分和剥离。

7月，中央治理“小金库”专项检查组前来检查，提出了不少问题。在部党组的关心支持下，按照部领导的指示和有关司局的要求，管理中心以清产核资和清理整顿公司工作为切入点，痛下决心，在不到一年的的时间里完成了两步跨越，从机构、人员、财务、分配、业务等方面全面实现剥离，同时明确了事企之间的法律关系，为今后事业和产业的健康发展奠定了良好基础。

2. 制定发展规划。规划是关系到一个单位长远发展的基础性、战略性和长远性的工作，是明确单位前进目标的蓝图，是大家团结一心努力奋斗的方向。因此，抓好各项规划，做好各种规划，既是新一届班子面临的头等大事，也是中心今后发展道路的必然选择，是中心未来发展的内在要求和根本所在。

（1）着手制定《恭王府管理中心发展战略规划》，包括恭王府事业发展规划和恭王府产业发展规划两块。

（2）委托清华大学遗产研究院代为制定恭王府总体保护规划，这是文物保护法规定的工作，是古建保护的法律规范，也是改善周边环境的依据。

（3）制定恭王府旅游发展规划，推进创建5A级景区工作。

（三）人事管理

1. 改变企业用工方式，实行劳动派遣。制定了《外聘人员派遣管理方案》，优化了人员管理，提高了管理效率，节约了管理成本，为2010年的人事改革打下了基础。

2. 加强用工管理，改善工资待遇。充分加强合同制职工管理，把改变用工方式、签订劳动合同与加强管理、改善待遇结合起来。

3. 建立合理有效的激励机制，将薪酬与绩效挂钩，为表现优异的合同制职工提供更多的发展机会和晋升空间，有效激发合同制职工的创造力和工作热情。同时进一步加强对合同制职工的考核和管理，明确奖惩，充分体现了公平和公正。

（四）财务管理

1. 工程项目管理方面：

（1）加强合同管理，规范授权程序。

（2）加强项目送审制度，每一个合同项目都要统一经过律师和第三方审计机构审核，有效提高了项目合同的安全系数，降低了违规风险。

（3）强化工程监理制度，确保工程质量和进度。

2. 财务管理方面：

（1）加强对事业经费的管理，制定了《大型综合项目经费预算管理暂行办法》。

（2）加强预算管理和项目经费的审计。

（3）不断改善工作程序，加强财务内部控制。

（4）加强固定资产管理，委托专业机构对中心固定资产进行了全面核查，为今后国有资产的管理打下了基础。

六、公共教育

公共教育是公益型事业单位的重要职能之一。

1. 加强志愿者队伍的建设。2008年，连续组织了3场“我与恭王府”志愿者演讲观摩会；8月，中心选送5名优秀志愿者参加由北京市文物局、博物馆协会联合举办的“知北京、爱北京”志愿者讲解大赛，获得了3个三等奖，1个优秀奖的好成绩，恭王府管理中心同时荣获组织奖。

2. 承办了文化部组织的“港澳青年内地文化实践交流活动”；在周边社区、学校和军民共建单位开展“王府知识课堂”系列讲座；在“5·18世界博物馆日”期间开展宣传互动活动，充分发挥公益职能，取得了很好的社会反响。

七、外事接待

2009年，主要接待了原全国政协副主席陈锦华，中国国民党前副主席、台湾前“行政院长”郝柏村，台湾高等教育司司长何卓飞先生率领的“台湾高等教育专家学者考察团”、台湾孔孟协会副理事长李鍌先生率领的“台湾孔孟学界专家学者参访团”、台湾海基会文化服务处处长孙起明率领的“海基会青年专家学者团”和以日本著名演员、日本中国文化交流协会常务理事栗原小卷为团长的日本中国文化交流协会代表团等政要和友人。

主要领导情况

职务	姓名	任职时间	备注
主任	孙旭光	2005年9月～2009年12月	2009年3月任命为主任
书记	王永章	2009年3月～2009年12月	2009年3月任命为书记
副主任	李铭钢	2004年1月～2009年12月	
副书记	吴　杰	2005年9月～2009年12月	
副主任	刘　霞	2005年9月～2009年12月	
副主任	边　伟	2005年9月～2009年12月	

文化部艺术服务中心

2008年是磨砺心志的一年，遭遇了汶川地震的苦难，共同感受了奥运的激情，共同回首纪念改革开放30周年的发展和巨变。2008年也是文化部艺术服务中心各项工作不断进步、逐步提高、谋求发展的一年。在部党组的领导和各司局的大力支持下，中心牢固树立忧患意识、责任意识、创新意识，围绕“解放思想、转换职能、创新机制、突围发展”这一科学发展观的实践载体，求真务实，真抓实干，以深入学习实践科学发展观为契机，认真贯彻学习党的十七大以及十七届三中全会精神，各项工作均取得了显著成绩。

一、深入开展学习实践科学发展观活动，狠抓思想建设

中心按照中央和部党组深入学习实践科学发展观活动的总体要求和统一部署，在部党组领导和督导组的指导下，领导班子高度重视，精心组织，深入发动，统筹安排，党员干部认识明确，学习自觉，参与积极，讨论热烈，学习实践活动进展顺利，成效明显。

1. 尽早动员，细致安排。
2. 创新载体，推进学习。
3. 联系实际，开展调研。
4. 抓准问题，全面检查。

二、改善硬件条件，解决制约中心发展的办公环境和基础设施

多年来，中心没有办公用房，50多位业务人员没有基本的办公场所，行政人员没有像样的办公条件，这一直是制约中心发展的突出问题。自开展保持共产党员先进性教育活动期间，部党组成员多次来到中心进行调研指导，专题研究讨论解决中心存在的突出问题之后，部党组协调各方支持中心解决办公用房这个难题。在文化部领导的支持和帮助下，国家发改委立项拨款1462万批准中心旧址危房改建工程，后因容积率所限又经文化部同意批复调整为购置右安门万博商厦10层为办公楼，同时进行老院址危旧房改造。文化部同时批拨150万元开办费，保障新址办公用房的设施购置。目前，新楼已投入使用，解决了最基本的办公条件，改善了制约中心发展的硬件环境。而位于教子胡同71号的原破旧危房也已翻旧一新，排除了危旧房的安全隐患和职工的后顾之忧。全体职工为此欢欣鼓舞，十分感激部党组和有关领导的关心支持。

三、定位公共文化服务，明确发展方向，加大社会文化工作力度

部党组在这次学习实践科学发展观活动中，提出了创新体制机制，实现由办文化向管文化转变，推动文化两大一新的载体，中心继续赴各省区市文化馆、文化站进行深入调研，走访我国基层部分有代表性的文化馆、文化站，先后十几次召开有关人士参加座谈会。同时，加大社会文化工作的力度，承办了文化部社文司交办的有关工作，并先后于5月在江苏昆山召开了全国民间艺术之乡发展研讨会，主持召开了第25届全国部分城区文化馆馆际交流会，11月在江苏南京举办“文化馆工作的创新与发展”培训班。

中心积极配合文化部、教育部、全国青少年校外教育工作联席会议办公室有关在未成年人校外活动场所开展非物质文化遗产传承活动的通知要求，开展调研，制定活动方案，考察传承基地，组织专家队伍，建立了中国非物质文化遗产青少年传承行动网站。

四、完善机制，练好内功

在学习实践科学发展观活动中，大家认识到千种理由、万种客观归根到底还是要练好内功，“打铁先要本身硬”，只要有科学合理的内部机制就会促进中心全面发展。健全监督机制，完善管理机制，强化约束机制，实施奖励机制，形成竞争机制，充分激发全体干部职工的积极性和创造性，使中心在未来的发展中，始终充满活力。

五、强化行政管理，建立完善规范的有效制度

注重全面协调发展，突出以人为本，强化行政管理，落实责任，努力维护稳定，促进中心和谐发展。

1. 增强求实、创新、服务、高效的意识，扎扎实实做好管理服务工作。
2. 优化人员配备，加强党员干部队伍建设。
3. 坚持规范管理财务制度，确保资金的宏观调控。

4. 做好离退休老干部服务工作，真正做到老有所乐。

5. 抓制度，讲原则，切实搞好党风廉政建设。

六、注重业务建设，拓宽发展思路，打造新的文化品牌

多年来，中心面向市场，坚持改革、创新，使中心的各项业务工作不断有新的突破。2008年以来，中心在转变职能，加大公共文化服务工作的同时，继续不断创新意识，拓宽市场，努力打造新的文化品牌，为广大人民群众提供更多的优质服务。

1. 围绕奥运盛会契机，努力营造全民共庆的文化氛围。2008年对中国是意义非凡的一年，北京奥运不仅为我国搭建了体育发展的良好平台，更为文化事业发展和进步带来了巨大的契机。中心紧紧抓住这个历史机遇，加大工作力度，举办“奥林匹克颂”迎奥明星演唱会、举办20余场“明星足球俱乐部”迎奥运足球表演赛，并积极和地方联合开展文化活动，营造宣传奥运、支持奥运的文化氛围。

2. 弘扬民族传统文化，繁荣文化事业，丰富人民群众的文化生活。一年来，中心成功举办了大量美术展览、演出交流等文化活动，主要如下：

一是协助文化部社图司开展中国儿童歌曲推广活动，于5月30日在央视梅地亚中心举办第二批推荐歌曲启动仪式。国务委员陈至立、文化部部长蔡武、副部长周和平等有关领导出席，以此唤起全社会对少儿歌曲创作普及的高度关注，在全国逐步形成少年儿童“人人有歌唱，人人唱好歌，班班有歌声，校校有活动”的良好社会文化氛围；

二是主办华夏艺术风采迎国庆少儿电视晚会。

三是两次组团参加香港艺术节和香港新视野艺术节演出。

四是与日本创价学会在东京共同主办中日青少年文艺夏令营活动。

五是举办“新世纪的希望——‘华睿杯’首届青少年中国诗、书、画‘传承之旅’大型公益活动”。

六是举办第二届“文化中国·维也纳金色大厅青少年文艺晚会”暨“文化中国”中国名家书画巡展。

七是举办云南马关县农民版画艺术展，在国家图书馆展示一周，深受首都人民的喜爱；并主办首届云南“马关艺术节”，艺术节开幕式晚会由中央电视台《乡村大世界》栏目录制播出，晚会隆重热烈，精彩成功。

八是组织宁夏京剧团现代京剧《海上生明月》在国管局礼堂对人大、政协等国家机关工作人员进行慰问演出。

九是组织温州民族乐团《瓯江情·温州韵》晋京演出。

不同形式的文艺演出和展览，丰富和满足了广大人民群众的精神文化生活，弘扬了中华传统文化，唤起民族文化意识。

3. 扶持高雅艺术，多点出击，开拓文化市场。以开拓文艺市场，繁荣文化事业为目的，积极努力扩展市场网络，逐步丰富和积累业务项目。

一是成功策划“戏剧精品艺术影片”工程项目，用高清数字电影的形式拍摄，以传统艺术题材为主体，挑选民族民间优秀文艺作品，用多种文字语言编译，精心制作适合对外文化宣传需要且形式新颖的戏剧精品艺术系列影片，该项目已得到文化部的批准，正在紧张的前期准备当中。

二是参与主办山东省博兴县“聚合·中国画坛—董永故里、中国画家提名作品展”。

三是3月28日，在广州中山纪念堂举办“爱韵和声”——传递关爱和创和谐主题公益晚会。

四是南方基金 & KUKE 数字音乐图书馆进校园活动开展有序。

五是11月8日，结合第二次世界温州人大会的召开，会同温州市委、市政府组织“智行天下·情系温州”大型演唱会，受到海内外华人的盛赞。

六是成功主编完成了《2007中国美术大事记》暨3周年纪念展。

七是筹备第三届当代中国画学术论坛。

全年由中心主办、承办的大、小演出近百场，在追求经济效益的同时更加注重社会效益，为推进文化大繁荣大发展起到了积极作用。

纵观全年，中心各方面工作均取得了一定的成绩，部领导和深入学习实践科学发展观领导小组也给予了充分的肯定和褒奖。但是中心在建设和发展方面还存在一些差距和不足，在对深化文化体制改革的认识上还很肤浅，对如何增强活力，促进发展的思路还不够清晰，还没有找到改变当前状况的有效办法。要真正做到不断持续的健康稳定发展，中心的工作任重而道远。

面对深化改革和市场经济所带来的机遇和挑战，在新的一年里，在部党组的领导下，团结的领导集体，过硬的干部队伍，和谐的团队风尚，良好的诚信形象，广阔的业务空间，将为中心开拓发展创造辉煌，奠定了坚实的基础。无论文化体制改革如何深入，中心都将紧紧围绕“解放思想、转变职能、创新机制、突围发展”这一载体，始终把文化大繁荣大发展作为中心工作的主题。充分调动中心广大职工的积极性和创造性，团结拼搏，开拓进取，以发展为重点，以建设为主线，立足职能特点，拓宽业务渠道，开拓文化产业，全力面向市场，增加经济创收，创造良好效益，展示自己的风采，不辜负部党组和各级领导及广大群众的殷切希望。

国家清史纂修领导小组办公室

2002年8月，党中央、国务院作出纂修清史的重大决定。10月，国务院批准成立清史纂修领导小组。12月，清史编纂委员会成立。2003年3月，中央编办批准成立清史纂修领导小组办公室。2004年，经国务院批准，清史纂修领导小组更名为国家清史纂修领导小组，清史编纂委员会更名为国家清史编纂委员会（对外称中国国家清史编纂委员会，以下简称“编委会”），清史纂修领导小组办公室更名为国家清史纂修领导小组办公室（对外称中国国家清史纂修领导小组办公室，以下简称“清史办”）。目前，编委会设秘书组、项目中心、编审组、研究丛刊、通纪组、典志组、传记组、史表组、图录组、文献组、档案组、编译组、出版组、图书中心和网络中心等15个部门，清史办设综合（人事）处、财务处、项目管理处、出版处、服务处等5个处。2008年3月，国务院撤销国家清史纂修领导小组，相关工作划归文化部统管。

清史纂修工作自启动至2008年底，共有304个项目和专项课题立项。其中，主体类项目共立项144项，总计有1746位专家参与清史纂修工作。

一、商请教育部出台项目管理文件并做好文件落实工作，为项目执行和专家修史提供好的政策环境和保障

2008年初，商请教育部办公厅印发《关于进一步加强高校清史纂修项目管理工作的通知》，为清史纂修工作的推进提供了政策保障。围绕文件落实，重点开展了3项件工作：一是在相关工作会议上对文件要求进行讲解，具体了解专家遇到的困难和问题；二是通过问卷调查等形式，对高校落实文件情况进行摸底，并就反映的问题进行汇总分析；三是会同教育部社科司对承担清史纂修主体工程项目的重点地区、重点高校进行有针对性的实地调研和检查工作，涉及7个省区市、11所高校和34个项目，并形成调研汇报。

二、抓好项目阶段性成果评估，做好审改准备工作

2008年度，主体类项目中共有94个项目完成阶段性成果评估工作。主体类26个项目已提交全部初稿，其中典志类8个项目、传记类8个项目、史表类10个项目。5月，编委会主任戴逸提出启动审改工作的意见。之后，编委会组织起草了《清史主体类项目编纂工作的思路》、《怎样建立机制，落实责任，做好审稿、定稿工作》、《清史工程主体类项目审改工作总体规划和办法》、《审改办法》等文件。

三、研究重大学术问题，开展学术交流活动

进一步修改和完善《清史编纂手册》，继续调整篇目设置及有关内容，加强《清史》各部分之间的协调和贯通，避免内容重复、缺漏和观点不一等情况，于12月印发《清史编纂手册》，为编纂工作提供了较为科学严谨的规范。同时，编委会及相关部门组织和开展了多项重大学术活动。一是年初召开了编委会全体委员第六次工作会议；二是与中央电视台、中国原子能科学研究院、北京市法医鉴定中心、清西陵文物管理处等单位在京联合召开“清光绪皇帝死因”研究报告会，发布《清光绪帝死因研究工作报告》，在国内外引起了关注和反响；三是召开学术会议，如清代经济宏观趋势与总体评价学术讨论会，地理类、宗教类、民族类、思想学术类和文学艺术类编纂工作会议，第二次传记编纂工作会议，皇帝传记研讨会，明清之际的人物撰写研讨会，清史图录编纂思路研讨会等学术会议，征求专家意见。

四、基础辅助类项目顺利推进

截至12月31日，基础类项目共立项109个，辅助工程立项20个。2008年，基础辅助类项目共结项23个。其中，文献类结项7个项目；档案类结项8个项目；网络结项2个项目；出版类有6

个项目结项。

档案类项目，档案类项目共立项30个，拟整理清代档案约200万件。其中，中央档案主要包括宫中朱批奏折、军机处录副奏折、内阁户科刑科题本等160余万件；地方档案主要包括清代四川巴县和南部县衙门档案、西藏地方档案、喀喇沁左翼蒙古档案、青海循化厅档案等约30万件。截至12月，已有19个项目结项，整理完成150余万件清代档案。清朝中央机构最重要的三种档案（汉文军机处录副奏折、宫中朱批奏折、内阁题本）已完成数字化并提交专家使用。

文献类项目，文献类项目共立项61个，计划分期分批整理清代文献资料近10亿字，包括文集、诗集、日记、笔记、谱牒、碑刻等多种类型。截至12月，已结项19个。其中，《李鸿章全集》（2800万字）、《梁启超全集》（1400万字）、《康有为全集》（850万字）等大型文献整理项目，因史料价值高、规模宏大、底本收藏分散、编辑校勘难度大而为学术界所瞩目。

编译类项目，编委会与美、英、法、德、日、俄、意、澳等各国以及台港澳等地的清史学者建立了学术联系，积极搜集和整理有关清代的外文资料。编译项目共立项18个，其中，较有价值的有莫理循文献、德国外交部档案馆与清代有关的EA类政治档案、梵蒂冈藏清代文献档案等。2008年，编译丛刊共出版9种53册，清史译文新编出版2种，并完成了多次境外学术调研。

出版类项目，编委会现已出版《档案丛刊》、《文献丛刊》、《研究丛刊》、《编译丛刊》和《图录丛刊》等五大系列图书。为规范出版工作，根据国家相关政策，采用政府采购招标方式，引进市场竞争机制，严把出版质量关和经费拨付关，使出版工作逐步走上科学化、规范化的正常轨道。

网络建设，已完成了《起居注》前四朝、《随手档》、《史料旬刊》共约5000多万字的全文数字化工作。截至年底，已上传812534件档案，包括录副奏折586925件、朱批奏折103114件、电报档39358件、雨雪粮价单15834件、南部县档案20583件、灾赈档46720件等。

图书资料中心，现藏与清史有关的档案、地方志、丛书、类书、笔记和研究著作、期刊杂志等5万余册图书。

五、坚持资政、存史的办刊宗旨，继续做好《清史参考》编发工作

召开“《清史参考》创刊两周年出版座谈会”，文化部副部长周和平出席会议并讲话。根据领导讲话精神，重点抓好以下几方面工作：一是聘请资深专家担任特邀编审，把好政治关和学术关。二是将前75期汇总结集定名为《清史镜鉴（部级领导干部清史读本）》出版，并与《中国文化报》合作开辟“清史探秘”栏目，登载《清史参考》有关文章。2008年，《清史参考》共编发48期，印量增至1550份。

六、加强制度建设和预算管理，切实管好用好专项经费

为贯彻落实财政部《国家清史纂修工程专项经费管理办法》，起草了《国家清史纂修工程财务管理办法（暂行）》、《国家清史纂修工程项目经费管理办法（暂行）》、《国家清史纂修工程专项经费支出管理规定（暂行）》、《国家清史纂修工程工作补助费管理办法（暂行）》等配套文件，为规范财务管理、提高专项资金使用效率提供了依据。加强预算控制，严格按照预算控制范围和开支标准进行管理，做到无预算不支出，提高了资金使用效益。

七、文化大事记

11月2日，国家清史编纂委员会和中央电视台、中国原子能科学研究院、北京市法医鉴定中心、清西陵文物管理处等单位在京联合召开“清光绪皇帝死因”研究报告会，发布《清光绪帝死因研究工作报告》。

12月，国家清史编纂委员会印发《清史编纂手册》，对新修清史体例作了具体详细规定，要求各编纂项目据此进行撰写、修改。

中外文化交流中心

中外文化交流中心在2008年度，有效地完成了部、局领导交办的外宣任务，并通过开拓市场、广泛合作、加强管理、健全机制等方面的积极探索，工作成绩显著。

一、加强思想政治建设

（一）加强理论学习，把握正确方向

在文化部第四指导检查组的指导下，全中心

深入开展学习实践科学发展观活动，领导班子成员列出专题，深入基层，调查研究，找出主要问题并提出对策和建议，通过个别谈话、发放《征求意见表》、分别召开各部门代表、党团员工会及妇女代表等7个座谈会，找准影响和制约中心科学发展的问题及其解决措施，最终形成全体《学习实践科学发展观分析检查报告》（征求意见稿）。

（二）切实加强党风廉政建设

中心党支部认真做好纪检工作，2008年制定了《中外文化交流中心反腐倡廉机制》、《中外文化交流中心贯彻落实部直属单位反腐倡廉意见的实施办法》；上报了《中外文化交流中心2008年纪检工作要点》、《中外文化交流中心2008年党风廉政建设分工情况报告》，进一步规范工作流程，党支部组织党员、干部观看警示教育片，落实监督机制，将拒腐防变落到实处。

（三）加强领导班子思想政治建设，以互补互融的合力带领中心发展

坚持领导班子民主生活会制度，坚持民主集中制原则，大事集体决议，中心班子成员互补互融，团结协作，充分发挥集体领导的重要作用，班子之间相互听取意见的同时，认真听取群众的意见。

二、加强内部管理，完善制度建设

（一）深化人事制度改革，建立科学、高效的人事管理制度

2008年，继续实施全员竞聘制，选拔中层干部注重实绩，大胆起用年轻人，全年聘用中层干部19名，其中40岁以下者12名，各部门经理、副经理的工作，获得多数群众的肯定。

进一步规范绩效管理，分别对中层干部和普通员工进行综合量化考评，并以考核申诉制度确保考核结果的真实度和有效性。以考核结果为干部选拔、聘任的主要依据。

重点加强人员培训，针对项目管理和财务管理等，举办多期专题培训班。重视人才梯次管理，定向培训中坚骨干力量和年轻人才的培养和锻炼，为可持续发展奠定基础。

（二）健全财务制度，规范财务管理

中心财务部健全内部审计机制，规范内部稽核制度，使财务工作的各环节严谨有序；同时实行项目预算、决算管理，各部门立项前编制预算，以控制成本开支。2008年，重点加强财务分析在管理中的作用，实行合理的财务复核制度，明确相关岗位责任制，不断提高财务人员的职业素质和业务水平，落实重大项目招标制度及财务人员岗位轮换制度。

三、主要业务情况和工作特点

（一）坚持“优质、高效、低成本”原则，集中优势做好外宣

完成外宣任务及为外事服务，始终是中心工作的重中之重。中心始终坚持“优质、高效、低成本”的原则，配合外联局完成了2008年度的各项外宣任务，保证了我驻外使、领馆及驻外中国文化中心外宣工作的顺利进行。

据统计，2008年中心向我各驻外使、领馆提供影视外宣品如故事片、专题片DVD 29个主题，共97000余盘；9个主题录像带，共1200盘；36个35毫米的电影拷贝及海报等其他外宣品；接待了“白俄罗斯国家电视台”、“乌克兰国家电视一台”、“日本电视”、“澳大利亚新闻记者”等6个外国摄制团组；完成外宣片包装的改版和制作，实现其美观、环保等预期目标；继续为部机关有关活动提供服务，义务承担拍摄和编辑，累计拍摄16场活动并编辑制作成电视专题片，获得了机关和直属单位的好评。

2008年，中心制作外宣主题展览9种，图片展11个，选题1430套，共23336幅，以供我驻外使、领馆巡展；制作采购48种、数万件纪念品并及时发送我各驻外使、领馆；完成28种、11768份报纸和期刊的订阅；完成向36个我驻外使、领馆赠送3791种、共9306册图书的征订和采购；完成14项小额援助和为我各驻外使馆、驻外中国文化中心采购的业务；积极配合外联局亚洲处在柬埔寨仰光举办“中柬建交50周年”主题图片展览和文艺演出。

向我驻外使、领馆发送期刊15种，驻外中国文化中心200余种、242961册；报纸5种，驻外中国文化中心20余种、62162份；DVD光盘29种75630盘，电视连续剧45部4334套，广播级录像带5种78套，VHS录像带5种113套，大型国庆展览图片145套254箱，小型橱窗图片14种1342份，图书36个驻外使、领馆203箱；外赠旅游资讯书籍41个馆934箱，挂历94个馆320箱，台历234个馆16800本，贺卡4种23940张，普发文化纪念品53种，其他外宣品共计近10万件。

出版2008年《中外文化交流》杂志中、英文

版各12期，并在“纸老虎”、“三联书店”等销售网点展销，圆满完成外联局交办的大型画册《文明面对面——上海合作组织文化纵览》的组稿、编辑、翻译、设计、校对、制作及印刷、装订等任务。

与美国亚马逊全球音像网络销售系统合作在其网络推销国产音像制品的工作取得进展，完成《恭王府》电视专题片的制作并完成光盘的译制，完成《老艺术家系列片》后6集的摄制，与中央电视台合作推广《骑士的荣誉》、《美国女儿》等俄罗斯影片。

（二）配合奥运会承办一系列文化项目

8～9月，与美国纽约古根海姆基金会联手中国美术馆，成功举办“蔡国强：我想要相信”大型回顾展并作为“相约北京——2008奥运文化活动”之一，全面回顾国际知名的中国当代艺术家，2008年北京奥运会开、闭幕式核心创意小组成员与视觉特效艺术总设计蔡国强20多年的艺术创作，共展出其20世纪80年代至今的40组代表作；展期内还举办“艺术批评家谈蔡国强艺术”学术研讨会，范迪安、王明贤、邹跃进等艺术界及社科界专家、学者与会研讨。

2～10月，中心与瑞士洛桑奥林匹克博物馆在该馆合作举办“2008奥博与中国同行·中国文化节”，以展览、演出、庙会、研讨会等形式，介绍中国文化和北京奥运会，先后组织中国陕西民间艺术剧院皮影剧组、江西杂技团、北方昆曲剧院与北京百工坊博物馆手工艺小组共30人分4批赴洛桑参节。

承办“北京计划——世界手牵手，为奥运加油，为环保呐喊”美国艺术家怀兰德系列壁画创作、比利时著名画家“赫尔曼·冯·那扎尔特绘画展”、德国艺术家“从北京到上海：牵手”摄影展、“来自肖邦故乡的奥林匹克邮票展”、葡萄牙现代视觉艺术展等。

（三）全力打造自主知识产权的产品，致力创建中心品牌

“中国常州国际动漫艺术周”是中心创建的品牌，已在江苏常州成功举办5届。2008年，艺术周除保持国际动画作品比赛暨颁奖典礼、中国原创动画作品比赛、中外优秀动画影片展映、国际动漫产业和艺术论坛及中外动漫产品博览会等主题活动外，特别增加“全国动漫产业发展研讨会”，对我国动漫产业发展、收集信息及建议、制定政策，提供依据。艺术周共收到30多个国家和地区近600部动画作品；121部作品入围比赛，其中外国78部，中国（含港澳台）43部，动画长片8部；共颁发最佳学生作品奖、最佳电视作品奖、最佳电影短片大奖、最佳电影长片大奖在内的24个奖项，其中9个奖项授予中国作品（含港台地区）。

（四）坚持“内展外联”方针，注重自主策划能力

坚持“内展外联”方针，注重自主策划能力，中心积极与国内外知名文化机构、文化企业合作，开拓官方与民间多种渠道，积极举办各种中外文化交流活动，承办阿联酋建国37周年庆祝演出——大型舞剧《扎伊德·梦》；举办“安迪·沃霍尔体育绘画展”、韩国艺术家“河畔影画展”；组织“飞龙杂技团”、“美国青少年合唱团”、韩国《泡沫魔术》、爱尔兰莱克斯现代舞团来华交流演出、“巴西演绎组合”驻场演出等；组织“重走百年之路”——克拉克艺术中心访华活动；接待芬兰画家来华举办画展；接待黎巴嫩文化市场考察团；向国外推出意大利中国春节品牌文化活动、“希腊文化年”（含演出、展览和学术交流等近30个项目）、王宏伟维也纳独唱音乐会；在国内举办“2008中国美业文化时尚周”、“2008中国顶级民间工艺展·针尖上的艺术”、“首届中国生态文化博览会”、“2008朝阳国际旅游文化节”、“中国国际SALSA舞交流大会”等活动。

中国艺术科技研究所

中国艺术科技研究所是文化部直属的全额拨款事业单位，并且是国家科技部备案的享受科学事业费的科研事业单位。

一、思想政治建设

2008年，是贯彻落实党的十七大精神的第一年。中国艺术科技研究所在认真学习党的十七大精神基础上，按照机关党委安排，举办全体党员学习培训班，加深对文件精神的领会理解。

按照部党组部署，在文化部第四指导检查组指导下，深入开展学习实践科学发展观活动。制订学习实践活动方案，成立领导及办事机构，召开动员会，采取自学和集体学习、研讨相结合方式，认真学习必读书目和胡锦涛等中央领导讲话精神，召开解放思想研讨会，破解发展难题，寻找发展良策。在分析检查阶段，认真查找所领导班子存在的突出问题，分析原因，制定切实可行的整改措施，问计于民，召开全所大会，人人献计献策，形成分析检查报告。广泛征求意见，召开专题民主生活会，学习实践活动收到了很好的成效。

二、主要业务工作

1. 加强科研基础建设。制定《中国艺术科技研究所科研管理办法》及《学术委员会章程》，组建学术委员会。开展自主科研选题项目调研。

2. 3个国家财政科研项目取得进展。

（1）舞台系统工程仿真系统课题，召开课题组会，学术研讨会、论证会、协调会、攻克难题专题会等27次，完成年度任务，技术上取得重要成果。

（2）书画真伪科学鉴定系统，与首都师范大学合作取得阶段性成果。近年来根据书画市场的发展，中国艺术科技研究所开辟了艺术品领域的科技研究，申报了“书画真伪科学鉴定系统”，获得财政部500万元的经费支持。该项目已于2007年7月下旬启动。此科研项目旨在将科学技术手段引入书画真伪鉴定中，建立以传统经验鉴定为主、科学技术手段为辅的书画真伪科学鉴定体系。这在书画鉴定领域是一个全新的举措，在规范艺术品市场行为方面也是一次有益的尝试，同时，为艺术品的保护开拓了现代技术研究新领域。

该项目付诸实施后，会使我国书画鉴定工作的现代化进程与传统的鉴定方法紧密结合，使书画鉴定评价体系日趋完善，并从标准化的角度建立相对完整的书画鉴定科学体系和中国书画鉴定数据库，同时也为后人留下科学鉴定的依据。这既符合艺术品市场规范化的需求，又顺应文化体制改革和创新的方向，也是广大艺术品生产者、经营者、投资收藏者的迫切愿望。这一技术系统的建立，为艺术品的技术保护奠定了基础。《书画鉴定指南》一书已进行终审，与梅兰芳纪念馆进行书画作品租赁检测达成合作协议，数据库建设取得初步成果，与首都师范大学合作建立“中国书画鉴定评估中心”已揭牌。

（3）利用数码技术抢救中国民族表演艺术及传统手工艺项目，该项目利用二维、三维数码影像技术保护中国文化资源是中国艺术科技研究所开辟的另一研究领域。现已购置了相关仪器设备并对相关人员进行培训。

3. 标准化研究工作取得新的进展。中国艺术科技研究所协助文化部教科司筹建8个技术标准化委员会，其中剧场技术标委会等3个标委会秘书处设在该所，并组织完成一批标准（征求意见稿），启动一批标准制订工作。

4. 中国艺术科技研究所申报后续科研项目，研究规划了基础性课题及预课题。筹组中国艺术科技研究所科学实验室及检测中心。

5. 与中国传媒大学、首都师范大学、文化部民族民间文艺发展中心战略合作取得新进展。

6. 美术考级工作取得新成绩。召开年度工作会议，与90多家承办机构签定合作协议，5万人次参加考级，取得了良好的社会效益。继续与有关部门共同举办中国画·画中国系列活动，2007年举办“走进四川”后，2008年9月份在成都举办画展。

7. 承担政府职能的延伸业务。致力于文化标准化方面的建设是中国艺术科技研究所拓展的一项重要工作，旨在承担文化行业标准、国家标准制修订的同时，承担文化领域的标准化组织建设、标准管理、标准化贯彻、实施、监督、检验等工作。文化领域的标准化是促进文化艺术与现代科技紧密结合、推动文化创新的重要技术保障，是繁荣文化事业和发展文化产业的重要基础性工作。近年来，高新技术在文化领域的应用日益广泛，无序化问题也日益显著，制约了文化事业和文化产业的良性发展，文化标准数量少、水平低、适用性较差、缺乏统一规划等问题日益凸现，加快文化标准建设工作成为一项十分紧迫的任务。

8. 随着中国艺术科技研究所各项业务的发展，在办公场所、科研设备和项目资金上有了较大幅度的改善。该所注册资金由154万元变更为1300万元，且全所固定资产原值达到近2500万元。

文化部民族民间文艺发展中心

2008年，中心结合本单位特点，认真落实学习实践科学发展观活动，扎实开展各个阶段的工作。围绕科学发展观的学习，集中思考了新的文化发展理念与民族民间文化保护（非物质文化遗产保护）工作的关系以及本单位发展的突出问题，要求有问题意识，有解决思路、有建议和意见。

一年来，在“集成”工作的基础上，中心主要以民族民间文化资源的抢救、收集、数字化保存、保护研究、展示传播为载体；以数据库建设、科研项目实施、濒危资源抢救、社会文化活动为基本工作抓手；坚持广泛的学术合作、前瞻性高水平的学术项目设计和实施；坚持深入基层、服务基层、求真务实的工作作风；以“中国记忆”为代表的民族民间基础资源数据库建设处于国内领先；完成和在进行的一批科研项目得到有关学术界好评；以民族民间优秀文化传统为资源的社会文化项目取得较好的经济和社会效益。

中心工作人员年龄结构合理，学科专业广泛，包括中文、历史、哲学、戏曲音乐、民俗学、人类学、艺术学、管理学、经济学、计算机、财务等。总体学历较高（大专以上学历占94%），党员比例占82.3%。

1. 根据科学发展观的要求，中心要在以往工作的基础上，保持“集成”工作求真务实的优良传统，着眼基础性事业，进一步提高管理水平，努力将中心建设成为国家级资料中心、数据中心、研究中心三位一体的工作平台。

2. 继续组织和实施相关科研项目，为保护和发展提供研究支撑。建设开放的科研实施与组织管理平台，力争提前完成国家科技支撑计划“民族文化数字化技术研究及示范应用”并通过专家鉴定，为民族文化基础资源的共享、数据安全、传播完成平台建设；尽快完成“中国戏曲、民间音乐、民间舞蹈现状调查”项目总报告，为文化体制改革和非物质文化遗产保护提供全面准确的调研数据。尽快将进行两年展开30多个子项目的“中国节日志”项目申报为国家哲学社会科学重大委托项目，2009年在全国范围内展开节日普查，力争在3年内完成，为国家节日文化政策的制定提供可靠的研究基础。抓紧已立项的国家科技计划基础性工作项目“中国民族民间文化重要品种空间信息整编”工作，为国家编制文化资源地图提供基础性研究成果。力争将已完成论证研究的“中国皮影、木偶集成”、“中国民间工艺美术集成”、“中国史诗集成”等项目纳入2009年的财政立项。

3. 坚持将教育、研究、培养遗产保护人才与国家文化建设需求紧密结合，调动社会力量广泛参与的工作思路。继续与北京大学、清华大学、中央音乐学院、民族大学、中国音乐学院、北京师范大学、新疆师范大学等高校的合作。坚持将保护案例实证研究和服务基层相结合的工作方式，做好基地建设，在浙江诸暨西施文化保护中心、贵州荔波水书保护中心及村落文化保护与社区发展研究、云南摩梭文化研究中心等基地建设的基础上，积极探索社会广泛参与的保护工作实践。发挥中心的资源和研究优势，在继续抓好已举办四届的“全国原生民歌比赛”、已连续几年在澳门举办的“大陆春节习俗展”、“少数民族特色器乐及传统乐种比赛”等一批品牌项目的基础上，开拓非物质文化遗产保护工作的社会实现渠道。

一、圆满完成“10部文艺集成志书”全部出版总结表彰系列活动

1. 积极工作，确保国家社科规划和全国艺术科学规划重大项目——10部“中国民族民间文艺集成志书”（以下简称“10部文艺集成志书”）近300部省卷、400册、4.5亿字全部出版，圆满完成修筑中华民族文化长城的伟大工程。

2. “10部文艺集成志书”编纂出版工程，是由文化部、国家民委、中国文联有关文艺家协会共同发起并主办的一项宏伟的文化基础建设工程。自1979年陆续展开以来，工程一直得到党和政府的大力支持。经过全国数十万文艺工作者近30年的努力，全面反映我国各地各民族戏曲、曲艺、音乐、舞蹈、民间文学状况的宏篇巨著“10部文艺集成志书”于2009年10月全部出版。这是改革开放以来我国在民族民间文化抢救与保护方面所取得的标志性成果，是文艺战线向新中国60年华诞奉献的一份厚礼，充分体现了“盛世修志”，证明了社会主义制度的优越性。

为展示改革开放30年我国在文化基础建设方面的重大成果，总结我国民族民间文化工作的经验教训，肯定和颂扬广大文化工作者多年来为民族文化事业付出的辛勤劳动，2009年10月11日上午，由文化部、国家民委、中国文联、全国哲学社会科学规划领导小组、全国艺术科学规划领导小组主办的“‘10部文艺集成志书’全部出版总结表彰大会”在人民大会堂隆重举行。活动由文化部民族民间文艺发展中心承办。

出席大会的领导有，中宣部副部长、文化部党组书记、文化部部长蔡武，全国艺术科学规划领导小组组长、中国文联名誉主席、中国民族民间文艺集成志书总编委会主任周巍峙，中国文联党组书记、副主席胡振民，中宣部副部长王晓晖，国家民委副主任丹珠昂奔，国家新闻出版总署副署长、国家版权局副局长阎晓宏。全国哲学社会科学规划办公室、文化部有关司局、文化部民族民间文艺发展中心、中国艺术研究院及国家民委、中国文联有关文艺家协会的领导，文艺集成志书主编孙慎、罗扬及已故主编遗孀参加大会。各地文化厅、文联有关领导，“10部文艺集成志书”副主编、编委、总编辑部、特约审稿员代表，参加“‘10部文艺集成志书’学术研讨会”的老集成工作者代表及有关专家、学者，共230多人参加大会。

中共中央政治局委员、书记处书记、中宣部部长刘云山给大会发来贺信，对“10部文艺集成志书”编纂出版工作给予了高度评价。贺信指出，“10部文艺集成志书”的全部出版，是我国社会主义文化建设的重大成果。“10部文艺集成志书”的圆满完成，充分反映了党和政府对整理保护包括少数民族文化在内的各民族文化的远见卓识，体现了集中力量办大事的社会主义制度优越性，展现了我国文化工作者对繁荣发展民族文化的崇高责任感，必将我国民族民间文化传承、交流、繁荣、复兴产生重大而深远的影响。刘云山希望广大文化艺术工作者认清肩负的神圣使命，大力弘扬优秀民族文化传统，积极推进文化创新，努力在满足人民群众精神文化需求、建设中华民族共有精神家园方面，在推动中华文化“走出去”、提高我国文化的国际影响力和竞争力方面发挥积极作用，为铸造中国特色社会主义文化新辉煌做出更大的贡献。

中共中央政治局委员、国务委员刘延东也为大会发来贺信，对“10部文艺集成志书”全部出版表示祝贺。刘延东在贺信中指出，“10部文艺集成志书”的全部出版，是改革开放30年我国社会主义文化建设的重大成果，是社会主义制度优越性的具体体现，反映了党对民族传统文化的负责任态度，也是中华民族对人类文明的重要贡献，在我国文化和思想史上具有重要意义。她希望广大文化工作者认真贯彻落实科学发展观，加强对“10部文艺集成志书”的学习和研究，继承和发扬集成工作者无私奉献、艰苦奋斗、永不放弃的精神，积极投身民族民间文化保护实践，让民族民间文化在推进文化创新、增强中华文化活力和社会主义核心价值体系方面发挥更大的作用。

总结表彰大会由文化部党组副书记、副部长欧阳坚主持。大会首先由中宣部副部长王晓晖、文化部副部长欧阳坚分别宣读刘云山、刘延东贺信。中国文联胡振民、国家民委丹珠昂奔、周巍峙、文化部部长蔡武先后讲话，回顾“10部文艺集成志书”的工作历程，充分肯定“10部文艺集成志书”的历史功绩，要求在此基础上继续推进我国优秀传统文化资源的抢救和保护工作，推动文化创新和文化大发展大繁荣。蔡武部长指出，“10部文艺集成志书”的编纂出版，标志着民族民间文化第一次全面进入了国家志书，这是中国文化史上的创举。它标志着由劳动大众创造和发展起来的民族民间文化登上了国家文化艺术的殿堂，成为了国家文化建设的重要组成部分，也进一步证明了辉煌灿烂的中华民族文明是由各民族共同创造的。

中央领导的贺信和有关领导的讲话，对集成工作给予了充分的肯定和高度的评价，对今后的工作提出了新的要求，对整个文化战线的工作都具有指导意义。

3. 举办了展览、展演活动。作为“‘10部文艺集成志书’全部出版总结表彰活动”系列活动的一部分，“大地芳华——中国民族民间文艺集粹展览”及“盛世华章——10部文艺集成志书总结表彰大会纪念演出”先后在国家大剧院成功举办。共计88869名观众参观了“大地芳华　中国民族民间文艺集粹”展览，参加表彰会的代表们更是满怀深情的走入展场，在图文音像展示中回顾了这一重要历程。其中，民间故事、中国戏曲、中国民歌三个数字化展览选题将由法国巴黎第四大学翻译成法文版出版。

4. 举办“‘10部文艺集成志书’学术研讨会”。2009年10月12日，由文化部民族民间文艺发展中心、中国艺术研究院、中国戏剧家协会、中国舞蹈家协会、中国音乐家协会、中国曲艺家协会、中国民间文艺家协会共同主办的“‘10部文艺集成志书’学术研讨会”在北京举行。有关领导及180多位参加集成志书编纂工作的老领导、老专家出席。研讨会历时两天，大家围绕集成的学术价值与历史意义，集成的考察、搜集、记录的方法论研究，集成后的工作思考与学术研究等问题，踊跃发言，提交论文计有50余篇，将择选出版。

二、组织实施国家级科研项目

1. 中心与全国哲学社会科学规划办公室进行了专题汇报，由周巍峙向中宣部领导写信，经刘云山批示，“中国节日志”、“中国史诗百卷”分别列为国家社科基金特别委托项目。

2. “中国节日志”项目稳步推进。2009年，《中国节日志》31个第一批子课题正式立项，并取得初步成果。为推动整个项目实施，2009年11月，在云南大学建立的“节日文化研究基地”正式挂牌；同时召开“大节日立项问题及节日影像志研讨会”。2009年底，将召开第二批子课题立项评审会。

3. 完成文化部重点科研项目“中国戏曲、民间舞蹈、民间音乐现状调查”。本项目经与各省艺术研究所和部分高校通力协作，至2009年9月已全部结束，本次调查戏曲为29省（区市），舞蹈为28省（区市），民间音乐为27省（区市）的57个歌种、乐种，共150余万字（含调查报告和数据表）。调查报告和数据表全方位记录了自1980年以来戏曲、民间舞蹈、民间音乐的消长和现阶段的生存实况，戏曲、民间舞蹈、民间音乐现状调查总报告已完成初稿。

三、积极筹划、承办“中国原生民歌展演活动”

由文化部、山西省人民政府主办，中心承办的“中国原生民歌展演”活动于2009年9月6～16日在山西成功举办。25个省、自治区、直辖市的文化厅、10所院校推荐了24个民族的150组节目参加了初评，最终有20个省份和4所院校推荐的20个民族的36组节目参加了展演活动。展演的民歌手中有曾在CCTV青年歌手电视大奖赛中人气极高并获得银奖的纳西姐妹、羌族兄弟，有曾随温家宝总理出访日本的“侗族大歌”小歌手，有被誉为“鄂尔多斯高原上盛开的莲花”的蒙古族歌唱家巴德玛，也有来自田间地头、名不见经传的少数民族歌手，他们相聚山西，尽情展示我国各地独特迥异的原生民歌。

展演活动由5场展演、1场晚会、10集大型人文纪录片《寻歌——中国原生民歌发现之旅》构成。5场展演在山西卫视的演播厅进行，以“民歌·酒”、“民歌·爱情”、“民歌·自然”、“民歌·生活”、“民歌·传承”为主题进行，同时还邀请了著名音乐理论家、民俗学家、作曲家现场解读民歌，全方位、立体化地诠释中国的原生民歌，让观众在民歌的海洋中感受其非同凡响的生命力。5场展演于9月21～25日在山西卫视黄金时段播出，获得了较高的收视率。此次活动对弘扬我国优秀的民族民间音乐文化遗产，促进各民族民间音乐的展示和交流起到了积极的推动作用。

四、澳门年俗展览（贵州、河南）取得圆满成功

由澳门特别行政区民政总署主办，中心及湖南省文化厅、湖北省文化厅共同协办的2009年澳门“内地春节习俗展”于1月23日在澳门卢廉若公园隆重开幕，展期37天。此次展览及相关活动在部港澳台文化事务司的大力支持下，在中心和两省的通力合作下，共组织两地春节习俗相关特色展品37组（500余件/套）参加展览，同时还组织了湖北省恩施市歌舞团赴澳，在春节期间为澳门市民奉上了一台精彩的民间文艺演出节目。通过展演活动，丰富了澳门市民春节文化生活，进一步增强了澳门同胞的国家意识和文化认同。

五、积极推进文化艺术资源领域标准化建设

完成科技部支撑计划项目“民族文化数字化技术研究及示范应用”。通过项目实施，推动了戏曲、民间音乐舞蹈、民间文献等文化艺术资源的标准化工作。

六、配合教育科技司，完成2009年度国家社科基金艺术学项目的申报受理及相关工作

2009年，国家社科基金艺术学项目申报的数量进一步增加，由2007年的1500项增加到1862项。中心认真、细致地完成了项目的受理、整理、归类、汇总、资格审查等各项基础工作，为项目评审打好了基础。此后，积极配合司里完成评审会相关工作，较好地完成了任务。

文化部全国文化信息资源建设管理中心

2008年，文化部全国文化信息资源建设管理中心（以下简称“管理中心”）在业务建设上求创新，在服务支持上求完善，在内部管理上求规范，积极进取，不断开拓，使得各方面工作都取得了长足进步。2008年，在文化部委托专业机构所做的绩效考评中，管理中心在业务考评、财务考评、总体评价均被评为优秀，其中财务信息质量单项获得满分。2008年度管理中心再次被授予“中央国家机关文明单位”称号、荣获“文化建设之路——改革开放30年成就展”三等奖。

一、统筹规划，稳步推进资源建设

（一）完善资源建设规划，下发指导文件

2008年下发的《2008～2010年文化共享工程资源建设规划》，与之前下发的《文化共享工程资源建设指南》相配合，明确规定了资源建设的原则、重点、总体要求、选题方向、成果类型、标准规范的采用等。

（二）加大资源征集力度，丰富资源种类

2008年，共完成征集任务5.3 TB，资源总量达到18.8 TB。主要包括：

1. 视频资源22481部（集），计13540.5小时；
2. 音频资源59部（集），计60小时；
3. 多媒体资源库达52个；
4. 电子图书达32555种。

（三）重视少数民族地区的文化需求，开展各民族文化资源译制工作

2008年进一步加大了对少数民族语言资源翻译的支持力度，在完成藏、蒙、维、朝4种语言各100小时的译制工作后，又征集到20部藏语电影，同时增加了哈萨克族语言资源翻译。

二、深入实际，开展多层次，多渠道的服务与培训

（一）资源服务

1. 充分利用工程服务平台，开展丰富多彩的网站服务。

（1）网站全年共完成视频文件更新240个、音频文件326个、图片9806幅、文字1050万字。

（2）定期举办各类网站专题活动。例如：六一专题、奥运专题、改革开放30年建设成就专题等。

（3）推出了中国地方戏、昆曲等多媒体专题资源库。

（4）开展网上有奖活动，并制成了光盘版。

2. 因地制宜，采取方便快捷的资源传输方式。向全国各地发送资源9.65 TB。光盘总计发送1162个视频，约793.27小时，0.86 TB。

3. 配合国家重大活动，做好相应服务工作。

（1）聚集资源，抗震救灾。汶川大地震发生后，管理中心立即响应，组织全员捐款捐物，金额总计87.32万元；组织整合有关震后自救、灾区防疫、饮食安全、心理救援、传染病防治等资源，共计350 GB；5～6月派遣3支专门小组，远赴各受灾区，送去140部抗震救灾资源光盘、50套专用设备。此外，为重建1000个临时文化共享工程服务点制定设备配置方案并进行设备采购。管理中心还在10～11月期间，与国家图书馆一道，对来自四川、甘肃、陕西三省受灾市县图书馆的馆长、技术人员共12名进行了培训。

（2）迎接奥运，共享同行。2008是中国奥运年。5月4日，正式启动“文化共享奥运行”活动，同时在工程网站上开通了“文化共享奥运行专栏”，并征集到《福娃奥运漫游记》等精品资源，共计110 GB。管理中心为各省级分中心提供了奥运展板模板、奥运知识等相关数字资源，通过专栏随时发布活动信息。全国共计开展“文化共享奥运行”活动2759场次，服务群众290万人。

4. 积极开展合作共建，拓宽服务内容和渠道。

（1）2008年7月1日，国家图书馆与管理中心举行了合作签字仪式。国家图书馆组织了总量达2.62 TB的数字资源，通过互联网、局域网、电子政务外网等多种渠道投放到文化共享工程的全国服务网络中，向全国公众免费提供服务。

（2）继续推进与全国农村党员干部现代远程教育的合作，全年累计提供视频资源近100小时。

（3）继续推进与农村中小学现代远程教育项目的合作。

（4）与国家扶贫办举行“雨露计划·文化共享”项目合作。

（二）加强技术创新建设，拓宽资源传输服务渠道

1. 管理中心于6月5日正式开通电子政务外网下载专区，实现支持互联网、专网的双网下载、上传资源。扩容后，政务外网的存储空间达到10 TB。截止到2008年底，已有29个省级分中心接入电子政务外网。

2. 管理中心于9月推出了文化共享工程网络视频直播平台。10月28日，中国图书馆学会年会

利用文化共享工程网络视频直播平台，首次向全球进行现场直播，视频直播的画面清晰流畅。

3. 采购试用卫星机顶盒、文化共享机、新版移动播放器等产品，拓宽文化共享工程资源传输渠道。

（三）加快培训体系建设，积极开展培训工作

1. 管理中心积极开展培训工作，编制了《全国文化信息资源共享工程2008～2010年培训工作规划》，指导各省级分中心开展培训调研活动。

2. 在网站开办“培训专栏”和网络电视培训频道；制作6部38集视频培训教材，共计62小时，除通过DVD光盘下发外，还在文化共享工程卫星主站播发，目前每周播发7小时，重播7小时，全年共计播发370小时。

3. 发放了《文化共享工程资源服务“口袋书”》和《基层操作手册》；编发《运行保障月参考》12期。

4. 先后在北京、杭州、甘肃等地以“师资技能、灾区重建、基层经验、资源建设、智力支持”等为专题举办5次全国性的大规模培训。

2008年，管理中心直接培训258人次，全国共培训40万人次。

（四）加大宣传力度，及时编发报道

1. 2008年，各主要媒体对文化共享工程不重复报道共395篇，共约55万字，其中广播电视报道20次，平面媒体报道327篇，网络媒体报道73篇。

2. 结合改革开放30周年纪念活动，管理中心开展了文化共享工程建设成果系列宣传报道活动，陪同《人民日报》等媒体记者先后到山东、四川、北京平谷等地采访，发表了一系列重要稿件。

3. 编制了17期工作简报，总计12万余字，还编辑发布网上新闻85条，约8万字。

4. 制作“周和平副部长参加文化访谈”节目光盘并汇编整理2007年中央电视台、中央人民广播电台、中国国际广播电台播报的文化共享工程相关新闻，下发至各省级分中心。

三、完善制度建设，规范内部管理

（一）完善制度建设，健全用人机制

2008年，管理中心整理、完善各项规章制度共20余项，组织制定了《管理中心女职工生育费用报销及产假期间工资发放办法》、《管理中心员工带薪年休假管理办法》、《管理中心合同管理办法》等文件。

（二）理顺专项资金管理体系，确保财务资金效益和安全

从2008年开始，文化共享工程中央本级专项经费直接拨付到管理中心账户，现已顺利完成与资金拨付转变相关的各类手续办理、流程调整等工作；加强了对预算执行的监督和分析，对资金使用情况提出建议；完成了各种财务报表、人事报表、薪级工资调整、住房公积金调整、社会保险缴纳、证书年检、地税国税申报、设备采购等各项工作。

（三）利用先进技术，建立运行管理系统

1. 运行管理系统初步建成并投入使用，可以实现站点建设管理、资源建设管理、人员队伍建设管理、数据上报和统计分析等多项功能。目前已在山东、浙江、陕西三省率先使用，并对三省人员进行了培训。

2. 完成机关党委网站的开发工作。

3. 对媒体资产管理系统进行了系统升级和扩容，增加了检索、编目、转码等功能，存储增加了10 TB。

（四）加强安全保卫工作，做到防患于未然

逐级签订《安全责任书》，完善领导代班和安全保卫人员值班制度。安排专人每日巡查办公区门窗、设备，加强对有驾照人员的交通安全教育，高度重视网络信息安全工作，确保管理中心安全稳定无事故无隐患。

河北省文化厅

庆祝第三个“文化遗产日”暨河北省首届民俗文化节俗文化节

常山战鼓

昌黎地秧歌——火红的秧歌迎奥运

百人笛子齐奏

到阜平不老树村演出

山西省文化厅

省委副书记、代省长孟学农，省委常委、宣传部长高建民为第十一届山西省“杏花奖”评比演出揭幕

原中宣部部长丁关根、文化部党组书记、副部长于幼军接见《走西口》剧组

省委书记张宝顺视察山西农村基层民办文化

黑龙江省文化厅

文化信息资源工程走进社区

绥棱县剧团流动舞台车消夏广场文艺演出

农民在文化站内自编自演文艺节目

海伦市福民乡文化站

庆安县文工团舞台车下乡演出

同江市街津口乡综合文化站

黑龙江省双城市永胜乡综合文化站

黑龙江省巴彦县西集镇综合文化站

江苏省文化厅

第三个"中国文化遗产日"江苏省系列活动日开幕式在南京博物院举行

新江苏 新风貌——纪念改革开放30周年专题写生画展

纪念改革开放30周年开幕，文化部命名"中国民间艺术之乡"江苏省共有65个，列全国第一

文化厅办公室新址落成典礼

京剧《飘逸的红纱巾》获第五届中国京剧艺术节现代戏一等奖。荣获中宣部第11届精神文明建设"五个一工程"奖

河南省文化厅

重庆市文化局

部市合作签字仪式

组团参加第四届“西博会”

2008年川剧《灰阑记》参加“德中同行”活动留影

交响乐《太阳之子》

南川区金色电影公司放映队将影片带进了南川区唯一的一所特殊学校（聋哑学校）

重庆群众文化在迎奥运系列活动中精彩亮相

京剧《大足》获全国第五届京剧艺术节银奖

获奖节目——《感——单手倒立》

北京市东城区文化委员会

8月7日地坛公园火炬传递仪式

东城区位于北京市中心城区东北部，面积25.38平方公里。设10个街道办事处，115个居民委员会。另外设有北京站地区管理处、王府井建设管理办公室和东二环建管办3个重点街区管理机构。全区常住户籍人口61.9万人，暂住人口14.0万人。

东城区文化委员会（以下简称区文委）是东城区政府管理文化工作的职能部门，同时接受北京市文化局、文物局、新闻出版局、广播电视局的业务领导。区文委下设7个职能科室和1个文化行政执法队，所属8家事业单位，全系统职工人数251名。

2008年、2009年，东城区文委紧紧围绕奥运工作主线和庆祝新中国成立60周年各项文化活动，积极实施“文化强区”战略纲要，努力推进首都戏剧文化城建设，积极提升公共文化服务水平，开拓创新、扎实奋进，文化事业各个方面都取得了新的明显进展。

1. 来自伊朗的奥运和平使者在地坛文化广场
2. 地坛八区奥运文化广场1
3. 地坛八区奥运文化广场2
4. 2009年新年音乐
5. 检查文化市场
6. 改造后的图书馆阅览室

8月19日，天安门广场群众联欢活动

第17届北京“天使杯”国标舞、交谊舞城市友好邀请赛

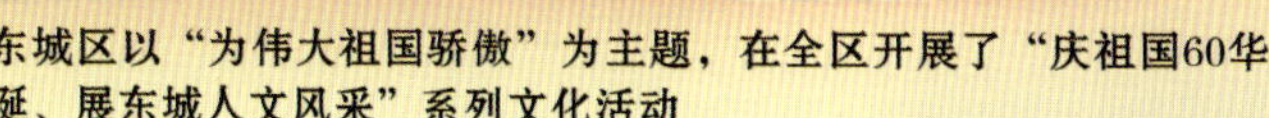

东城区以“为伟大祖国骄傲”为主题，在全区开展了“庆祖国60华诞、展东城人文风采”系列文化活动

1. 东城区军民联欢板块成为晚会最亮丽的风景之一
2. 首都国庆联欢晚会东城区板块是唯一的军民联欢板块
3. 杨柳荫书记到东城区图书馆新馆调研指导工作
4. 国庆联欢晚会节目验收现场
5. “建国60周年中国话剧艺术发展论坛”在人民大会堂开幕
6. 著名艺术家李默然赠送东城区“戏剧东城”书法作品

改造后的东城区文化馆旧貌换新颜

上海市 普陀区文化局

1. 外国文艺团体进社区
2. 苏州河上龙舟节
3. 2008上海苏州河文化长廊建设国际论坛
4. 2009普陀区群众文化展演
5. 图书漂流，牵手世博——普陀区迎世博倒计时600天仪式
6. 2009苏州河文化艺术节开幕式
7. 上海天地软件园效果图
8. 知名书画家共同创作完成的风采苏州河——百米书画长卷
9. 深受全国读者喜爱的图书漂流活动在世博园内也设立了漂流点
10. M50

重庆市沙坪坝区
文化广电新闻出版局

CHONGQINGSHI SHAPINGBAQU WENHUA GUANGDIAN XINWEN CHUBANJU

1. 沙坪坝区区校文化发展战略合作签字仪式
2. 沙坪坝区黄葛树广场故事基地被授予“重庆市故事创作基地”标牌
3. 红歌唱遍新重庆——走进沙坪坝
4. 重庆市沙坪坝区磁器口古镇
5. “星期日讲座”走进大学城
6. 沙坪坝区 “走进博物馆”故事创作演讲会

兰州市文化出版局深入学习实践科学发展观活动动员大会

秦腔《曹操与杨修》剧组

第一届兰州国际民间艺术节

兰州市第五届读书节开幕式

兰州市文化出版局

近年来，兰州市文化工作认真贯彻党的十七大和十七届三中、四中全会精神，深入学习实践科学发展观，按照市委、市政府1355总体发展思路，紧紧围绕“文化兰州”发展战略和年初确定的各项重点工作，解放思想，乘势而上，开拓创新，勇于进取，扎实工作，各项工作取得了新的进步，较好地完成了全年各项工作任务。

大河魂美术作品在中国美术馆展出仪式上范文局长致辞

精品舞剧《大梦敦煌》

兰州市戏曲剧院送文化下乡活动

世行贷款项目“青城古镇”奠基仪式

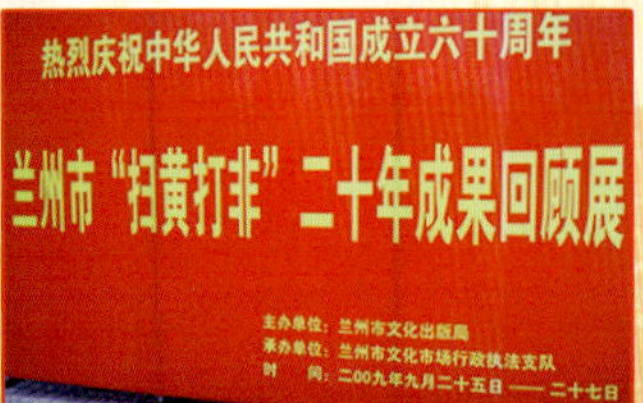

兰州市“扫黄打非”二十年成果回顾展

大连市文化广播影视局

DALIANSHI WENHUA GUANGBO YINGSHI JU

旅顺博物馆获评首批国家一级博物馆

1. 第七届中韩日文化产业论坛在大连成功举办
2. 大连国际服装节开幕式晚会闪亮滨城
3. 杂技版童话剧《胡桃夹子》在欧洲巡演引起轰动
4. 京剧《风雨杏黄旗》获第五届中国京剧艺术节金奖
5. 国家级非物质文化遗产代表作——复州皮影戏

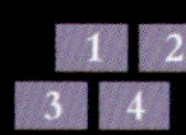

1. 广西壮族自治区成立50周年庆祝大会文艺演出“锦绣壮乡”
2. 广西壮族自治区成立50周年庆祝大会现场
3. 风情东南亚
4. 送书下乡

大地飞歌2008

丽江市文广局

LI JIANG SHI WEN GUANG JU

国家广电总局局长王太华到丽江视察指导工作

市委书记王君正视察博物院二期工程建设项目

全市农村文化工作会议

开展深入学习实践科学发展观活动

召开年度全市文化市场管理工作会议

全市村村通建设工程通过省广电局考核验收

局党委表彰2007-2008年度先进集体和个人

《八方名嘴话名城》玉龙雪山直播现场

《丽水金沙》演出剧照

新建成的丽江文广大楼

新建成的宁蒗县跑马坪乡文化站

建设中的永胜县永北镇南华文化站

扬州市文化广电新闻出版局

现代扬剧《县长与老板》是扬州市文化局精心打造的舞台艺术精品剧目，由扬州市扬剧团团长，青年扬剧表演艺术家，"梅花奖"、"文华表演奖"得主李政成担纲主演。该剧入选2008~2009年度江苏省舞台艺术精品工程精品剧目，获江苏省优秀新剧目评比展演"优秀剧目一等奖"、江苏省"五个一工程奖"、第11届中国戏剧节"优秀剧目奖"、第31届世界戏剧节"创新剧目奖"。

晋城市文化广电新闻出版局

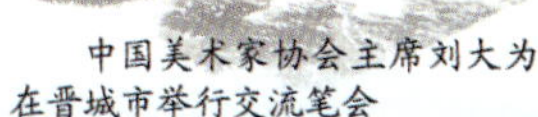

中国美术家协会主席刘大为在晋城市举行交流笔会

春节联欢晚会剧照

1. 晋城市委书记张茂才、市长王茂设、政协主席殷理田为文化体制改革后的晋城市文化广电新闻出版局、晋城市文化市场行政执法大队揭牌
2. 晋城书画院·洛阳画院书画作品联展
3. 上党梆子历史剧《长平悲歌》演出剧照
4. 在泽州县岱庙隆重举行"昆梆一家亲"文化交流活动
5. 上党八音会在深圳演出打击乐《大十番盘头》
6. 晋城市首届现代秧歌舞蹈大赛

1	2	3
	4	5	6

1. 局长李正有带队到重庆市沙坪坝区文化馆学习先进经验
2. 局领导班子深入农村一线调研基层文化建设情况
3. 红河州博物馆被评为国家二级博物馆
4. 红河州优秀原生态歌手李怀秀、李怀福姐弟
5. 红河雪梅舞蹈中心学员赴维也纳金色大厅演出
6. 国家级民间艺人朱小和传承非物质文化遗产"哈尼哈巴"
7. 国家级文物保护单位滇越铁路五家寨人字桥
8. 正在申报世界文化遗产的红河哈尼梯田

彝族舞蹈《阿细跳月》获第五届CCTV电视舞蹈大赛和第八届全国舞蹈比赛群舞类铜奖和三等奖

1. 赵副部长和小读者亲切交谈
2. 市委宣传部何部长到市文化局调研指导工作
3. 饶副市长到市文化局调研指导工作

第三届新剧节目展演

即将建成的昭通博物馆外观

昭通市文体局

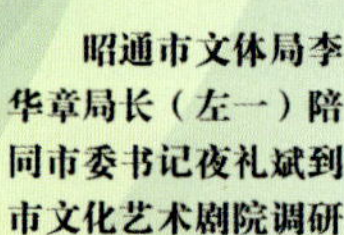

昭通市文体局李华章局长（左一）陪同市委书记夜礼斌到市文化艺术剧院调研

云南省文化厅黄峻厅长调研昭通农民文化网络素质教育培训学校

市政府王敏正市长调研文物工作

丰富多彩的全民健身活动

昭通市委市政府组织开展“百场演出进百乡”活动

引起中外关注的昭通水塘坝古生物化石

泉州市文化局
泉州拍胸舞
石狮祥芝镇万祥图书馆
泉州海外交通史博物馆
首届海峡两岸闽南文化节
闽台对渡泼水节
泉州南音

济南市吕剧院

济南市吕剧院成立于1951年10月，其前身为“义和班”，1956年由民间鲁声吕剧团转为国有剧团。2001年建团50周年之际，正式更名为济南市吕剧院。作为山东省建团最早的吕剧表演团体，济南市吕剧院素有“山东吕剧第一团”之美誉。

剧院现设演员中心、舞美制作中心、营销中心、剧目策划中心4个部门。目前，剧院共有演职员88人，其中，具备高级职称的32人（正高职称6人，副高职称26人），具备中级职称的19人。

在市委、市政府的关心、支持下，济南市吕剧院经过了几代吕剧艺术工作者的不懈努力，创作并演出了大批脍炙人口的优秀剧目，演出足迹遍及全国10余个省区市的千余个城镇乡村。以于廷臣、时克远、李同庆、张艳芳、张万真、董砚萍等为代表的老艺术家以及目前活跃在舞台上的中青年演员为吕剧事业的发展做出了突出贡献。

古装吕剧《桃李梅》

经典保留剧目《逼婚记》

现代吕剧《大官皮景生》

现代吕剧《我的兄弟姐妹·龙泉梦》

黑龙江省五常市文体局

市四大班子领导接见演员

稻乡金秋文艺汇演

少儿元宵晚会

鞑子秧歌

希望工程大型文艺演出

秧歌表演

五常市文化体育工作会议

东北大鼓于淑贤

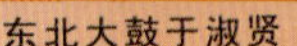

河北省迁安市文化广播电视新闻出版局

1-2. 钢城之夜开幕式
3. 2009年2月，组织全市乡镇秧歌展演活动
4. 2009年1月，组织书法爱好者到大五里乡贯头山村义务送春联
5. 2009年8月，组织各乡镇秧歌小队比赛，图为骑象表演
6. 2009年4~10月，举办了“红歌唱响未来”群众性歌咏活动

迁安博物馆外景

秦皇岛市群众艺术馆

秦皇岛市群众艺术馆是国家设立的公益性文化事业单位，主要工作职能是组织、辅导、研究、指导全市群众文化艺术活动，丰富人民群众文化生活，为提高全民文化素质和社会主义精神文明建设服务。群艺馆设有办公室、财务室、群艺活动中心、群艺创研中心、群艺培训中心、非物质文化遗产保护中心6个职能部门。定编35人，截至2009年底在职干部职工32人，其中高级职称7人，中级4人，初级14人，大学本科以上学历18人，专业人员中享受国务院特殊津贴专家1人，河北省跨世纪“三三三人才工程”（第二层次人选）1名，市级拔尖人才1名，“四个一批”人才3名。

1. 秦皇岛市第五届运动会开幕式
2. 群众艺术培训基地挂牌
3. 民族团结月下乡送温暖
4. 2009年文化遗产日宣传活动
5. 2009年秦皇岛“走进天津”招商演出
6. 彩色周末系列演出

江苏省吴江市文化馆

吴江市文化馆始建于1927年，前身为城区民众教育馆，1952年更名为吴江县文化馆，1992年撤县建市，改名为吴江市文化馆。现有馆舍面积为7800多平方米。2008年，被文化部评为全国一级文化馆。

吴江市文化中心、吴江市艺术团、吴江人民剧院挂靠吴江市文化馆，管理实行四块牌子一套班子。全馆现有在编人员12人，合同制员工19人。正高级职称1人，副高级职称2人，中级职称6人，舞台专业技术人员10名，具备较为完备的创、编、排、演、舞美队伍，具备独立承办大型文艺演出的实力。

馆内设施有演艺厅、舞蹈房、琴房、美术、书法培训等用房以及市艺术团、戏曲团队、音乐制作室等活动基地。拥有240余万元的灯光音响设备，一台80万元的流动演出车，一座拥有1100个座位以及配备5000余万元灯光音响设备的现代化大剧院。

吴江市文化馆坚持发挥基层文化馆职能，自觉在构建农村公共文化服务体系中发挥主导作用，创新公共文化服务手段，始终将服务农民、服务基层作为工作的重中之重，传播普及先进文化知识，丰富基层人民社会文化生活，实现和保障农民群众基本的文化权益。在全国率先举办“区域文化联动”大型广场文艺巡回演出活动，平均每年调动演职人员1500余人次，创作演出各类文艺节目300余个，先后被评为“全国特色广场文化活动”、江苏省“五星工程服务奖”、文化部“创新奖”并列入文化部首批“文化创新工程项目”。文化馆被评为江苏省文化系统先进集体。

区域文化联动1

区域文化联动2

河北省群众艺术馆

2009年庆祝第四个“文化遗产日暨第二届河北省民俗节”

河北省农村文化辅导基地授牌暨北豆村农民文化中心落成典礼

河北省群艺馆组织沧县狮舞参加2008北京奥运会开幕式仪式前演出排练

河北省群艺馆合唱团在中央电视台参加全国“爱国歌曲大家唱”展演

到工地演出

河北省群艺馆组织沧县狮舞参加首都国庆60周年群众联欢晚会庆典演出

河北省“缅怀革命先烈 牢记两个务必”清明节主题活动

彩色周末开幕式

常山战鼓

顺义国展产业园

首都会展新城

SHOU DU HUI ZHAN XIN CHENG

第二批北京文化创意产业集聚区授牌仪式

地理位置得天独厚发展潜力巨大

顺义国展产业园2008年被认定为北京市第二批文化创意产业集聚区，规划总占地面积721公顷，其中核心区为新国展项目及其发展预留地，面积约270公顷，配套服务区面积451公顷。产业园位于顺义空港城内，东邻首都国际机场，北邻空港工业区，西侧、南侧与温榆河绿色生态走廊接壤，地理位置得天独厚，发展潜力巨大。交通便捷，机场高速路、京承高速、京顺路、天北路、机场北线、机场南线、构成了产业园便捷的交通网络，到达市区只需15分钟车程。途经新国展的M15号轨道交通已开工建设，2010年底建成通车。

新国展规划鸟瞰图

新国展一期建成填补北京十万平方米以上展馆空白

顺义国展产业园核心区以中国国际展览中心（新馆）项目为主，分三期进行建设。新国展一期规划总建筑面积43.1万平方米，其中8个展馆、登陆大厅、动力中心共计24.397万平方米建筑已于2008年3月建设完成，总投资超过26亿元人民币，展厅地上使用面积达到10万平方米。新国展一期建成投入使用，填补了北京市十万平米以上展馆的空白，成为北京会展业发展的新动力。

新国展隆重开馆成功举办超大型展会

2008年3月28日，新国展举行了隆重的开馆仪式暨第十六届中国国际服装服饰博览会开幕式，至2009年底，已成功举办第十届国际汽车展、第九届中国国际机床工具展览会、第二十二届中国国际体育博览会等超大型展会32场，接待参展观众达300万人次，极大地促进了北京会展业发展。

2009年中国国际信息通信博览会开幕式　2009第七届北京国际印刷技术博览会　2008（第十届）北京国际汽车展览会
2009中国国际机床展开幕式　2010服装展　第15届世界航线发展论坛

1	2	3
4	5	6

配套服务设施逐步完善　CVD+EBD　打造会展商务区

商业配套环境：产业园内商业配套项目已初具规模，荣祥广场、欧陆广场、北京临空皇冠假日酒店、澳景园、荣和商业中心等特色街区车水马龙，总建筑面积达28万平方米。

居住环境：产业园西侧的温榆河沿岸花红草绿，树木成荫，已经被打造成水清、岸绿、宜居的别墅集聚区。丽京花园、丽斯花园、裕京花园、欧陆苑、美林香槟小镇、名都园、优山美的等高尚住宅区吸引了大批外籍人士入住，依河而建的别墅洋房洋溢着瑰丽与浪漫的河岸文化情怀，温榆河绿色生态走廊、中央别墅区已成为这个地区的代名词。

人文环境：北京顺义国际学校、北京市新英才学校、国际会计学院等多家国内外知名院校林立于产业园周边，8000多位外籍人士及诸多国内精英居住在中央别墅区，首都机场来来往往的国际友人、世界著名的品牌展会使国展产业园成为中西方文化碰撞的焦点，徜徉于产业园中，处处散发着浓郁的国际人文气息。

未来展望：国展产业园将建设145万平米的综合配套服务设施，包括参展商公寓、酒店、写字楼、餐饮、休闲娱乐等项目。国展产业园将以新国展为依托，会展业为先导，聚集会展产业链上的文化创意产业元素，大力引进会展、广告、策划、传播、旅游、中介服务等相关配套服务项目，将园区打造成中央别墅区旁的会展商务区，首都文化创意产业发展的新基地，世界一流的会展名城。

我们将以优质的发展环境、热情的服务态度期待着您的到来！

中国文化年鉴

Chinese Culture Yearbook

地方文化建设

Local Culture Construction

中国文化年鉴

北京市

一、艺术

【概况】

当年，北京市市属剧院团、转企改制剧院团、民营剧团创作出一大批社会效益、经济效益双丰收的作品。北京京剧院新创剧目《下鲁城》获第五届中国京剧节一等奖；北方昆曲剧院排演的大都版《西厢记》荣获第四届全国昆曲艺术节优秀剧目奖；中国评剧院新创排的现代评剧《马本仓当官记》获第三届全国地方戏优秀剧目展演一等奖；转企改制院团北京儿艺新创剧目《红孩子》、中国木偶艺术剧院大型奇幻木偶剧《猴王·花果山》荣获中宣部第11届“五个一工程”奖，演出场次也均超百场。此外，一批民营剧团和文化公司也涌现出了一批有市场的佳作，如：大道文化的话剧《老宅》，索有文化的音乐剧《我曾有梦》，龙马社的话剧《操场》，希肯国际的话剧《北平·1949》，北京当代芭蕾舞团的舞剧《霾》，国家大剧院的歌剧《山岗上的花朵》、《西施》等等，均为北京的舞台增添了色彩。

【出台北京市舞台艺术创作生产专项扶持政策】

2008年6月30日，《北京市舞台艺术创作生产专项扶持资金管理暂行办法》正式向全社会发布。这一政策的出台，旨在进一步繁荣北京演出市场，大力推动北京市舞台艺术创作，营造出精品、出人才、出效益的良好创作环境。北京市财政局和北京市文化局将连续5年共同在每年的事业经费中安排2000万元资金，用于扶持能够代表北京舞台艺术创作水平的优秀剧（节）目。专项资金首次面向全社会各种所有制艺术单位，只要能代表国家水准、北京市水准的好作品，政府都会扶持。《办法》一经出台，就受到了多方关注。在一个月的申报期内，共有29个艺术单位申报了41个剧目，经资格审查，共有34个剧目符合申报要求。北京市文化局按照文件规定内容和程序组织了初评和终评，共评出22个项目进行资助。

【“走进长安戏曲之门”活动】

为了弘扬我国丰富多彩的民族艺术，让更多的人们了解戏曲艺术，发现戏曲艺术的魅力。由市文化局主办、北京文化艺术基金会资助、北京长安大戏院承办的“走进长安戏曲之门”系列演出活动将汇聚五大剧种，以固定场所、固定时间、低票价运作的方式及不同以往的舞台样式，为首都观众联手打造一个知识性与欣赏性并融的舞台氛围。戏曲普及活动将面向广大青少年，请他们走进剧场现场感受戏曲艺术的魅力，同时，也使青年演员有更多艺术实践的机会。“走进长安戏曲之门”主题活动贯穿长安大戏院当年全年的演出安排，每月演出2～3场，京剧、昆曲、评剧、梆子、曲剧五大剧种轮番登台，拿出有代表性的作品，有特色的人物、唱腔、表演程式，展示有艺术价值的戏曲演出。每个专场采取讲座与演出相结合的方法进行，表演结束后还有戏曲专家进行点评、讲解。作为戏曲的普及演出，长安推出占全场40%的低价票，以20元和50元为主，希望能够让更多喜爱戏曲，想了解戏曲的人们走进剧场，感受戏曲艺术的魅力。

【庆祝新中国成立60周年优秀剧目展演】

为期3个月的“盛世华章——为伟大祖国骄傲”北京市庆祝新中国成立60周年优秀舞台剧（节）目展演活动圆满落幕，共有28个剧目参加了展演。参加展演的剧目充分展示了新中国成立以来，特别是改革开放30年以来北京市舞台艺术取得的成就。在持续3个月的系列展演中，汇集了北京市不同时期特别是近10年来创编的优秀剧（节）目，集中北京京剧院、北方昆曲剧院、中国评剧院、北京市曲剧团、北京市河北梆子剧团、北京市交响乐团、北京儿童艺术剧院、中国杂技团、中国木偶艺术剧院、北京歌剧舞剧院、北京人民艺术剧院、北京现代舞团、北京当代芭蕾舞团、天创国际演艺制作交流有限公司等优秀表演团体，王蓉蓉、杜镇杰、韩剑光、魏春荣、王振义等一大批著名表演艺术家将陆续登台亮相，精彩纷呈的各类演出，必将使广大观众在国庆节到来之前，品尝到一道风味独特的戏剧文化大餐。此次系列展演活动由开幕式演出和三个板块组成。开幕式由北京交响乐团演出大型交响音乐会“为祖国骄傲”；红色经典板块包括京剧《红灯记》、《杜鹃山》，评剧《刘巧儿》，儿童剧《红孩子》等；名家名剧板块包括京剧《龙凤呈祥》，昆曲《西厢记》、《关汉卿》，河北梆子《王宝钏》等；时代华章板块包括京剧《下鲁城》，评剧《马本仓当官记》，曲剧《烟壶》、《龙须沟》、《茶馆》，话剧《鸟人》、《窝头会馆》，舞蹈《紫气京华》、《北京意象》、《当代芭蕾精粹》等。

【第七届北京国际戏剧·舞蹈演出季】

以“经典·融合”为主题的第七届北京国际戏剧·舞蹈演出季于10月29日隆重开幕，在一个半月的时间里，来自美国、英国、德国、西班牙、韩国等国家以及我国台湾、澳门特区和内地的众多专业演出团体和艺术家将带来19台风格迥异、各具特色的中外戏剧、舞蹈精品。此外，本届演出季仍然体现了低票价政策，提出了较之往年更为丰富和重点打造的公益活动组织方案，如举办研讨会、大师课、艺术普及讲座等活动。使第七届北京国际戏剧·舞蹈季成为真正属于大众的艺术盛宴。

【举办艺术档案成果展】

由北京市文化局主办、北京戏曲艺术职业学院和北京市艺术研究所承办的“庆祝新中国成立60周年北京市文化局艺术档案成果展”从9月22日至10月22日在首都图书馆进行了为期一个月的展出。展览共展出了北京京剧院、北方昆曲剧院、中国评剧院、北京市河北梆子剧团、北京市曲剧团、北京戏曲艺术职业学院、北京市艺术研究所、北京交响乐团、北京歌剧舞剧院有限责任公司、北京儿童艺术剧院股份有限公司、中国木偶艺术剧院有限责任公司、中国杂技团有限公司、北京画院、北京文化艺术活动中心等14家艺术单位600余幅图片和部分实物。包括：各种剧（节）目创作中不同版本的剧本原稿，舞美设计图，道具设计手稿，乐谱，场记，党和国家领导人接见著名艺术家的照片，著名艺术家的学习登记册、考试记录，著名艺术大师梅兰芳、马连良、裘盛戎、赵燕侠、李桂云、魏喜奎等使用过的服装、道具，清末以来的手抄剧本、老戏单等，这些珍贵的艺术档案资料平常都保存在各个艺术单位。此次展览是第一次将长年尘封雪藏，秘不示人的珍贵资料面向社会公开展示。

二、群众文化

【概况】

2008年，全市群众文化工作在市委、市政府的领导下，以科学发展观为统领，深入贯彻落实党的十七大、十七届四中全会精神，坚持先进文化的前进方向，以庆祝中华人民共和国成立60周年为契机，繁荣群众文化活动，取得了新成果。一是以庆祝新中国成立60周年为主线，组织开展了丰富热烈的系列文化活动。全市18个区县举办了以“为伟大祖国骄傲”为主题的庆祝新中国成立60周年群众系列文化活动、游行活动、游园活动和联欢晚会。二是继承发扬奥运志愿者精神，组建北京市文化志愿者服务中心，启动“北京市文化志愿者”服务工作。该中心主要负责全市四级文化志愿者网络建设与管理，制定相关规章制度，广泛吸引社会各类文化人才参与公益文化活动。三是突出群众文化的公益性，加强辅导培训工作。全市以公共文化服务体系建设为主要内容，加大群众文化辅导培训工作。全年，全市各类文化馆和基层公共文化机构开展的歌舞、戏曲、摄影、美术、书法等各类辅导培训近百万人次。

【启动“北京市文化志愿者”服务工作】

年初，为了继承发扬奥运志愿者精神，经市编办批准，在北京市文化艺术活动中心成立了北京市文化志愿者服务中心。该中心主要负责全市四级文化志愿者网络建设与管理，制定相关规章制度，广泛吸引社会各类文化人才参与到公益文化活动中来，积极营造全民参与文化建设的良好氛围，培养老百姓自己的文化工作者，从根本上解决公共文化服务人才紧缺问题。按照“区域统筹　属地管理”的原则，目前全市共有11个区县文化志愿者服务分中心。组织150名书法志愿者到延庆县、顺义区、大兴区、平谷区、怀柔区、密云县等部分边远农村开展志愿服务。重点支持了房山区打工子弟学校艺术教育志愿服务项目、平谷区培训基层评剧业余团队志愿服务项目、亦庄开发区文化志愿服务项目、民族文化志愿服务项目。邀请市志愿者联合会专家针对志愿精神、公共文化与志愿服务开展讲座，全市各区县文化馆馆长、书记及工作具体负责70余人参加了培训班。同时着手建设文化志愿者信息数据库和网站（www.e-volunteer.com.cn），构建文化志愿服务项目发布和信息交流平台，在市与区县文化系统、各类志愿者协会间形成信息及时传递、共享的交互式网络管理机制。

【庆祝中华人民共和国成立60周年群众文化活动】

5月4日，北京文化艺术活动中心和各区县文化馆联合主办的2009迎国庆“我的北京我的事儿”北京市民DV大赛开赛，共有122个社区300余部作品参赛。7月，在市文化局的支持下，北京文化艺术活动中心、石景山区文化馆、图书馆和摄影协会举办了“为伟大祖国骄傲——2009年北京市民网络摄影大赛”，共有4375幅作品参赛。6～8月，北京文化艺术活动中心、宣武区文化馆、椿树街道组织开展了以“迎华诞弘扬国粹艺术，促和谐谱写梨园新曲”为主题的“为伟大祖国骄傲——第七届‘椿树杯’”北京市社区京剧票友大赛。

【庆祝中华人民共和国成立60周年国庆游园活动】

国庆期间，市文化局在全市公园举办了“庆祝中华人民共和国成立60周年国庆游园”活动。整个活动分为十方乐奏、百园展示、千园添彩三大部分。“十方乐奏”是在奥林匹克公园、朝阳公园、天坛公园等十大重点公园，通过展览展示和群众互动等方式，重点宣传新中国成立60年来，特别是改革开放30年来，首都现代化建设取得的巨大成果。“百园展示”是在全市选出100个城市公园、郊野公园和城市文化广场作为群众广泛参与活动的场所。“千园添彩”是在全市近千个公园和公共绿地中，营造青枝绿叶、鲜花盛开的环境气氛，悬挂标语、彩旗、灯笼，在全市形成喜庆热烈的节日氛围，吸引城乡群众广泛参与游园，进行自娱自乐的庆祝活动。

【庆祝中华人民共和国成立60周年联欢晚会】

首都国庆60周年群众联欢活动按照中央提出的“隆重、喜庆、和谐、节俭”的原则，突出烟火、强化联欢，既做到联欢场面欢腾热烈，又体现出各区域和行业群众联欢的特色。内容分为联欢表演、与领导联欢和集体舞3个篇章。参演人员5.7万人。中央领导现场观看后给予“很精彩、很感动、很震撼”的高度评价。

【庆祝中华人民共和国成立60周年群众游行活动】

按照“高质量、有创新”的要求，本着“突出思想内涵、坚持以人为本、营造欢庆氛围、增强整体效果、展示开放友好和务实节俭安全”的方针，庆祝中华人民共和国成立60周年群众游行活动对音乐、服装、道具、文艺表演方阵、行进方阵手持物动作、广场合唱团、民乐团等多个方面进行系统的设计和策划。群众游行中特别穿插了“欢乐道情”安塞腰鼓表演、“青春中国”大型集体舞、“世纪跨越”大型群舞、“祝福祖国”大型水袖舞、“爱我中华”民族服装表演和七色光少年鼓号队表演。

【“都市风采”四直辖市系列文化活动】

为了充分发挥直辖市群众艺术馆在城市公共文化服务发展中的主导作用，共同携手打造城市文化品牌，有效促进大众文艺新人、新作的脱颖而出，积极推动城市公共文化的有序发展。当年，在文化部社文司的倡导和四直辖市文化局的支持下，京、津、沪、渝四直辖市群众艺术馆联合举办了“都市风采——四直辖市系列文化活动”。活动包括“炫舞的都市”舞蹈大赛、“飞扬的旋律”钢琴大赛、“青春的歌声”青年流行歌手大赛、“都市的记忆”艺术摄影大赛等。

【30人入选第三批国家级代表性传承人名录】

5月26日，文化部公布第三批国家级非物质文化遗产名录项目代表性传承人。北京市有30名代表性传承人入选，其中传统舞蹈1人、曲艺1人、传统戏剧6人、传统美术5人、传统技艺15人、传统医药2人。

【京剧申报“人类非物质文化遗产代表作名录”工作完成】

年内，组织北京京剧院、天津京剧院、上海京剧院等相关单位和部分代表性传承人共同申报京剧入选联合国教科文组织“人类非物质文化遗产代表作名录”，提交申报文本、视频及照片等材料，并根据教科文组织反馈意见对材料进行补充完善，完成申报工作。

【公布第三批北京市级非物质文化遗产项目名录和第二批扩展名录】

10月12日，北京市人民政府公布第三批市级非物质文化遗产名录项目59项和第二批扩展名录项目4项，第三批名录包括民间文学5项，传统音乐1项，传统舞蹈7项，曲艺3项，传统体育、游艺与杂技10项，传统美术11项，传统技艺15项，传统医药4项，民俗3项。

【完成北京市非物质文化遗产传承人才专题调研】

年内，为给《关于加强非物质文化遗产传承人才保护与培养工作的若干意见（征求意见稿）》的出台提供政策依据，通过参阅资料、专题座谈、定点调查、问卷调查四种方式，对北京市非物质文化遗产项目代表性传承人进行专题调研，完成《北京市非物质文化遗产传承人才保护和培养工作专题调研报告（民间音乐、传统戏剧、曲艺、杂技、民俗类）》。

【周末场演出计划、星火工程】

2008年，根据财政体制改革的新要求，周末场演出计划和农村文艺演出星火工程两个项目将财权、事权统一下划到区县。新办法下发以来，各区县高度重视，都制定了本区县周末场演出计划和星火工程的方案和实施办法等，基本上能够按照新办法规定的要求保证周末场演出计划和星火工程的顺利实施。周末场演出计划全年演出700场。星火工程全年演出7910场。受到了当地百姓的热烈欢迎和积极参与。

【文化惠民演出】

“让低收入群体进剧场看戏”是2008年北京市文化局推出的一项文化惠民措施。其核心内容是由政府埋单、企业搭台、院团唱戏、低收入群体免费观看高水平演出，目的是让低收入群体能够走进剧场，实实在在地共享文化成果。此项公益性惠民演出活动将在全市范围内展开，届时，每个城区的低收入群体都将走进现代化剧场，观看高水平的文艺演出。全年已有东城、西城、丰台、崇文、石景山五个区的低收入人群免费观看了高水平的舞台演出。

【北京市群众文化学会经常性科普讲座】

北京市社科联、市群众文化学会、宣武区文化馆举办了2009年北京市群众文化学会经常性科普讲座。该讲座每周开设一次，聘请大学教授、文化学者为社区居民讲解摄影、美术、历史等知识，深受群众欢迎。

三、文化市场

【概况】

2008年，北京文化市场安全监管工作紧紧围绕国庆60周年和“平安北京”建设为核心，以文化内容安全监管和文化娱乐场所安全生产监管为重点，通过宣传教育、风险防控、监督检查等措施，努力为新中国成立60周年营造了安全、稳定、和谐的文化环境，实现了文化市场安全无事故的目标。截至12月31日，北京市地区在京营业性演出场所105家，歌舞娱乐场所1461家，游艺场所77家，互联网上网服务场所1519家；演出经纪机构793家，文艺表演团体294家。

【北京市电影股份有限公司正式成立】

顺利完成北京市电影公司、北京市电影器材公司改制工作，对北京市电影公司进行现代企业制度改造。通过引进北京市国有资产经营有限责任公司和时代今典影院投资有限公司的社会资本共53834万元，建立多种所有制共同参股的混合所有制企业，在资产结构的重组中实现体制机制的创新，解决多年来制约北京市电影公司发展资金不足的问题，为加快院线建设，多层次开发电影制作以及电影衍生产品，实现电影产业链的多元赢利模式，成为具有全国领先地位和海外重要影响的现代影视文化产业集团创造条件，为做大做强北京电影产业奠定基础。1月9日，北京市电影股份有限公司正式成立。

【国家动漫产业基地示范园区落户北京】

2月，文化部根据《国务院办公厅关于转发财政部关于推动我国动漫产业发展若干意见的通知》（国办发〔2006〕32号）精神，启动国家动漫产业园区的选址工作。市文化局积极与文化部和有关评审专家沟通，详细阐述北京的各种优势，争取各项优惠政策。协助北京市政府于4月16日与文化部签署了《文化部、北京市人民政府关于推动首都文化建设的战略合作框架协议》，促成国家动漫产业园区——中国动漫游戏城落户北京；积极配合中国动漫集团、市有关部门和相关区县做好中国动漫游戏城的启动、规划、协调工作，10月14日，文化部、北京市政府在原首钢二通厂召开隆重的新闻发布会，宣布中国动漫游戏城项目正式启动。

【北京演艺集团有限责任公司成立】

5月27日，挂牌成立了北京演艺集团有限责任公司。北京演艺集团是北京市政府直属的国有独资文化公司，目前集团包括有中国杂技团有限公司、北京歌舞剧院有限责任公司、中国木偶艺术剧院有限责任公司、北京文化艺术音像出版社、北京市电影股份有限公司、北京市演出有限责任公司、北京对外文化交流公司、北京儿童艺术剧院股份有限公司、北京保利紫禁城剧院管理有限公司9家转企改制文化企业，注册资金1.5亿元人民币。此项改革，进一步增强了产业发展的集中度。

【北京市文化创意产业发展专项资金初审、监管工作】

6月，协助完成了2009年度北京市文化创意产业发展专项资金文艺演出类（含文化旅游、广告会展、广播影视制作类中涉及文艺演出的项目）和艺术品类共90个项目的初审工作。市文化局提出了“扶优、扶强、扶原创”、“提倡贷款贴息和后期奖励、严控项目补贴”的初审工作总体思路，并制定了可操作性强的《北京市文化局关于北京市文化创意产业发展专项资金文艺演出项目初审工作补充规定（试行）》。此外，继续做好北京儿童艺术剧院股份有限公司《福娃》和中国木偶艺术剧院有限责任公司《猴王》文化创意产业专项资金扶持项目的监督管理工作。

【文化企业有关贷款服务和推荐工作】

2008年，市文化局完成了2009～2010年度国家文化出口重点企业和重点项目的推荐工作；承办文化部办公厅关于申报中国进出口银行“扶持培育文化出口重点企业、重点项目贷款”有关事项，完成了“文化出口重点企业和重点项目贷款”申报工作，组织上报了北京演艺集团有限责任公司音乐剧《牡丹亭》、北京典雅天地文化传播有限公司“深圳2011年世界大学生夏季运动会系列文化活动”、天创国际演艺制作交流有限公司“购买并经营美国密苏州布兰森市白宫剧院”3个文化产业项目向中国银行申请贷款相关材料。

【参加全国安全生产月宣传咨询日活动】

6月14日，在天坛公园，市文化局由吴然巡视员带领，参加“2009年全国安全生产月宣传咨询日活动”并发放宣传品。人大常委会副委员长华建敏等领导到市文化局宣传咨询台视察、慰问。

【文化市场安全日活动】

6月16日， 由北京市文化局、朝阳区政府主办，朝阳区文委、区安监局、区卫生局、区消防支队、麦乐迪餐饮娱乐管理集团联合承办的北京市文化市场安全日示范演练活动，在朝阳区麦乐迪KTV隆重举行。市文化局、朝阳区政府、市安监局、市公安局消防局、市文化市场行政执法总队，以及各区县文委、部分新闻媒体、朝阳区100余家文化场所的负责人观摩了文化娱乐场所突发事件应急疏散演练。

【文化娱乐场所安全生产大型公开课】

6月30日，市文化局会同市安监局，在首都图书馆大报告厅联合举办了以“弘扬安全文化、构建和谐北京”为主题的文化娱乐场所安全生产大型公开课。各区县文委主管领导、市场科（审批科）科长，部分文化娱乐场所经营单位法定代表人或主要负责人，行业协会负责人共计400余人到场听取了讲座。

【集中开展安全隐患排查治理督查工作】

7月29～31日，市文化局组织有关处室分4个小组，集中对全市18个区县文化委员会落实“国庆平安行动”工作情况进行了督查，抽查了54家文化娱乐场所。

【成立了北京动漫游戏产业联盟】

为建立健全行业组织，大力加强动漫游戏产业中介服务体系建设，市文化局积极支持成立动漫游戏行业协会，与有关动漫企业、管理部门和筹备组进行过多次沟通，经北京市社会建设工作办公室和社团办核准，8月12日，北京动漫游戏产业联盟在北京成立。

【举行宣传片安装启动仪式暨应急疏散演练活动】

9月9日下午，市公安局、市文化局、市文化市场执法总队在海淀区世纪金源饭店组织举行“娱乐场所点歌系统开机提示宣传片安装启动仪式”。在世纪金源饭店地下一层蓝黛迪厅举行了娱乐场所应急疏散安全演练。各区县公安分局、文化委员会主管领导、部分娱乐场所法人代表等共计约140人参加并观摩了活动。

【开展动漫企业认定工作】

根据文化部、财政部、国家税务总局《动漫企业认定管理办法（试行）》（文市发〔2008〕51号）精神，市文化局积极协调市财政局、市国税局和市地税局开展动漫企业认定工作。10月，印发了《北京市动漫企业认定管理工作实施方案》，正式启动了我市动漫企业认定工作。当年共有39家企业通过北京市动漫企业认定管理工作领导小组的初审并上报全国动漫企业认定管理工作办公室，据文化部口头通报，全国第一批通过认定的动漫企业共有100家，北京有26家企业通过认定，占全国的26%。

【首届中国动漫艺术大展展演展映活动】

10月26日至11月18日，首届中国动漫艺术大展于北京举行。受文化部委托，市文化局与北京动漫游戏产业联盟共同承办了动画电影展映、动漫演出展演活动，共组织实施了30余部国产优秀动画（数字）影片、5台动漫剧目在大展期间集中展映（演），扩大国产动漫艺术在社会公众中的影响力，为广大群众奉上丰富多彩的动漫艺术盛宴。

【召开安全生产监管工作总结会】

11月19日下午，市文化局在北京金辉国际商务会议大酒店召开了全市2009年文化娱乐场所安全生产监管工作总结会。各区县文化委员会主管领导、市场科（或审批科）科长、文化娱乐场所安全生产监管部门负责人参加了会议。

【首届北京大学演艺经理人高级研修班结业】

11月21日，由市委宣传部、北京市文化局支持，北京大学艺术学院和文化产业研究院合办的首届“北京大学演艺经理人高级研修班”在北京大学举行了结业典礼。本届研修班3月27日开班，课程持续7个月左右，是国内首个政府与高校合作，针对演艺经理人的高级研修班。33名来自北京主要演出院团、民营演出机构的高级管理人员以及部分优秀从业者参与研修班学习。本届研修班依托国家文化产业创新与发展研究基地的国际化高端平台，充分整合北京大学及国内国际高端文化产业研究资源，在课程设置上着重从文化产业管理的学科视角，结合目前国内外行业发展的最新研究成果和政策法规，量身为学员打造一套符合我国演艺行业特点的课程体系。学习期间共进行了演艺策划与营销专题、演艺项目管理专题、演艺法律与政策研究专题、演艺与活动经济专题、演艺人力资源开发与管理专题、演艺经典案例研究专题等6个模块的课程。

【组织举办动漫企业培训班】

为规范动漫市场经营秩序，维护动漫市场安全，保护动漫产品知识产权，更好地推动原创动漫产业发展，根据《文化部　国家工商行政管理总局关于开展动漫市场专项治理行动的通知》（文市发〔2008〕29号）文件精神，结合北京市实际情况，市文化局于2008年12月中旬举办了北京市动漫市场培训班，邀请有关部门领导和专家介绍了动漫产业发展现状、规范动漫市场相关规定、动漫产业相关税收优惠政策、动漫产业知识产权保护等方面的政策法规知识。行政管理人员、北京动漫游戏产业联盟相关人员及动漫企业代表120余人参加了培训。

【贯彻学习《营业性演出管理条例实施细则》】

为进一步贯彻执行文化部新修订的《营业性演出管理条例实施细则》，规范演出经营行为，加强政府文化主管部门对营业性演出的监管，12月16日，北京市文化局支持并配合北京市演出行业协会在首都图书馆大报告厅组织召开了贯彻学习《营业性演出管理条例实施细则》工作会议。文化部文化市场司、市文化局、市文化市场执法总队、中国演出家协会、北京市演出行业协会有关领导、各区、县文化行政部门负责人及全市主要演出经纪机构、文艺表演团体和演出场所负责人参加了会议。

四、文化交流

【概况】

2008年，如何在复杂的经济形势下，积极发挥外事部门的优势，正确引导我市文化企业应对金融危机，开辟文化“走出去”的新途径，如何在后奥运时期和新中国成立60周年之际，充分利用我市丰富的文化资源打造北京市在世界上的积极形象，成为市文化局当年工作重点。截至12月底，市文化局共受理出访国外及我国港澳台地区文化交流项目181批1800人次。其中，局系统56批737人次，归口管理单位125批1063人次。引进国外及我国港澳台地区共114批1498人次。其中，局系统4批45人次，归口管理单位110批1453人次。

【爱沙尼亚、芬兰春节庆祝活动】

北京市和赫尔辛基市政府于2007年、2008年成功举办两届中国春节庆祝活动，在芬兰甚至北欧都产生了广泛影响。2008年，在爱沙尼亚塔林市的建议下，春节品牌活动首次延伸到塔林市。1月22～30日，市文化局派出由北京二中舞蹈团、中国木偶艺术剧院有限责任公司组成的表演团一行43人赴爱沙尼亚塔林市、芬兰赫尔辛基市举办2009年中国春节庆祝活动。演出团以精彩的演出征服了现场数万名观众，给塔林市和赫尔辛基市市民以及当地华人华侨带去了一个欢乐祥和的中国牛年。据了解，塔林市人口有40万人，当天来观看演出的观众就有将近6万人次。至此，市文化局已经连续3年在北欧成功举办春节品牌活动，春节庆祝活动在当地已经形成了一种中国文化现象，春节活动每年都吸引十几万民众参与。

【联合国潘基文秘书长夫人观看昆曲演出】

7月24日，联合国潘基文秘书长夫人一行10余人到北方昆曲剧院排练大厅观看昆曲表演。陪同访问和观看表演的还有中国驻联合国大使夫人陈乃清大使、联合国驻华系统协调员马和励夫人、联合国教科文组织北京办事处代表辛格夫妇以及外交部、文化部相关人员。北方昆曲剧院青年演员邵天帅、邵峥、马静等10余名青年演员演出了昆曲代表剧目《牡丹亭·游园惊梦》。演出结束后潘基文秘书长夫人发表了热情洋溢的讲话。联合国教科文组织北京办事处代表辛格夫妇后又专程前往国家大剧院观看昆曲演出，辛格夫妇表示今后要更加关注对昆曲这一列入首批联合国教科文组织非物质文化遗产名录的古老艺术的保护和传播。

【赴南非参加约翰内斯堡狂欢节和华侨国庆活动】

为落实刘淇书记2008年底访问南非时与豪登省商定的选派文艺团体参加该省狂欢节的安排，市文化局一行42人于9月9～15日赴北京市友好城市南非豪登省参加约翰内斯堡狂欢节，并于狂欢节前与当地华侨和驻约翰内斯堡总领馆共同举办了国庆演出。市文化局艺术院团为联欢会特别奉献了一台包括舞蹈、武术、京剧等内容丰富、精彩纷呈的文艺节目。演出当中，房利总领事应邀登台，与著名程派传人、北京市京剧院青年团长迟小秋合作演唱了京剧《沙家浜》选段《智斗》。晚会的最后，在场的所有嘉宾和观众一起合唱《歌唱祖国》和南非家喻户晓的民歌《Shosholoza》。驻约翰内斯堡总领事房利在总领馆花园内举办祝贺北京市艺术团成功参演豪登省狂欢节招待会，同时感谢艺术团为南非侨界庆祝国庆60周年晚会所做的精彩演出。北京市艺术团全体演职员、南非侨界国庆60周年组委会成员、南非侨界代表和总领馆全体馆员及家属共150余人参加。

天津市

一、重大活动

奥运系列文化活动精彩圆满。积极参与了2008北京奥运"中国故事"文化大展和奥运会城市欢乐活动。天津"祥云小屋"共接待世界各地观众约80万人次，以鲜明的特色和优势，向世界展示了天津文化的魅力，受到中外嘉宾的高度评价。被北京奥组委、国家文化部共同授予"最受欢迎奖"。参加了北京奥运文化广场演出，北京市政府给予了高度评价和赞誉。精心组织了我市奥运文化广场活动，共举办了"颂奥运辉煌、唱海河欢歌"等10多项演出和展览活动，历时3个月，观众和游客达300万人次，被市政府授予协办北京奥运会先进单位荣誉。在文化部和北京奥组委举办的北京奥运重大文艺演出中，市曲艺团、天津市青年京剧团在北京演出了"鼓曲精品专场"、大型交响京剧《郑和下西洋》。在"相约北京——2008文化活动剧目展演"中，天津歌舞剧院演出了原创歌剧《杨贵妃》，市杂技团的《倒立技巧》、《杂技芭蕾》分别参加了奥运会闭幕式演出和国家体委举办的演出。天津交响乐团在京津沪三地举办的"和谐之声——向中国2008北京奥运致敬合唱音乐会"，中、美、加等国600多演员同台演唱，被音乐界称之为创造了中国音乐史的奇迹。

达沃斯论坛文艺演出反响强烈。2008年，新领军者年会天津夏季达沃斯论坛文艺演出，是天津市文化局有史以来承办的规格和要求最高的一次演出。天津市文化局突破传统，大胆创新，将地域特色和国际风情巧妙结合在一起，既突出了"和谐、开放"的主题，又体现了中国气派和天津特色，受到与会90个国家和地区的政要和工商界代表的高度赞扬，成为本次论坛的一大亮点。

纪念改革开放30周年文化活动隆重热烈。"大潮——天津市纪念改革开放30周年大型歌舞晚会"，大气磅礴，立意高远，二炮文工团和天津歌舞剧院的演员为观众呈现了一台精彩纷呈的晚会；纪念改革开放30周年精品剧节目展演，精品荟萃，反响强烈；庆祝改革开放30周年群众文化优秀成果展，硕果累累，盛况空前；群众文化优秀成果文艺演出节目精彩，火爆热烈；国庆文艺晚会、元旦、春节晚会主题鲜明、精彩纷呈。

国字号文化活动形成品牌。2008年举办的"天穆杯"全国首届小品展演、中国京剧票友邀请赛、"文化杯"全国梁斌小说评选活动，妈祖文化旅游节等国字号大型文化活动以其品牌的权威性影响力，吸引了全国的瞩目，达到了展示天津，影响全国、波及海外的效果。"天穆杯"全国首届小品展演有全国26个省区市78件作品参赛，在全国产生很大影响，确立了天津在全国小品创作的重要地位。中央电视台春晚语言类总导演对天津为全国小品搭建这么好的舞台，出这么多台好戏给予高度评价和赞扬。第九届“和平杯”中国京剧票友邀请赛，规模超过历届，全国28个省、自治区、直辖市以及美国、加拿大、新加坡等国家及地区的票友参赛，被誉为中国京剧票友空前的盛会。第四届天津妈祖文化旅游节共吸引世界各地游客近20万人，在海内外产生了深远的影响，成为增强天津同港澳台同胞和海内外华人的情感交流，让海内外宾朋感受天津深厚的民俗文化的节庆品牌。第17届“文化杯”全国梁斌小说评选活动，共有全国20个省区市的业余创作者报送作品，扩大了“文化杯”在全国文学评奖中的影响力和知名度。

二、艺术创作

文艺奖项数量多、级别高，创多项全国第一。在第五届中国京剧艺术节上，4部参赛剧目全部获奖。大型交响京剧《郑和下西洋》、新编京剧《护国将军》获新编历史剧一等奖，传统京剧《谢瑶环》、《韩玉娘》获得传统戏改编二等奖，创参赛剧目最多、获奖最多两个全国第一。在第六届全国青年演员京剧电视大赛中，12名青年演员在决赛中发挥出色、技艺精湛，创造佳绩。5人夺得金奖、2人获得银奖、5人取得优秀表演奖，金奖总数名列全国第一，为天津争了光。评剧《寄印传奇》获第六届中国评剧艺术节优秀剧目奖第一名和多项大奖；蓟县评剧团的现代评剧《山村日月明》获优秀演出奖、个人优秀表演奖、表演奖、舞美设计奖、唱腔设计奖等5项大奖；杂技《坛技——三个和尚》在第七届全国杂技比赛中获文华杂技节目创作金奖、《和谐——倒立造型》获铜奖；儿童剧《第七片花瓣》在第七届全国优秀儿童剧展演比赛中获最佳剧目奖；华夏未来合唱团获第二届全国少年儿童合唱节金奖。区县文艺创作取得显著成绩。在全国首届农民文艺会演上获得9项大奖。北辰区的小品《雨中情》获金穗奖，宝坻区表演唱《住宅小区的姐妹们》、西青区的舞蹈《五子夺莲》获银穗奖，北辰区的杂技《健身花毽》、东丽区的独唱《山村情歌》、宝坻区的京东大鼓、宁河县的小品《狗尖儿》、汉沽区的评剧演唱《黛诺》、《咱们农民好运来》获丰收奖。

在中央文明办、文化部举办的全国第六届“四进社区”文艺展演上，南开区的音乐快板《英模赞》、武清区的舞蹈《欢聚一堂迎奥运》、宝坻区的京东大鼓《咱们农民好运来》分别获得银奖和铜奖，河北区文化馆获得展演组织奖。

文艺创作内涵丰厚、质量上乘。先后创作推出了大型民族管弦乐组曲《连年有余》，大型杂技精品主题晚会“艺海奇功”，河北梆子《八月十五月儿圆》、《君臣怨》、《兰梅记》和《春草闯堂》，音乐话剧《仲夏夜之梦》、《茂陵封侯》，儿童剧《三只小猪》，修改加工提高了儿童剧《第七片花瓣》，大型乐舞《异彩流金》，芭蕾舞剧《灰姑娘》、《胡桃夹子》，大型歌剧《杨贵妃》，新版歌剧《原野》等10多部剧目，上演后受到专家和观众的欢迎和好评。

大型演出层次高、规模大、影响广。“爱心传递、携手抗灾”义演、“情系灾区·津陕同心——赴陕西汉中地震灾区慰问演出活动”，以文艺形式表达了爱心，支援了灾区人民，在社会上引起强烈反响。庆祝新中国成立59周年和纪念改革开放30周年精品剧节目展演、庆祝改革开放30周年群众文化优秀成果展演、“同在一方热土，共建美好家园”歌曲传唱、“新春的祝福”——“海河情”慰问城市建设者曲艺专场和戏曲专场、金融文化系统“回报社会、共创和谐”系列文艺演出、“共享文化成果，共建和谐家园”公益性演出、慰问外来务工者等大型演出活动，振奋了精神、鼓舞了士气、凝聚了力量，营造出昂扬向上的文化氛围，在服务全市大局中发挥了重要作用。天津芭蕾舞团参加中央电视台春节联欢晚会《蝶恋花》、《中国印象》和歌舞《神州共举杯》等3个大型舞蹈演出、天津杂技团的《倒立技巧》参加文化部春节晚会演出，展示了本市舞台艺术的实力，扩大了影响力。

文化理论创新成果显著。申报2008年度国家社科基金艺术学科项目课题34项，3个课题获国家立项。《津门三大花脸》、《京剧音配像精选汉英对照版》被列入国家“十一五”规划重点选题项目。《中国曲艺志·天津卷》、《骆玉笙年谱》、《中国评剧发展史》、《新时期以来京剧文学研究概况》、《民族传统艺术的现代化探索》等一批戏曲艺术理论研究成果问世。形成了民间戏曲生存现状、演艺人才状况及培养模式、艺术类高职基础课程多样化改革、天津市民间舞蹈现状、关于财政支持公共文化服务体系建设、公共文化场所免费开放、天津城市居民文化消费情况等一批调研成果。

举办了“国家重点京剧院团第三届高峰会·天津论坛”和华北东北八省市“群众文化30年”论坛活动。

三、公共文化

重大文化设施建设相继竣工。2008年，累计竣工面积67821平方米，开工面积8635平方米，维修面积5300平方米，完成投资24135万元。被列入20项民心工程的天津图书馆整修工程、李叔同（故居）纪念馆、滨湖剧院、周邓纪念馆西花厅、小白楼音乐厅已正式落成。杨柳青年画艺术中心、文庙大修相继开工建设，天津艺术职业学院已完成了开工准备。各区县政府也纷纷加大财政投入，加快基层文化设施建设。区县文化设施建设进入新一轮高潮。北辰区少儿图书馆、津南区小站练兵营博物馆、东丽区华蕴博物馆、和平区文化艺术中心暨新兴影剧院改扩建工程、天津港港口博物馆等相继建成并对外开放。河西区少儿文化艺术中心、南开区恭王府扩建工程、塘沽区大沽口炮台遗址博物馆、塘沽文化大厦、东丽区文体中心等项目正式启动。

基层文化设施网络进一步完善。针对全市基层文化发展过程中出现的新情况，根据直辖市的特点，市发改委、市文化局、体育局下发了《天津市“十一五”乡镇文化体育活动中心建设规划》和《天津市“十一五”乡镇文化体育活动中心建设管理办法》，启动了乡镇文体中心建设工程。将采取政府投入，吸纳社会资金的方式，用两年时间在全市建成100个600平方米以上的高标准的乡镇文化体育中心。以第二次全国文化馆评估定级为契机，增加投入，改善服务，提高水平，取得显著成效。本市17个县级以上文化馆中，10个被命名为一级馆、7个被命名为二级馆。扎实推进文化信息资源共享、农村电影“2131”、送书下乡等一系列文化惠民工程，建成共享工程18个区县支中心和泰达支中心、223个基层服务点。开通了共享工程天津数字频道，共享工程已覆盖全市700多个农村基层点，遍布城乡的共享工程基层服务点，为群众搭建了获取优秀文化信息、提高文化娱乐档次、学习科学文化知识和实用技能的重要平台。和平、河西、塘沽、大港、东丽、津南和北辰区被国家文化部命名为共享工程示范区，文化部给予天津市400万元的奖励。

基层文化活动精彩纷呈。围绕迎奥运和纪念改革开放30周年，市和各区县举办了丰富多彩的文化活动，为经济社会发展营造了和谐的氛围。以丰富农村、农民、外来务工人员文化生活为主旨的第五届农民艺术节，首届外来务工人员文化艺术节，津、京、冀河北梆子邀请赛，“宝坻杯”首届评戏票友大赛；以关注未成年人思想道德建设为主题的第六届残疾儿童艺术节、中小学生“好书伴我成长”读书活动；以活跃城市社区文化生活为基础的和平区、河东区、红桥区的社区文化艺术节；以打造文化旅游品牌为载体的河西区、塘沽区、宁河县、蓟县、津南区的文化博览会和艺术节，惠及500多万群众，激发了广大群众热爱天津、赞美天津、建设天津的热情，营造出欢乐和谐的氛围。积极开展“送戏、送电影”下乡、下校、进社区活动。市属专业艺术院团全年送戏下乡281场，观众17万多人次。“优秀儿童剧走遍津沽大地乡村校园”活动，辐射全市12个农业区县的450所小学和幼儿园，使40万农村儿童受益。华夏未来少儿艺术中心启动的“新农村、新文化、新儿童”工程，2008年又在大港区、宝坻区和蓟县等地建立乡村童乐园。市群众艺术馆和华夏未来免费培训农村艺术教师、文化干部1000多人次。大力推进农村电影放映数字化进程，建立农村数字电影院线公司。全市送电影下乡、进社区19000场，观众400万人次。西青区中北镇文化站、宝坻区文化馆、蓟县评剧团等6家单位荣获全国服务农民服务基层建设先进单位称号，西青区民乐电影放映队、大港区的刘强电影放映队获全国优秀农村电影放映队称号。

图书馆延伸服务进一步扩大。发挥馆藏文献资源优势，建成的天津市人民政府信息查阅中心是我市最大的政府指定设立的市级信息查阅场所。新建的全国图书馆联合编目中心少儿中心也已启动。扩大延伸服务，新建天津港保税区货物空港物流加工区分馆，增加流动汽车服务点，社区分馆已达56个、行业分馆81个、汽车流动服务点53个。推进文献资源通借通还，一卡通服务延伸到18家社区分馆，开通了家庭虚拟图书馆，实现了图书馆与读者之间的互动，提高了服务能力和水平。市少儿图书馆为全国第一所抗震希望小学建立“爱心图书馆”。举行了天津图书馆百年庆典活动。市委书记张高丽、市长黄兴国、文化部部长蔡武发来贺信。文化部副部长周和平、副市长张俊芳出席，来自全国各省、区、市公共图书馆，天津市各公共图书馆、高校、科研、卫生系统图书馆的领导和专家集聚集天津，庆典活动受到文化部等部委领导以及图书馆界的广泛好评。

四、文化产业

制定积极的产业引导扶持政策。出台了《天津市文化产业示范基地评选命名管理办法》，在全市开展首次市级文化产业示范基地评选命名工作，为加快文化产业基地和区域性特色文化产业群建设起到引导作用。

推荐申报国家级文化产业示范基地候选单位，华夏未来文化发展中心和天津市爱心手工编织制品有限公司进入第三批国家文化产业示范基地行列，河西区文化和旅游局被评定为全国文化产业先进单位。积极申报天津新技术产业园区、滨海新区为国家级游戏动漫产业发展示范基地。与发改委、社科院等部门联合起草了《天津市文化创意产业园区空间布局规划》、《鼓励扶持天津市文化产品出口重点企业和重点项目》、《关于促进民营经济发展文化产业的实施意见》、《天津市关于鼓励和扶持动漫产业发展的实施意见》等扶持政策和发展规划，为全市文化产业发展创造了环境。各区县政府相继出台了一系列措施推进文化产业发展。高新技术产业园区出台的《动漫产业发展的鼓励办法》，河西区、大港区制定的《文化产业发展规划》、《关于进一步加快文化产业发展的意见》和《推进文化产业创新发展的实施意见》等，为加快文化产业的发展提供了政策支持。组团参加了第四届中国深圳国际文化产业博览交易会和第三届中国北京国际文化创意产业博览会，我市展台设计新颖独特、现场表演引人注目、展示内容丰富多样，吸引了海内外大批观众，展示了天津文化产业的丰硕成果。深圳国际文化产业博览交易会签约总金额4.2亿元，北京国际文化创意产业博览会签订合作意项协议总金额达56.3亿元。举办了全国动漫产业协会年会、天津市首届CG（电脑图形设计）作品巡展活动。

涌现一批特色文化产业群和具有核心竞争力的产品。各区县通过老旧厂房、仓库改扩建等方式，10余家潜力巨大的创意产业园在天津市陆续建成。华苑动漫产业园、和平区6号院创意产业园、河北区3526现代创意工厂、红桥区意库创意产业园、西青区凌奥创意产业园、津南小站军事文化创意园以及汉沽华梦葡萄酒文化产业园区等一批创意产业基地已初具规模。南开区“老城厢文化创意产业群”、河东区洋务文化主题公园、河西区陈塘文化创意园等项目正在筹备建设。杨柳青画社推出的著名油画家陈逸飞画集，以艺术价值，装帧精美，印刷质量赢得了市场，发行后连续4个月在全国美术图书类码洋销售排名第一名。天津福丰达影视科技投资发展有限公司在四维动画作品及后期衍生产品的开发与制作方面，分别与深圳和云南两家公司签订2.3亿元的合作协议，仁永动画公司打造的52集大型写实科幻动画片《时空少年》，中央电视台少儿频道、国内著名的卡酷卫视、炫动卫视及全国22个省区市、地区电视台，海外最大华语影视机构麒麟电视等签约播出，神界漫画有限公司的“四大名著”漫画与法国和日本出版商签订在欧洲和日本出版发行的协议。举办了全国动漫产业协会年会。

演艺产业空间不断拓宽。各单位针对奥运会期间减少演出和国际金融危机带来的困难，积极应对，开拓市场，拉动内需，确保增长。实现了下半年好于上半年，四季度好于2007年同期的目标。招商银行之夜“2008都市浪漫——世界著名芭蕾舞团精品剧目展演”、“天津之春——中外艺术精品演出季” 等品牌演出共演出40多场，观众达4万人次。“2008中国·天津——海河之春”音乐艺术节，无论是文化广场活动，还是专业院团系列，取得了两个效益双赢。天津歌舞剧院打造的大型乐舞《异彩流金》演出已超过百场。天津市青年京剧团赴拉美四国和韩国商演达41场，创国内京剧艺术院团在国外商演的新纪录。与上海京剧院实行定期走马换将演出新模式，实现了跨地区的联合，为开拓市场注入了活力。市杂技团全年赴国外演出100多场次，商演活动涵盖亚洲、欧洲、北美洲等13个国家和我国香港、台湾地区。市儿童艺术剧团的中学生话剧《第七片花瓣》在上海、北京演出50多场，取得了较好的经济效益。在光华剧院运作的儿童剧亲子场演出，每场观众均600多人，收入都近万元。市曲艺团在群星剧院开辟的曲艺演出阵地，河西区文化局的“打开音乐之门”暑期系列音乐会，西岸美术馆的“今晚听听室内乐”系列活动，广东会馆、中国大戏院举办的“乘高铁、逛津城——戏曲曲艺系列演出”活动，形成了品牌效应，提升了旅游的文化内涵，吸引了国内外观众。

音像出版社出版的《津门三大花脸》、《京剧音配像精选汉英对照版》被列入国家“十一五”规划重点选题项目，《杨柳青木版年画集成》被国家新闻出版总署列入“十一五”规划重点图书。市直属艺术院团共演出2119场，观众达122万人次，收入1486万元。全市演出总场次达10000多场。特别是奥运会后，大型演出形成高潮。民营演艺企业先后举办了16场香港、台湾地区歌星大型演唱会和俄罗斯、西班牙、美国等外国文艺团体的演出，观众达60万人次。其规模之大、市场之好都创历史新高。

五、文化遗产保护

文物普查工作成效显著。第三次全国文物普查工作扎实有序推进，新发现701处不可移动文物点，填补了本地区文物的时代或类别的空白。完成明长城天津段田野调查工作，新发现大量相关遗存。京杭大运河天津段沿线地下不可移动文物田野调查基本结束，共发现包括古遗址、古墓葬、古建筑、古码头、沉船点、古窑址、碑刻等不同类型古代遗存80余处，年代涵盖战国至明清时期，许多遗址属于首次发现。国家文物局对天津在文物普查工作中结合地方特点，重点展开工业遗产专项调查并取得突出成果的做法给了充分肯定。对国道112线高速、津港高速公路等重点工程及大沽海神庙遗址、蓟县黄花山6座清代皇家陵园寝进行了考古发掘，发现了海神庙建筑遗存，使文献中记载的大沽海神庙得到了确认并成为信史。围绕《天津市文物保护条例》出台，开展了有声势、有特色的系列宣传活动，全社会的文化遗产保护意识得到增强。

博物馆、纪念馆免费开放成果不断扩大。免费开放的博物馆、纪念馆共免费接待观众约260万人次，是免费开放前年接待观众的6倍多，创下历史最高纪录。北京电视台国内频道以及海外频道北美长城栏目和香港阳光卫视播出了天津博物馆专题片，向国内外宣传了天津和城市文化。为适应免费开放后公众对展览求新的需求，完善基本陈列展览，引进临时展览，推出特色展览，使展览常看常新。各博物馆、纪念馆推出了“纪念周恩来总理诞辰110周年画展”、“世界瑰宝——周恩来国务礼品展”、“周恩来专机故事”、“中国春天——纪念改革开放30周年名家书画展”、“抗震救灾大型图片展”、“抗击冰雪——心系人民新闻图片展”、“拉萨‘3·14’事件真相暨西藏今昔大型图片展”、“丝路放歌、情系奥运——2008敦煌艺术大展”、“金缕玉衣特展——汉代遗韵巡礼”等新展览40余个。创新服务方式，积极组织展览进校园、入社区巡展活动，开展文物知识和艺术品鉴赏等公益性讲座，提升了观众对博物馆、纪念馆认知度和知名度，吸引了更多群众走进博物馆。创新经营方式，采取合作、互换等方式，引进市场好的国内外展览，加强与旅行社合作，开发文化旅游市场和旅游纪念品，丰富了我市旅游的文化内涵，取得了较好的社会效益和经济效益。天津博物馆、天津自然博物馆、周恩来邓颖超纪念馆被国家文物局命名为首批国家一级博物馆。天津自然博物馆荣获2008年博物馆及相关产品与技术博览会展示展览组委会颁发的“最佳组织奖”、国际爱护动物协会颁发的国际爱护动物行动周优秀组织奖。召开了第三届周恩来研究国际学术研讨会。

非物质文化遗产传承保护机制初步建立。申遗工作取得新的成绩，在全市范围内开展了“非遗”的普查工作。积极筹备建立天津市非遗保护中心，形成市、区县两级保护网络。进一步建立区县级、市级和国家级三级名录项目的代表性传承人保护体系。申遗工作取得新的成绩，津门法鼓、汉沽飞镲等8个项目入选第二批国家级非物质文化遗产名录，李荣威等3人入选第二批国家级非物质文化遗产项目代表性传承人。7个类目的47人被首次列入市级非物质文化遗产传承人，14个乡镇被文化部命名为中国民间文化艺术之乡。西青区杨柳青镇被国家住房和城乡建设部命名为“中国历史文化名镇”。古籍保护取得显著成绩，天津图书馆被国务院列为全国古籍重点保护单位，天津博物馆14种古籍被列入国家珍贵古籍名录。

六、对外文化交流

2008年，天津市派出文化团组46个，4256多人次，出访亚、欧、美洲的近22个国家和我国港澳台地区；引进团组涉及23个国家和我国港澳台地区的1631人次。京剧、杂技、少儿艺术、文物等我市的优势文化项目在国际文化舞台十分活跃。

积极拓展新的交流渠道。天津市青年京剧团赴智利、哥斯达黎加、阿根廷、巴西、秘鲁等五国巡演取得极大成功，并以中国主宾国身份参加了文化部主办的哥斯达黎加国际艺术节开幕式演出，受到文化部通报表扬。天津杂技艺术团赴乌克兰、印度，天津歌舞剧院民乐小组赴日本，天津杂技团主题晚会“布达”、“马可波罗”赴欧洲10国巡演和在法国驻演，华夏未来少儿艺术团赴亚美尼亚、格鲁吉亚、乌克兰、朝鲜、马来西亚，自然博物馆赴荷兰举办“中国恐龙化石展”等。都以其突出的文化个性、鲜明的艺术形象和浓郁的地域特色，传播了中华文化，展示了天津的风采。其中天津杂技团作为天津艺术团首次到印度演出，在当地引起了巨大的轰动，4场演出场场爆满，被当地媒体称为“来自中国的30年来最好的演出和中国最好的艺术”。特别是出访期间孟买发生恐怖事件，全团服从大使馆的统一指挥，遵守纪律，表现出良好的素质和精神面貌，受到文化部和我国驻印使领馆的表扬。天津京剧院携原创剧目《妈祖》及8台经典传统剧目赴台湾演出，这是近年来我国京剧艺术规模最大的一次对台文化交流活动，其社会影响和宣传效果也是历年来文化交流中最好的一次。通过妈祖文化的交流和传播，增强了台湾人民对祖国传统优秀文化的认同感和归属感。国台办专门刊发了简报予以表扬。天津艺术团赴澳门参加第六届妈祖文化旅游节演出、周邓纪念馆“为中华之崛起——周恩来生平业绩展”在澳门展出，澳门特区政府行政长官何厚铧先生、中央驻澳联络办主任白志健和外交部驻澳特派员卢树民出席开幕式。《周恩来邓颖超通信选集》在香港成功出版发行。

大力引进高质量演出。包括法国钢琴家理查德·克莱德曼音乐会、俄罗斯新西伯利亚歌剧舞剧院131人、希腊国家交响乐团97人、美国古斯塔夫交响乐团95人、美国西沃瓦托萨乐团84人、朝鲜歌剧《卖花姑娘》175人、西班牙现代艺术大师70余件雕塑作品展等文艺团体来津演出，繁荣了我市的演出市场，对加深天津与世界各国人民的友谊和交流，促进文化交流与合作产生了积极作用。

七、文化市场管理

文化市场秩序健康有序。贯彻落实中央和市委、市政府关于奥运安保工作的指示精神，开展了以“创建平安文化市场”为主题的文化市场“奥运保障行动”，下发了《关于开展我市文化市场奥运保障行动的通知》和《关于进一步加强奥运期间文化市场执法有关工作的通知》，层层签订了安全生产责任书，制订了行动方案。加大了对文化市场特别是网吧市场和娱乐市场的执法力度，集中时间和力量解决突出问题，确保了奥运期间我市文化市场的秩序。二是实施音像市场净化工程、娱乐市场阳光工程。组织了以“保护知识产权、打击侵权盗版”为主题的音像市场法制宣传及违法音像制品统一销毁活动，使音像市场结构得到进一步优化，“小、滥、散、差”等经营单位继续得到压缩，全市正版音像制品流通体系正在形成，正版音像制品市场占有率显著提高，音像市场经营秩序明显好转。以倡导文明健康安全为主题，开展了阳光娱乐宣传周和向全市娱乐业经营者发出倡议等活动，使本市娱乐场所经营环境和经营秩序有明显改善，娱乐业整体形象得到提升。

优化服务，促进市场繁荣。一是实施网吧监管平台系统建设工程，制定了建设实施方案，运用网络、信息和计算机技术手段，探索市场科学管理、行业科学发展的模式。启动了天津市卡拉OK内容管理服务系统建设试点工作。二是根据演出市场发展的新情况，建立了全市演出信息统计系统，定期发布全市各类演出情况，为引导和繁荣市场提供了决策依据。三是开展了文化市场管理先进集体和优秀个人评选活动，一批在执法工作中做出突出贡献的单位和个人受到表彰。四是加强对民营文化企业的扶持。配合文化部原创动漫扶持计划，做好天津市动漫企业原创作品和作者推荐工作，争取获得国家专项资金支持。实施中国现当代艺术推广计划，天津市一名画家入选，获得文化部10万元扶持。做好滨海新区和新技术产业园区建设国家动漫产业基地的准备工作。加强对民营文艺团体、演出经纪机构、动漫企业的扶持，演出市场、电影市场呈现投资主体多元化、院线制发展的新格局。五是加大对违规经营的查办力度。促进执法资源的合理利用，市区县建立了文化行政执法联动机制，实行集中执法、异地执法的新机制，执法效率明显提升。全年出动文化执法人员15547人次，联合执法175次，检查文化经营单位2.039万家次，收缴非法音像制品58.7万多张（盘），查处违规经营网吧112家，取缔无证音像经营摊点和娱乐场所81个。移送公安、工商处理27件。为保护知识产权，净化音像市场，全市统一行动，集中销毁违法音像制品120万余张。天津市文化市场稽查队、和平区文化局、大港区文化局等4个单位、3个个人被文化部评为全国扫黄打非有功集体和文化行政执法先进单位先进个人。

八、文化体制改革

认真贯彻落实中共中央、国务院《关于深化文化体制改革的若干意见》和全国文化体制改革工作会议精神，全面推进体制机制创新，解放和发展文化生产力。根据市文化体制改革工作领导小组会议的部署，深入基层切实做好各项调查研究工作，摸清所属文化单位的实际情况，找准体制机制方面存在的主要问题，明确目标，理清思路，制定规划，为深化文化体制改革做好准备。一是开展调研，拟订方案。充分认识文化体制改革的紧迫性和复杂性，深入开展文化体制改革调研，按照区别对待、分类指导，循序渐进、逐步推开的要求，确定了“成熟一个，推进一个”、“一团一策”的思路，并结合实际制定了《天津市文化局直属艺术院团改革基本思路》和《天津市杂技团转企改制实施方案》，明确了直属艺术院团改革的路线图和时间表，文化体制改革工作按计划积极稳妥地推进。二是调整局属演出单位布局结构。按照整合资源，优化配置，优势互补，发挥整体效益，改变各自为战、条块分割等“小而全”的发展模式，组建了天津市演出总公司。通过改革，整合了资源，优化了人员，集中了力量，积极尝试大型文艺演出的市场化运作，提高了演出资源的社会化运作程度，逐步面向市场，壮大实力，提高竞争力。三是深化文化单位内部机制改革。推进了局直属单位领导班子的目标责任制，加强年度工作目标的考核和奖惩兑现。全面实施事业单位人员聘用制度和岗位设置管理制度。完善了岗位管理制度，调整了天津艺术职业学院机构设置，在部分单位实行了竞争上岗和人员聘任制。改革分配制度，强化激励机制。全额拨款事业单位积极探索绩效工资分配办法，逐步建立档案工资与实际收入相分离，基本工资与奖励相结合，重实绩、重贡献的分配制度，合理拉开分配档次。调动了文化工作者的积极性。自收自支事业单位实行企业化管理，收入直接与效益挂钩。加大艺术创作生产机制创新。拓宽视野，从全国范围延请名家高手，强强联合，为我所用。他们的加盟不仅增强了天津市的创作实力，而且带来了新的活力，促进了艺术交流，为催生优秀作品创造了良好的氛围。

九、党的建设和干部队伍建设

学习实践科学发展观取得新收获。根据市委部署和要求，从3月开始，全局开展了为期4个月的“解放思想、干事创业、科学发展”大讨论活动，推动科学发展观的贯彻落实。局党委召开了动员大会，开展了专题研讨活动，到文化建设先进省市和地区学习取经，召开了中青年干部座谈会和领导干部学习成果交流会，促进大讨论活动深入开展。各单位以领导班子为重点，开展集中培训、集中研讨和宣讲活动，广泛动员干部群众积极参与到大讨论活动中来。在形成思想高度共识的基础上，局党委做出了“文化系统解放思想，干事创业，争当文化强市建设排头兵”的决定。提出了树立文化建设是国家发展全局、文化为民、文化惠民、不进则退、小进也是退、改革创新、有为才有位、开放合作、把文化做大做强等新的发展理念，为推动文化大发展大繁荣打下了坚实的思想基础。举办了处级以上领导干部专题读书班和专题研讨会，开展了党员答题活动，提出了“繁荣文化事业，发展文化产业，争当文化强市建设排头兵”的目标。各级领导干部带头宣讲、带头调研、带头整改，认真查找和解决影响和制约文化科学发展的突出问题，共完成了103个重点调研课题。先后召开了直属单位、区县文化局、人大代表、政协委员和民主党派人士座谈会，向基层单位和区县有关部门发函，通过文化信息网广泛征求各方面对文化建设的意见和建议。召开了以检查贯彻科学发展观为主题的民主生活会，形成了领导班子分析检查报告。市委指导检查组对天津市文化局的学习实践活动给予了高度评价。

领导班子素质能力不断增强。坚持以提高执

政能力和领导班子水平为核心，加强领导班子和干部队伍建设，制定了新一轮大规模培训干部实施意见，分层分类搞好干部培训，提高培训的针对性和实效性。举办了局属党政正职和局机关各处室负责等80余人参加的《党政领导干部选拔任用工作条例》培训班。健全完善了决策目标、执行责任、考核监督3个体系，与基层43个单位签订了目标责任书。以推进干部工作的科学化、民主化、制度化为目标，加大领导班子和领导干部充实调整工作力度。共考察调整42个（次）局属单位领导班子，新提拔干部23人，40岁以下年轻干部11人，占48%，交流了局管干部6人。创新选人用人方式，在部分单位推行竞争上岗。

人才培养工作稳步推进。实施人才兴文战略，制定《天津市文化系统人才工作和人才队伍建设发展规划》，组织实施“131”创新型工程，向市委宣传部推荐天津市宣传文化系统“五个一批”人才。继续实施百家工程，充实文化人才数据库，制订个性化培养方案，举办“名师教室”，设立“优秀人才贡献奖”，开展首次评选“优秀青年人才贡献奖”，为人才成长创造良好条件。扎实推进青年文艺人才工程，一批年轻演员担纲主演新剧目，在第六届中央电视台京剧青年演员电视大赛中，本市12名青年演员进入决赛，取得5金2银的好成绩。大力引进高层次人才和急需人才，面向高校招录优秀毕业生143名，其中博士生3人、硕士生6人；面向区县公开选拔了5名机关干部，解决了京剧、河北梆子和杂技团50名急需专业人才落户天津问题。抓好艺术职业院校建设，搞好评估工作，提高教学水平。定期组织优秀高级专家人才修养。

党员队伍素质不断提高。深入实施“强基创先”工程，加强基层党组织和党员队伍建设。充实调整了部分基层党组织设置。举办3期153名入党积极分子参加的培训班和组织员工作培训班，开设了党员大课堂。四川汶川地震发生后，局系统各级党组织和广大党员充分利用文化系统自身优势和文化活动载体，采取赈灾义演、书画义卖、对口支援、积极捐款等多种形式开展抗震救灾，为灾区人民献爱心。文化局系统全体党员共交纳“特殊党费”434018元；其中，交纳千元以上“特殊党费”的党员92名，149520元。开展精神文明创建工作。天津博物馆获中央文明办和市文明委授予精神文明创建先进单位和市级标兵称号，华夏未来少儿艺术中心被授予全国未成年人思想道德建设先进单位称号，天津歌舞剧院、周邓纪念馆、社文处获文明单位和先进集体称号。

党风廉政建设明显加强。扎实推进惩治和预防腐败体系建设，认真抓好党风廉政建设。以学习实践科学发展观活动为契机，深入开展党风廉政建设。制定下发了《建立健全教育、制度、监督并重的惩治和预防腐败体系实施方案》。开展了风险点工程、防火墙工程和平安工程创建活动，推进了党风廉政建设。周恩来邓颖超纪念馆被市纪检委确定为“天津市革命传统和廉政教育基地”。

河北省

一、扎实组织推进，深入开展学习实践科学发展观活动取得显著成效

根据河北省委要求，在省委学习实践活动领导小组和省委指导检查组的具体指导下，按照“立足于早、着眼于好、落脚于实”的工作思路，周密部署，扎实推进，狠抓成效，认真完成规定动作和步骤，取得阶段性成果。从学习实践活动一开始，厅党组就高度重视，多次召开专题会议，传达学习省领导讲话精神和省委关于开展学习实践活动的实施意见，结合工作实际，对省直文化系统开展深入学习实践科学发展观活动做出安排部署，并注意做好思想发动和舆论引导，引导党员干部提高认识，统一思想，以积极的态度投身到学习实践活动中来。在学习调研阶段，坚持“三为主”，倡导“三学理念”，坚持“三个并举”，使各级党员干部对开展实习实践科学发展观活动的重要性、必要性的认识有了新的提高，对科学发展观的科学内涵、精神实质和根本要求的认识有了新的提高，增强了学习的积极性和主动性。围绕“创新发展观念、转变发展方式，推动文化建设科学发展”主题，精心组织调研和研讨，广泛征求意见、深挖根源，明确思路，树立了文化建设科学发展的新观念。在分析检查阶段，坚持实事求是，深刻分析检查，聚集提炼了6个方面影响文化事业发展的问题；坚持解放思想，准确把握形势，凝聚统一思想，形成了5个方面的共识；坚持改

革创新，着眼繁荣发展，制定了7类22项文化建设科学发展的新措施。落实学习实践活动边学边改、边整边改工作要求，河北省文化厅坚持开展活动与推进工作“两不误、两增强、两促进”，着力促进学习实践活动向工作实效的转化，有重点、分层次地解决了当前一些亟需解决的问题，使广大群众及时感受到开展学习实践活动的成果和实惠。

二、参与服务奥运，“河北文化北京行”等系列文化活动产生强烈反响

配合文化部“2008北京奥运重大文化活动”开展，积极组织“河北文化北京行”系列文化活动。自5月9日启动以来，共推出演出展览100多场次，参展演人员2000多人次，观众超过数十万人。先后组织交响乐《英雄河北》，河北梆子《钟馗》、《大都名伶》、《绝唱》，京剧《响九霄》，杂技舞台剧《奥运情缘》等6台原创精品大戏在国家大剧院、长安大戏院、天桥剧场等首都主要场馆演出，受到热烈欢迎和高度评价；沧州狮舞、常山战鼓、吴桥杂技、承德二贵摔跤、昌黎地秧歌等几十种民间艺术在天安门广场、中华世纪坛广场、国家体育场“鸟巢”、北京市昌平文化广场、海淀文化广场等地展演，空前火爆；以“河北人家”理念设计、汇集河北省20多项优秀非物质文化遗产的河北“祥云小屋”在首都奥林匹克公园精彩亮相，接纳中外游客22.5万多人次，日均流量1.5万人，被北京奥组委、文化部授予“最受欢迎奖”，奥运版武强年画《六子游戏图》，被奥组委选为奥运纪念邮票图案；河北省60多名杂技演员表演的抖空竹、水流星等7类10个节目在首都体育馆等7个奥运比赛场馆现场演出近30场，受到广泛好评。“河北文化北京行”系列活动策划周密、组织得力，为北京奥运会、残奥会营造了良好氛围。其轰动效应吸引中央和省内30多家媒体参与报道，直接发稿百余篇次，宣传密度和声势前所未有，有力地宣传了河北，全面推介了河北文化。秦皇岛市积极履行奥运协办城市职责，充分利用奥运文化广场开展了系列迎奥运文化活动，营造喜庆热烈的文化氛围；在北戴河海滨组织了各类群众表演和民俗文化活动，排演了反映圣火传递的大型舞蹈《托起太阳之火》；精心策划组织奥运火炬接力系列文化活动，推介传统文化品牌，受到北京奥组委和省市党委、政府充分肯定。

三、搞好主题宣传，纪念改革开放30周年系列创作和活动丰富多彩

围绕纪念改革开放30周年工作主线，组织开展了系列主题创作、演出、展览及群众性文化活动。承德话剧团生活轻喜剧《扭起同和大秧歌》、省心连心艺术团综艺晚会“燕赵春潮”、河北梆子现代戏《秀色》、衡水市大型现代评剧《林秀贞》等一批反映改革成果、宏扬时代特色的剧（节）目先后创排上演，用舞台艺术形式再现了河北省改革开放30年来的伟大历程。开展了“迎接改革开放30周年”第九届燕赵群星奖优秀获奖节目展演展览活动和迎接改革开放30周年优秀国产影片展映月活动，举办了学习实践科学发展观“拥抱科学发展的春天”、纪念改革开放30周年“我生在1978”等大型专题文艺晚会。秦皇岛市“开天海岳秦皇岛”大型展览接待保各界群众10万余人次，中共中央政治局委员、书记处书记、中宣部部长刘云山，省委常委、宣传部长聂辰席参观展览并给予高度评价；保定市“纪念保定解放和改革开放30周年文艺晚会”，取得了广泛的社会效益；邢台市“春风三十年”纪念改革开放30周年大型文艺晚会、衡水市新年晚会“放歌衡水”、唐山市“希望之歌”——建设社会主义新农村文艺调演等等，都集中展示了河北省各地改革开放以来取得的丰硕成果，热情讴歌了党的富民政策，歌颂了人民群众的幸福生活，体现了人民群众热爱党、热爱祖国、热爱家乡、热爱美好生活的精神风貌。

四、树立精品意识，文化艺术生产和科研工作收获丰硕成果

深挖河北文化资源，积极创排优秀剧目，一批优秀剧（节）目获得国际、国家大奖。精心创排了话剧《棋盘岭传》、新编历史故事剧《响九霄》、杂技舞台剧《奥运情缘》、大型情景杂技晚会《梦幻西游》等优秀精品剧目。《棋盘岭传》入选“2007～2008年度国家舞台艺术精品工程年度资助剧目”；《响九霄》荣获第五届中国京剧艺术节新编历史剧类剧目二等奖第一名，裴艳玲获特别荣誉表演奖；《奥运情缘》融合杂技、舞蹈等多种艺术形式，紧扣奥运主题，被誉为“精彩绝伦的艺术盛宴，奥运理念的完美诠释”；《梦幻西游》在《奥运情缘》基础上加工提高，倾力打造，荣获全国杂技比赛剧目一等奖；省杂技团《轻蹬技》获第29届法国明日国际马戏节银奖。邯郸市与外省联合摄制了戏曲电影《桃花庵》，承德市全力打造大型原创音乐舞蹈诗《紫塞风华》，石家庄市《女人九香》入选国家舞台精品剧目优秀剧本。唐山市《帘卷西风》获第六届中国评剧艺术节优秀剧目奖，《农村新貌》获中国曲艺"牡丹奖"最高奖；沧州市《追梦——蹬人空竹》获"文华奖——第七国全国杂技比赛"金奖，《爸爸回家》获全国少儿曲艺大赛一等奖；省心连心艺术团舒晓敏获得中国音协举办的2008年"中国杯"歌唱比赛一等奖等等，2008年全省专业艺术工作者共获得省级以上奖励120项，其中国际、国家级奖励71项，省级奖励49项。

加强规划引导，艺术科研和艺术教育工作取得新突破。成立了河北省艺术科研规划领导小组；完成了河北省2008年度国家社会科学基金艺术项目申报工作（申报课题25项），其中"河北辽代墓室壁画研究"一项获得国家立项；唐山乐亭成立了"中国皮影艺术研究中心"（全国唯一），为抢救、保护、弘扬皮影艺术创造了条件；艺术教育工作进展顺利，河北艺术职业学院顺利通过教育部组织的人才培养工作水平评估。

五、创新形式内容，文化服务和文化活动的市场化社会化迈出新步伐

创新探索文企合作，成功开启文企联姻的新范式。按照"政府主导、企业支持、市场运作、群众受惠"的原则，与民生银行共同举办了"民生银行之夏演出季"系列演出活动，历时3个月，演出近70场，观众总人数达10万人次，受到社会各界和新闻媒体的广泛赞誉，为深化、推广文企联姻模式创造了宝贵经验。继此次活动成功推出后，又相继与福建中烟工业公司合作共同举办了"红七匹狼文化之旅"活动，使文化社会化、市场化运作迈出新步伐；与省烟草专卖局合作，开展了"红七匹狼文化之旅"系列活动，演出50场；与冀中能源合作，省歌舞剧院为企业挂牌演出；保定艺术剧院与涞市野三坡旅游景区和广西神悦文化传播公司联合打造《印象·野三坡》大型歌舞史诗，取得良好经济效益；沧州吴桥与中国国旅集团合作，引资3400万元改造杂技大世界。多项文企合作坚持企业提供经济支持，文化主管部门确定服务模式，艺术单位具体组织筹划，开创了文企长期合作、互惠共赢的新路子。是以人为本、文化惠民的一次思路调整，是文企联姻、互利共赢的一个崭新途径，是文化与金融、企业联合的有效尝试。

广泛服务基层、全面融入社会，城乡文化活动日趋活跃丰富多彩。以传统节庆为重点，精心组织元旦、春节、中秋、国庆等节日期间文化活动，呈现出专业艺术与春节民俗相交融、阵地服务与延伸服务相结合、传统服务与现代服务相辉映、服务群众与开拓市场相促进的新特点；开展了文化艺术进校园、民俗文化进校园、非物质文化遗产进校园、京剧艺术进校园等文校合作活动，受到广大师生热烈欢迎；进万村兴百业、"彩色周末"、假日文化工程、"快乐阅读·与奥运同行"读书、农村群文辅导基地建设等群文活动在全省广泛开展。"希望之歌——全省农村优秀文艺节目评选"、"城市因你而美丽——文化艺术进工地"、庆祝"六一"儿童节系列活动取得良好社会效益；启动了以"快乐阅读·与奥运同行"为主题的燕赵少年读书等专题文化活动；组织举办了向地震灾区人民送温暖献爱心募捐义演义卖活动。邯郸市成功举办第三届中原民间艺术节，融公益性、观赏性、群众性和互动性为一体，让市民尽享民间艺术之美。启动了"周末东风大舞台"，打造文化活动新品牌；衡水市首创"衡水大舞台"，演出40多场，好评如潮；邢台市举办了"感恩的邢台人"抗震救灾大型文艺晚会；唐山市承办了"三友怀"第五届评剧票大赛；廊坊市先后组织了"温馨家园"文化艺术节、"5·18"系列文化活动和"舞动·唱响2008"舞蹈、声乐大赛，丰富了群众文化生活，发现了一批优秀文化人才。

六、提高服务能力，公共文化服务体系建设统筹推进

以重大惠民工程为抓手，着力建设和完善覆盖城乡的公共文化服务体系。制定出台了《河北省"十一五"乡镇综合文化站建设实施规划方案》，开展了全省乡镇综合文化站建设调研，106个乡镇综合文化站建设项目开工建设；文化信息资源共享工程服务网络、资源整合、技术体系、工作机制、人员队伍建设等稳步进行。与省委组织部农村党员干部现代远程教育工程结合共建基层服务点进展顺利，全省共建服务点近3万个。廊坊市作为全国5个试点城市之一，在全省率先完成了试点建设任务，建设数量在全省位居第一；制定了《河北省流动舞台车管理办法（试行）》，向基层文化单位新配送第二批流动舞台车共计32辆，全省总数增至48辆，居全国前列；农村电影放映工程取得突破进展，组建了各市农村数字电影院线公司，邯郸、石家庄、沧州等市基本实现了全市行政村一村一月放映一场电影的公益服务目标。举办了全省农村数字电影院线公司授牌暨首批农村数字电影放映设备配发仪式，下达了2007年度农村电影公益放映场次补贴资金2000万元，召开了全省农村电影工作暨先进集体先进个人表彰会议，开展了“体彩之光”公益电影放映活动和“上汽五菱送电影下乡”活动，吸引社会资金为全省农村放映电影8000余场；送书下乡工程2008年度共为全省20个国家级贫困县图书馆和245个乡镇图书室赠送了10万册的农村适用图书，解决了基层群众“看书难”的问题。

把握发展机遇，城区文化设施建设掀起新高潮。河北博物馆、省图书馆改扩建工程进展顺利，裴艳玲艺术中心、省杂技团排练场建设稳步推进，省群艺馆新馆项目取得新的突破；全省各市落实“三年大变样”工作部署，纷纷谋划、推进文化设施和项目建设，秦皇岛市第一家玻璃博物馆——秦皇岛玻璃博物馆主体土建工程正式开工，北戴河博物馆利用秦皇宫原有建筑进行总体修缮改造；邢台市图书馆新馆完成项目招投标，市文化艺术中心完成规划选址，市博物馆新馆完成选址和项目立项；石家庄市图书馆新馆正式对外开放，民间艺术馆、美术馆相继开工建设；承德市图书馆、群艺馆、博物馆列入城市规划；保定市现代化多功能厅式五星级电影城——保定天映影城正式开业；张家口市争取各类项目资金1085.8万元，自谋大型文化设施项目16个，有望列入全市项目建设4个。

创新服务方式，公共文化单位阵地服务功能得到加强。全省第一批11家博物馆、纪念馆免费向社会开放。公共文化单位积极创新服务方式，开展延伸服务，省图书馆第一家分馆新华分馆建成，唐山市图书馆开展了“文化共享、服务于民”图书服务宣传周活动，收到良好效果；全省文化系统有6个服务农民、服务基层先进单位受到中宣部、文化部表彰。

七、健全保护体系，文化遗产保护和开发工作成绩斐然

文物保护取得新成绩。投资2亿多元的山海关古城墙保护维修工程圆满竣工，被誉为长城保护工程的典范。国保文物单位怀来鸡鸣驿保护工程取得重大突破，《鸡鸣驿城文物保护规划》已通过国家文物局专家组评审，目前已争取国家专项资金1亿多元，整体维修保护全面启动。第三次文物普查取得阶段性成果，各市均新发现大量文物遗存，其中邯郸市新发现不可移动文物3465处，沧州市新发现不可移动文物1520处，石家庄发现文物近800处，现正在开展承德市的野外普查工作，已新发现不可移动文物700余处。公布了第五批省级文物保护单位（共计260处）及其保护范围和建设控制地带，使全省省级文物保护单位达到930处。邯郸磁县东魏元祜皇族墓地被评为2007年“全国十大考古新发现”。

非物质文化遗产保护成效显著。组织专家对各市普查工作进行督导，对冀南皮影等重大项目进行了专项普查。开展了传承人命名工作，公布了河北省第一批省级项目代表性传承人260名。其中53人被文化部命名为国家级项目代表性传承人，总人数位列全国第二。名录体系建设得到进一步加强，78项“非遗”项目被列入第二批国家级名录，总数位列全国第二。吴桥杂技被文化部确定为申报联合国教科文组织“人类非物质文化遗产代表作名录”和“急需保护的非物质文化遗产名录”；张家口蔚县剪纸喜获中国创意城市文化名片——“民俗名片奖”。石家庄、唐山、衡水等9个省辖市公布市级名录389项，沧县、昌黎县、武强县等58个县建立了县级名录。制定出台了《河北省非物质文化遗产传播基地命名管理暂行办法》，命名河北科技大学、河北艺术职业学院为河北省非物质文化遗产传播基地，属全国首创。起草了《河北省文化生态保护区、传统节日保护示范区申报办法》，进一步规范了河北省文化遗产保护。组织开展了2008年“文化遗产日”系列活动，在河北科技大学举办了以“文化遗产人人保护，保护成果人人共享”为主题的非物质文化遗产进校园暨首届河北省民俗文化艺术节。组织开展了“河北省文化厅的节日”——清明节、端午节系列文化活动。

八、强化基础建设，文化产业发展蓄足强劲张力

调研出台政策，谋划产业项目。组织完成了河北省动漫产业状况调查和动漫产业基地专项调查，拟定了扶持动漫产业发展厅际联席会议制度及任务分担机制工作方案、专家委员会工作章程，起草了《河北省文化厅关于扶持动漫产业发展的若干意见》。以省政府名义出台了《关于促进文化产业发展的实施意见》，优化了文化产业发展的政策环境。完成了全省文化企业项目资源库建设，发布了《河北省文化产业招商项目汇编》。张家口市成功承办“海峡两崖三祖文化研讨会”，宣传“三祖”文化，发展旅游产业；秦皇岛市强力打造《海上升明月》、《龙吟山啸》大型实景演出，塑造精典文化产业项目；承德市组织策划了“山庄中秋·燕赵情韵”音乐晚会，大力培育节庆会展品牌；邯郸市正在创作筹备魔幻平调剧《黄粱梦》，积极实现文化产业与旅游项目的对接。

合力打造平台，开展招商引资。与省发改委、商务厅共同在全省开展了文化产业项目征集工作，共征集项目70余个，全面掌握了河北省文化产业项目的基本情况。与省委宣传部、省工商联共同组织召开了全省文化产业与民营资本对接恳谈会，为民营企业家与文化产业的对接提供了平台。与省工商联签署文化产业与民营资本合作对接框架协议书，使文化产业与民营资本形成了常态化、固定化的对接机制，为民营资本进入文化产业创造了条件。组织20家文化产业示范基地和多家民营文化企业参加了第三届北京创意博览会，推出文化产业项目180多个，签约总额计2.52亿元。组织30家民营文化企业参加了在承德召开的第三届“创意中国和谐世界”文化产业国际论坛。廊坊市成功承办2008东北亚暨环渤海国际商务节河北文化产业招商活动，有力推介了河北省文化产业项目、产品、资源和政策环境，实现签约项目27个，签约额达158.76亿元。举办了首届河北（霸州）文化产业发展论坛，发布招商项目69个，招商额达126.34亿元。

组织开展文化产业基地命名工作。评选命名了衡水习三内画有限公司等16个文化企业为河北省第一批文化产业示范基地，衡水习三内画有限公司、保定曲阳宏州大理石厂工艺品有限公司被评为第三批国家文化产业示范基地。

九、围绕工作大局，对外文化交流工作亮点不断

完成海外奥运圣火传传递助演任务，沧州刘吉舞狮团前往法国参加奥运圣火巴黎站传递演出，获得法国观众和当地华人好评，受到我驻法国大使馆领导的肯定和赞扬；落实2007年河北文化文物代表团交流成果，河北省杂技团一行21人赴土耳其参加了由安卡拉市政府出资举办的夏季联欢活动，这是河北省杂技艺术首次亮相西亚地区，取得良好开端；与港澳地区文化艺术交流不断扩大，冀澳民间文化艺术交流持续升温，河北省民间手工艺、杂技、河北梆子、皮影、民族舞蹈等节目组22批次、247人次赴澳门进行展演和教学活动，在当地引起强烈反响。据统计，全省共完成对外及港澳台文化交流项目45批次，458人次。其中派出团组31批次253人次，来访团组14批次，205人次，涉及20多个国家和地区，与去年同期相比，交流型团组增多，交流档次提升，交流水平进一步提高，影响更加广泛。

十、坚持两手抓，文化市场整治和繁荣发展健康有序

周密部署、严防死守，“奥运保障行动”取得圆满成功。为确保奥运会期间全省文化市场安全稳定和繁荣有序，为奥运会举办营造良好的文化市场环境，全省各级文化市场管理部门将奥运安保作全年工作的重中之重，全盘调度，狠抓落实。召开了秦、唐、廊、保等北京周边地区文化市场工作调度会，以秦皇岛市、北京周边地区、旅游城市及主干交通线周边地区为重点，以机场、车站、码头及奥运场馆、签约宾馆、重点商业区、旅游景点及其周边地区为重点区域，全面加强市场监管；扎实实施了文化市场“护城河工程”，主动联系北京文化市场管理部门，共同协商签署了《“平安奥运行动”文化市场“护城河工程”合作备忘录》，建立了冀京两地文化市场管理协作机制，做到信息互通、问题共商、联防联查，确保了奥运期间首都文化市场安全。

加大查办和督导力度，深入开展文化市场专项治理行动。以严厉打击政治性非法音像制品、侵权盗版、网吧违规接纳未成年人、非法演出活动为重点，深入对全省10个设区市67个县（区）

文化市场进行暗访，共查处多起数量过万的音像盗版案件，销毁违法音像制117万张（盘），依法取缔和停业整顿了一批违法经营场所。唐山市组织开展“飓风”行动，沧州市积极推行“零点断网”工作，收到明显成效。高度重视并加强文化经营单位安全，各级市场管理部门组织了多次娱乐场安全和隐患排查。

制定出台一批规范性政策文件，组织了系列文化市场知识宣传工作。制定了《河北省依法打击整治网络淫秽色情等有害信息专项行动工作方案》，发布了《关于互联网文化单位办理审批、备案手续公告》。组织了第10届音像市场法制宣传周和2008阳光娱乐主题宣传周活动，维护鼓励创新、反盗维权的国家形象，倡导阳光管理、阳光经营、阳光服务、阳光消费的娱乐行业新形象。

十一、加大改革力度，文艺单位体制机制创新更趋深入

艺术院团体制机制改革取得了重要进展。省直艺术院团结合学习湘浙等地先进经验和解放思想大讨论活动，深入剖析各自发展现状和问题，积极推进特色改革，取得显著成效。省交响乐团深化内部改革，演职员实行全员业务考核、末位淘汰，中层干部竞争上岗、激发活力；省话剧院在艺术生产领域全面推行制作人制度，由制作人全权负责剧目的创意策划、资金投入、制作排练及演出营销，先后推出了《海的女儿》、《白雪公主和七个小矮人》、《绿野仙踪》等剧目均获成功；省杂技团积极探索“事生企”模式，出资100万元组建了“河北地缘杂技演艺有限责任公司”，按照现代企业制度进行规范管理。省歌舞剧院大胆改革内部管理机制，对全院专业人员进行考核，竞争上岗，优胜劣汰，重奖突出人才，激发了剧院的活力。部分市级单位对体制改革开始进行有益的探索和尝试，保定老调剧团为保护传承老调剧种，与市天威英利集团文企联姻，冠名演出，引入资金，实现了企业和剧团共赢。

经营性文化单位转企改制试点工作和公益性文化单位改革试点工作有了新突破。根据省文化体制改革领导小组办公室提出的修改意见，对省电影公司的改革方案进行了重新修订。省图书馆作为公益文化单位改革试点，已经全面启动。并按新馆服务要求，扎实推进以定编、定岗、定责为基础的公益性文化单位机制调整，待新馆开馆，同步或稍后完成改革任务，以全新的服务理念和服务水平提升省图书馆整体形象。

山西省

2008年，是极不平凡的一年。全省文化工作在省委、省政府的正确领导下，全面贯彻党的十七大、十七届三中全会和省委九届六次会议精神，坚持以邓小平理论和“三个代表”重要思想为指导，以科学发展观统领全省文化工作，按照“高举旗帜、围绕大局、服务人民、改革创新”的总体要求，着力解放思想、改革创新，全面推进文化工作“三大转变”，实施“五项创新”，实现“三大跨越”；着力推动文化体制改革，促进山西文化大发展大繁荣，为省委、省政府确定的“三个发展”战略提供强劲的精神动力和良好的文化条件。得到了省委省政府的高度评价和积极支持。省委常委、宣传部长胡苏平部长专门听取了文化工作专题汇报，2月3日春节一过又对文化工作进行了专题调研，并两次约见文化厅主要领导专谈文化体制改革、新中国成立60周年庆典活动和文化基础设施建设工作，对文化工作做出了重要指示。张平副省长对要抢抓扩大内需的机遇、运用系列项目推进文化建设、抓好60周年大庆创作、全面启动文化体制改革、加强调查研究、推广工作典型等方面提出了具体意见。省人大安焕晓副主任和省政协令政策副主席两次专门对文化工作进行调研，两次听取专题汇报，并向省委、省政府提出了推进文化产业、加强公共文化设施建设、优化文化发展环境等重要建议。在全省文化工作者的共同努力下，特别是在各市、县文化部门的大力配合下，紧紧围绕文化建设“两大一新”的总体要求，解放思想、开拓创新，圆满完成了年度各项工作任务，为推动新基地、新山西的建设做出了积极的贡献。

一、圆满完成奥运文化活动，全方位展示了开放、发展的新山西

2008年北京奥运会、残奥会的成功举办，为展示山西文化独特魅力提供了历史机遇和世界平台。省厅先后组织29个表演团体、3600多人次围绕"好运北京、精彩山西"这一主题，在北京开展了一系列奥运文化和中华文化的展览、展示、展演活动，全方位地展示了山西改革开放的巨大成就和丰富多彩的地方文化，取得了显著成果。交响乐《黄河的记忆》、大型歌舞晚会"黄河情韵"、话剧《立秋》、舞剧《一把酸枣》、京剧《走西口》、山西非物质文化遗产保护成果——民间器乐专场演出、迎奥运——群星奖优秀节目展演，尤其是在天安门广场的山西文艺专场演出、在北京火炬传递现场的文艺表演和奥运会开幕式前文艺演出等活动，都得到了北京奥组委的充分肯定和广大群众的欢迎喝彩。在奥林匹克广场举办的"中国故事·祥云小屋"展示中，共接待观众100余万人次，并以独特的创意和周密的组织在30个省市中脱颖而出，获得最佳策划奖、最受欢迎奖和贡献奖3项大奖，受到奥组委和文化部表彰。省劳动竞赛委员专门为参加奥运文化活动的12个先进集体和43位先进个人记功授奖。

二、以纪念改革开放30周年为契机，推动全省文艺舞台新的繁荣

以纪念改革开放30周年为契机，全省各级文化部门认真实施艺术精品生产工程，繁荣了全省文艺舞台，取得了优异成绩。舞剧《一把酸枣》获得文化部"2007～2008年度优秀出口文化产品和服务项目"评比一等奖，并获得首届中国新疆国际民族舞蹈节"艺术贡献奖"、"文化和谐奖"，男主角任中杰获得个人艺术贡献奖；在第18届上海"白玉兰"戏剧表演奖评比中，山西省谢涛、陈红荣获主角奖，王波、金小毅获得配角奖；在第29届哈尔滨之夏音乐会暨第8届全国声乐比赛中，运城文工团梁晓丽为市级院团首次夺取奖项；在全国第12届少儿戏曲"小梅花"比赛中，全省有10名选手获得"小梅花"金奖；在第三届CCTV全国少儿曲艺大赛决赛中，全省选送的4个节目、12个小演员全部获奖，省曲艺团编创的小品《梦别》获得最佳作品奖，山西省获得优秀组织奖；在第五届中国京剧艺术节上，山西省京剧院编排的《走西口》荣获新编历史剧一等奖，是山西省连续5届参加中国京剧艺术节的最好成绩。以展示改革开放30周年为主题的大型文艺晚会"春潮颂"和全省现代戏新创剧目评比演出活动，通过经典歌舞、戏曲等形式集中反映了改革开放30年来我国城乡发生的深刻变化，表达了人民群众促改革、谋发展的高昂士气和火热激情，代表了2008年全省实施艺术精品生产工程的丰硕成果。

三、大力推进公共文化服务体系建设，努力满足人民群众的文化需求

各级文化行政部门牢牢把握国家和省委、省政府以及各级党委政府高度重视公共文化服务体系建设与扩大内需的有利时机，顺势而上，借风加力，实施"竞争拉动、标准带动、考核推动"三项措施，把"公共文化服务体系建设达标率"纳入各级政府的工作考核指标体系，作为文化强县建设的重要依据，全省公共文化服务体系建设出现了新的局面。山西省图书馆新馆、山西大剧院相继开工。太原市、长治市、阳泉市、大同市、朔州市等一批市级重点文化设施相继建成。县级公共文化设施建设日臻完善。乡镇文化站建设稳步推进，"两区"乡村两级文化设施建设完工面积10.16万平方米。村级文化活动室建设进展顺利，为5500个村配送了书柜11000个、图书165万册。全省各级文化部门积极开展文化惠民工程，完成公益电影放映244346场，基本实现每个行政村一个月放一场电影的目标。中央和省里共投入资金1632万元，加上市、县配套资金，共建成文化信息资源共享工程市、县支中心87个、基层服务点97个，村级服务点6766个。先后组织举办了山西省第三届"三晋之春"合唱音乐节、山西省非物质文化遗产项目专场音乐会、全省城镇广场电影公益放映、全国"四进社区"评选、山西省"走进读书日、亲近图书馆"等一大批群众性文化活动；举办了"快乐阳光"少儿卡拉OK选拔赛、"阳铝凤飞杯"业余歌手大赛、"京剧票友"选拔赛等具有广泛群众参与度的竞赛选拔活动。同时还组织了百台大戏进社区、万册图书送基层、千支映队大汇映等活动，累计向农村送图书2000余万册、送戏18余万场、送电影85余万场，极大地丰富了人民群众的精神文化生活。

四、统筹协调、项目带动，文化产业发展呈现良好势头

2008年，厅党组提出了努力构建文化产业发展战略布局要求，确立了"培育三大支柱、构建八大方阵、打造三张名片"的文化产业发展思路。培育三大支柱：一是提升传统文化产业品质，培育以满足大众基本文化需求为主的基础文化产业支柱；二是推动动漫、网游等文化创意产业发展，培育新型文化产业支柱；三是做大做强战略性旗舰型文化产业项目，培育产业园区龙头文化产业支柱。构建八大产业方阵：一是整合全省演艺资源，繁荣创作，推出精品，形成能够满足多层次需求的新型文化演艺产业方阵；二是推进工艺美术大师工作室（基地）建设和山西民间工艺美术创新发展，带动优势传统工艺美术生产项目，组建新型民间工艺产业方阵；三是对城市歌厅、影院、卡拉OK等休闲娱乐行业实行战略改组，推动升级换代，打造新型都市娱乐产业方阵；四是对全省文化资源特别是非物质文化遗产进行主题公园式的文化设置，构建“5000年文明看山西”的新型文化旅游产业方阵；五是培育全省古玩书画等艺术品收藏交易市场，加强行业管理与市场规划，形成新型文博收藏产业方阵；六是发展以设计、策划、广告、节庆、会展等为主要内容的创意产业，实现文化创意与其他经济领域产业活动的联动发展，带动形成新型内容创意产业方阵；七是推动动漫、网络游戏等高新数字创意产业发展，引进战略投资伙伴，构建国际性数字化动漫网络游戏产业方阵；八是加强对全省艺术教育培训行业的规范管理和资源整合，引导其健康有序发展，推动形成新型艺术教育培训产业方阵。打造3张名片：一是打造具有诚实守信、义利并举的经营品格，博大宽厚的经营胸怀，兼容并蓄的经营气度，求同存异的经营策略，自强不息的经营精神的晋商文化名片；二是打造凝聚忠、义、信、智、仁、勇核心精神，超国籍、超信仰、超民族、超时空的关公文化名片；三是打造源远流长、内蕴深厚、影响巨大、特色鲜明的能够体现中国传统文化精华的五台山佛教文化名片。

积极推进文化产业重点项目建设，获得初步进展。主要包括：与省发改委联合编制使用煤炭可持续发展基金发展文化产业项目规划，对接申报项目150个；确定了文化产业发展的“10+1”项目，重点推进山西文化产业创意示范园项目、五台山旅游文化演艺中心等项目。组织参加和主办文化产业展会方面也取得了新突破。先后参加了第三届中国中部贸易投资博览会国际动漫展、第四届中国（深圳）国际文化产业博览会、第三届北京国际文化创意产业博览会，先后举办了山西省第三届动漫艺术节、山西动漫创意产业发展高层论坛、山西省动漫产业招商暨人才交流会。在这些展会期间，共组织开展了40余项专业活动，先后有100余万人参观，100余家企业参加展示交易；总计推荐项目360个，签约29个、签约金额24.9亿元人民币；发布了山西省15种紧缺动漫人才需求信息，形成了一批合作意向。

五、以巨大热情和真诚爱心积极开展抗震救灾和对口支援活动

2008年春节期间，话剧《立秋》、舞剧《一把酸枣》为抗击南方雨雪冰冻灾害辛苦工作的太原铁路局等单位职工进行了5次慰问演出。省直五院团还组成慰问演出小分队，跟随省领导到西山煤电杜儿坪矿等地慰问抗雪救灾保障电煤供应连续工作的煤矿工人。全省各地艺术团体精心准备近百台优秀文艺节目，深入到山西焦煤、阳煤集团、同煤集团、潞安煤业、国电等生产一线，为辛勤工作的工人朋友们送去了节日的问候和崇高的敬意。

面对突如其来的汶川大地震，全省文化系统积极开展了各项抗震救灾活动。“5·12”大地震后2小时，省厅就向四川省文化厅发了慰问电，并向全省文化系统发出倡议，号召广大文化工作者用实际行动和工作成果共克时艰、为国分忧。省直文化系统广大干部职工通过义演、交纳特殊党费等形式先后捐款78.79万元。省直院团创作了话剧《吉祥鸟》、歌舞《中华大爱》、朗诵诗《在地震面前》和《情满人间》抗震救灾专场曲艺晚会等一批反映抗震救灾活动和歌颂英雄人物的文艺节目，积极开展赈灾义演和慰问演出，有力推动了全省抗震救灾工作。对口支援四川茂县10部电影放映机和40部电影拷贝。专门为前来山西大众传媒学校就学的200多名四川灾区儿童举办了动漫讲座和动漫电影播映活动，并向孩子们捐赠了学习用具和生活用品。入冬之前，省直文化系统干部职工又捐献现金5.5万元和730余套棉被、衣服，通过民政部门送往了四川灾区。

六、积极开展学习实践科学发展观活动，解放和发展文化生产力

根据省委关于深入开展学习实践科学发展观活动的统一部署和要求，举办了160多人参加的厅直系统深入学习实践科学发展观活动党员领导干部专题培训班，进行了为期3天的集中学习。5个月来，通过思想发动、学习培训、专题调研、分析检查、群众评议、落实整改各个环节，学习实践活动取得了很大成效。党组多次召开专题会议，对照科学发展观要求深入分析了制约文化科学发展的突出问题，提出了一系列整改措施。在确定了学习实践活动的由办文化向管文化转变、实现山西文化发展“两大一新”实践载体后，通过解放思想大讨论，集中群众智慧，党组再次明确了新世纪、新阶段全省文化工作实施文化建设“七大工程”、打好“三个攻坚战”、实现“四个新突破”的工作思路和总体格局，并进一步提出了推进文化观念改革、文化体制改革、政府职能转变，创新公共文化服务体系、创新文化产业发展、创新文化发展环境、创新文化体制机制、创新人才支撑工程，实现由人文资源大省向文化强省跨越、注重提升山西文化影响力向提高山西文化软实力跨越、山西文化地方特色向中国气派国际水准跨越的“三大转变”、“五项创新”、“三个跨越”工作重点。省直文化系统党员干部通过对深入学习实践科学发展观活动的重要意义以及对科学发展观科学内涵、精神实质、根本要求的深刻理解和把握，达成了“按照全面协调可持续发展的基本要求，努力实现文化工作的转型发展、创新发展、跨越发展，掀起全省文化建设新高潮”的共识，意气风发、斗志昂扬，踏上了推动山西文化大发展大繁荣的新征程。

为了以科学发展观统领文化工作，推动文化建设实现新的跨越，党组在机关干部队伍建设和作风建设上提出了明确要求，采取了有力措施。按照《公务员法》和《党政领导干部选拔任用工作条例》等相关规定，经过业务知识和综合素质测试、述职竞职演说及答辩、民主测评和公示考察等公开透明程序，进行了一次规模较大的人事调整，优化了结构、增添了活力，体现了“组织关心干部，干部关心工作”的主旨。机关工作作风也有了明显好转。在2008年12月初进行的全省年度政风行风评议考核中，省厅第一次名列前茅获得了满分；厅机关首次获得了省直精神文明和谐单位荣誉称号。

回顾总结2008年全省文化工作，有以下认识和体会：

一是必须深入贯彻落实科学发展观，坚持高举旗帜、围绕大局、服务人民、改革创新，坚持以科学发展观统领文化工作，树立新的文化理念，实现由小文化向大文化的转型；树立高度的文化自觉，实现由简单服务向全面建设的根本转型；树立改革意识，实现由办文化向管文化的根本转变。

二是必须把建设社会主义核心价值体系作为根本，贯穿于文化工作各方面，融入到文化建设全过程，要在全省文化工作者中形成统一的指导思想，共同的理想信念、强大的精神力量和良好的道德风尚，更好地发挥文化工作凝魂聚气、强基固本的作用。

三是必须坚持以人为本，加强文化建设，始终贴近实际、贴近生活、贴近群众，始终尊重人民群众的文化主体地位，始终关注和回应人民群众的文化需求，切实保障人民群众的文化知情权、文化参与权、文化表达权、文化监督权，确保文化发展成果惠及全体人民。

四是必须坚持文化工作的统筹兼顾，实现山西文化全面协调可持续发展。要统筹兼顾文化发展与经济发展，统筹兼顾城乡文化发展，统筹兼顾区域文化发展，统筹兼顾文化事业和文化产业发展，统筹兼顾不同人群的文化需求。要通过实施文化建设“七大工程”，抓好“三个攻坚”，实现“四个突破”，突出文化工作在社会主义核心价值体系建设中的基础作用，提升文化产业在国民经济中所占的比重，提升文化产业对社会就业的贡献，提升人民群众对文化生活的满意度，提升山西文化在全国和全世界的影响力。

五是必须坚持把改革创新作为推动文化大发展大繁荣的强大动力，解放思想、转变观念，通过创新思维、创新工作、创新体制、创新作风、创新方法，推动公共文化服务体系建设创新发展，推动文化产业创新发展，推动文化工作的全局创新发展。

六是必须坚持党组确定的文化系统学习实践科学发展观的实践载体和工作重点，通过学习实践科学发展观活动，把科学发展观的要求转化为文化建设科学发展的坚强意志，谋划文化建设科学发展的正确思路，领导文化建设科学发展的实际能力，促进文化建设科学发展的改革措施、增强党性修养提高思想觉悟的自觉行动，努力实现山西文化从人文资源大省向文化强省跨越，由注重提升文化影响力向提高文化软实力跨越，以地方特色向中国气派国际水准跨越等“三大跨越”发展。

内蒙古自治区

一、概况

内蒙古自治区文化厅是主管全区文化艺术事业的自治区人民政府组成部门。厅机关现有公务员编制49名，在职46人，离退休70人，设职能处室10个，管理区直文化单位20个，职工1386人。

2008年，圆满完成了全年各项文化活动任务。艺术创作又出新成果，文艺演出持续繁荣，各类艺术作品在国内外比赛中频频获奖。编创演出了晋剧《大汗骄子》、二人台现代戏《花落花开》、京剧《大漠昭君》、大型历史剧《拓拔鲜卑》等20余部作品，组织开展了迎奥运和纪念改革开放30周年系列纪念活动。公共文化服务体系不断完善，社会文化事业繁荣发展。承办了“内蒙古自治区改革开放30年回顾展览”。文化遗产保护力度加大，民族文化传承、利用和创新发展工作深入推进。博物馆、纪念馆免费开放工作全面推进。组织参加了北京奥组委和文化部主办的“中国故事·祥云小屋”非物质文化遗产展览。文化市场管理规范、规范市场环境繁荣有序。加强规划指导、加大支持力度，促进了文化产业快速发展。文化体制改革稳步推进，文化队伍建设得到加强。对外文化交流渠道进一步拓宽，草原文化的影响力和竞争力不断增强，使草原文化的影响力不断扩大。

二、艺术

【艺术创作和演出】

按照《2008～2010年全区重点剧节目创作规划》，全区各级艺术团体狠抓艺术创作，相继创作了京剧《大漠昭君》等20余部新剧目。这些作品为自治区实施舞台艺术精品工程，打造艺术精品，繁荣艺术舞台奠定了基础。

围绕迎接奥运，组织区直和地区艺术团体参加了以奥运为主题的全国性演出活动；同时自治区从区直和各盟市选拔140多名演员参加了奥运会开幕前的文艺演出，直属乌兰牧骑艺术团赴京参加“迎奥运全国重大文艺演出活动”，通辽《蓝色安代》参加“北京奥运”城市文化活动等都取得了良好的效果。为纪念改革开放30周年，自治区文化厅组织编排的专场文艺晚会“永远的春天”于12月16日在内蒙古乌兰恰特隆重演出。纪念改革开放30周年艺术月15台节目28场晚会庆祝展演活动在呼和浩特市精彩呈现，为纪念改革开放30周年营造了隆重热烈的喜庆氛围。

全区各级艺术团体服务社会，开拓市场的能力进一步增加，演出场次有较大增长。乌兰牧骑工作得到加强，为基层服务的意识进一步提高。据统计，全区各类艺术表演团体演出超过1万场，其中下基层演出超过8000场。

同时，在全国各类艺术比赛和演出活动中，也取得了较好的成绩。内蒙古民族歌舞剧院参加华北五省的舞蹈比赛，获得3个表演一等奖，1个编创一等奖和2个编剧二等奖；直属乌兰牧骑艺术团的舞蹈《簸炒米》获全国第七届舞蹈比赛创作三等奖；内蒙古杂技团的《高椅》获第八届中国武汉国际杂技艺术节铜奖；内蒙古京剧团的新编历史京剧《大漠昭君》获第五届中国京剧艺术节二等奖；赤峰市的现代评剧《杏花盛开的地方》获第六届中国评剧艺术节最高奖——优秀剧目奖和多个单项奖；内蒙古二人台艺术团的剧目《白杨树下》和《手足情深》在第五届中国小戏艺术节上，分别获剧目优秀推荐奖和4项个人优秀表演奖。

【艺术研究成果丰硕】

内蒙古艺术研究所承担编撰的《内蒙古自治区志·文化志》已基本完成。启动了国家及自治区艺术科研课题“蒙古族(当代)艺术沿革与发展”、“中国戏曲·民间舞蹈·民间音乐现状调查”以及“东路二人台——从无意识发生到介入式延续”等。出版了大型画册《内蒙古文化艺术集锦》等。

三、社会文化

【公共文化服务体系建设】

自治区制定下发了《关于加强公共文化服务体系建设的实施意见》。完成了文化馆（群艺馆）的评估验收工作，自治区38个文化馆（群艺馆）被评定为国家三级以上文化馆。文化资源共享工程在试点工作基础上，建成了29个共享工程县级支中心，使自治区共享工程县级支中心达到了32个。有关的资源数据库正式通过专家评审，标志着自治区自有资源建设取得实质性进展。农村牧区数字电影院线试点工作进展顺利，呼市、包头、鄂尔多斯3个试点地区的农村牧区数字电影院线组建完成，95套数字电影放映设备发放到位，数字电影放映已近万场。全区农村牧区公益电影放映场次补贴880万元按时足额发放到基层。“科普之春”电影汇映活动深入开展，农村牧区电影放映达到16万场。乡镇苏木综合文化站建设全面推进。国家资助的72个综合文化站已建成33个，地方自筹资金建成了56个。为发挥好综合文化站的功能和作用，制定了《全区综合文化站管理办法》。送书下乡任务圆满完成，2007年度7万多册图书如期送达31个国贫旗县并上架流通。群众业余文艺创作取得新成果。组织自治区群众业余演出团体参加了首届全国农民文艺会演，自治区的长调《圣主成吉思汗》荣获“金穗杯”，民间舞蹈《鲁日格勒》、《沙吾尔登》荣获“银穗杯”，自治区文化厅荣获优秀组织奖。有2个节目被选进京参加了汇报演出。组织推荐优秀节目参加了第六届全国“四进社区”文艺展演，戏剧小品《换春联》荣获金奖，好来宝《奥运圣火颂》、舞蹈《为内蒙古自治区喝彩》荣获铜奖，鄂尔多斯市东胜区交通街道吉劳庆社区等4个单位荣获全国文化先进社区，2人荣获全国“社区文化优秀辅导员”，包头九原区荣获组织奖。组织参加了全国农村题材小戏调演、全国西部“花儿”歌手邀请赛等，均取得优异的成绩。

【古籍保护工作】

古籍保护工作纳入议事日程，自治区有23部古籍入选全国第一批珍贵古籍名录，内蒙古图书馆成为全国第一批古籍重点保护单位。

承办了“内蒙古自治区改革开放30年回顾展览”。该展览作为自治区庆祝改革开放30周年的一项重要内容，于12月8日在内蒙古展览馆正式开展。

四、文化遗产

第三次全国文物普查与长城资源调查工作。按照自治区人民政府的部署，全区各盟市和大部分旗县都已成立了文物普查领导小组，普查经费列入到本级财政预算。现已开展文物普查的面积约16万平方公里，各地共复查不可移动文物点1555处，新发现文物点1137处。赤峰市红山区文钟镇魏家窝铺村，发现一处重要的属于红山文化时期的原生态聚落遗址，从而进一步证明了内蒙古是“红山文化”的发祥地。开展了全区长城资源调查工作。现已查明，全区共有明代长城1100公里，比原统计多出了300多公里，长城资源调查工作受到国家文物局考察组的高度评价。开展了对元上都、辽上京、居延、大窑遗址的保护工作。同时对一些重点的文物古迹实施了维修保护工程。

【文物保护】

配合公安、司法部门，继续开展了严厉打击盗掘古墓、走私文物的专项斗争；依法对全国重点文物保护单位库伦三大寺的违章、违法建筑予以了拆除；对清水河县明长城遭受损毁案进行了查办，配合公安部门对涉案4名犯罪嫌疑人依法进行了判处。为确保文物安全，制定了《自治区文物局安防工作应急预案》。

【博物馆建设】

全面推进自治区博物馆、纪念馆免费开放工作。争取国家划拨专款610万元、自治区财政拨款700万元的经费分别用于内蒙古博物院、乌兰夫纪念馆免费开放。自3月下旬正式向社会免费开放以来，共接待观众50多万人次。从6月起，又在全区陆续免费开放了74座博物馆、纪念馆和爱国主义教育基地，使全区各族人民都能享受到免费开放的成果。完成了博物馆评审定级工作，全区有1个馆被评为一级博物馆，12个馆被评为二级博物馆。

【非物质文化遗产保护】

为推进中蒙长调民歌联合保护，中蒙两国专家在呼和浩特市召开会议，签署了《中蒙联合开展长调民歌田野调查实施议定书》，制定了田野调查大纲。2008年8～10月，自治区选派5名专家赴蒙古国境内进行了长调田野调查；2009年在中国境内进行田野调查，调查成果将由双方共享。启动了“呼麦”申报“世界非物质文化遗产代表作”工作。继续加强非物质文化遗产名录建设，自治区推荐申报的“嘎达梅林”、“蒙古象棋”、“蒙医药”、“爬山调”等35个项目入选第二批国家级非物质文化遗产名录。全区12个盟市均建立了本级非物质文化遗产名录。推进非物质文化遗产传承人保护工作，评审公布了208名第一批自治区级非物质文化遗产项目代表性传承人，推荐齐·宝力高、宝音德力格尔等10人入选国家级非物质文化遗产项目第二批代表性传承人。继续开展民间文化艺术之乡创建活动，评选命名了第4批全区民间文化艺术之乡36个，使自治区民间文化艺术之乡增加到67个，全国民间文化艺术之乡增加到15个。广泛开展了非物质文化遗产宣传活动。组织自治区非物质文化遗产传承人参加了文化部在北京举办的“中国原生态音乐精粹展演”和国家级非物质文化遗产项目代表性传承人专场演出。组织参加了北京奥组委和文化部主办的“中国故事·祥云小屋”非物质文化遗产展览，在北京奥运会和残奥会期间连续展出近60天，参观人次30多万，受到广泛好评，荣获奥组委和文化部颁发的最佳组织奖。在“国家文化遗产日”和自治区“草原文化遗产保护日”期间组织了系列宣传展示活动。

五、文化市场

【文化市场专项行动】

为举办奥运会创造良好的文化环境，组织开展了多次专项行动，加强文化市场监管，规范文化市场秩序，圆满完成了奥运保障任务。开展全区文化市场执法大检查，检查经营场所1万多家次，立案查处案件109件，办结行政处罚案件815件，收缴非法音像制品54万张，非法书刊10余万册，网吧电脑及附属设备1000余件，电子游戏机板4000余台块，行政罚款197万元，取消28家单位的经营资格。

【“扫黄打非”工作】

开展了“扫黄打非”，打击侵权盗版，保护知识产权专项行动。组织第10届音像市场法制宣传周，重点对治理音像和出版物市场进行治理，查处盗版音像和非法出版物，统一在盟市所在地进行了集中销毁。对违法游戏经营活动进行了专项整理，规范了网络文化市场秩序。

六、文化产业

制定了《内蒙古2008 ~ 2010年文化产业发展规划》，明确了未来3年自治区文化产业发展的指导方针、战略目标、结构布局、发展重点和主要扶持措施。为尽快培养一批文化产业经营管理的人才，自治区文化厅与文化部产业司共同在呼伦贝尔市举办了第五期中国（西部）文化产业经营管理人才培训班。组团参加了第四届中国西部（西安）文化产业博览会，向组委会推介了自治区11家单位30多个重点文化产业项目，其中民族歌舞乐《天堂草原》、杂技剧《成吉思汗风》、民族音像、民族服饰、工艺美术作品等项目受到中外代表的青睐，仅演出项目就与国内外文化机构签订了近20项商演协议，宣传和推介工作取得了圆满成功，自治区代表团获优秀组织奖和最佳设计奖2项最高大奖。2008年，自治区的包头乐园、呼市昭君博物院两家单位被国家文化部命名为第三批国家文化产业示范基地。

七、对外文化交流

对外文化交流继续实施“走出去”战略，不断拓展交流的渠道和范围。自治区各类文化团体分别赴英国、意大利、日本、韩国、蒙古、德国、法国等14个国家进行访问、演出学术交流和展览。对外文化交流项目26起，328人次。对我国港澳台交流项目8起，159人次。邀请了10个国家和地区的艺术表演团（组）来自治区进行了文化交流和演出。内蒙古民族歌舞剧院赴意大利罗马参加中意文化节闭幕式演出，赴英国伦敦参加内蒙古文化周演出，“安达”组合演出小组赴美国进行了为期40天的巡回演出，共演出65场，观众人数达到3万多人次。内蒙古杂技团全年赴8个国家演出220场，观众达20万人次。直属乌兰牧骑赴韩国参加国际舞蹈比赛演出活动。伊金霍洛旗乌兰牧骑随文化部赴蒙古进行了为期11天的中蒙艺术交流活动。内蒙古民族歌舞剧院大型歌舞乐《天堂草原》赴台参加“2008海峡两岸中秋晚会”的交流演出，在台北掀起了内蒙古民族文化热潮。内蒙古博物馆赴日本举办的“成吉思汗——中国古代北方草原游牧文化展”文物专题展览也取得了成功。

八、帮扶工作

在支援四川汶川抗震救灾活动中，文化系统广大党员干部和职工群众踊跃捐款50多万元；完成了兴安盟科右中旗帮扶工作，先后投资139万多元，捐赠27.6万元，办了11件实事，使村民人均年收入从3年前的680元提高到2008年的2730元。启动了鄂伦春自治旗、莫力达瓦达斡尔族自治旗文化建设帮扶工作。

九、文化大事记

1月19 ~ 20日，国家文物局长城资源调查领导小组派员来自治区检查明代长城调查工作。全区在2006～2007年，共分7个调查队进行明代长城的专题调查，总计发现明长城1100公里，比过去初步统计的800公里多出300公里。

1月28日，经自治区文化厅批准，呼和浩特新农村数字电影院线有限责任公司成立，这是自治区第一家市场化运作的农村牧区数字院线公司。

2月15日，文化部公布第二批国家级非物质文化遗产项目代表性传承人，自治区宝音得力格尔等10人入选。

2月20日，经自治区文化厅批准包头市新农村牧区数字电影院线有限责任公司成立。

2月28日，第二批国家级非物质文化遗产项目代表性传承人颁证大会在人民大会堂隆重召开，巴德玛（长调）、冯来锁（二人台）、那仁满都拉（安代舞）等3人作为传承人代表参加了颁证仪式。

3月7日，内蒙古博物院、内蒙古博物馆、乌兰夫纪念馆按照自治区要求，分别制定并上报了免费开放实施工作方案。计划于2008年3月31日，正式向社会各界实行免费开放。

3月10日，按照包头市文化体制改革领导小组意见，内蒙古话剧团、包头市歌舞剧团整建制移交包头市广播电视局。

3月16日，国家赠送自治区的第二批23台流动舞台车抵呼。至此，自治区共有53台流动舞台车活跃在全区各地。

3月18日，自治区文化厅、综治办、公安厅、卫生厅、工商局、环保局、版权局转发了文化部等国家七部局《2008～2010年全国娱乐场所阳光工程实施方案》，2008年全区娱乐场所阳光工程正式启动。

3月31日上午，自治区党委宣传部、文化厅、财政厅在内蒙古博物院隆重举行了“内蒙古全国首批博物馆、纪念馆免费开放仪式”。仪式由文化厅高延青厅长主持，刘新乐副主席做了重要讲话。

3月18日～4月28日，应美国总统人文艺术委员会以及美国中西部艺术公司邀请，内蒙古民族歌舞剧院访美演出团一行14人在美国中西部地区威斯康辛等5个州进行了为期40天的巡回演出，共演出65场，观众人数达到3万多人次，圆满完成了演出任务。

4月7日，经自治区文化厅批准鄂尔多斯市农村牧区数字电影院线有限公司成立。

4月8日，自治区党委组织部任命王志诚为自治区文化厅党组书记、厅长，文化厅召开系统副处级以上干部大会欢迎王志诚到任。

4月9日，文化部奖励2007年“送电影下乡”活动中成绩突出的农村电影放映队和农村电影放映员。自治区呼和浩特市土默特左旗红星电影公司农村电影放映队等12支优秀农村电影放映队和呼和浩特市赛罕区腾飞电影放映队高新富等24名优秀农村电影放映员奖励和奖金。

4月13～15日，内蒙古直属乌兰牧骑艺术团的歌舞《青春舞韵》，参加了由文化部主办的“迎奥运全国重大文艺演出活动”，在北京民族文化宫演出后受到欢迎和好评。

4月20日，自治区“扫黄打非”办公室组织举行了全区集中销毁侵权盗版及非法出版物活动。全区共销毁非法音像制品22万张，盗版软件及电子出版物5.5万张，盗版及非法书报刊11万册。

4月26日～9月30日，在全区开展了以“创建平安市场”为主题的“奥运保障行动”。

5月5～6日，全区文化工作会议在呼和浩特市召开。自治区党委常委、宣传部部长乌兰和自治区副主席刘新乐出席会议，并做了重要讲话。这次会议是近年来召开规模最大、参会人员最多的一次会议，全区文化系统共有参会人员近200人。

5月8～9日，国家文物局在内蒙古在呼和浩特市召开了第三次全国文物普查西部六省区工作会议。国家文物局副局长、普查办主任童明康，新疆、西藏、青海、甘肃、宁夏、内蒙古等6省区普查办公室负责以及国家文物局文物保护司 、中国文物信息咨询中心的相关人员出席了会议。

5月27～28日，中蒙两国长调民歌保护联合田野调查专家会议在呼召开。会议形成了《中蒙联合开展长调民歌田野调查大纲》，签署了《中蒙联合开展长调民歌田野调查实施议定书》，举行了向蒙古国捐赠长调联合田野调查车辆、设备仪式，捐赠总额人民币60万元。

6月2日，组织专家评审，自治区文化厅确定命名喀喇沁旗乃林镇等36个旗县、苏木乡镇为第四批全区民间文化艺术之乡。

6月7～8日，受文化部委派，内蒙古民族歌舞剧院蒙古族青年合唱团代表中国赴意大利罗马参加了在意大利举办的中国文化节闭幕式演出，受到了意大利观众的热烈欢迎和好评。

6月8～14日，为了隆重庆祝第三个“中国文化遗产日”，全区各地开展了一系列丰富多彩的活动。并确定74个国有博物馆 、纪念馆爱国主义教育基地，于6月14起正式列入自治区免费开放的单位，向全社会免费开放。

6月14日，第二批国家级非物质文化遗产名录和第一批国家级非物质文化遗产扩展项目名录公布，自治区巴拉根仓的故事35个项目入选。其中心入选项目26项，扩展项目9项。

6月23日至7月2日，由内蒙古自治区党委宣传部主办，新华通讯社内蒙古分社和内蒙古展览馆承办的“2008抗震救灾大型新闻图片展”在内蒙古展览馆展出，约有12000人次参观了展览。

7月1日上午，自治区文化厅党组在内蒙古文化大厦剧场召开了纪念建党87周年表彰大会。

7月10日，内蒙古自治区第三次全国文物普查工作会在呼和浩特召开。

7月10日至8月8日，按照全国“扫黄打非”办公室的部署，开展了奥运前30天出版物市场集中清查行动，为奥运会的召开营造了良好的文化市场环境。

7月11日，全区文化局长座谈会在呼和浩特市召开。自治区文化厅厅长王志诚在会议上做了重要讲话。各盟市文化局长、厅机关各处室负责人以及直属单位负责人参加了会议。会议总结分析了上半年文化工作，对下半年工作进行了部署。

7月26日晚，由内蒙古京剧团出演的新编剧目《大漠昭君》在乌兰恰特大剧院举行了首场演出。中央纪委驻交通运输部纪检组组长、交通运输部党组成员杨利民，自治区副主席刘新乐、自治区政协原副主席袁明铎、罗锡恩观看了演出。

8月1日，“成吉思汗——中国古代北方草原游牧文化展览”在日本大阪市梅田大丸博物馆开幕。以自治区文化厅厅长王志诚为团长的5人代表团以及日本国东映株式会社社长石川芳彰等出席了开幕式。此展精选文物120件（组）。

8月9日至9月17日，内蒙古祥云小屋作为“中国故事”文化展示活动内容之一，在北京奥林匹克公园中心区开展。

8月12～16日，由国家文化部、内蒙古自治区文化厅共同主办、呼伦贝尔市文化局承办的第五期中国（西部）文化产业经营管理人才培训班在呼伦贝尔市举办。

8月17日至9月30日，蒙古族长调民歌联合调查工作组（中方）乔玉光等一行6人赴蒙古国与蒙方共同开展蒙古族长调民歌田野调查工作。

8月21～22日，自治区党委常委、自治区党委宣传部部长乌兰，带领自治区文化厅、财政厅、发改委等部门负责，来到位于锡盟正蓝旗的元上都遗址视察，并与自治区、锡盟、正蓝旗各有关部门的负责人，召开了现场办公会议。

8月27日至9月3日，应蒙古国教育文化科学部邀请，受国家文化部委派，内蒙古演出服务中心、鄂尔多斯市伊旗乌兰牧骑艺术团，赴蒙古国首都乌兰巴托及达尔罕乌拉省开展了为期8天的文化交流演出。

8月29日，内蒙古电影博物馆开馆揭牌仪式在内蒙古饭店隆重举行。内蒙古电影博物馆是继中国电影博物馆之后，我国第一个省级电影专业博物馆。

8月29日至9月8日，由自治区党委、政府主办，赤峰市委、政府的第五届内蒙古国际草原文化节暨赤峰第三届红山文化节，历时11天，圆满落幕。

9月10～12日，由鄂尔多斯市政府、内蒙古文化厅、文物局、鄂尔多斯市文化局联合举办的“鄂尔多斯青铜器国际学术研讨会”在鄂尔多斯东胜隆重举行。王志诚厅长到会发表祝贺讲话，共有100位国内外专家学者出席。

9月10日，“永远的辉煌”——第10届中国老年合唱节在呼和浩特市乌兰恰特大剧院隆重举行。本届合唱节由文化部和自治区政府主办，由呼和浩特市政府、自治区文化厅、中国合唱协会承办。共有来自18个省市、55支合唱团体、3500余人参加本次合唱节。共评出骏马奖18个、雄鹰奖18个、百灵奖17个。

9月11～13日，文化部副部长周和平一行在自治区文化厅厅长王志诚陪同下，对兴安盟文化工作进行了实地考察。

9月16日“分享光荣与梦想”——北京奥运会大型新闻图片展，在内蒙古展览馆二楼东厅隆重开展。此次展览由中共内蒙古自治区党委宣传部、新华通讯社内蒙古分社、中国移动通信集团内蒙古有限公司主办，内蒙古展览馆承办。

9月19～20日，由鄂尔多斯市政府、内蒙古社科院、内蒙古文物局、鄂托克旗政府联合举办的“中国蒙古学阿尔寨石窟国际学术研讨会”在鄂尔多斯鄂托克旗的棋盘井镇隆重举行。共有120位国内外专家学者出席。

9月22～25日，由自治区党委宣传部、自治区文化厅联合在内蒙古海拉尔召开了全区革命文物工作与爱国主义教育基地建设工作座谈会。

9月25～26日，中国契丹——辽文化学术研讨会，在赤峰市举行。

9月26日，《中国考古队赴蒙古国合作考古调查发掘成果集》一书，在内蒙古博物院举行首发式。

10月15日，自治区文化厅隆重召开深入学习实践科学发展观活动动员大会。会议就文化系统开展深入学习实践科学发展观活动进行了部署，王志诚厅长做了动员讲话。自治区党委第4指导检查组组长云福俊出席会议并讲话。

10月15日，国家文物局在北京隆重举行2008年度“郑振铎、王冶秋文物保护奖”颁奖仪式，自治区共有一个先进集体和4名先进个人荣获奖励。

自治区人民政府发布通知，调整元上都遗址申报世界文化遗产领导小组，自治区人民政府巴特尔代主席为组长，领导小组下设办公室，王志诚厅长兼主任。

10月底，中央安排自治区文化信息资源共享工程54个县级支中心、55个苏木乡镇文化站基层服务点、1834个村级与党员远程教育共建基层服务点设备经费4141万元，省级资源建设经费200万元，自治区本级财政配套资金930万元，共5271万元，用于完成2008年度自治区文化信息资源共享工程服务网络和资源建设任务。

11月3日下午，内蒙古自治区人民政府在自治区党政办公新区会议中心召开了全区第三次全国文物普查电视会议。

11月4日，自治区副主席、自治区第三次全国文物普查领导小组组长刘新乐与各盟市分管领导签定文物普查责任状，以保证各盟市第三次全国文物普查的扎实推进。

11月5～10日，由文化部和江苏省人民政府主办的“纪念改革开放30周年——首届中国农民文艺会演”在苏州市举办。自治区的蒙古族长调民歌《圣主成吉思汗》获金穗杯奖，舞蹈《萨吾尔登》和《鲁日格勒》两个节目获银穗杯奖，马头琴齐奏《万马奔腾》和群舞《多彩的节奏》等7个节目获丰收杯奖。另外，组委会还授予自治区文化厅组织奖。

11月8～9日，由中宣部、中央文明办、文化部、中国文联主办的全国第六届“四进社区”文艺展演在武汉市举行。自治区推荐的戏剧小品“换春联”在全国近100个作品中脱颖而出荣获金奖。舞蹈《为内蒙古喝彩》、好来宝《奥运圣火颂》获铜奖，包头九原区文化局获组织奖，包头九原区文化馆的杨国英、内蒙古群艺馆的何瑞祥被评为“社区文化优秀辅导员”，鄂尔多斯市东胜区交通街道道吉劳庆社区等4个社区被评为全国“文化先进社区”。

11月23～28日，以陕西省图书馆谢林馆长为组长的文化部督导组一行3人，对自治区2007年度文化共享工程建设情况进行检查指导。

12月2日，自治区文化厅表彰了近年来在自治区农村电影事业发展做出突出成绩的放映集体和个人。

12月3日，内蒙古自治区考古博物馆学会第五届代表大会暨第四届理事会第三次工作会议在呼和浩特市隆重召开。

12月4日，在自治区文化厅隆重召开了“内蒙古红山文化学会成立大会”，经过民主选举，大会选举自治区政协原主席王占为内蒙古红山文化学会名誉理事长，自治区文化厅原厅长高延青为理事长。此外，还选举副理事长、秘书长、副秘书长、常务理事、理事等，共同组成了内蒙古红山文化学会。

12月12日，在内蒙古新城宾馆召开全区文化共享工程2008年度县级支中心建设工作会议。会议部署了自治区文化厅、盟市文化局、项目旗县人民政府有关县级支中心建设管理责任书签订事宜。

12月28～29日，呼麦暨蒙古族和声艺术国际研讨会在呼和浩特市召开。中国、蒙古国、俄罗斯和日本等有关方面领导和专家30多人与会。会议发表《呼麦暨蒙古族和声艺术国际研讨会与会专家保护蒙古族呼麦倡议书》。

2008年“扫黄打非”工作，将集中行动和日常监管紧密结合，全年共出动执法检查人员193439人次，检查音像、图书报刊等经营单位和印刷企业20660家次，查办案件929件。各类专项行动中共收缴非法出版物115万余件，“扫黄打非”行动取得显著成果。

12月底，全区农村牧区共放映电影16万多场次（包括数字放映场次），观众2800多万人次。其中呼和浩特市、包头市农村牧区院线公司共完成农村牧区数字电影放映1.4万多场。

辽宁省

一、艺术创作取得新进展，艺术舞台精彩纷呈

艺术创作取得了新成果。辽宁人民艺术剧院话剧《矸子山上的男人女人》入选国家舞台艺术精品工程初选剧目。继续推进了9件全国重大历史题材美术工程入选作品的修改加工工作。启动了“辽宁省优秀剧目再创作工程”，挑选一批近年来我省涌现的富于艺术潜质的剧目进行了修改加工。按照打好“市县院团翻身仗”的要求，着重抓了一批市级院团的重点剧目创作。

在国内外重要艺术赛事中取得了新的成绩。大连京剧院的《风雨杏黄旗》、沈阳京剧院的《古寺圣火》参加第五届中国京剧节，分获整理改编传统戏一等奖和现代戏二等奖。本溪评剧团的《女人是座山》获第六届中国评剧节优秀剧目奖和5个单项奖。辽宁芭蕾舞团的郑宇获第23届瓦尔纳国际芭蕾舞比赛青年组金奖、刘茜获日本东京国际芭蕾舞比赛金奖。大连杂技团《男女现代软功——情》获第八届中国杂技金菊奖第二次全国杂技比赛节目金奖。

成功举办了一系列有影响的艺术活动。话剧《矸子山上的男人女人》参加纪念改革开放30周年全国优秀现实题材剧目展演，获得巨大成功，中共中央政治局常委李长春、中宣部部长刘云山分别观看了演出，并亲切接见了演员，在讲话中给予高度评价。辽宁交响乐团参加了首届“中国交响乐之春”演出活动。辽宁芭蕾舞团的芭蕾舞剧《二泉映月》参加国家舞台艺术精品工程剧目全国展演。举办了“2008迎奥运高雅艺术演出季”，组织话剧《父亲》、《凌河影人》，芭蕾舞剧《二泉映月》赴京参加了迎奥运演出活动。海城高跷秧歌参加了奥运会开幕仪式前表演活动。辽宁演艺集团民族音乐歌舞《女儿风流》参加了纪念改革开放30周年全国文化体制改革试点院团优秀剧（节）目汇报演出。参与主办了辽宁省文化艺术界“心系汶川”赈灾义演。继续开展高雅艺术进校园活动。省直院团在省内大、中学校进行普及高雅艺术演出。落实文化“三下乡”工作，全省各级院团下乡演出形成规模化和经常化，其中辽宁人民艺术剧院下乡演出分队全年深入全省农村演出100余场。

二、公共文化服务体系建设扎实推进，社会文化事业全面发展

大力推进了文化惠民工程。文化共享工程进村入户取得了显著成果。按照省委、省政府领导提出的“文化信息资源进村入户”的要求，对全省文化信息资源共享工程建设方案进行了进一步地调整和完善，确定了全省文化信息资源共享工程依托广播电视网络为传输路径的实施方案，辽宁省62个涉农县区226万农户已通过有线电视开通模拟频道收看共享工程节目。另有4000试点农户通过点播型机顶盒共享文化信息资源。实施乡镇综合文化站建设工程。国家扶持的32个乡镇综合文化站全部建成。省财政拨专款400万元对80个乡镇文化站开展活动所需设备、图书等进行了扶持。对辽宁省2007年乡镇文化中心25个在建项目进行了验收。实施农村电影放映工程。制订了2008年国家扶持的数字放映设备分配计划，设立了农村电影放映专项资金，建立了辽宁省新兴农村数字电影院线公司，在全省正式启动了农村数字电影放映工作。审核批准成立了辽宁九瀛数字电影有限公司，并在全省开展了数字电影进社区活动。2008年，全省放映农村电影119773场，超过计划20%，观众2396万人次，其中数字电影5444场；有6129个村实现了一村一月放映一场电影的目标。全省（北方院线公司）电影票房收入1.48亿元，超过计划23.3%；比上年增长85%。

开展了以省文化先进县创建为龙头的基层文化先进评选工作。年内辽宁省有30个县、乡（镇）被命名为全国民间艺术之乡。命名省文化先进乡镇（街道）29个、省文化先进村（社区）63个。在全国群众艺术馆、文化馆评估中，全省有56个馆进入等级馆行列，其中一级馆24个，位居前列。辽宁省9个农村基层文化单位被评为全国服务农民服务基层文化建设先进集体。

群众文化活动丰富多彩，成果突出。成功组织了北京奥运会“中国故事”辽宁“祥云小屋”展示活动。抚顺市老干部合唱团、沈阳市莱茵河畔合唱团参加全国老年合唱节获金奖。参加全国首届农民文艺会演、第六届全国“四进社区”文艺展演、全国第九届和平杯京剧票友大赛、第二届中国少儿合唱节，取得了优异成绩。举办了全省第七届少数民族文艺调演和辽宁省纪念改革开放30周年美术、书法、摄影展。年内全省举办县以上较大规模的各类群众文化活动达到2000多次，举办各类广场文化活动达2.5万次，参与群众达到1200多万人次。

古籍保护工作和图书馆建设取得新成效。成立了辽宁省古籍保护中心。辽宁省共有95部古籍入选首批《国家珍贵古籍名录》，居全国第8位，辽宁省图书馆和大连图书馆入选全国古籍重点保护单位。加强图书馆的基础建设工作，全省公共图书馆馆舍面积达到39万平方米，文献总藏量达到2436万册（件）。在全省继续开展了公共图书馆延伸服务工作，举办了公共图书馆服务宣传周活动和公共图书馆讲座服务活动。全省各级图书馆年接待读者1148万人次，外接书刊1234万册次，为读者举办各类读书活动2570次，参与读者和群众达234万人次。

非物质文化遗产保护工作稳步推进。成立了辽宁省非物质文化遗产保护中心。非物质文化遗产普查工作取得了阶段性成果，基本摸清了全省各地各民族非物质文化遗产分布及保护现状，初步建立全面反映辽宁省非物质文化遗产基本面貌的档案资料数据库。赵本山、冯玉萍等20人被命名为国家级非物质文化遗产项目代表性传承人，114人被评为省级传承人。

三、文化市场执法力度加大，文化市场秩序更加规范

开展了迎奥运建设平安文化市场专项行动。在专项行动中，全省各级文化行政部门以严厉打击违法音像制品，保护知识产权；加强娱乐场所的监管，确保不发生重大安全事故和群体性事件；加强网络文化市场的监管，整顿和规范网吧市场秩序为重点，有计划、有步骤地开展文化市场各项整治工作。在此期间，全省共出动执法人员18万余人次，检查文化市场经营单位12万余家次，共查处各类案件1700余起，吊销许可证49家，收缴非法音像制品136万张（盘），罚款715万元，为奥运会的成功举办创造了平安和谐的文化环境。

开展了全省文化市场安全整治行动。深圳市“9·20”特大火灾后，省文化厅及时召开全省文化市场加强监管保障安全工作会议，对做好我省文化市场安全工作进行部署，各级文化管理部门按照要求，加大了对歌舞娱乐和网吧文化经营场所监管、巡查力度，采取切实有效措施，消除火灾安全隐患，取得了明显成效。建立文化娱乐场所安全工作长效机制，成立了全省文化娱乐场所安全工作联席会议，并召开了全省文化娱乐场所安全生产专项整治会议。今年省“两会”没有涉及文化市场的建议、提案，标志着文化市场监管取得了效果。

加强文化市场调研，提升市场层次。开展了总结、推广鞍山文化市场综合行政执法改革试点工作。

四、文物保护水平继续提升，文博事业协调发展

全面推进了第三次全国文物普查。以市为单位，采取教学与实践相结合或在调查中进行教学的方式分批进行了市级培训。普查经费进一步得到落实。野外调查工作取得了阶段性成果。截至2008年10月31日，共有75个县（市、区）启动了田野普查工作，启动率为75%。共调查登记不可移动文物6924处，其中，新发现3896处，复查3028处，新发现率为56%。

明长城资源野外文物调查工作全部结束并进入整理阶段。调查、整理并初步确认明长城墙体约1075公里，填写各类登记表2000多份，采集照片和影像资料500G，采集GPS点3600多个，墙体数据成果率先通过国家验收，并率先实施了测量工作。

重点加强了大遗址保护工作。专题研究了牛河梁遗址保护和申报国家大遗址保护专项经费等工作，编制了第一、第二号地点文物本体保护工程实施方案。加强了对我省境内高句丽遗址的保护。启动了牛河梁遗址“申遗”工作。

积极做好各项博物馆工作。实施博物馆免费开放。辽宁省博物馆、沈阳“九一八”历史博物馆、抚顺平顶山惨案纪念馆、东北抗联史实陈列馆、抗美援朝纪念馆、辽沈战役纪念馆等辽宁省首批6家博物馆向全社会免费开放，已接待观众320余万人次，同比增加5倍以上，取得了较好的社会效益。辽宁省博物馆、沈阳“九一八”历史博物馆、旅顺博物馆、抗美援朝纪念馆入选首批国家一级博物馆，并列全国第5位。举办了“国际博物馆日”、“文化遗产日”宣传活动。开展了中小博物馆提升展示服务水平工作。

省政府公布了第八批省级文物保护单位56处，使辽宁省省级文物保护单位数量达到296处。继续实施了重要文物保护工程。开展了基本建设中的文物调查、勘探及考古发掘工作。考古报告编写工作取得阶段性成果。

文物行政执法队伍建设取得积极进展，文物行政执法工作取得明显成效。严肃查处了一批文物违法案件，备受关注的牛河梁遗址非法采矿问题得到有效解决，抓捕了一批犯罪嫌疑人。认真开展了文物安全大检查和文物执法督察工作。

五、文化产业典型培育再创佳绩，文化产业发展呈现良好势头

大力推进文化产业示范园区和基地建设取得新成果。沈阳棋盘山被文化部命名为我国4个国家级文化产业示范园区之一。沈阳杂技演艺集团、盘锦辽河文化产业园区、大连海昌企业发展有限公司（发现王国主题公园）入选第三批国家文化产业示范基地，使辽宁省国家文化产业示范园区、基地和动漫产业基地数量达到11个，位居全国前列。首批国家文化产业示范基地辽宁民间艺术团2008年演出2127场，演出收入9660万元，上缴利税1752万元，列全国演出团体之首。辽宁演艺集团的民族乐舞《女儿风流》（花之乐舞《茉莉花》）被文化部评为2007～2008年度优秀出口文化产品。

继续制定完善促进文化产业加快发展的政策。起草了《辽宁省文化系统2008年至2012年文化产业发展规划》、《辽宁省加快文化产业发展的优惠政策》、《辽宁省文化产业投资指导目录》，努力推动全省文化产业快速发展。

利用展会平台大力实施文化产业项目牵动战略。组织辽宁省文化企业参加了第四届深圳文化产业博览会，推出文化产业投融资项目114项，实现签约额22.4亿元。与有关厅局联合在大连举办了2008中国（辽宁）国际动漫产业发展高峰论坛。配合文化部，筹备、举办了第七届中日韩文化产业论坛。

2008年，全省文化系统文化产业增加值实现71.34亿元，比上年增加16%。

六、文化创新意识不断增强，文化体制改革继续深化

全省深化文化体制改革工作取得了新的进展。沈阳、大连、锦州、葫芦岛等7个文化体制改革试点地区和试点单位的改革取得了新成效，全省有72家经营性文化单位转企改制。由辽宁歌舞团和辽宁大剧院组建的辽宁演艺集团完成公司注册，并开始与中国对外演出集团公司进行跨地域合作。作为公益性文化体制改革试点单位的省博物馆服务水平和服务质量显著提高。

七、文化“走出去”步伐加快，对外文化交流更加活跃

全省对外文化交流项目不论在数量上还是质量上都比去年有较大幅度的提高。全年共审核、审批对外、对港澳台文化交流项目163项，交流人数1790人。其中，出访项目47项，交流人数539人，来访项目116项，交流人数1251人。交流范围涉及美国、日本、俄罗斯、韩国、朝鲜、英国、法国、意大利、德国、丹麦、芬兰、菲律宾、香港、台湾、澳门等十几个国家和地区。

政府间交流进一步加强。加强了与日本、美国、朝鲜等国驻沈阳总领事馆间的联系，特别是进一步加强了与日本国驻沈阳总领事馆的关系，为艺术院团出访搭建了交流平台。与省外办共同主办了辽宁省与日本神奈川县缔结友好省县关系25周年、与韩国京畿道缔结友好省道关系15周年纪念大会文艺演出活动。

民间交流更加活跃。辽宁歌剧院赴朝鲜参加文化交流联谊活动，辽宁歌舞团赴日本50余个城市巡回演出民族乐舞《茉莉花》，辽宁芭蕾舞团赴美国七城市演出芭蕾舞剧《末代皇帝》，辽宁省博物馆在美国举办“明清书画展”，沈阳京剧院赴日本演出京剧《花木兰》，大连杂技团与英国西游记2008公司共同创作的歌剧《西游记》在美国公演。此外，美国、德国、俄罗斯、匈牙利、韩国、朝鲜、菲律宾等国的艺术家也到辽宁省演出。

同时，与省政策研究中心共同对辽宁文化如何“走出去”问题进行了初步调研，完成了《关于推进辽宁文化艺术走出去的调研报告》。按照省政府的要求，完成了辽宁省文化厅《对俄文化交流合作规划项目及支持政策意见》，并上报辽宁省对俄合作规划编制工作领导小组。

八、加强党的建设和队伍建设，营造文化系统团结进取的工作氛围

2008年，全省文化系统深入学习贯彻党的十七大精神，开展了“两大一新”大家谈活动。在大家自学、集体讨论的基础上，先后召开了机关干部、厅直单位党政领导、部分离退休老、各市文化局长等4个座谈会，共有95位发言，提出意见和建议共88条。通过活动，大家在思想认识、工作思路等方面进一步达成了共识

以党建为重点，多角度开展工作，凝聚人心，振奋精神，营造团结和谐、努力奋进的工作氛围。将党建工作纳入党组重要工作日程。实施“抓党建带工建，以工建助党建”工程。制定了《文化厅事业单位职工参与内部事务民主管理与监督的有关规定》，厅直单位100%实行事业单位重大事项公开制度。加强党廉政建设。召开了全省文化系统党廉政建设工作会议。开展了“和谐机关”建设。继续实行领导干部廉洁从政承诺制，43名处级干部签订了《廉洁自律承诺书》。开展了廉政文化理论研讨活动。

根据省委部署，开展了深入学习实践科学发展观活动，活动体现了思想准备充分、时间安排灵活、行业特点突出、系统进展平衡的特点，开局良好，取得了阶段性成果。在人才队伍建设、老干部工作等方面，都取得了新的成绩。

九、文化大事记

1月26日，辽宁省15人入选文化部公布的第二批国家级非物质文化遗产项目代表性传承人。

1月31日，中国共产党优秀党员、当代著名学者、著名书画鉴赏家、书画家、博物馆学家、辽宁省文史研究馆名誉馆长、辽宁省博物馆名誉馆长、“人民鉴赏家”杨仁恺，因病医治无效，在沈阳逝世，享年93岁。

3月1日，辽宁省95部古籍入选国务院公布的第一批国家珍贵古籍名录；辽宁省图书馆和大连市图书馆入选第一批全国古籍重点保护单位。

5月5日，辽宁交响乐团作为文化部等主办的第一届“中国交响乐之春”活动参演单位，首次在国家大剧院作专场演出。

5月18日，辽宁省博物馆、沈阳“九一八”历史博物馆、抗美援朝纪念馆、旅顺博物馆入选由中国国家文物局公布的国家一级博物馆。

5月19日，辽宁省56个群众艺术馆、文化馆被文化部命名为一、二、三级文化馆，其中一级馆24个。

6月30日，沈阳棋盘山被文化部命名为第二批国家级文化产业示范园区。

8月7～8日，辽宁省省长陈政高到省直文化单位调研，先后视察辽宁省图书馆、辽宁芭蕾舞团、辽宁歌剧院、辽宁歌舞团、辽宁人民艺术剧院、辽宁大剧院、辽宁省博物馆，并就深化文化体制改革，发展文化事业和文化产业与省直文化单位领导进行座谈。

9月1～2日，全国文化体制改革试点城市经验交流会在沈阳举行。中共中央政治局委员、书记处书记、中宣部部长刘云山，中共中央政治局委员、国务委员刘延东出席会议并讲话。中共辽宁省委书记、省人大常委会主任张文岳，省委副书记、省长陈政高，省委副书记、省政协主席骆琳出席会议。

9月1日，中共中央政治局委员、书记处书记、中宣部部长刘云山到辽宁人民艺术剧院视察工作。

9月2日，文化部部长蔡武视察沈阳故宫、张氏帅府、清福陵和西窑文化中心。

9月17日，沈阳杂技演艺集团有限公司、盘锦辽河文化产业园、大连海昌企业发展有限公司被文化部命名为第三批国家文化产业示范基地。

9月23日，辽宁省人民政府召开“推进农村公共文化服务五项工程建设工作电视电话会议”。会议全面总结了全省农村公共文化服务体系建设的情况，就全省农村公共文化服务五项工程建设工作的年底前主要目标、任务、措施以及今后一个阶段的建设工作做了明确具体的安排部署。副省长滕卫平出席会议并做了重要讲话。

10月15日，辽宁省人民政府召开全省第三次全国文物普查工作电视电话会议，学习贯彻国务院第三次全国文物普查领导小组（扩大）会议精神，

回顾总结辽宁第三次全国文物普查前期工作，安排部署下一步工作。副省长、省第三次全国文物普查领导小组组长滕卫平出席会议并做重要讲话。

10月25日，辽宁人民艺术剧院参加“纪念改革开放30周年全国现实题材优秀剧目展演”的话剧《矸子山上的男人女人》在国家大剧院上演。中共中央政治局委员、书记处书记、中宣部部长刘云山，中宣部副部长、文化部部长蔡武，中宣部副部长欧阳坚，辽宁省委副书记、省政协主席骆琳，副省长滕卫平等领导观看演出。

10月26日，中共中央政治局常委李长春于在国家大剧院观看辽宁人民艺术剧院参加“纪念改革开放30周年全国现实题材优秀剧目展演”的话剧《矸子山上的男人女人》。中宣部副部长欧阳坚，文化部副部长陈晓光，省委副书记、省政协主席骆琳，副省长滕卫平，人民表演艺术家李默然陪同观看。

11月3日，辽宁省30个县、乡（镇）被文化部命名为中国民间文化艺术之乡。

12月24日，辽宁省人民政府召开全省娱乐场所安全生产专项整治行动电视电话会议，部署全省娱乐场所安全生产专项整治行动。副省长滕卫平出席会议并讲话。

12月16日，辽宁省纪念改革开放30周年大型文艺晚会“大潮颂”在辽宁大剧院隆重举行。中共辽宁省委书记、省人大常委会主任张文岳，中央深入学习实践科学发展观活动指导检查组组长、全国人大常委杨正午，省委副书记、省长陈政高，省委副书记、省政协主席骆琳及庄红军、唐军、闫丰、陈海波、程亚军等省领导观看文艺演出。

2008年，辽宁省人民政府首次将文化工作指标纳入对各市人民政府工作绩效评估指标体系。2008年度全省各市文化工作指标由省文化厅拟定，指标中将文化经费投入、基层文化队伍建设、公共文化体系建设、文物保护、剧目生产、文化产业发展等项目作为加分因素列入。

十、文化艺术活动获奖名单

辽宁人民艺术剧院话剧《矸子山上的男人女人》入选国家舞台艺术精品工程初选剧目。

大连京剧团京剧《风雨杏黄旗》获第五届中国京剧节整理改编传统戏一等奖。

沈阳京剧院京剧《古寺圣火》获第五届中国京剧节现代戏二等奖。

辽宁芭蕾舞团演员郑宇获第23届瓦尔纳国际芭蕾舞比赛金奖。

辽宁芭蕾舞团演员刘茜获日本国际舞蹈比赛金奖。

辽宁芭蕾舞团青年演员王韵获第五届首尔国际芭蕾舞比赛青年组金奖，马铭获评委会特别奖，任重获优秀表演奖。

大连杂技团《男女现代软功——情》获第8届中国杂技金菊奖第二次全国杂技比赛节目金奖。

抚顺市老干部合唱团、沈阳市莱茵河畔合唱团 获“永远的辉煌”第10届中国老年合唱节“骏马奖”（金奖）。

营口市永强社区国防之声合唱团 获“永远的辉煌”第10届中国老年合唱节“百灵奖”（铜奖）。

辽宁省实验学校“金笛”合唱团 获第二届中国少儿合唱节“小云雀杯”。

辽阳市的秧歌剧《火红的秧歌》获首届中国农民文艺会演“金穗杯”（金奖）、大连市的表演唱《赶海谣》、沈阳市的舞蹈《欢乐的山村》获首届中国农民文艺会演“银穗杯”（银奖）。

沈阳市的舞蹈《女孩与仙鹤》获第六届全国“四进社区”文艺展演金奖。

辽阳市的秧歌剧《火红的秧歌》获第六届全国“四进社区”文艺展演银奖。

本溪市的舞蹈《竹林笛韵》获第六届全国“四进社区”文艺展演铜奖。

吉林省

一、专业艺术

2008年，吉林省文化行政主管部门所属艺术表演团体62个，从业人员4177人。全年新排剧目221个。全年演出7000场次，观众691万人次，总收入21595.7万元，比2007年增加2836.1万元；总支出20983.9万元，其中基本支出19842.0万元。

全省文化行政主管部门所属表演场所35个，从业人员982人，全年演出1.9万场，其中艺术演出2000场，电影放映1.8万场；总收入4063.9万元，总支出3821.0万元。

2008年，省直文艺院团演出899场。成功举办2008年春节团拜会文艺演出、纪念勇士部队进驻吉林省长春市50周年"白山松水铸长城"专题文艺演出、中国交响乐世纪回顾暨第一届中国交响音乐季吉林省展演音乐会、吉林省改革开放30年暨第二届舞台美术作品展览会等大型展演活动。举办"众志成城　抗震救灾"大型募捐文艺晚会，募集善款700余万元。成功承办吉林省党政代表团赴上海、广州、深圳经贸文化交流演出"多彩吉林"文艺晚会、第四届东北亚投资贸易博览会"相约东北亚"文艺晚会、吉林省纪念改革开放30年"畅想吉林"文艺晚会。成功组织吉歌集团北京奥运会（残奥会）开闭幕式表演、"红季节"专场歌舞表演，延边歌舞团奥运开幕仪式前表演、庆祝我国第三个非物质文化遗产日表演，省吉剧团"东北二人转·曲艺歌舞专场演出"等北京奥运会演出工作和吉林省二人转优秀剧目全国巡演。参加首届"中国交响乐之春"音乐会演出。

京剧剧目《孙安动本》获全国第五届京剧艺术节整理改编传统戏类一等奖；现代评剧《宰相胡同》获全国评剧艺术节优秀剧目、编剧等多项一等奖；董玮、闫书平获得第五届中国曲艺牡丹奖，王兆一获终身成就奖。

二、文化市场

2008年，全省文化市场经营机构9199个，从业人员33361人。其中娱乐场所2281个，从业人员10129人；网吧3101个，从业人员13438人；音像制品批发、零售、出租机构2217个，从业人员3758人；其他机构1582个，从业人员5794人。全年营业收入163404.5万元。

重点开展了为期4个月的"创平安文化市场"、争最佳创两城、迎奥运为主题的奥运保障行动，共检查场所17453家次。开展文化市场安全大检查统一行动，检查各类场所2219家。狠抓"扫黄打非"工作，全年共收缴各类非法音像制品13.2万余张（盒），取缔非法音像制品摊点95家。在全国非法音像制品统一销毁日，公开销毁法非音像制品120多万张（盒）。加强网吧监管，全省共检查网吧16258余家次，查处各类违法经营案件6259余件。积极扶持动漫产业发展，成功举办了第三届长春国际数字娱乐动漫艺术节、成立了吉林省动漫游戏协会、设立了数字动漫游戏创意产业基地，加强了对动漫游戏市场领域的知识产权工作。

三、文化产业

2008年，全省共有各类文化产业机构10438个，从业人员47243人（其中高级职称1760人，中级职称3446人）。全年文化（文物）机构总收入94509.8万元，比2007年增加24851.9万元，其中财政收入64187.6万元，比2007年增加17068.0万元；全年总支出84016.4万元，比2007年增加14,085.6万元。

吉林省文化产业协会正式成立，首批会员159个，召开了吉林省文化产业协会筹备会议和全省文化产业工作座谈会。目前，我省有省级文化产业示范基地11个，国家级示范基地增4个。国家动画产业基地（吉林动漫游戏原创产业园）、吉林省数字动漫创意产业基地建设顺利推进。组织参加第四届中国（深圳）国际文化产业博览交易会精选80个项目参展，现场签约金额达5.1亿元；组织参加第三届中国北京国际文化创意产业文博会，精选16个项目参展，展位总面积达324平方米，签约额2217.35万元。吉林市文化局、长春市朝阳区文体局被评为全国文化产业先进集体。

四、社会文化和图书馆事业

2008年，全省共有群众文化服务机构793个，从业人员3402人。全年举办各种展览1381个，组织文艺活动7538次，举办各种训练班2434次，培训15.8万人次，组织各类理论研讨和讲座196次。本年度总收入12557.8万元，其中财政拨款12107.7万元，上级补助收入104.9万元，事业收入83.9万元，经营收入98.5万元，其他收入162.8万元。本年度总支出12984.0万元，其中基本支出11854.5万元，项目支出610.4万元，经营支出60.5万元，工资支出7158.0万元。

全省文化行政主管部门所属图书馆64个，从业人员1718人（其中高级职称220人，中级职称659人）。图书总藏量1345.4万册，为读者举办各种活动3817次，参加人数178万人次；年收入合计14589.9万元，其中财政拨款14275.6万元，全年支出合计10894.9万元。

组织开展全省农村文化活动月，所有县（市）和82%的乡镇参与。举办吉林省首届农民文艺会演，全省共举办广场文化活动1300多场。召开"打造欢乐庄稼院，夯实农村文化阵地"现场会和全省农民自办文化现场会暨首届农民自办文化论坛。据初步统计，全省已有文化大院2340个。中宣部在长春召开现场会，向全国推广我省“打造欢乐庄稼院”的做法。桦甸市、东辽县渭津镇等18个县（市）乡镇被命名为中国民间文化艺术之乡。

在社区、城镇开设了59个数字电影广场，放映1800多场。开展数字电影进校园活动，共放映1380余场，观众125万人次。全省有农村数字电影放映队181个，有44.2%的行政村村民看到了高质量的数字电影。开展“联通电影千村行”等活动，共放映农村电影11万多场，观众972万人次。

组建了吉林省图书馆联盟，使全省人均图书拥有量由0.4册增加到1.2册。整合了公共图书馆与高校图书馆、科技院所图书馆的馆藏资源，实现图书资源共建共享；探索了图书馆“总分馆”制模式，推动图书资源下移，服务基层。就吉林省图书馆联盟工作，中央政治局常委李长春做出重要批示，中央政治局委员、国务委员刘延东更是两次做出批示。文化部、教育部、科技部在吉林省召开全国文化教育科技系统资源共享服务基层经验交流会议，重点交流我省的工作经验。

五、非物质文化遗产保护工作

2008年，省非物质文化遗产保护中心和省非物质文化遗产保护工作专家组正式成立。延边州、吉林市、前郭县等地也成立了相应的工作机构和专家组，建立健全了组织机构。开展了国家、省、市、县各级非物质文化遗产名录建设工作，现已普查重点项目1000多个。目前，吉林省有东北二人转、朝鲜族象帽舞、满族说部等第一批和长白山森林号子、查干淖尔冬捕、朝鲜族长鼓舞、朝鲜族花甲宴等第二批国家级名录27项；有文化部命名的东北二人转传承人王忠堂、蒙古族乌力格尔传承人包朝格柱、朝鲜族象帽舞传承人金明春3名国家级传承人和我省命名的57名省级传承人。

组织相关单位参加北京奥组委和文化部在北京奥林匹克公园举办的中国故事非物质文化遗产展示活动。吉林省的展览工作受到了奥组委、文化部和专家们的一致赞美，获得奥组委和文化部颁发的优秀团队奖，全国仅有5个省获得此项殊誉。积极申报朝鲜族农乐舞为联合国教科文组织人类非物质文化遗产代表作名录，全国共有30个备选项目，吉林省朝鲜族农乐舞排名第五位，该项目已经通过国家验收并上报联合国，现正在评选当中。

六、文化信息资源共享工程

2008年，新建文化信息共享工程支中心16个。全省文化共享工程为群众服务2737次，受众人次105万人，其中为农村服务1649次，受众农民52万人次。完成了东北二人转、东北抗联、长白山动植物图片和非物质文化遗产等4个专题数据建设，信息资源量400GB。

七、对外文化交流

加强友好省县间的文化交流，认真组织出国演出活动。举办6场“日本宫城县茶道文化表演”活动。派出艺术团参加在韩国江源道举办的第七届国际青少年艺术节。吉林省民族乐团受文化部委派并应柬埔寨有关方面邀请，参加中柬建交50周年庆祝活动。吉林省艺术家代表团赴俄罗斯滨海边疆区参加东北亚地区美术作品展，有效地配合了省政府代表团参加第13届东北亚地区地方政府首脑会议。

八、文物考古和博物馆事业

2008年，全省文物业机构75个，从业人员1225人（高级职称167人，中级职称247人，具有考古发掘个人领队资格17人，具有文物保护工程职业资格47人），其中文物保护管理机构45个，从业人员324人；博物馆26个，从业人员718人；文物商店1个，从业人员15人。全省文物藏品及文物保管品203931件（套），其中一级品372件，二级品3305件，三级品10112件。举办陈列、展览116个，参观人数503.1万人次。全年收入合计14761.8万元，其中财政拨款9547.9万元；支出合计12607.2万元。

向国家推荐吉林省博物院、伪满皇宫博物院、吉林省自然博物馆为一级博物馆。高句丽二期项目全面展开。渤海国基本建设项目已经完工80%。渤海国遗迹、高句丽遗址考古发掘获得重要发现。渤海国遗址保护5处地点的《保护方案》得到国家文物局的批准。有6处全国文物重点保护单位保护规划通过审批。全年受理文物保护项目22项。编印了《吉林省省级文物保护单位简介》手册。第三次全国文物普查第一阶段的工作任务已经完成，田野调查工作全面展开，共调查登记不可移动文物1075处，其中新发现312处，复查763处。我省有4部古籍入选首批《国家珍贵古籍名录》。省博物院、四平战役纪念馆、日伪统治时期辽源煤矿死难矿工文物馆免费开放，共接待观众35.44万人次。国家文物局在吉林省举办了“东北地区安全防火及博物馆免费开放工作座谈会”。

九、文化基础设施

省博物院、省美术馆新馆进入内部展陈设计的前期准备阶段；省群众艺术馆馆舍简易装修已经启动；省图书馆新馆项目定于2008年与长春市规划馆一起开工建设。省文化活动中心东方大剧院、民族乐团、吉剧团剧场改造、维修项目已陆续实施，省京剧院大戏楼、大众剧场扩建项目纳入省政府的议事日程，省直文艺院团演出排练缺少场地的窘迫状况有所缓解，条件正在改善。各市、州、县在公共文化基础设施建设上都有一些大的举措，省委、省政府在松原市召开了全省公共文化基础设施建设现场会。2008年，计划建设32个乡镇综合文化站，已建成15个，在建16个。12月份，国家对吉林省文化站建设项目紧急追加1000万元的补助资金，建设75个文化站，计划建设总数增至107个。编制了《吉林省公共文化基础设施建设工程2008～2010年规划》，并已纳入省委、省政府转发的《关于贯彻中央扩大内需政策措施促进我省经济平衡较快发展的意见》。

十、文化体制改革

吉歌集团按照转企、整合、改制、上市的路径积极向前推进，发挥了示范作用。受到李长春、刘云山、刘延东等中央、国务院领导的亲切接见，并给予很高评价。省图书馆、省博物院和省京剧院等试点单位，积极创新内部机制，取得了较好的效果。吉林文化音像出版社、长春音乐厅等经营性文化单位转制，已取得初步成果。理顺了省高句丽遗址保护办、省渤海国遗迹申报办、省第三次全国文物普查办的管理体制，整合了三个领导小组。成立了四平市新农村数字电影院线公司、延边惠民农村数字电影院线公司。同时，文化市场体系逐步完善，政府职能有所转变。

黑龙江省

一、概况

2008年，是黑龙江文化事业文化产业长足发展的一年。至2008年底，全省文化（文物）系统共有机构1761个，从业人员15038人。其中艺术表演团体84个，从业人员5229人；艺术表演场所46个，从业人员505人；公共图书馆101个，从业人员1819人；群艺馆、文化馆147个，从业人员1810人；文化站994个，从业人员944人（其中乡镇文化站896个，从业人员906个）；文化艺术教育机构8个，从业人员359人；艺术创作机构12个，从业人员95个；文艺科研机构2个，从业人员68人；其他文化事业和其他文化企业87个，从业人员1785人；文化市场管理稽查机构131个，从业人员1026人；文物保护管理机构83个，从业人员373人；博物馆56个（全省共有102个，其中非文物系统所属博物馆46个），从业人员967人；文物科研机构2个，从业人员46个；其他文物机构8个，从业人员22人。

2008年，全省文化（文物）事业费总支出88533万元，比上年增长15.8%，财政补助收入63111万元，比上年增长9.7%。其中省直事业费支出15304万元，比上年下降32.6%，财政补助收入13452万元，比上年下降36.5%。全年共争取到国家基层文化设施建设、重点文化工程、文化遗产保护等专项资金1.3亿元，省级专项经费同比上年增长57.8%。

二、公共文化服务体系建设

【文化经济政策】

2008年7月8日，黑龙江省委办公厅、省政府办公厅出台了《关于进一步加强公共文化服务体系建设的实施意见》（黑办发〔2008〕9号）。该文件是黑龙江省贯彻落实中共中央办公厅国务院办公厅《关于进一步加强公共文化服务体系建设的意见》（中办发〔2007〕21号）精神，扶持全省特别是农村文化建设的重要政策性文件。文件对解决基层文化建设的许多重点、难点问题进行了明确，特别是对制约农村文化发展的机构队伍建设、设施网络建设、投入等做出了刚性规定，将对今后一个时期黑龙江文化发展起到积极的指导和推动作用。落实文件精神，2008年底前，齐齐哈尔市、伊春市、黑河市相继出台了黑办发〔2008〕9号文件的贯彻落实意见，加大对文化建设的扶持投入力度。一些期长期制约基层农村文化发展的瓶颈问题正逐步得以解决。

【文化设施建设】

2008年，黑龙江全省基层文化设施建设实际完成国家投资8434万元，比上年增长69.3%。

一批文化设施完工或在建。大庆市博物馆一期工程峻工并如期开馆，齐齐哈尔市投资7800万元的市图书馆主体工程完工，鹤岗市文化活动中心和市博物馆开工建设。汤原县投资720万元新建3100平方米的博物馆，富锦市投资530万元对市博物馆改扩建，海伦、庆安、甘南、克东、龙江、宝清等20多个县市新建了文化活动中心。基层文化设施面貌整体改观。黑龙江省杂技团投资800万元对办公楼进行了维修改造，黑龙江省歌舞剧院新建办公楼一期工程已经完工。黑龙江省自新中国成立以来投资最大的标志性文化设施黑龙江省博物馆新馆，2008年底前已完成建设方案扩初设计，新馆建设用地测量、环境影响评估和地质勘探，新馆可行性研究等工作，陈列大纲基本确定。新馆建筑方案由哈尔滨工业大学建筑设计研究院设计方案。中国工程院院士、中国建筑西北设计研究院总建筑师张锦秋两次主持省博物馆新馆建筑设计方案评标工作。首轮评标在国内10家具有甲级建筑设计资质的10个竞标方案中按自然多数票排序，推选出华南理工大学建筑设计研究院、哈尔滨工业大学建筑设计研究院、北京市建筑设计研究院3个方案为优化设计方案。第二轮评标根据建设部新颁布的《建筑工程方案设计招标投标管理办法》，评标委员会对三家优化设计方案采用百分制综合评估法进行量化评分，建议采用哈尔滨工业大学建筑设计研究院的设计方案。

【乡镇综合文化站建设】

2008年起，乡镇综合文化站建设由原来黑龙江省自筹资金试点转为国家大规模建设，黑龙江省有737个乡镇列入国家规划。按照国家项目规划，当年完成了55个乡镇综合文化站建设任务，建设总规模18661平方米，总投资2480万元，其中中央投资788万元，省级配套资金550万元，县乡两级完成投资1142万元。使全省新建文化站总数达到168个。省级财政从年初部门预算中落实专项经费1200万元，用于乡镇综合文化站设备采购。年底前，中央为扩大内需拉动经济增长，对黑龙江省新增预算内投资乡镇综合文化站2008年建设项目156个，中央投资和省级配套总计4680万元。12月18日，黑龙江省文化厅召开专题会议部署工程建设工作，年底前各地按照实施方案迅速展开前期工作。

【文化信息资源共享工程】

2008年，黑龙江省文化信息资源共享工程建设的重点是县级支中心和基层服务点。当年共完成45个县级支中心建设工作，全部通过文化部验收，对群众开展服务；依托农村党员现代远程教育资源完成2374个基层服务点建设。至此全省已建成文化信息资源共享工程省级分中心1个，市级支中心13个，县（区）支中心79个，乡镇和村、社区基层服务点2610个，黑龙江农垦全系统、海林县、富裕县和五常、林甸、阿城部分乡镇实现了文化信息资源服务全覆盖。建设完善的各级支中心能够同时向基层群众免费提供总量达30TB的数字文献资源。

【农村电影放映工程】

2008年，黑龙江省农村电影放映工程建设取得重大进展。农村电影扶持政策得到落实。省文化、财政、发改部门联合下发了《黑龙江省关于进一步加强农村电影工作的实施意见》（黑文发〔2008〕174号），文件对农村电影工程、农村电影数字化放映、政府投入方式、农村电影公益放映每场补贴标准等进行明确，落实农村电影放映工程数字放映设备省级配套资金600万元，明确了给予农村电影公益放映每场补贴不少于150元，其中中央、省和市县级财政各补贴50元。出台了《黑龙江省农村电影工程国家资助设备管理办法》、《农村电影工程补贴专项资金管理办法》、《农村电影工程拷贝使用管理办法》等，这些扶持政策和管理办法的出台，为全省农村电影工程实质推进和有序管理提供了有效保障。农村电影放映体制改革迈出实质步伐。农村数字电影试点工作应用新技术、采取新机制、实行新体制，取得成功经验。省文化厅适时召开全省农村电影放映工程工作会议，总结推广牡丹江市数字放映试点工作经验，推动建立全省农村电影发行放映新体制，农村电影数字化放映工作在黑龙江全面推开。年底前，全省已组建了覆盖6个地市及农垦、森工2个系统的8条农村数字电影院线公司。同时争取到大批量设备投入。年初，国家一次性下拨资助黑龙江数字电影设备148套。年底前，黑龙江省文化厅与中影集团新农村数字电影放映公司达成合作协议，黑龙江省成为中影扶持新农村数字电影首批投资合作推广省，中影集团将按每15～23个行政村投放一台数字放映设备的标准对黑龙江所有数字设备不足地区进行全覆盖，黑龙江可获得一次性全覆盖式无偿投入设备700余套，价值2000余万元。2008年，全省农村电影放映机构年放映电影8万余场，覆盖近80%的行政村。黑龙江省文化厅被国家广电总局授予农村电影放映工程先进组织奖。

【公共文化服务】

博物馆免费开放成效显著。落实中宣部等国家四部门《关于全国博物馆、纪念馆免费开放的通知》要求，黑龙江省率先在东北地区实行免费开放。2月21日，首批免费开放了省直4家博物馆（省博物馆、东北烈士纪念馆、省民族博物馆、革命领袖视察黑龙江纪念馆），因准备充分，各项工作平稳有序，3月31日，省内第二批四家爱国主义教育基地（侵华日军731罪证陈列馆、爱辉历史陈列馆、宁安马骏纪念馆、东宁侵华日军要塞博物馆）实行常年免费开放。截至12月底，省内已向社会免费开放的8个博物馆、纪念馆累计接待观众346.9万人次，博物馆功能得到有效发挥，社会效益显著提升，黑龙江免费开放工作受到国家文物局的表扬。东北烈士纪念馆、大庆铁人王进喜纪念馆、爱辉历史陈列馆被国家文物局评定为国家一级博物馆，并向国家文物局推荐上报二、三级博物馆17家。

图书馆服务能力和水平进一步提升。到2008年底，全省有公共图书馆101个，比上年增加3个。各级图书馆最大限度开放服务项目，扩展延伸服务。全省图书馆年接待读书者6128056人次，累计发放有效借书证448671个，书刊文献外借6737243册次。各图书馆立足本馆资源积极组织开展读者活动，全年为读者举办各种活动1244项，参加人次644151人；组织各类讲座404次，参加人次80364人；举办各种展览302场，参加人次383064人；举办培训班91期，参加人次26193人。“全省流动图书馆工程”已在全省建成流动分馆、站82个，年借阅图书500186册次，借阅人次296719人；各地流动图书馆车年书刊借阅达463658册次，为273535人次提供借阅服务。除省图书馆外，哈尔滨、牡丹江、伊春市图书馆开办了定期公益讲座。黑龙江省图书馆从10月1日起，大幅减免服务项目收费，增加公益服务项目。设立“政府信息公开查阅室”，免费为社会公众提供政府公开信息的网上查阅、咨询和资料索取服务，免费提供与政府信息公开密切相关的法律法规文本、中国法律全文数据库查阅和下载等一站式系统性延伸服务，并利用图书馆文献整序、分类编目等专业优势，编制政府信息公开目录，公开指南、公开工作年报和政府信息资源总库等，开放“黑龙江版本图书馆”，开通便利快捷的移动与声讯服务等。黑龙江省图书馆被中国图书馆学会授予“全民阅读活动先进单位”荣誉称号。

群众文化活动丰富多彩，向品牌化、规模化发展。黑龙江省“城市之光”和“金色田野”主题文化系列活动从2000年起隔年交替举办。2008年，“城市之光”广场群众文化活动开幕式7月18日在牡丹江海林市举办。以此为统领，全省各级文化部门组织开展了一系列丰富多彩的文化活动，在长达6个月的时间里各地围绕纪念改革开放30周年，组织的各种主题晚会、演出、展览等超万场。各地依据本地经济文化特色打造的文化活动品牌，规模、影响逐年提升，全省半数以上市、县都拥有了自己的品牌文化活动。为使城乡群众共享文化发展成果，黑龙江省委宣传部、省财政厅、省文化厅共同组织开展了“政府埋单、群众看戏”省直艺术院团“送欢笑到基层”系列演出活动。演出历时4个月，省直6个专业院团的299位演员分别深入全省100多个乡镇、村屯和农场，演出245场，观众累计达60余万人次。省委宣传部和省文化厅在省城组织了第三届省直艺术院团“欢乐北方”系列演出活动，省直6个专业院团和黑龙江艺术职业学院3个月时间演出近百场，观众10余万人次。

在文化部2008年公布的一、二、三级群艺馆、文化馆名单中，黑龙江省省哈尔滨市朝鲜民族艺术馆、牡丹江市群众艺术馆、鹤岗市群众艺术馆、萝北县文化馆、海林市文化馆、密山市文化馆、哈尔滨市南岗区文化馆、大庆市群众艺术馆被文化部评定为一级馆；通河县文化馆等10个群艺馆和文化馆被评定为二级馆；牡丹江朝鲜民族艺术馆等13个群艺馆、文化馆被评为三级馆。绥滨县文化局、密山市文化馆、五常市拉林镇文化站、杜尔杜特蒙古族自治县电影公司、林口县电影公司5个直接服务基层服务农民的文化机构和团体被中宣部、文化部、广电总局、新闻出版总署授予全国服务农民服务基层先进集体。在中宣部、文化部、中央文化明办全国四进社区评比表彰中，哈尔滨市南岗区荣市街道办事处龙泰社区、大兴安岭地区图强林业社区、伊春市伊春区前进街道办事处光明社区、鸡西市鸡冠区南山街道办事处国寿社区荣获全国先进社区称号；伊春市文化局获优秀组织奖，齐齐哈尔市群众艺术馆刘巨茜、伊春市文化局李青云荣获全国四进社区优秀辅导员称号。

文化工作在凝聚力量、鼓舞士气、坚定信心、营造氛围方面发挥着重要作用。“5·12”汶川特大地震发生后，黑龙江省文化系统紧急动员起来，积极投入支援灾区抗震救灾工作。5月18日，省直文化系统支援灾区抗震救灾大型义演——“我们在一起”在哈尔滨索非亚教堂广场举行，活动当场募集社会各界捐款147余元和捐助灾区药品物资等价值126万元。6月14日，东北烈士纪念馆制作推出了抗震救灾专题展览。各级文化部门快速组织起各种形式的赈灾募捐活动，迅速组织创作了一批抚慰心灵、唤起爱心的优秀文艺作品。及时有效的文化活动推动了全省人民支援灾区抗震救灾的热情，据不完全统计，省、市级文化部门组织义演、义拍活动47场次，募集善款和物资总值9391万元；省、市级文化系统职工累计向灾区捐款和特殊党费220.2万元。其中省直文化系统职工共捐款105.6万元。

积极参加并圆满完成了奥运期间晋京文化演出任务。黑龙江省有6台剧节目晋京演出13场：省龙江剧院组织的龙江剧精品晚会“神龙腾飞”在北京民族宫剧院演出3场，省歌舞剧院百人交响乐团、哈尔滨交响乐团参加了由国家文化部、中国音协、国家大剧院共同主办的“首届中国交响乐之春”演出季，省群众艺术馆组织的“激情龙江”群众文艺专场在中华世纪坛等地演出5场，省杂技团在首都剧场演出了非语言舞台剧《终极使命》。黑龙江省文化厅在北京奥组委、文化部联合举办的“北京2008”城市奥运文化广场演出活动中被授予“北京2008”城市奥运文化活动优秀组织奖。

三、专业艺术

2008年，新推出了一批富有黑龙江历史文化特色的舞台艺术作品。张明媛编剧、齐齐哈尔市话剧团创排的大型话剧《风刮卜奎》被专家誉为一部博物馆式的戏剧，申报2007～2008年国家舞台艺术精品工程参评剧目，成功进入30台初选剧目，并荣获第二届中国戏剧创作最高奖——曹禺剧本奖；黑龙江省京剧院历时2年创作的新编历史京剧《靺鞨春秋》参加第五届中国京剧艺术节演出获剧目二等奖；黑龙江省龙江剧院排演了取材于《闯关东》的现代龙江剧《鲜儿》，被文化部列为重点扶持剧目；大庆市创排的表现人与自然和谐发展的大型舞蹈诗剧《鹤鸣湖》，首演得到广泛好评。黑龙江省文化厅历时4年精心打造的大型原创歌舞《中华吟》，在第29届中国·哈尔滨之夏音乐会期间举行首演，晚会以音、舞、诗、画等诸多艺术手段表达中华儿女对中华五千年文明史的敬仰之情，文化部副部长陈晓光、中国音协主席傅庚辰，以及黑龙江省、哈尔滨市等诸多领导、群众观看演出后，对原创歌舞《中华吟》给予了很高评价。同时，新创作了《1978一部农场的历史》、《大荒涅槃》、《寡妇黑姑》、《大爱无疆》等一批优秀现实题材剧本。

坚持举办艺术赛事。黑龙江省纪念改革开放30周年全省新剧目调演，9台2004年以来新创作或改编的大中型舞台剧目参演，演出了话剧《风刮卜奎》、《花季如歌》，龙江剧《百姓局长》，歌剧《图兰朵》，风情歌舞剧《正月里》，评剧《半江清澈半江红》、《英雄王二小》等。同期举办了第二届龙江剧“白淑贤杯”评比演出暨全省二人转调演活动，全省龙江剧团体参加了调演，推出了大型龙江剧《莲花开了》、《鹤鸣岛》等6个优秀剧目。组织第三届全省器乐比赛，比赛设职业组和非职业组，分设管弦乐器、民族乐器合作和演奏组，全省有200余名演奏员参加了比赛。文化艺术理论研究活跃。2008年，黑龙江省有3项艺术研究课题中标国家社会基金课题。国家级艺术科研课题《赫哲族鄂伦春族达斡尔族服饰研究》结项出版，有20项省级艺术科研课题通过结项审核。第二届全省文化艺术科学课题评审有184项课题申报，立项84项。

【第29届“哈尔滨之夏”音乐会】

6月24日至7月3日举办。本届“哈尔滨之夏”（以下简称“哈夏”）以“促进发展、构建和谐”

为主题，在继承历届“哈夏”优秀传统的基础上，更加突出“国际化”特色和“群众性参与”的特点，在内容和形式的总体安排上，扩大国外艺术团（组）演出比重，坚持高雅艺术与群众文化并重，既保证国家级盛会的水准，又让广大群众最大限度地享受到文化权益。期间，来自德国的柏林交响乐团、美国百老汇《音乐之声》剧组等11个国家和地区的12个演出团组组织了25场精彩演出，“第八届全国声乐比赛”进行了复赛和决赛。据统计，文化部门组织专业和群众演出743场，直接观众百余万人。从本届“哈夏”开始，“全国声乐比赛”永久落户哈尔滨，成为“哈夏”固定赛事。

四、文化遗产保护

到2008年底，黑龙江省第三次全国文物普查工作第一阶段任务顺利完成。全省13个市地和64个县（市）区均已成立了文物普查领导小组及办公室，各级普查办常设人员695人，一线普查人员705人，全部经过专业培训。除中央补助外，2008年全省共落实普查经费695.8万元，落实全部普查用地形图，按国家设备配置标准为普查人员配备了笔记本电脑、数码相机和GPS卫星定位仪等。第二阶段工作全面推进。各地运用先进的普查设备迅速展开田野调查工作，全省所有县级行政区域均启动了实地调查，普查队员克服经费不足、设备到位晚、秋冬天气寒冷等不利因素，完成调查登记不可移动文物2500处，其中新发现1380处，复查1120处，实地调查履盖率达22.2%。11月初，黑龙江省第三次全国文物普查领导小组召开电视电话会议，对全省“三普”工作进行了总结和部署。年底前，省、市、县逐级签定了文物普查政府责任书。长城资源调查工作2008年共完成84公里金、唐长城沿线范围内田野调查任务，黑龙江省在全国最先建成开通了长城资源调查网站。

重大文物保护工程取得新进展。渤海遗址保护展示工程当年的环境整治和文物本体保护工作任务完成：环境整治项目中的村屯动迁工作基本完成，完成了中轴大街延长线道路施工、环境整治剩余工程、遗址博物馆建设工程的招标和招标准备工作；文物本体保护工程总体设计方案获国家文物局正式批复，相关工作逐次展开，省文化厅已批复牡丹江市文化局正式承办此项工程。根据国家文物局意见重新确定了遗址博物馆选址，完成选址地文物勘探和建设方案优化设计和论证。哈尔滨文庙保护维修工程主体工程基本完工，举行了祭孔大典暨大成殿80年首次大修竣工典礼。731侵华日军罪证遗址保护展示工程已完成前期勘探、测绘工作，正着手制定保护规划。

文物保护的基础工作实质加强。全省29个国家级文物保护单位保护标志制作树立工作全部完成，制作树立标志牌（碑）270个，界桩6055个。着手开展了省级以上文物保护单位保护范围的划定公布工作。对全省县级以上行政区域的文物安全工作现状，全国重点文物保护单位、重点博物馆安全保卫情况进行了较为系统的调查摸底。修订了《黑龙江省第一至五批全国重点文物保护单位情况简介》。配合基本建设，对哈同公路等6项基建项目进行了考古调查和勘探，新发现遗址50处，发掘遗址8处面积8500平方米。

首次全省非物质文化遗产普查工作基本完成，初步形成了全省非物质文化遗产档案资料库。黑龙江省又有12项非物质文化遗产被国务院确定为国家级名录，确立公布首批62位省级非物质文化遗产代表性传承人，确定第一批省级名录项目的保护单位。国家级试点项目和首批国家级名录的保护工作计划及传习活动全面开展，赫哲族传统文化生态保护区建设启动。省图书馆被国务院批准为首批“全国古籍重点保护单位”，全省古籍普查工作启动。

五、文化产业

2008年，黑龙江省文化产业继续保持健康稳定的发展态势。冰雕国际展和冰上杂技项目经过几年的运作，已成为黑龙江著名的文化产业品牌。目前黑龙江已培养起一支技艺精湛、制作水平一流的冰雕制作队伍，冰雕艺术展连续5年在美国成功办展，经济效益和社会效益不断扩大，2008年与美国特别项目公司签定了2700万元的合作协议，同时向欧洲、拉美和非洲市场推出冰雕艺术的运作取得初步成果。黑龙江省杂技团冰上杂技项目经过3年的运营，逐渐走上了快速发展之路，正积极运作组建冰上舞蹈二团，以争取更大的市场份额。冰上杂技和冰雕国际展项目同时获得文化部“2007～2008年度优秀出口产品和服务项目”奖。黑龙江省又有两家企业——黑龙江省动漫产业（平房）发展基地、松雷股份有限公司被文化部命名为第三批“国家文化产业示范基地”。大庆市鑫湖网络休闲会馆、哈尔滨小牧童网络休闲驿站、牡丹江市亿龙网络广场、哈尔滨亚马逊网吧、黑龙江多瑙河网络科技有限公司、哈尔滨市中德信息网络有限公司6家单位被文化部评为优秀网络文化企业。齐齐哈尔市文化局、大庆市文化局被文化部授予“文化产业工作先进集体”荣誉称号；省杂技团团长关心民、大庆市文化局产业科科长单戈被评为“文化产业工作先进个人”。新型电影发行放映机制和主体开始主导城市电影市场，2008年城市电影票房超过5000万元。

六、文化市场管理

2008年，黑龙江文化市场管理工作继续以网吧、音像等市场为重点，坚持专项整治与日常监管相结合，加强执法队伍建设，管理效能不断提升。为期6个月的全省文化市场“奥运保障行动”，确保了奥运期间全省文化市场安全稳定。严查网吧违规接纳未成年人和超时营业等行为，组织开展全省音像市场督查行动、违法音像制品集中查缴销毁行动、保护知识产权宣传活动等。全年共出动检查人员68597人次，检查经营单位10万家次，受理举报1040起，罚款总额280万元。启动实施娱乐场所阳光工程，圆满完成娱乐场所卡拉OK内容管理服务系统试点安装工作。深化队伍建设年活动，完成全省文化市场行政执法人员全员岗位培训和业务考试，共培训1024人，考试合格率85.35%，提高了文化执法队伍整体素质，增强了依法管理文化市场的能力。牡丹江市文化局文化市场管理办公室、哈尔滨市文化市场稽查支队被文化部评为2008年全国文化市场行政执法先进单位；大庆市文化市场稽查支队副队长林富山、鸡西市文化市场管理办公室赵桂馥被评为2008年全国文化市场行政执法优秀个人。1月17日，黑龙江省文化市场经营业协会召开第一次会员代表大会，标志黑龙江省文化市场经营业者协会正式成立。

七、对外文化交流

对俄文化交流规模、领域进一步扩大，应阿穆尔州政府和文化档案部邀请，黑龙江文化艺术代表团一行100人赴俄参加了“阿穆尔友谊之河”国际艺术节活动，受到俄方热情接待。黑河、鸡西、绥芬河等一些与俄相邻地区与俄罗斯远东地区在演出、展览、艺术教育、学术交流、文物保护等多方面建立了合作关系，交流日益活跃。根据黑龙江省与北海道文化交流协议，邀请日本北海道文化艺术使节代表团访问黑龙江，并组织专家学者到日本北海道开拓纪念馆考察；为庆祝中日和平友好条约缔结30周年、黑龙江省与山形县缔结友好关系15周年，日本驻中国大使馆在哈尔滨市举办了“黑龙江省日本文化活动周”。全年派出各类文化团组30个，接待来访文艺团组27个，交流总人数1500余人次，涉及20多个国家和地区。

上海市

一、抗震救灾工作卓有成效

“5·12”汶川特大地震发生后，市文广局全员行动、全力以赴支援救灾，表现出为国分忧、为民解难、无私奉献的精神境界。一是主动组织捐款捐物。市文广局系统干部职工累计捐款690987元，交纳特殊党费345969元、特殊团费15万元；上海中国画院举行赈灾义拍筹集善款1471万元，全市7家国家级文化产业示范基地捐款5822.6万元，全市文化娱乐行业从业者捐款217万元。除紧急购置扩音机、扬声器等物资支援灾区外，市文广局还组织上海文广影视相关单位和行业协会，购置100套电视机、2套流动演出音响系统、60套公共广播扩声系统、120台DVD播放器和6万册图书运往灾区，满足灾区集中安置点群众的实际文化需求。二是及时开展文艺创作。局系统艺术工作者积极开展主题创作，用各种文艺形式传递爱心、凝聚人心、坚定信心。由市委宣传部、市文广局等单位联合主办的“血脉相连众志成城——上海市社会各界赈灾文艺晚会”，筹集善款5.09亿元；局创作中心主编了全国第一本专业文艺创作抗震救灾作品集《书写真情，见证大爱》；上海话剧艺术中心推出抗震救灾话剧《震颤》；市群艺馆创作并上演了《中国挺住》、《大爱和鸣》等作品。市群艺馆、刘海粟美术馆设计的3套6000张抗震救灾宣传画，免费派送到全国文化系统、上海市部分党政机关和全市各社区文化活动中心，营造了“一方有难、八方支援”、“团结一致、众志成城”的氛围。三是立足本职做好工作。局系统干部职工以坚守岗位、恪尽职守的实际行动支援抗震救灾。5月18日，国务院发布“全国哀悼日”公告后，市文广局连夜对全市各级各类播出机构、公共文化设施以及文化娱乐场所停止公共娱乐活动进行布置，并会同区县文化主管部门及文化市场行政执法机构进行实地检查，确保了公告要求落到实处。四是积极推动灾后重建。市文广局对口支援都江堰市灾后重建工作领导小组组织上海文广新闻传媒集团、东方明珠股份有限公司、东方有线网络有限公司等专业技术人员多次赴都江堰市进行对口支援项目考察，精心制定对口支援方案，推动都江堰文广重建项目纳入了上海市对口支援都江堰灾后重建第三批项目清单。

二、科学发展观主题实践活动深入开展

市文广局以“坚持科学发展，推动文广影视创新”为实践载体，紧紧围绕“党员干部受教育，科学发展上水平，人民群众得实惠”总要求，研究制定实施方案，及时进行动员部署，认真组织开展培训，聚焦上海文广影视发展的重大问题、管理工作中的难点问题以及影响制约文广影视事业发展的体制机制问题，深入开展调查研究和思想解放大讨论，广泛征求意见建议，总结经验、查找问题、分析原因，积极开展批评与自我批评，围绕完善政策举措、保障文化权益、提升创新能力、促进事业发展、加强领导班子建设等方面，提出了进一步贯彻落实科学发展观、推动文广影视科学发展和加强党性党风建设切实可行的对策措施，进一步加强了服务政府、责任政府、法治政府和廉洁政府建设，更好地履行了导向把握、政策调节、市场监管、社会管理和公共服务职能，在更高起点上推动了上海文广影视的科学发展、创新发展。

三、公共文化服务体系日益完善

2008年，上海市文广局把建立覆盖全社会的比较完备的公共文化服务体系作为文化建设的重要任务予以推进，维护人民群众的基本文化权益，保证人民群众共享文化发展成果。一是完善公共文化设施网络。市文广局协同有关部门，以推进全国文化信息资源共享工程、乡镇综合文化站和基层文化阵地建设工程、农村数字电影放映工程和农家书屋工程等国家重大公共文化工程为重点，进一步完善和优化基础文化设施。截至2008年底，新建社区文化活动中心30个，总量达135个；建成文化信息共享工程村级服务点774个，总量达1237个；全市公共文化设施总面积逾402万平方米。二是创新公共文化设施监管方式。建立了社区文化活动中心运营情况日报系统，初步开发“社区文化活动中心中央信息管理平台”并投入试运行；启动了以“使用率、参与率、满意度和导向性”为核心内容的社区文化活动中心绩效评估工作；开展了全市区县文化馆等级评定工作，“以评促改，以评促建，以评促优”，有19个文化馆被文化部命名为一级馆，比2002年首次评估增加3倍。三是加大公共文化服务内容建设。2008年，市文广局开展了专业社区文艺指导员派送试点工作；通过开展群文奖励基金评选、群文新人新作评选，开展全国文化先进社区、全国优秀社区文化辅导员、全国“四进社区”文艺展演节目申报推荐等举措，提高全市群众文化工作水平。全年共开展各类群文活动42.5万场次，参与人数超过3507万人次；开展读书活动15679次，参与人数265万人次；金山区山阳镇等21个街镇被命名为“中国民间文化艺术之乡”。

四、文化市场繁荣有序

上海市文化行政主管部门从坚持依法行政、提升管理水平和服务质量等多个方面入手，实现“深入产业管市场，管好市场促发展”。一是奥运保障行动落实有力。市文广局与全市各区县文化管理部门签署《上海市文化市场奥运保障行动责任书》，加大对“奥运保障行动”的指导和宣传力度，全市顺利实现“文化市场不发生重大事故，不形成社会热点，秩序良好，管理规范”的总体目标，为北京奥运会的成功举办创造了平安、和谐的社会文化环境。二是文化市场监管有力。加强演出管理，实行涉外和涉港澳台营业性演出告知承诺制度，强化现场监管；实施“2008～2010年全国娱乐场所阳光工程”，举行全市“阳光娱乐主题宣传周”、第二届“文明上网周”等活动，开展卡拉OK管理服务系统建设工作；调整完善全市网吧总量和布局规划，加强日常监管，全市网吧接纳未成年人违规率基本控制在1.5%以下；开展2008年全国统一集中销毁侵权盗版及非法出版物上海分会场活动，当场销毁违法音像制品50万张。12月29日上午，李长春视察文化部文化市场中央监控平台建设，与上海市网吧监控平台视频互动并给予肯定。三是文化市场繁荣有序。2008年，联和院线全年放映电影53.3万场，4215万人次观影，票房总收入逾4.95亿元，比上年分别增长31%、29%和29%，在全国院线中名列前茅。2008年，全市共有各类文化市场经营单位6016家，主营收入1499734万元（演出业71219万元，娱乐业283994万元，音像分销业63903万元，网络文化905618万元，网吧业175000万元），比上年增长11.5%。

五、文化产业蓬勃发展

2008年，本市文化产业体系建设在加强政策导向、主动服务上取得新进展。一是大力推动动漫产业发展，成功承办“第四届中国国际动漫游戏博览会”，举办“亚洲动漫数字产业合作体”中日韩三国处长级会晤，探索建立亚洲动漫数字产业的产学研深入合作机制。推动成立张江“动漫谷”，建立“上海扶持动漫产业发展局际联席会议”，加快动漫产业发展资源整合。二是加快建设产业基地，上海东方明珠（集团）股份有限公司和上海长远集团被文化部授予第三批“国家文化产业示范基地”，本市获得“国家文化产业示范基地”称号单位增至9家。三是积极促进产业交流，依托上海国际文化服务贸易平台建设，打造推动长三角乃至全国文化产业与中华文化“走出去”服务的国际性文化贸易服务平台，组织本市影视单位参加中国（深圳）第五届文化产业博览会和“2008香港国际影视展”等活动，推进《2008年上海市文化产业投资项目指导手册》编撰工作。

六、文化交流成果丰硕

2008年，上海市文化行政主管部门精心构建对外文化交流平台，鼓励文艺表演团体艺术创新，对外文化交流取得丰硕成果。政府重大对外（港澳台）文化交流活动呈现出高规格、全方位、宽领域、多层次的特点，组织承办工作取得圆满成功。全年文广影视对外项目总量、人次总量保持继续增长态势，全市共完成文广影视派出项目267批、3281人次，文化贸易出口额达1462万元人民币。随着“走出去”步伐的加快，本市文化产品与服务形成了产品丰富多元、精品特征愈加明显、合作形式日趋深入、主流影响力日益提升的特点。上海城市舞蹈有限公司的杂技芭蕾舞剧《天鹅湖》、市演艺总公司的大型原创舞剧《野斑马》和上海京剧院的新编京剧《王子复仇记》被文化部评为“2007～2008年度优秀出口文化产品和服务项目”；上海新文化传媒投资集团、上海五岸传播被广电总局评为全国优秀文化出口企业。

七、重大文化活动圆满成功

2008年，以迎接北京奥运会为主题，以纪念改革开放30周年为抓手，上海市重大文化活动圆满完成。一是完成本市参与奥运会开闭幕式前文艺表演任务，组织本市优秀舞台剧目赴京参加文化部“奥运重大文艺演出”，参与文化部与北京奥组委联合举办的“中国故事”文化展示活动以及“北京2008”城市奥运文化广场活动。二是圆满完成了组团赴北美、欧洲等开展“中华风韵”海外巡演、参与文化部举办的“走近中国”文化节等国家级交流活动。三是圆满完成随市领导六路慰问驻沪部队和武警部队文艺演出、上海市各界人士迎新年音乐会等重大演出任务。四是成功举办“上海之春”国际音乐节、上海国际电影节、上海电视节、第10届中国上海国际艺术节、第七届上海双年展等大型文化活动。继续开展了2007年重大文化活动评估和2008年上海市新剧目评比展演工作。

八、迎世博600天行动全面启动

随着“上海文广影视行业迎世博600天行动计划”的启动，文广影视行业围绕“城市，让生活更美好”主题，着力提升行业发展能级和服务水平，着力提升上海城市文化的艺术原创力和品牌影响力，用全新、全景、全天候的城市文化体验之旅，充分展示“文化，让城市生活更精彩”的内涵。一是着力改善市容市貌，通过进一步加强环境整治和顽症治理，确保全市各级各类文化设施，特别是标志性文化设施的室内外环境干净整洁，营造优雅舒适的观赏环境，打造城市文化景观的亮点。二是提升服务水平，通过进一步加强公共文化服务和文化市场体系建设，加强文明行业与文明窗口创建，推动各级各类文化设施完善服务功能、提升服务水平，营造文明优质的服务环境，打造城市文化体验的亮点。三是加强社会动员，通过进一步加强围绕世博主题的社会宣传动员和媒体新闻报道，开展多层次、多样化的文化活动，传递“文明的城市，美好的生活”和“精彩世博、文明先行”的理念，营造参与世博、奉献世博、共享世博的舆论环境，打造城市文明提升的亮点。围绕“内容服务”、“优质服务”、“便民服务”、“信息服务”、“健康服务”、“无障碍服务”，打造城市文化体验的亮点；强化世博主题、舆论监督、主题活动3个方面的宣传，凸显城市文明提升的亮点。

江苏省

一、开展学习实践科学发展观活动

江苏是全国开展深入学习实践科学发展观活动3个试点省份之一。省文化厅被确定为省委开展深入学习实践科学发展观活动试点工作领导小组成员单位，也是试点的重要部门。按照中央和省委的部署，省文化厅把开展学习实践活动作为首要的政治任务和重中之重的工作来抓。在活动中，按照“突出一个主题，体现两个特色，实现三个结合，把握四个方面，落实五项要求”的总体目标，把学习实践活动与贯彻落实党的十七大精神相结合，与推动“两个率先”的目标相结合，与建设文化强省的生动实践相结合。努力使学习实践活动做到“五个有”，即：组织严谨有程序、学习讨论有收获、分析报告有深度、调查研究有成果、整改措施有力度。

活动开展后，省文化厅党组先后6次研究学习实践活动和组织中心组集中学习交流。举办3个专题讲座，章剑华厅长和2位专家分别做《科学发展观与文化产业》、《科学发展与艺术创作》、《科学发展观与文化遗产保护》等专题报告。注重把理论学习和解放思想结合起来，围绕文化工作需要研究回答的6个方面问题，联系实际，进一步解放思想，以科学发展观指导江苏文化强省建设开展大讨论。厅领导还分别带领调研组，围绕文化强省建设、农村基层文化建设、文化产业发展、文化市场管理、艺术精品生产等课题赴苏南、苏中、苏北10个省辖市和部分县（市、区）、乡镇进行专题调研。通过听取汇报、召开座谈会、实地考察等方式，真诚地听取市县政府、文化主管部门和基层干部群众的意见和建议，共形成调研报告31篇。为广泛征求意见，还向省有关部门、全省106个县（市、区）文化局及13个省辖市文化局及负责人，厅直各单位及负责人，全省部分乡镇文化站站长等发放征求意见表211份。为深入推进学习实践活动和机关作风建设，省文化厅党组通过召开党组扩大会、民主生活会等形式，在认真排查问题，撰写分析报告的基础上，制定7项近期整改措施和7项中长期整改措施，确定实施“六项举措”，着力解决基层人民群众关心和需要解决的问题。同时，切实把学习实践活动与当前工作、为民办实事、机关作风建设等实际相结合，做到既注意解决思想观念问题，又注重解决影响和制约科学发展的实际问题，以务实之风抓学习、促发展。在最后的群众满意度测评中，省文化厅的满意率达到98%。

二、实施艺术精品生产

深入实施省舞台艺术精品工程。2008年初，省文化厅按计划选拔出舞剧《西施》、昆剧青春版《牡丹亭》等10台剧目为2007～2008年度省舞台艺术精品工程初选剧目。评审出的初选剧目，绝大多数为新近搬上舞台的剧目，其中有的已被推荐并入选参加全国重大艺术活动。积极组织申报2007～2008年度国家舞台艺术精品工程剧目，舞剧《西施》入围，校园剧《青春跑道》滚动入围。以艺术创作源头工程为抓手，积极组织现实题材舞台艺术作品创作，收到近40个剧本和提纲，其中全省有10余台新创剧目投排或准备投排。组织京剧现代戏获奖剧本投排。在2007年成功举办面向全国征集京剧现代戏剧本活动后，2008年选择《桃花村》等8部作品，挑选全省范围内最具艺术实力的剧院（团）进行投排。组织抗震救灾专题作品创作。通过约稿和广泛发动，创作20部新创小戏小品。经过评审，选出部分优秀作品进行加工修改并搬上舞台。组织纪念改革开放30周年美术书法作品展创作。为隆重纪念改革开放30周年，省文化厅围绕主题性、艺术性与社会性，组织现实题材美术作品创作活动。广泛动员全省书画家积极创作讴歌江苏社会主义建设辉煌成果、反映人们崭新精神面貌的现实题材艺术作品，举办“春天的故事·江苏省纪念改革开放30周年美术书法作品大展”。积极推荐优秀剧目参加迎奥运全国重大艺术展演活动。江苏民族舞剧《红河谷》、《西施》，校园剧《青春跑道》，昆剧青春版《牡丹亭》4台剧目入选。组织昆剧、淮海戏、海安花鼓及民间手工技艺表演等项目参加2008北京奥运会开幕式、奥运文化节、奥运城市文化广场及文化之都的交流展演，获得圆满成功。在“天穆杯”全国首届“新农村、新文化、新风貌”小品展演中，江苏的小品《女儿买车了》、《敲背》分别获得一等奖第一名和二等奖，获奖数量和奖次均列全国第一。《永远是朋友》获第六届中国曲艺节最高奖——优秀节目奖。在“2008·中国百家金陵画展(油画)”评审中，江苏有3位画家的作品获得金奖。

三、推进农村文化建设

大力推进乡镇文化站建设。2008年是省政府推进乡镇文化站建设工程的第三年，也是确保全面完成省政府下达的446个乡镇文化站建设任务的最后和关键之年。全年共有116个乡镇文化站的建设任务，数量多，难度大。通过签订责任书、全过程督查和指导、组织中期检查和年终验收等措施，扎实推进。在省文化厅与各市、县（市、区）的共同努力下，116个乡镇文化站建设任务如期完成，率先在全国基本实现乡镇文化站500平方米达标建设任务。召开全省乡镇文化站建设总结表彰会，对近两年来在乡镇文化站建设中取得显著成绩的单位和个人进行表彰。制定全省新农村建设十大工程文化指标考核办法。拟订全省农村文化活动引导奖励资金使用方案。举办8期乡镇文化站长培训班，有500多名文化站长受训。率先在全国开展乡镇综合文化站立法工作，积极开展乡镇文化站立法起草、调研、修改工作，完成上报《江苏省乡镇综合文化站管理办法》送审稿。

实施文化信息资源共享工程。积极推进文化信息资源共享工程市、县支中心和乡村基层服务点的升级达标建设。完成17个市、县支中心和89个基层服务点的升级达标及整改工作，并重新颁发由文化部统一规范的新标牌。积极推进文化信息资源共享工程与“远程教育”、“校校通”、“综合信息服务工程”的共建共享。每天下午利用“江苏视频”栏目向全省19562个终端接收站点播出文化信息资源共享工程专题视频节目，深受基层群众欢迎。文化共享工程省级分中心被文化部全国文化信息资源建设管理中心授予“文化共享奥运行”服务活动二等奖。常熟、张家港和大丰市被文化部命名为“全国文化信息资源共享工程示范县（市）”。

为基层提供“三送”服务。省政府继续投入2800万元扶持47个财政转移支付县和黄茅老区开展“三送”活动。全年共采购图书53万册，《农家致富》杂志13.6万册，数字电影放映设备200套，数字电影节目6万场，全部分送至有关县、乡(镇)，全部完成政府采购项目。全年共送戏3016场，送电影13.9万场，较好地完成了“三送”任务。继续开展“和谐文化基层行”活动，共赴宿迁、盐城、扬州以及南京周边等地演出30余场，全面完成年初计划的任务总量，社会反响良好。

2008年，中央电视台《新闻联播》节目两次介绍江苏农村文化建设情况。文化部评选、命名江苏65个“中国民间文化艺术之乡”，总数为全国第一。在文化部组织的第二次全国县级以上文化馆评估定级中，江苏三级以上文化馆共有88个，其中国家一级馆55个，等级馆和一级馆数均列全国第一。在中宣部、文化部等单位联合举行的“服务农民、服务基层”文化建设先进集体表彰活动中，通州市文化馆、张家港市文化馆等单位荣获“先进集体”称号。

四、成功举办第31届世界戏剧节等重大活动

世界戏剧节有“戏剧界的奥林匹克”之称。筹办第31届世界戏剧节是省文化厅2008年工作的重中之重。第31届世界戏剧节，汇集世界五大洲16个国家和地区的37台剧（节）目，于10月16～26日在南京举办。其间，还组织高层次国际学术研讨会，有40名中外专家学者进行论文交流。这是国际剧协成立60多年来首次在中国举办的一次世界戏剧的盛大节日，是一次规格高、影响大的戏剧盛宴。戏剧节的成功举办，不仅推动戏剧事业发展，也推动中外文化交流，推动文化大繁荣大发展。所展演的剧目以其多元、经典、一流的姿态展现在中国舞台，受到群众的广泛好评。特别是开幕式文艺演出，以其独具特色的创意和精彩的表演，得到有关领导和专家的高度评价。世界剧协名誉主席贝尔哈兹先生说：“这台演出给我全新的感受，我被震撼了，这是有史以来最精彩的世界戏剧节开幕式”。中央电视台、中央人民广播电台、《人民日报》海外版、新华社、凤凰网、新浪网等60多家媒体对戏剧节盛况进行了系列报道。成功举办2008林散之奖·书法双年展等活动。本届林散之奖·书法双年展由江苏与中国书协合作举办，规格高，影响大，有近4000人观看展览，是江苏近年来最为引人注目的高水平艺术展览之一，实现从地方品牌到全国品牌的提升。成功举办了"首届中国农民文艺会演"、"第三届中国南京世界历史文化名城博览会"。奥运会期间，以"中国故事·人文江苏"为主题的文化展示活动，赢得广泛赞誉，受到北京奥组委和文化部的联名表彰。

五、加快博物馆、纪念馆免费开放进程

2008年初，省文化厅党组在研究工作思路时，把推进全省公共博物馆、纪念馆免费开放列入全省八项文化民生工程之一，并果断决定，江苏三大省级文化设施——南京博物院、南京图书馆、江苏省美术馆于春节前向社会长久免费开放。这一行动得到中央领导及相关部委领导的充分肯定。李长春亲自批示，希望江苏为全国的免费开放创造经验。苏州、常州、镇江、扬州、南通、连云港等市级综合博物馆，仪征等县级博物馆，苏州戏曲博物馆、苏州碑刻博物馆等专题馆，以及南通地区的所有博物馆均实现免费开放。强化免费开放后的管理，同时不断丰富服务内容、提升服务水平。目前，全省已有174家公共博物馆、纪念馆和爱国主义教育基地免费开放，其中文化、文物系统管理的博物馆、纪念馆有82家，数量之多、范围之广、力度之大，在全国处于领先地位。

六、积极发展文化产业

2008年，省文化厅着眼于"文化产业增长速度高于国民经济增长速度，高于服务业增长速度，成为国民经济的支柱产业"这一目标，采取多种措施，加快推进文化产业发展。精心组织省文化产业引导资金项目评审工作。在组织有关专家进行评审和实地考察的基础上，确定补助重大项目82个，补助总额近1.4亿元。不断加强对文化产业基地和园区建设的扶持与指导。推荐4家企业(单位)申报第三批国家文化产业示范基地，其中江苏省演艺集团有限公司等3家被文化部正式命名。评选命名苏州科技文化艺术中心有限公司等8家企业(单位)为第二批省文化产业示范基地。批准宜兴市和常州市设立"江苏宜兴文化创意产业园"和"江苏工艺美术产业园"。昆山软件园动漫数字产业基地揭牌。圆满完成文化产业博览交易会江苏组团参展任务。组织全省各地40多家企业参加第四届中国(深圳)国际文化产业博览交易会，全面展示近年来江苏文化产业发展的最新成果和风貌。江苏展区以鲜明的主题和新颖的设计成为整个文博会人气最旺的展区之一。扎实抓好优秀出口文化产品和服务项目申报工作。对各市申报的项目进行认真梳理和筛选，并及时上报文化部。

七、加强文化遗产保护

扎实开展第三次全国文物普查工作。全省共调查登记不可移动文物点15173处，其中新发现文物点6933处，部分地区新发现文物点数量超过以往登记数量的总和。在文物的品类如工业遗产、乡土建筑、文化景观、20世纪遗产等调查登录方面实现突破。积极实施文物维修保护工程，苏州秦峰塔等一批文保单位得到维修保护。大力实施"江苏省名人故居(纪念馆)、古民居抢救保护工程"，徐州李可染旧居等项目竣工并对外开放。切实加强历史文化名城名镇保护，宜兴市被公布为省级历史文化名城，吴江市汾湖镇、姜堰市溱潼镇等被公布为省级历史文化名镇。全面完成京沪高速铁路抢救性考古发掘。梁王城遗址、扬州城南门考古项目入围"2007年全国考古十大新发现"。文物执法力度进一步加大。组织全省文物执法工作大检查，重点督查全国重点文物保护单位——淹城遗址内违章建筑案件。积极推进非物质文化遗产保护与传承。省文化厅增设非物质文化遗产处，省文化馆增设非物质文化遗产保护中心。全省过半市、县已经基本完成非物质文化遗产普查工作。2008年，又有54个项目进入国家级"非遗名录"。全省基本建成国家、省、市、县四级"非遗名录"体系。"南京云锦制造技艺"、"中国(扬州)雕版印刷技艺"和"中国苏绣"被国家推荐向联合国教科文组织单独申报人类非物质文化遗产代表作，"苏州缂丝"、"宋锦"、"苏州端午习俗"三项加入"中国蚕桑丝织技艺"和"端午节"(与浙江、湖北联合申报)被国家推荐申报。南京"秦淮灯会"、"苏州端午习俗"和"溱潼会船"等申报国家级民族传统节日保护示范地。认定公布第二批省级非遗项目代表性传承人217人。建成非物质文化遗产专题博物馆、民俗展示馆和传习所186个。成功举办第三个文化遗产日

江苏省系列活动——“人类非物质文化遗产展演”、“江苏省文化遗产摄影大展”等宣传展示活动。积极开展全省古籍普查工作，评选公布首批江苏省珍贵古籍名录和首批江苏省古籍重点保护单位。全省共有294种古籍和8个重点单位入选首批《国家珍贵古籍名录》和“全国古籍重点保护单位”，入选数量名列全国第一。

八、规范文化市场管理

2008年，省文化厅重点围绕网络文化的监控管理，突出宣传教育、技术监控、加强巡查和规范管理等措施，有效地遏制网络文化违法违规经营活动。以查处大案要案为突破口，加大对非法经营行为的打击力度。全年各级共出动执法人员7万余人次，立案调查1550件，重点查处泰州非法演出案、盐城音像制品侵权案和徐州非法演出案等重大案件，其中对泰州“4·12”非法演出案的查处得到北京奥组委、文化部和省委宣传部领导的充分肯定。加强对全省网吧行业协会引导，建立自我教育、自我管理和自我发展的工作机制。通过举办网络文化信息安全培训班和组织签订安全责任书等措施，从源头上遏制利用网络进行违法犯罪活动的发生。对原有软件进行升级改造，在全省8000多家网吧80多万台客户机上安装“净网先锋”监管软件，建立省监管中心和13个省辖市、105个县（市、区）的网络监管平台，实现省市县三级监管平台同时对网吧进行实时监管。对全省13家许可经营的互联网文化单位的经营资质和经营内容进行全面审查，对8000余家互联网上网服务营业场所“网络文化经营许可证”进行核查换发。针对网吧管理存在职责不清，执法主体地位不明的问题，制定下发《进一步加强网吧管理工作意见》，举办行政审批培训班，增强网络文化单位的稽查执法力量等，进一步规范审批流程。调整市场准入门槛，及时根据区域经济发展水平，制定网吧准入新标准，调整网吧变更中的规模限制，提升网吧行业规模水准，使连锁网吧、大型网吧得到快速发展。组织卡拉OK内容管理服务系统试点安装，探索利用网络电子技术实行动态管理的新路径。继续发挥全省2万多名“五老”义务监督员队伍的作用。加强与新闻媒体联系，积极主动邀请媒体参与监督、跟踪报道，有效地发挥媒体的监督作用。

九、全力支援地震灾区重建

汶川地震发生后，省文化厅坚决响应中央和省委省政府的号召，快速反应，在第一时间开展义捐义拍义演等活动。及时组织向汶川地震灾区捐赠书画活动和捐赠作品拍卖会，这次活动系灾后在全国第一个由文化部门发起，同时也创下艺术品拍卖准备时间最短、拍卖效率最高的纪录。以最快速度组织捐款捐物，分别组织两次捐款和一次认捐活动。专门组织帐篷、电脑、棉被和雨衣等一批急需的救灾物资，派专人直接送达绵竹灾区。省文化厅于5月20日率先向东部地区文化部门和文化工作者发出倡议，开展对四川、甘肃、陕西等地震灾区文化系统的对口支援。《倡议书》很快被文化部转发，文化部领导做了重要批示。为做好表率，省文化厅组织向绵竹灾区转学师生慰问演出，举行向四川灾区小朋友捐赠图书活动，开展5场以“万众一心抗震救灾共建和谐家园”为主题的义演活动。南通、徐州、镇江等地纷纷通过举办义演、义捐等活动筹集资金支援灾区。扎实有效地加大对口支援力度，召开两次党组会，专题研究抗震救灾、对口支援灾区重建工作，明确对口支援项目，不断推进对口支援工作落实。省文化厅下发《关于厉行节约支援地震灾区抗震救灾的通知》，并组织第二次书画捐赠活动。向全省网吧、音像、娱乐、演出行业发出对口援助文化设施重建“义务捐助经营日”活动倡议书，开展文化市场“义捐一日”活动。

十、拓展对外文化交流空间

为庆祝英国埃塞克斯和江苏两省郡友好交往20周年，埃郡政府与江苏省人民政府共同在埃郡举办“江苏省—埃塞克斯郡友好交往20周年庆典”系列活动。活动从2008年9月一直延续到2009年3月。期间，由省文化厅牵头，在埃郡举办“埃塞克斯·江苏节”活动。这是首次由西方主流国家政府提供经费邀请我方前往举办的文化艺术活动。为做好该项目的筹备工作，省文化厅与埃郡政府江苏节组委会进行了密切交流与沟通。选派徐州小兵马俑展览、南京市小红花艺术团、扬州木偶剧团、江苏省昆剧院、江苏民间工艺美术展演及音乐家交流等6个文化项目为江苏节活动的主要内容。苏州昆剧院青春版《牡丹亭》海外商演大获成功。青春版《牡丹亭》继2008年3月成功赴日本商演之后，于6月再赴英国、希腊进行三轮商业巡演，受到热烈欢迎。特别是在伦敦著名的萨德勒斯韦尔斯剧院的演出，上座率达到90%。《泰晤士报》、《卫报》、《每日电讯报》、《金融时报》等英国各大主流媒体均对演出给予高度评价。组织江苏京昆艺术团赴德国参加总领馆的国庆招待演出活动取得圆满成功。

十一、重大活动

【第31届世界戏剧节】

世界戏剧节是世界上覆盖剧目最广、产生影响最大的戏剧盛会之一，第31届世界戏剧节是国际剧协成立60多年来首次在中国举办的一次世界戏剧盛大节日。10月16～26日，第31届世界戏剧节在江苏举行，来自16个国家和地区的26台参演剧目、10台展演剧目及1台祝贺演出节目齐聚南京，尽展戏剧艺术的风姿。其中，参演剧目包括美国百老汇音乐剧《阿依达》、日本话剧《西哈诺》、加拿大多媒体剧《动画大师诺曼》、俄罗斯冰上芭蕾舞剧《天鹅湖》、南非鼓乐《鼓魂》、希腊广场剧《普罗米修斯》等。中国香港、澳门、台湾的参演剧目分别是话剧《洋麻将》、《静安寺192号6楼》和《猪探长的秘密档案》。中国内地的参演剧目有8部。打造了一台具有极高艺术性与审美追求的开幕式文艺演出，受到领导、嘉宾及观众的高度赞赏，被誉为“自世界戏剧节创办以来最精彩的、令人震撼的开幕式”。戏剧节期间还举办以“全球化格局中的戏剧发展”为主题的国际学术研讨会，中外戏剧界的专家学者共同为21世纪戏剧的繁荣发展建言献策，收获了一批学术成果，构成了一次国际戏剧之间的深刻对话。

第31届世界戏剧节是一次丰富多彩的艺术盛宴，为培育和繁荣江苏文化市场、促进江苏文化发展起到了积极的推动作用，取得了良好的社会效益，得到了社会各界的高度评价。

【2008 林散之奖·书法双年展】

由江苏省人民政府、中国书法家协会主办，省委宣传部、省文化厅、省文联承办，省文化厅执行承办的“2008林散之奖·书法双年展”，是面向全国的一项书法艺术活动。该活动自2007年下半年即开始筹备，经近一年的启动、组织，2008年6月6日在省美术馆开幕，省人大副主任柏苏宁、省人民政府副省长张桃林、省政协副主席张九汉、原南京军区司令朱文泉、中国书协分党组书记赵长青，以及社会名流姜昆、张铁林等出席了开幕式。

本次展览打破了常规展览广泛征稿的海选模式，采取了定向征稿的方式，具有高起点、高水平、高规格的特点。展览分三部分：提名展、名家展、名流展。提名展——参展者为在书法艺术上卓有建树，且年龄在55岁以下的中青年书法家；名家展——特邀中国书法界的大家、名家参展；名流展——特邀在社会各界享有较高知名度和美誉度、具有较高书法艺术造诣的名流参展。经评委会评选，评出林散之奖10名，展出作品近200件。展览共计8天，近4000人观看了展览。

经过努力，“林散之奖·书法双年展”已成为推动书法原创作品、名家新人不断涌现的重要平台，成为具有鲜明中国风格、时代特色的艺术之窗，更好地为书法艺术事业服务。中国书协将其列为全国书法展、兰亭奖书法展之后的第三大品牌展。至此，继中国百家金陵画展之后，江苏又有了一个全国性的品牌活动。

【江苏省文化厅向汶川地震灾区捐赠书画活动】

5月12日的汶川特大地震给灾区带来了惨重的生命财产损失。在省文化厅的组织下，省文化系统的画家们紧急行动起来，率先全国美术界向震区捐赠了第一批作品与善款。5月15日，以省国画院、省美术馆画家为主体的百名画家捐献了115幅作品。18日，作品全部成功拍出，共筹集善款高达325.7万元，全部由省慈善总会转交汶川地震灾区，用于抗震救灾和灾后重建工作。从紧急动员到全部拍卖兑现，前后仅5天时间，显示了江苏画家高尚的情怀、迅捷的反应力、强烈的社会责任意识，得到了全国文化界的褒扬。

【第八届江苏省“五星工程奖”】

12月，举办第八届江苏省“五星工程奖”评奖活动，对全省近年来群众文艺创作、理论研究和服务成果进行全面展示和检阅。本届“五星工程奖”评奖项目包括音乐、舞蹈、戏剧、曲艺、美术、书法、摄影和理论研究成果。为与全国“群星奖”评奖活动的内容项目相接轨，增设“五星工程服务奖”项目，并首次进行服务项目的评选。

本届“五星工程奖”舞台表演艺术节目评选

分为初评和现场决赛两个阶段进行，各市通过会演、比赛、选调等方式，共选拔推荐230个成人、少儿和老年的音乐、舞蹈和戏剧曲艺节目，摄制录像后报省参评。经组织专家初评，共选出60个节目参加12月24～25日在南京举行的现场决赛。经过4个专场的比赛，结合录像初评结果，最终评出音乐类金奖10个、银奖16个、铜奖21个；舞蹈类金奖7个、银奖8个、铜奖15个；戏剧类金奖7个、银奖9个、铜奖12个；曲艺类金奖1个、银奖3个、铜奖2个。

本届“五星工程奖”美术、书法、摄影作品的评选，结合“江苏风采——纪念改革开放30周年全省群众美术书法摄影作品大展”活动一并进行。全省共报送成人、少儿和老年书画摄影新作900余件。经过初评，共有550余件作品入展，按3个年龄组别，共评出美术类金奖10个、银奖20个、铜奖30个；书法类金奖10个、银奖20个、铜奖30个；摄影类金奖10个、银奖16个、铜奖25个。

理论研究成果和“五星工程服务奖”项目评选中，各市共推荐报送论文和专著66篇（部），服务项目55个；经评审，共评出理论研究成果金奖4个、银奖6个、铜奖11个；评出“五星工程服务奖”26个。

【北京奥运会“中国故事——江苏人文”大型文化展示活动】

8～9月，省文化厅以“人文江苏”为主题，组织我省最具代表性的非物质文化遗产实物和传承人参加由北京奥组委和文化部主办的“中国故事”文化展示活动。

北京奥运会、残奥会期间，江苏在北京奥林匹克公园中心区的100平方米展所（祥云小屋）内，以江南园林为场景，运用艺术表演、传统手工技艺现场演示、作品展览与多媒体相结合的方式，立体化、情景性地展示了昆曲、古琴艺术、苏州评弹、扬州木偶等表演艺术和苏绣、云锦、缂丝、紫砂、玉雕、髹漆、泥塑、雕版印刷、明代苏式家具等四大类17个品种的170余件的传统手工技艺实物展品，20多名国家和省、市级非物质文化遗产项目代表性传承人、工艺美术大师、演员和残疾人艺术家参加了展演。

在为期近40天的展示活动中，“人文江苏”内容丰富、特色明显、形式生动，成为“中国故事”30个展区中参观人数最多、媒体关注最多、到访名人最多的展区，先后接待逾百万人海内外观众，赢得了中外人士的广泛赞誉。获得北京奥组委和文化部联合授予的“最受欢迎奖”和“最佳策划奖”。

【全省文化市场“义捐经营一日”活动】

5月12日，四川汶川发生特大地震后，江苏省文化厅积极发动、引导文化市场各行业参与社会赈灾活动，向灾区人民伸出关爱之手、援助之手。6月4日，江苏省文化厅在南京召开全省文化市场义务捐助灾区工作会议，各省辖市文化市场管理处（办）处长（主任）和网吧、音像、娱乐、演出等行业协会负责人及当地行业龙头企业负责人共60余人参加会议。会议向全省文化市场各行业发出“开展对口援助灾区文化设施重建义务捐助经营日活动的倡议书”，引起文化市场各行业的积极响应。全省7800余家经营单位将6月6日的经营额全部捐出支援四川地震灾区文化重建，共计捐款553万元。此次活动有效地凝聚了行业力量，受到社会各界的好评，得到文化部领导的充分肯定。

【两岸城市艺术节】

作为国家文化部和国务院台办的重点项目，由南京市政府和台北县良彦文教基金会共同主办、南京市文化局和台北县有关部门共同承办的“两岸城市艺术节”——台北县文化艺术周和南京市文化艺术周分别于11月16～22日和12月4～11日在南京和台北举行，台北县派出了102人的文化代表团携1个论坛、3台剧目、3个展览访问南京，南京市则派出142人的文化交流团携1个论坛、3台剧节目、2个展览访台。这次艺术节规模之大、人数之多、内容之精彩、组织之严密、反响之强烈，均是空前的，为促进两岸交流做出了积极的贡献。

浙江省

2008年6月，浙江省委召开工作会议，专题研究部署兴起文化大省建设新高潮、推动浙江社会主义文化大发展大繁荣的工作，制定出台了《浙江省推动文化大发展大繁荣纲要（2008～2012）》。全省各级财政对文化的投入总量超过了26.1亿元，同比增长19.2%。这些为浙江文化建设注入了强劲的发展动力。全省文化系统紧紧围绕援助汶川灾区抗震救灾、举办北京奥运会、纪念改革开放30周年、积极应对国际金融危机四大主线，以推动文化大发展大繁荣为主要任务，以“干在实处、走在前列”为要求，以改革创新为动力，各项文化工作进展顺利，成效显著。

一、以抗震救灾和抗雪救灾为重大任务，充分发挥文化维稳定促发展的独特作用

大力援助汶川灾区抗震救灾和文化重建。“5·12”汶川特大地震发生后，全省文化系统以捐款、捐物、义演、义拍、义映等各种形式，积极援助汶川地震灾区，大力对口支援青川县文化重建。全省各级文化系统共组织赈灾义演、义拍达50场次，义映达上千场，筹集善款达5467万余元。省文化厅共组织6轮赈灾捐款捐物活动，建立了青川县对口支援协调小组，选派得力干部长驻青川支援重建工作，派员参加国家文物局专家组赴灾区第一线进行文物抢修保护，并发动全省各地文化部门结对支援青川县及36个乡镇的文化重建工作。编制了2008年第二批实施计划和3年援建规划项目计划表，启动了3个活动板房文化活动室的建设和县图书馆、县文化馆的项目前期工作。省属艺术院团普遍举行赈灾义演活动，浙江小百花越剧团举办了“课桌行动”爱心义演折子戏专场，浙江越剧团、浙江胜利剧院、青年时报三家单位联合举办了“越剧名家·名段·名曲义演晚会”，浙江歌舞剧院交响乐团组织举办了“一顶帐篷一片情”浙江交响义演音乐会，浙江昆剧团组织国家舞台艺术精品工程十大精品剧目昆剧《公孙子都》义演，省电影公司组织了“半价看电影献爱心”赈灾义映活动。

积极组织抗雪救灾活动。2008年初，浙江省遭遇历史罕见的低温雨雪冰冻灾害。省文化厅发动全省文化系统开展“留城务工人员文化年”主题活动，精心准备了一系列符合民工口味的文艺节目给农民工进行“文化拜年”，组织了“情暖浙江——抗击冰雪灾害特别晚会”、免费送电影到安置点、省内文化场馆实行免费照常开放、滞留民工上网费半价等活动，为不能返乡留城人员送上丰富多彩的文化服务活动，有效发挥了文化工作救灾维稳的特殊作用。

二、以迎接北京奥运会为重大契机，积极做好奥运文化活动

组织优秀文化节目赴京参加奥运文化活动。奥运会、残奥会期间，浙江省共有浙江小百花越剧团《梁山伯与祝英台》、《陆游与唐琬》，浙江昆剧团《公孙子都》，绍兴《同唱一台戏》等13个文化活动项目亮相北京，其中“余杭滚灯”还于北京奥运会开幕仪式前在“鸟巢”现场演出。在奥运会开幕式文艺表演中，浙江昆剧团演员曾杰的昆曲唱段《春江花月夜》、浙江女孩殷硕的独舞《丝路》，尽展浙江风采与东方神韵。浙江奥运文化活动项目以质量高、反响好，得到了中央和文化部有关领导的充分肯定和国内外观众的广泛好评。

广泛开展奥运主题文化活动。全省文化系统举办了丰富多彩的“迎奥运”群众文化活动，丰富群众文化生活，展示了群众企盼奥运、参与奥运的精神面貌。紧紧围绕创建平安文化市场、保障奥运会成功举办这一重要任务，积极开展文化市场“奥运保障行动”，以音像、网吧、演出、娱乐、艺术品和网络文化市场整治为重点内容，全面加强市场监管，为奥运会成功举办营造了平安、和谐的社会文化氛围。

三、以纪念改革开放30周年为重大主题，加强文艺精品创作与生产

成功举办了纪念改革开放30周年等一批重大文化活动。围绕纪念改革开放30周年这一主题，举办了大型文艺晚会、全省文艺大篷车展演、专题文艺创作、文化发展专题研究等系列活动，营造了纪念改革开放30周年的良好社会文化氛围。举办了浙江省第七届音乐舞蹈节、盖叫天诞辰120周年纪念活动、余任天诞辰100周年纪念活动，精心组织筹备2010年上海世博会专业文艺演出活动、2009年首届浙江文化艺术节等重大文化活动。

加强文艺精品生产。召开了全省文化工作表彰大会，表彰奖励文化系统先进集体、先进个人及获得全国性乃至国际性的文化奖项共计300余项。出台了《浙江省舞台艺术人才保护专项资金管理办法（试行）》，扶持优秀舞台艺术人才成长。深入实施青年艺术人才培养“新松计划”，举办了浙江省第四期青年表演人才（戏曲武生）高级研修班暨戏曲武生高研班和浙江小百花越剧团《东方奇葩》青年演员精品折子戏等9个专场演出活动。加强精品生产，浙江曲艺杂技总团创作排演了大型魔幻杂技剧《美猴王》，浙江京剧团创作排演了少儿京剧《藏羚羊》，浙江越剧团创作排演了越剧电视剧《竹叶青青》、课本剧《快乐课堂》，浙江小百花越剧团创作排演了《传奇浪子》，浙江儿童艺术剧团创作排演了《果果的绿野仙踪》等新剧目，广泛演出，受到好评。此外，国家舞台艺术精品工程十大精品剧目昆剧《公孙子都》完成了戏曲电影艺术片的拍摄，文化部昆指委扶持项目新版昆剧《西园记》完成创作修改加工并公演，浙江歌舞剧院舞剧《李叔同》经过修改后全新推出，赴台湾演出获得成功。

多项作品和多名演艺人员在国内外艺术评比活动中获佳绩。浙江京剧团《宝莲灯》、浙江小百花越剧团《梁山伯与祝英台》入选"国家舞台精品工程"30台资助剧目；浙江京剧团《宝莲灯》、《藏羚羊》分别获第五届中国京剧艺术节剧目金奖、银奖；杭州师范大学钱江学院吴晓芳、舟山市E动力组合获第八届全国声乐比赛优秀奖；浙江曲艺杂技总团《飞跃五环——转动地圈》、《云顶罗汉——头顶技巧》在文化部主办的第七届全国杂技比赛中分别荣获文华奖银奖、铜奖；浙江昆剧团《公孙子都》获中国戏曲学会奖"金盾奖"；浙江曲艺杂技总团青年魔术师王晨获"2008"世界魔术交流大会暨金牌奖国际魔术比赛金奖；杭州歌舞剧院陈芬芳获2008维也纳国际声乐大赛民族唱法第一名、最佳表演奖。据不完全统计，2008年全省有40多项作品在国内外重大艺术评比活动中获大奖。

四、以积极应对国际金融危机为重大使命，文化产业和文化市场持续健康发展

积极推动文化产业发展。通过法律保障、政策推动、典型示范、市场打造、信息提供、重点扶持等方式，努力营造良好的产业发展环境，推动浙江文化产业发展。参与办好中国义乌文化产品交易博览会，实现经贸展览洽谈成交额18.6亿元，比上届增长6.3%，其中外贸成交额11.38亿元，占总成交额的61.2%。省电影有限公司改制后继续扩大产业规模，相继开出了下沙电影大世界、近江电影大世界，新影院的投入运营促进全省电影发行放映各项指标继续稳步增长。据统计，2008年全省城市影院共放映电影37.486万场，观众908.196万人次，票房2.712亿元，比去年同期分别增长12.26%、4.34%、28.77%。继续做好文化科研工作，促进了舞台科技业等优势产业的发展。浙江舞台设计研究院有限公司二期生产基地开工建设，努力打造辐射全国的功能性文化产业示范基地。杭州西泠印社集团有限公司、浙江中南集团卡通影视有限公司、宁波海伦乐器制品有限公司入选国家第三批文化产业示范基地。举办全省文化产业研修班。

加强现代文化市场体系建设。坚持以调控总量、优化结构、规范经营、有序发展为重点，推动文化市场做大做强，促进文化市场规模化、连锁化、品牌化发展。2008年，浙江经初审合格向文化部上报网络文化单位13家，其中9家注册资金在1000万元以上。实施了全省娱乐场所阳光工程行动，开展文明娱乐环境建设。继续加强艺术品市场经营规范，推动艺术品经营一级市场的发展，扩大浙江艺术品市场影响。推动中国东部地区剧院成立中国东部剧院联盟，联手开拓演出市场。继续推进长三角演出市场一体化进程，积极参与第15届江浙沪两省一市演出业务洽谈会暨首届长三角国际演出项目交易会，签署《长三角地区演出市场一体化战略合作协议》，合力建立长三角地区互动的演出演艺信息资源共享平台。

加强文化市场管理。积极主动履行省文化市场管理和"扫黄打非"工作领导小组办公室的重要职责，围绕重大主题，突出重点问题，开展集中整治，进一步规范了文化市场秩序。部署开展全省文化市场安全生产工作，督促文化娱乐经营场所制定安全生产相关制度和突发事件应急预案，组织经营业主举行了消防演练，积极打造平安文化市场。2008年，全省共受理举报5518件，出动检查人员12.3万余人次，检查经营单位23.8万余家次，处理案件5945起，收缴各类非法物品197.1万余件，确保文化市场繁荣有序。推进行业协会建设。目前全省已发展各类文化行业协会100余个，覆盖娱乐、音像、网吧、演出、艺术品等多个门类。

五、以改善文化民生为重大取向，公共文化服务体系建设稳步推进

重点加强农村公共文化服务。送文化下乡活动继续被列为省政府为民服务"十件实事"之一，为48个欠发达、相对欠发达地区市、县（市、区）配送了流动图书车，推动文化资源向农村倾斜。2008年，全省共送演出下乡2.05万余场、电影24.11万余场、图书184万余册次。实施农村文化队伍素质提升工程，2008年省市县三级文化部门共培训基层文化干部和农村文化骨干12300余人次，其中省文化厅举办培训班5期，培训人员560余人次。启动“文化低保”工程，每年安排600万的困难群众文化活动专项经费，切实加强对贫困人员、老年人、外来务工人员、未成年人等特殊群体的公共文化服务。

广泛开展群众性文化活动。组织举办了浙江省第九届广场文化艺术节、浙江省“迎奥运”群众文化活动晋京演出、华东六省一市戏剧小品邀请赛、浙江省第七届音乐新作演唱演奏大赛等重大群众文化活动，对全省群众文化活动起到了很好的引导和示范作用。积极推动全省“千镇万村农民种文化”活动，通过开展农村文化骨干培训、组织举办农民文艺会演等方式，提高农村文化自我发展能力。2008年，全省县级文化部门组织开展各类文艺活动近5000次，乡镇文化站组织开展各类文艺活动近20000次。

统筹城乡文化建设。着眼于发挥乡镇综合文化站在连接城乡、服务农村中的特殊作用，主动配合省政府召开了全省乡镇综合文化站现场会，制定出台了《关于进一步加强乡镇综合文化站建设的意见》，提高了对经济欠发达地区乡镇综合文化站建设补助标准，一类地区从每平方米480元提高720元，二类地区从每平方米210元提高到315元，大力推动全省乡镇综合文化站建设。2008年，全省新建或改建乡镇综合文化站160个。积极构建城乡一体化公共图书馆服务体系，嘉兴、杭州等地图书借阅实行城乡“一卡通”，保障城乡居民平等获取知识和信息的权益。加快文化信息资源共享工程建设，与农村党员干部现代远程教育系统联合共建基层服务站点4万余个，初步实现乡、村全覆盖。应对复杂的经济金融环境，积极开展“文化共享工程进企业”活动，配合企业开展员工培训，丰富员工的业余精神文化生活，提升企业抗风险能力。

推动一批重点文化设施建设。加快浙江美术馆、西湖文化广场等一批重点文化设施建设，金华·中国婺剧院、宁波服装博物馆新馆、景宁畲族博物馆、江山市文化艺术中心等一批文化设施正在启动建设或加快推进，温州大剧院、丽水文化艺术中心、台州图书馆等竣工，杭州图书馆新馆、湖州大剧院、宁波博物馆、良渚博物院等正式建成投入使用。

六、以激发文化活力为重大目标，文化体制改革进一步深化

加强对公益性事业单位的管理和考核。在完成公益性事业单位阶段性改革任务的基础上，建立健全考核评估机制，推进省级公益性事业单位改善服务条件，提高服务质量。省博物馆发挥在全国率先免费开放的工作优势，年观众量增加5～6倍，参观人数更是高达120万余人次，并被评定为全国首批一级博物馆。中国丝绸博物馆积极承办北京奥运两项人文大展——“蚕乡遗俗——浙江丝绸的故事”和“奇迹天工——中国古代创造发明文物展”，向全世界充分展示浙江优秀传统文化。浙江图书馆实行免费办理借书证后，读者数量明显增加。

稳步推进经营性文化单位改革。制定了《浙江省文化厅厅属文化经营单位考核管理办法》，加强对厅属文化经营单位的监督管理。积极推动、指导浙江新远文化创业集团对所属经营性文化单位实施改制转企。完成了浙江省演出公司改制工作。浙江文艺音像出版社国有股挂牌转让事宜已经省文改办批准并在浙江省产权交易所公开挂牌。

积极筹备国办艺术院团转企改制工作。继续深化艺术院团内部机制改革，积极创造条件在市场竞争力相对较强、改革条件相对较好的艺术院团进行“企代事”等改制探索。2008年省属7所院团演出场次达3900场，演出票房收入突破3400万元，创历史新高。

全面完成全省文化市场综合执法体制改革工作。全省文化市场综合执法机构全部组建挂牌，省政府出台了全国第一个关于文化市场综合执法的行政规章《浙江省文化市场综合行政执法管理办法》，省文化厅召开了全省文化市场行政执法工作分析会，举办了全国首个文化市场行政执法论坛“文化市场行政执法·浙江论坛”，为全国提供示范。浙江文化市场执法工作获2008年全国文化市场行政执法考评第一名。

积极扶持民营剧团发展。开展民营剧团重点调研，召开民营剧团建设发展民主恳谈会、农村演出经纪座谈会，提出了相关政策建议，将民营文艺表演团体舞台艺术人员纳入全省艺术专业技术资格的评审范围。制定了《浙江省文化厅文化类民办非企业单位设立审查办法（试行）》，积极推动民办文化的发展。

七、以弘扬中华优秀传统文化为重大职责，文化遗产保护工作继续走在前列

加强文物保护工作。以西湖和大运河为申遗重点，举办了“世界遗产保护杭州论坛”和2008国际古迹遗址理事会亚太地区会议，有力地促进了浙江与国内外文化遗产保护组织和机构间的沟通与交流。杭州西湖申遗工作取得突破性进展，中国联合国教科文组织全国委员会已正式推荐“杭州西湖”作为我国2010年申报世界文化遗产项目。良渚文化古城遗址入选“全国十大考古新发现”。德清发现战国时期越国“官窑”。国家博物馆水下考古研究中心宁波基地和舟山工作站相继建立，为浙江内陆水域和东海海域的水下文物资源调查、探摸与考古活动提供了有力保障。配合甬台温铁路、杭州中山路改造等基本建设项目，重点实施了杭州中山路南宋遗存、湖州子城城墙遗址、海盐西长浜遗址等考古发掘活动，取得了重要成果。文化文物部门归口管理的博物馆免费开放工作顺利完成，全省列入免费开放名单的59家博物馆、纪念馆全部免费开放，至今全省已有80多家博物馆、纪念馆常年对公众免费开放。2008年，全省博物馆共举办陈列展览600余个，参观人次达1100万人次。实施“文物保护利用示范项目”，实地指导和跟踪管理杭州飞来峰造像、兰溪诸葛长乐村古民居、衢州孔氏南宗家庙等第一批重点项目的实施。全省88个具有文物行政执法职能的行政部门中已全部增挂文物执法监察支队、大队（中队）牌子。

推进非物质文化遗产保护体系建设。积极做好联合国教科文组织“人类非物质文化遗产代表作”和非物质文化遗产国家级名录的申报工作，在国务院公布的第二批国家级非物质文化遗产名录中，浙江有85个项目被列入，再次位居全国各省区第一。目前，浙江已有国家级非物质文化遗产129项。全省11个市和90个县（市、区）政府也相继公布了第二批当地非物质文化遗产名录，确定了一批重点抢救保护项目，使省、市、县三级非遗保护名录体系基本形成。全省已有28个市、县（市、区）建立保护中心，配备专职干部。利用高校科研优势，与中国美院等6所高校共建非物质文化遗产保护研究基地。命名了绍兴春节祝福等第一批20个年节活动项目开展地为省级民族传统节日保护基地，重点扶持18个节庆文化品牌，首批确定了杭嘉湖蚕桑丝织文化生态区、浙东海洋渔俗文化生态区等7个非物质文化遗产生态保护试点区。在全省开展了“服务传承人月”活动，建立传承人访问、报告制度，鼓励代表性传承人开展传习活动。

推进文化遗产普查和宣传、研究工作。第三次全国文物普查进入野外调查工作阶段，各地文物普查机构成立率、普查设备到位率、2008年度普查经费到位率均为100%。截至12月31日，浙江第三次全国文物普查野外调查工作按行政村计已完成60.23%，登记不可移动文物45647处，其中复查7603处，新发现38044处，普查工作走在全国前列。基本完成全省非物质文化遗产普查工作，全省共投入普查人员23万余人，投入普查经费6451.2万元，走访民间艺人133663人次，村级上报普查线索271.9万条。文化部、国家文物局分别在浙江召开了全国非物质文化遗产普查工作经验交流会、第三次全国文物普查工作现场会。成功举办了第三个“文化遗产日”活动，组织了浙江省第三届非物质文化遗产节暨杭州市“风雅颂”民间艺术展示周开幕式活动、胡锦涛总书记剪纸作品“回娘家”荣誉展出暨浙江省剪纸艺术展等系列活动，营造了全民参与文化遗产保护的良好氛围。建立非遗保护区域间合作交流机制，与沪、苏两省市签订长三角非物质文化遗产保护项目系列交流展示合作协议。

八、以拓展浙江文化影响力为重大方向，对外文化交流日趋活跃

文化交流态势良好。深入实施“文化走出去”战略，坚持走出去与引进来相结合、政府与民间相结合、政府间文化交流与商业性文化交流相结合，进一步扩大了浙江文化的对外影响力。2008年，浙江共实施对外对港澳台文化交流项目568起，5425人次。商业性、有偿性演出项目势头良好，在对外对港澳台文化交流走出去的演展项目中占总量的80%。杭州歌舞团和金海岸演艺集团打造的综艺舞台剧《印象中国》在荷兰、德国的巡演，浙江国华演艺有限公司组织的“紫凤鸣乐”中国女子乐团在台湾的演出，均获得良好的社会效益和经济效益。

成功举办重大文化交流活动。围绕省政府在重点国家和地区开展的经贸活动，成功举办了“2008感受浙江——英国·中国浙江文化周”、组织了“美丽浙江——中国民族音乐会”专场演出、“寻梦浙江——中国浙江古镇风情摄影展、图书展”等活动，受到英国各界的广泛关注。在台湾省成功举办了首届“台湾—浙江文化节”，由大型舞剧《李叔同——弘一法师传奇》、“田野·海风——浙江农民画渔民画展”和“富春江风情——浙江摄影家作品联展”三大板块组成，这是大陆省级艺术团首次深入台湾省南部展演出。

多渠道开展文化交流。受文化部委派，组织民间工艺家代表团赴阿曼参加第九届马斯喀特艺术节，进行了为期25天的展览及现场演示，吸引约18万人次前来参观。长兴百叶龙表演团赴法国巴黎配合奥运会火炬境外传递活动，圆满完成了起点迎接火炬演出与终点庆典演出任务。浙江歌舞剧院“彩蝶女乐”参加了迄今为止中国在意大利举办的最大规模的文化活动——罗马中国艺术节，是唯一的民乐表演团体。继续组派民间工艺家赴澳门展演，已派出40多位民间工艺家分批赴澳门表演浙江民间手工绝活，成为澳门与内地省市之间文化交流时间跨度最长的项目。指导浙江省文化艺术交流促进会与台北海峡两岸和谐文化交流协进会共同主办主办了“于右任书法精品暨海峡两岸书画名家百品联展”。宁波等地还成功举办了第三届中国国际声乐比赛等国际性文化赛事。

安徽省

一、艺术创作演出成果丰硕

抓规划、抓重点、精打磨，推出了一批体现时代特色、展示徽风皖韵的精品佳作。以凤阳县小岗村30年前大包干为题材的京剧《天地人心》、话剧《万世根本》等，从不同角度呈现安徽人敢为人先的惊天创举。《天地人心》在全省纪念党的十一届三中全会召开30周年大会上首演，省委书记王金山称赞为“一出成功的戏，一堂生动的课，一本很好的教科书”。《万世根本》作为新年文艺晚会在安徽大剧院首演。加工修改后的黄梅戏《雷雨》入围国家舞台艺术精品工程，《山里的泥鳅》入选第六届全国儿童剧优秀剧目展演。省杂技团《跳板蹬人》在第21届摩纳哥“初登舞台”国际杂技节比赛中，获银奖等6个奖项。

全省各级专业艺术院团热情高涨，围绕纪念改革开放30周年等，相继创作、投排、推出9台新创大戏。除京剧《天地人心》、话剧《万世根本》外，还有省黄梅戏剧院农村现实题材黄梅戏《风摇二月天》、合肥市庐剧院庐剧《村长娘子》、安庆再芬黄梅艺术剧院黄梅剧《美人蕉》、安庆市黄梅戏剧院一团黄梅戏《徐锡麟》、桐城市黄梅戏剧团黄梅戏《桐城六尺巷》、宿州市泗州戏剧团泗州戏《三审奇石》、淮北市豫剧团豫剧《和谐矿山》等。

围绕中心，服务大局，面向群众，积极参与“党旗映江淮，百花颂和谐”千场文艺活动和“江淮情”赴池州、凤阳大型慰问演出。宣传党的十七大精神千场文艺活动历时近4个月，全省7500多名文艺工作者深入基层，共举行文艺演出1800多场，书画摄影创作展览活动150多次，放映国产影片91部3000多场，观众达300多万人次。纪念改革开放30周年，展示艺术成果，好戏送给人民，百场惠民演出活跃了全省城乡、学校、企业的舞台。第四届中国国际徽商大会文艺晚会“盛世徽风”暨“情系巴蜀爱心同行”赈灾演出，用“徽风徽韵、皖戏皖品、喜乐喜舞”三大板块，展示徽州文化的博大精深、安徽戏曲的典雅醇厚、淮河歌舞的魅力神韵和江淮儿女奋力崛起的精神风貌；省歌舞剧院等省市11个专业艺术院团近400名演职员赴黄山市参加演出，策划出新出彩，应变迅速有方，劳而有功有效。“和谐新曲”全省小戏折子戏调演，关注现实题材，紧扣时代脉搏，14个市14个剧种35个剧目参加，参演剧目表演轻松愉快，富有生活情趣。宿州市坠子戏剧团的坠子戏《跪妻》、阜阳市曲剧团的曲剧《犟牛还乡》、马鞍山市黄梅戏剧团的黄梅戏《蝴蝶儿》、省徽京剧院的徽剧《圣·佛斗》等获演出一等奖。

此外，省文化厅分别与阜阳市、马鞍山市联合摄制电影《农民工》和7集黄梅戏音乐电视剧《诗仙李白》。《农民工》是我国首部以农民工为题材的影片，入选国家广电总局等主办的“纪念改革开放30周年献礼影片、优秀国产新片和2008年第三批推荐影片”，为农民工免费放映10万场。《诗仙李白》已通过审看，将在央视播出。

二、公共文化服务体系建设步伐加快

作为全国7个首批免费开放的试点省之一，2008年3月26日起，安徽省49家博物馆、纪念馆和爱国主义教育示范基地免费向社会开放，并争取到国家和省财政专项经费4500多万元支持。各开放单位充实服务队伍、丰富服务项目、改善服务环境、提升服务质量，做到“免费开放不打折，优质服务上台阶”，共接待观众652万人次，其中青少年285万人次。省博物馆除5个常设展览优质展示、服务群众外，全年承办治淮骨干工程、迎奥运百人百幅书画作品等29个展览。省图书馆全年共接待读者约150万人次，举办珍贵古籍等17个展览，“新安百姓讲堂”举办讲座62场，直接听众1.3万人次。省、市、县（区）三级文化馆全年举办各类公益性演出、展览等活动4935场次，服务了广大人民群众。

文化惠民工程扎实推进。制定印发了《全国文化信息资源共享工程安徽省县级支中心管理暂行办法》和《全国文化信息资源共享工程安徽省乡镇（街道）、村（社区）基层服务点管理暂行办法》。共享工程与省党员干部远程教育工程合作共建，建成27874个基层服务点，实现村村通、全覆盖，并为1.7万个村级点配置投影仪，为基层服务点配送电脑448台。省级分中心重视资源建设，数字资源总量达25TB，拍摄制作了具有独立版权的大型系列电视专题片《徽州建筑》、《安徽历史文化名城》，其中《徽州建筑》被文化部推荐作为共享工程示范片。建成市级支中心6个、县（区）级支中心30个，太湖、繁昌、蒙城县被文化部授予“文化共享工程示范县”称号。近日，文化部在2008年全国文化信息资源共享工程督导情况通报中，对安徽省高度重视、加大投入、加快基层网络建设、丰富数字资源、创新传输方式以及合作共建取得新进展等都予以充分肯定。农村电影放映28.35万场，观众约6千万人次，提前两年完成农村电影“2131”放映任务。配置60辆流动舞台车、74辆农村流动电影放映车和172台数字电影放映设备，送到基层。争取财政以奖代补资金3300万元，重点扶持121个县级两馆中新建馆和国家等级馆购置和维修设备，全年共争取中央和省级财政配套补助农村公共文化建设资金1.95亿元，创历史新高。乡镇综合文化站建设步伐加快，经两年努力，进入2009年度省民生工程。

基础文化设施建设得到加强。省博物馆新馆、省歌舞剧院剧场工程封顶。列入省“861”行动计划的黄山中国徽州文化博物馆以及滁州大剧院、安庆黄梅戏艺术中心、芜湖方特欢乐世界主题公园等43个标志性文化设施建成，总投资56.3亿元；六安市博物馆、马鞍山大剧院、淮南时代广场电影城等32个大型文化设施正在建设，计划投资123.2亿元。

各地高度重视公共文化服务体系建设，巢湖市将文化事业发展纳入县区经济社会发展综合考评体系，有力地推动了公共文化服务体系建设和文化事业发展。芜湖市创新思路，加大投入，高标准建成文化馆、图书馆新馆，建筑总面积近2万平方米，免费为市民提供文化服务。铜陵市社区文化建设起步早、受重视、入规划、同推进，城区67个社区文化站全部建成。

三、文化遗产保护不断加强

以全面普查为基础，以科学保护为重点，以传承发展为目的，加强非物质文化遗产保护。全国第二个文化生态保护实验区——徽州文化生态保护实验区挂牌，成功举办徽州文化生态保护高峰论坛、新安画派作品暨临摹展，出版《新安画派精品选》。28个项目入选第二批国家级非物质文化遗产名录，23人入选第二批国家级非物质文化遗产项目代表性传承人，数量居全国前列。省政府公布第二批省级非物质文化遗产名录100项（含第一批省级非物质文化遗产扩展项目名录10项），公布第二批省级非物质文化遗产项目代表性传承人123名。国家、省、市、县非遗保护项目四级名录体系全部建成。宣纸、徽墨分别列入国家向联合国教科文组织申报世界非物质文化遗产代表作名录正式项目和预备项目。109部古籍入选国家珍贵古籍名录，居全国第5位。24个县（市区）和乡镇被命名为“中国民间文化艺术之乡”。编辑出版《安徽省首批非物质文化遗产名录图典》，图文并茂地介绍了安徽省首批102项省级名录。

亳州等市通过举办民俗文化展活动，有力推动了当地的“非遗”保护工作。

文物保护工作扎实推进。召开全省文物普查工作电视电话会议、省文化遗产领导小组全体会议，对我省文化遗产保护工作进行了全面部署。第三次文物普查全面转入实地调查阶段，调查登记文物点6084处，新发现文物点3093处。完成了肥东县瑶岗渡江战役总前委参谋处旧址、霍山县玉玺楼、灵璧县虞姬墓、怀远县教会建筑旧址、泾县新四军军部修械所、当涂县金柱塔、潜山县山谷流泉摩崖石刻等16处文物维修保护工程，超额完成省政府年度目标任务。开展26项考古调查、勘探、抢救发掘和多项科研展览工作。第三个文化遗产日系列活动丰富多彩，群众广泛参与，宣传教育效果良好。开展“每月一日义务鉴定”，启动“鉴宝江淮行”惠民活动。蒙城尉迟寺、含山凌家滩、潜山薛家岗3处国保单位入选国家重点大遗址保护项目库。歙县许村镇、休宁县万安镇、宣城市宣州区水东镇和黄山市徽州区呈坎镇呈坎村、泾县桃花潭镇查济村、黟县碧阳镇南屏村分别入选第四批中国历史文化名镇、历史文化名村名单。蚌埠双墩1号春秋墓考古发掘取得重要成果，被中国社会科学院考古研究所评为“2008年中国六大考古新发现”。

四、首届中国农民歌会取得巨大成功

大力推进文化创新，结合纪念改革开放30周年，以“歌颂改革开放、歌颂美好家园、歌颂和谐新农村”为主题，在滁州市举办首届中国农民歌会。作为一个为8亿农民打造的“国”字号文化品牌，歌会突出纪念性、思想性、展示性、艺术性，唱农民、唱农村，农民唱、大家唱，展示中国农村的新变化新风貌，展示中国农民的劳动创造和美好情感，展示安徽及全国各地多姿多彩的民歌民风，开幕式演出大气磅礴，艺术精湛，反响强烈。首届中国农民歌会是一次大文化大创新的生动实践，是一篇大重视大支持的精彩华章，是一首大团结大协作的和谐交响，是一场大包干大苦干的精神磨砺，是一次大宣传大展示的成功典范，诠释了“成在创新、成在策划、成在展示、成在安全、成在和谐、成在保障”的办会理念。歌会共组织开幕式演出、“田野欢歌——首届中国农民歌会安徽联动演出”、“大地欢歌——首届中国农民歌会赴小岗村演出”等15项系列活动，形成以开幕式为龙头，活动多项、演出多场、覆盖多点、持续多日的特色和框架。省文化厅、安徽艺术职业学院及厅直系统15名分别荣获首届中国农民歌会“先进集体”和“先进个人”称号，受到省委、省政府通报表彰。为配合歌会举办，出版发行了《安徽民歌经典（第一辑）》，收入安徽经典民歌15首。

五、文化市场健康有序

以“奥运保障行动”为主线，加大执法力度，保证全省文化市场规范繁荣、平安和谐。先后分阶段实施了网吧、游戏机、歌舞娱乐、音像等市场整治行动，开展了全省音像市场法制宣传周和2008阳光娱乐主题宣传周活动，启动娱乐场所“阳光工程”。推广宁国市和淮北市管理经验，受到国务院、文化部和省委、省政府领导的肯定。市场执法统计数据全国多项领先，全年共组织执法人员289255人次，检查互联网上网服务营业场所278432家次、电子游戏经营场所86887家次、歌舞娱乐场所56073家次，分别居全国第一；检查音像单位75980家次、演出单位5697家次，分别居全国第二；停业整顿1307家，居全国第一。出台《安徽省文化厅进一步规范文化经营场所行政审批工作的通知》、《安徽省娱乐场所和营业性演出巡查责任制度》和《关于扶持民营文艺表演团体发展的意见》，受到文化部高度评价。

扶持民营文艺表演团体健康较快发展。实施民营文艺表演团体扶持“四个一”，即：开展一次调研、出台一份文件、举办一次培训、组织一次展演。以“我们精彩　我们展示”为主题的全省首届民营文艺表演团体优秀剧（节）目展演，30多个剧团300余名演职人员演出30多个剧（节）目，宣城、芜湖、阜阳、淮南、安庆、合肥、宿州等七市获优秀组织奖。

六、文化产业加快发展

对全省文化产业发展情况进行专题调研，研究制定了省文化厅发展文化产业“861”行动计划。省厅参加第四届中国国际徽商大会文化产业项目招商，推介重点招商引资项目15个，3个项目参加签约，引进资金近1亿元，被省政府评为“2008中国国际徽商大会组织工作成绩突出单位”。代表省政府组团参加北京文博会、厦门海峡两岸文博会，受到省领导肯定。命名芜湖方特欢乐世界等10个第二批省级文化产业示范基地，屯溪老街成为第三批国家级文化产业示范基地。我国首个非物质文化遗产园，占地约1000亩、总投资约5亿元的中国（合肥）非物质文化遗产园奠基。据不完全统计，2008年，全省非公文化娱乐业企业总产值约达70.8亿元。

七、文化交流精彩活跃

花鼓灯《鼓乡情韵》参加北京奥运会开幕式暖场演出，交响乐《徽韵交响》、黄梅戏《徽州女人》、《逆火》等先后在奥运期间进京展演。组织黄梅戏、花鼓灯、徽剧、杂技等特色艺术45批次、436人次，到20多个国家和地区进行文化交流或举办展览。黄梅戏、花鼓灯、池州傩戏等特色艺术在法国、非洲、我国香港、澳大利亚等地受到热烈欢迎，安徽文化在海内外的影响力进一步扩大。

八、支援抗震救灾积极有力

汶川大地震发生后，全省文化系统迅速开展抗震救灾捐赠等活动，厅系统捐款、交纳特殊党费88.3万余元，全省文化市场经营单位等捐款271.3万元。省文化厅承办第四届中国国际徽商大会文艺晚会“盛世徽风”暨“情系巴蜀爱心同行”赈灾演出，筹款1896.17万元。省文化馆主办“大爱和鸣”全省群文系统诗歌朗诵会。省文化厅采取切实措施，按“做规划、进盘子、列经费、早开工”的思路，积极与省援建办、松潘县文化部门对接，落实对口援建任务。春节前夕，厅系统开展向地震灾区送温暖、献爱心活动，共捐赠棉被436床、过冬衣物1446件，并组织省直5个院团的文艺工作者远赴松潘县慰问演出，带去了黄梅戏、徽剧、歌舞、杂技、诗朗诵等精彩节目。

九、队伍能力素质不断提高

要求各级文化单位领导班子讲政治，顾大局，抓大事，明重点，提能力，练作风，巩固合力同心好局面，优化干事创业大环境。加强领导班子建设，厅机关和厅系统干部竞争上岗，共提拔、调整14名处级干部，厅机关10个处室局主要负责人全部轮岗交流，选派4名干部到基层挂职和国外培训，厅直系统22人次参加赴中国港澳台和国外考察培训。开展人才大培训，全年举办公共图书馆馆长、文化市场行政执法人员、文化系统推进三大文化工程等13个培训班，培训1868人次。启动青年人才培养计划，首批补助5名正在深造的优秀青年文艺人才。省黄梅戏剧院蒋建国获中国戏剧梅花奖，省文物考古研究所吴卫红、省艺术研究院徐志远被文化部授予“2008年度文化部优秀专家”称号。

十、政风效能建设取得实效

厅机关开展每月一个主题的政风效能建设主题月活动，提升能力和素质。建设学习型机关，倡导“八种良好风气”，中心组集中学习25次，就贯彻落实科学发展观，促进新农村文化建设和文化遗产保护等工作，赴淮北、滁州、宣城、铜陵、池州、黄山等地学习调研，掌握实情，帮助决策，指导工作，完成“坚持科学发展、推进三大工程”、农村公共文化服务体系建设等7个课题调研报告。推行政务公开，加强政务窗口建设，厅领导和各处室局负责人定期到省政务中心文化厅窗口协助工作。扎实开展反腐倡廉制度建设推进年活动，针对新情况、新问题，对近几年来制定的规范性文件进行全面审查和清理，厅机关修订完善17项制度，废止14项制度，制定25项新的制度和规定，并汇编成册。在2007年度省直机关综合考核中，省文化厅被评为“省政府机关政风评议满意等次单位”，荣获2006～2007年度“三优文明单位”称号。

此外，深入学习实践科学发展观活动积极认真务实，信息和宣传工作等都取得了新的成绩和好的位次。

十一、文化大事记

1. 深入学习贯彻党的十七大、十七届三中全会精神和胡锦涛总书记两次视察安徽重要讲话，做命题作文，促文化发展。全省文化系统深入贯彻落实党的十七大、十七届三中全会精神和胡锦涛总书记两次视察安徽重要讲话中对文化建设提出的新要求，切实增强使命感、责任感和紧迫感，抢抓发展机遇，做好命题作文，分解目标任务，明确责任措施，扎实推进工作。

2. 开展深入学习实践科学发展观活动。10月6日，省文化厅召开动员大会，部署开展深入学习实践科学发展观活动，设计了富有文化特色的学习实践活动：一是开展“坚持科学发展，推进三大工程”主题实践活动；二是开展“科学发展在身边”提升服务效能活动；三是组织“我爱祖国我爱岗”演讲比赛。圆满完成了第一阶段“学习培训”、“深入调研”、“解放思想大讨论”三个环节的规定动作和特色鲜明的自选动作，转入分析检查阶段。征求意见，认真准备，召开领导班子专题民主生活会，找出了影响科学发展存在的突出问题。省委深入学习实践科学发展观活动领导小组办公室简报、《省直机关情况》、《中国文化报》、《安徽日报》、安徽电视台等载体多次刊登我厅学习实践活动的做法。

3. 徽州文化生态保护实验区建设取得重要进展。1月8日，文化部在黄山市举行“徽州文化生态保护实验区”颁牌仪式，这是全国第二个文化生态保护实验区，文化部副部长周和平，省领导王三运、杨多良、臧世凯、张春生等出席。省领导王金山、王三运、谢广祥等多次明确要求加快徽州文化生态保护实验区建设步伐，省政府将推进徽州文化生态保护实验区建设列入2008年工作要点，省文化厅积极推进实验区建设。

4. 2008年全国艺术创作座谈会在皖举行。4月23～24日，2008年全国艺术创作座谈会在合肥举行。安徽省省长王三运致辞，文化部蔡武部长做书面讲话，陈晓光副部长做报告。会议代表观摩了黄梅戏《逆火》，考察了省直和合肥、安庆、黄山市有关文化单位和文化遗产保护工作。安徽省文化厅介绍了强化精品意识、促进艺术繁荣的做法。座谈会后，文化部艺术司领导及全国艺术创作领域的知名专家多次来皖调研、指导。

5. 圆满完成第四届中国国际徽商大会文艺演出任务。5月17日晚，第四届中国国际徽商大会文艺演出“盛世徽风”在黄山市举行，晚会用“徽风徽韵、皖戏皖品、喜乐喜舞”三大板块，展示徽州文化的博大精深、安徽戏曲的典雅醇厚、淮河歌舞的魅力神韵和江淮儿女奋力崛起的精神风貌，省市11个专业艺术院团近400名演职员参加演出，取得圆满成功。省文化厅被省政府评为“2008中国国际徽商大会组织工作成绩突出单位”。

6. 积极支援四川地震灾区抗震救灾。汶川大地震发生后，安徽省文化系统迅速开展抗震救灾捐赠等活动，厅系统捐款、交纳特殊党费88.3万余元，全省文化市场经营单位等捐款271.3万元。省厅购买100多部MP3，下载了戏歌慰问来皖治疗的灾区伤员。5月17日，省文化厅承办第四届中国国际徽商大会文艺晚会“盛世徽风”暨“情系巴蜀爱心同行”赈灾演出，筹款1896.17万元。6月12日，省文化馆主办“大爱和鸣”全省群文系统诗歌朗诵会。积极组织9月8日阿坝州、松潘县在合肥举办的大型歌诗音画“汶川5·12”晚会。省厅采取切实措施，积极与松潘县文化部门对接，落实对口援建任务。10月，厅系统开展向地震灾区送温暖、献爱心活动，共捐赠棉被436床、过冬衣物1446件。

7. 王金山书记、王三运省长到省直文化单位调研，强调提高服务能力，抓好三大工程。8月22日，省委书记王金山到省博物馆新馆建设工地调研，强调加强公益性文化设施建设，创新运行机制，着力提高公共文化服务能力。6月18日至19日，省长王三运到10家省直文化单位调研，强调思想上更加重视，政策上积极扶持，投入上加大力度，突出抓好文化保护工程、精品工程和展示工程，出精品、出人才、出效益。

8. 成功举办首届中国农民歌会。11月9日晚，由文化部、农业部、安徽省政府主办，省文化厅、滁州市政府等承办的首届中国农民歌会隆重开幕，主题为“歌颂改革开放、歌颂美好家园、歌颂和谐新农村”。全国人大常委会副委员长华建敏宣布歌会开幕，最高人民法院院长王胜俊等领导以及来自全国43个民族的各界观众2万人参加开幕式观看歌会。来自全国15个省区市的3300多名演职人员、农民歌手和农民喜爱的艺术家，用合唱、对唱及原生态等演唱方式，倾情演绎独具地方特色和民族风情的民歌民曲。歌会共组织开幕式演出、“田野欢歌——首届中国农民歌会安徽联动演出”、“大地飞歌——首届中国农民歌会赴小岗村演出”等15项系列活动，形成以开幕式为龙头，活动多项、演出多场、覆盖多点、持续多日的特色和框架。

9. 举行徽州文化生态保护高峰论坛。10月23～24日，由中国非物质文化遗产保护中心、省文化厅、黄山市政府主办的徽州文化生态保护高峰论坛在黄山市举行，50多名专家学者围绕徽州文化生态保护等献计献策。此次论坛是我国文化生态保护区建设工作开展以来首次举办的高峰论坛，对我国文化生态保护区的理论研究和实践将起到积极的指导和推动作用。

10. 组织特色剧（节）目参加北京奥运会等重大文化活动，展示安徽文化魅力。3月30日至4月1日，黄梅戏《徽州女人》在北京民族文化宫大剧院精彩亮相，中共中央政治局常委、中纪委书记贺国强观看了首场演出，文化部部长蔡武、中国文联党组书记胡振民等陪同观看。5月8～11日，黄梅戏《逆火》在北京民族文化宫大剧院演出4场。8月8日，花鼓灯《鼓乡情韵》参加北京奥运会开幕式暖场演出。省泗州戏剧院参加为期1周的“北京2008奥运会城市欢乐庆典”广场文化演出活动。

11. 参与摄制电影《农民工》和电视剧《诗仙李白》。6月下旬，省文化厅参与摄制的电影《农民工》在宁波开机，是我国首部以农民工为题材的影片，入选国家广电总局等主办的“纪念改革开放30周年献礼影片、优秀国产新片和2008年第三批推荐影片”，并为农民工免费放映10万场。12月16日，电影《农民工》安徽首映式暨为农民工送电影下乡启动仪式举行，全省组织700个数字放映队送《农民工》下乡放映2万场。6月1日，由省文化厅、马鞍山市联合摄制的7集黄梅戏音乐电视剧《诗仙李白》在浙江横店影视城开机，年内完成制作并在中央电视台播出。

12. 成功实施全省49家博物馆、纪念馆和爱国主义教育示范基地免费向社会开放。安徽省是全国首批博物馆免费开放的7个试点省之一，3月26日起，全省49家博物馆、纪念馆和爱国主义教育示范基地免费向社会开放。各开放单位充实服务队伍、丰富服务项目、改善服务环境、提升服务质量，做到“免费开放不打折，优质服务上台阶”，共接待观众652万人次，其中青少年285万人次。

13. 全面开展文物普查。第三次全国文物普查开展全面转入野外实地调查阶段。全年累计调查登记不可移动文物6084处，其中复查2991处，新发现文物点3093处。10月25日，国家文物局组织《人民日报》、新华社、中央电视台等10多家中央主要新闻单位来皖开展为期5天的实地采访宣传活动。12月30日，省政府召开全省文物普查工作电视电话会议，传达国务院第三次文物普查工作领导小组第二次（扩大）会议精神，全面部署全省文物普查工作，副省长谢广祥出席会议并讲话。

14. 组织开展全省文化市场“奥运保障行动”。5月，召开全省文化市场工作会议，布置“奥运保障行动”，先后分阶段实施了网吧、游戏机、歌舞娱乐、音像等市场整治行动。全省共出动检查人员276088人次，办理案件2572起，收缴违法音像制品92万张（盒），取缔“黑网吧”、“黑电玩”500余家。省厅先后组织8个检查组，赴17个市和56个县（区）明查暗访。

15. “党旗映江淮、百花颂和谐”千场文艺活动反响热烈。自2007年11月下旬到2008年3月上旬，全省7500多名文艺工作者深入乡村、社区、学校、军营、企业，通过文艺演出、书画摄影展览和电影放映下乡等形式，深入宣传党的十七大精神。共举行文艺演出1800多场，书画摄影创作展览活动150多次，放映国产影片91部3000多场，观众达300多万人次，受到广大群众的热烈欢迎。

12月25日，文化部副部长王文章来皖出席2009年全国文化科技卫生“三下乡”活动，到肥西县基层乡镇慰问困难农户，并到省黄梅戏剧院调研。

16. 倾力实施以纪念改革开放30周年为重点的艺术生产。推出现代京剧《天地人心》、话剧《万世根本》。两台戏均取材于凤阳县小岗村30年前大包干题材，从不同角度艺术呈现小岗人的惊天创举。12月22日上午，王金山、王三运、杨多良、王明方等省领导同出席省纪念党的十一届三中全会召开30周年大会的代表一起观看《天地人心》。演出结束后，省领导亲切接见剧组全体演职员，祝贺演出成功。王金山书记指出，这是一出成功的戏，更是一本很好的教科书，它记录了改革起点的艰难和今天的辉煌，教育我们只有改革开放才有出路，才有灿烂的今天和明天。12月30日，《万世根本》作为新年文艺晚会在安徽大剧院首演。加工修改后的《山里的泥鳅》入选参加第六届全国儿童剧优秀剧目展演。全省专业艺术团体参加“文化惠民——全省优秀剧目百场巡演”活动；组织举办以反映农村改革开放现实题材作品为主的“金色的田野——安徽省农民画·画农民书画大展”，省政协主席杨多良、省人大常委会副主任朱维芳等出席并剪彩。

17. 黄梅戏、杂技等艺术生产取得重要突破。由省黄梅戏剧院创排的黄梅戏《雷雨》，经过修改加工后在省黄梅戏剧院小剧场连演3场。全新的舞台样式，鲜明的人物形象，扣人心弦的戏剧情节，紧紧吸引了观众的目光。11月23日晚，王三运省长饶有兴致地观看了演出，并亲切接见了演员，对《雷雨》取得的艺术成就给予充分肯定。《雷雨》2005年与观众见面以来，获第九届中国戏剧节"优秀剧目奖"，入围2007～2008年度国家舞台艺术精品工程，成为我省舞台艺术作品创作生产的一次重要突破。12月7日，安徽省杂技团由女子表演的《跳板蹬人》节目，获第21届摩纳哥国际杂技节银奖，并获阿尔贝二世大公杯（国王奖，该奖项相当于法国巴黎"明日"杂技赛场总统奖）、安东尼公主杯、评委杯、尼斯报杯、尤巴迪杯等6个奖项。

18. 组织特色剧（节）目参加北京奥运会等重大文化活动，展示安徽文化魅力。3月30日至4月1日，安庆再芬黄梅戏艺术剧院演出的黄梅戏《徽州女人》在北京民族文化宫大剧院精彩亮相，中共中央政治局常委、中纪委书记贺国强观看了首场演出，文化部部长蔡武、中国文联党组书记胡振民、文化部副部长周和平、财政部副部长张少春陪同观看。5月8～11日，省黄梅戏剧院携新编黄梅戏《逆火》在北京民族文化宫大剧院演出4场。8月8日，由省泗州戏剧院、省杂技团、安徽艺术职业学院组成的花鼓灯《鼓乡情韵》，从全国130多个节目中脱颖而出，参加北京奥运会开幕式暖场演出，向世界展示了安徽多姿多彩的文化艺术。省泗州戏剧院参加为期1周的"北京2008奥运会城市欢乐庆典"广场文化演出活动，反响热烈。5月1日，省歌舞剧院在国家大剧院举办的"第一届中国交响乐之春"活动中，成功演出具有安徽特色的交响乐《徽韵交响》，首开安徽省专业艺术表演团体进入国家大剧院演出之先河。7月22～24日，安庆再芬黄梅戏艺术剧院参加"2008中华戏曲演出季"，在国家大剧院演出3场新创黄梅戏《美人蕉》。

19. 实施"四个一"，扶持民营文艺表演团体发展。4～7月，赴阜阳、宿州、淮北等地调研全省民营文艺表演团体演出、人才和营销情况；7月9～11日，在合肥举办全省民营文艺表演团体负责人培训班暨座谈会，40多人参加培训座谈；印发《安徽省文化厅关于鼓励发展民营文艺表演团体的意见》；组织开展"我们精彩　我们展示"全省民营表演团体优秀剧（节）目展演，30多个剧团300余名演职人员演出30多个剧（节）目。

20. 拓展对外和对港澳台文化交流，扩大安徽文化影响力。组织省杂技团赴日本、省徽京剧院赴法国、省歌舞剧院赴非洲和台湾、省黄梅戏剧院赴澳大利亚和澳门、黄山市歌舞团赴瑞典、池州市黄梅戏剧团赴韩国等45个批次436人次，到20多个国家和地区进行文化交流或举办文物展览。花鼓灯赴阿尔及利亚参加"中国文化周"、赴突尼斯参加"阿乌苏狂欢节"，交响乐赴韩国参加国际音乐节，池州傩、徽剧参加法国艺术节等取得圆满成功。接待法国孔泰大区艺术团等8批次116人次。

21. 加强机关政风效能建设，提升行政效能。在机关开展每月一个主题的政风效能建设主题月活动，提升机关工作人员的执行力、落实力。参加省电台等新闻单位行风热线活动。建设学习型机关，倡导"八种良好风气"，中心组集中学习25次；就推动落实科学发展观，促进新农村文化建设和文化遗产保护等工作，赴淮北、滁州、铜陵、池州、黄山等地学习调研。办理省人大代表建议、省政协委员提案53件。推行政务公开，加强政务窗口建设，厅领导和各处室局负责人定期到省政务中心文化厅窗口协调工作。在2007年度省直机关综合考核中，我厅被评为"省政府机关政风评议满意等次单位"，被评为2006～2007年度"三优文明单位"。

22. 反腐倡廉制度建设推进年活动取得阶段性成效。成立活动领导小组，制定实施方案，明确责任，扎实开展，有效推进。按照"坚持、完善、废止"的要求，对厅机关各处室初步清理的77项制度进行核查，初步确认《安徽省文化厅关于加强和改进机关工作作风建设的意见》等46项制度继续执行，《安徽省文化厅财务管理办法》等20项制度修订完善，《安徽省文化厅营运车辆使用管理办法》等11项制度废止，提出制定《安徽省文化厅政务公开办法》等14项新制度。

23. 开展人才大培训，建设人才济济的文化皖军。全年举办全省4个系列专业技术人员、全省公共图书馆馆长、文化市场行政执法人员、民营文艺团体负责人、厅机关公务员公文处理和安全知识、全省文化系统推进三大文化工程、文化艺术志编纂人员、纪检监察干部、统计人员、各市县电影公司负责人等13个培训班，培训1868人次。加强领导班子建设，厅机关和厅系统干部竞争上岗，共提拔、调整14名处级干部，厅机关10个处室局主要负责人全部轮岗交流。除已选派3名干部到基层和国外挂职培训外，又选派机关1名处级干部任省电影公司常务副经理。制定《安徽省文化厅直属单位副处级领导干部选拔聘任管理暂行办法》、《安徽省文化厅表彰奖励工作管理暂行办法》等。启动青年人才培养计划，首批补助5名正在深造的优秀青年文艺人才。

24. 提高信息和调研工作水平，服务全省文化工作大局。文化部、省委宣传部表彰了2007年度信息和调研工作先进，省文化厅2篇调研报告和3名个人受表彰。省文化厅报送的《全省基层文化设施普查调研报告》被省委宣传部评为2007年度优秀调研报告一等奖第一名，3篇调研报告入选《安徽省宣传文化系统优秀调研报告选编》，获奖等次、项目均名列省直宣口单位榜首，并在全省舆情信息和调研工作会议上介绍了调研工作先进经验。围绕“坚持科学发展、推进三大工程”、农村公共文化服务体系建设等7个课题开展调研。启动《安徽省志·文化艺术志》、《安徽省志·图书馆志》编纂工作。加大对外宣传力度，在中央和省主要媒体发稿数量和篇幅创历史新高，《中国文化报》、《安徽日报》分别以整版篇幅宣传报道首届中国农民歌会、农村题材现代京剧《天地人心》、话剧《万世根本》、“和谐新曲——全省小戏折子戏调演”、“我们精彩　我们展示——全省民营文艺表演团体优秀剧（节）目展演”等文化活动。首次推出年度安徽十大文化新闻。

福建省

一、举办纪念改革开放30周年和喜迎北京奥运系列文化活动

全省文化系统积极开展纪念改革开放30周年系列文化活动。成功举办纪念改革开放30周年福建书画作品展、摄影展、考古成果展，在全省范围广泛开展以纪念改革开放30周年为主题的优秀国产影片展映活动。全省的纪念宣传文化活动从5月举办的第三届福建省曲艺节颁奖晚会开始启动，通过6月初福建省第六届武夷奖中青年演员比赛决赛、“6·14”第三个全国文化遗产日系列活动，7～8月间的纪念建党、建军和迎奥运系列活动，9～10月间的全省第10届音舞节和国庆系列活动，到年底举办“展演、展览月”，把纪念宣传活动推向高潮。

福建省共有3台剧目参加奥运重大文艺演出活动：泉州市木偶剧团的木偶戏《钦差大臣》、省实验闽剧院的闽剧《贬官记》、省梨园戏实验剧团的梨园戏《董生与李氏》先后于4月下旬、6月初、7月底晋京参演。福建省精心创作的大型歌舞节目《魂牵梦绕——缘圆》汇聚众多团队150多名演员，于8月8日参加奥运会开幕式前在“鸟巢”的演出，泉州木偶剧团的木偶精品《四将开台》参加奥运会开幕式主场演出。

二、推进公共文化服务体系建设，扩大公共文化服务成果

2008年度，省委、省政府将“年百个”乡镇文化站改选完善工程继续作为为民办实事项目，省级财政安排3750万元，对全省第二批135个无站址或建筑面积在50平方米以下的乡（镇）综合文化站进行建设和改扩建。全省农村文化协管员津贴补助发放标准从每月50元提高到每月100元。全省文化协管员工作会议在福州召开，省级农村文化协管员培训班全年共举办10期，1610人次受训。泉州市惠安县文化馆、三明市曹远镇文化站等六个基层文化单位荣获中宣部、文化部等中央部委“全国服务农民服务基层文化建设先进集体”称号。

文化信息资源共享工程建设进一步加强。省文化厅与武夷山市、连城县、泉州市鲤城区、南安市、龙海市、云霄县、福鼎市、福安市、尤溪县、将乐县等10个省级试点县（市、区）签订责任书。全省已建文化信息资源共享工程基层服务网点145个，自建资源6.96 TB，整合国家中心资源10 TB，省中心资源达到16.96 TB；电子图书27万册，电子期刊15000多种，数据库80多个，影视、戏剧及科普节目518部（片）。召开了全省公共图书馆暨文化信息资源共享工程工作会议。在文化部组织的全国县级以上文化馆评估定级中，全省12个文化馆列入一级馆，16个文化馆列入二级馆，26个文化馆列入三级馆。文化下乡持续深入开展，

内容更加丰富多彩，服务形式更贴近基层群众的实际需要。福州、南平等地开展的"激情广场大家唱"活动已逐渐成为广大市民参与文化建设的互动平台。省第二届农民电影节暨电影工作座谈会在平和县召开，进一步推动了各地更深入开展农村电影放映工作，福建省各地农村全年放映电影超过13万场。城市影院发展喜人，2008年全省电影票房收入超过1亿元，比上年增长70%。

三、推进艺术创作生产，巩固舞台艺术领先优势

2008年，福建省继续实施精品战略，确立京剧《北风紧》，高甲戏《玉珠串》、《连升三级》，越剧《唐琬》，闽剧《天鹅宴》、《王茂生进酒》，越剧《倩女》等18个重点剧目的创作生产任务，以巩固舞台艺术领先优势。

开展现代戏题材剧本征文，征集剧本60多个。召开全省艺术创作和艺术院团建设会议，出台创作规划和院团管理办法，与剧作家签约、健全艺术指导委员会机构和工作职责。成功举办第10届福建省音乐舞蹈节和福建省第六届"武夷奖"中青年演员比赛。

省京剧院创作的新编历史剧《北风紧》在第五届中国京剧节上获一等奖。省杂技团《行为艺术——度》在"迎奥运——优秀杂技节目展演暨第七届中国杂技金菊奖第二次全国杂技比赛"评比中夺得金奖，《舞者——绳技》获得优秀节目奖和最佳编导奖。福州市原创双人舞《已是月满时》在华东六省一市专业舞蹈比赛中获得金奖。艺术科学研究工作得到加强，全省共有17项全国艺术科研课题立项在研，在研立项课题总数居全国第一。加强调研，积极谋划，提出申报2013年中国艺术节方案，经省委、省政府研究确定，正式向文化部提出申请。

四、加快重点文化项目建设，基础设施进一步完善

全省有9个文化建设项目列入2008年度省重点项目。其中，在建的有：莆田妈祖文化城基础设施项目、福州"三坊七巷"保护开发利用工程、福建艺术职业学院新校区、福建大剧院、莆仙大剧院、昙石山文化遗址保护和博物馆项目、厦门海峡交流中心、龙岩市博物馆；列入预备重点项目的有福建省少年儿童图书馆。6月14日，福建省昙石山遗址博物馆新馆正式落成，二期遗址厅保护工程着手招投标；福建大剧院9月底开始调试演出，12月31日正式运作，省歌舞剧院接管工作全面推进。福建艺术职业学院新校区一期工程基本完工，二期建设前期工作已经启动，教育部组织的教学评估验收工作进展顺利，评价良好。

全省各地的重点文化设施建设，包括福州市艺校新校区一期建设、厦门小白鹭艺术中心和同安文化艺术中心剧场、泉州市南音艺苑和梨园古典剧院、三明万寿岩遗址保护三期工程、龙岩市博物馆新馆和莆田市的莆仙大剧院等，都取得积极进展。

五、文化产业加速发展，文化市场管理得到加强

文化创意产业作为新兴的朝阳产业在福建省得到快速发展，涌现出一批发展前景良好、市场竞争力较强的骨干企业。国家级文化产业示范基地——福建网龙公司被商务部、文化部等列入文化艺术类重点出口企业；国家级文化产业（美术）示范基地——乌石浦油画被列入文化艺术类重点出口项目目录。福建省积极组织文化产业单位参加第四届中国（深圳）国际文化产业博览交易会，共签约项目6个，金额达7.88亿元。11月27～30日，由文化部和国台办为指导单位，福建省人民政府、中华文化联谊会、中华广播影视交流协会、中国出版工作者协会和台湾的文化创意产业协会、台湾电脑商业同业公会联合会主办的首届海峡两岸（厦门）文化产业博览交易会，在厦门文化艺术中心隆重举办。首届海峡两岸文博会以"一脉相承、创意未来"为主题，来自全国各地的参展企业达501家，参展人数近2000人，共设展位960个；参展的台湾企业113家，500余人。文博会共签约109个项目，总金额为58.7亿元，展会期间的现场交易额达1.7057亿元，彰显了文博会以"闽台为主体、辐射东部、面向全国"的办会宗旨，不仅是两岸文化产业界的一次盛会，也为近年来不断朝向规模化、常态化发展的海峡两岸文化交流增加了一个光彩夺目的新平台。

继续加强以音像、演出、娱乐、网吧市场为重点的文化市场管理，加强文化执法队伍建设，全省网吧监管平台建设基本完成，查处网吧接纳未成年人的力度不断加大，成效明显。在全国网吧建设与管理经验交流会上，福建省与会代表应邀介绍了近年来福建省网吧管理工作的经验。继续开展反盗版天天行动，加大了对知识产权的保护力度，本年度全省各级文化行政部门共检查音像制品经营单位14138家次，收缴各类违法音像制品969943盒（张），全省各级文化行政部门合计销毁违法音像制品及盗版软件约110万张。省文化稽查总队被评为2008年全省“扫黄打非”工作先进集体。加强了对演出市场的管理，对少数地区演出经纪公司欺行霸市、垄断演出市场、乱收费的行为给予查处和打击。2008年，全国文化市场行政执法考评福建省位列全国第三名（并列），省稽查总队和厦门思明区文化稽查队被文化部评为“2008年度全国文化市场行政执法先进单位”，泉州市稽查队队长曾朝晖、龙岩市稽查队队长方国平被文化部评为“2008年度全国文化市场行政执法先进个人”。

六、保护文化遗产，弘扬民族优秀文化

在文化遗产保护方面，更加注重传承和保护并重，推动保护成果人人共享。围绕6月14日全国第三个“文化遗产日”，举办一系列丰富多彩的文化活动：隆重举办省昙石山遗址博物馆新馆落成典礼、闽南文化生态保护区建设采访拍摄活动、晋江市高甲戏剧团赴京参加“2008中国非物质文化遗产展演”开幕式、“改革开放30年考古成果展”、首批省级非物质文化遗产项目传承人（共232人）代表颁证仪式和座谈会、福建省非物质文化遗产保护中心授牌仪式、国家一级博物馆和福建省历史文化名镇名村授牌仪式、《福建省非物质文化遗产名录》、《中国文物地图集·福建分册》出版首发式、省美术馆馆藏漆画展等。在此期间，结合有关活动广泛宣传相关法律法规，如《保护世界文化和自然遗产公约》、《保护非物质文化遗产国际公约》、《中华人民共和国文物保护法》、《中华人民共和国文物保护实施条例》《国务院关于加强文化遗产保护的通知》《福建省文物保护管理条例》《福建省民族民间文化保护条例》等。

福建省图书馆被文化部列入第一批全国古籍重点保护单位，全省有七部珍贵古籍列入第一批全国古籍保护名录。

加快推进闽南文化生态保护区建设，3月和7月，文化部社图司和省文化厅分别在泉州和漳州召开闽南文化生态保护实验区工作座谈会，就进一步修改完善闽南文化生态保护区规划、全面推进重点区域文化生态和传承人保护工作提出意见并作具体部署。11月，在厦门再次召开闽南生态保护区研讨会，文化部赵少华副部长、陈桦副省长向保护区30家第一批示范区（点）颁牌，进一步推进文化生态区各项工作落到实处。大型专题纪录片《闽南文化》在泉州市开机，摄制成果将通过文化信息共享工程在全国范围内实现共建共享。推出南音、乌龙茶制作技艺、妈祖祭祀活动等参评世界非物质文化遗产。

七、实施“走出去”战略，推动对外对台港澳文化交流

2008年，全省办理对外、港澳交流项目40批、924人次，来访项目6批、237人次；赴台33批856人、来闽8批1543人次。

成功举办了一系列有影响的交流活动，主要有：2008年元宵节期间，由省内多家艺术表演团体组成的“中国侨联亲情中华艺术团福建分团”赴菲律宾举行“庆元宵、迎奥运、系情缘”慰侨演出活动；8月，福建艺术团赴非洲四国的访演；福建文博代表团11月赴日本参加“福建与海上丝绸之路”文物展览，交流文博事业的合作发展事宜并考察韩国文物设施建设情况。3月，福建省文化部门承办由香港特别行政区政府驻粤办与福建省政府港澳办联合主办的第二届“紫荆龙情在福建”电视综合文艺晚会。这些文化交流活动，配合国家的外交大局，展示福建的文化特色，受到有关国家和地区的热烈欢迎。

闽台文化交流活动丰富多彩且呈现大团组、高规格的特点，如4月底由省内4个单位组成的福建省文化艺术交流团入岛参加“郑成功文化节”一行有147人，是福建省迄今规模最大的赴台文化交流团。“两马同春闹元宵”、“闽台对渡文化节暨蚶江海上泼水节”、“妈祖文化旅游节”及厦门的“海峡两岸民间艺术节”等成为对台文化交流的著名品牌，在两岸民间的影响日益扩大，其中“两马同春闹元宵”已连续举办7届、“妈祖文化旅游节”已连续举办10届。“第二届开漳圣王文化节节”、“第三届保生慈济文化节”、“第17届关帝文化节”等多项福建省民间信仰活动被国台办列为年度全国重点对台交流项目。中国闽台缘博物馆举办的“金门民俗风情展”、厦门艺术学校与台湾戏曲学院缔结“姐妹院校”并签订学术合作协议、漳州市的漳台族谱对接陈列馆等，都是本年度我省对台文化交流的新亮点。

八、推进文化体制改革，加强文化队伍建设

省文化厅转发《文化部关于进一步深化文化体制改革的意见》，并提出具体的贯彻意见。《省文化厅文化体制改革试点工作方案》经省文化体制改革领导工作小组审议原则同意，印发省属各有关单位组织实施。省属六个改革试点单位完成岗位设置工作。各省属艺术院团按照“团场合一”和“一团一策”的要求，有序推进资源整合和内部改革，面向社会开放剧场，提高剧场资源利用率。省杂技团与福州大戏院整合工作平稳推进，成功实现常态化经营，社会效益和经济效益明显提高。确立福建大剧院的管理运营初步方案。省属六院团通过改革进一步焕发生机和活力，在2007年实现“双千”（即演出超千场，演出收入超千万）的基础上，本年度上述两项效能指标比增达30%。

2008年，省文化厅加强了文化系统党的建设，召开省直文化系统党代会，选举产生新一届机关党委和纪委。加强反腐倡廉建设，在惩治和预防腐败体系建设方面取得比较明显成效。加快省直文化系统干部队伍建设，厅机关主要处室负责人轮岗，提拔使用部分年轻干部，配强直属单位领导班子。重视计划财务工作，加强预算管理，广开财源，厉行节约，集中财力办大事，搞好统计分析和内部审计工作。加强督查工作，重视信息报送和网站建设。整改机关作风，推进效能建设，严肃处理违反效能建设有关人和事。老干部工作得到加强，充分发挥老的作用，充分发挥民主党派和工青妇组织的作用。

江西省

一、围绕中心，服务大局，系列大型文化活动产生重大影响

积极配合江西省委关于建设鄱阳湖生态经济区的重大决策，7月11日，江西省文化厅与省委宣传部、省人大教科文卫委、省政协教卫文体委在南昌举办鄱阳湖生态经济区文化建设高峰论坛，全国政协副主席、中国文联主席孙家正和文化部有关领导应邀在会上做了精彩发言，省委书记苏荣、省长吴新雄等省领导与会，苏荣书记做了重要讲话，省内外的专家和领导对加强鄱阳湖生态经济区的文化建设提出了许多宝贵的意见，进一步拓宽了江西文化发展的视野，引起了社会的高度关注。在迎奥运的活动中，江西省积极组织优秀作品晋京参加演出和展出。大型原创舞剧《瓷魂》成功入选奥运会重大文艺演出活动，5月份在北京天桥剧场连演3场，受到中宣部、文化部等有关部门领导和中外观众的广泛好评。省博物馆推出一批优秀展品参加国家文物局等部门为迎奥运举办的系列展览，生动地宣传了江西灿烂的历史文化。在抗冰救灾斗争中，厅党组及时组织省直院团，以最短的时间先后创排了欢送援赣部队文艺晚会和欢送援赣电力工人文艺晚会，受到了省领导的高度赞扬和观众的广泛好评；在抗震救灾中，厅党组在第一时间做出反应，除积极组织本系统积极捐款捐物外，还迅速组织全省文化单位创排文艺节目，宣传抗震精神，并在省委宣传部的组织下，与有关部门于5月22日举办了“为了我们的兄弟姐妹”电视赈灾晚会，为支援汶川灾区筹集到5.44亿元的资金，为夺取抗震救灾的全面胜利作出了文化人的积极努力。在纪念改革开放30周年活动中，组织全省文化部门创作了一大批文艺节目，以演出、展出、比赛等形式，唱响了“三好”主旋律。纪念改革开放30周年大型文艺晚会“光辉的道路”的成功演出，充分展示了江西30年来发生的巨大变化。

二、夯实基础，加快推进，城乡文化设施建设取得重大进展

按照布局合理、结构优化、重点突出的原则，江西省大力加强城市公益性文化设施建设，让人民群众学习有场所、娱乐有去处。省重点工程江西艺术中心总投资4.78亿元，2008年底已完成投资1.9亿元，完成大剧院、音乐厅、排练场桩基工程，大剧院工程即将封顶。投资2亿元的抚州文化园汤显祖大剧院2008年初投入使用。赣州市博物馆、萍乡市博物馆、宜春市博物馆、新余市群众艺术馆等一批格调高雅、功能齐全、设施先进的文化设施加快了建设步伐。据统计，全省2008

年竣工文化项目26个，总投资5.45亿元，建筑面积16.35万平方米；在建文化项目51个，总投资26.59亿元，建筑面积80.08万平方米。全省文化设施不少由旧的变成了新的，由新的变成了综合性的，由综合性的变成了标志性的，江西省文化服务的基础条件得到了较好的改善。

三、狠抓项目，强化监管，推进了文化产业和文化市场的创新发展

针对江西省文化产业发展滞后于经济发展和文化事业发展的问题，以“重点抓项目、抓好重点项目”的思路，以文化产业项目建设带动全省文化产业的创新发展。2008年，全省开工建设的重大文化产业项目19个，其中投资规模过亿元的项目有8个。景德镇法蓝瓷实业有限公司被文化部公布为第三批国家文化产业示范基地。通过在全省范围内扶持文化产业项目建设，形成了集聚效应，带动了江西省文化产业快速发展。文化市场是产业发展的载体。在加强文化文化市场管理、实现文化市场安全运行的基础上，以抓创意文化产业发展为突破口，促进了全省文化市场的全面繁荣。一方面，以开展文化市场奥运保障行动为重点，把“创建平安文化市场，开展奥运保障行动”作为文化市场管理工作的重中之重，全面加强市场监管，实现了全年文化市场安全运行。另一方面，以培育动漫等创意产业发展为切入点，推动文化市场繁荣发展。江西省文化厅与有关部门联合举办了大学生动漫文学作品征集大赛，支持和引导萍乡兴建江西动漫产业基地，重点扶持泰豪动漫产业园完成项目规划，《阿香日记》、《魔比斯环》、《奇奇迎奥运》等动漫产品受到青少年和市场欢迎。据不完全统计，2008年全省文化系统文化产业总收入42.9亿元，同比增长15%。吸纳社会就业4.5万人。文化产业已经成为新的经济增长点。

四、注重特色，联动发展，出现了“四位一体”协调发展的大好局面

全省各级党委和政府对文化建设高度重视，形成了“宣传文化、建设文化”的发展共识和浓厚氛围，出现了文化发展繁荣的喜人景象。南昌、赣州、九江、宜春、景德镇、萍乡、吉安等市提出了文化兴市发展战略，把文化发展纳入当地总体规划，明确提出了发展目标和建设任务，使文化发展成为区域发展和城市建设的重要内容。全省各地举办的大型文化节庆活动好戏连台，文化与经济联动发展的态势十分活跃。南昌国际军乐节、景德镇国际陶瓷艺术节、中国（新余）傅抱石文化艺术节、首届中国（赣州）地方戏展演、宜春明月山月亮文化节、鹰潭道教文化节、九江金秋经贸文化节、井冈山红色旅游文化节、万年国际稻作文化旅游节、婺源茶文化节、“山水武宁”文化节等一系列以文化为内容的大型活动，不仅促进了当地经济发展，而且弘扬了特色文化，为全省经济社会科学发展、协调发展、和谐发展注入了文化活力和精神动力。

五、加大力度，走向世界，扩大了江西文化的国际影响

为更好地宣传、推介江西省的文化艺术资源和文物精品，促进江西文化走向世界，省文化厅启动了对外文化交流项目库建设，完成了90余个项目的整理和分类工作。2008年，江西省共派出20多批次文化演出、交流团赴国外、境外交流演出、展览。其中“江西景德镇精品瓷器展”在“中非合作论坛”上展出，“华夏瑰宝展”在南非国家历史文化博物馆展出，受到外交部、文化部的好评，展示了江西文化的魅力。省杂技团第15次赴日本冈山县访问演出，促进了中日两国人民的友好往来。省木偶剧团赴越南参加国际木偶节，荣获5个单项金奖，1个团体银奖，再创江西文化在对外交流中的佳绩。赣南采茶戏赴新加坡、马来西亚等地进行交流演出，弘扬客家文化，产生了强烈反响。江西文化迈向世界的步伐更加自信、更加坚定。

六、立足以人为本，面向基层、服务群众，文化惠民工程大力实施百姓受益

在省委、省政府惠民政策的强力引导和公共财政的有力保障下，江西把构建覆盖城乡的公共文化服务体系作为重要任务，坚持以满足人民群众日益增长的精神文化需求为出发点和落脚点，坚持面向基层，服务百姓，全力实施文化惠民工程，切实保障了城乡广大人民群众的文化权益。全省人民群众得到了实实在在的文化服务。

【认真实施民生工程“四大文化项目”】

根据省政府2008年民生工程的统一部署，以省财政新增的7000万元资金为依托，全省文化部门大力推进文艺繁荣工程、文化信息资源共享工程、县级图书馆文化馆维修改造工程、基层文物维修与保护工程的实施。一年来，全省新创作剧本20余个，新创作音乐、歌舞、杂技等作品120余个；利用省政府配套资金1087万元，全省已建成文化信息资源共享工程省级分中心1个，支中心72个，乡镇（村）基层站点1600个；新建和改扩建29个县级文化馆、图书馆；34处省级文物保护单位进入全面维修。

【农村文化三项活动实现“四个全覆盖”】

全国首创的农村文化3项活动，在初步解决了全省农民群众看戏难、看电影难、开展文化活动少的问题后，2008年江西把工作重点放在解决让农民看好戏、看好电影和开展丰富多彩的文化活动上，努力提高服务质量。全年省、市、县三级专业艺术表演团体为1435个乡镇的农民共演出剧节目9129场，乡镇覆盖率达100%；在镇组织开展文体活动5079次，乡镇覆盖率达100%；为全省16618个行政村每月放映1场电影，为15864个农村中小学每年放映4场电影，共放映农村公益性电影27.96万场，全省行政村和农村中小学覆盖率均达到100%。农村文化3项活动实现“四个全覆盖”，有效改善了全省农民的文化生活，润物无声地改变着农民群众的生活方式和精神面貌，培育着一代新农民，为提高农民素质、促进新农村建设发挥着积极的作用。

【文化遗产保护全面加强】

2008年，江西省争取国家支持的不可移动文物保护经费共8233.5万元，一批全国重点文物保护项目得到有效保护。江西省第三次全国文物普查的实地调查工作全部启动，调查启动率为100%。全省共调查登记不可移动文物5659处，其中新发现2775处。配合大型基本建设，完成了鹰潭到瑞金、石城到吉安、九江到瑞昌、南昌到九江等高速公路沿线和丰城电厂、萍乡电厂等重点项目建设的文物考古调查和文物点的发掘工作。“非遗”保护建立了四级名录，有35个项目被列为国家级名录，9位艺人被确定为国家级项目代表性传承人，弋阳腔被文化部列为全国保护试点项目，婺源县被文化部命名为国家级“徽州文化生态保护实验区”，南丰傩戏被文化部列为联合国教科文组织口头与非物质文化遗产保护的申报项目。加大了“非遗”保护宣传力度，通过图片、展陈、现场演示等方式，成功举办了“赣风鄱韵，薪火相传——江西非物质文化遗产成果巡礼展”，推动了江西省文化遗产的“活态保护”和有效传承。

七、抓好政务环境，提升了文化管理服务水平

江西省文化厅党组扎实推进机关作风建设，改善文化发展环境：修订了省文化厅工作规则，充分发挥工作规则在管事管人方面的作用；完善了对厅直单位领导干部考核评价机制，改进考核方式，突出工作实绩，树立正确的工作导向和用人导向；完善了对市县政府文化事业考核、对设区市文化局目标管理考核和对厅直单位经济考核机制，增强了考核的科学性。全省文化系统各单位进一步建立和完善了岗位责任制、首问负责制、服务承诺制、限时办结制等规章制度，形成了推进机关作风建设的长效机制。通过对一系列规章制度的建立完善，提高了文化工作的规范化、制度化管理水平，为实现文化的科学发展奠定了良好的制度基础。通过科学管理，优化政务环境，全省文化系统的整体工作水平上了一个新台阶。一年来，全省文化系统有50个单位和18个个人荣获中央和省级授予的各类奖项。仅省文化厅就先后荣获省委、省政府授予的“第11届文明单位”、文化部授予的“首届中国农民文艺会演组织奖”、国家广电总局授予的“2008年度农村电影放映工程组织奖”、省直工委授予的“第五届精神文明单位”、省委宣传部授予的“主题教育活动先进单位”和“宣传思想工作创新奖”等18项荣誉。

八、重要会议、重要活动

【全省文化局长会议在南昌召开】

3月28日，全省文化局长会议在南昌召开，各市、县（区）文化局长以及省文化厅机关全体干部、厅直单位班子成员、离退休老代表参加了会议。会议总结了2007年全省文化工作，表彰了一批全省文化工作先进集体和先进个人，对2008年的全省文化工作进行了安排部署。省委常委、宣传部长刘上洋做了重要讲话，省委宣传部副部长、省文化厅党组书记、厅长李玉英作了工作报告。

会议确定，2008年将围绕文化惠民和文化强省两大战略目标，推进公共文化服务和文化市场两大体系建设，推动文化的改革与创新，不断满足人民群众的精神文化需求。以打造具有江西地方特色的艺术精品为目标，实施文艺繁荣工程，不断提高优秀精神文化产品的数量和质量；以城乡文化设施建设为基点，大力实施文化惠民工程，进一步完善公共文化服务体系；培育新的文化业态，加强市场监管，为文化大发展大繁荣提供良好的市场环境；实施重大文化产业项目带动战略，加快文化产业园建设，促进文化产业又好又快发展；以全面开展第三次全国文物普查为抓手，进一步加大文化遗产保护和利用力度，大力弘扬优秀文化传统；以扩大对外文化贸易为着力点，加强对外文化交流，增强江西文化在国际市场上的影响力和竞争力；以机制创新为切入点，持续推进文化体制改革，进一步解放和发展文化生产力；以提高思想素质和创新能力为重点，加大文化人才培养力度，造就一支高素质的充满活力的文化队伍。

【鄱阳湖生态经济区文化建设高峰论坛成功举办】

为积极响应省委关于建设鄱阳湖生态经济区的号召，加强鄱阳湖生态经济区的文化建设，2008年7月11日，省委宣传部、省人大教科文卫委、省政协教文卫体委、省文化厅在南昌共同举办了鄱阳湖生态经济区文化建设高峰论坛。全国政协副主席、全国文联主席孙家正做了《文化视角看江西》的主旨演讲，指出江西有条件形成具有自己独特品质和风格的文化思想、文化精神和文化学派。省委苏荣书记做了重要讲话，提出“各级领导干部要有文化，要学文化，要宣传文化、建设文化”。省领导吴新雄、王宪魁、傅克诚、赵智勇、蒋如铭、孙刚、陈清华，文化部副部长、故宫博物院院长郑欣淼及有关司局负责人等出席论坛，省委常委、省委宣传部部长刘上洋亲自主持论坛。论坛围绕鄱阳湖生态经济区文化建设的战略构想、基本任务和现实意义，加强鄱阳湖生态经济区公共文化服务体系建设，加强生态文化建设和文化产业发展等3个中心议题展开。12位省内外领导专家从不同的视角作了精彩发言，提出了56条宝贵意见和建议，共同描绘出鄱阳湖生态经济区文化建设的美好远景。

【“为了我们的兄弟姐妹”——江西省支援抗震救灾共建家园大型电视赈灾募捐晚会成功举办】

为帮助四川汶川特大地震灾区人民渡过难关，献出江西人民的一份爱心，省委宣传部、省文化厅、省广播电视局、省民政厅、省电视台、省红十字会、省慈善总会，在抗震救灾的第一时间里，迅速作出工作部署，利用短短几天时间，组织策划了大型赈灾义演活动。为办好此次募捐活动，从省直艺术院团抽调文艺骨干，进行赈灾义演节目的创作和编排，省委宣传部副部长、省文化厅党组书记、厅长李玉英等领导亲自到彩排现场指导，保证了整台晚会的节目质量，为夺取抗震救灾的全面胜利作出了文化人的积极努力。5月22日晚，“为了我们的兄弟姐妹”——江西省支援抗震救灾共建家园大型募捐活动在江西电视台演播厅举行，并由江西电视台现场卫星直播。整台晚会历时2个多小时，分为文艺表演、现场募捐、前方连线采访等三个部分，场面感人肺腑，声音扣人心弦。在省领导的带领下，来自全省11个设区市的100多个单位代表和晚会现场观众慷慨解囊，贡献力量，送上爱心。他们当中，有刚从地震灾区完成任务返回捐出自己生活费的江西消防部队官兵，有捐出义卖“幸运星”、“千纸鹤”所得387元的学生姐妹。据统计，此次共募集捐款额5.4475亿元，是江西省有史以来规模最大的一次抗灾募捐活动。

【“江西文化——北京行”大型展演活动在北京成功举行】

5月28～30日，由江西省文化厅组织创作，江西省歌舞剧院、江西省军区战士演出队联合演出的大型原创舞剧《瓷魂》，作为江西省唯一入选2008年北京奥运会重大文艺演出活动剧目，在北京天桥剧场演出，为奥运营造浓厚氛围。2008年北京奥运会重大文艺演出活动是经国务院批准、由文化部、财政部共同主办的奥运重大活动。舞剧《瓷魂》是一部以瓷文化为题材，讴歌中华民族顽强拼搏、努力创新伟大精神的民族舞剧，曾在全国重大艺术活动和多项赛事中屡获大奖。在北京演出期间，《瓷魂》因独特的文化色彩和艺术魅力，引起了国内外观众的好评，为江西赢得了荣誉。“当代国画优秀作品展——江西作品展”11月初在北京全国政协礼堂成功展出，中共中央政治局常委、全国政协主席贾庆林出席开幕式并参观画展，全国政协副主席郑万通致辞，全国政协副主席王刚、钱运录、孙家正及文化部部长蔡武等出席，画展集中展出了10位江西中青年国画家的100幅作品，这些作品表现了赣江两岸悠久的历史文化和秀丽的自然风光，反映了江西人民昂扬向上的精神风貌，具有鲜明的地域文化特色和强烈的时代感，代表了江西国画艺术的最新创作成果。2008年，在北京连续推出舞剧演出和国画展览，是具有江西特色的重要文化活动，让首都观众、海内外朋友进一步认识了江西，感受了江西文化的震撼力。

【“赣风鄱韵，薪火相传——江西非物质文化遗产成果巡礼展”成效显著】

为庆祝全国第三个“文化遗产日”，展示江西非物质文化遗产保护成果，2008年6月14日，由省委宣传部、省文化厅、南昌市人民政府共同主办的“赣风鄱韵，薪火相传——江西非物质文化遗产成果巡礼展”在南昌八一广场举行。省委常委、省委宣传部长刘上洋出席了开幕式并宣布成果展开幕。省委宣传部副部长、省文化厅党组书记、厅长李玉英致辞。省人大、省政协，以及省直有关部门和南昌市委市政府相关领导出席了开幕式。全部活动分为展览、展示和展演三大部分。展览部分主要以图文并茂形式介绍了江西省入选的35个国家级非物质文化遗产名录项目、9个国家级非物质文化遗产项目代表性传承人、婺源县国家级“徽州文化生态保护实验区”；展示部分主要是从各地抽调来的16个民间绝活进行现场表演；演出部分主要有民间音乐、传统舞蹈、传统戏剧、曲艺等传统项目。9个设区市分别选派了代表队参加活动，全部演职人员1295人，其中开幕式方阵1100人，参加绝活表演40多人。整个活动强调整体布局，设计美观，从各地调集的绝活、节目艺术水准高，有着较强的欣赏性和可看性。“赣风鄱韵，薪火相传——江西非物质文化遗产成果巡礼展”，通过图片、展陈、现场演示等方式，集中展现了江西省非物质文化遗产保护和传承的重要成果，吸引了广大干部群众踊跃观看，起到了良好的宣传效果。中央、省、市17家新闻媒体作了重点宣传报道。

【江西省举行纪念改革开放30周年文艺晚会】

12月18日晚，由省委宣传部、省文化厅、省广电局、省文联共同举办的江西省纪念改革开放30周年文艺晚会在江西艺术剧院隆重举行，500多名文艺工作者为江西日新月异的发展、为祖国的繁荣富强欢歌起舞，热情讴歌改革开放30年来取得的伟大成就。省领导苏荣、吴新雄、王宪魁、尚勇、陈达恒、凌成兴、赵智勇、余欣荣等与社会各界代表1500多人观看了晚会。晚会以“光辉的道路”为主题，具有浓郁江西特色和强烈历史纵深感，在热烈欢快的大型舞蹈《潮涌赣鄱》中拉开帷幕。舞蹈《春天的故事》、配乐诗朗诵《我们报告》、女声独唱《走进新时代》、四重唱《永不回头》，艺术地再现了改革开放30年来，江西人民弘扬井冈山精神，实现大发展大跨越的历史进程。改革开放30年，江西不仅物质文明大发展，精神文明也取得大进步。歌表演《新农村故事》把江西省3部农村题材的优秀作品串联起来，从对比中折射出社会发展。民俗歌舞《打糍粑》中男女老少一起唱山歌一起跳舞的和谐幸福场景，给观众留下深刻印象。为本台晚会特别创作的展板秀《百花争艳》，片段演出了江西省获得大奖和好评的经典剧目，展示了宣传文化战线30年来取得的丰硕成果。鄱湖渔歌《一湖清水》、杂技《青花烛影》在带给人们美妙的艺术享受的同时，展现出红土地儿女站在新的历史起点上，高举中国特色社会主义伟大旗帜，坚持改革开放，推动科学发展，促进社会和谐，实现江西崛起新跨越的豪迈与自信。整台晚会大气热烈，舞台形式新颖多元，声光电俱佳。演员们表演生动、富有激情，观众们不时报以阵阵掌声。

【“江西景德镇精品瓷器展”在中阿合作论坛上备受好评】

5月22～24日，“江西景德镇精品瓷器展”在巴林国家博物馆成功举办。向阿拉伯人民展示了我国的优秀传统文化，促进了中阿双方文化交流，取得了很好的效果。中国外交部部长杨洁篪专门参观，亲切看望了布展的江西文化工作者，对展览进行高度评价，盛赞“瓷器虽然不会说话，但她亭亭玉立，用艺术的语言和中东的朋友对话，传播中国灿烂的文化、中国人的智慧、友谊”。此次展览筹备时间很短，但工作人员克服种种困难，精心组织，周密安排，使展览获得圆满成功，产生了广泛影响。

九、重大事件、重要文化建设项目

【江西省博物馆纪念馆免费开放工作在全国产生重大影响】

江西博物馆、纪念馆在全国率先免费开放，让普通民众免费享受文化大餐，社会反响巨大，观众对博物馆的认知、认同感明显提升，教育面和影响力迅速扩大，大大提高了江西红色品牌的知名度和美誉度，有效发挥了江西红色、古色资源在建设社会主义核心价值体系中的积极作用。2008年2月，江西列入全国博物馆免费开放七个试点省份之一。按规定实施免费开放的84家博物馆、纪念馆中，全省文化部门所属的69个博物馆、纪念馆从4月份起全部免费开放，其中58家列入国家免费开放试点，11家文物建筑类的博物馆属自行免费开放。省财政根据其门票收入和运行经费测算，安排1.24亿元的补助资金，以保障这些场馆免费开放后的实际开支需要。据不完全统计，全省博物馆、纪念馆共推出陈列展览350个，共免费接待观众1400万人次，其中青少年观众达680万人次，各展馆参观人数同比平均增长95%以上，大大超过以往的接待量。江西省博物馆、纪念馆的免费开放也推动了红色旅游业的发展，红色景区游客人数均比往年同期有较大幅度提高。越来越多的省外、国（境）外游客走进博物馆、纪念馆和爱国主义教育基地，为更好地宣传江西，提升红色江西在全国乃至全世界的知名度产生了重要影响。3月19日晚，中央电视台一套“焦点访谈”栏目以“永久免费的‘文化大餐’”为题，对瑞金中央革命根据地、南昌八一起义纪念馆等免费开放情况作了专题报道。

【全省图书（文化）馆维修改造工程开局良好】

为彻底改变江西省县级图书馆、文化馆的面貌，2008年，省财政安排3000万元专项资金，专门用于全省县级图书馆、文化馆馆舍维修和购置相关设备。为把这项工作做好，江西省文化厅印发了《江西省基层文化两馆维修专项资金管理暂行办法》，在实地调查了解的基础上，提出了“扶优扶强、引领示范、当年见效、探索经验”的资金分配原则。该工程计划利用5年左右的时间，逐步使全省县级图书馆、文化馆有一个根本性的变化，并基本达到国家二级馆以上标准。2008年全省有29个县级图书馆、文化馆项目进行了维修改造。

【江西艺术中心】

江西艺术中心是省委、省政府部署建设的重点公共文化设施工程，是江西省品位最高、功能最齐、设施设备最现代的文化项目，包括大剧院、音乐厅、美术馆和排练厅，总投资6.78亿元，将成为省会南昌的标志性建筑。江西艺术中心位于南昌市京东开发区南京东路南侧，高新大道以西，占地150亩，分二期建设。第一期工程由政府投资，包括大剧院（23670平方米）、动力中心（1440平方米）、音乐厅（7741平方米）、多功能排练厅（6844平方米）和美术馆（4541平方米）。第二期工程采取招商引资合作建设经营的办法，多渠道筹措建设资金，包括电影城和演职员公寓以及相应配套设施，总建筑面积128850平方米。根据省发改委《关于江西艺术中心大剧院及配套工程初步设计的批复》（赣发改审字〔2007〕960号），江西艺术中心按一次规划分步实施的要求，先行建成大剧院，并完成音乐厅和多功能排练厅的基础工程以及动力中心、室外工程等子项目。该项目自2007年11月正式开工以来，已累计完成投资19000万元。2008年12月底，完成大剧院主体结构的封顶和音乐厅和多功能排练厅的桩基工程。

【抚州文化园】

抚州文化园位于抚州市赣东大道南延伸段和玉茗大道南延伸段之间，南靠新城区北一路、北靠迎宾大道。由汤显祖大剧院、博物馆、图书馆和文化艺术广场以及相关配套工程构成。项目占地面积201亩，建筑面积3.93万平方米，项目总投资2亿元，2007年4月30日开工。汤显祖大剧院计划投资1.3亿元，建筑面积17064平方米，剧院内分设排练厅、接待厅、地下停车场等，配置车转、旋转、升降等舞台机械，具有专业舞台音响、灯光系统和中央空调，能接纳国内外大型艺术表演团体演出，目标上达到省内一流、国内先进水平。图书馆与博物馆计划投资6380万元。其中图书馆的建筑面积为9610.07平方米，博物馆建筑面积为12663.18平方米。文化艺术广场占地面积12万平方米，计划投资1500万元。建成后的抚州文化园作为抚州名人文化、历史文化、戏曲文化精华的集中展示、收藏、研究的基地和中心，将成为弘扬优秀民族文化，特别是展示抚州丰厚的历史文化遗产和浓郁的地域文化风情的重要载体和窗口，成为宣传抚州的重要阵地及抚州人民娱乐、休闲的生态公园。

【中央革命根据地历史博物馆】

中央革命根据地历史博物馆位于瑞金市城西的苏维埃纪念园内，东邻龙珠路，南临红都大道，西靠“百县林”，北接纪念园，占地67亩，主体建筑10100平方米，总投资7000余万元。由陈列展览馆、文物库房、临时展厅、多媒体演示厅及文物修复和研究管理用房5个部分组成。该馆于2004年8月正式动工兴建，2007年10月竣工后正式对外开放。建筑设计采用现代建筑手法，进行平面布局，同时考虑到历史的严肃性，以强烈的时代特征为标志，突出博物馆的恢宏气势，各部分之间功能相互独立，又相互联系，各功能区有独立的出入口，既能单独使用，彼此之间又有紧密的联系。立面效果及造型以历史事件为背景，整个立面采用大型花岗岩饰以立体浮雕，形成强烈的历史感，整体建筑与室外广场和大台阶共同组成一个纪念轴线序列，让人们在有序列转换中感受到不同的纪念主题并激发人们的探求欲望。设计上对整个馆区进行了规划，优化参观线路，增设配套服务设施，使整个馆区集纪念性、教育性、艺术性、观赏性和参与性为一体。陈列展览区总面积4800平方米。基本陈列《人民共和国从这里走来》，主要陈列中华苏维埃共和国国史，同时兼顾中央革命根据地、苏维埃中央政府各部委（局）以及人物等展览内容。

山东省

一、公共文化服务体系建设取得新进展

全省各级着眼于保障人民群众的基本文化权益，坚持城乡统筹、普遍均等的原则，普遍加大了公共文化服务体系建设力度。一是公共文化设施建设全面展开。按照省委、省政府《实施“十一五”公共文化服务体系建设规划的意见》，从省、市、县到乡镇、行政村各级都重新制订了公共文化设施建设规划，并认真付诸实施。省博物馆新馆按预定工期已于春节前实现了主体封顶，省属院团的剧场改造进展顺利；市县综合性文化设施陆续开工建设，烟台市文化中心、潍坊市民文化艺术中心、临沂市图书馆，及一批县级综合性文化中心相继竣工；乡镇综合文化站建设进度明显加快，全省已建成符合国家标准的乡镇综合文化站719处；社区文化服务中心、村文化活动室和文化大院建设力度不断加大，青岛市先后投入1亿多元改扩建村文化活动室1200处，全市基本实现了“一村一室”；诸城市在农村构筑“两公里文化服务圈”，建成了208个高标准社区文化服务中心。据统计，2008年全省开工建设公共文化服务设施172万平方米，总投资85.8亿元，超过了前30年的总和。全省已初步建立起了市有图书馆、文化（艺术）馆、博物馆，县有图书馆、文化馆，乡镇有综合文化站，村有文化活动室或文化大院的公共文化服务网络。二是重点公共文化服务工程深入实施。文化共享工程在全国率先建立起“互联网”加“卫星”双重覆盖到村的传输网络，省、市、县三级中心功能进一步提升。数字资源开发取得新成效，资源总量达到33 TB，农业科技电子图书增加到19000多种。在全省范围内广泛开展了示范县评选和规范化基层站点创建活动，命名表彰示范县42个，有近10%的基层站点达到了规范化标准。山东省作为全国唯一的共享工程“示范省”，受到文化部的表彰奖励。农村电影放映工程走在全国前列，全省组建农村电影院线13条，电影放映队2500多支，各级财政落实放映补贴8000多万元，免费为农民群众放映电影66万多场，观众达到2.56亿人次，80%多的行政村实现了每月放映一场公益电影的目标。三是公共文化服务方式不断创新。各级图书馆借助文化共享工程推动数字化建设，增强了远程服务能力，把服务范围扩大到了农村基层。各级文化馆、艺术馆积极动员组织志愿者辅导团深入基层，依托乡镇文化站、村文化大院举办各类培训班6000多次，培训群众文艺骨干20多万人次，辅导排演群众文艺节目2万多个。各级公共博物馆、纪念馆充分利用馆藏资源，努力提高展陈和服务水平，陆续实行免费开放，仅免费开放的博物馆、纪念馆年接待参观人数就猛增至550万人次。

二、丰富城乡文化生活取得新进展

各地以纪念改革开放30周年和迎奥运为契机，普遍加大了艺术创作力度，城乡文化生活更加丰富活跃。一是繁荣艺术创作成效显著。围绕构建社会主义核心价值体系，大力实施精品打造工程，创作了一批优秀作品。成功承办了第五届中国京剧艺术节，省京剧院的《铁道游击队》、济南市京剧院的《辛弃疾》、青岛市京剧院的《驼哥与金兰》3个参赛剧目均获一等奖，填补了山东省历届中国京剧节大奖的空白；省杂技团的《蹬人》在武汉国际杂技艺术节上荣获最高奖；菏泽市的

《山东汉子》入选国家舞台艺术精品工程资助项目；青岛市南区的《左邻右舍》、嘉祥县的《村姑的喜悦》荣获第六届全国“四进社区”文艺展演金奖；胶州市的《喜洋洋》荣获首届中国农村艺术节文艺会演金穗奖。面向旅游演艺市场，相继推出了《粉墨》、《家乡》、《蔚蓝青岛》、《蒙山沂水》、《泰山神韵大舞台》、《秧歌》等一批较有影响的舞台艺术作品。二是社会文化活动丰富多彩。组织参加了北京奥运会、残奥会文艺演出活动和赴北川灾区慰问演出，成功举办了“纪念改革开放30周年优秀剧目展演”、“鲁川血脉情抗震救灾义演”、“迎奥运全省美术书法摄影展”，组织开展了广场艺术节、社区文艺会演、农村文艺会演、舞蹈大赛、秧歌大赛、器乐大赛等。据不完全统计，各地举办广场文艺演出84000多场，社区文艺演出22000多场，各类艺术节、文艺会演28000多场。三是公益性文艺演出扎实开展。各地积极组织开展“送戏下乡、进社区”公益演出活动，为基层群众送去高水平的文艺节目。威海市专门成立了“新农村文艺演出队”和“文艺拥军演出队”，开展了“千场演出进农村”活动；淄博市全年“送戏下乡”演出达到1300多场。全省国办院团“送戏下乡”演出近万场。省会“泉城大舞台”，实现了“天天有曲艺、周周有戏剧、月月有音乐会”，全年演出460多场，从2008年元旦起扩版为“天天演”，已成为山东省的公益演出品牌。

三、文化遗产保护体系建设取得新进展

坚持正确处理保护和利用的关系，全面加强了包括文物、非物质文化遗产、古籍在内的文化遗产保护体系建设。一是第三次文物普查全面展开。根据第三次全国文物普查的有关要求，山东省文物普查全面进入实地调查阶段，全省已普查登记不可移动文物10000多处，有6个县级行政区域率先完成了实地调查任务。二是文物保护基础工作不断加强。制定下发了《省政府关于进一步加强文物保护工作的通知》，全面启动了省级以上重点文物保护单位划定保护范围和建设控制地带、树立保护标志、落实保护管理机构等工作；加大了重点工程文物保护力度，对京沪高速铁路项目沿线60余处遗址进行了勘探，完成了近20处古遗址和墓地的考古发掘工作；启动了南水北调东线工程第二批控制性文物保护项目，考古发掘面积达2.5万平方米，相当于近30年全省考古发掘面积的总和；相继组织开展了青临高速、滨德高速、胶州至日照天然气管道等重点工程的文物调查、勘探工作。大遗址保护工作进展顺利。临淄齐国故城保护项目开始实施，其他5处大遗址保护规划编制工作已经启动。齐长城资源调查、大运河申报世界文化遗产等工作取得新进展。三是非物质文化遗产保护工作取得新成效。完成了非物质文化遗产野外普查，基本建立起了四级名录体系，并相应建立了一批研究基地和传承基地，珍贵濒危非物质文化遗产项目得到及时抢救。公布首批省级非物质文化遗产项目157项，山东省有93个项目被列入第二批国家级非物质文化遗产名录，命名代表性传承人73名。组织开展了一系列展览展演活动。潍坊市代表山东省参加北京奥组委、文化部主办的中国非物质文化遗产和传统民族民间文化展示活动——“中国故事”，受到奥组委的表彰。四是古籍保护工作顺利推进。开展了首次全省性古籍普查，初步摸清了全省古籍家底。山东省有95种古籍入选首批国家珍贵古籍名录，居全国第五位，有两个单位被命名为“全国重点古籍保护单位”。基本完成了首批山东省珍贵古籍名录和重点保护单位的申报、评审工作。

四、推动文化产业发展取得新进展

坚持文化事业文化产业两手抓，在大力发展文化事业的同时，进一步加大措施力度，推动文化产业加快发展。文化产业政策体系不断完善。省里制订了文化产业发展专项规划，设立了文化产业发展专项资金，出台了《关于深化文化体制改革加快文化产业发展的若干政策》、《推动山东省动漫产业发展若干意见的实施细则》等系列配套文件。各市、县都进一步强化了推动文化产业发展的政策措施，多数市设立了文化产业发展专项资金，文化产业发展的政策条件明显改善。培育骨干文化企业和示范基地取得新成效。全省省级文化产业示范基地达到71家，国家级文化产业示范基地发展到6家，曲阜新区文化产业园被命名为“国家级文化产业示范园区”，成为全国四个国家级文化产业示范园区之一。

五、繁荣和规范文化市场取得新进展

坚持一手抓规范，一手抓繁荣，着力营造公平竞争、规范有序的市场环境，促进了文化市场繁荣发展。一是加大培育市场主体力度。引导鼓励文化企业开展集约化、规模化、品牌化经营，网吧、音像制品连锁经营迈出新步伐，涌现出一批骨干企业和经营品牌，网吧连锁店达到4000多家，音像连锁店达到1700多家，上架音像制品销售量和正版率居全国前列。二是加大市场监管体系建设力度。积极运用现代科技手段，加强网吧监管平台建设，在全国率先实现了省、市、县三级监管中心联网运行和对60多万台终端的在线监控。深入实施文化娱乐场所“阳光工程”，大力开展阳光娱乐场所和阳光金曲评选活动，扶持建设了一批内容健康、格调高雅的歌舞厅和综合演艺厅。不断拓宽网上监控领域，启动了网络文化网上监控、音像制品目录库建设、歌舞娱乐场所KTV内容审查工作，网上在线监控取得新成效。三是加大文化市场执法力度。深入开展对网吧、网络文化、音像、演出、歌舞娱乐、电子游戏等市场的专项整治和文化市场“奥运保障行动”，全年出动稽查人员40多万人次，检查场所25万多家次，查处了一批违法经营案件，依法取缔了一批经营业户，文化市场秩序日趋规范。执法队伍建设不断加强，先后出台了《关于切实加强全省文化市场行政执法队伍建设的意见》等文件，完善了执法考评奖惩机制，组织开展了执法案卷检查评比活动，有效促进了规范执法、文明执法。在全国文化市场行政执法考评中，山东省取得了第二名的好成绩。

六、科教法规建设取得新进展

积极适应市场变化和科技进步的新形势，为全面提升文化发展水平，进一步加大了科教法规建设和对外文化交流力度。艺术科学、文化科技取得新成果。开展了首届“文化创新奖”评选，有8个项目获奖；举办了山东省艺术科学重点课题评审和文化艺术科学优秀成果评奖活动，全省批准立项重点课题231项，评选优秀成果378个；进行了全国重点课题“山东省文化生态研究”，荣获2008年度山东省科技进步二等奖。有4项课题入选国家艺术科学重点课题；组织了山东省艺术院校美术大赛，全省有53所大中专院校参加，参赛作品1600多件，集中检阅了山东省美术教育成果。艺术考级工作逐步规范，全省各艺术门类的艺术考级考生达8万人次。文化法规建设取得新突破。积极推动全省文化系统“五五”普法教育，组织开展了普法督导检查。根据省里的立法计划，完成了对《山东省公共图书馆管理办法》和《山东省文化市场管理条例》的修改，已分别上报省政府和省政府法制办。

七、对外文化交流取得新进展

在2008年孔子文化节期间，成功举办了首届世界儒学大会，为世界范围内的儒学研究和学术交流搭建起了国际平台。赴日本举办的“山东石佛展”，赴澳大利亚举办的“青州佛像展”，均在当地引起较大反响。此外，组织开展了赴日本、法国、俄罗斯、印尼等国家和地区的歌舞演出、杂技表演等活动，均取得较好效果。全年派出文化团组25起、200余人次，引进文化团组71起、700余人次，扩大了齐鲁文化在国际上的影响。

八、优化文化改革发展环境取得新进展

全社会的文化自觉意识不断增强，各级推动文化建设的力度不断加大。一是对文化的认识程度普遍提高。通过学习贯彻党的十七大、省委工作会议和全省文化建设工作会议精神，各级对于文化是民族凝聚力和创造力的重要源泉，是综合国力竞争的重要因素，是一个国家的软实力，文化建设是中国特色社会主义事业总体布局的重要组成部分，是全面建设小康社会的重要目标，是经济社会发展的导向、引领和动力，认识程度普遍提高，全社会关注、支持、参与文化建设的氛围日趋浓厚。二是推动文化建设的措施力度不断加大。省委、省政府将文化建设纳入了科学发展综合考核指标体系，出台了《关于推动文化大发展大繁荣的意见》、《关于加强公共文化服务体系建设的实施意见》等重要文件。各级都将文化建设纳入了当地经济社会发展总体规划，并相应制订了文化发展规划，相继召开了文化建设工作会议，各级党政主要领导都亲自安排部署文化工作，亲自调度文化建设任务落实情况，并陆续出台了一系列推动文化发展的政策措施，加大了对文化建设的投入，文化建设新高潮正在迅速兴起。三是体制环境明显改善。各级按照中央和省委的决策部署，围绕破除制约文化发展的体制机制性障碍，积极推进文化体制改革，各试点市都制订了深化改革的实施方案，在经营性文化单位转企改制、公益性文化单位机制改革、文化管理体制改革等方面积极探索，文化发展活力进一步增强。四是党风廉政建设和政风行风建设取得明显成效。组织广大党员干部认真学习中央建立健全教育、制度、监督并重的惩治和预防腐败体系《实施纲要》、《工作规划》和省委有关文件，深入开展“做廉政表率、促科学发展”主题教育活动，大力开展廉政文化建设，举办了“全省基层廉政文艺创作展演”、“全省廉政文化书画作品展览”等活动。加大政风行风建设力度，积极推进文明执法，着力改善公共文化服务，不断强化队伍作风建设，有效促进了行业作风转变。

河南省

一、树立精品意识，加强艺术创作和生产，全省文艺舞台持续繁荣

紧紧围绕纪念改革开放30周年庆祝活动，下发了《关于进一步加强全省现实题材艺术创作工作的通知》，明确了艺术创作的重点和方向。成功组织了全省第11届戏剧大赛、第七届杂技大赛等重大文艺赛事，参加上海国际儿童剧展演和全国儿童剧（含木偶、皮影等）调演等活动，积极申报2007～2008年度国家舞台艺术精品创作重点扶持资金剧目。通过这些赛事活动，选拔了一批优秀剧节目，有力地促进了新剧目的创作与生产。新编神话京剧《嫦娥》、现代豫剧《女婿》、舞剧《云水洛神》、木偶剧《牡丹仙子》等35台重点剧目相继立于舞台，有11台剧目被评为省文华大奖。省豫剧一团的大型现代戏《常香玉》和省豫剧二团的古装戏《清风亭上》双双入选2008年度国家舞台艺术精品工程30台初选剧目，《嫦娥》在第五届中国京剧艺术节喜获银奖，取得了河南京剧史上的新突破。河南省艺术中心自9月17日起相继组织了亚洲艺术节演出、开业演出季和新春演出季等活动，截至12月底，已演出38场，观众2.7万人次，河南舞台艺术迈上新的台阶。

河南省艺术精品展演活动，由省内走向全国，并踏出国门走向海外，进一步扩大了河南文化的影响。开展了为期两个月的“河南省庆祝改革开放30周年舞台艺术演出季”活动，省直和18个省辖市直属院团推出的35台精品剧目共演出128场；《程婴救孤》、《风中少林》、《铡刀下的红梅》参加“国家舞台艺术精品工程精品剧目全国演出月”活动，圆满完成37场省内外公益演出，豫剧《常香玉》参加全国纪念改革开放30周年现代剧展演，《程婴救孤》和《风中少林》被文化部选拔参加北京奥运重大文艺精品演出活动，并在法国、意大利和新加坡巡演，均取得圆满成功，进一步扩大了河南舞台艺术的影响。

此外，成功承办了“亚洲新意美术展”、中纪委和文化部联合主办的“反腐倡廉书画展”等十几个大型展览活动。省艺术研究院争取省级项目《中原游戏文化研究》，并完成了文化部《中国戏曲、民间舞蹈、民间音乐现状调查（河南项目）》等多项重点课题的研究。

二、以重大惠民工程为抓手，加快构建公共文化服务体系，保障人民群众的基本文化权益

基层文化设施建设迈出大步伐，全省基层文化设施网络日益完善。2008年，国家和省财政对全省文化事业的投入达到2.7亿元，比上年增长36%。其中，在乡镇文化站建设方面，争取国家资金1956万元和省配套资金740万元，完成了133个乡镇综合文化站建设任务，鄢陵县等10个县级图书馆、文化馆完成改扩建任务。第四季度抓住国家加大投入、拉动内需的有利时机，争取国家新增投资5100万元，启动了339个文化站建设项目。全省重点文化建设项目中国文字博物馆的主体馆主体结构封顶，文物征集工作正在积极进行之中；洛阳博物馆新馆主展楼和辅楼顺利封顶；安阳市投资2亿元的图书馆博物馆综合大楼完成建设任务，投资58万元的焦作市图书馆新馆、投资1.5亿多元的周口市文化艺术中心开工建设。制定了《河南省公共文化设施建设使用管理办法》、《关于进一步加强基层公共文化服务设施建设和管理的意见》等规范性文件，推动公共文化设施建设和管理工作制度化、规范化，进一步提升服务效能和水平。

强力推进重大惠民文化工程。文化信息资源共享工程争取中央财政资金3911万元和省财政配套资金474万元，整合农村党员干部现代远程教育工程资源，完成了46个县级支中心、740个行政村和8145个村级基层服务点的设备采购工作，建成“中原文化数据库”150 GB，共享工程覆盖网络和服务内容得到进一步拓展和提升。农村电影放映工程争取国家投资2868万元，全部完成在4.7万多个行政村放映57.3万多场电影任务，实现了一村一月放映一场电影的目标。送配书工程向27个县级图书馆配送了价值达142万元的图书，同时配合文化部、财政部送书下乡工程，为30余个基层图书馆、文化站、文化大院配送图书71344册。争取省财政资金870万元，采取“政府购买、院团演出、农民受惠”方式，与财政厅联合启动了“百部流动舞台千场演出送农民”活动，2008年在全省演出1897场。全省博物馆、纪念馆等公益文化单位免费开放工作取得较大成绩，河南博物院等27家博物馆、纪念馆面向公众免费开放，接待观众300余万人次，取得了良好的社会效益。

开展丰富多彩的文化活动。各级文化部门相继组织“春满中原”、“文化遗产日”、“清明踏青”、“多彩五月”、河南省第五届农村摄影大展、第三届河南省少儿艺术节、第三届河南省合唱节等系列社会文化活动，丰富内容、提升规模、扩大影响，打造了全省群众文化活动品牌。河南省群众文化在全国赛事中成绩突出，荣获第10届中国老年合唱节银奖和第二届中国少年儿童合唱节中河南省节目获“小云雀奖（银奖）”。全省节庆文化活动丰富多彩，浚县庙会、淮阳庙会、新郑黄帝拜祖大典、洛阳市牡丹花会、开封市菊花花会、信仰茶叶节等都取得了良好成效，洛阳市举办的“广场文化狂欢月”、开封市举办的菊花花会文化演出、平顶山举办的首届农民艺术节、漯河市举办的市民艺术节等文化活动，都极大地丰富了广大群众的文化生活。

切实加强古籍保护工作。组织完成了第一批国家重点古籍保护单位、第一批《国家珍贵古籍名录》和《中国善本目录》等项目的申报工作。河南省图书馆、河南大学图书馆被确定为全国重点古籍保护单位，河南省85种古籍进入《国家珍贵古籍名录》。

三、创新思路，加强引导，文化产业发展取得明显成效

省委、省政府召开了全省文化体制改革和文化产业发展工作会议、全省文化改革发展试验区建设工作会议，加强了对文化产业工作的领导，以文化产业园区、文化改革发展试验区、文化产业街区乡镇、文化产业招商引资建设为重点的文化产业发展格局进一步形成。以争创国家文化产业示范园区为抓手，推进文化产业经营集约化、规模化发展。根据徐光春书记批示精神，登封、开封文化产业示范园区建设强力推进，申报的筹备工作取得积极进展。

积极培育、扶持文化产业市场主体，国有、民营重点文化企业实力逐步增强。河南文化影视集团有限公司新建5座影城，全年实现经营收入9374万元，同比增长3960万元，增幅达73.1%，实现了连续3年增幅超过60%。扶持骨干文化企业发展壮大，全省文化产业主体建设进一步加强。郑州市天人文化旅游有限责任公司、焦作云台山旅游发展有限公司、郑州中远演艺娱乐有限公司等3家企业被文化部命名为“国家文化产业示范基地”。河南省文化品牌的影响力不断扩大。大型实景演出《禅宗少林·音乐大典》在全国产生了重要影响。王公庄画虎村享誉全国，宝丰杂技名扬海外，濮阳市华晨杂技集团被命名为“国家文化出口重点企业”；《小樱桃》动漫在央视实现首播，标志着河南省动漫产业迈出新步伐。

抓好项目，搭建平台。开展第三批河南省文化产业示范基地表彰命名工作，命名表彰了郑州杂技馆等20家第三批“河南省文化产业示范基地”。积极开展文化项目的招商引资工作，编印了《河南省重点文化产业招商项目册》，通过互联网、报纸等方式积极推介重点文化产业招商项目。成功举办2008年河南全国文物艺术品交流会暨文物复仿制品展示会，总成交额达500万元。

四、坚持一手抓整顿，一手抓繁荣，文化市场环境不断优化

多措并举，深入开展市场整顿规范工作。以打击违规接纳未成年人进入网吧为重点，深化网络文化市场整治工作。制定了《河南省网吧分级管理办法》，对全省300多家网吧进行了集中整治；举办“2008中国网吧产业高峰论坛”，组织开展“建设和谐网络文化中原行”等活动，提升了河南网吧管理的新形象。在全省开展了知识产权周宣传活动和非法音像制品销毁活动，商丘、郑州等地查处10余起音像侵权盗版大案要案，收缴违法音像制品60多万盘。组织开展全省文化市场“奥运保障行动”交叉检查，推进卡拉OK内容管理服务系统建设，共对18个省辖市52个县（市、区）546家网吧、音像、娱乐等文化经营单位进行了明查暗访，确保奥运期间全省文化市场健康有序发展。

优化市场结构，扶持民营文艺表演团体和网吧连锁企业发展。目前，文化系统归口管理的文化经营单位已发展到2.5万余家，其中，网吧经营单位6000多家，中国联通等9家企业在我省开展连锁网吧经营，省内连锁网吧企业达到4家。音像批发单位36家，音像连锁企业已发展到7家。全省初步形成了包括演出、音像、电影、娱乐、网吧、文物、艺术品、艺术培训等在内的文化市场体系，为满足人民群众日益多样化的文化需求提供了良好环境。强化文化市场依法管理，进一步规范文化市场审批服务工作，加强全省文化市场管理执法队伍建设，对全省2200名文化行政执法人员进行培训，组织全省文化市场案卷讲评，提高和规范文化市场行政执法工作。

积极引导，促进文化市场繁荣发展。召开了河南省文化娱乐市场建设发展现场会，总结推广漯河市歌舞娱乐市场建设经验。推进数字电影广场建设，审批组建了安阳、新乡、商丘、三门峡、鹤壁、漯河6家农村数字电影院线公司。河南艺术中心落成启用并初步理顺管理体制，与北京保利剧院管理有限公司签订了为期6年的委托经营管理合作协议。

五、合理利用，加强保护，文化遗产保护取得新进展

世界文化遗产申报工作积极推进。嵩山历史建筑群的申报文本、保护规划和专项立法顺利通过评审，文物维修保护、档案资料建设和环境整治已经完成，国际遗产专家考察评估圆满结束，嵩山历史建筑群申报世界文化遗产工作进入了最后冲刺阶段；少林功夫和太极拳申报联合国人类口头与非物质文化遗产项目已由文化部统一报送至联合国教科文组织；丝绸之路河南段的申遗文本和各申报点规划已编制完成；大运河河南段正在进行申遗点的遴选工作。重点文物保护工程顺利实施。开封城墙保护规划和维修方案已经国家文物局审批，第一期重点项目已开工建设；隋唐洛阳城定鼎门遗址和汉魏洛阳故城阊阖门等大遗址保护展示工程向社会开放，郑州商城遗址、宝丰清凉寺遗址等保护展示工程正在实施。全省配合南水北调中线河南段等基本建设考古发掘63项，发掘古墓葬486座，发掘古遗址84000多平方米，在2007年度“全国十大考古新发现”中，河南省5项考古新发现入选，占全国入选项目的半壁江山。徐光春书记对此作出批示：“感谢省文物考古部门的辛勤劳动，为文化强省建设作出了重要贡献。对此事要加强宣传。”加快推进全省第三次全国文物普查，已调查登记不可移动文物10000多处，其中新发现文物点5648处。切实加强博物馆建设，积极推进全省博物馆“三贴近”工作，河南博物院等4家博物馆被国家文物局确定为国家一级博物馆。

非物质文化遗产保护体系进一步完善。加快立法步伐，初步起草了《河南省非物质文化遗产保护条例》。组织开展全省非物质文化遗产普查工作，并组织参加中国传统节庆文化示范地、非物质文化遗产国家数据库、非物质文化遗产专家国家数据库申报以及开封、安阳申报“文化遗产之都”工作。河南省56个项目入选第二批国家级非物质文化遗产项目，32人获得第二批国家级非物质文化遗产项目传承人称号；公布了第一批省级传承人221人，命名了一批河南省非物质文化遗产传承基地，逐步完善全省非物质文化遗产保护体系。

六、扩大规模、提升层次，不断扩大对外文化交流

成功举办第10届亚洲艺术节。由文化部和省政府共同主办，省文化厅、郑州市政府、开封市政府联合承办的第10届亚洲艺术节，于2008年9月26日至10月8日在郑州、开封两地举行，来自亚洲20多个国家和地区的37个演艺团体、共2100多名艺术家参加了艺术节的各项活动。本届艺术节共在社区、影剧院、文化广场演出100多场，组织50多部亚洲电影展映700场，举办了“亚洲各国驻华使馆馆藏珍品展”等艺术展览20场，举办了河南省情暨优势产业项目推介活动、中原名胜参观游览活动等。亚洲4个国家的文化部长、22个亚洲国家的驻华使节参加了此次盛会。海内外70多家媒体近600名记者对艺术节进行了全方位跟踪报道。规模宏大的开幕式演出、绚丽多姿的花车巡游、丰富多彩的广场文化、精彩纷呈的剧目展演以及周密的安排和热情的服务，赢得了各级领导和中外嘉宾、观众的赞誉和好评。文化部专门致函河南省委、省政府，对成功举办第10届亚洲艺术节表示感谢，对河南省文化厅给予表扬。徐光春书记专门作出批示："艺术节活动取得圆满成功，值得祝贺；大家工作很努力，很辛苦，值得表扬。"积极组织对外展演，推动中原文化走出去。在新加坡、澳门、加蓬分别举办"中原风·华夏情"和2008年澳门内地春节习俗展等文化活动；组派豫剧《程婴救孤》和少林武僧团赴意大利参加"罗马中国艺术节"和赴法国访问演出。保持文物对外交流良好势头，共举办文物外展、学术交流项目12个。河南文物首次走进非洲，参加了庆祝我国和南非建交10周年重要活动之一的"华夏瑰宝展"。加强对台文化交流工作。台湾豫剧团与河南省豫剧二团在北京、郑州、乌鲁木齐联合举办"迎奥运——海峡两岸豫剧大巡演"活动，在北京参加"海峡两岸艺术周"活动，并成功举办"第六届海峡两岸河洛文化暨豫剧发展理论研讨会"。参与组织了"中原文化宝岛行"活动，圆满完成了文化活动任务。

七、深化文化体制改革，文化发展活力不断增强

按照分类指导原则，推进文化事业单位改革。以省演出公司和中州影剧院为试点，完成了清产核资以及与有关部门的对接工作，积极探索经营性文化事业单位转企改制的有效途径。制定文化系统事业单位岗位设置管理工作方案，河南博物院等9个公益性文化事业单位完成了内部机构设置工作。推行事业单位中层干部竞争上岗和全员聘用制度改革，河南艺术职业学院等单位首次面向社会公开招聘36人。进一步深入研究文艺院团改革，起草了《省直艺术表演团体深化改革方案》，已上报省委、省政府，按照老人老办法、新人新办法的原则，一团一策，稳妥推进国有艺术表演团体的改革。

切实推进"两转两提"，提升文化管理水平。通过完善文化政策法规体系，进一步强化宏观规划、政策指导和法律约束，实现由办文化向管文化转变。制定了《河南省文化厅工作规则》等20项工作制度，进一步规范工作程序，提高工作效率。

八、实施"人才兴文"战略，艺术科研和艺术教育水平逐步提升

完成全国宣传文化系统"四个一批"人才、享受国务院特殊津贴专家、省第七批优秀专家的推荐等工作。探索优秀文艺人才培养使用的新机制，先后举办了全省文化系统艺术院校师生美术比赛、优质课评比观摩交流等活动。成功举办了"放飞梦想——第10届亚洲艺术节艺术教育成果展演"、文化系统第四届美术比赛获奖作品公开展览等活动，全省艺术学校招生规模较2007年增幅达43.7%。先后组织50多项科研项目申报国家社科基金、艺术类科研课题、省社科优秀成果奖等，河南省有1项入选2008年度文化部课题，3项课题获省社科优秀成果奖。

九、机关党风廉政建设和法制建设取得新成绩

一是切实加强党风廉政建设。坚持把党风廉政建设列入重要工作日程，与文化业务工作同研究、同部署、同检查、同考核，并将考核结果将和干部的年度考核挂钩，保证党风廉政建设责任制得到有效落实。二是加强法制建设，提高依法行政能力。制定了《河南省文化厅工作规则》等20项工作制度，规范工作程序，提高工作效率。拟定了《河南省公共文化设施管理办法》、《全省博物馆、纪念馆、美术馆等公共文化设施免费开放办法》和全省图书馆、文化馆、乡镇文化站工作条例；修订完善了《河南省文化艺术发展规划》、《河南省非物质文化遗产保护工作规划》和《河南省文化系统文化产业发展规划》。积极推动省人大修订《河南省〈文物保护法〉实施办法》、出台《河南省非物质文化遗产保护条例》。三是规范管理，做好信访工作。制定了《河南省文化厅信访工作制度》、《河南省文化厅政府信息公开制度》等，进一步加强和改进信访工作。2008年，收到文化部、省信访局转交信访件以及群众来信共33件，其中重复信访13件次，本着件件有着落、事事有结果的原则，都按照干部管理权限作出了处理，信访案件按期办结率达100%。

十、全力开展抗震救灾活动

一是组织"河南省宣传文化系统百名艺术家赈灾募捐活动"等情系灾区各类演出和募捐活动。二是组织广大党员干部和职工群众踊跃为地震灾区捐款，省直文化系统广大干部职工捐款340673.72元，棉被294床，毛毯、衣物3630件，1109名党员缴纳"特殊党费"564866元。三是抽调文物系统业务骨干赴四川江油市开展文物抢修工程勘测设计工作，圆满完成江油市受损文物的设计任务。

十一、重大活动、重要事件与会议

【召开全省文化市场管理工作会议】

2月26～27日，河南省文化厅在郑州市召开了全省文化市场管理工作会议，来自全省18个省辖市、5个扩权县的文化市场主管局长、文化市场科长、行政审批科长、稽查队长等80人参加了会议。省文化厅副巡视员王天虹出席会议并讲话。

会议明确了2008年全省文化市场工作重点：围绕公共文化服务体系建设，努力推进农村电影放映工程，构建大众电影市场体系；继续调整文化市场产业结构，提升网吧、音像、演出娱乐、电子游戏等市场的经营品质，拓宽融资渠道，促进规模化发展；加强文化市场监管，以打击违规接纳未成年人进入网吧、违法经营音像制品、违法演出的查处为重点，保障文化市场健康有序；进一步推动执法规范化建设，提高市场监管效能。

【召开全省文化工作会】

3月6日，河南省召开全省文化工作会议。文化厅领导班子成员，河南省文物管理局、河南博物院领导班子成员出席了会议，各省辖市、省直管县文化（文物）局长、办公室主任，文化厅、文物局机关各处室和厅直属单位负责120余人参加了会议。省委常委、宣传部长、副省长孔玉芳向大会发来贺信。

会议强调，2008年，河南省文化工作以实现文化资源大省向文化强省跨越为目标，重点要推进5项惠民文化工程，不断丰富城乡文化生活，切实维护好人民群众的基本文化权益，保障人民群众共享文化发展成果，开创全省文化建设新局面。一是大力加强文化基础设施建设，完善基层文化设施网络。推动10个县级“两馆”达到国家规定建设标准，启动乡镇文化站（文化中心）建设，改扩建72个乡镇综合文化站。二是积极开展“百部流动舞动千场演出送农民”活动。实行省、市、县三级联动，采取“政府埋单、部门指导、剧团承办、农民受益”的形式，无偿为农民演出1000场大戏。三是加快推进农村电影放映工程。推广电影数字化放映，构建覆盖广大农村的数字电影放映体系。到2008年底，全省市级农村数字电影院线公司达到15家，数字电影放映设备达到1000套以上，数字电影放映员持证上岗率达到80%。确保60%的行政村实现一村一月放映一场公益性电影。建设城镇文化广场200个，丰富城镇居民和城市务工人员的文化生活。四是在46个县（市）8600个行政村实施文化信息资源共享工程，让更多的人享受到方便快捷的文化成果，满足人民群众的求知、求富、求乐需求。在全省开展“全民读书月”活动，开展全省公共图书馆业务技能竞赛，提高公共文化单位的工作能力和服务水平。五是实施博物馆、纪念馆免费开放工程。2008年，首批开放河南博物院、开封兰考焦裕禄纪念馆、南阳镇坪彭雪枫纪念馆和信阳新县鄂豫皖苏区首府革命纪念馆。到2009年，属于文化文物部门管理的90多座博物馆、纪念馆将全部实施免费开放。

【四家博物馆对社会公众免费开放】

根据中宣部、财政部、文化部和国家文物局等部门《关于全国博物馆、纪念馆免费开放的通知》精神，河南博物院、开封兰考焦裕禄纪念馆、南阳镇坪彭雪枫纪念馆和信阳新县鄂豫皖苏区首府革命博物馆等4家博物馆将免费对社会公众开放。河南博物院定于3月20～29日为免费开放试运行期，3月30日正式实施免费开放，观众日参观量控制在5000人（上午3000人，下午2000人）。新县鄂豫皖苏区首府革命博物馆将免费开放的时间定于3月26日，观众日参观量控制在2000人次；镇平彭雪枫纪念馆、开封焦裕禄纪念馆免费开放的时间分别是2月15日和3月1日。

【河南省图书馆列入首批“全国古籍重点保护单位”】

经国务院批准，首批“全国古籍重点保护单位”于2008年3月1日正式公布，河南省图书馆名列其中，并有28种珍藏古籍入选《国家珍贵古籍名录》。

河南省图书馆收藏古籍50万册，其中善本2.4万册，是全国重要的古籍收藏单位之一。2007年8月，被文化部确定为“全国古籍保护工作试点单位”。近一年来，根据《国务院办公厅关于进一步加强古籍保护工作的意见》（国办发〔2007〕6号）的精神，按照国家古籍保护中心的部署，河南省图书馆积极行动，努力工作，克服种种困难，完成了“全国古籍重点保护单位”、《国家珍贵古籍名录》的申报工作。此次入选首批“全国古籍重点保护单位”，对河南省图书馆乃至全省古籍保护工作有着积极而深远的影响。

【文化共享工程试点工作顺利通过文化部验收】

2008年，文化部文化共享工程督导工作组对河南省文化共享工程试点工作进行了检查验收。督导组听取了河南省文化共享工程的整体工作汇报，考察了河南省文化共享工程省级分中心，安阳县、孟州市、温县、渑池县、偃师市等5个县（市）支中心，深入基层，实地检查了安阳许家沟镇黄口乡等13个乡镇、行政村基层服务点的工作情况。

督导组对河南省文化共享工程工作在组织领导、规章制度、基层网络、技术运用、服务效果、共建共享、骨干队伍、资源建设等8个方面给予了高度评价，一致认为河南省超额完成了试点县支中心建设任务，实现了文化共享工程资源全覆盖，认为河南省采取IPTV技术发展共享工程是行之有效的技术服务模式。

目前，河南省已先后建成省级分中心1个，市县级支中心12个，文化共享工程的资源覆盖了全省4.6万个行政村，满足了农民“求知、求富、求乐”的需求，丰富了农民群众的精神文化生活，同时，也有力地推进了全省公共文化服务体系建设和新农村建设。

【河南艺术中心艺术馆“五一”正式面向公众开放】

5月1～2日，省群艺馆在河南艺术中心艺术馆举办了6场“品味中原——5·1献歌”综艺晚会。同时，艺术馆还举办了“河南省非物质文化遗产精品展”、“河南省第二届少儿文化艺术节获奖作品展”，展出包括了代表着中原传统文化特色的民间工艺、民间美术、民间服饰等大、中、小型256件展品，让观众了解被列入国家级和省级非物质文化遗产保护名录中的部分项目，并对河南省丰富的非物质文化遗产资源和近年来取得的保护成果有所了解。

从2008年5月开始，所有的双休日、节假日，艺术馆展厅均免费向公众开放。

【启动“文化阳光”系列活动】

6月26日，由河南省文化厅和省司法厅组织的“文化阳光”系列活动启动仪式和首场演出在郑州女子监狱举行。省内著名中青年艺术家盛红林、董世英等人精彩的表演让数百名服刑人员感受到了文化与和谐的阳光。在启动仪式上，省文化厅还向郑州女子监狱赠送图书5000余册，受到他们的热烈欢迎。

为充分发挥文化系统的资源优势，服务和谐社会建设，体现以人为本的原则，省文化厅和省司法厅决定从即日起在全省开展“文化阳光”系列活动。活动期间，省文化厅、省司法厅将主要开展以下活动：一是在各个监狱设立图书馆分馆或流动借阅点，当地图书馆将为监狱提供图书借阅服务，每季度更换一次图书，并负责对管理人员进行专业培训和业务指导。二是建立文化信息资源共享工程基层服务点，定期提供适合服刑人员学习的文化资源，包括图书、音像制品等，共同开展形式多样的学习教育活动。三是组织文艺小分队，到监狱进行义务演出，宣传党的方针政策，歌颂改革开放伟大成就，教育服刑人员遵规守纪，积极改造，争取早获新生。四是组织专业人员，定期到监狱开展艺术素质培训活动，如书法、绘画、声乐、舞蹈等多种艺术形式的学习培训，提高服刑人员的艺术素养，陶冶情操。文化阳光活动将陆续在全省39所监狱内展开。

【国家首批一级博物馆名单揭晓　河南省四家博物馆榜上有名】

5月18日，在北京举行的首批国家一级博物馆授牌仪式上，河南博物院、郑州博物馆、洛阳博物馆、南阳汉画馆等4家博物馆进入国家一级博物馆名录，被国家文物局授予“国家一级博物馆”称号。

【第二批国家级非物质文化遗产名录推荐项目名单公布河南省入选56项】

国务院日前下发《关于公布第二批国家非物质文化遗产名录和第一批国家级非物质文化遗产扩展项目名录的通知》（国发〔2008〕19号），公布了第二批国家级非物质文化遗产名录（共计510项）和第一批国家级非物质文化遗产扩展项目名录（共计147项）。河南省共有56个项目入选。

【第10届亚洲艺术节圆满成功】

第10届亚洲艺术节由中华人民共和国文化部和河南省人民政府共同主办，河南省文化厅、郑州市人民政府、开封市人民政府和中国对外文化集团公司联合承办，于2008年9月26日至10月8日在郑州市、开封市两地成功举行，郑州为主会场，开封为分会场。本届亚洲艺术节凸显“七大亮点”，并在持续时间、举办规模、群众参与、市场运作等方面创下历届亚洲艺术节之最，实现了文化部要求的“精益求精、零差错”、徐光春书记“创造性地办好亚洲艺术节”和郭庚茂省长“精心准备，务必成功”的批示要求，成为河南文化事业发展史上具有里程碑意义的盛事。

第10届亚洲艺术节是我国第一个国家级区域性国际艺术节，在中部地区首次举办。本届亚洲艺术节的主题是“和谐亚洲、欢聚河南”，坚持“提高水平与规模适度相结合、内容丰富与可操作性相结合、参与性强与注重实效相结合”的原则，围绕“突出文化外交主旨，彰显中原文化魂魄，探索市场运作模式，构建文化经济平台，增进亚洲艺术交流”的办节宗旨，办成了亚洲一流的艺术盛会。艺术节期间，国内舞台艺术精品、港澳文艺精品、亚洲国家文艺精品将同台竞秀，花车巡游、电影展映、艺术展览、文化广场、主题公园、社区文化活动、经贸活动推介等将精彩无限。

本届艺术节期间，来自亚洲20多个国家和地区的37个演艺团体、共2100多名艺术家参加了艺术节的各项活动。本届艺术节共在社区、影剧院、文化广场演出100多场，组织50多部亚洲电影展映700场，举办了“亚洲各国驻华使馆馆藏珍品展”等艺术展览20场，举办了河南省情暨优势产业项目推介活动、中原名胜参观游览活动等。亚洲4个国家的文化部长、22个亚洲国家的驻华使节参加了此次盛会。海内外70多家媒体近600名记者对艺术节进行了全方位跟踪报道。邀请的团体数量、剧目种类、来自国家和地区数量、演出场次数量都创下历届亚洲艺术节之最。

【《小樱桃》动画片在央视成功首播全国再次引发“小樱桃热”】

10月20日晚，由郑州小樱桃卡通公司、国家动漫产业发展基地（河南基地）管委会等联合制作的26集电视动画片《小樱桃》在央视少儿频道成功首播。这是河南省被认定为国家动漫产业发展基地之后取得的又一重大成果，标志着河南动漫产业进入发展快车道。中国动漫行业领先品牌“小樱桃”再次成为全国人民关注的焦点。

该片是河南省首部具有自主知识产权的动画作品。按照计划，《小樱桃》动画片将以汉语、英语、越南语、日语、法语、韩语等多种语言在全球播出，其配套图书、期刊也将在多个国家同步发行。目前，小樱桃已形成了由书刊、音像制品、饮料、糖果、文具等多种业态组成的动漫产业体系。

湖北省

一、以精品创作演出为重点，艺术生产进一步繁荣

精心打造重点剧目，全力推出一批新剧目。为纪念改革开放30周年和建国60周年，成功举办了面向全国的剧本征集活动，全省推出了一大批以现实题材为主的重点剧目，京剧《生活秀》、《曾侯乙》分获第五届中国京剧艺术节一、二等奖。儿童剧《古丢丢》上演后得到广泛好评。交响组曲《洪湖》、花鼓戏《生命童话》、豫剧《乡试》已立于舞台正在进行加工修改。舞剧《王昭君》、京剧《战成都》、楚剧《秋色渐浓》的创作工作全面启动。举办了纪念改革开放30周年全省画院优秀创作研究成果展，周韶华“黄河、长江、大海大型画展”，集中检阅和展示了全省美术创作的实力，讴歌了湖北社会主义建设的辉煌成就。

演出频繁、影响广泛。湖北省剧目北上南下，大放异彩。全省文艺剧团全年共完成演出场次22077场。先后在北京举办了“迎奥运楚天文艺精品北京行”，应邀在上海第10届国际艺术节举办了“湖北省优秀剧节目演出周”。风情舞蹈诗《家住长江边》，花鼓戏《十二月等郎》，京剧《膏药章》、《生活秀》，交响乐《长江》，音乐剧《三峡石》，歌剧《洪湖赤卫队》等剧目先后在北京国家大剧院、梅兰芳大剧院、天桥剧场轮番演出；这些剧目中有的是作为文化部邀请的重点剧目，有的是受全国总工会安排慰问农民工，显示了湖北剧目的不凡品位和影响力。《家住长江边》、《十二月等郎》在上海演出受到热烈欢迎；省京剧院携《曾侯乙》等剧参加2008迎春京剧深圳行，在深圳各大剧院和社区连演9场，创下深圳京剧演出的新纪录；省话剧院携话剧《雷雨》参加了海南建省20周年交流演出活动。省文化厅服务省委、省政府中心工作，先后承担了省委、省政府慰问院士专家、武钢、铁路局、十五军和省武警总队官兵等专场演出，完成了湖北省新年音乐会，省委、省政府春节团拜会文艺演出，鄂港粤经贸合作洽谈会、鄂台文化产业研讨会、鄂沪（长三角地区）经贸合作洽谈会专场演出，举行了抗震救灾义演，参加了中博会、武当国际传统武术节开闭幕式演出等16项重要演出活动，得到省委、省政府和社会各方面的高度肯定。各地文化部门还和旅游部门联动，创作了许多旅游文化节目，推动了旅游的发展。

深入调研，出台政策，湖北省地方戏曲的保护与发展取得骄人成绩。省文化厅会同省财政、人事、劳动保障、教育等部门，深入调研我省地方戏曲保护和发展现状，报请省政府出台了《关于保护与发展湖北地方戏曲的通知》，从加大投入、扶持院团、培养后备人才、营造宣传氛围和开展理论研究等方面提供了一系列政策保障，这是全国省一级层面第一个保护发展地方戏曲的政策性文件。省文化厅与湖北大学合作成立了湖北地方戏曲高校传播中心。启动了地方戏曲人才培养工程。隆重举办了首届湖北地方戏曲艺术节，共有15个地方戏曲艺术品种的9台剧目和61个折子戏小戏参演，一批剧节目获各类奖项，一批导演、作曲、舞美、表演等各类人才崭露头角，展现了我省地方戏曲多姿多彩的风貌和蓬勃活力，得到了社会各界的广泛好评和人民群众的热烈欢迎，产生了良好的社会反响。

二、重点文化工程建设进展顺利，公共文化服务体系进一步完善

乡镇综合文化站建设走在全国前列。2008年，全省共争取各方面建设资金4160万元，维修或新建乡镇综合文化站247个。省厅加强调查研究和检查督办，进一步深化和完善“以钱养事”运行机制，促进了乡镇综合文化站各项职能的发挥。在安陆召开全省新农村文化建设工作会议，总结推广了安陆等市县乡镇综合文化站建设经验。湖北省乡镇综合文化站建设得到国家发改委、文化部的肯定，11月25～26日，全国乡镇综合文化站工作会议在武汉召开，文化部领导和全国各兄弟省市文化部门领导考察了湖北省乡镇综合文化站设施建设、运行机制和活动开展等情况，给予高度评价。成立仙洪新农村建设试验区文化工作领导机构，加强了对新农村文化建设的指导。

文化信息资源共享工程顺利推进。省文化厅、省财政厅、省委组织部联合下发了《关于进一步加强文化共享工程建设的实施办法》、《关于加强全省农村党员干部现代远程教育与文化信息资源共享工程资源整合工作的通知》，对共享工程推进模式、经费投入方式和分担比例以及服务规范等作了新的规定。29个试点县市基层服务网点建设全面铺开。全年共争取到国家和省资金1692万元，购买2774件计算机网络设备，配发到29个县支中心。截至目前，各级财政共投入文化信息资源共享工程建设资金1.33亿元，共建成省、市、县、乡各级中心680个，和农村党员干部、农村中小学远程教育工程合作共建村级基层服务点1万余个，全年完成数字文献资源加工量150GB，有123万余次的群众从中受益。湖北省6个共享工程试点县均被文化部授予“全国示范县”荣誉称号。文化部共享工程督导组对湖北省工作充分肯定，认为湖北省统一采购设备、统一服务平台等做法值得在全国推广。

农村电影放映工程成绩突出。争取资金和配发设备的力度进一步加大。全年新配发数字电影放映机533台，新配发流动电影放映车31台、放映船1艘，发放2007年中央和省农村电影公益放映场次补贴资金2254万元，各市、县财政落实配套资金654万元。争取到2008年国家和省放映场次补贴资金3646万元额度，待放映场次审核结果出来后，将陆续拨付各地。县级及以上农村电影公司有22家完成了改制，有5家正在改制之中，共组建农村数字电影院线公司11个、数字电影放映队1076个，全省全年放映农村公益电影30万场，达到历史新高，部分地区已提前实现了一村一月放映一场电影的目标。省文化厅被国家广电总局评为全国农村电影工作最佳组织奖。

公益性基础文化设施建设抓紧实施。定位于中西部一流，总投资6.4亿元、占地100.5亩、建筑面积10万平方米的省图书馆新馆建设工程已于2008年10月26日动工，计划2011年建成。宜昌市图书馆、随州市博物馆、省京剧院小剧场等一批文化项目建成投入使用。黄石市图书馆、鄂州市博物馆、咸宁市博物馆等项目相继开工建设。12月17日，省政府在十堰市召开全省公共文化基础设施建设现场会，推广十堰市等地加快公共文化基础设施建设的经验。

三、加强监管与服务，促进文化市场和文化产业健康有序发展

深入开展了网吧、音像等文化市场专项整治。

根据省委、省政府领导批示精神，全省文化部门会同综治、工商、公安、教育、建设、通信管理等部门联合开展了以整治违规网吧和“黑网吧”为重点的网吧专项整治行动，网吧经营秩序继续好转，得到省委省政府领导充分肯定。开展了全省文化市场“奥运保障行动”，各级文化行政部门共出动执法人员7万余人次，检查音像单位7131家次，演出单位509家次，娱乐场所5866家次，网吧64010余家次，电子游戏机经营场所1774家次，收缴非法音像制品21万余盘，查处违规经营网吧2500余家次，确保了奥运期间文化市场的安全稳定。查获一批盗版音像大案，举行了盗版及非法出版物集中销毁活动，销毁违法音像制品280万余盘。稳步推进全省“卡拉OK内容管理服务系统”建设工作，开展了“2008阳光娱乐主题宣传周”等活动。

培育主体，打造平台，文化产业势头良好。积极扶持民营龙头文化企业和产业项目，在政策资金上给予扶持，在宣传推介上进行倾斜，在人才培训上提供机会，在项目规划上提供指导。实施文化产业重大项目带动战略，湖北三峡非博园发展有限公司获得第三批国家文化产业示范基地称号。江通动画股份有限公司被商务部、文化部、国家广电总局、新闻出版总署评为“2007～2008年度国家文化出口重点企业”。以“专、精、特、新”为主要特点的武汉光谷国际文化创意园成为文化部跟踪培育的重点产业园区。武汉拇指通科技公司自主研发的棋牌游戏注册用户数已突破2000万人，每日的活跃用户数近80万人次。积极推介湖北省文化产品“走出去”，组团参加上海国际艺术节国际演出交易会、第三届北京国际文化创意产业博览会，与多个国家签署了合作意向。演出业和电影业保持了良好的发展势头。湖北剧院、琴台大剧院、武汉剧院、中南剧场等演出场所承接演出近500场次，引进大型涉外和港澳台组台演出10场，农村民间团体演出近10万场次。省内四条电影院线有序竞争、健康发展。湖北银兴、武汉天河两条本省院线在武汉、随州、天门、应城、沙市等地新建影城5座，新增银幕26块，全省经营性电影票房预计超过2亿元，同比增幅30%，有望再次夺得全国年度票房前八位的佳绩。

四、文化遗产保护工作取得新进展

文物保护基础工作顺利进行。全省第三次文物普查田野调查工作全面展开并取得初步成效，南漳、保康等地已率先完成田野调查工作。全省新发现文物点2945处，在工业遗产、乡土建筑、文化景观、20世纪遗产等调查登录方面实现突破。南漳的山寨、民居及造纸作坊，神农架的川鄂古盐道，崇阳的古堰群等一批重要遗存的发现填补了省内或当地该类文物的空白，进一步提升了湖北省文物资源大省地位。省政府公布第五批湖北省文物保护单位374处，使全省省级文物保护单位达825处。“文物调查及数据库管理系统建设”试点项目工作继续深入开展。全省2514件（套）一级文物全部纳入省文物信息中心，实施信息化动态管理。2008年再次实现了馆藏文物安全年和文物消防安全年。“国家文物进出境审核湖北管理处”成为全国具有文物进出境审核资质的14个机构之一。

博物馆建设及免费开放工作深入推进。武当山博物馆、随州市博物馆、黄石市博物馆等新馆陆续建成开放，明藩王博物馆完成绿化、围墙等配套设施建设。省博物馆实行免费开放以来，观众达130万人次。争取落实中央免费开放补助和奖励经费6424万元，全省文化部门所属64家博物馆、纪念馆已全部实施对外免费开放。博物馆评估定级工作全面启动。省博物馆、武汉市博物馆、荆州博物馆被授予国家一级博物馆称号。“越王勾践剑”等30余件国宝级文物进京参加迎奥运展览活动取得圆满成功。

文物维修保护与考古发掘取得新收获。编制完成了荆州纪南城、京山屈家岭等大遗址保护规划和相关方案。开展了对盘龙城、龙湾遗址的田野考古和保护性展示工作。《熊家冢墓地保护规划》已上报国家文物局，熊家冢车马坑发掘保护工作稳步推进，熊家冢至荆州城专用公路开工建设。

三峡和南水北调文物保护工作取得重要进展。我省三峡库区田野考古发掘工作完成全部规划任务，41处地面文物搬迁保护项目全面完成，屈原祠仿古新建工程完成主体工程及部分装饰装修。南水北调工程文物保护开展抢救性考古发掘项目32个，累计发掘面积6.07万平方米，勘探面积71万平方米，获得了一批珍贵文物与重要发现，其中，郧县辽瓦店子遗址被评为全国十大考古发现，《湖北南水北调工程重要考古发现Ⅰ》被评为全国十佳文博考古图书。

非物质文化遗产保护工作取得新成绩。我省60个项目入选国务院公布的第二批国家级非物质文化遗产名录，13人入选第二批国家级非物质文化遗产项目代表性传承人，183人入选第一批省级非物质文化遗产项目代表性传承人。武当武术和武当山宫观道乐赴京参加奥运公园“中国故事·祥云小屋”非物质文化遗产展览展示活动，受到国内外奥运参赛人员及观众的欢迎。宜昌市非遗数据库软件开发、长阳县非遗资源保护工作得到文化部非物质文化遗产保护督导组的赞誉。省政府办公厅出台了《关于进一步加强古籍保护工作的意见》，省古籍保护中心挂牌成立，古籍普查工作全面启动，我省有42种古籍和两家单位入选国务院公布的首批国家珍贵古籍名录和全国古籍保护重点单位。

五、对外文化交流呈现新亮点

拓宽交流渠道，湖北省对外文化交流水平进一步提高。为配合上海合作组织成员国元首峰会，文化部组派了以武汉杂技团为主组成的“中国艺术团”参加在塔吉克斯坦首都杜尚别举行的第四届上海合作组织成员国艺术节，胡锦涛主席和其他各国元首及政府代表观看了艺术节开幕式演出。武汉杂技团圆满完成演出任务，中央领导给予充分肯定，文化部专门致函表扬和奖励。积极配合文化部打造春节文化品牌，促成湖北省民间艺术赴澳门参加春节习俗展演活动，签署了多项出国出境演出协议。引进了“挪威艺术家约恩·斯汀作品展”、“凝视——墨西哥当代摄影展”等高水平涉外展览。邀请台湾鸿禧美术馆来湖北省举办大型文物展览。接待了荷兰海尔德兰省省长代表团、德国萨克森州教育文化代表团等多个国外来访的高级代表团，提升了湖北省文化的影响力。

六、文化体制改革稳步推进，文艺人才培养初见成效

积极稳妥推进文化体制改革，文化活力进一步显现。省文化厅与人事厅联合出台了《关于湖北省文化事业单位岗位设置管理的指导意见》，为指导全省，督促厅直文化单位分步实施以岗位设置为核心的新一轮人事制度改革奠定了政策基础。农村乡镇文化体制改革继续深入，文化部副部长周和平评价说，湖北在建立“以钱养事”即“政府购买服务”新机制，加大文化站常规性、常年性公益文化服务经费投入，推行乡镇综合文化站人员执业资格制度和公益项目合同化管理等方面进行了一系列探索，收到积极效果，在全国有示范意义。文化市场综合执法改革取得阶段性成果，仙桃、武穴等地组建文化市场综合执法机构，进一步理顺了文化市场执法管理体制。

为配合、支持武汉城市圈“两型社会”综合配套改革试验区建设，推进区域文化与经济社会协调发展，省政府与文化部建立了武汉城市圈文化发展共建机制。12月10日，文化部部长蔡武、湖北省省长李鸿忠在北京签订了《文化部湖北省人民政府武汉城市圈文化发展共建协议书》，决定从推动武汉城市圈艺术创作、加强公共文化服务体系建设、大力发展文化产业、加强文化遗产保护、扩大对外文化交流、推动文化体制改革、加强文化人才培养等7个方面开展部省共建。

文艺人才的培养、引进力度进一步加大。省文化厅印发了《2008年度“人才培养工程”实施方案》。对优秀青年人才采取送出去、请进来等多种方式进行重点培养，组织了一批具有发展潜力的青年人才向全国知名艺术家拜师学艺。2008年，省直文化系统引进特殊人才20人，对22个项目38名骨干人才给予了经费资助。一批受资助的人才脱颖而出，在国际国内文艺比赛中获得最高奖项，省艺术职业学院青年教师宋璐获第39届意大利“贝利尼国际声乐比赛”唯一一个一等奖；省京剧院青年演员谈元夺得中央电视台第六届全国青年京剧演员电视大赛丑行组金奖。省美术院青年画家陈勇劲创作的水彩作品《巡航》获第三届全国青年美术作品展优秀奖。张慧芳入选全国宣传文化系统第三批“四个一批”人选。举办了两期乡镇文化站长培训班，一大批文化站长受到培训。

七、认真开展深入学习实践科学发展观活动，干部队伍建设进一步加强

按照省委的统一部署，省文化厅在全省文化系统率先开展了深入学习实践科学发展观活动。厅党组紧扣“党员干部受教育，科学发展上水平，人民群众得实惠”的总体要求，紧密结合党的十七大精神的学习贯彻、结合中西部文化强省建设的实际，开展学习实践、边查边改活动。厅党组先后7次研究学习实践活动和组织中心组集中学习交流，围绕事关文化发展的若干重大问题，形成了5个专题调研报告。在厅系统党员干部中开展了解放思想大讨论，采取多种方式广泛征求意见和建议，认真查摆问题，撰写分析检查报告。根据梳理出的4个方面的问题，制定整改措施和下一步的努力方向，即围绕中心，服务大局，实现文化工作在“八个方面的新突破”。

各级文化部门领导班子开展了提高执行力大讨论，坚持民主集中制，进一步加强决策的科学化、民主化。认真贯彻落实党风廉政建设责任制，完善制约机制，加强监督检查，依法办事的作风有了很大改进。加强社会治安综合治理，开展平安单位创建，维护了文化系统的安全稳定。推进电子政务建设，实行政务公开，进一步树立了文化部门的良好形象。全省文化部门积极支援抗震救灾，仅厅直文化单位就为四川灾区捐款88万余元，通过义演、义拍等方式向社会筹款筹物30.1万元，党员干部捐赠“特殊党费”19.6万元。向对口支援的汉源县文化文物部门灾后重建捐赠汽车一台。省文化厅在省政府一系列考核考评中取得七项“优秀”或“先进”等次，创历史最好成绩。

湖南省

一、文化艺术出现繁荣景象

湖南全省各地、省直院团按照全省艺术创作工作座谈会的部署，创作生产了一大批优秀的剧目。湖南省杂技团《与狼共舞——独轮车》在第七届全国杂技金桔奖比赛中获金奖；湖南省京剧团克服困难重排《紫英》，获第五届中国京剧艺术节二等奖，湖南省歌舞剧院复排舞剧《南风》晋京演出，反响强烈，该团新创的大型交响诗《长岛人歌》应邀参加在国家大剧院举办的迎奥运“第一届中国交响乐之春演出季”活动，创排了歌舞节目《辉煌中国》，并赴澳大利亚进行了16场友好访问演出，还创排了一台以舞蹈为主的歌舞晚会“舞彩缤纷——中华情”，组织参演了在北京人民大会堂举行的白诚仁作品演唱会，成功举办了“洞庭鱼米香——白诚仁作品音乐会暨2009年新年音乐会”；湖南省花鼓戏剧院创排的《老表轶事》再次入选国家舞台艺术精品工程年度资助剧目，并应邀晋京参加“纪念改革开放30周年全国现实题材优秀剧目展演”活动；湖南省湘剧院完成了《李贞还乡》的创作，《官渡之战》的剧本修改及排练；为开拓国际市场的需要，湖南省木偶皮影艺术剧院与日本影法师剧团加强合作，创排了与以往的表演风格截然不同大型木偶剧《三国志》，并赴日本进行巡回演出；创作生产了《农乐舞》、《游湖》、《飞天》、《运动健儿》等木偶皮影小节目，并在第二届“金狮奖”全国木偶皮影大赛中取得好成绩；湖南省话剧团创作排练了韶山红色旅游节目。大型音乐舞蹈诗《潇湘之梦》台本的创作取得阶段性进展，并争取于2009年上半年投入排练，向新中国成立60周年献礼。娄底市花鼓戏剧团的大型花鼓戏《村官是个堂客们》摄制成戏曲电影。2008年，湖南省文化厅系统圆满完成了奥运会组委会和文化部下达湖南省的10项文化艺术展演活动任务，受到奥组委的表彰。湘西自治州精心创编的《土家毛古斯》从全国130多个节目中脱颖而出，成为赴京参加奥运会开幕式前文艺表演的16个节目之一；怀化创作的老年舞蹈《婆婆辣》被文化部选调，参加“迎奥运——群星奖优秀节目展演”舞蹈专场演出，受到广泛好评。著名相声演员大兵等组织创作的《夺宝熊兵》开全国相声剧之先河，晋京演出成功，刘云山部长作了重要批示，予以肯定。

二、文化市场健康有序

2008年，湖南省文化厅采取多项措施，确保文化市场健康有序，同时深化治理，建立文化市场长效管理机制。全省网吧管理工作取得长足进步，网吧管理长效机制基本建立，长沙经验被李长春批示在全国宣传推介；在省文化厅的大力推动下，由各级政府出资，全省共建立青少年绿色上网场所123家，解决了网吧禁止未成年进入和青少年上网需求的矛盾；为确保奥运成功举办，全省各级文化部门加强了奥运期间文化市场维稳工作，全省文化市场稳定繁荣，平安有序。主办和参与了多场赈灾义演，直接和间接为四川汶川灾区募款1400多万元，并将湖南有关支援灾区的一系列电视节目第一时间制作成7部数字电影片在地震灾区巡回播放，大大鼓舞了灾区人民抗震救灾、重建家园的信心。

全省各级文化市场稽查机构共出动检查人员2.04万余人次，检查各类文化市场18.5万余家，其中网吧11.9万余家。办结各类案件8445起，收缴非法音像制品76.3万余张，停业整顿违法经营场所695家，取缔非法经营场所113家。先后多次下文部署并两次对全省文化市场进行督查暗访，大大规范和净化了湖南省文化市场。

三、湖南文化产业发展来势喜人

省文化厅主办了全国第三届手机原创动漫大赛，并组织国际性的动漫专家组对参赛作品进行了评选。文化企业融资上市工作进展顺利，拓维公司成功上市，成为国内动漫概念第一股、湖南省第二家文化类上市企业。文化部2008年度对湖南省动漫技术平台建设的扶持资金1400万元已基本落实，文化部还在湖南省举办了一期全国动漫骨干技术人才培训班，邀请了多国动漫业内名家授课，与日本、韩国、美国建立了联系，形成了国际合作的格局。为积极响应中共湖南省委省政府发展旅游产业的号召，省文化厅分别在长沙、韶山、南岳打造3台旅游文化节目，2009年上半年将可以“出炉”，从天津引进、在张家界天门山实景演出的大型歌舞剧《刘海砍樵》，投资8000万元，进展顺利。凤凰实景民族歌舞剧在2008年正式商演。湖南省话剧团打造的红色旅游演出市场的剧目《韶山升起红太阳》在毛泽东主席诞辰115周年暨“一号工程”竣工前夕在韶山成功演出，其通过媒体在海内外招募饰演毛泽东的特型演员的策划在全国乃至全世界都产生了广泛的影响。

2008年湖南省文化基础设施建设进一步加强。投资1.48亿元的湖南省群众艺术馆部分投入使用，即将全面竣工；湖南艺术职业学院的异地扩建工程办结了468亩土地的征地手续；湖南文物商店的开发改造也将竣工，改造后的文物商店将成为中南地区最大的艺术品古玩市场。湖南省博物馆扩建工程完成了项目论证和规划设计。总投资4个多亿的常德人民文化影视城2008年初奠基以来，进展顺利，预计2009年底可建成投产；郴州全面推动市城区文化资源整合项目，建设郴州市文化中心、市博物馆、市图书馆以及投资8000万元建设郴州市演艺中心，打造一批标志型文化基础设施；岳阳投资3.85亿建设占地138亩的文化艺术会展中心，使之成为文化名城的标志性建筑；益阳全面修复了周立波故居；总投资达1.5亿元的邵阳文化艺术中心目前已经进入规划选址阶段，可望在2009年内破土动工。

四、湖南省公共文化服务水平显著提高

2008年，湖南群众文化活动广泛开展。省文化厅成功举办了“纪念改革开放30周年湖南优秀剧目展演月活动，17台参演剧目采用网上投票、各市州推荐、专家评审3种形式相结合的方式产生。为唱响湖南，由省文化厅和省广电局、省文联和湖南日报集团联合主办的首届“湘人湘歌大赛”，全省有3750人参赛，成为近年来湖南省声乐比赛参赛人数最多、规模最大、影响力最广的一次歌坛盛事；湘潭、怀化、永州三市与当地电视台联合举行决赛现场直播，产生了较大的社会影响。省文化厅和娄底市政府共同举办的全省少儿音乐舞蹈比赛有800多名小选手参加决赛，促进了湖南省少儿音乐舞蹈艺术的发展；由省文化厅主办，省演出行业协会和长沙汇众文化传播公司承办的全省家庭才艺大赛，吸引了全省上千个家庭参与，成为湖南省家庭文化建设的一次盛会；“唱响株洲”首届株洲合唱节盛况空前，参赛人数达到了11000人，组织严谨、合唱水平高，《中国文化报》、《三湘都市报》、红网等多家媒体都进行了报道，株洲电视台对闭幕式晚会进行了现场直播；首届岳阳文化艺术节内容丰富，共有17场演出、20多项活动、3000多人参演、20000多人观看，是岳阳市有史以来时间最长、规模最大、规格最高、演出质量最优的艺术展演活动。

2008年，中共省委省政府把农村公益电影列入了为民办实事的重要内容，省文化厅集中力量狠抓落实，成立了省公益电影传媒中心、14个市州公益电影院线公司、110多个县区工作站。建立了业务培训、放映预告、双重统计、公开监督、暗访检查等一整套公益电影事业可持续发展的工作机制。至11月底，全省共完成农村电影公益放映52.35万场，提前完成全年为民办实事工作任务。国家电影总局给予充分肯定，决定把湖南省作为全国率先普及公益数字电影的第一省，在国家电影发行放映管理职能即将调整的当口，仍将原计划3年逐步到位的1432套放映设备，提前在2009年初给湖南省全部配齐。在文化部第二次全国文化馆（站）评估中，湖南省共有63个群艺馆（文化馆）被文化部命名为一、二、三级馆，其中一

级馆22个，数量居全国各省第6位。2008年，全省有44个乡镇被文化部命名为全国文化艺术之乡。

“政府埋单，送戏下乡”越来越受到湖南各地党委政府的重视和老百姓的欢迎，各级国办艺术表演团体送戏下乡达到5000场。

湖南省博物馆、韶山毛泽东纪念馆等全省14家博物馆、纪念馆实现了免费开放，参观人数增长45%，满意率达到98.5%，得到了文化部和国家文物局的高度肯定，并获得中央财政补贴9500万元，占全国总额的1/10。长沙市一次性投入589万元财政资金改善市属博物馆、纪念馆免费开放后的服务环境，9处博物馆、纪念地和全国爱国主义教育基地率先在全省实现免费开放，全市博物馆、纪念地全年共接待观众200多万人次，其中未成年人约80万人次，接待省部级以上领导干部110批次。

38个县级“文化资源共享工程”中心的建设顺利进行。向中央争取的8600万元乡镇综合文化站建设资金已经下达，由中央和地方共同投资1.48亿元，覆盖34000个村的“文化资源共享工程”基层点和38个县级支中心的设备已经完成政府采购。为丰富群众文化体育活动，衡阳以市委、市政府的名义下发了《关于广泛开展群众文化体育活动的意见》，开全省先河。

五、群众文化活动影响力进一步扩大

省文化厅老干部合唱团获第10届全国老年合唱比赛金奖；首届全国农民文艺会演湖南省的9个节目获得金穗奖1个，银穗奖2个，丰收奖6个。常德丝弦《乡里的世界也精彩》被组委会作为优秀节目选入参加闭幕式演出，同时选调到北京汇报演出；在中央文明办、中宣部、文化部举行的全国“四进社区”展演、评选活动中由湖南省选送的小品《摊灯》获金奖；株洲炎帝广场作为“全国特色文化广场”，“周周乐”文化活动品牌影响进一步扩大；娄底市6个县市区共举办广场文化80多场，观众达100多万人次，特别是在娄新广场举办的纪念改革开放30周年文艺会演让10万多群众品尝了2天的文化大餐；衡阳“纪念改革开放30周年群众文化月”在太阳广场、岳屏广场、石鼓广场、莲湖广场同时启动，共举办大型群众文化活动18场，20万群众积极参与；常德成功举办了第三届中国诗人节和“沅澧有爱”赈灾义演、端午节文化旅游广场文艺演出、外来企业中秋联谊晚会，全年举办了25场“武陵欢歌”广场文化活动。

六、对外文化交流进一步扩大

2008年，省文化厅会同省外宣办完成了《湖南文化艺术精粹》光碟拍摄、编辑工作，文化部外联局已将其作为我驻外使馆固定宣传资料。湖南省文化厅申报的“张家界国际乡村音乐周”已得到文化部的批复，并召开了两次筹备会议，拟邀请了20多个国家参与；湖南艺术之花在海外竞相绽放，多个艺术项目在海外演出捷报频传：湖南省杂技团出访叙利亚、摩洛哥两国进行演出，获得当地观众高度赞扬；湖南省歌舞剧院赴德国参加一年一度的法兰克福“多元文化节”彩装大游行，并与当地华人华侨共同演出了一台名为“奥运情，中国心，抗震救灾义演”晚会，精彩的表演令各国艺术表演团队和观众称赞不已，尔后省歌舞剧院又再次赴以色列、约旦参加国际艺术节演出。年底，省文化厅和湖北省在澳门共同举办了春节习俗文化展。2008年，省文化厅圆满完成了对外演出、展览等国际文化交流活动99批次，成为文化部对外交流的“重点团队”。

七、文物考古和博物馆事业

文化遗产保护工作卓有成效。湖南省文物部门确立了文物“大保护大利用”新机制，督办落实了洪江古商城建筑群、桃花源古建筑群、上甘棠古建筑群等5处保护规划编制、送审工作，完成了南岳申报世界文化与自然双遗产的一系列准备工作，制定公布了《湖南省文物保护单位管理办法》，加强了文物勘探与考古发掘，对全省所有市州建设工程的文物调查勘探发掘进行了摸底调查与跟踪管理。全省第三次文物普查工作顺利开展。结合文物普查，开展了四次“湖南发现之旅”大型宣传报道活动。组织湖南卫视、湖南经视、《湖南日报》、《三湘都市报》、《潇湘晨报》、湖南人民广播电台等多家新闻媒体集中报道了南岳《还丹赋》宋代石刻、苏仙区湘粤古道、新田明清古堡群、浏阳红一军成立旧址、绥宁护林碑、大祥区仙人井、安乡汤家岗史前遗址等重要文物发现，得到了国家文物局的高度肯定。浏阳李家大屋中国工农红军第一军成立旧址、桂东长征起点等的发现和确证，引起了广泛反响。省博物馆举办的“古典与唯美——西蒙基金会收藏的欧洲19世纪绘画精品展”和“芭比娃娃&乐高中国巡回展”都取得良好的社会效益与经济效益。出版了大型图书《湖南文化遗产图典》。圆满承办了国际博物馆学会2008年年会，来自全世界15个国家和地区的110余位代表参加，发布了《长沙宣言》。“越来越好——改革开放30年湖南民生展”，引起巨大的社会反响，赢得了各级领导和社会各界的高度评价。永州境内发现的东安大庙口镇南溪村坐果山商周文化遗址，为舜帝南巡说提供了佐证。12月底，省政府常务会议专题研究文物工作，省文物局提出的增加文物保护经费、组建湖南省文博集团、实施湖南省博物馆改扩建工程等项目，获得省政府批准。

“湘西土家族苗族文化生态区”申报国家级民族文化生态保护区已经公示并即将公布，江永女书上报文化部参加联合国非物质文化遗产评选。全省完成了第二批省级非物质文化遗产保护项目和第一批省级代表性传承人的申报、评审和认定工作。省里组织力量完成了奥组委重大文化展示活动“中国故事——湖南祥云小屋”非物质文化遗产展示活动，在全国30个参展省份中获“最佳团队奖”。

八、重要文献

【《湖湘文库》首批图书出版】

《湖湘文库》编撰工作正式启动已一年多，目前基本完成了繁复的前提性基础工作，首批图书日前正式出版发行。2008年1月29日，《湖湘文库》首批图书出版暨工作汇报会在湖南省新闻出版局举行。

《湖湘文库》是由中共湖南省委、省政府主导并组织实施的一项大型文化工程。编撰《湖湘文库》的目的，一是系统地、大规模地整理出版湖湘文化典籍，弘扬传统文化；二是系统地研究湖湘文化的方方面面，推进湖湘文化向更新、更高的层次发展。《湖湘文库》共确定出版选题1105种，成书700册。其中甲编839种、450册，乙编266种、250册，总字数在3亿以上。甲编为湖湘文献，系前人著述；乙编为湖湘研究，系今人编撰。计划每年出版图书150册左右，到2012年出齐。

《湖湘文库》首批图书有甲编18种24册，乙编8种10册。这批图书内容丰富、门类齐全、形式多样。门类有历史（如《湖南通鉴》）、哲学（如《周敦颐集》）、经济（如《湖南实业志》）、军事（如《兵镜类编》）、考古学（如《湘西古文化钩沉》）、语言文字学（如《积微居金文说》）等。收入的文献大多是整理出版，但也有影印出版的。印制方式也有多种。

【首部《苗族通史》出版发行】

我国首部《苗族通史》首发式2008年2月在吉首大学举行。《苗族通史》是“十一五”国家重点图书出版规划项目。全书共5册、253万字，其内容分为苗族先民聚落期、拓土立国期、苗疆分理期、民主革命期、民族区域自治期、列传志，系统反映了苗族经济、政治、文化、科技等各个领域的演变和发展历程。

【《湖南图书馆古籍线装书目录》精彩亮相】

2008年6月，一套厚厚5大本，装帧印刷均十分精美的《湖南图书馆古籍线装书目录》由线装书局正式出版发行，彰显出它在浩瀚书海中所具有的独特价值。

为了更加全面系统、永久便利保存和揭示馆藏文献，总结和完善湖南图书馆各个时期古籍编目的成果，从2005年11月起馆领导和馆学术委员会经过反复研究，决定在历年工作的基础上尽全馆之力，编纂一部馆藏古籍线装书本式目录。面对这一浩大工程，湖南省文化厅集中财力人力，专门组成编纂委员会，下设编辑部，对原有卡片目录进行书卡校审，更正差误，规范排序，经过两年多的紧锣密鼓，终于大功告成。与前几届馆藏书目录相比，这部目录收录更加完备，考据更加严谨，受到业内人士一致好评。

九、重要会议、重大事件与重要活动

【重要会议】

1. 2008年5月7日上午，“省会文艺界学习白诚仁座谈会”在省文联多功能厅召开，省委常委、省委宣传部部长蒋建国及省文联、省文化厅有关负责人和40余名文艺界人士、专家、学者出席了会议。

参与研讨会的人员一致表示，要深入学习白诚仁怀着对祖国和人民的满腔热情，将毕生精力献给民族音乐事业的感人事迹，学习他报效祖国、造福人民的思想品德，学习他自强不息、孜孜以求的创新精神，不畏艰辛、迎难而上的坚强意志，淡泊名利、甘于奉献的高尚情操。要像他那样深入生活，潜心创作，服务人民，创作出更多的为人民群众喜闻乐见的优秀作品。

2. 11月5日，全省农村文化建设现场会在攸县召开。与会人员称，“乡村大舞台”等文化活动阵地建在村里，直接服务农民，这一模式值得全省学习推广。

与会人员实地考察了网岭镇罗家坪村、上云桥镇上云桥村、鸾山镇咸弦村等地。“乡村大舞台”是攸县农民喜闻乐见的文化场所，涵盖休闲、活动、培训、乡风文明展示等内容。目前已建成34个，面积均在2000平方米以上。湘西自治州文化局局长孟宪政说，“攸县农村群众文化活动有声有色，最大限度满足了农民的文化需要，乡村大舞台不失为一种好载体。”

3. 2008年，湘粤澳闽图书馆学（协）会学术研讨会。11月21～25日，由湖南省图书馆学会、广东图书馆学会、澳门图书馆暨资讯管理协会和福建省图书馆学会主办，湖南省图书馆学会承办的“2008年湘粤澳闽图书馆学（协）会学术研讨会”在张家界隆重召开。此次会议的主题是：数字环境下的资源建设与服务。来自湖南、广东、澳门、福建四地约81个公共图书馆、高校图书馆、专业图书馆及科技情报单位的153位代表参加了会议。正在湖南图书馆接受援助培训的地震灾区四川省理县图书馆馆长银福忠和电子阅览室管理员杨秀琼也作为特邀嘉宾参加了会议。

本次会议召开之前，各地学会面向本省开展了广泛的会议征文活动，共收到论文173篇。经各地专家评审，湖南省图书馆学会评出大会发言5篇、一等奖6篇、二等奖9篇、三等奖22篇；广东图书馆学会评出大会发言5篇、一等奖5篇、二等奖26篇、三等奖43篇；澳门图书馆暨资讯管理协会评出宣读论文2篇、交流论文1篇；福建省图书馆学会评出宣读论文2篇、交流论文13篇。

【重大事件】

1. 受中共中央宣传部、文化部委托，中国东方歌舞团抗冰救灾慰问演出2008年2月22日晚上在湖南大剧院举行，唱响了“科学决策、上下同心、共渡危难、抗冰救灾、重建家园”的宏大主题。湖南省领导蒋建国、谢勇、郭开朗、魏文彬、黄明开、赵富栋、李健等出席。

中国东方歌舞团是享誉海内外的国家级知名艺术表演团体，这次来湘慰问演出，体现了党中央、国务院对湖南抗冰救灾工作的高度重视与关心，让正在进行抗灾救灾、重建家园的湖南人民备感温暖与鼓舞。东方歌舞团来湘慰问演出一行共60人，慰问团由文化部艺术司副司长刘中军，东方歌舞团党委副书记、著名歌唱家牟炫甫带队，此外，知名艺术家郭蓉、刘君侠等亦随团为湖南人民献艺。

在慰问演出开始前，举行了简短的欢迎仪式。刘中军致辞，慰问团向湖南捐赠了在北京募集到的书画等艺术作品。中共湖南省委常委、省委宣传部部长蒋建国致辞答谢。省人民政府副省长郭开朗代表湖南方面接受了捐赠。演出在鼓乐舞蹈《鼓打情天》的欢快节奏中拉开帷幕。女声独唱《沂蒙颂》、《山花烂漫》让人们感受到了祖国山河的美好。萨克斯独奏《回家》、《生活的情趣》让温情弥漫了整个剧场。慰问演出还有音乐诗朗诵、舞蹈、京剧等多种形式。演出过程中穿插介绍了湖南抗冰救灾英模的感人事迹。在男、女声二重唱《为祖国干杯》的豪迈、激昂中，慰问演出画上了圆满的句号。50多位湖南省抗冰救灾英模及积极参加抗冰救灾工作的解放军指战员、武警部队官兵、交通、电力、公安、消防、铁路、市政、环卫等部门的代表共1400多人观看了演出。

2. 根据中宣部、财政部、文化部和国家文物局联合下发的《关于全国博物馆、纪念馆免费开放的通知》要求，我省各级宣传文化文物部门归口管理的公共博物馆、纪念馆，全国爱国主义教育示范基地全部实行免费开放。

2008年3月5日，韶山毛泽东纪念馆率先向社会免费开放；3月20日，省博物馆、刘少奇纪念馆等13家试点博物馆、纪念馆统一向社会免费开放；10月1日，全省各级文化文物部门归口管理的公共博物馆、纪念馆，全国爱国主义教育示范基地全部统一向社会免费开放。

3. 湖南多台优秀剧节目入选奥运演出。全省有多台剧目被文化部及北京奥组委选调，拟于奥运期间进京参加3大板块演出。一是省歌舞剧院舞剧《南风》由文化部审定，于7月28～30日在北京海淀剧院演出。该剧目2006年曾获湖南艺术节田汉大奖、湖南省第九届“五个一”工程奖，并被中国舞协作为精品剧目抽调进京演出。二是湘西自治州打造的120人参演的大型原生态舞蹈《土家茅古斯》入选由北京奥组委直接组织的奥运会开幕式前表演名单，进入国家体育场现场表演。该节目被世人喻为舞蹈活化石，曾在国际傩文化节上获金奖。三是省杂技团《独轮车》、《大跳板》、《高跷》3个节目于8月10日赴京参与8月24日奥运会闭幕式前国家体育场的现场表演活动。该团近年编创的大批节目先后在国际、国内杂技大赛中获奖，代表湖南省远赴美国、德国、法国、瑞典、荷兰、土耳其等50多个国家和地区进行文化交流与商业演出，赢得了世界各国人民的高度赞誉，此次又作为奥运会闭幕式演出精彩节目。

【重要活动】

1. 2008年5月18日上午，由湖南省文化厅主办，长沙市委宣传部、长沙市文化局、潇湘电影频道、湖南公共频道联合协办的湖南省直文艺界“湘川情、一家亲”赈灾义演在长沙市黄兴路步行街黄兴广场举行。来自湖南省歌舞剧院、省京剧团、省湘剧院、省花鼓戏剧院、省杂技团、省木偶皮影艺术剧院、省话剧团的众多老中青艺术家联袂奉献了一台艺术精湛又饱含深情的文艺节目。深受群众喜爱的本土知名艺术家王永光、李小嘉、刘赵黔和民歌新秀红叶组合等以及省直文化系统20多个单位的代表踊跃参加了演出。省委宣传部副部长魏委、省文化厅厅长周用金、副厅长周祥辉、唐富军、纪检组长宋军以及省委宣传部、省文化厅机关有关部门负责人也参加了义演活动并到现场进行了捐款。

演出气氛热烈、高潮不断，短短的2个多小时的义演，现场观众共捐助4.7万元善款。特别是省直文化系统干部职工在第一次捐款26万元的基础上又捐出了41.7万元。

2. 为期一周的首届中国校园戏剧节10月14日晚在上海圆满落幕。由中国文联、教育部、上海市人民政府共同主办的首届中国校园戏剧节，以“和谐校园·青春风采”为主题，设立了首届“中国戏剧奖·校园戏剧奖”，据介绍，该奖项为国家级文艺常设奖项，每两年评选一次，是目前唯一由国家设立的校园戏剧最高奖。经评选，在来自全国各地高校的24台剧目中，10台剧目喜获“中国戏剧奖·校园戏剧奖”优秀剧目奖，此外，优秀编剧奖、优秀导演奖、优秀表演奖、优秀音乐奖、优秀舞美奖等单项奖也同时诞生。湖南艺术职业学院原创音乐剧《同一个月亮》荣获首届中国戏剧奖·校园戏剧奖专业组优秀表演奖，是专业组唯一获此殊荣的演员；湖南艺术职业学院、湖南省文联、湖南省戏剧家协会、湖南省教育厅同时获首届中国校园戏剧节优秀组织奖。

3. 10月19日，来自厄立特里亚、几内亚比绍、加纳、津巴布韦、肯尼亚、莱索托、利比里亚、莫桑比克、纳米比亚、尼日利亚、赛拉利昂等11个非洲国家的司局级文化官员来到湖南长沙，考察湖南公共文化设施建设和文化产业发展。

此次非洲文化人士访湘，是文化部2008年度“非洲文化人士访问计划·文化政策圆桌会议”活动的一部分。非洲文化人士访问计划由文化部于2006年创立，当年被列入了《中非合作论坛——北京行动计划（2007～2009年）》中，是一项与非洲国家开展文化领域人员交流的长期计划，每年举办一届。2008年会议主题是“国内文化发展与对外文化交流”。

为期5天的访问期间，非洲代表们将考察长沙、韶山、岳阳等地的公共文化设施建设和文化发展，参观湖南省杂技团及动漫企业，观摩文艺演出，体验群众文化生活。在结束对湖南的访问后，代表团还将赴深圳参加文化政策圆桌会议。

广东省

一、艺术

【弘扬民族文化主旋律】

2008年，围绕广东省委、省政府的中心工作，省文化厅参与组织了广州新年音乐会、粤剧新年盛会、广东省军民春节联欢晚会、广东现代舞周、名家名歌演唱会、名家名曲演唱会、接待中央首长的新春专题晚会、省委统战部的中秋晚会、先行之路——广东省纪念改革开放30周年大型文艺晚会、广东省暨广州市清明祭奠革命先烈大会等重大文艺活动的组织和实施工作，获得好评和肯定。

【推动艺术精品战略】

2008年，广东省多次邀请省直、部队、广州市等地的学者专家，组织召开了多场专家座谈会，共同“把脉”广东艺术创作，提出未来几年推动广东艺术创作发展的思路、做法和措施。如广东国际旅游文化节暨泛珠三角旅游推介大会开幕式文艺晚会的修改、纪念改革开放30周年艺术作品创作、纪念新中国成立60周年艺术作品创作、2010年广东省举办第九届中国艺术节的参评作品创作，取得了较好的效果。省直院团推出了舞剧《王阿婆与许老头》、话剧《世纪风流》等现实气息浓，主题性强，具有一定艺术魅力的现实题材作品；各地市也正在全力打造粤剧《三家巷》、人偶剧《八层半》、舞剧《大围屋》等一批优质作品。我省还组织面向全国的优秀舞台剧剧本征集活动，反响热烈，共收到来自全国各地参评剧本77部。经组织专家评审，共评出15部获奖作品，并对部分有亮点、有卖点、有热点的艺术作品进行改编，筹备搬上舞台。

【举办第10届广东省艺术节】

2008年11月21至12月3日，为隆重纪念改革开放30周年，深入贯彻落实科学发展观，全面展示广东省近年来舞台艺术创作及民间艺术的优秀成果，进一步实施文艺精品战略，推动文化大省建设，在广州（主会场）、东莞（分会场）举办了第10届广东省艺术节。本届广东省艺术节扩大了内容和范围，规模为历届之最。除了专业舞台艺术评比外，还举办了小戏小品展演、美术展览，并首次邀请高校、港澳的演出队伍参加。本届省艺术节共有65个参演单位的40台剧（节）目参加演出；同时举办“321”活动，即举办3场小戏小品展演、2个大型美术展览及1场创作专题研讨会。

广东省领导林雄、王宁生、谢强华、雷于蓝、佟星、蔡东士等省领导到剧场观看了演出。票房收入为74万余元，观众人数达4万人次，取得了经济效益与社会效益的双丰收。经组委会组织的专家评审组现场的认真评审，共评出304个奖项。其中，舞剧《王阿婆与许老头》、舞剧《大围屋》、粤剧《三家巷》和人偶剧《八层半》等8部作品获一等奖；张杨、黄倩、李淑勤、麦玉清等21名个人（集体）获表演一等奖。徐闻县雷剧团创作排演的雷剧《雨仔落泱泱》以“黑马”的姿态夺得了5个一等奖，这也是广东省艺术节历史上单个县级剧团获得一等奖最多的一次。

【美术大省】

9月，广东美术馆举办第三届“广州三年展”，主题是“与后殖民说再见”，在社会上引起了强烈的反响。“广州三年展”已成为国际知名的艺术展览之一。10月，广东美术馆举办了“德国舞台上的眼睛”、“德国现代装置艺术展”、“德国最美丽的图书”和“德国最佳未出版德语图书设计作品展”等活动。

二、社会文化

【完善公共文化设施建设工程】

2008年，广东省文化厅、财政厅实时有效地做好本年度的资金发放工作，为88个建设项目发放资金2550万元，其中市级群众艺术馆2个、博物馆2个、剧团2个、艺术学校1个、县级文化馆10个、图书馆9个、剧团1个、乡镇文化站61个。

【广东省第四届群众音乐舞蹈花会】

11月13～17日，“纪念改革开放30周年暨广东省第四届群众音乐舞蹈花会”在广东东莞举行。本次花会，共收到来自全省各市的音乐类作品71件，舞蹈类作品52件，1200多名演职员参加了演出。花会期间，聘请专家对参赛作品进行评选，举办舞蹈音乐理论专题讲座。各演出团队分别在东莞虎门海军基地、莞城文化广场、大岭山文化广场、东莞理工大学进行了展演。

【迎奥运“群星奖”晋京参演活动】

7月上旬至8月上旬，应北京奥组委和文化部的邀请，广东省组织300多人的代表团赴京参加“群星奖优秀节目展演”、“北京2008城市奥运文化广场活动”、“奥运会开幕仪式前表演”、“中国故事·祥云小屋”展览等活动，圆满完成展演任务。

【广东国际旅游节暨泛珠三角文化旅游推介大会——岭南民间艺术展演】

11月底至12月初，广东省组织深圳、佛山南海、青海民间艺术团在广州市越秀区英雄广场、海珠区中大北门广场、萝岗区黄陂员工楼文化广场举行9场演出；在广州市越秀区文化馆举行青海民间艺术展；在广州图书馆广场举行“大漠舞东风—神舟发射系列掠影”和“珠三角鸟瞰”航空摄影图片展等活动。

【参加“天穆杯”全国首届“新农村、新文化、新风貌”小品展演】

10月，在天津举办的全国比赛中，广东省参赛的小品《父老乡亲》和《一盆洗脚水》分别获得金奖和铜奖。

【首届中国农民文艺会演】

11月5～10日，广东省演出团队130人赴苏州参加由文化部主办的“纪念改革开放30周年暨首届中国农民文艺会演”。东莞市莞城镇的女子群舞《红红火火炸糖环》获金穗杯奖，佛山市南海区大沥镇文化站的男子群舞《起龙船》和广州市海珠区文化馆的《咸水歌·疍家情》获银穗杯奖，潮州市枫溪区英塘村锣鼓队等6个单位的参赛节目获丰收杯奖。11月7日，雷于蓝副省长等领导为全国首届农民文艺会演获奖节目颁发了奖杯。

【流动演出】

12月，根据广东省委组织部关于在全省广泛开展以“科技、医疗、体育、文艺、图书五下乡活动”的要求，在湛江特呈岛组织了“100支文艺演出队进农村”启动仪式专场演出。全年，全省组织了2828支演出团队共13.8385万名演员，共为群众送戏28385场次，受益观众3457.67万人次。

【群众业余文艺作品评选】

2月，广东全省收集整理报送的308件业余文艺作品，其中戏剧67件、小品152件，舞蹈89件。共评出120件获奖作品和3个组织奖。

三、非物质文化遗产保护

2008年2月，文化部公布第二批国家级非物质文化遗产项目代表性传承人，广东省有31名传承人名列其中。3月，广东省公布第一批省级非物质文化遗产项目代表性传承人共235名，第一、二批省级非物质文化遗产名录项目保护单位212个，并颁发项目标牌。5月，广东省表彰广东省非物质文化遗产保护工作先进集体25个、先进个人58人。6月，国务院公布第二批国家级非物质文化遗产名录项目，广东省共有45项名列其中。8月，广东省向国家文化部推荐“梅州客家文化”申报国家级文化生态保护试验区；向文化部推荐“粤剧”申报“人类非物质文化遗产代表作名录”，经文化部专家论证，已向联合国教科文组织申报。8～9月，广东省组织“潮州木雕”等非物质文化遗产项目赴京参加第29届奥林匹克运动会组织委员会主办的“中国故事”文化展活动。11月，广东省启动编辑《广东省非物质文化遗产名录图典》。12月，广东省推荐37人申报第三批国家级非物质文化遗产项目代表性传承人。

四、公共图书馆

2008年，广东全省县级以上公共图书馆132个，总藏书量3994.83万册，总流通人次4100.56万人次，馆舍总建筑面积73.11万平方米。

【向外来务工人员实行全免费服务】

年初，为响应广东省委、省政府和号召，做好因灾滞留广东的外来工的安抚工作，全省公共图书馆开展面向外务工的文化活动，向外来务工人员实行全免费服务。其中，广东省文化厅、省立中山图书馆到中山市组织向外来工赠送图书3000余册。

【“4·23世界读书日”有奖征文比赛活动】

4月23日，为配合北京奥运会的举办，鼓励青少年读书写作，广东省文化厅、省教育厅、省体育局、共青团广东省委联合举办了2008年“4·23世界读书日”有奖征文比赛活动。活动共收到各地推荐作品1143篇，评出优胜奖45名、优秀奖45名、组织奖5名，并在广州图书馆举办了颁奖仪式。

【文化信息资源共享工程】

2008年，广东省继续实施全国文化信息资源共享工程，制定下发了《广东省文化共享工程市县支中心、镇村基层服务点配置标准》；深圳市、乳源县和德庆县被文化部命名为全国文化信息资源共享工程示范单位；组织召开广东省文化厅、省财政厅、省教育厅、省科技厅有关领导和专家参加的文化、教育、科技三大系统文献资源共建共享研讨会，初步达成合作框架，为实现文献资源共建共享奠定了基础；12月26日，全省乡镇、行政村建设农村党员干部现代远程教育终端站点和文化信息资源共享工程基层服务点17800个全面开通。

【古籍保护】

2008年，广东省立中山图书馆和中山大学图书馆入选首批“全国重点古籍保护单位”，全省50种珍贵古籍入选首批《国家珍贵古籍名录》。3月，成立广东省古籍保护工作专家委员会。3月11～20日，广东省立中山图书馆文德分馆组织举办了第一期“古籍普查培训班”。3月18日，“广东省古籍保护中心”正式挂牌成立。6月，广东省政府办公厅发出《关于建立广东省古籍保护工作联席会议制度的通知》（粤办函〔2008〕396号）。11月广东省政府办公厅发出《关于进一步做好全省古籍保护的通知》（粤府办〔2008〕66号）。

【图书馆服务宣传周活动】

5月，广东省组织公共图书馆开展一系列形式多样、内容丰富的图书馆服务宣传周活动，近400多万群众参与，活动期间向群众派发宣传资料和书刊杂志600多万册件。

【广东流动图书馆】

继续推进"广东流动图书馆"分馆建设，全省建立"广东流动图书馆"分馆63个，累计接待读者1668万人次、借阅图书3165万册次、办理借书证67000多个。

【粤港澳三地图书馆合作交流】

11月13～14日，粤港澳三地图书馆公共服务论坛在深圳市举办，论坛主题是"粤港澳三地图书馆的公共服务理念与实践"，粤港澳三地50多位图书馆馆员参加了论坛。12月，广东省立中山图书馆、深圳图书馆、香港中央图书馆和澳门图书馆联合举办"岁月的回忆——粤港澳三地四馆老照片展览"，在三地四馆轮流展出，吸引了众多群众观看。

五、文化产业

【文化产业园区建设】

2008年，广东省文化厅积极研究制订扶持文化产业园区发展的政策措施，鼓励广东省文化产业园区进一步做大做强。目前全省有国家级文化产业示范园区1个（深圳华侨城集团），国家级文化（创意）产业园区13个，省级文化（创意）产业园区18个。

【成功举办第四届"文博会"】

5月16～19日，"第四届中国（深圳）国际文化产业博览交易会"（以下简称"文博会"）在深圳举办。第四届文博会比前三届有了较大提升，参观第四届文博会的各方宾客达269万人次，比第三届多84万人次；文化产品投融资和交易成果喜人，其中投资项目规模超亿元的有120个，签约合同金额达145亿元。

【鼓励和引导文化产品与服务"走出去"】

2008年，广东省文化厅积极发动和组织全省各地的文化企业申报由商务部、文化部、广电总局、新闻出版总署等部门联合评选的中国文化出口重点企业与重点项目，推动文化产品与服务走出国门，拓展海外市场。广东有9家文化企业被商务部、文化部、广电总局和新闻出版总署联合命名为中国文化出口重点企业和重点项目。

六、对外和对港澳台文化交流

2008年，广东省对外文化交流密配合国家总体外交战略需要，圆满完成一批事关全局的重要外事任务。全省对外、对港澳台双向文化交流达857批、13488人次。其中，出访397批、6157人次，来访和引进460批、7331人次；与港澳的双向交流409批、5714人次；与台湾地区双向交流53批、281人次。

【出访活动】

1月，广东歌舞剧院民族乐团一行86人，赴德国、瑞士、比利时、奥地利、捷克等5个国家8个城市举办"中国春节民族音乐会"巡回演出8场，受到当地广大观众及媒体的热烈欢迎，得到我驻当地使领馆的高度评价。2月，由河源市源城区山歌剧团、汕头市杂技魔术团、江门新会冈州画院组成的广东艺术团一行24人赴法属留尼旺，为当地华侨华人举办春节演出。4月，广东粤剧院《山乡风云》剧组一行146人赴香港演艺学院演出3场。5月，广东省选派东莞石排醒狮团15人和广东现代舞团24人赴意大利参加"中国艺术节"活动。10月，广东艺术团一行17人赴南太平洋岛屿国家斐济和瓦努阿图演出，受到两国政府高层、当地艺术家和广大华人华侨团体的重视和欢迎，演出取得圆满成功。

【来访活动】

4月，阿曼驻华大使来广州商谈"苏哈尔号"航船纪念碑重新设计修建及日常维护、管理等事宜并进行实地考察。5月，尼泊尔王国文化、旅游、民航部秘书（副部级）鲍代尔为团长的尼泊尔王国政府文化代表团一行5人来粤进行友好访问。7月，驻外中国文化中心优秀学员团一行18人的访粤学习、交流活动，参观了鸦片战争博物馆、虎门海战博物馆、黄埔军校等中国近代百年奋斗史迹。9月，文化部和广东省政府主办"德中同行——走进广东"广东站系列活动。10至11月，"2008非洲文化聚焦"大型中非文化交流活动在深圳市举办。

【各国驻穗总领事馆文化活动】

2008年，13个国家驻穗总领事馆引进演出、展览项目23批次。如德国驻广州总领事馆举办的"德中同行"，法国驻广州总领事馆邀请法国里昂现代舞团在广州广联礼堂举办演出活动，美国驻广州总领事馆在广东外语外贸大学和星海音乐学院举办美国林肯中心爵士乐社演出活动，加拿大驻广州总领事馆举办"温哥华交响乐团广州音乐会"，韩国驻广州总领事馆举办"中韩友好之夜"演出等活动。

【粤港澳文化交流】

1月，粤港澳三地文化部门在深圳举行的第九次粤港澳文化合作会议，商定了新的合作项目，并签署《粤港澳文化资讯网服务协议书》。5月，粤港澳三地互派人员参加在澳门、广州、香港举办的"国际博物馆日"、"世界阅读日"、"体育与我"读书征文活动。在深圳举办粤港澳"图书馆公共服务论坛"会议，香港中乐团在深圳第四届文博会作开幕演出，广州杂技团的《西游记》赴香港演出5场。港澳组团参加第四届中国（深圳）文化产业博览交易会，香港舞蹈团、澳门中乐团参加第10届广东省艺术节演出活动，香港大型舞剧《清明上河图》、澳门民族音乐《中国风·濠江情》2台节目均获第10届广东省艺术节演出特别奖，受到专家、观众的好评。港澳两地的表演团体、演出经纪机构、文化专业人士参加广东省举办的中南六省演出工作会议。粤港澳三地联合为粤剧申报世界非物质文化遗产工作取得新进展，通过文化部审定并被递交联合国教科文组织。12月，在第十次粤澳合作联席会议上，广东省与澳门特区政府文化局签署了《粤澳文化合作项目协议书》。

七、文化市场

【网吧市场管理】

2008年，广东省文化厅将规划审批权下放至地级以上市文化行政部门，从原来以网吧发展总量作为主要调控手段，调整为以网吧布局作为重点调控依据。全省组织开展查处取缔"黑网吧"专项行动，查处取缔"黑网吧"4689家，查扣计算机等设备46740台。全省现有网吧数7350家，网吧终端数100余万台，经修订的方案如获文化部批准，全省网吧总量将增至8836家。

【音像市场管理】

广东省文化行政部门及其执法机构开展"反盗版天天行动"，检查音像制品经营单位4万余家次，共查缴违法音像制品2400余万张（盒）。部署开展第10届广东省音像市场法制宣传周活动，以开办培训班、举办座谈会、派发保护知识产权宣传印刷品等形式，加大音像市场管理有关法律法规的宣传力度，提高了广大人民群众自觉抵制盗版的意识。加大对国产音像制品的扶持力度，推动国产音像制品"走出去"。据统计，2008年经广东省文化厅审批出口的国产音像制品达200多万张，约占全国的80%。

【演出市场】

2008年，广东省审批设立演出经纪机构22家，受理营业性演出项目354项，审批（审核）308项，办理演出机构变更20家。11月，广东省文化厅在广州成功承办了2008中南六省（区）（广东、河南、湖北、湖南、广西、海南）演出管理工作及节目洽谈会议，香港、澳门特别行政区政府有关部门负责人应邀参加了会议。会议增设了以"交流、合作、发展、繁荣"为主题的演出论坛，内容涉及"广东省演出市场概况及发展思路"、"香港演出的扶持政策与内地演艺界的交流合作"、"演出项目策划中的市场地位"、"演出项目的推广和资金筹措"等。会议就演出资源共享、繁荣演出演出市场等方面达成了共识。

【娱乐市场管理】

2008年，广东省3601家歌舞娱乐场所中，建立警示牌制度的有3462家，占96.1%；健全场所内部值班检查登记制度的有3467家，占96.3%；落实执法巡查登记的有3472家，占96.4%。全省各级文化行政部门共组织法律法规及禁毒工作培训400余次，禁毒宣传文艺晚会300多场，放映禁毒宣传影片2000多场。12月，启动歌舞娱乐场所卡拉OK内容管理服务系统建设试点工作，在肇庆市召开全省卡拉OK内容管理服务系统建设工作现场会，对推动该系统建设进行了部署。

【电影发行管理】

广东省电影总票房收入为6.55亿元，比2007年增长34.5%；广州飞扬影城继续以6745万元票房稳坐冠军宝座，与居第二位深圳嘉禾影城4884万元票房拉开了近2000万元的距离；中影南方新干线成为年度增幅最大的院线，跻身全国前三甲的位置。完成广东省电影公司整体建制划入珠江电影集团，做好电影发行放映行政职能移交广电部门的准备工作。全省农村电影放映工程共放映电影130000多场，放映影片15000多部。

【执法监督】

5月1日至9月30日，广东省开展以“创建平安文化市场”为主题的文化市场“奥运保障行动”。据统计，全省共出动文化市场行政执法人员243397人次，检查文化市场各类经营场所（单位）98600余家次；查处违法违规经营场所（单位）3358家；查获非法音像制品1180余万张（盒），其中涉嫌淫秽色情音像制品4万余张（盒）；取缔“黑网吧”一大批。7～8月，广东省文化厅组织了全省文化市场交叉检查工作，督查各地落实文化市场管理和执法工作情况。9月20日，深圳市龙岗区“舞王俱乐部”发生特大火灾事故，造成44人死亡，64人受伤。事故发生后，广东省文化厅及时组织开展全省文化系统安全大检查。9月23日，全省派出5个督查组，赴广州、惠州、揭阳、肇庆、清远、佛山、江门、东莞、珠海等9个地级以上市开展为期3天的文化场所安全专项大检查督查工作，检查文化场所60余家，对存在安全隐患的场所责令限期整改。开展文化市场管理与执法考评及执法案卷评比工作。推进文化市场信息监控平台建设，开通了省与市之间的信息链接通道。

【网络文化工作】

2008年，广东省进一步建立和落实网吧管理责任制，探索网络文化特别是对网络文化内容的有效监管办法，研究制定全省动漫产业发展的布局和规划，制定扶持我省动漫产业发展的政策措施及实施意见。

八、文物保护

2008年，广东省现有国家重点文物保护单位66处、省级文物保护单位252处、市县级文物保护单位2253处；全省国有博物馆150座，馆藏一级文物1255件，馆藏文物631305件（套），非文物系统国有文物收藏单位12个。

【重点建设项目顺利推进】

2008年“南海1号”整体打捞工程完成，试掘方案获国家文物局批准并开始实施。广东丝绸之路博物馆陈列大纲五易其稿经过专家论证，获得阳江市政府批准实施，目前主体工程已通过验收，其幕墙、水电、暖通、消防、装修、展陈工程均已入场，有望于2009年7月完工。4月，广东省文物考古研究所与中国文化遗产研究院共同编制《南澳沉船抢救发掘与保护方案》，报经国家文物局批准，“南澳沉船”保护工作顺利开展。

【第五批广东省文物保护单位出炉】

广东首次在省级文物保护单位评审中建立专家评估机制，设立了第五批广东省文物保护单位评估委员会，制定评估指标体系。这些新措施大幅提高了评估的标准化、规范化、客观性、公正性，促使省级文物保护单位的评估、推荐工作水平明显提高。经评审推荐，共104处被省政府公布为第五批广东省文物保护单位。目前全省省级文物保护单位已增加至356处。

【文物保护工程】

广东省文物局组织完成南头古城东城门，潮州开元寺方丈厅下厅修缮，南风古灶、高灶陶窑维修方案补充修改说明，完成陈家祠西、北面围墙维护加固，陈氏大宗祠修缮，三影塔修缮，大鹏所城赖信杨将军第等10幢重点建筑修缮。完成大鹏所城粮仓修缮，佛山祖庙万福台及东西两廊、东西厢房修缮，陆皓东故居维修，国民党“一大”旧址（包括革命广场）修缮，三元里平英团旧址防护加固，怀圣寺光塔修缮，涵碧楼修缮，简氏别墅结构基础勘测，沙面大街10～12号前座修缮，沙面大街14号修缮，谢晋元故居修缮，乐从陈氏大宗祠修缮等多项方案的审核或报批。完成了纶生白公祠、石寨土楼、西山庙、九列故居和罗定学宫等文物保护维修工程的验收工作。同时不断健全工作制度，推行文物保护工程立项表和验收表机制，保障文物维修工程的有序开展。广东省正在编制修缮设计方案或在实施的国家级和省级文物保护工程超过40项。

【编制文物保护单位保护规划】

广东省文物保护专家委员会完成对南越国宫署遗址、叶剑英故居、丘逢甲故居、石寨土楼、大万世居、元勋旧址、丁日昌旧居、关帝庙、周恩来革命活动旧址（即揭阳学宫）、崖门炮台和胥江祖庙等文物保护单位的保护规划评审工作。同时配合相关部门审核多项城市总体规划和风景区名胜区总体规划。广州市文化局组织编制的《新河浦历史文化保护区保护规划》获得世界大都市奖第二名。审核、审批、上报黄花岗七十二烈士墓、光孝寺、南越文王墓、绮云书室等多处文物保护单位保护范围和建设控制地带内进行的建设工程方案。

【文物考古】

广东省文物考古研究所、广州市文物考古研究所、深圳市文物考古鉴定所积极配合路桥、电站（电厂）、水利枢纽等各项基础建设，相继完成30多项的文物调查、勘探、发掘以及测绘项目，勘探调查面积超过3042平方米，考古发掘面积超过1.6万平方米，发现多处具有科学研究价值的遗址，目前仍有多项调查、勘探及发掘项目正在进行工作中。3个镇，3个村被公布为第四批中国历史文化名镇（村）。3个镇，5个村被评为第一批广东省历史文化名镇（村）。

【加强文物安全保护】

广东省文物局会同省公安厅完成省博物馆新馆安防系统工程设计方案、全国重点文物保护单位三元古庙、广州美术馆技防修改方案，并核准实施，通过验收。广东省文物局会同公安、边防等部门密切配合，快速侦破文物犯罪案件。9月，广东河源市文化执法大队接群众举报，收缴一包工头藏匿的恐龙蛋化石32枚，交河源市博物馆保存。11月11日，广东汕头市博物馆一临时展览橱窗内顶棚灯箱玻璃突然破碎掉落，砸损二级文物1件，三级文物6件，参考品1件，广东省文物局接报后，立即组织专家进行现场调查，并责成汕头市尽快依法处理，妥善做好善后事宜，及时向国家文物局报告。

【第三次全国文物普查】

广东省21个地级以上市、127个县级行政区域全部成立了文物普查领导小组及其办公室，机构成立率为100%，共有普查办成员817人，一线普查队员905人，普查联络员4000多人。9月，广东省财政下达了全省年度普查经费1000万元，各地财政到位1948.01万元，广东省普查办及时组织采购了文物普查所需设备，下发到各普查队。广东省普查办先后与深圳、珠海、梅州、汕头等市共同举办了11期文物普查培训班，培训人员达2100多人。7月31日，广东省共有70个县级行政区域调查登记不可移动文物3483处，其中新发现2033处，新发现率为58.37%。

【粤港澳文物合作交流】

在“5·18国际博物馆日”和“中国文化遗产日”，广东省与香港、澳门开展多项交流活动，如举办“粤港澳博物馆与文化遗产图片展览”，邀请香港、澳门文博代表参加广东省文物博物馆学会第五届学术研讨年会暨广东文物事业改革开放30年论坛，邀请香港、澳门文博单位派员参加广东省文博单位讲解业务培训班。广东省考古所与澳门特别行政区“第三届博物馆学生研究员”就国内考古发展现状、考古发掘技术、珠三角考古工作、岭南古建筑、水下考古等方面进行学术交流。广东省文物考古研究所与韩国国立海洋遗物展示馆达成交流协定。

【文物立法】

11月28日，《广东省实施〈中华人民共和国文物保护法〉办法》正式获省人大常委会通过，文物地方性立法取得重大突破。

九、博物馆

【博物馆建设】

广东省博物馆、西汉南越王博物馆和孙中山故居纪念馆被评为首批国家一级博物馆。全省组织开展二、三级博物馆评估工作，共评定二级博物馆16家，三级博物馆22家。广东省博物馆新馆和广东海上丝绸之路博物馆建设工程进展顺利，展览方案正在论证中。

【博物馆、纪念馆免费开放】

召开广东省博物馆、纪念馆免费开放工作会议，全省地级以上市委宣传部、财政局、文化文物主管部门负责人以及广东省第一批免费开放博物馆、纪念馆负责人参加了会议。各地把博物馆、纪念馆免费开放作为服务社会、贴近群众、提升公共服务水平的大事，认真落实，全年累计接待观众约200万人次。

【流动博物馆网】

“广东省流动博物馆网”建设网络覆盖全省各地区，加入成员单位达68个，全年共举办35个124场次的流动展览，观众人数达350万人。

【国际博物馆日系列活动】

5月18日，围绕2008年“国际博物馆日”的主题——“博物馆：促进社会变化发展的力量”，广东省各地博物馆精心策划主题鲜明、内涵丰富的精品展。如发现与解读——河南考古新发现展览、2008广东抗冰救灾春运攻坚纪实展、居巢居廉绘画展、端砚瑰宝展、人体奥秘科普展览、深圳改革开放史展览等。广东省文物局与省文物博物学会、广东美术馆制作了专题展览，重点介绍开平碉楼、广东省获“全国十大考古发现”项目等情况，向群众发放《广东省博物馆导游册》，开展免费鉴定和相关讲座，宣传文物保护法律法规，提高群众对文化遗产的保护意识。

广西壮族自治区

一、公共文化服务体系不断完善

实施了以“学习十七大、建设新广西”为主题的广西壮族自治区宣传文化系统文化惠民工程，开展舞台艺术精品基层巡演、帮扶快车文化致富工程村屯行、村屯映像电影基层巡演和流动博物馆广西自然史考古文物八桂行等系列文化惠民活动。大力开展文化三下乡活动。2008 年广西安排专项购书经费 115 万元（其中，文化部、财政部下达 95 万元，自治区本级财政安排 20 万元），向 18 个县级图书馆、116 个乡镇文化站配送图书 186 套 8.72 万册；大力实施农村电影放映工程，年内完成农村公益性放映 17.24 万场，全区已发展农民放映队 450 多个，保证每个行政村每月免费放映电影一场；开展送戏进村、到社区活动，全区各专业剧团深入到县乡、村屯进行演出活动，年内文化厅直属剧团送戏下乡 185 场次。积极组织制定了《广西兴起文化建设新高潮行动计划》(建议稿)，该“行动计划”已被列入中共广西自治区党委常委 2009 年工作要点；修订了《广西壮族自治区文化先进县评估标准》；出台了《广西壮族自治区乡镇综合文化站管理办法》。2 月，自治区文化厅启动了乡镇综合文化站规范管理试点，选择工作开展比较好的 14 个乡镇综合文化站作为试点单位，每个资助业务经费 2 万元。8 月 28 ~ 30 日，在贺州市举办了广西乡镇综合文化站规范管理试点培训班，各设区市文化局分管领导和试点文化站站长及所在地乡镇党政负责 42 人参加。积极打造城市“广场数字电影放映”项目，组建了百色农村数字电影院线公司、梧州桂东农村数字电影院线公司，发放 2007 年度国家资助广西的数字放映设备 73 套，翻译少数民族语言电影 2 个节目 16 个拷贝。年内，自治区文化厅组织开展群众文化服务先进集体、先进工作者评选活动，通报表彰了近年来在群众文化服务工作领域成绩突出的 23 个群众文化服务集体、74 名群众文化服务工作者、29 个乡镇文化站和 27 名乡镇文化站工作者。继续开展全区农村小康文化示范户和优秀村屯文艺队评选活动，评出隆安县古潭乡九甲村杨天石等 88 户小康文化示范户和南宁市青秀区长塘红绫曲艺团等 40 个优秀村屯文艺队。开展广西农村文化建设情况等系列调研活动，2008 年 3 月下旬、9 月下旬先后组织农村文化工作调研小组，分别到柳州等 8 个设区市的 50 多个县、乡、村开展调研。11 月 6 ~ 10 日，由自治区文化厅组织 8 个贴近“三农”生活，反映广西新农村建设良好社会风貌的文艺节目，参加由文化部主办的首届中国农民文艺会演，参演节目先后在江苏的太仓市、昆山市、吴江市和苏州工业园区演出，选送的壮族舞蹈《喇哩啰哩咧》获金穗奖、马山多声部嘹歌《百年嘹歌唱春天》和表演唱《夕阳潇洒歌》获银穗奖。广西组织一批节目参加第六届全国四进社区文艺活动并取得好成绩，其中曲艺《和谐社会人欢欣》获文艺展演节目金奖，并应邀参加 11 月 8 ~ 9 日在武汉举行的第六届全国四进社区文艺展演暨颁奖晚会演出活动，音乐《社区美如画》和情景歌舞《祝你平安》分获铜奖，梧州市文化局获组织奖；柳州市柳南区利民社区、北海市海城区独树根东社区、钦州市钦南区文峰街道文昌社区和贵港市港北区石羊塘社区被评为第四批全国文化先进社区，桂林市群众艺术馆臭桂生和南宁市群众艺术馆金善庆被评为全国社区文化优秀辅导员。1 月下旬，全区完成对全区文化馆的评估工作，广西有国家一级文化馆 3 个、二级文化馆 5 个、三级文化馆 14 个。重点抓了“十一五”规划中全区 514 个乡镇综合文化站建设，2007 年和 2008 年国家分两次下达自治区年度建设计划项目 56 个，已完成 40 个乡镇综合文化站建设任务。制定了柳北革命老区七县会战文化项目建设计划和红水河岩滩水电站库坝区移民村文化室建设规划，有 30 个乡镇综合文化站列入桂西五县基础设施建设大会战内容。完成了《广西文化发展“十一五”规划》中期评估工作。2008 年，广西有县级以上公共图书馆 100 个（自治区级 3 个、设区市级 13 个、县级 84 个）、从业人员 1482 人（具有高级专业技术职务任职资格的 69 人、中级 440 人）。年内建成横县等31个文化信息资源共享工程县级支中心并运行，年底财政部、文化部安排广西2009年度文化信息资源共享工程45个县级支中心建设资金、499个乡镇文化站、783个行政村共享工程基层点设备专项资金共6774万元。新增的广西新农村建设、广西文坛、理论探索专题资源数据完成数据采集1239条、容量达19.7G；原有专题资源数据库新增数据573条、容量达66G，17个资源数据库建设试点项目通过文化部专家组验收。抓住国家扩大内需、保增长机遇，及时召开全区市县文化局长会议，制定了一个60多亿元的文化建设项目投资方案，建立了自治区、设区市、县、乡、村五级文化建设项目库。区直文化系统创业环境建设工程不断推进，追加经费1600万元维修改造了自治区文化厅直属剧团综合排练场、自治区艺术学校等直属单位的基础设施。

二、文化艺术生产演出日见繁荣发展

2008年，广西有专业艺术表演团体116个，从业人员4204人。其中，自治区文化厅直属专业艺术表演团体8个、从业人员728人；各设区市专业艺术表演团体108个、从业人员3476人。年内广西专业舞台艺术创作佳作迭出，各专业艺术表演团体创作、生产剧节目17个，其中大型剧目5个、小型剧节目12个。年内演出1.08万场，观众1390.9万人次，总收入1.89亿元，总支出1.75亿元。以重大庆典活动为契机，圆满完成庆祝自治区成立50周年文艺晚会和广场文艺“锦绣壮乡”演出任务，以及中央代表团赠送广西壮族自治区的民族团结宝鼎的设计制作、安装工作。特别是庆祝自治区成立50周年文艺晚会“山歌好比春江水”于12月10日晚在南宁人民会堂上演。中央代表团团长周永康和副团长张德江、司马义·铁力瓦尔地、杜青林、李兆焯、李继耐和中央代表团全体成员及广西各族各界群众1300多人观看演出。晚会由“江·绿色之美”、“河·红土之美”、“海·蓝色之美”等3部分组成。它展示壮乡人民对家乡山水的由衷赞美和无限热爱，让人们感受八桂大地的生机勃勃，再现广西民族文化艺术丰富多彩，表达广西各族儿女在党中央的领导下开创更加美好生活的共同心愿，受到了中央代表团和自治区领导以及各界群众的高度赞誉。同时，组织大型交响音画《广西畅想》、话剧《小红帽》、桂剧《奇巧姻缘》、京剧《御赐玉棋》等系列文艺演出活动庆祝自治区成立50周年，以及顺利地组织了庆祝自治区成立50周年系列群众文艺演出活动。8～9月，自治区文化厅组织参加2008年北京奥运会、残奥会期间奥林匹克公园中心区的“中国故事”文化展示活动，展示了民族服饰、民歌演唱、现场刺绣等具有广西民族特色文化的项目，受到了好评。从6月1日起，在自治区图书馆举行“文化信息资源共享奥运行”和图书馆服务宣传周系列活动，内容包括文化信息资源共享奥运行图片展、奥运知识和文化信息资源共享工程知识有奖问答、取书有道活动、向读者推介优秀馆藏资源等。组织两台获国家大奖的剧目民族音画《八桂大歌》和新编历史桂剧《大儒还乡》晋京为奥运会献礼演出。制定了《广西文化系统新闻采访线工程实施方案》。4月14日，组织广西自治区歌舞剧院、杂技团赴广州举办第103届中国进出口商品交易会开幕式招待会“风生水起北部湾”主题晚会。开展了交响乐、京剧和地方戏进校园活动。举办了全区首届农民工主题文艺会演，来自全区13个市和区直院团共53个节目参加了演出，会演共评出一等奖15个、二等奖20个、三等奖18个，并组织优秀节目在全区进行了巡演。11月11～15日，自治区文化厅会同自治区党委宣传部、自治区精神文明办在南宁举办了2008广西小品大赛，有自治区群众艺术馆等20个单位选送59个小品节目参加比赛，评出特等奖节目2个、一等奖10个、二等奖15个、三等奖20个，广西电视台于11月15日现场直播大赛颁奖晚会。音乐剧《桂花雨》赴京参加庆祝新中国成立60周年献礼演出，并滚动进入2008～2009年度国家舞台艺术精品工程（二期）剧目。桂剧《烽火“南欧”》入选第三届全国地方戏（南北片）优秀剧目展演三等奖，并被邀请晋京参加纪念欧阳予倩诞生120周年活动。京剧《御赐玉棋》在由文化部与山东省人民政府主办的第五届中国京剧艺术节中获二等奖。在文化部组织的全国重大革命历史题材美术创作工程评比中，广西以太平天国为题材创作的油画《团营》入选全国百幅优秀美术作品，并被中国博物馆收藏。崇左的天琴组合进入第13届CCTV青年歌手电视大奖赛总决赛。筹备了第五届泛珠三角区域合作与发展论坛暨经贸洽谈会开幕式文艺晚会。自治区文化厅直属剧团年内共商业演出730场，境外演出174场，观众86.15万人次，收入851.12万元。

三、文化市场秩序明显改观

2008年，广西有文化市场经营单位1.1万个，其中艺术表演团体24个、演出经纪机构10个、歌舞及其他娱乐场所1724个、电子游戏（艺）经营场所905个、网络文化经营及互联网上网服务营业场所4933个、艺术品经营单位15个、音像制品经营单位3308个、文化市场连锁经营单位3个、其他文化市场经营单位94个；各级文化市场行政执法机构104个，其中自治区1个、地级市14个、县（市、区）89个。4月26日至9月30日，自治区各级文化行政部门组织开展文化市场奥运保障行动，重点打击涉及音像制品的违法行为。以南宁、桂林、北海为重点地区，以机场、车站、码头、旅游景点、重要商业区等为重点区域，进行北京奥运会开幕式盗版光碟清缴及拉萨“3·14”事件DVD、“西藏之歌”CD等违法音像制品专项查处，实现北京奥运会期间“文化市场不发生重大事故，不形成社会热点，秩序良好，管理规范”的目标。开展了全区文化市场行政执法工作检评。1月，自治区文化厅派出5个检查组赴全区14个设区市进行验收检评，8个设区市文化局被评为全区文化市场行政执法先进单位，15个县级文化行政部门被评为全自治区文化市场行政执法先进基层单位；组织开展全区文化市场行政管理执法人员业务考试，全自治区有900人获得文化市场行政执法证。开展全自治区文化系统安全生产百日督查专项行动，按照国务院和自治区人民政府的要求，自治区文化厅制定并下发了《全区文化系统安全生产百日督查行动方案》，成立了以分管副厅长为组长、以相关处室负责人为成员的专项行动工作机构，健全管理机制，突出抓好文化市场的安全生产重点行业和重点场所督查。实施娱乐场所阳光工程。4月15日，自治区文化厅等七部门印发《2008～2010年广西娱乐场所阳光工程实施方案》；4月18日，自治区文化厅下发了《关于举行广西娱乐场所阳光工程启动仪式暨宣传周活动的通知》；5月11日，在南宁市朝阳广场举行启动仪式，同时启动宣传周活动。加大了对音像零售出租店、电子游戏经营场所和网吧突击检查力度。会同自治区整规办等19厅局开展了“保护知识产权宣传周”活动，开展了以“打击侵权盗版、保护知识产权”为目的的系列专项整治行动，举办了音像市场法制宣传和统一销毁违法音像制品活动。按照国务院“全国哀悼日”公告要求，在5月19～21日迅速部署全自治区停止公共娱乐活动。指导自治区演出协会举办了自治区演出经纪人培训班，成功地举办了2008年广西新春文艺演出月活动。2008年，审批民营演出经纪机构1家，引进境外表演团体6个、41人次，审(报)批涉外演出3239场、商业演出3500多场。全年出动执法人员12.75万人次，检查网吧10.54万家次、娱乐场所2.94万家次、音像制品经营单位4.52万家次，收缴非法音像制品142.33万盒（盘）、电子游戏机6253台、非法出版物38.95万本(张)；受理案件1801件，立案调查2359件，结案2232件；没收非法所得3.94万元，罚款464万元；停业整顿168家，取消经营资格24家；办理涉外涉港涉台演出行政许可事务25件（团队6个，演员41人，演出3239场）。2008年，全区文化市场经营实收资本突破24.4亿元、营业收入21.86亿元、从业人员达5.35万人、税金及附加2.42亿元；2008年，广西文化系统文化市场经营户营业收入21.86亿元，全区文化市场继续保持快速发展的良好势头。年内，梧州市文化局、来宾市文化稽查支队被评为全国文化市场行政执法先进单位，桂林市文化局孙小良、贵港市文化局苏静华被评为全国文化市场行政执法先进个人，岑溪市文化和体育局被评为全国“扫黄打非”有功集体，自治区文化稽查总队被评为全国“扫黄打非”先进集体，自治区文化厅文化市场处被评为自治区“扫黄打非”有功集体，自治区文化稽查总队袁境被评为自治区“扫黄打非”有功个人。

四、文化产业综合实力和竞争力逐步增强

2008年，广西有文化产业机构1.28万个，从业人员6.69万人。其中，文化部门产业机构1747个，从业人员1.27万人；其他部门文化产业机构1.1万个，从业人员5.42万人。在文化部门产业机构中，国有机构1710个，集体机构1个，其他机构36个。全年文化及相关产业实现总产值26.5亿元，增加值21.6亿元。命名南宁万达国际电影城有限公司、广西哈虎网络科技有限公司、南宁市佰迪乐餐饮娱乐有限公司、柳州市蓝海科技有限公司、柳州市电影发行放映公司人民电影院、桂林市港岛网络科技有限公司、桂林梦幻漓江演艺传播有限公司、河池市亚沛网盟、广西梧州桂海旅游投资发展有限公司、北海钰龙珠宝有限公司、广西钦州坭兴陶艺有限公司、防城港市蓝雅网吧等12家企业、单位为第二批自治区级文化产业示范基地。广西继续抓好文化产业项目建设，着力打造广西北部湾经济区海洋文化产业圈，构建一批新的文化产业基地、文化产业园区和文化产业集群，积极推进中国—东盟文化产业基地和桂林文化产业试验园区建设。大力加强动漫产业建设，圆满完成了广西动漫企业调研报告。中国—东盟文化产业论坛于11月28～31日在南宁举行，参会人员250余人，有中国和文莱等东盟九国及东盟秘书处的文化官员、专家学者和企业代表71人；主要有大会主题发言、中国—东盟文化产业战略互动对话、文化产业项目考察等内容。其间召开中国—东盟文化产业论坛工作会和中国相关省、自治区、直辖市的文化产业座谈会，分别就论坛的发展与提升、《中国—东盟文化互动计划》的签署等问题进行探讨。在第四届中国（深圳）国际文化产业博览交易会上，重点宣传推介了《印象·刘三姐》、《愚自乐园》、《五通农民三皮画》国家级文化产业示范基地以及大地飞歌等9个自治区级文化产业示范基地；在第四届中国西部（西安）文化产业博览会上，还增加宣传推介了第二批自治区级文化产业示范基地。百色靖西旧州绣球村进入国家文化产业示范基地。南宁市、柳州市文化局被评为全国文化系统文化产业先进集体，梅帅元、朱爱莲、李萍获被评为全国文化系统文化产业先进个人。2008年，广西文化系统文化产业增加值为17.21亿元，年均增长率达53.1%。

五、文化遗产保护工作深入扎实

2008年，广西有文博事业机构127个，其中各类博物馆、纪念馆60个，各级文物保护管理所、站58个，文物科研机构5个，文物商店4个；从业人员1281人；拥有业务用房19.4万平方米、文物库房1.9万平方米；年内总收入2.64亿元（其中国家对各级文物保管机构、文物保护单位的保护和维修补助经费1101.5万元，地方财政拨款2.15亿元，事业收入1926.1万元），总支出2.44亿元。年内举办陈列、展览250个，参观人数528.9万人次（其中未成年人164.2万人次）。各级文物保护单位1910处，其中全国重点文物保护单位42处300余点，自治区级文物保护单位197处，市、县级文物保护单位1671处。各级博物馆、纪念馆和文物管理机构收藏文物30.84万件，其中一级文物332件，二级文物4379件。5月，广西壮族自治区博物馆被列为国家一级博物馆。6月，柳州博物馆被国家文物局评为郑振铎、王冶秋文物保护奖先进集体，李义凡、黄胜敏、梁富林被评为郑振铎、王冶秋文物保护奖先进个人。10月，富川瑶族自治县秀水村入选第四批中国历史文化名村。大力实施第三次全区文物普查工作，6月10～13日举办广西第三次文物普查信息采集与报送培训班，培训158人；编印《广西第三次文物普查基础知识读本》2000册、《开展文物普查、保护历史文化遗产》宣传单10万份、组织媒体采访报道普查新发现文物点，制作《开展第三次文物普查，守护精神家园》光碟和年卡。7月自治区人民政府调整广西第三次文物普查领导小组主要成员，自治区副主席李康任组长，自治区政府办公厅副主任吴建新、自治区文化厅厅长余益中任副组长。12月25日，自治区人民政府在南宁召开广西第三次文物普查领导小组（扩大）会议，部署广西第二阶段文物普查工作。落实自治区财政190万元、国家补助207万元（14个市落实248万元，97个县落实621万元）文物普查专项经费。为各级普查机构配发了电脑、相机、GPS卫星定位仪、地图、信息采集和报送软件等文物普查专用设备。积极推进兴安灵渠、宁明花山岩画2个文物保护项目申报世界文化遗产保护的准备工作，制定的《花山岩画文物保护规划》获国家文物局批复，启动花山岩画第一期保护工程。广西民族博物馆建成并开馆，“五彩八桂——广西民族文化陈列”、“穿越时空的鼓声——铜鼓文化”、“中国与东盟”、“八桂瑰宝”精彩纷呈，受到中央代表团和自治区领导以及各界群众的高度赞誉。那坡县达文黑衣壮、东兴京族生态博物馆建成。继续开展全国“文物调查及数据库管理系统建设”试点，举办全区“文物调查及数据库管理系统建设”项目藏品声像信息体系及技术规范师资培训班。完成了广西文博信息中心机房建设方案编制并启动实施。首批免费开放的广西自治区博物馆、百色起义纪念馆、右江革命纪念馆、中国红军第八军革命纪念馆、八路军桂林办事处纪念馆从3月份起全部免费对外开放；积极筹备2009年国有博物馆、纪念馆全部向社会免费开放相关工作。组织开展第三个文化遗产日系列活动。完成79个第六批自治区文物保护单位名单公布的审核工作，我区本级文物保护单位将增至350余处。

2月27～29日，广西非物质文化遗产普查工作现场会在金秀瑶族自治县举行，会议总结了广西基层非物质文化遗产普查典型经验——“抓机构、抓培训、抓管理、抓利用”和“点面普查与机遇采集相结合、普查与保护工作相结合、普查与名录申报相结合”以及“村屯不漏、项目不漏、线索不漏”，印发以金秀瑶族自治县非物质文化遗产资源普查文本为案例的普查指导参考范本。7月，自治区文化厅非物质文化遗产普查工作督导组深入各市督察指导非物质文化遗产普查工作。年内，完善广西国家级、自治区级、市级和县级非物质文化遗产名录保护体系。3月，自治区非物质文化遗产评审委员会确定第二批自治区级非物质文化遗产名录初选项目。有广西的壮族嘹歌等9个项目入选第二批国家级非物质文化遗产名录和第一批国家级非物质文化遗产扩展项目名录。11月10日，自治区人民政府公布第二批自治区级非物质文化遗产名录55项和第一批自治区级非物质文化遗产扩展项目名录6项。至此，全区有国家级非物质文化遗产名录28项，自治区级非物质文化遗产名录119项，市级非物质文化遗产名录316项，县级非物质文化遗产名录515项。广西的国家、自治区、市、县四级非物质文化遗产名录保护体系基本建立。公布广西第二批非物质文化遗产名录共63个项目和广西第一批非物质文化遗产代表性传承人41人。其中有11人获国家级第一、第二批非物质文化遗产代表性传承人称号。6月14日在南宁市朝阳广场举行了广西原生态民歌演唱展示活动和广西第一批非物质文化遗产代表性传承人颁证仪式，给广西41位传承人授匾颁证，并举办传承人培训班，同时还向广西壮族自治区图书馆、群众艺术馆、民族文化艺术研究院、博物馆和广西民族博物馆以及14个设区市文化局赠送了广西非物质文化遗产丛书。

六、对外和对港澳台文化交流活动更加活跃

签订了《中国广西壮族自治区文化厅和越南广宁省文化、体育和旅游厅合作备忘录》。中法保护文化多样性高层论坛在广西成功举办。加强了与文化部沟通协调，不断推进“部区合作”机制具体化，配合文化部完成广西开展对东盟文化交流合作区域机制调研工作，积极推进《中国—东盟文化交流合作发展规划》。随中共广西壮族自治区党委郭声琨书记访问柬埔寨的广西刘三姐艺术团在金边真腊剧院演出的“魅力广西”专场文艺节目获得了巨大的成功，柬埔寨副首相杨来盛、国务兼商务大臣占蒲拉西和自治区领导郭声琨、李金早以及中国驻柬大使馆参赞段金柱等一起观看演出；4月4～8日，组织广西刘三姐艺术团随自治区政府代表团赴柬埔寨访问演出。6月，组织广西刘三姐艺术团携歌舞剧《刘三姐》赴美国华盛顿、亚特兰大等地访问演出。圆满地完成赴印尼执行文化部“春节品牌”演出任务，歌舞剧《刘三姐》赴美国访问演出获得成功。中越合作的越南下龙湾海上实景演出重点项目不断推进。圆满完成2008中国—东盟文化产业发展论坛组织筹备举办工作，本届论坛有250人参加，其中正式代表71人、列席代表140人、媒体记者代表40人。论坛主要内容有大会主题发言、2008年中国—东盟文化产业战略互动对话、专题文艺晚会、文化产业项目考察等活动，并召开了中国—东盟文化产业论坛工作会和相关省区市文化产业座谈会，就论坛的发展与提升、《中国—东盟文化互动计划》的签署进行了探讨和研究。

七、党的建设和党风廉政建设等各项工作得到了加强

大力加强党的建设，深入落实党风廉政责任制度。按照中央和自治区党委的部署，深入开展继续解放思想大讨论和学习实践科学发展观活动，精心组织，立足文化部门的特点，突出实践特色，圆满完成各阶段任务，收到了良好的成效。组织了“弘扬民族文化，情系壮乡彝寨”主题实践活动，狠抓了学习型党组织建设和“送温暖、献爱心”、缴纳“特殊党费”活动，区直文化系统党员个人为地震灾区缴纳特殊党费共15.2万元。出台了《广西壮族自治区文化厅关于贯彻落实建立健全惩治和预防腐败体系2008～2012年工作规划的工作方案》。

稳步推进文化体制改革。加大了对公益性文化事业单位内部机制的改革，积极推进广西壮族

自治区图书馆公益事业单位内部机制改革。加快了经营性文化事业单位转制为企业的改制步伐，积极指导和推动广西壮族自治区演出公司继续深化内部机制改革工作，批复该公司深化内部机制改革方案。转变政府职能，继续完善以聘用制为核心的人事制度改革，向社会公开招聘工作人员，完成广西壮族自治区群众艺术馆、彩调团等8个区直文化系统单位48人的招聘工作。公开招录公务员1人。

大力做好文化信息工作。先后有《广西健全机制搭建平台推进全区农村文化建设》、《广西突出创新发扬优势对外文化交流显成效》等50多条信息被中共中央办公厅、国务院办公厅、中共中央宣传部办公厅、文化部办公厅和中共广西壮族自治区党委办公厅、自治区人民政府办公厅以及自治区党委宣传部的信息刊物采用。自治区文化厅文化信息工作连续第4年被文化部评为全国文化系统文化信息工作先进集体，广西壮族自治区文化厅办公室曹庆华连续第4年被文化部评为全国文化系统文化信息工作先进个人。

大力加强干部队伍和人才队伍建设。第七届全区中等艺术教育“红铜鼓”专业大赛和中国—东盟“红铜鼓”艺术教育成果展演获得圆满成功。区直文化系统创业环境建设工程不断推进，追加经费1600多万元维修改造了区直剧团综合排练场、艺术学校等直属单位的基础设施。加大了文化人才培养和经费投入的力度，重点落实党政领导干部、重点学科带头人、紧缺专业和特殊人才、专门业务等四大类共18个项目的培训。会同湖南等9个省级文化行政部门与上海戏剧学院共同举办了泛珠三角区域文化合作项目舞台灯光、服装化妆专业进修班，开拓了文化人才培养的新模式，加强了区域内各省区文化领域的合作与交流。大力推进职称工作，评审通过正高级26人、副高级108人、中级46人、初级42人。2008年2月，广西壮族自治区艺术学校获广西壮族自治区级重点中等职业学校和广西壮族自治区级卫生优秀学校称号，其中学校的戏曲表演专业被评为广西壮族自治区示范性专业。

海南省

一、社会文化

【广场文艺会演】

2008年，海南省东西南北中广场文艺会演分别在文昌、陵水、儋州、临高、屯昌举办。经评比，有63个节目分获一、二、三等奖和创作奖，其中文昌代表队舞蹈《携手蓝天》等13个节目获一等奖，保亭代表队女声小组唱《过达》等18个节目获二等奖，澄迈代表队舞蹈《金江春意》等32个节目获三等奖，乐东代表队舞蹈《香蕉叙语》等24个节目获创作奖，文昌、陵水、儋州、临高、屯昌5个市县获组织工作奖。

【文化信息资源共享工程】

2008年，在完成昌江、乐东、五指山、定安、保亭等试点市县文化信息资源共享工程的基础上，推进其他市县文化信息资源共享工程支中心建设。与此同时，向国家申报海南旅游文化专题资源库、热带资源专题数据库、海南省非物质文化遗产保护专题资源库、黎族文化专题资源库、琼剧专题资源库、三亚市重大赛事活动专题数据库6个海南省地方文化信息资源库建设项目。

【非物质文化遗产保护】

做好非物质文化遗产保护、传承和利用工作。组织业务骨干到省外观摩学习，举办非物质文化遗产保护成果展览，完成黎族纺织染绣技艺申报世界非物质文化遗产的前期准备工作。对著名黎族民歌手王女不大的民歌进行抢救性采录整理，出版《王女不大歌选》。举办非物质文化遗产普查培训班，开展非物质文化遗产普查，全省有70%的市县完成普查工作。2008年，全省有《黎族民歌》等9个项目被国务院公布为第二批国家级非物质文化遗产名录，3个项目被列入第一批国家级非物质文化遗产扩展名录，国家级非物质文化遗产代表性传承人陈少金、王春荣等4人被文化部公布为第二批国家级非物质文化遗产项目代表性传承人。

【参加文艺会（展）演】

11月，组织农民文艺团队参加首届中国农民文艺会演。参演节目分别获得金穗奖、银穗奖、丰收奖，实现海南省在全国性农民文艺会演中的突破。组织参加全国“四进社区”文艺展演评比，获银奖、铜奖各1个。

【文化下乡】

全省文化部门送戏下乡1200多场次，送电影下乡8500多场次。其中，海南省歌舞团到澄迈、琼海等市县演出歌舞节目25场次，观众10万多人次；海南省民族歌舞团到三亚、万宁、陵水等9个市县巡回演出32场次，观众近15万人次；海南省琼剧院到海口、文昌、琼海等7个市县为农民演出279场次，观众40万人次；海南省新华书店送书下乡100多万册（含有偿）。

【文化进社区】

组织开展社区文艺活动，全省有4个社区被评为全国先进文化社区，有2人被评为全国优秀社区辅导员。5月30日～6月5日，在全省开展“图书馆宣传周”、“图书馆服务进社区”、“全民读书月”等图书馆宣传系列活动，内容包括开展图片展览、新书介绍、演讲会、读书征文、图书服务进社区和进军营、建立“流动图书点”等。

二、重点文化设施工程建设

省重点文化基础设施工程：海南省文化艺术中心建设进展顺利；省博物馆建成开馆。乡镇综合文化站建设，制定了《海南省“十一五”乡镇综合文化站建设实施细则》，计划两年内完成全省乡镇综合文化站建设，2008年计划新建181个乡镇综合文化站，至年底，已建成84个，占46%；在建88个，占49%。

三、文艺

【文艺演出】

2008年，省直院团演出388场，观众109多万人次，收入373.60万元。省文化艺术学校也组织学生参加大型公益性演出20多场，参与学生近1000人次，观众达8万人次。年内，主要演出活动有：2月，省民族歌舞团赴广州举行“‘2008海珠之春——海南民族歌舞欣赏会”专场文艺晚会演出。4月8日，在五指山市“三月三”广场举行庆祝海南建省办经济特区20周年暨黎、苗族传统节日“三月三”五指山分会场的大型节庆演出。4月26日，央视“心连心”艺术团在海口举行“南海风中国潮”文艺晚会，海南省有200多名歌舞演员参加了晚会舞蹈等演出。5月10日，举办“庆祝海南建省办经济特区20周年音乐会”。5月13日，举行“颂海南——原生态歌舞晚会”。6日1日，在海口世纪广场举行“奥运与我同行”大型主题文艺演出。8月10～12日，应文化部邀请，大型歌舞诗《中国有个海南岛》在北京海淀剧院演出。11月15日至12月12日，举办建省以来规模最大的琼剧会演，27个演出单位、1500多名演职人员演出35台琼剧节目，来琼进行“琼剧回乡求新韵”文化交流的新加坡海南协会戏剧组也参加了会演。本次会演评出新创剧目奖、导演奖、音乐唱腔设计奖、演员表演奖、舞美奖、伴奏奖、演出奖和组织奖8个大项的164个奖项。12月25～27日，举办海南省首届舞蹈大赛，全省各地的专业艺术团体和业余舞蹈爱好者近2000人（次）参加初赛，表演节目200多个。

【文艺创作表演评奖】

大型民族舞剧《黄道婆》被文化部评为2007～2008年度国家舞台艺术精品工程年度资助剧目，并获海南省“文艺宣传特别奖”。省文化艺术学校教师邓元范编导的黎族舞蹈《逐鹿》获第三届中国青少年艺术节大赛金奖、创作奖、全国优秀指导教师奖。群舞《陶之魂》获“纪念改革开放30周年暨首届中国农民文艺会演”金穗奖，《盅盘舞》、《点播舞》获“丰收奖”。《侨乡之夜》获全国“四进社区”文艺展演银奖。在华南赛区优秀流行歌曲创作大赛总决选中，《爸爸再见》（车行词，李听曲）获一等奖。黄一鸣、孙清等的纪实摄影作品获全国新闻摄影大赛大奖，黄启清的《蓝丝带》、《南海南宋沉船》分别获全国“原生态影赛”、“蓝丝带·海洋保护全国影赛”一等奖。

【20世纪中国文学大师风采展】

7月25日至8月3日，在海口举行了20世纪中国文学大师风采展。展览展出了茅盾、巴金、老舍等10位中国文学大师的历史图片、手稿、著作版本、音像等资料，并复原艾青、萧军、姚雪垠的书房场景。配合展览举办一系列文学讲座，其中中国作协副主席陈建功主讲《关于小说创作》，冰心的女儿吴青主讲《我的母亲冰心》，沈从文的儿子沈龙朱主讲《我所理解的沈从文》。

【专项资助文学创作与出版】

对海南历史人物题材长篇小说创作进行资助评选。《暮色江南》（写作对象苏东坡）、《大明王朝的一柄利器：正说海瑞》、《南山劲崧》（写作对象张岳崧）、《夕阳无限》（写作对象李德裕）、《愤怒的宰相——大宋名臣李纲的仕途沉浮》、《心昭明月》（写作对象胡铨）等6部作品通过评审，获出版资助。启动《海南文库·文学系列》出版工程，对优秀文学作品实行专项出版资助。10月，海南文库编辑委员会选出《五月初夏的晚风》等10部作品予以出版资助。

四、对外文化交流

2008年，全省对外和对港澳台文化交流63项、394人次。

【出访】

年内，省内文艺团组和个人前往中国香港、中国台湾、美国、加拿大等国家和地区进行访问演出及考察。2月5～10日，应香港旅游发展局邀请，海口市艺术团26人随省旅游局组团赴港参加新春国际会演和大型花车巡游活动。7月21～27日，应台湾“中央研究院”历史语言研究所邀请，海南省博物馆负责人等赴台湾进行学术访问。9月，应香港旅港海南同乡会邀请，省琼剧院64人赴香港参加庆祝海南建省办经济特区20周年、香港旅港海南同乡会成立40周年演出活动。11月，应美国南加州海南会馆邀请，省琼剧院47人赴美国访问演出。

【来访】

年内，有英国、伊朗、香港等国家和地区的专家、使节来琼考察、办展，有菲律宾、马来西亚、吉尔吉斯斯坦、哥伦比亚、古巴、美国、巴拉圭、德国、台湾等国家和地区的乐队、艺术家来琼进行访问演出或商业演出。4月9～12日，英国纽卡斯特大学皮特·贾森博士等人应省科协邀请，访琼考察海南非物质文化遗产保护项目黎族船形屋村。6月18～22日，“伊朗文化艺术展”在三亚举行，此展由伊朗驻华使馆、三亚市政府、省文体厅共同主办。12月20日，应海南省国际文化交流中心邀请，台北文山合唱团和台湾新店市妇女会合唱团一行52人访琼参加“两岸一家亲——热烈庆祝琼台直航”合唱音乐会，与海南爱乐女子合唱团、海南大学合唱团同台演出。

五、文化市场

2008年，全省有文化经营场所3375家，其中音像制品经营单位507家，网吧1140家，图书批发、零售、出租店277家，歌舞娱乐场所505家，印刷厂287家，电子娱乐场所291家，演出经纪机构14个，营业性演出团体100个，营业性演出场所59家，其他娱乐场所（含旱冰场、台球室等）195家，举办各类演出活动2万多场次。年内，加强文化市场管理，努力开创管理新局面，促进文化市场的良好发展。据统计，2008年，全省出动检查执法人员约2.50万人次，开展检查行动1.10万多次，检查文化市场经营场所、单位2.37万家（次），查缴没收各类非法书报刊、音像制品和其他印刷品等59.60万件，罚没款近100万元。停业整顿文化经营单位79家，取消经营资格43家，警告591次。受理举报487起，立案调查869起，移交案件42起，办结574起。

【演出娱乐市场】

一是培育和繁荣文艺演出市场。通过省歌海演出公司等14家演出经纪机构策划，举办庆祝建省办经济特区20周年系列演出22场，其中音乐歌舞精品演出14场、琼剧演出8场，观众2.38万人次。在纪念改革开放30周年期间，宣传文化部门把12月18日前后的商业性演出列为庆典系列活动，给予一定的经济补贴。海口旅游投资控股集团公司邀请著名导演张艺谋主导的“印象·海南岛”顺利编排，三亚吉鑫华创文化传播有限公司投资开发的“美丽三亚·浪漫天涯”等大型旅游演艺节目开始接待游客。二是启动娱乐场所阳光工程。3月27日，在海口好百年演艺城举办全省娱乐场所阳光工程启动仪式。5月11～17日，开展2008阳光娱乐主题宣传周活动，除向全省娱乐场所免费发放阳光工程宣传海报5000份外，海口、三亚、琼海、儋州还采取设立宣传咨询点、流动宣传、举办知识竞赛等方式，开展有关法律法规宣传。结合宣传周活动，开展执法大检查，规范娱乐场所经营秩序，提高服务质量。三是推进卡拉OK内容管理服务系统建设。4月，在全省启动卡拉OK内容管理服务系统建设，并作为娱乐场所阳光工程的一项重要内容。已在部分市县等完成第一阶段的调查和安装工作，服务系统运行良好。四是举办首期演出经纪人培训班。9月27日，举办首期演出经纪人培训班，演出经纪机构工作人员50人参加培训，并通过资格考试获得中国演出家协会颁发的“演出经纪人资格证”。

【出版物市场管理】

查处非法音像制品地下批发窝点，重点打击国产盗版贺岁影片和成系列违法音像制品，封堵盗版的散发渠道。与此同时，对群众反映强烈的非法音像制品兜售问题进行治理。针对省内琼剧音像制品盗版严重，尤其是在乡镇，把打击盗版琼剧音像制品作为全年的工作重点之一，分别在1月、5月、12月集中开展几次大的行动，查获盗版琼剧光盘1.6万多张，查处音像店22家，吊销许可证3家，清理非法地摊。为打击制作非法出版物行为，在全国“扫黄打非”办和文化部派员指导下，1月13日，突击检查海南文广电子光碟有限公司厂房，现场查获无SID码VCD 5360张。3月17日，省文化市场稽查总队在海口市查处2个盗版音像制品仓库和1个音像制品非法复制点，收缴盗版音像制品12.60万张盒、音像复制设备8台，此案是海南建省以来最大的盗版音像制品复制、仓储案。4月22日，举行侵权盗版及非法出版物集中销毁活动，公开销毁侵权盗版及非法出版物30多万件，这是全省近年来公开销毁侵权盗版及非法出版物数量最多的一次。

【网络文化市场管理】

首届中国(海南)网络文化周1月7～11日，在海口、博鳌、三亚举行。此次网络文化周活动由文化部文化市场司指导，文化部文化市场发展中心主办，海南省文体厅协办，来自全国20个省、自治区、直辖市的文化市场管理部门、网吧行业、企业代表100多人参加。此次活动旨在适应网络文化建设、管理、应用、服务的新要求，推动网络文化健康、规范、创新、和谐发展，核心内容是探讨如何提升网络文化和网吧产业建设。其间，举行了中国网吧产业提升计划年会、AMD网吧行业专用技术峰会、2007年中国网吧产品满意度调查活动颁奖典礼等一系列专题会议和活动。此次网络文化周的举办，标志着中国网吧产业提升计划正式启动。网吧“护蕾行动” 在寒假期间，开展为期2个月的网吧“护蕾行动”，严查接纳未成年人上网等严重违规经营行为。开展暑期网吧专项整治行动，7月30日至8月30日，根据省委书记卫留成的批示，在全省开展暑期网吧专项整治行动。整治期间，各级文化执法部门采取积极措施，加大对网吧的巡查频度和处罚力度，着重查处接纳未成年人、超时经营、黑网吧三大违规经营行为和整治城乡结合部、乡镇盲点、高校周边三大突出地区。全省查处违规经营网吧197家，移交工商行政管理部门处理黑网吧23家，通过电信部门切断线路37家，罚款近30万元。为完善网吧长效管理机制，推出4项措施。一是建立以网吧总量布局规划调控市场制度。在各市县申报的基础上，统筹制定海南省网吧总量布局规划方案。二是建立未成年人进入网吧情况分析通报制度。各市县每季度定期统计、上报网吧接纳未成年人进入的行政处罚执行情况，对累计2次接纳未成年人的网吧，责令停业整顿，3次吊销许可证。三是建立并落实黑网吧责任追究制度。强化基层工商所的监管职能，建立并落实责任追究制度。四是建立网吧市场评优机制。“文明诚信网吧”创建活动，9月26日，举行海口市“文明诚信网吧”授牌仪式，给海口市20家“文明诚信网吧”授牌，开始了全省范围内的“文明诚信网吧”创建活动。

【文化市场专项治理】

围绕创建平安文化市场，保障奥运会成功举办的主题，从5月初至9月底组织开展“奥运保障行动”。其间，省文化市场稽查总队两次组织检查组，对奥运火炬传递活动将经过的三亚、琼海、五指山、万宁等市县进行检查，查处经营盗版的音像店12家和接纳未成年人的网吧7家，收缴一批盗版和淫秽色情音像制品、软件。执行国务院“全国哀悼日”公告，在四川汶川大地震“全国哀悼日”期间，根据国务院公告，停止电子游艺、歌舞娱乐、影剧院、演出等文化娱乐场所的经营，停止网吧游戏、酒吧或者茶艺馆涉及歌舞演出部分的娱乐活动，停止各类网站和游戏频道的经营活动。深圳龙岗无证无照经营的舞王俱乐部发生特大火灾后，为吸取教训，向全省下发下了加强文化市场安全工作的紧急通知，要求在全省范围内排查歌舞娱乐、电子游艺、营业性演出、网吧、书店、音像店、画廊画店等文化市场经营场所，对存在突出问题和安全隐患的单位给予整顿；针对各类无证经营、违法违规经营场所和活动逐一造册，并依法取缔或提交工商行政管理和公安部门处理；组成省执法检查组，对重点市县进行检查督导。

六、文化产业

1月11日，发布全省文化产业调查主要数据公报，标志着这项在全国开先河的调查工作圆满结束。此次调查工作按照国家统计局关于文化及相关产业分类标准进行，通过调查，掌握了全省文化产业单位数量、产业布局及结构、经营和就业状况等情况，为各级政府完善文化产业政策、改进宏观调控措施等提供科学依据。加强文化创意产业项目引进，年内有三亚南中国海影视基地、三亚国际“动漫”城、三亚奥林匹克国际村等一批文化产业大项目落户海南。5月30日，省动漫基地在三亚田独高新技术产业园挂牌，填补海南动漫领域的空白。海口创意产业园和三亚创意产业园规划用地已基本落实，正在进行招商。组团参加第四届中国（深圳）国际文化产业博览交易会，推出招商展示项目30个，有250人参会，签订合作、投资开发建设项目11个，金额约24亿元，涉及软件开发、动漫游戏业等多个领域。为推进公众高尔夫产业发展，开展全省公众高尔夫球场建设调研，出台税收优惠扶持政策，把海口依必朗高尔夫球场转化为公众高尔夫球场试点基本完成协商和筹备工作。年内，省文体厅市场产业处被文化部授予2008年“全国文化产业工作先进集体”称号，海口市文体局的孙宝龙和三亚市文体局的廖民生被评为“全国文化产业工作先进个人”，海口市大致坡镇琼剧文化产业群被命名为“第三批国家文化产业示范基地”。

七、文物保护与考古

【文物保护工作】

2008年，完成第二批省级文物保护单位申报材料整理并通过专家评审，确定省级文物保护单位保护范围。编制完成东坡书院安全防范系统工程设计方案，根据国家文物局的意见对中共琼崖第一次代表大会旧址、蔡家宅、丘浚故居、海瑞墓、丘浚墓等保护单位的安全防范系统工程设计方案进行修改补充。完成和初步完成有关重点文物保护单位保护规划方案。年内，儋州市中和镇、文昌市铺前镇被评为第四批中国历史文化名镇。

【考古发掘与调查】

经国家文物局批准，省文物保护管理办公室与国家博物馆签订西沙群岛华光礁1号沉船遗址发掘项目第二阶段发掘工作合作协议，并于11月15日至12月27日对该项目开展水下考古工作。其间，国家文物局局长单霁翔带领专题调研组到发掘现场慰问，并到中国最南端的国家级重点文物保护单位甘泉岛遗址考察。在国家文物局的支持下，西沙水下考古工作队圆满完成华光礁1号沉船遗址第二阶段发掘工作。此外，年内完成华能电厂建设工程和琼中红岭水库的文物调查工作。

【启动第三次全国文物普查工作】

为做好第三次全国文物普查工作，召开海南省第三次全国文物普查工作动员大会，印发海南省第三次文物普查工作方案，举办文物普查培训班对普查人员进行系统培训，落实文物普查工作经费。从10月开始，开展文物普查田野调查工作。至2008年底，已完成约10%行政村的文物普查田野调查。

【文化遗产日宣传活动】

6月14日，海南省“中国文化遗产日”系列活动在三亚大小洞天自然博物馆启动，省政府副省长林方略出席启动仪式。在启动仪式上，为黎族民间打柴舞传承人黄家近、黎族传统纺织染绣技艺传承人容亚美等6名非物质文化遗产传承人颁发荣誉证书。为取得较好的宣传效果，提高民众对文化遗产保护工作的兴趣，增强其参与文化遗产保护的意识，天涯网组织来自不同行业的文化遗产爱好者进行“守望之旅”考察活动，在海口举办纪念“中国文化遗产日”暨文物法宣传咨询和鉴宝等活动。

【省博物馆建成开馆】

3月，投资1.30亿元、展厅面积约8000平方米的海南省博物馆一期工程竣工交付使用。在纪念海南建省办经济特区20周年期间，该馆成功举办海南建省办经济特区20周年成就展，中共中央总书记胡锦涛和中央政治局常委、国务院副总理李克强等中央领导到博物馆视察参观。为按时保质开馆，对全省文物资源进行整合，完成大量文物的调拨，其中包括从省内多个市县调拨一批文物精品入藏省博物馆。在文物征集方面，成功征集到张岳崧的《南安书院碑记》底稿册页、国家三级文物花梨木正堂家具、蔡于良的龙被等31件文物通过捐赠方式入藏省博物馆，修复展列20多幅古字画。国家文物局也积极支持海南省博物馆，将“越王亓北古剑”、“唐三彩马”、“宋青白釉花口凤首壶”3件国宝文物移交海南省博物馆。此外，接受华光礁一号沉船标本176箱，并进行防腐处理。11月15日，省博物馆正式开馆，结束了该馆有馆无舍的历史。至年底，省博物馆接待观众15万人次。

八、推进文化体制改革

2008年，继续推进文化体制改革。海南新华书店集团与江苏省新华书店集团实现跨地区战略重组，合资设立的海南凤凰新华发行有限责任公司挂牌成立；海南日报报业集团探索新闻与经营“两分开”，正式成立海南报业发行有限公司；海南广播电视台探索制播分离，成立新的影视剧制作中心，实行市场化运作。

重庆市

2008年，重庆市文化机构1248个（不含文化市场机构），其中文化部门专业剧团29个、其他艺术表演团体148个、艺术教育机构2个、文艺科研机构1个、公共图书馆43个、艺术馆1个、文化馆40个、乡镇（街道）文化站994个、电影放映单位702个、博物馆（纪念馆）21个、文物管理所39个。全市不可移动文物点12898处，其中世界文化遗产1处，全国重点文物保护单位20处，市级文物保护单位148处，区县文物保护单位1131处。现有文物藏品总量65万余件。

一、加快服务体系建设，文化民生明显改善

重大文化设施建设提档加速，重庆歌乐山红岩魂陈列总馆新馆建成开放，重庆川剧艺术中心、重庆大剧院主体工程基本完成，国泰艺术中心建设进展顺利，重庆自然博物馆正式开工建设，重庆国际马戏城、重庆市群众艺术馆完成规划立项选址。各区县加大投入，利用市委、市政府拨付的2500万元专项资金撬动公共文化设施建设。万州区三峡移民纪念馆正式奠基，图书馆新馆建成投入使用。合川区投资1.5亿元修建的文化艺术中心主体工程已经完工，预计投资2.8亿元的博物馆完成了选址和可研，还投资200万元改建了文物库房。南岸区投资900万元对文化馆新馆进行装饰装修和设备配置，于2008年10月投入使用。涪陵区计划投资1.5亿元修建文化艺术中心。黔江区开工建设图书馆新馆。江津、大足、酉阳、巫山等地都新建了一批文化设施。重大文化工程推进有力，文化资源信息共享工程完成重庆市分中心二期工程改造和11个区县支中心的建设任务，启动了村级基层服务点建设。建成222个乡镇综合文化站。农村电影放映全面实现一村一月一场，农村中小学观看率达到100%。免费开放18家博物馆、纪念馆，全年接待游客达785万人次。

城乡文化活动丰富多彩，“渝州大舞台”城乡文化互动演出700多场。组织开展和参与了武陵山文化艺术节、巫山红叶节、奉节脐橙节等10多项全市性重大文化活动。举办了重庆市第三届乡村文艺会演、三峡库区文艺展演和重庆市首届小品大赛，组织开展迎春群众文化活动200余场和清明节、端午节期间群众文化活动80余场，组织10个区县的10台文艺节目到主城区演出。全市累计组织开展红色经典歌曲传唱活动达到39403场，30130个单位参加，2705万人次参与，央视《焦点访谈》进行了报道。

二、大力繁荣文艺创作，推出一批精品力作

杂技《感——单手倒立》参加全国第七届杂技比赛，荣膺文华杂技节目创作金奖第一名和2008年度荣毅仁基金会杂技艺术一等奖、文华杂技节目编导奖。京剧《大足》获得全国第五届京剧艺术节银奖。市京剧团演员周利获2008第六届全国青年京剧演员电视大赛青衣组金奖。重庆艺校舞蹈新作《女兵》、《挽扇仕女》在全国“荷花杯”舞蹈比赛中获优秀表演奖。川剧《李亚仙》、交响乐《太阳之子》、话剧《小萝卜头》公演，《李亚仙》得到了贺国强等国家领导人的高度赞扬。新排练话剧《闲话草民》、现代川剧《村官朝天椒》。罗中立、庞茂琨、江碧波、周顺恺等8位美术家入编《中国美术30年》。向文化部报送当代现实主义题材作品4部。抗震救灾中推出合唱《生命的呼唤》、群口快板《众志成城，抗震救灾》、配乐诗朗诵《我们都是汶川人》等文艺作品。举办重庆市首届民族乐器演奏比赛，全市30个区县的450支队伍近1000名选手参赛，涌现出一批新人新作。面向全国征集到舞剧、歌剧、话剧、戏曲剧本22个。

全市上下抓艺术创作的意识逐步强化，重视艺术创作的良好氛围正逐步形成，各区县充分发掘地域文化资源优势，创作了一批极有价值的作品。万州区创作排练了大型话剧《闲话草民》，启动电视连续剧《血沃三峡》、《大峡江》剧本创作。巴南区突出巴文化特色，创作木洞山歌剧《迎村官》，参加文化部举办的首届中国农民文艺会演获得金穗杯。长寿、綦江、南川、璧山、巫山等地的文艺创作也有声有色。沙坪坝区还设立了“沙坪坝区人民政府文学艺术奖”，拟定了《沙坪坝区文艺精品创作奖励办法》。

三、切实抓好基础工作，两个保护成效显著

从制度建设入手，从基础工作做起，扎扎实实推进文物和非物质文化遗产保护工作。

文物保护方面，重点抓了三峡文物保护、重点文物保护和城市大拆迁中文物保护工作。三峡文物保护取得阶段性成果，重庆库区 175 米水位线以下的文物保护工作通过国家验收。忠县石宝寨文物保护工程、巫山大昌古民居搬迁复建工程通过专家验收并对外开放，涪陵白鹤梁文物保护工程、云阳张桓侯庙东侧滑坡治理工程有序推进。主城区危旧房改造文物调查工作结束，编制完成《2008 年重庆市主城区危旧房改造文物保护规划》。全面完成第三次全国文物普查试点——抗战遗址调查工作，田野调查工作全面展开，启动率在全国位居前列，受到国家三普办的通报表扬。成功申报第四批国家级历史文化名镇 4 个，全市国家级历史文化名镇累计达到 13 个，重庆中国三峡博物馆入选首批国家一级博物馆。

非物质文化遗产保护方面，召开了全市非物质文化遗产保护工作会，明确了“以宣传为先导，普查为基础，研究为支撑，项目保护为中心，传承人扶持为关键，博物馆、传习所或文化生态保护区为拓展，建立起比较完备的非物质文化遗产保护机制和体系”的工作思路。秀山民歌、酉阳民歌等 16 个项目进入第二批国家级名录。目前，全市有国家级非物质文化遗产名录 29 个，首批市级非物质文化遗产名录项目 62 个，区县级非物质文化遗产名录 823 项，基本建立了国家级、市级、区县级三级非物质文化遗产普查名录体系。在非物质文化遗产普查工作中，巴南、石柱、沙坪坝、合川、忠县、巫溪、开县等 15 个区县率先完成了前期普查工作任务，探索创造出一系列行之有效的工作经验和做法。

四、注重培育市场主体，文化产业加速发展

成功策划首届重庆演出季，坚持“政府扶持、市场运作、企业赞助、社会参与”的原则，采取“政府扶持一点、院团化解一点、剧场优惠一点、社会赞助一点、市场运作一点”的方式，充分发挥市场配置资源的作用，成功组织 12 台国内外和 36 台本市优秀舞台剧目演出 96 场，观众达 10 万多人次，实现票房收入 2600 多万元，平均上座率达 70% 以上，市外剧目上座率达 90% 以上，其中，《卡门》、《藏谜》、“三大男歌唱家音乐会”、《百老汇之魂》等演出全场爆满、一票难求。2008 年全市电影票房首次突破亿元大关，实现 1.01 亿元，较 2007 年增加 50%。动漫产业逐步发展壮大，年产量达 16000 分钟，占全国总量 10% 以上，名列全国第七位。大力实施文化产业“走出去”战略，参加了第四届中国西部文化产业博览会和北京文化创意产业博览会，在西博会上签约项目协议金额达 9.56 亿元。歌舞团转企改制后焕发生机活力，打造了时尚大型歌舞《渝・美人》，2008 年各项收入达到 1000 万元。文物拍卖成交踊跃，成交金额 1676 万元。

民营文化企业发展势态强劲，涌现出享弘数字影视公司、宏信软件公司、笛女阿瑞斯影视公司等一大批民营文化企业。各区县也高度重视发展文化产业，南岸区设立 1000 万元政府文化发展专项资金。九龙坡区建立创意产业发展专项资金，出台了《促进创意产业发展若干政策意见（试行）》和《创意产业优惠政策资金使用管理办法（试行）》。沙坪坝区规划了文化产业发展“233”战略。渝中区提出到 2010 年，文化产业增加值占地区生产总值比重达到 8% 左右。铜梁县龙灯特色文化产业、綦江农民版画产业都得到快速发展。

五、全面扩大文化开放，彰显重庆文化魅力

对外交流卓有成效，赴德国、法国等 24 个国家和地区参加了文化部主办的系列品牌活动、罗马“中国艺术节”活动、纪念哈萨克斯坦建都 10 周年文化交流活动、首次组团到非洲三国访问演出等重大文化交流活动。组织承办了“德中同行・走进重庆”文化交流活动，涵盖了文化交流、文艺演出、经贸洽谈和高层论坛等领域。2008 年，全市对外文化交流出访项目 51 个 410 人次，接待 19 个国家和地区的 81 个项目 724 人来渝进行商业演出、文化交流，来访人数比上年增加 40%，项目数增加了 74%。重庆电视台国际频道加入长城平台，成为中国西部第一家在北美地区落地播出的专业频道。成功举办了威尔士—重庆电视周、新西兰—重庆文化周、加拿大 CTV 重庆电视周、美国—重庆电视周，与美国五洲电视集团联合举办了“我们共同祝福——2009 跨国新年双语晚会”。

组织召开了直辖四城市群众艺术馆工作研讨会、全国城乡统筹公共文化论坛暨经验交流会，举办了全国历史文化名镇保护论坛。积极组织系列奥运活动，举办了“2008——和谐重庆迎奥运”火炬传递文艺演出、“庆直辖·迎奥运”歌咏会等活动；重庆中国三峡博物馆牵头组织长江沿线 15 家博物馆，在奥运期间推出“长江文明展”，重庆 54 件珍贵文物集中亮相首都博物馆；积极参加奥运演出季活动，川剧《金子》、大型交响乐《长江》首次走进国家大剧院；《铜梁龙舞》成为奥运会开幕式暖场表演的压轴戏；组织群众文艺队伍 80 余人参加了城市奥运文化广场活动；《春蚕》参加了“迎奥运”——群星奖优秀节目展演；自编舞蹈亮相北京奥运会开幕式“中华礼乐”篇章；“中国故事”——“重庆祥云小屋”文化展示活动在奥林匹克公园中心区成功开展，被北京奥组委和文化部授予最佳组织奖、最佳策划奖、突出贡献奖三项大奖，是唯一同时获得三项表彰的省市。

六、整体谋划文化改革，准备工作进展良好

认真贯彻落实全国文化体制改革工作会议和市文改领导小组第 10 次会议精神，深入调研，拟制改革方案，开展动员培训，做好全面深化改革的各项准备工作。2008 年 7 月，对北京、上海、沈阳、南京、无锡等地文化体制改革工作进行了考察学习，拿出 1 个调研总报告和 5 个分报告，为制定改革方案奠定了基础。11 月 18 日，召开了局属 12 家单位改革动员会，布置系列改革准备工作。11 月 20 ~ 25 日，局文改办到局属 12 家单位进行调研，初步摸清了各单位发展定位、改革路径、赢利模式、方法步骤和资源配置、政策扶持、历史遗留问题等。起草了局系统文化体制改革总体方案和专业院团改革方案。12 月，组织 12 家单位的党政主要领导和工作骨干进行了新一轮改革集中培训。

七、加强机关自身建设，职能履行得到强化

认真开展“执政为民、服务发展”整改活动，建立“双联”制度，由每位局领导和机关业务处室对应联系 3 ~ 4 个区县和 2 ~ 3 个直属单位，建立与基层联系的畅通渠道。从 2008 年 10 月 6 日至 11 月 16 日，局领导带领 13 个调研组完成了对 40 个区县和 24 个局属单位的“双联”走访工作，征求到大量意见和建议，掌握了基层文化建设第一手资料。

加强了对下放审批项目的指导，对文化市场行政审批涉及事项进行归纳整理，印发了《行政审批事项办事流程》和《文化市场行政审批工作手册》（试行）。2008 年我局直接审批各类营业性演出 69 场，设立演出经纪机构 18 家，审核上报互联网文化经营单位 3 家，审查并出具音像制品准运准提证明 220 份，更换文化类各种许可证 3500 余套；接受网吧、音像制品、娱乐场所、演出等有关问题的来人来电咨询 620 余件 / 次。严格推进政务公开，将所有审批办结项目及时在局门户网站上进行公布，文化市场行政审批工作实现无投诉、无行政复议和行政诉讼案件。

开展了机关“双学双讲”、“党员示范岗”争先创优、文明单位创建、廉政勤政创建、聘请行政效能建设监督员、机关作风巡查暗访等“六个一”活动，切实整顿机关工作作风，形成干事创业的良好风气和环境。编撰文化广电发展蓝皮书，创办《重庆文广》杂志，加大文化宣传力度，扩大重庆文化的影响面。

加强了队伍建设，拓宽干部培养使用渠道，新提拔使用干部 2 名，机关新补充干部 9 名，轮岗交流干部 3 名，积极开展上挂下派锻炼干部工作。

八、重要会议、重大事件、重要活动、重要文化设施建设

【重庆市和文化部建立部市合作机制】

10 月 10 日，文化部部长蔡武和重庆市市长王鸿举在北京签署了部市工作会商议定书，文化部与重庆正式建立起紧密的部市合作机制。双方成立部市合作委员会，每年会商一次，总结、部署相关工作，审议、协调重大合作事项。文化部主要从 3 个方面支持重庆文化建设：一是推动公共文化服务体系建设，支持重庆作为统筹城乡公共文化服务体系和保障机制建设试点地区。二是推动重庆文化加快发展，建设与长江上游经济中心地位相匹配的西部文化高地。三是推动文化体制改革创新试验，把重庆作为文化体制改革创新试验区。

【第五届戏剧编剧导演培训班在重庆举办】

4月12～19日，由文化部主办、重庆市文化广播电视局承办，重庆市艺术创作中心具体实施的“第五届戏剧编剧导演培训班”在重庆举办。文化部艺术司司长于平，副司长蔺永钧，国家话剧院副院长、导演王晓鹰，湖北京剧院编剧谢鲁，上海艺术创作中心编剧罗怀臻，总政话剧团导演王寿仁，上海京剧院艺术总监、编剧黎中城，中国戏曲学院研究生部主任、教授赵伟民，北京人民艺术剧院原院长、一级编剧刘锦云等国家级专家来渝讲授了“从精品工程看当前舞台表演艺术创作态势”、“当前艺术创作需要关注的问题”、“中外导演艺术”、“戏曲语言”、“‘非物质文化遗产保护’下的当代中国戏曲创作与创新”、“小品的编导艺术”、“寻求传统艺术和当代审美意识的有效结合”、“舞台艺术创意‘精神赋予神往’”、《诗化生活的戏曲导演艺术》、《创作体会谈》等课程。来自重庆、西藏、青海、云南、广西、贵州、四川、内蒙、湖北9个省区市的112名学员参加了培训。

【“德中同行，走进重庆”大型活动在重庆举行】

由德国外交部和重庆市政府共同主办，德国经济亚太委员会、歌德学院、重庆市外宣办、重庆市委宣传部、重庆市文化广播电视局等单位协办的“德中同行，走进重庆”大型活动于2008年5月9～17在重庆举行。该活动涵盖文化和教育交流、文艺演出、经贸洽谈和高层论坛等领域的一系列中德交流活动。其间举办了交响音乐会、川剧演出以及配合“德国大道”的一系列演出，举办了“德国电影周”，该活动在“我们一家人——5·12赈灾义演”中闭幕。这一系列活动的举办让普通市民在了解德国文化的同时，也充分展示了重庆自己的特色文化，并促进了重庆与德国艺术家的交流与合作，加深了中德两国人民的友好情谊。

【中国三峡博物馆晋身国家一级博物馆】

5月18日，重庆中国三峡博物馆顺利通过全国博物馆专家评审委员会的审核，入选首批83家国家一级博物馆名单，成为与故宫博物院同级的全市首个国家一级博物馆。重庆中国三峡博物馆已成为了重庆市的一张文化名片，不仅在业界的影响度日益加大，在社会的知名度和美誉度也不断提升。

【重庆市又有16项入选国家级非物质文化遗产名录】

6月7日，国务院审定公布了第二批国家级非物质文化遗产名录和第一批国家级非物质文化遗产扩展项目（共计657项），重庆市的秀山民歌、酉阳民歌、梁平抬儿调、龙骨坡抬工号子、四川竹琴、车灯、荣昌夏布、漆器髹饰技艺、永川豆豉酿制技艺、涪陵榨菜传统手工制作技艺等10个项目入选第二批国家级非物质文化遗产名录，永城吹打、酉阳土家族摆手舞、刘氏刺熨疗法、蜀绣、梁平竹帘、荣昌折扇等6个项目入选第一批国家级非物质文化遗产扩展项目。

【重庆艺术团首次走进非洲】

8月31日至9月26日，受文化部的派遣，重庆市文化广播电视局组建重庆艺术团，赴南非、纳米比亚、贝宁三国访问演出，并参加中南建交10周年庆祝活动和贝宁中国文化中心成立20周年庆祝活动。这是为兑现中非合作论坛北京峰会确定的“推动和支持地方和民间开展对非文化艺术演展活动”的承诺，也是重庆艺术团首次走进非洲。此次出访的重庆艺术团一行22人，为非洲人民献上了杂技、民乐、民歌等独具巴渝文化风格的优秀节目，为增进非洲人民对重庆的了解，加强重庆与非洲的文化交流与合作起到了桥梁作用。

【组团参加第四届“西博会”取得丰硕成果】

10月11～14日组团参加在陕西省西安市举行的第四届中国西部文化产业博览会。全市有65个产业项目参加招商，58家文化产品制作经营企业23类产品参加展示。文化产业项目推介达成意向协议6个，即重庆艺术学校迁建、重庆国际马戏城新建、上海《时空之旅》落户重庆、涂山宋窑博物馆建设、重庆市渝中区设计创意产业园区——设计综合大楼建设、重庆501当代美术馆建设，金额为9.56亿元。重庆展团以高规格、大规模、旺人气的优势，被博览会组委会授予优秀组织奖、最佳设计奖、最佳交易成果奖。

【全国廉政文化大型绘画书法展来渝巡展】

11月25～30日，由中纪委、文化部、监察部联合举办的“全国廉政文化大型绘画书法展”在重庆中国三峡博物馆巡展。本次书画展集中展出了我国著名书法家欧阳中石、沈鹏、李铎，著名画家刘大为、冯远、龙瑞等200余位艺术家的作品。重庆国画院院长、国家一级美术师周顺恺和重庆国画院副院长、四川美术学院教授王世明创作的《北宋改革家王安石》、《人民公仆刘玉儒》两幅国画作品入选此次展览。艺术家通过绘画、书法等艺术形式赞美了中华民族崇廉尚廉的优良传统，颂扬了新时代英模人物的先进事迹，展示了改革开放30年来党风廉政建设的丰硕成果。

【成功举办首届重庆演出季活动】

活动于2008年12月9日至2009年1月23日在重庆举行，这是为纪念改革开放30周年、展示重庆舞台艺术创作成就、推动文化体制改革、繁荣文艺演出市场而举办的一项重大演出活动。

首届重庆演出季由重庆市文化广播电视局主办，凸显了“唱响时代颂歌、共享艺术成果、繁荣重庆文化”的主题，组织了俄罗斯国立模范红军歌舞团的“综艺精典晚会”、中国国家交响乐团合唱团的大型红色经典情景音乐会“燃烧的岁月”、奥地利音乐剧《茜茜公主》、德国柏林交响乐团的“2009全球通新年音乐会”、中国三大男歌唱家（戴玉强、廖昌永、莫华伦）“2009年专场新年音乐会”、辽宁省芭蕾舞团的芭蕾舞剧《二泉映月》、上海话剧艺术中心新版话剧《于无声处》、大型藏族原生态歌舞乐《藏谜》、国家舞台艺术精品工程十大精品剧目川剧《金子》、大型交响音诗画《长江》、新编儿童话剧《小萝卜头》等12台国内外和36台重庆的优秀精品剧（节）目，在人民大礼堂、人民大厦剧场、南岸艺术中心、川剧院重啤剧场、沙坪剧院、巴渝剧场等场所演出近100场次，观众达10多万人次，平均上座率达到75%。本届演出季是重庆推出的参演单位最多、剧目种类最齐、演出层次最高、覆盖面最广的一次大型演出季活动。

【城乡文化互动工程促进城乡文化统筹发展】

由市委宣传部、市文化广电局联合主办的2008年“神州行”渝州大舞台城乡文化互动工程，组织了18个专业艺术院团，行程8.8万余公里，分赴全市的33个区县（自治县）的乡镇、社区、工地和学校演出507场，10个区县原生态民族文艺节目进主城区展演10场，观众总人数约190余万人次。此次互动工程是2006年以来参与艺术院团最齐、演出场次最多、覆盖面最广、剧目最丰富、持续时间最长的一次公益性惠民演出活动，受到广大群众的热烈欢迎，赢得了广大群众的高度赞扬。通过“城市文化下乡”和“农村文化进城”进行相互交流、促进，有效地缩小城乡文化差距，促进了城乡文化的统筹协调发展，得到了良好的社会效应。

【重庆京剧演员张军强荣获23届梅花表演奖】

重庆市京剧团副团长、国家一级演员张军强，在首届中国戏剧奖·梅花表演奖（第23届中国戏剧梅花奖）评选中荣获中国戏剧梅花奖表演奖，成为全国33位梅花表演奖获得者（其中京剧演员仅2位）之一。中国戏剧梅花奖由中国文联、中国剧协主办，是我国戏剧（包括戏曲、话剧、歌剧、音乐剧、舞剧等）表演艺术最高奖。张军强成为重庆继沈铁梅、马文锦、黄荣华之后，第4位获得梅花奖的戏剧演员。

【三峡重庆库区文物保护工作取得重要成果】

顺利通过国家文物局组织的四期移民阶段文物保护工作验收。全面完成四期移民阶段计划内地下文物保护工作，超额完成规划外的地下文物保护工作，积极开展三峡工程消落区文物保护抢救工作，全面完成四期移民阶段计划内地下文物保护项目7项，发掘面积25310平方米，保证了三峡工程175米实验性蓄水；超额完成规划外的地下文物项目19项，发掘面积3.42万平方米，勘探面积3.1万平方米；积极组织消落区文物调查，制定消落区文物保护计划，开展消落区文物挖掘。

基本完成四期移民阶段地面文物保护工作。三峡工程重庆库区四期移民阶段地面文物保护项目81项中，39个原地保护项目的保护工程施工，38个留取资料项目的调查、测绘工作都已完成；4个搬迁项目中已完成3个。出版相关书籍，整理有关档案资料编辑出版了《重庆库区考古报告集2001年度》、《云阳晒经》、《忠县土地岩》考古发掘报告专著。截至年底，累计完成地下、地面项目档案4911卷，各类纸质资料2.68万袋，共8.54万份，电子光盘0.34万盘，照片790余册共8.76万余张，反转片260余册共2.52万张。

【大足石刻千手观音造像保护批准为国家石窟类重大保护科研一号项目】

经国家文物局批准立项，千手观音的保护作为国家石窟类重大保护科研一号项目，组织国际国内一流保护专家，运用当今最先进的各种科学技术，做好传统保护维修工艺与现代科技的对接，攻克千手观音保护这道世界级难题，使千手观音以健康良好面貌呈现在人们面前。整个工程按照《大足石刻千手观音造像抢救性保护工程总体工作方案》、《大足石刻千手观音造像抢救性保护工程岩土体工程详细勘察工作方案》、《大足石刻千手观音造像抢救性保护工程小环境监测与评估设计方案》有序进行，现场工作任务已完成，下一步进行前期调查的数据分析和阶段报告的编制工作。

【博物馆、纪念馆免费开放使文化惠民的能力不断增强】

根据中宣部、财政部、文化部、国家文物局《关于全国博物馆、纪念馆免费开放的通知》要求，2008年，全市相继免费开放了重庆中国三峡博物馆（重庆博物馆）、红岩革命纪念馆、自然博物馆等18家博物馆、纪念馆和全国爱国主义示范教育基地。在开放的种类、数量和区域范围实现了最大化，保障了市民的基本文化权益，免费开放工作走在西部地区前列。免费开放让更多的观众走进了博物馆，2008年，全市博物馆系统共接待游客785万人次。

【重庆图书馆入选首批“全国古籍重点保护单位”】

文化部向社会发布了首批“全国古籍重点保护单位”（51家），在首批“全国古籍重点保护单位”中，西部地区有重庆图书馆、陕西省图书馆、云南省图书馆、贵州省图书馆、甘肃省图书馆等5个单位入选。同时，重庆图书馆馆内珍藏的16部古籍文献也载入了首批《国家珍贵古籍名录》，入选的文献数量名列前茅。

【出台《重庆市非物质文化遗产项目代表性传承人认定与管理暂行办法》】

该《办法》对重庆市非物质文化遗产项目代表性传承人的认定标准、权利、义务及管理作出了明确具体的界定，标志着重庆市非物质文化遗产项目代表性传承人将得到更加科学的认定和及时的保护，进而促进市级非物质文化遗产项目的有效传承。随着《办法》的出台，重庆市将启动市级非物质文化遗产项目代表性传承人的申报工作。

【电影业向规模化经营、院线化管理、开放的市场主体转变】

全市现有5条电影院线。各类社会资本投资现代多厅电影城，全新的经营理念冲破了旧有的发行模式，电影市场十分活跃，电影票房收入连年大幅上升。2008年，全市电影票房收入实现1.01亿元，较2007年增长50%，已经连续7年大幅增长，是2001年的近5倍。社会投资拍摄电影在重庆逐步兴起，2008年有两部影片由重庆投资拍成，《党员吴显才》系国内首部关注农村老人生存状况及养老问题的主旋律电影；《太阳出来喜洋洋》为反映社会主义新农村建设题材的主旋律影片。

【新增两个国家级文化产业示范基地】

文化部公布第三批国家文化产业示范基地名单，全国59个单位入选，重庆巴国城文化投资有限公司、重庆洪崖洞城市综合发展有限公司榜上有名。加之第二批入选的綦江农民版画产业园，重庆市国家级文化产业示范基地增至3个。

2008年度文化机构人员：

重庆市文化广播电视局(市文物局)党委书记、局长：汪俊

重庆市文化广播电视局(市文物局)党委委员、副局长：程武彦

重庆市文化广播电视局（市文物局）副局长：刘明华

重庆市文化广播电视局(市文物局)党委委员、副局长：温俊华

重庆市文化广播电视局(市文物局)党委委员、副局长：张洪斌

重庆市文化广播电视局(市文物局)党委委员、副局长：李泽林

重庆市文化广播电视局(市文物局)党委委员、局长助理：席　华

四川省

2008年，四川省专业艺术表演团体83个，从业人员6077人。其中：话剧团、儿童剧团、滑稽剧团13个，从业人员649人；歌剧团、舞剧团、歌舞剧团4个，从业人员396人；歌舞团、轻音乐团9个，从业人员472人；戏曲剧团36个，从业人员3127人；曲艺团、杂技团、木偶剧团、皮影剧团9个，从业人员405人；方工团、文宣队、乌兰牧骑演出队4个，从业人员66人；综合性艺术表演团体8个，从业人员962人。全省专业艺术创作机构7个，从业人员137人。全省专业艺术表演场馆64个，从业人员795人。

一、舞台艺术

2008年4月，四川省文化厅在成都召开了全省艺术创作工作会议。该创作会提出了全年全省文艺创作的主旨是“坚持以‘三个代表’重要思想为指导，坚持实践科学发展观，坚持文艺工作的‘二为’方向和‘双百’方针，深入贯彻党的十七大精神，牢固树立精品意识，努力实施精品战略，创演一批优秀文艺作品”；拟订了四川省2008年和今后一段时期全省艺术创作工作规划及其具体安排意见；制定下发了全省艺术创作滚动发展计划。

在该创作会上，四川省文化厅与徐棻、谭愫、张卫国、嫣然、杨椽、吕长水、廖时香、郑瑞林、李和明、向响、严西秀和张尚全等12位剧作家签订了重点剧本签约协议书。这是四川省论文化厅第一次与重点文艺作品作者实施“签约制”。

成都市川剧院创作演出的川剧《欲海狂潮》几经打磨，成功入选2007～2008年度国家舞台艺术精品工程初选剧目。

2008年北京奥运会期间，四川省文化厅组织四川艺术职业学院、四川大学艺术学院及省、市（州）级相关艺术剧院团、艺校的140余名演职员，创排了极富有四川地方特色和羌民族文化特色的大型体育文艺节目《羌族推杆》。该节目在奥运会开幕式前的成功演出，受到了开幕式导演组的高度评价和全国各地媒体的一致好评。参加北京奥运会期间北京展演活动的四川省川剧院创作演出的川剧《易胆大》、四川人民艺术剧院创作演出的话剧《草房子》、成都市川剧院改编演出的川剧《红梅记》和民营剧团——四川民族歌舞团创作演出的民族歌舞《天地吉祥》等优秀剧目的精彩亮相，受到了北京广大观众的热情欢迎。成都市文化艺术学校创作的杂技《草帽舞》入围2008年北京残奥会闭幕式演出，受到全国观众赞赏。

四川民族歌舞团创作演出的民族歌舞《天地吉祥》的主题歌曲《天地吉祥》、成都市人民艺术剧院、成都市文化艺术学校打造的木偶《森林舞会》，成功入围2009年中央电视台春节联欢晚会。成都市文化艺术学校创作演出的民族舞蹈《羌家姑娘绣彩绣》，成功入围文化部2009年春节联欢晚会。

5月初，由四川省委宣传部、四川省文化厅联合主办的“著名川剧表演艺术家许倩云从艺65周年专场演出”和“许倩云从艺65周年表演艺术研讨会”等两项活动在成都举办，受到社会各界重视，引起良好反响，鼓舞了四川广大戏剧文艺工作者努力促进文艺事业繁荣的信心。10月，四川省委宣传部、四川省厅又成功组织了“沈伐谐剧专场演出”，充分展现了谐剧艺术的独特魅力和与时俱进的可喜局面。

10～11月，四川省文化厅与成都市文化局共同承办了2006～2007年度国家舞台艺术精品工程剧目成都展演活动，并将此次精品展演列为全国文艺界纪念改革开放30周年的重要系列活动之一。参加此次展演活动的8台精品剧目是四川省川剧院演出的川剧《易胆大》、西安话剧院演出的话剧《郭双印连他乡党》、浙江省昆剧团演出的昆剧《公孙子都》、重庆市川剧院演出的川剧《金子》、中国人民解放军总政治部歌剧团演出的交响清唱剧《野火春风斗古城》、贵阳市京剧院演出的现代京剧《布依女人》、武汉人民艺术剧院演出的青春剧《柠檬黄的味道》、河南小皇后豫剧团演出的豫剧《铡刀下的红梅》、广州军区政治部战士文工团演出的话剧《天籁》，在成都共演出了16场。此次展演活动，既极大地丰富活跃了四川文艺舞台，也为“5·12”汶川特大地震后的蓉城人民献上了一次高品味、高水平、高质量的精神文化盛宴。

二、社会文化

2008年，四川省文化厅全力加强乡镇基层文化惠民工程建设，完善设施设备，强化网络服务，整体加快了公共文化服务体系建设步伐。全省社会文化活动丰富多彩，尤其是“5.12”汶川特大地震后，群众文化工作发挥了团结、教育受灾群众的积极作用，为四川抗震救灾工作做出了新的贡献，推动着灾后全省群众文化事业迈上了新的阶段。

【省政府将“文化惠民工程纳入市（州）政府督办】

2008年4月1日，四川省人民政府向各市（州）人民政府下达了《关于抓好乡镇综合文化站建设等工作的督办通知》。该通知要求全省21个市（州）人民政府“将以乡镇综合文化站建设、文化信息资源共享工程县级支中心建设、农村电影放映工程三大内容为核心的‘四川文化惠民工程’的进展情况纳入省、市（州）两级政府督办”。督办的主要内容包括：各市（州）政府要对省政府分解下达的重点督办事项指标直接负责，即通过督办完成省政府下达的各市（州）的2008年度新建乡镇文化站个数、新建文化信息资源共享工程县级支中心个数、农村电影放映全覆盖年放映总场次数；各市（州）政府每季度第一个月10日前，必须向省政府督办室书面上报上季度3项建设的进展情况；省政府督办室根据各市（州）进展实况，及时会同省文化厅进行抽查；省政府督办室要定期向省政府分管领导汇报3项建设督办情况，重点汇报分解到各市（州）政府的指标落实情况，真正实现市（州）级政府是“文化惠民工程”项目建设的责任主体。

【努力构建覆盖城乡的公共文化服务网络】

2008年初，中共四川省委、四川省人民政府出台《关于推进文化资源大省向文化强省跨越的实施意见》，明确提出了“推进公共文化服务体系建设”的两大重要举措，大力掀起全省公共文化设施建设新高潮。一是建立健全公共文化设施网络：以省、市（州）公共文化设施为骨干，以乡镇和社区基层文化设施为基础，统筹规划，合理布局，加强各类文化馆（站）、博物馆、图书馆、美术馆、艺术馆、纪念馆和广播电视台（站）、农家书屋、互联网公共信息服务点和卫星接收设施公共服务管理系统等公共文化设施网络建设；把社区文化中心建设纳入城市规划，从城市住房开发投资中提取1%用于社区文化设施建设；扩大广播电视有效覆盖率，提高节目收听收看质量，确保中央和省节目覆盖；在边远山区和少数民族地区积极建设流动文化服务网络，配备流动文化车，开展流动文化服务；逐步完善市（州）、县（市、区）文联组织，政府投资的公益性事业单位，不得企业化或变相企业化，不得以拍卖、租赁等形式改变性质和用途。二是实施五大文化惠民工程：以农村为重点，向民族地区、革命老区和贫困山区倾斜，强力推进广播电视“村村通”、文化信息资源共享、乡镇综合文化站和基层文化阵地建设、农村电影放映、农家书屋等五大文化惠民工程建设，保障基层群众的基本文化权益；确保中央财政对五大文化惠民工程的专项资金用于农村文化建设，确保各级政府配套资金落实到位，确保高质量完成建设任务。从资金、设施、场地、机构、人员等各方面保障公共文化设施的正常运转和服务功能的充分发挥。

【公共文化服务工作体系初步建成】

1. 四川省级重大公共文化服务工程项目顺利进展。四川省博物院新馆主体工程全面完成，二期工程全面开工。四川省图书馆新馆建设完成选址，初定设计方案进入遴选阶段。四川省川剧大剧院建设进入收尾阶段，保证按期竣工。四川艺术职业学院新校区地址选定，建设工程初获进展。

2. 全省落实了4269个乡镇综合文化站建设项目资金7.3亿余元，“县县有图书馆、文化馆”的目标基本实现，文化服务网络更加完善。文化信息资源共享工程建设进展顺利，113个文化信息资源共享工程县级分中心建设资金6297万元得到落实，地方文化信息资源数据库建设步伐加快。农村电影放映工作成效显著，新组建了20家农村数字电影院线公司，配备放映设备530套，共计放映农村公益电影40余万元，观众逾8000万人次。送文化下乡活动广泛开展，配送流动舞台车13辆、流动文化服务车57辆，送图书下乡122万码洋，送演出下乡2000余场，组织、指导全省开展乡镇、社区群众文艺演出活动达5000余场。

【优先重建灾区基本公共文化服务基础设施】

规划灾区公共文化服务体系重建的总体目标。四川省文化厅组织相关力量，及时核实灾区群众文化受损情况，尊重群众文化意愿和从灾区群众最直接、最需要的文化需求实际出发，编制完成了灾后群众文化恢复重建规划（2008～2010年），把加快加强灾后重建重大公共文化设施工程、大力推动灾区公共文化服务体系建设提到重要日程和列为近两三年群众文化工作的第一要务。该规划提出的灾后公共文化服务体系恢复重建的总体目标为：从2008年到2010年，灾区公共文化设施建设的总体水平要高于震前水平，以恢复重建公共文化服务设施建设为重点，促进公共文化服务能力的全面恢复，做到受灾地区市、县（市、区）、乡、村公共文化服务网络基本形成。预计到2009年，计划投资重建27个文化馆、558个乡镇综合文化站。

三、文化产业

2008年，全省文化产业相关机构总计28423个，从业人员总数`114288人。其中部门国营机构

4379个，从业人员总数21520人；集体经营机构370个，从业人员982人；其他经营机构6415个，从业人员18113人。据初步统计，2008年全省文化产业总资产超过850亿元，营业总收入超过710亿元，实现增加值217亿元，占GDP 2.07%，四川省文化产业总体规模和发展水平位居西部前列。四川省文化系统在推进文化产业发展的进程中，涌现出了一大批先进典型——四川省文化厅产业处、成都市文化局、九寨沟县文体局等，被文化部授予全国“文化产业工作先进集体”称号；彭建康、张北川、刘雄、汤勇、龚永利、黄小平等人，被授予“文化产业工作先进个人”称号。

2008年，四川省在全省区域产业结构调整和承接产业转移的工作中，统筹规划重大文化产业项目，把产业基地、产业园区和重大产业项目建设等纳入了民生服务业发展规划，给予了重点扶持。全年关重完善文化产业金融服务体系，设立文化产业奖励基金，在土地、税收、人才引进和投融资等方面营造了良好的文化产业发展环境。加强对国家级和省级文化产业示范基地和文化产业园区的指导，充分发挥成都—德阳—绵阳—广元—阿坝—雅安文化产业带和藏羌文化走廊的辐射带动作用，引导文化产业向规模化发展。按照规范化、科学化的要求，做到了“争取一批，立项一批，开工一批，储备一批”文化产业和文化市场重大项目。为四川省文化产业和文化市场建设提供了可持续性发展项目的支撑，不断增加了四川省文化产业及其服务的影响力，努力提升四川文化“走出去”的贸易品质及其品牌，树立了四川省在国际舞台上的良好形象。

四、对外文化

【对外文化交流与贸易总体上扬】

2008年，全省完成对外文化交流项目总计143项，对外文化交流人次总计2000人次以上，对外文化贸易总额突破2亿元，对外文化出口总额超过1.25亿元。2008年，四川对外文化交流项目、人次，在与2007年同比有所下降的情况下，坚持爬坡上行，仍然保持了全省对外文化贸易的顺差，全年对外文化交流工作整体效果上扬，成绩显著。

【巴蜀对外文化覆盖面日益扩大】

2008年，四川省文化厅充分发挥文化产业品牌资金的杠杆作用及与商务厅共同制定的《关于推动全省文化产品和服务出口的实施意见》的政策扶持力量，扩大和完善《四川省商业演出展览文化产品出口指导目录》，不断加强“一市一州一品”对外文化品牌工程实施力度，大力促进民间对外文化交流和民营企业“走出去”，进一步拓展动漫网络游戏等对外文化贸易的新领域，使全省对外文化交流始终凸显了巴蜀文化的影响力和感召力。全省强化重大的对外文化交流项目，其成果丰硕。

【对外文化交流品牌项目焕发新辉】

2008年，四川省努力推动文化艺术繁荣发展的“品牌成果”走出去，搭建政府对外文化交流的新平台，加强对港澳台地区文化交流工作，向世界各国展示天文化天府之国的优秀文化成果，打造四川文化在国际舞台上的新形象和新魅力。

【不断加大对外文化交流扶持力度】

2008年，四川省文化厅加大了对外文化交流工作的政策扶持力度，推出了系列卓有成效的重大措施，在艰难中开创出崭新局面，获得了新进展。积极落实专项扶持资金、争取国际组织支持，不断增强对民间文化交流项目的扶持。

五、文化市场

【四川文化市场整治有力】

1. 完善文化市场执法机构。各级政府文化行政部门逐步实现由办文化为主向管文化为主转变，认真履行全省文化市场“制定规划，完善政策，强化服务，加强管理”的职能。创新全省文化市场人才培训机制和人才培训手段，全面增强文化市场管理人员素质，不断提升文化执法队伍依法执法水平，健全完善文化市场执法机构。

2. 提高文化市场监管力度。四川省文化厅建立了激励与约束，组织开展了“电影人心系灾区群众”的电影放映慰问活动，保证了灾区群众能够看到电影、看好电影。

3. 科学地规划了灾区文化市场恢复重建蓝图，对灾区文化市场的恢复重建进行了近期、中期科学规划，并采取了切实有力的措施。

【着力开展农村公益电影放映活动】

一是将农村电影放映纳入政府目标，确保全年农村公益性电影放映任务顺利进行。二是开展了藏区文艺宣传教育电影放映活动，全年在藏区放映宣传教育电影6200余场次。三是推动农村数字电影院线组建和数字化放映工作，全年共建立20家农村数字电影院线公司（中心），并自购数字电影放映设备约530套。

六、公共图书馆

【全省公共图书馆机构总体状况良好】

2008年，全省公共图书馆总数154个，其中省级公共图书馆1个，市级公共图书馆21个，县级公共图书馆132个，全省公共图书钻空子从业人员为1884人，其中获高级职称者72人，获中级职称者501人。“5·12”汶川特大地震后，四川加快了重大文化惠民工程和重大文化基础设施的建设，全省恢复和重建了一批灾区公共图书馆建设项目，并逐步落实了灾后各级政府关心和扶持公共图书馆事业发展的问责制度。

【强化和延伸公共图书馆公益服务力度】

2008年，全省各级公共图书馆以构建公共文化服务体系和建设社会主义新农村为先导，突出创新服务意识及其内容，满足广大读者多元化、多层次的需求。各级公共图书馆在当前硬件条件十分有限的情况下，千方百计地改善环境，方便读者阅读。在开启全面减免阅读收费项目和体现人文关怀照顾弱势读者群体方面，四川省图书馆提供的“人性化服务”收到了显著成效，赢得了广大读者好评。

【创建数字图书馆网络建设】

2008年，省文化厅按照文化部全国文化信息资源共享工程建设管理中心的标准规范要求，紧锣密鼓地打造全省数字图书馆网络体系，采取了切实可行的重要举措。截至2008年底，全省已完成403个公共图书馆基层服务战点建设，基本形成了省、市、县、乡镇和村五级公共图书馆网络服务体系的雏形，并充分利用已有的公共图书馆网络资源优势，努力扩大文化信息资源共享工程覆盖面和受益面。

七、博物馆事业

【文博机构】

截至2008年，四川省共有世界遗产5处、全国重点文物保护单位128处、省级文物保护单位578处、县级文物保护单位3035处。全省各级各类博物馆、纪念馆96处，馆藏文物130余万件，其中珍贵文物20余万件。四川省的国家级历史文化名城7座，省级历史文化名城26座，文博系统爱国主义教育基地41处。

四川省级文物行政主管部门为四川省文物管理局，是隶属四川省文化厅的副厅级单位；市级文物行政主管部门有绵阳市文物局、甘孜州文物局；县级文物行政主管部门有安岳县文物局以及都江堰市文物局、邛崃市文物局、泸县文物局、广汉县文物局、泸定县文物局。全省21个市（州）有18个市（州）的文物管理工作由当地文化行政部门主管；全省181个县（市、区）中有72%设立了文物管理所。

【博物馆事业】

2008年，四川省文物局狠抓博物馆事业建设和发展，各项工作顺利推进，继续取得优异成绩：抓紧四川省博物馆新馆建设的各项工作，新馆开馆前的准备工作和二期建设工程稳妥开展；经中宣部、财政部、文化部和国家文物局批准，四川省首批12家博物馆、纪念馆实现了免费开放试点，同时开展了经费测算和申报，并向国家文物局推荐了全省49家博物馆、纪念馆实行免费开放；在2008年的全国首批国家一级博物馆评估定级工作中，四川省有五家博物馆荣获国家一级馆称号，同时四川省积极开展了首批国家二、三级馆评估定级申报工作；做好了馆藏文物数据库管理系统建设项目工作；组织了四川文物精品赴北京参加2008年奥运会期间的全国文物展览；“5·12”特大地震后，开展了灾害评估和编写灾后恢复重建规划——2009年度工作计划；顺利完成了2007年度博物馆年度检查工作；开展了《四川文物精华》一书的编辑工作；搞好了文物鉴定等专项业务工作；召开了全省部分市（州）文化局分管局长的博物馆工作座谈会。

八、文物普查

在中共四川省委、省政府的亲切关怀和大力支持下，四川省于2007年9月全面启动了四川省第三次全国文物普查工作，2008年初进入了逐步落实地方配套经费、精心组织和扎实推进阶段，全省培训的各级文物普查骨干逾千名投入了“三普”一线。可是一场突如其来的“5·12”汶川特大地震给四川“三普”工作带来了严重影响，一些新发现的文物荡然无存，一些文物保护单位遭遇变故，一些市（州）、县（市、区）级普查经费陡然压缩，一些普查人员、设备无法到位，“三普”工作陷入困境。面对突发的灾情，四川省文物局立即召开了全省文物普查工作会议，号召全省文物工作者发扬抗震救灾精神，一定要把地震灾害造成的损失夺回来，务必要加快“三普”工作的督导，加强“三普”人员的培训、加速“三普”工作的进程，确保高质量、高水平地全面完成四川省第三次全国文物普查工作的第一阶段任务。

截至2008年底，全省田野调查启动率达到100%；各级财政落实文物普查经费2553万元；经全省21个市（州）21个普查队、181个县（市、区）普查组以及市（州）、县（市、区）普查办人员1145人、普查队人员1517人的共同奋斗，圆满完成了“三普”第一阶段的任务，即全省新发现文物点6305处，复查文物点6623处。在灾害面前的四川省第三次全国文物普查工作成绩走在了全国前列，创造了重灾时期的我国文物普查工作的一个奇迹。

九、文物考古与发掘

【做好汶川地震遗址博物馆筹建工作】

2008年5月底，在中共四川省委、省人民政府的领导下，四川省地震局、省文化厅、省文物局开展了汶川地震遗址博物馆筹建工作，四川省文物考古研究院与省地震局减灾救助研究所等单位进行了前期选址、规划、文物征集工作。

【全省文物考古调查、勘探、发掘】

2008年，四川省文物考古调查、勘探、发掘工作成绩良好。四川省考古研究院完成了文物考古调查、勘探项目25项，调查勘探水站站淹没区等3000余亩以及涵盖高速公路运输、铁路、输油管道等腰三角形区域千余公里。成都考古研究所截至2008年12月，配合成都城市基本建设，圆满完成文物勘探和发掘313处，期间无重大安全责任事故发生。完成各类出土文物修复800余件。

【全省文物考古研究与学术交流】

2008年，四川省文物考古资料整理工作、文物考古科研成果及文物考古学术交流活动等都获得了较好的成绩，四川省考古研究院和成都考古研究所都取得了重要成果。

十、非物质文化遗产

【全省“非遗”工作迅速发展】

2008年，四川非物质文化遗产保护工作发展迅速，成绩卓著：四川省共有列入国家非物质文化遗产名录项目105个，代表性传承人25名；列入省级非物质文化遗产名录项目189个，代表性传承人386名，四川省“羌年”入选联合国教科文组织非物质文化遗产急需抢救名录初选名单。羌族文化生态保护实验区经策划、论证、申报，由文化部正式批复设立。羌族文化生态保护实验区初设39个项目，以及地震灾区24个非物质文化遗产博物馆、42个非物质文化遗产传习所、16项非物质文化遗产传承人代表求助安置、32项非物质文化遗产实物资料抢救征集、10项非物质文化遗产数字空间、4项非物质文化遗产保护研究项目等共计167个项目，均列入了国家的汶川地震灾后恢复重建规划。多渠道为地震灾区争取“非遗”恢复重建项目、经费和政策，2008年度争取到国家财政资金2490万元。充分利用中国传统节日、文化遗产日等平台，进京演展四川“非遗”保护成果，宣传四川历史悠久、积淀深厚、异彩纷呈的非物质文化遗产资源。

【全省非物质文化遗产名录体系建设及代表性传承人命名工作取得显著成绩】

在国务院公布的第二批国家级非物质文化遗产名录项目（510项）和第一批国家级非物质文化遗产扩展名录项目（147项）中，四川省78个名录项目榜上有名，申报成功率高达64%。四川省进入第二批国家级非物质文化遗产名录项目的数量在全国各省、市、自治区中位居第二。到此，四川省国家级非物质文化遗产名录项目达105个。

在文化部公布的第二批国家级非物质文化遗产名录项目代表性传承人名单中，四川省共有11人入选。至此，四川省被文化部命名为国家级非物质文化遗产名录项目代表性传承人共计25名。

四川省文化厅组织开展了第三批国家级非物质文化遗产名录项目代表性传承人的申报、论证、推荐工作和第二批、第三批省级非物质文化遗产名录项目代表性传承人的申报、评审工作，公布了第二批省级非物质文化遗产名录项目代表性传承人54名、第三批省级非物质文化遗产名录项目代表性传承人273名。到此，四川省省级非物质文化遗产名录项目代表性传承人共计386名。

按照文化部办公厅《关于推荐民族传统节日保护示范基地的通知》的精神，四川省文化厅组织省级专家认真筛选、论证、评审，向文化部推荐并报送了四川省“彝族火把节”、“都江堰清明放水节”、“中国绵竹年画节”等三个民族传统节日保护示范基地的相关材料。

四川省“羌年”入选联合国教科文组织非物质文化遗产急需抢救名录初选名单。

十一、灾后文化文物恢复重建

【地震期间文化文物受损情况】

受损的文化基础设施，占全省文化单位机构总数的27.8%。受损的全国重点文物保护单位，占全省总数的65%；受损的省级文物保护单位，占全省总数的30%；受损的县（市、区）级文物保护单位，占全省总数的27%。受损的非物质文化遗产，占当地总数的44%、占全省总数的30%，其中羌族非物质文化遗产受损占14%。与2006年数据对比，直接经济损失占成都、德阳、绵阳、广元、阿坝、雅安市（州）6个重灾区文化部门所属文化产业总资产的10.26%，直接间接经济损失占重灾区文化部门所属文化产业增加值的54.27%。

【文化文物分类受损情况】

基础设施损失。5个县文化馆、4个县图书馆、5个影剧院、418个乡镇综合文化站整体垮塌。33个县文化馆、26个县图书馆、418个乡镇综合文化站、5个剧团、51个影剧院（剧场）遭到损毁，成为危房。51个县文化馆、27个县图书馆、587个乡镇综合文化站、71个影剧院（剧场）、30个文化信息资源共享工程县级支中心、275个基层文化服务点遭到破坏。损毁设备60194台（件、套）、图书346.7万册。直接经济损失达254936万元。

文化遗产损失。20个市（州）的1071处不可移动文物（其中，全国重点文物保护单位83处；省级文物保护单位174处；县级文物保护单位814处）、3167件可移动文物（其中，珍贵文物220件）和71处文博机构办公用房、文物仓库遭受不同程度损毁。极重灾区受损各级文物保护单位共153个。非物质文化遗产代表性传承人遇难12人，受伤105名，并有数名失踪。26项国家非物质文化遗产名录严重毁损，88项省级非物质文化遗产名录受损严重，118项市（州）级非物质文化遗产名录、150项县级非物质文化遗产名录严重损坏。14369件非物质文化遗产珍贵实物、1774万字文字资料、24444幅图片、9497盒（碟）音像资料严重受损。66个非物质文化遗产专题博物馆、21个民俗博物馆、325个传习所倒塌或受到不同程度的损毁。

羌族文化损失。羌族聚居区是此次汶川地震核心区，羌族文化赖以生存的生态环境遭到严重破坏，部分处于半山、高半山的羌族民众被迫离开了自己的家园。非物质文化遗产的载体遭受毁损，一大批传统羌族民居受到不同程度的毁坏，汶川萝卜寨房屋全部垮塌，列入《世界文化遗产预备名录》的羌藏碉楼与村寨部分垮塌。以大禹文化为特色的民间传说载体、民族信仰及相关遗址受到严重破坏。代表性传承人受到损失，在羌族社会中享有很高地位的羌文化传承人中的“释比”有一定伤亡。

文化产业和文化市场损失。文化产业和文化市场所涉及的演出展览业、艺术教育培训业、音像业、艺术品业、对外文化贸易及其他重点文化企业和项目等10个行业，地震受损机构3990个、面积557719平方米，受害直接损失合计218756万元，间接经济损失328134万元。全省40个灾区县文化市场执法办公机构损毁面积9094平方米，直接经济损失1535.74万元。

【灾后文化文物恢复重建投资估算】

恢复重建公共文化设施项目经费415864万元；非物质文化遗产保护抢救项目经费87640万元；恢复重建国家级羌族文化生态保护实验区建设项目经费80130万元；文物抢救维修保护项目经费304534万元；恢复重建文化产业项目投资281265万元（其中申请中央预算内基本建设投资16亿元；社会投资12.1亿元）。

贵州省

2008年，面对贵州省雨雪凝冻灾害和四川省“5·12”汶川大地震，省文化厅积极组织开展了多形式、多方法的慰问演出、展示、捐款等活动，在大灾大难面前，充分体现了文化系统广大干部职工高度的社会责任感和事业心。凝冻灾害期间，创作完成了“春暖贵州——2008年抗灾重建慰问演出”大型赈灾义演节目，并于2月21日下午在灾情最严重的都匀市演出，贵州省委、省人大、省政协、省文化厅等领导和解放军、武警官兵、公安民警、交通、电力等部门以及当地群众6000多人同场观看，贵州电视台卫视频道进行了现场直播，在省内外引起了强烈反响。据统计，全省文化系统凝冻灾害期间累计开展大小慰问演出、展示活动近5000余场次，省直文化系统捐款38.2万余元。四川“5·12”汶川地震发生后，在短短一个半月内，先后组织职工为地震灾区捐款14.2万余元；446名党员交纳“特殊党费”13.2万余元，贵州省文化厅捐赠5万元；贵州演出娱乐行业协会及部分娱乐场所、音像批发经营户共17家单位捐赠11.8万余元；“情系汶川”大型义演募集到捐款11.4万余元，累计捐款55.6万余元。贵州省文化厅艺术处处长樊小锁等5人作为省直文化系统的个人代表、贵州省歌舞团作为专业剧团的集体代表，分别被省委、省政府表彰为“抗凝冻、保民生、促发展”先进个人和先进集体。

2008年，面对前所未有的发展机遇和繁重的工作任务，省文化厅始终坚持以科学发展观统领文化工作全局，进一步解放和发展文化生产力，开创了贵州省文化事业的新局面，圆满完成了北京奥运及贵州省委、省政府安排的系列重大文艺演出、展示活动。2～5月，分别完成了“两会”文艺演出、“春暖贵州”大型赈灾义演、全省文化思想工作会议专题晚会、“情系汶川”等。6～8月，贵州省第三版《多彩贵州风·山里的日子》、非物质文化遗产专题晚会“山花烂漫”、“苗族踩鼓”“三台大戏”以及《爽爽的贵阳》交响乐团分别在北京天桥剧场、首都民族文化宫、鸟巢、中国国家大剧院成功演出。《人民日报》、中央电视台、《中国文化报》、《北京晚报》、人民网、新浪网等新闻媒体对此进行了大量的宣传报道。圆满完成了文化信息资源共享工程、农村电影放映工程、乡镇文化站建设工程、省博物馆改陈项目、贵州京剧院挂牌成立等重大建设和体制改革任务，得到了贵州省委、省政府的高度评价，被授予“2008年度民族团结进步先进集体”。

一、实施文化精品战略，《多彩贵州风》绽放新活力

实施文化精品战略，是经过实践检验，现在仍须坚持并不断创新的贵州文化艺术发展繁荣的必由之路。新版《多彩贵州风·山里的日子》作为贵州省又一倾力打造的文艺精品剧目，不仅极力彰显了贵州独具特色的民族文化精神和独具魅力的民族生活习俗，而且极大地调动了文艺工作者的创作激情。贵州省文化艺术的创新力和创造力空前提高。如：以“抗凝冻，保民生，抓重建”为题材，创作了大型话剧《就是这样的人》；以青少年教育为主题，创作了《头》、《特殊长话》等作品。以建设社会主义新农村为现实背景、“四在农家”为题材，创作了小品《只谈牛的事》、花灯小戏《村长醉酒》等剧目。在戏剧剧本创作中，黔剧《大学生村官》、话剧《牺牲》、歌舞剧《仰阿莎》、川剧《娄山月》等已送文化部并邀请全国著名专家进行修改提高。

组织省直各剧团以群众喜闻乐见的文艺演出形式，创作了反映抗冻救灾英雄事迹的节目《热雪忠魂》、《绿丝带》、《美丽的山坡》、《比铁还硬，比钢还强》、《救援路上》、《山间的红灯笼》、《英雄兄弟》、《风雪双手》、《电煤之歌》等优秀作品，深入到全省9个市（州、地）20多个县（市、区）及贵阳市火车站、客车站等地演出100余场，取得了良好的社会效果。12月19日晚，按照贵州省委、省政府要求，为纪念改革开放30周年而特别编排的专题晚会“岁月如歌”在贵阳大剧院演出，贵州省党、政、军领导及部分官兵、英模代表现场观看了演出，并给予了高度评价。12月23日晚，贵州电视台卫视频道又重播了整场晚会的实况录像。此外，还积极开展了“高雅文化进校园”、“农民文化家园建设——优秀剧目进乡村”等活动。

二、加强公共文化建设，社会文化工作跃上新台阶

积极推进文化信息资源共享、农村电影放映和乡镇综合文化站“三大工程”建设。在文化信息资源共享工程方面。2008年，国家和省各级财政对文化信息资源共享工程投资1.3亿元，范围涉及全省所有的县（市、区）、乡镇（办事处）、行政村。2008年，重点完成了清镇市等23个县（市、区）支中心的建设任务，18369个村级点的设备配置全部到位；在农村电影放映工程方面。新建4条农村数字电影院线公司，全省5条农村电影院线公司的152套数字电影放映设备全部投入使用，放映电影20余万场；在乡镇文化站建设方面。国家发展和改革委已将2007年的34个试点项目和2008年的54个建设项目全部下达贵州省，中央投资1504万元，省级完成配套资金268万元，各项目县完成配套资金170万元。目前由省建筑设计院负责设计的9套文化站建设图纸，已于9月中旬下发各地开始执行。这一系列建设项目的实施，将有效缓解贵州省农村农民群众“组织活动没场地、开展教育没设备、筹办演出没经费”等突出问题。

积极开展了“抓重建，保民生，颂英雄”系列展览和书画义卖活动，先后为兴义地区兴仁等3个县（市、区）送去了30余场精彩的文艺节目，举办了“纪念贵州省改革开放30周年暨全省首届专业美术大赛”。组织参加了全国首届“新农村、新文化、新风貌”小品展演（《双喜临门》获三等奖）、“全国第十届老年合唱节”（获金奖）和第六届西部民歌（花儿）歌手邀请赛（获得1金2银3铜）。

积极开展了第三个“全国文化遗产日”系列展演活动，在省博物馆开展文化遗产展览，组织国家级和省级非物质文化遗产传承人在博物馆、人民广场开展民间技艺现场展示活动，并对传承人现场颁发了证章、奖杯。“侗族大歌”和“茅台酒酿造技艺”入围世界非物质文化遗产保护名录候选项目；非物质文化遗产系列丛书出版工作进展顺利，《贵州苗族武术》已交付印刷，《传衍文脉——贵州国家级传承人小传》的文字、图片收集编撰工作基本完成。

三、充分发掘文化资源，文博事业发展取得新成就

2006年以来，省文化厅从学术和操作层面积极推动村落文化景观保护和新农村建设协调发展，先后在黔东南州雷山郎德上寨村、榕江大利村等地作了深入细致的调查研究，并在部分村寨进行了试点。调查显示，在雷山控拜村开展的“参与式”文化遗产保护和村寨发展项目非常成功，通过对控拜村环境的改善、旅游的培植和苗族银饰产品的深度开发，一年内，约2/3的外出打工者返回了村寨从事银饰工艺的加工等，既巩固了家庭和谐的基础，又增加了农民群众的经济收入。

2007年开始，贵州省第三次全国文物普查工作进展顺利，成立了普查领导机构和执行机构，积极申请普查专项经费，制定了《贵州省第三次全国文物普查工作实施方案》和相关制度。文物普查购置设备招投标工作已经完成，并将设备发放到全省9个市（州、地）88个县（市、区）。先后举办了第三次文物普查培训、全省文物保护规划培训、文物执法培训等，全省受训人员达800多人（次）。

2008年初，贵州省大部分文物保护单位在凝冻灾害中受损严重，为了做好灾后受损文物的保护、修缮工作，及时组织对全省文物受损情况进行了排查统计。2月20～21日，国家文物局单霁翔局长一行到贵州检查文物受灾情况，并召开现场会，对西南片区各省区文物抢险救灾进行了部署和指导。在大家的共同努力下，仅上半年就完成了10余个文物抢救保护工程项目方案的制定工作。年底，贵州省黔东南州镇远县国家级重点文物保护单位天后宫维修工程顺利通过了专家组的验收。

以“多彩贵州系列展”为标志，贵州省博物馆改陈工作按期完成。11月11日，“多彩贵州系列展”在省博物馆隆重举行，贵州省委、省人大、省政府、省政协及贵州省文化厅部分领导出席了开幕仪式，《中国文化报》、《贵州日报》、贵州电视台等多家省内外媒体进行了报道。省博物馆改陈工作，是贵州省博物馆建馆50年来投资最多（1600多万元）、工程量最大（招标项目10个）、工期最短（4个月）的工程。这一项目的顺利完成并免费向市民开放，是我省文博事业建设中又一重大成果，将在见证历史、沟通历史、凝聚民族精神、尊重和维护群众的公益文化享受权等方面发挥出更大、更积极的作用。

四、严格规范经营行为，文化市场管理推出新举措

以提高文化娱乐行业形象、构建文明娱乐环境、推动和谐文化建设为重点。5月，制定下发了《关于开展我省卡拉OK内容管理服务系统示范场所建设工作的通知》，在全省开展了以“阳光娱乐，和谐文化”为主题的“2008阳光娱乐主题宣传周活动”，完成了21家示范场所的系统接入。与贵州省新闻出版局一道在全省开始了卡拉OK包房版权收费工作。

以网吧、音像市场为重点，积极探索文化市场长效管理机制。完成了对先锋网吧监管系统功能升级改造的技术开发工作，在原有网吧信息内容监管、省市县三级平台及网吧场所信息上传下达等功能基础上，增加了远程适时视频监控、视频数据采集存档、重要信息强制灌入式通知等功能，满足了管理层“看得见、能取证、可管理、可沟通”的迫切要求。

以实现“平安奥运”为目标，认真搞好网络安全防范，积极组织部署对厅门户网站和厅直属单位业务网站的专项检查工作。省文化厅一把手亲自过问、分管领导具体抓，各部门、各单位密切配合，认真制定和落实了奥运期间特殊的管理制度和措施，确保了万无一失，落实了“平安奥运”的总体要求。

五、增强文化发展活力，文化产业发展构建新平台

以《多彩贵州风》为龙头的产业项目带动战略持续推进，传统的民族工艺、文化用品、设备等文化制造业日益扩大，演艺业、文化娱乐业等稳步发展，“遗产经济”发展模式成绩显著。同时，具有良好市场前景的动漫、文化传播策划、会展业等新兴文化产业初步成型，进一步增强了文化产业的发展活力，为贵州省文化产业的持续发展创造了新条件、构建了新的平台。

以提高自身造血功能为目的，盘活现有文化资源，继续推进贵阳市文化广场建设、北京路影剧院改扩建等工程；深入开展文化产业行业调研，完成贵州网吧业、歌舞娱乐场所等文化市场调查，为发展文化产业提供科学依据；完成了贵州省文化系统文化产业项目库建设任务，精心筛选74个符合产业发展政策、市场前景广阔、具有较强操作性的文化产业项目入库，为招商引资和政策扶持工作奠定了基础；拟制了《贵州省人民政府关于加快非公有文化产业发展的若干意见》、《贵州省人民政府关于加快非公有文化产业发展的实施意见》（建议稿），完成对省级文化产业示范基础的经验总结报告。2008年，贵州省安顺市兴伟奇石基地被命名为全国文化产业示范基地。

六、提高依法行政能力，文化稽查工作迈出新步伐

认真查处文化市场经营中的违法违规行为，规范文化市场的执法、经营秩序。6～9月，对全省9个市（州、地）的文化市场奥运保障行动工作进行了全面检查验收，抽查了文化市场行政执法机构30个、网吧经营户91家、音像制品零售（批发）门店81家、歌舞娱乐场所34家。对6家违规经营的业主给予了行政处罚，取消127户文化经营资格，组织查缴、销毁违法音像制品150余万张（盒）。

认真倾听群众呼声、关注群众诉求，化解矛盾，努力构建文化市场经营和文化市场消费的和谐环境。2008年，先后处理了遵义市汇川区文广局强制指定网维公司，铜仁地区玉屏县“网络情缘”网吧、余庆县部分网吧经常接纳未成年人上网等群众信访事件。成功查处了“贵州家园”和“锦昊文化传播”两家违规经营网站，破获了一起伪造文化部社图司印章并擅自组织文化艺术及评奖活动的诈骗案，被文化部评为“2008年全国文化市场十大案件及办案有功集体”。

为进一步提高全省文化稽查队伍的依法行政能力，贵州省文化市场稽查总队先后到黔东南州文化局、黔西南州文化局、安顺市文化局等单位开展文化市场行政执法人员和经营业主培训活动，累计培训文化市场行政执法人员290人、经营业主550人。进一步提升了文化市场行政执法队伍的业务素质和依法行政能力，增强了文化经营业主依法经营、共建和谐社会的责任感。

七、解放思想，对外（港澳台）文化交流开创新局面

2008年2月，贵州省文化厅一行40人赴澳门参加“2008内地春节习俗展”活动。黔南州、黔东南州民族歌舞团在“万家喜庆贺鼠年”开幕式上表演了《铜鼓舞》、《锦鸡舞》等民族歌舞，赢得了澳门观众的阵阵喝彩。4月，贵州省文化厅党组书记、厅长徐圻陪同贵州省委副书记王富玉赴希腊、印度进行了文化旅游访问。5月，贵州省文化厅在奥地利利恩茨市主办了“贵州少数民族美术展览”。7月，组织贵州省博物馆赴香港特别行政区参加了“中国马文化展”。此外，遵义市杂技团先后赴美国、日本、哈萨克斯坦等开展了文化交流演出活动，黔东南州、黔南州歌舞团赴中国台湾演出等。“走出去”战略成效显著。

4～5月，澳门特区法务司陈丽敏司长率代表团一行50人访问贵州，并举办了“历史的跨越”——纪念《澳门特区基本法》颁布15周年暨回归8周年图片展。9月，英国、法国、日本等国的摄影家80余人参加了由贵州省人民政府和中国摄影家协会共同主办的“多彩贵州中国原生态国际摄影大赛”。一年来，贵州省对外（港澳台）文化交流项目共计23起、437人（次），涉及英国、法国、澳大利亚、美国、日本、泰国等国家和地区，形成了多渠道、多形式、多方法、多门类的文化交流格局，开创了贵州省对外（港澳台）文化交流新的局面。

八、创新文化工作机制，文化体制改革有了新突破

2008年12月26日，贵州京剧院挂牌成立仪式隆重举行，贵州省委、省人大、省政府、省政协以及省文化厅等领导出席了挂牌仪式。《中国文化报》、《贵州日报》、贵州电视台等新闻媒体进行了报道。

贵州京剧院成立有4个显著特点：首先，是贵州文化史上的创新。形式上，开创了省文化系统体制改革中“同一城市同一门类两个不同层级的艺术团体”进行整合的先例，是全国同行业中的首创；时间上，从方案制定到挂牌，只用了10个月，创造了专业表演团体合并效率上的奇迹。这一成果，必将在全国同行业、全省文化系统中引起极大反响。其次，是文化体制改革思路上的创新。组建贵州京剧院，是省文化厅2008年需要解决的突出问题，厅党组会议、厅长办公会议进行了多次研究。厅主要领导一再强调：“省文化厅搞改革要保证单位合并，基本性质不能变，机构调整，工作人员的饭碗不能丢；更重要的是，为人民群众提供精神服务的作用不能减。”为此，省文化厅在多次深入剧团调研、座谈的情况下，从贵州省的省情、京剧团（院）的实情和京剧艺术家的感情出发，确定了“以人为本，制度先行，调查研究，确保成功”的整合思路。第三，是文化体制改革制度上的创新。充分吸取试点单位的经验成果，创造性地出台了一些政策规定。7月完成《贵州省省直艺术表演团体体制改革方案》，9月完成《贵州京剧院组建方案》，随后，又相续出台了《贵州京剧院（组建）考核聘用办法》、《贵州京剧院（组建）未聘人员安置办法》等。这些制度不仅保证了新剧院指导思想不变、服务对象不变，更重要的是贯彻了以人为本的理念，没有一人因此失业或下岗，其实用性和可操作性，值得其他剧团借鉴，具有较高的推广价值。最后，必将对贵州省文化体制改革产生重大影响。

九、主要活动

【“系列重大文艺演出”展示活动】

5月，贵州省委常委、宣传部长谌贻琴，贵州省文化厅党组书记、厅长徐圻在贵阳召开“三台大戏”晋京演出新闻发布会。6月12～13日，《多彩贵州风·山里的节日》在北京天桥剧场进行首场对外演出，王富玉、谌贻琴等贵州省委领导陪同中宣部副部长欧阳坚、文化部副部长孟晓驷和部分驻华大使、文化参赞共同观看，盛赞晚会内容丰富、创意独特。正如新浪网所说：“《多彩贵州风·山里的日子》原汁原味地展现某一特定民族、地域的文化特色，小心谨慎地处理‘展现’、‘提炼’与‘传达’之间的关系。将一动态的贵州民俗博物馆，生动地展现在到场观看演出的观众面前”。8月4～7日，以展示贵州省国家级非物质文化遗产为主题的“山花烂漫”在首都民族文化宫连续演出4场，来自四面八方的佳宾友人对晚会赞不绝口，首都北京掀起了“贵州民族文化热”。8月8日，《苗族踩鼓》在奥运会开幕式的仪式前演出中精彩亮相。《人民日报》、中央电视台、《中国文化报》、《北京晚报》、人民网、新浪网等新闻媒体对“三台大戏”的演出情况进行了大量的宣传报道。

通过北京奥运平台，丰富多彩的贵州民族文化，不仅征服了现场观众，还通过电视屏幕向全世界几十亿观众展示了贵州风采、民族风情，赢得了各国观众的一片赞誉。此外，以展示我省国家级非物质文化遗产项目“少数民族服饰”为主题的“贵州祥云小屋”走进奥林匹克公园“中国故事”，获“最受欢迎奖”。

【“2008·多彩贵州歌唱大赛”征集活动】

按照贵州省直机关工委的要求，为进一步丰富我省文化艺术创作，搞好纪念改革开放30周年系列活动，贵州省文化厅下发了《关于组织开展“2008·多彩贵州歌唱大赛”省直文化系统选拔赛的通知》。经过层层选拔，贵州省直文化系统有8名职业选手、10名非职业选手进入决赛，其中6名选手分别获得金、银、铜奖，合唱队获得总决赛“银瀑奖”，贵州省文化厅同时获得“2008·多彩贵州歌唱大赛”优秀组织奖。

【“艺海流金——多彩贵州行”文化交流活动】

10月底，贵州省文化厅承办了由文化部、贵州省人民政府主办的“艺海流金——多彩贵州行”大型文化交流活动。这次活动有香港、澳门特区政府文化官员、文化艺术界知名人士等嘉宾80余人参加，时间长达一周，范围涉及贵州省贵阳市、安顺市、黔南州、黔东南州的部分县（市、区），行程近千公里，贵州省委副书记、省长林树森等省领导出席了开、闭幕式。省文化厅颇具匠心的安排、高度的安全意识、热情周到的服务，得到了文化部、贵州省领导和港澳及内地嘉宾的一致称赞。《人民日报》、《光明日报》、《中国文化报》、香港《文汇报》、《大公报》以及省内多家媒体进行了跟踪报道。活动结束后，国家文化部发来专函，向贵州省委、省人民政府及省文化厅表示衷心感谢。

【纪念改革开放30周年暨贵州省首届专业美术比赛活动】

为纪念贵州省改革开放30周年和检验、展示全省文化艺术事业发展、人才队伍建设成果，继2007年成功举办音乐（器乐）和戏剧、小品专业大赛后，10月23日，贵州省文化厅又举办了“纪念贵州省自改革开放30周年暨贵州省首届美术专业比赛”。本次大赛通过公平、公正、公开的评比，全方位的展示、检阅了贵州省改革开放以来在中国画、油画、版画、书法篆刻等方面的创作成果，共评选出中国画、油画一等奖各3名、二等奖各6名、三等奖各9名、专业人才提名奖各10名；版画一等奖2名、二等奖4名、三等奖6名、专业人才提名奖10名；书法篆刻一等奖2名、二等奖3名、三等奖6名、专业人才提名奖6名。

【召开“中国·贵州村落文化景观保护与可持续利用国际学术研讨会”】

10月，“中国·贵州村落文化景观保护与可持续利用国际学术研讨会”在贵阳召开，贵州省委副书记王富玉出席会议并致辞，国家文物局局长单霁翔、贵州省政府副省长谢庆生出席会议并作主题演讲，贵州省文化厅党组书记、厅长徐圻担任会议主席并宣读了《贵阳建议》。此次学术研讨会共有法国、意大利等国内外专家学者80余人出席。《人民日报》、《光明日报》、《文汇报》、《中国文化报》、《中国文物报》、《中国文化遗产杂志》、《世界遗产杂志》等新闻媒体进行了宣传报道。随着“村落文化景观保护与可持续利用”这一学术成果的深入研究和积极推广，将使贵州省更多的农村农民群众受益，实现发展依靠人民、发展为了人民、发展成果由人民共享的价值目标。

云南省

一、以精品工程为载体的舞台艺术进一步繁荣

1. 一批优秀剧（节）目在全国获奖。京剧《白洁圣妃》获第五届中国京剧艺术节新编历史剧类一等奖和中国少数民族戏剧学会金孔雀综合大奖、金孔雀优秀表演奖、金孔雀表演奖、金孔雀优秀造型服装设计奖；京剧小生组《白门楼》获第六届全国青年京剧演员电视大赛一等奖；魔术《彩云渔歌》获中国·宝丰第四届魔术文化节暨“宝丰杯”全国魔术比赛金奖；杂技新创节目《璇——蹬人流星》、《蹬技——仆少与鼓》获第七届全国杂技比赛三等奖；滇剧《西施梦》获第九届上海国际艺术节白玉兰戏剧表演艺术集体奖；花灯小戏《审村长》、《山上的嫂子》、《憨憨戏主》分获首届中国（赣州）地方戏展演剧目综合优秀奖（金奖）、剧目综合奖（银奖）和优秀表演奖（金奖）。

2. 举办纪念改革开放30周年云南省第十届新剧（节）目展演。本届展演历时18天，共上演24台新剧（节）目，演出48场，观众达到3.8万余人，是历届展演中参演剧目最多、参加演员最多、观众人数最多、影响最大的一次，从中涌现出了一批优秀剧目和人才。

3. 4台优秀剧（节）目首次走进国家大剧院。在北京奥运会期间，云南省的《蝴蝶之梦》、《太阳女》和昆明交响乐团被文化部选调参加奥运会文化展演活动，在国家大剧院成功演出。2008年11月，话剧《打工棚》赴国家大剧院参加纪念改革开放30周年全国现实题材优秀剧目展演，受到各方好评。此外，京剧《白洁圣妃》赴梅兰芳大剧院参加纪念改革开放30周年第五届中国京剧节获奖剧目展演。

二、以文化惠民为目标的公共文化服务能力进一步增强

1. 举办云南省首届新农村文艺会演。全省119个县市区、16个州市和省级逐级进行了会演，共创作演出2万多个节目，演出近5000场，6万多农民和基层文化工作者参加创作和演出，观众达1000多万人次，是云南省自新中国成立以来规

模最大、影响最广、群众参与人数最多的一次农村文化活动。此外，举办“小手牵小手·与灾区儿童并肩走——云南省庆‘六一’大型文化活动”，得到省委、省政府的充分肯定和社会各届的高度赞誉。

2. 重点文化建设工程加快推进。全省农村免费放映电影168655场次，观众达4438.3万人次，全省农村电影放映覆盖率达95%。完成了38个全国文化信息资源共享工程县级支中心设备安装调试、人员培训工作并投入试运行。认真落实云南边疆解“五难”惠民工程文化建设项目，为28个边境及藏区县配发了“文化大篷车”，为23个边境及藏区县级文工团（队）配发了演出设备，同时继续安排资金扶持边境及藏区县开展村民文化活动。完成第二次文化馆评估定级工作，云南省47个文化馆达到国家三级以上标准。开展送书下乡活动，向38个县的454个乡镇赠送图书20万册。

3. 一批群众性文艺节目在“纪念改革开放30周年——首届中国农民文艺会演”上获奖。其中，哈尼族舞蹈《打谷场上》获金穗奖，舞蹈《“2131”进我村》、佤族舞蹈《火火的佤山》获银穗奖，另有4个节目获丰收奖。此外，昆明市西山区阳光小学在第二届中国少儿合唱节上获得一等奖。曲靖市麒麟区歌舞团舞蹈《耍腰》、五华区舞蹈《十大姐》在全国第六届“四进社区”文艺展演中获银奖，红河州蒙自县的小品《洗澡》获铜奖。

三、以基层基础为重点的文化设施进一步改善

1. 争取中央补助和省级资金3亿多元投入文化基础设施建设。一是争取中央财政支持4887万元、省级财政配套517万元，完成了38个全国文化信息资源共享工程县级支中心建设，50个县级支中心、400个乡镇综合文化站在建。二是争取中央财政支持1.286亿元、省级财政配套1573万元，实施了254个乡镇综合文化站建设项目，对252个乡镇综合文化站进行了维修改造，对390个乡镇综合文化站给予了设备补助。三是争取中央财政支持1178万元、省级财政配套325万元，实施农村电影放映工程。四是省级财政投入212万元资金，采取“以奖代补”的方式扶持28个边境及藏区县开展村民文化活动。五是省级财政安排795万元资金用于全省公益性文化设施及影剧院的维修改造。六是争取中央财政支持1380万元，省财政配套280万元，用于文物维修、考古发掘和博物馆库房建设。七是省级财政安排1000万元用于云南文化艺术职业学院排危改造工作。八是省级财政安排5000万元用于省博物馆新馆建设。

2. 重大标志性文化设施建设项目全面启动，直属单位重点建设项目顺利推进。省博物馆新馆建设项目已由省发改委立项，征地和“三通一平”工作已完成，外观设计方案已经确定，省级财政到位资金2.5亿元，并于2008年12月31日举行了奠基仪式；云南文化艺术中心（云南大剧院）建设项目的征地和“三通一平”工作已完成；艺术家园区项目已与昆明市土地局及土地储备中心商谈建设用地问题；云南文化艺术职业学院排危及改扩建工作取得突破性进展，排危工作已经启动；省话剧团的搬迁新建已完成用地申报报件手续，相关规划、环评等工作有序进行；云南民族文化传习学校建设工作已完成可行性研究报告。

四、以全面普查为带动的文化遗产保护力度进一步加大

1. 文物保护工作进一步加强。稳步推进全国第三次文物普查工作，完成全省文物普查人员培训，现普查已进入实地田野调查阶段，新发现文物点2094处，比原有文物点新增39.5%；开展40项文物维修、考古发掘和博物馆库房建设，完成项目21个；积极推进哈尼梯田保护规划的修编、管理规划的制定和申报世界遗产材料准备工作；《丽江古城世界文化遗产保护规划》于2008年6月通过国内专家组评审。组成云南省文化遗产代表团参加第32届世界遗产大会，向大会陈述丽江古城世界文化遗产保护状况；完成10余项考古发掘和37处调查勘探，剑川海门口考古发掘获重大发现。目前，云南已有12个博物馆、纪念馆免费向社会开放，社会效益较好。省博物馆被评为国家一级博物馆。

2. 非物质文化遗产保护工作取得新进展。目前，云南共有75个项目入选国家非物质文化遗产保护名录，全省各级已命名的传承人共有3542人，已设立的非物质文化遗产专题场馆有57所（专题博物馆13所、民俗博物馆10所、传习所34所）。2008年，省级财政按照每人3000元标准给予了581名省级非物质文化遗产保护项目代表性传承人生活补助，国家按照每人8000元标准给予了云南

32名国家级非物质文化遗产保护项目代表性传承人生活补助。完成了第三批国家级非物质文化遗产项目代表性传承人申报工作。开展了古籍保护普查工作和古籍重点保护单位、国家珍贵古籍名录申报工作。

五、以行动计划为抓手的文化市场管理进一步规范

会同省公安厅、省卫生厅、省财政厅、省工商局、省新闻出版局等部门在全省范围共同组织实施“文化市场绿色行动计划”，整体推动文化市场管理工作。认真总结“绿色网吧”试点工作；以“创建平安文化市场”为主题，在全省启动了文化市场“奥运保障行动”，开展“保护知识产权宣传周”活动暨第十届音像市场法制宣传活动；开展卡拉OK内容管理系统安装试点建设工作，已完成12个州市42家的平台试点建设工作；在省文化厅的指导下，云南省演出业行业协会、云南省音像业协会已经成立。

2008年，全省共出动检查人员118418人次，检查文化市场经营单位14余万家次。受理举报2347件，其中：立案调查1496件、移交案件159件、办结案件2176件。收缴非法音像制品63万余（盒/盘），统一销毁非法音像制品80余万盘（片）。警告3257家次，责令停业整顿535家，取消经营资格143家。

六、以直属单位为对象的文化体制改革进一步推进

1. 加快推进直属系统文化体制改革。2008年9月上旬，省文化厅召开了直属公益性文化事业单位改革动员大会，在省级宣传文化系统率先启动直属事业单位改革工作，全面推进内部劳动人事、收入分配、社会保障制度改革，明确提出了“建立和实行单位法人代表负责制、服务标准公示制、领导干部定期聘任制、领导干部任期目标管理责任制、全员聘用制、职称评聘分开制、人事代理制、单位法人代表‘绩效薪’奖励制、文化产品和服务、政府采购等10项制度”的目标任务。直属艺术院团及经营性文化事业单位的改革，按照省文化体制改革和文化产业发展领导小组的要求，抓紧制定实施方案。完成了云南文物产业集团登记注册工作，起草了云南文化艺术职业教育集团章程并确定了首批加盟成员单位，提出了组建云南演艺集团的基本思路。

2. 积极推进省级文化市场综合行政执法改革。根据省文化体制改革和文化产业发展领导小组办公室的要求，起草了《组建云南省文化市场综合行政执法总队的方案》，已由省文产办上报省委、省政府分管领导。

3. 深化文化行政审批制度改革。按照省政府关于深化行政审批制度改革的部署要求，省文化厅对权限范围内的文化行政审批项目进行了全面清理，在此基础上对审批程序、方式、时限等进行了整合、优化、精简和压缩，进一步精简了审批项目，简化了审批程序，规范了审批行为。

七、以文化企业为主体的文化产业进一步发展

由贵州省文化厅主办、云南金天月茶文化传播有限公司承办的“云南古镇易武·茶山人家”参展项目成功入选“中国故事”主题文化展活动，于北京奥运会、残奥会期间在京展出，受到好评。继续推进“艺术客厅”发展，自启动运营以来已演出280多场，观众达6.5万人次。协助中国演出家协会成功举办2008中国（丽江）国际演出交易会暨云南省国家舞台艺术精品剧目专场推介会。指导“国家文化产业示范基地”云南中天文化发展有限公司开展“文化空间”产业建设项目的运作和规划。指导省话剧团积极引入民营资本，与君远房地产有限公司达成合作协议，按照市场化运作模式联合打造音乐剧《丽江情人》。完成全省首次工艺美术行业普查工作、第三届普洱茶国际博览会的招展布展工作、上海2010世界博览会“云南活动周”文化活动方案的策划工作。云南柏联和顺旅游文化发展有限公司、昆明市福保文化城有限公司被命名为第三批国家文化产业示范基地，目前我省的国家文化产业示范基地增至5个。

八、以宣传展示为目的的文化交流进一步扩大

2008年以来，贵州省对外派出文化交流团组和个人21起、324人次，出访22个国家；接待外国文化交流团组和个人18起、371人次，来自20个国家；对港澳台派出文化交流团组和个人10起、311人次，接待港澳台文化交流团组和个人2起、10人次；有外国及港澳台商业演出团组和个人20起、185人次到贵州省演出。其中，4次重大访演影响深远。1月，受文化部派遣，云南艺术团一行

36人赴南非、莱索托、毛里求斯、塞舌尔等4国访演，受到所到国家首相、总理、大使的高度评价，被称为“中国到非洲最好的艺术团”。11月，省长秦光荣率领云南访问团出访印度，省文化厅主办的“七彩云南之夜”歌舞杂技晚会在印度观众中引起极大轰动。11月，受文化部派遣，由临沧市民族歌舞团组成的中国艺术团一行30人赴越南、文莱进行交流演出，越南、文莱各大媒体给予了高度评价。12月，省花灯剧团一行16人赴日本、韩国进行文化旅游宣传促销演出，加深了日本、韩国人民对贵州省民族文化、传统习俗、风土人情的了解。

此外，携“舞彩云”大型文艺演出参加省政府组织的“云南—香港深化服务贸易合作洽谈会”的系列活动，组团参加省政府赴香港举行的“云南—香港投资贸易合作洽谈会暨文化、旅游展示活动”，为增进滇港间的交流合作发挥了积极作用；受文化部、中华文化联谊会邀请，省杂技团赴台湾参加了“妈祖之光大型电视晚会”演出，增进了两岸同胞的骨肉亲情。

九、以提升素质为根本的人才队伍建设进一步加强

举办云南作曲理论培训班，来自14个州市文化部门的基层艺术工作者40余人参训；举办全省文化系统艺术教育、艺术表演骨干高级研修班，194人参加；组织直属单位高级专家开展艺术采风活动，60人参加；选派3人到浙江大学进行为期15天的研讨学习。省话剧团副团长、国家一级演员王砚辉凭借在《光荣的愤怒》中的出色表演，荣获第八届华语电影传媒大奖最佳男配角奖，这是我省演员近年来在全国影视界取得的最好成绩之一。省杂技团青年演员、杂技节目《绸吊》主演杨赵琼被中华全国妇女联合会授予“三八红旗手”荣誉称号。

十、重大活动、重大事件

【云南省第二批国家级非物质文化遗产项目代表性传承人】

2008年1月，文化部公布了第二批民间音乐、民间舞蹈、传统戏剧、曲艺、民俗等五大类的551名国家级非物质文化遗产项目代表性传承人，其中云南省20名。到目前为止，云南省的国家级非物质文化遗产项目代表性传承人累计达32名，省级非物质文化遗产传承人合计668名。3月，云南省的部分国家级非物质文化遗产项目代表性传承人还到北京人民大会堂参加了颁证仪式。

【剑川海门口遗址发掘获重大发现】

为配合剑川剑湖蓄水工程建设，有效保护历史文物遗址，云南省文物考古研究所于1月开始对剑川海门口遗址进行了抢救性发掘。这是对该遗址进行的第三次发掘，此次发掘获得了一批重大发现，丰富了该遗址的文化内涵。6月17 ~ 19日，云南省文物局和大理白族自治州人民政府在剑川县举办了海门口遗址发掘成果论证会。专家们一致认为海门口遗址是目前中国发现的最大水滨“干栏式”建筑聚落遗址，其规模和震撼力在世界上也甚为罕见，为研究中国史前的聚落类型提供了宝贵的实例；海门口遗址的文化堆积清晰，延续时间较长，文化遗存丰富，其年代从新石器时代晚期直至青铜时代，从而填补了中国西南地区的史前文化谱系的空白；海门口遗址出土的稻、粟、麦等多种农作物遗存，证明了来自黄河流域的粟作农业，其南界已经延伸到滇西地区；而稻、麦的共存现象，则为重新认识中国古代稻麦复种技术的起源时间和地点提供了重要的线索。剑川海门口遗址发掘被中国社科院评为2008年全国六大考古新发现。

【云南艺术团出访非洲四国】

为落实《中非合作论坛北京行动计划》，兑现我国政府对非洲的郑重承诺，弘扬中国春节文化品牌，进一步发展中非友谊，受文化部派遣，云南省杂技团、红河州歌舞团联合组成的中国云南艺术团一行36人，由云南省文化厅厅长黄峻率领，于1月26日至2月16日赴莱索托、南非、毛里求斯、塞舌尔进行了为期17天的访演。较好地将非洲艺术元素融入创作，成功演出了云南民族歌舞杂技晚会《梦幻香格里拉》13场，受到各到访国政府、民众和华人华侨的高度赞誉，以及我驻非领使馆的充分肯定。

【云南省图书馆入选全国古籍重点保护单位】

3月1日，国务院批准颁布首批《国家珍贵古籍名录》2392种和 “全国古籍重点保护单位” 51家。此次首批入选的全国古籍重点保护单位包括国家图书馆、26个省市级公共图书馆、12个高校图书馆、5个专业图书馆、5个博物馆及2个档案馆，云南省仅云南省图书馆入选，该馆40种传世珍本、孤本入选首批《国家珍贵古籍名录》。首批《国家珍贵古籍名录》主要收录了1912年以前书写或印刷，以中国古典装帧形式存在，具有重要历史、思想和文化价值的珍贵古籍。云南省图书馆目前共藏有古籍41万册，其中善本古籍近3万册。此次共申报了61种传世珍本、孤本，其中40种入选。

【云南省首届新农村文艺会演】

3月12日至10月22日，云南省委宣传部、云南省文化厅、云南省农业厅、云南省广播电视局共同举办了为期7个多月的云南省首届新农村文艺会演，16个州市、119个县、1100多个乡镇组织了会演，是云南省自新中国成立以来规模最大、影响最广、群众参与人数最多的一次农村文化活动。共创作演出的节目有戏剧、音乐、舞蹈、曲艺、非物质文化遗产名录等22460个，在村、乡镇、县（区、市）、州（市）演出了4642场次，参加创作演出的农民和群众文艺工作者59051人（其中农民演员58770人），观众达1193万余人次。在各州（市）、县（区、市）、乡（镇）成功会演的基础上，10月10～22日，在曲靖市举行了省级会演，来自云南省16个州市的18台文艺晚会、26个民族的1500余名演职员参加了会演。经过组委会的认真评审，共评出创作一等奖10个、二等奖20个、三等奖30个；表演一等奖10个、二等奖20个、三等奖30个；优秀组织工作奖6个，组织工作奖6个。

【云南省演出行业协会成立】

历经两年多的积极筹备，3月28日在云南艺术剧院召开了"云南省演出行业协会第一次会员代表大会暨成立大会"，正式成立了云南省演出行业协会。云南省文化厅副厅长黄丕义及各州市演出企业代表共140人出席大会。云南省演出行业协会的成立为云南省文艺演出工作者施展才华搭建了平台，必将为促进云南演出市场繁荣发展做出积极贡献。

【云南—香港服务贸易暨文化旅游展示活动周】

为进一步巩固和发展云南与香港在投资、贸易、文化、旅游等领域的交流与合作，提高滇港两地在CEPA和泛珠江流域合作机制下的成效，云南省政府定于4月赴香港举办了"云南—香港投资贸易合作洽谈暨文化旅游展示活动"。云南省歌舞剧院一行109人于4月2～10日赴香港参与该活动，演出大型民族歌舞《舞彩云》。晚会充分展示了云南绚丽多彩的民族文化，以及特有的神奇魅力，精彩绝伦的演出为促进云南在香港招商引资、发展滇港服务贸易、旅游合作和提升此次活动的规模效应方面，都产生了积极而深远的影响。《舞彩云》曾在2006年的"第三届全国少数民族文艺会演"中夺得全国大奖及12个单项奖，其中包含了已列入国务院首批公布的国家级非物质文化遗产保护名录的云南省《彝族海菜腔》、《傈僳族民歌》、《傣族孔雀舞》、《佤族木鼓舞》等20余个脍炙人口的优秀节目。

【开展2008年"保护知识产权宣传周"暨音像市场法制宣传活动】

根据省整规办、省保知办、省委宣传部等部门开展云南省2008年"保护知识产权宣传周"活动和文化部开展第10届全国音像市场法制宣传活动的部署，云南省文化厅制定了工作方案，部署全省以音像市场法制宣传活动为重点开展"保护知识产权宣传周"活动。全省各级文化部门于4月20日至26日组织开展了2008年"保护知识产权宣传周"暨音像市场法制宣传活动。4月20日上午，云南省"扫黄办"、云南省文化厅、昆明市及其四城区文化局在昆明市西山区政府广场共同举行了非法出版物公开销毁活动，销毁非法音像制品近50万盘（片）；同时，各州、市中心城市和部分县、区、市也设立了分会场，销毁非法音像制品30余万盘（片）；在4·20统一销毁活动中共销毁非法音像制品80余万盘（片）。宣传周期间，全省各级文化部门，共设立咨询点81个，发放宣传资料68100份，展示宣传展板、宣传画535块（幅），悬挂、张贴横幅、标语933条；开展集中执法行动，出动执法人员2488人次，车辆371辆次，检查音像市场经营户4551户次，收缴非法音像制品14余万盘（片）。

【云南省博物馆永久性免费开放】

5月18日是"国际博物馆日"，经过3个多月的筹备，云南省博物馆正式开始永久性免费开放。当天，对观众开放了"滇国——云南青铜文明陈列"、"南诏大理——佛光普照的大地"、"金玉满堂——云南省博物馆馆藏珍宝展"3个基本陈列，有近5000名观众前来参观展览。为更好地进行管理和向观众提供优质服务，同时也为了方便观众观赏展览，云南省博物馆免费开放后采用"免费不免票”的方式，控制观众流量，每天将提前发送第二天免费票证1500张。省博物馆还计划每年推出1～2个新展览，免费对社会开放；计划每年引进1～2个特展，对观众收取门票费用。

【云南省博物馆荣膺“国家一级博物馆”称号】

5月，经全国博物馆评估委员会评估推荐，国家文物局初审通过，全国有79家博物馆荣膺“国家一级博物馆”称号，云南省博物馆位列其中。

【全面开展第三次文物普查】

截至2008年底，云南省共调查登记不可移动文物3682处，其中新发现2094处，复查1588处。各地在全面普查文物点，不断有新文物发现的同时，对新型文化遗产如乡土建筑、工业遗产、老字号；重要历史遗迹如名人故居、滇西抗日战争遗迹、金沙江岩画和石棺墓；文化遗产线路如茶马古道、滇越铁路沿线近现代文物开展了专题调查。

【云南省音像协会成立】

经过一年多的筹备，由云南中天文化产业发展股份有限公司、昆明华之声商贸有限公司、云南新华电子音像连锁有限公司等8家发起单位和个人共同发起的云南省音像业协会于6月18日召开第一次代表大会暨成立大会。云南省文化厅、省文化市场稽查队、省公安厅、省工商局有关领导，各州、市文化市场管理科长、稽查队长，省网吧、演出行业协会负责人和全省音像行业代表120余人参加了大会。

【云南省花灯剧团获地方戏展演7个奖项】

在7月12～16日由中国戏剧家协会、江西赣州市人民政府联合举办的首届“中国地方戏展演”和“地方戏曲的继承与发展及在新农村建设中的作用”研讨会上，云南省花灯剧团选送的花灯小戏《审村长》获“优秀剧目综合金奖”，花灯小戏《山上的嫂子》和《憨憨戏主》分别获得“优秀剧目综合银奖”，演员陈庆华、董佳分别获“优秀表演金奖”，罗仕祥的论文《社会主义新农村建设戏曲小戏功不可没》获论文奖，云南省戏剧家协会和省花灯剧团获“组织奖”。

【《白洁圣妃》获第五届中国京剧艺术节一等奖】

在10月20日至11月7日由文化部、山东省政府联合主办的第五届中国京剧艺术节上，云南省京剧院创作演出的大型历史传奇京剧《白洁圣妃》荣获历史类剧目一等奖，这是省京剧继《凤氏彝兰》获得文华大奖后，推出的又一部反映云南少数民族地区历史现实生活的力作，是云南京剧艺术继承与创新的优秀成果。此外，该剧还获得中国少数民族戏剧学会金孔雀综合大奖和金孔雀优秀表演奖、优秀造型服装设计奖、表演奖等奖项。

【云南美术家代表团访问孟加拉国】

应孟加拉国家艺术院邀请，由我驻孟加拉国使馆文化处推荐，云南美术家代表团一行8人，于10月20～27日赴达卡参加“孟加拉国第13届亚洲艺术双年展”。该团团长、云南美术馆常务副馆长罗江代表我国首次担任本届“亚洲艺术双年展”评审团评委。在本届双年展上，云南省代表团出展作品18件（其中：中国画6件、重彩画3件、版画6件、雕塑3件），展现了云南绚丽多彩的民族文化艺术，给各国艺术家和观众留下了深刻印象。“亚洲艺术双年展”是孟加拉国定期主办的亚太地区国际艺术交流盛会，影响日益广泛。中国、埃及、印度等27个国家的艺术家参加了本届双年展，共展出各种美术作品478件。

【云南省歌舞杂技艺术团访问印度】

配合云南省旅游局主办的“云南旅游文化推介会”和云南省商务厅主办的“云南省经贸推介会”，云南省文化厅厅长黄峻率领云南省歌舞杂技艺术团一行37人，于11月10日、12日分别在加尔各答、新德里向印度朋友奉献了“七彩云南之夜”歌舞杂技晚会——“美丽的云南”。晚会充分展示了云南多彩的民族风情、靓丽的民族服饰和高超的艺术技巧，在印度各界人士和观众中引起极大轰动，受到了中国驻印度大使和印度官员的高度赞扬，加深印度人民对云南民族文化的认识和感受，增进中印两国人民之间的传统友谊，为滇印经贸、科技、文化、旅游的交流合作起到了积极的促进作用。

【云南艺术团赴越南、文莱交流演出】

应我驻越南、文莱使馆邀请，文化部组派中国云南艺术团一行30人，于11月14～23日，分别赴越南、文莱进行交流演出。此次中国云南艺术团的演出节目以云南省临沧市民族歌舞团的民族歌舞乐为主，精心创作、演出了一台名为“山情水韵”的云南民族歌舞晚会。中国云南艺术团的访问演出，进一步增进了中越、中文两国人民的相互了解和传统友谊，对促进双方开展更广泛的文化交流起到了积极作用。

【云南省第10届新剧（节）目展演】

由云南省文化厅主办的"纪念改革开放30周年云南省第10届新剧（节）目展演"于11月22日至12月9日在昆明举行。本届展演历时18天，共上演24台剧（节）目，演出48场，观众达3.8万余人，是历届展演中参演剧目最多、观众最多、持续时间最长的一次展演活动。内容有歌舞、戏剧、杂技、民族器乐等艺术形式。经过评审，有23台剧（节）目获综合大奖。

【云南省改革开放30周年大型图片展】

12月15日，由云南省委宣传部、省委党史研究室、新华社云南分社共同主办，云南新闻图片社、云南摄影家协会承办，云南日报报业集团、云南省博物馆协办的《30年，我们一同走过》——云南省改革开放30周年大型图片展在云南省博物馆展出。本次图片展是云南省历史上规模最大、内容涵盖面最广、制作质量最为精良、最吸引观众眼球的一次展览。展出的600余幅图片，是从云南新闻图片社、云南省摄影家协会收集和向社会征集的2万多幅图片中精选而来，全面真实地反映了改革开放30年来，云南各族人民在党的领导下，解放思想、实事求是，与时俱进、开拓创新所走过的伟大历程，展现了云南省政治稳定、经济发展、社会进步、文化繁荣、民族团结、边防巩固、人民群众安居乐业的良好风貌。展出图文还将编撰成精美画册出版，为人们保留一段珍藏于心的永恒记忆。

【云南省给予省级民族民间艺人和省级非物质文化遗产传承人生活补助】

为体现云南省委、省政府对传承人的关怀和鼓励，加强对云南省非物质文化遗产代表性传承人的保护，鼓励和支持开展传习活动，促进云南省优秀非物质文化遗产的继承和弘扬。云南省文化厅经过多方争取，2008年实现对目前在世的582位省级民族民间艺人和省级非物质文化遗产传承人一次性给予每人3000元的生活补助。云南省于1999年、2002年和2007年共命名了668位省级民族民间艺人和非物质文化遗产传承人（由于部分省级艺人被遴选推荐为国家级传承人，加上已故66位），现在世582位，这些民族文化传承人分布在云南省的16个州（市）、124个县（区），涉及白族、回族、彝族、哈尼族苗族、傣族、藏族、纳西族、佤族、布依族、壮族、傈僳族、德昂族、布朗族、瑶族、拉祜族、基诺族、景颇族、阿昌族、怒族、独龙族、普米族、蒙古族、水族等24个民族。他们当中年龄最大的98岁，年龄最小的32岁。他们都有明确的师传、家传传承关系，在民族文化传承中起着承上启下的作用，在当地民族心目中有极高的认同感与感召力，是民族文化传承的核心力量。

【云南省2家文化企业被授予第三批"国家文化产业示范基地"】

继云南映象文化产业发展有限公司、丽江丽水金沙演艺有限公司和云南中天文化产业股份有限公司之后，2008年，云南柏联和顺旅游文化发展有限公司和昆明市福保文化城有限公司被国家文化部授予第三批"国家文化产业示范基地"，使云南省的"国家文化产业示范基地"数量达到5个，成为全国示范基地数量较多的省份之一。

西藏自治区

一、积极探索和实践文化事业科学发展的新思路、新途径

根据区党委的统一部署，文化厅系统参加全区第一批开展学习实践科学发展观活动。按照厅党组的安排，文化厅系统各级党组织和广大党员积极投身于学习实践科学发展观的各项活动，努力用科学发展观的思想武装头脑，指导实践，推动工作。文化厅党组在充分学习调研、广泛征求意见和召开专题民主生活会的基础上，紧紧围绕在"一贯彻、三坚持、两推进"方面存在的突出问题、影响和制约自治区文化事业科学发展的热点问题、群众反映突出尤其是涉及群众基本文化权益等方面的重点问题，认真进行了分析检查，提出了"注重潜心钻研，进一步解放思想，更新观念，牢固树立文化发展新理念；注重加强基层文化建设，建立健全公共文化服务体系，切实保障人民群众基本文化权益；注重培育文化市场，大力发展文化产业，积极实施西藏文化走出去战略；注重机制创新，加强文化队伍建设，为文化事业的繁荣发展提供人才保障；注重加强班子自身建设，进一步转变职能，不断提高执政能力"

等下一步文化工作的思路和措施，并着手从完善体制机制、加强文化管理、推动文化创新、保障群众文化权益等方面采取了一些新的措施，进行了初步探索和尝试，学习实践活动取得了阶段性成果。

二、各项重大工作任务取得显著成绩

1. 维护稳定工作成效显著。2008年来，特别是拉萨"3·14"事件发生以后，全区各级文化部门严格按照区党委、政府的决策部署，高举维护社会稳定、维护社会主义法制、维护人民群众根本利益的旗帜，深入揭批、严厉声讨达赖集团的真实面目和滔天罪行，全面加强维护稳定工作，全力维护祖国统一和民族团结，以实际行动有力回击了达赖集团的分裂图谋，为全区维护稳定工作做出了应有的贡献。"3·14"事件发生后，按照中央和区党委的统一部署，自治区文化厅还配合国家有关部门，在北京成功举办了大型展览"西藏今昔"，受到了中央有关领导及海内外社会各界的一致好评。拉萨市还结合"3·14"事件，创作推出了大型文艺晚会"向着太阳"。

2. 参加北京奥运文化活动成绩突出。奥运期间，根据国家有关部门和自治区的统一安排，我区大型藏戏歌舞《吉祥奥运》参加了北京奥运会开幕式文艺演出，得到广泛好评；大型唐卡式歌舞诗《幸福在路上》、国家舞台艺术精品剧目《文成公主》、西藏非物质文化遗产展览"中国故事——西藏祥云小屋"参加了奥运文化活动，获得圆满成功，"中国故事——西藏祥云小屋"还被北京奥组委和文化部评为最佳组织奖。西藏文物奥运特展在北京成功举办，受到国内外观众的热烈反响。

3. 改革开放30年文化活动丰富多彩。创作推出了改革开放30周年主题晚会"辉煌历程"，组织3支县民间艺术团参加了"纪念改革开放30周年"中国首届农民文艺会演。各地市也围绕改革开放30年举办了"纪念改革开放30周年文艺晚会"等文艺文化活动，取得了良好效果。

4. 积极开展对口扶贫和抗震救灾工作。2008年，全区各级文化部门积极响应中央和区党委号召，充分发扬"一方有难，八方支援"的中华民族优良传统，纷纷伸出援助之手，积极开展向南方特大冰雪灾区、四川地震灾区、当雄地震灾区和拉萨"3·14"受损商户奉献爱心活动。据统计，全区文化部门共募集善款近百万元。同时，文化厅系统积极开展了对口扶贫那曲措拉乡的各项帮扶工作，受到了自治区和那曲地区有关部门的充分肯定和表彰。

三、公共文化服务体系建设取得明显成效

1. 文化设施建设规划日益完善。一是根据中央和自治区领导关于加快推进自治区基层文化建设的重要批示和指示精神，在区党委宣传部的统一领导下，与自治区广电局、新闻出版局联合研究制定了《西藏自治区2008年至2012年基层文化建设规划》，重点对地市、县、乡、村文化设施建设进行了统筹规划。目前，该《规划》已经以自治区党委、政府名义上报国家有关部门，有望在2008年、2009年两年得到逐步落实。二是根据中央扩大内需，促进增长的有关精神和国家发改委、文化部要求，研究制定了2008年、2009年两年各级图书馆、群艺馆和博物馆在内的重点公共文化设施建设规划。目前，该规划也已经上报国家有关部门。三是根据国家关于加快基层文化设施建设工作的要求，研究上报了我区"十一五"基层文化设施建设规划调整意见。力争从2008年开始，加快自治区基层文化设施建设步伐，到2010年全面实现"县有综合文化活动中心，乡镇有综合文化站"的目标。

2. 文化设施建设投入明显增加。一年来，国家和自治区为区县综合文化活动中心、乡镇综合文化站和文化信息资源共享工程县支中心共投入6100余万元，其中国家投入4400余万元，自治区安排配套1600余万元。另外，自治区还对自治区群艺馆、艺术研究所改造建设投入了1000余万元。文化设施建设投入的明显增加，为自治区文化设施建设提供了有力资金保障。

3. 基层文化设施建设步伐全面加快。一年来，自治区安排新建县级综合文化活动中心15个，其中，12个项目已经竣工，3个项目正在建设；安排新建乡镇综合文化站项目78个，其中，第一批安排的以那曲地区东三县为主的30座乡镇综合文化站建设项目已经全部开工建设；安排新建文化信息资源共享工程县支中心21个，将于2009年上半年完成安装、调试并投入使用；自治区群艺馆和艺术研究所改造项目前期工作已经就绪，计划2009年初开工建设。阿里地区通过各种渠道，投资66万元对地区群艺馆礼堂和办公设施进行了全面维修和改善。

四、不断提高文化产品的创作、生产和供给能力

1. 文艺创作进一步繁荣。2008年，全区各级专业文艺团体围绕自治区中心工作和奥运会、改革开放30周年等重大活动，排演和推出了大型交响乐《喜马拉雅之歌》，创作推出了改革开放30周年主题晚会《辉煌历程》、大型农村题材话剧《扎西岗》、大型新编藏戏《朵雄的春天》、廉政文艺晚会《光荣使命》等一批具有浓郁民族特色、反映时代精神、体现社会主义核心价值、符合群众审美要求的精品佳作，重点打造了对外文化交流剧目《天上西藏》。各地市专业文艺团体在配合自治区各类重大文艺创作和演出工作的同时，结合本地实际，也相继创作推出了一批优秀文艺作品。据统计，2008年，全区各级专业文艺团体新创作品200余个（其中，区直三团全年新创、修改作品77个），获自治区“五个一作品奖”11项。全区民间艺术团全年创作节目近100个。山南地区各级文艺团体全年新创作、修改作品67个，演出326场，观众达42万人次。自治区组织民间艺术团和老年、社区、农民文艺演出队参加了中国首届农民文艺会演、中国老年合唱节、西部民歌大赛、“四进社区”文艺展演等全国性群众文艺比赛，荣获3个金奖，6个银奖，12个铜奖。国家课题《中国藏戏史》撰写工作全面完成，《中国器乐集成西藏卷》、《中国民歌集成西藏卷》通过初审。文艺创作、研究工作取得了显著成绩。

2. 各类文化活动丰富多彩。2008年，全区各级文化部门充分发挥各级各类文化设施和队伍作用，积极开展形式多样、丰富多彩的文化活动，活跃了群众的精神文化生活，提升了西藏文化的影响力。一是专业文艺演出精彩纷呈。全区电视专业舞蹈大赛在拉萨成功举办，并首次与西藏电视台合作，通过藏汉两种语言连续向区内外播放，引起强烈反响；话剧《扎西岗》、藏戏《朵雄的春天》等现实主义文艺精品相继与广大观众见面，得到了全社会的广泛关注和热情赞扬，取得良好的社会效益；改革开放30周年主题晚会“辉煌历程”、自治区歌舞团团庆晚会“如歌岁月”等文艺节目在拉萨全面上演，为广大群众提供了高层次的文化艺术享受；各地市专业文艺团体结合重大节庆活动，大力开展形式多样的文艺演出活动，有效丰富和活跃了广大人民群众的精神文化生活。二是阵地活动形式多样。全区各级图书馆、博物馆全年接待读者和观众近4万人次，借阅图书6万余册；各级群艺馆举办各类培训80余期，参加人员近2000人次；“西藏今昔”（拉萨展）国庆节期间在拉萨全面展出，吸引观众3万余人次。昌都地区为驻军开展流动图书馆活动，编排易懂易学的广场舞蹈，有效丰富了驻昌武警官兵的文化生活。三是对外文化活动成果显著。藏族音乐家美朗多吉作品演唱会在北京成功举办。拉萨市民族歌舞团等地市专业文艺团体赴新加坡等国家和地区参加了文化交流活动。

3. 文化下乡工作不断加强。2008年，全区各级文化部门积极开展“文化下乡”活动，极大丰富和活跃了基层广大人民群众精神文化生活。据统计，全区各级文艺团体全年下乡演出近700场，观众达110多万人。各级图书馆全年“送书下乡”5万余册，送科普、文化类光盘近500张，送展览20余场。文化下乡的深度、广度和吸引力、感染力进一步增强，成效比较明显。

五、加强物质和非物质文化遗产保护工作

1. 文物事业得到加快发展。2008年，全区各级文物保护工作部门大力加强文物保护和利用工作，文物事业得到了加快发展。一是重点文物保护工程顺利实施。三大文物保护维修工程稳步推进，全年复工项目8个，完成投资1684万元，累计开工子项目156个，完成150个，完成投资2.8亿余元。“十一五”重点文物保护工程正式启动，已到位投资1.61亿余元，实施了9项工程，其中，扎什伦布寺、桑卡古都寺、昌珠寺、科迦寺、夏鲁寺保护工程已开工建设。自治区文物抢救维修工作进展顺利，日吾其金塔等9项工程全部开工建设。二是重要历史和革命文物调查保护工作深入推进。完成了117件重要历史和革命文物的记录建档和67件重要历史和革命文物的记录卡工作。自治区确定的首批“红色遗迹”抢救项目的前期工作进展顺利，中央人民政府驻藏办公区等5处项目的维修设计已经完成。三是第三次全国文物普查全面展开。全面启动了53个县的普查工作，共登录文物点2126处（其中复查692处，新发现

1434处)。四是文物安全保障措施得力。实施了西藏博物馆安防改造工程和全区20处文物单位安防设施建设工作。五是加强了文物展示和服务工作。完成了西藏博物馆陈列改造的内容设计，实施了布达拉宫珍宝馆陈列展示工程建设。六是文物保护基础性工作深入开展。全区文物系统积极配合自治区贝叶经保护工作领导小组开展了贝叶经编目、整理和登录工作，仅区直文博单位整理贝叶经660部。完成了2万余件文物的建档工作，征集和收购各类文物48件。阿里、日喀则地区的12个县成立了文物局。组织全区89名文物工作者参加了国家文物局举办各类文物专业培训。西藏博物馆入选国家一级博物馆。

2. 非物质文化遗产保护工作成果显著。2008年，全区各级文化部门全面加强非物质文化遗产保护工作，取得显著成效。一是申报工作成绩突出。全区36个项目入选第二批国家级非物质文化遗产保护名录，22名传承人入选第二批国家级非物质文化遗产代表性传承人名录，6个珍贵古籍列入首批国家珍贵古籍名录，14个县(乡)被文化部命名为“中国民族民间文化艺术之乡”，自治区人民政府公布了134项首批自治区级非物质文化遗产代表性传承人名录。完成了藏戏申报联合国人类非物质文化遗产代表作的相关工作，完成了第三批国家级代表性传承人、第二批国家珍贵古籍名录的申报工作。二是普查工作全面推进。全区非物质文化遗产调查、搜集、整理和实物征集工作取得阶段性成果。日喀则地区组织普查人员深入18个县的120个点，采访民间艺人110人次，拍摄录像资料5000余分钟，建立和完善了非物质文化遗产数据库。三是宣传和展示工作不断加强。开展了“我区国家级非物质文化遗产代表性传承人颁证仪式暨非物质文化遗产专场演出”等非物质文化遗产保护宣传活动。配合中央媒体，完成了有关西藏唐卡、藏医药、藏戏等非物质文化遗产保护工作成果的专题片和专题报道。四是保护工作全面加强。召开了全区古籍保护暨非物质文化遗产保护工作会议，全面总结了近年来我区非物质文化遗产和古籍保护工作，安排部署了下一阶段的普查和保护任务。落实并安排了国家级和自治区级非物质文化遗产代表作保护经费近400万元，对重点项目和代表性传承人进行了抢救和保护。

六、文化行政管理和经营手段进一步完善

1. 行政法规和规章建设全面加强。一是加强了文化行政法规建设。根据新时期文化市场管理工作特点和需要，与自治区有关部门一起研究制定了《西藏自治区文化市场管理条例》，目前，该条例已通过自治区政府常务会，有望2009年正式出台。二是加强了行政规章建设。与自治区发改委联合制定下发了《西藏自治区乡镇综合文化站建设项目管理办法》。研究起草了《布达拉宫管理办法》、《西藏自治区县综合文化活动中心和乡镇综合文化站管理办法》、《西藏自治区民间艺术团管理办法》、《我区重点剧目、优秀剧目投入机制和奖励实施办法》和《区直三团送戏下乡、城市社区演出奖惩考核验收办法》等近10个有关文化事业发展的一系列行政法规和规章，为有效提高文化行政管理能力，全面推动文化事业科学发展提供了有力政策保障。

2. 文化市场管理工作成效显著。2008年，全区各级文化市场管理部门坚持“一手抓繁荣、一手抓管理”的方针，全面推动文化市场繁荣、有序、健康发展。特别是拉萨“3·14”事件后，为严防达赖集团反动文化产品的散播和渗透，全区各级文化市场管理部门加大了对歌舞娱乐场所和音像市场的管理，全面加强了全区文化娱乐场所消防安全整治和日常监督管理工作。据统计，一年来，全区各级文化市场管理部门共出动执法人员7100余人次，检查音像制品批发、零售、出租单位6000余家次，演出单位160余家次，娱乐场所5200余家次，“网吧”等互联网上网服务营业场所3720家次，查缴各类盗版、淫秽及政治性非法音像制品13万余盘张。其中政治性非法音像制品800余盘张，停业整顿29家，取缔1家。那曲地区狠抓音像市场管理，全年查缴各类盗版、淫秽和政治性音像制品3600余盘张，有效净化了本地文化市场。

3. 文化产业不断发展。2008年，自治区组团参加了第四届中国西部(西安)文化产业博览会和北京文化创意产业博览会，有力宣传和展示了自治区文化建设成就、资源优势，推介了合作项目，与内地兄弟省市的同行建立了广泛的联系，拓宽了自治区文化产业发展的视野及思路，为自治区

文化走出去奠定了基础。开展了文化产业示范基地的评选工作，初步评出了具有典型和示范意义的8个自治区级文化产业示范基地，并以文化厅名义进行了命名。其中，拉萨市岗地经贸发展有限公司还被文化部命名为国家级文化产业示范基地。自治区和各地市已经推出和计划推出了一批具有市场发展前景的《幸福在路上》、《雅鲁藏布》、《珠峰彩虹》、《五彩西藏》、《藏北音画》等商业性演艺剧节目，其中有的已投放市场，取得了良好的效益。

七、2009年全区文化工作的主要任务

2009年是西藏民主改革50周年和中华人民共和国成立60周年，是深入贯彻落实党的十七大精神，推进“十一五”规划顺利实施的关键一年。大事多，喜事多，任务多，做好2009年文化工作意义重大，至关重要。

2009年，全区文化工作的指导思想和总体要求是：高举中国特色社会主义伟大旗帜，以邓小平理论、“三个代表”重要思想为指导，深入贯彻落实科学发展观，认真学习贯彻党的十七大和十七届三中全会精神，全面贯彻落实区党委七届三次、四次全委会和全区经济工作会议精神，认真贯彻落实全国、全区宣传部长会议和全国文化厅局长、文物局长会议精神，按照“高举旗帜、围绕大局、服务人民、改革创新”的意识形态工作总要求，以加快公共文化服务体系建设，促进艺术创作繁荣，加大文化遗产保护力度，强化文化市场管理，加快文化产业发展，扩大对外文化交流为重点，全面推进各项工作，促进我区社会主义文化的大发展大繁荣，以优异的成绩迎接西藏民主改革50周年和国庆60周年。

2009年自治区文化工作的总体思路是：贯穿“一条主线”、突出“两个重点”、把握“八个更加注重”、迈上“四个新台阶”。

贯穿“一条主线”，就是要把深入学习实践科学发展观作为主线，切实贯穿到全年文化工作的始终，体现在文化工作的各个方面。

突出“两个重点”。就是要突出做好纪念西藏民主改革50周年和国庆60周年的各项文化工作。

把握“八个更加注重”，迈上“四个新台阶”，就是要更加注重基层，更加注重民生，进一步建立健全公共文化服务体系，努力在加快农牧区文化事业发展上迈上新台阶；更加注重管理，更加注重法治，进一步建立健全文化工作长效机制，努力在文化建设法制化、规范化发展上迈上新台阶；更加注重创新，更加注重改革，进一步树立文化创新理念和创新思路，努力在推动文化创新上迈上新台阶；更加注重落实，更加注重实绩，进一步转变政府职能，提高工作效率，努力在狠抓落实，务求实效上迈上新台阶。

陕西省

一、艺术创作

树立精品意识，促进文化艺术事业的繁荣。继续实施“大戏大剧大作和精品工程创作规划”，精心策划艺术精品生产工程项目方案，对《米脂婆姨绥德汉》、《大唐赋》、《汉唐百戏》等剧目进行重点打造，搬上舞台后受到各方面一致好评。召开全省艺术创作座谈会和30余次剧目讨论会，赴各市和省直院团对推荐参加第五届陕西省艺术节的40多台新创作剧（节）目进行指导、选拔。组织话剧《郭双印连他乡党》赴深圳和成都参加2006～2007年度国家舞台艺术精品剧目展演活动，组织秦腔《柳河湾的新娘》参加2008年西北五省区秦腔艺术节，荣获优秀剧目奖等6项大奖，并进京参加由中宣部、文化部等部门举办的“纪念改革开放30周年全国改制院团优秀剧目调演”。组织京剧《雷雨》参加第五届中国京剧艺术节，荣获现代戏二等奖、“优秀名著改编奖”。组织省杂技艺术团的《倒立与造型》参加全国第七届全国杂技比赛，获得铜奖。在中国少儿戏曲小梅花大赛中，陕西省选手共获4枚金花，1枚银花。陕西省乐团两次进入国家大剧院上演交响音乐会获得好评。

二、重大文化活动

举办了“延长石油杯”第五届陕西省艺术节，集中奉献了41台82场演出，评选出优秀剧节目和优秀演出奖19个。参演单位涉及10个地市、7个省直院团以及工会、武警、教育、广电、旅游等各个系统和相关学校、社区、企业、村镇等众多基层单位。荟萃了音乐、舞蹈、舞剧、杂技、曲艺、戏曲、话剧、木偶等各种舞台艺术形式。艺术节中，涌现出了一批优秀剧（节）目，如戏剧类的京剧现代戏《风雨老腔》、话剧《钟声远去》、秦腔现代戏《柳河湾的新娘》、青春版秦腔历史剧《杨门女将》、秦腔历史剧《大秦将军》、秦腔现代戏《桥弯弯 月圆圆》、镇安花鼓历史剧《聂焘》，歌舞类的陕北秧歌剧《米脂婆姨绥德汉》、陕北信天游歌舞剧《山丹丹》、乐舞诗《大唐赋》，音乐类的大型情景交响音乐会“中国魂”、民族音乐会“盛世华章”，曲杂类的杂技主题晚会“汉唐百戏”、大型木偶神话剧《孙悟空三打白骨精》、群众文艺优秀节目专场晚会“今夜群星灿烂”等。艺术节期间，还举办了陕西省中青年画家优秀作品展、陕西省中青年书法家优秀作品展、秦腔艺术展以及“中国秦腔高层论坛”和文化讲座等系列文化活动。本届艺术节规格之高、规模之大、艺术门类之多、活动内容之丰富为历届艺术节之最。省直院团全年共演出1631场，活跃了城乡群众的文化生活。

举办了2008年陕西省声乐比赛。比赛历时21天，设立民族、美声、原生态、流行四种唱法，共有512名选手参加比赛，评选出一批优秀青年歌手，有力推动了我省声乐演唱艺术水平的进一步提高。

举办了第三期全省艺术人才高级研修班，来自全省各专业文艺表演团体、研究单位等的30余名中青年业务骨干参加了研修学习。举办了第七届陕西少儿戏曲小梅花大赛，评选出一等奖11名，二等奖21名，三等奖30名，优秀组织奖4个，组织奖4个，对培养艺术表演新人、促进我省青少年戏曲人才成长起到了积极的作用。首次设立了陕西省艺术科研课题并开展了首次课题征集和评奖，共有110个来自全省各艺术单位和高等院校的艺术课题参加了评奖，很好地推进了我省艺术科研事业的发展。继续向上海戏剧学院、北京舞蹈学院等高等艺术院校输送学员14名。

圆满完成了清明公祭黄帝陵告祭乐舞的演出任务和第十二届西洽会大型乐舞诗《大唐赋》等系列文化活动。精心承办了省委、省政府、省人大、省政协迎新春团拜会。

三、基层文化建设

以推进农村文化建设“五大工程”为重点，切实加强社会文化工作，加快全省农村基层文化建设。新建成30个文化资源共享工程县级支中心，全省省市县乡村网络服务中心（点）达到460个。积极争取文化部为汉中和宝鸡30个地震临时安置点配送了共享工程设备。特色资源建设步伐加快，新建的“秦腔秦韵”、“陕西民间美术”等8个文化信息数据库通过国家验收。组织开展了“文化共享奥运行”陕西系列服务活动。与中国电信股份有限公司陕西分公司签署了战略合作框架协议，与省委组织部联合印发了《关于开展文化信息资源共享工程和农村党员干部现代远程教育工程联合共建的通知》，在基层网点建设、资源开发与传输、基层服务点日常管理和服务等方面提出了资源整合、合作共建、共同发展的具体意见。率先采用VPN先进技术组建的我省共享工程服务专网不断扩大。定边县、眉县、泾阳县被文化部命名为全国文化共享工程示范县，2个基层服务点和1位管理员被评为文化共享工程全国优秀基层服务先进。我省文化共享工程建设受到文化部督导验收组的高度称赞。

农村舞台艺术繁荣工程继续推进，为县级剧团配送了22辆流动舞台车及灯光音响设备。实施农村文化人才培训工程，举办了8期培训班，培训人员400多名。推行省市县三级农村电影公益放映目标责任制，落实了农村电影放映配套补贴经费681万元。全省已组建7条农村数字电影院线，已有750个农村数字电影放映队。农村电影放映18.46万场次，其中数字电影放映7.23万场次，胶片电影放映11.23万场次。举行了农村数字电影放映设备发放仪式，并将国家配送我省的农村数字电影放映机和省厅购置的数字电影服务车155套配发到基层，目前我省农村数字电影设备已达到915套，覆盖了全省75%农村，除少部分县区外，基本达到每县一辆放映车，放映规模和水平大为提升，农村电影改革不断深入，全省提前实现了一村一月放映一场电影的目标。

组织了具有陕西浓郁特色的农村文艺节目参加首届全国农民文艺会演，取得1金2银5铜的好成绩，陕西节目在苏州市进行了专场巡演，其中陕北腰鼓和华阴老腔被文化部选拔赴京，参加向中央领导汇报的专场演出，陕西省文化厅荣获组织奖。组织3个作品参加第六届全国“四进社区”文艺展演获得铜奖和1个组织奖，4个社区及2名个人分别荣获“全国文化先进社区”和“全国社会文化优秀辅导员”称号。选送作品参加由文化部“天穆杯”全国首届“新农村、新文化、新风貌”

小品大赛，陕西省文化厅荣获优秀组织奖。组织我省歌手参加文化部“第六届中国西部民歌（花儿）歌手邀请赛”，获得了1金12银3铜的好成绩。组织《天地社火》宝鸡陈仓剧团参演人员参加了中央电视台春节歌舞晚会的排练录制工作。参与举办了全省文化科技卫生“三下乡”示范活动，指导全省开展好基层群众文化活动。社会艺术考级工作健康发展。

未成年人文化工作不断加强。组团参加第二届中国少年儿童合唱节，荣获“小黄鹂”奖杯。举办了全省少儿书法绘画大赛，绿色奥运，绿色陕西——2008陕西少年儿童迎奥运书画展览，启动了“加强未成年人思想道德建设，推进网络文明工程”，全省各级图书馆、群艺馆、文化馆充分利用和整合现有文化资源，设立少儿图书室和少儿文化活动场所，开展形式多样的少儿文化活动，为未成年人健康成长创造良好的文化氛围。

组织进行了全省农村公共文化服务体系调研和农民工文化生活调研，已形成调研报告上报省委。代省委、省政府起草的《关于加强我省公共文化服务体系建设的实施意见》已正式印发。

四、举办迎奥运系列文化活动

组织创作编排大型民俗表演节目《天地社火》参加北京奥运会开幕式前文艺表演；完成了北京奥林匹克公园中心区《中国故事》陕西祥云小屋的设计布展工作，展期2个月，观众达30多万人次，奥组委和文化部向陕西小屋颁发了“最受欢迎奖”和“最佳策划奖”；选送《华阴老腔》参加文化部迎奥运群星奖优秀节目展演，组织《吉祥腰鼓》等节目参加了“北京2008城市奥运文化广场活动”演出；选送眉户现代戏《迟开的玫瑰》、青春版秦腔历史剧《杨门女将》、原生态方言话剧《郭双印连他乡党》、原生态民歌舞剧《挂红灯》，参加文化部“相约北京——2008奥运重大文艺展示活动”；省雕塑院为北京奥运创作的6件环境雕塑作品，全部建树于北京奥运主会场，“鸟巢”与“水立方”之间的广场，收到良好的社会效果。在省内圆满完成了北京奥运火炬陕西段传递文化活动指导工作和“文化共享奥运行”活动。成功举办了“陕西省迎奥运美术书法摄影作品展览”等。陕西省文化厅受到省政府的通报表彰，获得先进集体称号，5人获得先进个人称号。

五、物质文化遗产保护工作

召开了全省非物质文化遗产保护工作会议，举办了全省非物质文化遗产保护高峰论坛，命名首批省级非物质文化遗产项目代表性传承人167名并给予每人每年4000元用于补贴传习活动。表彰了一批非物质文化遗产保护工作先进单位和个人。陕北民歌等27个非物质文化遗产项目进入第二批国家级非物质文化遗产代表作名录，陕西省进入国家级名录项目达51项，国家级名录项目传承人为31人。编辑出版了《陕西省第一批非物质文化遗产名录图典》。做好非物质文化遗产地震灾后重建工作，及时调研组织编制恢复重建规划及项目投资安排计划。陕西被文化部列为羌族文化保护实验区之一。

加强古籍保护工作。陕西省文化厅代省政府起草的《关于进一步加强古籍保护工作的实施意见》已以陕政办发〔2008〕43号文件印发。陕西省有14部古籍入选首批国家珍贵古籍名录，陕西省图书馆被国务院命名为首批全国古籍重点保护单位。经省编办批准，陕西省古籍保护中心在省图书馆挂牌成立。10月，陕西省文化厅与国家古籍保护中心共同组织举办了全国古籍普查培训班。经申报，陕西省有26个市、县、区、乡镇被文化部命名为中国民间文化艺术之乡。启动了陕西重大历史题材美术创作工程。

六、文化市场管理

继续大力繁荣文化市场。共审批办理各类演出40余件，演出200余场，其中百老汇音乐剧《42街》、《猫》、《灰姑娘》，爱尔兰大型舞剧《大河之舞》，周杰伦西安大型演唱会，张惠妹西安演唱会均取得了良好的经济和社会效益。审批演出经纪机构8家。依托第四届文博会组织举办了东西部演出交易会。举办了第七届陕西西安国际音乐节，演出了美国百老汇音乐剧《阿依达》、台湾赖声川导演创作的当代舞台剧《暗恋桃花源》、德国汉诺维莫扎特交响乐团、蔡琴“不了情”西安演唱会以及民乐演奏会。实施网吧监控平台省级中心与文化部全国监控系统的联网暨视频会议系统准备工作，与有关系统开发单位协调工作已经基本完成，省部级中心数据接口规范的开发、测试工作正在进行之中，争取年底前完成。开展了正版音像制品经营示范店评比活动，全省共评选出27家示范店，并进行了授牌表彰。向文化部上报了《陕西省电子游戏经营场所试点开放方案》，为我省有序开放电子游戏经营市场打好基础。组织召开了省扶持动漫产业发展联席会议首次成员单位会议，举行了陕西省动漫基地授牌仪式，授予西安高新区“陕西省动漫产业发展示范区”，西安高新区创意产业发展中心“陕西省动漫产业孵化基地”，西安纷腾互动数码有限公司“陕西省动漫产业重点扶持企业”，西北大学艺术学院、西安美术学院设计系等7家单位为“陕西省动漫教育基地”。根据省政府有关要求，修订了《陕西省动漫游戏产业发展规划（2009～2012年）》，举办了促进陕西动漫产业发展及实施项目带动战略恳谈会。

开展文化市场奥运保障行动和音像市场执法工作。换发了文化市场行政执法证件和统一执法工作服，为全省市级执法机构配发执法取证设备，为下一步在全省推行信息化执法办案系统作了前期准备。举办全省文化市场行政执法人员培训班。组织开展执法人员法规业务考试，全省已有1300名通过考试领取执法证件。开展了全省文化市场行政执法案卷评查工作，全省共报送各类执法案卷80个，评选出10个优秀案卷。开展了文化市场交叉检查。检查内容主要有网吧、音像、电子游戏市场以及“12318”举报电话是否畅通，同时涉及演出市场、娱乐市场以及艺术品市场。加强电子游戏经营场所管理。按照《文化市场行政执法考评细则》，开展了全省文化市场行政执法考核工作，对执法数据和信息进行核实，并进行通报。加强执法信息报送工作，全省共报送各类文化市场执法信息55篇，其中文化部《文化要情》采用1篇，《文化信息》采用5篇，《中国文化市场网》采用28篇。

全年共出动文化执法人员14.3万人次，检查音像经营单位10464家次、演出单位493家次、娱乐场所8622家次、网吧23784家次，受理举报1779件，立案调查2371件，查缴各类违法音像制品近21万盘（张）、网吧电脑及附属设备639（件），罚款523.8万元，停业整顿各类经营单位1287家，吊销许可证44家。

七、文化基础设施建设

编制了《西安文艺路演艺基地策划方案》。启动了省戏曲研究院中心广场改建和省歌舞剧院敬业大厦建设项目。下达了65个乡镇文化站建设计划，设计编制了《陕西省乡镇综合文化站建设设计方案图集》。编制了全省民生八大工程文化建设计划，并落实省级资金6000万元。为1600个行政村配送了文化活动器材。

八、文化产业发展

广泛征集、审定和汇编了文化系统文化产业项目320个，常年在中国文化产业网和陕西文化信息网发布。按照景俊海副省长的有关批示精神，向有关单位征求了《关于支持西安曲江建设国家级文化产业示范园区相关意见》。为推动文化艺术品市场健康有序快速发展，按照省政府有关领导的指示精神，进行了西安文化艺术品交易所的各项筹备工作。

陕西省文化厅牵头组织参加了第四届深博会，完成了综合展区200平方米展位的精心设计制作及展览招商工作。共计征集了368个文化产业项目，总投资额约588.78亿元人民币，有6个项目签约，引进外资1亿美元，内资10亿元。承办了第四届中国西部文化产业博览会，陕西省文化厅完成了综合展区省直360平方米展位的设计制作布展和11地市的招展工作，承办了西部文化产业重点项目推介会、第四届东西部演出交易会和宁夏、陕西文化产业发展恳谈会，西博会期间，陕西省共有18个项目签约，金额10.137亿元。陕西省文化厅荣获优秀组织奖、最佳展示奖、最佳成果交易奖3项大奖。陕西省文化厅与省旅游局等单位联合主办了首届陕西省旅游商品博览会，承担了广场文艺演出任务。同时，积极进行了上海世博会的各项筹备活动。在第二次全国文化产业工作会议上，陕西省华清池旅游集团公司、关中民俗博物院、华县皮影产业群被命名为第三批全国文化产业示范基地，渭南市文化局、曲江新区文化事业发展局被命名为全国文化产业工作先进集体，3名被授予全国文化产业先进个人称号。

九、对外文化交流

对外文化交流活动呈现出规模大、规格高、影响深远的特点，增强了陕西省对外文化宣传的实力和影响力。举办了陕西2008悉尼春节文化活动，包括花车彩妆巡游、广场综合演出、兵马俑故乡民俗展、陕西旅游推介会、堪培拉多元文化节“秦风唐韵”文艺演出以及中国驻澳使馆开放日文艺演出等6项主要内容。回国后举办了“跨洋彩虹——陕西文化澳洲行”摄影展，并出版了纪念画册与宣传光盘，受到省政府的通报表彰。举办了第29届中国陕西·日本京都书画联展文化交流活动，京都府知事和袁纯清省长亲自为书画展撰写贺辞，纪念两画院25年来的交流历程，并出版了纪念画册。组派了陕西皮影赴意大利参加罗马艺术节演出活动、陕西民间艺术团赴美国米德兰市参加“中国文化音乐艺术节”、省民间艺术剧院鼓乐演出团赴澳大利亚参加“迎火炬文艺演出”活动、陕西民间艺术团赴日本参加“陕西—日本合作周”等多项演展活动。协助泰国驻西安领使馆举办了“陕泰一家亲”音乐舞蹈演出活动。全年受理全省对外文化交流项目103个，办理全省文化团组51批850人次，赴世界21个国家和港澳台地区进行了对外文化交流活动；接待邀请了18个国家和港澳台地区的41批文化团组310人次来陕进行了文化交流。

十、开展抗震救灾活动

四川汶川强烈地震造成我省文化系统直接经济损失1.6亿多元。我省汉中、宝鸡两市灾情较为严重，陕西省文化厅领导班子成员先后多次深入汉中、宝鸡等地受灾严重的文化单位，了解文化设施受灾情况，慰问受灾单位和干部群众，并迅速向文化部、国家广电总局和省委、省政府汇报灾情。举办了赈灾义捐义演义卖活动6场，筹集救灾资金300余万元。厅直属系统25个单位和厅机关2000多名干部职工及离退休向灾区捐款307266元。陕西省文化厅机关和厅直属单位党员共交纳“特殊党费”220282.6元。省直文化系统团员交纳“特殊团费”4374.3元，总计捐款353.2万元。组织省直文艺工作者赴宝鸡、汉中等受灾县进行演出，并放映数字电影。国家文化部和广电总局共拨付专款130万元用于恢复陕西省受灾地区文化单位抗震救灾和农村数字电影放映工作。开展了对口帮扶南郑县塘口乡武家沟村党组织的工作，确定了重建该村组织活动场所和帮扶困难党员，落实帮扶资金18.8万元，捐款43570元，捐赠新被褥1238件；帮扶援建的武家沟村组织活动场所基建项目已全面竣工，下一步还将为武家沟村组织活动场所配备图书室、文化活动室等功能设施。

组织开展了“送温暖、献爱心”向地震灾区捐赠衣被活动，省文化厅直属各单位和厅机关干部职工向地震灾区捐赠衣被1238件，现金43570元。编制并报送了《陕西省公共文化设施灾后恢复重建规划》、《陕西省非物质文化遗产灾后恢复重建规划》，规划项目已经列入国家和我省灾后恢复重建专项规划中，为指导今后恢复重建及落实建设资金奠定了良好的基础。

十一、文化体制改革

积极推进省直文化系统文化体制改革。分别赴西安、咸阳和厅直事业单位以及吉林、江苏进行体制改革调研工作，召开了厅直系统文化体制改革工作研讨会，传达学习了中、省有关文件精神，对文化系统文化体制改革进行了再动员和安排部署，对《省直文化系统文化体制改革总体方案（讨论稿）》进行了研讨，经广泛调研、反复论证，形成了《省直文化系统文化体制改革总体方案》，省政府原则同意了此方案。结合贯彻国办发〔2008〕114号文件和我省文化系统实际情况，在省直文化系统各单位主要负责充分研讨基础上，形成了《文化系统体制改革中经营性文化事业转制为企业的规定》、《文化系统体制改革中支持文化企业发展的规定》、《文化系统体制改革中支持文化事业发展的规定》3个配套文件的建议稿，已报省委宣传部；形成《关于支持文化系统文化体制改革和文化事业文化产业发展的若干政策（建议稿）》已报省政府审定。对西安、宝鸡、咸阳、延安四市的文化体制改革试点工作进展情况进行督促检查，形成四市文化体制改革试点工作调研报告。

十二、队伍建设

举办了文化系统处以上干部学习党的十七大精神培训班。自7～9月开展了为期3个月的机关风纪律教育整顿活动，树立了全新的机关精神面貌和严谨求实的工作作风；之后，按照省委统一部署和要求，开展了深入学习实践科学发展观活动，以“实践科学发展，推进陕西文化大发展大繁荣”为载体，扎实做好每个阶段的工作，有力促进了各项文化工作的顺利开展。在全省文化系统举办了“贯彻落实科学发展观，纪念改革开放30周年”征文活动。召开了省直文化系统以党支部建设为重点的“固本强基”工程经验交流暨“七一”纪念表彰大会。组队参加了全省“迎奥运讲文明树新风”礼仪知识电视选拔赛，获优秀组织奖。省文化厅组队参加省直机关纪念改革开放30周年歌咏比赛获一等奖。召开了省直文化系统纪检监察工作会议。签订了文化系统各单位《2008年度反腐倡廉党风廉政责任书》，推进了廉政责任制的贯彻落实。对省直文化系统处级以上干部进行了培训。

调整和补充了部分厅直属单位和厅机关空缺岗位的领导班子成员和干部。组织完成了省属事业单位公开招聘工作人员工作，完成了2008年度全省艺术、图书资料、群众文化3个系列的职称评审工作。

甘肃省

一、深入学习实践科学发展观活动

为深入贯彻落实科学发展观，2008年4～6月份，在省文化厅机关认真开展了“继续解放思想，推动科学发展”讨论活动，明确提出了“克服四种意识，树立四种观念，努力在五个方面见成效”的工作要求。这一段时间，省直文化系统在学习讨论中联系文化建设实际，既对文化建设理论进行了探讨，又对文化建设中现实问题进行了具体分析，还提出了许多有价值的意见和建议，在思想、工作上都有不少的收获。在讨论活动的基础上，按照中央、省委统一部署，9月下旬开始，省直文化系统深入学习实践科学发展观活动全面铺开。省文化厅党组在省委的正确领导和省委第14指导检查组的指导下，以“推动文化建设科学发展，建设特色文化大省”为主题，以“181项目”为载体，扎实开展了学习实践活动。为了进一步更新发展理念，深化发展思路，加快推进特色文化大省建设上台阶、上水平，省直文化系统紧紧围绕文化建设中最现实、最紧迫、最重大的问题，开展大讨论、大调研活动，通过组织专题辅导、举办研讨班、讨论交流、现场观摩等形式，启迪思想，开拓思路。采取发放征求意见表、设立征求意见箱、召开座谈会等形式，广泛征求意见，认真查找制约文化事业科学发展和党性党风党纪方面存在的问题，深入分析存在问题的主观原因，进一步明确思路，形成分析检查报告和整改方案，确定了以“六大工程”为抓手，着力推动全省文化建设的具体举措。并把“突出实践特色，着力解决突出问题”作为重要着力点，坚持边学边改，边查边改。由于学习实践活动组织认真，解决问题力度大，制度废、改、立工作扎实，在群众满意度测评中，厅党组分析检查报告有98.9%的群众认为好，省直各文化单位分析检查报告群众满意度均在95%以上，得到了省委指导检查组的充分肯定。

二、文化系统抗震救灾工作

“5·12”四川汶川大地震中，甘肃省文化系统受灾严重。文化馆、图书馆、文化站等非住宅用房（不含行政办公用房和电影院、文保单位）倒塌面积3369平方米，严重损毁74028平方米，一般性损坏49193平方米；受损的全国重点文物保护单位23处、省级重点文物保护单位35处、市县级重点文物保护单位48处、历史文化名镇文物建筑1处，其中受损严重32处；45座博物馆受损，其中7座严重受损不能使用；馆藏文物受损635件，其中损毁290件，损坏345件；受损的国家级非物质文化遗产3处、省级非物质文化遗产7处、其他非物质文化遗产113处。

地震发生后，全省文化系统广大干部职工积极响应党中央国务院的号召，心系灾区，紧急行动起来，通过各种方式，全力以赴投入抗震救灾，写下了抗震救灾动人的诗篇。省文化厅先后5次召开厅党组会议和厅长办公会议，专题研究安排部署抗震救灾工作，确保了全省文化系统抗震救灾工作的顺利进行。在地震发生的第二天，省文化厅就召开党组会议，专题研究抗震救灾工作，要求各地各单位迅速了解上报人员伤亡和文化、文物设施设备受损情况，同时由省文物局领导带队，分两组赴有关市、州调查、核实文物受损情况，指导做好受损文物的善后保护工作。5月14日上午，文化厅党组再次召开会议，传达中央、省上关于做好抗震救灾工作文件精神，研究文化系统抗震救灾工作；下午，厅领导分别带队，组成5个检查组，深入11个省直文化单位察看文化设施受损情况，指导做好抗震救灾工作；向受灾的市州文化局发了慰问电，向受灾最重的陇南市文化出版局紧急补助5万元，用于购置地震中受损的办公设备。先后下发了《关于全力做好抗震救灾有关工作的紧急通知》、《进一步做好抗震救灾和灾后重建工作的紧急通知》等文件，要求各地文化局、各文化单位每日上报文化设施受损情况；对受地震灾害影响容易引发安全事故的设施、场所，加强巡回检查，跟踪监控，确保万无一失；对隐患严重的文化设施，要先停止使用，隐患消除后方可恢复使用。5月18日晚上接到文化部《关于执行国务院“全国哀悼日”公告的通知》和省政府有关通知后，省文化厅立即通过电报、电话等对全省文化系统进行了安排部署，并组织了厅机关和省文化市场稽查队、省文化艺术档案馆、省文化干部培训中心等4个单位的集体悼念仪式。“全国哀悼日”期间，全省各级文化市场行政执法队伍对辖区内歌舞、游艺场所停止娱乐活动情况进行了督促检查，确保了“全国哀悼日”活动的严肃性。

在做好灾情的统计、上报、监测等的同时，全省文化系统发扬“一方有难，八方支援”的中华民族传统美德，积极开展“抗震救灾捐助献爱心”活动。在短短几天时间，仅省直文化系统捐款30.9万元，捐赠棉被、衣物等1.3万多件，缴纳“特殊党费”26.8万元，还采用灵活多样的艺术形式，积极开展义演、书画义卖等活动，为灾区筹款133.8万元。5月25日晚，省文化厅与省委宣传部等单位主办的“与爱同行”甘肃省大型赈灾义演活动，募集捐款6709万元，捐助物资价值2789万元。省直各院团积极排练文艺节目，组成6支抗震救灾文艺演出小分队奔赴我省地震灾区，行程13600多公里，慰问演出70多场，观众达34万人次。陇南、甘南、天水等地震灾区文化单位广大干部职工克服困难，在第一线积极开展抗震救灾工作。其他市州各级文化单位通过各种形式积极投入抗震救灾工作中，主动开展捐助献爱心活动。与此同时，省文化厅积极做好灾后重建工作，编制了《甘肃省文化灾后恢复重建规划》，上报恢复重建规划项目2645个，规划建设项目资金8.87亿元。编制了甘肃省灾后重建文物保护专项规划，规划建设项目资金1.34亿元。积极争取文化部支持，先后争取到救灾资金120万元、居民临时安置点文化活动室建设经费450万元、流动文化车8辆和价值100万元的图书，有效缓解了灾区群众的文化需求。

三、迎奥运、纪念改革开放30周年系列文化活动

2008年，围绕迎接北京奥运会，全省文化系统积极行动，开展了一系列丰富多彩、为奥运增辉添彩的文化活动。敦煌研究院在北京、天津等地举办的“和谐之光——敦煌艺术大展”，彰显了敦煌文化的魅力，观众达60多万人次，社会反响强烈。经典舞剧《丝路花雨》创新修排后，晋京演出获得极大成功，受到各方面的广泛好评。舞剧《大梦敦煌》、甘肃“祥云小屋”和兰州市文化局组织的太平鼓队赴京演展，深受群众欢迎。省文化厅以及兰州、嘉峪关、敦煌等市文化部门积极承办奥运火炬传递相关活动，受到省政府表彰。

围绕纪念改革开放30周年，全省各级文化部门和文化单位积极组织各类文化艺术活动。省文化厅先后举办了全省优秀剧目展演、全省器乐大赛、全省社区文艺调演和甘肃画院作品展等活动，特别是组织举办的“陇原春潮”专题文艺晚会，主题突出、特色鲜明、形式多样，使观众受到强烈的艺术感染。各地在组织开展丰富多彩的演出、展览和各类群众性文化活动的同时，分别举办了纪念改革开放30周年专题文艺晚会，唱响了改革开放好、中国特色社会主义好的时代最强音。

四、文化基础设施建设

乡镇综合文化站建设被省政府列入2008年政府为民办的“14件实事”之一。甘肃省文化厅围绕规划、选址、资金配套、人员机构等关键环节，会同省发展改革委制定下发了《甘肃省乡镇综合文化站建设项目管理办法》，明确了各部门的职责。同时，为了节约地方前期设计支出，提高项目设计质量，省文化厅统一设计了12套乡镇综合文化站建设方案设计图，供各地选用。全省各地文化行政部门认真落实《甘肃省农村乡镇文化站建设管理办法》，规范乡镇文化站建设和管理，落实工作责任，完成了79个乡镇综合文化站建设项目。甘肃省重点文化工程建设项目“金城第一戏楼”于6月20日上午奠基开工，黄河剧院、飞天文化产业大厦、省图书馆消防改造等基建项目进展顺利。国家资助甘肃的第二、第三批24辆流动舞台车已全部安排到县级基层艺术院团，6月20日在兰州举行了发车仪式，为解决基层群众特别是牧区和边远山区群众看戏难、解决文艺院团下乡难问题，发挥了很大作用。为102个已达标的乡镇综合文化站下达设备购置专项资金816万元。文化信息资源共享工程建设覆盖面不断扩大，机制不断完善，成立了由咸辉副省长为召集人的联席会议，制定下发了项目管理实施办法，完成了文化信息资源共享工程重点建设的25个县级支中心设备采购任务，建成了119个基层服务站点，制作完成了2700分钟的文化资源。白银、平凉、金昌、庆阳等市州文化部门积极争取当地政府支持，加大文化基础设施建设力度，投入大量资金建成或在建一批文化设施。

五、文艺创作演出

2008年，省文化厅将已有剧目修改提高和新剧目的创作相结合，推出了一批富有独特地域特色和鲜明时代精神的优秀剧目。舞剧《丝路花雨》成功创新修排，焕发了新的生命力，受到省委、省政府领导和社会各界好评；修排后的陇剧《官鹅情歌》进入国家舞台艺术精品工程资助项目；秦剧《大河情》在第四届秦腔艺术节获金奖；京剧《丝路花雨》入选第五届京剧艺术节并获金奖；杂技剧《敦煌神女》参加中国杂技第二届金菊奖评选获优秀剧目奖，在敦煌演出270场，产生了良好的社会效益和经济效益；陇剧《苦乐村官》已列入文化部20台农村现代题材剧目扶持项目。中国西部音乐剧《花儿与少年》创排工作全面启动。举办了全省现代小戏小品剧本评奖活动，共收到剧本99个，艺术种类涉及影子腔、高山戏、秦安老调戏等我省特有的地方戏和方言小品，增加了剧本储备。兰州市的舞剧《大梦敦煌》在国外演出创下104场的新纪录，定西市秦剧团排演的大型现代秦剧《百合花开》参加第四届秦腔艺术节获得金奖。全省各级专业艺术院团积极开展送戏下乡和各类演出活动，全年演出15000多场。

六、文化市场管理

全省文化市场行政管理部门及其行政执法人员紧紧围绕文化市场中侵害知识产权、危害未成年人健康成长以及黄、赌、毒等热点、难点问题，把集中整治与日常监管、事后惩治与事前预防有机结合起来，加强整顿规范，严格依法行政，确保了文化市场的健康发展。一是着力加强节庆期间文化市场管理。在元旦、春节、国庆、“两会”、奥运会，以及“全国哀悼日”期间，对文化市场的管理进行专门部署，同时加大检查力度，规范了文化市场秩序。二是以保护知识产权和未成年人合法权益为重点，举办了“保护知识产权宣传周”活动，组织召开了音像批发市场主要负责人保护知识产权座谈会，加大了知识产权保护力度；加大日常巡查力度，强化了网络文化市场管理。针对寒暑假期间网络文化市场特点，专门部署并实施了网络文化市场专项整治，使未成年人进入网吧等问题明显减少。三是认真实施娱乐场所“阳光工程”。组织开展了全省娱乐场所“阳光工程”宣传周等活动。对全省娱乐场所进行了摸底调查，对符合条件的41家娱乐场所安装了卡拉OK内容管理服务系统，会同公安、工商等部门严厉打击黄、赌、毒等违法活动，确保文化娱乐场所健康、规范。四是加强文化市场综合治理工作。全省文化系统在做好本单位安全工作的同时，强化对人员密集文化场所的消防安全等工作的检查，保障安全运行。同时，加大了营业性演出的管理力度，举办了第三期演出经纪人执业资格培训班。

七、文化产业发展

一是以第四届深圳文博会和第四届西部文博会为平台，积极做好宣传推介工作。深圳文博会期间，全省文化系统签订合作协约或意向书总额近30亿元。在西部文博会上，武威市有7个项目现场签约，签约资金8000多万元，获得“最佳交易成果奖”、“优秀组织奖”等奖项。二是加强文化产业示范基地建设，加大文化产业项目储备。庆阳市“香包民俗文化产业群”被文化部命名为第三批国家级文化产业示范基地，兰州市、庆阳市、嘉峪关市在全国文化产业工作会议上受到了文化部的表彰。经筛选审核，又有43个文化产业项目进入省级项目库，目前共储备项目188个。三是召开了全省文化系统文化产业工作座谈会，总结了我省近年来文化产业发展的基本情况和经验，研究部署了今后一个时期文化产业的主要工作。

八、文物保护工作

一是针对比较严峻的文物安全形势，省文物局于9月份召开了全省文物安全工作会议，安排部署了全省文物安全百日检查整顿活动，并抽调人力，分6组赴全省各地对文物系统所有博物馆及部分重要文物保护单位进行安全检查。二是开展了第三次文物普查工作。全省文物普查工作全面转入第二阶段即田野调查阶段。全省14个市州和86个县市区均成立了文物普查领导小组及办公室，普查经费已列入各级财政预算，普查工作正在有序进行。三是丝绸之路申遗工作全面开展。省政府正式公布了《麦积山石窟保护管理办法》、《炳灵寺石窟保护管理办法》和《榆林窟保护管理办法》。省申遗办审核了备选遗产点的环境整治方案，各申遗点的环境整治工作逐步开展。四是继续开展了长城资源调查工作。完成战国秦长城调查78千米、汉代长城调查34千米、明代长城调查1200千米。五是博物馆免费开放工作局面已经形成。列入2008年免费开放计划的39个博物馆均已相继实行了免费开放。六是完成了敦煌莫高窟保护利用工程中系统集成设计、游客服务设施建筑方案设计、游客服务设施工程勘察及莫高窟安防工程等4个子项目的初步设计和招标工作，确定了中标单位，石窟栈道改造、崖体加固、风沙防护、安防等子项目的前期勘察工作有序进行。七是大地湾史前遗址博物馆主体工程已基本完工，委托西安建筑科技大学重新制定F901遗址保护大厅重建工程设计方案。八是组织完成了汶川地震甘肃省灾后重建公共服务设施建设文物保护专项规划，由国家发改委审核下达甘肃省文物保护投资1.336亿元，并制定实施规划上报审批。

九、非物质文化遗产保护

以第三个文化遗产日为契机，省文化厅组织开展了宣传大会、展览、国家级非物质文化遗产名录项目表演、文化遗产保护专题讲座、群发宣传文化遗产保护手机短信等多种活动，加大宣传力度，使文化遗产保护进一步引起社会广泛关注。完成了第二批国家级非物质文化遗产名录申报工作，全省29个项目成功入选第二批国家级非物质文化遗产名录。省政府公布了第二批88项省级非物质文化遗产代表作名录，省文化厅评选公布了第一批258名甘肃省非物质文化遗产代表作名录项目代表性传承人。特别是经过积极努力，“花儿”被国家选送申报联合国人类非物质文化遗产代表作名录。非物质文化遗产保护机制不断健全，省编办批准成立了甘肃省非物质文化遗产保护中心，省文化厅与甘肃省的国家级非物质文化遗产名录保护责任单位签订了项目保护责任书，省上和大多数市县建立了部门联席会议制度，设立了专项保护经费，全省800多个非物质文化遗产项目列入各级保护名录，基本建成了省、市、县三级非物质文化遗产名录体系。古籍保护工程在普查基础上，完成了国家级珍贵古籍名录和重点单位的申报工作，甘肃省《四库全书》等59部古籍入选首批国家珍贵古籍名录，省图书馆被确定为国家古籍重点保护单位，全省古籍普查工作全面深入开展。

十、对外及港澳台文化交流

2008年，甘肃艺术团赴非洲毛里求斯和埃塞俄比亚进行了友好演出；省歌剧院《敦煌韵》参加了在叙利亚举办的“中国艺术节”开幕式演出和巴林“中阿合作论坛”第三届部长级会议演出，有效扩大了我省的对外影响。兰州市歌舞剧院《大梦敦煌》赴荷兰、法国、比利时、西班牙四国演出44场，庆阳市环县道情皮影艺术团赴荷兰、比利时访问演出11场，受到欧洲观众的盛赞。省文物局、敦煌研究院、省博物馆、麦积山石窟研究所等单位应邀参与了国家文物局举办的意大利“从汉风到唐韵”、日本“秦兵马俑与丝绸之路”、“大三国志展”、“日中书法的传承特别展”以及香港“中国马文化展”，特别是敦煌研究院、敦煌市政府与巴黎中国文化中心联合在法国举办的《敦煌花雨艺术展》，时间长、影响大。组织文物工作考察团分别赴澳大利亚、英国、日本、韩国等国进行文物考察，参加国际学术研讨会和研修，积极学习借鉴国外先进的文物管理理念和文物保护经验。省文化厅编印了图文并茂、特色鲜明的《甘肃省对外文化交流项目册》，已经向有关驻外使馆、文化中心和文化交流中介机构发送，得到了有关部门的肯定。

十一、文化体制改革

省图书馆是公益性文化事业单位改革试点，省陇剧院、秦剧团是实行资源整合、结构调整的试点单位，试点工作顺利推进。5月12日，省文化厅党组在传达全国文化体制改革工作会议的同时，对进一步加快试点工作进行了专题研究。省图书馆按照改革方案全面推行岗位设置、全员聘用、竞争上岗、岗位绩效工资制度。省秦剧团正在建立岗位绩效工资制度，精简内设机构，对中层干部实行竞争上岗和目标责任管理。省陇剧院正在组建陇剧演艺有限公司，对艺术生产和演出实行项目管理。省杂技团跨区域整合资源，走文化旅游和演艺结合之路，创作了以敦煌壁画神话故事为题材的杂技剧《敦煌神女》，兼并了敦煌阳光宾馆，修建了敦煌大剧院，成立了敦煌飞天文化发展有限责任公司，为省直艺术院团体制改革探索了新的经验。各市州积极贯彻中央和省上文化体制改革精神，认真调研，制定了相应的体制改革方案，积极开展文化体制改革试点工作，推动文化体制改革工作深入开展。武威市将文化资源与旅游资源整合，即提升了旅游的文化品位，也促进了文化与市场的进一步融合，为文化产业的大发展提供了平台。

十二、文化队伍建设

省委、省政府统一安排部署，将农村文化队伍建设纳入全省“新农村建设人才保障工程”。省文化厅制定了“全省新农村建设基层文化人才素质提升”培训项目计划，打算在今后3年内，分期分批对全省文化馆长、图书馆长、乡镇文化专干轮训一遍，提高业务素质和文化管理、组织能力。省文化厅研究制定了《甘肃省乡镇文化站（区街道文化中心）专业人员评审专业技术职务任职资格暂行办法》，积极开展全省乡镇文化专干职称评定工作，有效促进了文化人才队伍建设。对厅管省直文化单位领导班子进行了调整、充实，建立厅管后备干部管理库，研究制定了《省文化厅及直属单位后备干部选拔培养实施意见》，进一步规范了文化干部的选拔培养。

青海省

一、重大文化活动

拓展民族文化旅游节的内容和形式，促进节庆活动与文化旅游产业发展、农牧民增收和文化遗产保护相结合。首届青海国际唐卡艺术与文化遗产博览会暨第五届民族文化旅游节成功举行，推出了国际唐卡艺术与文化遗产博览会、国际唐卡艺术及非物质文化遗产保护青海论坛、唐卡艺术品鉴赏拍卖会、第六届青海民族民间工艺美术品展、黄南热贡文化之乡考察、黄南风情歌舞《热贡神韵》等8项主题活动。其中，国际唐卡艺术与文化遗产博览会展示国内外近千幅精品唐卡、西北五省区30余个非物质文化遗产项目和青海、陕西、山东和上海的250幅农民画及深圳大芬油画村的160幅作品。共接待国内外游客和省内参观群众13.4万人次，销售金额248.71万元。此次活动，全新打造了我省以唐卡艺术为主的民族文化品牌，通过把民族文化旅游节与唐卡艺术相结合，搭建了新的展示平台，丰富了文化旅游节的活动内容，进一步提升了唐卡的艺术价值和经济价值，推动了文化旅游产业发展和高原旅游名省建设。6月17日，在贵德县黄河边举办青海国际水与生命音乐之旅——2008世界防治荒漠化和干旱日主题音乐会，特邀请香港中乐团演出，多名国内外知名作曲家、演奏家加盟。音乐会以水与生命主题、用亲近自然的形式，通过艺术的方式，表达了人类为构建和谐世界、生态文明、和平幸福的生存环境所持有的积极态度与乐观精神，表达了中国政府和人民对生存与发展的关注和对国际生态环境的反思。

圆满完成了第七届环青海湖国际公路自行车赛、2008中国（青海）三江源国际摄影节暨世界山地纪录片节等重大活动的演出任务。这些活动的成功举行，全方位宣传展示了青海的特色文化资源，提升了青海的知名度，促进了青海省文化事业的发展。

二、艺术生产

围绕高原旅游名省建设，各地打造文化旅游精品剧目的力度进一步加大，一批具有浓郁地域特色的新创剧目陆续上演，舞台艺术全面开花。总投资1700万元，与北京成桥文化传播公司合作，著名作曲家赵季平等文化名人加盟，由省文化厅主抓的2台文化旅游精品剧目大型音画歌舞史诗《秘境青海》和花儿风情诗剧《雪白的鸽子》创作生产进展顺利。《雪白的鸽子》已完成采风，进入创作阶段。这两台剧目是迄今我省专业艺术创作史上投入资金最多，运作方式最灵活，期待效益最大的一次尝试。互助县的《彩虹部落》、玉树州的《天上玉树》、黄南州的《热贡神韵》、海北州的《碧海云天金银滩》正式上演，果洛州的《格萨尔》剧《赛马称王》剧本创作已经完成，西宁市的民族风情歌舞《天域天堂》正在排练。

省戏剧艺术剧院与浙江省京剧团合作排演了现代少儿京剧《藏羚羊》。该剧参加了山东济南举办的第五届中国京剧艺术节荣获二等奖。全省专业艺术表演团体全年完成各类演出1269场次，观众达100多万人次。艺术研究和艺术教育工作稳步推进。《青海艺术史》、《青海民间戏曲舞蹈资源调查》、《格萨尔唐卡艺术》等艺术课题研究进展顺利。全国重点科研项目《中国曲艺志·青海卷》通过国家终审验收。

群众文艺创作成绩斐然。组团参加了首届中国农民文艺会演活动。青海省贵德县农牧民表演的土族舞蹈《美在家乡》喜获“金穗杯”，祁连县农牧民表演的藏族弹唱《雪域的祝福》和平安县歌手马占龙即兴编唱的“花儿”喜获“银穗杯”，湟中县鲁沙尔镇曲艺队表演的《贤媳妇》等6个节目捧得“丰收奖”。文化部第14届群星奖评选活动中，选送的舞蹈《潇洒的拉面匠》、摄影《乳》获“群星奖”创作奖，省图书馆历史文化讲座和西宁市文化馆张立新获服务奖。第六届“全国文化进社区”评选活动中，选送的声乐节目《雪域情缘》、器乐节目《红河的春天》、舞蹈节目《好日子》获铜奖。

三、公共文化服务体系建设

以农牧区为重点的全省公共文化服务体系建设扎实推进，各项重点文化惠民工程顺利实施，公共文化事业的投入不断加大，公共文化服务能力进一步增强。第二批文化进村入户工程共投入资金1039万元，向民和、大通等10个县的292个村文化活动室、134个业余剧团、66个曲艺队和皮影社配备了音响（含DVD、电视机）、服装、乐器、图书、光碟及其他文体活动用品。乡镇综合文化站建设工程共落实建设项目61个，总投资1076万元。目前，各项目县正在抓紧进行各项前期工作，2009年春节后将开工建设。编制完成了全省330个乡镇文化站建设项目文本，制定出台了《青海省乡镇综合文化站建设管理办法》。基层文化设施装备工程总投入1920万元，向省文化馆、8个州级群艺馆、46个县级文化馆配备了下乡演出音响、演出服装、乐器、摄影、摄像设备以及培训、辅导教学教具等。文化信息资源共享工程完成12个县级支中心建设任务及省级资源加工任务，完成投资853万元。经过测试，电子阅览室、中心机房、数据加工室等各类设施运行正常，并通过文化部督导组验收。组织开展了为期20天的“共享工程”全省县支中心专业技术人员培训班。农牧区电影放映工程全年共完成放映31130场次，观众人数632万人次，发放补贴310多万元。成立了青海金穗、金桥2家农村牧区数字电影院线有限公司，与51支民营、国办、个体放映队签订了放映合同，电影放映点覆盖全省930多个行政村。国家配发的37套数字放映设备已全部配发给院线公司正式运行。“送书下乡”工程共采购图书4.36万册，价值48万元，已配发到各州、地、县公共图书馆。

四、文化遗产保护

在顺利完成第一阶段工作的基础上，全面启动了第三次全省文物普查第二阶段田野调查工作，全省启动率为100%。省政府召开了第三次全省文物普查工作会议，并与各州（地、市）政府签订了《青海省第三次文物普查工作责任书》。经第二阶段田野调查，共普查登记不可移动文物1400处，其中复查1130处，新发现270处。明长城资源调查工作顺利完成，并已通过国家长城资源调查工作组专家的检查验收。丝绸之路联合申遗工作有序进行。省政府公布第八批省级文物保护单位。贵德文庙及玉皇阁、塔尔寺等重点文物保护单位维修工程进展顺利。玉树“东仓大藏经珍藏馆”建设项目已竣工验收。对民和山城遗址、黄丰水电站盐沟遗址、班多水电站、炳灵寺水电站、兰新铁路沿线进行了考古调查、勘探和清理发掘。

非物质文化遗产保护工作扎实有效。藏族民歌、青海平弦等28个项目入选国务院公布的第二批国家级非物质文化遗产代表作名录，10个项目入选第一批国家级非物质文化遗产名录扩展项目名单，18位民间艺人被确定为国家级非物质文化遗产项目代表性传承人，10大类68项153人被确定为第一批省级非物质文化遗产项目代表性传承人。黄南州成为全国继闽南、徽州之后的国家正式批准的第三个国家级文化生态保护实验区。组织3个普查组，对全省非物质文化遗产进行集中普查，共登记10个大类、2777个项目，拍摄图片资料8200余张、录像资料7000分钟。全省工艺美术行业普查工作已顺利完成，普查报告已正式上报中国工艺美术协会。大通县、互助县丹麻乡等29个县、乡被文化部命名为“中国民间艺术之乡”。

五、文化市场

有效实施技术监控措施，加强网吧和网络游戏管理。西宁四区等10个县（市）网吧市场计算机管理平台建设顺利完成。利用监控平台对40余家不良游戏网站及十余种非法游戏实施有效封堵，共查堵不良游戏网站131余万次，非法游戏658次。组织开展专项治理行动，净化文化市场。全省共出动文化执法人员14000余人次；检查网吧经营单位4674家次；查处违规经营网吧128家次。以保护知识产权，严厉打击违法违规经营活动为重点，继续开展音像市场整治活动，加大对盗版音像制品、无证经营、游商地摊、盗版包装、仓储、货运等环节的打击力度，共检查音像制品经营单位4519家次，收缴销毁违法音像制品7万余张（盘），查处非法音像制品经营单位75家。检查文化娱乐场所4046家次，取消资格23家，停业整顿147家。开展“奥运保障行动”，创建平安文化市场，部署开展文化市场安全生产隐患排查治理工作，切实加强文化产品和服务内容监管，维护国家文化安全和社会稳定。加强文化市场执法队伍建设。举办全省文化市场行政执法人员法制培训班，对来自基层的145名执法人员进行了市场管理、市场执法知识培训。

六、文化产业

筹措资金，对西宁市北大街原工艺美术大楼进行改扩建，设立了集中展销青海民间手工艺品、旅游纪念品的青海文化产业大厦。第六届青海民族民间工艺美术品展吸引49家企业、单位和个体经营者参展，已成为展示行业发展成果、促进交流合作、带动产业发展的重要平台。组织工艺美术行业的企业、单位和经营者参加了“青洽会”、“西博会”、首届中国工艺美术大师优秀作品展、第九届中国工艺美术大师作品暨国际艺术精品博览会等省内外展会活动。举办8期三江源转产牧民文化技能技艺培训班，对510人进行了民族歌舞、掐丝唐卡、民族服饰加工等技能培训。邀请省知识产权局专家对西宁地区工艺美术行业的30余名经营管理人员进行了知识产权保护培训。通过实施培育市场、搭建平台、人才培养等措施，工艺美术产业继续保持了良好的发展势头，规模化、产业化水平不断提高，涌现出了以贵南藏绣园区为代表的一批民间手工艺品生产基地。贵南县石乃亥民间艺术团被文化部命名为“国家文化产业示范基地”。市场主体不断壮大。省级文化类民办非企业单位多达69家，文化类社团15家。文艺演出、艺术培训、文化旅游等稳步推进。

七、对外文化交流

组团参加了省委、省政府举办的“大美青海—香港行”活动。精心组织的“青海历史文化展”、“藏传佛教艺术展”、“民族民间工艺品展”和花儿民族风情歌舞“青海歌韵”等展演项目成为此次活动的一大亮点，通过艺术形式向香港同胞展示了青海各少数民族质朴豪放的民族风情。受文化部委派，由省文化厅组成25人展演团赴肯尼亚、贝宁执行出访展演任务，这是青海省真正意义上第一次在国外组织的综合性文化活动。“青海民族民间文化艺术展”、工艺美术品展销、文化讲座、民族歌舞《青溜溜的青海》演出和风光片播映等多项活动，充分展示了中国文化艺术的魅力，受到肯尼亚、贝宁各界人士的热烈欢迎和广泛好评，进一步加强了与肯尼亚、贝宁的文化交流与合作。同时，积极组织参与北京奥运会8项文化展演活动，借助奥运会平台向全世界展示青海多姿多彩的民族文化。互助土族轮子秋参加了奥运会开幕仪式前的表演。大型民族风情歌舞《青溜溜的青海》、交响乐《高原花儿红了》、花儿风情歌舞《六月六——高原花儿红》分别参加了“北京2008城市奥运文化广场”展演、第一届中国交响乐团之春演出季、非物质文化遗产展示活动。组成55人的表演队伍参加了城市奥运文化广场展示活动。组织昆仑玉和国家级非物质文化遗产项目，参加了北京奥运会奥林匹克公园中心区“中国故事”文化展示活动。

八、文化体制改革

对省直艺术表演团体改革进程中面临的新情况新问题进行深入调研，并形成专题报告上报省政府，得到省领导和有关部门的关注和支持。省直两院按照“一院两制”的模式，进一步深化内部人事、分配机制改革，建立完善各项规章制度，加大演出营销和艺术生产成本核算，挖掘自身潜力，演出场次和收入与往年相比有所增加。按照“按编设岗、因事设岗”的原则，在厅直事业单位实施了岗位设置管理制度改革，变身份管理为岗位管理。各事业单位采取全员竞争上岗、择优聘用等方式，严格按照核准的岗位结构比例及聘任条件，完成了714名工作人员的岗位聘用工作。全省文化系统体制改革工作稳步推进。

九、党风廉政建设

党的建设工作进一步加强。按照中央和省委的部署要求，在全厅系统组织开展了解放思想大讨论和学习实践科学发展观活动，确定了“走出一条具有青海特色、符合青海实际文化发展之路”的实践载体。各级党组织利用多种形式，系统学习了科学发展观思想，深入开展了专题调研活动，广泛征求了意见建议，深入查找了贯彻落实科学发展观存在的突出问题，深刻分析了问题产生的原因，明确了今后的努力方向。通过学习实践活动，各级党员干部思想认识上有新的提高，进一步增强了用科学发展观指导文化工作的自觉性和坚定性。领导班子建设得到加强。对厅属4个单位的领导班子进行了调整，全年提任正处级干部5名、副处级干部9名，交流处级干部3名。出台《关于加强厅属单位科级干部管理的通知》，规范科级干部管理。党风廉政建设和反腐败工作深入开展，党风廉政建设目标责任制得到较好落实，《省文化厅贯彻落实建立健全惩治和预防腐败体系2008～2012年实施办法》印发实施，执法监察和行政效能监察力度进一步加大。人才培养工作扎实推进。通过“请进来”、“走出去”等方式继续加大了各类文化人才的培养力度。经积极争取，文化部“西部舞蹈杂技编导培训班”在青海省举办，全省60余名编创人员接受了专业培训。全国舞台艺术精品剧目创作经验交流会在西宁召开。举办全省大型群文活动策划、编创人员培训班，基层70名群文工作者参加了业务培训。

宁夏回族自治区

一、文化建设方针政策得到及时有效落实

自治区文化厅牢固树立政治意识、大局意识，对中央和自治区做出的每一项重大决策部署、召开的每一次重要会议、下发的每一个重要文件，都及时传达，认真学习，在深刻领会和正确把握上级精神的基础上，结合宁夏文化工作实际，创造性地加以贯彻落实，增强文化行政执行能力。思路决定出路。年初，根据党的十七大和自治区党委、人大、政府、政协的一系列重要会议特别是全区文化建设工作会议、文化体制改革会议精神，围绕推动文化大发展大繁荣和“小省区要办大文化”的目标要求，沿着大力培育以回族优秀文化为主体的多元文化、丝绸之路文化、红色经典文化，以“两山一河”为代表的大漠黄河生态文化、古人类遗址和古生物化石遗址文化、边塞军旅文化、民风民俗文化、西夏遗存文化，以改革发展为主线的成果文化“宁夏九大文化”的发展方向，提出并按照“跳出文化看文化，着眼全局谋文化，围绕中心抓文化，服务群众干文化，对接市场活文化”的工作理念，确立了“把握建设社会主义核心价值体系这一要求，坚持公益性文化事业全面繁荣和经营性文化产业快速发展两轮驱动，狠抓公共服务网络建设、文化品牌创造、激励机制建立3个关键，加强文化组织能力、创新能力、供给能力、涵养能力四项建设”的工作思路，明确了努力实现营造文化繁荣发展新氛围、推出文艺创作新成果、构建文化服务新体系、寻求文化经济社会效益新突破、增加宁夏区域特色文化新内涵、以改革增添文化跨越式发展新动力、树立文化系统新形象的“七个新”工作任务，有序推进工作开展。面对抗震救灾、北京奥运等重大事件，响应中央号召和自治区安排，积极组织开展捐赠、赈灾义演和文化展示展演活动，努力发挥文化部门应有的职能作用。在温总理视察宁夏、国务院制定《关于进一步促进宁夏经济社会发展的若干意见》、中央出台扩大内需促进经济发展的十项措施后，按照自治区党委、政府的统一部署，认真组织学习，深入研究论证，迅速制定了市县区设施建设等5个方面的工作方案，提出了推进工作、争取支持的《项目计划》，代拟了《文化部关于贯彻落实〈国务院关于进一步促进宁夏经济社会发展的若干意见〉支持宁夏文化建设的实施意见》，梳理出加快我区文化建设的8个方面25个具体项目和争取文化部支持的5个方面14条具体政策措施。经后期争取文化部组织人员来宁实地调研，自治区文化厅多次邀请分管领导到国家发改委、文化部等相关部委汇报协调，目前文化部支持自治区文化建设的《实施意见》正式出台，并确定与自治区建立省部级文化会商机制，丝路联合申遗、文化设施维护及设备购置等一批项目列入国家保增长、扩内需、调结构重点支持范围，争取项目资金近6000万元。仅2008年，文化部两次组织召开专题会议听取自治区文化工作汇报，并印发了会议纪要，除研究贯彻国务院《意见》的有关事项外，提出并落实了8项支持我区大庆文化活动的具体工作，对自治区文化跨越式发展起到了积极的推动作用。

二、文化发展的整体合力进一步增强

一是围绕中心谋工作，服务大局求发展，通过慰问演出、活动策划、节目供给等方式，积极参与宁东建设、奥运火炬传递等党委、政府关心关注的全区性重点工程项目和大型活动，充分发挥系统的职能作用，为党委、政府中心工作提供优质文化服务。二是加强行业互动合作和社会面文化组织，主动出击，与自治区纪检委、党委组织部、统战部、发改委、教育厅、农牧厅、卫生厅、民政厅等有关部门和产业单位协调配合，举办行业大型文化活动、文艺演出几十场次，开展了一系列社会文化节庆活动。三是下沉工作重心，树立既要管好厅系统脚下的事，还要看到全系统天下的事的工作理念，加强对市县区文化工作的宏观指导服务，争取资金扶持了一大批文化工程项目和活动，开展了一系列专题和阶段性调研，启动了对各市县区的全系统文化年度考核工作，调动各级文化工作积极性，有的地方一把手亲自抓文化工程项目和精品创作，市县区文化发展意识显著增强。尝试用抓经济工作的办法促进全系统的文化工作，举行了全区文化工作有史以来首次规模最大、历时最长、沉下去最深、涉及面最广的全系统工作“互观互检互学”活动，努力形成上下联动的工作局面。四是着力挖掘内部潜能，通过严格执行目标管理责任制、加大工作考核等措施，调动和增强各处室和系统单位工作的责任感和紧迫感。特别注重激发系统工作的自信心和自豪感，坚持用中国特色社会主义经济、政治、文化、社会“四位一体”的科学发展战略思想激发全系统的文化自觉意识，用自治区党委、政府提出的“小省区要办大文化”的宏伟目标鼓舞广大文化工作者的士气斗志，用全社会日益高涨的精神文化需求引导系统党员干部职工投身文化建设的伟大实践，广大文化工作者的精神面貌和工作状态发生了明显变化。

三、文艺创作佳作纷呈

全力实施自治区党委、政府提出的“文化精品建设年”活动，文艺创作取得重大突破。一是把50大庆主题晚会“盛世回乡”和开幕式文艺表演“腾飞的宁夏”以国家艺术精品的标准来打造，创作了一批记得住、留得下、传得开的音乐、舞蹈节目，整场晚会按预订计划、预期效果成功搬上舞台，得到了中央代表团和社会各界的广泛好评。同时，克服经费紧张、动用人员车辆多、组织协调难度大、转场频率高等困难，高质量完成了大庆礼宾工作任务。对文化献礼工程、系列文化活动、接待中央代表团参观等工作，盯住不放，科学策划，周密安排，圆满完成了大庆各项文化工作，受到自治区党委、政府的嘉奖。二是创排《村医》、《小红军回回娃》、《沙海春兰》、《大山的女儿》、《情暖农家》、《庄妃和多尔衮》、《枸杞站长》、《回回女人》、《冯志远》等15部优秀新剧目，组织开展了50大庆全区文艺会演。大型回族舞剧《花儿》加紧排练，歌舞《心中的花儿火辣辣》参加奥运会开幕表演圆满成功。进一步打磨提高原有剧目，组织《清风明月》、《海上生明月》等优秀剧目参加奥运会文艺展演，开展国内外巡演。三是注重重大节日文艺创演，高质量参与创排了建军81周年、建党87周年、改革开放30周年等文艺晚会和2009年新年音乐会。四是切实加强创作研究把关，召开了艺术创作工作会议，成立了艺委会，修订完善了《关于大力推进艺术创作的意见》。举办“第十届宁夏文化艺术论文研讨会”，实施了一批文化艺术科研项目。编辑出版了《宁夏“花儿”歌曲CD》、《宁夏老艺术家表演集锦戏曲精选》和《宁夏回族艺术博览》、《宁夏回族花儿剧精选》、《宁夏回族宴席曲荟萃》、《固原铜镜》、《中国曲艺志·宁夏卷》、《宁夏岩画》等文献图书，以及剪纸、绘画等多个作品集，《宁夏通志·文化卷》、《宁夏文物地图册》提交送审。支持地方出版了系列文化图书。开通了“宁夏文化网站”、“宁夏花儿网站”，文艺创作研究成果丰硕。

四、公共文化服务设施建设达到新水平

一抓大庆献礼项目和标志性工程。宁夏图书馆、博物馆新馆50大庆前如期竣工开馆，免费开放，并接受了中央代表团的参观检阅，标志着文化基础建设达到了一个新高度。投资4.5亿元的宁夏大剧院建设奠基，宁夏艺校迁建和红旗文化大厦、银川剧院开发项目规划设计等前期工作已经完成。二抓基层文化设施建设。支持实施了9个市县文化馆、图书馆的新建和维修改造项目。争取国家投资1176万元，扶持开工建设乡镇文化站66个，建成44个。实施第二届文化服务进农家项目，投入资金2500多万元，扶持发展了340个文化示范点，为60个村级示范文化室、208个示范农民文化户、60个优秀农民文艺团队配备补充了文化活动器材和图书，对11万农民开展了文化知识和技能培训。三抓农村文化信息资源共享工程建设。争取国家项目资金2248万元，为19个市县支中心配送了设备，建成村级服务站2362多个，在西部率先实现了村村通、全覆盖。为各市县配送非物质文化遗产普查设备价值43万元。

五、群众文化活动高潮迭起

着力改善大庆之年人民群众的文化生活，以落实自治区政府10项民生计划和为民办30件实事为重点，大力实施文化惠民工程，在营造亲近群众的文化环境、建设群众身边的文化设施、创排贴近群众的文艺剧（节）目、实施群众受益的文化产业项目的同时，高密度、高水准地开展群众喜闻乐见的文化活动，一是扩大经常性文化活动覆盖面。建立“清凉宁夏”等30个特色品牌文化广场，演出1300多场。推进文化服务进农村、进社区、进学校、进军营、进重点项目工地，开展了高雅艺术进校园、“百乡千场”文艺下乡演出活动，区市县专业艺术团体送戏演出完成3200多场。二是培育打造文化活动品牌。成功举办了“第六届中国西部民歌（花儿）歌会”、“第四届国际剪纸艺术展”、“全国书画院艺术家作品展”、“全国少数民族地区岩画联展”、“田野当代艺术展”、“毛庐书画展”、“宁夏首届农民艺术节”、“首届全区文化服务进社区展演”、“迎大庆‘群星璀璨’大型群众文艺展演”等20多项大型文化活动。录制了央视“宁夏宣传周”中国民歌栏目。三是统筹协调和大力扶持各市县区的文化活动，银川的“湖城之夏”广场文化、石嘴山的“园林奇石博览会及塞上湖泊湿地节”、吴忠的“激情广场”、中卫的大型“花儿演唱会”、固原的“花儿醉六盘”等文化活动形成了一定规模和基础。四是加快文化“请进来、走出去”步伐。争取文化部派国家歌剧舞剧院携大型歌舞《四季情韵》来宁慰问演出5场，协助举办了全国青联志愿者艺术团慰问演出等大型文艺活动，给群众提供了高品位的文化大餐。在加大优秀剧目巡演力度的同时，组织参加了奥运文艺展演和闽宁合作赴福建慰问、全国农民文化艺术节、第10届中国国际艺术节、第五届京剧艺术节等演出，《月上贺兰》作为第一个地方剧目走进国家大剧院，宁夏“祥云小屋”参加奥运会展演获“最佳团队”和“最佳贡献”奖，《海上生明月》获第五届中国京剧艺术节二等奖，一人参加全国京剧青年电视大赛获优秀奖，全国“四进社区”文艺展演有4个社区和2名辅导员获奖。推动宁夏文化走出国门，参加日本岛根建立友好关系15周年庆典，组织吴忠回族艺术团赴韩国交流演出，在香港等地举办了一系列展览，开展和联合其他单位开展对外文化交流10多次，涉及法国、埃及、土耳其等国家，对外文化交流渠道进一步拓宽，宣传展示了宁夏新形象，提高了宁夏的知名度和美誉度。

六、文化发展活力不断增强

一是打好产业发展基础。参与制定了自治区政府《关于加快文化产业发展的若干政策意见》，制定完善《文化厅文化产业发展规划》和《文化产业发展投融资公司方案》及章程。努力推进文化产业统计工作，实施方案已制定完成，基础性工作商统计等部门抓紧展开。二是积极开展文化招商，增编37个文化产业投融资项目通过国家文化产业网发布。积极搭建产业发展平台，成功举办了“宁夏文化旅游产品展示会”、“首届宁夏动漫文化节”。组织参加了在西安、北京、厦门、深圳等地召开的文化产业博览会，签订合作协议10多项，协议资金7亿多元。三是培育重点项目和企业。采取资金扶持、营造公平竞争环境等措施，培育发展文化产业，建成银川文化城、西夏文化城等一批重点产业项目，中华回乡文化园被批准为国家文化产业示范基地。坚持文化与商业、旅游等产业相结合，涌现出石嘴山龙泉村、隆德县杨家店新村等一批新兴文化产业基地，动漫、泥塑、刺绣和文物复仿制品等产业规模进一步扩大。同时，市县结合城市发展，实施了一大批文化特色街区改造和文化生态建设工程，极大地提升了城市文化内涵和品位。四是优化发展环境。实施文化行政集中审批，28个审批事项全部进入政务服务中心办理。认真落实文化行政执法责任制，积极参与文化市场专项治理，网吧、歌舞娱乐场所经营管理全面规范。五是向改革要活力。认真贯彻全区文化体制改革会议精神，围绕文化经营性单位、公益性单位和演艺团体三类改革，制定了宁夏话剧团转企改制和宁夏歌舞团内部管理扁平化改革试点工作方案，后续工作按计划推进。

七、民族区域特色文化传承发展取得新进步

一是全面摸清家底。实施第三次全区文物普查、宁夏长城资源调查，年度调查任务基本完成。二是加强考古调查，紧跟城乡建设步伐，开展了西气东输二线工程、宁东基地建设等基本建设项目考古调查，对西夏六号陵和固原等地古墓群进行了抢救性发掘。三是实施重点保护。完成了董府、贺兰山岩画等重点文物保护单位保护规划编制工作，启动了西夏王陵、水洞沟遗址、须弥山石窟等18个国保单位新一轮保护工程，平罗玉皇阁等重点文物保护单位维修完成。积极争取资金投入古丝绸之路遗产点联合申报世界文化遗产项目，完成了宁夏段申报总文本和固原古城等4个点的分文本编制工作，申遗工作按计划扎实推进。四是搞好合理利用。对“丝绸之路在固原”进行了改展，固原博物馆进入首批国家一级博物馆行列。高质量完成宁夏博物馆的布展工作，新馆接待参观创历年新高。2个博物馆征集文物3000多件组。建成了交通、移动通信、体育等17座行业专题博物馆建设，全区行业博物馆达到42座，完成了自治区党委、政府明确的到2010年全区基本实现每10万人拥有一座博物馆的阶段性工作目标。国办博物馆和六盘山红军纪念馆、大部分行业博物馆向社会实行免费开放。五是抓非物质文化遗产保护。加快实施非物质文化遗产普查工作，发现了一批新的遗产项目。举办了“文化遗产日”暨“宁夏长城保护日”宣传活动，公布首批自治区级代表名录31项，确定了25名首批自治区级非物质文化遗产代表性传承人，建立传承保护基地20个。

八、以党建为重点的系统建设扎实推进

大力转变行政管理职能，积极推进管办分离，提高文化行政执行能力。坚持以科学的制度约束人、管理人、教育人、激励人，及对机关和系统各项管理制度进行梳理完善，建立了以奖代补等一系列制度，保证了工作的有序开展。以建设学习型、创新型、服务型机关和系统为目标，以精神文明单位创建为载体，按照“五个好”的标准和要求，着力加强系统精神文明建设，创建工作通过了考核组的考核验收。着力加强效能建设，强化干部职工学习制度，制定了《文化厅加强人才工作的意见》，全年送出去学习76人次，举办各类培训班26期，参加培训人员6219人次。优化人员结构，面向社会公开招考专业技术人员17人，吸收了一批年轻文艺人才，人才队伍的整体素质不断提高，为文化科学发展提供了有力支持。加大效能监察，开展经常性的工作督查，组织开展了以工作作风是否扎实、执行落实是否有力、履行职能是否尽职尽责等为主要内容的“六查六看”活动，机关和系统作风、效能有了很大改进。特别重视加强班子自身建设，认真贯彻民主集中制原则，科学民主决策，公开透明共事。非常珍视班子团结，班子成员相互理解，相互鼓励，相互支持，相互提醒，真心相待，合作共事，模范带头作用得到充分发挥。改进系统管理方式，着力加强正面引导教育，系统党员干部职工发扬“白加黑”、“5 + 2”的精神，争先进位，激情干事，形成了和谐共事、积极向上的良好工作环境和氛围。认真组织开展深入学习实践科学发展观活动，立足文化工作实际，以“科学发展大文化，服务宁夏新跨越”为实践载体，坚持规定动作和创新实践紧密结合，高质量完成第一阶段学习调研工作任务，分析检查阶段按步骤推进。严格落实党建责任制，加强党员干部队伍建设和基层党组织建设，基层党建基础进一步夯实，党员干部素质进一步提高。认真贯彻党风廉政建设责任制，开展了培养树立一批党风廉政建设先进单位、先进党支部、精神文明建设先进单位为内容的“三个一批”活动，在各方面从严要求班子成员及系统干部职工。结合干干净净干事业等主题教育活动，积极推进廉政文化建设，做到了警钟长鸣。严肃组织、人事、财经纪律，没有突击提干、突击进人、突击花钱现象。严格实行工程项目招投标等各项制度，严格执行廉政准则，制度、教育、监督并重，推进系统廉政建设，全年没有违规违纪问题的发生，为文化科学发展提供了坚实保障。

回顾一年来的工作，虽然文化事业呈现出强劲的发展势头，但由于宁夏回族自治区文化建设基础差、亏空大，整体发展水平还比较低，与党委、政府的工作要求和群众的需要愿望相比还有距离，与先进地区比差距更大。突出表现在：一是发展愿望与基础差的矛盾非常突出，有需求缺人才、有项目没资金、有活动无阵地、有资源差技术等现象十分突出。二是区域和城乡差距较大，发展不均衡的问题较为严重。三是资源优势还不能构成发展优势，特色资源不少，竞争能力较弱。四是重点突破不够，发展后劲不足，没有形成梯次发展的良性互动局面。对于这些问题，要本着对党和人民、事业高度负责的精神，认真加以解决，为全区文化的大发展大繁荣做出不懈努力。

新疆维吾尔自治区

一、深入学习实践科学发展观，形成新的文化发展理念和思路

2008年，全区文化系统深入学习贯彻党的十七大和十七届三中全会精神，按照自治区党委统一部署，以建设社会主义核心价值体系、增强建设先进文化的能力为根本任务，抓好各项文化工作的落实。按照“讲党性、重品行、作表率”的要求，加强了文化系统党的建设和队伍建设。文化厅系统和3个试点地（州、市）文化部门，深入开展了学习实践科学发展观活动，通过系统学习、深入调研、对照检查、深刻剖析，使学习实践活动取得了阶段性成果。文化厅党组努力用科学发展观统领文化工作全局，确立了以推动文化“两大一新”为中心，以建设社会主义核心价值体系为根本，以改革创新为动力，推进各项文化工作稳步发展的指导思想和工作思路。切实把各族文化工作者的思想统一到中央关于高举旗帜、围绕大局、服务人民、改革创新的总要求上来，进一步激发了广大文化工作者的积极性和创造性，有力推动了全区文化工作的顺利开展。

二、成功举办首届“中国新疆国际民族舞蹈节”

在自治区党委、自治区人民政府领导下，在文化部、国务院新闻办公室大力支持下，以“和谐中国、魅力新疆”为主题的首届“舞蹈节”获得圆满成功，不仅是2008年自治区文化工作中份量最重的一件大事，而且是新疆文化发展史上的一件大事，具有重要的意义。围绕办好首届“舞蹈节”，全区各地、各级文化单位和广大文化工作者心往一处想，劲往一处使，齐心协力，出色完成了“舞蹈节”开、闭幕式和“民族舞蹈艺术论坛”、“文化艺术展”等一系列重大活动的举办，以及繁重的接待任务，充分展示了文化工作者的工作热情、创造能力和奉献精神，受到文化部、国务院新闻办、自治区党委政府、社会各界和国内外参演单位的广泛好评。

三、文艺创新促进精品创作，文艺舞台进一步繁荣

以纪念改革开放30周年、喜迎新中国成立60周年为契机，一批讴歌改革开放伟大实践和中国特色社会主义建设顺利推进，体现地方特色、突出民族特色、反映时代主旋律的文艺作品，相继问世或进入创作修改阶段。

在迎来改革开放30周年的时候，全区各地都组织开展了丰富多彩的纪念演出、展览及群众文化活动。自治区除倾力排演了一台歌颂改革开放30年辉煌成就的大型主题晚会外，还举办了主题性美术采风活动，以及大型摄影书画展览，通过“新疆故事”、“盛世丹青”、“翰墨颂歌”3个专题展出的500余幅作品，深切表达了新疆各族人民真心拥护改革开放，坚定不移地走中国特色社会主义道路的一致心声。文化厅还组织节日参加了在苏州举办的“纪念改革开放30周年——首届全国农民文艺会演”，随后新疆的节目又获选晋京演出，充分表达了新疆各族人民对改革开放的深厚感情。

新疆杂技团创作的大型音乐杂技剧《你好，阿凡提》，历时4年精心打造，于2009年1月在新疆人民剧场公演以来，观众踊跃，好评如潮。各地的精品创作工作也都有所推进。巴音郭楞蒙古自治州创作的小品《达西村采访记》在全国首届“新农村、新文化、新风貌”小品优秀作品展演和首届中国农民文艺会演中分获银奖和“丰收奖”。昌吉回族自治州的新疆曲子现代剧《大山里》荣获“西北五省区秦腔艺术节”多个奖项。石河子市现代歌舞豫剧《天山雪莲》获兵团首届戏曲节优秀剧目奖。哈密地区根据“全国道德模范”

刘玉莲事迹编排了情景舞蹈《好丫头刘玉莲》、结合汶川抗震救灾中涌现出的感人事迹创作排演了大型舞蹈《万众一心》及《天池祥云》、《和谐颂》等一系列文艺作品，内容丰富，主题鲜明。吐鲁番地区新创作具有浓郁吐鲁番风情的《高昌鼓韵》、《纳孜库姆》等节目深受国内外观众好评。伊犁哈萨克自治州创作的《巴力布拉吾》走上央视荧屏。喀什地区麦盖提刀郎木卡姆青年演唱队获全国第十三届青年歌手电视大奖赛原生态唱法组第二名，为新疆争得了荣誉。在中国视协电视文艺委员会举办的2008年春节晚会及特别节目评选中，博尔塔拉蒙古自治州选送的《在祖国的怀抱里》获得最佳节目奖。

以新疆歌舞团为主组成的新疆演出团，先后参加了央视“百年圆梦”大型文艺晚会和奥运会开幕式仪式、青岛奥帆赛启动仪式等重要演出；新疆木卡姆艺术团的《木卡姆的春天》在奥运前晋京作了专场演出；新疆的“中国故事·祥云小屋”在奥运会和残奥会长达两个月内，向世人展示了新疆民族文化的独特魅力。所有参加奥运文化活动的项目都为新疆争得了荣誉，受到中央领导、北京奥组委和文化部领导的好评。新疆爱乐乐团赴北京参加“第一届交响乐节”演出，展现了新疆文化的新形象。喀什大型民族歌舞《魅力喀什》赴山东演出，受到山东人民的广泛赞誉。

2008年，加大了民族传统节日的文艺活动力度，先后举办了新年音乐会、新春音乐会、诺鲁孜节歌舞晚会、清明节音乐会和中秋节晚会等。巴州积极打造传统节日文化品牌，举办了以“缅怀革命先烈、珍惜美好生活、共建和谐家园”为主题的清明节文化系列活动，以“吾将上下而求索”为主题的端午节系列文化活动，以“团圆、团结、团聚”为主题的中秋节系列文化活动，弘扬了中华民族优秀传统文化。区、地、县各级艺术表演团体和群艺馆、文化馆，广泛开展了春秋季“文化下乡”和“文化六进”等文化惠民活动。特别是首创自治区“千场演出送基层”和“新歌唱新疆”两项文化惠民活动新品牌，丰富了基层文化生活，使广大农牧民享受到了文化改革发展的新成果。

四、公共文化服务体系建设进展顺利，社会文化重点工程成效显著

2008年，全区紧紧围绕抓好国发〔2007〕32号、中发〔2008〕18号文件的贯彻落实，进一步调整完善了公共文化基础设施建设规划，部署了155个新增乡镇综合文化站建设项目，为400个新建乡镇综合文化站配套设备；配合文化部在疆成功召开了全国文化计财工作暨乡镇综合文化站建设交流会议；自治区“文化共享工程”为32个县级支中心和7606个村级基层服务点完善了硬软件配置；自治区图书馆完成了“文化共享工程”7个资源库后期加工制作、100部新疆少数民族视频资源的维语译制、5000余张资源碟的刻录下发基层站点。自治区第七次百日广场文化活动竞赛开展得丰富多彩，首届乡村百日文体活动竞赛总结表彰及第二届启动仪式成功举行，为推进社会主义新农村建设发挥了积极作用。自治区群众文艺骨干先后参加了第六届中国西部民歌（花儿）大赛、“天穆杯”全国首届小品大赛、第六届全国“四进”社区文艺展演等活动，均取得优异成绩。自治区2008年少儿书画大赛，吸引了全区3500余名各族少年儿童、4000余幅作品参赛。克拉玛依市成功举办了建市50周年9项系列庆祝活动，以及第九届水节、第七次百日广场文化活动竞赛、第六届社区文艺展演大赛等系列社会文化活动。在全国第二次文化馆评估定级工作中，自治区克拉玛依市群艺馆、独山子区文化馆被命名为国家一级馆，另有8个二级馆、24个三级馆获得文化部命名。2008年“送书下乡”工程共为新建的400个乡镇文化站、南疆三地州和其他贫困县、边境县图书馆配送图书95000册，总价值200余万元。同时，自治区又有23个县（乡镇）被文化部命名为中国民间文化艺术之乡。新疆人民剧场在打造“文艺大舞台、电影大世界”品牌中，全年电影票房突破1500万元，再创历史新高。

巴音郭楞蒙古自治州、昌吉回族自治州等地（州、市）新上一批大中型文化设施建设项目，部分已竣工投入使用。伊犁哈萨克自治州完成了2个县级文化广场和70个村的体育场地建设。哈密地区的哈密木卡姆传承中心、博物馆等重点工程建设进展顺利，还新建了20个村级文化室。

五、非物质文化遗产保护事业发展态势良好，取得新成果

2008年，成功举办了自治区第三个“文化遗产日”系列活动，全区又有41个项目列入国家级非物质文化遗产代表作名录，共有24位民间文化传承人成为国家级非物质文化遗产代表性传承人；同时，文化厅公布了首批自治区级非物质文化遗产代表性传承人共229人。《新疆维吾尔自治区非物质文化遗产保护条例》在自治区十届人大36次常委会上获得通过，已正式施行；《新疆维吾尔木卡姆艺术保护条例》立法的疆内调研工作顺利进行。在文化厅领导下和新疆艺术研究所、自治区有关部门及相关地州的共同努力下，柯尔克孜史诗《玛纳斯》和维吾尔《麦西热甫》申报人类非物质文化遗产工作进展顺利。文化厅积极配合自治区人民政府在北京人民大会堂举办了《维吾尔麦西热甫》DVD首发式，受到各界好评。新疆艺术研究所承担的国家重点课题《中华舞蹈志·新疆卷》、《中国新疆维吾尔木卡姆艺术乐器图解、音乐集粹》（维文版）的出版工作圆满完成。新疆古籍保护中心在自治区图书馆挂牌成立，文化部副部长周和平为古籍保护中心揭牌。在民政部、文化部和自治区党委、政府的亲切关怀下，“中国维吾尔古典文学和木卡姆学会”成立大会在乌鲁木齐市成功召开。

六、文化产业和文化市场培育、执法管理工作迈出新步伐，取得新进展

为积极引导和培育文化企业发展，2008年，文化厅组团参加了第四届中国西部（西安）文化产业博览会，观摩、学习兄弟省区发展文化产业的经验。昌吉、吐鲁番地区积极打造文化产业示范基地。新疆和合玉器有限责任公司被评为全国第三批文化产业示范基地。

2008年，自治区文化厅坚持“一手抓繁荣、一手抓管理”的方针，针对文化市场体系建设所面临的突出问题，组成调研组对全疆5个地区、8个县、14个乡镇的文化市场管理情况进行了调研，起草了《关于加强自治区文化市场管理的若干意见》上报自治区党委宣传部。全年共审批外国艺术团体来疆商业演出7项、36场，自治区演出团体赴国内外演出4项、29场，有效促进了自治区演出市场的发展。组织全疆540多名文化市场稽查人员进行了考试和换发文化市场行政执法证，开展了全疆首届执法案卷评议活动，促进了办案人员水平的提高。奥运会期间，各地围绕文化“两个安全”，认真落实文化市场目标管理责任制，集中开展专项治理活动，出动执法人员4380人次，有效维护了文化安全和文化市场健康发展。

七、坚持实施“走出去”战略，对外文化交流取得新成果

2008年，“首届中国新疆国际民族舞蹈节”的成功举办，标志着一个国家级、国际性的对外文化交流平台在新疆落地、搭建成功，为新疆进一步实施“走出去”战略，扩大对外文化交流夯实了基础。紧密围绕国家外交大局，自治区全年共完成对外及对港澳台地区文化（文物）交流项目33项、236人，其中：派出团组25个、168人，前往22个国家和地区；接待来访团组8个、68人。新疆的对外文化交流不仅走出去，而且走进去，走得更远更深入，质量、效益和影响都有显著提高。新疆歌舞团赴哈萨克斯坦阿拉木图市参加维吾尔文化中心成立20周年的庆典活动，向哈萨克斯坦人民展示了新疆文化改革发展的成果和人民的崭新精神风貌；新疆歌舞团赴土库曼斯坦参加阿姆河石油天然气合作项目开业庆典活动，受到了当地市民的热烈欢迎；新疆木卡姆艺术团随中阿友好代表团赴卡塔尔、叙利亚进行友好访问演出，受到阿拉伯国家各界舆论的高度关注和积极评价，为增进中国与阿拉伯国家人民间的友好情谊和相互了解做出了贡献。在台举办“丝路传奇——新疆文物大展”，台湾地区领导人马英九携夫人前往参观，兴起了一股丝绸之路热，引起了无数台湾人对新疆的向往。春节期间，受文化部派遣，组织新疆歌剧院和新疆歌舞团分别赴非洲三国及俄罗斯、哈萨克斯坦两国打造春节文化品牌，推进了中非、中俄、中哈文化交流。组织评选、颁发了2008年度“小岛康誉新疆文化·文物事业优秀奖”。同时，加大了对外文化交流中反渗透、反“西化”的防范工作力度，有效防止了文化安全事故的发生。

八、积极稳妥推进文化体制改革，大力加强文化队伍建设

2008年，文化厅机关完成县处级干部竞争上岗（轮岗）工作，共调整干部47名，使一批年富力强的干部脱颖而出。区直艺术院团整合、改革方案已经自治区党委同意、自治区编办批复，各项筹备工作进展顺利。按照“区别对待、分类指导”原则，指导做好厅直属单位的人员岗位设置工作；

经过厅党组积极反映，经区编办批复，设立了“自治区大型文化活动服务中心”和“非物质文化遗产保护处”；为加强干部培养，先后选派了18名干部参加培训、3名干部到基层挂职并接收挂职干部1人；全区文化人才培养“专修班”工作正式启动，从各地（州、市）选送图书类、文物鉴定类有培养潜质的学员41名，到东北师大、北京大学进行为期两年的脱产学习。自治区文化厅与党委宣传部共同举办乡镇文化站干部培训班，已办班5期、培训700多人。新疆文化艺术学校举办了2期专业技术人员继续教育培训班，培训536人。文化厅与自治区编办在调研的基础上，制定了为乡镇文化站新增250名专干的编制计划。新疆电影发行放映公司划转工作基本完成。塔城地区乌苏市党委、人民政府积极稳妥地推进文化体制改革，取得一定的进展。

九、文化系统自身建设得到加强

2008年，文化系统安全生产、综合治理、计划生育工作得到进一步加强。特别是安全生产工作受到高度重视，领导责任制和值班制度、各项安全防范制度得到普遍落实，文化厅组织到各地进行了抽查，并对直属单位认真进行了年度工作考核。重视关心老干部工作，文化厅老干部处被自治区党委老干部局评为2008年度“双满意”建设先进集体。保密工作取得新成绩，信访工作得到加强，特别在奥运会期间坚持信访“零报告”制度，有效维护了安全稳定。汶川特大地震灾害发生后，文化系统以多种方式开展向灾区同胞献爱心捐款活动，捐款49.02万元，另缴纳特殊党费10.31万元、特殊工会会费5.1万元，捐棉衣、棉被1741件。同时，文化系统的艺术家和画家，还专门组织赈灾义演、义卖活动，累计向灾区捐款90万元，是文化系统历来单项捐款中最多的一次，向灾区人民献上了一份真诚爱心。积极开展“金秋助学”活动，使特困职工子女受到资助。

十、文物文博事业稳步发展

自治区第三次全国文物普查全面推进。截至2008年12月31日，全区共调查登记不可移动文物2724处，其中新发现1429处，复查1295处。“丝绸之路（新疆段）重点文物抢救保护工程”取得阶段性进展。2008年，丝绸之路重点文物保护项目进入第4年，项目建设取得阶段性成果：交河故城抢险加固工程（一期）、交河故城防洪工程、高昌故城保护工程（二期）、柏孜克里克石窟防洪工程顺利结束，米兰遗址围栏项目通过验收，七个星佛寺遗址、艾提尕尔清真寺保护规划获批准，台藏塔遗址考古清理工作结束，和田地区尼雅遗址等五处文保单位保护规划项目启动，七个星佛寺遗址、米兰遗址、苏巴什佛寺遗址完成现场勘查进入设计阶段。“丝绸之路”申报世界文化遗产工作顺利推进。2006年12月丝绸之路、坎儿井被列入《中国世界文化遗产预备名单》。丝绸之路新疆段共有12处遗产点被列入丝绸之路跨国联合申报世界文化遗产项目。按照国家文物局的部署要求，自治区已完成各遗产地管理法规的制定颁布，12处遗产地申报文本已汇总报送国家文物局。目前正在抓紧编制各遗产地管理规划，以及开展本体保护、环境整治、档案室建设等项工作。坎儿井申遗的保护工作已正式全面启动。文物维修保护工程进展顺利。库木吐喇石窟保护工程二期竣工验收，北庭西大寺维修工程基本竣工，北庭故城保护初步设计方案已完成。抢救性考古发掘取得新的成果。库车晋十六国砖室墓、哈密巴里坤东黑沟遗址被评为全国十大考古新发现。文物法制建设得到加强。配合自治区政协就宣传贯彻落实《自治区实施〈中华人民共和国文物保护法〉办法》情况开展专题调研，认真梳理文物行政许可项目及其行政审批工作程序，规范了文物行政许可行为。编辑出版法制培训教材《文物行政执法手册》（二）。博物馆建设及免费开放工作顺利推进。向社会免费开放的34家公共博物馆、纪念馆，3家爱国主义教育示范基地，2008年免费开放期间共计接待观众人数达150万人次，其中青少年观众近50万人次。自治区博物馆被国家文物局授予一级博物馆，伊犁州博物馆、吐鲁番地区博物馆、兵团军垦博物馆等7家博物馆被评为二级博物馆，乌鲁木齐市博物馆、昌吉州博物馆等7家博物馆被评为三级博物馆，上报国家文物局审核。考古人类学博物馆、自治区博物馆二期工程列入规划项目。文物对外交流取得新的进展。“中国新疆古代丝绸之路文物展”圆满完成在德国的展出。筹备选送文物参加了由中国文物交流中心组织的在日本举办的“天马传说与丝绸之路展”，在香港举办的“中国马文化展”。

2008年12月6日于台北历史博物馆在台北市联合举办“丝路传奇——新疆文物大展”，开创了新疆台湾两地文物交流的先河。组织签订新疆文物考古研究所与澳大利亚蒙纳士大学亚洲研究所共同研究合作、学术资料交流、专家学者互访备忘录。继续推进与日本综合地球环境学研究所合作对小河墓地出土植物研究项目，与大英图书馆国际敦煌项目组的合作项目。小岛康誉新疆文化文物事业优秀奖评选颁奖工作顺利完成，并续签了今后五年的协议。

新疆生产建设兵团

一、文化事业

【认真做好2007年优秀农村放映队和放映员的申报工作】

文化部表彰了兵团6个优秀放映队，12名优秀放映员。优秀放映队有：农八师石河子市电影公司流动电影放映队、农二师三十团流动电影放影队、农四师流动电影放影队、农一师二团工会电影放映队、农五师八十九团电影放映队和农七师工会流动电影放映队。优秀放映员有：农三师麦盖提垦区放映员王建伟、农三师图木舒克市广电局张军、农六师文广局付金保、农六师流动电影放映魏国栋、农九师一六一团放映员李存才、农九师放映员龙久文、农十师文化中心洪滨、农十师电影放映员段旺安、建工师宣传部陈庆春、十二师三坪农场周建新、十三师红星一场张红中和十四师皮山农场麦麦提江·达吾提。

【迎接文化部评估组对兵团群艺馆评估工作】

2008年1月24日，文化部第二次全国文化馆（群众艺术馆）评估定级工作组对兵团群艺馆进行评估。评估组由文化部社会文化司调研员张彤、江西省文化厅社会文化处处长潘之钰、自治区文化厅社会文化处处长姜新建3人组成。评估组主要采取考察场馆、查阅资料、听取汇报的形式，对兵团群艺馆的现状和存在的问题进行了探讨和交流。评估组认为，兵团群艺馆无经费、无编制、事业单位企业管理，是全国独一无二的，鉴于这种情况，公益性文化服务则变无偿为有偿服务经营方式，是不正常的。在评估的基础上，将兵团群艺馆存在的问题进行梳理并拟文上报。

【财政部下达兵团全国文艺院团设施经费】

根据财发〔2007〕400号文件，财政部为兵团文艺院团下拨设施经费75万元，兵团为文化中心、歌舞团、杂技团、秦剧团、豫剧团各划拨15万元。按文化部设施经费要求，协同财务局将经费划拨各单位。

【组织开展文化调研】

5月4～8日，兵团文化广播电视局领导带领文化处及兵团文化中心领导组成调研组，赴十三师开展文化事业调研工作，共深入7个团（农）场和28个基层连队，就兵团基层文化事业现状、文化设施基本情况和群众文化开展情况等做了展开调研。

【积极申报 “中国民间文化艺术之乡”和争取文化部“送书下乡工程”项目】

1. 2008年11月3日，文化部下发《关于命名中国民间文化艺术之乡的决定》（文社图发〔2008〕40号），兵团农九师168团剪纸及绣花、农一师10团社火、农六师五家渠市101团社火被命名为中国民间文化艺术之乡。

2. 按照国务院下发的《关于进一步促进新疆经济社会发展的若干意见》（国发〔2007〕32号）文中：“加强‘文化兴边’战略工程建设，解决农牧民文化生活无场所和看书难、看电影难等问题”和“将边境团场和南疆困难团场全部纳入国家重点扶贫工作范围”的精神，兵团文化广播电视局向文化部上报请示，在兵团实施“送书下乡工程”，将兵团边境团场和南疆困难团场纳入文化部送书下乡工程予以支持，为师、团、连配送必需定额图书和音像资料，解决兵团职工群众看书难的问题。具体申请配送标准为：为兵团每个师配送5000册，14个师共7.0万册；为边境、南疆困难77个团场每个团配送3000册，共22.2万册；为边境、南疆困难925个连队每个连配送1000册，共92.5万册；共计121.7万册。

【认真做好兵团《文化志》编纂工作】

兵团文化广播电视局领导抽调专人协助做好兵团《文化志》编纂工作，协调各师宣传部和各兵直直属单位，以发文发报、电话催报、登门搜寻等方式广泛搜集资料。多次与兵团史志办领导和有关处室沟通联系，请教志书编纂的有关规定和问题。8月16～17日，宣传部组织编纂组成员、相关处室人员集中校审《文化志》，确保志书质量，争取早日出版印刷。

【认真统计边境一线困难团场和南疆贫困团场基本情况】

年初，兵团文化广播电视局组织人力统计了兵团重点扶持边境团场和南疆困难团场基本情况，并对所统计团、连所属师地等详细信息列表造册备查。

【连队综合文化活动室建设项目稳步推进】

5月8日，兵团文广局会同发改委、财务局、卫生局下发了《关于下达兵团2008年连队综合活动室（含文化、党组织活动室）及卫生室建设投资计划的通知》（兵发改投资〔2008〕316号），具体明确下达了建设100个连队综合文化活动室的建设任务。2008年底，实际建设125个，师团自筹建设25个。

【文化信息资源共享工程建设创新突破】

1. 工程建设情况。1月，全国文化信息资源共享工程中心刘刚处长一行赴兵团调研，充分肯定了兵团文化信息资源共享工程建设，并为下一步工作提出了具体要求和建议。2月，兵团文化广播电视局根据文化部下发的文化共享工程县级分中心设备配置标准，结合兵团实际情况，制作了兵团县级分中心设备配置标准。3月，本着实事求是、以点盖面、集中建设、兼顾偏远边境团场、最大限度服务职工群众的原则，将《兵团“十一五”期间文化信息资源共享工程县级基层中心建设规划》中原计划建设的175个县级分中心，调整为81个，以达到除偏远边境团场外，每个师部点全部覆盖师直属各单位及附近团场，每个中心团场点覆盖周边农牧团场的整体效果，使资源和设备得到充分利用。并规划2010年末由文化部帮助建设文化信息资源共享工程连队（乡村）服务点2297个。4月，为了便于整个系统的可靠搭配及系统的兼容性达到此次项目实施的国家标准，充分保证项目的建设质量，兵团文化广播电视局结合文化部要求和兵团实际，将兵团文化共享工程县级分中心建设分为3个部分，即软件部分、系统集成部分、设备采购部分。其中设备采购部分由于品牌种类繁多，技术参数复杂，采取政府协议采购；软件部分及系统集成部分，进入招标程序。在采购过程中，按照文化信息资源共享工程国家中心的有关要求，经过多方询问价格，以满足功能要求的前提下优先选择国产化产品，并以先进、主流、成熟、适用为基本原则，对多家协议供货商的产品参数、产品价格进行对比，所采购产品价格全部低于市场平均价格。5月，将兵团第六届文艺会演所拍摄的光碟报文化部文化共享工程办公室，经审定，纳入国家文化信息资源，并收到国家拨付的资源使用费20.8万元。6月，落实了4个县级分中心建设地点的使用房屋及专职工作人员，并制定了县级分中心的管理办法及文化共享工程资金的使用办法。7月，落实和监督4个县级支中心的建设情况，并分赴各点检查验收。9月，4个县级分中心建设任务全部竣工并投入使用。

2. 举办文化信息资源共享工程技术人员培训班。9月9～11日，兵团文化广播电视局在兵团农七师一二三团举办“兵团文化信息资源共享工程技术人员培训班”。来自4个县级分中心（兵团农二师二十七团、兵团农三师图木舒克市、兵团农七师一二三团、兵团农十师一八五团）的技术骨干和兵团省级分中心、兵团文化广播电视局文化处的工作人员共计13人参加了培训。来自云天、亿网、百年树人、浪潮、天融信等各科技网络公司的技术专家7人授课。培训内容包括拓扑结构、网络理论、机房布线、防雷UPS、PC系统安装、服务器RAID的原理及配置、办公设备、软件安装、存储、安全理论等。培训采取白天理论授课与晚上实际操作相结合的方式进行，重点提高学员实际操作能力和一般性故障排除能力。培训班结束后，进行了闭卷结业考试，学员成绩平均95分（百分卷）。

【制定乡镇文化站工程建设规划】

根据国办发〔2008〕28号文件精神，向国家文化部申报乡镇文化站建设项目资金，约需一次性投入建设资金6.92亿元。并与发改委社会共同申报兵团45个乡镇文化馆站的建设项目和兵团关于重点公共文化设施建设有关情况的报告，总建筑面积27.8万平方米，总经费6.98亿元。

【流动舞台车配发及免征养路费工作顺利进行】

5月份，文化部配发给兵团的2辆流动舞台车（先后共配发5辆），分别配发给农八师歌舞团和豫剧团。6月份经过多次与新疆维吾尔自治区交通规费征收稽查局协调并争取，为兵团已上牌的三辆流动舞台车（农三师歌舞团、农八师歌舞团、农八师豫剧团）办理了免征养路费的相关手续。

二、文艺工作

【举办迎春团拜音乐会】

2008年1月2日，兵团党委宣传部（文广局）、文联机关、日报社、电视台、部各直属单位、各艺术家协会等兵直宣传文化系统工作者在兵团群艺馆，以观看迎新春音乐会的形式共贺新春。

【“2008兵团戏剧节”成功举办】

11月1～11日，兵团文化广播电视局、兵团文联联合举办“2008兵团戏剧节”。在为期11天的戏剧节里，在乌鲁木齐人民剧场和和平都会共上演10场演出（6场专业演出和4场业余演出）。戏剧节结束后，评出专业组优秀剧目一、二等奖，业余组演出一、二等奖，以及优秀演员奖。

【表彰了兵团精神文明建设“五个一工程”优秀作品及单位】

3月份，按照兵团精神文明建设“五个一工程”领导小组的具体要求，通过严格的评选程序，确定了兵团第四届精神文明建设“五个一工程”获奖作品及单位，在兵团宣传思想工作会议上给予了表彰。电视剧《热血兵团》获优秀作品奖；《镇边将军张仲瀚》等3部图书、《奠基西部》等4部影视广播剧、《军垦战士的心愿》等5部歌曲、《古玛河》等2部戏剧获入选作品奖；兵团农七师宣传部和兵团电视台获组织工作先进单位称号。

【进一步完善了兵团文艺剧团资料库】

年初，兵团文化广播电视局组织专人对兵团直属文艺剧团基本情况和历史资料进行摸底、整理、归档，进一步规范了基础性工作，形成了近5万字的兵团各文艺剧团材料，为今后文艺事业的进一步发展留下了珍贵的基础资料。

【向文化部推荐表彰兵团从事话剧工作50周年以上的话剧工作者】

为纪念中国话剧诞生100周年，激励广大话剧艺术工作者为中国话剧的发展做出更大的贡献，文化部对从事话剧工作50周年以上的话剧工作者给予表彰。兵团向文化部推荐10人并获此殊荣：兵团歌舞团演员陈建勇、赵兰玉、姜俊成、吕跃宗、孟先治、徐忠辅、郭忠扬、管明信；农八师石河子市歌舞剧团演员方秉钰、晏萍。

【筹办迎奥运系列活动】

为深入贯彻党的“十七”大精神，营造庆祝2008年北京奥运会的文化氛围，提高广大青少年及社会各界书画、摄影爱好者的水平，兵团文化广播电视局与兵团工会、文化中心合办“‘迎奥运、爱祖国、爱兵团’书画、摄影大赛”。

【组织开展“四进社区”文艺展演活动】

根据《关于举办第六届全国“四进社区”文艺展演活动的通知》（文明办〔2008〕10号）精神，兵团文化广播电视局向各师、院（校）党委宣传部、文广局、文明办、文联下发了《关于推荐申报第六届全国“四进社区”文艺展演活动优秀节目（人员）的通知》，广泛开展兵团 “四进社区”文艺展演活动，经过评审，推荐上报农八师文体局和农五师90团社区办公室为第六届全国“四进社区”文艺展演活动优秀组织单位。

【向文化部推报国家舞台艺术精品创作专项扶持资金剧目】

根据《文化部办公厅关于开展2007～2008年度国家舞台艺术精品创作专项扶持资金剧目申报工作的通知》（办艺函〔2008〕78号）文件精神，将兵团农八师石河子市豫剧团创排的豫剧《雪莲》和兵团豫剧团创排的豫剧《天雪》，向国家文化部推报为国家舞台艺术精品创作专项扶持资金项目。

【参加第六届中国西部民歌（花儿）歌会取得佳绩】

2008年7月18～22日，历时五天的第六届中国西部民歌（花儿）歌会在宁夏银川落下帷幕。兵团歌舞团维吾尔族歌手热米拉演唱的《莱利古丽》荣获金奖，兵团歌舞团年青歌手刘超演唱的《西部放歌》、农九师歌手张雪梅演唱的《山里女人喊太阳》荣获银奖，一师歌手申健美演唱的《山丹丹开花红艳艳》、六师歌手李志远演唱的《桃花依旧笑春风》、七师歌手陈华江演唱的《西部情歌》同获铜奖。

【制作广播剧《养父》】

兵团文广局出资12万元，与自治区广播电台联合制作了12集广播连续剧《养父》，该剧根据兵团作家韩天航小说改编，剧中以兵团老一代军垦无私奉献和人与人之间的真情实感为主线，以主人公“沙陀”的艺术形象，反映了兵团人的豪爽、洒脱和博爱的情怀，也是兵团精神的艺术再现。该剧已在新疆人民广播电台等广播媒体反复播放。

三、文博事业

【兵团首次文物普查工作启动】

1. 根据《国务院关于开展第三次全国文物普查的通知》（国办发〔2007〕9号）、《第三次全国文物普查实施方案》精神和9月17日国务院第三次全国文物普查工作电视电话会议的要求，为积极配合第三次全国文物普查工作，有效开展兵团首次文物普查工作，摸清兵团文物家底，培养兵团文物工作人才，兵团成立兵团文物普查工作领导小组，并印发《新疆生产建设兵团文物普查工作实施方案》。

2. 兵团文化广播电视局于2008年4月21～24日在乌鲁木齐市举办"兵团首次文物普查培训班"。来自全兵团14个师、石河子大学、塔里木农垦大学及重点文物普查团场的40人参加了培训。此次文物普查培训班的举办，象征着兵团文物普查工作正式启动。

3. 根据国家文物局文物保函〔2007〕1274号文件通知精神，由自治区文物局会同兵团文化广播电视局，组织专业力量，开展新疆地区屯垦文物调研项目工作，调研项目经费100万元。此专项经费已于2008年4月16日划拨至兵团财务局，兵团文化广播电视局作了详细预算，报请兵团首次文物普查领导小组同意后，为各师文物普查配备了必要的设备，给予一定补助经费。

【兵团文化广播电视局与自治区文物局联合考察兵团农一师阿拉尔市三五九旅屯垦纪念馆建设】

4月1～3日，兵团文化广播电视局副局长曾建勇陪同自治区文物局局长盛春寿，赴兵团农一师阿拉尔市就三五九旅屯垦纪念馆馆站建设、文物征集和免费开放有关情况进行了调研，同行的还有农一师领导、阿克苏地委领导、阿克苏文体局及文物局的领导。盛春寿局长充分肯定了一师阿拉尔市文物保护工作成绩，高度评价了师市能投资5000万余元用于文物馆站建设的做法，认为三五九旅屯垦纪念馆的建设是对新疆博物馆事业的重大填补，现已纳入新疆首批免费开放博物馆系列。

【非物质文化遗产保护工作有所突破】

兵团非物质文化遗产普查和保护工作自2006年12月开始启动，经过2年的努力，整体工作有了突破。2008年6月7日，国务院正式公布510项第二批国家级非物质文化项目和147项第一批扩展项目，其中含有兵团申报的哈萨克毡绣和布绣、眉户（迷糊戏）、碱蒿子烧制土碱技艺等3个新入选项目，和曲子、模制法土陶烧制技艺等两个扩展项目。根据《国务院关于公布第二批国家级非物质文化遗产名录和第一批国家非物质文化遗产扩展项目名录的通知》（国发〔2008〕19号）精神，8月，兵团下发《关于增补第一批兵团级非物质文化遗产名录的通知》（新兵发〔2008〕63号），决定将眉户（迷糊戏）、碱蒿子烧制土碱技艺、模制法土陶烧制技艺3个项目增补列入第一批兵团级非物质文化遗产名录。因此，兵团第一批兵团级非物质文化遗产名录项目增至14项。

【兵团境内博物馆、纪念馆免费开放工作启动】

按照国家文化部、国家文物局的有关要求，兵团军垦博物馆、农六师五家渠市博物馆、农一师三五九旅屯垦纪念馆、农八师周恩来纪念馆等4个纪念馆于4月1日前全部免费开放。5月，兵团文化广播电视局积极与国家财政部和兵团财务局联系协调，并与兵团财务局联合向国家财政部上报《关于申请解决兵团博物馆 纪念馆免费开放经费的请示》，申请补助免费开放专项资金1404.81万元。国家财政部下达免费开放补助经费369万元。同时，按照国家财政部的要求，及时将369万元足额划拨4个免费开放的馆站（兵团军垦博物馆239万元、农六师五家渠市博物馆50万元、农一师三五九旅屯垦纪念馆50万元、农八师周恩来纪念馆30万元）。

【兵团在文化处挂文物局牌子】

兵团编委下发文件，在兵团文化广播电视局文化处挂兵团文物局牌子，挂牌后兵团文化广播电视局与国家文物局、自治区文物局进行了联系和挂钩衔接工作。

【兵团博物馆二次改陈工作】

改陈大纲15易稿，按兵团领导和部领导的批示，向兵团申请改陈经费。历时近2年的改陈筹备工作，逐步进入施工阶段。该陈后的博物馆将以全新的陈列展出手段面向观众。

中国文化年鉴

Chinese Culture Yearbook

文化机构人员

Cultural Organization Staff

北京市

北京市文化局
局长、党组副书记：降巩民
党组书记、副局长：张文华
党组副书记、副局长：何　昕
党组成员、副局长：王　珠（女）
党组成员：李恩杰
副局长：王　鹏
党组成员、副局长：张　晓
党组成员、副局长：关　宇
巡视员：叶重辉
巡视员：吴　然
副巡视员：阮兰玉
副巡视员：倪晓建

东城区文化委员会主任：李承刚
西城区文化委员会主任：李征帆
朝阳区文化委员会主任：黄晓伟
丰台区文化委员会主任：王艳秋
石景山区文化委员会主任：高洪雁
海淀区文化委员会主任：陈　静
门头沟区文化委员会主任：陈世杰
房山区文化委员会主任：李立新
通州区文化委员会主任：杜德久
顺义区文化委员会主任：刘振河
昌平区文化委员会主任：陈玉起
大兴区文化委员会主任：王　健
怀柔区文化委员会主任：焦安琦
平谷区文化委员会主任：张　兴
密云县文化委员会主任：李洪仕
延庆县文化委员会主任：张素枝

天津市

天津市文化局
党委副书记、局长：赵鸿友
党委副书记、副局长：金洪跃
党委常委、副局长：靳万年
副局长：金永伟
党委常委、副局长：游庆波

和平区文化和旅游局局长：杨　振
河东区文化局局长：石春波
河西区文化局局长：朱义海
南开区文化局局长：张金锁
河北区文化和旅游局局长：张丽强
红桥区文化和旅游局局长：张志忠
滨海新区文化广播电视局局长：张仁刚
东丽区文化广播电视局局长：张耀国
西青区文化广播电视局局长：高　艳
津南区文化广播电视局局长：杨俊明
北辰区文化广播电视局局长：杨国珍
武清区文化广播电视局局长：黄维学
宝坻区文化广播电视局局长：王长彬
宁河县文化广播电视局局长：运志扬
静海县文化广播电视局局长：周士华
蓟县文化广播电视局局长：赵海军

河北省

河北省文化厅
党组书记、厅长：冯韶慧
副厅长：边发吉
党组成员、副厅长：王离湘
党组成员、驻厅纪检组长、监察专员：姚来茹
党组成员、副厅长：彭卫国
党组成员、副厅长：李建华
党组成员、省文物局长：张立方

石家庄市文化局局长：李耀峰
新华区文体局局长：姜明明
桥西区文体局局长：李淑珍
长安区文体局局长：冀晓云
桥东区文体局局长：周　建

裕华区文体局局长：娄京慧
开发区文体局局长：李在兰
矿区文化旅游局局长：刘玉斌
藁城市文体局局长：彭志军
鹿泉市文体局局长：艾新建
新乐市文体局局长：赵山路
辛集市文体局局长：田英秋
晋州市文体局局长：康晋涛
井陉县文体局局长：张富海
正定县文体局局长：李铁民
栾城县文体局局长：牛树增
平山县文化局局长：辛东录
灵寿县文体局局长：牛增录
赞皇县文体局局长：吕建民
赵县文体局局长：高志英
元氏县文体局局长：王春平
高邑县文体局局长：李二刚
行唐县文体局局长：王海陆
无极县文体局局长：李跃清
深泽县文体局局长：纪书强

唐山市文化局局长：孙世纪
路南区文体局局长：刘玉海
路北区文体局局长：董　洁
开平区文体局局长：蒋海洪
古冶区文体局局长：黄春茜
丰润区文体局局长：吴国庭
丰南区文体局局长：田殿江
遵化市文体局局长：杨连广
迁安市文化体育旅游局局长：刘　海
玉田县文体局局长：王玉峰
迁西县文体局局长：高晓峰
滦县文体局局长：王庆刚
滦南县文体局局长：卢常青
乐亭县文体局局长：姚清华
唐海县文广局局长：王之海

秦皇岛市文化局局局长：李文生
抚宁县文化体育局局长：韩雪夫
昌黎县文化局局长：滕运涛
卢龙县文化体育局局长：韩淑敏
青龙满族自治县文化体育局局长：佟云超
海港区文化体育局局长：刘海波
山海关区文化局局长：王艳霞
北戴河区文化体育局局长：李春光
秦皇岛经济技术开发区社会发展局局长：曹成立

邯郸市文化局局长：白　钢
丛台区文教体局局长：徐梦书
复兴区文教体局局长：裴献堂
邯山区文教体局局长：裴相峰
邯郸县文化旅游局局长：邢运平
广平县文教体局局长：马以河
肥乡县文教体局局长：李耀宇
馆陶县文体办：徐建平
永年县文化局局长：王明川
曲周县文体办：朱金生
涉县文教体局局长：刘得洋
鸡泽县文教体局局长：陈海亭
磁县文体旅游局局长：郭守福
大名县文体旅游局局长：田淑平
成安县文教体局局长：秦爱民
武安市文体局局长：王慈娴
魏县文体旅游局局长：李慧芳
临漳县文教体局局长：李树彬
邱县文体局局长：常东升
峰峰矿区文体旅游局局长：陈　虎
邯郸县马头生态工业城文教局局长：张宏伟
邯郸县经济开发区文教局局长：申向东

邢台市文化局局长：王殿银
清河县文体局局长：孙国芳
邢台县文体局局长：吴国会
沙河市文体局局长：樊旗金
内丘县文教体局局长：王小六
宁晋县文体局局长：赵志军
隆尧县文体局局长：任京国
任县文体局局长：刘云周
高开区文化局局长：杨　选
新河县教文体局局长：宋成民
平乡县文体局局长：刘连斌
广宗县文化局局长：尹永华
威县文体局局长：杨立群
柏乡县文体局局长：杨中玉
南和县教文体局局长：郭军平
临城县教文体局局长：韩志林

巨鹿县文体办公室主任：王西川
南宫市文体局局长：白来文
临西县文体局局长：陈祖亮
桥东区教文体局局长：李义彬
桥西区教文体局局长：王之良

保定市文化局局长：王福友
定州市文体局局长：李保占
高碑店市文体局局长：赵书贤
安国市文体旅游局局长：寇建斌
涿州市文体局局长：张剑平
曲阳县文化文物旅游局局长：张建霞
涞水县文体教育局局长：张福利
安新县文体教育局局长：张双龙
容城县文体教育局局长：张彦忠
雄县文化旅游局局长：陈秀生
蠡县文体教育局局长：张永江
唐县文体教育局局长：赵　峰
高阳县文体教育局局长：杨僧豹
定兴县文体局局长：姚克欣
满城县文体局局长：宁洪水
阜平县文体广电局局长：李　仓
涞源县文体局局长：刘曙光
顺平县文教局局长：冀宝良
望都县文体教育局局长：崔增森
清苑县文体局局长：杨东兰
博野县文体电视局局长：周光明
易县文体教育局局长：张国栋
徐水县文体局局长：郑大锁
新市区文教局局长：倪学红
北市区文教局局长：冯　华
南市区文教局局长：李建辉

张家口市文化局局长：邓幼明
桥东区文化体育旅游局局长：张向荣
桥西区文化体育旅游局局长：朱　军
高新区社会事务管理局局长：丁瑞军
宣化区文化旅游局局长：王军强
下花园区文化体育旅游局局长：夏　净
塞北管理区文化体育局局长：陈海玲
塞北管理区文化局局长：张　宇
崇礼县文化旅游局局长：霍满明
万全县文化体育局局长：宋世元

尚义县文化旅游局局长：樊殿武
阳原县文化局局长：王宏宇
沽源县文化广播电视局局长：刘建军
涿鹿县文化体育局局长：阎　春
怀来县文化教育体育局局长：唐玉虎
宣化县文化教育局局长：张　斌
康保县文化体育局局长：白　秀
蔚县文化体育局局长：宋建中
赤城县文化体育管理办公室主任：侯海云
张北县文化体育广播电视局局长：张　金
怀安县文化体育旅游广播电视局局长：张元成

承德市文化局局长：杨　铭
双桥区文化局局长：王乃明
双滦区文化局局长：上官承志
鹰手营子矿区文化局局长：刘广祥
承德县文化局局长：吴永杰
滦平县文化局局长：武永军
宽城满族自治县文化局局长：刘丰华
隆化县文化局局长：郑玉民
围场满族蒙古族自治县文化局局长：封志虎
丰宁满族自治县文化局局长：张　成
兴隆县文化局局长：邓久国
平泉县文化局局长：秦凤彬

沧州市文化体育局局长：赵沧来
吴桥县文化旅游局局长：杨洪志
东光县教育文化体育局局长：郭建桥
泊头市文化局局长：范凤驰
南皮县教育文化体育局局长：张立勇
献县教育文化体育局局长：远中和
肃宁县新闻出版局局长：戴　伟
任丘市文化局局长：李铁乱
河间市文化局局长：钱晓通
沧县文化旅游局局长：刘景潮
青县文化体育旅游局局长：张敬先
黄骅市文化体育广电局局长：张云洪
海兴县文化教育局局长：王克勤
孟村回族自治县文化教育局局长：王金召
盐山县文化教育局局长：刘　辉
新华区文化教育局局长：涂　强
运河区文化教育局局长：李春伟
渤海新区文化教育局局长：王洪建

开发区文化教育局局长：姜文亮

廊坊市文化局、新闻出版局局长：卢留虎
三河市文化体育局局长：冯东升
大厂回族自治县文化体育局局长：白占冬
香河县文化体育局局长：吴君清
广阳区文化体育局局长：吴宝山
安次区文化体育局局长：李振生
固安县文化体育局局长：纪永英
永清县文化体育局局长：贾如波
霸州市文化体育局局长：周　涛
文安县文化体育局局长：王盛运
大城县文化体育局局长：刘铁良
廊坊开发区文教卫生局局长：王清达

衡水市文化局局长：李根起
桃城区文体局局长：王世江
枣强县教文体局局长：李连申
冀州市文教局局长：黄同明
故城县教文体局局长：马立俊
武邑县教文体局局长：滕宝森
武强县教文体局局长：李永倦
阜城县教文体局局长：白识军
饶阳县教文体局局长：魏同彦
深州市文体局局长：董瑞华
安平县文体局局长：王彦博
景县文体局局长：李树旺

山西省

山西省文化厅
党组书记、厅长：张明亮
党组成员、纪检组长：李春荣
党组成员、副厅长：贾新田
党组成员、副厅长：郭　立
党组成员、副巡视员：窦明生
党组成员：贾茂盛
党组成员：李　力
党组成员：赵银邦

太原市文化广电新闻出版局局长：田志捷
小店区文化广电新闻出版局局长：李春涛
迎泽区文化广电新闻出版局局长：胡伟民
杏花岭区文化广电新闻出版局局长：王东军
尖草坪区文化广电新闻出版局局长：赵劲钧
万柏林区文化广电新闻出版局局长：高剑光
晋源区文化广电新闻出版局局长：赵　卫
古交市文化广电新闻出版局局长：康志明
清徐县文化广电新闻出版局局长：马永红
阳曲县文化广电新闻出版局局长：李继宏
娄烦县文化广电新闻出版局局长：王爱军

大同市文化广电新闻出版局局长：李恒瑞
城区文化广电新闻出版局局长：杨亚峰
矿区文化广电新闻出版局局长：濮建文
南郊区文化广电新闻出版局局长：王洪涛
新荣区文化广电新闻出版局局长：张　礼
阳高县文化广电新闻出版局局长：李海谨
天镇县文化广电新闻出版局局长：周进利
广灵县文化广电新闻出版局局长：苏子旭
灵丘县文化广电新闻出版局局长：孙尚游
浑源县文化广电新闻出版局局长：于海滨
左云县文化广电新闻出版局局长：孙东红
大同县文化广电新闻出版局局长：杨春茂

阳泉市文化广电新闻出版局局长：高士萍
城区文化体育旅游局局长：石壮志
矿区文化体育旅游局局长：任文祥
郊区文化体育旅游局局长：周崇浩
平定县文化体育旅游局局长：郗小英
盂县文化体育旅游局局长：张金瑞

晋中市文化广电新闻出版局局长：朱荣耀
榆次县文化广电新闻出版局局长：赵凌中
太谷县文化广电新闻出版局局长：张国文
祁县文化广电新闻出版局局长：范向宏
平遥县文化广电新闻出版局局长：王桂梅
介休文化广电新闻出版局局长：裴卫东
灵石县文化广电新闻出版局局长：王世强
寿阳县文化广电新闻出版局局长：赵　源
昔阳县文化广电新闻出版局局长：翟贵军
和顺县文化广电新闻出版局局长：常跃生
左权县文化广电新闻出版局局长：王建军
榆社县文化广电新闻出版局局长：李宪军
开发区文化广电新闻出版局主任：张建兵

长治市文化广电新闻出版局局长：陈秀英
城区文体广电新闻出版局局长：张　省
郊区文体广电新闻出版局局长：史海莲
潞城市文体广电新闻出版局局长：秦虎钢
长治县文体广电新闻出版局局长：李　龙
长子县文体广电新闻出版局局长：宋　杰
屯留县文体广电新闻出版局局长：杨庆春
壶关县文体广电新闻出版局局长：李国祥
平顺县文体广电新闻出版局局长：申安根
黎城县文体广电新闻出版局局长：王苏陵
襄垣县文体广电新闻出版局局长：孙　波
武乡县文体广电新闻出版局局长：张碧玉
沁县文体广电新闻出版局局长：秦苏良
沁源县文体广电新闻出版局局长：赵永进

晋城市文化广电新闻出版局局长：张秋旺
城区文化广电新闻出版局局长：翟国良
沁水县文化广电新闻出版局局长：柴粉香
阳城县文化广电新闻出版局局长：赵旱兴
陵川县文化广电新闻出版局局长：陈永清
泽州县文化广电新闻出版局局长：秦兴敏
高平市文化广电新闻出版局局长：戴建民

临汾市文化广电新闻出版局局长：傅尊师
尧都区文化广电新闻出版局局长：蔡海平
侯马市文化广电新闻出版局局长：范孟龙
霍州市文化广电新闻出版局局长：张黎明
襄汾县文化广电新闻出版局局长：张　翔
曲沃县文化广电新闻出版局局长：杨切喜
翼城县文化广电新闻出版局局长：侯　霆
洪洞县文化广电新闻出版局局长：赵文卿
浮山县文化广电新闻出版局局长：段锦瑞
安泽县文化广电新闻出版局局长：张泽民
古县局文化广电新闻出版局长：尚立春
乡宁县文化广电新闻出版局局长：张来有
吉县文化广电新闻出版局局长：强朝晖
大宁县文化广电新闻出版局局长：王录明
蒲县文化广电新闻出版局局长：张文龙
隰县文化广电新闻出版局局长：任志平
永和县文化广电新闻出版局局长：葛　毅
汾西县文化广电新闻出版局局长：马明明

运城市文化广电新闻出版局局长：杨金贵
盐湖区文化广电新闻出版局局长：关兴刚
河津市文化广电新闻出版局局长：齐彦青
永济市文化广电新闻出版局局长：李金州
临猗县文化广电新闻出版局局长：张自力
芮城县文化广电新闻出版局局长：薛亚琴
夏县文化广电新闻出版局局长：文东雷
闻喜县文化广电新闻出版局局长：张海明
新绛县文化广电新闻出版局局长：郝振海
绛县文化广电新闻出版局局长：孙权胜
垣曲县文化广电新闻出版局局长：杨金祥

忻州市文化广电新闻出版局局长：潘孝忠
忻府区文化局局长：胡忠田
定襄县文化局局长：张尚瑶
原平市文化局局长：郑争妍
代县文化局局长：黄凤翔
繁峙县文化局局长：韩　英
五台县文化局局长：马廷飞
宁武县文化局局长：郭俊杰
神池县文化局局长：王淑文
五寨县文化局局长：杨子建
岢岚县文化局局长：赵广林
河曲县文化局局长：王建国
保德县文化局局长：张广明
偏关县文化局局长：秦永进
静乐县文化局局长：李富魁

朔州市文化广电新闻出版局局长：郭文新
朔城区文体局局长：赵晓宇
平鲁区文体局局长：戴　远
山阴县文体局局长：王跃文
右玉县文体局局长：庞日亮
怀仁县文体局局长：余仲谦
应县文体局局长：吴桂山

内蒙古自治区

内蒙古自治区文化厅
厅　长：王志诚
副厅长：明　锐
副厅长：安泳锝
副厅长：赵新民

副巡视员：李鸿英
副巡视员：程建林
办公室主任：马天杰
人事教育处处长：李蒙智
机关党委副书记：张和平
计划财务处处长：张文俊
纪检组副组长、监察室主任：王佩章
文物处处长：王大方
艺术处处长：刘希燕
文化市场管理处处长：李丹自
社会文化处处长：赵增春
离退休干部工作处处长：王世英

呼和浩特市文化局局长：王黑小
新城区文体局局长：李　珊
回民区文体局局长：王月平
玉泉区文体局局长：康丽霞
赛罕区文体局局长：张　毅
土默特左旗文体局局长：荣宏伟
清水河县文体局局长：张文玲
托克托县文体局局长：贾来东
和林格尔县文体局局长：王建功
武川县文体局局长：云挨元

包头市文化局局长：洪　涛
固阳县文体广电局局长：杨惦恩
达尔罕茂明安联合旗文体广电局局长：金永利
白云鄂博矿区文体广电局局长：李　峰
石拐区文体广电局局长：王旭东
土默特右旗文体广电局局长：敖建军
九原区文体广电局局长：刘占江
东河区文体广电局局长：张　真
青山区文体广电局局长：龙　纲
昆都仑区文体广电局局长：孙丽娟

乌海市文化局局长：化金贵
海勃湾区文化局局长：李　平
乌达区文教体局局长：左光禄
海南区文教体局局长：刘秀珍

赤峰市文化局局长：张金东
阿鲁科尔沁旗文体广电局局长：布和巴特尔
巴林左旗文体广电局局长：陶建英
巴林右旗文体广电局局长：布和巴特尔
克什克腾旗文化局局长：孙再兴
林西县文体广电局局长：毕长山
翁牛特旗文体广电局局长：高明霖
喀喇沁旗文体局局长：吴晓峰
宁城县文体广电局局长：吴京民
敖汉旗文体广电局局长：许景泉
红山区文体局局长：张兆明
元宝山区文体广电局局长：刘玉海
松山区文体局局长：李国君

通辽市文化局局长：杨宝坤
霍林郭勒市文化广电局局长：于海宝
扎鲁特旗文化广电局局长：徐文彦
科尔沁左翼中旗文化广电局局长：蔡云龙
开鲁县文化广电局局长：王景平
科尔沁区文化广电局局长：于海明
科尔沁左翼后旗文化局局长：姜哲义
奈曼旗文化广播电视局局长：王书博
库伦旗文化广播电视局局长：丛日成

鄂尔多斯市文化局局长：张占霖
达拉特旗文化广播电视局局长：潘海峰
乌审旗文化广播电视局局长：查干夫
伊金霍洛旗文化广播电视局局长：赵子杰
鄂托克旗文化广播电视局局长：云苏米雅
杭锦旗文化广播电视局局长：辛易莲
准格尔旗文化广播电视局局长：马广清
鄂托克前旗文化广播电视局局长：刘治成
东胜区文化局局长：张光耀

呼伦贝尔市文化局局长：诺　敏
海拉尔区文体局局长：王　姗
扎兰屯市文体广电局局长：杨　光
牙克石市文体广电局局长：关　海
额尔古纳市文体广电局局长：孙景山
根河市文体广电局局长：沈进利
陈巴尔虎旗文体广电局局长：陈彦龙

满洲里市文化局局长：吴铁英
二连浩特市文体局局长：王佩芬
新巴尔虎左旗文体广电局局长：达·朝鲁门
新巴尔虎右旗文体广电局局长：齐海龙

鄂温克自治旗文体广电局局长：尤　拉
鄂伦春自治旗文体广电局局长：陈　辉
阿荣旗文体广电局局长：孔　捷

巴彦淖尔市文体局局长：刘还俊
临河区文体局局长：王春叶
杭锦后旗文体广电局局长：高　飞
磴口县文体广电局局长：任海韬
五原县文体广电局局长：高伍良
乌拉特前旗文体广电局局长：石红兰
乌拉特中旗文体广电局局长：王志强
乌拉特后旗文体广电局局长：辛志军

乌兰察布市文化局局长：张立中
集宁区文化局局长：王志强
丰镇市文化局局长：王孝飞
察哈尔右翼前旗文化局局长：邢妙珍
察哈尔右翼中旗文化局局长：王继英
察哈尔右翼后旗文化局局长：曹　军
凉城县文化局局长：冀文俊
兴和县文化局局长：刘　坤
商都县文化局局长：高培武
化德县文化局局长：李建刚
卓资县文化局局长：赵万元
四子王旗文化局局长：吴依仁太

兴安盟文化局局长：张国平
乌兰浩特市文体局局长：孙长富
阿尔山市文体局局长：姜天纯
科尔沁右翼前旗文体局局长：闫淑兰
科尔沁右翼中旗文体局局长：高金虎
扎赉特旗文体局局长：庞志刚
突泉县文体局局长：王　清

锡林郭勒盟文体局局长：李　询
锡林浩特市文体局局长：张福山
西乌珠穆沁旗文体广电局局长：斯琴巴特尔
东乌珠穆沁旗文体广电局局长：萨仁苏和
正镶白旗文体局局长：吉日嘎拉达来
苏尼特右旗文体广电局局长：额尔登巴拉
苏尼特左旗文体广电局局长：胡木吉利
太仆寺旗文体局局长：杜　伟
镶黄旗文体广电局局长：哈　斯
阿巴嘎旗文体广电局局长：贾美洋
正镶蓝旗文体广电局局长：孟克巴特尔
多伦县文体局局长：刘守峰
乌拉盖文体局局长：田冬冬
多伦县文物局局长：吴克林
正镶蓝旗文物局局长：刘学民

阿拉善盟文化广播电视局局长：包　金
额济纳旗文化广播电视局局长：李发英
阿拉善右旗文化广播电视局局长：许学峰
阿拉善左旗文化广播电视局
　　局长：黄韦仁别立格

辽宁省

辽宁省文化厅：
党组书记、厅长：郭兴文
组副书记、副厅长：许波党
党组成员、副厅长：牛辅恒
党组成员、副厅长：张春雨
党组成员、纪检组长：佟　昭
副巡视员：郑全志
副巡视员：王　琦

沈阳市文化局局长：谢　石
辽中县文化局局长：李雅儒
康平县文化局局长：土庆君
新民市文化局局长：祁宝华
法库县文化局局长：马长青

大连市文化局局长：王星航
瓦房店市文化局局长：范　俊
普兰店市文化局局长：张福君
庄河市文化局局长：梁静波
长海县文化局局长：马　军

鞍山市文化局局长：刘耀庭
海城市文化局局长：李恒品
台安县文化局局长：刘仲丹
岫岩县文化局局长：高明东

抚顺市文化局局长：肖林发

新宾县文化局局长：孟庆宇
抚顺县文化局局长：王满杰
清源县文化局局长：邵　校

本溪市文化局局长：赵常清
本溪县文化局局长：施长华
桓仁县文化局局长：金文莲

丹东市文化局局长：刘桂腾
东港市文化局局长：王金刚
凤城市文化局局长：马　明
宽甸县文化局局长：王清祥

锦州市文化局局长：吴玉林
凌海市文化局局长：王兴刚
北镇市文化局局长：孔令权
黑山县文化局局长：靳建新
义县文化局局长：刘　杰

营口市文化局局长：曲景太
大石桥市文化局局长：刘梅祥
盖州市文化局局长：李家政

阜新市文化局局长：李　兵
阜新县文化局局长：包佐贵
彰武县文化局局长：孙建国

辽阳市文化局局长：陶希铭
辽阳县文化局局长：郭忠明
灯塔市文化局局长：李宏林

铁岭市文化局局长：麻国军
昌图县文化局局长：徐忠诚
西丰县文化局局长：刘大成
开原市文化局局长：王洪涛
调兵山市文化局局长：张大勇
铁岭县文化局局长：张大权

朝阳市文化局局长：张汉良
北票市文化局局长：李云文
凌源市文化局局长：聂斌程
朝阳县文化局局长：孙宝良
建平县文化局局长：刘希鹏
喀左县文化局局长：于长江

盘锦市文化局局长：王永恒
盘山县文化局局长：祝成刚
大洼县文化局局长：徐海洋

葫芦岛市文化局局长：李　勇
兴城市文化局局长：郭长林
绥中县文化局局长：齐志学
建昌县文化局局长：王连军

吉林省

吉林省文化厅
党组书记、厅长：林　君
党组成员、副厅长：谢文明
党组成员、副厅长：朱成华
党组成员、副厅长（省文物局局长）：
翟利国
党组成员、纪检专员：赵尊华
党组成员、副厅长：张宝宗
副巡视员：任智富

长春市文化局局长：吴　强
朝阳区文体局局长：赵金荣
南关区文体局局长：李敏玲
宽城区文体局局长：丁贵林
二道区文体局局长：孙艳秋
绿园区文体局局长：关英杰
双阳区文体局局长：赵　军
德惠市文体局局长：刘玉才
九台市文体局局长：程延辉
榆树市文体局局长：耿淑环
农安县文体局局长：刘树瑜

白城市文体局局长：宋亚峰
洮北区文化新闻出版和体育局局长：张印福
大安市文化新闻出版和体育局局长：赵连举
洮南市文化新闻出版和体育局局长：姜新建
镇赉县文化新闻出版和体育局局长：李树文
通榆县文化新闻出版和体育局局长：孙忠富

松原市文化新闻出版和体育局局长：高香兰
宁江区文化新闻出版和体育局局长：张彦伟
扶余县文化新闻出版和体育局局长：宋爱平
长岭县文化新闻出版和体育局局长：刘凤奇
乾安县文化新闻出版和体育局局长：马福文
前郭尔罗斯蒙古族自治县文化新闻出版和体育局局长：学树慧

吉林市文化新闻出版和体育局局长：张国利
船营区文化新闻出版和体育局局长：石　淼
龙潭区文化新闻出版和体育局局长：赵汝田
昌邑区文化新闻出版和体育局局长：闫巨友
丰满区文化新闻出版和体育局局长：张守国
磐石市文化新闻出版和体育局局长：孙国臣
蛟河市文化新闻出版和体育局局长：张德胜
桦甸市文化新闻出版和体育局局长：刘　勇
舒兰市文化新闻出版和体育局局长：徐成宪
永吉县文化新闻出版和体育局局长：奚柏东

四平市文化新闻出版和体育局局长：崔永刚
铁西区文化新闻出版和体育局书记：李雅洁
铁东区文化新闻出版和体育局局长：刘铁栋
双辽市文化新闻出版和体育局局长：董占琼
公主岭市文化新闻出版和体育局局长：刘　杰
梨树县文化新闻出版和体育局局长：刘子德
伊通满族自治县文化新闻出版和体育局局长：杨密林

辽源市文化新闻出版和体育局局长：郑　裕
西安区文化新闻出版和体育局局长：唐春晖
龙山区文化新闻出版和体育局局长：苏星明
东丰县文化新闻出版和体育局局长：赵志才
东辽县文化新闻出版和体育局局长：杜　发

通化市文化新闻出版和体育局局长：张玉霞
东昌区文化新闻出版和体育局局长：佟寅华
二道江区文化新闻出版和体育局局长：刘初英
梅河口市文化新闻出版和体育局局长：孙晓婷
集安市文化新闻出版和体育局局长：董志坚
通化县文化新闻出版和体育局局长：李春和
辉南县文化新闻出版和体育局局长：武艳奇
柳河县文化新闻出版和体育局局长：姚　远

白山市文化新闻出版和体育局局长：葛会清
八道江区文化新闻出版和体育局局长：周希胜
临江市文化新闻出版和体育局局长：刘　励
江源区文化新闻出版和体育局局长：张晓波
抚松县文化新闻出版和体育局局长：王　森
靖宇县文化新闻出版和体育局局长：王　强
长白朝鲜族自治县文化新闻出版和体育局局长：王　林

延边朝鲜族自治州文化新闻出版和体育局局长：沈秀玉
延吉市文化新闻出版和体育局局长：黄春玉
图们市文化新闻出版和体育局局长：高胜龙
敦化市文化新闻出版和体育局局长：张春华
珲春市文化新闻出版和体育局局长：蔡洙光
龙井市文化新闻出版和体育局局长：金成福
和龙市文化新闻出版和体育局局长：金永虎
汪清县文化新闻出版和体育局局长：陈雪梅
安图县文化新闻出版和体育局局长：金　健

黑龙江省

黑龙江省文化厅
党组书记、厅长：白亚光
副厅长：白淑贤
党组成员、副厅长：宋宏伟
党组成员、副厅长：王珍珍
党组成员、副厅长：綦　军
党组成员、纪检组长：姜一海
副巡视员：张学文

哈尔滨市文化局局长：杨晓萍
五常市文化体育局局长：杜凯波
双城市文化局局长：郑孟楠
阿城区文化体育局局长：景晓龙
尚志市文化局局长：何树岭
巴彦县文化体育局局长：刘淑伟
呼兰区文化体育局局长：洪永生
宾县文化体育局局长：李铁刚
依兰县文化体育局局长：敖卫中

延寿县文化体育局局长：於德华
木兰县文化体育局局长：陈　发
通河县文化体育局局长：尹　智
方正县文化体育局局长：邓永峰

齐齐哈尔市文化局局长：陈万禄
富裕县文化体育局局长：李　强
拜泉县文化体育局局长：马志英
甘南县文化体育局局长：张宏莲
讷河市文化体育局局长：陈玉龙
克山县文化体育局局长：杨庆林
龙江县文化体育局局长：傅贵彬
依安县文化体育局局长：李保厚
克东县文化体育局局长：田雯海
泰来县文化体育局局长：解锡河

牡丹江市文化局局长：王凤菊
绥芬河市文化体育局局长：闫春光
宁安市文化体育局局长：卢志文
海林市文化体育局副局长：刘兴利
穆棱市文化体育局局长：王文生
林口县文化体育局局长：朱凤富
东宁县文化体育局局长：刘双田

佳木斯市文化局局长：谭灵芝
富锦市文化体育局局长：顾立军
抚远县文化体育局局长：张庆柱
桦南县文化体育局局长：曹　琳
汤原县文化体育局局长：陈立志
同江市文化体育局局长：申云杰
桦川县文化体育局局长：吕村笙

大庆市文化局局长：伊文琦
杜尔伯特蒙古族自治县文化体育局局长：
陈玉芝
林甸县文化体育局局长：朱立文
肇州县文化体育局局长：邵　军
肇源县文化局局长：付道全

鸡西市文化局局长：刘洪飞
密山市文化体育局局长：李志超
虎林市文化体育局局长：徐学星
鸡东县文化体育局局长：田万启

双鸭山市文化局局长：王佳慧
集贤县文化局局长：王　学
饶河县文化体育局局长：张　巍
友谊县文化体育局局长：张东岳
宝清县文化局局长：王成新

伊春市文化局局长：张志麟
铁力市文化体育局局长：韩　斐
嘉荫县文化体育局局长：程谟杰

七台河市文化局局长：袁凤梧
勃利县文化体育局局长：任永华

鹤岗市文化局局长：海　声
绥滨县文化局局长：姜维华
萝北县文化体育局局长：张兴海

黑河市文化局局长：赵玉林
黑河市文物管理委员会主任：潘忠林
逊克县文化体育局局长：李长福
孙吴县文化体育局局长：刘廷泽
北安市文化体育局局长：刘凤芝
嫩江县文化体育局局长：刘　剑
爱辉区文化体育局局长：姚景伟

绥化市文化局局长：尹德全
肇东市文化体育局局长：柏万明
安达市文化体育局局长：夏德君
海伦市文化体育局局长：王文儒
兰西县文化体育局局长：郭　宏
庆安县文化体育局局长：兰亚军
绥棱县文化体育局局长：杨曙晨
望奎县文化体育局局长：李春玲
明水县文化体育局局长：马秋雨
青冈县文化体育局局长：苏方山
北林区文化体育局局长：薛长泉

大兴安岭行署文化体育局局长：付日明
呼玛县文化体育局局长：黄义忠
漠河县文化局局长：张宝君
塔河县文化体育局局长：徐海峰
加格达奇文化局局长：吕世泉

省农垦总局党委委员宣传部长：逄金明
省农垦总局文化体育局局长：冯 力

上海市

上海市文化广播影视管理局
党委书记：陈燮君
党委副书记、局长：朱咏雷
党委副书记：刘 建
党委委员、艺术总监：马博敏
党委委员、副局长：张 哲、刘文国、
王 玮、王小明
副巡视员：施大畏

黄浦区文化局局长：叶 盛
卢湾区文化局局长：蒋锡明
徐汇区文化局局长：陈澄泉
长宁区文化局局长：胡以申
静安区文化局局长：张爱华
普陀区文化局局长：刘毛伢
闸北区文化局局长：陈 宏
虹口区文化局局长：陆 健
杨浦区文化局局长：周 海
闵行区文化广播电视影视管理局局长：何国文
宝山区文化广播电视影视管理局局长：彭 林
嘉定区文化广播电视影视管理局局长：燕小明
浦东新区文化广播电视影视管理局局长：尤 存
金山区文化广播电视影视管理局局长：刘 杰
松江区文化广播电视影视管理局局长：耿国方
青浦区文化广播电视影视管理局局长：周建中
南汇区文化广播电视影视管理局局长：诸惠华
奉贤区文化广播电视影视管理局局长：王建华
崇明县文化广播电视影视管理局局长：刘锦涛

江苏省

江苏省文化厅
党组书记、厅长：章剑华
副厅长：高 云
党组成员、副厅长：马 宁
党组成员 、纪检组长：王世华
党组成员、副厅长：秦基春
党组成员、南京博物院院长：龚 良

南京市文化局局长：陈光亚
溧水县文化局局长：管红玲（女）
高淳县文化局局长：张永年
玄武区文化局局长：孙 光
白下区文化局局长：张振荣
秦淮区文化局局长：黄 俊
建邺区文化局局长：金光明
鼓楼区文化局局长：张国防
下关区文化局局长：姜东林
浦口区文化局局长：李 珉（女）
栖霞区文化局局长：徐观昌
雨花台区文化局局长：于志珍（女）
江宁区文化局局长：刘道成
六合区文化旅游局局长：薛少林

徐州市文化局局长：单兴强
邳州市文体局局长：沈 波
新沂市文体局局长：王书香
丰县文体局局长：孙 洪
沛县文体局局长：张景谦
铜山县文体局局长：冯军成
睢宁县文体局局长：杨 蕴
贾汪区文化局局长：戚德海
泉山区文教体局局长：石运昌
云龙区文教体局局长：赵民强
鼓楼区文教体局局长：李乐东
九里区文教体局局长：薛振利

连云港市文化局局长：田明
赣榆县文化局局长：王学济
东海县文化局局长：陈 林
灌云县文化局局长：冯苏明（5月任）
灌南县文化局局长：祁小莉（女）
新浦区文化局局长：范益军
海州区文化旅游局局长：仲新生
连云区文化局局长：孙大龙

宿迁市文化广电新闻出版局局长：
仲向阳（12月任）
沭阳县文化广电新闻出版局局长：毛善科
泗阳县广播电视文化局局长：王东成
泗洪县广播电视文化局局长：赵　勇
宿城区文化广电新闻出版局局长：刘　义
宿豫区广播电视文化局局长：王新春

淮安市文化广电新闻出版局局长、党委书记：
郑泽云（3月任）
涟水县文化局局长：刘以庆
洪泽县文化局局长：夏宝国
盱眙县文化局局长：杨　勇
金湖县文化局局长：李中秋
清河区文体局局长：曹爱国
清浦区文体局局长：王福康
楚州区文化局局长：杨文杰
淮阴区文化局局长：朱爱民

盐城市文化局局长、党委书记：陈晓莲（女）
大丰市文化局局长：刘启方
东台市文化局局长：吴仲勤
响水县文化局局长：戴强国
滨海县文化局局长：李耀川
阜宁县文化局局长：徐　闯
射阳县文化广播电视局局长：嵇永法
建湖县文化（旅游）局局长：陈远立（1月任）
盐都区文化广播电视局局长：丁　勤（女）
亭湖区文化局局长：吕凤华

扬州市文化（文物）局局长：陆苏华
江都市文化旅游局局长：解金龙
仪征市文化体育局局长：陈　彪
高邮市文化局局长：黄　平
宝应县文化体育局局长：钱永建
广陵区文化局局长：徐　超
维扬区文化教育局局长：高德霞
邗江区文化体育局局长：朱跃建

泰州市文化局局长：何建平
靖江市文化局局长：季灿华
泰兴市文化局局长：骆崇泉
姜堰市文化局局长：周　谅
兴化市文化局局长：刘春龙
海陵区文教局局长：顾宝林（4月任）
高港区文教局局长：杨海峰（5月任）

南通市文化局局长：黄振平
启东市文化局局长：黄　慧
海门市文化局局长：陈忠信（1月任）
通州市文化局局长：周伯鸣
如皋市文化局局长：姚呈明（12月任）
海安县文化局局长：丁建民
如东县文化局局长：张　轶
崇川区文化局局长：吴海军
港闸区教育与文化体育局局长：
李　峰（7月任）
南通市开发区社会事业局局长：黄洪生（12月任）

镇江市文化局局长：张　兵
扬中市文体局局长：张　敏（4月任）
句容市文体局局长：方寿根
丹阳市文化局局长：陈利慧
丹徒区文体局局长：赵　勤
京口区文体局局长：陆艳华（女）
润州区文体局局长：陈晓鸽
镇江市新区社会发展局局长：孔国平

常州市文化广电新闻出版（版权）局党委书记：
黄　欣
金坛市文化局局长：贺进军
溧阳市文化局局长：胡国勤
武进区文化局局长：郝建成
天宁区教育文体局局长：张　龙
钟楼区教育文体局局长：许立新
戚墅堰区教育文体局局长：贺国良
常州市新北区社会事业局局长：茅雪鹤

无锡市文广新局局长：叶建兴
江阴市文化局局长：王建炜
宜兴市文化局局长：宗培君
崇安区文体局局长：陈志刚
南长区文体局局长：徐伟雄
北塘区文体局局长：朱平方

滨湖区文体局局长：孙力民
锡山区文体局局长：邓重高
惠山区文体局局长：钱俊法
无锡市新区社会事业局局长：田 耘

苏州市文化广电新闻出版局局长：汤钰林
常熟市文化局局长：庞 欢
张家港市文化广播电视管理局局长：郑国祥
昆山市文化广播电视管理局局长：赵红骑
吴江市文化广播电视管理局局长：钱 俊
太仓市文化广播电视管理局局长：黄友良
金阊区教育文体局局长：王 依
平江区教育文体局局长：陆丽瑾
沧浪区文化体育局局长：朱 敏
吴中区文化体育局局长：李 强
相城区文化体育局局长：顾银福
高新区、虎丘区教育文体局局长：顾彩亚
苏州工业园区社会事业局局长：华雪兴

浙江省

浙江省文化厅
党组书记、厅长：杨建新
党组成员、副厅长，省文物局局长：鲍贤伦
党组成员、副厅长：田宇原
党组成员、副厅长：陈 瑶
党组成员、副厅长：来颖杰
党组成员、副巡视员、人事处处长：杨越光
巡视员：齐有为

杭州市文化广电新闻出版局局长：陈建一
拱墅区文化广电新闻出版局局长：谢作盛
上城区文化广电新闻出版局局长：丁建华
下城区文化广电新闻出版局局长：吴建中
江干区文化广电新闻出版局局长：胡春久
西湖区文化广电新闻出版局局长：魏小平
滨江区文化广电新闻出版局局长：丁幼芳
萧山区文化广电新闻出版局局长：任关甫
余杭区文化广电新闻出版局局长：冯玉宝
临安市文化广电新闻出版局局长：褚林森
富阳市文化广电新闻出版局局长：周亦涛
建德市文化广电新闻出版局局长：邱剑娟
桐庐县文化广电新闻出版局局长：王樟松
淳安县文化广电新闻出版局局长：黄存菊

湖州市文化广电新闻出版局局长：宋 捷
吴兴区文化广电新闻出版局局长：蒋立敏
南浔区文化广电新闻出版局局长：莫建华
长兴县文化广电新闻出版局局长：陈亦祥
德清县文化广电新闻出版局局长：陈震豪
安吉县文化广电新闻出版局局长：董才宝

嘉兴市文化广电新闻出版局局长：王鸣霞
南湖区教育文化体育局局长：柴永强
秀洲区教育文化体育局局长：陈明根
平湖市教育文化体育局局长：沈力行
海宁市文化体育局局长：虞铭华
桐乡市文化体育局局长：杨惠良
嘉善县文化体育局局长：倪学庆
海盐县文化体育局局长：王祖利

舟山市文化广电新闻出版局局长：邱平海
定海区文化广电新闻出版局局长：张交和
普陀区文化广电新闻出版局局长：张剑飞
岱山县文化广电新闻出版局局长：孔德科
嵊泗县文化广电新闻出版局局长：林明忠

宁波市文化广电新闻出版局局长：陈佳强
海曙区文化广电新闻出版局局长：陈建东
江东区文化广电新闻出版局局长：郝军海
江北区文化广电新闻出版局局长：胡岳金
北仑区文化广电新闻出版局局长：袁 侠
镇海区文化广电新闻出版局局长：余维勤
鄞州区文化广电新闻出版局局长：周海明
慈溪市文化广电新闻出版局局长：张伯伟
余姚市文化广电新闻出版局局长：熊培军
奉化市文化广电新闻出版局局长：毛伟芳
宁海县文化广电新闻出版局局长：万吉良
象山县文化广电新闻出版局局长：任先顺

绍兴市文化广电新闻出版局局长：李永鑫
越城区文化教育局局长：马成永
诸暨市文化广电新闻出版局局长：金海炯
上虞市文化广电新闻出版局局长：宣霞金

嵊州市文化广电新闻出版局局长：黄皎昀
绍兴县文化广电新闻出版局局长：沈祖卫
新昌县文化广电新闻出版局局长：童黎明

衢州市文化广电新闻出版局局长：郑奇平
柯城区文化局局长：何晓文
衢江区文化广电新闻出版局局长：谢根兴
江山市文化广电新闻出版局局长：何政芳
常山县文化广电新闻出版局局长：鲁周清
开化县文化广电新闻出版局局长：方金全
龙游县文化广电新闻出版局局长：姜　锴

金华市文化广电新闻出版局局长：杨鸽声
婺城区教育文化体育局局长：唐振华
金东区教育文化体育局局长：陆品能
兰溪市文化广电新闻出版局局长：张　靓
永康市文化新闻出版局局长：翁卫航
义乌市文化广电新闻出版局局长：何文飞
东阳市文化广电新闻出版局局局长：吴　刚
武义县文化广电新闻出版局：刘斌靖
浦江县文化广电新闻出版局局长：张华浦
磐安县文化广电新闻出版局局长：路金平

台州市文化广电新闻出版局局长：戴康年
椒江区文化广电新闻出版局局长：何昌廉
黄岩区文化广电新闻出版局局长：郑胃奇
路桥区文化广电新闻出版局局长：罗河笙
临海市文化广电新闻出版局局长：苏小锐
温岭市文化广电新闻出版局副局长：王海荣
三门县文化广电新闻出版局局长：郭　萍
天台县文化广电新闻出版局局长：王太龙
仙居县文化广电新闻出版局局长：朱　普
玉环县文化广电新闻出版局局长：翁长锋

温州市文化广电新闻出版局局长：吴　东
鹿城区文化广电新闻出版局局长：王庆顺
龙湾区文化广电新闻出版局局长：叶自力
瓯海区文化广电新闻出版局局长：周向勇
瑞安市文化广电新闻出版局局长：黄友金
乐清市文化广电新闻出版局局长：郑晓峰
永嘉县文化广电新闻出版局局长：胡佐光
文成县文化广电新闻出版局局长：刘　军
平阳县文化广电新闻出版局局长：王小川
泰顺县文化广电新闻出版局局长：雷国金
洞头县文化广电新闻出版局局长：甘海选
苍南县文化广电新闻出版局局长：李晖华

丽水市文化广电新闻出版局局长：赵碧华
莲都区文化广电新闻出版局局长：杨美仙
龙泉市文化体育出版局局长：黄国勇
缙云县文化体育出版局局长：施碧清
青田县文化广电新闻出版局局长：陈炳云
云和县文化体育出版局局长：邱伟荣
遂昌县文化广电新闻出版局局长：潘成松
松阳县文化广电新闻出版局局长：张碧联
庆元县文化广电新闻出版局局长：叶先良
景宁畲族自治县文化广电新闻出版局局长：严慧荣

安徽省

安徽省文化厅
党组书记、厅长：杨　果
党组成员、巡视员：肖桂兰
副厅长：李修松
党组成员、副厅长：田传江
党组成员、副厅长：张居淮
党组成员、纪检组长：姚安海

合肥市文化广电新闻出版局党组书记、局长：姚卫东
瑶海区文化局局长：何美林
庐阳区文化局局长：丁凤云
蜀山区文化局局长：罗昕
包河区文广局局长：占雄才
肥东县文化广电新闻出版局党组书记、局长：何长先
肥西县文化广电新闻出版局党组书记、局长：胡正宏
长丰县文化广电新闻出版局党组书记、局长：张多用

宿州市文化局局长：鞠树超
埇桥区文化局局长：宋　健
砀山县文化局局长：王冠群

萧县文化局局长：潘　辉
灵璧县文化局局长：王从效
泗县文化局局长：徐　海

淮北市文化局党委书记、局长：王治江
濉溪县文化局党组书记、局长：许明英
相山区文化广播和旅游局局长：黄　静
杜集区文体广播局支部书记、局长：许钦敏
烈山区文体广播局党组书记、局长：罗广才

阜阳市文化（新闻出版）局局长、党组书记：杨维洪
颍州区文化局局长：侯幼林
颍泉区文化局局长：宫光明
颍东区文化局局长：赵海滨
临泉县文化（新闻出版）局局长：刘　英
阜南县文化（新闻出版）局局长：王志豪
颍上县文化（新闻出版）局局长：赵莉华
界首市文化（新闻出版）局局长：魏　灿
太和县文化（新闻出版）局局长：李　玉

亳州市文化广播电视局局长、党组书记：葛　生
谯城区文化广播电视局局长、党组书记：邓书人
涡阳县文化局局长：石　震
涡阳县文化局党组书记：祝和平
蒙城县文化局局长、党组书记：苑　旭
利辛县文化局局长：武　奇

蚌埠市文化局局长：谢克林
龙子湖区文体局局长：沈家群
蚌山区文体局局长：赵振图
禹会区文体局局长：傅　强
淮上区文体局局长：汪　涛
怀远县文体局局长：蒋　伟
五河县文体局局长：裴锦茹
固镇县文体局局长：耿　剑

淮南市文化局党委书记：史国华
局长：孙献光
大通区文体局局长：曹安树
田家庵区文体局局长：杨素芳
谢家集区文体局局长：宫　玲
八公山区文体局局长：马伯超
潘集区文体局局长：夏福清
潘集区文体局支部书记：孙会中
毛集实验区文体局副局长：邱登谦
凤台县文化局局长：薛　杰
凤台县文化局党组书记：赵宗祥

滁州市文化局局长：汤国建
琅琊区文化局局长：吴文翰
南谯区文化局长：曹光武
明光市文化局局长：徐永明
天长市文化局局长：孙启智
来安县文化局局长：董秀荣
全椒县文化局局长：田胜林
定远县文化局局长：石明家
凤阳县文化局局长：邸金强

马鞍山市文化局局长：王　平
花山区文体局局长：周　政
雨山区文体局局长：陈立平
金家庄区文体局局长：杜存新
当涂县文体局局长：汪恭金

芜湖市文化委员会主任：宋建华
镜湖区文化局长：方虹明
鸠江区文化局长：陈　敏
弋江区文化局长：马　靖
三山区社会事业局长：吴昌桂
繁昌县文化局长：季　春
芜湖县文化局长：胡昌海
南陵县文化局长：汪令国

铜陵市文化（新闻出版、版权）局局长：张德宏
郊区文体广局局长：刘亚玲
狮子山区文体局局长：张业福
铜官山区文体局局长：车红茂
铜陵县文化旅游局局长：蓝　飞

安庆市文化广电新闻出版局局长：苏　斌
大观区文化体育局局长：江金宝
迎江区文化体育局局长：何家宏

宜秀区文化体育局局长：杨积平
桐城市文化局局长：谢益雄
怀宁县文化体育局局长：吴江海
望江县文化体育局局长：徐志斌
潜山县文化局局长：曹　凯
太湖县文化局局长：叶德勤
宿松县文化局局长：虞家乐
岳西县文化体育局局长：储争鸣
枞阳县文化体育局局长：蔡新国

黄山市文化局局长：金　涛
屯溪区文化局局长：李　莉
徽州区文化局局长：程昌根
黄山区文化局局长：杨　军
休宁县文化局局长：方来寿
祁门县文化局局长：陶丽娟
黟县文化局局长：胡跃华
歙县文化局局长：范海生

六安市文化局党组书记、局长：黄道甫
金安区文化局党组书记、局长：杨　进
裕安区文广局党组书记、局长：杨光华
叶集试验区文广局党组书记、局长：台德颋
开发区社会发展局党组书记、局长：张为民
寿县文广局党组书记、局长：李延孟
霍邱县文化局党组书记、局长：李　冰
金寨县文化局党组书记、局长：徐　浩
舒城县文化局党组书记、局长：杜全明
霍山县文化局党组书记、局长：张宜明

巢湖市文化局局长：蔡小莉
居巢区文化局局长：梅魁林
无为县文化局局长：柏毅生
庐江县文化局局长：吕华宁
含山县文化局局长：姜　志
和县文化局局长：鲍家斌

池州市文化局局长：谭幼平
贵池区文化局局长：韩　华
东至县文化局局长：张广祥
石台县文化局局长：李　敏
青阳县文化局局长：胡好友

宣城市文化局局长：葛祥普
宣州区文广局局长：刘宗发
宁国市文广局局长：葛英祥
郎溪县文体局局长：席启安
广德县文体局局长：汪雪峰
泾县文体局局长：秦秀伦
旌德县文体局局长：汪海明
绩溪县文广局局长：葛少青

福建省

福建省文化厅
党组书记、厅长：宋闽旺
党组成员、副厅长：陈　朱
党组成员、纪检组长：张　远
党组成员、副厅长：陈立华
党组成员、省文物局局长：郑国珍

福州市文化局局长：陈梅良
福州市文物局局长：王华南
鼓楼区文体局局长：刘正辉
台江区文体局局长：郑　刚
仓山区文体局局长：林宗德
晋安区文体局局长：张贞良
马尾区文体局局长：谢木宁
琅岐经济区社会发展局局长：翁捷灵
福清市文体局局长：翁瑞光
长乐市科技文体局局长：吴永忠
闽侯县文体局局长：陈步强
连江县科技文体局局长：张建国
闽清县文体局局长：曾永祥
罗源县科技文体局局长：丁　枫
永泰县科技文体局局长：陈光荣
平潭县科技文体局局长：高　云

厦门市文化局局长：罗才福
思明区文体局局长：欧阳丽娟
湖里区文体局局长：林进春
集美区文体局局长：孙加庆
海沧区文体局局长：姚金洪
同安区文体局局长：叶红旗
翔安区文体局局长：纪清渊

漳州市文化与出版局局长：于建生
芗城区文体局局长：李鹰鹰
龙文区文体局局长：陈宽彬
龙海市文体局局长：苏志良
漳浦县文体局局长：林永章
云霄县文体局局长：施秋江
东山县文体局局长：林剑国
诏安县文体局局长：沈武亮
南靖县文体局局长：蔡志祥
平和县文体局局长：林晓茵
华安县文体局局长：李金德
长泰县文体局局长：杨仁杰

泉州市文化局局长：龚万全
泉州市文物局副局长：陈健鹰（主持工作）
鲤城区文体旅游局局长：曹嫦平
丰泽区文体旅游局局长：洪月辉
洛江区文体旅游局局长：卢恩水
泉港区文体旅游局局长：郭志雄
石狮市科技文体旅游局局长：吴泽荣
晋江市文体局局长：黄延艺
南安市文体局局长：李元生
惠安县文体局局长：王洪波
安溪县文体局局长：王亚菲
永春县文体局局长：林建春
德化县文体局局长：陈金殿
泉州经济技术开发区社会事业局局长：苏伟卿

三明市文化与出版局局长：陈丽珍
梅列区文体局局长：段世峰
三元区文体局局长：翁国荣
大田县文体局局长：林春忠
建宁县文体局局长：阮贵庆
将乐县文体局局长：陈朝芳
明溪县文体局局长：严明清
宁化县文体局局长：连新福
沙县文体局局长：叶克秋
泰宁县文体局局长：孟闽乐
永安市文化体育出版局局长：王盛森
尤溪县文体局局长：柯德钦
清流县文体局局长：巫锡仁

莆田市文广新闻出版局局长：李尚清
城厢区文化体育局局长：林平凡
荔城区文化体育局局长：廖国治
涵江区文化体育局局长：孔令建
秀屿区文化体育局局长：周超鸿
仙游县文化体育局局长：林顺明
湄洲岛管委会社会事务办：黄熹硕

南平市文化与出版局局长：曾一帆
延平区文体局局长：吴建华
武夷山市文体局局长：罗秋涛
邵武市文体局局长：任玉新
建瓯市文体局局长：徐智勤
建阳市文体局局长：韦　武
顺昌县文体局局长：游代荣
浦城县文体局局长：阙瑞荣
光泽县文体局局长：翁振军
松溪县文体局局长：伊宏强
政和县文体局局长：李陈洪

龙岩市文化与出版局局长：张耀清
新罗区文化体育出版局局长：邱小厦
连城县文化体育局局长：马勋明
永定县文体局局长：张明耀
长汀县文体旅游局局长：李松树
武平县文体局局长：罗小云
漳平市文体局局长：陈维芳
上杭县文体出版局局长：赖荣生

宁德市文化与出版局局长：翁惠文
蕉城区文体局局长：苏方金
古田县文体局局长：黎　曦
屏南县文体局局长：陆世飞
周宁县文体局局长：陈源清
寿宁县文体局局长：龚月琴
福安市文体局局长：施长铃
柘荣县文体局局长：林建峰
福鼎市文体局局长：张祖强
霞浦县文体局局长：高　建

江西省

江西省文化厅

省委宣传部副部长、省文化厅党组书记、厅长：李玉英
党组副书记、副厅长：汪天行
党组成员、副厅长：曹国庆
党组成员、副厅长：王晓庆
党组成员、纪检组长：魏玮
党组成员、省文物局局长：史文斌
厅副巡视员：任永新

南昌市文化新闻出版局党委副书记、局长：杨文斌
南昌县文化广电旅游新闻出版局局长：陈小妹
东湖区文化广电旅游新闻出版局局长、书记：巫　滨
西湖区文化广电旅游新闻出版局局长：林　峰
青云谱区文化广电旅游新闻出版局局长：罗洪斌
湾里区教育科技文化体育局局长：胡光华
青山湖区文化体育局局长：陶　平
南昌经济技术开发区社会事业发展局文化广播办主任：黄玉英
南昌高新技术产业开发区社会事业发展局副局长（主持工作）：刘小敏
红谷滩新区社会事业发展局局长：徐仲平
江西桑海经济技术开发区社会事业发展局局长：曾　辉
新建县文化广电旅游新闻出版局局长：刘明慧
进贤县文化广电旅游新闻出版局党组书记、局长：吴振明
安义县文化广播电视旅游新闻出版局局长：万青林

九江市文化新闻出版局局长：柯亨龙
浔阳区文化教育局局长：王健蓉
庐山区文化教育局局长：刘合祥
经济技术开发区文化教育局局长：廖菁菁
共青城社会发展局（文化局）局长：邹隆茂
庐山管理局文化处党总支部书记、处长：洪建国
九江县文化广播电视局局长：王事建
瑞昌市文化广播电视局局长：祝炳光
武宁县文化广播电视局局长：柯亨达
修水县文化广播电视局局长：戴嵩青
湖口县文化广播电视局局长、总支书记：秦明兴
都昌县文化广播影视出版局局长：邵伦秀
彭泽县文化广播电视新闻出版（版权）局局长：黄彭声
星子县文化广播电视新闻出版（版权）局局长：夏茂臣
德安县文化旅游广播新闻出版（版权）局局长：柯宁安
永修县文化广播电视新闻出版局局长：杨祚育

上饶市文化（文物）局党组书记、局长：涂相珍
上饶县文化广播电视局局长：徐先亮
德兴市文化广播电视局局长：徐润金
铅山县文化广播电视局（挂新闻出版局、版权局）局长：邓世英
婺源县文化广播电视局局长：汪立新
弋阳县文化局局长：黄英龙
余干县文化局局长、党总支书记：史　俊
广丰县文化广播电视局局长：徐贵清
横峰县文化局局长：刘定勇
鄱阳县文化局局长、书记：黄育兰
玉山县文化局局长：曹卫亚
万年县文化局局长：胡宏照

抚州市文化局党委书记、局长：李建林
临川区文体广电局局长：聂江波
南城县文体广播局局长：刘惠能
南丰县文体广电局局长：黄福平
金溪县文体广电局局长：张建龙
资溪县文体广播局局长：章建华
宜黄县文体局局长：吴　萍
广昌县文体局局长：王咏平
乐安县文体体育广播局局长：龚幼光
黎川县文体广播电视局局长：雷旭东
东乡县文化局局长：李巧仁

崇仁县文体广播局局长：熊兴
金巢经济开发区管委会社会事业局局长：
　　余筱朵

宜春市文化和新闻和出版局局长：李光发
袁州区文化教育局、新闻出版局局长：罗　坤
樟树市文化局局长：熊云凯
丰城市文化局局长：谢爱平
奉新县文化局局长：李志丹
高安市文化局局长、党组书记：罗晔根
靖安县文化局、新闻出版局局长：刘承春
上高县文化和新闻出版局局长：胡周文
铜鼓县文化局局长：涂光明
万载县文化局局长：周细辉
宜丰县文教局党委书记、局长：李佳春

吉安市文化广播电影电视局、市政府副秘书长（兼）局长、党委副书记：曾富善
安福县文化广播电视局、新闻出版（版权）局局长、党组书记：彭丽志
吉州区文化局局长：王　辉
吉安县文化广播电视局局长：李才生
吉水县文化广播电视局局长：夏彬彬
井冈山市文化局、市委宣传部副部长、
　　文化局局长：熊赛苏
青原区文化广播电视新闻出版局局长：张　斌
遂川县文化广播电视局局长：黎育清
泰和县文化广播电视局局长、台长：温双凤
万安县文化广播电视新闻出版局局长：
　　罗国强
峡江县文化广播电视局局长：裴　诚
新干县文化广播电视局局长：陈　琳
永丰县文化广播电视局局长：金有亨
永新县文化广播电视新闻出版局局长：刘德生

赣州市文化和广播电影电视局局长：钟家伟
章贡区文化和广播电影电视局书记、
　　新闻中心主任李禾丰局长：殷芝萍
赣县文化和广播电影电视局局长：刘友军
上犹县文化和广播电影电视局局长：张继茂
崇义县文化和广播电影电视局局长：王受传
南康市文化和广播电影电视局局长：朱吉祥
大余县文化和广播电影电视局局长：钟余珍
信丰县文化和广播电影电视局局长：陈鸣飞
龙南县文化和广播电影电视局局长、
　　新闻出版局局长：徐晓虹
全南县文化和广播电影电视局局长：陈　辉
定南县文化和广播电影电视局局长：李海春
安远县文化和广播电影电视局局长：赖德新
寻乌县文化和广播电影电视局局长：温康平
于都县文化和广播电影电视局局长：袁尚贵
兴国县文化和广播电影电视局局长：邓京红
瑞金市文化和广播电影电视局、市委宣传部
　　副部长：钟瑞春
会昌县文化和广播电影电视局局长：许永春
石城县文化和广播电影电视局局长：徐根雄
宁都县文化和广播电影电视局局长、新闻出版局局长：夏章奎
　　副书记、文物局局长：江　华
乐平市文化广播影视新闻出版局局长：王小平
浮梁县文化广播影视新闻出版局党组书记：
　　胡柳忠
昌江区文化广播影视新闻出版局局长：
　　马莉萍
珠山区文化旅游广播影视新闻出版局局长：
　　徐智勇

萍乡市文化广电新闻出版局党委副书记、局长：邓建萍
安源区文广局党组书记：王金安
　　局长：文　博
芦溪县文广局局长：李忠生
上栗县文广局副局长：黄绍良
湘东区文广局局长：何建明
莲花县文广局局长：刘春明

新余市文化新闻出版局局长：万新安
分宜县文化广播新闻局党组书记、局长：
　　钟智安
渝水区文化广播电视新闻局党组书记、局长：
　　彭梅根
新余经济开发区社会事业局局长：杨绍真
仙女湖区社会事业局局长：陈根保
孔目江生态经济区科技文化旅游局局长：
　　严小平

鹰潭市文化广电新闻出版局局长、党组副书记：周佐明
贵溪市文化广播电视局局长：郭映龙
余江县文化广电新闻出版局局长：陈新有
月湖区文广局局长：王　蕖
龙虎山风景名胜区文化教育局局长：刘卫星

山东省

山东省文化厅
党组书记、厅长：杜昌文
党组成员、副厅长：邢玉斗
党组成员、副厅长：谢治秀
党组成员、副厅长：李宗伟
副厅长：李国琳

济南市文化局局长：邹卫平
历下区文化局局长：李新生
市中区文化局局长：支元福
槐荫区文化局局长：刘洪建
天桥区文化局局长：王希君
历城区文化局局长：王德福
长清区文体局局长：何卫国
章丘市文体局局长：李传武
济阳县文体局局长：艾　刚
商河县文体局局长：牛伦玉
平阴县文体局局长：郭泗华

菏泽市文化局（新闻出版局、版权局）：陈庆勇
牡丹区文化体育局局长：褚中原
曹县文化体育局局长：张云涛
定陶县文化体育局局长：王江峰
单县文化局局长：谢孔芹
成武县文化体育局局长：崔传礼
巨野县文化体育局局长：解瑞民
郓城县文化体育局局长：宋广居
鄄城县文化体育局局长：李　超
东明县文化局局长：孔素梅

泰安市文化局（市新闻出版局、版权局、文物事业管理局）：胡立东
泰山区文化局局长：王利民
岱岳区文化体育局局长：许　杰
新泰市文化体育局局长：胡孝法
肥城市文化体育局局长：王　霞
宁阳县文化体育局局长：李新生
东平县文化体育局局长：殷广勇

日照市文化局（新闻出版局）：郑玉霞
东港区文化体育局局长：王伟举
岚山区文化体育局局长：戚丽丽
莒县文化体育局局长：张启泽
五莲县文化体育局局长：单忠元

滨州市文化局局长：边茂田
滨城区文化旅游局局长：赵景峰
博兴县文化旅游局局长：张素荣
沾化县文化体育局局长：孙明合
无棣县文化局局长：门福通
邹平县文化体育局局长：高　宝
惠民县文化局局长：王振华
阳信县文化局局长：李　瑞

烟台市文化局局长：徐　明
海阳市文化局局长：王同清
莱阳市文化局局长：郑绍忠
栖霞市文化局局长：林德义
招远市文化局局长：路国侦
蓬莱市文化局局长：王　轶
龙口市文化局局长：徐宝勤
莱州市文化局局长：孙瑞强
长岛县文化局局长：宋卫绪
牟平区文化局局长：纪风宏
福山区文化局局长：权福晓
芝罘区文化局局长：孙安平
莱山区文化局局长：林荣胜

淄博市文化局局长：曹庆文
张店区文化局局长：赵　锦
淄川区文化旅游局局长：唐加福
博山区文化局局长：孙悦欣
周村区文化局局长：丁秀霞

临淄区文化局局长：毕国鹏
桓台县文化局局长：曹瑞刚
高青县文化旅游局局长：杜丽娥
沂源县文化局局长：许曰坤

青岛市文化局局长：姜正轩
市南区文化局局长：张　馨
市北区文化局局长：秦继河
四方区文化局局长：司　文
李沧区文化局局长：王恕民
城阳区文化局局长：吕永翠
崂山区文化局局长：王保生
开发区文化局局长：张文晓
胶南市文化局局长：胡敬斌
胶州市文化局局长：王兆秋
莱西市文化局局长：程灿谟
即墨市文化局局长：辛修慧
平度市文化局局长：何洪选

临沂市文化出版局局长：郑西溪
兰山区文化局局长：陈广新
罗庄区文化体育局局长：张永胜
河东区文化体育局局长：许　珂
郯城县文化局局长：李明霞
苍山县文化体育局局长：傅信民
沂水县文化局局长：韩世海
沂南县文化局局长：袁封山
平邑县文化体育局局长：宋玉田
费县文化体育局局长：王发恩
蒙阴县文化局局长：刘玉奎
莒南县文化体育局局长：苏循战
临沭县文化体育局局长：卢洪贵

潍坊市文化局局长：盛兆辉
青州市文化局局长：许新益
安丘市文化局局长：徐效东
昌邑市文化局局长：凌德全
高密市文化局局长：郭言兴
诸城市文化局局长：傅相琪
昌乐县文化局局长：朱英平
临朐县文化局局长：白文玉
潍城区文化旅游局局长：苏　宏
奎文区文化局局长：王艾君

坊子区文化局局长：潘锡才
寒亭区文化局局长：王　强

莱芜市文化局局长：陈君业
莱城区文化局局长：董义和
钢城区文化局局长：杨进华

枣庄市文化局局长：孙桂俭
市中区文化局局长：刘永堂
滕州市文化局局长：朱瑞国
峄城区文化局局长：张洪银
薛城区文化局局长：王广法
台儿庄区文化局局长：李振启
山亭区文化局局长：冯统义

威海市文化局局长：王廷琦
荣成市文体局局长：李　友
文登市文化局局长：于军宁
乳山市文化局局长：宋继平
环翠区文化局局长：尹小毅

聊城市文化局局长：杨　达
东昌府区文化体育局局长：李炳泉
临清市文化局局长：王兴刚
冠县文化体育局局长：李孟波
莘县文化局局长：孔祥彬
阳谷县文化体育局局长：曹保国
东阿县文化体育旅游局局长：王宪民
茌平县文化体育旅游局局长：仇长义
高唐县文化体育局局长：秦秉云

济宁市文化局局长：柳庆春
市中区文化局局长：孙宝明
任城区文化体育局局长：李兴香
兖州市文化局局长：仇立彬
曲阜市文化局局长：孔祥金
邹城市文化局局长：郭　刚
泗水县文化局局长：王传明
微山县文化局局长：张　翔
鱼台县文化局局长：盛延杰
金乡县文化局局长：郑宏图
嘉祥县文化局局长：王玉振
汶上县文化局局长：马玉申

梁山县文化局局长：安广银

东营市文化体育局局长：张利华
东营区文化体育局局长：刚宪珍
河口区文化体育局局长：王春霞
广饶县文化体育局局长：刘中范
垦利县文化体育局局长：封官英
利津县文化体育局局长：胡　伟

德州市文化局局长：张慧君
德城区文化局局长：刘伟国
禹城市文化局局长：邢仁强
乐陵市文化局局长：谭化民
宁津县文化体育局局长：郑福庆
齐河县文化局局长：孔爱国
陵县文化旅游局局长：魏丽萍
临邑县文化体育局局长：修广利
平原县文化局局长：孙宝胜
夏津县文化局局长：张文明
庆云县文化体育局局长：马文洪
武城县文化局局长：刘建义

河南省

河南省文化厅

党组书记、厅长：杨丽萍
党组成员、副厅长：崔为工
副厅长：董文建
党组成员、纪检组长：陈月玲
党组成员、副厅长：李　霞
党组成员、副厅长：郭书城
党组成员、副厅长：黄东升
副巡视员：王天虹
副巡视员：康　洁

郑州市文化局局长：闫铁成
中原区文化新闻出版局局长：陈守正
二七区文化旅游局局长：牛志宏
管城回族区文化旅游局局长：宋贵平
金水区文化旅游局局长：刘　健
上街区文化新闻出版局局长：张海涛
惠济区教文体局局长：青华山
新郑市文化局局长：唐宏伟
登封市文化局局长：李松乾
新密市文化旅游局局长：吕新中
巩义市文化局局长：李小亭
荥阳市文化局局长：王志忠
中牟县文化局局长：王玉忠

三门峡市文化局局长：郭炎堂
湖滨区文化局局长：王文新
义马市文化局局长：高新超
灵宝市文化局局长：张建华
渑池县文化局局长：方丰章
陕县文化局局长：张续涛
卢氏县文化局局长：王惠军

洛阳市文化局局长：徐建莉
西工区文化局局长：王鸿飞
老城区文化局局长：任巧丽
瀍河回族区文化局局长：温柱梁
涧西区文化局局长：段起旭
吉利区文化局局长：李　健
洛龙区文化局局长：杨建春
偃师市文化局局长：陈贵禄
孟津县文化局局长：李乾有
新安县文化局局长：葛新士
栾川县文化局局长：程民生
嵩县文化局局长：高见喜
汝阳县文化局局长：张刚学
宜阳县文化局局长：常顺卿
洛宁县文化局局长：李合威
伊川县文化局局长：李耀曾

焦作市文化局局长：孔令江
解放区文体局局长：布财勇
山阳区文体局局长：冯小亮
中站区文体局局长：任新娥
马村区文体局局长：李春玲
孟州市文化局局长：田丽洁
沁阳市文化局局长：苏明武
修武县文化局局长：王应战
博爱县文化局局长：张海生
武陟县文化局局长：张晓红
温县文化局局长：原玉芹

新乡市文化局局长：范　禄
卫滨区教文体局局长：焦红琴
红旗区教科文体局局长：陈学勇
凤泉区教文科局局长：牛万新
牧野区教文体局局长：谢东红
卫辉市文化局局长：张斌世
辉县市文化局局长：高顺利
新乡县文化旅游局局长：张丽霞
获嘉县文化局局长：孙世明
原阳县文化旅游局局长：赵光岭
延津县文化教育体育局局长：张运民
封丘县文化旅游局局长：万传中
长垣县文化局局长：辛延立

鹤壁市文化局局长：陈高潮
淇滨区文化教育体育局局长：杨家业
山城区文体局局长：霍林河
鹤山区文化教育体育局局长：郭兴水
浚县文化局局长：袁克胜
淇县科技文化局局长：马　翔

安阳市文化局局长：王金涛
北关区文化旅游局局长：于庆元
文峰区文化旅游局局长：齐　军
殷都区文化局局长：李建武
龙安区文化局局长：田培勋
林州市文化局局长：郭明生
安阳县文化局局长：牛建国
汤阴县文化局局长：李长武
滑县文化局局长：任清剑
内黄县文化局局长：张宪军

濮阳市文化局局长：刘乡英
华龙区教文体委：王进增
清丰县文化旅游局局长：王亚光
南乐县文化旅游局局长：韩金河
范县文化旅游局局长：卢培聚
台前县文化旅游局局长：刘崇良
濮阳县文化旅游局局长：郭志选

开封市文化局局长：申亚平
鼓楼区文化局局长：李　芳
龙亭区文化局局长：辛瑞霞
顺河回族区文化局局长：张　磊
禹王台区文化局局长：严鸿道
金明区文化局局长：张克勤
杞县文化局局长：李艺玲
通许县文化局局长：岳邦亮
尉氏县文化局局长：仝伟平
开封县文化局局长：毛志娟
兰考县文化局局长：黄克忠

商丘市文化局局长：高继峰
梁园区文化局局长：李汉杰
睢阳区文化局局长：马廷富
永城市文化局局长：王晓五
虞城县文化局局长：朱保良
民权县文化局局长：杨子善
宁陵县文化局局长：郑学峰
睢县文化局局长：黄　伟
夏邑县文化局局长：张为标
柘城县文化局局长：邵建文

许昌市文化局局长：张　琳
魏都区文化局局长：吕国增
禹州市文化局局长：辛丽贞
长葛市文化局局长：谢永和
许昌县文化局局长：陶义红
鄢陵县文化局局长：刘东涛
襄城县文化局局长：聂清杰

漯河市文化局局长：卢锁印
源汇区文化局局长：刘增光
郾城区文化局局长：黄国良
召陵区文化局局长：王志敏
舞阳县文化局局长：张杰民
临颍县文化局局长：安东汉

平顶山市文化局局长：肖元欣
新华区文化局局长：鲁文彬
卫东区文化局局长：李　卿
湛河区文化局局长：王绍强
舞钢市文化局局长：陈广民
汝州市文化局局长：张清江
宝丰县文化局局长：王富友
叶县文化局局长：李良臣

鲁山县文化局局长：魏国平
郏县文化局局长：刘继增

南阳市文化局局长：陈华山
卧龙区文化局局长：李　成
宛城区文化局局长：刘仙崇
邓州市文化局局长：闫富传
南召县文化局局长：王贵富
方城县文化局局长：刘金祥
西峡县文化局局长：乔　琰
镇平县文化局局长：姚金波
内乡县文化局局长：薛有仓
淅川县文化局局长：凌　飞
社旗县文化局局长：郭金发
唐河县文化局局长：华金松
新野县文化局局长：张显勤
桐柏县文化局局长：郭　军

信阳市文化局局长：潘　林
浉河区文化局局长：郝全修
平桥区文化局局长：王乐友
息县文化局局长：姜学志
淮滨县文化局局长：韩　光
潢川县文化局局长：苏振国
光山县文化局局长：曹振国
固始县文化局局长：李顶霞
商城县文化局局长：杨允琪
罗山县文化局局长：李松海
新县文化局局长：梅　松

周口市文化局局长：王少青
川汇区文化局局长：段　文
项城市文化局局长：田　桦
扶沟县文化局局长：白玉峰
西华县文化局局长：赵耀宇
商水县文化局局长：卫素安
太康县文化局局长：孙照乾
鹿邑县文化局局长：张存良
郸城县文化局局长：徐新建
淮阳县文化局局长：樊廷贵
沈丘县文化局局长：王永生

驻马店市文化局局长：张新国
驿城区文化局局长：王新平
确山县文化局局长：闫群东
泌阳县文化局局长：吕贤玉
遂平县文化局局长：张　超
西平县文化局局长：丁国顺
上蔡县文化局局长：刘景才
汝南县文化局局长：杨民生
平舆县文化局局长：陈鸿飞
新蔡县文化局局长：张世发
正阳县文化局局长：梁汉俊

湖北省

湖北省文化厅
厅党组书记、厅长：杜建国
厅党组成员、副厅长、省文物局局长：沈海宁
厅党组成员、副厅长：李　勇
厅党组成员、纪检组长：杨甫念
厅党组成员、副厅长：王建刚
副厅长：沈虹光
副巡视员：高长英
副巡视员：彭万文
省文物局副巡视员 吴宏堂

武汉市文化局局长　和晓曦

黄石市文化局局长　曹树莹

襄樊市文旅新局局长　陈乐一

荆州市文化局局长　詹宇生

宜昌市文化局局长　王永平

十堰市文体局局长　牛孝文

孝感市文体局局长　丁国琰

荆门市文体局局长　胡　耕

鄂州市文体局局长　周　岫

黄冈市文化局局长　肖红娟

咸宁市文体局局长　程学娟

随州市文体局局长　孙国成

恩施州文体局局长　徐开芳

仙桃市文广新局局长　胡晓华

潜江市文化局局长　郑学国

天门市文广新局局长　李小明

神农架文体局局长　王占军

湖南省

湖南省文化厅
党组书记、厅长：周用金

长沙市文化广电新闻局局长：周志凯
岳麓区文体局局长：王　洪
芙蓉区文体局局长：成良访
天心区文体局局长：雷丽娜
开福区文体局局长：王辉君
雨花区文体局局长：周宏伟
浏阳市文体局局长：朱玉喜
长沙县文体局局长：丁　琛
望城县文体局局长：冯群芳
宁乡县文体局局长：贺太泉

张家界市文化局局长：兰智平
永定区文体局局长：赵　文
武陵源区文体局局长：肖忠义
慈利县文体局局长：戴名龙
桑植县文体局局长：刘桂芳

常德市文广新局局长：陈　华
武陵区文广新局局长：郭德西
鼎城区文广新局局长：余建明
津市市文广新局局长：聂　宇
安乡县文广新局局长：候正武
汉寿县文广新局局长：张宏勋
澧县文广新局局长：余长国
临澧县文广新局局长：吴景华
桃源县文广新局局长：徐进华
石门县文广新局局长：覃业翼

益阳市文化局局长：钟志京
赫山区文化局局长：蒋美华
资阳区文化局局长：郭　云
沅江市文化局局长：徐鄂春
南县文化局局长：汤光前
桃江县文化局局长：蔡明焕
安化县文化局局长：熊栋才

岳阳市文化广电新闻出版局局长：龚卫国
岳阳楼区文化局局长：吴怡红
君山区文化局局长：黄泽斌
云溪区文化局局长：徐剑平
汨罗市文化局局长：欧阳三华
临湘市文化局局长：廖明斌
岳阳县文化局局长：郑一夫
华容县文化局局长：王良庆
湘阴县文化局局长：龙佑祥
平江县文化局局长：罗继明

株洲市文化局局长：杨小幼
天元区文化局局长：杨忠明
荷塘区文化局局长：汤文辉
芦淞区文化局局长：周定杰
石峰区文化局局长：陈琳敏
醴陵市文化局局长：易小龙
株洲县文化局局长：朱　琳
攸县文化局局长：颜继瑞
茶陵县文化局局长：段跃华
炎陵县文化局局长：唐青平

湘潭市文化新闻出版局局长：杨铁桥
岳塘区文化局局长：陈百安
雨湖区文化局局长：李　萍
湘乡市文化局局长：彭湘喜
韶山市文化局局长：谭明章
湘潭县文化局局长：莫柏槐

衡阳市文化局局长：李安元
雁峰区教文体局局长：杨成栋
珠晖区教文体局局长：凌小敏
石鼓区教文体局局长：汪衡湘
蒸湘区教文体局局长：肖隆喜

南岳区教文体局局长：王伟强
常宁市文化局局长：邹求荣
耒阳市文化局局长：贺辉才
衡阳县文化局局长：龙国华
衡南县文化局局长：黄国兴
衡山县文化局局长：唐云翔
衡东县文化局局长：陈和平
祁东县文化局局长：王柏吉

郴州市文化局局长：廖美林
北湖区文化局书记：李永宗
苏仙区文化局局长：蒋德和
资兴市文化局局长：曹日平
桂阳县文化局局长：彭忠德
永兴县文化局局长：李仁顺
宜章县文化局局长：黄海云
嘉禾县文化局局长：王继国
临武县文化局局长：曹夏平
汝城县文化局局长：陈建平
桂东县文化局局长：周海燕
安仁县文化局局长：李琼林

永州市文化局局长：李小星
冷水滩区文化局局长：齐光文
零陵区文化局局长：李立新
东安县文化局局长：卿克纯
道县文化局局长：罗明桥
宁远县文化局局长：郑　亮
江永县文化局局长：谢明尧
蓝山县文化局局长：唐新辉
新田县文化局局长：黄　英
双牌县文化局局长：蒋　喆
祁阳县文化局局长：黄爱蓉
江华瑶族自治县文化局局长：周德新

邵阳市文化局局长：王铭祥
双清区文化局局长：李　巍
大祥区文化局局长：罗康平
北塔区文化局局长：简　洁
武冈市文化局局长：曾少剑
邵东县文化局局长：罗小阳
邵阳县文化局局长：王席军
新邵县文化局局长：陈丰收
隆回县文化局局长：张　晗
洞口县文化局局长：刘兴茂
绥宁县文化局局长：全昌爱
新宁县文化局局长：李涵喆
城步苗族自治县文化局局长：阳盛武

怀化市文化局局长：刘靖灵
鹤城区文化局局长：陈小松
洪江市文化局局长：邓剑军
沅陵县文化局局长：唐珍梅
辰溪县文化局局长：张碧波
溆浦县文化局局长：张建平
中方县文化局局长：宁关林
会同县文化局局长：龙世泉
麻阳苗族自治县文化局局长：向　杰
新晃侗族自治县文化局局长：杨先尧
芷江侗族自治县文化局局长：龚霄汉
靖州苗族侗族自治县文化局局长：陆通欢
通道侗族自治县文化局局长：张建国

娄底市文化局局长：李东升
娄星区文化局局长：曹霞希
冷水江市文化局局长：匡建军
涟源市文化局局长：唐裕奇
双峰县文化局局长：肖卫平
新化县文化局局长：曹曙初

湘西土家族苗族自治州文化局局长：孟宪政
吉首市文化局局长：向白麟
泸溪县文化局局长：杨　政
凤凰县文化局局长：王亚平
花垣县文化局局长：龙江涛
保靖县文化局局长：彭美桃
古丈县文化局局长：刘　平
永顺县文化局局长：向洪斌
龙山县文化局局长：田发奎

广东省

广东省文化厅
党组书记、厅长：方健宏
党组成员、副厅长：杜佐祥

党组成员、副厅长：景李虎
副厅长党组成员：马新民
党组成员副厅长：杨　树
党组成员、纪检组长、监察专员：严建强
党组成员 副巡视员：王业群
党组成员副巡视员：苏桂芬
党组成员副巡视员：杨伟时
党组成员文物局长：朱慧芬

广州市文化局局长：陆志强
越秀区文广新局局长：陈建秀
荔湾区文广新局局长：郭泽果
海珠区文广新局局长：区志明
天河区文广新局局长：李伟明
白云区文广新局局长：尹　广
黄埔区文广新局局长：沈小革
番禺区文广新局局长：李玉东
花都区文广新局局长：温炳棠
南沙区文广新局局长：陆履平
萝岗区文广新局局长：张作和
增城市文广新局局长：李思平
从化市文广新局局长：谭　智

清远市文化局局长：卢少峰
清城区文广新局局长：罗延安
英德市文广新局局长：吴国添
连州市文广新局局长：唐记南
佛冈县文广新局局长：朱伟初
阳山县文广新局局长：饶火明
清新县文广新局局长：刘绍荣
连山壮族瑶族文广新局局长：黄天发
连南瑶族自治县文广新局局长：吴卫清

韶关市文广新局局长：何正平
浈江区文化新闻出版局局长： 黄海鹰
武江区文广新局局长：曾宏作
曲江区文广新局局长：林自贤
乐昌市文广新局局长：王志明
南雄市文广新局局长：肖丽琼
始兴县文广新局局长：陈向明
仁化县文广新局局长：洪家贵
翁源县文广新局局长：曾贺芳
新丰县文广新局局长：陈汉辉
乳源瑶族自治县文广新局局长：张光胜

河源市文广新局局长：蒋武生
源城区文广新局局长：黄伦富
紫金县文广新局局长：徐志鹏
龙川县文广新局局长：王洪涛
连平县文广新局局长：吴旺宜
和平县文广新局局长：黄嘉乐
东源县文广新局局长：陈发友

梅州市文广新局局长：杨剑忠
梅江区文广新局局长：李健生
兴宁市文广新局局长：罗幼珣
梅县文广新局局长：郭　劭
大埔县文广新局局长：黄伟强
丰顺县文广新局局长：陈光华
五华县文广新局局长：张远平
平远县文广新局局长：黄伟强
蕉岭县文广新局局长：徐　青

潮州市文广新局局长：林广鹏
湘桥区文广新局局长：陈　丹
潮安县文广新局局长：林伟峰
饶平县文广新局局长：陆锡文

汕头市文广新局局长：姚英杰
金平区文广新局局长：郑文义
濠江区文广新局局长：吴继儒
龙湖区文广新局局长：廖楚平
潮阳区文广新局局长：陈振通
潮南区文广新局局长：蔡宗舜
澄海区文广新局局长：陈映东
南澳县文广新局局长：柯伟煌

揭阳市文广新局局长：李锡安
榕城区文广新局局长：林汉城
普宁市文广新局局长：谢金昭
揭东县文广新局局长：吴伟斌
揭西县文广新局局长：贝志锋
惠来县文广新局局长：元健雄

汕尾市文广新局局长：温国栋
陆丰市文广新局局长：李汉沛
海丰县文广新局局长：陈　孙

陆河县文广新局局长：彭展星

惠州市文广新局局长：罗川山
惠城区文广新局局长：刘少辉
惠阳区文广新局局长：叶茂庭
博罗县文广新局局长：廖建新
惠东县文广新局局长：谢帝水
龙门县文广新局局长：钟福新
东莞市文广新局局长：陈志伟

深圳市文广新局局长：陈　威
福田区文化局局长：李雷鸣
罗湖区文化局局长：张远翔
南山区文化局局长：姜广华
宝安区文化局局长：吴少平
龙岗区文体局局长：曹卫星
盐田区文广新局局长：陈琼英

珠海市文广新局局长：刘福祥
香洲区文广新局局长：彭　苏
斗门区文广新局局长：韦大奇
金湾区文广新局局长：张　文

中山市文广新局局长：郑集思

江门市文广新局局长：廖振明
江海区文广新局局长：李伟垣
蓬江区文广新局局长：莫以坚
新会区文广新局局长：李悦忠
恩平市文广新局局长：钟润兰
台山市文广新局局长：黄伟华
开平市文广新局局长：谭伟平
鹤山市文广新局局长：黄建荣

佛山市文广新局局长：徐东涛
禅城区文广新局局长：张远征
南海区文广新局局长：麦绍强
顺德区文广新局局长：张新杰
三水区文广新局局长：严振飞
高明区文广新局局长：吴兆华

肇庆市文广新局局长：欧荣生
端州区文广新局局长：邱建华
鼎湖区文广新局局长：区耀垣
高要市文广新局局长：傅瑞联
四会市文广新局局长：雷声亮
广宁县文广新局局长：邓兴平
怀集县文广新局局长：徐奇天
封开县文化局局长：杨　松
德庆县文广新局局长：董洁平

云浮市文广新局局长：梁仁球
云城区文广新局局长：陈志亮
罗定市文广新局局长：王福文
云安县文广新局局长：李妍姬
新兴县文广新局局长：朱文伟
郁南县文广新局局长：潘庆林

阳江市文广新局局长：冯绍文
阳春市文广新局局长：张衍楚
阳西县文广新局局长：陈　进
阳东县文广新局局长：苏培植

茂名市文广新局局长：黄　刚
茂南区文广新局局长：梁荣杰
茂港区文广新局局长：赖　胜
化州市文广新局局长：何刘生
信宜市文广新局局长：凌　胜
高州市文广新局局长：刘权明
电白县文广新局局长：郑闪光

湛江市文广新局局长：林向凡
赤坎区文广新局局长：黄柳坚
霞山区文广新局局长：曾继房
坡头区文广新局局长：陈燕玲
麻章区文广新局局长：郑永丰
吴川市文广新局局长：陈燕熙
廉江市文广新局局长：李建军
雷州市文广新局局长：牧　野
遂溪县文广新局局长：陈士旺
徐闻县文广新局局长：张世斌

广西壮族自治区

广西壮族自治区文化厅
党组书记、厅长：余益中
党组副书记、副厅长：李格训
党组成员、副厅长：陈映红
党组成员、纪检组长：韦奉祯

南宁市文化局局长：陈晓玲
武鸣县文化和体育局局长：尹培京
横县文化和体育局局长：刘星福
宾阳县文化和体育局局长：韦梦飞
上林县文化和体育局书记：韦海东
马山县文化和体育局局长：张小栋
隆安县文化和体育局局长：农宜陟
兴宁区文化和体育局局长：陈戊妹
江南区文化和体育局局长局长：谢　嘉
青秀区文化和体育局局长：赖清玲
良庆区文化和体育局局长局长：刘建军
西乡塘区文化和体育局局长局长：覃卫文
邕宁区文化和体育局局长局长：苏凯精
经济技术开发区社会事业局局长：韦贵乐
华侨投资区社会事业局局长：隆　忠
高新区社会事业局局长：彭东东

柳州市文化局局长：唐柳荫
城中区文化和体育局局长：周小燕
鱼峰区文化和体育局局长：阳　绚
柳南区文化和体育局局长：徐旭阳
柳北区文化和体育局局长：王继萍
柳江县文化和体育局局长：韦宝洋
柳城县文化和体育局局长：杨辉强
鹿寨县文化和体育局局长：韦星阳
融安县文化和体育局书记：覃联才
三江侗族自治县文化和体育局局长：杨永和
融水苗族自治县文化和体育局局长：曹树明

桂林市文化局局长：唐柳林
象山区文化和体育局局长：王　坤
叠彩区文化和体育局局长：田　碧
秀峰区文化和体育局局长：吴德明
七星区文化和体育局局长：曾令辉
雁山区文化和体育局局长：陈玉明
阳朔县文化和体育局局长：刘建强
临桂县文化和体育局局长：张捷林
灵川县文化和体育局局长：左珂蔓
全州县文化局长：刘俊春
兴安县文化旅游局局长：刘春丽
永福县文化和体育局局长：黄流琪
灌阳县文化局局长：龙晓红
资源县文化和体育局局长：唐向忠
平乐县文化旅游局局长：黄金华
荔浦县文化和体育局局长：黄小光
龙胜各族自治县文化和体育局局长：周艳红
恭城瑶族自治县文化旅游局局长：李　杰

梧州市文化局局长：罗绍杰
万秀区科卫文体局长：欧雄伟
蝶山区科卫文体局局长：黄金莲
长洲区科卫文体局局长：黎燕中
岑溪市文化和体育局局长：张小玉
苍梧县文化和体育局局长：禤赤坚
藤县文化和体育局局长：茹恩南
蒙山县文化和体育局局长：肖映山

北海市文化局局长：廖美材
合浦县文化和体育局局长：李庆华
海城区文体广电局局长：蒙海涛
银海区教育文体局局长：杨　铖
铁山港区文体广电局局长：陈钦武

防城港市文化局局长：朱海燕
港口区文化和体育局局长：聂卫权
防城区文化和体育局局长：何春梅
东兴市文化和体育局局长：姚起权
上思县文化和体育局局长：雷爱新

钦州市文化局长：林钦娟
钦南区文化和体育局局长：王　伟
钦北区文化和体育局局长：莫谦炳
灵山县文化和体育局局长：黄伟源
浦北县文化和体育局局长：黄卫东

贵港市文化局局长：陈日清
桂平市文化和体育局局长：梁耀海
平南县文化和体育局局长：陈世穆
港北区文化和体育局局长：刘志琴
港南区文化和体育局局长：黄冬珍
覃塘区文化和体育局局长：吕彩兰

玉林市文化局局长：李克
玉州区文化和体育局局长：谭艳艳
北流市文化和体育局局长：钟森文
容县文化和体育局局长：梁　彬
陆川县文化和体育局局长：谢华南
博白县文化和体育局局长：彭灿贵
兴业县文化和体育局局长：麦昭阳
福绵管理区文化和体育局局长：吴志明

百色市文化和新闻出版局局长：黄小卡
右江区文化局局长：罗　群
田阳县文化和体育局局长：吴才现
田东县文化和体育局局长：周章师
平果县文化和体育局局长：陆东立
德保县文化和体育局局长：沈先邦
靖西县文化和体育局局长：梁　冰
那坡县文化和体育局局长：朱宁波
凌云县文化和体育局局长：陈永明
乐业县文化和体育局局长：韦宣兆
西林县文化和体育局局长：丁韦震
田林县文化和体育局局长：蓝　宏
隆林各族自治县文化和体育局局长：杨朝林

贺州市文化局局长：廖　平
八步区文化和体育局局长：黄爱娱
昭平县文化和体育局局长：莫杨华
钟山县文化和体育局局长：刘　勉
富川瑶族自治区县文化和体育局局长：黄　灵
平桂管理区文化和体育局局长：刘志伟

河池市文化局局长：邱有海
金城区文化广播电视局局长：杨　晓
宜州市文化和体育局局长：韦昌忠
环江毛南族自治县文化和体育局局长：覃振芳
罗城县文化和体育局局长：银联健
南丹县文化和体育局局长：韦忠武
巴马瑶族自治县文化和体育局局长：杨秀明
凤山县文化和体育局局长：马吉光
东兰县文化和体育局局长：周华强
都安瑶族自治县文化和体育局局长：潘康生
大化瑶族自治县文化和体育局局长：韦景辽
天峨县文化和体育局局长：韦联魁

来宾市文化局局长：张庆琨
兴宾区文化局局长：潘永荪
合山市文化和体育局局长：李国孟
象州县文化和体育局局长：张志光
武宣县文化和体育局局长：张敬波
忻城县文化和体育局局长：韦江胜
金秀瑶族自治县文化和体育局局长：黄　萌

崇左市文化局局长：林　凡
江州区文化和体育局局：周海深
扶绥县文化和体育局局长：钟文庆
大新县文化和体育局局：玉　红
天等县文化和体育局局长：刘富荣
宁明县文化和体育局局长：彭安威
龙州县文化和体育局局长：林　海
凭祥市文化和体育局局长：覃坚毅

海南省

海南省文化广电出版体育厅
党组书记、厅长：范晓军
党组成员、副厅长：王炳林
党组成员、副厅长：朱寒松
党组成员、副厅长：陈亚俊
党组成员、副厅长：柳松华
巡视员：周忠良
副巡视员：陈文宝

海口市文化体育局局长：徐　涛
龙华区文化体育局局长：许善宁
秀英区文化体育局局长：陈恩睿
琼山区文化体育局局长：周启轩
美兰区文化体育局局长：邓其仓

三亚市文化出版体育局局长：廖民生

省直辖行政单位：
文昌市文化广电出版体育局局长：许达超
琼海市文化广电出版体育局局长：王诗钗
万宁市文化广电出版体育局局长：肖传能
五指山市文化广电出版体育局局长：刘宏杰
东方市文化广电出版体育局局长：文海平
儋州市文化广电出版体育局局长：陈　茅
临高县文化广电出版体育局局长：符龙勤
澄迈县文化广电出版体育局局长：曾德英
定安县文化广电出版体育局局长：梁定伟
屯昌县文化广电出版体育局局长：叶　颖
昌江黎族自治县文化广电出版体育局局长：庞大海
白沙黎族苗族自治县文化广电出版体育局局长：赖　伟
陵水黎族自治县文化广电出版体育局局长：徐光强
乐东黎族自治县文化广电出版体育局局长：邢齐波
琼中黎族苗族自治县文化广电出版体育局局长：邓开扬
保亭黎族苗族自治县文化广电出版体育局局长：李　冠

重庆市

重庆市文化广播电视局
党委书记、局长：汪　俊
党委委员、重庆红岩联线文化发展管理中心主任：厉　华
党委委员、副局长：程武彦
副局长：刘明华
党委委员、副局长：温俊华
党委委员、副局长：张洪斌
党委委员、副局长：李廷勇
党委委员、纪委书记：马岱良
党委委员、重庆中国三峡博物馆馆长：黎小龙
党委委员、局长助理：席　华
副巡视员：肖　敏
副巡视员：罗世全
副巡视员：曾昭伦
副巡视员：刘传明

四川省

四川省文化厅
党组书记、厅长：郑晓幸
巡视员：胡继先
党组成员、副厅长：窦维平、泽　波
党组成员、机关党委书记：李兆权
党组成员、省纪委驻厅纪检组长：孙舒亚
副巡视员：盛宗毅
党组秘书：薛　磊
成都市文化局局长：朱树喜

德阳市文化局局长：包育建
中江县文化体育旅游局局长：刘飞舟

绵阳市文化局局长：马宗舜
三台县文化体育局局长：胡本华
江油市文化旅游局局长：任德远

广元市文化局局长：张显学

阿坝藏族羌族自治州文化局局长：冯青龙

凉山彝族自治州文化广播电视局局长：付　荣

甘孜藏族自治洲文化新闻出版（版权）局局长：陶明德

内江市文化局局长：曾令平
资中县文化体育局局长：李兴明
威远县文化体育局局长：郭永权

南充市文化局局长：白　云
阆中市文化局局长：程　晓

宜宾市文化局局长：何政军
宜宾县文化体育局局长：王吉生

泸州市文化局局长：王一平
泸县文化体育广播电视局局长：游书勇

雅安市文化新闻出版和广播电视局局长：
王家骢

遂宁市文化局局长：杨辉国
射洪县文化体育局局长：滕　勇

资阳市文化局局长：石朝武
安岳县文化体育局局长：邹　平

达州市文化局局长：陈先杰
大竹县文化体育局局长：杨　刚
渠县文化体育局局长：刘荣忠
宣汉县文化局局长：刘志宏

广安市文化体育局局长：郑建军
岳池县文化体育局局长：毛传江
华蓥市文化体育局局长：马庆茂

乐山市文化局局长：叶三强
夹江县文化体育广播电视旅游局局长：张一平
峨眉山市文化体育局局长：林　立

巴中市文化体育新闻出版局局长：任小娟
平昌县文化体育新闻出版局局长：张　杰

自贡市文化局局长：周富民
富顺县文化体育局局长：黎　明

眉山市文化体育局局长：李建章
仁寿县文化体育局局长：吴秉成

攀枝花市文化（新闻出版·版权）局局长：
马晓凤
盐边县文化体育广播电视局局长：杨文慧

绵竹市文化体育局局长：曾维才

广汉市文化体育局局长：邓　双
南部县文化体育局局长：刘　坚
仪陇县文化体育局局长：袁　斌
什邡市文化局局长：吴　漾
简阳市文化体育局局长：施　亮

贵州省

贵州省文化厅
党组书记、厅长：徐　圻
党组成员、副厅长：黎盛翔
党组成员、副厅长：邓　健
副厅长（正厅级）：谢彬如
党组成员、副厅长：宋　健
党组成员、机关党委书记：罗运琪
党组成员、省文物局局长：王红光
党组成员、纪检组长：孔　锦
巡视员：董林生
副巡视员：张宝林
副巡视员：卢培仁

贵阳市文化局党委书记：张　骏
党委副书记、局长：王春雷
云岩区文体广电局局长：李伟民
党组书记、副局长：金　萍
南明区文体广电局党组书记、局长：张亚玲
花溪区文体广电局局长：刘修华
小河区文体广电局局长：杨　婷
乌当区文体广电局党组书记、局长：耿礼元
白云区旅游文体广电局局长：张美彪
党组书记：孙莹
清镇市文体广电局党组书记、局长：左国均
修文县文体广电局党组书记：黄占勇
局长：杨　梅
开阳县文体广电局党组书记：杨　辉
局长：贺　毅
息烽县旅游文体广电局党组书记：杨再艳
党组副书记、局长：朱登林
金阳新区管理委员会社会事务管理局局长：
刘俊生

遵义市文化体育局局长：张鹏健
党组书记：龙庆松
红花岗区文广电旅游局局长：杨家林
党组书记：单增为
汇川区文体广电局局长：吴建渝

遵义县文体广电旅游局局长：魏明伟
党组书记：李　平
赤水市文体广电旅游局局长：宋秋萍
党组书记：洪启后
道真仡佬苗族自治县文体广电旅游局
局长：余家学
党组书记：王　江
凤冈县文体广电旅游局局长：敖克模
党组书记：郑海安
仁怀市文体广电旅游局局长：王道勋
党组书记：龙　强
绥阳县文广电旅游局局长：杨进
党组书记：汪　洋
桐梓县文体广电旅游局局长：杨国祥
党组书记：陈　平
务川仡佬苗族自治县文体广电旅游局
局长：文　鸣
党组书记：杨晓康
习水县文体广电旅游局党组书记、局长：
罗勤生
余庆县文体广电旅游局局长：周忠武
正安县文体广电旅游局局长：杨晓宇
党组书记：马红娟
湄潭县文体广播电视局局长：赵　翔

安顺市文化和体育局党组书记、局长：邹正明
关岭布依族苗族自治县文体广电旅游局
党组书记：伍光林
局长：丁美键
平坝县文体广电旅游局党组书记：马　宁
局长：于　洋
镇宁布依族苗族自治县文体广电旅游局
党组书记、局长：
金越生
紫云布依族苗族自治县文体广电旅游局
党组书记、局长：卫　雨
西秀区文体广电旅游局党组书记、局长：
毛凯东
普定县文体广电旅游局党组副书记、
副局长（主持工作）：帅　昕
黄果树社会事务管理局局长：李晓翔
安顺市发区社会事务管理局
党组书记、局长：张纯海

六盘水市文化体育局党组书记：金之栋
局长：高荣光
六枝特区文体广电旅游局党组书记：江　泳
局长：李清洋
盘县文体广电旅游局党组书记：刘　英
局长：邹兴林
水城县文体广电旅游局党组书记、局长：
冯　伟
钟山区文体广电旅游局党组书记：王　劭
局长：张国燕

黔南布依族苗族州文化局
党组书记、局长：李　芸
都匀市文广局党组书记、局长：尹　惠
福泉市文广局党组书记、局长：刘弟华
长顺县文体广电局党组书记、局长：雷尊顺
罗甸县文体广电局党组书记、局长：卢　云
平塘县文体广电局党组书记、局长：石家勋
荔波县文体广电局党组书记、局长：蒙永辉
独山县文体局局长：池继霞
贵定县文体广电局局长：龙　林
龙里县文体广电局党组书记、局长：沈连富
惠水县文体广电局党组书记、局长：罗永国
翁安县文体广电局党组书记、局长：黎　明
三都水族县文体广电局
党组书记、局长：梁家源

黔东南苗族侗族自治州文化体育局
党组书记：韦玉新
党组副书记、局长：霍盛红
凯里市文体广电局局长：张　洪
施秉县文体广电局副局长：吴启宏
黎平县文体广电局党组副书记：蒋宪标
天柱县文体广电局局长：龙景舜
丹寨县文体广电局党组书记、局长：陈光明
麻江县文体广电局局长：曾正军
党组书记、副局长：谢翔云
剑河县文体广电局党组书记、局长：吴重庆
榕江县文体广电局党组书记、局长：左才宏
台江县文体广电局局长：杨　华
岑巩县文体广电局局长：许昆堂

黄平县文体广电局党组书记、局长：张廷华
雷山县文体广电局局长：张　德
三穗县文体广电局党组书记、局长：吴会师
从江县文体广电局党组书记、局长：吴佳理
镇远县文体广电局党组书记、局长：饶　阳
锦屏县文体广电局党组书记、局长：杨昌勇
凯里经济开发区文化局局长：覃崇军

黔西南布依族苗族自治州文化局
党组书记、局长：高祥国
兴义市文体广电局局长：鄢　鸣
党组书记：田进岭
贞丰县文体广电局局长：王　崇
兴仁县文体广电局局长：李永刚
册亨县文体广电局局长：代安祥
普安县文体广电局局长：谭代宽
安龙县文体广电局局长：王万良
晴隆县文体广电局局长：周　技
望谟县文体广电局局长：王朝晖
兴义顶效开发区社会事务管理局局长：杨爱玲

铜仁地区文化和体育局局长：龙丽红
党组书记：王恩田
铜仁市文化广播电视局局长：李益民
江口县文化广播电视局局长：龙建军
玉屏侗族类自治县文化广播电视局
局长：朱仕明
党组书记：李昌伦
松桃苗族自治县文化广播电视局局长：吴家永
万山特区文体广电旅游局局长：张小辉
石阡县文化广播电视局局长：余安华
印江土家族苗族自治县文体广电旅游局
局长：符红英
思南县文体广电旅游局局长：朱应松
德江县文化广播电视局局长：安　康
沿河土家族自治县文化广播电视局局长：蒋　柯

毕节地区文化和体育局党组书记：刘　军
党组副书记、局长：李明泽
毕节市文体广旅游局党组书记：勒　展
党组副书记、局长：徐兴志
大方县文体广旅游局党组书记、局长：曾祥富
黔西县文体广旅游局党组书记、局长：陈　玲
金沙县文体广旅游局党组书记：卓毓江
党组副书记、局长：蒋重江
织金县文体广旅游局党组书记：史登相
党组副书记、局长：韦　刚
纳雍县文体广旅游局党组书记：赵达贵
党组副书记、局长：周训照
威宁彝族回族苗族自治县文体广旅游局
党组书记：易红珊
党组副书记、局长：肖良宪
赫章县文体广旅游局党组书记：吴桂红
党组副书记、局长：张建华
百里杜鹃风景名胜区文体广旅游局党组成员、
副局长（主持工作）：李　凯

云南省

云南省文化厅
党组书记、厅长：黄　峻
党组副书记、副厅长（正厅级）：花泽飞
副厅长、党组成员：黄丕义
副厅长、党组成员：黄　玲
副厅长、党组成员：熊正益
党组成员、纪检组组长：普仲亮
副巡视员：郭保全

昆明市文化广播体育旅游局局长：厉忠教
五华区文化体育旅游局局长：李　俊
盘龙区文化体育旅游局局长：彭　磊
官渡区文化体育旅游局局长：马春梅
西山区文化体育旅游局局长：贾海虹
东川区文体广电旅游局局长：字文斌
呈贡县文体广电旅游局局长：郭慧芬
安宁市文体广电旅游局局长：闫晴方
富民县文化体育广播电视旅游局局长：张晓明
嵩明县文化体育广播电视旅游局
局长：刘锦仙（未定）
晋宁县文化体育广电旅游局局长：万春林（未定）
宜良县旅游和文化体育广播电视局长：张绍云
禄劝县文体广电旅游局局长：赵　明
石林县旅游文化体育广播电视局局长：张树忠
寻甸县文体广电旅游局局长：范克有

昭通市文体局局长：李华章
昭阳区文体局局长：吴纯灵
鲁甸县文体局局长：罗发洪
巧家县文体局局长：李永翔
镇雄县文体局局长：高发昆
彝良县文体局局长：李连华
威信县文体局局长：段锡勇
盐津县文体局局长：谢超健
大关县文体局局长：柳　毅
永善县文体局局长：韩先录
绥江县文体局局长：许国江
水富县文体局局长：肖　燕

曲靖市文化局局长：纪爱华
麒麟区文化局局长：王　飞
沾益县文化局局长：孟天涛
马龙县文体局局长：余　磊
陆良县文化局局长：太　文
师宗县文体局局长：郭仕敏
罗平县文化局局长：陈利平
富源县文体局局长：方盛仙
宣威市文化局局长：钱周祥
会泽县文化局局长：王怀顺

玉溪市文化局局长：桂江静
红塔区文化局局长：张绍清
通海县文化局局长：文　伟
江川县文化局局长：叶自林
澄江县文化局局长：李　锐
华宁县文化局局长：胡永文
易门县文化局局长：吴光祥
峨山县文化局局长：何家海
新平县文化局局长：李少文
元江县文化局局长：王愿平

保山市文化广电新闻出版局局长：赵家华
隆阳区文体局局长：张文芹
施甸县文体局局长：李月山
腾冲县文化广播电视体育局局长：伯绍勤
龙陵县文体局局长：李绍元
昌宁县文体局局长：穆尚勇

楚雄州文化局局长：杨国良
楚雄市文体局局长：周　兵
牟定县文体局局长：何光明
双柏县文体局局长：王仁礼
禄丰县文体局局长：冯　晴
永仁县文体局局长：肖朝发
南华县文体局局长：何　青
武定县文体局局长：鲁自福
姚安县文体局局长：李成龙
大姚县文体局局长：何兴平
元谋县文体局局长：王　颖

红河州文化局局长：李正有
个旧市文体局局长：严国明
开远市文体局局长：王　新
蒙自县文体局局长：后卫鸿
石屏县文体局局长：普仕祥
建水县文体局局长：武　锐
弥勒县文体局局长：罗丽莉
泸西县文体局局长：朱富林
红河县文体局局长：李飞飞
元阳县文体局局长：朱文珍
绿春县文体局局长：王本宏
金平县文体局局长：丁建军
屏边县文体局局长：杨　敏
河口县文体局局长：张有云

文山州文化局局长：陈亚非
文山县文化局局长：王保剑
砚山县文化局局长：权丽萍
西畴县文化局局长：杨玉芳
麻栗坡县文化局局长：任志弘
马关县文化局局长：谢国庆
丘北县文化局局长：朱　立
广南县文化局局长：黄先泰
富宁县文化局局长：杨　琼

普洱市文化局局长：武献民
思茅区文体局局长：刘学春
宁洱县文体局局长：蔡江云
景东县文体局局长：罗德贵
景谷县文化局局长：李俊发
镇沅县文化局局长：徐建华

墨江县文体局局长：张林群
孟连县文体局局长：陶婉香
澜沧县文体局局长：李扎迫
江城县文体局局长：刀艳华
西盟县文体局局长：李华新

西双版纳州文体局局长：张志贤
景洪市文体局副局长（主持工作）：周立文
勐海县文体局局长：刀林冬
勐腊县文体局局长：杨飘龙

大理州文化局局长：王峥嵘
大理市文化局局长：张志宏
洱源县文化局副局长（主持工作）：何庆华
剑川县文化局局长：何伯纪
鹤庆县文化局局长：田冰园
宾川县文化局局长：施德兴
祥云县文化局局长：李毓东
弥渡县文化局局长：徐　逵
南涧县文化局局长：商　祥
巍山县文化局局长：张　洪
漾濞县文化局局长：郎跃军
云龙县文化局局长：古小龙
永平县文化局局长：赵亚明

德宏州文化局局长：许贵荣
潞西市文体局局长：杨黎蓉
瑞丽市文化局局长：康丽年
盈江县文体局局长：张芝能
梁河县文体局局长：王爱红
陇川县文体局局长：刘永恩
畹町开发区文化局长：玉　摆

丽江市文化广电新闻出版局局长：高世祥
古城区文化广电新闻出版局局长：李之典
玉龙县文化广电新闻出版局局长：和东升
永胜县文化体育广电新闻出版局局长：陈绍军
华坪县文化体育广电新闻出版局局长：蒋仕成
宁蒗县文化体育广电新闻出版局局长：马雄斌

怒江州文化局局长：普利颜
泸水县文化局副局长（主持工作）：贾莉斯
福贡县文化局局长：阿普早
兰坪县文化局局长：蔡武森
贡山县文化局副局长（主持工作）：和丽芳

迪庆州文化局局长：浦　江
香格里拉县文化局局长：杨丽山
德钦县文体局副局长（主持工作）：斯那吉层
维西县文体局局长：杨丽平

临沧市文化局局长：张龙明
临翔区文体局局长：杨永寿
凤庆县文化局局长：杨　凌
云县文体局局长党组书记：何金良
双江县文体局局长：铁明亮
耿马县文体局局长：李　炜
沧源县文体局局长：赵志强
永德县文体局局长：罗炯明
镇康县文体局局长：张东云

西藏自治区

西藏自治区文化厅
厅长：尼玛次仁

拉萨市文化局局长：洛　嘎
城关区文化局局长：毛刍定
林周县文广局局长：米玛次仁
当雄县文广局局长：张晓冬

那曲地区文化局局长：次仁龙培
那曲县文化局局长：曾小辉
嘉黎县文广局局长：喻海州
比如县文化局局长：加　洛
聂荣县文化局局长：卓玛玉珍
安多县文化局局长：次旦卓嘎
申扎县文化局局长：尼玛旺堆
索县文化局局长：罗文广
班戈县文化局局长：邓小良
尼玛县文化局局长：罗耀贵

昌都地区文化局局长：苏安水
昌都县文化局局长：国　庆
江达县文化局局长：扎　西

贡觉县文化局局长：泽 嘎
类乌齐县文化局局长：仁增巴登
丁青县文化局局长：拉巴次仁
察雅县文化局局长：向巴元丁
八宿县文化局局长：普 布
左贡县文化局局长：阿旺次仁
芒康县文化局局长：桑 登
洛隆县文化局局长：江春洛步
边坝县文化局局长：孔翠霞

林芝地区文广局局长：崔晓东
林芝县文化局局长：达 娃
波密县文广局局长：卢俊香

日喀则地区文化局局长：金巴洛珠

阿里地区文化局局长：索南群觉
札达县文化局局长：达 珍

陕西省

陕西省文化厅
党组书记、厅长：余华青
党组成员副厅长：蒋惠莉
副厅长：刘宽忍
党组成员纪检组长：李延军
副厅长、党组成员：李军民
机关党委书记：彭 英
副巡视员：强双喜
副巡视员：李全虎
副巡视员：王志强

西安市文化广电新闻出版局局长：王凯利
莲湖区文化体育局局长：孙历斌
新城区文化体育局局长：张阿萍
碑林区文化体育局局长：王宗会
灞桥区文化体育局局长：陈亚红
未央区文化体育旅游局局长：陈永顺
雁塔区文化体育局局长：殷凤兰
阎良区文化体育广播电视局局长：魏 烜
临潼区文化体育广播电视局局长：姚华山
长安区文化体育广播电视局局长：聂小林
蓝田县文化体育广播电视局局长：卫清民
周至县文化体育广播电视局局长：时周平
户 县文化体育广播电视局局长：韩兆斌
高陵县文化体育广播电视局局长：薛江南

延安市文化广电新闻出版局局长：曹振乾
宝塔区文体事业局局长：刘永喜
延长县文体事业局局长：强海洋
延川县文体事业局局长：袁竹林
子长县文体事业局局长：张宏良
安塞县文体事业局局长：刘进益
志丹县文体事业局局长：李志刚
吴起县文体事业局局长：曹宪武
甘泉县文体事业局局长：刘玉东
富 县文体事业局局长：任宏江
洛川县文体事业局局长：李小龙
宜川县文体事业局局长：王思宣
黄龙县文体事业局局长：石文学
黄陵县文体事业局局长：刘俊生

铜川市文化广电新闻出版局局长：鱼福昌
耀州区文化局局长：刘海明
王益区文体局局长：杨金印
印台区文体局局长：李文杰
宜君县文体局局长：樊茂生

渭南市文化广电新闻出版局局长：华惠民
临渭区文化体育旅游局局长：惠双奇
华阴市文化体育事业局局长：丁玉民
韩城市文化体育事业局局长：王 勇
华 县文化体育事业局局长：贾平京
潼关县文化体育事业局局长：汤振华
大荔县文化体育事业局局长：李高峰
蒲城县文化体育事业局局长：万少平
澄城县文化体育事业局局长：李忠义
白水县文化体育事业局局长：孙进忠
合阳县文化体育事业局局长：杨治安
富平县文化体育事业局局长：杨立新

咸阳市文化广电新闻出版局局长：刘 鹏
秦都区文化体育局局长：吴晓秦
渭城区文化体育局局长：郭增勇
兴平市文化体育局局长：郭继荣

三原县文体广电局局长：党德海
泾阳县文体广电局局长：张永利
乾县文体局局长：赵明博
礼泉县文体局局长：杨安康
永寿县文体局局长：杜景安
彬县文体局局长：樊俊峰
长武县文体旅游局副局长：宋相武
旬邑县文体局局长：燕培植
淳化县文体局局长：张新明
武功县文体局局长：韩宁超
杨凌示范区社会事业局局长：王居仓

宝鸡市文化广电新闻出版局局长：史钧生
渭滨区文化旅游局局长：杨安立
金台区文化广电局局长：刘东林
陈仓区文化文物旅游局局长：吴双虎
凤翔县文化广电局局长：王强健
岐山县文化广电局局长：崔功林
扶风县文化广电局局长：成广宁
眉 县文化文物广电局局长：王国元
陇 县文化局局长：张 奇
千阳县文化旅游局局长：夏 攀
麟游县文化广电局局长：兰乾生
凤县文化体育局局长：巨 涛
太白县科技文化文物局局长：王新敏

汉中市文化广电新闻出版局局长：成铁军
汉台区文化文物广播电视局局长：邵小河
南郑县文体事业局局长：李小平
城固县文体事业局局长：任 康
洋县文体事业局局长：刘亚林
西乡县文体事业局局长：韩富海
勉 县文化体育局局长：王亦民
宁强县文化旅游局局长：何正剑
略阳县文化体育局局长：胡 超
镇巴县文化旅游局局长：王科玉
留坝县文化教育体育局局长：李建安
佛坪县文化教育体育局局长：高 鸿

榆林市文化广电新闻出版局局长：李 博
榆阳区文体局局长：刘彦平
神木县文体局局长：项世荣
府谷县文体局局长：谭玉山
横山县文体局局长：师发光
靖边县文体局局长：李炅旻
定边县文体局局长：艾 君
绥德县文体局局长：贺怀杰
米脂县文体局局长：乔雄波
佳 县文体局局长：刘建新
吴堡县文体局局长：李彦林
清涧县文体局局长：郭彩萍
子洲县文体局局长：石国玉

安康市文化文物广电局局长：杨海波
汉滨区文化文物广电局局长：夏亚洲
汉阴县文化旅游广电局局长：张宽慧
石泉县文化旅游局局长：贾玉春
宁陕县文化旅游广电局局长：吴大斌
紫阳县文化旅游局局长：胡培德
岚皋县文化广电局局长：杜文涛
平利县文化文物旅游局局长：唐如刚
镇坪县文化旅游广电局局长：秦绪基
旬阳县文化旅游局局长：何家立
白河县文化旅游广电局局长：白建根

商洛市文化文物广电局局长：段向东
商州区文化广电局局长：张 勇
洛南县文化广电局局长：陈翔宇
丹凤县文化广电局局长：淡兰治
商南县文化广电局局长：高 鑫
山阳县文化广电局局长：杨 彬
镇安县文化广电局局长：何代瑜
柞水县文化广电局局长：韩祖学

甘肃省

甘肃省文化厅
厅长：邵 明
副厅长：王兰玲
副厅长：李慎滨
副厅长：王文全
副厅长：张 明

兰州市文广局局长：范 文
城关区文广局局长：常瑞舫

七里河区文体局局长：马尚文
西固区文化局局长：刘克钧
安宁区文体局局长：张萧兰
红古区文体局局长：张生录
永登县文体局局长：张永贵
榆中县文体局局长：李学玲
皋兰县文体局局长：郁建文

天水市文化文物出版局局长：苏定武
秦安县文化旅游局局长：马明祥
张家川回族自治县文化旅游局局长：张济安
甘谷县文化文物旅游局局长：任光明
武山县文化旅游局局长：王京生
清水县文化文物旅游局局长：刘志伟
秦州区文体局局长：陈　强
麦积区文化体育局局长：王　琛

白银市文化局局长：安进宝
白银区文化局局长：顾振邦
平川区文化局局长：武永宝
会宁县文化局局长：王士忠
靖远县文化局局长：马树文
景泰县文化局局长：余会柱

嘉峪关市文化局局长：王　平

酒泉市文化局局长：屈　纲
肃州区文体局局长：高殿国
金塔县文体局局长：王　军
玉门市文化出版局局长：何玉宝
瓜州县文体局局长：康付明
敦煌市文体局局长：任聚生
阿克塞哈萨克族自治县广播电视体育局局长：塞立古
肃北蒙古族自治县文化广播电视体育局局长：张建科

张掖市文化出版局局长：张维谦
甘州区文化出版局局长：童国瑞
临泽县文化出版局局长：徐恒德
高台县文化出版局局长：郑伏英
山丹县文化出版局局长：吴多恭
民乐县文化文物出版局局长：任志玲
肃南裕固族自治县文化出版局局长：安秀梅

金昌市文化出版局局长：蒲海泉
永昌县文化出版局局长：程硕年
金川区文教局局长：祝文年

武威市文化新闻出版局局长：陈永坚
凉州区文化体育局局长：杨福元
古浪县文化体育局局长：亢永泰
天祝藏族自治县文化体育局局长：胡忠林

定西市文化出版局局长：陆　平
安定区文化出版广播影视局局长：杨立新
通渭县文化局局长：牛昌斌
临洮县文化局局长：李廷凤
陇西县文化局局长：王国豪
岷县文化局局长：马　列
漳县文化教育体育局局长：徐志明
渭源县文化出版旅游局局长：漆　慎

平凉市文化出版局局长：甘成福
崆峒区文体局局长：邸广平
泾川县文体局局长：卢永锋
灵台县文体局局长：田志义
崇信县文体局局长：杨永宏
华亭县文体局局长：马存丁
庄浪县文体局局长：李平德
静宁县文体局局长：姚国奇

庆阳市文化出版局局长：杨广玉
西峰区文化局局长：毛会科
庆城县文化局局长：赵安荣
宁县文化局局长：白恒祥
正宁县文化局局长：潘文社
合水县文化局局长：何国锋
镇原县文化局局长：路永新
华池县文化局局长：折兴发
环县文化局局长：杨　涛

陇南市文化局局长：尚志金
武都区文体局局长：李德强
成县文体局局长：孙浩文
徽县文体局局长：张　霖

康县文体局局长：苟长途
西和县文化局局长：王四各
宕昌县文体局局长：沈和义
礼县文体局局长：赵旭东
两当县文化局局长：成仁才
文县文化局局长：沈　璇

临夏回族自治州文化出版局局长：马丰春
临夏市文体局局长：郭　勇
东乡族自治县文化局局长：马忠华
永靖县文体局局长：冉维宁
康乐县文体局局长：刘建文
积石山保安族东乡族县文体局局长：马向真
和政县文化局局长：赵元虎
临夏县文体局局长：王辉忠
广河县文体局局长：马进云

甘南藏族自治州文化局局长：云丹龙珠
合作市文化局局长：王作斌
夏河县文化局局长：贡保南杰
舟曲县文化局局长：仇为民
卓尼县文化局局长：吴　华
临潭县文化局局长：丁志远
迭部县文化局局长：纪学红
碌曲县文化局局长：唐　涛
玛曲县文化局局长：交　考

青海省

青海省文化厅
厅长：曹　萍（女）
省纪委驻省文化厅、体育局
纪检组组长：穆梅兰（女）
副厅长：冯兴禄
副厅长：王建平、吕　霞（女）

西宁市文化广播电视局局长：苏磊红
城中区科技文体旅游局局长：李增仓
城东区科技文体旅游局局长：于佳红
城西区科技文体旅游局局长：蔡庆文
城北区社会发展局局长：肖　勇
大通回族土族自治县社会发展局局长：苏亚玲
湟源县社会发展局局长：田文禄
湟中县社会发展局局长：李成云
海东地区文化广播电视局局长：谭　玲
平安县社会发展局局长：桑永生
乐都县文化科技广播电视体育局局长：张生荣
民和回族土族自治县社会发展局局长：朱学良
互助土族自治县社会发展局局长：李　珍
化隆回族自治县文化局局长：钟世芳
循化撒拉族自治县文化局局长：何永忠

海北藏族自治州文体广播电视局局长：芦生发
海晏县文体广播电视局局长：阿生梅
祁连县教育科技文化局局长：马金国
刚察县科技体育局局长：贡宝东智
门源回族自治县科技文化局局长：马志龙

海南藏族自治州文化体育广播电视局局长：周侠生
共和县文化体育广播电视局局长：李海青
同德县教育文化局局长：才　智
贵德县文化局局长：姬良梅
兴海县教育文化体育广播电视局局长：俄日项杰
贵南县文体广播电视旅游局局长：俄毛却

黄南藏族自治州文化体育广播电视局局长：马明生
同仁县文化体育广播电视旅游局局长：娘毛才让
尖扎县文化体育广播电视旅游局局长：杨中卡
泽库县文化体育广播电视旅游局局长：多杰扎西
河南蒙古族自治县文化体育广播电视局局长：才华加

果洛藏族自治州文体广播电视局局长：索南吉
玛沁县文体广播电视局局长：却　松
班玛县文体广播电视局局长：才让卓玛
甘德县文化教育局局长：王如林
达日县文体广播电视局局长：王喜文
久治县文体广播电视局局长：晓　峰
玛多县文化广播电视旅游局局长：岳玉民

玉树藏族自治州文体广播电视局局长：旦周才仁
玉树县文体广播电视局局长：玛　拉
杂多县文化教育局局长：才仁扎西
称多县文化教育局局长：智明龙珠
治多县文化教育局局长：肖　平
囊谦县文化教育局局长：才旺巴丁
曲麻莱县文化教育局局长：春　武

海西蒙古族藏族自治州文体广播电视局局长：官　炬
德令哈市教育科技文体局局长：刘春荣
格尔木市文体广播电视局局长：蒲建军
乌兰县教育科技文体局局长：林　君
都兰县教育科技文体局局长：任广荣
天峻县教育科技文体局局长：张德祥

宁夏回族自治区

宁夏回族自治区文化厅
党组副书记、副厅长（正厅级）：阮教育
党组成员、副厅长：陶雨芳
党组成员、纪检组组长：思仲举
党组成员、宁夏文化投融资公司总经理：严亚军
副巡视员：许　成
副巡视员：行小卫

银川市文化广播电视局局长：关　琪
银川市兴庆区文化体育旅游局局长：杨学文
银川市金凤区文化体育旅游局局长：郑良海
银川市西夏区文化体育旅游局局长：袁振海
灵武市文化广播电视旅游局局长：杨华东
永宁县文化广播电视旅游局局长：王建邦
贺兰县文化广播电视旅游局局长：张学明

石嘴山市文化广播电视旅游局局长：温福安
大武口区文化广播电视旅游局局长：曲世勃
惠农区文化广播电视旅游局局长：吴　亮
平罗县文化广播电视旅游局局长：马玉贵

吴忠市文化旅游广播电视局局长：马云峰
青铜峡市文化旅游广播电视局局长：李润生
盐池县文化旅游广播电视局局长：刘世琛
同心县文化旅游广播电视局局长：马　啸
市红寺堡区文化旅游广播电视局局长：孙　冲
市利通区文化旅游广播电视局局长：杨红梅

固原市文化体育旅游局局长：吴会军
原州区文化体育旅游局局长：马玉福
西吉县文化广播电视局局长：马存贤
隆德县文化广播电视局局长：曹德贵
泾源县文化广播电视局局长：鄢生勇
彭阳县文化广播电视局局长：万亚平

中卫市文化体育广播电视局局长：王学军
中宁县文化体育广播电视局局长：季耀武
海原县文化体育广播电视局局长：田　野

新疆维吾尔自治区

新疆维吾尔自治区文化厅
党组书记、副厅长：韩子勇
党组副书记、厅长：阿不力孜·阿不都热依木
党组成员、副厅长：艾尼瓦尔·阿不都许库尔
党组成员、副厅长：黄永军
党组成员、文物局局长：：盛春寿
党组成员、纪检组组长：徐　良
党组成员、副厅长：徐锐军
党组成员、副厅长（2008年9月挂职期满）：刘般若
党组成员、副厅长（2008年9月任职）：李建军
党组成员、副巡视员、歌舞团团长：卡米力·吐尔逊
副巡视员、人事教育处处长：陶建生

乌鲁木齐市文化局局长：李永胜
天山区文体局局长：闫玉凤
米东区文体局局长：陈　萍
新市区文体局局长：刘　霖
水磨沟区文体局局长：周　芸
头屯河区文体局局长：史学民
达坂城区文体局局长：马学明

乌鲁木齐县文体局局长：何彦良
沙依巴克区文体局局长：阿迪力
克拉玛依市文化局局长：常　锋
独山子区文体局局长：常锋英
白碱滩区文体局局长：韩德胜
乌尔禾区文体局：张玲霞
克拉玛依区文体局局长：高　原

吐鲁番地区文化体育新闻出版局局长：胡志春
广电文体局局长：张晓平
托克逊县广电文体局局长：加拉力丁
鄯善县广电文体局局长：周仕明

哈密地区文体局局长：马义民
哈密市文体局局长：许业江
伊吾县文体局局长：吕开娥
巴里坤哈萨克自治县文体局局长：陈振雄（书记）

昌吉回族自治州文体局局长：吴　勇
昌吉市文体局局长：于佩英
玛纳斯县文体局局长：杨立新
呼图壁县文体局局长：王　燕
阜康市文体局局长：李凤姝
吉木萨尔县文体局局长：齐吉平
奇台县文体局局长：柳朝林
木垒哈萨克自治县文体局局长：董福天

伊犁哈萨克自治州文体局局长：米赞（副厅级）
伊宁市文体局局长：顾　坚
奎屯市文体局局长：费伟琴
伊宁县文体局局长：吐尔逊
霍城县文体局局长：沙东梅
尼勒克县文体局局长：哈拉提
昭苏县文体局局长：叶尔江
特克斯县文体局局长：加沙拉提
巩留县文体局局长：努拉合买提
新源县文体局局长：沙兰拜
察布查尔锡伯自治县文体局局长：文　健

塔城地区文体局局长：张福钰
塔城市文体局局长：牛洪泉
额敏县文体局局长：王永辉
裕民县文体局局长：唐丽敏
乌苏市文体局局长：葛月成
沙湾县文体局局长：加里木汗
托里县文体局局长：对　山
和布克赛尔蒙古自治县文体局局长：乌图那生

阿勒泰地区文体局局长：巴合提
阿勒泰市文体局局长：金俄斯
哈巴河县文体局局长：王新强
布尔津县文体局局长：那孜古丽
吉木乃县文体局局长：孟范其
福海县文体局局长：陈　江
富蕴县文体局局长：王春红
青河县文体局局长：米兰别克

博尔塔拉蒙古自治州文体局局长：阿不来提
博乐市文体局局长：铁木尔
精河县文体局局长：朱旭明
温泉县文体局局长：朱　信

巴音郭楞蒙古自治州文化局局长：傅增堂
库尔勒市文体广电局局长：刘建军
且末县文体局局长：吾加布拉
焉耆回族县文体局局长：克里木江
和静县文体局局长：巴力江
和硕县文体局局长：吴卫东
博湖县文体局局长：张　辉
轮台县文体局局长：吐尔逊·尼亚孜
尉犁县文体局局长：吐逊·克来木
若羌县文体局局长：孟捍高

阿克苏地区文体局局长：
吐尔洪·阿不都热合曼
阿克苏市文体局局长：张宪君
温宿县文体局局长：崔益民
拜城县文体局局长：张　钦
库车县文体局局长：艾合买提
新和县文体局局长：鲍自斌
沙雅县文体局局长：余　洁
乌什县文体局局长：肖虹生
阿瓦提县文体局局长：王　强
柯坪县文体局局长：加帕尔

克孜勒苏柯尔克孜自治州文体局局长：买买提明
阿图什市文体局局长：卡斯木
阿合奇县文体局局长：梁立新
乌恰县文体局局长：吐尔干阿力
阿克陶县文体局局长：玉素甫

喀什地区文体局局长：吾拉木江·肉孜
喀什市文体局局长：亚　森
泽普县文体局局长：吐鲁洪·买买提
疏附县文体局局长：曾秉笔
疏勒县文体局局长：阿依努尔
叶城县文体局局长：阿依买提
巴楚县文体局局长：买买提明
伽师县文化广播电视局局长：荆登科
岳普湖县文体局局长：杜　巍
英吉沙县文体局局长：艾克拜尔
麦盖提县文体局局长：祖　农
莎车县文体局局长：艾尔肯·买买提
塔什库尔干塔吉克自治县文体局局长：黄荣强

和田地区文体局局长：买提卡斯木·达吾提
和田市文体局局长：买买提明·肉孜
和田县文体局局长：任建荣
皮山县文体局局长：阿不力克木·塔力甫
墨玉县文体局局长：艾合买江·马合木提
洛浦县文体局局长：阿孜古丽
于田县文体局局长：王玉玲
策勒县文体局局长：亚热·买提努尔
民丰县文体局局长：迪力夏提

新疆生产建设兵团

新疆生产建设兵团文化广播电视局

局长：万卫平
副局长：王运华、曾建勇、王瀚林、
　　　　麻　霞、王建民
副巡视员：唐　林、赵映根

农一师文化广播电视局局长：崔俊海
农二师文化广播电视局局长：何国庆
农三师文化广播电视局局长：牛志军
农四师文化广播电视局局长：李　斌
农五师文化广播电视局局长：龙利金
农六师文化广播电视局局长：刘　毅
农七师文化广播电视局局长：王次会
农八师石河子市文体局局长：张新宁
农九师文化广播电视局局长：罗新果
农十师文化广播电视局局长：严　格
建工师文化广播电视局局长：曾其祥
农十二师文化广播电视局局长：吴春云
农十三师文化广播电视局局长：李济源
农十四师文化广播电视局局长：周保平

【编者注，以上各省、市、县、生产建设兵团的文化机构人员是根据年鉴编辑部现有资料整理，对未统计和近期人事变动的单位，请及时联系所在省厅年鉴负责人。】

索 引

INDEX

汉语拼音索引

A

B

C

D

F

G

H

J

R

S

T

W

X

Y

Z

数字索引

标点符号索引

中国少数民族文化艺术基金会

中国少数民族文化艺术基金会（以下简称“中国民基会”）成立于1988年，是由文化部主管、民政部注册的全国公募型非营利组织。中国民基会成立20年来，在国家有关领导和各级政府的关怀下，在海内外爱心人士的大力支持下，为少数民族文化艺术的复兴、为发展公益慈善事业，做出了积极的探索和努力。

为促进各民族文化艺术的发展，为给捐赠人与弱势群体之间搭建桥梁，中国民基会利用各类资源，动员所有可以动员的力量，在原有的业务基础上，继续向民族医药文化、佛学文化、民族饮食文化、民族影视文化和设立各少数民族专项基金、开展各类论坛、组织大型公益活动及国际交流方面进行深入的探索和合作，并真诚希望得到社会各界的支持和参与，共同为民族大业添砖加瓦、贡献力量。

中国民基会最高权力机构是理事会。理事会闭会期间由秘书处负责日常工作，秘书处下设事业发展中心、项目合作中心、综合办公室、财务中心、演出展览中心等机构。近年来，中国民基会已逐渐形成了一支职业化的公益队伍，成功地从传统管理模式向国际化运作模式转型接轨。全体同仁在加强能力建设和团队建设的同时，更加注重自身的诚信和廉政建设。

一、开展博爱国际孤儿成长援助计划

2005年，中国民基会成立博爱国际孤儿成长援助计划，举办了两所专门培养孤儿才艺的艺术学校——博爱国际文化艺术学校，接纳了来自少数民族和边远山区的孤儿近百人。2008年，中国民基会继续通过多方渠道募集资金，全心全意扶助孤儿健康成长，并为孤儿创造文化艺术教育的良好学习环境。通过博爱国际孤儿援助计划，让更多的孤儿怀着童年的梦想踏上希望的坦途，在博爱国际大家庭的精心呵护下健康成长。

博爱国际（昌黎）文化艺术学校的孩子们正上舞蹈课

博爱国际（昌黎）文化艺术学校的孩子们欢庆古尔邦节

博爱国际大家庭

二、设立专项基金

2008年，中国民基会与捐赠方共同发起设立了生命援助专项基金、重建家园专项基金、助残康复专项基金、老呔儿文化专项基金等。

三、抗震救灾

2008年初，在我国南方尤其是少数民族地区遭遇特大雪灾期间，为推动中国紧急救援体系的建设，实施文化扶贫战略，利用多种渠道对老少边穷地区提供援助的计划，为此中国民基会与中援应急有限公司共同设立了“生命援助专项基金”，并向民政部紧急救援中心捐赠了专项救援资金70万元人民币。基金会还与有关机构合作开发了系列生命援助公益项目和产品，得到了社会各界的关注。该项目在各级领导和全社会的支持下，拟打造成又一个感动中国的大型公益活动。在项目筹备期间恰遇震惊世界的“5・12”汶川特大地震，中国民基会在第二天就紧急成立了“生命援助工程”，带领全体员工积极投入抗震救灾的活动中，奋战在抗震救灾的第一线，前后派出5支救援队伍，运送80多辆车的救援物资，组织上百名志愿者，为地震灾区募集了200多万元的款物并及时送达灾区和灾民手中，体现了设立生命援助基金的及时性和重要性。

中国民基会与广元市人民政府合作签约仪式

中国民基会助残康复专项基金捐赠签约仪式

中国民基会正在发放运去的紧缺物资

中国民基会设在北川擂鼓镇灾区的救援基地

中国民基会生命援助工程救援人员

四、组织举办各种大型活动

1. 举办“大爱中华・关爱生命”工程系列活动
2. 主办“文教扶贫”——海峡两岸慈善晚会
3. 签订主办2009年两岸四地大学生魔术交流大会重要协议

中国民基会会长尹志良与海南国泉金币文化有限公司领导

全国人大民族委员会副主任、我会名誉会长牟本理先生为捐赠者颁发证书

艺术家向中国民基会捐赠的各类字画

两岸四地大学生魔术交流大会捐赠签字仪式

中国民基会将昂首阔步，跨进一个充满生机和希望的阳光大道，为中国的民族文化艺术和慈善公益事业作出更大的贡献。我们坚信：在社会各界的关怀下，一个全新的中国民基会，将一步一个脚印地向前拓展，不断地走向成熟，走向成功。

中國國際文化交流中心

CHINA INTERNATIONAL CULTURE EXCHANGE CENTER

中国国际文化交流中心成立于1984年，是从事国际文化交流的全国性社会团体。其宗旨是：通过民间的国际文化交流，加强中国人民与世界各国、各地区人民的相互了解和友好合作，为我国经济发展、科学进步、文化繁荣服务，为促进世界和平做出贡献。

中国国际文化交流中心的最高机构是理事会全体会议。理事会由著名的科学家、艺术家、学者、社会活动家、企业家等百余名社会各界知名人士组成。中共中央政治局委员、全国人大常务委员会副委员长王兆国担任理事长。内设理事会日常办事机构、开展交流的业务部门和综合管理部门。属下设有图书出版、音像制作出版、演出、展览、教育培训等多个文化实体。

中国国际文化交流中心成立二十五年来，一直积极探索、努力开拓，通过各种形式的交流活动向各国人民介绍中华民族的悠久历史文化和中国改革开放以来社会主义建设取得的伟大成就，让世界人民深入了解中国。同时，为丰富、繁荣我国人民的文化、科技、经济生活，积极引进各国、各地区的优秀文化和先进科技，使我国人民开阔眼界认识世界。二十五年来，交流活动规模不断扩大，涉及领域更加宽泛，涵盖了文化艺术、科学技术、政治经济、民族宗教、教育管理、新闻出版、学术研究等多个方面。交流形式多种多样，采取举办文艺演出和各类展览、召开国际会议和学术研讨、组织考察访问和专题讲座，以及合作拍片、书刊交流等。其中一些较高层次、较大影响的活动不仅得到了社会的认可和肯定，而且获得了国内外高层和专业人士的较高赞誉。

中国国际文化交流中心经中央政府批准，具有开展涉外文化活动的对外邀请权和出访组团权。中心成立以来，接待了来自亚洲、欧洲、美洲、非洲和大洋洲等六十多个国家和地区的各类团体、个人近两千批约三万余人。组团出访了二十多个国家和地区，约两百余批近两千余人。

中国国际文化交流中心在从事民间国际文化交流工作的二十五年中，得到了国家领导人的关心及有关政府部门和社会各界的支持。1994年10月26日，江泽民同志为中心成立十周年题词：“搞好对外文化交流，为我国现代化建设服务”。1999年7月6日，胡锦涛主席在会见参加“庆祝中心成立十五周年”大会的全体人员时，对中心在促进与各国人民之间的文化交流、引进国外先进科技成果、发展与各国人民之间的友好关系方面所做的工作给予充分肯定。

中国国际文化交流中心如今已成为我国民间对外交流工作中一支重要力量。通过文化交流活动的不断开展，拥有了一支经过锻炼、具有较高业务素质和工作能力的专业交流队伍，具备开展多领域、多学科、多层次国际文化交流活动的组织管理能力，形成了一定规模的全国性的民间国际文化交流工作网络。

中国国际文化交流中心今后将在我国继续改革开放、全面建设和谐社会的进程中，更加努力地开拓进取，为中外文化交流、世界和平、人类进步做出更大贡献。

通讯地址：北京市朝阳区东土城路乙九号

网址：www.cicec.org.cn

中国民族声乐艺术研究会

中国民族声乐艺术研究会是一个由国内诸多民族声乐艺术界的权威、学者联合倡议自发组织的一个学术团体。她的宗旨和任务是：坚持“百花齐放、百家争鸣”的方针；坚持文艺为人民服务为社会服务的方向；提倡继承和借鉴的思想。领导和团结民族声乐艺术界的学者、教育工作者、歌唱演员和从事社会业余民族声乐教育的工作者，共同努力为民族声乐艺术的研究和发展做出贡献。

中国民族声乐艺术研究会经文化部全国社团组织管理办公室、文化部、民政部全国社团管理局、民政部、国务院相关部门批准成立，2005年12月30日在北京隆重召开了中国民族声乐艺术研究会成立大会。这是我国民族声乐艺术发展史上的一件大事。研究会的成立，对我国民族声乐艺术的发展起到巨大的推动作用，对民族声乐艺术的学术研究与交流、教学质量的改进、演唱水平的提高起到重要的促进作用。

中国民族声乐艺术研究会成立以来，先后组织召开了“四届全国民国民族声乐论坛”、两届“全国高等艺术院校民族声乐大赛”、一届“中国民族声乐大师班”，出版高质量的学术论文集两册。这些活动在全国范围内对中国民族声乐在教学、表演上的提高与进步，起到了极大地推动作用，对中国民族声乐的发展更有着重大而深远的意义。

中国民族声乐艺术研究会成立大会

文化部办公厅主任黄振春在成立大会上讲话

中国民族声乐艺术研究会会长金铁霖在成立大会上讲话

中国民族声乐艺术研究会会长副会长秘书长副秘书长

文化部文化科技司司长于平在第四届全国民族声乐论坛上讲话

第一届全国民族声乐论坛主席台

文化部全国社会团体管理办公室主任王吉在第四届全国民族声乐论坛上讲话

第二届全国民族声乐论坛主席台

第三届全国民族声乐论坛主席台

第四届全国民族声乐论坛分组学术研讨

第四届全国民族声乐论坛会场

中国民族声乐艺术研究会主办的《第二届全国高等艺术院校民族声乐大赛》颁奖大会

中国交响乐发展基金会

2009年连战宴请海峡和平交响乐团主要成员

2008中国交响乐峰会

中国音乐家赴欧洲考察团

中国交响乐峰会

2007年承办交响乐作品评选

2009年中国交响乐峰会

2008年奥帆音乐会

2008年抗震募捐音乐会

连续几年赞助北京现代音乐节

2007年承办交响乐作品评选

2009年台北观众领取海峡和平交响乐团音乐会节目单

2008年第一期交响乐队训练班

甘肃省陇剧院

甘肃省陇剧院（原甘肃省陇剧团）始建于1959年，是甘肃省唯一的中国现代戏曲研究会团体会员单位，也是中国民族文化促进会团体会员单位。现任院长：王亨；副院长：马勇、杨波、薛磊、边肖；院长助理：王为民。建院50周年来，在省内外享有较高的声誉，并获得各项大奖。2006年，陇剧入选首批国家级非物质文化遗产名录。2007年,大型新编历史陇剧《官鹅情歌》获得全国第十届精神文明建设“五个一工程”优秀作品奖，并奉调进京参加“五个一工程”获奖戏剧展演，为党的十七大献礼演出。2008年，《官》又入选“国家舞台艺术精品工程年度资助项目”。2009年《官鹅情歌》入选国家舞台艺术精品工程十大精品剧目。大型现代陇剧《苦乐村官》2009年参加“向祖国汇报——庆祝中华人民共和国成立60周年第三届全国地方戏优秀剧目展演”，荣获二等奖，参加甘肃省“庆祝新中国成立60周年全省新创剧目调演”,荣获剧目大奖、14项一等奖、9项二等奖，并荣获2009年甘肃敦煌文艺一等奖。

“创建一流剧院，奉献一流艺术”是剧院艺术工作者奋斗的目标，进入新时期，剧院将以新的姿态，深入学习实践科学发展观，团结拼搏，与时俱进，奋力开拓陇剧艺术事业发展的新局面。

大型民族历史陇剧《官鹅情歌》

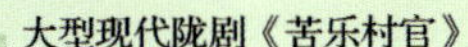

大型现代陇剧《苦乐村官》

广西木偶剧团

广西壮族自治区木偶剧团成立于1956年4月13日。剧团前身原广东省龙川县提线木偶艺术剧团，1961年由提线木偶改为杖头木偶艺术表演形式。剧团成立50多年来经常深入县级以下的边远山区基层为广大的少年儿童和人民群众演出，深受广大少年儿童观众们的欢迎与喜爱。

2009年，剧团在职人员56人，其中：专业技术高级职称3人、副高级职称10人、中级职称20人、初级职称16人。剧团机构设有：党总支部办公室、团长办公室、副团长办公室、团部办公室、业务发展部、演员队、舞台美术制作部、财务室、演出经营科、广西儿童剧院经营部。年内剧团创作新剧目共3个。春节期间剧团参加由文化部组织的“2009泰国快乐春节演出活动”，全年演出场次共120场，演出收入39.3891万元。

剧团到香港演出新编木偶剧《反斗兔智斗聪明猴》

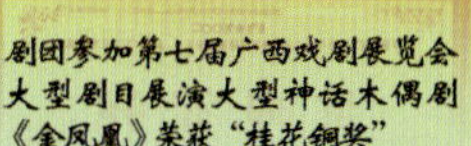

剧团参加第七届广西戏剧展览会大型剧目展演大型神话木偶剧《金凤凰》荣获“桂花铜奖”

剧团参加第七届广西戏剧展览会小戏小品展演木偶剧《智斗鲨鱼》荣获“桂花银奖”

1 2 3

1. 广西文化厅厅长余益中一行到剧团考察调研
2. 广西壮族自治区主席马飚到剧团考察调研时听团长张民甫汇报剧团今后的发展前景，并做重要讲话
3. 广西壮族自治区主席马飚考察调研后和演职员合影留念
4. 剧团在河池市南丹县实验小学演出木偶课本剧《王二小》
5. 剧团1月29日至2月4日参加“2009泰国快乐春节演出活动”
6. 剧团在河池市河池第一小学演出木偶芭蕾舞《天鹅湖》选段

剧团新排练剧目木偶科普系列剧《智斗鲨鱼》剧照

4 5 6

中国华夏文化遗产基金会

中国华夏文化遗产基金会（以下简称“基金会”），其业务主管单位为文化部，于2007年8月28日经民政部登记注册，是具备在海内外募集资金权力的全国性公募基金会。基金会的最高权力机构是由社会各界热心文化遗产保护事业的代表和主要捐赠人组成的理事会。基金会理事会拥有丰富的市场运作经验，接受政府有关部门、捐赠人和社会公众的全面监督，秉承“取之于民、用之于民、造福人类”的原则，通过广泛而严格的资金募集和使用，促进中外文化遗产保护领域的合作与交流，不断推进中国文化遗产保护事业的发展。

理事长

理事长介绍：

耿莹女士是老一辈无产阶级革命家的后代，一位画家。她常说是上一代人的熏陶，铸就了她坚韧的性格和敢想敢为的闯劲。多年的从画艺术经历使她与中国文化结下不解之缘，正是这种时间与经历凝集而成的厚重，让年近七旬的她坚毅地选择了一条执著于追寻探索华夏文化遗产保护事业的人生道路。

华夏文化博大而精深，正是华夏的文明赋予了我们中华民族自信、包容、刚柔相济、果断、凝重、胸怀浩瀚的品质，使多个民族和谐相融，历经数千年演绎着知性“人生”，启动着未来的每个瞬间，才有今天的自强不息。谈到华夏文化遗产保护时，耿莹女士感慨万千。

深刻理解和把握文化责任建设的精深实质，注重从哲学的角度加深对文化责任建设的理解和认知，是当今社会发展的迫切之需，是加强中国特色社会主义精神文明之根，是构建和谐社会之基，对提升国家“软实力”无疑大有裨益。改革开放以来，经济快速发展，社会不断进步，但是出现了一些以牺牲环境为代价，损坏民族利益的商业合作，这是文化建设不能满足人民的精神文化需求而产生的情感世界的躁动不安。文化责任建设的意义，就在于大力弘扬民族传统文化，引导人民树立科学社会主义价值体系，从博大精深、源远流长的中国历史文化中汲取养分，让公平正义、诚信友爱融入和谐社会的方方面面。

1	2	3	4
5	6	7	8

1. “唱响中国”新春茶话会与演员们合影
2. 出席“华夏魂”活动两岸嘉宾合影
3. 理事长与瑞士宝华银行主席查尔斯先生、大中华地区首席代表陈满基先生
4. 五彩传说儿童艺术团在北京保利剧院演出：全国妇联主席顾秀莲（右二），文化部副部长赵绍华（右三），凤凰卫视中文台台长、中国华夏文化遗产基金会副会长王纪言（右四）合影
5. “华夏魂”活动采土团队
6. 理事长与巴基斯坦驻华大使合影
7. 理事长在“华夏魂”启动仪式上致辞
8. 基金会向联合国教科文组织捐款250万元

浙江小百花越剧团

浙江小百花越剧团团长茅威涛从文化部部长蔡武手中接过《五女拜寿》"优秀保留剧目大奖"奖牌

经浙江省人民政府批准，创建于1984年的浙江小百花越剧团是国内著名专业女子越剧表演团体，茅威涛为现任团长。浙江小百花越剧团始终坚持"二为"方向和"双百"方针，坚持"出精品、出人才、出效益"的办团方针；坚持占领都市市场、服务城乡市场、拓展海外市场的营销理念；坚持继承与创新结合、引领潮流与坚守本体结合、人文关怀与市场赢利结合、打造明星与磨砺团体结合；坚持继承经典、发展经典、创造经典的艺术理念。

2009年，浙江小百花越剧团新编越剧《五女拜寿》荣获文化部首届"优秀保留剧目大奖"，这是越剧界唯一获此殊荣的剧目；新版越剧《梁山伯与祝英台》入围2007~2008年度国家舞台艺术精品工程（二期）重点资助剧目，这是"小百花"继《陆游与唐琬》入围2002~2003年度首届国家舞台艺术精品工程十大精品剧目之后再次入围这一国家级舞台艺术大奖，浙江小百花越剧团因此成为唯一一个两次拥有这一殊荣的地方戏曲院团。

2009年5月，剧团新版《梁山伯与祝英台》、《藏书之家》先后参演文化部主办的"全国地方戏优秀剧目评比展演"(南方片)、西安第二届中国诗歌节；6月，《陆游与唐琬》参加第二届中国成都国际非物质文化遗产节的大型剧场演出；10月，应"庆祝中华人民共和国成立60周年献礼演出"活动主办方中宣部、文化部的邀请，向伟大祖国的60华诞献礼；8月底至9月初，参加"台湾·浙江艺术节"先后于台湾中台禅寺、南投县、澎湖县、台北市、台北县5地完成9场演出；浙江小百花越剧团在为期15天的时间内，相继奉献了新版越剧《梁山伯与祝英台》等3部作品，首演当晚为"八八水灾"募集善款超过3000万新台币。

硚口区万人广场舞蹈大赛以宏大壮观的场面被《长江日报》誉为"江城三景"之一

1. 屡次在全国获奖的星海合唱团成为硚口文化的一张名片
2. 受文化部、中国非物质文化遗产保护中心的邀请，由硚口区申报的国家级非物质文化遗产项目"木雕船模技艺"，于2009年2月5日进京参加中国非物质文化遗产民间技艺的展出
3. 硚口区全民健身中心开园揭幕仪式
4. 虎跃龙腾的硚口群众文化活动

武汉市硚口区文体局

瑞安市文化馆

1 2 3 4 5

1. 民间舞蹈《藤牌舞》参加浙江省群星奖广场舞蹈大赛
2. 女声组唱《绿色心情》
3. 温州鼓词《老鼠告状》参加全国第五届曲艺节
4. 表演唱《山里太阳》
5. 中老年舞蹈《谁最鲜》

2009年第五届瑞安文化艺术节开幕式

图书馆馆长崔玉兰

延吉市少年儿童图书馆

中国美术家

吴长江
Wu Chang Jiang

吴长江，1954年生于天津汉沽，1982年毕业于中央美术学院版画系并留校任教，1982年9月至2007年7月历任中央美术学院讲师、副教授、教授、版画系副主任、主任、中央美术学院党委副书记，现任中国美术家协会分党组书记、常务副主席。曾16次赴西藏写生，采用素描、版画、水彩、中国画等多种手法，创作了一大批以此为主题的美术作品。1986年至2009年先后在北京、马德里·格拉纳达、东京、日立、京都、大阪、神户、横滨、广州、沈阳、重庆、大连、深圳、西安、南宁等城市举办个人展览20余次；在法国、日本、英国、瑞士、埃及、美国、德国、韩国、台北、澳门等地参展60余次；出版个人画集《吴长江人体素描选》、《现代艺术家风范——吴长江人体素描》、《吴长江素描集：青藏高原行》、《吴长江的世界》等17册。从1983年至今获“第八届全国版画展优秀作品奖”、“时代风采——全国写生画展佳作奖”、“80—90年代优秀版画家‘鲁迅版画奖’”、“纪念改革开放三十周年中央美术学院研究精品成果奖”等多次大奖。作品为中国美术馆、英国伦敦大英博物馆、美国波特兰博物馆、比利时安特卫普美术馆等多家美术机构收藏。

艺术家之窗

杨晓阳
Yang Xiao Yang

杨晓阳，出生于1958年12月31日，1979年考入西安美院国画系，1983年毕业，同年考上研究生。从师刘文西教授，1986年毕业并留校任教。曾任西安美院国画系副主任、主任。1993年被破格评为副教授，同年荣获陕西省“有突出贡献的专家”，1994年出任西安美术学院副院长，1995年主持工作。1997年任西安美术学院院长、教授，国家“三五”人才。中央电视台2003年“东方之子”，现任中国美协副主席、中国国家画院院长。

他创作的国画《沸腾的黄土地》获西德纽纶堡“第四届国际素描杰出三年优胜奖”；国画《黄巢进长安》被中国革命军事博物馆收藏并长期陈列在古代战争馆；巨幅壁画《丝绸之路》陈列在北京八达岭“中国长城博物馆”，为目前国内最大的全周画；国画《黄河的歌》获秦俑杯国际书画邀请展“金杯”；《终南竞秀》陈列中南海。

他的作品《高风图》、《愚公家族》、《黄河艄公》、《波斯迎亲》等曾引起社会广泛关注和反响,作品造型严谨，构图宏大，色彩瑰丽，笔墨功夫扎实深厚，用写实手法表现浪漫题材，注重不同人物性格的刻画，体现出深厚的文史修养和独特的美学感受。

艺术家之窗

中国美术家

马书林
Ma Shu Lin

1956年生人。现任中国美术馆副馆长、教授、中国美术家协会理事、第三届中国画艺委会委员，享受国务院政府特殊津贴。中国画作品多次参加国内外重大美术作品展览并获奖，出版摄影专集《西藏游踪》、画集《笔墨本无界——马书林画集》、《书林画戏》、《中国名家经典——马书林》等。

艺术家之窗

中国美术家
梁占岩
Liang Zhan Yan
梁占岩，1956年生，河北武强人。1978年师从周思聪、卢沉先生学习中国人物画；1990年结业于中央美术学院。现为中国美术家协会会员，河北美协副主席，国家一级美术师，中国国家画院画家。作品曾参加第六届、七届、八届、九届、十届全国美展，连环画《老井》获全国连环画评选“金环奖”；国画《男人在前方》获86全国美展佳作奖；国画《七色土》获第八届全国美展优秀奖；国画《红船》获1998年文化部全国美术群星奖、银奖；国画《快乐北方》获第九届全国美展优秀奖。作品《北伐》参加国家重大历史题材创作。梁占岩的国画创作立足于本土题材的挖掘，融汇东、西方的艺术理念，加入个人对人生的理解，跳出了传统人物画狭窄的意境表现，用传统的笔墨程式，表现出了现代人特有的精神内涵。
艺术家之窗

中国音乐家

王世光
Wang Shi Guang

1941年出生于青岛，1958年考入中央音乐学院作曲系，1963年毕业后到音乐出版社任编辑，1976年调入中央歌剧院，1988年11月至2000年6月任中央歌剧院院长。1987年获一级作曲职称，1989年起享受国务院特殊津贴，1992年获国家“有突出贡献中青年专家”称号。曾任第8、9、10届全国政协委员，第6、7届中国文联全国委员会委员，第5、6届中国音乐家协会副主席兼创作委员会主任，现为中国音协顾问。其他社会兼职有中国音乐著作权协会常务理事、中国人口文化促进会常务理事、中国国际文化交流中心理事等。

主要作品有：

歌剧《第一百个新娘》（获文化部创作奖）、《马可·波罗》（获“文华大奖”）等5部，交响清唱剧《霜降之歌》、《花严之歌》（均首演于台湾）等四部。

近年来，在交响音乐方面创作有钢琴协奏曲《松花江上》（2007年获全国交响乐创作比赛二等奖）、交响乐《长江交响曲》（已收入人民音乐出版社“中国当代作曲家曲库”出版）以及其他管弦乐曲、交响大合唱等多部。此外还创作有歌曲、管弦乐曲、电视音乐（如《话说长江》、《话说运河》、《再说长江》）等多部，其中歌曲《长江之歌》合唱曲《青春舞曲》等广为流传。

艺术家之窗

中国音乐家

鲍蕙荞
Bao Hui Qiao

鲍蕙荞女士是中国最著名的钢琴演奏家和教育家之一，国家一级演奏员。中国文化部"优秀专家"，及国务院政府特殊津贴获得者。自1970年直至退休，担任中国交响乐团钢琴独奏。她从少年时代起就显露了突出的音乐才华，被中央音乐学院附中录取，保送中央音乐学院本科就读，直到研究生毕业。先后师从于著名钢琴教育家朱工一教授及列宁格勒音乐学院副院长科拉夫琴柯教授。

从大学时代起，鲍蕙荞女士多次在钢琴比赛中获奖，包括1960年获中央音乐学院中国作品演奏比赛一等奖；1961年获第二届乔治·埃涅斯库国际钢琴比赛第五名；1965年获全国肖邦作品比赛第一名；1985年获全国第四届音乐作品评比"优秀演奏奖"；以及1992年获得中国唱片公司颁发的最高奖赏——"金唱片奖"等。

作为钢琴演奏家，她除了在全国各大城市举办音乐会以外，还出访过奥地利、日本、新加坡、罗马尼亚、智利、以色列等30多个国家和地区，她的演奏均获得好评。作为教育家，她指导的多名学生已在国际国内比赛中获得大奖。

鲍蕙荞女士曾任第五届和第六届中国音乐家协会副主席，现任中国音乐家协会顾问。自2007年起担任中国国际钢琴比赛主席。并多次应邀担任国际比赛评委，包括路易斯·西加尔国际钢琴比赛，阿瑟·鲁宾斯坦国际钢琴比赛，哈恩国际钢琴比赛，南非第十一届Unisa国际钢琴比赛，中国台北的第十二届台北肖邦国际钢琴比赛及2009年10月在格鲁吉亚举办的第四届提比里斯国际钢琴比赛等。

鲍蕙荞女士著有《鲍蕙荞倾听同行–中外钢琴家访谈录》，主编了《新思路》系列钢琴教程。并出版过多张CD及音像作品。

王祖皆

Wang ZuJie

作曲家，上海人。1977年毕业于上海音乐学院作曲系，师从桑桐、陈铭志等教授。曾任南京军区前线歌剧团作曲，南京军区前线歌舞团创作室副主任、副团长，总政歌舞团作曲，总政歌剧团副团长、团长、艺术指导等职。现为中国歌剧研究会主席，中国音乐剧研究会会长，中国音协理事，中国音协《音乐创作》杂志编委，国家舞台艺术精品工程专家委员会委员，全军艺术指导委员会委员，总政歌剧团国家一级作曲，文职将军，享受国务院政府特殊津贴。

主要作品:歌剧《芳草心》、《党的女儿》、《玉鸟“兵站”》、《野火春风斗古城》；舞剧《繁漪》；合唱套曲《南方有这样一片森林》；电视连续剧音乐《唐明皇》（片头、片尾主题歌五首）、《苍天在上》、《凤凰琴》、《周恩来在上海》、《逃之恋》、《省委书记》；歌曲《小草》、《两地书·母子情》、《我们是朋友》、《情满酒歌》、《爱情湖》、《遥远的拜年》、《喊月》、《眷恋》、《我心永爱》、《别姬》、《脉搏》、《天路情歌》。

以上作品均获国家和军队大奖。其中包括“文华”大奖、“五个一工程”奖、国家舞台艺术精品工程“十大精品剧目”奖、“飞天奖”最佳音乐奖、“金钟奖”歌曲大奖、全军专业文艺会演创作一等奖等重要奖项。

艺术家之窗

中国音乐家

郑 咏
Zheng Yong

中国旅美女高音歌唱家郑咏，以她优美高贵、自然透明的音色，富有表现力和激情的演唱，音乐上透彻全面的诠释和完美的发声技巧，以及对西洋歌剧传统风格的正确把握，赢得中外人士的青睐，被音乐界和媒体称为“当今亚洲杰出优秀女高音歌唱家”。她的歌声遍及世界各国歌剧院、音乐厅及交响乐团。1991年代表中国，参加第九届比利时维尔维埃国际声乐比赛夺得两项最高大奖，轰动整个欧洲，因这个比赛从未有女性获此殊荣，郑咏是世界第一位女性而且是来自亚洲的中国人。

郑咏先后毕业于中央音乐学院，中国音乐学院获硕士学位。1992年获国务院政府特殊津贴。国家一级演员。获全国五一劳动奖章优秀文艺工作者称号。获全国十佳青年称号。全国青联常委。1997年在美国做访问学者期间，参加世界歌剧比赛在纽约获女声第一名。在国内多次获奖。郑咏担任国内各重大声乐比赛评委如中央电视台青歌赛，文化部金钟奖、金号奖以及亚洲国际声乐比赛评委。

哈尔滨东正教堂

冰河初融

张克让

1937年生，中国美术家协会会员，中国美协水彩画艺委会终身荣誉委员，文化部国韵文华书画院水彩画艺委会主任。人民美术出版社编审、教授。

帕米尔高原的村落

泸沽湖金秋

殷保康

湖南师范大学美术学院教授，研究生导师，中国美术家协会会员，湖南省水彩画艺委会顾问。入编《中国水彩画史》、《中国水彩画图史》、《中国现代美术全集》、《中国百年水彩画集》等。

大连艺术学校

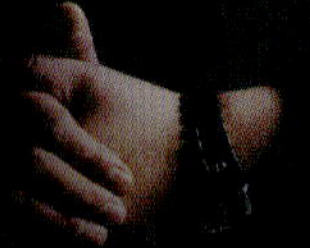

校长马志广

大连艺术学校，是大连市唯一纳入国家编制序列的公办中等专业艺术学校，成立于1971年9月。大连市文化广播影视局、大连市教育局直接领导，指导学校的建设与发展。建校近40年来，学校肩负着为大连市及全国各地培养具有专业水准的各类艺术人才的任务。毕业生遍布全国各专业艺术表演团体，许多毕业生已成为各专业表演艺术团体的专家及管理者；大连艺术学校还承担着市　“艺术专业教研中心”、“大连市艺术教学课题试验基地”、“外国人可就读学校”的重任。

学校地处大连市西岗区林茂街35号，地理位置优越，交通方便，学校教学设备齐全、先进，拥有多媒体教室、计算机室、校园网、闭路电视、绘画室、舞蹈厅、杂技厅、戏剧厅、化妆室、传统工艺室、图书室等，为完成艺术教学任务，培养优秀艺术人才创造了优越条件。

学校设有舞蹈表演（中国舞表演）、戏曲表演（京剧表演）、戏剧表演（影视表演）、杂技与魔术表演（杂技表演）、音乐（声乐、器乐演奏）、美术设计（舞台美术设计、电脑美术设计）专业。

目前全校6个专业完成学业的毕业生75人，其中舞蹈专业12人；声乐专业10人，器乐专业13人，京剧专业7人，杂技专业14人，影视专业19人。75名毕业生中有40人报名参加升学考试，占毕业生人数的53.3%；其中30人被录取，升学率为75%，其中20人升入国家重点艺术院校，占升学人数的66.7%。未升学的45名毕业生中，有38人被专业艺术团体录用，2人出国，就业人数为40人，就业率为88.9%。2009年，75名毕业生升学、就业总人数为70人，占毕业生总数的93%。2009年，舞蹈、杂技、声乐、器乐、影视专业共计招生96人，大连地区63人，辽宁省内各城市14人，黑龙江省8人，吉林省2人，内蒙古自治区5人，河南省4人，分别占入学新生总数的65.6%、14.6%、8.3%、2.1%、5.2%和4.2%。

近年来，全校师生拼搏努力，不断创新，坚持创作，取得了丰硕的成果，获得了诸多奖项。由舞蹈科朱巾英、张金福、张颖老师编排的校本教材《长穗花鼓训练组合》，在文化部主办的第九届“桃李杯”全国舞蹈比赛中，荣获“精品组合课”优秀组合编排奖；由曲鹏、丁伟老师编创，马梅老师指导、杂技专业毕业生马妍妍表演的魔术《梦幻芭蕾》在国际魔术联盟第24届世界魔术大会获得一般类魔术第二名；2009年舞蹈、杂技、器乐等专业新创、新编排演了舞蹈《闯关东·鲜》、杂技《溜冰》、《四人柔术》、钢琴独奏等15个剧（节）目，参加了第四届大连市新人新剧目展演，参与了大连市服装节广场晚会的编导、演出，达沃斯年会，接待国际友人、国家领导人等活动20多场次，这些剧（节）目，既展示了大连艺术学校教师深厚的艺术造诣和饱满的创作激情，提升了学校艺术教育教学质量，也丰富了大连市文化市场，满足了大连市民的文化需要，提高了学校知名度，为大连市文化艺术建设作出了贡献。

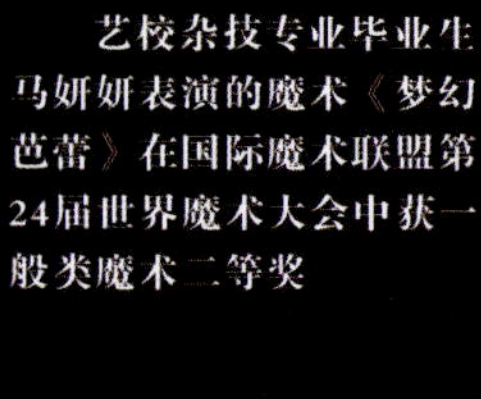

艺校杂技专业毕业生马妍妍表演的魔术《梦幻芭蕾》在国际魔术联盟第24届世界魔术大会中获一般类魔术二等奖

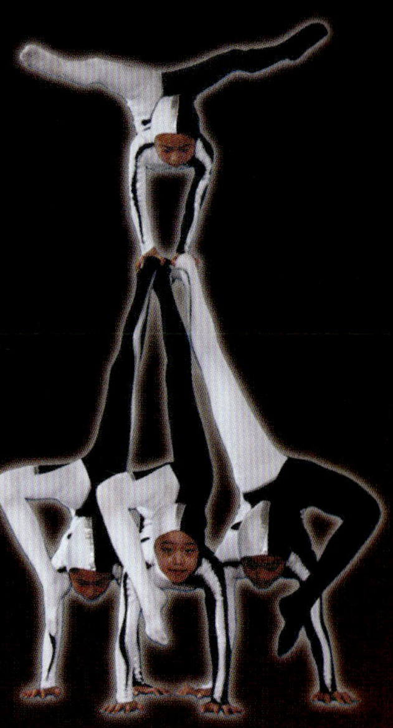

艺校杂技专业学生杨青等表演杂技《四人柔术》

1. 艺校领导班子与著名表演艺术家李默然合影留念。(由左至右依次为副校长林军，书记刘荣远、李默然、校长马志广副校长商颜春)
2. 朱程清副市长与艺校杂技专业学生合影
3. 由马志广、曲鹏、郭晓红编导的舞蹈《送寒衣》在第三届辽宁舞蹈荷花奖评选中获金奖

学校地址：
大连市西岗区林茂街35号
联系电话：
办公室:0411-82496537
招生办:0411-82487573
传真电话：
0411-82493158
网址：
http://www.artschooldl.com
邮箱：
lizi@artschooldl.com

《长穗花鼓(训练组合)》在第九届桃李杯舞蹈比赛中获舞蹈教学“精品组合课”优秀组合编排奖。